8급 공무원

보건진료직
전과목총정리

PREFACE

8급 보건진료직 공무원 공개경쟁채용의 시험 과목은 국어, 영어, 한국사, 지역사회간호, 공중보건의 5과목으로 구성됩니다.

학습해야 할 양이 방대하기 때문에 단기간에 최상의 학습효과를 얻기 위해서는 꼭 필요한 핵심이론을 파악하고 충분한 문제풀이를 통해 문제해결능력을 높이는 것입니다. 즉, 자주 출제되는 이론과 빈출유형의 문제를 파악하고 다양한 유형의 문제를 반복적으로 접해 완벽히 자신의 지식으로 만드는 것이 중요합니다.

본서는 8급 보건진료직 공개경쟁 임용시험에 대비하기 위한 전과목 총정리로, 수험생들이 단기간에 최상의 학습효율을 얻을 수 있도록 주요 이론을 정리하고 빈출 유형문제를 수록하였습니다.

먼저 체계적으로 정리된 이론 학습을 통해 기본 개념을 탄탄하게 다지고, 최근 출제되는 기출문제 분석을 통해 각 과목별, 단원별 출제경향을 파악한 뒤, 다양한 난도의 예상문제를 풀어봄으로써 학습의 완성도를 높일 수 있습니다.

신념을 가지고 도전하는 사람은 반드시 그 꿈을 이룰 수 있습니다. 서원각이 수험생 여러분의 꿈을 응원합니다.

STRUCTURE

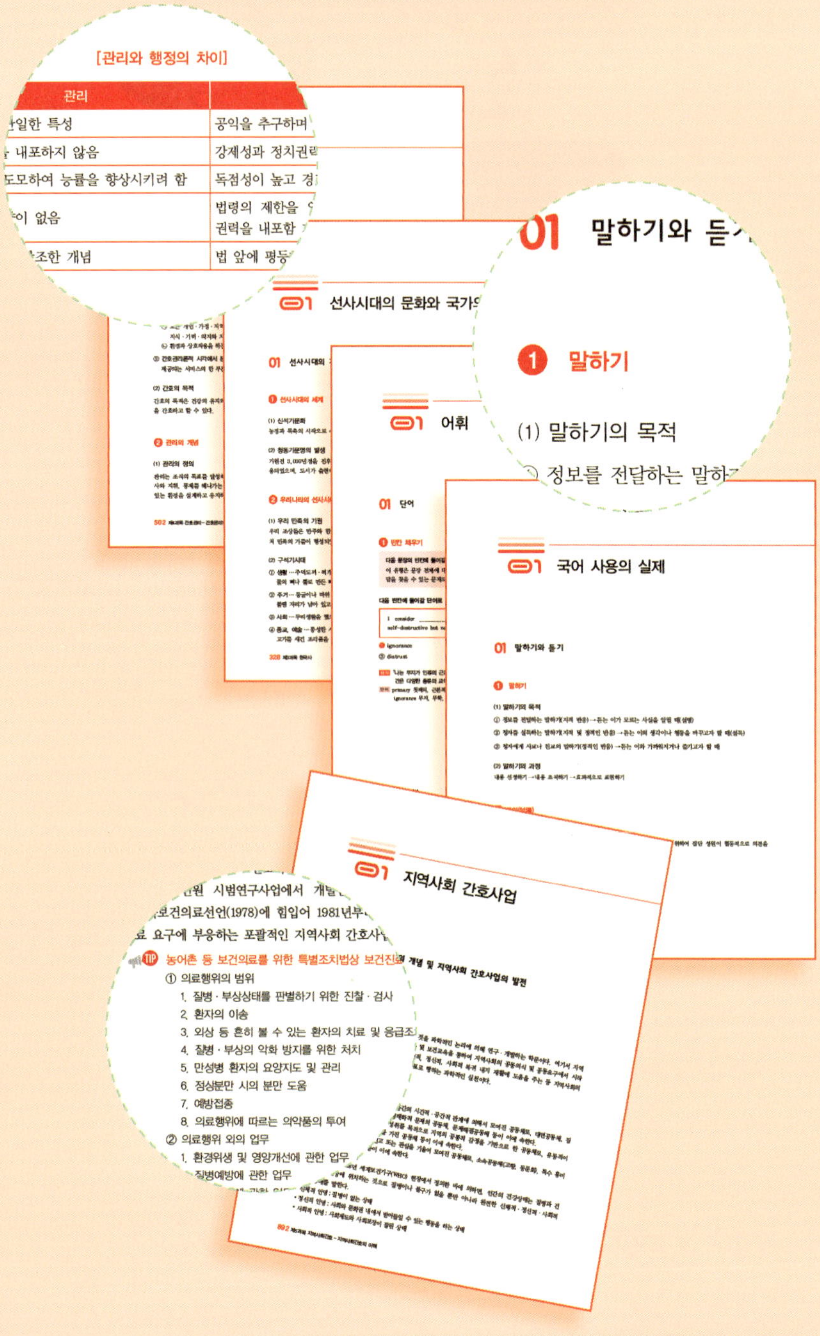

핵심이론정리

간호직 공개경쟁 임용시험 5과목에 대해 체계적으로 편장을 구분한 후 해당 단원에서 필수적으로 알아야 할 내용을 정리하여 수록했습니다. 출제가 예상되는 핵심적인 내용만을 학습함으로써 단기간에 학습 효율을 높일 수 있습니다.

이론팁

과년도 기출문제를 분석하여 반드시 알아야 할 내용을 한눈에 파악할 수 있도록 Tip으로 정리하였습니다. 문제 출제의 포인트가 될 수 있는 사항이므로 반드시 암기하는 것이 좋습니다.

STRUCTURE

최근 기출문제분석

실제로 시험에 출제된 문제를 수록하여 기출경향 파악에 도움이 되도록 구성하였습니다. 이론 학습이 바로 기출문제 풀이로 이어져 학습의 효율을 높일 수 있습니다.

출제예상문제

출제가 예상되는 문제를 엄선하여 다양한 난도와 유형의 문제를 수록하였습니다. 충분한 문제풀이를 통해 실전에 확실하게 대비할 수 있도록 구성하였습니다.

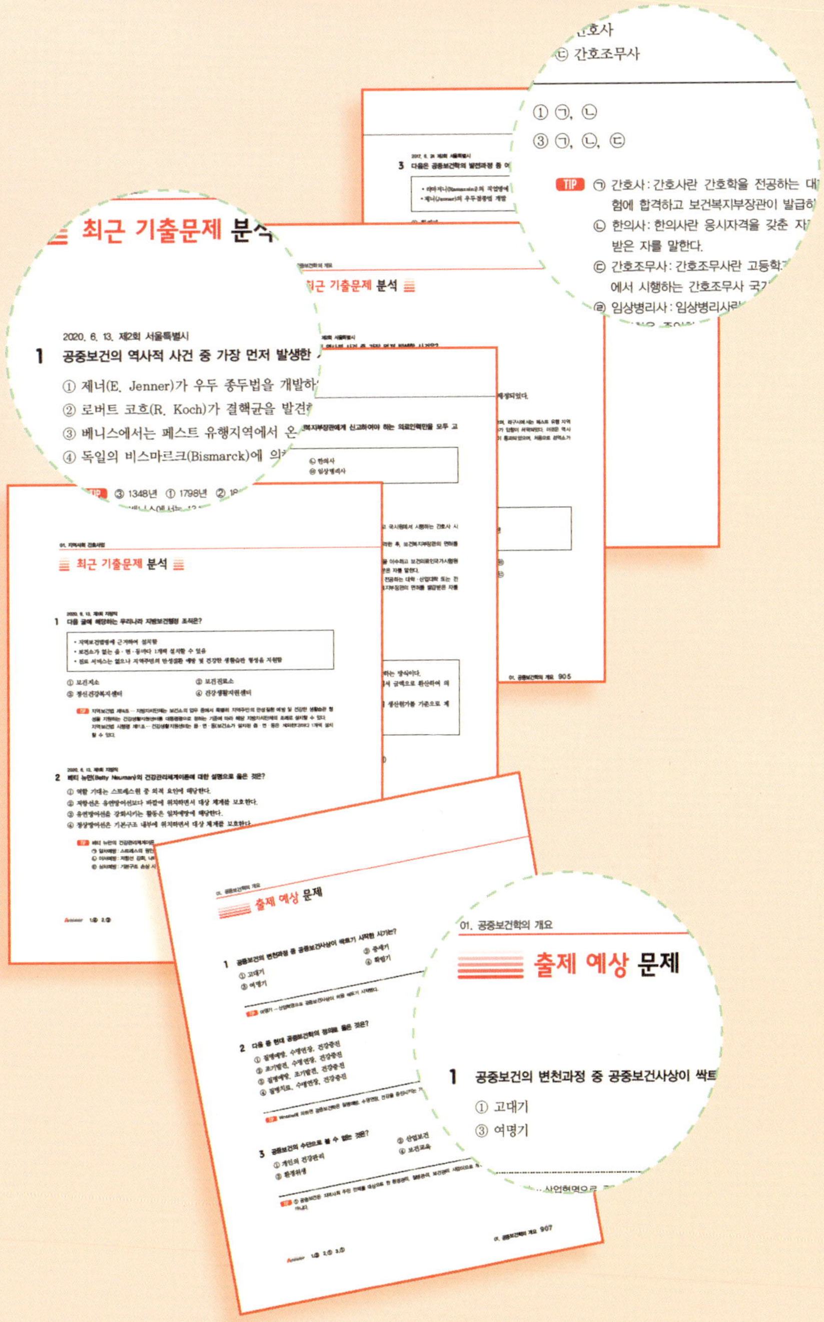

COTENTS

PART 01 국어

01. 국어 사용의 실제 ·· 10
02. 현대 문법 ··· 28
03. 고전 문법 ··· 61
04. 현대 문학 ··· 74
05. 고전 문학 ·· 105
06. 한자・한문 ·· 134

PART 02 영어

01. 어휘 ··· 160
02. 독해 ··· 178
03. 문법 ··· 217
04. 생활영어 ·· 308

PART 03 한국사

01. 선사시대의 문화와 국가의 형성 ·· 328
02. 통치구조와 정치활동 ··· 343
03. 경제구조와 경제생활 ··· 381
04. 사회구조와 사회생활 ··· 404
05. 민족문화의 발달 ··· 424
06. 근현대사의 흐름 ··· 452

CONTENTS

PART 04 지역사회간호

01. 지역사회간호의 이해 ···················· 500
- 01. 지역사회 간호사업 / 502
- 02. 지역사회 간호사업의 유형 및 역할 / 550
- 03. 지역사회 간호대상과 간호과정 / 564
- 04. 지역사회 간호수단 / 596
- 05. 건강증진과 보건교육 / 618

02. 가족간호 ···················· 666
- 01. 가족과 가족간호 / 668
- 02. 가족간호과정 / 689

03. 학교간호 ···················· 710
- 01. 학교보건과 학교간호 / 712
- 02. 학교건강관리와 환경관리 / 726

04. 산업간호 ···················· 738
- 01. 산업간호와 산업보건 / 740
- 02. 작업환경의 유해물질과 건강 / 753
- 03. 건강진단과 직업병 / 767

05. 모자보건 ···················· 790
- 01. 모자보건관리 / 792
- 02. 모성·영유아보건사업 / 799

06. 인구와 가족계획 ···················· 812
- 01. 인구 / 1814
- 02. 가족계획 / 834

07. 역학 및 질병관리 ···················· 848
- 01. 역학 / 850
- 02. 환경보건 및 재난간호 / 872
- 03. 질병관리 / 885

PART 05 공중보건

01. 공중보건학의 개념과 건강 ···················· 900
- 01. 공중보건학의 개요 / 902
- 02. 건강과 질병의 기본개념 / 909

02. 환경과 보건 ···················· 920
- 01. 환경위생 / 922
- 02. 환경보건 / 945

03. 산업보건 ···················· 966
- 01. 산업보건의 개요 / 968
- 02. 산업보건의 내용 / 981

04. 역학과 감염병 ···················· 996
- 01. 역학 / 998
- 02. 감염병 / 1016

05. 식품위생과 위생해충 ···················· 1050
- 01. 식품위생 / 1052
- 02. 위생해충과 기생충 / 1076

06. 보건영양과 보건관리 ···················· 1088
- 01. 보건영양 / 1090
- 02. 보건관리 / 1104

국어

01 PART

국어

01 국어 사용의 실제
02 현대 문법
03 고전 문법
04 현대 문학
05 고전 문학
06 한자·한문

01 국어 사용의 실제

01 말하기와 듣기

❶ 말하기

(1) 말하기의 목적
① 정보를 전달하는 말하기(지적 반응) → 듣는 이가 모르는 사실을 알릴 때(설명)
② 청자를 설득하는 말하기(지적 및 정적인 반응) → 듣는 이의 생각이나 행동을 바꾸고자 할 때(설득)
③ 청자에게 사교나 친교의 말하기(정적인 반응) → 듣는 이와 가까워지거나 즐기고자 할 때

(2) 말하기의 과정
내용 선정하기 → 내용 조직하기 → 효과적으로 표현하기

❷ 토의(討議)

(1) 토의의 뜻
공동의 관심사가 되는 어떤 문제에 대한 가장 바람직한 해결 방안을 찾기 위하여 집단 성원이 협동적으로 의견을 나누는 말하기이다.

(2) 토의의 절차
① 문제에 대한 의미 확정
② 문제의 분석과 음미
③ 가능한 모든 해결안의 제시와 검토

④ 최선의 해결안 선택

⑤ 구체적인 해결안의 시행 방안 모색

(3) 토의의 종류

① **심포지엄**(Symposium) … 공동 주제에 대해 전문가 3~6명이 강연식으로 발표한 뒤, 청중과 질의 응답하는 토의 형식을 말한다.

② **포럼**(Forum) … 공공의 문제에 대해 공개적으로 토의하는 것으로, 심포지엄과는 달리 처음부터 청중이 참여하는 형식을 말한다.

③ **패널**(Panel) … 주어진 문제나 화제에 대하여 특별히 관심이 있거나 정보와 경험이 있는 사람이 청중 앞에서 각자의 지식, 견문, 정보를 발표하는 토의 형식을 말한다.

④ **원탁토의**(Round table discussion) … 10명 내외의 소규모 집단이 평등한 입장에서 자유롭게 상호 관심사에 대해 의견을 나누는 토의 형식을 말한다.

3 토론(討論)

(1) 토론의 뜻

어떤 문제에 대해 찬성이나 반대의 의견을 가진 사람들이 근거를 바탕으로 자기 주장을 논리적으로 펼치는 말하기이다.

(2) 토론의 요건

① **토론의 참가자** … 주제에 대하여 찬성과 반대의 뚜렷한 의견 대립을 가지는 사람들이 있어야 한다.

② **논제** … 논점이 대립적으로 드러나는 정책이나 사실이어야 한다.

③ **토론 규칙** … 공정한 진행을 위한 발언 시간, 발언 순서, 동일한 논박 시간, 토론에 대한 판정 발언에 관한 규정을 말한다.

④ **청중** … 공정한 판정을 내리는 심판을 포함한다.

⑤ **사회자** … 폭넓은 상식을 토대로 적극성을 가진 사람으로 공정성과 포용력, 지도력을 지닌 사람이 맡는 것이 적절하다. 사회자는 토론자들에게 토론의 전반적인 방향과 유의점에 대해 안내한다.

④ 듣기

(1) 듣기의 뜻
다른 사람의 말을 듣고, 그 내용을 자기의 생각으로 정리하여 이해하는 행위를 말한다.

(2) 듣기의 단계
정보 확인 → 내용 이해 → 내용에 대한 비판 → 감상

⑤ 대화의 원리

(1) 공손성의 원리
① **요령의 격률** … 상대방에게 부담이 되는 표현은 최소화하고, 이익이 되는 표현을 최대화한다.
② **관용의 격률** … 화자 자신에게 혜택을 주는 표현은 최소화하고, 부담을 주는 표현은 최대화한다.
③ **찬동의 격률** … 상대방에 대한 비방은 최소화하고, 칭찬을 최대화한다.
④ **겸양의 격률** … 화자 자신에 대한 칭찬은 최소화하고, 비방을 최대화한다.
⑤ **동의의 격률** … 자신과 상대방의 의견 차이를 최소화하고, 일치점을 최대화한다.

(2) 협력의 원리
① **양의 격률** … 너무 많은 양의 정보보다는 대화의 목적에 적합한 양을 제공한다.
② **질의 격률** … 타당한 근거를 들어 진실을 말한다.
③ **관련성의 격률** … 대화의 목적이나 주제와 관련 있는 내용을 말한다.
④ **태도의 격률** … 중의적이거나 장황한 표현을 삼가고 간결하게 말한다.

02 쓰기와 읽기

❶ 쓰기

(1) 계획하기(주제의 설정)

① 좋은 주제의 요건
  ㉠ 너무 크거나 추상적이지 않고 구체적이어야 한다.
  ㉡ 경험한 것이나 잘 알고 있는 것이어야 한다.
  ㉢ 여러 사람이 공감할 수 있는 것이어야 한다.
  ㉣ 개성 있고 참신한 것이어야 한다.

② 주제문의 작성 원칙
  ㉠ 완결된 문장으로 쓴다(주어 + 서술어).
  ㉡ 간결하고 구체적으로 쓴다.
  ㉢ 둘 이상의 내용을 담지 않는다.
  ㉣ 명확한 표현이 되도록 한다.
  ㉤ 의문문, 비유적·함축적 표현을 피한다.

(2) 내용 생성하기(재료의 수집과 선택)

① 생각의 발견 … 자유롭게 쓰기, 연관 짓기, 토론하기, 질문하기 등의 방법이 있다.

② 재료 수집 … 내용에 관한 전문적인 지식이나 통계 자료 등을 책이나 도서관 등을 통해 수집한다.

③ 재료 선정 … 주제와의 관련성, 내용 전개 방법을 고려하여 선택한다.

(3) 내용 조직하기(개요의 작성)

① 개요(outline) 작성 … 머릿속에서 이룬 구상을 체계적으로 도식화하여 표(개요표)로 나타낸다.

② 내용 구성의 원리
  ㉠ 통일성 : 주제를 직접 뒷받침하는 내용을 선정한다.
  ㉡ 단계성 : 부분에 따라 그 단계에 맞는 내용을 배치한다.
  ㉢ 응집성 : 내용을 긴밀하게 연결한다.

③ 내용 구성의 종류
  ㉠ 시간적 구성 : 사건의 시간적 순서에 따라 제재를 배열한다.
  ㉡ 공간적 구성 : 시선의 이동이나 사물이 놓여진 순서에 따라 기술한다.
  ㉢ 인과적 구성 : 사건의 원인과 결과가 논리적인 필연성을 가지고 전개된다.

④ **논리적 구성**
  ㉠ **연역적 구성** : 일반적인 내용(주장) + 구체적인 내용(근거)
  ㉡ **귀납적 구성** : 구체적인 내용(근거) + 일반적인 내용(주장)
⑤ **단계식 구성**
  ㉠ **3단 구성** : 머리말 – 본문 – 맺음말, 서론 – 본론 – 결론
  ㉡ **4단 구성** : 기 – 승 – 전 – 결
  ㉢ **5단 구성** : 발단 – 전개 – 위기 – 절정 – 결말(대단원)
⑥ **문단의 구성 방식**
  ㉠ **두괄식** : 중심 문장 + 뒷받침 문장들
  ㉡ **양괄식** : 중심 문장 + 뒷받침 문장들 + 중심 문장
  ㉢ **미괄식** : 뒷받침 문장들 + 중심 문장
  ㉣ **중괄식** : 뒷받침 문장들 + 중심 문장 + 뒷받침 문장들
  ㉤ **병렬식** : 중심 문장이 대등하게 나열되는 구성

(4) 표현하기(집필)

① **내용 전개 방법** … 정의, 비교·대조, 예시, 분류, 분석, 과정, 유추, 묘사, 서사, 인과 등의 방법을 상황과 목적에 맞게 적절히 선택해야 한다.
② **수사법**(표현 기교, 표현 기법)
  ㉠ **비유법** : 표현하고자 하는 대상을 다른 대상에 빗대어 나타내는 표현 기법이다.
    예 직유법, 은유법, 의인법, 활유법, 의성법, 의태법, 풍유법, 대유법, 중의법 등
  ㉡ **강조법** : 단조로운 문장을 강렬하고 절실하게 하는 표현 기법이다.
    예 반복법, 과장법, 열거법, 점층법, 점강법, 비교법, 대조법, 억양법, 미화법, 연쇄법, 영탄법 등
  ㉢ **변화법** : 단조롭거나 평범한 문장에 변화를 주어 표현하는 기법이다.
    예 도치법, 대구법, 설의법, 인용법, 반어법, 역설법, 생략법, 문답법, 돈호법, 명령법 등

(5) 고쳐쓰기(퇴고)
글 전체 수준에서 고쳐쓰기 → 문단 수준에서 고쳐쓰기 → 문장 수준에서 고쳐쓰기 → 단어 수준에서 고쳐쓰기

❷ 읽기

(1) 읽기의 과정
① **주제 파악하기의 과정** … 형식 문단의 내용 요약 → 내용 문단으로 묶어 중심 내용 파악 → 각 내용 문단의 중심 내용 간의 관계 이해 → 전체적인 주제 파악

② 주제를 찾는 방법
　㉠ 주제가 겉으로 드러난 글 : 설명문, 논설문 등이 있다.
　　• 글의 주제 문단을 찾는다. 주제 문단의 요지가 주제이다.
　　• 대개 3단 구성이므로 끝 부분의 중심 문단에서 주제를 찾는다.
　　• 중심 소재(제재)에 대한 글쓴이의 입장이 나타난 문장이 주제문이다.
　　• 제목과 밀접한 관련이 있음에 유의한다.
　㉡ 주제가 겉으로 드러나지 않는 글 : 문학적인 글이 이에 속한다.
　　• 글의 제재와 그에 대한 글쓴이의 의견이나 생각을 연결시키면 바로 주제를 찾을 수 있다.
　　• 제목이 상징하는 바가 주제가 될 수 있다.
　　• 인물이 주고받는 대화의 화제나, 화제에 대한 의견이 주제일 수도 있다.
　　• 글에 나타난 사상이나 내세우는 주장이 주제가 될 수도 있다.
　　• 시대적·사회적 배경에서 글쓴이가 추구하는 바를 찾을 수 있다.

③ 세부 내용 파악하기
　㉠ 제목을 확인한다.
　㉡ 주요 내용이나 핵심어를 확인한다.
　㉢ 지시어나 접속어에 유의하며 읽는다.
　㉣ 중심 내용과 세부 내용을 구분한다.
　㉤ 내용 전개 방법을 파악한다.
　㉥ 사실과 의견을 구분하여 내용의 객관성과 주관성을 파악한다.

④ 비판하며 읽기 … 글에 제시된 정보를 정확하게 이해하기 위하여 내용의 적절성을 비평하고 판단하며 읽는 것을 말한다.

⑤ 추론하며 읽기 … 글 속에 명시적으로 드러나 있지 않은 내용 및 과정과 구조에 관한 정보를 논리적 비약 없이 추측하거나 상상하며 읽는 것을 말한다.

(2) 독서와 배경 지식
① 배경 지식의 뜻 … 경험을 통해 습득되어 독자의 머릿속에 구조화되어 저장되어 있으면서 어떤 글의 독해 과정에서 독해의 밑바탕이 되는 지식으로, 사전 지식 또는 스키마(schema)라고도 한다.

② 배경 지식의 특징
　㉠ 배경 지식은 경험의 소산이며 어느 한 사상이나 개념에 대한 배경 지식은 사람마다 다르다.
　㉡ 배경 지식은 정보를 일관성 있게 재구성해 준다.
　㉢ 배경 지식은 많은 정보 중에서 필요한 정보를 선택적으로 받아들이며, 그 내용을 재편집·요약하는 역할을 한다.

01. 국어 사용의 실제

최근 기출문제 분석

2020. 6. 13. 제1회 지방직 / 제2회 서울특별시

1 다음 대화에서 밑줄 친 부분의 표현 효과에 대한 설명으로 적절한 것은?

> 김 대리 : 늦어서 죄송합니다. 일이 좀 많았습니다.
> 이 부장 : <u>괜찮아요. 오랜만에 최 대리하고 오붓하게 대화도 나누고 시간 가는 줄 몰랐네요.</u> 허허허.
> 김 대리 : 박 부장님은 오늘 못 나오신다고 전해 달라셨어요.
> 이 부장 : 그럼, 우리끼리 출발합시다.

① 자신과 상대방의 의견 차이를 최소화한다.
② 상대방에게 부담이 되는 표현을 최소화한다.
③ 화자 자신에게 혜택을 주는 표현을 최소화한다.
④ 상대방에 대한 비방을 최소화하고 칭찬을 최대화한다.

> **TIP** 대화 속 밑줄은 대화의 원리 중 공손성의 원리에서 상대방의 부담을 최소화하여 말하는 요령의 격률이 사용 되었다.
> ① 동의의 격률
> ③ 관용의 격률
> ④ 찬동의 격률

2019. 6. 15 제1회 지방직

2 토론에서 사회자가 하는 역할에 대한 설명으로 가장 적절한 것은?

① 토론을 시작하면서 논제가 타당한지 토론자들의 의견을 묻는다.
② 토론자들에게 토론의 전반적인 방향과 유의점에 대해 안내한다.
③ 청중의 의견을 수렴하여 대안을 제시함으로써 쟁점을 약화시킨다.
④ 토론자의 주장과 논거를 비판하는 견해를 개진하여 논쟁의 확산을 꾀한다.

> **TIP** ② 토론의 구성원은 사회자와 서로 입장이 다른 패널이다. 패널은 자신의 입장에 대해 타당성을 입증하여 상대방을 설득하는 주관적인 견해를 갖고 있지만, 사회자는 원만한 토론의 진행을 위해 중립적인(객관적인) 위치에서 토론을 진행해야 한다.

Answer 1.② 2.②

2018. 5. 19 제1회 지방직

3 화자의 진정한 발화 의도를 파악할 때, 밑줄 친 부분을 고려하지 않아도 되는 것은?

> 일상 대화에서는 직접 발화보다는 간접 발화가 더 많이 사용되지만, 그 의미는 맥락에 의해 파악될 수 있다. 화자는 상대방이 충분히 그 의미를 파악할 수 있다고 판단될 때 간접 발화를 전략적으로 사용함으로써 의사소통을 원활하게 하기도 한다.

① (친한 사이에서 돈을 빌릴 때) 돈 가진 것 좀 있니?
② (창문을 열고 싶을 때) 얘야, 방이 너무 더운 것 같구나.
③ (갈림길에서 방향을 물을 때) 김포공항은 어느 쪽으로 가야 합니까?
④ (선생님이 과제를 내주고 독려할 때) 우리 반 학생들은 선생님 말씀을 아주 잘 듣습니다.

TIP ③은 직접 발화에 해당한다.
※ 직접 발화와 간접 발화

직접 발화	간접 발화
• 문장 유형과 발화 의도가 일치한다. • 맥락보다 의도가 우선적으로 고려된다. • 화자의 의도가 직접적으로 표현된다. 예 창문 좀 열어라.	• 문장 유형과 발화 의도가 불일치한다. • 의도를 맥락에 맞춰 표현한다. • 화자의 의도가 간접적으로 표현된다. 예 방이 너무 더운 것 같구나.

Answer 3.③

4 다음 대화 상황에서 의사소통에 장애가 일어났다고 한다면, 그 이유로 가장 적절한 것은?

> 교사: 동아리 보고서를 오늘까지 내라고 하지 않았니?
> 학생1: 네, 선생님. 다정이가 가지고 있었는데, 아직 안 왔어요.
> 교사: 이거, 큰일이네. 오늘이 마감인데.
> 학생1: 그러게요. 큰일이네요. 다정이가 집에도 없는 것 같아요.
> 학생2: 어떡해? 다정이 때문에 우리 모두 점수 깎이는 거 아니야? 네가 동아리 회장이니까 네가 책임져.
> 학생1: 아니, 뭐라고? 다정이가 보고서 작성하기로 지난 회의에서 결정한 거잖아.
> 교사: 자, 그만들 해. 이럴 때가 아니잖아. 어서 빨리 다정이한테 연락이나 해 봐. 지금 누구 잘잘못을 따질 상황이 아니야.
> 학생3: 제가 다정이 연락처를 아니까 연락해 볼게요.

① 교사가 권위적인 태도로 상황을 무마하려 하고 있다.
② 학생1이 자신의 책임을 면하기 위해 변명으로 일관함으로써 의사소통이 단절되고 있다.
③ 학생2가 대화 맥락을 고려하지 않고 끼어들어 책임을 언급함으로써 갈등이 생겨나고 있다.
④ 학생3이 본질과 관계없는 말을 언급함으로써 상황을 무마하려고 하고 있다.

> **TIP** 제시된 의사소통에서 주된 화제는 '보고서 마감'이다. 교사와 학생1이 마감에 맞춰 보고서를 제출할 수 있을지에 대한 대화를 하고 있는 상황에서 학생2가 맥락에 맞지 않게 '책임'에 대해 언급함으로써 학생1과의 사이에서 갈등을 유발하고 있다.

Answer 4.③

2017. 6. 17 제1회 지방직

5 다음의 개요를 기초로 하여 글을 쓸 때, 주제문으로 가장 적절한 것은?

> 서론: 최근의 수출 실적 부진 현상
> 본론: 수출 경쟁력의 실태 분석
>   1. 가격 경쟁력 요인
>   ㄱ. 제조 원가 상승
>   ㄴ. 고금리
>   ㄷ. 환율 불안정
>   2. 비가격 경쟁력 요인
>   ㄱ. 기업의 연구 개발 소홀
>   ㄴ. 품질 개선 부족
>   ㄷ. 판매 후 서비스 부족
>   ㄹ. 납기의 지연
> 결론: 분석 결과의 요약 및 수출 경쟁력 향상 방안 제시

① 정부가 수출 분야 산업을 적극 지원해야 한다.
② 내수 시장의 기반을 강화하는 데 역량을 모아야 한다.
③ 기업이 연구 개발비 투자를 늘리고 품질 향상에 많은 노력을 기울여야 한다.
④ 수출 경쟁력을 좌우하는 요인을 분석한 후 그에 맞는 방안을 마련해야 한다.

> **TIP** 서론에서 최근 수출 실적 부진을 지적하고 본론에서 수출 경쟁력의 실태를 분석한 뒤 결론에서 수출 경쟁력 향상 방안을 제시하고 있으므로 주제는 ④가 적절하다.

Answer 5.④

출제 예상 문제

1 밑줄 친 부분의 말하기 방식과 가장 유사한 것은?

> 형님 놀부 댁에서 쫓겨나 마을 어귀에 당도하니 여러 아이놈들이 밥 달라는 소리가 귀를 찢는다. 그러더니 흥부 큰아들이 나앉으며,
> "아이고, 어머니!"
> "이 자식아, 너는 또 어찌하여 이상한 목소리를 내느냐?"
> "어머니 아버지, 날 장가 좀 들여 주오. <u>내가 장가가 바빠서 그런 것이 아니라 가만히 누워 생각하니 어머니 아버지 손자가 늦어 갑니다.</u>"
> 흥부 마누라가 이 말을 듣고 더욱 기가 막히더라.

① (학생회장 선거 후보자가 학생들에게) "저는 여러분의 충실한 대변인이 되려는 것이지 제 생기부에 한 줄 기록을 남기려는 것이 아닙니다."
② (약속에 늦게 와서 기다리는 친구에게) "미안해, 난 일찍 출발했는데 중간에 지하철이 고장 나서 말이야."
③ (자꾸 볼펜을 잃어버리는 동생에게) "아니, 너 혹시 문구점에 뭐 잘 보일 일이 있는 거 아냐?"
④ (넘어져서 다리를 다친 아이에게) "그래도 걸을 수 있으면 되는 것 아니겠어?"

TIP 자신이 장가가 가고 싶은 것을 부모님께 손자가 생기는 시기가 늦어진다고 말하면서 부모가 자신을 장가보내주도록 설득하고 있다.
① 학생회장 선거에 출마하는 것이 학생들의 충실한 대변인이 되기 위한 것이라고 하면서 자신에게 투표하도록 설득하고 있다.
② 약속에 늦은 이유를 지하철 고장 때문이라고 변명하면서 상대방의 이해를 요구하고 있다.
③ 동생의 잘못을 간접적으로 지적하고 있다.
④ 다친 아이를 위로하고 있다.

Answer 1.①

2 다음 글을 내용상 두 부분으로 나눌 때 어느 지점부터 나누는 것이 가장 적절한가?

> 우리나라는 전통적으로 농경 생활을 해 왔다. 이런 이유로 우리나라에서 소는 경작을 위한 중요한 필수품이지 식용 동물로 생각할 수가 없었으며, 단백질 섭취 수단으로 동네에 돌아다니는 개가 선택되었다. ㉠프랑스 등 유럽의 여러 나라에서도 우리처럼 농경 생활을 했음에 틀림없지만 그들은 오랜 기간 수렵을 했기 때문에 개가 우리의 소처럼 중요한 동물이 되었고 당연히 수렵한 결과인 소 등을 통해 단백질을 섭취했다. ㉡일반적으로 개고기를 먹는 데 혐오감을 나타내는 민족들은 서유럽의 나라이다. 그들은 쇠고기와 돼지고기를 즐겨먹는다. ㉢그러나 식생활 문화를 달리하는 힌두교도들은 쇠고기를 먹는 서유럽 사람들에게 혐오감을 느낄 것이다. ㉣또 이슬람교도나 유대교도들도 서유럽에서 돼지고기를 먹는 식생활에 대해 거부감을 느낄 것이다.

① ㉠
② ㉡
③ ㉢
④ ㉣

TIP 이 글은 '문화의 다양성'을 말하고 있다. 따라서 개를 식용으로 하는 우리나라와 그렇지 않은 나라의 차이점을 언급하는 ㉡이 두 부분을 나누는 지점이라고 할 수 있다.

3 토론과 토의에 대한 설명으로 적절하지 않은 것은?

① 토론은 정해진 규칙과 절차에 의해 전개된다.
② 토의는 정과 반의 대립을 전제로 하는 변증법적 담화이다.
③ 토론에서는 자신의 주장을 논리적으로 표현하는 것이 중요하다.
④ 토의는 주어진 문제에 대한 의논을 통해 해답을 찾아내는 과정이다.

TIP ② 토의는 어떠한 문제에 대해 여럿이 협동하여 문제의 해결 방안을 모색하는 담화이다. 따라서 정과 반의 대립을 전제로 하지는 않는다.
  ※ 토의와 토론
    ㉠ 토의: 어떠한 문제에 대하여 검토하고 협의하는 것을 뜻한다.
    ㉡ 토론: 어떠한 문제에 대하여 여러 사람들이 각각의 의견을 말하며 논의하는 것을 뜻한다.

Answer 2.② 3.②

4 다음 글에서 사용된 서술 기법이 아닌 것은?

> 아리랑이란 민요는 지방에 따라 여러 가지가 있는데, 지금까지 발굴된 것은 약 30종 가까이 된다. 그 중 대표적인 것으로는 서울의 본조 아리랑을 비롯하여 강원도 아리랑, 정선 아리랑, 밀양 아리랑, 진도 아리랑, 해주 아리랑, 원산 아리랑 등을 들 수 있다. 거의 각 도마다 대표적인 아리랑이 있으나 평안도와 제주도가 없을 뿐인데, 그것은 발굴하지 못했기 때문이고, 최근에는 울릉도 아리랑까지 발견하였을 정도이니 실제로 더 있었던 것으로 보인다.
> 그런데 이들 민요는 가락과 가사의 차이는 물론 후렴의 차이까지 있는데, 그중 정선 아리랑이 느리고 구성진 데 비해, 밀양 아리랑은 흥겹고 힘차며, 진도 아리랑은 서글프면서도 해학적인 멋이 있다. 서울 아리랑은 이들의 공통점이 응집되어 구성지거나 서글프지 않으며, 또한 흥겹지도 않은 중간적인 은근한 느낌을 주는 것이 특징이다. 그러므로 서울 아리랑은 그 형성 시기도 지방의 어느 것보다도 늦게 이루어진 것으로 짐작된다.

① 대상을 분류하여 설명한다.
② 대상의 특성을 파악하여 비교 설명한다.
③ 대상의 개념을 명확하게 정의한다.
④ 구체적인 예시를 통해서 설명한다.

TIP ③ 지역에 따른 아리랑의 종류를 분류하고, 이들의 차이점을 대표적인 예를 들어 비교 설명하고 있으나, 대상의 개념을 명확하게 정의하는 서술기법은 쓰이지 않았다.

Answer 4.③

5 다음은 은유에 대한 아리스토텔레스의 정의이다. 이에 알맞은 예는?

> 아리스토텔레스는 「시학」에서 은유를 한 사물에서 다른 사물로 전이하는 것으로 정의하고, 은유에 의해 시적인 언어가 일상 언어로부터 분리된다고 하였다. 이후 은유는 여러 학자들에 의해 미적 혹은 수사적 목적의 수단으로, 동일시되는 개체와의 유사성에 기초한다고 정리되었다.

> 아테네에서 자동차를 타고 180여 킬로미터(km)의 산길을 꼬박 세 시간 동안 달렸다. 티바와 리바디아를 지나자 파르나소스 산(해발 2457 m)이 나타난다. 델피가 있는 곳이다. ⑤험준한 바위 벼랑에 동굴들이 보이고, 나무도 없이 군데군데 피어 있는 야생화만이 ⓒ어딘가에서 피어오르는 듯한 세월의 깊이를 보여 준다. 6월인데도 산 정상에 남아 있는 흰 눈은 지나가는 흰 구름의 다리를 잡은 채, 서로 서로 옛이야기와 아테네의 최신 정보를 교환하고 있는 듯하다. 산 중턱에 걸려 있는 안개는 어딘지 신성한 기운을 느끼게 해 준다. 이름 모를 새들이 둥지를 틀고 지저귄다. 이제는 사라져버린 ⓒ신탁의 소리를 대신하기라도 하는 듯한 새소리가 델피 산기슭을 떠다닌다. … (중략) … 고대 그리스 세계에서 델피, ⓔ그곳은 세상의 배꼽이었다. 천국과 지상이 만나는 곳이고, 성과 속, 현실과 신화가 넘나드는 곳이었다. 델피 입구에는 옴파로스의 돌 모형이 놓여 있다. 아폴로 신은 세상의 중심을 잡기 위해 두 마리의 독수리를 각각 반대 방향으로 날려 보냈다. 독수리들은 끝없는 창공을 날고 날아서 델피의 옴파로스에서 기진맥진한 상태로 다시 만났다. 둥근 지구를 돌아온 것이다.

① ⑤
③ ⓒ
② ⓒ
④ ⓔ

TIP ⑤ 사실적 묘사 ⓒ 활유법 ⓒ 청각의 시각화

Answer 5.④

6 다음 글의 내용과 무관한 것은?

> 그러나 언어가 정보 교환이나 기록 수단에 그치는 것이 아니라 반성적 사고를 가능케 하는 표상의 역할도 해 왔을 것이 쉽게 추측된다. 사실상 학자에 따라서는 최초의 언어가 통신을 위해서가 아니라 사고를 위한 표상으로 발생하였으리라 주장하기도 한다. 그러므로 반성적 사고를 통하여 정신세계가 구현되었다고 하는 것은 두뇌의 정보 지각 역량이 충분히 성숙하여 언어를 개발하게 된 것과 때를 같이 한다고 볼 수 있다. 일단 언어가 출현하여 정보의 체외 기록이 가능해지면 정보의 비축 용량은 거의 무제한으로 확대된다. 이렇게 되면 두뇌의 기능은 정보의 보관 기구로서 보다 정보의 처리 기구로서 더 중요한 의미를 가진다. 기록된 정보를 해독하고 현실에 옮기며 새로운 정보를 기록하는 작업이 모두 두뇌를 통해서 이뤄져야 하기 때문이다. 이러한 상황을 핵산 – 단백질 기구와 비교해 보자면, 정보가 기록된 DNA에 해당하는 것이 언어로 상황을 표시된 모든 기록 장치, 좀 넓게는 모든 유형 문화가 되겠고, 정보를 해독하여 행동으로 옮기는 단백질에 해당하는 것이 두뇌의 역할이라 할 수 있다. 그리고 DNA 정보가 진화되어 나가는 것과 대단히 흡사한 방법으로 인간의 문화 정보도 진화되어 나간다. 이와 병행하여 언어의 출현은 인간의 사회화를 촉진시키는 기능을 가진다. 특히 세대에서 세대로 전승해 가는 유형 및 무형 문화는 이미 사회 공유물이라고 할 수 있다.

① DNA 정보가 중요한 까닭은 현대 과학 기술의 발달로 만들어진 기계적 수단으로 그것을 정확히 다룰 수 있기 때문이다.
② 정보 기록도 중요하지만, 정보 처리는 더욱 중요하다.
③ 정보 지각과 해석에 반성적 사고가 중요하다.
④ 핵산도 진화하며 인간 문화 정보도 진화한다.

TIP ① 제시문에서는 DNA 정보가 진화되어 나가는 것과 흡사하게 인간의 문화 정보도 진화되어 나간다는 사항을 기술하고 있으며, ①에 대한 내용은 언급되어 있지 않다.

Answer 6.①

7 다음 예문의 서술 방식은?

> 일회용품들을 좋아하는 세태라고는 하지만 사람과 사람의 만남이란 그 자체로서도 소중한 것인 만큼, 쉽게 그리고 재미만을 추구하는 만남은 바람직하지 않은 것 같다. 많은 의견들이 있을 수 있겠지만 미팅에 참여하는 사람들의 마음가짐을 중심으로 미팅의 참 가치에 대해 생각해 보고자 한다.
> 첫째는 '복권형'이다. 이 유형에 속하는 사람들은 흔히 '혹시나 했더니 역시나'라는 말로 미팅에 임하는 기본 자세를 삼는다. 확률에 대한 치밀한 계산을 가지고 복권을 사는 사람은 없다. 그냥 길 가다가 판매소가 보이니까 한번 사서는 샀다는 사실조차 잊고 지내는 것이 보통이다. 마찬가지로 어쩌다 미팅의 기회가 생기면 잔뜩 부푼 마음으로 만나기로 한 장소로 나간다. 그러나 막상 만난 상대가 맘에 들지 않아 '오늘도 역시'라는 생각이 들면 떨떠름한 표정으로 팔짱 끼고, 다리 꼬고, 입 내밀고 앉아서는 자리의 분위기를 여지 없이 흐트려 버린다.

① 비교
② 대조
③ 분석
④ 분류

TIP 미팅에 참여하는 사람들의 마음가짐을 중심으로 분류하고 있다.

8 다음의 문장에서 ㉠질환 : ㉡통증의 의미 관계와 가장 유사한 것은?

> 사실상 공해가 발생한다는 사실은 인류의 긴 장래를 위해 오히려 다행스러운 일이라 할 수 있다. 생태계 내에서의 공해의 발생은 인체 내의 ㉠질환에 따른 ㉡통증에 해당한다. 만일 질환이 통증을 수반하지 않는다면 그 질환 자체를 자각하지 못할 것이고, 따라서 이에 대한 적절한 조처를 취하기 어려울 것이다.

① 기계 고장 : 경고음
② 우리나라 : 무궁화
③ 비행기 : 교통수단
④ 감정 : 감성

TIP 인과 관계를 찾는 것으로 기계 고장에 따른 경고음도 인과 관계에 해당한다.

Answer 7.④ 8.①

9 다음 글의 전개 순서로 가장 자연스러운 것은?

㉠ 이 세상에서 가장 결백하게 보이는 사람일망정 스스로나 남이 알아차리지 못하는 결함이 있을 수 있고, 이 세상에서 가장 못된 사람으로 낙인이 찍힌 사람일망정, 결백한 사람에서마저 찾지 못할 아름다운 인간성이 있을지도 모른다.

㉡ 소설만 그런 것이 아니다. 우리의 의식 속에는 은연중 이처럼 모든 사람을 좋은 사람과 나쁜 사람 두 갈래로 나누는 버릇이 도사리고 있다. 그래서인지 흔히 사건을 다루는 신문 보도에는 모든 사람이 '경찰 아니면 도둑놈'인 것으로 단정한다. 죄를 저지른 사람에 관한 보도를 보면 마치 그 사람이 죄의 화신이고, 그 사람의 이력이 죄만으로 점철되었고, 그 사람의 인격에 바른 사람으로서의 흔적이 하나도 없는 것으로 착각하게 된다.

㉢ 이처럼 우리는 부분만을 보고, 또 그것도 흔히 잘못 보고 전체를 판단한다. 부분만을 제시하면서도 보는 이가 그것이 전체라고 잘못 믿게 만들 뿐만이 아니라, '말했다'를 '으스댔다', '우겼다', '푸념했다', '넋두리했다', '뇌까렸다', '잡아뗐다', '말해서 빈축을 사고 있다' 같은 주관적 서술로 감정을 부추겨서, 상대방으로 하여금 이성적인 사실 판단이 아닌 감정적인 심리 반응으로 얘기를 들을 수밖에 없도록 만든다.

㉣ '춘향전'에서 이도령과 변학도는 아주 대조적인 사람들이었다. 흥부와 놀부가 대조적인 것도 물론이다. 한 사람은 하나부터 열까지가 다 좋고, 다른 사람은 모든 면에서 나쁘다. 적어도 이 이야기에 담긴 '권선징악'이라는 의도가 사람들을 그렇게 믿게 만든다.

① ㉠㉡㉢㉣
② ㉣㉡㉢㉠
③ ㉠㉢㉣㉡
④ ㉣㉢㉡㉠

TIP ㉡의 '소설만 그런 것이 아니다.'라는 문장을 통해 앞 문장에 소설에 대한 내용이 와야 함을 유추할 수 있으므로 ㉣이 ㉡ 앞에 와야 한다. 또한 '이처럼'이라는 지시어를 통해 ㉣㉡의 부연으로 ㉢이 와야 함을 유추할 수 있으므로 제시된 글의 순서는 ㉣㉡㉢㉠이 적절하다.

Answer 9.②

10 다음 글은 '우리 밀 살리기' 광고 문안으로 이 글이 주장하는 것은?

> 우리 밀은 믿음이요, 생명입니다. 수입 개방이 시작되면서 사라지기 시작한 우리 밀… 우리 땅에서 나는 가장 안전하고 맛있는 우리 밀을 포기하고, 재배와 운송, 보관 과정에서 뿌린 농약에 찌든 외국 밀을 먹고 있는 것이 우리의 현실입니다.
> 우리가 우리 것으로 밥상을 지켜나갈 때 우리는 건강한 시민정신을 갖게 됩니다. 지금 우리 사회에 한창 우리 밀을 살리는 일이 펼쳐지고 있습니다. 이것은 바로 우리 것에 대한 믿음입니다.

① 自然保護 ② 身土不二
③ 愛國主義 ④ 節約精神

TIP ① 자연보호
② 신토불이
③ 애국주의
④ 절약정신

Answer 10.②

02 현대 문법

01 언어와 국어

❶ 언어의 본질

(1) 언어의 특성

① **기호성** … 언어는 일정한 내용을 일정한 형식으로 나타내는 기호체계이다.

② **분절성** … 언어는 물리적으로 연속된 실체를 끊어서 표현한다.

③ **자의성** … 언어의 '의미'와 '기호' 사이에는 필연적인 관계가 없다.

④ **역사성(가변성)** … 언어는 시간의 흐름에 따라 생성, 성장(변화), 소멸한다.

⑤ **사회성(불변성)** … 언어는 사회적 약속이므로 개인이 마음대로 바꿀 수 없다.

⑥ **창조성** … 언어는 한정된 음운과 어휘로 무한의 단어와 문장을 만들어 낸다.

⑦ **규칙성(문법성)** … 언어는 일정한 규범이 있으므로 그에 맞게 사용해야 한다.

(2) 언어의 기능

① **표현적 기능** … 말하는 사람의 감정이나 태도를 나타내는 기능이다. 언어의 개념적 의미보다는 감정적인 의미가 중시된다.

② **정보 전달 기능** … 말하는 사람이 알고 있는 사실이나 지식, 정보를 상대방에게 알려 주기 위해 사용하는 기능이다.

③ **사교적 기능(친교적 기능)** … 상대방과 친교를 확보하거나 확인하여 서로 의사소통의 통로를 열어주는 기능이다.

④ **미적 기능** … 언어 예술 작품에 사용되는 것으로 언어를 통해 미적인 가치를 추구하는 기능이다. 이 경우에는 감정적 의미만이 아니라 개념적 의미도 아주 중시된다.

⑤ **지령적 기능(감화적 기능)** … 말하는 사람이 상대방에게 지시를 하여 특정 행위를 하게 하거나, 하지 않도록 함으로써 자신의 목적을 달성하려는 기능이다.

⑥ **관어적 기능(메타언어적 기능)** … 영어의 'weather'가 우리말의 '날씨'라는 뜻이라면 이는 영어와 한국어가 서로 관계하고 있음을 나타낸다.

❷ 국어의 이해

(1) 국어의 특징

① 국어의 문장
  ㉠ 정상적인 문장은 '주어 + 목적어 + 서술어'의 어순을 가진다.
  ㉡ 남녀의 성(性)의 구별이 없으며, 관사 및 관계대명사가 없다.

② 국어의 단어
  ㉠ 문법적 관계를 나타내는 말(조사, 어미 등)이 풍부하다.
  ㉡ 조어 과정에서 배의성(配意性)에 의지하는 경향이 짙다.

③ 국어의 소리
  ㉠ 음절 구성은 '자음 + 모음 + 자음'의 유형이다.
  ㉡ 자음 중 파열음과 파찰음은 예사소리, 된소리, 거센소리로 대립되어 3중 체계로 되어 있다.
  ㉢ 알타이어의 공통 특질인 두음 법칙, 모음 조화 현상이 있다.
  ㉣ 음절의 끝소리에 'ㄱ, ㄴ, ㄷ, ㄹ, ㅁ, ㅂ, ㅇ'의 일곱 자음 밖의 것을 꺼리는 끝소리 규칙이 있다.
  ㉤ 구개음화와 자음 동화 현상이 있다.

(2) 국어의 순화

① **국어 순화의 뜻** … 외래어, 외국어 등을 가능한 한 토박이말로 재정리하고, 비속한 말과 틀린 말을 고운말과 표준어로 바르게 쓰는 것이다(우리말을 다듬는 일).

② 국어 순화의 이유
  ㉠ 개인이나 사회에 악영향을 주는 말의 반작용을 막기 위해서 국어를 순화해야 한다.
  ㉡ 말은 겨레 얼의 상징이며 민족 결합의 원동력이므로 겨레의 참된 삶과 정신이 투영된 말로 순화해야 한다.

02 음운

① 음성과 음운

(1) 음성
사람의 발음 기관을 통하여 나는 구체적이고 물리적인 소리이며, 말의 뜻을 구별해 주지 못한다.

(2) 음운
① 개념 … 말의 뜻을 구별해 주는 가장 작은 소리의 단위로 추상적이고 관념적이다.
② 종류
 ㉠ 분절 음운 : 자음이나 모음과 같은 음절을 구성하는 부분이 되는 음운이다[음소(音素)].
 ㉡ 비분절 음운
  • 자음·모음이 아니면서 의미 분화 기능이 있는 음운[운소(韻素)]으로 소리의 길이, 높낮이, 세기 등이 분절 음운에 덧붙어서 실현된다.
  • 우리말의 비분절 음운은 소리의 길이(장단)에 의존한다.

② 국어의 음운

(1) 자음(19개)
말할 때 허파에서 나오는 공기의 흐름이 목 안 또는 입 안의 어떤 자리에서 장애를 받고 나오는 소리로 'ㄱ, ㄲ, ㄴ, ㄷ, ㄸ, ㄹ, ㅁ, ㅂ, ㅃ, ㅅ, ㅆ, ㅇ, ㅈ, ㅉ, ㅊ, ㅋ, ㅌ, ㅍ, ㅎ'로 19개이다.

① 소리내는 위치에 따라 … 입술소리(순음), 혀끝소리(설단음), 센입천장소리(경구개음), 여린입천장소리(연구개음), 목청소리(후음)로 나뉜다.
② 소리내는 방법에 따라 … 파열음, 마찰음, 파찰음, 비음, 유음으로 나뉜다.
③ 소리의 울림에 따라 … 울림소리, 안울림소리로 나뉜다.
④ 소리의 세기에 따라 … 예사소리, 된소리, 거센소리로 나뉜다.

[자음 체계표]

소리내는 방법		소리나는 위치	두 입술	윗잇몸 혀끝	경구개 혓바닥	연구개 혀뒤	목청 사이
			입술소리	혀끝소리	구개음	연구개음	목청소리
안울림소리	파열음	예사소리	ㅂ	ㄷ		ㄱ	
		된소리	ㅃ	ㄸ		ㄲ	
		거센소리	ㅍ	ㅌ		ㅋ	
	파찰음	예사소리			ㅈ		
		된소리			ㅉ		
		거센소리			ㅊ		
	마찰음	예사소리		ㅅ			ㅎ
		된소리		ㅆ			
울림 소리	콧소리(비음)		ㅁ	ㄴ		ㅇ	
	흐름소리(유음)			ㄹ			

(2) 모음(21개)

① 단모음 … 발음할 때 입술이나 혀가 고정되어 움직이지 않는 모음으로 'ㅏ, ㅐ, ㅓ, ㅔ, ㅗ, ㅚ, ㅜ, ㅟ, ㅡ, ㅣ'로 10개이다.

② 이중 모음 … 발음할 때 입술이나 혀가 움직이는 모음으로 'ㅑ, ㅒ, ㅕ, ㅖ, ㅘ, ㅙ, ㅛ, ㅝ, ㅞ, ㅠ, ㅢ'로 11개이다.

[모음 체계표]

혀의 높이	혀의 앞뒤	전설 모음		후설 모음	
		평순 모음	원순 모음	평순 모음	원순 모음
고모음		ㅣ	ㅟ	ㅡ	ㅜ
중모음		ㅔ	ㅚ	ㅓ	ㅗ
저모음		ㅐ		ㅏ	

(3) 소리의 길이

① 긴소리는 일반적으로 단어의 첫째 음절에 나타난다.
   예 밤(夜) – 밤:(栗), 발(足) – 발:(簾), 굴(貝類) – 굴:(窟)

② 본래 길게 나던 단어도, 둘째 음절 이하에 오면 짧게 발음되는 경향이 있다.
   예 밤: → 알밤, 말: → 한국말, 솔: → 옷솔

③ 두 음절 이상이나 혹은 소리의 일부분이 축약된 준말, 단음절어는 긴소리를 낸다.
　　예 고을→골ː, 배암→뱀ː

③ 음운의 변동

(1) 음절의 끝소리 규칙
국어에서는 'ㄱ, ㄴ, ㄷ, ㄹ, ㅁ, ㅂ, ㅇ'의 일곱 자음만이 음절의 끝소리로 발음된다.

① 음절의 끝자리의 'ㄲ, ㅋ'은 'ㄱ'으로 바뀐다.
　　예 밖[박], 부엌[부억]

② 음절의 끝자리 'ㅅ, ㅆ, ㅈ, ㅊ, ㅌ, ㅎ'은 'ㄷ'으로 바뀐다.
　　예 옷[옫], 젖[젇], 히읗[히읃]

③ 음절의 끝자리 'ㅍ'은 'ㅂ'으로 바뀐다.
　　예 숲[숩], 잎[입]

④ 음절 끝에 겹받침이 올 때에는 하나의 자음만 발음한다.
　　㉠ 첫째 자음만 발음 : ㄳ, ㄵ, ㄼ, ㄽ, ㄾ, ㅄ
　　　　예 삯[삭], 앉다[안따], 여덟[여덜], 외곬[외골], 핥다[할따]
　　㉡ 둘째 자음만 발음 : ㄺ, ㄻ, ㄿ
　　　　예 닭[닥], 맑다[막따], 삶[삼], 젊다[점따], 읊다[읖따 → 읍따]

⑤ 다음에 모음으로 시작하는 음절이 올 경우
　　㉠ 조사나 어미, 접미사와 같은 형식 형태소가 올 경우 : 다음 음절의 첫소리로 옮겨 발음한다.
　　　　예 옷이[오시], 옷을[오슬], 값이[갑씨], 삶이[살미]
　　㉡ 실질 형태소가 올 경우 : 일곱 자음 중 하나로 바꾼 후 다음 음절의 첫소리로 옮겨 발음한다.
　　　　예 옷 안[옫안→오단], 값없다[갑업다 → 가법따]

(2) 자음 동화
자음과 자음이 만나면 서로 영향을 주고받아 한쪽이나 양쪽 모두 비슷한 소리로 바뀌는 현상을 말한다.

① 정도에 따른 종류 … 완전 동화, 불완전 동화

② 방향에 따른 종류 … 순행 동화, 역행 동화, 상호 동화

(3) 구개음화
끝소리가 'ㄷ, ㅌ'인 형태소가 'ㅣ' 모음을 만나 구개음(센입천장소리)인 'ㅈ, ㅊ'으로 바뀌는 현상을 말한다.
　예 해돋이[해도지], 붙이다[부치다], 굳히다[구치다]

(4) 모음 동화

앞 음절의 'ㅏ, ㅓ, ㅗ, ㅜ' 등의 모음이 뒤 음절의 'ㅣ'와 만나면 전설 모음인 'ㅐ, ㅔ, ㅚ, ㅟ'로 변하는 현상을 말한다.
예 어미[에미], 고기[괴기], 손잡이[손재비]

(5) 모음조화

양성 모음(ㅏ, ㅗ)은 양성 모음끼리, 음성 모음(ㅓ, ㅜ)은 음성 모음끼리 어울리는 현상을 말한다.

① 용언의 어미 활용 … -아 / -어, -아서 / -어서, -았- / -었-
　예 앉아, 앉아서 / 베어, 베어서

② 의성 부사, 의태 부사에서 뚜렷이 나타난다.
　예 찰찰 / 철철, 졸졸 / 줄줄, 살랑살랑 / 설렁설렁

③ 알타이 어족의 공통 특질이며 국어의 중요한 특징이다.

(6) 음운의 축약과 탈락

① 축약 … 두 음운이 합쳐져서 하나의 음운으로 줄어 소리나는 현상을 말한다.
　㉠ 자음의 축약 :　+ ㄱ, ㄷ, ㅂ, ㅈ → ㅋ, ㅌ, ㅍ, ㅊ
　　예 낳고[나코], 좋다[조타], 잡히다[자피다], 맞히다[마치다]
　㉡ 모음의 축약 : 두 모음이 만나 한 모음으로 줄어든다.
　　예 보 + 아 → 봐, 가지어 → 가져, 사이 → 새, 되었다 → 됐다

② 탈락 … 두 음운이 만나면서 한 음운이 사라져 소리나지 않는 현상을 말한다.
　㉠ 자음의 탈락 : 아들 + 님 → 아드님, 울 + 니 → 우니
　㉡ 모음의 탈락 : 쓰 + 어 → 써, 가 + 았다 → 갔다

(7) 된소리되기

두 개의 안울림소리가 서로 만나면 뒤의 소리가 된소리로 발음되는 현상(경음화)을 말한다.
예 먹고[먹꼬], 밥과[밥꽈], 앞길[압낄]

(8) 사잇소리 현상

두 개의 형태소 또는 단어가 합성 명사를 이룰 때, 앞말의 끝소리가 울림소리이고, 뒷말의 첫소리가 안울림예사소리이면 뒤의 예사소리가 된소리로 변하는 현상을 말한다.
예 밤길[밤낄], 길가[길까], 봄비[봄삐]

① 모음 + 안울림예사소리 → 사이시옷을 적고 된소리로 발음한다.
　예 뱃사공[배싸공], 촛불[초뿔], 시냇가[시내까]

② 모음 + ㅁ, ㄴ → 'ㄴ' 소리가 덧난다.
   예 이 + 몸(잇몸)[인몸], 코 + 날(콧날)[콘날]

③ 뒷말이 'ㅣ'나 반모음 'ㅣ'로 시작될 때 → 'ㄴ' 소리가 덧난다.
   예 논일[논닐], 물약[물냑 → 물략], 아래 + 이(아랫니)[아랜니]

④ 한자가 모여서 단어를 이룰 때
   예 物價(물가)[물까], 庫間(곳간)[고깐], 貰房(셋방)[세빵]

03 단어

❶ 음절과 어절

(1) 음절
한 번에 소리낼 수 있는 소리마디를 가리킨다.
예 구름이 흘러간다. → 구∨름∨이∨흘∨러∨간∨다(7음절).
   철호가 이야기책을 읽었다. → 철∨호∨가∨이∨야∨기∨책∨을∨읽∨었∨다(11음절).

(2) 어절
끊어 읽는 대로 나누어진 도막도막의 마디로 띄어쓰기나 끊어 읽기의 단위가 된다.
예 학생은∨공부하는∨사람이다(3어절).
   구름에∨달∨가듯이∨가겠다(4어절).

❷ 단어와 형태소

(1) 단어
자립하여 쓰일 수 있는 말의 단위로, 낱말이라고도 한다. 자립하여 쓰일 수 없는 말 중 '는', '이다' 등도 단어로 인정한다.
예 철호가 이야기책을 읽었다. → 철호 / 가 / 이야기책 / 을 / 읽었다(5단어).

(2) 형태소
뜻을 가진 가장 작은 말의 단위로 최소(最小)의 유의적(有意的) 단위이다.
예 철호가 이야기책을 읽었다. → 철호 / 가 / 이야기 / 책 / 을 / 읽 / 었 / 다(8형태소).

① 자립성의 유무에 따라 … 자립 형태소, 의존 형태소로 나뉜다.

② 의미·기능에 따라 … 실질 형태소, 형식 형태소로 나뉜다.

❸ 품사

(1) 체언

① 명사 … 보통 명사, 고유 명사, 자립 명사, 의존 명사

② 대명사 … 인칭 대명사, 지시 대명사

③ 수사 … 수량이나 순서를 가리키는 단어

(2) 용언

① 동사 … 사람이나 사물의 움직임을 나타내는 단어를 말한다.

② 형용사 … 사람이나 사물의 상태나 성질을 나타내는 단어를 말한다.

③ 본용언과 보조 용언
　㉠ 본용언 : 실질적인 의미를 나타내며 단독으로 서술 능력을 가지는 용언
　㉡ 보조 용언 : 자립성이 없거나 약하여 본용언에 기대어 그 말의 뜻을 도와주는 용언

④ 활용 … 동사나 형용사의 어간에 여러 다른 어미가 붙어서 단어의 형태가 변하는 것을 가리켜 활용이라 한다.
　㉠ 규칙 용언 : 용언이 활용할 때에 어간과 어미의 모습이 일정한 대부분의 용언
　㉡ 불규칙 용언 : 국어의 일반적인 음운 규칙으로는 설명이 불가능하게 어간이나 어미의 모습이 달라지는 용언

⑤ 어미
　㉠ 선어말 어미 : 어간과 어말 어미 사이에 오는 어미
　㉡ 어말 어미 : 단어의 끝에 오는 단어를 끝맺는 어미

(3) 수식언

① 관형사 … 체언을 꾸며 주는 구실을 하는 단어를 말한다.

② 부사 … 주로 용언을 꾸며 주는 구실을 하는 단어를 말한다.

(4) 관계언(조사)

① 격조사 … 체언 뒤에 붙어 그 체언으로 하여금 일정한 문법적 자격을 가지게 하는 조사이다.

② 보조사 … 앞에 오는 체언에 특별한 의미를 더해 주는 조사이다.

③ 접속 조사 … 두 단어를 같은 자격으로 이어 주는 조사이다.

(5) 독립언(감탄사)

① 문장에서 독립적으로 쓰인다.

② 감정을 넣어 말하는 이의 놀람, 느낌, 부름, 대답을 나타내는 단어를 말한다.

4 단어의 형성

(1) 짜임새에 따른 단어의 종류

① 단일어 … 하나의 실질 형태소로 이루어진 말이다.

② 복합어 … 둘 이상의 형태소로 이루어진 말이다(파생어, 합성어).

(2) 파생어[실질 형태소(어근) + 형식 형태소(접사)]

① 어근 … 형태소가 결합하여 단어를 형성할 때, 실질적인 의미를 나타내는 부분이다.

② 접사 … 어근에 붙어 그 뜻을 제한하는 부분이다.
　　㉠ 접두사 : 어근 앞에 붙어 그 어근에 뜻을 더해 주는 접사
　　㉡ 접미사 : 어근 뒤에 붙는 접사로 그 어근에 뜻을 더하기도 하고 때로는 품사를 바꾸기도 하는 접사

(3) 합성어[실질 형태소(어근) + 실질 형태소(어근)]

① 합성법의 유형
　　㉠ 통사적 합성법 : 우리말의 일반적인 단어 배열법과 일치하는 합성법이다.
　　㉡ 비통사적 합성법 : 우리말의 일반적인 단어 배열법에서 벗어나는 합성법이다.

② 통사적 합성어와 구(句)
　　㉠ 통사적 합성어는 구를 이룰 때의 방식과 일치하므로 구별이 어려울 때가 있다.
　　㉡ 통사적 합성어는 분리성이 없어 다른 말이 끼어들 수 없다.
　　㉢ 통사적 합성어는 합성 과정에서 소리와 의미가 변화되기도 한다.

③ 합성어의 의미상 갈래
- ㉠ **병렬 합성어** : 어근이 대등하게 본래의 뜻을 유지하는 합성어
- ㉡ **유속 합성어** : 한쪽의 어근이 다른 한쪽의 어근을 수식하는 합성어
- ㉢ **융합 합성어** : 어근들이 완전히 하나로 융합하여 새로운 의미를 나타내는 합성어

④ 합성어의 파생(합성어 + 접사)
- ㉠ 합성어 + 접사의 구조로 이루어진 말
- ㉡ 통사적 합성어 어근 + 접미사
- ㉢ 비통사적 합성어 어근 + 접미사
- ㉣ 반복 합성어 + 접미사

04 문장

❶ 문장의 성분

(1) 주성분

① **주어** … 문장에서 설명하고자 하는 대상으로서 '누가', '무엇이'에 해당한다.

② **서술어**
- ㉠ 대상에 대한 설명으로서 '무엇이다', '어떠하다', '어찌하다'에 해당한다.
- ㉡ 환경에 따라 서술어는 자릿수가 달라진다.

③ **목적어** … 서술어가 나타내는 동작이나 행위의 대상이 되는 말로서 '누구를', '무엇을'에 해당한다.

④ **보어** … 서술어 '되다', '아니다'가 주어 이외에 꼭 필요로 하는 성분으로서 '누가', '무엇이'에 해당한다. 보어는 서술어의 의미를 보충해 주는 구실을 한다.

(2) 부속 성분

① **관형어** … 주로 사물, 사람과 같이 대상을 나타내는 말 앞에서 이를 꾸며 주는 역할을 한다.

② **부사어**
- ㉠ 일반적으로 서술어를 꾸며 그 의미를 자세히 설명해 주는 성분이다.
- ㉡ 다른 부사어나 관형어, 또는 문장 전체를 꾸며 주기도 한다.

③ 독립 성분(독립어)
　㉠ 다른 성분들과 직접적인 관계를 맺지 않고 독립적으로 쓰이는 성분이다.
　㉡ 부름, 감탄, 응답 등이 이에 속한다.

❷ 문법 요소

(1) 사동 표현

① **사동사** … 주어가 남에게 어떤 동작을 하도록 시키는 것을 나타내는 동사이다.

② **주동사** … 주어가 직접 행하는 동작을 나타내는 동사이다.

③ **사동 표현의 방법**
　㉠ 용언 어근 + 사동 접미사(-이-, -히-, -리-, -기-, -우-, -구-, -추-) → 사동사
　㉡ 동사 어간 + '-게 하다'

(2) 피동 표현

① **피동사** … 주어가 남의 행동을 입어서 행하게 되는 동작을 나타내는 동사이다.

② **능동사** … 주어가 제 힘으로 행하는 동작을 나타내는 동사이다.

③ **피동 표현의 방법**
　㉠ 동사 어간 + 피동 접미사(-이-, -히-, -리-, -기-) → 피동사
　㉡ 동사 어간 + '-어 지다'

(3) 높임 표현

① **주체 높임법** … 용언 어간 + 선어말 어미 '-시-'의 형태로 이루어져 서술어가 나타내는 행위의 주체를 높여 표현하는 문법 기능을 말한다.

② **객체 높임법** … 말하는 이가 서술의 객체를 높여 표현하는 문법 기능을 말한다(드리다, 여쭙다, 뵙다, 모시다 등).

③ **상대 높임법** … 말하는 이가 말을 듣는 상대를 높여 표현하는 문법 기능을 말한다.

(4) 시간 표현

① **과거 시제** … 사건시가 발화시보다 앞설 때의 시제를 말한다.

② **현재 시제** … 발화시와 사건시가 일치하는 시제를 말한다.

③ **미래 시제** … 사건시가 모두 발화시 이후일 때의 시제를 말한다.

(5) 부정 표현

① **'안' 부정문** … '아니(안)', '아니다', '-지 아니하다(않다)'에 의한 부정문으로, 단순 부정이나 주체의 의지에 의한 부정을 나타낸다.
  ㉠ 짧은 부정문 : '아니(안)' + 용언
  ㉡ 긴 부정문 : '용언 어간 + -지(보조적 연결 어미)' + 아니하다

② **'못' 부정문** … '못', '-지 아니하다'에 의한 부정문으로, 주체의 능력 부족이나 외부의 원인에 한 불가능을 나타낸다.
  ㉠ 짧은 부정문 : '못' + 용언
  ㉡ 긴 부정문 : '용언 어간 + -지(보조적 연결 어미) + 못하다'

③ **'말다' 부정문** … 명령형이나 청유형에서 사용되어 금지를 나타낸다. 서술어가 동사인 경우에만 가능하나 일부 형용사에서 사용될 경우에는 '기원'의 의미를 지닌다.
  예 영희를 만나지 마라. (금지) / 집이 너무 작지만 마라. (기원)

❸ 문장의 짜임

(1) 홑문장

주어와 서술어의 관계가 한 번만 맺어지는 문장을 말한다.
예 첫눈이 내린다.

(2) 겹문장

① **안은 문장** … 독립된 문장이 다른 문장의 성분으로 안기어 이루어진 겹문장을 말한다.
  ㉠ 명사절로 안김 : 한 문장이 다른 문장으로 들어가 명사 구실을 한다.
  ㉡ 서술절로 안김 : 한 문장이 다른 문장으로 들어가 서술어 기능을 한다.
  ㉢ 관형절로 안김 : 한 문장이 다른 문장으로 들어가 관형어 구실을 한다.
  ㉣ 부사절로 안김 : 파생 부사 없이 '달리, 같이' 등이 서술어 기능을 하여 부사절을 이룬다.
  ㉤ 인용절로 안김 : 인용문이 다른 문장으로 들어가 안긴다.

② **이어진 문장** … 둘 이상의 독립된 문장이 연결 어미에 의해 이어져 이루어진 겹문장을 말한다.
  ㉠ 대등하게 이어진 문장 : 대등적 연결 어미인 '-고, -(으)며, (으)나, -지만, -든지, -거나'에 의해 이어진다.
  ㉡ 종속적으로 이어진 문장 : 종속적 연결 어미인 '-어(서), -(으)니까, -(으)면, -거든, (으)수록'에 의해 이어진다.

05 맞춤법과 표준어

1 한글 맞춤법

(1) 표기 원칙

한글 맞춤법은 표준어를 소리대로 적되, 어법에 맞도록 함을 원칙으로 한다.

(2) 맞춤법에 유의해야 할 말

① 한 단어 안에서 뚜렷한 까닭 없이 나는 된소리는 다음 음절의 첫소리를 된소리로 적는다.
    예 소쩍새, 아끼다, 어떠하다, 해쓱하다, 거꾸로, 가끔, 어찌, 이따금, 산뜻하다, 몽땅

② 'ㄷ' 소리로 나는 받침 중에서 'ㄷ'으로 적을 근거가 없는 것은 'ㅅ'으로 적는다.
    예 덧저고리, 돗자리, 엇셈, 웃어른, 핫옷, 무릇, 사뭇, 얼핏, 자칫하면

③ '계, 례, 몌, 폐, 혜'의 'ㅖ'는 'ㅔ'로 소리나는 경우가 있더라도 'ㅖ'로 적는다.
    예 계수(桂樹), 혜택(惠澤), 사례(謝禮), 연몌(連袂), 계집, 핑계

④ '의'나, 자음을 첫소리로 가지고 있는 음절의 'ㅢ'는 'ㅣ'로 소리나는 경우가 있더라도 'ㅢ'로 적는다.
    예 무늬(紋), 보늬, 늴리리, 닁큼, 오늬, 하늬바람

⑤ 한자음 '녀, 뇨, 뉴, 니'가 단어 첫머리에 올 적에는 두음 법칙에 따라 '여, 요, 유, 이'로 적는다.
    예 여자(女子), 요소(尿素), 유대(紐帶), 익명(匿名)

⑥ 한자음 '랴, 려, 례, 료, 류, 리'가 단어의 첫머리에 올 적에는 두음 법칙에 따라 '야, 여, 예, 요, 유, 이'로 적는다.
    예 양심(良心), 용궁(龍宮), 역사(歷史), 유행(流行), 예의(禮儀), 이발(理髮)

⑦ 한 단어 안에서 같은 음절이나 비슷한 음절이 겹쳐 나는 부분은 같은 글자로 적는다.
    예 똑딱똑딱, 쓱싹쓱싹, 씁쓸하다, 유유상종(類類相從)

⑧ 용언의 어간과 어미는 구별하여 적는다.
    예 먹다, 먹고, 먹어, 먹으니

⑨ 어미 뒤에 덧붙는 조사 '요'는 '요'로 적는다.
    예 읽어요, 참으리요, 좋지요

⑩ 어간에 '-이'나 '-음/-ㅁ'이 붙어서 명사로 된 것과 '-이'나 '-히'가 붙어서 부사로 된 것은 그 어간의 원형을 밝히어 적는다.
    예 얼음, 굳이, 더욱이, 일찍이, 익히, 앎, 만듦, 짓궂이, 밝히

⑪ 명사 뒤에 '-이'가 붙어서 된 말은 그 명사의 원형을 밝히어 적는다.
　　예) 곳곳이, 낱낱이, 몫몫이, 샅샅이, 집집이, 곰배팔이, 바둑이, 삼발이, 애꾸눈이, 육손이

⑫ '-하다'나 '-거리다'가 붙는 어근에 '-이'가 붙어서 명사가 된 것은 그 원형을 밝히어 적는다.
　　예) 깔쭉이, 살살이, 꿀꿀이, 눈깜짝이, 오뚝이, 더펄이, 코납작이, 배불뚝이, 푸석이, 홀쭉이

⑬ '-하다'가 붙는 어근에 '-히'나 '-이'가 붙어 부사가 되거나, 부사에 '-이'가 붙어서 뜻을 더하는 경우에는, 그 어근이나 부사의 원형을 밝히어 적는다.
　　예) 급히, 꾸준히, 도저히, 딱히, 어렴풋이, 깨끗이, 곰곰이, 더욱이, 생긋이, 오뚝이, 일찍이, 해죽이

⑭ 사이시옷은 다음과 같은 경우에 받치어 적는다.
　　㉠ 순 우리말로 된 합성어로서 앞말이 모음으로 끝난 경우
　　㉡ 순 우리말과 한자어로 된 합성어로서 앞말이 모음으로 끝난 경우
　　㉢ 두 음절로 된 다음 한자어

⑮ 두 말이 어울릴 적에 'ㅂ' 소리나 'ㅎ' 소리가 덧나는 것은 소리대로 적는다.
　　예) 댑싸리, 멥쌀, 볍씨, 햅쌀, 머리카락, 살코기, 수컷, 수탉, 안팎, 암캐, 암탉

⑯ 어간의 끝음절 '하'의 'ㅏ'가 줄고 'ㅎ'이 다음 음절의 첫소리와 어울려 거센소리로 될 적에는 거센소리로 적는다.
　　예) 간편하게 – 간편케 – 다정하다 – 다정타

⑰ 부사의 끝음절이 분명히 '이'로만 나는 것은 '-이'로 적고, '히'로만 나거나 '이'나 '히'로 나는 것은 '-히'로 적는다.
　　㉠ '이'로만 나는 것
　　　　예) 가붓이, 깨끗이, 나붓이, 느긋이, 둥긋이, 따뜻이, 반듯이, 버젓이, 산뜻이, 의젓이, 가까이, 고이
　　㉡ '히'로만 나는 것
　　　　예) 극히, 급히, 딱히, 속히, 작히, 족히, 특히, 엄격히, 정확히
　　㉢ '이, 히'로 나는 것
　　　　예) 솔직히, 가만히, 소홀히, 쓸쓸히, 정결히, 꼼꼼히, 열심히, 급급히, 답답히, 섭섭히, 공평히

⑱ 한자어에서 본음으로도 나고 속음으로도 나는 것은 각각 그 소리에 따라 적는다.
　　예) • 승낙(承諾) : 수락(受諾), 쾌락(快諾), 허락(許諾)
　　　　• 만난(萬難) : 곤란(困難), 논란(論難)
　　　　• 안녕(安寧) : 의령(宜寧), 회령(會寧)

⑲ 다음과 같은 접미사는 된소리로 적는다.
　　예) 심부름꾼, 귀때기, 익살꾼, 볼때기, 일꾼, 판자때기, 뒤꿈치, 장난꾼, 팔꿈치, 지게꾼, 이마빼기

⑳ 두 가지로 구별하여 적던 다음 말들은 한 가지로 적는다.
　　예) 맞추다(마추다×) : 입을 맞춘다. 양복을 맞춘다.

㉑ '-더라, -던'과 '-든지'는 다음과 같이 적는다.
　㉠ 지난 일을 나타내는 어미는 '-더라, -던'으로 적는다.
　　예 지난 겨울은 몹시 춥더라. 그 사람 말 잘하던데!
　㉡ 물건이나 일의 내용을 가리지 아니하는 뜻을 나타내는 조사와 어미는 '-든지'로 적는다.
　　예 배든지 사과든지 마음대로 먹어라. 가든지 오든지 마음대로 해라.

❷ 표준어 규정

(1) 주요 표준어

① 다음 단어들은 거센소리를 가진 형태를 표준어로 삼는다.
　예 끄나풀, 빈 칸, 부엌, 살쾡이, 녘
② 어원에서 멀어진 형태로 굳어져서 널리 쓰이는 것은, 그것을 표준어로 삼는다.
　예 강낭콩, 사글세, 고삿
③ 다음 단어들은 의미를 구별함이 없이, 한 가지 형태만을 표준어로 삼는다.
　예 돌, 둘째, 셋째, 넷째, 열두째, 빌리다
④ 수컷을 이르는 접두사는 '수-'로 통일한다.
　예 수꿩, 수소, 수나사, 수놈, 수사돈, 수은행나무
⑤ 양성 모음이 음성 모음으로 바뀌어 굳어진 다음 단어는 음성 모음 형태를 표준어로 삼는다.
　예 깡충깡충, -둥이, 발가숭이, 보퉁이, 뻗정다리, 아서, 아서라, 오뚝이, 주추
⑥ 'ㅣ' 역행 동화 현상에 의한 발음은 원칙적으로 표준 발음으로 인정하지 아니한다.
　㉠ 다음 단어들은 그러한 동화가 적용된 형태를 표준어로 삼는다.
　　예 풋내기, 냄비, 동댕이치다
　㉡ 다음 단어는 'ㅣ' 역행 동화가 일어나지 아니한 형태를 표준어로 삼는다.
　　예 아지랑이
　㉢ 기술자에게는 '-장이', 그 외에는 '-쟁이'가 붙는 형태를 표준어로 삼는다.
　　예 미장이, 유기장이, 멋쟁이, 소금쟁이, 담쟁이덩굴
⑦ 다음 단어는 모음이 단순화한 형태를 표준어로 삼는다.
　예 괴팍하다, 미루나무, 미륵, 여느, 으레, 케케묵다, 허우대
⑧ 다음 단어에서는 모음의 발음 변화를 인정하여, 발음이 바뀌어 굳어진 형태를 표준어로 삼는다.
　예 깍쟁이, 나무라다, 바라다, 상추, 주책, 지루하다, 튀기, 허드레, 호루라기, 시러베아들
⑨ '웃-' 및 '윗-'은 명사 '위'에 맞추어 '윗-'으로 통일한다.
　예 윗도리, 윗니, 윗목, 윗몸, 윗자리, 윗잇몸

⑩ 한자 '구(句)'가 붙어서 이루어진 단어는 '귀'로 읽는 것을 인정하지 아니하고, '구'로 통일한다.
  예 구절(句節), 결구(結句), 경구(警句), 단구(短句), 대구(對句), 문구(文句), 어구(語句), 연구(聯句)

(2) 표준 발음법
표준 발음법은 표준어의 실제 발음을 따르되, 국어의 전통성과 합리성을 고려하여 정함을 원칙으로 한다.

① 겹받침 'ㄳ', 'ㄵ', 'ㄼ', 'ㄽ', 'ㄾ', 'ㅄ'은 어말 또는 자음 앞에서 각각 [ㄱ, ㄴ, ㄹ, ㅂ]으로 발음한다.
  예 넋[넉], 넋과[넉꽈], 앉다[안따], 여덟[여덜], 넓다[널따], 외곬[외골], 핥다[할따], 값[갑], 없다[업ː따]

② '밟-'은 자음 앞에서 [밥]으로 발음하고, '넓-'은 다음과 같은 경우에 [넙]으로 발음한다.
  예 밟다[밥ː따], 밟는[밤ː는], 넓죽하다[넙쭈카다], 넓둥글다[넙뚱글다]

③ 겹받침 'ㄺ, ㄻ, ㄿ'은 어말 또는 자음 앞에서 각각 [ㄱ, ㅁ, ㅂ]으로 발음한다.
  예 닭[닥], 흙과[흑꽈], 맑다[막따], 늙지[늑찌], 삶[삼ː], 젊다[점ː따], 읊고[읍꼬], 읊다[읍따]

④ 용언의 어간 '맑-'의 'ㄺ'은 'ㄱ' 앞에서 [ㄹ]로 발음한다.
  예 맑게[말께], 묽고[물꼬], 얽거나[얼꺼나]

⑤ 'ㅎ(ㄶ, ㅀ)' 뒤에 'ㄱ, ㄷ, ㅈ'이 결합되는 경우에는, 뒤 음절 첫소리와 합쳐서 [ㅋ, ㅌ, ㅊ]으로 발음한다.
  예 놓고[노코], 좋던[조ː턴], 쌓지[싸치], 많고[만ː코], 닳지[달치]

⑥ 'ㅎ(ㄶ, ㅀ)' 뒤에 모음으로 시작된 어미나 접미사가 결합되는 경우에는, 'ㅎ'을 발음하지 않는다.
  예 낳은[나은], 놓아[노아], 쌓이다[싸이다], 싫어도[시러도]

⑦ 받침 뒤에 모음 'ㅏ, ㅓ, ㅗ, ㅜ, ㅟ'들로 시작되는 실질 형태소가 연결되는 경우에는, 대표음으로 바꾸어서 뒤 음절 첫소리로 옮겨 발음한다.
  예 밭 아래[바다래], 늪 앞[느밥], 젖어미[저더미], 맛없다[마덥따], 겉옷[거돋]

⑧ 한글 자모의 이름은 그 받침소리를 연음하되, 'ㄷ, ㅈ, ㅊ, ㅋ, ㅌ, ㅍ, ㅎ'의 경우에는 특별히 다음과 같이 발음한다.
  예 디귿이[디그시], 지읒이[지으시], 치읓이[치으시], 키읔이[키으기], 티읕이[티으시]

⑨ 받침 'ㄷ, ㅌ(ㄾ)'이 조사나 접미사의 모음 'ㅣ'와 결합되는 경우에는, [ㅈ, ㅊ]으로 바꾸어서 뒤 음절 첫소리로 옮겨 발음한다.
  예 곧이듣다[고지듣따], 굳이[구지], 미닫이[미다지], 땀받이[땀바지]

⑩ 받침 'ㄱ(ㄲ, ㅋ, ㄳ, ㄺ), ㄷ(ㅅ, ㅆ, ㅈ, ㅊ, ㅌ, ㅎ), ㅂ(ㅍ, ㄼ, ㄿ, ㅄ)'은 'ㄴ, ㅁ' 앞에서 [ㅇ, ㄴ, ㅁ]으로 발음한다.
  예 먹는[멍는], 국물[궁물], 깎는[깡는], 키읔만[키응만], 몫몫이[몽목씨], 긁는[긍는], 흙만[흥만]

⑪ 받침 'ㅁ, ㅇ' 뒤에 연결되는 'ㄹ'은 [ㄴ]으로 발음한다.
  예 담력[담ː녁], 침략[침냑], 강릉[강능], 대통령[대ː통녕]

06 외래어 표기법과 로마자 표기법

❶ 외래어 표기법

(1) 개념

외래어를 우리 글로 적는 방법을 나타낸 규정으로, 이미 굳어진 외래어는 관용을 존중하되 그 범위와 용례는 따로 정한다.

(2) 외래어 표기의 기본 원칙

① 외래어는 국어의 현용 24 자모만으로 적는다.
  예 [v]는 국어에는 없는 소리여서 현용 국어자음으로 바꿔 쓴다.

② 외래어의 1 음운은 원칙적으로 1 기호로 적는다.
  예 [f]는 [ㅎ]이나 [ㅍ]으로 소리 나지만 이중 1개의 기호로 적는다.

③ 받침에는 'ㄱ, ㄴ, ㄹ, ㅁ, ㅂ, ㅅ, ㅇ'만을 쓴다.
  예 받침 [t]는 [ㄷ]처럼 소리 나지만 표기에서는 [ㄷ]으로 쓸 수 없다. 즉, internet은 [인터넫]으로 소리 나지만, '인터넷'으로 적는다.

④ 파열음 표기에는 된소리를 쓰지 않는 것을 원칙으로 한다.
  예 [p]는 발음이 된소리 [ㅃ]으로 나기도 하지만 된소리로 적지 않는다.

⑤ 이미 굳어진 외래어는 관용을 존중하되, 그 범위와 용례는 따로 정한다.
  예 외래어 표기법에 따르면 '모델(model)'은 '마들'로 라디오(radio)는 '레이디오'로 바꿔 적어야 하지만 이미 오래 전부터 쓰여 굳어졌으므로 관용을 존중한다.

❷ 로마자 표기법

(1) 개념

국어를 로마자로 표기하는 방법을 나타낸 규정으로, 외국인들이 우리나라의 말을 편리하게 읽도록 도와주어 보다 원활한 의사소통을 하게 하기 위함이다.

(2) 표기의 기본 원칙

① 국어의 로마자 표기는 국어의 표준 발음법에 따라 적는 것을 원칙으로 한다.

② 로마자 이외의 부호는 되도록 사용하지 않는다.

③ 표기 일람
   ㉠ 모음

구분	로마자 표기									
단모음	ㅏ	ㅓ	ㅗ	ㅜ	ㅡ	ㅣ	ㅐ	ㅔ	ㅚ	ㅟ
	a	eo	o	u	eu	i	ae	e	oe	wi
이중모음	ㅑ	ㅕ	ㅛ	ㅠ	ㅒ	ㅖ	ㅘ	ㅙ	ㅝ	ㅞ	ㅢ
	ya	yeo	yo	yu	yae	ye	wa	wae	wo	we	ui

- 'ㅢ'는 'ㅣ'로 소리 나더라도 'ui'로 적는다.
   예) 광희문 Gwanghuimun
- 장모음의 표기는 따로 하지 않는다.

   ㉡ 자음

구분	로마자 표기								
파열음	ㄱ	ㄲ	ㅋ	ㄷ	ㄸ	ㅌ	ㅂ	ㅃ	ㅍ
	g, k	kk	k	d, t	tt	t	b, p	pp	p
파찰음	ㅈ	ㅉ	ㅊ						
	j	jj	ch						
마찰음	ㅅ	ㅆ	ㅎ						
	s	ss	h						
비음	ㄴ	ㅁ	ㅇ						
	n	m	ng						
유음	ㄹ								
	r, l								

- 'ㄱ, ㄷ, ㅂ'은 모음 앞에서는 'g, d, b'로, 자음 앞이나 어말에서는 'k, t, p'로 적는다.
   예) 구미 Gumi – 옥천 Okcheon
       영동 Yeongdong – 합덕 Hapdeok
       백암 Baegam – 호법 Hobeop
- 'ㄹ'은 모음 앞에서는 'r'로, 자음 앞이나 어말에서는 'l'로 적는다. 단, 'ㄹㄹ'은 'll'로 적는다.
   예) 구리 Guri, 칠곡 Chilgok, 울릉 Ulleung

(3) 로마자 표기의 유의점

① 음운의 변화가 일어날 때는 변화의 결과에 따라 적는다. 글자와 발음이 상이한 경우에는 발음을 기준으로 표기한다.
　예) 해돋이[해도지] haedoji

② 발음상의 혼동의 우려가 있을 때에는 음절 사이에 붙임표(-)를 쓸 수 있다.
　예) 중앙 jung-ang

③ 고유명사는 첫 글자를 대문자로 적는다.
　예) 부산 Busan

④ 인명은 성과 이름의 순서로 띄어 쓴다. 이름은 붙여 쓰는 것을 원칙으로 하되 음절 사이에 붙임표(-)를 쓰는 것을 허용한다. 단, 이름에서 일어나는 음운 변화는 표기에 반영하지 않는다.
　예) 한복남 Han Boknam, Han Bok-nam

⑤ '도, 시, 군, 읍, 면, 리, 동'의 행정구역 단위와 '가'는 각각 'do, si, gun, eup, myeon, ri, dong, ga'로 적고 그 앞에는 붙임표(-)를 넣는다. 붙임표 앞뒤에서 일어나는 음운변화는 표기에 반영하지 않는다.
　예) 제주도 jeju-do

⑥ 자연 지형물, 문화재명, 인공 축조물명은 붙임표(-) 없이 쓴다.
　예) 남산 Namsan, 독도 Dokdo

⑦ 인명, 회사명, 단체명 등은 규정에 맞지 않더라도 그동안 써 온 표기를 쓸 수 있다.
　예) 현대 Hyundai, 삼성 Samsung

02. 현대 문법

최근 기출문제 분석

2020. 6. 13. 제1회 지방직 / 제2회 서울특별시

1 밑줄 친 단어의 쓰임이 옳은 것은?

① <u>하노라고</u> 한 것이 이 모양이다.
② 물품 대금은 나중에 예치금에서 자동으로 <u>결재된다</u>.
③ 예산을 대충 <u>걷잡아서</u> 말하지 말고 잘 뽑아 보세요.
④ 행운이 가득하기를 기원하는 것으로 치사를 <u>가름합니다</u>.

> **TIP** ① 하노라고: '하-' + '-노라고' → 자기 나름대로 꽤 노력했음을 나타내는 연결 어미
> 하느라고: '하-' + '-느라고' → 앞 절의 사태가 뒤 절의 사태에 목적이나 원인이 됨을 나타내는 연결 어미
> ② 결재(決裁): 결정할 권한이 있는 상관이 부하가 제출한 안건을 검토하여 허가하거나 승인함.
> 결제(決濟): 증권 또는 대금을 주고받아 매매 당사자 사이의 거래 관계를 끝맺는 일
> ③ 걷잡다: 한 방향으로 치우쳐 흘러가는 형세 따위를 붙들어 잡다.
> 마음을 진정하거나 억제하다.
> 겉잡다: 겉으로 보고 대강 짐작하여 헤아리다.
> ④ 가름하다: 쪼개거나 나누어 따로 따로 되게 하다.
> 승부나 등수 따위를 정하다.
> 갈음하다: 다른 것으로 바꾸어 대신하다.

2020. 6. 13. 제1회 지방직 / 제2회 서울특별시

2 밑줄 친 부분의 활용형이 옳지 않은 것은?

① 집에 오면 그는 항상 사랑채에 <u>머물었다</u>.
② 나는 고향 집에 한 사나흘 <u>머무르면서</u> 쉴 생각이다.
③ 일에 <u>서툰</u> 것은 연습이 부족한 까닭이다.
④ 그는 외국어가 <u>서투르므로</u> 해외 출장을 꺼린다.

> **TIP** '머무르다'의 준말(줄임말)은 모음으로 시작하는 어미와 함께 올 수 없기 때문에 '머물었다'는 쓸 수 없다. '머물렀다'가 정확한 표현이다. → '르' 불규칙 용언

Answer 1.① 2.①

2020. 6. 13. 제1회 지방직 / 제2회 서울특별시

3 밑줄 친 부분의 띄어쓰기가 옳은 것은?

① <u>해도해도</u> 너무한다.
② 빠른 <u>시일 내</u> 지원해 줄 것이다.
③ 이 그릇은 귀한 거라 손님 <u>대접하는데나</u> 쓴다.
④ 소비 절약을 호소하는 <u>정공법 밖에</u> 달리 도리는 없다.

> **TIP** ② '내'는 '일정한 범위의 안'이라는 의미의 의존명사이므로 띄어 쓴다.
> ① 해도해도 → 해도 해도 : 합성어가 아니므로 띄어 쓴다.
> ③ 대접하는데나 → 대접하는 데나 : '데'는 '경우'의 뜻을 나타내는 의존명사이므로 띄어 쓴다.
> ④ 정공법 밖에 → 정공법밖에 : '밖에'는 '그것 말고는', '그것 이외에는', '기꺼이 받아들이는', '피할 수 없는'의 뜻을 나타내는 보조사이므로 붙여 쓴다.

2019. 6. 15 제2회 서울특별시

4 한글 맞춤법에 따라 바르게 표기된 것만 나열한 것은?

① 새까맣다 – 싯퍼렇다 – 샛노랗다
② 시뻘겋다 – 시허옇다 – 싯누렇다
③ 새퍼렇다 – 새빨갛다 – 샛노랗다
④ 시하얗다 – 시꺼멓다 – 싯누렇다

> **TIP** 접두사 '새-/시-, 샛-/싯-'은 뒤에 오는 말에 따라 구별된다. 된소리, 거센소리, 'ㅎ' 앞에는 '새-/시-'가, 유성음 앞에는 '샛-/싯-'이 결합한다. 이 중 '새-, 샛-'은 뒷말이 양성 모음일 때, '시-, 싯-'은 뒷말이 음성 모음일 때 결합한다.
> ① 싯퍼렇다 → 시퍼렇다
> ③ 새퍼렇다 → 새파랗다/시퍼렇다
> ④ 시하얗다 → 새하얗다/시허옇다

Answer 3.② 4.②

2019. 6. 15 제2회 서울특별시

5 〈보기〉의 설명에 따라 올바르게 표기된 경우가 아닌 것은?

보기

- 어간의 끝음절 '하'의 'ㅏ'가 줄고 'ㅎ'이 다음 음절의 첫소리와 어울려 거센소리로 될 적에는 거센소리로 적는다.
- 어간의 끝음절 '하'가 아주 줄 적에는 준 대로 적는다.

① 섭섭지   ② 흔타
③ 익숙치   ④ 정결타

> **TIP** ③ '익숙하지'에서 '하'가 아주 줄어든 경우이므로 '익숙지'가 올바른 표현이다.
> ① '섭섭하지'에서 '하'가 아주 줄어든 경우이므로 '섭섭지'가 올바른 표현이다.
> ② '흔하다'에서 'ㅏ'가 줄고 'ㅎ'이 다음 음절의 첫소리 'ㄷ'과 어울려 거센소리로 된 경우이므로 '흔타'가 올바른 표현이다.
> ④ '정결하다'에서 'ㅏ'가 줄고 'ㅎ'이 다음 음절의 첫소리 'ㄷ'과 어울려 거센소리로 된 경우이므로 '정결타'가 올바른 표현이다.

2019. 6. 15 제2회 서울특별시

6 외래어 표기 용례로 올바른 것은?

① dot - 다트   ② parka - 파카
③ flat - 플래트   ④ chorus - 코루스

> **TIP** ① 다트 → 도트(도트프린터)/닷(닷컴)
> ③ 플래트 → 플랫
> ④ 코루스 → 코러스

Answer 5.③ 6.②

2019. 6. 15 제2회 서울특별시

7 〈보기 1〉의 사례와 〈보기 2〉의 언어 특성이 가장 잘못 짝지어진 것은?

―보기―
- 어간의 끝음절 '하'의 'ㅏ'가 줄고 'ㅎ'이 다음 음절의 첫소리와 어울려 거센소리로 될 적에는 거센소리로 적는다.
- 어간의 끝음절 '하'가 아주 줄 적에는 준 대로 적는다.

―보기―
㉠ 규칙성 ㉡ 역사성
㉢ 창조성 ㉣ 사회성

① (가) ― ㉡
② (나) ― ㉣
③ (다) ― ㉢
④ (라) ― ㉠

TIP 언어의 특성
㉠ 기호성: 언어는 일정한 내용을 일정한 형식으로 나타내는 기호체계이다.
㉡ 분절성: 언어는 물리적으로 연속된 실체를 끊어서 표현한다.
㉢ 자의성: 언어의 '의미'와 '기호' 사이에는 필연적인 관계가 없다.
㉣ 역사성(가변성): 언어는 시간의 흐름에 따라 생성, 성장(변화), 소멸한다.
㉤ 사회성(불변성): 언어는 사회적 약속이므로 개인이 마음대로 바꿀 수 없다.
㉥ 창조성: 언어는 한정된 음운과 어휘로 무한의 단어와 문장을 만들어 낸다.
㉦ 규칙성(문법성): 언어는 일정한 규범이 있으므로 그에 맞게 사용해야 한다.

2018. 6. 23 제2회 서울특별시

8 문장쓰기 어법이 가장 옳은 것은?

① 한국 정부는 독도 영유권 문제에 대하여 일본에 강력히 항의하였다.
② 경쟁력 강화와 생산성의 향상을 위해 경영 혁신이 요구되어지고 있다.
③ 이것은 아직도 한국 사회가 무사안일주의를 벗어나지 못했다는 생각이 든다.
④ 냉정하게 전력을 평가해 봐도 한국이 자력으로 16강 티켓 가능성은 높은 편이다.

Answer 7.④ 8.①

TIP ② '-되어지다'는 피동의 뜻을 더하고 동사를 만드는 접미사 '-되다'와 '-어지다'의 이중피동이다. → 경쟁력 강화와 생산성의 향상을 위해 경영 혁신이 요구된다.
③ 주술 호응이 잘못되었다. → 이것은 아직도 한국 사회가 무사안일주의를 벗어나지 못했다는 생각을 들게 한다.
④ '티켓 가능성'사이에 티켓과 호응하는 서술어가 빠진 문장이다. → 냉정하게 전력을 평가해 봐도 한국이 자력으로 16강 티켓을 획득할 가능성은 높은 편이다.

2018. 6. 23 제2회 서울특별시
9 〈보기〉의 단어에 공통으로 적용된 음운 변동은?

---보기---
• 꽃내음[꼰내음]   • 바깥일[바깐닐]   • 학력[항녁]

① 중화
② 첨가
③ 비음화
④ 유음화

TIP • 꽃내음 → [꼳내음](음절의 끝소리 규칙) → [꼰내음](비음화)
• 바깥일 → [바깥일](음절의 끝소리 규칙) → [바깥닐](ㄴ첨가) → [바깐닐](비음화)
• 학력 → [항녁](비음화)

2018. 5. 19 제1회 지방직
10 사동법의 특징을 고려할 때 밑줄 친 단어의 쓰임이 옳은 것은?

① 그는 김 교수에게 박 군을 소개시켰다.
② 돌아오는 길에 병원에 들러 아이를 입원시켰다.
③ 생각이 다른 타인을 설득시킨다는 건 참 힘든 일이다.
④ 우리는 토론을 거쳐 다양한 사회적 갈등을 해소시킨다.

TIP 사동법은 문장의 주체가 자기 스스로 행하는 것이 아니라 남으로 하여금 어떤 동작이나 행동을 하게 하는 방법이다. '-시키다'는 사동의 뜻을 더하고 동사를 만드는 접미사이다.
② 문장에서 생략된 주어가 '아이'로 하여금 '입원'을 하게 한 문장이므로 사동법이 바르게 쓰였다.
① 소개시켰다 → 소개했다
③ 설득시킨다 → 설득한다
④ 해소시킨다 → 해소한다

Answer 9.③ 10.②

02. 현대 문법

출제 예상 문제

1 밑줄 친 말이 어법에 맞는 것은?

① 우리나라의 깊은 바다는 해외와 다르게 색이 <u>퍼레서</u> 무서운 느낌이 든다.
② 가을철 등산객이 <u>또아리</u> 튼 뱀을 나뭇가지로 건드리다 물리는 사고가 종종 발생한다.
③ <u>머릿말</u>을 끝으로 드디어 2년여에 걸친 소설 집필이 끝났다.
④ 요즘 빈집털이가 기승을 부리니 문을 잘 <u>잠궈야</u> 한다.

> **TIP** '퍼렇다'는 ㅎ불규칙 활용을 하는 용언으로 '퍼레', '퍼러니', '퍼렇소' 등으로 활용한다.
> ② 또아리 → 똬리
> ③ 머릿말 → 머리말
> ④ 잠궈야 → 잠가야

2 밑줄 친 말의 품사가 같은 것으로만 묶은 것은?

> 진달래꽃이 ㉠<u>흐드러지게</u> 피었던 지난 봄, 여자 친구와 함께 ㉡<u>찍은</u> 사진은, 그때 느꼈던 ㉢<u>설레는</u> 기분은 물론, 공기 중에 ㉣<u>충만한</u> 봄의 기운, 별 의미 ㉤<u>없는</u> 농담, 벌들의 잉잉거림까지 그곳에 있는 것과 다름없는 기분을 다시금 느끼게 해 준다.

① ㉠, ㉡, ㉢   ② ㉠, ㉣, ㉤
③ ㉡, ㉣, ㉤   ④ ㉢, ㉣, ㉤

> **TIP** ㉠ 흐드러지다 : 매우 탐스럽거나 한창 성하다 → 형용사
> ㉡ 찍다 : 어떤 대상을 촬영기로 비추어 그 모양을 옮기다 → 동사
> ㉢ 설레다 : 마음이 가라앉지 아니하고 들떠서 두근거리다 → 동사
> ㉣ 충만하다 : 한껏 차서 가득하다 → 형용사
> ㉤ 없다 : (이유, 근거, 구실, 가능성 따위와 같은 단어와 함께 쓰여) 이유나 가능성 따위로 성립될 수 없는 상태이다 → 형용사

Answer 1.① 2.②

3 밑줄 친 말이 표준어인 것은?

① 약물 문제로 이슈가 됐던 그는 얼마 지나지도 않아 <u>뉘연히</u> 대중 앞에 나타났다.
② 어떤 옷을 찾으려는 건지 그녀는 옷장 서랍을 전부 <u>뒤어내고</u> 있었다.
③ 그는 전 재산을 탕진하고 나서야 사업에 실패한 원인을 <u>깨단하게</u> 되었다.
④ <u>허구헌</u> 날 팔자 한탄만 하고 있어서야 조금의 발전도 기대할 수 없다.

TIP ③ 깨단하다 : 오랫동안 생각해 내지 못하던 일 따위를 어떠한 실마리로 말미암아 깨닫거나 분명히 알다.
① 뉘연히 → '버젓이'의 잘못
② 뒤어내고 → '뒤져내다(샅샅이 뒤져서 들춰내거나 찾아내다)'의 잘못
④ 허구헌 → '허구한'의 잘못

4 밑줄 친 말의 기본형이 옳지 않은 것은?

① 잘 익은 배를 강판에 <u>가니</u> 과즙이 많이 나온다. (기본형 : 갈다)
② 그는 나온 지 오래되어 <u>불은</u> 국수를 맛있게도 먹었다. (기본형 : 불다)
③ 아이들에게 휴대폰 그만하고 일찍 자라고 <u>일렀다</u>. (기본형 : 이르다)
④ 커피숍에 <u>들렀다</u> 우연히 대학 동기를 만났다. (기본형 : 들르다)

TIP ② '불은'의 기본형은 '물에 젖어서 부피가 커지다'는 의미를 가진 '붇다'이다. '붇다'는 어간의 끝소리 'ㄷ'이 모음 앞에서 'ㄹ'로 바뀌는 'ㄷ' 불규칙동사이다.
① 'ㄹ' 탈락
③ '르' 불규칙
④ 'ㅡ' 탈락

5 짝지어진 두 문장의 밑줄 친 부분이 모두 보조 용언인 것은?

① 내 초상화도 한번 그려 <u>보거라</u>. / 밖에 비가 오나 <u>보다</u>.
② 그를 노예처럼 부려 <u>먹었다</u>. / 사과에 벌레가 많이 <u>먹었다</u>.
③ 할머니께 약 좀 가져다 <u>드리렴</u>. / 주말마다 농장 일을 거들어 <u>드린다</u>.
④ 이것 <u>말고</u> 저것을 주시오. / 핑계만 대던 그가 시험에 떨어지고 <u>말았다</u>.

> **TIP** ① 보거라(보조동사), 보다(보조형용사)
> ② 먹었다(보조동사), 먹었다(본동사)
> ③ 드리렴(본동사), 드린다(보조동사)
> ④ 말고(본동사), 말았다(보조동사)

6 밑줄 친 부분을 잘못 고친 것은?

> 호국보훈의 달을 맞이하여 각 학교의 통일 교육의 수월성에 <u>기여하고져</u>, 통일 교육 관련 자료집을 <u>학 교 당</u> <u>1권 씩</u> 배부하오니 각 학교에서는 교육 자료로 활용하여 주시고, 교육 지원청에서는 이전 회의 에서 <u>말씀드린바</u>와 같이 관내 학교로 배부하여 주시기 바랍니다.

① 기여하고져 → 기여하고저
② 학교 당 → 학교당
③ 1권 씩 → 1권씩
④ 말씀드린바 → 말씀드린 바

> **TIP** ① '-고자'는 의도나 욕망의 뜻을 나타내는 연결 어미이며, '-고져'는 '-고자'의 옛말이다. 표준어 규정에 따르면 '-고자'만을 표준어로 삼고 있으므로 '기여하고져'가 아닌 '기여하고자'로 고친다.
> ② '-당'은 '마다'의 뜻을 더하는 접미사로 붙여서 쓴다.
> ③ '-씩'은 '그 수량이나 크기로 나뉘거나 되풀이됨'의 뜻을 더하는 접미사로 붙여서 쓴다.
> ④ '바'는 '앞에서 말한 내용 그 자체나 일 따위'를 나타내는 의존명사로 앞말과 띄어 적는다.

Answer 5.① 6.①

7 밑줄 친 부분의 표준 발음으로 옳지 않은 것은?

① 먼 길을 떠날 때에는 <u>뱃속</u>을 든든히 채우는 것이 좋다. - [배쏙]
② 가벼운 수필을 <u>읽다</u> 보면 마음이 편안해진다. - [일따]
③ 외래어를 표기할 때 받침에 '<u>ㄷ</u>'을 쓰지 않는다. - [디그슬]
④ 우리는 IMF <u>금융</u> 위기를 슬기롭게 극복하였다. - [금늉]

TIP ② 읽다[일따] → 읽다[익따]
  ※ 표준발음법 제11항 … 겹받침 'ㄺ, ㄻ, ㄿ'은 어말 또는 자음 앞에서 각각 [ㄱ, ㅁ, ㅂ]으로 발음한다.

8 밑줄 친 단어와 같은 품사인 것은?

> 이번에는 <u>가급적</u> 빠른 시일 안에 일을 끝내도록 해라.

① 서해의 <u>장엄한</u> 낙조의 감동은 동해 일출의 감동에 못지않다.
② 요즘의 청소년들은 <u>헌</u> 옷을 거의 입지 않는다.
③ 시간이 급하니 <u>어서</u> 다녀오너라.
④ <u>춤</u>을 추는 것은 정신 건강에 매우 좋다.

TIP 가급적 … 부사로 할 수 있는 것 또는 형편이 닿는 것을 의미한다.
  ① 형용사 ② 관형사 ③ 부사 ④ 명사

9 밑줄 친 겹받침의 발음이 옳지 않은 것은?

① 가을 하늘은 참으로 <u>맑다</u>. [막따]
② 감이 익지 않아 대단히 <u>떫다</u>. [떨ː따]
③ 우리는 그 책을 <u>읽고</u>, 큰 감명을 받았다. [일꼬]
④ 그는 흥에 겨워 시를 <u>읊고</u>, 장구를 쳤다. [을꼬]

TIP ④ 겹받침 'ㄺ, ㄻ, ㄿ'은 어말 또는 자음 앞에서 각각 [ㄱ, ㅁ, ㅂ]으로 발음한다.

Answer 7.② 8.③ 9.④

10 다음에 해당하는 언어의 기능은?

> 이 기능은 우리가 세계를 이해하는 정도에 비례하여 수행된다. 그러면 세계를 이해한다는 것은 무엇인가? 그것은 이 세상에 존재하는 사물에 대하여 이름을 부여함으로써 발생하는 것이다. 여기 한 그루의 나무가 있다고 하자. 그런데 그것을 나무라는 이름으로 부르지 않는 한 그것은 나무로서의 행세를 못한다. 인류의 지식이라는 것은 인류가 깨달아 알게 되는 모든 대상에 대하여 이름을 붙이는 작업에서 형성되는 것이라고 말해도 좋다. 어떤 사물이건 거기에 이름이 붙으면 그 사물의 개념이 형성된다. 다시 말하면, 그 사물의 의미가 확정된다. 그러므로 우리가 쓰고 있는 언어는 모두가 사물을 대상화하여 그것에 의미를 부여하는 이름이라고 할 수 있다.

① 정보적 기능 ② 친교적 기능
③ 명령적 기능 ④ 관어적 기능

TIP 언어의 기능
　㉠ 표현적 기능 : 말하는 사람의 감정이나 태도를 나타내는 기능이다. 언어의 개념적 의미보다는 감정적인 의미가 중시된다(느낌, 놀람 등 감탄의 말이나 욕설, 희로애락의 감정 표현, 폭언 등).
　㉡ 정보 전달 기능 : 말하는 사람이 알고 있는 사실이나 지식, 정보를 상대방에게 알려 주기 위해 사용하는 기능이다(설명, 신문 기사, 광고 등).
　㉢ 사교적 기능(친교적 기능) : 상대방과 친교를 확보하거나 확인하여 서로 의사소통의 통로를 열어놓아 주는 기능이다(인사말, 취임사, 고별사 등).
　㉣ 미적 기능 : 언어 예술 작품에 사용되는 것으로 언어를 통해 미적인 가치를 추구하는 기능이다. 감정적 의미만이 아니라 개념적 의미도 아주 중시된다(시에 사용되는 언어).
　㉤ 지령적 기능(감화적 기능) : 말하는 사람이 상대방에게 지시를 하여 특정 행위를 하게 하거나, 하지 않도록 함으로써 자신의 목적을 달성하려는 기능이다(법률, 각종 규칙, 단체 협약, 명령, 요청, 광고문 등의 언어).

11 다음 표현 중 옳은 것은?

① 아침 일찍 왠일이니? ② 사탕을 열두 째 먹었다.
③ 다리를 오무려라.　　 ④ 겉잡아서 십만 원은 든다.

TIP ① 왠일이니 → 웬일이니
　② 열두 째 → 열둘째
　③ 오무려라 → 오므려라
　④ 너 대로 → 너대로

Answer 10.① 11.④

12 다음 관계 관형절 중 생략 성분이 다른 하나는?

① 순이가 어제 산 모자
② 우리 민족이 추구하는 이상
③ 피카소가 그린 그림
④ 아무도 없는 강의실

TIP ① 순이가 어제 모자를 샀다 – 목적어 생략
② 우리 민족이 이상을 추구한다 – 목적어 생략
③ 피카소가 그림을 그린다 – 목적어 생략
④ 아무도 강의실에 없다 – 부사어 생략

13 다음 중 국어의 어휘상의 특징으로 옳은 것은?

① 꾸준한 국어 순화 운동으로 인해 한자어보다 고유어를 많이 사용한다.
② 평등 사상의 영향으로 경어법이 발달하였다.
③ 단어에 성과 수의 구별이 있어, 친족 관계를 나타내는 어휘가 발달하였다.
④ 감각어가 발달하여 정서적 유사성에 의한 비유적 표현으로 사용되기도 한다.

TIP ① 다량의 한자어가 유입되어 사용이 확대된 까닭에 한자어가 많이 사용되고 있다.
② 상하 관계가 중시되던 사회 구조의 영향으로 높임법이 발달하였다.
③ 단어에 성(性)과 수(數)의 구별은 없으나 친족 관계를 나타내는 어휘는 발달하여 왔다.
④ 국어는 감각어가 매우 발달했으며, '노랗다, 노르께하다, 노르스름하다, 노릇노릇하다' 등의 색채어가 발달했으며, '그 사람 참 싱겁다(짜다, 차다, 가볍다, 텁텁하다).' 등처럼 정서적 유사성에 의한 비유적 표현도 발달했다.

14 다음 중 높임법의 사용이 옳지 않은 것은?

① 교장 선생님의 말씀이 계시겠습니다.
② (형이 동생에게) ○○야, 할머니께 그걸 드렸니?
③ 언니, 할머니께서 오라셔.
④ 부장님께서는 아들이 둘이시다.

TIP ① 계시겠습니다 → 있으시겠습니다

Answer 12.④ 13.④ 14.①

15 다음 글의 ( ) 안에 알맞은 것은?

> '밤'에서 'ㅏ'를 'ㅓ'로 바꾸면 '범'이 되고, 종성 'ㅁ'을 'ㄹ'로 바꾸면 '발'이 되어 '밤'과는 전혀 다른 소리가 된다. 이처럼 말의 뜻을 구별짓는 소리의 가장 작은 단위를 ( )(이)라고 한다.

① 음운
② 음절
③ 단어
④ 형태소

> **TIP** 음운은 말의 뜻을 구별해 주는 가장 작은 소리의 단위로 추상적이고 관념적이다.

16 다음과 같은 문제점으로 인해 옳지 못한 문장은?

> 요즘에는 재미있게 읽혀지는 책이 별로 없다.

① 선생님께서는 돌 지난 손자가 계시지?
② 어제는 머리가 아프니까 결석을 하였다.
③ 열차가 곧 도착됩니다.
④ 내가 친구 한 명 소개시켜 줄게.

> **TIP** 제시된 문장은 피동 표현이 남용된 것으로, '읽혀지는'을 '읽히는'으로 고쳐야 한다.
> ① 계시지 → 있으시지 : 높임법이 잘못된 문장이다.
> ② 아프니까 → 아파서 : 어미의 사용이 잘못되었다.
> ③ 도착됩니다 → 도착합니다 : 피동 표현이 남용된 경우이다.
> ④ 소개시켜 → 소개해 : 사동 표현이 남용된 경우이다.

Answer 15.① 16.③

17 국어의 음운 현상에 대한 설명이다. 옳지 않은 것은?

① 펑펑 : 모음 조화
② 요술장이 → 요술쟁이 : 음운 동화
③ 합리적[함니적] : 구개음화
④ 로인 → 노인 : 두음 법칙

> **TIP** ③ '합리적'이 [함니적]으로 발음이 되어 자음과 자음이 만날 때 어느 한 쪽이 다른 쪽을 닮아서 발음이 달라지는 현상은 자음 동화 현상으로 그 중에서 앞뒤 모두 다른 자음으로 바뀌는 상호 동화에 해당한다.

18 다음 단어들 모두에 공통적으로 적용되는 외래어 표기의 원칙은?

> 콩트, 달러, 게임, 파리

① 파열음 표기에는 된소리를 쓰지 않는 것을 원칙으로 한다.
② 외래어를 표기할 때는 받침으로 'ㄱ, ㄴ, ㄷ, ㄹ, ㅁ, ㅂ, ㅅ, ㅇ'만을 쓴다.
③ 외래어의 1 음운은 원음에 가깝도록 둘 이상의 기호로 적는 것을 원칙으로 한다.
④ 이미 굳어진 외래어도 발음에 가깝도록 바꾸는 것을 원칙으로 한다.

> **TIP** 외래어 표기법 제1장(표기의 원칙) 제4항 '파열음 표기에는 된소리를 쓰지 않는 것이 원칙이다.'에 따라 '꽁트/딸러/께임/빠리'가 아닌 '콩트/달러/게임/파리'로 적는다.
> ※ 외래어 표기의 원칙
> ㉠ 외래어는 국어의 현용 24 자모만으로 적는다.
> ㉡ 외래어의 1 음운은 원칙적으로 1 기호로 적는다.
> ㉢ 받침에는 'ㄱ, ㄴ, ㄹ, ㅁ, ㅂ, ㅅ, ㅇ'만을 쓴다.
> ㉣ 파열음 표기에는 된소리를 쓰지 않는 것을 원칙으로 한다.
> ㉤ 이미 굳어진 외래어는 관용을 존중하되, 그 범위와 용례는 따로 정한다.

Answer 17.③ 18.①

19 다음 중에서 맞춤법이 옳은 문장은?

① 하든 일을 마치고 집에 가자.
② 내일 꼭 만들어 줄게.
③ 문을 꼭 잠궈라.
④ 어제 담은 김치가 맛있다.

> TIP ① 하든 → 하던(과거를 나타낼 때)
> ③ 잠궈라 → 잠가라(과도한 사동 표현의 수정)
> ④ 담은 → 담근(기본형이 '담그다')

20 다음 문장에서 밑줄 친 말의 주어는?

> 그가 결혼을 한다는 것은 <u>사실이다</u>.

① 그가
② 결혼을 한다는 것
③ 한다는 것은
④ 그가 결혼을 한다는 것은

> TIP 명사절을 안은 문장으로 '사실이다'는 '그가 결혼을 한다는 것은'의 서술어이다.

Answer 19.② 20.④

03 고전 문법

01 음운

❶ 훈민정음(訓民正音)의 음운 체계

(1) 훈민정음의 제자 원리

① 초성(자음) … 발음 기관을 본뜬 것이다.

명칭	상형	기본자	가획자	이체자
어금닛소리[아음(牙音)]	혀 뿌리가 목구멍을 막는 모양	ㄱ	ㅋ	ㆁ
혓소리[설음(舌音)]	혀가 윗잇몸에 붙는 모양	ㄴ	ㄷ, ㅌ	ㄹ(반설)
입술소리[순음(脣音)]	입술 모양	ㅁ	ㅂ, ㅍ	
잇소리[치음(齒音)]	이 모양	ㅅ	ㅈ, ㅊ	ㅿ(반치)
목구멍소리[후음(喉音)]	목구멍 모양	ㅇ	ㆆ, ㅎ	

② 중성(모음) … 삼재(三才 : 天, 地, 人)의 상형 및 기본자를 합성했다.

구분	기본자	초출자	재출자
양성 모음	ㆍ	ㅗ, ㅏ	ㅛ, ㅑ
음성 모음	ㅡ	ㅜ, ㅓ	ㅠ, ㅕ
중성 모음	ㅣ		

③ 종성(자음) … 따로 만들지 않고 초성을 다시 쓴다[종성부용초성(終聲復用初聲)].

(2) 훈민정음 문자 체계

① 초성(자음) 체계

명칭 \ 소리의 성질	전청 (全淸, 예사소리)	차청 (次淸, 거센소리)	불청불탁 (不淸不濁, 울림소리)
어금닛소리[牙音]	ㄱ	ㅋ	ㆁ
혓소리[舌音]	ㄷ	ㅌ	ㄴ
입술소리[脣音]	ㅂ	ㅍ	ㅁ
잇소리[齒音]	ㅅ, ㅈ	ㅊ	
목구멍소리[喉音]	ㆆ	ㅎ	ㅇ
반혓소리[半舌音]			ㄹ
반잇소리[半齒音]			ㅿ

② 중성(모음) 체계

명칭 \ 소리의 성질	양성 모음	중성 모음	음성 모음
단모음	ㆍ, ㅏ, ㅗ	ㅣ	ㅡ, ㅓ, ㅜ
이중 모음	ㅑ, ㅛ		ㅕ, ㅠ

❷ 표기법

(1) 표음적 표기법

① **8종성법** … 종성에서는 'ㄱ, ㆁ, ㄷ, ㄴ, ㅂ, ㅁ, ㅅ, ㄹ'의 8자만 허용되는 것이 원칙인데, 이는 체언과 용언의 기본 형태를 밝히지 않고 소리나는 대로 적는 것으로 표음적 표기라 할 수 있다.

② **이어적기(연철)** … 받침 있는 체언이나 용언의 어간에 모음으로 시작되는 조사나 어미가 붙을 때는 그 받침을 조사나 어미의 초성으로 이어 적었다.

(2) 표의적 표기법

① **8종성법의 예외(종성부용초성)**
  ㉠ 용비어천가와 월인천강지곡에 주로 나타나는데, 체언과 용언의 기본 형태를 밝혀 적은 일이 있다.
  ㉡ 반치음과 겹받침이 종성으로 적히는 일이 있었다.

② **끊어적기(분철)** … 월인천강지곡에 나타나는 예로서 'ㄴ, ㄹ, ㅁ, ㅇ' 등의 받침소리에 한해 끊어 적는 일이 있었다.

02 형태

❶ 품사

(1) 체언의 형태 바꿈

① 'ㅎ' 받침 체언 … 단독으로 쓰이거나 실질 형태소 앞에서는 'ㅎ'이 나타나지 않으나 조사와 결합될 때는 'ㅎ'이 나타난다.
  예 하늟 + 이→하늘히(하ᄂ리×), 하늟 + 과→하늘콰(하늘화×), 하늟 + 은→하늘흔(하늘은×)

② 'ㄱ'의 덧생김 … 명사의 끝음절 모음이 탈락하고 'ㄱ'이 덧생긴다. 단, 공동, 비교, 접속의 조사 '와'하고 결합할 때는 단독형으로 쓰인다('ㄱ' 곡용어라고도 함).
  예 나모(木) : 남기, 남ᄀᆞᆯ, 남기라, 남기, 남ᄀᆞᆫ, 나모와

③ 8종성 표기 … 'ㅌ, ㅍ, ㅈ, ㅊ' 받침이 자음 앞에 오면 8종성 대표음 'ㄱ, ㄴ, ㄷ, ㄹ, ㅁ, ㅂ, ㅅ, ㅇ'으로 변화되는 현상이다.
  예 곶 + 과 > 곳과, 곶 + 이 > 고지(모음이 연음됨), 빛 + 과 > 빗과

④ 모음 탈락에 의한 형태 바꿈
  ㉠ 'ᄅᆞ/르→ㄹㅇ'의 바뀜 : 'ᄋᆞ/으'가 탈락하고 'ㄹ'이 앞 음절의 종성으로 가며, 조사의 초성은 후두 유성 마찰음 'ㅇ'으로 된다.
    예 노ᄅᆞ(獐) : 놀이, 놀ᄋᆞᆯ, 놀이라, 노ᄅᆞ와
  ㉡ 'ᄅᆞ/르→ㄹㄹ'의 바뀜 : 'ᄋᆞ/으'가 탈락하고 'ㄹ'이 앞 음절의 종성으로 가며 'ㄹ'이 조사의 초성으로 덧들어간다.
    예 ᄒᆞᄅᆞ(一日) : 홀리, 홀리라, 홀른, ᄒᆞᄅᆞ와
  ㉢ 'ᄉᆞ/스→ㅿㅇ'의 바뀜 : 'ᄋᆞ/으'가 탈락하고 'ㄹ'이 앞 음절의 종성으로 가며, 조사의 초성은 후두 유성 마찰음 ' '으로 된다.
    예 아ᅀᆞ(弟) : 앙이, 앙ᄋᆞᆯ, 앙익, 아ᅀᆞ와

(2) 조사

① 주격 조사 … '갸'는 쓰이지 않았으며 '가'가 쓰인 것은 17세기 이후이다.
  예 서미 기픈, 드리 업건ᄆᆞᄂᆞᆫ

② 서술격 조사 … 어간의 형태는 주격 조사와 동일하게 쓰였는데 평서형 종결 어미는 '-라'였다.
  예 樓는 다라기라. 여슷찻 히 乙酉ㅣ라. 齒는 니라.

③ 목적격 조사

환경	양성 모음	음성 모음
자음 뒤	울(사ᄅᆞ물)	을 (쑤믈)
모음 뒤	룰(조ᅀᆞ롤)	를(거우루를)

④ 관형격 조사와 처소 부사격 조사

| 환경 | 형태 | | 예 |
	관형격 조사	처소 부사격 조사	
양성 모음 뒤	ᄋᆡ	애	도ᄌᆞ기
음성 모음 뒤	의	에	大衆의
'ㅣ' 모음 뒤	체언의 'ㅣ' 모음 탈락	예	가히, 그려긔

⑤ 모음과 'ㄹ' 아래에서 'ㄱ'이 탈락하는 조사 … '과 / 와', '곳 / 옷', '가 / 아', '고 / 오'

(3) 용언과 활용

① **자동사·타동사의 구별** … 목적어를 취하면 타동사, 취하지 않으면 자동사이다.
  예 艱難ᄒᆞᆫ 사ᄅᆞᆷ 보아든(타동사) / 석 둘 사ᄅᆞ시고 나아 가거시ᄂᆞᆯ(자동사)

② **어간, 어미의 형태 바꿈**

  ㉠ **'ㄹㅇ' 활용** : '르 / 르'로 끝나는 어간이 모음 어미 앞에서 '으 / 으'가 탈락하며 'ㄹ'이 앞 모음의 종성에 가서 끊어적기가 된다. 규칙 활용에 속한다.
    예 다ᄅᆞ다(異), 오ᄅᆞ다(登), 니르다(謂), ᄆᆞᄅᆞ다(裁), 비브르다(飽)

  ㉡ **'ㄹㄹ' 활용** : '르 / 르'로 끝나는 어간이 모음 어미 앞에서 '으 / 으'가 탈락하고 'ㄹ'이 끊어적기가 될 뿐 아니라, 'ㄹ'이 덧생긴다.
    예 ᄲᆞᄅᆞ다(速), ᄆᆞᄅᆞ다(乾), 모ᄅᆞ다(不知)

  ㉢ **'ㄱᅀᆞ다(引)'의 활용** : 어간 'ᅀᆞ'의 모음 '으'가 탈락하고 'ᅀ'이 어간의 종성이 되어 모음 어미와 끊어적는다. 예 그ᅀᆞ + 어 → 그ᅀᅥ, 그ᅀᆞ + 움 → 그ᅀᅮᆷ

  ㉣ **어간 'ㄹ'의 탈락** : 어간이 'ㄹ'로 끝나는 용언의 'ㄹ' 탈락 조건은 'ㄴ'뿐만 아니라, 'ㄷ, ᅀ' 앞에서도 탈락하고 '-시-' 앞에서는 매개 모음을 취하고 'ㄹ'이 탈락하지 않는다.
    예 알 + 디 → 아디, 알 + ᅀᆞᆸ + 고 → 아ᅀᆞᆸ고, 날 + ᄋᆞ시 + 아 → ᄂᆞᄅᆞ샤(○), ᄂᆞ샤(×)

  ㉤ **'ㅅ' 불규칙 활용** : 어간의 'ㅅ'이 'ᅀ'으로 바뀐다.
    예 짓 + 어 → 지ᅀᅥ

  ㉥ **'ㅂ' 불규칙 활용** : 어간의 'ㅂ'이 'ᄫ'으로 바뀌는 것으로 성종 때부터는 'ᄫ'이 소멸되어 'ㅂ'이 '오 / 우'로 바뀐다.
    예 덥 + 어 → 더ᄫᅥ > 더워(성종 때)

  ㉦ **'ㄷ' 불규칙 활용** : 어간의 끝소리 'ㄷ'이 모음 앞에서 'ㄹ'로 바뀐다.
    예 듣 + 어 → 들어

(4) 선어말 어미

① 높임의 선어말 어미
　㉠ 주체 높임의 선어말 어미 : -시-, -샤-
　　예 늘+(으)샤+아→노르샤('아' 탈락), 가+샤+오디→가샤디('오' 탈락)
　㉡ 상대 높임의 선어말 어미 : -이-, -잇-
　　예 좀+으니+이+다→조ᄆ니이다
　　예 믿+으니+잇+가→미드니잇가
　㉢ 객체 높임의 선어말 어미 … 습, 즙, 숩
　　예 막습거늘, 빗습더니 / 듣즙고, 맞즙더니 / 보숩게, 안숩고

② 시간 표현의 선어말 어미
　㉠ 현재 시제
　　• 동사 어간 + -ᄂ-　예 묻ᄂ다(묻는다)
　　• 형용사에는 특별한 형태소가 붙지 않는다.
　　　예 제 ᄠᅳ들 시러 펴디 몯훓 노미 하니라(많다).
　㉡ 미래 시제 : -리-　예 더욱 구드시리이다
　㉢ 과거 시제 : 선어말 어미가 없이 과거가 표시된다.
　　예 네 아비 ᄒᆞ마 주그니라(죽었다).

(5) 어말 어미

① 종결 어미

구분	평서형	의문형	명령형	청유형
ᄒᆞ라체	ᄒᆞ다	ᄒᆞ녀(1인칭) ᄒᆞ다(2인칭) ᄒᆞ가(간접)	ᄒᆞ라	ᄒᆞ져
ᄒᆞ쇼셔체	ᄒᆞ이다	ᄒᆞ니잇가	ᄒᆞ쇼셔	ᄒᆞ사이다

② 연결 어미
　㉠ -ㄹ씨 : 원인을 나타낸다.　예 불휘 기픈 남ᄀᆞᆫ ᄇᆞᄅᆞ매 아니 뮐쎄
　㉡ -관ᄃᆡ : 원인과 조건을 나타내며, 앞에는 의문사를 동반한다.
　　예 엇던 功德을 닷관ᄃᆡ 能히 이 大神通力이 이시며
　㉢ -ㄴ마ᄅᆞᆫ : '-ㄴ마는'의 뜻이다.　예 믈 깊고 빈 업건마ᄅᆞᆫ
　㉣ -디비 : 앞 긍정, 뒤 부정(-ㄹ지언정)을 나타낸다.　예 이에 든 사ᄅᆞ미 죽디비 나디 몯ᄒᆞᄂ니라
　㉤ -과뎌 : '희망'을 나타낸다.　예 親友ㅣ ᄃᆞ외와뎌 願ᄒᆞ시니라
　㉥ -디옷 : '-ㄹ수록'의 뜻이다.　예 이 하놀둘히 놉디옷 목수미 오라ᄂ니
　㉦ -오ᄃᆡ : 설명, 인용을 나타낸다.　예 산이 이쇼ᄃᆡ 일후미 鐵圍니

③ 전성 어미
- ㉠ 명사형 어미 : -옴 / -움, -기, -디
  - -옴 / -움 : 현대 국어의 '(-으)ㅁ'과 같은 것으로, '-오 / -우'를 따로 분석하지 않는다.
  - -디 : '어렵다, 슬흐다, 둏다' 앞에서만 쓰였다. 쓰임은 '-기'와 비슷하다.
- ㉡ 관형사형 어미 : -ㄴ, -ㅭ
  - 현재 : '-ᄂᆞ-' + '-ㄴ' → '는'('-ᄂᆞ-'가 선어말 어미이므로 '는'은 있을 수 없음)
  - 미래형은 세조 때까지만 '-ㅭ'으로 쓰였고, 그 후에는 '-ㄹ'만 쓰였다.
  - 관형사형의 명사적 쓰임
    - 예 다ᅇᆞ 업슨 긴 ᄀᆞᄅᆞᆷ 니ᅀᅥ니ᅀᅥ 오놋다(다함이 없는 긴 강은 잇달아 흘러오는구나).

❷ 단어의 형성

(1) 파생법

① -(ᄋᆞ / 으)ㅁ … 명사화 접미사
- 예 그리(다) + ㅁ → 그림, 살(다) + 옴 → 사ᄅᆞᆷ, 열(다) + 음 → 여름(實)

② -이 / 의 … 형용사 어근에 붙어 명사화가 된다.
- 예 높(다) + 이 → 노픠, 굽(다) + 의 → 구븨

③ -이 … 동사 어근에 붙어 명사화, 형용사 어근에 붙어 부사화가 된다.
- 예 글짓(다) + 이 → 글지ᅀᅵ(명사), 높(다) + 이 → 노피(부사)

④ ∅(영)접사 … 명사가 특별한 접사 없이 동사로 파생된다.
- 예 ᄀᆞ물 → ᄀᆞ물다, 깃 → 깃다(깃들이다), 빅 → 빅다, 신 → 신다, 안 → 안다

⑤ 어간형 부사 … 형용사 어간이 그대로 부사가 된다.
- 예 그르(誤), 바ᄅᆞ(正), 굳(如), 브르(飽), 빅브르(飽)

⑥ -ᄋᆞ- / -으- … 매개 모음과 형태가 같으나 사동 접미사로 쓰이는 일이 많다.
- 예 살(다) + ᄋᆞ → 사ᄅᆞ다(살리라), 길(다) + 으 → 기르다

⑦ -받- > -완- … 강세 접미사
- 예 니르받다 > 니르완다(일으키다), 믈리받다 > 믈리완다(물리치다)

(2) 합성법

① 동사 어간 + 동사 어간 예 듣보다, 긁빗다, 빌먹다, 죽살다

② 형용사 어간 + 형용사 어간 예 됴쿶다('둏-'+'궂-'), 흑덕다('흑-'+'덕-')

03. 고전 문법

최근 기출문제 분석

2019. 6. 15 제2회 서울특별시

1 〈보기〉의 밑줄 친 ㉠에 해당하는 글자가 아닌 것은?

───── 보기 ─────
한글 중 초성자는 기본자, 가획자, 이체자로 구분된다. 기본자는 조음 기관의 모양을 상형한 글자이다. ㉠<u>가획자</u>는 기본자에 획을 더한 것으로, 획을 더할 때마다 그 글자가 나타내는 소리의 세기는 세어진다는 특징이 있다. 이체자는 획을 더한 것은 가획자와 같지만 가획을 해도 소리의 세기가 세어지지 않는다는 차이가 있다.

① ㄹ
② ㄷ
③ ㅂ
④ ㅊ

> **TIP** 초성자는 자음을 가리킨다. 한글 창제 원리를 담고 있는 해례본을 보면 자음은 발음기관을 상형하여 기본자(ㄱ, ㄴ, ㅁ, ㅅ, ㅇ)를 만든 후 획을 더해 나머지 글자를 만들었다. 그리고 이체자는 획을 더하는 것은 가획자와 같지만 가획을 해도 소리의 세기가 세어지지 않는다고 정리하고 있다. ㄷ은 ㄴ의 가획자, ㅂ은 ㅁ의 가획자, ㅊ은 ㅅ으로부터 가획된 글자이다.
> ① ㄹ은 이체자이다.

Answer 1.①

2018. 5. 19 제1회 지방직

2 발음 기관에 따라 '아음(牙音)', '설음(舌音)', '순음(脣音)', '치음(齒音)', '후음(喉音)'으로 구별하고 있는 훈민정음의 자음 체계를 참조할 때, 휴대 전화의 자판에 대한 설명으로 옳지 않은 것은?

ㄱ ㅋ	ㅣ ㅡ	ㅏ ㅑ
ㄷ ㅌ	ㄴ ㄹ	ㅓ ㅕ
ㅁ ㅅ	ㅂ ㅍ	ㅗ ㅛ
ㅈ ㅊ	ㅇ ㅎ	ㅜ ㅠ

① 훈민정음의 자음 체계에 따른다면, 'ㅅ'은 'ㅈㅊ' 칸에 함께 배치할 수 있다.
② 'ㅁㅅ' 칸은 조음 위치와 조음 방식의 양면을 모두 고려하여 같은 성질의 소리끼리 묶은 것이다.
③ 'ㄷㅌ'과 'ㄴㄹ' 칸은 훈민정음 창제 당시 적용된 가획 등의 원리에 따른 제자 순서보다 소리의 유사성을 중시하여 배치한 것이다.
④ 훈민정음의 자음 체계에서 'ㅇ'과 ' '은 구별되었다. 훈민정음의 자음 체계에 따른다면, 이 중에서 ' '은 'ㄱㅋ' 칸에 함께 배치할 수 있다.

> **TIP** ② 'ㅁ'은 순음(脣音) / 불청불탁(울림소리)이고, 'ㅅ'은 치음(齒音) / 전청(예사소리)이다. 따라서 'ㅁㅅ' 칸은 조음 위치와 조음 방식의 양면을 모두 고려하여 같은 성질의 소리끼리 묶은 것이라고 할 수 없다.
> ① 'ㅅ'은 'ㅈ, ㅊ'과 마찬가지로 치음(齒音)이다.
> ③ 가획의 원리에 따르면 기본자 'ㄴ'에 가획하여 'ㄷ'과 'ㅌ'을 만들었다. 'ㄷㅌ'과 'ㄴㄹ' 칸은 가획 등의 원리에 따른 제자 순서보다 소리의 유사성을 중시하여 전청과 차청인 'ㄷ'과 'ㅌ'을 함께 배치하고, 불청불탁인 'ㄴ'과 'ㄹ'을 함께 배치한 것이다.
> ④ ' '은 'ㄱ, ㅋ'과 마찬가지로 아음(牙音)이다.

Answer 2.②

2018. 3. 24 제1회 서울특별시

3 〈보기〉는 중세국어의 표기법에 대한 설명이다. 이에 따른 표기로 가장 옳지 않은 것은?

―――― 보기 ――――

중세국어 표기법의 일반적 원칙은 표음적 표기법으로, 이는 음운의 기본 형태를 밝혀 적지 않고 소리 나는 대로 적는 표기를 말한다. 이어적기는 이러한 원리에 따른 것으로 받침이 있는 체언이나 받침이 있는 용언 어간에 모음으로 시작하는 조사나 어미가 붙을 때 소리 나는 대로 이어 적는 표기를 말한다.

① 불휘 기픈
② ᄇᆞᄅᆞ매 아니 뮐씨
③ 쟝긔판ᄂᆞᆯ 밍글어ᄂᆞᆯ
④ ᄇᆞᄅᆞ래 가ᄂᆞ니

> **TIP** ③ 중세국어 표기법은 소리 나는 대로 적는 표기를 원칙으로 하여 이어적기를 하므로 '쟝긔파ᄂᆞᆯ 밍ᄀᆞ러ᄂᆞᆯ'로 적어야 한다.

2017. 6. 24 제2회 서울특별시

4 다음 중 한글 창제 당시 초성 17자에 포함되지 않는 글자가 쓰인 것은?

① 님금
② 늣거ᅀᅡ
③ 바ᅌᅩᆯ
④ 가ᄇᆡ야ᄫᆞᆫ

> **TIP** ④ 'ᄫ'은 'ㅂ' 아래 'ㅇ'을 상하로 결합하는 연서(連書)에 의한 표기이다. 동국정운식 한자음 표기에만 사용된 'ㅱ, ㆄ, ㅹ'과 달리 'ᄫ'은 순수 국어 표기에 사용되었으나 동국정운에서 채택되지 않아 초성 체계에서 제외되었다.

Answer 3.③ 4.④

출제 예상 문제

1 훈민정음에 대한 설명으로 옳지 않은 것은?

① 초성자는 훈민정음 해례본의 설명에 따르면 발음기관의 모양을 본떠 만들었다.
② 중성자는 훈민정음 해례본의 설명에 따르면 천지인(天地人) 삼재(三才)를 기본으로 만들었다.
③ 현대 한글맞춤법에 제시된 한글 자모의 순서는 '훈몽자회(訓蒙字會)'의 자모 순서와 같다.
④ 훈민정음이 처음 만들어졌을 때는 'ㄱ'을 '기역'이라 부르지 않았던 것으로 보인다.

> TIP ③ 현대 국어의 자모 순서는 1933년 '한글 맞춤법 통일안'에서 제시된 것을 따르고 있다.
> ※ 훈몽자회 … 조선 중종 22년(1527)에 최세진이 지은 한자 학습서로 자음의 순서는 'ㄱ, ㄴ, ㄷ, ㄹ, ㅁ, ㅂ, ㅅ, ㆁ, ㅋ, ㅌ, ㅍ, ㅈ, ㅊ, ㅿ, ㅇ, ㅎ'이다.

2 다음 글의 ( ) 안에 들어갈 문헌은?

> 세종 당시에 한글의 창제와 사용은 한자와 한문의 지위에 별다른 영향을 끼치지 않았다. 세종 또한 한 번도 한자와 한문의 권위를 부정한 적이 없었다. 세종은 도리어 중국 운서의 체계에 맞지 않는 조선 한자음을 바로잡으려는 의도 아래 (   )을(를) 편찬하도록 명하였다.

① 東國正韻　　　　　　　　　② 洪武正韻
③ 訓蒙字會　　　　　　　　　④ 四聲通解

> TIP 동국정운(東國正韻) … 1448년 신숙주·최항·박팽년 등이 세종의 명을 받고 편찬 간행한 한국 최초의 운서. 6권 6책 전질로 되어 있다. 1972년 3월 2일 국보 제142호로 지정되었으며, 현재 건국대학교박물관에 소장되어 있다. '동국정운'은 우리나라의 바른 음이라는 뜻으로, 중국의 운서인 홍무정운(洪武正韻)을 참고하여 만든 것이다. 본문의 큰 글자는 목활자, 작은 글자는 1434년(세종 16)에 만든 구리활자인 갑인자, 서문은 갑인자 대자로 기록되어 있다. 구성은 서문 7장, 목록 4장, 권1은 46장, 권2는 47장, 권3은 46장, 권4는 40장, 권5는 43장, 권6은 44장으로 구성되어 있다.

Answer　1.③　2.①

3 중세 국어의 표음주의 표기 체계상의 표현이라고 볼 수 없는 것은?

① 곳
② 닙
③ 시미
④ 스뭇디

> **TIP** 중세 국어의 표기는 발음 위주의 표음적 표기를 기본으로 하였다.
> ① 종성부용초성에 의한 표의적 표기
> ②④ 8종성법
> ③ 이어적기(연철)로 표음적 표기

4 다음 중 밑줄 친 낱말의 15세기 표기는?

무울히 다나 든니누니

① 마을
② 무실
③ 무술
④ 마술

> **TIP** 무술 > 무울 > 무을 > 마을

5 다음 소실 문자 중 가장 늦게 없어진 것은?

① ㅸ
② ㆁ
③ ㆍ
④ ㅿ

> **TIP** 소실 문자가 없어진 순서는 ㆆ → ㅸ → ㆅ → ㅇㅇ → ㅿ → ㆁ → ㆍ 이다.

Answer 3.① 4.③ 5.③

6 다음 중 어금닛소리(아음)이 아닌 것은?

① ㄱ
② ㄷ
③ ㅋ
④ ㆁ

> **TIP** 어금닛소리(아음) … ㄱ(기본자), ㅋ(가획자), ㆁ(이체자)

7 사성법에 대한 설명으로 옳지 않은 것은?

① 음의 높낮이를 표시하기 위한 것이다.
② 글자의 왼쪽에 점을 찍는다.
③ 의미 분화의 기능이 있다.
④ 중세 국어의 평성은 오늘날 장음이다.

> **TIP** ④ 중세 국어의 상성이 오늘날의 장음에 해당한다.

8 다음 중 '서르 → 서로 '로 변한 것과 관계없는 음운 현상은?

① 믈 → 물
② 불휘 → 뿌리
③ 거붑 → 거북
④ 즁싱 → 즘싱 → 즘승 → 짐승

> **TIP** '서르'가 '서로'로 변한 것은 이화·유추·강화 현상과 관계 있다.
> ① 원순모음화
> ② 강화
> ③ 이화, 강화
> ④ 즁싱 > 즘싱(이화) > 즘승(유추) > 짐승(전설모음화)

Answer 6.② 7.④ 8.①

9 다음 중 'ㅣ'모음 역행 동화가 아닌 것은?

① 져비 > 제비
② 겨시다 > 계시다
③ 겨집 > 계집
④ 둏다 > 좋다

TIP ④ 구개음화 현상이다.

10 다음 중 국어의 자모음 명칭을 최초로 규정한 문헌은?

① 자모변
② 훈민정음 운해
③ 동국정운
④ 훈몽자회

TIP 훈몽자회(訓蒙字會)
　㉠ 어린이 한자 학습서
　㉡ 8종성법을 사용
　㉢ 향찰표기 음운이 실림
　㉣ 훈민정음을 '반절(反切)'이라 명명함
　㉤ 한글 자모(字母)의 명칭과 순서를 최초로 규정

Answer　9.④　10.④

03. 고전 문법 **73**

04 현대 문학

01 문학의 이해

1 문학의 본질과 특성

(1) 문학의 정의
작가의 체험을 통해 얻은 진실을 언어를 통해 표현하는 언어 예술이다.

(2) 문학의 본질
① **언어 예술** … 문학은 언어를 표현 매체로 하며 동시에 그것을 예술적으로 가다듬은 것이어야 한다.
② **개인 체험의 표현** … 개인의 특수한 체험이면서, 인류의 보편적 삶과 합일하는 체험이어야 한다.
③ **사상과 정서의 표현** … 미적으로 정화되고 정서화된 사상의 표현만이 문학이 될 수 있다.
④ **상상의 세계** … 작가의 상상에 의해 허구화된 세계의 표현이다.
⑤ **통합된 구조** … 모든 요소들이 유기적으로 결합되어 하나의 작품이 이루어진다.

(3) 문학의 갈래
① 언어 형태에 따른 갈래
　㉠ **운문 문학**: 언어에 리듬감을 부여하여 정서적·감성적인 효과를 가져 오는 문학이다.
　㉡ **산문 문학**: 언어에 리듬감이 없는 산문으로 된 문학이다.
② 언어의 전달 방식에 따른 갈래
　㉠ **구비 문학**: 문자라는 기록 수단이 발명되기 이전에 입에서 입으로 전해진 문학이다.
　㉡ **기록 문학**: 구비 문학을 기록하는 것에서 출발하여 본격적인 개인의 창의가 반영되는 문학이다.

③ 표현 양식에 따른 갈래
   ㉠ 3분법 : 서정 양식('시'가 대표적), 서사 양식('소설'이 대표적), 극 양식('희곡'이 대표적)
   ㉡ 4분법 : 시, 소설, 수필, 희곡

❷ 문학 작품의 해석

(1) 문학 이해의 여러 관점

① **문학 자체를 중시하는 관점** … 문학 작품을 이루는 여러 가지 외적 요소를 가급적으로 배제하고, 문학 작품 자체의 예술성을 밝히는 데 관심을 둔다(형식주의, 구조주의, 신비평).

② **주체를 중시하는 관점** … 문학 행위의 적극적·소극적 주체로서의 작가와 독자에 중심을 둔다(표현주의, 심리학적 비평, 수용미학 등).

③ **현실을 중시하는 관점** … 문학의 표현 대상인 현실에 주안점을 두는 문학 이해의 방법으로, 문학은 현실의 반영물이라는 것이 기본 전제를 이룬다(역사주의 비평, 현실주의 비평, 문학 사회학 등).

(2) 문학 작품 이해의 실제 방법

① **생산론적 관점**(표현론) … 작품을 생산자인 작가의 체험과 밀접하게 관련시켜 해석하는 관점을 말한다.
   ◎ 1920년대 초기 시들과 모더니즘 시에 애수와 비애가 나타나는 것은 작가들이 겪은 식민지 시대의 역사적 경험에서 비롯된다.

② **수용론적 관점**(효용론) … 작가가 제시한 예술적 체험과 수용자의 일상적 경험이 맺고 있는 관계를 중심으로 작품을 해석하고, 작품을 대하는 독자의 수용 양상을 중시하는 관점을 말한다.
   ◎ 박지원의 허생전을 읽고 허생의 진취적이고 진보적인 세계관에 대해 긍정적인 동의를 하는 반면, 허생이 축재를 하는 과정에서 보여 주었던 건전하지 못한 상행위를 현재의 관점에서 비판할 것이다. 이러한 과정을 통해 독자는 삶에 대한 새로운, 혹은 더욱 명확한 자신의 인식을 획득하게 된다.

③ **반영론적 관점**(모방론) … 작품에 나타난 현실과 실제의 현실이 맺고 있는 관련성에 초점을 맞추는 해석 방법을 말한다.
   ◎ 윤동주의 시에는 식민지 시대의 고통이 뚜렷이 반영되어 있으므로 1940년 전후의 역사적 상황과 관련시켜 이해하여야 한다.

④ **구조론적 관점**(절대주의론) … 작품을 구성하는 부분들의 상호 관계를 통해 전체의 의미를 해석하는 방법으로, 그 상호 관계는 언어의 결합 방식인 구조적 특성을 중요시한다.
   ◎ '고향'이라는 단어는 대개 어린 시절을 보낸 지역이며, 그리움의 대상으로 받아들여진다. 그러나 현진건의 고향에서는 고향의 개념이 식민지 지배로 인해 철저하게 파괴된 세계로 인식되고 평가되고 있다.

⑤ **종합주의적 관점** … 인간의 모든 면을 다루고 있는 문학의 세계는 어느 하나의 관점으로 설명될 수 없을 만큼 깊고 복잡한 것이기 때문에 다각도에서 총체적으로 접근하려는 관점이다.

02 시

❶ 시의 기초

(1) 시의 본질

① **시의 정의** … 인간의 사상이나 감정을 운율이 있는 언어로 압축하여 표현한 운문 문학이다.

② **시의 특징**

　㉠ 시는 대표적인 언어 예술이며, 압축된 형식미를 갖추고 있다.
　㉡ 시에는 운율이 있으며 시는 사상과 정서를 표현한 창작 문학이다.
　㉢ 시는 심상, 비유, 상징 등에 형상화되고, 시인의 은밀한 독백으로 '엿듣는 문학'이다.
　㉣ 시는 작품의 문맥에 의해 그 의미가 파악되는, 언어의 내포적 기능에 의존한다.

(2) 시의 갈래

① **형식상 갈래** … 정형시, 자유시, 산문시

② **내용상 갈래** … 서정시, 서사시, 극시

③ **성격상 갈래** … 순수시, 사회시(참여시)

④ **주제에 따른 갈래** … 주정시, 주지시, 주의시

> **TIP** 시의 3요소
> 운률, 심상, 주제

❷ 시의 구성 요소

(1) 시의 운율

① **운율의 뜻** … 시에서 음악성을 나타나게 해 주는 것으로 자음과 모음을 규칙적으로 반복하는 운(韻)과 소리의 고저·장단·강약을 주기적으로 반복하는 율격으로 나뉜다.

② **운율의 갈래**

　㉠ **외형률**: 시어의 일정한 규칙에 따라 생기는 운율로 시의 겉모습에 드러난다.
　　• **음수율**: 시어의 글자 수나 행의 수가 일정한 규칙을 가지는 데에서 오는 운율(3·4조, 4·4조, 7·5조 등)이다.

- 음위율 : 시의 일정한 위치에 일정한 음을 규칙적으로 배치하여 만드는 운율(두운, 요운, 각운)이다.
- 음성률 : 음의 길고 짧음이나, 높고 낮음, 또는 강하고 약함 등을 규칙적으로 배치하여 만드는 운율이다.
- 음보율 : 우리 나라의 전통시에서 발음 시간의 길이가 같은 말의 단위가 반복됨으로써 생기는 음의 질서(평시조 4음보격, 민요시 3음보격)이다.

ⓒ 내재율 : 일정한 규칙이 없이 각각의 시에 따라 자유롭게 생기는 운율로, 시의 내면에 흐르므로 겉으로는 드러나지 않는다.

(2) 시의 언어
① 시어는 비유와 상징에 의한 함축적·내포적 의미로 사용하며, 다의성과 모호성을 가진다.
② 시어는 주관적·간접적·비약적 특성을 가지며, 과학적 언어와는 크게 다르다.
③ 시어는 운율, 이미지, 어조에 크게 의존한다.

❸ 시의 표현

(1) 비유(比喩, metaphor)
말하고자 하는 사물이나 의미를 다른 사물에 빗대어 표현하는 방법으로 직유법, 은유법, 의인법, 풍유법, 대유법 등이 사용된다.

(2) 상징(象徵, symbol)
① 상징은 일상 언어의 상징보다 더 함축적이고 암시적이다.
   예 태극기가 우리 나라를 상징함
② 비유에서는 원관념 … 보조 관념은 1 : 1의 유추적 관계를 보이지만 상징에서는 1 : 다수의 다의적 관계이다.
③ 상징의 갈래
   ㉠ 관습적 상징(고정적·사회적·제도적 상징) : 일정한 세월을 두고 사회적 관습에 의해 공인되고 널리 보편화된 상징을 말한다.
      예 십자가→기독교, 비둘기→평화
   ㉡ 개인적 상징(창조적·문화적 상징) : 관습적 상징을 시인의 독창적 의미로 변용시켜 문화적 효과를 얻는 상징을 말한다.
      예 윤동주의 '십자가'에서 십자가의 의미→윤동주 자신의 희생 정신
         황동규의 '나는 바퀴를 보면 굴리고 싶어진다'에서 바퀴의 의미→굴러갈 수 있는 모든 것, 생명, 역사, 사랑 등

(3) 시의 심상(心象)

① 심상(이미지, image)의 뜻 … 심상은 시어에 의해 마음 속에 그려지는 감각적인 모습이나 느낌을 말한다.

② 심상의 갈래
- ㉠ **시각적 심상** : 색깔, 모양, 명암, 동작 등의 눈을 통한 감각적 표현을 말한다.
  - 예 치마 밑으로 하얀 외씨버선이 고와라.
- ㉡ **청각적 심상** : 귀를 통한 소리의 감각적 표현을 말한다.
  - 예 뒷문 밖에는 갈잎의 노래
- ㉢ **후각적 심상** : 코를 통한 냄새의 감각적 표현을 말한다.
  - 예 꽃 피는 사월이면 진달래 향기
- ㉣ **촉각적 심상** : 살갗을 통한 감촉의 감각적 표현을 말한다.
  - 예 아름다운 영원을 내 주름 잡힌 손으로 어루만지며
- ㉤ **미각적 심상** : 혀를 통한 맛의 감각적 표현을 말한다.
  - 예 모밀묵이 먹고 싶다. 그 싱겁고도 구수하고
- ㉥ **공감각적 심상** : 두 개 이상의 감각이 결합되어 표현되는 심상을 말한다.
  - 예 새벽까지 시린 귀뚜라미 울음소리 들으며 여물었나니(촉각 + 청각 → 청각을 촉각화하여 표현).

03 소설

❶ 소설의 본질과 갈래

(1) 소설의 본질

① **소설의 정의** … 현실 세계에 있음직한 일을 작가의 상상에 따라 꾸며낸 이야기로, 독자에게 감동을 주고 인생의 진리를 나타내는 산문 문학이다.

② **소설의 특징** … 산문성, 허구성, 예술성, 진실성, 서사성, 모방성

(2) 소설의 갈래

① **길이상 갈래** … 원고지의 매수 및 구성방식에 따라 장편 소설, 중편 소설, 단편 소설, 콩트로 구분한다.

② **성격상 갈래**
- ㉠ **순수 소설** : 작품의 예술성을 추구하는 본격 소설로 예술적 가치 이외의 것은 거부한다.
- ㉡ **목적 소설** : 예술적 기교보다는 작품 내용의 효용성, 정치적 목적성 등을 더 중시한다.
- ㉢ **대중(통속) 소설** : 남녀의 사랑이나 사건 중심으로 쓴 흥미 본위의 소설로 상업성을 추구하며 예술성보다는 쾌락성이나 효용성을 더 중시한다.

❷ 소설의 구성과 시점

(1) 소설의 구성(plot)

① **구성의 5단계** … 발단 → 전개 → 위기 → 절정 → 결말
② **구성의 유형**
  ㉠ **단순 구성**: 단일한 사건으로 구성되며, 주로 단편 소설에 쓰인다. 통일된 인상, 압축된 긴장감을 나타내는 구성 방법이다.
    예 주요섭의 사랑 손님과 어머니, 이효석의 메밀꽃 필 무렵
  ㉡ **복합 구성**: 둘 이상의 사건이 복잡하게 짜여져 구성되며, 주로 중편 소설이나 장편 소설에 쓰인다.
    예 염상섭의 삼대, 박경리의 토지
  ㉢ **액자식 구성**: 소설(外話) 속에 또 하나의 이야기(內話)가 포함되어 있는 구성이다.
    예 황순원의 목넘이 마을의 개, 이문열의 사람의 아들
  ㉣ **피카레스크식 구성**: 독립할 수 있는 여러 개의 사건이 인과 관계에 의한 종합적 구성이 아니라 산만하게 나열되어 있는 연작 형식의 구성이다.
    예 보카치오의 데카메론, 조세희의 난장이가 쏘아올린 작은 공

(2) 소설의 시점

① **1인칭 주인공(서술자) 시점** … 주인공인 '나'가 자신의 이야기를 서술하는 시점으로 주관적이다.
  ㉠ 서술자와 주인공이 일치하여 등장 인물의 내면 세계를 묘사하는 데 효과적인 시점이다.
  ㉡ 독자에게 신뢰감과 친근감을 주며 이야기에 신빙성을 부여하지만, 객관성을 유지하기는 어렵다.
  ㉢ 고백 소설, 성장 소설, 일기체 소설, 심리 소설 등에 나타난다.
② **1인칭 관찰자 시점** … 등장 인물(부수적 인물)인 '나'가 주인공에 대해 이야기하는 시점으로 객관적인 관찰을 통해서 이루어진다.
  ㉠ '나'는 관찰자일 뿐이며 작품 전편의 인물의 초점은 주인공에게 있다.
  ㉡ '나'의 눈에 비친 외부 세계만을 다루어 '나'가 주인공의 모습과 행동을 묘사할 뿐 주인공의 내면은 알 수 없다.
③ **3인칭(작가) 관찰자 시점** … 서술자의 주관을 배제하는 가장 객관적인 시점으로 서술자가 등장 인물을 외부 관찰자의 위치에서 이야기하는 시점이다. 사건을 객관적으로 묘사하는 데 효과적이며, 서술자와 주인공의 거리가 가장 멀다.
④ **전지적 작가 시점** … 서술자가 인물과 사건에 대해 전지전능한 신의 입장에서 이야기하는 시점으로, 작중 인물의 심리를 분석하여 서술한다.
  ㉠ 서술자의 광범위한 참여로 독자의 상상적 참여가 제한된다.
  ㉡ 작가의 사상과 인생관이 직접 드러나며, 장편 소설에 주로 쓰인다.
  ㉢ 등장 인물의 운명까지 알 수 있으며, 아직 등장하지 않은 인물까지도 묘사한다.

③ 소설의 인물

(1) 인물의 유형

① **평면적 인물** … 작품 속에서 처음부터 끝까지 성격이 일정한 인물이다.
  - 예) 흥부전의 '흥부' – 착하기만 함, 토끼전의 '자라' – 우직하고 충성스럽기만 함

② **입체적 인물** … 한 작품 속에서 성격이 발전하고 변화하는 인물이다.
  - 예) 김동인의 감자의 복녀, 황순원의 카인의 후예의 도섭 영감

③ **전형적 인물** … 사회의 어떤 집단이나 계층을 대표하는 인물이다.
  - 예) 춘향전의 '춘향' – 열녀, 흥부전의 '놀부' – 악인

④ **개성적 인물** … 개인으로서 독자적 성격과 개성을 지닌 인물이다.
  - 예) 김동인의 감자의 복녀, 이상의 날개의 나

⑤ **주동적 인물** … 작품의 주인공이자 사건의 주체로서 소설의 이야기를 이끌며 주제를 부각시키는 긍정적 성격의 인물이다.
  - 예) 심청전의 심청, 흥부전의 흥부

⑥ **반동적 인물** … 작품 속에서 주인공의 의지, 행위에 대립하여 갈등을 일으키는 부정적 성격의 인물이다.
  - 예) 춘향전의 변학도, 흥부전의 놀부

(2) 인물의 제시 방법

① **직접적 방법** … 작중 화자가 직접 설명하는 방법으로 해설적 방법, 또는 분석적 방법이라고도 한다. 이 방법은 작가의 견해 제시가 용이하나 추상적 설명이 되기 쉬우며, 전지적 작가 시점의 소설이나 고대 소설에서 많이 사용한다.

② **간접적 방법** … 인물의 말이나 행동 등을 보여줌으로써 묘사하는 방법으로 극적 방법이라고도 한다. 이 방법은 인물의 성격이 생생하게 드러나고 독자와의 거리가 좁혀지며, 작가 관찰자 시점의 소설이나 현대 소설에서 많이 사용된다.

(3) 인물과 갈등

① **내적 갈등** … 주인공과 환경, 상황 및 심리 의지의 대립으로 한 인물의 내면에서 일어나는 심리적 갈등을 말한다.
  - 예) 김동인의 감자에서 복녀가 도덕적 타락을 하기 전의 갈등

② 외적 갈등
- ⊙ 주인공과 대립적 인물의 갈등(개인과 개인의 갈등)
  - 예 김유정의 동백꽃의 나와 점순이의 갈등
- ⓒ 주인공과 사회적 환경의 갈등(개인과 사회의 갈등)
  - 예 채만식의 레디 메이드 인생의 인텔리 주인공과 식민지 사회와의 갈등
- ⓒ 개인이 운명적으로 겪는 갈등(개인과 운명의 갈등)
  - 예 김동리의 역마
    - TIP 소설구성의 3요소
      인물, 사건, 배경

04 수필

1 수필의 본질과 갈래

(1) 수필의 본질

① 수필의 정의 … 인생이나 자연의 모든 사물에서 보고 듣고 느낀 것이나 경험한 것을 형식상의 제한이나 내용상의 제한을 받지 않고 붓 가는 대로 쓴 글이다.

② 수필의 특징
- ⊙ 개성적인 문학 : 작가의 심적 상태, 개성, 취미, 지식, 인생관 등이 개성 있는 문체로 드러나 보이는 글이다.
- ⓒ 무형식의 문학 : 짜임에 제약이 없고 다른 문장 형식을 자유로이 이용할 수 있다.
- ⓒ 제재의 다양성 : 인생이나 사회, 역사, 자연 등 세상의 모든 일이 제재가 될 수 있다.
- ㉢ 비전문적인 문학 : 작가와 독자가 전문적인 지식이나 훈련을 필요로 하지 않는 글이다.
- ㉣ 체험과 사색의 문학 : 글쓴이의 생활이나 체험, 생각이나 느낌을 솔직하게 서술한 글이다.
- ㉥ 자기 표현의 글 : 작가의 인생관이나 사상, 감정을 잘 드러낸다.

(2) 수필의 갈래

① 진술 방식(유형)에 따른 갈래
　㉠ **교훈적 수필** : 필자의 오랜 체험이나 깊은 사색을 바탕으로 하는 교훈적인 내용을 담은 수필을 말한다.
　㉡ **희곡적 수필** : 필자 자신이나 다른 사람이 체험한 어떤 사건을 생각나는 대로 서술하되, 그 사건의 내용 자체에 극적인 요소들이 있어서, 대화나 작품의 내용 전개가 다분히 희곡적으로 이루어지는 수필을 말한다.
　㉢ **서정적 수필** : 일상 생활이나 자연에서 느끼고 있는 감상을 솔직하게 주정적 · 주관적으로 표현하는 수필을 말한다.
　㉣ **서사적 수필** : 인간 세계나 자연계의 어떤 사실에 대하여 대체로 필자의 주관을 개입시키지 않고, 객관적으로 서술하는 수필을 말한다.

② 주제의 범위에 따른 갈래
　㉠ **경수필**(miscellany, 비형식적 수필, 인포멀 에세이) : 우리가 보는 보통의 수필처럼 정서적인 경향을 띠는 수필로 개성적이고 체험적이며 예술성을 내포한 예술적인 글이다.
　㉡ **중수필**(essay, 형식적 수필, 포멀 에세이) : 가벼운 논문처럼 지적이며 논리적이고 객관적인 경향을 띠는 수필을 말한다.

③ 내용에 따른 갈래
　㉠ **사색적 수필** : 철학적 사색이나 명상을 다룬다.
　㉡ **묘사적 수필** : 대상을 있는 그대로 객관적으로 묘사한다.
　㉢ **담화적 수필** : 항간에 떠도는 이야기를 작가의 관점으로 진술한다.
　㉣ **비평적 수필** : 예술 작품에 대하여 자기의 의견 중심으로 쓴다.
　㉤ **기술적 수필** : 작가의 주관, 인상, 기호 등을 배제하고 순수한 사실을 있는 그대로 진술한다.
　㉥ **연단적 수필** : 연설문은 아니지만 연설문의 형식을 빌어 설득적인 어조로 쓴다.

❷ 수필의 구성 요소

(1) 수필의 구성 요소
주제, 제재, 구성, 문체로 구성된다.

(2) 수필의 구성 방법
① 단계식 구성
　㉠ 3단 구성 : 서두[도입 · 起], 본문[전개 · 敍], 결말[結]
　㉡ 4단 구성 : 기, 승, 전, 결

② **전개식 구성** … 시간적 구성과 공간적 구성이 있으며, 주로 기행 수필이나 서사적 수필의 전개 방법으로 사용된다.
③ **열거식(병렬식) 구성** … 수필의 각 부분에 논리적인 연관성이 없을 때 구성하는 방법이다.
④ **극적 구성** … 소설, 희곡의 구성 원리를 이용해 서사적 사건의 박진감을 도모하는 구성으로, 부분적으로 사용되는 경우가 많다.

05 희곡·시나리오

1 희곡

(1) 희곡의 본질
① **희곡의 정의** … 연극의 대본으로 산문 문학의 한 갈래이면서 동시에 연극의 한 요소가 된다.
② **희곡의 특징**
  ㉠ **무대 상연의 문학** : 희곡은 무대 상연을 전제로 한 문학, 즉 연극의 각본이다.
  ㉡ **행동의 문학** : 희곡에서의 행동은 압축과 생략, 집중과 통일이 이루어져야 하며, 배우의 연기에 의해 무대에서 직접 형상화된다.
  ㉢ **대사의 문학** : 소설에서는 마음껏 묘사와 설명을 할 수 있지만, 희곡에서는 오직 극중 인물의 대사와 행동만으로 이루어진다.
  ㉣ 현재화된 인생을 보여 주는 문학이다.
  ㉤ 내용이 막(幕, act)과 장(場, scene)으로 구분되는 문학이다.
  ㉥ 시간적·공간적 제약을 받는 문학이다.
  ㉦ 의지의 대립·갈등을 본질로 하는 문학이다.
③ **희곡의 구성 요소**
  ㉠ **형식적 구성 요소** : 해설, 지문, 대사
  ㉡ **내용적 구성 요소** : 인물, 행동, 주제

(2) 희곡의 구성(plot)

① 희곡의 형식적 구분 단위
  ㉠ **장**(場, scene) : 막의 하위 단위이며 희곡의 기본 단위이다. 전체 중 독립된 장면으로, 하나의 막 가운데에서 어떤 하나의 배경으로 진행되는 장면의 구분이다.
  ㉡ **막**(幕, act) : 몇 개의 장으로 이루어지며, 휘장을 올리고 내리는 것으로 생기는 구분이다.

② 희곡의 구성 유형
  ㉠ **3분법**(3막극) : 발단 → 상승(전개 · 위기) → 해결(결말)
  ㉡ **4분법**(4막극) : 발단 → 전개 → 전환(위기 · 절정) → 결말
  ㉢ **5분법**(5막극) : 발단 → 상승(전개) → 절정(위기) → 하강(반전) → 결말(대단원)

(3) 희곡의 갈래

① 내용에 따른 갈래
  ㉠ **희극**(喜劇, comedy) : 인생의 즐거운 면을 내용으로 하는 희곡으로, 기지, 풍자, 해학의 수법으로 세태를 표현하는 골계미가 있다. 지적이며 행복한 결말을 맺는다.
    예 몰리에르의 수전노, 셰익스피어의 말괄량이 길들이기
  ㉡ **비극**(悲劇, tragedy) : 인생의 불행한 면을 내용으로 하는 희곡으로 처음부터 비극을 예감하게 하는 비극적 성격자를 주인공으로 하여 불행하게 끝맺는다.
    예 소포클레스의 오이디프스왕, 셰익스피어의 햄릿 · 리어왕 · 맥베드 · 오델로, 아더 밀러의 세일즈맨의 죽음
  ㉢ **희비극**(喜悲劇, tragicomedy) : 비극과 희극이 합쳐진 극으로 대체로 처음에는 비극적으로 전개되나 작품의 전환점에 이르러 희극적인 상태로 전환되는 것이 많다.
    예 셰익스피어의 베니스의 상인

② 장 · 막에 따른 갈래
  ㉠ **단막극** : 1막으로 끝나는 희곡
  ㉡ **장막극** : 2막 이상으로 끝나는 희곡

③ 창작 의도에 따른 갈래
  ㉠ **창작 희곡**(original drama) : 무대 상연을 목적으로 창작한 희곡이다.
  ㉡ **각색 희곡** : 소설, 시나리오 등을 기초로 각색한 희곡이다.
  ㉢ **레제드라마**(lese drama) : 무대 상연을 목적으로 하지 않고, 읽히기 위한 목적으로 쓴 희곡이다.

❷ 시나리오

(1) 시나리오의 본질

① **시나리오의 정의** … 영화로 상연할 것을 목적으로 작가가 상상한 이야기를 장면의 차례, 배우의 대사, 동작, 배경, 카메라의 작동, 화면 연결 등을 지시하는 형식으로 쓴 영화의 대본이다.

② **시나리오의 특징**
  ㉠ 화면에 의하여 표현되므로 촬영을 고려해야 하고, 특수한 시나리오 용어가 사용된다.
  ㉡ 주로 대사로 표현되며 시간적·공간적 배경의 제한을 적게 받는다.
  ㉢ 등장 인물의 수에 제한을 받지 않는다.
  ㉣ 시퀀스(sequence)나 화면(cut)과 장면(scene)을 단위로 한다.
  ㉤ 직접적인 심리 묘사가 불가능하고, 장면과 대상에 의하여 간접적으로 묘사된다.

> **TIP** 시나리오의 용어
> ㉠ S#(scene number) : 장면 번호
> ㉡ W.O.(wipe out) : 한 화면의 일부가 닦아내는 듯이 없어지면서 다른 화면이 나타나는 수법
> ㉢ NAR(narration) : 해설
> ㉣ M.(music) : 효과 음악
> ㉤ E.(effect) : 효과음
> ㉥ O.L.(over lap) : 한 장면 위에 다음 장면이 겹치면서 장면이 전환되는 것
> ㉦ F.I.(fade in) : 어두운 화면이 점점 밝아지는 것
> ㉧ PAN(panning) : 카메라를 상하 좌우로 이동하는 것
> ㉨ C.U.(close up) : 어떤 인물이나 장면을 크게 확대하여 찍는 것
> ㉩ D.E.(double exposure) : 하나의 화면에 다른 화면이 겹쳐서 이루어지는, 이중 노출법에 의한 합성 화면

(2) 시나리오의 표현 요소

① **장면 지정** … 장면(scene) 번호가 붙는다. 사건의 배경이 되는 장면이 설정된다.

② **대사** … 등장 인물 간의 대화를 말한다.

③ **지문** … 여러 가지 촬영 방법과 영화의 상황을 지시하는 것으로 약정된 부호를 사용해야 한다.

04. 현대 문학

최근 기출문제 분석

2020. 6. 13. 제1회 지방직 / 제2회 서울특별시

1 다음 시에 대한 감상으로 적절하지 않은 것은?

> 네 집에서 그 샘으로 가는 길은 한 길이었습니다. 그래서 새벽이면 물 길러 가는 인기척을 들을 수 있었지요. 서로 짠 일도 아닌데 새벽 제일 맑게 고인 물은 네 집이 돌아가며 길어 먹었지요. 순번이 된 집에서 물 길어 간 후에야 똬리 끈 입에 물고 샅짝 들어서시는 어머니나 물지게 진 아버지 모습을 볼 수 있었지요. 집안에 일이 있으면 그 순번이 자연스럽게 양보되기도 했었구요. 넉넉하지 못한 물로 사람들 마음을 넉넉하게 만들던 그 샘가 미나리꽝에서는 미나리가 푸르고 앙금 내리는 감자는 잘도 썩어 구린내 훅 풍겼지요.
>
> — 함민복, 「그 샘」 —

① '샘'을 매개로 공동체의 삶을 표현했다.
② 과거 시제로 회상의 분위기를 표현했다.
③ 공감각적 이미지로 이웃 간의 배려를 표현했다.
④ 구어체로 이웃 간의 정감 어린 분위기를 표현했다.

> **TIP** 이 시에서 '샘'은 공동체의 삶을 나타낸다. 과거 시제를 통해 회상적 분위기를 연출하고 있으며, 구어체를 사용해 정감어린 분위기를 연출하고 있다.
> ※ 함민복, 「그 샘」
>   ㉠ 갈래 : 자유시, 산문시, 서정시
>   ㉡ 성격 : 회상적, 향토적
>   ㉢ 정서 : 그리움, 인정(人情)
>   ㉣ 화자 : 과거의 고향마을을 회상하는 이
>   ㉤ 주제 : 바람직한 공동체의 삶, 이웃 간의 배려와 훈훈한 인심
>   ㉥ 특징
>   • 구어체의 종결 방식을 통해 정감어린 분위기를 형성함
>   • 향토적 시어를 사용해 시골의 훈훈한 인정을 드러냄
>   • 과거 시제를 사용해 회상적 분위기 형성함

Answer 1.③

2 다음 글의 공간에 대한 설명으로 적절하지 않은 것은?

> 시(市)를 남북으로 나누며 달리는 철도는 항만의 끝에 이르러서야 잘려졌다. 석탄을 싣고 온 화차(貨車)는 자칫 바다에 빠뜨릴 듯한 머리를 위태롭게 사리며 깜짝 놀라 멎고 그 서슬에 밑구멍으로 주르르 석탄 가루를 흘려보냈다.
> 집에 가 봐야 노루꼬리만큼 짧다는 겨울 해에 점심이 기다리고 있는 것도 아니어서 우리들은 학교가 파하는 대로 책가방만 던져둔 채 떼를 지어 선창을 지나 항만의 북쪽 끝에 있는 제분 공장에 갔다.
> 제분 공장 볕 잘 드는 마당 가득 깔린 멍석에는 늘 덜 건조된 밀이 널려 있었다. 우리는 수위가 잠깐 자리를 비운 틈을 타서 마당에 들어가 멍석의 귀퉁이를 밟으며 한 움큼씩 밀을 입 안에 털어 넣고는 다시 걸었다. 올올이 흩어져 대글대글 이빨에 부딪치던 밀알들이 달고 따뜻한 침에 의해 딱딱한 껍질을 불리고 속살을 풀어 입 안 가득 풀처럼 달라붙다가 제법 고무질의 질긴 맛을 낼 때쯤이면 철로에 닿게 마련이었다.
> 우리는 밀껌으로 푸우푸우 풍선을 만들거나 침목(枕木) 사이에 깔린 잔돌로 비사치기를 하거나 전날 자석을 만들기 위해 선로 위에 얹어 놓았던 못을 뒤지면서 화차가 닿기를 기다렸다.
> 드디어 화차가 오고 몇 번의 덜컹거림으로 완전히 숨을 놓으면 우리들은 재빨리 바퀴 사이로 기어 들어가 석탄가루를 훑고 이가 벌어진 문짝 틈에 갈퀴처럼 팔을 들이밀어 조개탄을 후벼내었다. 철도 건너 저탄장에서 밀차를 밀며 나오는 인부들이 시커멓게 모습을 나타낼 즈음이면 우리는 대개 신발주머니에, 보다 크고 몸놀림이 잽싼 아이들은 시멘트 부대에 가득 든 석탄을 팔에 안고 낮은 철조망을 깨금발로 뛰어넘었다.
> 선창의 간이음식점 문을 밀고 들어가 구석 자리의 테이블을 와글와글 점거하고 앉으면 그날의 노획량에 따라 가락국수, 만두, 찐빵 등이 날라져 왔다.
> 석탄은 때로 군고구마, 딱지, 사탕 따위가 되기도 했다. 어쨌든 석탄이 선창 주변에서는 무엇과도 바꿀 수 있는 현금과 마찬가지라는 것을 우리는 알고 있었고, 때문에 우리 동네 아이들은 사철 검정 강아지였다.
> — 오정희, 「중국인 거리」에서 —

① 철길 때문에 도시가 남북으로 나뉘어 있다.
② 항만 북쪽에는 제분 공장이 있고, 철도 건너에는 저탄장이 있다.
③ 선로 주변에 아이들이 넘을 수 없는 철조망이 있다.
④ 석탄을 먹을거리와 바꿀 수 있는 간이음식점이 있다.

> TIP 제시된 지문의 5문단 끝에 '잽싼 아이들은 시멘트 부대에 가득 든 석탄을 팔에 안고 낮은 철조망을 깨금발로 뛰어넘었다.' 라는 구절을 통해 적절하지 않음을 알 수 있다.

※ 오정희, 「중국인 거리」
- ⊙ 갈래 : 현대소설, 단편소설, 성장소설
- ⓒ 성격 : 회상적
- ⓒ 배경 : 시간적 – 6·25전쟁 후 휴전 직후, 공간적 – 인천 항구 근처의 중국인 거리
- ② 시점 : 1인칭 주인공 시점
- ⓜ 주제 : 한 소녀의 유년 시절의 체험과 정신적·육체적 성장과정

2019. 4. 6 인사혁신처

3 다음 글에 대한 설명으로 옳지 않은 것은?

> 해설자 : (관객들에게 무대와 등장인물을 설명한다.) 이곳은 황야입니다. 이리 떼의 내습을 알리는 망루가 세워져 있죠. 드높이 솟은 이 망루는 하늘로 둘러싸여 있습니다. 하늘은 연극의 진행에 따라 황혼, 초승달이 뜬 밤, 그리고 아침으로 변할 겁니다. 저기 위를 바라보십시오. 파수꾼이 앉아 있습니다. 높은 곳에서 하늘을 등지고 있기 때문에 그는 언제나 시커먼 그림자로만 보입니다. 그는 내가 태어나기 전부터 파수꾼이었습니다. 나의 늙으신 아버지께서도 어린 시절에 저 유명한 파수꾼의 이야기를 들으셨다 합니다.
>
> — 이강백, 「파수꾼」에서 —

① 공간적 배경은 망루가 세워져 있는 황야이다.
② 시간적 배경은 연극의 진행에 따라 변한다.
③ 해설자는 무대 위의 아버지를 소개한다.
④ 파수꾼의 얼굴은 분명하게 알 수 없다.

> TIP ③ '나의 늙으신 아버지께서도 어린 시절에 저 유명한 파수꾼 이야기를 들으셨다고 합니다'는 아버지를 소개하려는 것이 아니라 파수꾼의 이야기가 그만큼 오래되고 유명하다는 것을 말하기 위해 언급된 것이다.

Answer 3.③

4 〈보기〉의 밑줄 친 시어를 현대어로 옮길 때 가장 적절하지 않은 것은?

2019. 6. 15 제2회 서울특별시

― 보기 ―

매운 계절의 ㉠챗죽에 갈겨
㉡마츰내 북방으로 휩쓸려오다

하늘도 그만 지쳐 끝난 고원
서리빨 칼날진 ㉢그우에서다

어데다 무릎을 꾸러야하나?
한발 ㉣재겨디딜 곳조차 없다

이러매 눈깜아 생각해볼밖에
겨울은 강철로된 무지갠가보다

― 이육사, 「절정」 ―

① ㉠ : 채찍
② ㉡ : 마침내
③ ㉢ : 그 위
④ ㉣ : 재껴 디딜

TIP ㉣은 '발끝이나 발뒤꿈치만으로 땅을 디디다'는 뜻의 '제겨디딜'로 옮겨야 한다.

Answer 4.④

5 다음 시에 대한 설명으로 적절하지 않은 것은?

> 머언 산 청운사
> 낡은 기와집
>
> 산은 자하산
> 봄눈 녹으면
>
> 느릅나무
> 속잎 피어나는 열두 구비를
>
> 청노루
> 맑은 눈에
>
> 도는
> 구름
>
> — 박목월, 「청노루」 —

① 묘사된 자연이 상상적, 허구적이다.
② 이상적 세계에 대한 그리움을 노래하고 있다.
③ 시적 공간이 원경에서 근경으로 옮아오고 있다.
④ 사건 발생의 시간적 순서에 따라 제재가 배열되고 있다.

> **TIP** 제시된 작품은 탈속적인 이상 세계의 아름다움을 노래하고 있다. 시선에 이동에 따라 원경에서 근경으로 옮아오며 내용이 전개된다.

Answer 5.④

6 다음 글의 서술상의 특징으로 적절한 것은?

2018. 5. 19 제1회 지방직

> 덕기는 분명히 조부의 이런 목소리를 들은 법하다. 꿈이 아니었던가 하며 소스라쳐 깨어 눈을 떠보니 머리맡 창에 볕이 쨍쨍히 비친 것이 어느덧 저녁때가 된 것 같다. 벌써 새로 세시가 넘었다. 아침 먹고 나오는 길로 따뜻한 데 누웠으려니까 잠이 폭폭 왔던 것이다. 어쨌든 머리를 쳐드니, 인제는 거뜬하고 몸도 풀린 것 같다.
> "네 처두 묵으라고 하였다만 모레는 너두 들를 테냐? 들르면 무얼 하느냐마는……"
> 조부의 못마땅해 하는, 어떻게 들으면 말을 만들어 보려고 짓궂이 비꼬는 강강한 어투가 또 들린다.
> 덕기는 부친이 왔나 보다 하고 가만히 유리 구멍으로 내다보았다. 수달피 깃을 댄 검정 외투를 입은 홀쭉한 뒷모양이 뜰을 격하여 툇마루 앞에 보이고 조부는 창을 열고 내다보고 앉았다. 덕기는 일어서려다가 조부가 문을 닫은 뒤에 나가리라 하고 주저앉았다.
> "저야 오지요마는 덕기는 붙드실 게 무엇 있습니까. 공부하는 애는 그보다 더한 일이 있더라도 날짜를 대서 하루바삐 보내야지요……"
> 이것은 부친의 소리다. 부친은 가냘프고 신경질적인 체격 보아서는 목소리라든지 느리게 하는 어조가 퍽 딴판인 인상을 주는 것이었다.
>
> – 염상섭, 「삼대」 –

① 서술자가 등장인물의 시선을 빌려 이야기를 전개하고 있다.
② 시대적 배경과 밀접한 어휘를 사용하여 주제 의식을 강화하고 있다.
③ 편집자적 논평을 통해 인물들에 대한 서술자의 태도를 드러내고 있다.
④ 공간적 배경에 따라 서술자를 달리하여 상황을 입체적으로 그리고 있다.

> **TIP** ① 작품에 등장하지 않는 서술자가 등장인물인 덕기의 시선을 빌려 이야기를 전개하고 있다.
> ③ 편집자적 논평은 작가의 사상이나 지식 등을 적당히 배합시켜 인물의 감정 상태를 분석하고 행동 및 심리적 변화의 의미까지 해석하는 것으로 제시된 글에서는 나타나지 않는다.

Answer 6.①

04. 현대 문학

출제 예상 문제

1 다음 시에 대한 설명으로 적절하지 않은 것은?

> 老主人의 腸壁에
> 無時로 忍冬 삼긴 물이 나린다.
>
> 자작나무 덩그럭 불이
> 도로 피어 붉고,
>
> 구석에 그늘 지여
> 무가 순 돋아 파릇하고,
>
> 흙냄새 훈훈히 김도 사리다가
> 바깥 風雪 소리에 잠착하다.
>
> 山中에 册曆도 없이
> 三冬이 하이얗다.
>
> — 정지용, 「忍冬茶」

① 산중의 고적한 공간이 배경이다.
② 시각적 대조의 방법이 사용되었다.
③ 한 폭의 그림과 같은 인상을 준다.
④ '잠착하다'는 '여러모로 고려하다'의 의미다.

TIP 제시된 작품은 정지용의 '인동차'로, 산중 고절의 집 안팎의 풍경을 소재로 탈속고절의 정신세계에 대한 지향을 담고 있다.
④ '잠착하다'는 '한 가지 일에만 정신을 골똘하게 쓰다'의 의미이다.

Answer 1.④

2 밑줄 친 부분의 함축적 의미로 가장 적절한 것은?

> 그는 피아노를 향하여 앉아서 머리를 기울였습니다. 몇 번 손으로 키를 두드려 보다가는 다시 머리를 기울이고 생각하고 하였습니다. 그러나 다섯 번 여섯 번을 다시 하여 보았으나 아무 효과도 없었습니다. 피아노에서 울려 나오는 음향은 규칙 없고 되지 않은 한낱 소음에 지나지 못하였습니다. 야성? 힘? 귀기? 그런 것은 없었습니다. <u>감정의 재</u>뿐이 있었습니다.
> "선생님, 잘 안 됩니다."
> 그는 부끄러운 듯이 연하여 고개를 기울이며 이렇게 말하였습니다.
> "두 시간도 못 되어서 벌써 잊어버린담?"
> 나는 그를 밀어 놓고 내가 대신하여 피아노 앞에 앉아서 아까 베낀 그 음보를 펴 놓았습니다. 그리고 내가 베낀 곳부터 다시 시작하였습니다.
> 화염! 화염! 빈곤, 주림, 야성적 힘, 기괴한 감금당한 감정! 음보를 보면서 타던 나는 스스로 흥분이 되었습니다.
>
> — 김동인, 「광염 소나타」중에서 —

① 화려한 기교가 없는 연주
② 악보와 일치하지 않는 연주
③ 도저히 이해할 수 없는 연주
④ 기괴한 감정이 느껴지지 않는 연주

TIP "두 시간도 못 되어서 벌써 잊어버린담?"이라는 나의 대사를 통해 두 시간 전 그의 연주는 야성, 힘, 귀기가 담겨있는 연주였음을 유추할 수 있다. 따라서 밑줄 친 '감정의 재'는 그런 것이 느껴지지 않는 연주를 말한다.

Answer 2.④

3 다음 작품에 대한 설명으로 가장 적절한 것은?

> 그 녀석은 박 씨 앞에 삿대질을 하듯이 또 거센 소리를 질렀다. 검초록색 잠바에 통이 좁은 깜장색 바지 차림의 서른 남짓 되어 보이는 사내였다. 짧게 깎은 앞머리가 가지런히 일어서 있고 손에는 올이 굵은 깜장 모자를 들었다. 칼칼하게 야윈 몸매지만 서슬이 선 눈매를 지녔고, 하관이 빠르고 얼굴색도 까무잡잡하다. 앞니에 금니 두 개를 해 박았다. 구두가 인상적으로 써늘하게 생겼다. 구둣방에 진열되어 있는 구두는 구두에 불과하지만 일단 사람의 발에 신기면 구두도 그 주인의 위인과 더불어 주인을 닮아 가게 마련이다. 끝이 뾰족하고 반들반들 윤기를 내고 있다.
> 헤프고, 사근사근하고, 무르고, 게다가 병역 기피자인 박 씨는 대번에 꺼칠한 얼굴이 되었다. 처음부터 나오는 것이 예사 손님 같지는 않다.
> "글쎄, 앉으십쇼. 빨리 해 드릴 테니."
> "얼마나 빨리 되어? 몇 분에 될 수 있소?"
> "허어, 이 양반이 참 급하기도."
> "뭐? 이 양반? 얻다 대구 반말이야? 말조심해."
> 앉았던 손님 두엇이 거울 속에서 힐끗 쳐다보았다. 그리고 거울 속에서 눈길이 부딪힐 듯하자 급하게 외면을 하였다. 세발대의 두 소년도 우르르 머리들을 이편으로 내밀고 구경을 하고 손이 빈 민 씨와 김 씨도 구석 쪽 빈 이발 의자에 앉아 묵은 신문을 보다가 말고 몸체만을 엉거주춤 돌렸다.
> — 이호철, 「1965년, 어느 이발소에서」 중에서 —

① 개인과 사회의 갈등을 중심으로 사건이 전개되고 있다.
② 외모와 말투를 통해서 등장인물의 성격이 드러나고 있다.
③ 초점이 되는 인물의 내면 심리를 중심으로 서술되고 있다.
④ 등장인물 중의 하나인 서술자가 자신의 관점에서 상황을 서술하고 있다.

TIP ② 전체적으로 등장인물들의 외모와 대화를 통해 등장인물의 성격을 드러내고 있다.

Answer 3.②

4 다음은 정지용의 시 '조찬(粗餐)'이다. 이 시를 읽고 느낀 감상평으로 적절하지 않은 것은?

> 해ㅅ살 피여
> 이윽한 후,
>
> 머흘 머흘
> 골을 옮기는 구름.
>
> 길경(桔梗) 꽃봉오리
> 흔들려 씻기우고
>
> 차돌부터
> 촉 촉 죽순(竹筍) 돋듯.
>
> 물 소리에
> 이가 시리다.
>
> 앉음새 갈이여
> 양지 쪽에 쪼그리고,
>
> 서러운 새 되어
> 흰 밥알을 쫏다.

① 밤새 내리던 비가 그친 아침을 시간적 배경으로 하고 있다.
② '길경', '물 소리에 이가 시리다'에서 보듯 초봄의 정황을 배경으로 하고 있다.
③ 제4연은 처마 밑 섬돌에 튀는 낙수(落水)의 모습을 그린 생생한 비유이다.
④ 끝 연의 '서러운 새'는 시인 자신과 동일시되고 있는 시적 대상이다.

TIP ② '길경'은 도라지로 도라지꽃은 7~8월인 여름에 핀다. 따라서 이 시의 계절적 배경은 초봄이 아닌 여름이다.

Answer 4.②

5 다음 글에 대한 설명으로 가장 적절한 것은?

> 비자반(榧子盤) 일등품 위에 또 한층 뛰어 특급품이란 것이 있다. 반재(盤材)며, 치수며, 연륜이며 어느 점이 일급과 다르다는 것은 아니나, 반면(盤面)에 머리카락 같은 가느다란 흉터가 보이면 이게 특급품이다. 알기 쉽게 값으로 따지자면, 전전(戰前) 시세로 일급이 2천 원 전후인데, 특급은 2천 4, 5백 원, 상처가 있어서 값이 내리기는커녕 오히려 비싸진다는 데 진진한 묘미가 있다. 반면이 갈라진다는 것은 기약치 않은 불측(不測)의 사고이다. 사고란 어느 때 어느 경우에도 별로 환영할 것이 못 된다. 그 균열의 성질 여하에 따라서는 일급품 바둑판이 목침(木枕)감으로 전락해 버릴 수도 있다. 그러나 그렇게 큰 균열이 아니고 회생할 여지가 있을 정도라면 헝겊으로 싸고 뚜껑을 덮어서 조심스럽게 간수해 둔다. 1년, 이태, 때로는 3년까지 그냥 내버려 둔다. 계절이 바뀌고 추위, 더위가 여러 차례 순환한다. 그 동안에 상처 났던 바둑판은 제 힘으로 제 상처를 고쳐서 본디대로 유착해 버리고, 균열진 자리에 머리카락 같은 희미한 흔적만이 남는다. 비자의 생명은 유연성이란 특질에 있다. 한 번 균열이 생겼다가 제 힘으로 도로 유착·결합했다는 것은 그 유연성이란 특질을 실제로 증명해 보인, 이를테면 졸업 증서이다. 하마터면 목침감이 될 뻔했던 것이, 그 치명적인 시련을 이겨내면 되레 한 급(級)이 올라 특급품이 되어 버린다. 재미가 깨를 볶는 이야기다. 더 부연할 필요도 없거니와, 나는 이것을 인생의 과실(過失)과 결부시켜서 생각해 본다. 언제나 어디서나 과실을 범할 수 있다는 가능성, 그 가능성을 매양 꽁무니에 달고 다니는 것이, 그것이 인간이다. 과실에 대해서 관대해야 할 까닭이 없다. 과실은 예찬하거나 장려할 것이 못 된다. 그러나 어느 누구가 '나는 절대로 과실을 범치 않는다'고 양언(揚言)할 것이냐? 공인된 어느 인격, 어떤 학식, 지위에서도 그것을 보장할 근거는 찾아내지 못한다.
>
> — 김소운, 특급품 —

① 비교와 대조의 방법을 주로 사용하여 논의를 심화·확대하고 있다.
② 반어적 표현을 사용하여 대상에 대한 통찰을 이끌어 내고 있다.
③ 대상에 대한 관찰을 통해 인생의 교훈을 이끌어 내고 있다.
④ 자신의 경험을 허구화시켜 표현하고 있다.

TIP 비자목 바둑판의 이야기로, '하마터면 목침감이 될 뻔했던 것이, 그 치명적인 시련을 이겨내면 되레 한 급(級)이 올라 특급품이 되어 버린다.'라는 문장을 통해 '전화위복'의 교훈을 이끌어내고 있다.

Answer 5.③

6 다음 제시된 작품 중 작가가 다른 하나는?

> (가) 죽는 날까지 하늘을 우러러 한 점 부끄럼이 없기를,
> 　　잎새에 이는 바람에도 나는 괴로워했다.
>
> (나) 어둠 속에서 곱게 풍화작용(風化作用)하는
> 　　백골(白骨)을 들여다보며
> 　　눈물짓는 것이 내가 우는 것이냐
>
> (다) 파란 녹이 낀 구리 거울 속에
> 　　내 얼굴이 남아 있는 것은
> 　　어느 왕조(王朝)의 유물(遺物)이기에
> 　　이다지도 욕될까.
>
> (라) 동방은 하늘도 다 끝나고
> 　　비 한 방울 나리잖는 그때에도
> 　　오히려 꽃은 빨갛게 피지 않는가
> 　　내 목숨을 꾸며 쉬임 없는 날이여.

① (가) ② (나)
③ (다) ④ (라)

TIP　(가) 서시, (나) 또 다른 고향, (다) 참회록은 윤동주의 작품이다.
　　　④ 이육사의 작품인 '꽃'이다.

Answer　6.④

7 다음 중 화자의 감정이입이 드러나지 않는 것은?

> 비로봉 동쪽은 아낙네의 살결보다도 흰 자작나무의 수해(樹海)였다. 설 자리를 삼가, 구중심처(九重深處)가 아니면 살지 않는 자작나무는 무슨 수중(樹中) 공주이던가! 길이 저물어, 지친 다리를 끌며 찾아 든 곳이 애화(哀話) 맺혀 있는 용마석(龍馬石) – 마의 태자자의 무덤이 황혼에 고독했다. 능(陵)이라기에는 너무 초라한 무덤 – 철책(鐵柵)도 상석(床石)도 없고, 풍우에 시달려 비문조차 읽을 수 없는 화강암 비석이 오히려 처량하다.
>
> 마의 태자 무덤에서 느껴지는 처량함
>
> 무덤가 비에 젖은 두어 평 잔디밭 테두리에는 잡초가 우거지고, 석양이 저무는 서녘 하늘에 화석(化石)된 태자의 애기(愛騎) 용마의 고영(孤影)이 슬프다. 무심히 떠도는 구름도 여기서는 잠시 머무르는 듯, 소복(素服)한 백화(白樺)는 한결같이 슬프게 서 있고, 눈물 머금은 초저녁 달이 중천(中天)에 서럽다.
>
> – 정비석, 「산정무한」 –

① 자작나무　　　　　　　② 무덤
③ 비석　　　　　　　　　④ 구름

TIP ① '수중(樹中) 공주'라는 표현을 통해 비범한 속성을 드러내고 있다.
②③④ 화자가 느끼는 허무하고 애달픈 정서가 이입되어 있다.

Answer　7.①

8 다음 글에 대한 설명으로 옳지 않은 것은?

> 쫓아오던 햇빛인데
> ㉠ 지금 교회당 꼭대기
> 십자가에 걸리었습니다.
>
> 첨탑(尖塔)이 저렇게도 높은데
> 어떻게 올라갈 수 있을까요.
>
> 종소리도 들려오지 않는데
> ㉡ 휘파람이나 불며 서성거리다가,
>
> 괴로웠던 사나이,
> 행복한 예수 그리스도에게처럼
> 십자가가 허락된다면
>
> 모가지를 드리우고
> 꽃처럼 피어나는 피를
> 어두워가는 하늘 밑에
> 조용히 흘리겠습니다.
>
> — 윤동주의 십자가 —

① ㉠은 희망이나 광명이 지상에 도달하지 못하고 있는 상황을 암시한다.
② ㉡에는 절망적 상황에 대한 극복 양상이 잘 나타나 있다.
③ 서시를 쓴 작가이다.
④ 상징어가 사용되었고, 역설적 기교가 사용되었다.

TIP 제시된 지문은 윤동주의 십자가로 암담한 일제 치하의 현실을 상징적인 표현을 사용하여 나타내고 있으며 역설적인 표현으로 자기 희생의 결연한 의지를 보여준다.
② ㉡은 시적 화자가 암담한 현실 속에서 방황함을 나타내고 있다.

Answer 8.②

9 다음 시에 대한 설명으로 옳지 않은 것은?

> 벚꽃 지는 걸 보니
> 푸른 솔이 좋아
> 푸른 솔이 지는 걸 보니
> 벚꽃마저 좋아

① 형태상 자유시에 속한다.
② 주로 시각적 심상이 드러난다.
③ 대립과 갈등의 상황이 내포되어 있다.
④ 조화로운 삶을 추구하고 있다.

TIP 제시된 시는 김지하의 새 봄으로 새 봄을 맞이하는 기쁜 마음을 나타낸 긍정적인 내용이다.

│10~12│ 다음 글을 읽고 물음에 답하시오.

> "경사시런 날 ⓐ아적부텀 예펜네가 집 안에서 큰소리를 하면 될 일도 안 되는 벱이니께 이만침 혀 두고 참는다만, ㉠후사는 느덜이 알어서들 혀라. 난 손구락 한나 깐닥 않고 뒷전에서 귀경만 허고 있을란다."
> 말을 마치고 돌아서면서 할머니는 거듭 혀를 찼다.
> "큰자석이라고 있다는 것이 저 모냥이니 원, 쯧쯧."
> 할머니는 양쪽 팔을 홰홰 내저으며 부리나케 안채로 향했다.
> "지지리 복도 못 타고난 년이지. 나만침 아덜, 메누리 복 없는 년도 드물 것이여."
> 사랑채 앞을 지나면서 또 혼잣말을 했다. 말이 혼잣말이지 실상은 이웃에까지 들릴 고함에 가까운 소리였다. 할머니는 정말로 손가락 한 개도 까닥하지 않았다. 방문을 꽝 닫고 들어앉은 후로 밖에서 일어나는 일은 죽이 끓든 밥이 끓든 ⓑ일절 상관하지 않았다. 그런 대신 ⓒ봉창에 달린 작은 유리 너머로 늘 마당을 감시하면서 일일이 못마땅한 표정을 지어 보였다. 우리는 수대로 하나씩 빗자루나 연장 같은 걸 들고 나와 감시의 눈초리를 뒤통수에 느껴 가면서 마당도 쓸고 마루도 닦고 집 안팎의 거미줄도 걷었다. 고모도 나오고 이모까지 합세하여 모두들 바삐 움직인 보람이 있어 장마로 어지럽혀진 집 안이 말끔히 청소되었다. 이모와 고모는 어머니를 도우러 부엌으로 들어가고 나는 아버지와 함께 대문에서 마당에 이르는 ⓓ소롯길과 텃밭 사이에 깊은 도랑을 내어 물기를 빼느라고 식전부터 구슬땀을 흘렸다.

Answer 9.③

10 이 작품의 서술자에 대한 설명으로 가장 옳은 것은?

① 서술자가 작품 속에 등장하는 인물로 인물이나 사건을 관찰하고 있다.
② 서술자가 사건 내용에 깊이 개입하고 있다.
③ 서술자 자신의 내면 갈등이 잘 드러나 있다.
④ 서술자가 등장 인물의 내면 심리까지 직접 설명하고 있다.

> **TIP** ① 1인칭 관찰자 시점으로 서술자는 '나'이다.
> ※ 윤흥길의 장마
>   ㉠ 갈래 : 중편 소설, 전쟁 소설
>   ㉡ 주제 : 혈육의 정과 이념의 대립에 의한 집안 갈등과 민족적 보편 정서를 통한 화해
>   ㉢ 특징
>   • 호흡이 짧은 간결한 문체 구사
>   • 1인칭 관찰자 시점으로 객관적 시선 유지
>   • 전라도 사투리 구사로 토속성 유지

11 다음 중 ㉠에 나타난 할머니의 심정으로 가장 옳은 것은?

① 초조함
② 불안함
③ 무관심함
④ 불만족스러워함

> **TIP** ④ 할머니가 불만족의 표현으로 ㉠과 같은 말을 한 것이다.

12 다음 중 ⓐ~ⓓ의 뜻풀이로 옳지 않은 것은?

① ⓐ : '아침부터'의 방언
② ⓑ : 그러나, 하지만
③ ⓒ : '창호지로 바른 창'을 뜻하는 방언
④ ⓓ : 작고 매우 좁다란 길

> **TIP** '일절'은 (사물을 부인하거나 금하는 말과 어울려서) 아주, 도무지, 결코의 뜻이다.

Answer 10.① 11.④ 12.②

| 13~14 | 다음 글을 읽고 물음에 답하시오.

(가) 나는 김 군을 만나면 글 이야기도 하고 잡담도 하며 시간을 보내는 때가 많았다. 어느 날 김 군과 저녁을 같이하면서 반찬으로 올라온 깍두기를 화제로 이야기를 나누었다.

(나) 깍두기는 조선 정종 때 홍현주(洪顯周)의 부인이 창안해 낸 음식이라고 한다. 궁중의 잔치 때에 각 신하들의 집에서 솜씨를 다투어 일품요리(一品料理)를 한 그릇씩 만들어 올리기로 하였다. 이때 홍현주의 부인이 만들어 올린 것이 그 누구도 처음 구경하는, 바로 이 소박한 음식이었다. 먹어 보니 얼근하고 싱싱하여 맛이 매우 뛰어났다. 그래서 임금이 "그 음식의 이름이 무엇이냐?"하고 묻자 "이름이 없습니다. 평소에 우연히 무를 깍둑깍둑 썰어서 버무려 봤더니 맛이 그럴 듯하기에 이번에 정성껏 만들어 맛보시도록 올리는 것입니다."라고 하였다. "그러면 깍두기라 부르면 되겠구나." 그 후 깍두기가 우리 음식의 한 자리를 차지하여 상에 자주 오르내리게 된 것이 그 유래라고 한다. 그 부인이야말로 참으로 우리 음식을 만들 줄 아는 솜씨 있는 부인이었다고 생각한다.

(다) 아마 다른 부인들은 산해진미, 희한하고 값진 재료를 구하기에 애쓰고 주방 주위에서 흔히 볼 수 있는 무, 파, 마늘은 거들떠보지도 아니했을 것이다. 갖은 양념, 갖은 고명을 쓰기에 애쓰고 소금, 고춧가루는 무시했을지도 모른다. 그러나 재료는 가까운 데 있고 허름한 데 있었다. <u>중국 음식의 모방이나 정통 궁중 음식을 본뜨거나 하여</u> 음식을 만들기에 애썼으나 하나도 새로운 것은 없었을 것이다. 더욱이 궁중에 올릴 음식으로 그렇게 막되게 썬, 규범에 없는 음식을 만들려 들지는 아니했을 것이다. 썩둑썩둑 무를 썰면 곱게 채를 치거나 나박김치처럼 납작납작 예쁘게 썰거나 장아찌처럼 갤쭉갤쭉 썰지, 그렇게 꺽둑꺽둑 막 썰 수는 없다. 고춧가루도 적당히 치는 것이지, 그렇게 싯뻘겋게 막 버무리는 것을 보면 질색을 했을 것이다. 그 점에 있어서 깍두기는 무법이요, 창의적인 대담한 파격이다.

(라) 김 군은 영리한 사람이다. "선생님, 지금 깍두기를 통해 '수필(隨筆)' 이야기를 하시는 것이지요? 결국 수필은 (   )"

13 문단 (다)의 밑줄 친 부분을 가장 자연스럽게 고친 것은?

① 중국 음식을 모방하고 정통 궁중 음식을 본뜨거나 하여
② 중국 음식을 모방하거나 정통 궁중 음식을 본뜨거나 하여
③ 중국 음식의 모방이나 정통 궁중 음식을 본떠
④ 중국 음식의 모방과 정통 궁중 음식을 본뜨거나 하여

> **TIP** 목적어와 목적어 간의 호응, 목적어와 서술어의 호응관계를 살펴본다면 ②가 가장 자연스럽다.

14 문단 (라)의 괄호 안에 들어갈 말로 가장 옳은 것은?

① 어떤 제목에 구애되지 않고 써 나가야 한다는 말씀이시지요?
② 신기하고 어려운 기법을 사용하여 써 나가야 한다는 말씀이시지요?
③ 우리 주변의 평범한 곳에서 소재를 구해야 한다는 말씀이시지요?
④ 소박하고 진실하며 품위 있는 주제를 다루어야 한다는 말씀이시지요?

> **TIP** '깍두기'는 주위의 평범한 재료를 가지고 만든 음식이다. '깍두기'가 수필의 은유 혹은 상징이라면, 수필의 소재 역시 주위의 평범한 일상사에서 구할 수 있는 것이라는 추론이 가능하다.

Answer 13.② 14.③

15 다음 소설에서 '날개'의 의미로 옳은 것은?

> 우리 부부는 숙명적으로 발이 맞지 않는 절름발이인 것이다. 나나 아내나 제 거동에 로직을 붙일 필요는 없다. 변해할 필요도 없다. 사실은 사실대로 오해는 오해대로 그저 끝없이 발을 절뚝거리면서 세상으로 걸어가면 되는 것이다. 그렇지 않을까?
> 그러나 나는 이 발길이 아내에게로 돌아가야 옳은가 이것만은 분간하기가 좀 어려웠다. 가야하나? 그럼 어디로 가나?
> 이때 뚜우 하고 정오 사이렌이 울었다. 사람들은 모두 네 활개를 펴고 닭처럼 푸드덕거리는 것 같고 온갖 유리와 강철과 대리석과 지폐와 잉크가 부글부글 끓고 수선을 떨고 하는 것 같은 찰나! 그야말로 현란을 극한 정오다.
> 나는 불현듯 겨드랑이가 가렵다. 아하, 그것은 내 인공의 날개가 돋았던 자국이다. 오늘은 없는 이 날개. 머릿속에서는 희망과 야심이 말소된 페이지가 딕셔너리 넘어가듯 번쩍였다.
> 나는 걷던 걸음을 멈추고 그리고 일어나 한 번 이렇게 외쳐 보고 싶었다.
> 날개야 다시 돋아라.
> 날자. 날자. 한 번만 더 날자꾸나.
> 한 번만 더 날아 보자꾸나.
>
> — 이상, 「날개」 —

① 생의 의지 ② 본능적 욕구
③ 미래의 몽상 ④ 과거의 기억

> **TIP** 이 소설에서 '날개'는 '유년의 삶'에서 '성인의 삶'으로, '비정상적 삶'에서 '정상적 삶'으로, '밀폐된 삶'에서 '자유의 삶'으로 옮아가기 위한 '생의 의지'에 대한 상징이다.

Answer 15.①

05 고전 문학

01 어학적인 글

❶ 세종어제 훈민정음(世宗御製 訓民正音)

(1) 훈민정음의 창제
① 창제자 및 협찬자
  ㉠ 창제자 : 세종 대왕
  ㉡ 협찬자 : 정인지, 성삼문, 신숙주, 이개, 최항, 박팽년, 강희안 등 집현전 학자
② 연대
  ㉠ 창제·반포 : 세종 25년(1443) 음력 12월에 예의본(例義本) 완성
  ㉡ 해례본(解例本) : 세종 28년(1446) 음력 9월 상한에 해례본 완성, 간행
  ㉢ 언해본(諺解本) : 세조 5년(1459)에 간행
③ 훈민정음 창제의 정신 ··· 자주 정신, 애민 정신, 실용 정신
④ 훈민정음 창제의 목적
  ㉠ 일반 백성들의 원만한 문자 생활 도모
  ㉡ 자주(自主)·애민(愛民)·실용(實用) 정신의 구현(俱現)
  ㉢ 우리 나라 한자음의 정리와 표기의 통일
⑤ 제자(制字)의 원리
  ㉠ 초성(初聲 : 첫소리) : 발음 기관의 모양을 본떴다.
  ㉡ 중성(中聲 : 가온딧소리) : '천(天)·지(地)·인(人)'의 삼재(三才)를 본떴다.

(2) 훈민정음 해례본의 구성

① 예의[(例義), 언해된 부분]
　㉠ 어지(御旨) : 창제된 취지
　㉡ 글자와 소리값 : 초성, 중성, 종성 글자와 소리값
　㉢ 글자의 운용 : 나란히 쓰기, 이어 쓰기, 붙여 쓰기, 음절 이루기, 점찍기의 용법

② 해례(解例) … 언해되지 아니한 부분으로 '제자해(制字解), 초성해(初聲解), 중성해(中聲解), 합자해(合字解), 용자례(用字例)'로 구성되어 있다.

③ 정인지 서(序) … 훈민정음 제작 경위를 밝히고 있다.

❷ 용비어천가(龍飛御天歌)

(1) 개관

① 시기
　㉠ 창작 시기 : 세종 27년(1445)
　㉡ 간행 시기
　　• 초간본 : 세종 9년(1447)
　　• 중간본 : 광해군 4년(1612) – 만력본, 효종 10년(1659) – 순치본, 영조 41년(1765) – 건륭본

② 작자 … 정인지(1396~1478), 권제(1387~1445), 안지(1377~1464) 등

③ 체제
　㉠ 구성 : 세종의 6대조인 목조부터 익조, 도조, 환조, 태조, 태종의 사적(史蹟)을 중국 역대 왕의 사적과 대비하여 서술하였다.
　　• 서사 : 제1·2장 – 건국의 정당성과 영원성 송축
　　• 본사 : 제3~109장 – 육조의 사적을 예찬
　　• 결사 : 제110~125장 – 후대 왕에 대한 권계
　㉡ 형식 : 2절 4구체의 대구로 이루어져 있다(단, 1장 3구체, 125장 9구체).
　　• 전절 : 중국 역대 왕들의 사적을 찬양
　　• 후절 : 6조의 사적을 찬양

④ 의의
　㉠ 훈민정음으로 기록된 최초의 작품이며 15세기 국어 연구에 귀중한 자료가 된다.
　㉡ 월인천강지곡과 쌍벽을 이루면서 국문으로 된 최초의 악장 문학이다.

TIP 용비어천가의 표기상의 특징
㉠ 종성부용초성의 원칙에 따라 8종성 외에 'ㅈ, ㅊ, ㅍ'이 종성으로 쓰였다.
㉡ 모음 조화가 철저하게 지켜졌다.
㉢ 사잇소리 표기가 훈민정음 언해본보다 엄격하게 지켜졌다.
㉣ 'ㅸ, ㆆ, ㆅ, ㅿ, ㆁ, ·' 등이 모두 쓰였다.
㉤ 원문에는 방점이 찍혀 있다.
㉥ 동국정운식 한자음을 전제로 하여 조사와 어미를 붙여 썼다.
㉦ 15세기 문헌 중 가장 고형을 유지하고 있다.

(2) 작품의 이해

① 제1장
㉠ 형식 : 1절 3구(제125장과 함께 형식상의 파격을 이룬 장)
㉡ 주제 : 조선 건국의 천명성
㉢ 성격 : 송축가(개국송)
㉣ 핵심어 : 천복(天福)

② 제2장
㉠ 형식 : 2절 4구
㉡ 주제 : 조선의 무궁한 발전 송축
㉢ 성격 : 송축가(개국송)
㉣ 핵심어 : 곶, 여름, 바를, 내

③ 제48장
㉠ 형식 : 2절 4구
㉡ 주제 : 태조의 초인간적 용맹
㉢ 성격 : 송축가, 사적찬(事蹟讚)
㉣ 핵심어 : 石壁(석벽)에 말을 올이샤

④ 제125장
㉠ 형식 : 3절 9구(형식상 파괴)
㉡ 주제 : 후왕(後王)에 대한 권계
㉢ 성격 : 송축가, 계왕훈(戒王訓)
㉣ 핵심어 : 경천 근민(敬天勤民)

③ 두시언해(杜詩諺解)

(1) 개관

① 원제(原題) … 분류두공부시(分類杜工部詩)언해로 두보의 시를 내용별로 분류하였다는 의미이다. 이는 25권 17책으로 되어 있다.

② 작자 … 두보(杜甫, 712~770)

③ 의의
  ㉠ 국문학상 최초의 번역 시집이며 한시 및 한문학 연구의 자료가 된다.
  ㉡ 국어학상 초간본과 중간본이 약 150년의 차이가 있어 임란 전후의 국어의 변화를 살피는 데 중요한 자료가 된다.

④ 초간본과 중간본의 차이

구분		초간본	중간본
간행 연대		성종 12년(1481)	인조 10년(1632)
간행자		유윤겸, 조위, 의침	오숙, 김상복
판본		활판본(活版本)	목판본(木版本)
표기법		연철(連綴)	간혹 분철도 보임
방점		사용됨	없어짐
음운 변화	ㅿ, ㆁ	사용됨	'ㅇ'으로 바뀜
	자음 동화	두드러지지 않음	자주 나타남
	모음 조화	잘 지켜짐	파괴되어 감
	구개음화	나타나지 않음	가끔 나타남

(2) 작품의 이해

① 강촌(江村)
  ㉠ 갈래 : 서정시, 칠언 율시
  ㉡ 주제 : 강촌 생활의 한가함
  ㉢ 배경 : 성도에서 초당을 짓고 한가로이 지내던 여름

② 절구(絶句)
  ㉠ 갈래 : 서정시, 기·승·전·결의 오언 절구
  ㉡ 주제 : 고향에 돌아가지 못하는 아쉬움, 향수(鄕愁), 수구초심(首邱初心)

ⓒ 특징
- 대구(기구와 승구), 색채(靑과 紅)의 대조
- 선경후정(先景後情) : 봄을 맞는 푸른 강, 푸른 산의 정경과 시적 자아의 심상

02 운문 문학과 산문 문학

❶ 운문 문학

(1) 고대 가요

① 구지가(龜旨歌)
 ㉠ 갈래 : 4구체, 한역 시가
 ㉡ 연대 : 신라 유리왕 19년(42)
 ㉢ 주제 : 수로왕의 강림 기원
 ㉣ 성격 : 주술요, 노동요, 집단 무가
 ㉤ 의의 : 현재 전하는 가장 오래된 집단 무가이며 주술성을 가진 현전 최고의 노동요이다.
 ㉥ 작자 : 구간(九干)

② 공무도하가(公無渡河歌)
 ㉠ 갈래 : 한역가(漢譯歌), 서정시, 개인적인 서정 가요
 ㉡ 연대 : 고조선(古朝鮮)
 ㉢ 주제 : 임을 여읜 슬픔, 남편의 죽음을 애도
 ㉣ 성격 : 개인적, 서정적
 ㉤ 의의 : 황조가와 함께 우리 나라 최고의 서정 가요이며 원시적·집단적 서사시에서 서정시로 옮아가는 과도기적 작품이다.
 ㉥ 작자 : 백수 광부(白首狂夫)의 처(妻)

③ 정읍사(井邑詞)
 ㉠ 갈래 : 백제 가요, 속요(俗謠)
 ㉡ 연대 : 백제 시대(고려 시대로 보는 설도 있음)
 ㉢ 주제 : 행상 나간 남편의 무사귀환을 기원
 ㉣ 성격 : 민요적
 ㉤ 의의

- 현전 유일의 백제 노래이다.
- 한글로 기록되어 전하는 가장 오래된 노래이다.
- 시조 형식의 원형을 가진 노래이다(4음보의 형태).
ⓑ 작자 … 어느 행상의 처

(2) 향가

① 서동요(薯童謠)
㉠ 갈래 : 4구체 향가
㉡ 연대 : 신라 진평왕 때
㉢ 주제 : 선화 공주의 은밀한 사랑, 선화 공주를 꾀어내기 위한 참요
㉣ 성격 : 참요(讖謠 – 있지도 않은 사실을 날조하여 헐뜯는 노래), 동요(童謠)
㉤ 의의
- 현전 최고(最古)의 향가 작품이다.
- 배경 설화에 신화적인 요소가 있는 향가이다.
- 향가 중 민요체를 대표하는 작품이다.
ⓑ 작자 : 서동(백제 무왕)

② 제망매가(祭亡妹歌)
㉠ 갈래 : 10구체 향가
㉡ 연대 : 신라 경덕왕 때
㉢ 주제 : 죽은 누이에 대한 추모의 정
㉣ 성격 : 추도가(追悼歌), 애상적, 종교적(불교적)
㉤ 의의
- 향가 중 찬기파랑가와 함께 표현 기교 및 서정성이 뛰어나다.
- 불교의 윤회 사상이 기저를 이루고 있다.
- 정제된 10구체 향가로 비유성이 뛰어나 문학성이 높다.
ⓑ 작자 : 월명사

(3) 고려 가요

① 가시리
㉠ 갈래 : 고려 가요
㉡ 연대 : 고려 시대
㉢ 주제 : 이별의 정한
㉣ 형태 : 전 4 연의 연장체(분연체)
㉤ 운율 : 3 · 3 · 2조의 3음보

ⓑ 성격 : 이별의 노래, 민요풍
ⓢ 의의 : 이별의 애달픔을 소박한 정조로 노래한 이별가의 절조
ⓞ 작자 : 미상

② 청산별곡
㉠ 갈래 : 고려 가요, 장가, 서정시
㉡ 연대 : 고려 시대
㉢ 주제 : 삶의 고뇌와 비애, 실연의 애상, 삶의 고통과 그 극복에의 지향성, 현실에의 체념
㉣ 형태 : 전 8연의 분절체, 매연 4구 3·3·2조의 3음보
㉤ 성격 : 평민 문학, 도피 문학
㉥ 의의 : 고려 가요 중 서경별곡과 함께 비유성과 문학성이 가장 뛰어나며, 고려인들의 삶의 애환을 반영한 작품이다.
㉦ 작자 : 미상

(4) 시조

① 고시조

이 몸이 죽어 죽어 일백 번(一白番) 고쳐 죽어
백골(白骨)이 진토(塵土) 되어 넉시라도 잇고 업고
님 향(向)흔 일편단심(一片丹心)이야 가실 줄이 이시랴.

작품분석

㉠ 갈래 : 평시조
㉡ 주제 : 절개
㉢ 성격 : 단심가(丹心歌), 충의적
㉣ 작자 : 정몽주

이런들 엇더ᄒ며 뎌런들 엇더ᄒ료
초야 우생(草野愚生)이 이러타 엇더ᄒ료
ᄒ물며 천석고황(泉石膏)을 고텨 므슴ᄒ료.

작품분석

㉠ 제목 : 도산십이곡(陶山十二曲)
㉡ 갈래 : 평시조, 연시조(전 12 수)
㉢ 주제 : 전 6곡(자연에 동화된 생활), 후 6곡(학문 수양 및 학문에 힘쓸 것을 다짐)
㉣ 성격 : 교훈가
㉤ 작자 : 이황

우는 거시 벅구기가 프른 거시 버들숩가
이어라 이어라
어촌(漁村) 두어 집이 닛 속의 나락들락
지국총(至匊悤) 지국총(至匊悤) 어사와(於思臥)
말가흔 기픈 소희 온갓 고기 뛰노ᄂᆞ다

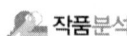 작품분석

    ㉠ 제목 : 어부사시사(漁父四時詞)
    ㉡ 갈래 : 연시조[춘·하·추·동 각 10수(전 40 수)]
    ㉢ 주제 : 강호의 한정(閑情). 철따라 펼쳐지는 자연의 경치와 어부(漁父) 생활의 흥취
    ㉣ 성격 : 강호한정가
    ㉤ 작자 : 윤선도

② 사설시조

창(窓) 내고쟈 창(窓)을 내고쟈 이 내 가슴에 창(窓) 내고쟈.
고모장지 셰살장지 들장지 열장지 암돌져귀 수돌져귀 빈목걸새 크나큰 쟝도리로 쏭닥 바가
이 내 가슴에 창(窓) 내고쟈.
잇다감 하 답답홀 제면 여다져 볼가 ᄒᆞ노라.

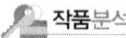 작품분석

    ㉠ 갈래 : 사설시조
    ㉡ 주제 : 마음 속에 쌓인 답답한 심정
    ㉢ 성격 : 해학적
    ㉣ 작자 : 미상

댁(宅)들에 동난지이 사오. 져 쟝스야, 네 황화 그 무서시라 웨ᄂᆞ다. 사쟈.
외골 내육(外骨內肉), 양목(兩目)이 상천(上天), 전행 후행(前行後行), 소(小)아리 팔족(八足) 대(大)아리 이족(二足), 청장(淸醬) ᄋᆞ스슥ᄒᆞᄂᆞᆫ 동난지이 사오.
쟝스야, 하 거복이 웨지 말고 게젓이라 ᄒᆞ렴은.

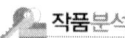 작품분석

    ㉠ 갈래 : 사설시조
    ㉡ 주제 : 서민들의 희극적인 상거래 장면
    ㉢ 성격 : 해학적, 풍자적
    ㉣ 작자 : 미상

두터비 ᄑᆞ리를 물고 두험 우희 치ᄃᆞ라 안자
것넌 산(山) ᄇᆞ라보니 백송골(白松骨)이 ᄯᅥ 잇거늘,
가슴이 금즉ᄒᆞ여 풀덕 쒸여 내ᄃᆞ다가 두험 아래 잣바지거고.
모쳐라, 늘낸 낼식만졍 에헐질 번ᄒᆞ괘라.

작품분석

- ㉠ 갈래 : 사설시조
- ㉡ 주제 : 약자에게는 강한 체 뽐내고, 강자 앞에서는 비굴한 양반 계층을 풍자
- ㉢ 성격 : 우의적(寓意的)
- ㉣ 작자 : 미상

(5) 가사

① 상춘곡(賞春曲)
- ㉠ 갈래 : 강호 가사, 양반 가사, 정격 가사
- ㉡ 연대 : 창작 – 성종(15세기), 표기 – 정조(18세기)
- ㉢ 주제 : 봄 경치의 완상과 안빈낙도(安貧樂道)
- ㉣ 형태 : 39행, 79구, 매행 4음보(단, 제12행은 6음보)의 정형 가사로, 4음보 연속체
- ㉤ 성격 : 묘사적, 예찬적, 서정적
- ㉥ 의의 : 가사 문학의 효시, 송순의 면앙정가에 영향을 주었다.
- ㉦ 작자 : 정극인(1401~1481) – 성종 때의 학자. 문인. 호는 불우헌

② 관동별곡(關東別曲)
- ㉠ 갈래 : 기행 가사, 정격 가사, 양반 가사
- ㉡ 연대 : 창작 – 선조 13년(1580), 표기 – 숙종
- ㉢ 주제 : 관동 지방의 절경과 풍류
- ㉣ 형태 : 3·4조의 4음보(295구)
- ㉤ 문체 : 가사체, 운문체, 화려체
- ㉥ 의의 : 서정적인 기행 가사로 우리말의 아름다움을 승화시킨 작품이다.
- ㉦ 작자 : 정철(1536~1593) – 시인. 호는 송강

❷ 산문 문학

(1) 설화

① 단군 신화
    ㉠ 갈래 : 건국 신화
    ㉡ 사상 : 숭천 사상, 동물 숭배 사상
    ㉢ 성격 : 설화적
    ㉣ 주제 : 단군의 건국 내력과 홍익인간의 이념
    ㉤ 의의 : 홍익인간의 건국 이념과, 천손의 혈통이라는 민족적 긍지가 나타나 있다.

② 조신의 꿈
    ㉠ 갈래 : 설화(전설), 사원 연기 설화
    ㉡ 사상 : 불교적, 서사적, 교훈적
    ㉢ 성격 : 액자식 환몽 구조
    ㉣ 주제 : 인생무상
    ㉤ 의의 : 환몽 소설의 연원이 되는 설화로 후에 김만중의 구운몽 및 이광수의 꿈이라는 소설에 영향을 주었고. 동일 모티브에 의한 다양한 변이 과정을 확인해 볼 수 있다.

③ 바리데기
    ㉠ 갈래 : 무가, 서사 무가
    ㉡ 성격 : 무속적, 주술적
    ㉢ 주제 : 바리데기가 겪는 고난과 성취의 일생을 통한 무속신의 내력
    ㉣ 의의 : 전통 사회의 남성 우월 사상에 대해 비판적이다.
    ㉤ 특징 : 5단 구성의 영웅 설화적 구조이며, 판소리와 유사한 말과 창의 반복이 나타난다.

(2) 가전체

① 화왕계
    ㉠ 작자 : 설총
    ㉡ 갈래 : 설화
    ㉢ 성격 : 우언적, 풍자적
    ㉣ 주제 : 임금에 대한 경계(또는 간언)
    ㉤ 의의 : 최초의 창작 설화로 가전체 문학의 효시가 된다.
    ㉥ 출전 : 삼국사기

② 국선생전
    ㉠ 작자 : 이규보
    ㉡ 갈래 : 가전
    ㉢ 성격 : 전기적, 교훈적
    ㉣ 주제 : 위국 충절의 교훈
    ㉤ 의의 : 의인화 기법
    ㉥ 출전 : 동문선

(3) 고대 소설

① 구운몽(九雲夢)
    ㉠ 갈래 : 고대 소설, 국문 소설, 염정 소설, 몽자류 소설, 영웅 소설
    ㉡ 연대 : 숙종 15년(1689) 남해 유배시
    ㉢ 주제 : 인생무상의 자각과 불법에의 귀의
    ㉣ 배경 : 당나라 때, 중국
    ㉤ 시점 : 전지적 작가 시점
    ㉥ 의의 : 몽자류 소설의 효시
    ㉦ 근원 설화 : 조신 설화
    ㉧ 사상 : 유·불·선 사상
    ㉨ 작자 : 김만중(1637~1692)

② 허생전(許生傳)
    ㉠ 갈래 : 고대 소설, 한문 소설, 풍자 소설, 단편 소설, 액자 소설
    ㉡ 연대 : 정조 4년(1780) 중국 여행 후
    ㉢ 주제 : 양반 및 위정자들의 무능력에 대한 비판과 자아 각성의 제시
    ㉣ 배경 : 17세기 효종 때, 서울을 중심으로 한반도 전역, 장기, 무인도
    ㉤ 시점 : 전지적 작가 시점
    ㉥ 의의 : 조선 시대 사실주의 소설의 전형을 보여 주고 있다.
    ㉦ 작자 : 박지원(1737~1805)

③ 춘향전(春香傳)
    ㉠ 갈래 : 고대 소설, 염정 소설, 판소리계 소설
    ㉡ 주제 : 신분을 초월한 남녀 간의 사랑, 지배 계층에 대한 서민의 항거
    ㉢ 배경 : 조선 후기, 전라도 남원
    ㉣ 시점 : 전지적 작가 시점
    ㉤ 의의 : 고대 소설 중 가장 사실적이며, 풍자적·해학적이다.

(4) 고대 수필

① 아기설(啞器說)
- ㉠ 갈래 : 설(說), 고대 수필
- ㉡ 주제 : 때에 맞게 말을 할 줄 아는 지혜의 필요성
- ㉢ 성격 : 교훈적, 풍자적, 비판적
- ㉣ 작자 : 안정복(1712 ~ 1791)

② 동명일기(東溟日記)
- ㉠ 갈래 : 고대 수필(여류 수필), 기행문
- ㉡ 주제 : 귀경대에서 본 일출의 장관
- ㉢ 성격 : 묘사적, 사실적, 주관적
- ㉣ 의의 : 순 한글 기행 수필로 세밀한 관찰과 사실적 묘사가 뛰어나다.
- ㉤ 작자 : 의유당(1727 ~ 1823)

(5) 판소리

① 흥보가
- ㉠ 갈래 : 판소리
- ㉡ 성격 : 풍자적, 해학적
- ㉢ 주제 : 형제 간의 우애, 인고와 이타를 통한 빈부의 갈등 극복
- ㉣ 특징
  - 3·4, 4·4조의 가락을 중심으로 리듬감 있게 표현하였다.
  - 인물의 성격과 사건의 진행을 풍자와 해학을 통해 표현하였다.
  - 일상적인 언어와 현재형의 문장을 통해 사실적으로 표현하였다.
- ㉤ 출전 : 신재효 정리(성두본)

② 적벽가
- ㉠ 갈래 : 판소리 소설
- ㉡ 문체 : 가사체
- ㉢ 연대 : 조선 후기
- ㉣ 제재 : 삼국지연의의 적벽대전
- ㉤ 주제 : 가족에 대한 그리움
- ㉥ 출전 : 박봉술 창본

③ 춘향가
  ⊙ 갈래 : 판소리 사설
  ⓒ 문체 : 서사적, 운율적, 해학적, 풍자적
  ⓒ 연대 : 조선 후기
  ⓔ 배경 : 조선 숙종 때 전라도 남원과 한양
  ⓜ 주제 : 신분을 초월한 남녀 간의 사랑, 신분 갈등의 극복을 통한 인간 해방의 이상
  ⓗ 특징
  • 서민들의 현실적인 생활을 주로 그리고 있다.
  • 창가의 내용에는 극적 요소가 많고, 민속적이며 그 체제는 희곡적이며 문체는 운문체이다.
  • 풍자와 해학 등 골계적인 내용과 비장미, 숭고미 등이 다양하게 드러나 있다.
  • 판소리는 구비문학이기 때문에 부분의 독자성이 성립한다.
  • 평민계층이 사용하는 욕설이나 비속어 등과 양반계층이 주로 사용하는 한문구나 한자 성어 등이 공존한다.

(6) 민속극

① 꼭두각시 놀음
  ⊙ 갈래 : 전통 인형극
  ⓒ 성격 : 풍자적 · 골계적
  ⓒ 구성 : 전 8막, 2마당
  ⓔ 주제 : 일반 계층의 도덕적 허위와 횡포에 대한 비판과 풍자
  ⓗ 의의 : 우리 나라 유일의 전통 인형극

② 봉산탈춤
  ⊙ 갈래 : 민속극, 가면극, 탈춤 대본, 전통극
  ⓒ 주제 : 무능한 양반에 대한 풍자
  ⓒ 성격 : 해학적, 풍자적, 서민적
  ⓔ 특징
  • 양반에 대한 풍자와 희롱, 도전적이고 공격적인 언어 표현이 나타난다.
  • 서민적인 비속어와 양반투의 어려운 한자어를 동시에 구사하고 있다.
  • 자유분방한 열거와 대구, 인용, 반어, 언어 유희, 익살, 과장 등이 풍부하게 나타나고 있다.

05. 고전 문학

최근 기출문제 분석

2020. 6. 13. 제1회 지방직 / 제2회 서울특별시

1 밑줄 친 부분에서 행위의 주체가 같은 것으로만 묶은 것은?

> 금와왕이 이상히 여겨 유화를 방 안에 가두어 두었더니 햇빛이 방 안을 비추는데 ㉠<u>몸을 피하면</u> 다시 쫓아와서 비추었다. 이로 해서 태기가 있어 알[卵] 하나를 낳으니, 크기가 닷 되들이만 했다. 왕이 그 것을 버려서 개와 돼지에게 주게 했으나 모두 먹지 않았다. 다시 길에 ㉡<u>내다 버리게 했더니</u> 소와 말 이 피해서 가고 들에 내다 버리니 새와 짐승들이 덮어 주었다. 왕이 쪼개 보려고 했으나 아무리 해도 쪼개지지 않아 그 어미에게 돌려주었다. 어미가 이 알을 천으로 싸서 따뜻한 곳에 놓아두었더니 한 아이가 ㉢<u>껍질을 깨고 나왔는데</u>, 골격과 외모가 영특하고 기이했다. 겨우 일곱 살이 되었을 때, 이미 기골이 뛰어나서 범인(凡人)과 달랐다. 스스로 활과 화살을 만들어 쏘았는데 백발백중이었다. 나라 풍속에 ㉣<u>활 잘 쏘는</u> 사람을 주몽이라고 하므로 그 아이를 '주몽'이라 했다.
> 금와왕에게는 일곱 아들이 있어 항상 주몽과 함께 놀았는데, 재주가 주몽을 따르지 못했다. 맏아들 대소가 왕에게 말했다. "주몽은 사람의 자식이 아닙니다. 일찍 ㉤<u>없애지 않는다면</u> 후환이 있을까 두렵습니다." 왕이 듣지 않고 주몽을 시켜 말을 기르게 하니 주몽은 좋은 말을 알아보고 적게 먹여서 여위게 기르고, 둔한 말을 ㉥<u>잘 먹여서 살찌게 했다.</u>

① ㉠, ㉡   ② ㉡, ㉣
③ ㉢, ㉥   ④ ㉣, ㉤

TIP ㉠ 유화
㉡ 금와왕
㉢㉣㉥ 주몽
㉤ 금와왕, 일곱 아들

Answer 1.③

2 다음 글에 대한 이해로 적절하지 않은 것은?

> 말뚝이: (벙거지를 쓰고 채찍을 들었다. 굿거리장단에 맞추어 양반 삼 형제를 인도하여 등장.)
> 양반 삼 형제: (말뚝이 뒤를 따라 굿거리장단에 맞추어 점잔을 피우나, 어색하게 춤을 추며 등장. 양반 삼 형제 맏이는 샌님[生員], 둘째는 서방님[書房], 끝은 도련님[道令]이다. 샌님과 서방님은 흰 창옷에 관을 썼다. 도련님은 남색 쾌자에 복건을 썼다. 샌님과 서방님은 언청이이며(샌님은 언청이 두 줄, 서방님은 한 줄이다.) 부채와 장죽을 가지고 있고, 도련님은 입이 삐뚤어졌고 부채만 가졌다. 도련님은 대사는 일절 없으며, 형들과 동작을 같이 하면서 형들의 면상을 부채로 때리며 방정맞게 군다.)
> 말뚝이: (가운데쯤에 나와서) 쉬이. (음악과 춤 멈춘다.) 양반 나오신다아! 양반이라고 하니까 노론, 소론, 호조, 병조, 옥당을 다 지내고 삼정승, 육판서를 다 지낸 퇴로 재상으로 계신 양반인 줄 알지 마시오. 개잘량이라는 '양' 자에 개다리소반이라는 '반' 자 쓰는 양반이 나오신단 말이오.
> 양반들: 야아, 이놈, 뭐야아!
> 말뚝이: 아, 이 양반들, 어찌 듣는지 모르갔소. 노론, 소론, 호조, 병조, 옥당을 다 지내고 삼정승, 육판서 다 지내고 퇴로 재상으로 계신 이 생원네 삼 형제 분이 나오신다고 그리 하였소.
> 양반들: (합창) 이 생원이라네. (굿거리장단으로 모두 춤을 춘다. 도령은 때때로 형들의 면상을 치며 논다. 끝까지 그런 행동을 한다.)
>
> — 작자 미상, 「봉산탈춤」에서 —

① 양반들이 자신들을 조롱하는 말뚝이에게 야단쳤군.
② 샌님과 서방님이 부채와 장죽을 들고 춤을 추며 등장했군.
③ 말뚝이가 굿거리장단에 맞춰 양반을 풍자하는 사설을 늘어놓았군.
④ 도련님이 방정맞게 굴면서 샌님과 서방님의 얼굴을 부채로 때렸군.

TIP 「봉산탈춤」에서 굿거리장단은 재담의 시작과 등장인물의 입장을 알리고 마지막 부분에서 굿거리장단으로 '모두 춤을 춘다'에서 재담을 마무리 하는 기능을 담당함을 알 수 있다. 말뚝이가 양반을 풍자하는 사설 부분에서는 음악과 춤이 멈춘다는 지시문으로 보아 ③의 진술은 적절치 않다.

Answer 2.③

2020. 6. 13. 제1회 지방직 / 제2회 서울특별시

3 다음 글에서 의인화하고 있는 사물은?

> 姓은 楮이요, 이름은 白이요, 字는 無玷이다. 회계 사람이고, 한나라 중상시 상방령 채륜의 후손이다. 태어날 때 난초탕에 목욕하여 흰 구슬을 희롱하고 흰 띠로 꾸렸으므로 빛이 새하얗다. … (중략) … 성질이 본시 정결하여 武人은 좋아하지 않고 文士와 더불어 노니는데, 毛學士가 그 벗으로 매양 친하게 어울려서 비록 그 얼굴에 점을 찍어 더럽혀도 씻지 않았다.

① 대나무
② 백옥
③ 엽전
④ 종이

> **TIP** 제시된 글은 이첨의 「저생전」으로 종이를 의인화한 가전체 문학이다. '성질이 본시 정결하여 무인은 좋아하지 않고 문사와 더불어 노니는데'라는 구절의 '문사(글하는 선비)'와 친하다는 부분에서 종이임을 짐작할 수 있다.

2019. 6. 15 제2회 서울특별시

4 〈보기〉는 황진이가 지은 시조이다. 빈칸에 들어갈 알맞은 낱말끼리 짝지은 것은?

> ─── 보기 ───
> 冬至ㅅ들 기나긴 밤을 한 (㉠)를 버혀 내여
> (㉡) 니불 아레 서리서리 너헛다가
> 어론 님 오신 날 밤이여든 구뷔구뷔 펴리라.

	㉠	㉡		㉠	㉡
①	허리	春風	②	허리	秋風
③	머리	春風	④	머리	秋風

> **TIP** 황진이의 시조로 임에 대한 그리움이 주제이다. 자주 접하는 시조이므로 내용을 암기하고 있다면 쉽게 풀 수 있는 문제이다. 다만, 기나긴 밤 가운데 일부분을 잘라낸다는 것에서 '허리', 동짓달 긴 밤을 잘라내면 곧 올 봄(임이 올 따뜻한 봄)에서 '春風'을 유추해 낼 수도 있다.

Answer 3.④ 4.①

2019. 6. 15 제2회 서울특별시

5 〈보기〉의 밑줄 친 부분과 가장 가까운 내용을 담은 시조는?

보기

성현의 경전을 읽고 자기를 돌이켜 보아서 환히 이해되지 않는 것이 있거든 모름지기 성현이 준 가르침이란 반드시 사람이 알 수 있고 행할 수도 있는 것에 대하여 말한 것임을 생각하라. 성현의 말과 나의 소견이 다르다면 이것은 내가 힘쓴 노력이 철저하지 못한 까닭이다. 성현이 어찌 알기 어렵고 행하기 어려운 것으로 나를 속이겠는가? 성현의 말을 더욱 믿어서 딴 생각이 없이 간절히 찾으면 장차 얻는 바가 있을 것이다.

---

① 십년 フ온 칼이 갑리(匣裏)에 우노미라.
　관산(關山)을 브라보며 때때로 문져 보니
　장부(丈夫)의 위국공훈(爲國功勳)을 어닉 째에 드리올고.

② 구곡(九曲)은 어드믹고 문산(文山)에 세모(歲暮)커다.
　기암괴석(奇巖怪石)이 눈속에 뭇쳣셰라.
　유인(遊人)은 오지 안이호고 볼껏업다 호드라.

③ 강호(江湖)에 겨월이 드니 눈 기픠 자히 남다.
　삿갓 빗기 쓰고 누역으로 오슬 삼아,
　이 몸이 칩지 아니히옴도 역군은(亦君恩)이샷다.

④ 고인(古人)도 날 못 보고 나도 고인 못 봬.
　고인을 못 봐도 녀든 길 알픠 잇늬.
　녀든 길 알픠 잇거든 아니 녀고 엇졀고.

> **TIP** 밑줄 친 부분은 선학의 학문 속에 깃든 올바른 삶의 태도를 본받겠다는 태도를 드러내고 있다고 볼 수 있다. ④는 이황의 도산십이곡의 한 수로 옛 성현에 대한 후학의 학문적 태도를 잘 드러내고 있다.
> ① 우국충정과 장부의 기개를 노래한다.
> ② 이이(이율곡)의 고산구곡가의 한 수이며, 유인(遊人)은 노는 사람의 의미가 아니라 학문을 해야 하는 사람을 가리키며 잘못된 학문하는 태도를 질책하고 있다.
> ③ 자연 속에서 한가롭게 지낼 수 있음을 임금의 은혜라고 하며 감사하고 있다. 이런 부류의 작품을 충의한정가라고 한다.

Answer　5.④

2018. 5. 19 제1회 지방직

6 (가)와 (나)를 비교한 설명으로 적절한 것은?

> (가) 문밖에 가랑비 오면 방 안은 큰비 오고 부엌에 불을 때면 천장은 굴뚝이요 흙 떨어진 윗대궁기 바람은 살 쏜 듯이 들이불고 틀만 남은 헌 문짝 멍석으로 창과 문을 막고 방에 반듯 드러누워 가만히 바라보면 천장은 하늘별자리를 그려놓은 그림이요, 이십팔수(二十八宿)를 세어본다. 이렇게 곤란이 더욱 심할 제, 철모르는 자식들은 음식 노래로 조르는데, 아이고, 어머니! 나는 용미봉탕에 잣죽 좀 먹었으면 좋겠소.
>
> (나) 한 달에 아홉 끼를 얻거나 못 얻거나
> 십 년 동안 갓 하나를 쓰거나 못 쓰거나
> 안표누공(顔瓢屢空)인들 나같이 비었으며
> 원헌(原憲)의 가난인들 나같이 심할까.
> 봄날이 길고 길어 소쩍새가 재촉커늘
> 동쪽 집에 따비 얻고 서쪽 집에 호미 얻어
> 집 안에 들어가 씨앗을 마련하니
> 올벼 씨 한 말은 반 넘어 쥐 먹었고
> 기장 피 조 팥은 서너 되 붙었거늘
> 많고 많은 식구 이리하여 어이 살리.
>
> ※ 윗대궁기: 나뭇가지 등으로 엮어 흙을 바른 벽에 생긴 구멍
> 안표누공(顔瓢屢空): 공자(孔子)의 제자 안회(顔回)의 표주박이 자주 빔
> 원헌(原憲): 공자의 제자

① (가)와 달리 (나)는 읽을 때의 리듬이 규칙적이다.
② (가)와 (나)는 모두 상황을 사실적으로 묘사하고 있다.
③ (가)와 (나)는 현재의 상황을 운명으로 수용하고 있다.
④ (가)는 상황을 긍정적으로, (나)는 부정적으로 인식하고 있다.

> **TIP** (가)는 작가 미상의 고전소설인 '흥부전'이고, (나)는 정훈의 가사인 '탄궁가'이다.
> ① (나)는 (가)와 달리 4음보로 리듬이 규칙적이다.
> ② (가)는 사실적 묘사보다는 과장과 비유가 사용되었다.
> ③ (가)와 (나) 모두 운명으로 수용하는 모습은 나타나지 않는다.
> ④ (가)의 '곤란이 더욱 심할 제'와 (나)의 '많고 많은 식구 이리하여 어이 살리' 등으로 미루어 볼 때 (가), (나) 모두 상황을 부정적으로 인식하고 있다.

Answer 6.①

2017. 6. 17 제1회 지방직

7 밑줄 친 시어에서 '외롭고 쓸쓸한 화자의 심정'을 나타내기 위해 동원된 객관적 상관물로서 화자 자신과 동일시되는 소재는?

> ㉠春雨暗西池 / 봄비 내리니 서쪽 못은 어둑한데
> 輕寒襲㉡羅幕 / 찬바람은 비단 장막으로 스며드네.
> 愁倚小㉢屛風 / 시름에 겨워 작은 병풍에 기대니
> 墻頭㉣杏花落 / 담장 위에 살구꽃이 떨어지네.

① ㉠　　　　　　　　　　② ㉡
③ ㉢　　　　　　　　　　④ ㉣

> **TIP** 제시된 작품은 오언절구 한시인 허난설헌의 '춘우'이다.
> ④ 담장 위로 떨어지는 살구꽃은 외롭고 쓸쓸한 화자의 심정을 나타내기 위해 동원된 객관적 상관물로, 화자 자신과 동일시되는 소재이다.
> ※ 작품 해석
> 　春雨暗西池(춘우암서지) 봄비 내리니 서쪽 못은 어둑한데 → 쓸쓸한 분위기
> 　輕寒襲羅幕(경한습라막) 찬바람은 비단 장막으로 스며드네. → 추위가 외로움을 더함
> 　愁倚小屛風(수의소병풍) 시름에 겨워 작은 병풍에 기대니 → 시름에 잠긴 화자
> 　墻頭杏花落(장두행화락) 담장 위에 살구꽃이 떨어지네. → 허망하게 지나간 젊음(살구꽃=화자)

2017. 6. 17 제1회 지방직

8 다음 시조에 대한 설명으로 적절하지 않은 것은?

> 재 너머 셩권농(成權農) 집의 술 닉닷 말 어제 듯고
> 누은 쇼 발로 박차 언치 노하 지즐투고
> 아히야 네 권농 겨시냐 뎡좌슈(鄭座首) 왓다 ᄒ여라

① 화자는 소박한 풍류를 즐기며 살고 있다.
② '박차'라는 표현에서 역동성과 생동감을 느낄 수 있다.
③ '언치 노하'는 엄격한 격식을 갖추려는 태도를 드러낸다.
④ '아히'는 화자의 의사를 간접적으로 전달하는 존재이면서도, 대화체로 이끄는 영탄적 어구이다.

Answer　7.④　8.③

제시된 시조는 정철의 작품으로 전원생활의 멋과 풍류에 대해 노래하고 있다.
③ '언치'는 말이나 소 안장 밑에 깔아 등을 덮어주는 방석이나 담요이다. '언치 노하'는 안장은 올리지 않고 방석만 놓고 타는 것으로 격식을 갖추는 태도가 아니다.

※ 현대어 풀이
고개 너머 성권농 집에 술 익었다는 말 어제 듣고
누운 소 발로 박차 방석만 놓아 껑충 눌러 타고
여봐라, 네 권농 계시냐? 정좌수 왔다 하여라.

2017. 6. 17 제1회 지방직

9 다음 시조의 주제로 적절한 것은?

> 내히 죠타 호고 남 슬흔 일 호지 말며
> 남이 흔다 호고 義 아니면 좃지 말니
> 우리는 天性을 직히여 삼긴 대로 호리라

① 率性(솔성)   ② 善交(선교)
③ 遵法(준법)   ④ 篤學(독학)

  제시된 시조는 변계량의 작품으로 타고난 천성인 의를 지키며 살려는 의지를 노래하고 있다.
① 率性(솔성): 천성을 좇음
② 善交(선교): 잘 사귐
③ 遵法(준법): 법을 지킴
④ 篤學(독학): 학문에 충실함

※ 현대어 풀이
나에게 좋다 하여 남이 싫어하는 일을 하지 말며
남이 한다고 해도 옳은 일이 아니면 따라하지 말며
우리는 타고난 천성의 지키며 생긴 대로 하리라.

Answer 9.①

10 다음 작품에 대한 설명으로 적절한 것은?

> 생사(生死) 길은
> 예 있으매 머뭇거리고
> 나는 간다는 말도
> 못다 이르고 어찌 갑니까.
> 어느 가을 이른 바람에
> 이에 저에 떨어질 잎처럼
> 한 가지에 나고
> 가는 곳 모르온저.
> 아아, 미타찰(彌陀刹)에서 만날 나
> 도(道) 닦아 기다리겠노라.
>
> — 월명사, 제망매가(祭亡妹歌) —

① 시적 대상과의 재회에 대한 소망을 담고 있다.
② 반어적 표현을 통해 화자의 정서를 부각하고 있다.
③ 세속의 인연에 미련을 두지 않은 구도자의 자세를 드러내고 있다.
④ 상황 인식 – 객관적 서경 묘사 – 종교적 기원의 3단 구성으로 되어 있다.

TIP '제망매가'는 신라 경덕왕 때 월명사가 지은 10구체 향가로, 죽은 누이에 대한 추모와 불교적 득도를 통한 재회를 소망하고 있다.

Answer 10.①

05. 고전 문학

출제 예상 문제

1 다음 글의 ㉠~㉣에 대한 설명으로 적절하지 않은 것은?

> 금와는 그때 한 여자를 태백산 남쪽 우발수에서 만났는데, 그녀가 이렇게 말했다. "㉠하백의 딸 유화입니다. 동생들과 놀러 나왔을 때 한 남자가 나타나 자신이 천제의 아들 해모수라고 하며 웅신산 아래 압록강 가에 있는 집으로 유인하여 사통하였습니다. 그러고는 저를 떠나가서 돌아오지 않았습니다. 부모는 제가 중매도 없이 다른 사람을 따라간 것을 꾸짖어 이곳으로 귀양을 보내 살도록 했습니다."
> ㉡금와가 괴이하게 여겨 유화를 방 안에 남몰래 가두어 두었더니, 햇빛이 비추었다. 그녀가 피하자 햇빛이 따라와 또 비추었다. 이로 인해 임신하여 알을 하나 낳았는데, 크기가 다섯 되쯤 되었다. …(중략)… 금와에게는 아들이 일곱 있었는데, 항상 주몽과 함께 놀았다. 그러나 그들의 기예가 주몽에게 미치지 못하자 ㉢맏아들 대소가 말했다. "주몽은 사람에게서 태어난 것이 아니니 일찍이 도모하지 않으면 후환이 있을 것입니다." 왕은 듣지 않고 주몽에게 말을 기르도록 했다. 주몽은 준마를 알아보고 먹이를 조금씩 주어 마르게 하고, 늙고 병든 말은 잘 먹여 살찌게 했다. 왕은 살찐 말은 자기가 타고 주몽에게는 마른 말을 주었다. 왕의 아들들과 여러 신하들이 함께 주몽을 해치려 하자, 그 사실을 알게 된 주몽의 어머니가 아들에게 말했다. "나라 사람들이 너를 해치려고 하는데, 너의 재략이라면 어디 간들 살지 못하겠느냐? 빨리 떠나거라."
> 그래서 주몽은 오이 등 세 사람과 벗을 삼아 떠나 개사수에 이르렀으나 건널 배가 없었다. ㉣추격하는 병사들이 문득 닥칠까 두려워서 이에 채찍으로 하늘을 가리키며 빌었다. "나는 천제의 손자이고, 하백의 외손이다. 황천후토(皇天后土)는 나를 불쌍히 여겨 급히 주교(舟橋)를 내려 주소서." 하고 활로 물을 쳤다. 그러자 물고기와 자라가 다리를 만들어 주어 강을 건너게 했다. 그러고는 다리를 풀어 버렸으므로 뒤쫓던 기병은 건너지 못했다.
>
> — 작자 미상, 「주몽신화」 중에서 —

① ㉠ : '유화'가 귀양에 처해진 이유를 알 수 있다.
② ㉡ : '유화'가 임신을 하게 된 이유를 알 수 있다.
③ ㉢ : '주몽'이 준마를 얻기 위해 '대소'와 모의했음을 알 수 있다.
④ ㉣ : '주몽'이 강을 건너가기 위해 '신'과 교통했음을 알 수 있다.

TIP ㉢은 맏아들 대소가 주몽을 도모하고자 왕에게 건의하였으나 왕이 듣지 않고 주몽에게 말을 기르도록 했다는 내용이다. 따라서 주몽이 준마를 얻기 위해 대소와 모의했다는 설명은 적절하지 않다.

Answer 1.③

2 ㉠~㉣에 대한 풀이로 가장 적절한 것은?

> ㉠<u>天텬根근</u>을 못내 보와 <u>望망洋양亭뎡</u>의 올은말이, 바다 밧근 하늘이니 하늘 밧근 므서신고. ㉡<u>又득 노호 고래</u>, 뉘라셔 놀래관덕, 블거니 씀거니 어즈러이 구는디고. ㉢<u>銀은山산</u>을 것거 내여 六뉵합합의 ᄂᆞ리는 듯, 五오月월 長댱天텬의 ㉣<u>白빅雪셜</u>은 므스일고.
> ― 정철, 「관동별곡」 중에서 ―

① ㉠ ― 은하수
② ㉡ ― 성난 파도
③ ㉢ ― 태백산
④ ㉣ ― 흰 갈매기

TIP ② ㉡ <u>又득 노호 고래</u> : 성난 파도
　　① ㉠ <u>天텬根근</u> : 하늘의 끝
　　③ ㉢ <u>銀은山산</u> : 흰 물결(파도)
　　④ ㉣ <u>白빅雪셜</u> : 포말(파도)

---

3 다음 시조에 드러난 화자의 정서와 가장 가까운 것은?

> 흥망(興亡)이 유수(有數)ᄒᆞ니 만월대(滿月臺)도 추초(秋草)ㅣ로다.
> 오백 년(五百年) 왕업(王業)이 목적(牧笛)에 부쳐시니
> 석양(夕陽)에 지나는 객(客)이 눈물계워 ᄒᆞ노라.

① 서리지탄(黍離之歎)
② 만시지탄(晚時之歎)
③ 망양지탄(亡羊之歎)
④ 비육지탄(髀肉之歎)

TIP ① 나라가 멸망하여 옛 궁터에는 기장만이 무성한 것을 탄식한다는 뜻으로, 세상의 영고성쇠가 무상함을 탄식하며 이르는 말
　　② 시기에 늦어 기회를 놓쳤음을 안타까워하는 탄식
　　③ 갈림길이 매우 많아 잃어버린 양을 찾을 길이 없음을 탄식한다는 뜻으로, 학문의 길이 여러 갈래여서 한 갈래의 진리도 얻기 어려움을 이르는 말
　　④ 재능을 발휘할 때를 얻지 못하여 헛되이 세월만 보내는 것을 한탄함을 이르는 말

Answer 2.② 3.①

4 다음 글에 대한 설명으로 적절하지 않은 것은?

> 나는 집이 가난하여 말이 없어서 간혹 남의 말을 빌려 탄다. 노둔하고 여윈 말을 얻게 되면 일이 비록 급하더라도 감히 채찍을 대지 못하고 조심조심 금방 넘어질 듯 여겨서 개울이나 구렁을 지날 때는 말에서 내려 걸어가므로 후회할 일이 적었다. 발굽이 높고 귀가 쫑긋하여 날래고 빠른 말을 얻게 되면 의기양양 마음대로 채찍질하고 고삐를 늦추어 달리니 언덕과 골짜기가 평지처럼 보여 매우 장쾌하지만 말에서 위험하게 떨어지는 근심을 면치 못할 때가 있었다. 아! 사람의 마음이 옮겨지고 바뀌는 것이 이와 같을까? 남의 물건을 빌려서 하루아침의 소용에 쓰는 것도 이와 같은데, 하물며 참으로 자기가 가지고 있는 것이야 어떻겠는가?
>
> — 이곡, 「차마설(借馬說)」 —

① 경험을 통한 통찰력이 돋보인다.
② 우의적 기법을 적절히 활용하고 있다.
③ 대상들 사이의 유사점을 통해 대상의 특성을 설명하고 있다.
④ 일상사와 관련지어 글쓴이의 주장을 설득력 있게 드러내고 있다.

TIP ③ 전반부에서는 '노둔하고 여윈 말'과 '날래고 빠른 말'을 얻었을 때 상황의 대조를 통해 깨달음을 얻고 있다.

Answer 4.③

【5~6】 다음 글을 읽고 물음에 답하시오.

> (가) 海東(해동) ㉠六龍(육룡)이 ᄂᆞᄅᆞ샤 일마다 天福(천복)이시니.
> 古聖(고성)이 同符(동부)ᄒᆞ시니.
>
> (나) 불휘 기픈 남ᄀᆞᆫ ᄇᆞᄅᆞ매 아니 뮐ᄊᆡ, 곶 됴코 여름 하ᄂᆞ니.
> ᄉᆡ미 기픈 므른 ᄀᆞᄆᆞ래 아니 그츨ᄊᆡ 내히 이러 바ᄅᆞ래 가ᄂᆞ니.
>
> (다) ᄀᆞᄅᆞᆷ ᄀᆞᅀᅢ 자거늘 밀므리 사ᄋᆞ리로ᄃᆡ 나거ᅀᅡ ᄌᆞᄆᆞ니이다.
> 셤 안해 자싫 제 한비 사ᄋᆞ리로ᄃᆡ 뷔어ᅀᅡ ᄌᆞᄆᆞ니이다.

5 이 글에 대한 설명으로 옳지 않은 것은?

① 먼저 한문본을 간행한 뒤, 이를 훈민정음으로 국역하였다.
② 훈민정음으로 기록된 최초의 작품이다.
③ 조선 왕조 건국의 합리화와 왕업의 영광이 무궁하리라는 것을 노래하였다.
④ 세종 29년 5월에는 치화평, 봉래의, 여민락 등 악보를 만들어 연향에 쓰게 하였다.

TIP ① 용비어천가는 국문 가사 – 한문 가사 – 한문 주해의 순으로 진행되었다.
  ※ 용비어천가(龍飛御天歌) … 조선 왕조의 창업 사적을 찬양하고 후대의 왕에게 왕업의 수호를 권계(勸戒)한 내용의 악장 문학으로, 훈민정음으로 쓰여졌다(전 125 장의 장편 서사시).
    ㉠ 제1장 해동장(海東章) : 새 왕조 창업의 천명성, 조선 건국의 정당성
    ㉡ 제2장 근심장(根深章) : 조선의 영원한 발전 다짐
    ㉢ 제67장 : 태조에의 천우신조, 위화도 회군을 합리화

Answer 5.①

6 (다)의 주제어로 가장 옳은 것은?

① 설상가상(雪上加霜)
② 천우신조(天佑神助)
③ 천재일우(千載一遇)
④ 간난신고(艱難辛苦)

> **TIP** (다)는 태조의 천우신조에 대해 노래하면서 위화도 회군을 합리화하고 있다.
> ① 난처한 일이나 불행한 일이 잇따라 일어남을 이르는 말
> ② 하늘이 돕고 신령이 도움
> ③ 좀처럼 만나기 어려운 기회
> ④ 몹시 힘들고 어려우며 고생스러움

7 다음 중 옳게 연결된 것은?

```
(가) 世·솅宗종 御·엉製·졩 訓·훈民민正·정音흠
    나·랏:말쏨·미 中듕國·귁·에 달·아 文문字·쫑·와·로
    서르 스뭇·디 아·니 홀·씨,
(나) ·이런 젼·ᄎ·로 어·린 百·빅姓·셩·이 니르·고·져·홇 배 이·셔·도,
    ᄆ·ᄎᆷ:내 제·ᄠ·들 시·러
    펴·디 :몯훑 ·노·미 하·니·라.
    ·내·이·롤 爲·
    윙·ᄒ·야 :어엿·비 너·겨
    ·새·로 ·스·믈여·듧
    字·쫑·롤 밍·ᄀ노·니
(다) :사롬:마·다 :히·ᅇᅧ :수·비 니·겨 ·날·로·
    ·뿌·메 便뼌安한·킈 ᄒ·고·져 홇 ᄯᆞᄅ·미니·라.
```

① (가) – 애민 정신
② (가) – 실용 정신
③ (나) – 애민 정신
④ (다) – 자주 정신

> **TIP** 훈민정음 언해본으로 어지 부분이며 출전은 월인석보이다.
> (가) 창제의 동기로 말이 중국과 다르다는 내용이다.(자주 정신 표현)
> (나) 창제의 취지로 어리석은 백성을 가엾게 여겨 28자를 만들었다는 내용이다.(애민 정신 표현)
> (다) 창제의 취지로 날로 사용함에 편안하게 하고자 한다는 내용이다.(실용 정신 표현)

Answer 6.② 7.③

| 8~9 | 다음 글을 읽고 물음에 답하시오.

> 岐王(기왕)ㅅ 집 안해 샹녜 보다니,
> 崔九(최구)의 집 알픽 몃 디윌 드러뇨.
> 正(정)히 이 江南(강남)애 風景(풍경)이 됴호니,
> 곳 디는 時節(시절)에 쏘 너를 맛보과라.

8 다음 중 이 시의 계절적 배경으로 옳은 것은?

① 입춘(立春) ② 만춘(晚春)
③ 중추(中秋) ④ 대서(大暑)

TIP 이 시의 계절은 꽃이 지는 늦은 봄이다. 만춘(晚春)은 늦은 봄을 가리키는 말로 계춘(季春), 모춘(暮春)이라고도 한다.
 ※ 강남봉이구년(江南逢李龜年) … 인생 무상(人生無常)을 노래한 두시언해의 하나이다.
  岐王宅裏尋常見(기왕택리심상견)
  崔九堂前幾度聞(최구당전기도문)
  正是江南好風景(정시강남호풍경)
  落花時節又逢君(낙화시절우봉군)
 기왕의 집 안에서 자주 이구년(당 현종 때의 명창)을 만나 보았고, 최구의 집 앞에서 (명창인 그대의 노래를) 몇 번이나 들었던가? 정녕 이 강남의 풍경은 아름다운데, 꽃이 지는 시절에 또 다시 너를 만나보는구나.

9 이 글에서 밑줄 친 '곳 디는 時節(시절)'이 뜻하는 바는?

① 고달픈 방랑 생활의 암담함
② 꽃이 지는 시절 계절감의 표현
③ 관직에서 물러나 고향으로 돌아감
④ 늙고 영락한 인생살이의 초라함

TIP ④ 꽃이 지는 시절을 인생의 부분에 대입하여 생각하면 '늙고 영락한 인생살이'의 뜻이다.

Answer 8.② 9.④

10 작자의 입장과 주제면에서 다음 글과 가장 유사한 작품은?

> 내 님믈 그리ᄉᆞ와 우니다니
> 山(산) 졉동새 난 이슷ᄒᆞ요이다.
> 아니시며 거츠르신 ᄃᆞᆯ 아으
> 殘月曉星(잔월효성)이 아ᄅᆞ시리이다.
> 넉시라도 님은 ᄒᆞᆫᄃᆡ 녀져라 아으
> 벼기더시니 뉘러시니잇가
> 過(과)도 허믈도 千萬(천만) 업소이다.
> ᄆᆞᆯ힛마리신뎌
> ᄉᆞᆯ읏븐뎌 아으
> 니미 나ᄅᆞᆯ ᄒᆞ마 니ᄌᆞ시니잇가.
> 아소 님하, 도람 드르샤 괴오쇼셔.

① 면앙정가 ② 신도가
③ 고산구곡 ④ 사미인곡

TIP 제시된 글은 고려 의종 때 고려 가요인 정서(鄭叙)의 정과정곡으로 충신연군지사(忠臣戀君之詞)이며, 사미인곡 또한 정철의 서정 가사로 정과정을 원류로 하는 충신연군지사이다.

Answer 10.④

11 다음 글의 주제로 옳은 것은?

> 댁(宅)들에 동난지이 사오. 져 쟝스야, 네 황후 긔 무서시라. 웨는다. 사쟈.
> 外骨內肉(외골 내육), 兩目(양목)이 上天(상천), 前行後行(전행 후행), 小(소)아리 八足(팔족) 大(대)아리 二足(이족), 淸醬(쳥쟝) ㅇ스슥ㅎᄂᆞ 동난지이 사오.
> 쟝스야, 하 거복이 웨지 말고 게젓이라 흐렴은.

① 허장성세(虛張聲勢)를 풍자
② 약육강식(弱肉强食)의 세태 비판
③ 맥수지탄(麥秀之嘆)의 심정을 드러냄
④ 가렴주구(苛斂誅求)하는 탐관오리에 대한 비판

> **TIP** 게 장수와의 대화를 통한 상거래의 내용을 보여 주는 사설시조이다. 종장에서 '쟝스야, 하 거복이 웨지 말고 게젓이라 흐렴은.'이란 표현을 통해, '게젓'이란 쉬운 우리말이 있음에도 불구하고, 현학적 어휘를 구사하는 게젓 장수의 허위의식 또는 허장성세에 대한 빈정거림(풍자)이 담겨 있다.

12 다음 중 괄호 안에 들어갈 말로 옳은 것은?

> 이른바 규중 칠우는 부인내 방 가온데 일곱 벗이니 글하는 선배는 필묵(筆墨)과 조희 벼루로 문방사우(文房四友)를 삼았나니 규중 녀잰들 홀로 어찌 벗이 없으리오.
> 그러므로 침선(針線) 돕는 유를 각각 명호를 정하여 벗을 삼을새, 바늘로 세요(細腰)각시라 하고, 척을 척(戚)부인이라 하고, 가위로 교두(咬頭)라 하고, 인도로 인화(引火)부인이라 하고, 달우리로 울낭자라 하고, 실로 청홍흑백 각시라 하며, 골모로 감토할미라 하여, 칠우를 삼아 규중 부인내 아츰 소세를 마치매 칠위 일제히 모여 종시 하기를 한 가지로 의논하여 각각 소임을 일워 내는지라.
> 일일은 칠위 모혀 침선의 공을 의논하더니 (   )이 긴 허리를 자히며 이르되,
> "제우(諸友)는 들으라. 나는 세명지 굵은 명지 백저포 세승포와 청홍녹라 자라 홍단을 다 내여 펼쳐 놓고 남녀의 옷을 마련할 새, 장단(長短)광협(廣狹)이며 수품(手品)제도(制度)를 내 곧 아니면 어찌 일으리오. 이러므로 의지공(衣之功)이 내 으뜸되리라."

① 세요 각시
② 척 부인
③ 교두 각시
④ 인화 부인

> **TIP** ② '장단(長短)광협(廣狹)이며'를 통해 척 부인에 대한 내용임을 알 수 있다.

Answer 11.① 12.②

06 한자·한문

01 한자

1 한자의 이해

(1) 한자의 3요소
한자는 표의 문자로서 모양(形)·소리(音)·뜻(義)의 3요소를 갖추고 있는 것이 그 특징이다.

(2) 육서(六書)

① **상형 문자**(象形文字) … 구체적인 사물의 모양을 본떠서 만든 글자를 말한다.
   예 日, 月, 山, 人, 木, 水, 手, 足, 鳥 등

② **지사 문자**(指事文字) … 추상적인 생각이나 뜻을 점이나 선으로 나타낸 글자를 말한다.
   예 一, 二, 三, 四, 五, 七, 八, 九, 上, 中, 下, 本, 末, 天 등

③ **회의 문자**(會意文字) … 둘 이상의 글자를 뜻끼리 모아 새로운 뜻을 나타낸 글자를 말한다.
   예 인(人) + 목(木) = 휴(休) : 나무 옆에 사람이 쉬고 있으니 휴식한다는 뜻

④ **형성 문자**(形聲文字) … 뜻을 나타내는 글자와 음을 나타내는 글자를 합쳐 새로운 뜻을 나타낸 글자를 말한다.
   예 心(뜻) + 生(음) = 性(성품 성), 門(음) + 口(뜻) = 問(물을 문)

⑤ **전주 문자**(轉注文字) … 이미 만들어진 글자를 가지고 유추하여 다른 뜻으로 쓰는 글자를 말한다.
   예 • 相 : 서로(상), 재상(상), 도울(상), 지팡이(상),
   • 樂 : 풍류(악), 즐거울(락), 좋아할(요)

⑥ **가차 문자**(假借文字) … 이미 있는 글자의 뜻과는 관계없이 음이나 형태를 빌려다 쓰는 글자를 말한다.
   예 • 음만 빌리는 경우 : 印度(인도 − India), 亞細亞(아세아 − Asia)
   • 형태만 빌리는 경우 : 弗(불 − $)

(3) 한자어의 구성

① **병렬 관계(竝列關係)** … 같은 품사를 가진 한자끼리 연이어 결합된 한자어의 짜임을 말한다.
　㉠ 유사 관계(類似關係) : 뜻이 같거나 비슷한 한자끼리 연이어 결합된 한자어의 짜임
　　　예 家屋(가옥), 群衆(군중), 星辰(성신), 土地(토지), 海洋(해양), 繪畵(회화)
　㉡ 대립 관계(對立關係) : 뜻이 서로 반대 또는 상대되는 한자끼리 결합된 한자어의 짜임
　　　예 賞罰(상벌), 上下(상하), 善惡(선악), 因果(인과), 陰陽(음양), 天地(천지)
　㉢ 대등 관계(對等關係) : 뜻이 서로 대등한 한자끼리 연이어 결합된 한자어의 짜임
　　　예 父母(부모), 松柏(송백), 仁義(인의), 忠孝(충효), 眞善美(진선미), 紙筆硯墨(지필연묵)
　㉣ 첩어 관계(疊語關係) : 똑같은 글자가 겹쳐 이루어진 한자어의 짜임
　　　예 代代(대대), 年年(연년), 正正堂堂(정정당당)
　㉤ 융합 관계(融合關係) : 한자의 뜻이 융합되어 쪼갤 수 없는 관계
　　　예 光陰(광음), 琴瑟(금실), 春秋(춘추)
　㉥ 일방 관계(一方關係) : 한자가 병렬되었으나 한쪽의 뜻만 나타내는 말
　　　예 國家(국가), 多少(다소) - 조금(少의 뜻만 작용), 緩急(완급) - 위급함(急의 뜻만 작용)

② **수식 관계(修飾關係)** … 꾸미는 말과 꾸밈을 받는 말로 결합된 한자어의 짜임을 말한다.
　㉠ 관형어(冠形語) + 체언(體言)
　　　예 家事(가사), 城門(성문), 吉夢(길몽), 明月(명월), 外貨(외화), 流水(유수)
　㉡ 부사어(副詞語) + 용언(用言)
　　　예 廣告(광고), 徐行(서행), 雲集(운집), 疾走(질주), 必勝(필승)

③ **주술 관계(主述關係)** … 주어와 서술어의 관계로 결합된 한자어의 짜임을 말한다.
　　예 國立(국립), 夜深(야심), 人造(인조), 日出(일출), 年少(연소), 品貴(품귀)

④ **술목 관계(述目關係)** … 서술어와 목적어의 관계로 결합된 한자어의 짜임을 말한다.
　　예 交友(교우), 讀書(독서), 修身(수신), 愛國(애국), 成功(성공), 作文(작문)

⑤ **술보 관계(述補關係)** … 서술어와 보어의 관계로 결합된 한자어의 짜임을 말한다.
　　예 歸家(귀가), 登山(등산), 多情(다정), 有名(유명), 非凡(비범)

❷ 한자어

(1) 동자이음어(同字異音語)

- 覺　┌ 깨달을 각 : 覺醒(각성)
　　　└ 꿈깰 교 : 覺眼(교안)
- 降　┌ 내릴 강 : 降等(강등)
　　　└ 항복할 항 : 降服(항복)
- 更　┌ 다시 갱 : 更新(갱신)
　　　└ 고칠 경 : 變更(변경)
- 乾　┌ 하늘 건 : 乾坤(건곤)
　　　└ 마를 간 : 乾物(간물)

- 見 ┌ 볼 견 : 見學(견학)
     └ 드러날 현 : 謁見(알현)
- 句 ┌ 글귀 구 : 文句(문구)
     └ 글귀 귀 : 句節(귀절)
- 龜 ┌ 거북 귀 : 龜趺(귀부)
     └ 땅이름 구 : 龜浦(구포)
- 金 ┌ 쇠 금 : 金庫(금고)
     └ 성씨 김 : 金氏(김씨)
- 內 ┌ 안 내 : 室內(실내)
     └ 궁궐 나 : 內人(나인)
- 丹 ┌ 붉을 단 : 丹靑(단청)
     └ 꽃이름 란 : 牡丹(모란)
- 單 ┌ 홀로 단 : 簡單(간단)
     └ 오랑캐임금 선 : 單于氏(선우씨)
- 宅 ┌ 집안 댁 : 宅內(댁내)
     └ 집 택 : 住宅(주택)
- 度 ┌ 법도 도 : 制度(제도)
     └ 헤아릴 탁 : 忖度(촌탁)
- 讀 ┌ 읽을 독 : 讀書(독서)
     └ 구절 두 : 句讀(구두)
- 洞 ┌ 동리 동 : 洞里(동리)
     └ 구멍 동 : 洞窟(동굴)
- 樂 ┌ 즐길 락 : 娛樂(오락)
     └ 좋아할 요 : 樂山(요산)
- 率 ┌ 비례 률 : 比率(비율)
     └ 거느릴 솔 : 統率(통솔)
- 木 ┌ 나무 목 : 草木(초목)
     └ 모과 모 : 木瓜(모과)
- 反 ┌ 돌이킬 반 : 反擊(반격)
     └ 뒤침 번 : 反沓(번답)
- 復 ┌ 회복할 복 : 復舊(복구)
     └ 다시 부 : 復活(부활)
- 否 ┌ 아니 부 : 否定(부정)
     └ 막힐 비 : 否運(비운)
- 北 ┌ 북녘 북 : 南北(남북)
     └ 패할 배 : 敗北(패배)
- 寺 ┌ 절 사 : 寺刹(사찰)
     └ 내관 시 : 內侍(내시)
- 殺 ┌ 죽일 살 : 殺人(살인)
     └ 감할 쇄 : 相殺(상쇄)
- 索 ┌ 찾을 색 : 搜索(수색)
     └ 적막할 삭 : 索莫(삭막)
- 塞 ┌ 막을 색 : 閉塞(폐색)
     └ 변방 새 : 要塞(요새)
- 說 ┌ 말씀 설 : 說明(설명)
     └ 달랠 세 : 遊說(유세)
- 省 ┌ 살필 성 : 反省(반성)
     └ 덜 생 : 省略(생략)
- 食 ┌ 먹을 식 : 食事(식사)
     └ 밥 사 : 簞食(단사)
- 識 ┌ 알 식 : 識見(식견)
     └ 기록할 지 : 標識(표지)
- 辰 ┌ 때 신 : 生辰(생신)
     └ 별 진 : 辰宿(진수)
- 什 ┌ 열 사람 십 : 什長(십장)
     └ 세간 집 : 什器(집기)
- 惡 ┌ 악할 악 : 惡魔(악마)
     └ 미워할 오 : 憎惡(증오)
- 若 ┌ 같을 약 : 若干(약간)
     └ 땅이름 야 : 般若(반야)
- 葉 ┌ 잎 엽 : 落葉(낙엽)
     └ 성 섭 : 葉氏(섭씨)
- 易 ┌ 쉬울 이 : 容易(용이)
     └ 바꿀 역 : 貿易(무역)
- 切 ┌ 끊을 절 : 切斷(절단)
     └ 모두 체 : 一切(일체)
- 車 ┌ 수레 차 : 自動車(자동차)
     └ 수레 거 : 車馬費(거마비)
- 參 ┌ 참여할 참 : 參加(참가)
     └ 석 삼 : 參拾(삼십)
- 則 ┌ 법칙 칙 : 規則(규칙)
     └ 곧 즉 : 然則(연즉)
- 合 ┌ 합할 합 : 合同(합동)
     └ 홉 홉 : 五合(오홉)
- 行 ┌ 갈 행 : 行軍(행군)
     └ 항렬 항 : 行列(항렬)

(2) 상대어(相對語)·반대어(反對語)

- 强(굳셀 강) ↔ 弱(약할 약)
- 開(열 개) ↔ 閉(닫을 폐)
- 去(갈 거) ↔ 來(올 래)
- 建(세울 건) ↔ 壞(무너뜨릴 괴)
- 傑(뛰어날 걸) ↔ 拙(못날 졸)
- 儉(검소할 검) ↔ 奢(사치할 사)
- 輕(가벼울 경) ↔ 重(무거울 중)
- 京(서울 경) ↔ 鄕(시골 향)
- 屈(굽을 곡) ↔ 沆(대항할 항)
- 貴(귀할 귀) ↔ 賤(천할 천)
- 勤(부지런할 근) ↔ 怠(게으를 태)
- 禽(날짐승 금) ↔ 獸(길짐승 수)
- 難(어려울 난) ↔ 易(쉬울 이)
- 斷(끊을 단) ↔ 繼(이을 계)
- 貸(빌릴 대) ↔ 借(빌 차)
- 同(같을 동) ↔ 異(다를 이)
- 鈍(둔할 둔) ↔ 敏(민첩할 민)
- 得(얻을 득) ↔ 失(잃을 실)
- 諾(승락할 낙) ↔ 拒(물리칠 거)
- 瞭(밝을 료) ↔ 曖(희미할 애)
- 忙(바쁠 망) ↔ 閑(한가할 한)
- 賣(팔 매) ↔ 買(살 매)
- 問(물을 문) ↔ 答(답할 답)
- 美(아름다울 미) ↔ 醜(추할 추)
- 潑(활발할 발) ↔ 萎(시들 위)
- 悲(슬플 비) ↔ 喜(기쁠 희)
- 貧(가난할 빈) ↔ 富(넉넉할 부)
- 勝(이길 승) ↔ 敗(패할 패)
- 視(볼 시) ↔ 聽(들을 청)
- 新(새 신) ↔ 舊(옛 구)
- 深(깊을 심) ↔ 淺(얕을 천)
- 逆(거스를 역) ↔ 順(좇을 순)
- 厭(싫을 염) ↔ 樂(좋아할 요)

- 凹(오목할 요) ↔ 凸(볼록할 철)
- 優(뛰어날 우) ↔ 劣(못날 렬)
- 友(벗 우) ↔ 敵(원수 적)
- 隱(숨을 은) ↔ 顯(나타날 현)
- 陰(그늘 음) ↔ 陽(볕 양)
- 利(이로울 리) ↔ 害(해로울 해)
- 因(까닭 인) ↔ 果(결과 과)
- 戰(싸울 전) ↔ 和(화목할 화)
- 絶(끊을 절) ↔ 續(이을 속)
- 靜(고요할 정) ↔ 騷(시끄러울 소)
- 淨(깨끗할 정) ↔ 汚(더러울 오)
- 統(합칠 통) ↔ 分(나눌 분)
- 虛(빌 허) ↔ 實(찰 실)
- 賢(어질 현) ↔ 愚(어리석을 우)
- 好(좋을 호) ↔ 惡(미워할 오)
- 禍(재앙 화) ↔ 福(복 복)
- 興(일어날 흥) ↔ 亡(망할 망)
- 可決(가결) ↔ 否決(부결)
- 謙遜(겸손) ↔ 傲慢(오만)
- 謙虛(겸허) ↔ 倨慢(거만)
- 供給(공급) ↔ 需要(수요)
- 屈服(굴복) ↔ 抗拒(항거)
- 歸納(귀납) ↔ 演繹(연역)
- 漠然(막연) ↔ 確然(확연)
- 模糊(모호) ↔ 分明(분명)
- 反目(반목) ↔ 和睦(화목)
- 潑剌(발랄) ↔ 萎縮(위축)
- 非凡(비범) ↔ 平凡(평범)
- 勝利(승리) ↔ 敗北(패배)
- 昇進(승진) ↔ 左遷(좌천)
- 永劫(영겁) ↔ 刹那(찰나)
- 愚昧(우매) ↔ 賢明(현명)
- 漸進(점진) ↔ 急進(급진)

(3) 한자 성어

◯ㄱ

- 刻骨難忘(각골난망) : 입은 은혜에 대한 고마움을 뼛속 깊이 새기어 잊지 않음
- 刻舟求劍(각주구검) : 판단력이 둔하여 세상일에 어둡고 어리석다는 말
- 甘呑苦吐(감탄고토) : 달면 삼키고 쓰면 뱉는다는 뜻으로 신의(信義)를 돌보지 않고 사리(私利)를 꾀한다는 말
- 隔靴搔癢(격화소양) : 신을 신은 채 가려운 발바닥을 긁음과 같이 일의 효과를 나타내지 못함을 이르는 말
- 見物生心(견물생심) : 물건을 보면 욕심이 생긴다는 말
- 見危致命(견위치명) : 나라의 위태로움을 보고는 목숨을 아끼지 않고 나라를 위하여 싸움
- 結草報恩(결초보은) : 죽어 혼령이 되어도 은혜를 잊지 않고 갚음
- 鷄卵有骨(계란유골) : 달걀 속에도 뼈가 있다는 뜻으로 뜻밖에 장애물이 생김을 이르는 말
- 孤掌難鳴(고장난명) : 손바닥 하나로는 소리가 나지 않는다는 뜻으로 상대가 없이 혼자 힘으로 일하기 어렵다는 말
- 過猶不及(과유불급) : 지나친 것은 미치지 못한 것과 같다는 말
- 管鮑之交(관포지교) : 제(齊)나라 관중(管仲)과 포숙(鮑叔)의 사귐이 매우 친밀했다는 고사에서 유래한 말로, 친구끼리의 매우 두터운 사귐을 이르는 말
- 刮目相對(괄목상대) : 눈을 비비고 다시 본다는 말로, 다른 사람의 학문이나 덕행이 크게 진보한 것을 말함
- 矯角殺牛(교각살우) : 뿔을 고치려다 소를 죽인다는 뜻으로, 작은 일에 힘쓰다 큰 일을 망친다는 말
- 敎學相長(교학상장) : 가르쳐 주거나 배우거나 다 나의 학업을 증진시킨다는 뜻
- 九折羊腸(구절양장) : 아홉 번 꼬부라진 양의 창자라는 뜻으로, 산길 따위가 몹시 험하게 꼬불꼬불한 것을 이르는 말
- 群鷄一鶴(군계일학) : 닭의 무리 속에 끼어 있는 한 마리의 학이란 뜻으로 평범한 사람 가운데서 뛰어난 사람을 일컫는 말

◯ㄴ

- 爛商公論(난상공론) : 여러 사람들이 잘 의논함
- 難兄難弟(난형난제) : 누구를 형이라 하고 누구를 동생이라 해야 할지 분간하기 어렵다는 뜻으로 사물의 우열이 없다는 말
- 南柯一夢(남가일몽) : 꿈과 같이 헛된 한때의 부귀영화
- 男負女戴(남부여대) : 남자는 짐을 등에 지고 여자는 짐을 머리에 인다는 뜻으로 가난에 시달린 사람들이 살 곳을 찾아 떠돌아 사는 것을 이르는 말
- 囊中之錐(낭중지추) : 주머니 속에 든 송곳이라는 뜻으로 재주가 뛰어난 사람은 숨어 있어도 저절로 사람들이 알게 됨을 이르는 말
- 綠衣紅裳(녹의홍상) : 연두 저고리에 다홍 치마라는 뜻으로 곱게 차려 입은 젊은 아가씨의 복색을 이르는 말

ㄷ

- 多岐亡羊(다기망양) : 길이 여러 갈래여서 양을 잃는다는 뜻으로 학문의 길이 다방면이어서 진리를 깨치기 어려움을 이르는 말
- 簞食瓢飮(단사표음) : 도시락 밥과 표주박 물, 즉 변변치 못한 살림을 가리키는 말로 청빈한 생활을 이름
- 大器晚成(대기만성) : 큰 그릇은 이루어짐이 더디다는 뜻으로 크게 될 사람은 성공이 늦다는 말
- 塗炭之苦(도탄지고) : 진흙탕이나 숯불에 빠졌다는 뜻으로 몹시 고생스러움을 일컬음
- 同病相憐(동병상련) : 처지가 서로 비슷한 사람끼리 서로 동정하고 도움
- 同床異夢(동상이몽) : 같은 처지와 입장에서 저마다 딴 생각을 함
- 登高自卑(등고자비) : 높은 곳에 오르려면 낮은 곳에서부터 오른다는 뜻으로, 일을 순서대로 하여야 함을 이르는 말
- 燈下不明(등하불명) : 등잔 밑이 어둡다는 뜻으로 가까이 있는 것이 오히려 알아내기 어려움을 이르는 말

ㅁ

- 磨斧爲針(마부위침) : 아무리 이루기 힘든 일이라도 끊임없는 노력과 끈기 있는 인내가 있으면 성공하고야 만다는 뜻
- 馬耳東風(마이동풍) : 남의 말을 귀담아 듣지 않고 흘려 버림
- 萬頃蒼波(만경창파) : 한없이 넓고 푸른 바다
- 明若觀火(명약관화) : 불을 보는 듯이 환하게 분명히 알 수 있음
- 矛盾撞着(모순당착) : 같은 사람의 문장이나 언행이 앞뒤가 서로 어그러져서 모순됨
- 目不忍見(목불인견) : 차마 눈 뜨고 볼 수 없는 참상이나 꼴불견
- 門前成市(문전성시) : 권세를 드날리거나 부자가 되어 집문 앞이 찾아오는 손님들로 가득 차서 시장을 이룬 것 같음

ㅂ

- 拍掌大笑(박장대소) : 손바닥을 치면서 크게 웃음
- 拔本塞源(발본색원) : 폐단의 근원을 아주 뽑아서 없애 버림
- 傍若無人(방약무인) : 언행이 방자하고 제멋대로 행동하는 사람
- 背恩忘德(배은망덕) : 은혜를 잊고 도리어 배반함
- 白骨難忘(백골난망) : 죽어서도 잊지 못할 큰 은혜를 입음
- 百年河淸(백년하청) : 아무리 세월이 가도 일을 해결할 희망이 없음
- 夫唱婦隨(부창부수) : 남편이 창을 하면 아내도 따라 하는 것이 부부 화합의 도리라는 것
- 附和雷同(부화뇌동) : 제 주견이 없이 남이 하는 대로 그저 무턱대고 따라함
- 氷炭之間(빙탄지간) : 얼음과 숯불처럼 서로 화합될 수 없음

ㅅ

- 四面楚歌(사면초가) : 한 사람도 도우려는 자가 없이 고립되어 곤경에 처해 있음
- 事必歸正(사필귀정) : 무슨 일이든지 결국은 옳은 대로 돌아간다는 뜻
- 死後藥方文(사후약방문) : 이미 때가 늦음
- 殺身成人(살신성인) : 절개를 지켜 목숨을 버림
- 三顧草廬(삼고초려) : 유비가 제갈량을 세 번이나 찾아가 군사로 초빙한 데에서 유래한 말로 인재를 얻기 위해 끈기 있게 노력한다는 말
- 三遷之敎(삼천지교) : 맹자의 어머니가 아들의 교육을 위하여 세 번 거처를 옮겼다는 고사에서 유래하는 말로 생활 환경이 교육에 있어 큰 구실을 한다는 말
- 桑田碧海(상전벽해) : 뽕나무밭이 변하여 바다가 된다는 뜻으로 세상일의 변천이 심하여 사물이 바뀜을 비유하는 말
- 塞翁之馬(새옹지마) : 세상일은 복이 될지 화가 될지 예측할 수 없다는 말
- 雪上加霜(설상가상) : 눈 위에 또 서리가 덮인다는 뜻으로 불행이 엎친 데 덮친 격으로 거듭 생김을 이르는 말
- 說往說來(설왕설래) : 서로 변론(辯論)을 주고 받으며 옥신각신함
- 首丘初心(수구초심) : 고향을 그리워하는 마음을 일컫는 말
- 水深可知 人心難知(수심가지 인심난지) : 물의 깊이는 알 수 있으나 사람의 속마음은 헤아리기가 어렵다는 뜻
- 水魚之交(수어지교) : 교분이 매우 깊은 것을 말함[君臣水魚(군신수어)]
- 脣亡齒寒(순망치한) : 입술이 없으면 이가 시린 것처럼 서로 돕던 이가 망하면 다른 한쪽 사람도 함께 위험하다는 말
- 是是非非(시시비비) : 옳고 그름을 가림
- 識字憂患(식자우환) : 아는 것이 탈이라는 말로 학식이 있는 것이 도리어 근심을 사게 됨을 이름
- 十匙一飯(십시일반) : 열 사람이 한 술씩 보태면 한 사람 먹을 분량이 된다는 뜻으로 여러 사람이 힘을 합하면 한 사람을 쉽게 도울 수 있다는 말

ㅇ

- 我田引水(아전인수) : 제 논에 물대기. 자기에게 유리하도록 행동하는 것
- 安貧樂道(안빈낙도) : 빈궁한 가운데 편안하게 생활하여 도(道)를 즐김
- 羊頭狗肉(양두구육) : 양의 머리를 내걸고 개고기를 판다는 뜻으로 겉모양은 훌륭하나 속은 변변치 않음을 이르는 말
- 漁之利(어부지리) : 도요새가 조개를 쪼아 먹으려다가 둘 다 물리어 서로 다투고 있을 때 어부가 와서 둘을 잡아갔다는 고사에서 나온 말로 둘이 다투는 사이에 제3자가 이득을 보는 것
- 言中有骨(언중유골) : 예사로운 말 속에 깊은 뜻이 있음
- 緣木求魚(연목구어) : 나무에 올라가 물고기를 구하듯 불가능한 일을 하고자 할 때를 비유하는 말
- 烏飛梨落(오비이락) : 까마귀 날자 배 떨어진다는 뜻으로 공교롭게도 어떤 일이 같은 때에 일어나 남의 의심을 받게 됨을 이르는 말
- 傲霜孤節(오상고절) : 서릿발 속에서도 굴하지 않고 외로이 지키는 절개라는 뜻으로 국화를 두고 하는 말

- 牛耳讀經(우이독경) : 쇠 귀에 경 읽기라는 뜻으로 아무리 가르치고 일러 주어도 알아듣지 못함을 이르는 말[牛耳誦經 何能諦聽(우이송경 하능체청)]
- 有備無患(유비무환) : 어떤 일에 미리 준비가 있으면 걱정이 없다는 말
- 以心傳心(이심전심) : 마음과 마음이 서로 통함
- 李下不整冠(이하부정관) : 자두나무 아래에서는 갓을 고쳐 쓰지 말라는 뜻으로 남에게 의심받을 일을 하지 않도록 주의하라는 말
- 益者三友(익자삼우) : 사귀어 이롭고 보탬이 되는 세 벗으로 정직한 사람, 신의 있는 사람, 학식 있는 사람을 가리킴
- 一擧兩得(일거양득) : 하나의 행동으로 두 가지의 성과를 거두는 것
- 日就月將(일취월장) : 나날이 다달이 진보함

ㅈ

- 張三李四(장삼이사) : 장씨(張氏)의 삼남(三男)과 이씨(李氏)의 사남(四男)이라는 뜻으로 평범한 사람을 가리키는 말
- 賊反荷杖(적반하장) : 도둑이 도리어 매를 든다는 뜻으로 잘못한 사람이 도리어 잘한 사람을 나무라는 경우에 쓰는 말
- 轉禍爲福(전화위복) : 화를 바꾸어 복이 되게 한다는 뜻으로 궂은 일을 당하였을 때 그것을 잘 처리하여 좋은 일이 되게 하는 것
- 切磋琢磨(절차탁마) : 학문과 덕행을 갈고 닦음을 가리키는 말
- 頂門一鍼(정문일침) : 정수리에 침을 놓는다는 뜻으로 따끔한 비판이나 충고를 뜻함
- 井底之蛙(정저지와) : 우물 안 개구리. 견문이 좁고 세상 형편을 모름
- 朝三暮四(조삼모사) : 간사한 꾀로 사람을 속여 희롱함. 눈앞에 당장 나타나는 차별만 알고 그 결과가 같음을 모름
- 走馬加鞭(주마가편) : 달리는 말에 채찍을 더한다는 뜻으로 잘하는 사람에게 더 잘하도록 하는 것을 일컬음
- 竹馬故友(죽마고우) : 죽마를 타고 놀던 벗, 즉 어릴 때 같이 놀던 친한 친구
- 地鹿爲馬(지록위마) : 중국 진나라의 조고(趙高)가 이세 황제(二世皇帝)의 권력을 농락하려고 일부러 사슴을 말이라고 속여 바쳤다는 고사에서 유래한 것으로 윗사람을 농락하여 권세를 마음대로 함을 가리킴
- 進退維谷(진퇴유곡) : 앞으로 나아갈 수도 뒤로 물러설 수도 없이 꼼짝할 수 없는 궁지에 빠짐[進退兩難(진퇴양난)]

ㅊ

- 滄海桑田(창해상전) : 푸른 바다가 변하여 뽕밭으로 된다는 뜻으로 세상일이 덧없이 바뀜을 이르는 말[桑田碧海(상전벽해)]
- 天高馬肥(천고마비) : 하늘이 높고 말이 살찐다는 뜻으로 가을철을 일컫는 말
- 千慮一得(천려일득) : 아무리 바보같은 사람일지라도 한 가지쯤은 좋은 생각이 있다는 말
- 千慮一失(천려일실) : 여러 번 생각하여 신중하고 조심스럽게 한 일에도 때로는 한 가지 실수가 있음을 이르는 말
- 千載一遇(천재일우) : 천 년에나 한번 만날 수 있는 기회, 즉 좀처럼 얻기 어려운 기회

- 靑出於藍(청출어람) : 쪽에서 우러난 푸른 빛이 쪽보다 낫다는 뜻으로 제자가 스승보다 더 뛰어남을 이르는 말
- 草綠同色(초록동색) : 풀과 녹색은 같은 빛임. 같은 처지나 같은 유의 사람들은 그들끼리 함께 행동한다는 말
- 寸鐵殺人(촌철살인) : 조그만 쇠붙이로 사람을 죽인다는 뜻으로 간단한 말이나 문장으로 사물의 가장 요긴한 데를 찔러 듣는 사람을 감동하게 하는 것
- 針小棒大(침소봉대) : 바늘을 몽둥이라고 말하듯 과장해서 말하는 것

ⓔ

- 他山之石(타산지석) : 다른 산에서 나는 하찮은 돌도 자기의 옥(玉)을 가는 데에 도움이 된다는 뜻으로 다른 사람의 하찮은 언행일지라도 자기의 지덕을 연마하는 데에 도움이 된다는 말
- 卓上空論(탁상공론) : 실현성이 없는 허황된 이론
- 吐盡肝膽(토진간담) : 솔직한 심정을 숨김없이 모두 말함

ⓟ

- 破竹之勢(파죽지세) : 대를 쪼개는 것처럼 거침없이 나아가는 세력
- 風樹之嘆(풍수지탄) : 부모가 이미 세상을 떠나 효도할 수 없음을 한탄함
- 風前燈火(풍전등화) : 바람 앞의 등불처럼 매우 위급한 경우에 놓여 있음을 일컫는 말
- 匹夫匹婦(필부필부) : 평범한 남자와 평범한 여자

ⓗ

- 下石上臺(하석상대) : 아랫돌을 빼서 윗돌을 괴고 윗돌을 빼서 아랫돌을 괸다는 뜻으로 임시변통으로 이리저리 둘러 맞춤을 말함
- 夏爐冬扇(하로동선) : 여름의 화로와 겨울의 부채라는 뜻으로 쓸모없는 재능을 말함
- 鶴首苦待(학수고대) : 학의 목처럼 목을 길게 늘여 몹시 기다린다는 뜻
- 漢江投石(한강투석) : 한강에 돌 던지기라는 뜻으로 지나치게 미미하여 전혀 효과가 없음을 비유하는 말
- 虎死留皮(호사유피) : 범이 죽으면 가죽을 남김과 같이 사람도 죽은 뒤 이름을 남겨야 한다는 말[豹死留皮(표사유피)]
- 浩然之氣(호연지기) : 잡다한 일에서 해방된 자유로운 마음. 하늘과 땅 사이에 넘치게 가득찬 넓고도 큰 원기. 공명정대하여 조금도 부끄러울 바 없는 도덕적 용기
- 換骨奪胎(환골탈태) : 얼굴이 이전보다 더 아름다워짐. 선인의 시나 문장을 살리되, 자기 나름의 새로움을 보태어 자기 작품으로 삼는 일
- 會者定離(회자정리) : 만나면 반드시 헤어짐
- 後生可畏(후생가외) : 후진들이 젊고 기력이 있어 두렵게 여겨짐
- 興盡悲來(흥진비래) : 즐거운 일이 다하면 슬픔이 옴, 즉 흥망과 성쇠가 엇바뀜을 일컫는 말

02 한문

① 한문의 기초

(1) 품사

① **명사** … 사람·사물의 이름을 나타내는 품사이다.
  ㉠ **보통 명사** : 사물의 일반적인 이름(山, 水, 天, 地 등)
  ㉡ **고유 명사** : 사람이나 사물의 고유한 이름(孔子, 韓國 등)
  ㉢ **추상 명사** : 추상적인 관념을 나타낸다(仁, 義, 禮, 智, 信, 吉 등).
  ㉣ **수량 명사** : 숫자(一, 二, 五, 十, 百, 千, 萬, 億 등)
  ㉤ **의존 명사** : 반드시 수식어를 가진다(者, 然, 所, 以 등).

② **대명사** … 사람이나 사물의 이름을 대신 나타내는 품사이다.
  ㉠ **인칭 대명사**
    • 1인칭 : 我, 吾, 子, 余, 己, 小人 등
    • 2인칭 : 汝, 女, 子, 君 등
    • 3인칭 : 他, 彼, 此 등
  ㉡ **지시 대명사** : 此, 是, 斯, 彼, 其 등
  ㉢ **의문 대명사** : 誰, 孰, 何, 安 등

③ **동사** … 사람이나 사물의 동작이나 행위를 나타내는 품사이다.
  ㉠ **자동사** : 목적어가 불필요하며 有, 無, 存, 在 등도 포함한다.
  ㉡ **타동사** : 목적어가 필요하다.
  ㉢ **조동사** : 동사 앞에서 동사의 행위를 돕는다.
    • 부정 : 不, 弗, 末 등
    • 가능 : 可, 能, 得, 足 등
    • 사역 : 使, 令, 敎, 遣 등
    • 욕망 : 欲, 願 등

④ **형용사** … 사람이나 사물의 상태나 성질을 나타내는 품사이다.
  ㉠ **서술 형용사** : 서술어 역할
  ㉡ **수식 형용사** : 명사 수식

⑤ 부사 … 동사나 형용사 및 다른 부사를 한정하는 품사이다.
　㉠ 정도 부사 : 最, 甚, 宜, 太, 至, 極, 必, 尙, 益 등
　㉡ 시간 부사 : 方, 始, 且, 旣, 已, 嘗, 會, 將, 遂 등
　㉢ 의문 부사 : 何, 豈, 安, 焉, 寧, 惡, 奚, 胡 등
　㉣ 가정 부사 : 若, 雖, 如, 苟, 良 등
　㉤ 강조 부사 : 且, 尙, 亦 등
　㉥ 발어 부사 : 夫, 槪, 凡, 蓋 등

⑥ 보조사 … 불완전한 동사 · 형용사의 뜻을 보충하여 주는 품사이다.
　㉠ 가능 : 可, 能, 足, 得, 可以, 足以, 得以 등
　㉡ 부정 : 不, 弗, 未, 非, 微, 無, 末, 莫 등
　㉢ 금지 : 勿, 無, 母, 莫, 不 등
　㉣ 당위 : 可, 當, 宜, 應, 須 등
　㉤ 피동 : 被, 見, 爲, 所 등
　㉥ 사동 : 使, 令, 敎, 俾, 遣 등
　㉦ 원망 : 欲, 幸, 願, 請 등

⑦ 접속사 … 단어와 단어, 문장과 문장을 연결하는 품사이며, 與, 且, 而, 則 등이 있다.

⑧ 감탄사 … 於, 惡, 嗚呼, 於乎, 噫 등이 있다.

⑨ 전치사 … 체언의 앞에 쓰여 문법적 관계를 구체적으로 표시하는 품사이다. 목적어, 보어 앞에 놓여 술어와의 관계를 정확히 하며(於, 于, 乎), 체언 앞에 놓여 부사어가 되게 한다(以, 與, 自, 從, 由, 爲).

⑩ 후치사 … 체언의 뒤에 쓰여 문법적 관계를 나타내는 품사이며 之, 者, 也, 也者, 乎 등이 있다.

⑪ 종결사 … 문장의 끝에 붙어 그 문장의 여러 형태를 나타내는 품사이다.
　㉠ 단정 · 서술 종결사 : 也, 矣, 焉 등
　㉡ 의문 종결사 : 乎, 與, 耶, 諸 등
　㉢ 한정 종결사 : 耳, 爾, 已, 而已, 而已矣 등
　㉣ 감탄 종결사 : 乎, 哉, 夫, 矣乎, 也哉 등

(2) 문장

① 문장의 구조
　㉠ 기본 구조
　　• 주술 구조 : 주어 + 서술어(형용사, 동사, 명사)
　　　예 天高(하늘이 높다), 花落(꽃이 진다), 李舜臣名將也(이순신은 명장이다)
　　• 주술보 구조 : 주어 + 서술어 + 보어
　　　예 吾登於南山(내가 남산에 오르다), 君子安仁(군자는 인에 편안하다)

- 주술목 구조 : 주어 + 서술어 + 목적어
  - 예 農夫耕田(농부가 밭을 간다), 余愛蘭(나는 난초를 사랑한다)
- 주술목보 구조 : 주어 + 서술어 + 목적어 + 보어
  - 예 孔子問禮於老子(공자가 노자에게 예를 물었다), 王敎民樂(왕이 백성에게 음악을 가르치다)
ⓒ 확장 구조 : 기본 구조에 관형어와 부사어가 결합되어 수식하거나 한정하는 구조
- 주술 구조의 확장
  - 예 淸天至高(맑은 하늘이 지극히 높다), 桃花方落(복숭아꽃이 바야흐로 진다)
- 주술보 구조의 확장
  - 예 吾登與汝於南山(내가 너와 함께 남산에 오른다)
- 주술목 구조의 확장
  - 예 男兒須讀五車書(사내아이는 모름지기 다섯 수레의 책을 읽어야 한다)
- 주술목보 구조의 확장
  - 예 先王親敎農事於庶民(선대의 왕이 농사일을 여러 백성들에게 직접 가르쳤다)

② 문장의 형식
 ㉠ 평서형 : 문장의 각 성분이 어순에 따라 평범하게 진술되고 종결되는 형식으로 긍정의 뜻을 나타냄
   - 예 聖人百世之師也(성인은 백세의 스승이다)
 ㉡ 부정형 : 동작, 상태 등을 부정하는 뜻을 갖는 글의 형식(不, 未, 非, 無, 莫)
  - 단순 부정
    - 예 吾盾之堅莫能陷也(내 방패의 견고함은 뚫을 수 없다)
  - 부분 부정
    - 예 家貧不常得油(집이 가난하여 기름을 항상 얻지는 못했다)
  - 이중 부정(강한 긍정)
    - 예 無不陷也(뚫지 못함이 없다)
 ㉢ 의문형
  - 의문 대명사가 쓰인 경우 : 誰, 孰, 何, 安, 惡
    - 예 孰爲汝知多乎(누가 너더러 많이 안다고 하더냐?)
  - 의문 부사가 쓰인 경우 : 何, 何以, 如何 등
    - 예 何以附耳相語(왜 귀에 대고 말하는가?)
  - 의문 종결사가 쓰인 경우 : 乎, 耶, 諸, 與, 哉 등
    - 예 若寡人者可以保民乎(과인 같은 사람도 가히 백성을 보호할 수 있습니까?)
 ㉣ 반어형 : 어떤 문장을 강조하기 위해 반문의 뜻으로 나타내는 글의 형식
  - 반어 부사가 쓰인 경우 : 何, 安, 豈, 胡, 焉 등
  - 의문 종결사가 쓰인 경우 : 乎, 哉, 與 등
 ㉤ 비교형 : 비교의 뜻을 나타내는 문장 형식
  - 동등 비교 : 如, 若, 於, 似, 猶 등
    - 예 君子之交淡若水(군자의 사귐은 물처럼 담담하다)

- 열등 비교 : 不若, 不如 등
  - 예 百聞不如一見(백 번 듣는 것이 한 번 보는 것만 못하다)
- 우등 비교 : 於, 于, 乎 등
  - 예 霜葉紅於二月花(서리 맞은 잎이 이월의 꽃보다 더 붉다)
- 최상급 비교 : 莫若, 莫如 등
  - 예 知子莫若其父(자식을 알기로는 그 아버지만한 사람이 없다)

ⓑ **사동형** : 주체가 남에게 동작을 시키는 뜻을 나타내는 글의 형식
- 사역 보조사가 쓰인 경우 : 使, 令, 敎, 俾 등
  - 예 天帝使我長百獸(하느님이 나로 하여금 백수의 우두머리가 되게 하였다)
- 사역을 나타내는 동사가 쓰인 경우 : 遣, 命, 召, 說, 勸 등
  - 예 遣婢買肉而來(하녀를 보내어 고기를 사오게 하였다)
- 문맥상 사동형인 경우
  - 예 死孔明走生仲達(죽은 공명이 산 중달을 달아나게 하였다)

ⓢ **피동형** : 어떤 동작을 당하게 되는 뜻을 표현하는 문장 형식
- 피동 보조사가 쓰인 경우 : 被, 見, 爲 등
  - 예 匹夫見辱 拔劍而起(필부는 욕을 당하면 칼을 뽑고 일어선다)
- 피동을 나타내는 전치사가 쓰인 경우 : 於, 乎, 于 등
  - 예 君子役物 小人役於物(군자는 사물을 부리고 소인은 사물에 부림을 당한다)
- 관용구 : 爲~所, 見~於(~에게 ~을 당하다)
  - 예 吾嘗三仕三見逐於君(내가 일찍이 세 번 벼슬했으나 세 번 임금에게 내쫓겼다)
- 문맥상 피동형인 경우
  - 예 仁則榮不仁則辱(어질면 영화롭고 어질지 못하면 욕을 당한다)

ⓞ **가정형** : 어떤 조건을 설정하고 그 결과를 예상하거나 자신의 의지를 밝히는 문장 형식
- 가정 부사가 쓰인 경우 : 若, 如, 苟, 雖, 使, 設使, 假令 등
  - 예 春若不耕 秋無所望(봄에 농사짓지 않으면 가을에 바랄 것이 없다)
- 접속사가 쓰인 경우 : 則
  - 예 欲速則不達(빨리 하려고 하면 이루지 못한다)
- 문맥상 가정형인 경우
  - 예 朝聞道 夕死可矣(아침에 도를 들으면 저녁에 죽어도 좋다)

ⓩ **명령형** : 남에게 금지나 권유의 뜻을 나타내는 문장 형식
- 금지형 : 勿, 毋, 莫, 無, 不 등
  - 예 疑人莫用 用人勿疑(의심스러운 사람은 쓰지 말고, 쓴 사람은 의심하지 말라)
- 권유형 : 當, 宜, 須, 請, 願 등
  - 예 入云則入 坐云則坐(들어가라면 들어가고 앉으라면 앉아라)

ⓒ **한정형** : 사물의 정도나 범위를 한정하는 뜻을 나타내는 문장 형식
- 한정 부사가 쓰인 경우 : 惟, 唯, 只, 但 등
  - 예 學者所患惟有立志不誠(학자가 근심할 바는 오직 뜻을 세움이 성실치 못한가에 있을 따름이다)

- 한정 종결사가 쓰인 경우 : 耳, 已, 爾, 而已, 而已矣 등
  - 예 夫子之道忠恕而已矣(부자의 도는 충과 서일 뿐이다)
㉢ 감탄형 : 감동이나 영탄을 표시하는 문장 형식
- 감탄사가 쓰인 경우 : 嗚呼, 於乎, 噫, 于, 惡 등
  - 예 噫天喪子!(아! 하늘이 나를 버리셨도다) 惡是何言也(아! 이게 무슨 말인가!)
- 감탄 종결사가 쓰인 경우 : 哉, 夫, 乎, 與
  - 예 甚矣吾衰也(심하도다! 나의 노쇠함이) 賢哉回也(어질도다! 안회여)

2 한시의 종류

(1) 고체시(古體詩)
당나라 이전에 널리 쓰여졌던 시의 형태로 작법(作法)의 제약이 없이 자유로운 한시의 형태이다.

① 시경(詩經) : 공자가 중국 고대의 민요나 궁중에서 사용하던 노랫말들을 모아 정리해 놓은 책이다. 한 문장(一句)이 네 자로 구성됨이 기본이나 그 이상으로 된 것도 있었다.

② 초사(楚辭) : 중국 고대 남방 지방에서 널리 쓰여졌던 시의 형태로 기본 형태는 한 문장(一句)이 여섯 자이나 그 이상이나 이하로도 지어졌다.

③ 고시(古詩) : 근체시(近體詩)가 형성되기 이전까지의 시의 형태로 5언 고시(五言古詩)와 7언 고시(七言古詩)가 있다. 한 문장(一句)이 다섯 또는 일곱 자로 구성됨이 기본이나 길거나 짧게, 자유롭게 구성할 수 있다. 동일한 글자를 쓰는 것이 허용되었으며 율시와 같은 엄격한 법칙이 없었다.

(2) 근체시(近體詩)
당나라 이후에 널리 쓰여졌던 시의 형태로 작법(作法)이 엄격했던 한시의 형태이다.

① 5언 절구(五言絶句) … 한 문장(一句)이 다섯 자로 구성된 4행으로 지어진 시

② 5언 율시(五言律詩) … 한 문장(一句)이 다섯 자로 구성된 8행으로 지어진 시

③ 5언 배율(五言排律) … 한 문장(一句)이 다섯 자로 구성된 12행으로 지어진 시

④ 7언 절구(七言絶句) … 한 문장(一句)이 일곱 자로 구성된 4행으로 지어진 시

⑤ 7언 율시(七言律詩) … 한 문장(一句)이 일곱 자로 구성된 8행으로 지어진 시

⑥ 7언 배율(七言排律) … 한 문장(一句)이 일곱 자로 구성된 12행으로 지어진 시

06. 한자·한문

최근 기출문제 분석

2020. 6. 13. 제1회 지방직 / 제2회 서울특별시

1 다음에 서술된 A사의 상황을 가장 적절하게 표현한 한자성어는?

> 최근 출시된 A사의 신제품이 뜨거운 호응을 얻고 있다. 이번 신제품의 성공으로 A사는 B사에게 내주었던 업계 1위 자리를 탈환했다.

① 兎死狗烹　　　　　　　　　② 捲土重來
③ 手不釋卷　　　　　　　　　④ 我田引水

TIP ② 捲土重來(권토중래): '땅을 말아 일으킬 것 같은 기세로 다시 온다'는 뜻으로, 한 번 실패하였으나 힘을 회복하여 다시 쳐들어옴을 이른다.
① 兎死狗烹(토사구팽): '토끼가 죽으면 토끼를 잡던 사냥개도 필요 없게 되어 주인에게 잡아먹힌다'는 뜻으로, 필요할 때는 쓰고 필요 없을 때는 버리는 경우를 이른다.
③ 手不釋卷(수불석권): 손에서 책을 놓지 아니하고 늘 글을 읽는 것을 이른다.
④ 我田引水(아전인수): '자기 논에 물 대기'라는 뜻으로, 자기에게만 이롭게 되도록 생각하거나 행동함을 이른다.

2020. 6. 13. 제1회 지방직 / 제2회 서울특별시

2 밑줄 친 단어와 바꿔 쓸 수 있는 한자어로 가장 적절한 것은?

① 그는 가수가 되려는 꿈을 버리고 직장을 구했다. → 遺棄하고
② 휴가철인 7~8월에 버려지는 반려견들이 가장 많다. → 根絶되는
③ 그는 집 앞에 몰래 쓰레기를 버리고 간 사람을 찾고 있다. → 投棄하고
④ 취직하려면 그녀는 우선 지각하는 습관을 버려야 할 것이다. → 抛棄해야

TIP ③ 投棄(투기): 내던져 버림
① 遺棄(유기): 내다 버림. → 抛棄(포기)가 적절하다.
② 根絶(근절): 다시 살아날 수 없도록 아주 뿌리째 없애 버림. → 遺棄(유기)가 적절하다.
④ 抛棄(포기): 하려던 일을 도중에 그만두어 버림. → 根絶(근절)이 적절하다.

Answer 1.② 2.③

2019. 6. 15 제2회 서울특별시

3 서로 의미가 유사한 속담과 한자성어를 짝지은 것이다. 관련이 없는 것끼리 묶은 것은?

① 원님 덕에 나팔 분다 – 狐假虎威
② 소 잃고 외양간 고친다 – 晩時之歎
③ 언 발에 오줌 누기 – 雪上加霜
④ 낫 놓고 기역자도 모른다 – 目不識丁

> **TIP** ③ '언 발에 오줌 누기'는 언 발을 녹이려고 오줌을 누어 봤자 별로 효력이 없다는 뜻으로, 임시변통은 될지 모르나 그 효력이 오래가지 못하고 사태가 더욱 나빠짐을 비유적으로 이르는 속담이다. 이 속담과 유의관계에 있는 한자성어로는 凍足放尿(동족방뇨: 얼 동, 발 족, 놓을 방, 오줌 뇨)가 있다. 반면, 雪上加霜(설상가상: 눈 설, 윗 상, 더할 가, 서리 상)은 눈 위에 또 서리가 내린다는 뜻으로, 어려운 일이 겹침을 이른다.
> ① '원님 덕에 나팔 분다'는 사또와 동행한 덕분에 나팔 불고 요란히 맞아 주는 호화로운 대접을 받는다는 뜻으로, 남의 덕으로 당치도 아니한 행세를 하게 되거나 그런 대접을 받고 우쭐대는 모양을 비유적으로 이르는 속담이다. 狐假虎威(호가호위: 여우 호, 거짓 가, 범 호, 위엄 위)는 여우가 호랑이의 위세를 빌려 호기를 부린다는 뜻으로, '원님 덕에 나팔 분다'의 의미와 유사하다.
> ② '소 잃고 외양간 고친다'는 일이 이미 잘못된 뒤에는 손을 써도 소용이 없다는 뜻으로 한자성어 亡牛補牢(망우보뢰: 잃을 망, 소 우, 기울 보, 우리 뢰)와 관련이 있다. 晩時之歎(만시지탄: 늦을 만, 때 시, 갈 지, 탄식할 탄)은 때늦은 한탄이라는 뜻으로, '소 잃고 외양간 고친다'와 같은 맥락에 있다.
> ④ '낫 놓고 기역자도 모른다'는 기역 자 모양으로 생긴 낫을 보면서도 기역 자를 모른다는 뜻으로, 아주 무식함을 비유적으로 이르는 속담이다. 한자성어 目不識丁(목불식정: 눈 목, 아닐 불, 알 식, 고무래 정)과 일맥상통한다.

2018. 5. 19 제1회 지방직

4 다음 시조의 내용으로 가장 적절한 것은?

> 마을 사람들아 옳은 일 하자스라
> 사람이 되어나서 옳지옷 못하면
> 마소를 갓 고깔 씌워 밥 먹이나 다르랴

① 鄕閭有禮   ② 相扶相助
③ 兄友弟恭   ④ 子弟有學

> **TIP** 제시된 시조는 정철의 '훈민가(訓民歌)' 중 제8수로, 옳은 행동을 권하는 내용이다. 마을에는 예절과 법도가 있어야 한다는 鄕閭有禮와 일맥상통한다고 할 수 있다.
> ① 鄕閭有禮(마을 향, 마을 려, 있을 유, 예도 례): 마을에는 예절과 법도가 있어야 함
> ② 相扶相助(서로 상, 도울 부, 서로 상, 도울 조): 서로서로 도움
> ③ 兄友弟恭(형 형, 벗 우, 아우 제, 공손할 공): 형제끼리 우애가 깊음
> ④ 子弟有學(아들 자, 아우 제, 있을 유, 배울 학): 자녀와 제자들에게 학문을 권함

Answer 3.③ 4.①

2018. 5. 19 제1회 지방직

5 ㉠, ㉡에 들어갈 한자를 순서대로 바르게 나열한 것은?

• 근무 여건이 개선(㉠)되자 업무 효율이 크게 올랐다.
• 금융 당국은 새로운 통화(㉡) 정책을 제안하였다.

	㉠	㉡
①	改善	通貨
②	改選	通話
③	改善	通話
④	改選	通貨

TIP • 改善(고칠 개, 착할 선): 잘못된 것이나 부족한 것, 나쁜 것 따위를 고쳐 더 좋게 만듦
　　改選(고칠 개, 가릴 선): 의원이나 임원 등이 사퇴하거나 그 임기가 다 되었을 때 새로 선출함
• 通貨(통할 통, 재물 화): 유통 수단이나 지불 수단으로서 기능하는 화폐
　　通話(통할 통, 말할 화): 전화로 말을 주고받음

Answer　5.①

06. 한자·한문

출제 예상 문제

1 다음 중 괄호 안의 한자가 옳은 것은?

① 정직함이 유능함보다 중요(仲要)하다.
② 대중(對衆) 앞에서 연설하는 것은 쉬운 일이 아니다.
③ 부동산 중개사(重介士) 시험을 보는 사람들이 점점 늘어나고 있다.
④ 집중력(集中力)이 떨어지지 않도록 숙면을 취해야 한다.

> **TIP** ① 중요(重要)하다 : 귀중하고 요긴하다.
> ② 대중(大衆) : 수많은 사람의 무리
> ③ 중개사(仲介士) : 다른 사람의 의뢰를 받고 상행위를 대리하거나 매개하여 그에 대한 수수료를 받는 일을 전문으로 하는 사람

2 밑줄 친 한자 성어의 쓰임이 옳지 않은 것은?

① 황제는 <u>논공행상(論功行賞)</u>을 통해 그의 신하를 벌하였다.
② 그들은 산야를 떠돌며 <u>초근목피(草根木皮)</u>로 목숨을 이어 나갔다.
③ 부모를 <u>반포지효(反哺之孝)</u>로 모시는 것은 자식의 마땅한 도리이다.
④ 오늘의 영광은 <u>각고면려(刻苦勉勵)</u>의 결과이다.

> **TIP** ① 논공행상(論功行賞) : 공로를 논하여 그에 맞는 상을 준다는 의미로 보기의 문장과는 어울리지 않는다.
> ② 초근목피(草根木皮) : 풀뿌리와 나무껍질이라는 뜻으로 곡식이 없어 산나물 따위로 만든 험한 음식을 이르거나 영양가가 적은 음식을 이르는 말로 쓰인다.
> ③ 반포지효(反哺之孝) : 까마귀가 다 자란 뒤에 자신의 늙은 부모에게 먹이를 물어다 주는 효성을 나타낸 말로 자식이 자라 부모를 봉양함을 의미한 말이다.
> ④ 각고면려(刻苦勉勵) : 몸과 마음을 괴롭히고 노력함, 매우 고생하여 힘써 정성을 들임을 의미하는 말이다.

Answer 1.④ 2.①

3 다음 글의 괄호 안에 들어갈 말로 가장 적절한 것은?

> 베이징이나 시안 등지에서 볼 수 있는 중국의 유적들은 왜 그리도 클까? 이들 유적들은 크기만 한 것이 아니라 비인간적이라 할 만큼 권위적이다. 왜 그런가? 중국은 광대한 나라였다. 그러므로 그 넓은 나라를 효과적으로 통치하기 위해서는 천자로 대표되는 정치적 권위가 절실하게 요구되었다. 이 넓은 나라의 통일성을 유지하기 위해서는 예상되는 지방의 반란에 대비하고 중앙의 권위에 복종하지 않는 지방 세력가들을 다스릴 수 있는 무자비한 권력이 절대로 필요하였다. 그래서 중국의 황제는 천자로 불리었으며, 그 권위에는 누구든지 절대 복종할 것을 요구하였다.
>
> 그러므로 중국의 황제는 단순한 세속인이 아니라 일종의 신적인 존재이기도 하였다. 중국 황제의 절대 권위, 이것을 온 천하에 확실하게 보여 주지 않는다면 중국의 중심이 어디에 있는지 모를 것이며, 그러면 그 나라는 다시 분열된 여러 왕국으로 나뉘게 될 것이었다. 이런 이념으로 만들어진 중국의 정치적 유물들은 그 규모가 장대할 뿐 아니라 고도로 권위적인 것이 될 수밖에 없었다.
>
> 반면에 우리나라는 그렇게 광대한 나라는 아니었다. 그렇다고 해서 우리나라가 권위를 강조하지 않은 것은 아니었다. 그러한 사실은 조선 시대를 통해서도 잘 드러난다. 그러나 조선 시대의 왕들은 중국의 황제와 같은 권위를 (㉠)할 수는 없었다. 두 나라의 사회 구조, 정치 이념, 자연 환경 등 모든 것이 다르기 때문이었다. 그로 인해 조선의 왕들은 주변의 정치 세력에 대하여 훨씬 더 (㉡)이어야만 하였다. 더욱이 중국은 황토로 이루어진 광대한 평원 위에 도시를 만들 수밖에 없었지만, 우리는 높고 낮은 수많은 산으로 이루어진 지형을 이용하여 왕성을 건설할 수밖에 없었다. 이러한 차이점들이 복합적으로 어울려 양국의 역사와 문화의 성격을 서로 다르게 만들었다. 큰 것이 선천적으로 잘나서도 아니며, 그렇다고 작은 것이 못나서도 아닌 것이다. 한중 양국은 각자의 (㉢)에 따라 오랜 세월에 걸쳐 이처럼 서로 다른 문화를 발전시켜 온 것이다.

	㉠	㉡	㉢
①	강조(强調)	위압적(威壓的)	전망(展望)
②	향유(享有)	정략적(政略的)	능력(能力)
③	구축(構築)	타협적(妥協的)	필요(必要)
④	행사(行使)	당파적(黨派的)	권고(勸告)

Answer 3.③

TIP ③ 구축(構築): 어떤 시설물을 쌓아 올려 만듦. 또는 체제, 체계 따위의 기초를 닦아 세움
　　타협적(妥協的): 어떤 일을 서로 양보하는 마음으로 협의해서 하거나 협의하려는 태도를 보이는. 또는 그런 것
　　필요(必要): 반드시 요구되는 바가 있음
① 강조(强調): 어떤 부분을 특별히 강하게 주장하거나 두드러지게 함
　　위압적(威壓的): 위엄이나 위력 따위로 압박하거나 정신적으로 억누르는. 또는 그런 것
　　전망(展望): 앞날을 헤아려 내다봄. 또는 내다보이는 장래의 상황
② 향유(享有): 누리어 가짐
　　정략적(政略的): 정치상의 책략을 목적으로 하는. 또는 그런 것
　　능력(能力): 일을 감당해 낼 수 있는 힘
④ 행사(行使): 어떤 일을 시행함. 또는 그 일
　　당파적(黨派的): 한 덩어리가 되지 않고 파(派)로 갈리는. 또는 그런 것
　　권고(勸告): 어떤 일을 하도록 권함. 또는 그런 말

4 ㉠~㉢에 들어갈 한자숙어나 고사성어가 바르게 연결된 것은?

> • (㉠)이라고, 내가 가지지 못한 것을 보니 욕심이 생긴다.
> • 그 교수님의 강의 내용은 작년 것과 (㉡)하다.
> • 부정부패를 (㉢)하고서야 나라의 기강이 바로 서는 법이다.
> • 공무원은 (㉣)의 자세로 업무를 처리해야 한다.

	㉠	㉡	㉢	㉣
①	見勿生心	大同少異	發本塞源	不偏不黨
②	見勿生心	大同小異	拔本塞源	不便不黨
③	見物生心	大同小異	拔本塞源	不偏不黨
④	見物生心	大同少異	發本塞源	不便不黨

TIP ㉠ 견물생심(見物生心): 어떠한 실물을 보게 되면 그것을 가지고 싶은 마음이 생김을 뜻하는 말
㉡ 대동소이(大同小異): 큰 차이가 없이 거의 같음을 뜻하는 말
㉢ 발본색원(拔本塞源): 좋지 않은 일의 근본 원인이 되는 요소를 완전히 없애 버려서 다시는 그러한 일이 생길 수 없도록 함을 뜻하는 말
㉣ 불편부당(不偏不黨): 아주 공평하여 어느 쪽으로도 치우침이 없음을 뜻하는 말

Answer 4.③

5 다음의 글에서 ( ) 안에 들어갈 말로 적절한 것은?

> 내가 원하는 우리 민족의 사업은 결코 세계를 무력으로 정복하거나 경제력으로 지배하려는 것이 아니다. 오직 사랑의 문화, 평화의 문화로 우리 스스로 잘 살고 인류 전체가 의좋게, 즐겁게 살도록 하는 일을 하자는 것이다. 어느 민족도 일찍이 그러한 일을 한 이가 없으니 그것은 공상(空想)이라고 하지 마라. 일찍이 아무도 한 자가 없기에 우리가 하자는 것이다. 이 큰 일은 하늘이 우리를 위하여 남겨 놓으신 것임을 깨달을 때에 우리 민족은 비로소 제 길을 찾고 제 일을 알아본 것이다. 나는 우리나라의 청년 남녀가 모두 과거의 조그맣고 좁다란 생각을 버리고, 우리 민족의 큰 사명에 눈을 떠서, 제 마음을 닦고 제 힘을 기르기로 낙을 삼기를 바란다. 젊은 사람들이 모두 이 정신을 가지고 이 방향으로 힘을 쓸진댄 30년이 못하여 우리 민족은 (   )하게 될 것을 나는 확신하는 바다.
>
> — 김구, 「나의 소원」 —

① 刮目相對
② 明若觀火
③ 面從腹背
④ 興亡盛衰

TIP ① 눈을 비비고 다시 본다는 뜻으로 남의 학식이나 재주가 생각보다 부쩍 진보한 것을 이르는 말
② 밝기가 불을 보는 것과 같다는 뜻으로, 의심할 여지없이 매우 분명하다는 말
③ 겉으로는 복종하는 체하면서 내심으로는 배반함
④ 흥하고 망함과 성하고 쇠함

6 다음 중 한자 숙어의 뜻으로 옳지 않은 것은?

① 鼎足之勢 : 두 세력이 맞서 대립한 형세
② 繁文縟禮 : 규칙이나 예절이 지나치게 형식적이어서 번거롭고 까다로움
③ 斯文亂賊 : 교리에 어긋나는 언동으로 유교를 어지럽히는 사람
④ 膠柱鼓瑟 : 고지식하여 융통성이 없음

TIP ① 정족지세는 솥발처럼 셋이 맞서 대립한 형세를 이르는 말이다.
② 번문욕례
③ 사문난적
④ 교주고슬

Answer 5.① 6.①

7 다음 밑줄 친 한자어의 독음이 모두 옳게 짝지어진 것은?

> 아아, 新天地(신천지)가 眼前(안전)에 展開(전개)되도다. 威力(위력)의 時代(시대)가 去(거)하고 道義(도의)의 時代(시대)가 來(내)하도다. 過去(과거) 全世紀(전세기)에 鍊磨長養(연마 장양)된 人道的(인도적) 精神(정신)이 바야흐로 新文明(신문명)의 曙光(서광)을 人類(인류)의 歷史(역사)에 投射(투사)하기 始(시)하도다. 新春(신춘)이 世界(세계)에 來(내)하야 萬物(만물)의 回蘇(회소)를 催促(최촉)하는도다. 凍氷寒雪(동빙 한설)에 呼吸(호흡)을 <u>閉蟄</u>한 것이 彼一時(피 일시)의 勢(세)ㅣ라 하면 和風暖陽(화풍 난양)에 氣脈(기맥)을 <u>振舒</u>함은 此一時(차 일시)의 勢(세)ㅣ니, 天地(천지)의 <u>復運</u>에 際(제)하고 世界(세계)의 變潮(변조)를 乘(승)한 吾人(오인)은 아모 <u>躊躇</u>할 것 업스며, 아모 <u>忌憚</u>할 것 업도다. 我(아)의 固有(고유)한 自由權(자유권)을 護全(호전)하야 生旺(생왕)의 樂(낙)을 飽享(포향)할 것이며, 我(아)의 自足(자족)한 獨創力(독창력)을 發揮(발휘)하야 春滿(춘만)한 大界(대계)에 民族的(민족적) 精華(정화)를 結紐(결뉴)할지로다.

① 폐쇄 – 진서 – 부운 – 주저 – 개탄
② 폐칩 – 진서 – 복운 – 주저 – 기탄
③ 폐쇄 – 진사 – 복운 – 주착 – 기탄
④ 폐칩 – 진사 – 부운 – 주저 – 개탄

TIP
- 閉蟄(폐칩) : 갇혀서 꼼짝 못하고 움츠려 있음
- 振舒(진서) : 위세나 명예를 떨쳐서 폄
- 復運(복운) : 회복되는 운세
- 躊躇(주저) : 머뭇거리며 망설임
- 忌憚(기탄) : 어렵게 여기어 꺼림

Answer 7.②

8 다음 글의 한시의 내용이 의미하는 것과 같은 한자 성어는?

> 운봉이 반겨 듣고 필연(筆硯)을 내어 주니 좌중(座中)이 다 못하여 글 두 귀(句)를 지었으되, 민정(民情)을 생각하고 본관의 정체(政體)를 생각하여 지었겄다.
> "금준미주(金樽美酒) 천인혈(千人血)이요,
> 옥반가효(玉盤佳肴)는 만성고(萬成膏)라.
> 촉루낙시(燭淚落時) 민루락(民淚落)이요,
> 가성고처(歌聲高處) 원성고(怨聲高)."

① 가렴주구(苛斂誅求) ② 혹세무민(惑世誣民)
③ 선우후락(先憂後樂) ④ 곡학아세(曲學阿世)

TIP 제시된 한시는 변사또의 화려한 생일 잔치와 그로 인한 민생의 피폐를 대조해서 변사또의 가렴주구(苛斂誅求 ; 조세 따위를 가혹하게 거두어들여, 백성을 못살게 들볶는다)를 풍자하고 있다.
② 혹세무민 : 세상 사람을 속여 미혹하게 하고 세상을 어지럽힘
③ 선우후락 : 자신보다 세상을 먼저 생각하는 지사(志士)의 마음씨
④ 곡학아세 : 바른 길에서 벗어난 학문으로 시세(時勢)나 권력자에게 아첨하여 인기를 얻으려는 언행을 함

---

9 밑줄 친 부분과 맥락이 닿는 한자 성어는?

> 석벽에 매달려 백록담을 따라 남쪽으로 내려가다가, 털썩 주저앉아 잠시 동안 휴식을 취하였다. 모두 지쳐서 피곤했지만, 서쪽을 향해 있는 봉우리가 이 산의 정상이었으므로 조심스럽게 조금씩 올라갔다. 그러나 나를 따라오는 사람은 겨우 셋뿐이었다. … (중략) … 멀리 보이는 섬들이 옹기종기, 큰 것은 구름장만 하게 작은 것은 달걀만 하게 보이는 등 풍경이 천태만상이었다. 「맹자」에 "<u>바다를 본 자에게는 바다 이외의 물은 물로 보이지 않으며, 태산에 오르면 천하가 작게 보인다.</u>"라고 했는데, 성현의 역량(力量)을 어찌 우리가 상상이나 할 수 있겠는가?

① 浩然之氣 ② 勞心焦思
③ 乾坤一擲 ④ 焦眉之急

TIP 맹자가 '浩然之氣'를 설명하기 위하여 공자의 말을 인용한 것으로 서문은 최익현의 「유한라산기」에서 발췌한 내용이다.

Answer 8.① 9.①

10 다음 중 한자 성어의 풀이가 잘못된 것은?

① 塞翁之馬 – 인생의 길흉화복은 변화가 많아서 예측하기가 어려움
② 狐假虎威 – 남의 권세에 의지하여 위세를 부림을 이르는 말
③ 亡羊補牢 – 이미 어떤 일을 실패한 뒤에 뉘우쳐도 아무 소용이 없음을 이르는 말
④ 亡羊之歎 – 자식이 객지에서 고향에 계신 어버이를 생각하는 마음

TIP ① 塞翁之馬(새옹지마) : 인생의 길흉화복은 항상 바뀌어 미리 헤아릴 수가 없다는 말
② 狐假虎威(호가호위) : (여우가 범의 위세를 빌려 호기를 부린다는 뜻으로) 남의 권세에 의지하여 위세를 부림을 이르는 말
③ 亡羊補牢(망양보뢰) : (양 잃고 우리를 고친다는 뜻으로) 이미 일을 그르친 뒤에 뉘우쳐도 소용없음을 이르는 말
④ 亡羊之歎(망양지탄) : 방침이 많아서 어찌할 바를 모름을 뜻함
  [= 다기망양(多岐亡羊)]

Answer 10.④

영어

영어

01 어휘
02 독해
03 문법
04 생활영어

01 어휘

01 단어

❶ 빈칸 채우기

> **다음 문장의 빈칸에 들어갈 가장 적당한 것은?**
> 이 유형은 문장 전체에 대한 정확한 이해의 선행과 보기로 주어지는 단어들의 뜻을 확실하게 알고 있어야 정답을 찾을 수 있는 문제로, 출제빈도가 높은 어휘문제의 유형이다.

다음 빈칸에 들어갈 단어로 가장 옳은 것은?

> I consider _____ the primary enemy of mankind. The human mind is not only self-destructive but naturally stupid. So man requires various kind of education.

❶ ignorance　　　　　　　　　② pessimism
③ distrust　　　　　　　　　　④ pride

해석 「나는 무지가 인류의 근본적인 적이라고 생각한다. 인류는 자기파괴적일 뿐만 아니라, 선천적으로 어리석다. 그래서 인간은 다양한 종류의 교육이 필요하다.」

단어 primary 첫째의, 근본적인 self-destructive 자기파괴적인 not only A but also B A뿐만 아니라 B도
　　　ignorance 무지, 무학, 부지 pessimism 비관(주의), 염세사상 distrust 불신, 의혹, 의심하다

❷ 같은 의미의 단어 찾기

다음 밑줄 친 부분과 뜻이 같은 것?
이 유형은 문장 전체에 대한 정확한 이해와 밑줄 친 단어의 정확한 뜻과 다양한 쓰임을 제대로 알고 있어야 정답을 찾을 수 있는 문제로, 출제빈도가 높은 어휘문제의 유형이다.

다음 밑줄 친 부분과 의미가 가장 가까운 것?

> You can sense it as employers <u>quietly</u> read employee's electronic mail for controlling them.

① silently
② calmly
③ rapidly
❹ secretly

해설 「당신은 고용주가 종업원들을 통제하기 위해 은밀하게 전자메일을 읽을 때, 그것을 감지할 수 있을 것이다.」
단어 quietly(= secretly) : 은밀하게, 조용하게 control : 관리하다, 통제하다

❸ 단어 뜻풀이

다음 중 단어의 뜻풀이가 옳지 않은(옳은) 것?
이 유형은 보기로 단어와 그 단어에 대한 간단한 설명이 영문으로 주어지므로 단어의 뜻을 정확하게 알고 있어야 하는 문제이다.

다음 중 단어의 뜻풀이가 옳은 것?

❶ textile — any type of fabric made by weaving or knitting
② contract — the act of communicating with somebody
③ deflect — a fault in something
④ sensible — aware of and able to understand other people and their feelings

해설 「① 짜거나 뜨개질을 해서 만든 섬유의 어떤 형태
② 누군가와 연락하는 행동
③ 어떤 것에 있어서의 결점
④ 다른 사람들과 그들의 감정들을 인지하고 이해할 수 있는 것」

단어 fabric 직물, 천, 구조 weave 천을 짜다, 이야기를 꾸미다 knitting 뜨개질 aware ~한 의식이 있는, ~을 알고 있는 contract 계약, ~친교를 맺다, 병에 걸리다 deflect (탄알 등이) 빗나가다, (생각 등이) 편향하다 sensible 분별 있는

해설 ② contract → contact ③ deflect → defect ④ sensible → sensitive

02 숙어

❶ 빈칸 채우기

> **다음 문장의 빈칸에 들어갈 가장 적당한 것은?**
> 이 유형은 문장 전체에 대한 정확한 이해의 선행과 보기로 주어지는 숙어가 나타내는 의미를 알고 있어야 정답을 찾을 수 있는 문제이다. 숙어는 여러 영단어들의 조합이므로 그 뜻을 추론하여 그 숙어가 만들어내는 뜻을 잘 이해할 필요가 있다.

다음 대화에서 밑줄 친 부분에 가장 알맞은 것은?

> A : Can you _____ with this desk? I want to move it.
> B : Sure. Where are you going to put it?

① put up
② give a ring
③ give a ride
❹ give me a hand

해석 「A : 이 책상을 옮기려고 하는데 나를 좀 도와 주시겠습니까?
　　　 B : 물론, 도와드리지요. 그것을 어디에 두려고 합니까?」
단어 give … a hand with ~ ~으로 …를 도와주다(= help … with ~)

❷ 같은 의미 찾기

> **다음 밑줄 친 부분과 뜻이 같은 것은?**
> 이 유형은 문장 전체가 나타내는 바를 바르게 이해하고 밑줄 친 숙어의 뜻을 정확하게 알고 있어야 정답을 찾을 수 있는 문제로 출제빈도가 높은 어휘문제의 유형이다.

다음 밑줄 친 부분과 의미가 가장 가까운 것은?

> The couple seemed to be taking calmly, when out of the blue she slapped him in the face.

❶ all of a sudden
② in no time
③ long before
④ in no way

해석 「갑자기 그녀가 그의 얼굴을 때렸을 때, 그 부부는 침착히 얘기하고 있는 것처럼 보였다.」

단어 calmly 온화하게, 침착히   out of the blue 갑자기   all of a sudden 갑자기   in no time 곧   long before 오래 전에   in no way 결코 ~이 아니다

❸ 밑줄 친 부분의 의미 찾기

> 다음 밑줄 친 부분의 의미가 서로 같지 않은(같은) 것으로 짝지어진 것은?
>
> 밑줄 친 부분과 뜻이 같은 것을 찾는 유형에서 확장된 문제인데, 각각 다른 숙어가 포함된 여러 문장들이 보기로 주어지고 그 숙어와 같은 의미를 나타내는 영단어, 또다른 숙어, 우리말 등이 제시된다.

다음 밑줄 친 부분의 의미가 서로 같지 않은 것으로 짝지어진 것은?

① He went to Incheon <u>by way</u> of Seoul(= via).
❷ I <u>look forward to</u> seeing you soon(= think).
③ She broke the window <u>on purpose</u>(= intentionally).
④ He <u>gave up</u> smoking(= quit).

해석 「① 그는 서울을 거쳐서 인천으로 갔다.
　② 나는 당신을 곧 만나기를 학수고대한다.
　③ 그녀는 고의로 유리창을 깼다.
　④ 그는 담배를 끊었다.」

단어 by way of ~을 지나서, ~경유로   look forward to ~을 학수고대하다, ~을 기대하다, (기대를 가지고) 기다리다   on purpose 고의로, 일부러   give up 포기하다

해설 ② look forward to -ing와 같은 의미의 단어는 anticipate이다.

④ 문장의 의미 찾기

> **다음 문장 중 의도하는 바가 나머지와 다른 것은?**
> 이 유형은 같은 의미를 나타내는 여러 숙어와 단어가 포함된 문장이 보기로 제시되고, 밑줄이 표시되는 경우와 그렇지 않을 경우에 어떤 숙어나 단어가 문제의 물음에 해당하는지 판단하는 것이 중요하다.

다음 문장 중 의미가 다른 하나는?

① You have nothing to do with this.
② This is none of your concerns.
③ None of your business.
❹ Mind and do what you are told.

해석 「① 너는 이것과는 전혀 관련이 없다.
② 이것은 네 신경 쓸 바가 아니다.
③ 네가 관여할 일이 아니다.
④ 말을 조심해라.」

01. 어휘

최근 기출문제 분석

2020. 6. 13. 제1회 지방직 / 제2회 서울특별시

1 밑줄 친 부분에 들어갈 말로 가장 적절한 것은?

> The issue with plastic bottles is that they're not _____, so when the temperatures begin to rise, your water will also heat up.

① sanitary
② insulated
③ recyclable
④ waterproof

> **TIP** heat up 뜨거워지다
> ① 위생의, 보건상의 ② 격리된, 절연된 ③ 재활용할 수 있는 ④ 방수의
> 「플라스틱 병의 문제는 그것들이 절연되지 않는다는 것이다. 그래서 온도가 오르기 시작하면, 여러분의 물도 뜨거워질 것이다.」

2020. 6. 13. 제1회 지방직 / 제2회 서울특별시

2 밑줄 친 부분의 의미와 가장 가까운 것을 고르시오.

> Strategies that a writer adopts during the writing process may <u>alleviate</u> the difficulty of attentional overload.

① complement
② accelerate
③ calculate
④ relieve

> **TIP** strategy 전략 adopt 채택하다 alleviate 완화시키다 attentional 주의의 overload 과부하
> ① 보완하다 ② 가속화하다 ③ 계산하다 ④ 덜어주다
> 「작가가 글쓰기 과정에서 채택하는 전략은 주의력 과부하의 어려움을 완화시킬 수 있다.」

Answer 1.② 2.④

2020. 6. 13. 제1회 지방직 / 제2회 서울특별시

3 밑줄 친 부분의 의미와 가장 가까운 것은?

> After Francesca made a case for staying at home during the summer holidays, an uncomfortable silence fell on the dinner table. Robert was not sure if it was the right time for him to tell her about his grandiose plan.

① objected to
② dreamed about
③ completely excluded
④ strongly suggested

TIP ① ~에 반대하다
② ~을 꿈꾸다
③ 완전히 배제되다
④ 강력히 제안하다
make (out) a case 주장하다 grandiose 웅장한
「프란체스카가 여름휴가 동안 집에 머물겠다는 주장을 한 후, 저녁 식탁에는 불편한 침묵이 흘렀다. 로버트는 지금이 자신의 거창한 계획에 대해 그녀에게 말할 적기인지 확신할 수 없었다.」

2019. 6. 15 제2회 서울특별시

4 밑줄 친 부분의 의미와 가장 가까운 것은?

> At least in high school she made one decision where she finally saw eye to eye with her parents.

① quarreled   ② disputed
③ parted   ④ agreed

TIP see eye to eye 의견을 같이하다
① 언쟁을 벌이다 ② 반박하다, 분쟁을 벌이다
③ 갈라놓다 ④ 동의하다
「적어도 고등학교 때 그녀는 마침내 그녀의 부모와 의견을 같이하는 하나의 결정을 내렸다.」

Answer 3.④ 4.④

2019. 6. 15 제2회 서울특별시

5 밑줄 친 부분에 들어갈 말로 가장 적절한 것은?

> Tests ruled out dirt and poor sanitation as causes of yellow fever, and a mosquito was the _____ carrier.

① suspected
② uncivilized
③ cheerful
④ volunteered

TIP rule out 제외시키다, 배제하다 sanitation 위생 시설 yellow fever 황열 mosquito 모기 carrier 보균자, 전염병 매개체
① 미심쩍은, 의심나는 ② 미개한
③ 기분 좋은, 기운찬 ④ 자원하다, 자진하다
「검사 결과 황열의 원인으로 먼지와 위생 시설 부족은 제외됐고, 모기 한 마리가 <u>의심되는</u> 매개체였다.」

2018. 5. 19 제1회 지방직

6 밑줄 친 부분의 의미와 가장 가까운 것을 고르면?

> The <u>paramount</u> duty of the physician is to do no harm. Everything else – even healing – must take second place.

① chief
② sworn
③ successful
④ mysterious

TIP paramount 다른 무엇보다 중요한
① 주된 ② 선서를 하고 한 ③ 성공한 ④ 기이한
「의사의 가장 중요한 의무는 해를 주지 않는 것이다. 그 밖의 모든 것은 – 심지어 치료하는 것도 – 그 다음의 일이다.」

Answer 5.① 6.①

01. 어휘 **167**

2018. 5. 19 제1회 지방직

7 밑줄 친 부분의 의미와 가장 가까운 것은?

> The student who finds the state-of-the-art approach <u>intimidating</u> learns less than he or she might have learned by the old methods.

① humorous
② friendly
③ convenient
④ frightening

> **TIP** find ~라고 여기다 state-of-the-art 최신의 intimidating 위협적인, 겁나는
> ① 재미있는 ② 친절한 ③ 편리한 ④ 무서운
> 「최신의 접근법이 위협적이라고 여기는 학생은 그 또는 그녀가 예전의 방법을 통해 배웠을지도 모르는 것보다 더 적게 배운다.」

2018. 5. 19 제1회 지방직

8 밑줄 친 부분에 들어갈 말로 가장 적절한 것은?

> Since the air-conditioners are being repaired now, the office workers have to _____ electric fans for the day.

① get rid of
② let go of
③ make do with
④ break up with

> **TIP** repair 수리하다 electric fan 선풍기
> ① ~을 처리하다, 없애다
> ② (쥐고 있던 것을) 놓다, ~에서 손을 놓다
> ③ ~으로 임시변통하다, 때우다
> ④ ~와 결별하다
> 「에어컨이 지금 수리 중이기 때문에, 사무실 직원들은 그날 선풍기로 임시변통해야 한다.」

Answer 7.④ 8.③

2017. 6. 17 제1회 지방직

9 밑줄 친 부분의 의미와 가장 가까운 것은?

> Some of the newest laws authorize people to appoint a <u>surrogate</u> who can make medical decisions for them when necessary.

① proxy
② sentry
③ predecessor
④ plunderer

> **TIP** surrogate는 '대리인'의 의미로 ①번 proxy와 의미가 유사하다.
> authorize 권한을 부여하다 appoint 임명하다 surrogate 대리자
> ① 대리인 ② 감시인 ③ 선배 ④ 약탈자
> 「새로운 법안 중 일부는 사람들이 필요할 때 그들을 위해 의학적 결정을 내려 줄 대리인을 임명할 수 있도록 권한을 부여한다.」

2017. 6. 17 제1회 지방직

10 밑줄 친 부분의 의미와 가장 가까운 것은?

> A : He thinks he can achieve anything.
> B : Yes, he needs to <u>keep his feet on the ground</u>.

① live in a world of his own
② relax and enjoy himself
③ be brave and confident
④ remain sensible and realistic about life

> **TIP** 밑줄 친 keep his feet on the ground는 '현실적이다'라는 의미로 보기 중 ④번이 유사하다.
> ① 그 자신만의 세계에 산다. ② 편안하게 즐기다.
> ③ 용기 있게 자신감을 갖다. ④ 삶에 관해 분별력을 갖고 현실적이다.
> 「A: 그는 모든 것을 다 이룰 수 있다고 생각해.
> B: 맞아, 그는 현실적일 필요가 있어.」

Answer 9.① 10.④

01. 어휘

출제 예상 문제

1 밑줄 친 부분에 들어갈 말로 가장 적절한 것은?

> The two cultures were so utterly _____ that she found it hard to adapt from one to the other.

① overlapped
② equivalent
③ associative
④ disparate

TIP utterly 완전히
① 공통부분이 있는 ② 동등한 ③ 결합의 ④ 이질적인
「두 개의 문화는 서로 완전히 달라서 그녀는 하나의 문화로부터 다른 문화로 적응하는 것이 어렵다는 것을 발견했다.」

2 다음 중 밑줄 친 단어와 뜻이 가장 가까운 것은?

> Parents must not give up on kids who act <u>rebellious</u> or seem socially awkward; this is a normal stage most youngsters go through and eventually outgrow.

① passive
② delirious
③ disobedient
④ sporadic

TIP rebellious 반항적인
① 수동적인 ② 기뻐 날뛰는, 의식이 혼미한 ③ 반항하는 ④ 산발적인
「부모들은 사회적으로 다루기 곤란해 보이거나 반항적으로 행동하는 아이들을 단념해서는 안 된다. 이것은 대부분의 청소년들이 통과하고 나이가 들면 결국에는 그만두게 되는 정상적인 단계이다.」

Answer 1.④ 2.③

3 밑줄 친 부분과 의미가 가장 가까운 것은?

> There are some diseases your doctor will <u>rule out</u> before making a diagnosis.

① trace
② exclude
③ instruct
④ examine

TIP disease 질병 rule out 배제하다 diagnosis 진단
① 추적하다 ② 배제하다 ③ 지시하다 ④ 조사하다
「진단하기 전에 당신의 주치의가 배제할 몇 가지 질병이 있습니다.」

4 다음 밑줄 친 부분의 의미와 가장 가까운 것을 고르면?

> Although the work needs to be done more <u>exhaustively</u>, efforts have been made to collect the songs and ballads of the American Revolution.

① precisely
② frantically
③ selectively
④ thoroughly

TIP exhaustively : 철저하게, 남김없이   precisely : 정밀하게, 정확하게   frantically : 미친듯이, 미쳐서   selectively : 선택적으로
thoroughly : 철저하게, 완전히
「그 일이 더 철저하게 행해질 필요가 있지만, 미국 독립혁명의 노래들과 수집하기 위한 노력들이 있어 왔다.」

Answer 3.② 4.④

【5~6】 밑줄 친 부분의 의미로 가장 적절한 것을 고르시오.

5 The function of the historian is neither to love the past nor to <u>emancipate</u> himself from the past, but to master and understand it as the key to the understanding of the present.

① free
② please
③ invoke
④ emulate

> **TIP** function : 기능, 역할, 의식 historian : 역사가, 역사 저작가 neither nor : ~도 ~도 아니다 past : 지나간, 과거의 emulate : 겨루다, 모방하다 emancipate : 해방하다, 석방하다 invoke : 기원하다, 호소하다
> 「역사가의 일은 과거에만 집착하거나 과거에서부터 벗어나는 것이 아니라, 현재를 이해하기 위한 열쇠로서 과거를 탐구하는 것이다.」

6 A : Why do you have to be so stubborn?
　 B : I don't know. That's just the way I am.
　　　I guess <u>I'm just a chip off the old block.</u>

① I'm just like my father
② I'm just in a bad mood
③ I just have confidence in my intuition
④ I just like to have fun with old friends

> **TIP** stubborn : 완고한, 완강한, 다루기 힘든 a chip of[off] the old block : 아버지를 꼭 닮은 아들
> ① 나는 나의 아버지를 꼭 닮았다.
> ② 나는 완전히 기분이 별로다.
> ③ 나는 나의 직감에 의존한다.
> ④ 나는 나의 오래된 친구와 함께 즐거운 시간을 보내는 게 좋아.
> 「A : 왜 너는 그렇게 고집이 세니?
> 　B : 나도 몰라. 그것은 나의 방식일 뿐이야.
> 　　　나는 내가 나의 아버지와 성격이 닮았다고 생각해.」

Answer 5.① 6.①

7 빈칸에 들어갈 말로 가장 적절한 것은?

> One bacterium that survives keeps replicating because it is not _____ to the drug treatment.

① curable
② susceptible
③ prosperous
④ reproductive

> **TIP** replicate : 모사하다, 복제하다   curable : 치료할 수 있는, 고칠 수 있는   susceptible : 영향을 받기 쉬운, 감염되기 쉬운
> prosperous : 번영하는, 순조로운   reproductive : 번식하는, 복제하는
> 「박테리아가 개체를 유지하기 위해서는 약품에 영향을 받기 쉬우면 안 된다.」

8 다음 빈칸에 들어갈 단어로 가장 알맞은 것은?

> Avalanches not only endanger life but they block important avenues of communication and _____ commercial activity.

① deplore
② disguise
③ disrupt
④ implore

> **TIP** avalanche : 눈사태, (질문 등의) 쇄도   endanger : 위태롭게 하다, 위험에 빠뜨리다   avenue : 가로수 길, 큰 거리, 수단, 방법, 길   deplore : (죽음·과실 등을) 비탄하다, 한탄하다, 애도하다   disguise : 변장, 가장, 변장하다, 위장시키다   disrupt : 찢어발기다, 붕괴시키다, 중단시키다   implore : 애원하다, 간청하다, 탄원하다   erupt : 분화하다, 분출하다
> 「눈사태는 생명을 위협할 뿐만 아니라 중요한 통신수단을 막고, 상업활동을 중단시킨다.」

Answer 7.② 8.③

|9~10| 다음 밑줄 친 부분의 의미와 가장 가까운 것을 고르시오.

9 Movie studios often <u>boost</u> a new star with guest appearances on television talk show.

① promote
② watch
③ denounce
④ assault

> **TIP** boost(= promote) : ~에 앉히다, 모시다, 밀어 올리다, 격려하다, 후원하다, 끌어올리다　promote : 진전시키다, 조장하다, 승진하다　appearance : 출현, 등장
> ③ 탄핵하다, 고발하다　④ 강습하다, 습격하다
> 「영화 스튜디오는 텔레비전 토크쇼에 초대 손님으로 종종 새로운 스타를 모신다.」

10 In the autumn, the mountain are <u>ablaze</u> with shades of red, yellow, and orange.

① abloom
② inaccessible
③ feasible
④ radiant

> **TIP** ablaze(= radiant) : 불타는, 밝게 빛나는, 활활 타오르는　shades of : 명암(색의 농도), 그늘, 그림자
> ① 개화하여, 꽃이 피어(= in bloom)
> ② 가까이 하기 어려운
> ③ 실행할 수 있는, 적당한(= suitable)
> ④ 빛나는, 찬란한
> 「가을에는 산이 붉고 노랗고 오렌지의 빛깔들로 불타오른다.」

Answer 9.① 10.④

11 Choose one word that is closest in meaning to the underlined word.

> With the process of evolution, man broke in some cattle to labor.

① raised
② beat
③ fed
④ tamed

TIP process : 진행, 과정   evolution : 전개, 발전, 진전   break in(=tame) : 길들이는, 시운전의   cattle : 소, 축우
① 올리다, 끌어올리다, 승진시키다
② 치다, 두드리다, 때리다
③ 먹을 것을 주다, 먹이다
④ 간섭하다, 말참견하다, 방해하다
「발전과정에서 인간은 노동력으로 사용할 약간의 소들을 길들였다.」

12 다음 밑줄 친 부분에 주어진 말과 가장 가까운 의미는?

> Many parents in my country bend over backwards to educate their children.

① 앞뒤 분간할 줄 모른다.
② 역효과를 낸다.
③ 발전은커녕 퇴보한다.
④ 기를 쓴다.

TIP bend over backward(s) : 비상한 노력을 하다, 필사적으로 ~하려고 애쓰다(노력하다)
「내 나라에 있는 많은 부모들은 필사적으로 그들의 아이들을 교육시키기 위해서 애쓴다.」

Answer   11.④   12.④

13 다음 밑줄 친 부분과 의미가 같은 것은?

On the whole, the general led a tranquil life.

① calm
② logical
③ sensible
④ self-centered

TIP general : 장군, 육군대장   tranquil : 조용한
① 조용한 ② 논리적인 ③ 분별있는 ④ 자기 중심의
「전체적으로 그 장군은 조용한 생활을 이끌었다.」

14 다음 밑줄 친 부분과 의미가 가장 가까운 것은?

Her husband is very competent ; he will repair the roof himself.

① capable
② industrious
③ thrifty
④ careful

TIP competent : 적임의, 유능한(= capable)   industrious : 근면한, 부지런한   thrifty : 검소한, 절약하는   prudent : 신중한
「그녀의 남편은 매우 유능하다 ; 그는 혼자 지붕을 고칠 것이다.」

Answer 13.① 14.①

15 다음 문장에서 밑줄 친 부분과 같은 의미로 쓰인 것은?

> All hope deserted him.

① They drove home through the deserted, windy streets.
② She traveled across the Sahara Desert.
③ His appetite deserted him.
④ Our modern towns are concrete deserts.

TIP desert : 사라지다, 버리다, 사막, 불모의, 황량한 deserted : 황폐한 appetite : 식욕 run away : 도망가다

① 그들은 황폐하고 바람부는 거리를 뚫고 집으로 운전했다.
② 그녀는 사하라 사막을 가로질러 여행했다.
③ 그의 식욕은 사라졌다.
④ 우리의 현대 도시들은 콘크리트 지역이다.
「모든 희망이 그에게서 사라졌다.」

Answer 15.③

02 독해

01 글의 핵심파악

❶ 제목(title) 찾기

> **다음 글의 제목으로 가장 적절한(알맞은) 것은?**
> 이 유형은 보통 주제 찾기와 일치하는 문제가 많지만, 제목은 주제보다 상징성이 강하며 간결하고 명료하다. 글의 제목을 찾기 위해서는 무엇보다 글 전체의 내용을 종합적으로 이해할 수 있는 독해능력을 필요로 한다.

다음 글의 제목으로 가장 적절한 것은?

Among the first animals to land our planet were the insects. They seemed poorly adapted to their world. Small and fragile, they were ideal victims for any predator. To stay alive, some of them, such as crickets, chose the path of reproduction. They laid so many young that some necessarily survived. Others, such as the bees, chose venom, providing themselves, as time went by, with poisonous stings that made them formidable adversaries. Others, such as the cockroaches, chose the become inedible. A special gland gave their flesh such an unpleasant taste that no one wanted to eat it. Others, such as moths, chose camouflage. Resembling grass or bark, they went unnoticed by an inhospitable nature.

① Natural Enemies of Insects
❷ Insects's Strategies for Survival
③ Importance of Insects in Food Chain
④ Difficulties in Killing Harmful Insects

해석 「지구에 처음 착륙한 동물 중에 하나가 곤충이다. 이 곤충들은 그들의 세계에 순응하기 힘들었던 것으로 보인다. 작고 약했던 그들은 어떤 육식동물들의 이상적인 희생자들이었다. 귀뚜라미와 같은 그들 중의 일부 곤충은 생존하기 위해 번식이라는 길을 택했다. 귀뚜라미들은 아주 많은 새끼들을 낳아서 일부가 생존한다. 벌과 같은 다른 곤충들은 그들 스스로 생산하는 독을 갖게 되었고, 시간이 지나면서 그들을 무서운 곤충으로 만들어준 독침을 갖게 되었다. 바퀴벌레와 같은 다른 곤충들은 식용에 적합지 않음을 보여주었다. 특별한 땀샘은 어느 누구도 그것을 먹기를 원치 않은 불쾌한 맛과 같은 그들의 냄새를 주었다. 나방 같은 곤충은 위장에 능하다. 잔디나 나무껍질과 닮아 그들은 불친절한 자연에 의해 알아채지지 않는다.」

단어 adapt to (환경 등에) 순응하다, ~에 적응하다 fragile 체질이 허약한 predator 약탈자, 육식동물 cricket 귀뚜라미 reproduction 재생, 복사, 재현 venom 독액, 독, 독물 poisonous 유독한, 유해한 sting 찌르다 formidable 무서운, 만만찮은, 굉장한 adversary 적, 상대, 대항자 cockroach 바퀴(벌레) inedible 식용에 적합하지 않은 camouflage 위장, 속임, 변장 inhospitable 불친절한, 황량한

해설 이 문제는 귀뚜라미, 벌, 나방 등 각 곤충들이 어떠한 방법으로 생존해 나가고 있는지를 설명한 글이다.

❷ 주제(topic) 찾기

> 다음 글의 주제로 가장 적절한(알맞은) 것은?
> 주제는 글의 중심생각으로 이 유형은 그것을 묻는 문제이다. 주제는 보통 주제문에 분명하게 드러나므로 전체 글을 이해하여 주제문을 찾는 것이 중요하다.

다음 글의 주제로 가장 알맞은 것은?

> The Western people eat with utensils to show a high degree of prestige and sophistication ; the Chinese eat with sticks to show their cleverness of dealing with those sticks, the Saudi people eat with their hands. They say, "Why should we eat with utensils or sticks that are used by other people? They may not be as clean as our hands." They also say that they know whether their hands are clean or not and that nobody else uses them.

❶ 식사법이 다른 이유　　　　　　② 식사습관의 중요성
③ 주방기구의 발전　　　　　　　④ 식사법의 변천과정

해설 「서양 사람들은 높은 품위와 세련미를 나타내기 위해 도구를 가지고 음식을 먹는다 ; 중국 사람들은 총명함을 나타내기 위해 젓가락을 가지고 음식을 먹는다. (반면에) 사우디 사람들은 손으로 음식을 먹는다. 그들은 "왜 우리가 다른 사람들이 사용한 도구나 젓가락을 가지고 음식을 먹어야 하는가? 그것은 우리 손만큼 깨끗하지 못할지도 모른다."고 말한다. 그들은 또한 자기들의 손이 깨끗한지 아닌지를 알고 있으며, 아무도 그 밖의 용도로 사용하지 않는다고 말한다.」

단어 utensil : 기구, 도구, 부엌세간　prestige : 명성, 위신, 품위　sophistication : 세련, 지적, 교양　cleverness : 영리함, 재치 있음, 교묘함

해설 이 문제에는 eat with(~으로 먹다)가 반복되고 있으며 the Western people, the Chinese, the Saudi people의 예가 제시되고 있다.

③ 요지(main idea) 찾기

> 다음 글의 요지로 가장 적절한(알맞은) 것은?
> 글을 나타내는 상징성의 정도는 요지 < 주제 < 제목의 순으로 드러나는데. 이러한 유형의 문제는 우선 글의 전체 내용을 개괄적으로 파악하는 능력이 필요하다.

다음 글에서 필자가 말하고자 하는 요지는?

> I would certainly sooner live in a monotonous community than in a world of universal war, but I would sooner be dead than live in either of them. My heart is in the world of today, with its varieties and contrasts, its blue and green faces, and my hope is that, through courageous tolerance, the world of today may be preserved.

① Preference for a monotonous life
❷ Preservation of world peace
③ Varieties and contrasts of the world
④ The necessity of courageous tolerance

해석 「나는 확실히 세계적인 전쟁이 벌어지는 세상에 사느니 차라리 단조로운 공동체사회 속에 살고자 한다. 그러나, 그들 중 어느 한 쪽에 사느니 차라리 죽는 게 훨씬 더 낫다. 내 마음은 다양성과 상반된 것으로 가득찬, 우울하면서도 활기찬 측면을 지닌 오늘날의 세상에 머물고 있다. 그리고 내가 바라는 것은 용기있는 관용을 통해서, 현재의 세계가 유지되는 것이다.」
① 단조로운 생활을 좋아함
② 세계 평화의 유지
③ 세계의 다양함과 상반됨
④ 대담한 관용의 필요성

단어 would sooner A than B B하느니 차라리 A하는 게 훨씬 더 낫다 monotonous 단조로운, 지루한, 무미건조한 variety 다양(성), 변화, 차이, 불일치 contrast 대조, 대비 blue 우울한, 기운없는, 푸른, 학식있는 green 활기있는, 원기왕성한, 미숙한, 안색이 창백한 courageous 용기있는, 용감한, 대담한 tolerance 인내(심), 관용, 관대, 아량 preference for ~을 선호함(좋아함) preservation 보존, 유지, 보호

❹ 문단요약

다음 글의 요지를 한 문장으로 요약할 때 빈칸에 알맞은 것은?
이 유형은 글의 요지를 파악하는 능력과 쓰기 능력을 간접적으로 평가하는 문제이므로 글의 요지와 관계되는 세부내용을 모두 파악하여 하나의 압축된 문장으로 바꾸어 표현할 수 있어야 한다.

다음 글의 요지로 가장 알맞은 것은?

> Research in learning suggests that getting good grades depends more on effective study skills than on a high IQ. Whereas students with high grades prepare for exams in advance, reviewing their notes periodically, students with poor grades wait until the last minute and then cram. Unfortunately, cramming does not produce the desired results. Students with high grades organize their time, planning when they will complete their assignments, while students with low grades ignore schedules and hope they will finish their work on time. Unfortunately, time usually runs out, and they don't get the work done.

① 학교에서 직업교육을 강화해야 한다.
② 사람은 능력에 따라 대접받아야 한다.
❸ 좋은 공부습관이 좋은 결과를 낳는다.
④ 공부를 잘 한다고 반드시 성공하는 것은 아니다.

해석 「학습에 대한 연구에서 보여주는 것은 좋은 점수를 얻는다는 것이 높은 지능지수보다는 효과적인 공부방식에 더 의존한다는 점이다. 높은 점수를 가진 학생들은 정기적으로 자신들이 필기한 것들을 복습하면서, 미리 시험에 대한 준비를 하는 반면, 낮은 점수를 가진 학생들은 마지막 순간까지 기다리다가는 벼락치기 공부를 한다. 불행스럽게도, 벼락치기 공부는 바람직한 결과를 낳지 않는다. 높은 점수를 가진 학생들은 자신들의 시간을 관리하여 그들이 언제 자신들의 할당된 바를 완성시킬지를 계획한다. 반면에, 낮은 점수를 가진 학생들은 계획들을 무시하면서도 자신들의 일이 정각에 끝마쳐지기를 바란다. 불행히도, 시간이란 대개의 경우 모자란 것이고, 그 결과 그들은 그 일을 끝마치도록 다하지 못하는 것이다.」

단어 IQ 지능지수(Intelligence Quotient) in advance 미리, 앞서서(= beforehand) review 복습하다, 검토하다 cram 주입식의 공부를 하다, 포식하다, 게걸스럽게 먹다 desired result 바람직한 결과 organize 구성하다, 계통을 세우다, 정리하다, 계획하다 assignment 배당, 할당, 숙제 run out 뛰어나가다, 흘러나오다, 만기가 되다

해설 일관성이 있는 글의 구성의 특징은 주제(topic)가 있고, 그를 뒷받침하는 소재(supporting sentences)들이 있다. 위의 글에서는 처음에 주어진 문장(Research in learning suggests that getting good grades depends more on effective study skills than on a high IQ)이 주제이다. Whereas 이하는 높은 점수의 학생들과 낮은 점수의 학생들을 비교하며 언급함으로써 이를 뒷받침해 주는 역할을 하는 부분이다.

02 문맥 속 어구파악

① 지시어 추론

> 다음 글에서 밑줄 친 대명사(this, that, it, etc.) 또는 (고유)명사가 구체적으로 가리키는 것으로 가장 알맞은 것은?
> 이 유형은 대명사나 (고유)명사가 가리키고 있는 대상을 추론하는 문제로, 정확하고 구체적인 정보파악능력과 논리적이고 종합적인 사고능력도 함께 필요로 한다.

다음 밑줄 친 It이 구체적으로 가리키는 것을 고르면?

> It is the study of relationships among plants and animals and their environment. It includes the study of the biological processes and the needs of plants and animals, as well as the effects that plants, animals and the environment have on each other.

① genetics
❷ ecology
③ biology
④ zoology

해석 「이것은 식물들과 동물들, 그리고 그들의 환경 사이의 관계에 대한 학문이다. 이것은 식물들과 동물들, 그리고 그 환경이 서로에게 미치는 영향들 뿐만 아니라 식물들과 동물들의 생물학적 과정과 필요한 요소에 대한 연구를 포함한다.」

단어 relationship 관계, 친척관계 environment 환경, 주위(의 상황) include 포함하다 biological 생물학적인 effect 효과, 영향, 결과 genetics 유전학 ecology 생태학 biology 생물학 zoology 동물학

❷ 어구의 의미파악

다음 글에서 밑줄 친 부분의 의미로 가장 적절한(알맞은) 것은?

이 유형은 주어지는 글에서 쓰이고 있는 어구의 이면적인 의미를 간파해내야 하는 문제로, 주어지는 글의 전체적인 흐름과 전반적인 분위기를 파악하여 이중적 의미를 찾아내는 것이 중요하며 다양한 의미로 쓰이는 어휘와 표현들을 잘 익힐 필요가 있다.

다음 글에서 밑줄 친 a snow job의 의미로 가장 적절한 것은?

> The salesman tried to convince a group of investors that the properties he was selling would soon be worth much more money than he was asking. However, no one bought anything from him because they felt he was giving them a snow job. No one was deceived by his insincerity and exaggerated claims about the worth of the properties.

① 수입한 사치품　　　　　　　❷ 과장된 거짓말
③ 적절한 수익성　　　　　　　④ 위협적인 강매

[해석] 「그 외판원은 많은 투자자들에게 그가 팔고 있는 상품들이 곧 그가 요구하는 돈보다 더 많은 자산가치가 있게 될 것이라는 점을 확신시키려고 노력하였다. 하지만 그들은 그가 그들에게 과장된 거짓말을 하고 있다고 느꼈기 때문에 그에게서 아무것도 사지 않았다. 아무도 그 상품들의 가치에 관한 그의 불성실과 과장된 주장에 의해 속지 않았다.」

[단어] salesman 점원, 판매원, 외판원　convince 확신시키다, 납득시키다　investor 투자가　property 재산, 자산, 소유물, 상품　money 돈, 화폐, 자산, 재산　snow job 과장되고 교묘한 거짓말, 권유·설득하는 말, 감언이설　deceive 속이다, 기만하다　insincerity 불성실, 위선　exaggerated 과장된, 허풍을 떠는, 지나친　claim 주장, 요구, 청구, 권리, 자격

③ 말의 의도파악

> 다음 글에서 밑줄 친 부분의 의도로 가장 적절한(알맞은) 것은?
> 이 유형은 어구의 의미파악 과정과 크게 다르지 않지만, 좀더 희극적인 효과를 수반하는 영어권 사회와 문화에서 통용되는 사고의 전개방식에 대한 이해를 필요로 하는 문제로, 주로 말에 대한 오해나 엉뚱하고 기발한 사고로 빚어지는 극적인 전개가 있는 하나의 에피소드(episode) 중심의 글로 제시된다.

Dick이 밑줄 친 부분과 같이 말한 의도는?

Dick was seven years old, and his sister, Catherine, was five. One day their mother took Dick into the kitchen. She gave him a nice cake and a knife and said to him, "Now here's a knife, Dick. Cut this cake in half and give one of the pieces to your sister, but remember to do it like a gentleman." "Like a gentleman?," Dick asked. "How do gentlemen do it?" "They always give the bigger piece to the other person", answered his mother at once. "Oh", said Dick. He thought about this for a few seconds. Then he took the cake to his sister and said to her, "Cut this cake in half, Catherine."

① 이 케이크를 똑같이 나누자.　　　② 이 케이크를 네 마음대로 잘라라.
③ 내가 이 케이크를 자르겠다.　　　❹ 케이크를 잘라서 내게 큰 조각을 다오.

해석 「Dick은 7살이었고, 그의 누이동생 Catherine은 5살이었다. 어느날 그들의 어머니가 Dick을 부엌으로 데리고 갔다. 그녀는 그에게 맛있는 케이크와 칼을 주면서 말했다. "Dick, 여기 칼이 있다. 이 케이크를 반으로 잘라서 누이동생에게 그 조각 중의 하나를 주어라. 하지만 신사처럼 주는 것을 기억하여라." "신사처럼이요?"라고 Dick이 물었다. "신사들은 그것을 어떻게 주나요?" "그들은 항상 다른 사람에게 더 큰 조각을 준단다."라고 그의 어머니가 즉시 대답했다. "오"라고 Dick은 말했다. 그는 잠시 이것에 관해 생각했다. 그리고 나서 그는 그의 누이동생에게 케이크를 가져가서 말했다. "이 케이크를 반으로 잘라, Catherine."」

단어 in half 절반으로　for a few seconds 잠시동안

해설 Dick은 어머니가 그에게 기대한 행동을 누이동생 Catherine이 자신에게 해주기[신사처럼 주기(케이크를 반으로 잘랐을 때 항상 다른 사람에게 더 큰 조각을 주기)]를 기대하고 있다.

03 문맥의 이해

① 내용일치 여부의 판단

다음 글의 내용과 일치하지 않는(일치하는) 것은?
이 유형은 글의 세부적인 내용파악을 주로 요구하는 문제로, 주어지는 글보다 질문과 보기의 내용을 먼저 본 후에 질문에 해당하는 부분을 집중적으로 살펴야 한다. 이 때 중요한 것은 반드시 주어지는 글에 담긴 사실적인 내용을 근거로 판단해야 한다는 것이다.

다음 글의 내용과 일치하지 않는 것은?

> From the day the first motor car appeared on the streets it had to me appeared to be a necessity. It was this knowledge and assurance that led me to build to the one end — a car that would meet the wants of the multitudes.
> All my efforts were then and still are turned to the production of one car — one model. And year following year, the pressure was, and still is, to improve and refine and make better, with an increasing reduction in price.

① The writer asserts that cars should satisfy the wants of the multitudes.
② The writer did all his might to produce one car — one model.
❸ The writer devoted himself to the reduction of price in producing a car.
④ The writer emphasizes the improvement of a car despite a reduction in price.

해석 「최초의 자동차가 거리에 출현했던 날로부터 그것은 나에게 필수품인 것처럼 생각되어 왔다. 그것은 내가 그 하나의 목적 – 대중들의 욕구에 부응할 차 – 을 만들도록 이끈 지식과 확신이었다.
나의 모든 노력들은 그때나 지금까지 하나의 모델 – 하나의 자동차 생산에 착수하는 데 있다. 그리고 한해 한해가 지날수록, 가격이 내려가는 속에서 성능의 향상과 세련되고 더 좋은 차를 만들어야 하는 압력이 예전이나 지금도 계속되고 있다.」
① 글쓴이는 차들이 대중들의 욕구를 만족시켜야 한다고 주장한다.
② 글쓴이는 한 가지 모델의 하나의 차를 생산하는 데 그의 모든 힘을 썼다.
③ 글쓴이는 차를 생산하는 데 있어서 가격의 절감에 몰두하였다.
④ 글쓴이는 가격인하에도 불구하고 차의 성능 향상을 강조한다.

단어 necessity 필요(불가결한 것), 필수품 assurance 확신, 보증 end 끝, 목적, 목표 multitude 다수, 군중, 대중 turn to ~(쪽)으로 향하다 year following year 해마다 improve 개량하다, 개선하다, 향상시키다 refine 순화하다, 정제하다, 정련하다, 세련되게 하다 reduction 축소, 감소, 절감 assert 단언하다, 주장하다 might 힘 devote oneself to ~에 몰두하다, 전념하다, 헌신하다 emphasize 강조하다

② 무관한 문장 고르기

> **다음 글의 전체 흐름과 관계없는 문장은?**
> 이 유형은 글의 전체적인 일관성과 통일성을 해치는 문장을 골라내는 문제로, 주제와 그 주제를 뒷받침하지 않고 주제를 벗어나거나 서술방향이 다른 문장을 찾아야 한다. 이때 무관한 문장은 그 문장 없이도 글의 흐름이 자연스럽게 연결될 수 있다.

다음 글의 흐름으로 보아 가장 관계가 먼 문장은?

Different regions of the brain have different jobs. ① If there is any damage to the part of the brain known as Broca's area, a person will have trouble pronouncing words. ② Similarly, if there is damage to the part of the brain called Wernicke's area, a person will have problems remembering certain words. ❸ There is much that scientists still do not know about the human brain. ④ The part of the brain called the cerebellum is concerned with controlling bodily position and motion.

해석 「뇌의 갖가지의 영역들은 각기 다른 일(기능)들이 있다. Broca의 영역으로 알려진 뇌의 부위에 어떤 손상이 있으면 단어를 발음하는 데에 문제가 생길 것이다. 마찬가지로 Wernicke의 영역이라 불리는 뇌의 부위에 손상이 있으면 어떤 단어를 기억하는 데에 문제가 생길 것이다. (과학자들이 인간의 뇌에 대해 여전히 잘 모르고 있는 부분이 많다) 소뇌라 불리는 부분은 신체의 자세와 동작에 관계한다.」

단어 region 지역, 영역 pronounce 발음하다, 선언하다 cerebellum 소뇌 bodily 신체(육체)의 motion 동작, 운동

해설 ①②④ 모두 주제문 Different regions of the brain have different jobs를 뒷받침하는 뇌의 각각의 영역들의 기능을 설명하고 있다.

③ 주어진 문장 넣기

다음 글의 흐름을 보아, 주어진 문장이 들어가기에 가장 적절한(알맞은) 것은?
이 유형은 주어지는 문장이 제자리에 들어가 더 논리적이고 일관성 있는 글이 되는 문제로, 문장과 문장 사이의 관계 추론능력을 필요로 한다.

다음 주어진 문장이 들어갈 가장 적절한 곳은?

> This is not true.

> Many people think the Canary Islands were named for the canary birds that live there. ❶ The word canary comes from the Latin word canis, meaning dog. ② Early explorers of the island found many wild dogs there. ③ They named the islands "Canario," meaning "Isle of Dogs." ④ So the Canary Islands were not named for the canary birds, but the birds were named for the islands!

[해석] 「이것은 사실이 아니다.」
「많은 사람들은 카나리아 제도가 거기에 사는 카나리아(새)의 이름을 따서 명명되었다고 생각한다. canary라는 단어는 개를 뜻하는 라틴말 canis에서 유래한다. 그 섬의 초기 탐험가들은 그 곳에서 많은 들개들을 발견하였다. 그들은 "개들의 섬"을 의미하는 "Canario" 섬이라고 이름을 지었다. 그래서 카나리아 제도는 카나리아의 이름을 따서 이름지어진 것이 아니라, 그 새들이 그 섬의 이름을 따서 지어진 것이다!」

[단어] name for ~의 이름을 따서 이름을 짓다, 명명하다 come from ~에서 유래하다, 비롯하다 explorer 탐험가 isle (작은) 섬

[해설] 지시어는 문장 간의 연결고리 역할을 하므로 이 문제는 주어진 문장에서 지시대명사 This가 의미하는 것에 주의해야 한다.

④ 문장의 순서 정하기

> 다음 (주어진 문장에 이어질) 글의 순서로 가장 적절한(알맞은) 것은?
> 이 유형은 배열순서가 뒤바뀐 여러 문장들을 연결사와 지시어 등에 유의하여 문장과 문장 사이의 논리적 관계를 정확하게 파악하여 논리적으로 재배열하는 문제로, 기준이 되는 문장이 제시되기도 한다.

다음 주어진 문장에 이어질 글의 순서로 가장 적절한 것은?

Free trade makes possible higher standards of living all over the globe.

(A) Free trade also makes the world economy more efficient, by allowing nations to capitalize on their strength.
(B) The case for free trade rests largely on this principle : as long as trade is voluntary, both partners benefit.
(C) The buyer of a shirt, for example, values the shirt more than the money spent, while the seller values the money more.

❶ (A) – (B) – (C) 　　② (B) – (A) – (C)
③ (B) – (C) – (A) 　　④ (C) – (A) – (B)

해석 「자유무역은 전세계의 더 높은 생활수준을 가능하게 한다(자유무역을 한다면 전세계의 생활수준은 더 높이 향상될 수 있을 것이다).」
　(A) 자유무역은 또한 국가들이 자신들의 힘을 이용할 수 있도록 하기 때문에 세계경제를 더욱 효과적이 되게 한다.
　(B) 자유무역을 하는 경우에는 다음의 원칙에 주로 의존한다. 즉, 무역이 자발적으로 이루어지는 동안은 양쪽 상대국이 이익을 얻는다는 것이다.
　(C) 셔츠 하나를 예로 들어보면, 구매하는 쪽은 쓰여진 돈보다도 더 그 셔츠가 중요한 것이며, 반면 판매하는 쪽은 그보다는 돈이 더 중요한 것이다.」

단어 free trade 자유무역, 자유거래 make possible 가능하게 하다 all over the globe 전세계에서 efficient 능률적인, 효과있는 capitalize 자본화하다, 이용하다 rest on ~에 의지하다 principle 원리, 원칙

5 전후관계추론

다음 글의 바로 앞(뒤)에 올 수 있는 내용으로 가장 적절한(자연스러운) 것은?
이 유형은 단락간 전개방식을 묻는 문제로, 글의 논리적인 연관성에 따라서 주어지는 단락의 내용을 정확하게 파악하여 앞단락 또는 뒷단락의 내용을 추론해야 한다.

다음 글의 바로 앞에 올 수 있는 내용으로 가장 적절한 것은?

> People who must endure loud environments may risk more than their ears. Studies show they can suffer elevated levels of cholesterol and more stomach ulcers, high blood pressure and more heartbeat abnormalities than people who live and work in quieter environments. Loud noise triggers the body's 'fight or flight' response — a rise in the level of adrenalin, and a subsequent increase in blood pressure and contraction of muscles.

① 환경정책의 필요성
② 환경과 심장박동의 관계
❸ 소음이 귀에 미치는 영향
④ 소음이 유발시키는 질병의 종류

해석 「소란한 환경을 견뎌야 하는 사람들은 자신들의 귀보다 더 위험할 수 있다. 연구에 의하면 그들은 더 조용한 환경에서 살며 일하는 사람들보다 높은 콜레스테롤 수준과 더 많은 위궤양, 고혈압, 그리고 더 많은 심장박동 이상을 보인다. 소란한 잡음은 신체의 '공격·도피반응' – 아드레날린 수치의 상승과 그에 이어지는 혈압의 증가, 근육의 수축 – 을 하도록 야기시키는 것이다.」

단어 endure 참다, 인내하다 risk 위험하다, 위험에 처하다 suffer ~을 받다, 당하다 elevated 높아진, 높은 level of cholesterol 콜레스테롤 수준 stomach ulcer 위궤양 abnormality 이상(異常) trigger 일으키다, 유발하다, 자극시키다 fight or flight response(reaction) 공격·도피반응(스트레스에 대한 교감신경의 반응) adrenalin 아드레날린 subsequent 다음의, 그 후의, 버금가는, 이어서 일어나는 contraction 수축

04 글의 감상

1 글의 어조(tone) · 분위기(mood) 파악

다음 글에 나타나있는 어조 · 분위기로 가장 적절한(알맞은) 것은?
이 유형은 글 속에 명시적이거나 암시적으로 나타나있는 여러 정황들을 종합적으로 감상하는 능력을 요구하는 문제로, 글의 전체적인 분위기를 잘 드러내는 어휘들, 특히 형용사와 부사에 주목하여야 하며, 평소 글의 어조 · 분위기를 나타내는 단어를 잘 알아두어야 한다.

다음 글의 어조로 가장 알맞은 것은?

> The boss was disturbed when he saw his employees loafing. "Look," he said, "everytime I come in there I see things I'd rather not see. Now, I'm a fair man, and if there are things that bother you, tell me. I'm putting up a suggestion box and I urge you to use it so that I'll never see what I just saw!"
> At the end of the day, when the boss opened the box, there was only one little piece of paper in it. It read : "Don't wear rubber-soled shoes!"

① upset
② instructive
❸ humorous
④ critical

해설 「사장은 직원이 빈둥거리는 것을 보았을 때 혼란스러웠다. "여러분, 여기에 내가 올 때마다, 보고 싶지 않은 것을 보는데, 난 공정한 사람이니 여러분을 괴롭히는 것이 있으면 말하십시오. 의견함을 설치할테니까, 내가 방금 보았던 것을 다시는 보지 않도록 의견함을 사용해 주기 바랍니다!" 그 날 퇴근할 무렵, 사장이 의견함을 열었을 때, 그 안에는 작은 종이 한 장만 있었다. 거기에는 "고무구두창을 댄 신발을 신지 마세요!"라고 씌어 있었다.」

단어 disturb 혼란시키다, 괴롭히다, 방해하다, 어지럽히다 loaf 빈둥거리다, 놀고 지내다 fair 공정한, 올바른 suggestion box 의견함, 제안함 urge 강력히 권하다, 설득하다, 주장하다, 강조하다 rubber-soled 고무구두창을 댄 upset 화가 난, 뒤엎다, 당황하게 하다 instructive 교훈적인, 교육적인, 유익한 humorous 익살스런, 해학적인, 재미있는 critical 비판적인, 평론의, 위기의

❷ 글의 심경·태도 파악

> **다음 글에 나타나있는 필자의 심경·태도로 가장 적절한(알맞은) 것은?**
> 이 유형은 글의 어조·분위기를 감상하는 문제와 같이 글의 종합적인 이해·감상능력을 요구하는 문제로, 어떤 일련의 사건들을 통해 드러나는 등장인물의 성격과 태도를 판단할 수 있으며, 평소 글의 심경·태도를 나타내는 단어를 잘 알아두면 유용하다.

다음 글에서 주인공이 처한 상황으로 가장 적절한 것은?

> The taxi driver looked at his watch and grumbled that there was no time to lose. I had allowed one hour to catch my plane. We watched the flashing lights of the police car ahead. We could see that a truck had been involved in the accident and knew it would take some time to move the vehicles to the side of the road. It did fifteen minutes. Then, as we neared the airport, we were faced with another traffic jam due to a series of rear-end collisions.

① 지루하다.　　　　　　　　❷ 다급하다.
③ 부끄럽다.　　　　　　　　④ 후련하다.

해석　「택시기사는 시계를 보았고 지체할 시간이 없다고 불평했다. 내가 비행기를 탈 때까지 한 시간 정도의 여유가 있었다. 우리는 경찰차의 불빛이 앞에서 번쩍이는 것을 지켜봤다. 우리는 어떤 트럭이 사고에 관련되어 있었고 갓길로 차량을 옮기는 데 다소 시간이 걸린다는 것을 알았다. 과연 그랬다. 15분이 걸렸다. 그리고 나서 공항에 가까이 도착하자, 우리는 연속된 추돌사고 때문에 또 다른 교통혼잡에 직면했다.」

단어　grumble 불평하다, 투덜대다, 푸념하다, 툴툴대다　flash 번쩍이다, 빛나다　be involved in ~에 관련되다　vehicle 탈 것, 차량　near ~에 가까이 가다, 접근하다　be faced with ~에 직면하다　traffic jam 교통혼잡　due to ~ 때문에, ~로 인하여(because of)　a series of 일련의, 연속된　rear-end (차량) 후미　collision 충돌, 대립, 격돌, 불일치

해설　교통혼잡으로 비행기 시간에 늦을까봐 다급해 하는 주인공의 상황이 나타나 있다.

02. 독해

최근 기출문제 분석

2020. 6. 13. 제1회 지방직 / 제2회 서울특별시

1 다음 글의 주제로 가장 적절한 것은?

> The e-book applications available on tablet computers employ touchscreen technology. Some touchscreens feature a glass panel covering two electronically-charged metallic surfaces lying face-to-face. When the screen is touched, the two metallic surfaces feel the pressure and make contact. This pressure sends an electrical signal to the computer, which translates the touch into a command. This version of the touchscreen is known as a resistive screen because the screen reacts to pressure from the finger. Other tablet computers feature a single electrified metallic layer under the glass panel. When the user touches the screen, some of the current passes through the glass into the user's finger. When the charge is transferred, the computer interprets the loss in power as a command and carries out the function the user desires. This type of screen is known as a capacitive screen.

① how users learn new technology
② how e-books work on tablet computers
③ how touchscreen technology works
④ how touchscreens have evolved

> **TIP** feature ~을 특징으로 하다 translate 변환하다 command 명령(하다) resistive 저항하는 electrify ~에 전기를 통하게 하다 interpret 해석하다 carry out 수행하다 capacitive 용량성의
> ① 사용자가 새로운 기술을 배우는 방법
> ② 전자책이 태블릿 컴퓨터에서 작동하는 방법
> ③ 터치스크린 기술이 작동하는 방법
> ④ 터치스크린이 진화해온 방식
> 「태블릿 컴퓨터에서 사용할 수 있는 전자책 애플리케이션은 터치스크린 기술을 사용한다. 일부 터치스크린에는 전자 충전 금속 표면 두 개를 덮는 유리 패널이 대면되어 있다. 스크린이 터치되면 두 개의 금속 표면이 압력을 느끼고 접촉한다. 이 압력은 컴퓨터에 전기 신호를 보내며 터치를 명령으로 변환한다. 터치스크린의 이 버전은 화면이 손가락의 압력에 반응하기 때문에 저항성 화면으로 알려져 있다. 다른 태블릿 컴퓨터는 유리 패널 아래에 하나의 전기화된 금속층을 특징으로 한다. 사용자가 화면을 터치하면 일부 전류가 유리를 통과하여 사용자의 손가락으로 전달된다. 그 전하가 전송되면 컴퓨터는 전력 손실을 명령으로 해석하고 사용자가 원하는 기능을 수행한다. 이러한 유형의 화면은 용량성 화면으로 알려져 있다.」

Answer 1.③

2020. 6. 13. 제1회 지방직 / 제2회 서울특별시

2 다음 글의 제목으로 가장 적절한 것은?

> Louis XIV needed a palace worthy of his greatness, so he decided to build a huge new house at Versailles, where a tiny hunting lodge stood. After almost fifty years of labor, this tiny hunting lodge had been transformed into an enormous palace, a quarter of a mile long. Canals were dug to bring water from the river and to drain the marshland. Versailles was full of elaborate rooms like the famous Hall of Mirrors, where seventeen huge mirrors stood across from seventeen large windows, and the Salon of Apollo, where a solid silver throne stood. Hundreds of statues of Greek gods such as Apollo, Jupiter, and Neptune stood in the gardens; each god had Louis's face!

① True Face of Greek Gods
② The Hall of Mirrors vs. the Salon of Apollo
③ Did the Canal Bring More Than Just Water to Versailles?
④ Versailles: From a Humble Lodge to a Great Palace

TIP worthy ~에 어울리는 greatness 위대함 lodge 오두막집 enormous 거대한 canal 운하 drain 배수하다 marshland 습지대 elaborate 정교한 throne 왕좌 statue 동상 Jupiter 주피터, 목성 Neptune 넵튠(그리스 신화의 포세이돈), 해왕성
① 그리스 신들의 진정한 얼굴
② 거울의 전당 vs. 아폴로의 살롱
③ 운하가 베르사유에 물보다 더 많은 것을 가져다주었는가?
④ 베르사유: 초라한 오두막집에서 대궁까지
「루이 14세는 그의 위대함에 걸맞은 궁전이 필요해서, 작은 사냥 오두막집이 서 있는 베르사유에 거대한 새 집을 짓기로 결심했다. 거의 50년의 노동 끝에 이 작은 사냥 오두막집은 길이가 4분의 1마일인 거대한 궁전으로 변모했다. 운하는 강에서 물을 가져오고 습지대로 배수하기 위해 파내졌다. 베르사유는 17개의 커다란 창문 맞은편에 17개의 거대한 거울이 서 있는 유명한 거울의 전당과 단단한 은색 왕좌가 서 있는 아폴로의 살롱과 같은 정교한 방들로 가득 차 있었다. 아폴로, 주피터, 넵튠 같은 그리스 신들의 동상 수백 개가 정원에 서 있었다. 각각의 신은 루이의 얼굴을 하고 있었다!」

Answer 2.④

2020. 6. 13. 제1회 지방직 / 제2회 서울특별시

3 주어진 글 다음에 이어질 글의 순서로 가장 적절한 것은?

> Nowadays the clock dominates our lives so much that it is hard to imagine life without it. Before industrialization, most societies used the sun or the moon to tell the time.

(A) For the growing network of railroads, the fact that there were no time standards was a disaster. Often, stations just some miles apart set their clocks at different times. There was a lot of confusion for travelers.

(B) When mechanical clocks first appeared, they were immediately popular. It was fashionable to have a clock or a watch. People invented the expression "of the clock" or "o'clock" to refer to this new way to tell the time.

(C) These clocks were decorative, but not always useful. This was because towns, provinces, and even neighboring villages had different ways to tell the time. Travelers had to reset their clocks repeatedly when they moved from one place to another. In the United States, there were about 70 different time zones in the 1860s.

① (A) - (B) - (C)
② (B) - (A) - (C)
③ (B) - (C) - (A)
④ (C) - (A) - (B)

> **TIP** dominate 지배하다, 위압하다 industrialization 산업화 decorative 장식적인 province 지방, 지역 neighboring village 인근 마을 disaster 재난, 재앙
> 「요즘 시계가 우리의 삶을 너무 지배해서 시계가 없는 삶은 상상하기 어렵다. 산업화 이전에, 대부분의 사회는 시간을 알기 위해 태양이나 달을 사용했다.
> (B) 기계 시계가 처음 등장했을 때, 즉시 인기가 있어졌다. 시계나 손목시계를 가지고 있는 것은 유행이 되었다. 사람들은 시간을 알려 줄 수 있는 새로운 방법을 언급하기 위해 "시계의"또는 "시간"이라는 표현을 발명했다.
> (C) 이 시계들은 장식적이었지만 항상 유용하지는 않았다. 마을, 지방, 심지어 인근 마을들도 시간을 알 수 있는 다른 방법을 가지고 있었기 때문이다. 여행자들은 한 곳에서 다른 곳으로 이동할 때 시계를 반복적으로 재설정해야 했다. 미국에서는 1860년대에 약 70개의 다른 시간대가 있었다.
> (A) 철도망의 성장으로 시간 기준이 없다는 사실은 재앙이었다. 종종, 몇 마일 떨어진 역들은 다른 시간에 시계를 맞추었다. 여행객들에게는 많은 혼란이 있었다.」

Answer 3.③

2019. 4. 6 인사혁신처

4 다음 글의 요지로 가장 적절한 것은?

> When giving performance feedback, you should consider the recipient's past performance and your estimate of his or her future potential in designing its frequency, amount, and content. For high performers with potential for growth, feedback should be frequent enough to prod them into taking corrective action, but not so frequent that it is experienced as controlling and saps their initiative. For adequate performers who have settled into their jobs and have limited potential for advancement, very little feedback is needed because they have displayed reliable and steady behavior in the past, knowing their tasks and realizing what needs to be done. For poor performers — that is, people who will need to be removed from their jobs if their performance doesn't improve — feedback should be frequent and very specific, and the connection between acting on the feedback and negative sanctions such as being laid off or fired should be made explicit.

① Time your feedback well.
② Customize negative feedback.
③ Tailor feedback to the person.
④ Avoid goal-oriented feedback.

TIP performance 수행 consider 고려하다 recipient 받는 사람 estimate 추정치 potential 잠재력 frequency 빈도 amount 양 content 내용 prod ~ into ~ ~를 재촉해서 ~하게 하다 corrective 바로잡는 sap 약화시키다 initiative 진취성 adequate 적당한 settle into 자리를 잡다 limited 제한된 advancement 발전 reliable 믿을만한 steady 꾸준한 remove 제거하다 improve 향상시키다 sanction 제재 lay off 해고하다 fire 해고하다 explicit 명백한
① 피드백의 시기를 잘 맞춰라.
② 부정적인 피드백을 그 사람에게 맞춰라.
③ 피드백을 그 사람에게 맞춰라.
④ 목표 지향적인 피드백을 피하라.
「수행 결과에 대한 피드백을 줄 때, 당신은 그것의 빈도, 양, 내용을 설계하는데 있어서 (피드백을) 받는 사람의 과거 수행과 그 또는 그녀의 미래 잠재력에 대한 추정치를 고려해야 한다. 성장을 위한 잠재력을 가지고 있는 높은 수행자들에게는, 피드백이 그들을 재촉해서 수정할 수 있는 조취를 취할 정도로 충분히 빈번해야만 하지만, 그것이 통제하는 것으로서 경험되고 그들의 진취성을 약화시킬 정도로 빈번해서는 안 된다. 일에 자리 잡고 발전에 제한된 잠재력을 가지고 있는 적당한 정도의 수행자들에게는, 그들의 일을 알고 무엇이 행해질 필요가 있는지를 아는 그들은 과거에 믿을만하고 꾸준한 행동을 보여 왔기 때문에 매우 적은 피드백이 필요하다. 형편없는 수행자, 즉 만약 그들의 실적이 향상되지 않는다면 해고될 필요가 있을 사람들에게, 피드백은 빈번하고 매우 구체적이어야 하고, 피드백대로 행동 하는 것과 휴직이나 해고와 같은 부정적인 제재 사이의 관계는 명확해야 한다.」

Answer 4.③

2019. 4. 6 인사혁신처

5 다음 글의 내용과 일치하지 않는 것은?

> Langston Hughes was born in Joplin, Missouri, and graduated from Lincoln University, in which many African-American students have pursued their academic disciplines. At the age of eighteen, Hughes published one of his most well-known poems, "Negro Speaks of Rivers." Creative and experimental, Hughes incorporated authentic dialect in his work, adapted traditional poetic forms to embrace the cadences and moods of blues and jazz, and created characters and themes that reflected elements of lower-class black culture. With his ability to fuse serious content with humorous style, Hughes attacked racial prejudice in a way that was natural and witty.

① Hughes는 많은 미국 흑인들이 다녔던 대학교를 졸업하였다.
② Hughes는 실제 사투리를 그의 작품에 반영하였다.
③ Hughes는 하층 계급 흑인들의 문화적 요소를 반영한 인물을 만들었다.
④ Hughes는 인종편견을 엄숙한 문체로 공격하였다.

> **TIP** 마지막 문장에서 인종편견을 자연스럽고 재치 있는(natural and witty) 방식으로 공격하였다고 하였다. 따라서 ④번이 정답임을 알 수 있다.
> pursue 추구하다 academic discipline 학과 publish 출판하다 well-known 잘 알려진 experimental 실험적인 incorporate 포함시키다 authentic 진짜의 dialect 방언 adapt 개작하다 poetic 시적인 embrace 포용하다 cadence 운율, 억양 character 등장인물 theme 주제 reflect 반영하다 lower-class 하층 계급 fuse 융합하다 racial 인종적인 prejudice 편견 witty 재치 있는
>
> 「Langston Hughes는 Missouri주, Joplin에서 태어났고, 많은 아프리카계 미국 학생들이 그들의 학업을 추구하는 링컨 대학을 졸업하였다. 18살의 나이에, Hughes는 그의 가장 잘 알려진 시집중 하나인, "Negro Speaks of Rivers."를 출간했다. 창의적이고 실험적인 Hughes는 그의 작품에 실제 사투리를 포함시켰고 블루스와 재즈의 리듬과 분위기를 포용하기 위해 전통적인 시적 형태를 개작하였으며, 하층 계급 흑인들의 문화적 요소를 반영한 등장인물과 주제를 만들어 내었다. 유머러스한 스타일로 진지한 내용을 융합할 수 있는 그의 능력으로, Hughes는 자연스럽고 재치 있는 방식으로 인종편견을 공격하였다.」

Answer 5.④

2019. 6. 15 제1회 지방직

6 주어진 문장이 들어갈 위치로 가장 적절한 것은?

> The same thinking can be applied to any number of goals, like improving performance at work.

The happy brain tends to focus on the short term. (①) That being the case, it's a good idea to consider what short-term goals we can accomplish that will eventually lead to accomplishing long-term goals. (②) For instance, if you want to lose thirty pounds in six months, what short-term goals can you associate with losing the smaller increments of weight that will get you there? (③) Maybe it's something as simple as rewarding yourself each week that you lose two pounds. (④) By breaking the overall goal into smaller, shorter-term parts, we can focus on incremental accomplishments instead of being overwhelmed by the enormity of the goal in our profession.

TIP 주어진 문장에 같은 생각이 적용될 수 있다고 했으므로 우선 의견이 먼저 나와야 하고 제시문 마지막에 일에서 성과를 향상시키는 것과 같은 곳에 적용될 수 있다고 했으므로 뒤에는 일에서 이 생각이 적용되는 내용이 나오면 된다. 따라서 ④ 뒤에 일에서 이 생각이 적용되는 글이 나오고 있으므로 ④번이 적절하다.

tend to ~하는 경향이 있다 apply 신청하다, 지원하다 accomplish 완수하다, 성취하다 associate 연상하다, 연관 짓다
increment 증가 overwhelm 휩싸다, 압도하다 enormity 엄청남, 심각함

「행복한 뇌는 단기간에 집중하는 경향이 있다. 결국 장기적인 목표를 달성하는 데 어떤 단기적인 목표를 달성할 수 있을지 고려해 보는 것은 좋은 생각이다. 예를 들어, 만약 당신이 6개월 안에 30파운드를 감량하기를 원한다면, 너를 당황하게 할 작은 체중증가를 막는 것을 어떤 단기적인 목표를 연관시킬 수 있는가? 아마도, 매주 2파운드를 빼는 것은 스스로에게 보상하는 것과 같은 간단한 것이다. <u>이 같은 생각은 업무에서 성과를 향상시키는 것과 같은 많은 목표들에 적용될 수 있다.</u> 전체적인 목표를 더 작고, 더 짧은 기간의 부분으로 부숨으로써, 전체적인 목표를 더 작고 단기적인 부분으로 나누면, 우리는 직업에서 목표의 거대함에 압도되는 대신 점진적인 성취에 초점을 맞출 수 있다.」

Answer 6.④

7 글의 제목으로 가장 적절한 것은?

> Economists say that production of an information good involves high fixed costs but low marginal costs. The cost of producing the first copy of an information good may be substantial, but the cost of producing(or reproducing) additional copies is negligible. This sort of cost structure has many important implications. For example, cost-based pricing just doesn't work: a 10 or 20 percent markup on unit cost makes no sense when unit cost is zero. You must price your information goods according to consumer value, not according to your production cost.

① Securing the Copyright
② Pricing the Information Goods
③ Information as Intellectual Property
④ The Cost of Technological Change

TIP 이 글은 정보재의 생산 특성에 따른 가격 책정 방법에 대해 설명하고 있다. 따라서 이 글의 제목으로는 ②가 가장 적절하다.
① 저작권 확보하기
② 정보재의 가격 책정
③ 지적재산으로서의 정보
④ 기술 변화의 비용
「경제학자들은 정보재의 생산은 높은 고정비용과 낮은 한계비용을 수반한다고 말한다. 정보재의 초본을 제작하는 비용은 상당할 수 있지만, 추가 사본을 제작(또는 복제)하는 비용은 무시해도 될 정도이다. 이런 종류의 비용 구조는 많은 중요한 의미를 가지고 있다. 예를 들어, 비용 기반 가격설정은 효과가 없다. 단위원가가 0일 때 단위원가에 대한 10% 혹은 20%의 이윤폭은 의미가 없다. 당신은 당신의 생산비가 아닌 소비자 가치에 따라 당신의 정보재 가격을 책정해야 한다.」

Answer 7.②

2019. 6. 15 제2회 서울특별시

8 글의 흐름상 가장 적절하지 않은 문장은?

It seems to me possible to name four kinds of reading, each with a characteristic manner and purpose. The first is reading for information — reading to learn about a trade, or politics, or how to accomplish something. ①<u>We read a newspaper this way, or most textbooks, or directions on how to assemble a bicycle.</u> ②<u>With most of this material, the reader can learn to scan the page quickly, coming up with what he needs and ignoring what is irrelevant to him, like the rhythm of the sentence, or the play of metaphor.</u> ③<u>We also register a track of feeling through the metaphors and associations of words.</u> ④<u>Courses in speed reading can help us read for this purpose, training the eye to jump quickly across the page.</u>

> **TIP** 이 글은 독서의 네 종류 중 정보를 얻기 위한 독서에 대해 설명하고 있다. ③에서 '은유'와 '단어의 연상'으로 '감정의 궤적'을 나타낼 수 있다는 내용은 정보를 얻기 위한 독서와 거리가 멀다.
>
> 「내가 보기에는 각각 독특한 형식과 목적을 가진 네 종류의 독서를 이름 짓는 것은 가능할 것 같다. 첫 번째는 정보를 얻기 위한 독서 – 무역, 정치 또는 무언가를 성취하는 방법에 관해 배우기 위한 독서이다. ① 우리는 이런 식으로 신문을 읽거나, 대부분의 교과서 또는 자전거를 조립하는 방법에 대한 설명서를 읽는다. ② 이러한 자료의 대부분을 가지고 독자는 페이지를 빨리 훑어보는 방법을 배울 수 있고, 필요한 것을 찾아내며, 문장의 운율이나 은유 구사와 같은 자신과 무관한 것을 무시한다. ③ 우리는 또한 은유와 단어의 연상으로 감정의 궤적을 나타낸다. ④ 속독 수업은 눈이 페이지를 빠르게 건너뛰도록 훈련시켜 우리가 이러한 목적을 위해 책을 읽는 데 도움을 줄 수 있다.」

Answer 8.③

2018. 5. 19 제1회 지방직

9 다음 글의 흐름상 가장 어색한 문장은?

> The Renaissance kitchen had a definite hierarchy of help who worked together to produce the elaborate banquets. ① At the top, as we have seen, was the scalco, or steward, who was in charge of not only the kitchen, but also the dining room. ② The dining room was supervised by the butler, who was in charge of the silverware and linen and also served the dishes that began and ended the banquet—the cold dishes, salads, cheeses, and fruit at the beginning and the sweets and confections at the end of the meal. ③ This elaborate decoration and serving was what in restaurants is called "the front of the house." ④ The kitchen was supervised by the head cook, who directed the undercooks, pastry cooks, and kitchen help.

TIP 이 글은 주방과 식당을 지휘하는 질서 체계에 대해 설명하는 내용으로, ③은 글의 흐름상 어색하다.
definite : 확고한, 뚜렷한   hierarch : 계급, 체계   elaborate : 정교한   banquet : 연회   steward : 남자 승무원, 간사, 집사
butler : 집사   in charge of : ~ 맡아서, 담당해서   confection : 당과 제품(보기 좋게 만들어 놓은 케이크 등의 단 음식)
Front of the House : 호텔의 영업부서로서 고객이 체재기간 동안 직접 접하는 프런트 데스크 서비스와 식음료서비스가 이 영역에 포함된다.

「르네상스 시대의 부엌은 정교한 연회를 만들기 위해 함께 일하는 사람들의 확고한 도움 체계를 가지고 있었다. ① 최상위에는, 우리가 보았던 대로, 주방뿐만 아니라 식당까지 책임지고 있었던 scalco, 또는 집사가 있었다. ② 식당은 집사에 의해 지휘되는데, 은식기와 식탁보를 담당하고, 또한 연회의 처음부터 끝까지 요리를 차려낸다. – 차가운 요리, 샐러드, 치즈, 그리고 과일 등 전채요리부터 단 것과 당과 제품 등의 후식 까지. ③ 이 정교한 장식과 서빙은 식당에서 "영업부서"라고 불린다. ④ 주방은 보조 요리사와 빵·과자 전문 요리사와 주방 보조를 이끄는 주방장에 의해 지휘된다.」

Answer 9.③

2018. 5. 19 제1회 지방직

10 다음 글의 요지로 가장 적절한 것은?

> My students often believe that if they simply meet more important people, their work will improve. But it's remarkably hard to engage with those people unless you've already put something valuable out into the world. That's what piques the curiosity of advisers and sponsors. Achievements show you have something to give, not just something to take. In life, it certainly helps to know the right people. But how hard they go to bat for you, how far they stick their necks out for you, depends on what you have to offer. Building a powerful network doesn't require you to be an expert at networking. It just requires you to be an expert at something. If you make great connections, they might advance your career. If you do great work, those connections will be easier to make. Let your insights and your outputs—not your business cards—do the talking.

① Sponsorship is necessary for a successful career.
② Building a good network starts from your accomplishments.
③ A powerful network is a prerequisite for your achievement.
④ Your insights and outputs grow as you become an expert at networking.

TIP remarkably : 현저하게, 매우 engage : (관심을) 사로잡다 pique somebody's curiosity : ~의 호기심을 자극하다 go to bat for somebody : ~를 도와주다 stick one's neck out : 위험을 무릅쓰다 prerequisite : 전제 조건
① 후원은 성공적인 경력에 필수적이다.
② 좋은 인맥 쌓기는 당신의 성공에서 시작된다.
③ 영향력 있는 인맥은 당신의 성공을 위한 전제 조건이다.
④ 당신의 통찰력과 결과들은 당신이 인맥 쌓기의 전문가가 되면서 자라난다.
「나의 학생들은 종종 만약 그들이 좀 더 중요한 인물들을 그저 만난다면, 그들의 업적이 향상될 것이라고 믿는다. 그러나 당신이 세상에 뭔가 가치 있는 것을 내어놓지 않은 이상 그런 사람들의 관심을 사로잡는 것은 매우 어렵다. 그것은 바로 조언자들과 후원자들의 호기심을 자극하는 것들이다. 성취는 당신이 무언가를 그저 취하는 것이 아니라 무언가 줄 것이 있다는 것을 보여준다. 인생에서, 적당한 사람을 알고 있는 것은 확실히 도움이 된다. 하지만 그들이 얼마나 열심히 당신을 도와줄지, 당신을 위해 얼마나 많은 위험을 감수할지는 당신이 무엇을 제공하느냐에 달려있다. 영향력 있는 인맥을 형성하는 것은 당신이 인맥 쌓기의 전문가가 되기를 요구하지 않는다. 그것은 단지 당신이 어떤 것에 전문가가 되기를 요구한다. 만약 당신이 훌륭한 관계를 만든다면, 그들이 당신의 경력을 향상시킬 수도 있다. 만약 당신이 훌륭한 성과를 낸다면, 그러한 관계들을 더욱 쉽게 만들어질 것이다. 당신의 명함이 아니라 당신의 통찰력과 결과들이 대변하게 하라.」

Answer 10.②

02. 독해

출제 예상 문제

1 다음 글의 내용과 일치하지 않는 것은?

> The practice of yoga can massage the lymph system. Lymph is the body's dirty dishwater; a network of lymphatic vessels over the entire body, in parallel with the blood supply, carrying a fluid composed of infection-fighting white blood cells and the waste products of cellular activity. Exercise in general activates the flow of lymph through the body, speeding up the filtering process; but yoga in particular promotes the draining of the lymph. Certain yoga poses stretch muscles that from animal studies are known to stimulate the lymph system. Also yoga has so many benefits for the professional athletes. For example sports stars from basketball legend Kareem Abdul-Jabbar to Yankee pitcher Orlando Hernandez are devotees.

① The sensible practice of yoga can aggravate the lymph system.
② Lymph is the network of lymphatic vessels over the entire body.
③ Lymph carries a fluid composed of infection-fighting white blood cells.
④ Many sports stars are devotees of yoga.

TIP lymphatic 림프의, 림프액을 분비하는 vessel (동물의) 혈관, (식물의) 물관 devotee 추종자, 애호가
① 요가의 합리적인 실천은 림프계를 악화시킬 수 있다.
② 림프는 몸 전체에 흐르는 림프관의 혈관망이다.
③ 림프는 감염물질과 싸우는 백혈구로 구성된 유동체를 이동시킨다.
④ 많은 스포츠 선수들은 요가의 열정적인 애호가이다.

「요가운동은 림프계를 마사지할 수 있다. 림프는 몸속의 하수도이다; 온 몸에 퍼져 있는 림프관의 혈관망은 혈액을 공급하고, 감염물질과 싸우는 백혈구로 구성된 유동체와 세포활동으로 인하여 생긴 부산물을 이동시킨다. 운동은 일반적으로 몸 전체의 림프의 흐름을 활성화시켜 여과과정을 빠르게 만든다; 그러나 요가는 특히 림프의 배출을 촉진시킨다. 어떤 요가 자세는 근육을 이완시키는 것으로 동물연구에서 림프계를 자극한다고 알려져 있다. 또한 요가는 전문적인 운동선수들에게 매우 많은 혜택을 가져다준다. 예를 들면 농구의 전설인 카림 압둘-자바와 뉴욕 양키즈 투수인 올란도 에르난데스와 같은 스포츠 스타들도 열정적인 요가 애호가이다.」

Answer 1.①

2. 다음 글의 제목으로 가장 적절한 것은?

The fact that people are no longer tied to specific places for functions such as working or studying means that there is a huge drop in demand for traditional, private, enclosed spaces such as offices or classrooms, and simultaneously a huge rise in demand for semi-public spaces that can be informally appropriated to ad-hoc workspaces.

This shift, he thinks, amounts to the biggest change in architecture in this century. In the 20th century, architecture was about specialized structures offices for working, cafeterias for eating, and so forth. This was necessary because workers needed to be near things such as landline phones, fax machines and filing cabinets, and because the economics of building materials favored repetitive and simple structures, such as grid patterns for cubicles.

The new architecture, says Mr. Mitchell, will make spaces intentionally multifunctional. This means that 21st-century aesthetics will probably be the exact opposite of the sci-fi chic that 20th-century futurists once imagined. Architects are instead thinking about light, air, trees and gardens, all in the service of human connections.

① The Fate of Office Buildings
② The Workers' Needs
③ A New Trend in Architecture
④ The Merits of the 20th Century Architecture

TIP specific 특정의 semi-public 반공공의 enclosed 둘러싸인, 폐쇄된 informally 비공식적으로 ad-hoc 임시방편으로 appropriate to ~에 사용하다, 충당하다 shift 변화, 변천, 방향을 바꾸다 amount to ~에 해당하다, 결국 ~이 되다 architecture 건축, 건축양식 and so forth ~ 등, ~ 따위 landline phone 지상에서 전용선으로 연결되는 일반 전화 repetitive 반복적인, 되풀이하는 grid 격자, 격자눈금 cubicle 칸막이식의 공간 intentionally 의도적으로 multifunctional 다기능의 aesthetics 미학 opposite 반대편의, 정반대의 sci-fi 공상과학의 chic 스타일, 우아한 in the service of ~에 복무하여
① 오피스빌딩의 운명 ② 근로자들이 필요로 하는 것
③ 건축의 새로운 경향 ④ 20세기 건축의 장점

「사람들이 더 이상 일이나 공부를 위한 특정한 장소에 얽매이지 않는다는 사실은 사무실, 교실처럼 전통적이고 개인적이며 폐쇄된 공간의 엄청난 수요 감소를 의미하며, 동시에 임시적인 작업공간으로 비공식적으로 사용할 수 있는 반 공공장소의 수요 증가를 의미하는 것이다.

이런 변화는 결국 현재 세기 건축의 가장 큰 변화에 해당한다. 20세기만 해도 건축은 일을 하기 위한 장소, 밥을 먹기 위한 식당 및 그 밖의 것을 위한 것이었다. 그럴 수밖에 없었던 이유는 근로자들이 유선전화, 팩스, 문서보관 캐비닛과 같은 것들 가까이에 있을 필요가 있었고, 게다가 건축자재의 경제성이 칸막이식의 공간을 위한 격자모양의 반복되는 단순 구조물을 선호했었기 때문이었다.

미첼은 새로운 건축양식은 계획적으로 다목적의 공간을 만들 것이라고 말한다. 이것은 21세기의 미학이 아마도 20세기 때 상상했던 공상과학 스타일과는 정반대일 것이라는 사실을 의미한다. 대신에 건축은 빛과 공기, 나무와 정원, 인간관계에 도움이 되는 모든 것들을 생각하고 있다.」

Answer 2.③

3 다음 글의 주제로 가장 적합한 것은?

> Many women have prolonged difficulties achieving good sleep. As mothers, students, caretakers, and professionals, many of us lead hectic lives, filled with both obvious and subtle stressors that are on our minds as we attempt to settle into sleep. The sheer numbers of over-the-counter and prescription sleep aids give you an idea of how widespread insomnia is today. But the problem with these sleep aids is that even though they induce drowsiness, they do not promote real sleep—deep, lasting, and refreshing. And some of these agents, if taken over the course of months may lead to dependency or stop working altogether. Don't be surprised if your physician is not inclined to prescribe them.

① Women, as opposed to men, suffer from insomnia.
② There are many different kinds of pills for insomnia, but their safety isn't guaranteed.
③ Many women suffer from insomnia, but they need prescription to purchase sleep aids that help alleviate their symptom.
④ Many women suffer from insomnia, but doctors will never prescribe sleep aids for them.

TIP prolonged 오래 끄는, 장기의 achieve 이루다, 달성하다 caretaker 관리인, 대행인 hectic 몹시 바쁜 subtle 미세한, 치밀한 stressor 스트레스 요인 attempt 기도하다, 시도하다 settle 해결하다. 진정시키다 over-the-counter 약사의 처방 없이 팔 수 있는 prescription 처방 promote 촉진하다, 진행시키다 aid 거들다, 원조 insomnia 불면증 induce 권유하다, 야기하다 drowsiness 졸음 dependency 의존 altogether 전적으로, 완전히 inclined 싫어하는
① 남성들과 반대로 여성들은 불면증으로 고생한다.
② 불면증 치료를 위한 많은 종류의 약이 있어도 안전에 대하여는 보장 못한다.
③ 많은 여성들이 불면증으로 고생하지만 증상을 호전시키는데 도움이 되는 수면보조제를 구입하기에는 처방이 필요하다.
④ 많은 여성들이 불면증으로 고생하지만 의사들은 결코 수면보조제를 처방하지 않는다.

「많은 여성들이 숙면을 이루는데 장기적인 어려움을 겪고 있다. 엄마, 학생, 관리자 그리고 전문가 등 많은 여성들이 수면을 취하려고 시도하면 정신을 괴롭히는 명백하고 치밀한 스트레스요인들로 가득 찬 채 바쁜 삶을 살고 있다. 의사의 처방 없이 팔 수 있는 것과 처방이 필요한 수면보조제의 수로 오늘날 불면증이 얼마나 광범위하게 퍼져 있는지 당신은 생각할 수 있다. 그러나 이러한 수면보조제들은 졸음을 유발하지만, 깊고, 지속적이며, 상쾌한 진정한 숙면을 진행시키지는 못한다. 그리고 수면보조제를 몇 달간 복용하게 된다면 수면보조제에 대한 의존을 높이거나 혹은 완전히 효과가 없을 것이다. 만약 당신의 의사가 수면보조제에 대한 처방을 싫어하지 않는다고 하여도 놀라지 마라.」

Answer 3.②

4 다음 글의 내용에 가장 가까운 것은?

> To act well, a person needs to determine which action-guiding statements are true, or likely to be true, and which false, or likely to be false. For it seems reasonable to suppose that a person who is acting in accordance with true statements, and not false ones likely to be true, has more chance of reaching acceptable goals.

① It can be unreliable to act in accordance with statements which are likely to be true.
② Acceptable results will be guaranteed to a person acting on the ground of true statements.
③ It is equally dangerous to act on the statements that are true and on those that are likely to be true.
④ Action is one thing, and statements another; the two have no mutual dependency.

TIP ① 사실일 수도 있는 지침에 따라 행동하는 것은 믿을 수 없는 것일 수 있다.
② 용인될 수 있는 결과는 사실인 지침에 기초해 행동하는 사람에게 보장될 것이다.
③ 사실인 지침과 사실일 수도 있는 지침에 따라 행동하는 것은 똑같이 위험하다.
④ 행동과 지침은 다른 것이다. 둘은 상호 의존적이지 않다.
「잘 행동하기 위해서 사람은 행동지침서가 사실인지, 사실일 가능성이 있는지, 그리고 거짓인지, 거짓일 가능성이 있는지 결정할 필요가 있다. 왜냐하면 사실일 수도 있는 거짓된 지침이 아니라 사실인 지침에 따라서 행동하는 사람이 사회적으로 용인되는 목표에 도달할 더 많은 가능성을 가진다고 생각하는 것이 합리적이기 때문이다.」

Answer 4.①

5 다음 밑줄 친 부분의 설명으로 가장 적절한 문장은?

You'll never get a fair distribution of goods, or a satisfactory organization of human life, until you abolish private property altogether. So long as it exists, the vast majority of the human race, or <u>the morally superior part of it</u>, will inevitably go on laboring under the burden of poverty, hardship, and worry.

(A) Private property assumes that there's nothing wrong with your being rich, when your neighbors all around you are poor. (B) When everyone's entitled to get as much for himself as he can, all available property is bound to fall into the hands of a small minority. (C) This means that everyone else is poor. (D) And wealth will tend to vary in inverse proportion to merit, since the rich will be totally useless greedy characters, while the poor will be simple, honest people whose daily work is profitable to the community.

① (A)
② (B)
③ (C)
④ (D)

TIP distribution 분배, 분포 abolish 폐지하다 property 재산, 소유물 vast 방대한, 막대한 inevitably 필연적이다시피 laboring 노동에 종사하는 burden 부담, 짐 assume 추정하다 inverse 반대의 proportion 부분, 비율 merit 가치, 훌륭함 greedy 탐욕스러운

「당신은 사유재산을 완전히 없애버리기 전까지는 재화의 공평한 분배를 받지 못할 것이며 또한 인간으로서의 삶의 만족스러운 체계를 얻을 수 없을 것이다. 사유재산 제도가 존재하는 한 수많은 인류, 혹은 그중에서도 도덕적으로 성숙한 자들은 가난, 역경, 그리고 걱정 속에서 필히 지속적으로 노역을 하게 될 것이다.
(A) 사유 재산은 이웃 사람들이 모두 가난하다고 해도 당신이 부자라는 사실에는 전혀 문제가 없다고 믿는 것이다.
(B) 모든 사람들에게 가능한 한 스스로 많은 것을 얻을 자격이 주어졌을 때 거의 모든 재산은 반드시 소수의 손으로 들어가기 마련이다.
(C) 이것은 다른 모든 사람들이 가난하다는 것을 의미한다.
(D) 그리고 부자들은 대부분 쓸모없고 탐욕스런 인물이고, 반면에 가난한 이들은 소박하고 정직한 사람들로 이들의 일상적인 노동은 사회에 유익한 것이기 때문에 부가 사회에 대한 기여와는 서로 반비례하는 경향이 있을 것이다.」

Answer 5.④

6 글의 요지를 가장 잘 나타낸 속담 또는 격언은?

> The benefits of exercise extend far beyond physical health improvement. Many people work out as much for mental and spiritual well-being as for staying fit. Can being physically active make you happy? Can it help you deal with life stress? Can it lead to a more spiritual and religious life? For many, the answer is yes. Exercise, such as walking, increases blood flow to the brain. A study of people over 60 found that walking 45 minutes a day at 6 km/h enhanced the participants' thinking skills. They started at 15 minutes of walking and gradually increased exercise time and speed. The result was that the participants were found mentally sharper with this walking program.

① Practice makes perfect.
② A sound mind in a sound body.
③ Experience is the best teacher.
④ Time and tide wait for no man.

TIP extend 확장하다, 연장하다, 포괄하다 enhance 향상시키다, 높이다 participant 참가자 gradually 서서히 sharp 날카로운, 예리한, 날렵한, 영리한
① 연습하면 완벽을 이룰 수 있다.
② 건강한 육체에 건강한 정신.
③ 경험이야말로 최고의 선생님이다.
④ 세월은 누구도 기다려주지 않는다.

「운동의 이점은 신체적인 건강 증진보다 훨씬 더 많은 것을 포괄한다. 많은 사람들은 건강을 유지하기 위한 것일 뿐만 아니라 정신적이고 영적인 건강을 위해서도 운동을 한다. 신체적으로 건강한 것이 행복하게 해줄 수 있는가? 삶의 스트레스를 해결할 수 있게 도와주는가? 더 영적이고 신앙적인 삶으로 이어질 수 있는가? 많은 이들에게 대답은 '그렇다'이다. 걷기와 같은 운동은 뇌로 들어가는 혈액의 흐름을 높여준다. 60세 이상의 사람들을 대상으로 한 연구에서 하루에 시속 6킬로미터로 45분을 걷는 것이 참가자의 사고 능력을 높여주는 것으로 나타났다. 이들은 15분간 걷기에서 시작해 점차 운동 시간과 속도를 높였다. 결과는 참가자들이 이런 걷기 프로그램으로 인해 정신적으로 더욱 영리해졌다는 것이다.」

Answer 6.②

7 다음 글에서 전체적인 흐름과 관계없는 문장은?

Some students make the mistake of thinking that mathematics consists solely of solving problems by means of and rules. ① To become successful problem solvers, however, they have to appreciate the theory, recognizing the logical structure and reasoning behind the mathematical methods. ② To do so requires a precision of understanding the exact meaning of a mathematical statement and of expressing thoughts with accuracy and clarity. ③ However, this precision cannot be achieved without real appreciation of the subtleties of language. ④ In fact, anyone can advance much beyond mere problem solving tasks without manipulating mathematical formulas and rules. That is, superior ability in the use of language is a prerequisite to become successful problem solvers.

> **TIP** mathematics : 수학 formulas : 공식 appreciate : 인식하다 logical : 타당한, 사리에 맞는, 논리적인 structure : 구조, 건물, 조직, 구조물 precision : 정확성, 정밀성, 신중함 subtleties of language : 언어의 중요한 세부요소들 mere : 겨우, 한낱 ~에 불과한 manipulating : 조정하다 superior : 우수한, 우월한, 우세한 prerequisite : 전제 조건
>
> 「몇몇 학생들은 수학은 공식들과 법칙들을 사용하여 오로지 문제를 푸는 것으로 구성되어 있다고 생각하는 실수를 범한다. 하지만 성공적으로 문제를 푸는 사람이 되기 위해서는 이론을 정확하게 인식해야만 하며, 논리적 구조와 수학적 방식들 뒤에 가려져 있는 추론을 인식해야 한다. 그러나 이러한 정확성은 언어의 미묘함에 대한 진정한 인식 없이는 얻어질 수 없다. 사실, 누구나 문제를 푸는 것을 넘어 수학적 공식이나 규칙을 능숙하게 다루지 않고서도 많은 진보를 할 수 있다. 즉, 언어 사용에서의 탁월한 능력은 문제를 성공적으로 푸는 사람이 되기 위한 전제조건이다.」

Answer 7.④

8 다음 글을 읽고 아래 문장의 빈칸에 들어갈 가장 적절한 것은?

> Euthanasia generally refers to mercy killing, the voluntary ending of the life of someone who is terminally or hopelessly ill. Euthanasia has become a legal, medical and ethical issue over which opinion is divided. Euthanasia can be either active or passive. Active euthanasia means that a physician or other medical personnel takes a deliberate action that will induce death. Passive euthanasia means letting a patient die for lack of treatment or suspending treatment that has begun. A good deal of the controversy about mercy killing stems from the decision-making process. Who decides if a patient is to die? This issue had not been established legally in the United States. The matter is left to state law, which usually allows the physician in charge to suggest the option of death to a patient's relatives, especially if the patient is brain-dead.
>
> The article suggests that euthanasia should be _____.

① primarily an ethical issue
② decided by physicians
③ determined by the federal government
④ a controversial issue not to be easily resolved

TIP euthanasia : 안락사   mercy : 자비, 고마운 일   terminally : 종말의, 말단의, 정기적으로   hopelessly : 절망하여, 절망적으로
deliberate : 고의의, 계획적인   controversy : 논쟁, 논쟁적인
① 주로 윤리적 문제인
② 의사에 의해 결정되는
③ 연방정부에 의해 결정되는
④ 쉽게 해결될 수 없는 논쟁적 문제인
「안락사는 일반적으로 시한부이거나 가망이 없는 아픈 누군가의 삶을 자발적으로 마치는 존엄사를 일컫는다. 안락사는 법적, 의학적, 윤리적으로 의견들이 나눠지는 이슈가 되어왔다. 안락사는 적극적이거나 소극적일 수 있다. 적극적인 안락사는 죽음으로 유도할 신체적 또는 다른 의료진이 의도적인 조치를 취하는 것을 의미한다. 소극적인 안락사는 치료를 하지 않고, 시작했던 치료를 중지함으로써 환자가 죽음에 이르도록 내버려두는 것을 의미한다. 안락사에 관한 상당한 논란은 의견 결정 과정으로부터 기인한다. 환자가 죽을지를 누가 결정하는가? 미국에서 이 문제는 합법적으로 규명되지 않았다. 주법에 이 사안은 남겨졌는데 그것은 종종 담당한 의사들이 환자의 가족들에게 특히 그 환자가 뇌사 상태라면 죽음의 선택을 제의하는 것을 허가한다.」

Answer 8.④

9 다음 글의 빈칸에 가장 알맞은 것은?

> Thank you for inviting me to speak to you today. I'd like to take this opportunity to tell you about our Silver Service activities and why we believe it is important for everyone to be involved in helping the elderly in our community. Did you know that one in every six people over the age of 60 in this community needs some kind of help in his or her home? Those of us who have experience in this kind of work know that our small "investments" in time and effort are nothing compared to the kind of satisfaction and fulfillment we get in return.

The speech is delivered by a _____.

① salesperson
② fund-raiser
③ pediatrician
④ social worker

TIP elderly : 나이가 지긋한, 시대에 뒤진 effort : 노력, 분투 compare : 비교하다, 비유하다 pediatrician : 소아과 의사 social worker : 사회사업가, 사회복지사 fulfillment : 수행, 실천 salesperson : 판매원, 외판원 fund-raiser : 기금조달자

「오늘 제가 연설을 할 수 있도록 초대해 주신 여러분께 감사드립니다. 저는 이 기회를 통해 노인 서비스 활동과 모든 이가 우리 지역의 나이가 지긋한 노인들을 돕는데 참여하는 것이 왜 중요한 지에 대하여 말할 것입니다. 이 지역의 60세 이상의 노인들의 1/6이 가정에서 도움을 필요로 한다는 사실을 알고 있나요? 이런 종류의 일을 겪어본 우리는 시간과 노력에 있어 우리의 작은 투자가 우리가 대가로 받는 만족과 성취에 비하면 아무것도 아닌 것을 알고 있습니다.」

Answer 9.④

10 다음 제시된 편지의 내용과 일치하지 않는 것은?

>
> International Import Company
> 100 East Houston St.
> New York, NY 10053
> U. S. A.
>
> Farmers Fruit Ltd.
>
> Aghia Paraskevi 19081
> Athens, Greece
>
> Dear Sirs,
> In reply to your letter dated May 3rd, we thank you for allowing us a special discount. This makes it possible for us to place an order and to expect quite good sales.
> We have pleasure of enclosing our Order No. 813/BS, and would ask you to return the duplicate to us, duly signed, as an acknowledgement.
>
> Yours faithfully,
> Paul Hogan
>
> Enc. Order No. 813/BS

① Order No. 813/BS is being enclosed.
② Paul Hogan is turning the order down.
③ Paul Hogan works for a company in New York.
④ The special discount makes possible an order for products.

TIP allow : 허락하다, 인정하다 duplicate : 중복되다, 복제 acknowledgement : 답례
① 주문번호 813/BS를 동봉하였다.
② Paul Hogan은 주문서를 돌려보냈다.
③ Paul Hogan은 뉴욕의 한 회사에서 근무하고 있다.
④ 특별할인은 제품의 주문을 가능하게 만들었다.
「미국 뉴욕 NY 10053번지 100 East Houston거리의 국제 수입업체
그리스 아테네 Aghia Paraskevi 19081번지 Farmers Fruit업체
친애하는 선생님께
지난 5월 3일 선생님의 서신에 대한 답변으로 우리는 우리에게 특별할인을 허락해 준것에 대하여 감사를 드립니다. 이로 인하여 우리는 주문을 할 수 있었고 아주 좋은 매출을 기대할 수 있게 되었습니다.
우리는 813/BS주문을 만족스럽게 여기고 주문의 의미로 정식으로 서명한 주문서 복사본을 보내주시기를 부탁드립니다.
재배
Paul Hogan
동봉 주문번호 813/BS」

Answer 10.②

11 다음 제시된 글의 내용과 일치하지 않는 것은?

> Fortunately, psychologists believe that books can serve as therapeutic tools — or at least as effective adjuncts to professional therapy — to help children come to terms with their parents' divorce. According to educator-counselor Joanne Bernstein, stories that confront life's problems with candor and credibility may provide insights, promote self-examination, and lead to changes in attitude and behavior. One way stories accomplish this is through identification. Reading about the grief and anxiety of others, she explains, can arouse sudden awareness as problems that have not been consciously or completely recognized are allowed to surface. Introduced to characters who share their difficulties, children may feel less alienated and thus freer to discuss and resolve their own plight.

① Children come to terms with their plight by reading.
② Stories are likely to alienate children from their parents.
③ Books are helpful for children whose parents are divorced.
④ Children identify themselves with characters while reading.

TIP fortunately : 다행히, 운이 좋게 therapeutic : 치료상의, 건강 유지에 도움이 되는 adjunct:부속물, 보좌 therapy : 치료, 요법 divorce : 이혼, 분열 educator-counselor : 교육상담자 confront : 직면하다, 맞서다 candor : 정직, 순수 credibility : 진실성, 신용 grief : 큰 슬픔, 비탄, 재난 awareness : 알아채고 있음, 인식 consciously : 의식적으로 discuss : 논의하다, 토의하다 plight : 곤경, 궁지

「다행히, 심리학자들은 책이 어린이들이 부모의 이혼을 타협하는데 도움이 되는 치료적 도구로서 - 또는 적어도 전문적인 치료에 대하여 효과적인 부속물로서 - 역할을 할 수 있다고 믿는다. 교육상담자 Joanne Bernstein에 따르면, 정직과 진실이 필요한 삶의 문제를 직면하는 이야기는 통찰력을 주고, 자기분석을 향상시키고, 태도와 행동의 변화로 이어질지도 모른다. 다른 이들의 슬픔과 걱정에 대한 책을 읽은 것은 의식적으로 또는 완전하게 인식되지 못했던 문제점들을 드러나게 하기 때문에 갑작스런 자각을 자극할 수 있다고 설명한다. 그들의 어려움을 함께 하는 등장인물을 경험하게 하기 때문에 어린이들은 소원함을 덜 느끼고 더 자유롭게 자신만의 곤경을 논의하고 해결할 수 있다고 느끼게 될 지도 모른다.」

Answer 11.②

12 다음 글의 요지로 가장 적절한 것은?

More and more people are turning away from their doctors and, instead, going to individuals who have no medical training and who sell unproven treatments. They go to quacks to get everything from treatments for colds to cures for cancer. And they are putting themselves in dangerous situations. Many people don't realize how unsafe it is to use unproven treatments. First of all, the treatments usually don't work. They may be harmless, but, if someone uses these products instead of proven treatments, he or she may be harmed. Why? Because during the time the person is using the product, his or her illness may be getting worse. This can even cause the person to die.

① Better train should be given to medical students.
② Alternative medical treatments can be a great help.
③ Don't let yourself become a victim of health fraud.
④ In any case, it is alright to hold off going to a doctor for several days.

TIP quack : 돌팔이 의사, 엉터리 치료를 하다   alternative : 양자택일, 대안   victim : 희생자, 피해자
① 의대생들에게 더 많은 훈련을 시켜야 한다.
② 의학적 치료의 대안이 몹시 필요할 수 있다.
③ 의료사기의 피해자가 되는 것을 스스로 방지하자.
④ 어쨌든, 그것은 며칠동안 의사에게 가는 것을 피하게 하는 것이 확실하다.
「점점 더 많은 사람들이 의사를 외면하는 대신, 의학에 관한 훈련을 하지 않고 검증되지 않은 치료를 행하는 사람들에게 가고 있다. 그들은 감기부터 암까지 모든 것을 치료받기 위해 돌팔이 의사에게로 간다. 그리고 그들은 위험한 상황에 처하게 된다. 많은 사람들은 검증되지 않은 치료가 얼마나 위험한지를 실감하지 못한다. 무엇보다도 그 치료는 언제나 효과가 없다. 그 치료법들이 해롭지 않을지 몰라도 누군가가 검증된 치료 대신 이런 방법을 사용한다면 그 사람은 해를 입게 될지도 모른다. 왜? 왜냐하면 그 사람이 그런 방법을 사용하는 동안 그 사람의 병이 더욱 악화될지도 모르기 때문이다. 이것은 심지어 그 사람을 죽게 만드는 원인이 될 수도 있다.」

Answer 12.③

13 다음 글의 제목으로 가장 적절한 것은?

> Dogs have long had special standing in the medical world. Trained to see for the blind, hear for the deaf and move for the immobilized, dogs have become indispensable companions for people with disabilities. However, dogs appear to be far more than four-legged health care workers. One Japanese study found pet owners made 30 percent fewer visits to doctors. A Melbourne study of 6,000 people showed that owners of dogs and other pets had lower cholesterol, blood pressure and heart attack risk compared with people who didn't have pets. Obviously, the better health of pet owners could be explained by a variety of factors, but many experts believe companion animals improve health at least in part by lowering stress.

① The friendliness of dogs
② The healing power of dogs
③ Dogs as health care workers
④ Japanese dogs for the disabled

TIP deaf : 귀머거리, 청각장애인 immobilize : 지체부자유자 indispensable : 없어서는 안 될, 피할 수 없는 companion : 친구, 동료
disability : 장애, 핸디캡 obviously : 명백하게, 분명히 variety : 변화, 종류
① 견공들과의 우정
② 견공들의 치유력
③ 건강지킴이로써의 견공들
④ 무능한 일본의 견공들
「견공들은 의료계에서 오랫동안 특별한 위치를 가지고 있다. 시각장애인을 위해 보고, 청각장애인을 위해 듣고, 지체부자유자를 위해 움직이도록 훈련받았기 때문에 견공들은 장애를 가지고 있는 사람들에게는 없어서는 안 될 친구가 되었다. 그러나, 견공은 네발 달린 건강지킴이 그 이상인 것처럼 보여 진다. 일본의 한 연구에서 애완동물을 소유한 사람은 30% 적게 병원을 찾는다는 것이 보고 되었다. 6,000명을 대상으로 한 멜버른의 한 연구에서는 견공과 다른 애완동물을 가진 사람들이 그렇지 않은 사람들에 비하여 콜레스테롤수치, 혈압 그리고 심장마비 위험이 더 낮은 것으로 보고되었다. 명백하게, 애완동물을 소유한 사람들의 건강상태가 더 좋은 것을 다양한 원인들을 통해 설명할 수 있으나 많은 전문가들은 친구로서의 동물들이 부분적으로는 적어도 스트레스를 낮춰줌으로써 건강을 회복시킨다고 믿고 있다.」

Answer 13.②

14 다음 글의 요지를 한 문장으로 요약할 때, 빈칸에 가장 알맞은 것은?

> What is the purpose of education? It is to prepare the individual for the society in which he must live and to give him the power to change the society. We should not overemphasize the value of the first part. It should be one of the functions of education to preserve for the society all the values essential to it, but it is more important one to cut out the decayed values which would be harmful to a new society. Thus the school should be the inspiration to social change.

> Education should play the role in _____ rather than in _____.

① changing the society – preserving its tradition
② preserving its tradition – changing the society
③ reforming itself – developing the society
④ developing the society – reforming itself

TIP purpose: 목적 overemphasize: 지나치게 강조하다 prepare: 준비하다, 채비하다 individual: 개인의, 독특한 preserve: 보전하다 essential: 근본적인, 필수의 decay: 썩다, 부패 harmful: 해로운 thus: 그래서 inspiration: 영감 reform: 개혁하다 A rather than B: B이기보다는 A

「교육의 목적은 무엇인가? 그것은 각 개인이 사회를 살아갈 수 있도록 준비시키고 사회를 변화시키는 힘을 그에게 주는 것이다. 우리는 첫 번째 부분의 가치를 지나치게 강조하지 말아야 한다. 사회의 모든 근본적인 가치를 보전하는 것은 교육의 기능 중 하나이지만 새로운 세계에 해로운 부패한 가치를 잘라내는 것은 더 중요한 것이다. 그래서 학교는 사회변화의 영감을 주어야 한다.」

「교육은 전통을 보전하기보다는 오히려 사회를 변화시키는 역할을 해야 한다.」

Answer 14.①

15 다음 글의 내용과 일치하지 않는 것은?

> We entered a new phase as a species when Chinese scientists altered a human embryo to remove a potentially fatal blood disorder—not only from the baby, but all of its descendants. Researchers call this process "germline modification." The media likes the phrase "designer babies." But we should call it what it is, "eugenics." And we, the human race, need to decide whether or not we want to use it. Last month, in the United States, the scientific establishment weighed in. A National Academy of Sciences and National Academy of Medicine joint committee endorsed embryo editing aimed at genes that cause serious diseases when there is "no reasonable alternative." But it was more wary of editing for "enhancement," like making already-healthy children stronger or taller. It recommended a public discussion, and said that doctors should "not proceed at this time." The committee had good reason to urge caution. The history of eugenics is full of oppression and misery.
>
> ※ eugenics : 우생학

① Doctors were recommended to immediately go ahead with embryo editing for enhancement.
② Recently, the scientific establishment in the U.S. joined a discussion on eugenics.
③ Chinese scientists modified a human embryo to prevent a serious blood disorder.
④ "Designer babies" is another term for the germline modification process.

TIP embryo : 배아 fatal : 치명적인 germline : 생식세포계열 weigh in : 끼어들다, 관여하다
① 의사들은 향상을 위한 배아 수정을 바로 진행하도록 권고 받았다.
② 최근에, 미국의 과학 기구는 우생학에 대한 토론에 참여했다.
③ 중국 과학자들은 심각한 혈액 장애를 예방하기 위해 인간 배아를 수정했다.
④ "Designer babies"는 생식 세포 수정 과정의 또 다른 용어이다.

「우리는 중국의 과학자들이 잠재적으로 치명적인 혈액 장애를 제거하기 위해 인간 배아를 변형하였을 때 하나의 종으로서 새로운 국면에 접어들었다. - 단지 그 아이에게서 뿐만 아니라 그 아이의 자손 모두로부터. 연구자들은 이 과정을 "germline modification(생식세포 변형)"이라고 부른다. 언론은 "designer babies(아기 디자이너)"라는 어구를 선호한다. 그러나 우리는 그것을 "eugenics(우생학)"으로 불러야 한다. 그리고 인류인 우리는 그것을 사용하길 원하는지 아닌지 결정해야 한다. 지난달, 미국에서, 과학 기구가 관여하였다. 국립과학원과 국립의학원의 합동 위원회는 "합당한 대안이 없을 때" 심각한 질병을 일으키는 유전자를 목표로 하는 배아 수정을 승인했다. 그러나 그것은 이미 건강한 아이들을 더 강하게 혹은 더 크게 만드는 것 같은 "향상"을 위해 수정하는 것에 대해 더 경계했다. 공론화를 권고하였고, 의사들은 "이 시점에서는 진행하지 말아야 한다"라고 말했다. 위원회가 신중을 촉구할 만한 충분한 이유가 있었다. 우생학의 역사는 억압과 불행으로 가득 찼다.」

Answer 15.①

03 문법

01 문장의 형식과 종류

❶ 동사의 종류

문장을 구성하는 기본요소는 주어(S), 동사(V), 목적어(O), 보어(C)이고 동사의 종류에 따라 문장형식이 결정된다. 동사는 목적어의 유무에 따라서 자동사와 타동사로 구분된다. 즉 목적어를 필요로 하는 동사는 타동사, 필요로 하지 않는 동사는 자동사라고 한다.
또한, 보어의 유무에 따라서 완전동사와 불완전 동사로 구분되는데, 즉 보어를 필요로 하는 동사는 불완전동사, 보어를 필요로 하지 않는 동사는 완전동사라고 한다.

(1) 완전자동사
1형식 문장(S + V)에 쓰이는 동사로, 보어나 목적어를 필요로 하지 않는다.

(2) 불완전자동사
2형식 문장(S + V + C)에 쓰이는 동사로, 반드시 보어가 필요하다.

(3) 완전타동사
3형식 문장(S + V + O)에 쓰이는 동사로, 하나의 목적어를 가진다.

(4) 수여동사
4형식 문장(S + V + I.O + D.O)에 쓰이는 동사로, 두 개의 목적어(직접목적어와 간접목적어)를 가진다.

(5) 불완전타동사
5형식 문장(S + V + O + O.C)에 쓰이는 동사로, 목적어와 목적보어를 가진다.

② 문장의 형식

(1) 1형식[S + V(완전자동사)]

① S + V … 1형식의 기본적인 문장으로 동사를 수식하는 부사구를 동반할 수 있다.

The front door opened very slowly. 현관문이 매우 천천히 열렸다.

② There(Here) V + S + 부사구

There is a book on the table. 탁자 위에 책이 있다.

> **TIP** 뜻에 주의해야 할 완전자동사
> matter(중요하다), do(충분하다), work(작동, 작용하다), last(지속되다), pay(이익이 되다), count(중요하다) 등이 있다.]

③ 전치사와 함께 쓰이는 자동사
  ㉠ account for(설명하다, ~의 원인이 되다, 책임지다)
  ㉡ agree to 계획, 제안(~에 동의하다)
  ㉢ agree with 사람(~와 동감이다)
  ㉣ apologize to(~에게 변명하다)
  ㉤ complain of/about(~에 대해 불평하다)
  ㉥ conform to(~을 따르다)
  ㉦ consist in(~에 있다)
  ㉧ consist of(~로 구성되다)
  ㉨ graduate from(~을 졸업하다)
  ㉩ object to(~에 반대하다)
  ㉪ result in(그 결과 ~이 되다)
  ㉫ result from(~로 부터 초래되다)
  ㉬ strive for(~을 위해 노력하다)
  ㉭ talk to/with(~와 대화하다)

(2) 2형식[S + V(불완전자동사) + C]

① S + V + C … 2형식의 기본적인 문장이다.

He is a doctor. 그는 의사이다.

② 주격보어의 종류 … 주격보어로는 명사(상당어구), 형용사(상당어구)가 쓰이며 명사는 주어와 동일물, 형용사는 주어의 상태나 속성을 나타낸다.

  ㉠ 명사

  I'm a singer in a rock'n roll band. 나는 락밴드의 가수이다.

ⓛ 형용사

   He is very handsome. 그는 매우 잘생겼다.

③ 불완전자동사의 유형

   ㉠ be동사

   we are happy. 우리는 행복하다.

   ㉡ '~이 되다, 변하다'의 뜻을 가지는 동사: become, grow, go, get, fall, come, run, turn 등이 있다.

   It is getting colder. 점점 추워지고 있다.

   ㉢ 지속의 뜻을 가지는 동사: continue, hold, keep, lie, remain 등이 있다.

   She kept silent all the time. 그녀는 종일 침묵을 지켰다.

   ㉣ 감각동사: 반드시 형용사가 보어로 위치하며 feel, smell, sound, taste, look 등이 있다.

   That sounds good. 그거 좋군요.

(3) 3형식[S + V(완전타동사) + O]

① S + V + O … 3형식의 기본적인 문장이다.

   I shot the sheriff. 나는 보안관을 쏘았다.

② 목적어의 종류(Ⅰ)

   ㉠ 명사(절), 대명사

   She always wears a ring. 그녀는 항상 반지를 끼고 있다.
   I didn't know that he was a singer. 나는 그가 가수였다는 것을 알지 못했다.
   I couldn't do anything. 나는 아무것도 할 수가 없었다.

   ㉡ 부정사: 부정사만 목적어로 취하는 동사는 주로 미래지향적이며 긍정적인 의미의 동사가 많다.

   wish, hope, want, decide, care, choose, determine, pretend, refuse 등이 있다.
   Everybody wishes to succeed in life. 누구나 인생에서 성공하기를 원한다.

   ㉢ 동명사: 동명사만 목적어로 취하는 동사는 주로 미래지향적이며 부정적인 의미의 동사가 많다.

   mind, enjoy, give up, avoid, finish, escape, admit, deny, consider, practise, risk, miss, postpone, resist, excuse 등이 있다.
   She really enjoys singing and dancing. 그녀는 노래 부르기와 춤추기를 정말 즐긴다.

   ㉣ 부정사, 동명사 모두 목적어로 취하면서 의미 차이가 없는 경우: begin, start, continue, intend, attempt

   ㉤ 부정사, 동명사 모두 목적어로 취하면서 의미 차이가 있는 경우

   ⎡ remember to V: 미래 사실
   ⎣ remember Ving: 과거 사실

   ⎡ forget to V: 미래사실
   ⎣ forget Ving: 과거사실

   ⎡ regret to V: 유감이다
   ⎣ regret Ving: 후회한다

┌ try to V : 노력한다
└ try ving : 시도한다

┌ stop to V : ~하기 위해서 멈추다
└ stop Ving : ~하는 것을 그만두다

③ 자동사로 오인하기 쉬운 타동사
  ㉠ 타동사의 목적어가 항상 "을/를"로 해석되지는 않는다.
  ㉡ 타동사 다음에는 전치사를 쓰면 안 된다.
    - attend on/to → attend
    - enter into → enter
    - inhabit in → inhabit
    - marry with → marry
    - oppose to → oppose
    - reach in → reach
    - resemble with → resemble

(4) 4형식[S + V(수여동사) + I.O + D.O]

① S + V + I.O(간접목적어) + D.O(직접목적어) … 4형식의 기본적인 문장으로 직접목적어는 주로 사물이, 간접목적어는 사람이 온다.
   He gave me some money. 그는 나에게 약간의 돈을 주었다.

② 4형식 → 3형식 … 4형식의 간접목적어에 전치사를 붙여 3형식으로 만든다.
  ㉠ 전치사 to를 쓰는 경우 : give, lend, send, loan, post, accord, award, owe, bring, hand, pay, teach, tell 등 대부분의 동사가 이에 해당한다.
     Please hand me the book. 나에게 그 책을 건네주세요.
     → Please hand the book to me.
  ㉡ 전치사 for를 쓰는 경우 : make, buy, get, find, choose, build, prepare, reach, order, sing, cash 등이 있다.
     He made me a doll. 그는 나에게 인형을 만들어 주었다.
     → He made a doll for me.
  ㉢ 전치사 of를 쓰는 경우 : ask, require, demand, beg 등이 있다.
     He asked me many questions. 그는 나에게 많은 질문을 했다.
     → He asked many questions of me.

  📢 **TIP** 이중목적어를 취하는 동사
  envy, forgive, save, spare, kiss, cost, pardon, forget 등의 동사는 간접목적어에 전치사를 붙여 3형식으로 만들 수 없다.
  I envy you your success(○). → I envy your success to you(×).

(5) 5형식[S + V(불완전타동사) + O + O.C]

① S + V + O + O.C … 5형식의 기본적인 문장이다.
　I found the cage empty. 나는 그 새장이 비어있는 것을 발견했다.

② 목적보어의 종류 … 목적보어는 목적어와 동격이거나 목적어의 상태, 행동 등을 설명해 준다.
　㉠ 명사, 대명사 : 목적어와 동격이다.
　　They call Chaucer the Father of English poetry. Chaucer는 영시의 아버지라 불린다.
　㉡ 형용사 : 목적어의 상태를 나타낸다.
　　The news made us happy. 그 소식은 우리를 행복하게 했다.
　㉢ 부정사, 분사 : 목적어의 행동을 나타낸다.
　　She want him to come early. 그녀는 그가 일찍 오기를 바란다.
　　He kept me waiting long. 그는 나를 오래 기다리게 했다.

③ 지각동사 · 사역동사의 목적보어
　㉠ 지각동사(see, hear, feel, notice, watch, look at, observe, listen to 등)와 사역동사(have, make, let, bid 등)는 5형식 문장에서 원형부정사를 목적보어로 취한다.
　　I saw him cross the street. 나는 그가 길을 건너는 것을 보았다.
　　I make her clean my room. 나는 그녀가 내 방을 치우게 하였다.
　㉡ 지각동사 · 사역동사의 목적보어로 쓰이는 원형부정사는 수동문에서 to부정사의 형태를 취한다.
　　He was seen to cross the street. 그가 길을 건너는 것이 보였다.
　　She was made to clean my room. 그녀가 내 방을 치웠다.
　㉢ 진행 · 능동의 뜻일 때는 현재분사를, 수동의 뜻일 때는 과거분사를 목적보어로 취한다.
　　I heard him singing in the dark. 나는 그가 어둠 속에서 노래하고 있는 것을 들었다.
　　She had her watch mended. 그녀는 시계를 수리시켰다.

④ 준 사역 동사의 목적보어 … 다음에 나오는 준 사역 동사는 부정사를 목적보어로 취한다.
　expect, with, desire, want, would like, intend, mean, advise, ask, beg, entreat, require, urge, persuade, command, order, cause compel, force, oblige, motivate, enable, encourage, get, allow, permit, leave, forbid
　I wish you to go at once. 나는 네가 당장 가주기를 바란다.
　I persuaded him to study hard. 나는 그를 설득해서 열심히 공부하게 했다.

02 동사의 시제와 일치

[12시제 명칭과 해석]

구분	현재	과거	미래
기본시제	현재(한다)	과거(했다)	미래(할 것이다)
진행형	현재진행(하고 있다)	과거진행(하고 있었다)	미래진행(하고 있을 것이다)
완료형	현재완료(해왔다)	과거완료(해왔었다)	미래완료(해올 것이다)
완료진행형	현재완료진행 (해오고 있는 중이다)	과거완료진행 (해오고 있는 중이었다)	미래완료진행 (해오고 있는 중일 것이다)

[12시제 형태]

구분	현재	과거	미래
기본시제	I study	I studied	I will study
진행형	I am studying	I was studying	I will be studying
완료형	I have studied	I had studied	I will have studied
완료진행형	I have been studying	I had been studying	I will have been studying

❶ 기본 시제

(1) 현재시제

① 용법
  ㉠ 현재의 상태나 동작을 나타낸다.
    She lives in Busan. 그녀는 부산에 산다.
  ㉡ 현재의 규칙적인 습관을 나타낸다. 흔히 always, usually, seldom 등의 빈도부사와 결합하여 쓴다.
    I always wake up at 6:00 in the morning. 나는 항상 아침 6시에 일어난다.
  ㉢ 일반적인 사실, 불변의 진리, 속담을 나타낸다.
    The earth moves round the sun. 지구는 태양 주위를 돈다.

ㄹ 미래의 대용
- 왕래·발착·개시·종료동사가 미래를 나타내는 부사(구)와 함께 쓰일 때 : go, come, start, arrive, leave, get, return, begin, finish 등
  We leave here tomorrow. 우리는 내일 여기를 떠난다(확정).
  We will leave here soon. 우리는 곧 여기를 떠날 것이다(불확정).

(2) 과거시제

① 과거의 행위, 상태, 습관을 나타낸다.
What did you do last night? 어젯밤에 뭐했니?

② 과거의 경험을 나타내며 현재완료로 고쳐 쓸 수도 있다.
Did you ever see such a pretty girl? 저렇게 예쁜 소녀를 본 적이 있니?
= Have you ever seen such a pretty girl?

③ 역사적 사실은 항상 과거로 나타내며, 시제일치의 영향을 받지 않는다.
He said that Columbus discovered America in 1492.
그는 콜럼버스가 1492년에 미국 대륙을 발견했다고 말했다.

④ 과거완료의 대용 ··· before, after 등의 시간을 나타내는 접속사와 함께 쓰여 전후관계가 명백할 때에는 과거완료 대신에 과거시제를 쓸 수도 있다.
He read many books after he entered the school(entered = had entered).
그는 학교에 들어간 후 많은 책을 읽었다.

(3) 미래시제

① 단순미래와 의지미래
  ㉠ 단순미래 : 미래에 자연히 일어날 사실을 나타낸다. 현대 영어에서는 주어의 인칭에 관계없이 'will + 동사원형'으로 쓴다.
  I will(shall) be seventeen next year. 나는 내년에 열일곱 살이 될 것이다.

[단순미래의 형태]

인칭	평서문	의문문
1인칭	I will	Shall I?
2인칭	You will	Will you?
3인칭	He will	Will he?

ⓒ 의지미래 : 말하는 사람이나 듣는 사람의 의지를 표현한다. 의지의 주체가 문장의 주어일 때 will로 주어의 의지를 나타내며, 주어가 1인칭인 평서문과 2인칭인 의문문 외에는 언제나 'shall + 동사원형'으로 쓰인다.

You shall have money. 너는 돈을 갖게 될 것이다.
= I will let you have money.
Will you marry her? 그녀와 결혼할 작정이니?
= Do you intend to marry her?

[의지미래의 형태]

인칭	주어의 의지	말하는 사람의 의지	상대방의 의지
1인칭	I will	I will	Shall I?
2인칭	You will	You shall	Will you?
3인칭	He will	He shall	Shall he?

② be going to … 앞으로의 예정, 의지, 확실성을 나타낸다.
  She is going to have a baby in April. 그녀는 4월에 출산할 것이다.

③ 왕래나 움직임을 나타내는 동사의 현재진행형 … 가까운 미래에 일어날 일을 나타낸다.
  My brother is coming to stay in this city. 내 동생이 이 도시에 머물러 올 것이다.

④ 미래를 나타내는 관용적 표현
  ㉠ be about to do : 막 ~하려던 참이다. 아주 가까운 미래를 나타내므로 시간을 가리키는 부사가 필요없다.
    I am about to go out. 막 나가려던 참이다.
  ㉡ be to do : ~할 예정이다. 공식적인 예정이나 계획을 나타낸다.
    The meeting is to be held this afternoon. 모임은 오늘 오후에 열릴 예정이다.
  ㉢ be supposed to do : ~하기로 되어 있다. 미래대용으로 쓰인다.
    He is supposed to call her at 10. 그는 그녀에게 10시에 전화하기로 되어 있다.

❷ 완료시제

(1) 현재완료(have / has + 과거분사)

① 완료 … 과거에 시작된 동작이 현재에 완료됨을 나타낸다. 주로 just, yet, now, already, today 등의 부사와 함께 쓰인다.
  He has already arrived here. 그는 여기에 이미 도착했다.

② **결과** … 과거에 끝난 동작의 결과가 현재에도 영향을 미침을 나타낸다.
  She has gone to Busan. 그녀는 부산에 가버렸다(그래서 지금 여기에 없다).

③ **계속** … 과거에서 현재까지의 상태 및 동작의 계속을 나타낸다. 주로 since, for, always, all one's life 등의 부사(구)와 함께 쓰인다.
  I have studied English for 5 hours. 나는 5시간째 영어공부를 하고 있다.

④ **경험** … 과거에서 현재까지의 경험을 나타낸다. 주로 ever, never, often, before, once 등의 부사와 함께 쓰인다.
  Have you ever been to New York? 당신은 뉴욕에 가본 적이 있습니까?

> **TIP** have been과 have gone
> ㉠ have been to : ~에 다녀온 적이 있다(경험).
>   I have been to Busan. 부산에 다녀온 적이 있다.
> ㉡ have been in : ~에 있은 적이 있다(경험).
>   I have been in Busan. 부산에 있은 적이 있다.
> ㉢ have gone to : ~에 가버렸다(결과). 주어가 3인칭일 때만 쓸 수 있다.
>   He has gone to Busan. 그는 부산에 가버렸다.

⑤ **특별용법**
  ㉠ since가 '시간표시'의 접속사(또는 전치사)로 쓰이는 경우 주절의 시제는 현재완료형 또는 현재완료 진행형을 쓰며, since가 이끄는 부사절의 동사는 보통 과거형을 쓴다.
    Three years have passed since you returned from England.
    당신이 영국에서 돌아온 이래로 3년이 지났다.

> **TIP** 과거와 현재완료의 차이
> 과거 : 과거의 사실에만 관심을 둠
> 현재완료 : 과거에 발생한 일이 현재와 관련을 맺고 있음을 표시

  ㉡ when, if, after, till, as soon as 등의 접속사로 시작되는 부사절에서는 현재완료가 미래완료의 대용을 한다.
    I will read that book when I have read this. 이것을 다 읽으면 저 책을 읽겠다.

> **TIP** 현재완료시제를 쓸 수 없는 경우
> 현재완료시제는 기준시점이 현재이므로 의문사 when이나 분명한 과거를 뜻하는 부사(구)와 함께 쓸 수 없다.
> • I have bought the pen yesterday(×).
>   → I bought the pen yesterday(○). 나는 어제 그 펜을 샀다.

(2) 과거완료(had + 과거분사)

① **완료** … 과거 이전의 동작이 과거의 한 시점에 완료됨을 나타낸다.
  I had just written my answer when the bell rang. 종이 쳤을 때 나는 막 답을 쓴 뒤였다.

② 결과 … 과거의 어느 한 시점 이전의 동작의 결과를 나타낸다.
　　Father had gone to America when I came home.
　　내가 집으로 돌아왔을 때는 아버지가 미국에 가고 계시지 않았다.

③ 계속 … 과거 이전부터의 상태나 동작이 과거의 어느 한 시점까지 계속됨을 나타낸다.
　　He had loved his wife until he died. 그는 죽을 때까지 그의 아내를 사랑해 왔었다.

④ 경험 … 과거 이전부터 과거의 한 시점에 이르기까지의 경험을 나타낸다.
　　That was the first time we had ever eaten Japanese food.
　　우리가 일식을 먹어보기는 그것이 처음이었다.

(3) 미래완료(will + have + 과거분사)

① 완료 … 미래의 어느 한 시점까지 이르는 동안에 완료된 동작을 나타낸다.
　　He will have arrived in New York by this time tomorrow.
　　그는 내일 이 시간까지는 뉴욕에 도착할 것이다.

② 결과 … 미래의 어느 한 시점 이전에 끝난 동작의 결과를 나타낸다.
　　By the end of this year he will have forgotten it.
　　올해 말이면 그것을 잊을 것이다.

③ 계속 … 미래의 어느 한 시점에 이르기까지 계속된 동작이나 상태를 나타낸다.
　　She will have been in hospital for two weeks by next Saturday.
　　다음 토요일이면 그녀는 2주일 동안 입원한 셈이 된다.

④ 경험 … 미래의 어느 한 시점에 이르기까지의 경험을 나타낸다.
　　If I visit Moscow again, I will have been there twice.
　　내가 모스크바를 다시 방문한다면, 나는 두 번째로 그 곳에 있게 될 것이다.

③ 진행시제

(1) 현재진행시제(am / are / is + -ing)

① 현재 진행 중인 동작을 나타낸다.
　　He is learning English. 그는 영어를 배우고 있다.

② 미래를 뜻하는 부사(구)와 함께 쓰여 가까운 미래의 예정을 나타낸다.
　　They are getting married in September. 그들은 12월에 결혼할 예정이다.

③ 습관적 행위를 나타낸다.
　　I am always forgetting names. 나는 항상 이름을 잊어버린다.

(2) 과거진행시제(was / were + -ing)

① 과거의 어느 한 시점에서 진행 중인 동작을 나타낸다.

It was snowing outside when I awoke. 내가 깨어났을 때 밖에서 눈이 내리고 있었다.

② 과거의 어느 한 시점에서 가까운 미래에의 예정을 나타낸다.

We were coming back the next week. 우리는 그 다음 주에 돌아올 예정이었다.

(3) 미래진행시제(will / shall + be + -ing)

미래의 어느 한 시점에서 진행 중인 동작을 나타낸다.

About this time tomorrow she will be reading my letter.
내일 이 시간쯤이면 그녀는 내 편지를 읽고 있을 것이다.

(4) 완료진행시제

완료진행시제는 기준시점 이전부터 기준시점(현재, 과거, 미래)까지 어떤 동작이 계속 진행 중임을 강조해서 나타낸다. 완료시제의 용법 중 '계속'의 뜻으로만 쓰인다.

① 현재완료진행(have / has been + -ing) … (현재까지) 계속 ~하고 있다.

She has been waiting for you since you left there.
그녀는 당신이 그 곳을 떠난 이래로 당신을 계속 기다리고 있다.

② 과거완료진행(had been + -ing) … (어느 한 시점과 시점까지) 계속 ~했다.

Her eyes were red; she had evidently been crying.
그녀의 눈이 빨갛다; 그녀는 분명히 계속 울었다.

③ 미래완료진행(will / shall have been + -ing) … (미래의 어느 한 시점까지) 계속 ~할 것이다.

It will have been raining for ten days by tomorrow.
내일부터 10일 동안 비가 계속 내릴 것이다.

(5) 진행형을 쓸 수 없는 동사

① 상태 · 소유 · 감정 · 인식의 동사 … be, seem, resemble, have, belong, like, love, want, know, believe, remember 등

I'm not knowing him(×).
→I don't know him(○). 나는 그를 잘 모른다.

② 지각동사 중 무의지동사 … see, hear, sound, smell, taste 등이며 단 의지적 행위를 나타낼 때에는 진행시제를 쓸 수 있다.

She is smelling a rose. 그녀는 장미냄새를 맡고 있다.

④ 시제의 일치

(1) 시제일치의 원칙

① **시제일치의 일반원칙** … 주절의 시제가 현재, 현재완료, 미래이면 종속절의 동사는 모든 시제를 쓸 수 있고, 주절의 시제가 과거이면 종속절의 동사는 과거·과거완료만 쓸 수 있다.

② **주절의 시제변화에 따른 종속절의 시제변화** … 주절의 시제가 현재에서 과거로 바뀌면 종속절의 시제변화는 아래와 같다.

　㉠ 종속절의 시제가 현재일 때 : 과거시제로 바뀐다.
　　I think it is too late. 나는 너무 늦다고 생각한다.
　　→I thought it was too late. 나는 너무 늦다고 생각했다.
　㉡ 종속절의 시제가 과거일 때 : 과거완료시제로 바뀐다.
　　I think it was too late. 나는 너무 늦었다고 생각한다.
　　→I thought it had been too late. 나는 너무 늦었다고 생각했다.
　㉢ 종속절에 조동사가 있을 때 : 조동사를 과거형으로 바꾼다.
　　I think it will be too late. 나는 너무 늦을 것이라고 생각한다.
　　→I thought it would be too late. 나는 너무 늦을 것이라고 생각했다.

(2) 시제일치의 예외

① **불변의 진리** … 항상 현재형으로 쓴다.
　Columbus believed that the earth is round. 콜럼버스는 지구가 둥글다고 믿었다.

② **현재에도 지속되는 습관, 변함없는 사실** … 항상 현재형으로 쓴다.
　She said that she takes a walk in the park every morning.
　그녀는 매일 아침 공원을 산책한다고 말했다.

③ **역사적인 사실** … 항상 과거형으로 쓴다.
　We learned that Columbus discovered America in 1492.
　우리는 콜럼버스가 1492년에 미국을 발견했다고 배웠다.

④ **than, as 뒤에 오는 절** … 주절의 시제와 관련이 없다.
　He did not run so fast as he usually does. 그는 보통 때처럼 빨리 달리지 못했다.

⑤ **가정법** … 시제가 변하지 않는다.
　He said to me, "I wish I were rich."
　= He told me that he wished he were rich. 그는 나에게 그가 부자였으면 좋겠다고 말했다.

03 조동사

① be, have, do

(1) be : 진행형, 수동태에서
He is playing computer games. (현재진행)
She was told that she won the first prize. (수동태)

(2) have : 완료형을 만들 때
We have lived there. (현재완료)

(3) do : 의문문, 부정문, 강조, 도치, 대동사
Do I know you? (의문문)
She did leave on Saturday. (강조)
Never did I see such a fool. (도치)
He works harder than I do. (대동사)

② can, could의 용법

(1) 능력, 가능(= be able to, ~할 수 있다)
He can stand on his hand. 그는 물구나무를 설 수 있다.
= He is able to stand on his hand.

(2) 허가(= may, ~해도 좋다)
의문문에서 could를 쓰면 can보다 더 정중하고 완곡한 표현이 된다.
Could I speak to you a minute? 잠깐만 이야기할 수 있을까요?

(3) 의심, 부정
의문문에서는 강한 의심, 부정문에서는 강한 부정의 추측을 나타내기도 한다.
Can the news be true? No, it can't be true.
그 뉴스가 사실일 수 있습니까? 아니오. 그것이 사실일 리가 없습니다.

> **TIP** can과 관련된 관용적 표현
> ㉠ cannot help -ing : ~하지 않을 수 없다(= cannot but + 동사원형).
>   I cannot help falling in love with you. 나는 당신과 사랑에 빠지지 않을 수 없다.
>   = I cannot but fall in love with you.
> ㉡ as ~ as can be : 더할 나위 없이 ~하다.
>   I am as happy as can be. 나는 더할 나위 없이 행복하다.
> ㉢ as ~ as one can : 가능한 한 ~(= as ~ as possible)
>   He ate as much as he could. 그는 가능한 한 많이 먹었다.
>   = He ate as much as possible.
> ㉣ cannot ~ too : 아무리 ~해도 지나치지 않다.
>   You cannot praise him too much. 너는 그를 아무리 많이 칭찬해도 지나치지 않다
>   = You cannot praise him enough.
>   = You cannot overpraise him.
>   = It is impossible to overpraise him.
> ㉤ cannot so much as ~ : ~조차 하지 못한다.
>   He cannot so much as write his own name. 그는 자신의 이름조차 쓰지 못한다.

③ may, might의 용법

(1) 허가(= can, ~ 해도 된다)
A : May I smoke here? 제가 여기서 담배를 피워도 될까요?
B : Yes, you may. / No, you must(can) not. 예, 피워도 됩니다. / 아니오, 피우면 안됩니다.

(2) 추측(~ 일지도 모른다, might는 더 완곡한 표현)
I might lose my job. 나는 직장을 잃을지도 모른다.

(3) 기원(부디 ~ 하소서!)
May you succeed!
= I wish you succeed! 부디 성공하기를!

> **TIP** may와 관련된 관용적 표현
> ㉠ may well ~ : ~하는 것도 당연하다(= have good reason to do, It is natural that S + should + V).
>   You may well be angry. 네가 화를 내는 것도 당연하다.
> ㉡ may as well ~ : ~하는 편이 낫다, ~해도 좋다(had better보다 완곡한 표현).
>   You may as well begin at once. 즉시 시작하는 편이 낫다.
> ㉢ may(might) as well A as B : B하느니 차라리 A하는 편이 낫다.
>   You might as well expect a river to flow backward as hope to move me.
>   내 마음이 움직이기를 바라느니 차라리 강물이 거꾸로 흐르기를 바라는 것이 더 낫다.
> ㉣ so that + S + may(can, will) ~ : ~할 수 있도록
>   Come home early so that we may eat dinner together.
>   함께 저녁식사를 할 수 있도록 일찍 집에 오너라.

④ must의 용법

(1) 명령 · 의무 · 필요
'~해야만 한다[= have(has / had) to do]'의 뜻으로, 과거 · 미래 · 완료시제에서는 have(had) to를 쓴다.
You must be here by 6 o'clock at the latest. 당신은 늦어도 6시까지 여기로 와야 한다.
I had to pay the money(과거). 나는 돈을 지불해야만 했다.
I shall have to work tomorrow afternoon, although it's Saturday(미래).
토요일임에도 불구하고 나는 내일 오후까지 일해야 한다.

> **TIP 부정의 형태**
> ㉠ must not[= be not allowed(obliged) to do] : ~해서는 안된다(금지).
>   May I go? No, you must(may) not.
> ㉡ need not(= don't have to do) : ~할 필요가 없다(불필요).
>   Must I go? No, you need not.
> ㉢ 불허가의 표시에는 must not이 보통이지만, may not을 쓰면 공손한 표현이 된다.

(2) 추측
'~임에 틀림없다(부정은 cannot be)'의 뜻으로, 추측의 뜻을 나타낼 때는 have to를 쓰지 않고 must를 써야 한다(과거시제라도 had to를 쓰지 않음).
There's the doorbell. It must be Thomas.
초인종이 울렸다. Thomas임에 틀림없다.
I told him that it must be true.
나는 틀림없이 사실이었다고 그에게 말했다.

(3) 필연(반드시 ~ 하다)
All men must die. 모든 사람은 반드시 죽는다.

⑤ should, ought to의 용법

(1) 의무 · 당연
should와 ought to는 의무 · 당연을 나타내는 비슷한 뜻의 조동사이다.
You should pay your debts. 너는 빚을 갚아야 한다.
= You ought to pay your debts.

(2) 판단 · 감정
판단, 비판, 감정을 표시하는 주절에 이어지는 that절에서는 should를 쓴다.

① 이성적 판단의 형용사…It is necessary(natural, important, essential, proper, reasonable, etc) + that + S + (should) + 동사원형 ~.
It is important that you (should) arrive here on time.
네가 제 시각에 이 곳에 도착하는 것이 중요하다.

② 감성적 판단의 형용사…It is strange(surprising, amazing, a pity, no wonder, wonderful, etc) + that + S + (should) + 동사원형 ~.
It is strange that he (should) say so. 그가 그렇게 말하다니 이상하다.

(3) 명령, 요구, 주장, 제안 등의 동사 + that + S + (should) + 동사원형

명령, 요구, 주장, 제안, 희망 등의 동사(명사) 다음에 오는 that절에는 should를 쓰기도 하고 생략하여 동사원형만 쓰기도 한다[S + order(command, suggest, propose, insist, recommend) + that + S + (should) + 동사원형].
Mother insist that we (should) start early.
어머니는 우리가 일찍 출발할 것을 주장하셨다.

6 will, would의 특수용법

(1) 현재의 습성, 경향
Children will be noisy. 아이들은 시끄럽다.

(2) 과거의 불규칙적 습관
He would go for a long walk. 그는 오랫동안 산책하곤 했다.

(3) 현재의 거절, 고집
He will have his way in everything. 그는 모든 일을 마음대로 한다.

(4) 과거의 거절, 고집
He would not come to the party after all my invitation.
그는 나의 초대에도 그 파티에 오려고 하지 않았다.

(5) 희망, 욕구
He who would search for pearls, must dive deep. 진주를 찾으려는 사람은 물속 깊이 잠수해야 한다.

❼ used to, need의 용법

(1) 'used to + 동사원형'의 용법

① 과거의 규칙적 · 반복적 습관 … ~하곤 했다.

　I used to get up early. 나는 예전에 일찍 일어났었다.

② 과거의 일정기간이 계속된 상태 … 이전에는 ~이었다(현재는 그렇지 않음).

　There used to be a tall tree in front of my house.
　나의 집 앞에는 키가 큰 나무 한 그루가 있었다(현재는 없다).

> **TIP** 참고
> • be used to (동)명사 : ~에 익숙해지다
> • be used to v : ~하는 데 사용되다

(2) need의 용법

① 긍정문 … 본동사로 쓰인다.

　The boy needs to go there(need는 일반동사). 그 소년은 거기에 갈 필요가 있다.

② 부정문, 의문문 … 조동사로 쓰인다.

　㉠ need not : ~할 필요가 없다(= don't have to do).

　　The boy need not go there. 그 소년은 거기에 갈 필요가 없다.

　㉡ need not have p.p. : ~할 필요가 없었는데(실제로는 했음).

　　I need not have waited for Mary. 나는 Mary를 기다릴 필요가 없었는데.

　㉢ Need + S + 동사원형 : ~할 필요가 있느냐?

　　Need he go now? 그가 지금 갈 필요가 있느냐?

❽ had better, had(would) rather의 용법

(1) had better do(~ 하는 편이 좋다)

① had better는 조동사의 역할을 하므로 그 다음에 오는 동사의 형태는 반드시 동사원형이어야 한다.

② 부정형 … had better not do

(2) had(would) rather do(차라리 ~ 하는 편이 좋다, 차라리 ~ 하고 싶다)

① had(would) rather는 조동사의 역할을 하므로 그 다음에 오는 동사의 형태는 반드시 동사원형이어야 한다.

② 부정형 … had(would) rather not do

> **TIP** 조동사 + have + p.p.의 용법
> ⊙ cannot have + p.p. : ~했을 리가 없다(과거의 일에 대한 강한 부정).
>   He cannot have said such a thing. 그가 그렇게 말했을리가 없다.
>   = It is impossible that he said such a thing.
> ⊙ must have + p.p. : ~했음에 틀림없다(과거의 일에 대한 확실한 추측).
>   She must have been beautiful when she was young.
>   그녀는 젊었을 때 미인이었음이 틀림없다.
>   = It is certain(evident, obvious) that she was beautiful when she was young.
>   = I am sure that she was beautiful when she was young.
> ⊙ may have + p.p. : ~했을지도 모른다(과거의 일에 대한 불확실한 추측).
>   I suspect he may have been aware of the secret.
>   나는 그가 비밀을 알고 있었는지도 모른다고 의심한다.
>   = It is probable that he was aware of the secret.
> ⊙ should(ought to) have + p.p. : ~했어야 했는데(하지 않았다, 과거에 하지 못한 일에 대한 유감·후회).
>   You should(ought to) have followed his advice.
>   너는 그의 충고를 따랐어야 했는데.
>   = It is a pity that you did not follow his advice.
> ⊙ need not have + p.p. : ~할 필요가 없었는데(해버렸다, 과거에 행한 일에 대한 유감·후회).
>   He need not have hurried. 그는 서두를 필요가 없었는데.
>   = It was not necessary for him to hurry, but he hurried.

04 수동태

① 수동태로의 전환

(1) 능동태와 수동태

① 능동태 … 동작(행위)의 주체가 주어로 오는 것

② 수동태 … 동작의 영향을 받거나 당하는 대상이 주어로 오는 것

(2) 3형식의 전환

① 주어는 'by + 목적격'으로, 목적어는 주어로, 동사는 be + p.p.로 바뀐다.
   He broke this window. 그는 이 창문을 깨뜨렸다.
   → This window was broken by him.

② 목적어가 that절일 때의 수동태

일반주어 + think/believe/suppose/expect/say/know + that + S + V.
= It + be + thought/believed/supposed/expected/said/known + that + S + V
= S + be + thought/believed/supposed/expected/said/known + to + V
I believe that he is innocent. 나는 그가 무죄라고 믿는다.
= It is believed that he is innocent.
= He is believed to be innocent.

(3) 4형식의 전환

일반적으로 간접목적어(사람)를 주어로 쓰고, 직접목적어(사물)가 주어 자리에 올 때에는 간접목적어 앞에 전치사(to, for of 등)를 붙인다. 이 때 전치사 to는 생략 가능하다.
She gave me another chance. 그녀는 나에게 다른 기회를 주었다.
→I was given another chance by her(간접목적어가 주어).
→Another chance was given (to) me by her(직접목적어가 주어).
My mother bought me these books. 나의 어머니가 나에게 이 책들을 사주었다.
→These books was bought for me by my mother(직접목적어가 주어).
He asked me a question. 그는 나에게 질문을 하였다.
→I was asked a question by him(간접목적어가 주어).
→A question was asked of me by him(직접목적어가 주어).

> **TIP** 수동태를 만들 수 없는 경우
> ㉠ 목적어를 갖지 않는 1·2형식 문장은 수동태를 만들 수 없다.
> ㉡ 목적어를 갖는 타동사 중에서도 상태를 나타내는 동사(have, resemble, lack, fit 등)는 수동태를 만들 수 없다.
> She resembles her mother(○). 그녀는 엄마를 닮았다.
> →Her mother is resembled by her(×).
> ㉢ 4형식 문장에서 buy, make, bring, read, sing, write, get, pass 등은 간접목적어를 주어로 한 수동태를 만들 수 없다.
> He made me a doll. 그는 나에게 인형을 만들어 주었다.
> →A doll was made for me by him(○).
> →I was made a doll by him(×).

(4) 5형식의 전환

목적어가 주어로, 목적보어가 주격보어로 된다.
She always makes me happy. 그녀는 항상 나를 행복하게 한다.
→I am always made happy by her.

❷ 의문문과 명령문의 수동태

(1) 의문문의 수동태

① **일반의문문** … 먼저 평서문으로 전환해서 수동태로 고친 후, 주어와 동사를 도치시켜 의문문을 만든다.

　Did he write this letter? 그가 이 편지를 썼습니까?
　→He wrote this letter.
　→This letter was written by him.
　→Was this letter written by him?

② **의문사가 있는 의문문** … 의문사가 있는 의문문의 수동태는 의문사를 문두에 두어야 한다.

　㉠ 의문사가 주어일 때

　　Who invented the telephone?
　　→The telephone was invented by whom.
　　→By whom was the telephone invented? 전화는 누구에 의해 발명되었느냐?

　㉡ 의문사가 목적어일 때

　　What did he make?
　　→He made what.
　　→What was made by him? 무엇이 그에 의해 만들어졌느냐?

　㉢ 의문부사가 있을 때

　　When did you finish it?
　　→When you finished it.
　　→When it was finished (by you).
　　→When was it finished (by you)? 언제 그것이 끝나겠느냐?

(2) 명령문의 수동태

사역동사 let을 써서 바꾼다.

① **긍정명령문** … let + O + be + p.p.

　Play that music. 그 음악을 틀어라.
　→Let that music be played.

② **부정명령문** … Don't let + O + be + p.p. = Let + O + not + be + p.p.

　Don't forget your umbrella. 우산을 잊지 말아라.
　→Don't let your umbrella be forgotten.
　→Let your umbrella not be forgotten.

③ 진행형과 완료형의 수동태

(1) 진행형의 수동태(be + being + p.p.)
Tom is painting this house.
→This house is being painted by Tom.(현재진행 수동태) 이 집은 Tom에 의해 페인트칠이 되었다.
Oceanographers were monitoring the surviving whales. →The surviving whales were being monitored by oceanographers.(과거진행 수동태) 생존한 고래들이 해양학자들에 의해 추적 관찰되고 있었다.

(2) 완료형의 수동태(have + been + p.p.)
Your words have kept me awake.
→I have been kept awake by your words.(현재완료 수동태) 나는 너의 말에 의해 눈뜨게 되었다.
He notified the police that his store had been robbed.(과거완료 수동태)
그가 그의 가게에 강도가 들었다고 경찰에 신고했다.

> **TIP** have(get) + O + p.p.
> ㉠ 사역의 의미(이익의 뜻 내포)
>   I had(got) my watch mended. 나는 내 시계를 수리하도록 시켰다.
> ㉡ 수동의 의미(피해의 뜻 내포)
>   I had(got) my watch stolen. 나는 내 시계를 도둑맞았다.

(3) 조동사의 수동태(can/will/should) + be + p.p)
I can be arrested if I do it again.
다시 이 일을 저지를 경우 나는 체포 당할 수 있습니다.

④ 주의해야 할 수동태

(1) 사역동사와 지각동사의 수동태
① 5형식 문장에서 사역동사와 지각동사의 목적보어로 쓰인 원형부정사는 수동태로 전환할 때 앞에 to를 붙여 준다.
I saw them cross the road.
→They were seen to cross the road by me. 그들이 길을 건너는 것이 나에게 보였다.
We made him finish the work.
→He was made to finish the work (by us). (우리는) 그가 일을 끝내게 시켰다.

② 사역동사 let의 수동태 … 사역동사 let이 쓰인 문장의 수동태는 allowed, permitted 등의 유사한 뜻을 가진 단어로 대체한다.
Her mother let her go out.
→She was allowed to go out by her mother.
그녀는 외출하도록 그녀의 어머니에게 허락받았다.

(2) by 이외의 전치사를 쓰는 수동태

① 기쁨, 슬픔, 놀람 등의 감정을 나타내는 동사 … 주로 수동태로 표현되며, 전치사는 at, with 등을 쓴다.

　㉠ be surprised[astonished, frightened] at : ~에 놀라다
　　The news surprised me.
　　→I was surprised at the new. 나는 그 소식에 깜짝 놀랐다.

　㉡ be pleased[delighted, satisfied, disappointed] with : ~에 기뻐하다(기뻐하다, 만족하다, 실망하다)
　　The result pleased me.
　　→I was pleased with the result. 나는 결과에 기뻤다.

> **TIP** 그 외의 관용적인 표현
> ㉠ be married to : ~와 결혼하다
> ㉡ be interested in : ~에 관심이 있다
> ㉢ be caught in : ~을 만나다
> ㉣ be absorbed in : ~에 몰두하다
> ㉤ be robbed of : ~을 빼앗기다, 강탈당하다(사람주어)
> ㉥ be dressed in : ~한 옷을 입고 있다
> ㉦ be ashamed of : ~을 부끄럽게 여기다
> ㉧ be convinced of : ~을 확신하다
> ㉨ be covered with : ~으로 덮이다
> ㉩ be tired with : ~에 지치다
> ㉪ be tired of : ~에 싫증나다
> ㉫ be made of : ~으로 만들어지다(물리적)
> ㉬ be made from : ~으로 만들어지다(화학적)
> ㉭ be known + 전치사
> 　• be known to : ~에게 알려지다(대상)
> 　• be known by : ~을 보면 안다(판단의 근거)
> 　• be known for : ~때문에 알려지다(이유)
> 　• be known as : ~으로서 알려지다(자격 · 신분)

(3) 주어가 'no + 명사'인 문장의 수동태

not(never) ~ by any의 형태로 쓴다.
No scientist understood his idea.
→His idea was not understood by any scientist(○).
그의 생각은 어느 과학자에게도 이해받지 못했다.
→His idea was understood by no scientist(×).

(4) 타동사구의 수동태

'자동사 + (부사) + 전치사'나 '타동사 + 목적어 + 전치사'를 하나의 타동사로 취급한다.

① 자동사 + (부사) + 전치사

　㉠ send for : ~을 부르러 보내다
　㉡ look for : ~을 찾다(= search)
　㉢ account for : ~을 설명하다(= explain)
　㉣ ask for : ~을 요구하다(= demand)
　㉤ laugh at : ~을 비웃다, 조롱하다(= ridicule)
　㉥ add to : ~을 증가시키다(= increase)
　㉦ look up to : ~을 존경하다(= respect)
　㉧ look down on : ~을 경멸하다(= despise)
　㉨ put up with : ~을 참다(= bear, endure)
　㉩ do away with : ~을 폐지하다(= abolish)
　㉪ speak well of : ~을 칭찬하다(= praise)
　㉫ speak ill of : ~을 욕하다, 비난하다(= blame)

　　We cannot put up with these things.
　　→These things cannot be put up with (by us). 이것들은 참을 수 없게 한다.

② 타동사 + 목적어 + 전치사

　㉠ take care of : ~을 보살피다.
　㉡ pay attention to : ~에 주의를 기울이다.
　㉢ take notice of : ~을 주목하다.
　㉣ make use of : ~을 이용하다.
　㉤ get rid of : ~을 제거하다.
　㉥ take advantage of : ~을 이용하다.

　　She took good care of the children.
　　→The children was taken good care of by her. 아이들은 그녀에 의해 잘 보살펴졌다.
　　→Good care was taken of the children by her(타동사구 부분의 목적어를 주어로 활용할 수도 있다).

05 부정사와 동명사

① 부정사

(1) 부정사의 용법

① 부정사의 명사적 용법

　㉠ 주어 역할 : 문장의 균형상 가주어 it을 문장의 처음에 쓰고 부정사는 문장 끝에 두기도 한다.
　　To tell the truth is difficult. 진실을 말하는 것은 어렵다.
　　It is sad to lose a friend(It : 가주어, to lose ~ : 진주어). 친구를 잃는 것은 슬픈 일이다.

　㉡ 보어 역할 : be동사의 주격보어로 쓰여 '~하는 것이다'의 뜻을 나타낸다.
　　To teach is to learn. 가르치는 것이 배우는 것이다.

　㉢ 목적어 역할 : 타동사의 목적어로 쓰인다. 특히 5형식 문장에서 believe, find, make, think 등의 동사가 부정사를 목적어로 취할 때에는 목적어 자리에 가목적어 it을 쓰고, 진목적어인 부정사는 문장 뒤에 둔다.
　　I promised Mary to attend the meeting.
　　나는 Mary에게 그 모임에 나가겠다고 약속했다.
　　I made it clear to give up the plan(it : 가목적어, to give up ~ : 진목적어).
　　나는 그 계획을 포기할 것을 명백하게 밝혔다.

② 부정사의 형용사적 용법

　㉠ 한정적 용법 : 명사를 수식해 줄 때 한정적 용법이라고 한다.
　　She was the only one to survive the crash.
　　그녀는 충돌사고에서의 유일한 생존자였다.
　　He has nothing to complain about.
　　그는 아무런 불평이 없다.
　　He had the courage to admit his mistakes.
　　그는 자기의 실수를 인정할 용기가 있었다.
　　= He had the courage of admitting his mistake.

　㉡ 서술적 용법 : 부정사가 보어로 쓰인다.
　　• seem(appear, happen, prove) + to부정사
　　　She seems to be clever. 그녀는 총명한 것 같다.
　　　= It seems that she is clever.
　　• be동사 + to부정사의 용법 : 예정[~할 것이다(= be going to)], 의무[~해야 한다(= should)], 가능[~할 수 있다(= be able to)], 운명[~할 운명이다(= be destined to)], 의도(~할 의도이다)

If you are to be a doctor, you should study hard.
만약 네가 의사가 되고자 한다면, 너는 열심히 공부해야 한다.
President is to visit Japan in August. 대통령은 8월에 일본을 방문할 것이다.
You are to eat all your meal. 당신은 당신의 식사를 모두 먹어야 한다.
Her ring was nowhere to be seen. 그녀의 반지는 어디에서도 볼 수 없었다.
They were never to meet again. 그들은 결코 다시 만나지 못할 운명이다.

③ to부정사의 부사적 용법 … 동사·형용사·부사를 수식하여 다음의 의미를 나타낸다.
  ㉠ 목적 : '~하기 위하여(= in order to do, so as to do)'의 뜻으로 쓰인다.
   To stop the car, the policeman blew his whistle.
   차를 세우기 위해 경찰관은 호각을 불었다.
  ㉡ 감정의 원인 : '~하니, ~해서, ~하다니, ~하는 것을 보니(판단의 근거)'의 뜻으로 쓰이며, 감정 및 판단을 나타내는 어구와 함께 쓰인다.
   I am sorry to trouble you. 불편을 끼쳐서 죄송합니다.
  ㉢ 조건 : '만약 ~한다면'의 뜻으로 쓰인다.
   I should be happy to be of service to you. 당신에게 도움이 된다면 기쁘겠습니다.
  ㉣ 결과 : '(그 결과) ~하다'의 뜻으로 쓰이며 'live, awake, grow (up), never, only + to부정사'의 형태로 주로 쓰인다.
   He grew up to be a wise judge. 그는 자라서 훌륭한 판사가 되었다.
   = He grew up, and became a wise judge.
  ㉤ 형용사 및 부사 수식 : '~하기에'의 뜻으로 쓰이며, 앞에 오는 형용사 및 부사(easy, difficult, enough, too, etc)를 직접 수식한다.
   His name is easy to remember. 그의 이름은 기억하기에 쉽다.
   • A enough to do : ~할 만큼 (충분히) A하다(= so A as to do, so A that + 주어 + can ~).
    You are old enough to understand my advice.
    당신은 나의 충고를 이해할 만큼 충분히 나이가 들었다.
    = You are so old as to understand my advice.
    = You are so old that you can understand my advice.
   • too A to do : 너무 A하여 ~할 수 없다(= so A that + 주어 + cannot ~).
    The grass was too wet to sit on. 그 잔디는 너무 젖어서 앉을 수 없었다.
    = The grass was so wet that we couldn't sit on it.

(2) 부정사의 의미상 주어

① 의미상 주어를 따로 표시하지 않는 경우 … 부정사의 의미상 주어는 원칙적으로 'for + 목적격'의 형태로 표시되지만, 다음의 경우에는 그 형태를 따로 표시하지 않는다.

㉠ 문장의 주어나 목적어와 일치하는 경우

She promised me to come early[She(주어)가 come의 의미상 주어와 일치].
그녀는 일찍 오겠다고 나와 약속했다.
He told me to write a letter[me(목적어)가 write의 의미상 주어와 일치].
그는 나에게 편지를 쓰라고 말했다.

㉡ 일반인인 경우

It always pays (for people) to help the poor. 가난한 사람들을 도우면 반드시 보답받는다.

㉢ 독립부정사인 경우

> **TIP 독립부정사**
> 관용적 표현으로 문장 전체를 수식한다.
> ㉠ to begin(start) with : 우선
> ㉡ so to speak : 소위
> ㉢ strange to say : 이상한 얘기지만
> ㉣ to be frank(honest) : 솔직히 말해서
> ㉤ to make matters worse : 설상가상으로
> ㉥ to make matters better : 금상첨화로
> ㉦ to cut(make) a long story short : 요약하자면

② 의미상 주어의 형태

㉠ for + 목적격 : It is + 행위판단의 형용사(easy, difficult, natural, important, necessary, etc) + for 목적격 + to부정사

It is natural for children to be noisy. 어린이들이 시끄러운 것은 당연하다.

㉡ of + 목적격 : It is + 성격판단의 형용사(kind, nice, generous, wise, foolish, stupid, careless, etc) + of 목적격 + to부정사

It is generous of her to help the poor. 가난한 이들을 돕다니 그녀는 관대하다.

(3) 부정사의 시제

① 단순부정사 … 'to + 동사원형'의 형태로 표현한다.

㉠ 본동사의 시제와 일치하는 경우

He seems to be rich. 그는 부자처럼 보인다.
= It seems that he is rich.

㉡ 본동사의 시제보다 미래인 경우 : 본동사가 희망동사(hope, wish, want, expect, promise, intend, etc)나 remember, forget 등일 경우 단순부정사가 오면 미래를 의미한다.

Please remember to post the letter. 편지 부칠 것을 기억하세요.
= Please remember that you should post the letter.

② 완료부정사 … 'to + have p.p.'의 형태로 표현한다.
  ㉠ 본동사의 시제보다 한 시제 더 과거인 경우
    He seems to have been rich. 그는 부자였던 것처럼 보인다.
    = It seems that he was(has been) rich.
  ㉡ 희망동사의 과거형 + 완료부정사 : 과거에 이루지 못한 소망을 나타내며, '~하려고 했는데 (하지 못했다)'로 해석한다.
    I intended to have married her. 나는 그녀와 결혼하려고 작정했지만 그렇게 하지 못했다.
    = I intended to marry her, but I couldn't.

(4) 원형부정사
원형부정사는 to가 생략되고 동사원형만 쓰인 것이다.
① 조동사 + 원형부정사 … 원칙적으로 조동사 뒤에는 원형부정사가 쓰인다.

> **TIP** 원형부정사의 관용적 표현
> ㉠ do nothing but + 동사원형 : ~하기만 하다.
> ㉡ cannot but + 동사원형 : ~하지 않을 수 없다(= cannot help + -ing).
> ㉢ had better + (not) + 동사원형 : ~하는 것이(하지 않는 것이) 좋겠다.

② 지각동사 + 목적어 + 원형부정사 ~ (5형식) … '(목적어)가 ~하는 것을 보다, 듣다, 느끼다'의 뜻으로 see, watch, look at, notice, hear, listen to, feel 등의 동사가 이에 해당한다.
  She felt her heart beat hard. 그녀는 심장이 몹시 뛰는 것을 느꼈다.

③ 사역동사 + 목적어 + 원형부정사 ~ (5형식)
  ㉠ '(목적어)가 ~하도록 시키다, 돕다'의 뜻으로 make, have, bid, let, help 등의 동사가 이에 해당한다.
    Mother will not let me go out.
    어머니는 내가 외출하지 못하게 하신다.
  ㉡ help는 뒤에 to부정사가 올 수도 있다.
    They helped me (to) paint the wall.
    그들은 내가 그 벽에 페인트를 칠하는 것을 도왔다.

(5) 기타 용법
① 부정사의 부정 … 'not, never + 부정사'의 형태로 표현한다.
  Tom worked hard not to fail again. Tom은 다시 실패하지 않기 위해 열심히 노력했다.

② 대부정사 … 동사원형이 생략되고 to만 쓰인 부정사로, 앞에 나온 동사(구)가 부정사에서 반복될 때 쓰인다.
  A : Are you and Mary going to get married? 너와 Mary는 결혼할거니?
  B : We hope to(= We hope to get married). 우리는 그러고(결혼하고) 싶어.

③ **수동태 부정사**(to be + p.p.) … 부정사의 의미상 주어가 수동의 뜻을 나타낼 때 쓴다.
There is not a moment to be lost. 한순간도 허비할 시간이 없다.
= There is not a moment for us to lose.

❷ 동명사

(1) 동명사의 용법

'동사원형 + -ing'를 이용해 명사형으로 만든 것으로 동사의 성격을 지닌 채 명사의 역할(주어·보어·목적어)을 한다.

① **주어 역할** … 긴 동명사구가 주어일 때 가주어 It을 문두에 쓰고 동명사구는 문장 끝에 두기도 한다.
Finishing the work in a day or two is difficult.
하루나 이틀 안에 그 일을 끝내기는 힘들다.
= It is difficult finishing the work in a day or two(it : 가주어, finishing ~ : 진주어).

② **보어 역할**
My hobby is collecting stamps. 내 취미는 우표수집이다.

③ **목적어 역할**
　㉠ **타동사의 목적어** : 5형식 문장에서는 가목적어 it을 쓰고, 동명사구는 문장의 끝에 두기도 한다.
　　He suggested eating dinner at the airport. 그는 공항에서 저녁을 먹자고 제안했다.
　　I found it unpleasant walking in the rain(it : 가목적어, walking ~ : 진목적어).
　　나는 빗속을 걷는 것이 유쾌하지 않다는 것을 깨달았다.
　㉡ **전치사의 목적어**
　　He gets his living by teaching music. 그는 음악을 가르쳐서 생활비를 번다.

> **TIP 동명사의 부정**
> 동명사 앞에 not이나 never을 써서 부정의 뜻을 나타낸다.
> I regret not having seen the movie. 나는 그 영화를 보지 않았던 것을 후회한다.

(2) 동명사의 의미상 주어

① **의미상 주어를 따로 표시하지 않는 경우** … 문장의 주어 또는 목적어와 일치하거나 일반인이 주어일 때 의미상 주어를 생략한다.
　㉠ **문장의 주어 또는 목적어와 일치하는 경우**
　　I've just finished reading that book(주어와 일치). 나는 막 그 책을 다 읽었다.
　　He will probably punish me for behaving so rudely(목적어와 일치).
　　내가 무례하게 행동한 것에 대해 그는 아마 나를 나무랄 것이다.

ⓒ 일반인인 경우
　　　　Teaching is learning(일반인이 주어). 가르치는 것이 배우는 것이다.
② 의미상 주어의 형태
　　ⓐ 소유격 + 동명사 : 의미상 주어가 문장의 주어나 목적어와 일치하지 않을 때 동명사 앞에 소유격을 써서 나타낸다. 구어체에서는 목적격을 쓰기도 한다.
　　　　There is no hope of his coming. 그가 오리라고는 전혀 기대할 수 없다.
　　ⓑ 그대로 쓰는 경우 : 의미상 주어가 소유격을 쓸 수 없는 무생물명사나 this, that, all, both, oneself, A and B 등의 어구일 때에는 그대로 쓴다.
　　　　I can't understand the train being so late. 나는 그 기차가 그렇게 늦었는지 이해할 수 없다.

(3) 동명사의 시제와 수동태

① 단순동명사 … 본동사와 동일시제 또는 미래시제일 때 사용한다.
　　He is proud of being rich. 그는 부유한 것을 자랑한다.
　　= He is proud that he is rich.

② 완료동명사 … having + p.p.의 형태를 취하며, 본동사의 시제보다 하나 앞선 시제를 나타낸다.
　　He denies having told a lie. 그는 거짓말했던 것을 부인한다.
　　= He denies that he told a lie.

③ 수동태 동명사 … 동명사의 의미상 주어가 수동의 뜻을 나타낼 때 being + p.p., having been + p.p.의 형태로 쓴다.
　　I don't like being asked to make a speech(단순시제).
　　나는 연설청탁받는 것을 싫어한다.
　　He complained of having been underpaid(완료시제).
　　그는 급료를 불충분하게 받았던 것을 불평하였다.

> **TIP** 동명사의 관용적 표현
> ⓐ It is no use + 동명사 : ~해봐야 소용없다(= It is useless to부정사).
> 　　It is no use pretending that you are not afraid.
> 　　당신이 무서워하지 않는 척 해봐야 소용없다.
> ⓑ There is no + 동명사 : ~하는 것은 불가능하다(= It is impossible to부정사).
> 　　There is no accounting for tastes. 기호를 설명하는 것은 불가능하다.
> ⓒ cannot help + 동명사 : ~하지 않을 수 없다(= cannot out + 동사원형).
> 　　I cannot help laughing at the sight. 나는 그 광경에 웃지 않을 수 없다.
> ⓓ feel like + 동명사 : ~하고 싶다(= feel inclined to부정사, be in a mood to부정사).
> 　　She felt like crying when she realized her mistake.
> 　　그녀가 그녀의 실수를 깨달았을 때, 그녀는 울고 싶었다.
> ⓔ of one's own + 동명사 : 자신이 ~한(= p.p. + by oneself)
> 　　This is a picture of his own painting. 이것은 그 자신이 그린 그림이다.

ⓑ be on the point(verge, blink) of + 동명사 : 막 ~하려 하다(= be about to부정사).
　He was on the point of breathing his last.
　그는 막 마지막 숨을 거두려 하고 있었다.
ⓐ make a point of + 동명사 : ~하는 것을 규칙으로 하다(= be in the habit of + 동명사).
　He makes a point of attending such a meeting.
　그는 그러한 모임에 참석하는 것을 규칙으로 한다.
ⓞ be accustomed to + 동명사 : ~하는 버릇(습관)이 있다(= be used to + 동명사).
　My grandfather was accustomed to rising at dawn.
　나의 할아버지는 새벽에 일어나는 습관이 있었다.
ⓩ on(upon) + 동명사 : ~하자마자 곧(= as soon as + S + V)
　On hearing the news, he turned pale. 그 뉴스를 듣자마자 그는 창백해졌다.
ⓩ look forward to + 동명사 : ~하기를 기대하다(= expect to부정사)
　He looked forward to seeing her at the Christmas party.
　그는 크리스마스 파티에서 그녀를 보기를 기대하였다.

③ 부정사와 동명사의 비교

(1) 부정사만을 목적어로 취하는 동사(주로 미래지향적이면서 긍정적인 의미를 갖는 동사들이 주요하다)
ask, choose, decide, demand, expect, hope, order, plan, pretend, promise, refuse, tell, want, wish 등이 있다.
She pretended to asleep. 그녀는 자는 체했다.

(2) 동명사만을 목적어로 취하는 동사(주로 과거지향적이면서 부정적인 의미를 갖는 동사들이 주요하다)
admit, avoid, consider, deny, enjoy, escape, finish, give up, keep, mind, miss, postpone, practice, stop 등이 있다.
I'd like to avoid meeting her now. 나는 지금 그녀와 만나는 것을 피하고 싶다.

(3) 부정사와 동명사 둘 다를 목적어로 취하는 동사
begin, cease, start, continue, fear, decline, intend, mean 등이 있다.
Do you still intend to go(going) there? 너는 여전히 그 곳에 갈 작정이니?

(4) 부정사와 동명사 둘 다를 목적어로 취하지만 의미가 변하는 동사

① remember(forget) + to부정사 / 동명사 … ~할 것을 기억하다[잊어버리다(미래)] / ~했던 것을 기억하다[잊어버리다(과거)].

    I remember to see her. 나는 그녀를 볼 것을 기억한다.
    I remember seeing her. 나는 그녀를 보았던 것을 기억한다.

② regret + to부정사 / 동명사 … ~하려고 하니 유감스럽다 / ~했던 것을 후회하다.

    I regret to tell her that Tom stole her ring.
    나는 Tom이 그녀의 반지를 훔쳤다고 그녀에게 말하려고 하니 유감스럽다.
    I regret telling her that Tom stole her ring.
    나는 Tom이 그녀의 반지를 훔쳤다고 그녀에게 말했던 것을 후회한다.

③ need(want) + to부정사 / 동명사 … ~할 필요가 있다(능동) / ~될 필요가 있다(수동).

    We need to check this page again. 우리는 이 페이지를 재검토할 필요가 있다.
    = This page needs checking again. 이 페이지는 재검토될 필요가 있다.

④ try + to부정사 / 동명사 … ~하려고 시도하다, 노력하다, 애쓰다 / ~을 시험삼아 (실제로) 해보다.

    She tried to write in fountain pen. 그녀는 만년필로 써보려고 노력했다.
    She tried writing in fountain pen. 그녀는 만년필로 써보았다.

⑤ mean + to부정사 / 동명사 … ~할 작정이다(= intend to do) / ~라는 것을 의미하다.

    She means to stay at a hotel. 그녀는 호텔에 머무를 작정이다.
    She means staying at a hotel. 그녀가 호텔에 머무른다는 것을 의미한다.

⑥ like(hate) + to부정사 / 동명사 … ~하고 싶다[하기 싫다(구체적 행동)] / ~을 좋아하다[싫어하다(일반적 상황)].

    I hate to lie. 나는 거짓말하기 싫다.
    I hate lying. 나는 거짓말하는 것이 싫다.

⑦ stop + to부정사 / 동명사 … ~하기 위해 멈추다(부사구) / ~하기를 그만두다(목적어).

    He stopped to smoke(1형식). 그는 담배를 피우려고 걸음을 멈췄다.
    He stopped smoking(3형식). 그는 담배를 끊었다.

06 분사

❶ 분사의 용법

'동사원형 + -ing(현재분사)'와 '동사원형 + -ed(과거분사)'를 이용해 형용사형으로 만든 것으로 형용사의 역할을 한다.

(1) 명사 앞에서 수식하는 분사
분사가 단독으로 사용될 때 명사 앞에서 수식한다.

① 현재분사 … 진행(자동사의 현재분사), 능동(타동사의 현재분사)의 뜻
    a sleeping baby = a baby who is sleeping 잠자는 아기
    A rolling stone gathers no moss. 구르는 돌은 이끼가 끼지 않는다.

② 과거분사 … 완료(자동사의 과거분사), 수동(타동사의 과거분사)의 뜻
    fallen leaves = leaves which are fallen(which have fallen) 떨어진 나뭇잎
    Two wounded soldiers were sent to the hospital. 두 명의 부상병이 병원으로 이송되었다.

(2) 명사 뒤에서 수식하는 분사

① 분사가 보어나 목적어 또는 부사적 수식어(구)와 함께 구를 이룰 때 명사 뒤에서 수식한다.
    Who is the boy reading a letter written in English?
    영어로 쓰여진 편지를 읽은 소년은 누구인가?

② 분사가 단독으로 사용될지라도 대명사를 수식할 때에는 뒤에서 수식한다.
    Those killed were innumerable. 전사한 사람들이 무수히 많았다.

> **TIP** 현재분사와 동명사의 구별
> -ing형이 명사를 수식할 때 현재 진행 중인 동작을 나타내면 현재분사, 용도를 나타내면 동명사이다.
> • a dancing girl (현재분사)춤추는 소녀
> • a dancing room = a room for dancing(동명사) 무도장

(3) 보어 역할의 분사
2형식에서의 주격보어와 5형식에서의 목적격 보어로 쓰이는 분사
He stood looking at the picture. 그는 그 사진을 보면서 서 있었다.
The mystery remained unsettled. 미스터리는 풀리지 않고 남겨졌다.
He kept me waiting for two hours. 그는 나를 두 시간 동안 기다리게 하였다.
I don't like to see you disappointed. 나는 네가 실망하는 것을 보고 싶지 않다.

❷ 분사구문

(1) 분사구문

부사절에서 접속사(의미를 명확하게 하고자 할 때는 접속사를 생략하지 않는다), 주어(주절의 주어와 다를 때는 생략하지 않고 일반인 주어나 예측 가능한 주어일 때는 주절의 주어와 다를지라도 생략할 수 있다)를 생략하고 동사를 분사로 바꾸어 구로 줄인 것을 분사구문이라고 하는데 현재분사가 이끄는 분사구문은 능동의 뜻을, 과거분사가 이끄는 분사구문은 수동의 뜻을 가진다.

① 시간 … '~할 '의 뜻으로 쓰인다(= when, while, as, after + S + V).

　Thinking of my home, I felt sad. 집 생각을 할 때면, 나는 슬퍼진다.

　= When I think of my home, I felt sad.

> **TIP** 접속사 + 분사구문
> 주로 시간과 양보의 부사절에서 분사구문의 의미를 명확히 하기 위하여 접속사를 남겨두기도 한다.
> While swimming in the river, he was drowned.
> 강에서 헤엄치는 동안 그는 익사했다.
> = While he was swimming in the river, he was drowned.

② 이유·원인 … '~하기 때문에, ~이므로'의 뜻으로 쓰인다(= as, because, since + S + V).

　Tired with working, I sat down to take a rest. 일에 지쳤기 때문에, 나는 앉아서 휴식을 취했다.

　= As I was tired with working, I sat down to take a rest.

③ 조건 … '~한다면'의 뜻으로 쓰인다(= If + S + V).

　Once seen, it can never been forgotten. 그것은 한번 보면 잊을 수 없다.

　= If it is once seen, it can never been forgotten.

④ 양보 … '비록 ~ 한다 할지라도'의 뜻으로 쓰인다(= though, although + S + V).

　Admitting the result, I can't believe him.

　그 결과를 인정한다고 할지라도 나는 그를 믿을 수 없다.

　= Although I admit the result, I can't believe him.

⑤ 부대상황

　㉠ 연속동작: 그리고 ~하다(= and + 동사).

　　A fire broke out near my house, destroying some five houses.

　　우리 집 근처에서 화재가 발생해서 다섯 집 정도를 태웠다.

　　= A fire broke out near my house, and destroyed some five houses.

　㉡ 동시동작: ~하면서(= as, while)

　　Smiling brightly, she extended her hand. 그녀는 밝게 웃으면서, 손을 내밀었다.

　　= While she smiled brightly, she extended her hand.

> **TIP** 분사구문의 부정
> 분사 앞에 not, never 등을 쓴다.
> Not knowing what to do, he asked me for help.
> 무엇을 해야 할지 몰랐기 때문에 그는 나에게 도움을 청했다.
> = As he did not know what to do, he asked me for help.

(2) 독립분사구문

① **독립분사구문** … 주절의 주어와 분사구문의 의미상 주어가 다른 경우를 독립분사구문이라고 하고, 분사 앞에 의미상 주어를 주격으로 표시한다.

It being fine, we went for a walk. 날씨가 맑았으므로, 우리는 산책했다.
= As it was fine, we went for a walk.

② **비인칭 독립분사구문** … 분사구문의 의미상 주어가 일반인(we, you, they, people, etc)일 경우 주어를 생략하고 관용적으로 쓰인다.

- ㉠ generally speaking : 일반적으로 말하면(= If we speak generally)
- ㉡ strictly speaking : 엄격히 말한다면(= If we speak strictly)
- ㉢ roughly speaking : 대충 말한다면(= If we speak roughly)
- ㉣ frankly speaking : 솔직히 말한다면(= If we speak frankly)
- ㉤ talking of ~ : ~으로 말할 것 같으면, 이야기가 났으니 말인데
- ㉥ judging from ~ : ~으로 판단하건대
- ㉦ compared with ~ : ~와 비교해 보면
- ㉧ taking ~ into consideration : 모든 것을 고려해 볼 때(considering ~ : ~을 고려해 보니, 생각해 보면, ~으로서는)
- ㉨ providing that : 만약 ~이면(= provided that)
- ㉩ supposing that : 만약에 ~하면(= supposed that)
- ㉪ granting that : 가령 ~라고 치고, 만약 ~이면(= granted that)
- ㉫ seeing that : ~인 점에서 보면, ~라는 점에 비추어(= now that)
- ㉬ concerning ~ : ~에 대하여
- ㉭ notwithstanding ~ : ~에도 불구하고

③ **with + 독립분사구문** … 'with + 목적어 + 분사·형용사·부사(구)'의 형태로, 부대상황을 나타내는 독립분사구문에 with를 함께 써서 묘사적 표현을 강조하며, 해석은 ~하면서, ~한채, ~해서로 해석된다.

He stood there, with his eyes closed. 그는 그 곳에 서서 눈을 감고 있었다.
= He stood there, his eyes (being) closed (by him).
= He stood there, and his eyes were closed (by him).

(3) 분사구문의 시제

① 단순분사구문 … '동사원형 + -ing'로 주절의 시제와 일치한다.

Opening the window, I felt fresh. 창문을 연 후에 나는 상쾌함을 느꼈다.
= After I opened the window, I felt fresh.

② 완료분사구문 … 'Having + p.p.'로 주절의 시제보다 한 시제 앞서거나 완료를 나타낸다.

Having finished my work, I went to bed. 나는 내 일을 끝낸 후에 자러 갔다.
= After I had finished my work, I went to bed.

> **TIP 분사구문에서 분사의 생략**
>
> Being + p.p., Having been + p.p.의 수동형식인 분사구문의 경우 being과 having been이 생략되는 경우가 많다.
> (Being) Taken by surprise, he gave up the contest.
> 그는 불시에 기습을 당했으므로 그 시합을 포기했다.
> = As he was taken by surprise, he gave up the contest.

07 관계사

① 관계대명사의 종류와 격

관계대명사는 문장과 문장을 연결하는 접속사의 역할과 대명사의 역할을 동시에 한다. 관계대명사가 이끄는 절은 선행사(관계대명사 앞에 오는 명사)를 수식하는 형용사절이다.

[관계대명사의 종류에 따른 격]

선행사	주격	소유격	목적격
사람	who	whose	whom
동물, 사물	which	whose, of which	which
사람, 동물, 사물	that	없음	that

② 관계대명사 who, which, that, what

(1) 관계대명사 who

관계대명사 who는 선행사가 사람일 때 쓴다.

① who(주격) … 자신이 이끄는 절에서 주어 역할을 하며, 동사의 형태는 선행사의 인칭과 수, 주절의 시제에 좌우된다.

   I know the boy who did it. 나는 그 일을 했던 소년을 안다.
   →I know the boy. + He did it.

② whose(소유격) … 명사와 결합하여 형용사절을 이끈다.

   A child whose parents are dead is called an orphan.
   부모가 돌아가신 아이는 고아라 불린다.
   →A child is called an orphan. + His parents are dead.

③ whom(목적격) … 자신이 이끄는 절에서 타동사와 전치사의 목적어로 쓰인다.

   She is the girl whom I am fond of. 그녀는 내가 좋아하는 소녀이다.
   →She is the girl. + I am fond of her(전치사의 목적어).

(2) 관계대명사 which

관계대명사 which는 선행사가 사물·동물일 때 쓴다.

① which(주격)

   The road which leads to the station is narrow. 역에 이르는 길은 폭이 좁다.
   →The road is narrow. + The road leads to the station.

② of which(= whose, 소유격)

   This is the car of which the engine(the engine of which) is of the latest type.
   이것은 엔진이 최신형인 차이다.
   = This is the car whose engine is of the latest type.
   →This is the car. + Its engine is of the latest type.

③ which(목적격)

   This is the book which I bought yesterday. 이것은 내가 어제 산 책이다.
   →This is the book. + I bought it yesterday(타동사의 목적어).

(3) 관계대명사 that

① 관계대명사 that은 who 또는 which를 대신하여 선행사에 관계없이 두루 쓸 수 있다.

   I know the boy that broke the window. 나는 그 창문을 깨뜨렸던 소년을 안다.

> **TIP** 관계대명사 that을 쓸 수 없는 경우
> ㉠ 전치사 + that : 관계대명사 that은 전치사의 목적격으로 쓸 수 없으므로 그 전치사는 문미에 둔다.
>   This is the book that I spoke of(○). 이것이 내가 말했던 책이다.
>   → This is the book of that I spoke(×).
> ㉡ 계속적 용법 : 관계대명사 that은 한정적 용법으로만 쓰인다. 즉, 콤마(,) 다음에 쓸 수 없다.
>   I met the man, who did not tell me the truth(○).
>   나는 그 사람을 만났다. 그러나 그는 나에게 진실을 말하지 않았다.
>   I met the man, that did not tell me the truth(×).

② 관계대명사 that만을 쓸 수 있는 경우
  ㉠ 선행사가 최상급, 서수사, the only, the very, the last, the same, every, no 등에 의해 수식될 때
    He is the fastest runner that I have ever seen. 그는 내가 본 가장 빠른 주자이다.
  ㉡ 선행사가 '사람 + 동물(사물)'일 때
    He spoke of the men and the things that he had seen.
    그는 그가 보았던 사람들과 일들에 대해서 말했다.
  ㉢ 선행사가 부정대명사 또는 부정형용사(-thing, -body -one, none, little, few, much, all, any, some, etc)일 때
    I'll give you everything that you want. 나는 당신이 원하는 모든 것을 당신에게 줄 것이다.

(4) 관계대명사 what

① 관계대명사 what은 선행사가 포함된 관계대명사로 명사절을 이끌어 문장 속에서 주어, 목적어, 보어의 역할을 한다. 이때 what은 the thing which 등으로 바꿔 쓸 수 있다.
  ㉠ 주어 역할
    What(The thing which, That which) cannot be cured must be endured.
    고칠 수 없는 것은 견뎌내어야만 한다.
  ㉡ 목적어 역할
    Don't put off until tomorrow what you can do today.
    오늘 할 수 있는 일을 내일로 미루지 말아라.
  ㉢ 보어 역할
    Manners are what makes men different from animals.
    예절은 사람을 동물과 다르게 만드는 것이다.

② 관용적 표현
  ㉠ what is better : 더욱 더 좋은 것은, 금상첨화로
    This book is instructive and, what is better, interesting.
    이 책은 교육적인 데다가 금상첨화로 재미있기도 하다.

- ⓛ what is worse : 더욱 더 나쁜 것은, 설상가상으로
  It is blowing very hard and, what is worse, it begin to snow hard.
  바람이 매우 세차게 불고 있는데, 설상가상으로 눈이 심하게 내리기 시작한다.
- ⓒ what is more : 게다가
- ⓔ what is called : 소위, 이른바[= what we(you, they) call]
  He is what is called a self-made man. 그는 이른바 자수성가한 사람이다.
- ⓜ A is to B what C is to D : A와 B의 관계는 C와 D의 관계와 같다.
  Reading is to the mind what food is to the body.
  독서와 정신의 관계는 음식과 육체의 관계와 같다.
  = Reading is to the mind as food is to the body.
  = What food is to the body, reading is to the mind.
  = Just as food is to the body, so is reading to the mind.
- ⓗ What + S + be : S의 인격·상태
- ⓢ What + S + have : S의 재산·소유물
  She is charmed by what he is, not by what he has.
  그녀는 그의 재산이 아니라 그의 인격에 반했다.

❸ 관계대명사의 한정적·계속적 용법

(1) 한정적 용법
선행사를 수식하는 형용사절을 이끌어 수식을 받는 선행사의 뜻을 분명히 해주며 뒤에서부터 해석한다.
He smiled at the girl who nodded to him. 그는 그에게 목례를 한 소녀에게 미소지었다.

(2) 계속적 용법
관계대명사 앞에 'comma(,)'를 붙이며 관계대명사절이 선행사를 보충 설명한다. 문맥에 따라 '접속사(and, but, for, though, etc) + 대명사'로 바꾸어 쓸 수 있다.
He smiled at the girl, who nodded to him. 그는 소녀에게 미소지었고, 그녀는 그에게 목례를 하였다.
= He smiled at the girl, and she nodded to him.

(3) which의 계속적 용법
계속적 용법으로 쓰인 which는 형용사, 구, 절, 또는 앞문장 전체를 선행사로 받을 수 있다.
Tom is healthy, which I am not. Tom은 건강하지만 나는 그렇지 못하다.
= Tom is healthy, but I am not healthy(형용사가 선행사).

④ 관계대명사의 생략

(1) 목적격 관계대명사의 생략
한정적 용법(관계대명사 앞에 콤마가 없는 경우)으로 쓰인 관계대명사가 타동사 또는 전치사의 목적격으로 쓰일 때는 생략할 수 있다.

① 관계대명사가 타동사의 목적어로 쓰일 때

　Roses are the flowers (which) I like most. 장미는 내가 제일 좋아하는 꽃이다.
　→ Roses are flowers. + I like roses most(타동사의 목적어).

② 관계대명사가 전치사의 목적어로 쓰일 때

　Things (which) we are familiar with are apt to escape our notice.
　우리에게 익숙한 것들은 우리의 주의를 벗어나기 쉽다.
　→ Things are apt to escape our notice. + We are familiar with things(전치사의 목적어).

> **TIP 관계대명사를 생략할 수 없는 경우**
> 목적격 관계대명사라 할지라도 다음의 경우 생략할 수 없다.
> ㉠ 계속적 용법으로 쓰였을 때
> 　I bowed to the gentleman, whom I knew well(whom = for him).
> 　나는 그 신사에게 인사를 했는데, 나는 그를 잘 알고 있었기 때문이다.
> ㉡ '전치사 + 목적격 관계대명사'가 함께 쓰였을 때
> 　I remember the day on which he went to the front.
> 　나는 그가 전선에 간 날을 기억하고 있다.
> ㉢ of which가 어느 부분을 나타낼 때
> 　I bought ten pencils, the half of which I gave my brother.
> 　나는 연필 열 자루를 사서, 내 동생에게 그 중의 반을 주었다.

(2) 주격 관계대명사의 생략
주격 관계대명사는 생략할 수 없는 것이 원칙이지만, 다음의 경우에는 생략해도 된다.

① 관계대명사가 보어로 쓰일 때

　㉠ 주격보어로 쓰일 때

　　He is not the man (that) he was. 그는 예전의 그가 아니다.

　㉡ 목적격보어로 쓰일 때

　　I'm not a fool (that) you think me (to be). 나는 당신이 생각하는 그런 바보가 아니다.

② 관계대명사 다음에 'there + be동사'가 이어질 때

　He is one of the greatest scholars (that) there are in the world.
　그는 세계적인 대학자 중의 하나이다.

③ There is ~, It is ~로 시작되는 구문에서 쓰인 주격 관계대명사
 There is a man (who) wants to see you. 당신을 만나려는 사람이 있다.
 It was he (that) met her yesterday(It ~ that 강조구문).
 어제 그녀를 만난 사람은 바로 그였다.

④ '주격 관계대명사 + be동사'의 경우 둘 다를 함께 생략한다.
 The cap (which is) on the table belongs to Inho. 탁자 위의 모자는 인호의 것이다.

❺ 유사관계대명사

접속사인 as, but, than 등이 관계대명사와 같은 역할을 하는 경우 유사관계대명사라고 한다.

(1) 유사관계대명사 as

① 제한적 용법 … the same, such, as ~ 가 붙은 선행사 뒤에서 상관적으로 쓰인다.
 This is the same watch as I lost(유사물). 이것은 내가 잃어버린 것과 같은 시계이다.
 This is the very same watch that I lost(동일물). 이것은 내가 잃어버린 바로 그 시계이다.
 This book is written in such easy English as I can read(as : 관계대명사).
 이 책은 내가 읽을 수 있는 그런 쉬운 영어로 쓰여져 있다.
 This book is written in such easy English that I can read it(that : 접속사).
 이 책은 매우 쉬운 영어로 쓰여져 있어서 내가 읽을 수 있다.

② 계속적 용법 … 문장 전체를 선행사로 할 때도 있다.
 As is usual with him, he was late for school. 그에게는 흔한데, 그는 학교에 늦었다.

(2) 유사관계대명사 but

부정어구가 붙은 선행사 뒤에 쓰여 이중부정(강한 긍정)의 뜻을 지닌다(= who ~ not, which ~ not, that ~ not).
There is no rule but has some exceptions. 예외 없는 규칙은 없다.
= There is no rule that has not exceptions.
= Every rule has exceptions.

(3) 유사관계대명사 than

비교급이 붙은 선행사 뒤에 쓰인다.
Children should not have more money than is needed.
아이들은 필요한 돈보다 더 많은 돈을 가지지 않아야 한다.

⑥ 관계형용사와 관계부사

(1) 관계형용사
which, what 등이 다음에 오는 명사를 수식하여 관계형용사(접속사 + 형용사)의 역할을 한다.

① what + 명사 = all the + 명사 + that ~

　I have sold what few things I had left. 나는 몇 개 안되지만 내가 남겨 두었던 물건 전부를 팔았다.
　= I have sold all the few things (that) I had left.

② which + 명사 = 접속사 + 지시형용사 + 명사 … 관계형용사 which는 계속적 용법으로만 쓰인다.

　He spoke to me in French, which language I could not understand.
　그는 나에게 불어로 말했는데, 나는 그 언어를 이해할 수가 없었다.
　= He spoke to me in French, but I could not understand that language.

(2) 관계부사
관계부사는 '접속사 + 부사'의 역할을 하여 선행사를 수식하며, '전치사 + 관계대명사'로 바꿔 쓸 수 있다.

① where(= on, at, in　which) … 선행사가 장소를 나타낼 때 쓰이며, 종종 상황이나 입장을 나타낼 때에도 쓰인다.

　This is the house where he lived. 이 곳이 그가 살았던 집이다.
　= This is the house in which he lived.

② when(= on, at, in　which) … 선행사가 시간을 나타낼 때 쓰인다.

　I know the time when he will arrive. 나는 그가 도착할 시간을 안다.
　= I know the time on which he will arrive.

③ why(= for which) … 선행사가 이유를 나타낼 때 쓰인다.

　That is the reason why I was late. 그것이 내가 늦었던 이유이다.
　= That is the reason for which I was late.

④ how(= in which) … 선행사가 방법을 나타낼 때 쓰이며, 보통 the way와 how 중 하나를 생략해야 한다.

　I don't like (the way) how he talks. 나는 그가 이야기하는 방법을 좋아하지 않는다.
　= I don't like the way in which he talks.

> **TIP 관계부사의 계속적 용법**
> 관계부사 중 when, where는 계속적 용법으로 쓸 수 있다.
> Wait till nine, when the meeting will start.
> 9시까지 기다려라. 그러면 모임을 시작할 것이다.
> = Wait till nine, and then the meeting will start.
> We went to Seoul, where we stayed for a week.
> 우리는 서울에 가서, 거기서 1주일간 머물렀다.
> = We went to Seoul, and we stayed there for a week.

7 복합관계사

(1) 복합관계대명사
복합관계대명사는 '관계대명사 + ever'의 형태로서 '선행사 + 관계대명사'의 역할을 하며, 명사절이나 양보의 부사절을 이끈다.

① 명사절을 이끌 때
  ㉠ whatever, whichever = anything that
    I will accept whatever you suggest. 나는 네가 제안하는 것은 무엇이든지 받아들이겠다.
    = I will accept anything that you suggest.
  ㉡ whoever = anyone who
    Whoever comes first may take it. 누구든 가장 먼저 오는 사람이 그것을 가져도 좋다.
    = Anyone who comes first may take it.
  ㉢ whosever = anyone whose
    Whosever horse comes in first wins the prize. 누구의 말이든 먼저 들어오는 말이 상을 탄다.
    = Anyone whose horse comes in first wins the prize.
  ㉣ whomever = anyone whom
    She invited whomever she met. 그녀는 그녀가 만나는 사람은 누구든지 초대하였다.
    = She invited anyone whom she met.

② 양보의 부사절을 이끌 때 … 'no matter + 관계대명사'로 바꿔 쓸 수 있다.
  ㉠ whoever = no matter who : 누가 ~하더라도
    Whoever may object, I will not give up.
    누가 반대하더라도 나는 포기하지 않을 것이다.
    = No matter who may object, I will not give up.
  ㉡ whatever = no matter what : 무엇이(을) ~하더라도
    Whatever may happen, I am ready. 어떤 일이 일어나더라도 나는 준비되어 있다.
    = No matter what may happen, I am ready.
  ㉢ whichever = no matter which : 어느 것을 ~하더라도
    Whichever you may choose, you will be pleased. 어느 것을 고르든 마음에 드실 겁니다.
    = No matter which you choose, you will be pleased.

(2) 복합관계형용사
복합관계형용사는 '관계형용사 + ever'의 형태로 명사절이나 양보의 부사절을 이끈다.

① 명사절을 이끌 때 … whatever, whichever = any(all the) + 명사 + that ~
    Take whatever ring you like best. 당신이 가장 좋아하는 어떤 반지라도 가져라.
    = Take any ring that you like best.

② 양보의 부사절을 이끌 때
　㉠ whatever + 명사 = no matter what + 명사

　　Whatever results follow, I will go. 어떠한 결과가 되든 나는 가겠다.
　　= No matter what results follow, I will go.

　㉡ whichever + 명사 = no matter which + 명사

　　Whichever reasons you may give, you are wrong.
　　당신이 어떤 이유들을 제시하든 당신은 잘못하고 있다.
　　= No matter which reasons you may give, you are wrong.

(3) 복합관계부사

복합관계부사는 '관계부사 + ever'의 형태로 '선행사 + 관계부사'의 역할을 하며, 장소·시간의 부사절이나 양보의 부사절을 이끈다.

① 장소, 시간의 부사절을 이끌 때
　㉠ whenever = at(in, on) any time when

　　You may come whenever it is convenient to you. 편리할 때면 언제든지 와도 좋다.
　　= You may come at any time when it is convenient to you.

　㉡ wherever = at(in, on) any place where

　　She will be liked wherever she appears. 그녀는 어디에 나오든지 사랑받을 것이다.
　　= She will be liked at any place where she appears.

② 양보의 부사절을 이끌 때 … 주로 may를 동반한다.
　㉠ whenever = no matter when

　　Whenever you may call on him, you'll find him reading something.
　　당신이 언제 그를 찾아가더라도 당신은 그가 어떤 것을 읽고 있는 것을 발견할 것이다.
　　= No matter when you may call on him, you'll find him reading something.

　㉡ wherever = no matter where

　　Wherever you may go, you will not be welcomed.
　　너는 어디에 가더라도 환영받지 못할 것이다.
　　= No matter where you may go, you will not be welcomed.

　㉢ however = no matter how

　　However cold it may be, he will come. 날씨가 아무리 춥더라도 그는 올 것이다.
　　= No matter how cold it may be, he will come.

08 가정법

❶ 가정법 과거, 과거완료

(1) 가정법 과거
'If + 주어 + 동사의 과거형(were) ~, 주어 + would(should, could, might) + 동사원형'의 형식이다. 현재의 사실에 반대되는 일을 가정하는 것으로, if절에서는 주어의 인칭·수에 관계없이 be동사는 were를 쓰고, 현재형으로 해석한다.
If I were a bird, I could fly to you. 내가 새라면, 당신에게 날아갈 수 있을텐데.
= As I am not a bird, I can't fly to you(직설법 현재).

(2) 가정법 과거완료
'If + 주어 + had + p.p. ~, 주어 + would(should, could, might) + have + p.p.'의 형식이다. 과거의 사실에 반대되는 일을 가정하는 것으로, 해석은 과거형으로 한다.
If you had done it at once, you could have saved him.
내가 그것을 즉시 했었더라면, 그를 구할 수 있었을텐데.
= As you didn't do it at once, you could not save him(직설법 과거).

> **TIP 혼합가정법**
> 과거의 사실이 현재에까지 영향을 미치고 있는 경우 현재에 영향을 미치는 과거의 사실과 반대되는 일을 가정하는 것으로 'If + 주어 + had p.p.~(가정법 과거완료), 주어 + would(should, could, might) + 동사원형(가정법 과거)'의 형식으로 나타낸다.
> If he had not helped her then, she would not be here now.
> 그가 그때 그녀를 도와주지 않았다면, 그녀는 지금 여기에 없을텐데.
> = As he helped her then, she is here now.
> = She is here now because he helped her then.

❷ 가정법 현재, 미래

(1) 가정법 현재]
'If + 주어 + 동사원형(현재형) ~, 주어 + will(shall, can, may) + 동사원형'의 형식이다. 현재 또는 가까운 미래의 불확실한 일을 가정하여 상상한다. 현대 영어에서는 if절의 동사를 주로 현재형으로 쓰며, 거의 직설법으로 취급된다.
If he be(is) healthy, I will employ him. 그가 건강하다면, 나는 그를 고용할 것이다.

(2) 가정법 미래

① If + 주어 + should + 동사원형, 주어 + will[would, shall(should), can(could), may (might)] + 동사원형 … 비교적 실현가능성이 없는 미래의 일에 대한 가정이다.
If I should fail, I will(would) try again. 내가 실패한다면, 다시 시도할 것이다.

② If + 주어 + were to + 동사원형, 주어 + would(should, could, might) + 동사원형 … 절대적으로 실현 불가능한 미래의 일에 대한 가정이다.
If I were to be born again, I would be a doctor.
내가 다시 태어난다면, 나는 의사가 되겠다.

> **TIP** 가정법을 직설법으로 전환하는 방법
> ㉠ 접속사 If를 as로 바꾼다.
> ㉡ 가정법 과거는 현재시제로, 가정법 과거완료는 과거시제로 고친다.
> ㉢ 긍정은 부정으로, 부정은 긍정으로 바꾼다.
> If I had money, I could buy it(가정법 과거).
> 돈이 있다면, 그것을 살 텐데.
> =As I don't have money, I can't buy it(직설법 현재).
> =I don't have money, so I can't buy it.
> If I had been there, I could have seen it(가정법 과거완료).
> 거기에 있었다면 그것을 볼 수 있었을 텐데.
> =As I was not there, I couldn't see it(직설법 과거).
> =I was not there, so I couldn't see it.

❸ 주의해야 할 가정법

(1) I wish 가정법

① I wish + 가정법 과거 … ~하면 좋을 텐데(아니라서 유감스럽다). 현재사실에 반대되는 소망이다(wish를 뒤따르는 절의 시제는 wish와 같은 시제).

② I wish + 가정법 과거완료 … ~했으면 좋았을 텐데(아니라서 유감스럽다). 과거사실에 반대되는 소망이다(wish를 뒤따르는 절의 시제는 wish보다 한 시제 앞선다).
I wish I were rich. 부자라면 좋을 텐데(아니라서 유감스럽다).
=I am sorry (that) I am not rich.
I wish I had been rich. 부자였다면 좋을 텐데(아니라서 유감스럽다).
=I am sorry (that) I was not rich.
I wished I were rich. 부자였다면 좋았을 텐데(아니라서 유감스러웠다).
=I was sorry (that) I was not rich.

I wished I had been rich. 부자였었다면 좋았을 텐데(아니라서 유감스러웠다).
= I was sorry (that) I had been rich.

> **TIP** I wish 가정법을 직설법으로 전환
> ㉠ I wish를 I am sorry로, I wished는 I was sorry로 바꾼다.
> ㉡ wish 뒤의 절에서 과거는 현재시제로, 과거완료는 과거시제로 고친다. wished 뒤의 절에서는 시제를 그대로 둔다.
> ㉢ 긍정은 부정으로, 부정은 긍정으로 바꾼다.
> I wish it were true.
> 그것이 사실이라면 좋을 텐데(아니라서 유감스럽다).
> = I am sorry (that) it is not true.
> = It is a pity that it is not true.
> I wish it had been true.
> 그것이 사실이었다면 좋을 텐데(아니라서 유감스럽다).
> = I am sorry (that) it was not true.
> = It is a pity that it was not true.
> I wished it were true.
> 그것이 사실이었다면 좋았을 텐데(아니라서 유감스러웠다).
> = I was sorry (that) it was not true.
> = It was a pity that it was not true.
> I wished it had been true.
> 그것이 사실이었었다면 좋았을 텐데(아니라서 유감스러웠다).
> = I was sorry (that) it had been true.
> = It was a pity that it had not been true.

(2) as if 가정법
'마치 ~처럼'의 뜻으로 쓰인다.

① **as if + 가정법 과거** … 마치 ~인 것처럼. 현재의 사실에 대한 반대·의심이다(주절과 종속절이 같은 시제).

② **as if + 가정법 과거완료** … 마치 ~였던 것처럼. 과거의 사실에 대한 반대·의심이다(종속절이 주절보다 한 시제 앞섬).

He looks as if he were sick(in fact he is not sick).
그는 마치 아픈 것처럼 보인다(현재사실의 반대).
He looks as if he had been sick(in fact he was not sick).
그는 마치 아팠던 것처럼 보인다(과거사실의 반대).
He looked as if he were sick(in fact he was not sick).
그는 마치 아픈 것처럼 보였다(과거사실의 반대).
He looked as if he had been sick(in fact he had not been sick).
그는 마치 아팠던 것처럼 보였다(과거 이전 사실의 반대).

(3) if only + 가정법 과거(과거완료)

'~한다면(했다면) 얼마나 좋을(좋았을)까'의 뜻으로 쓰인다.

If only I were married to her! 그녀와 결혼한다면 얼마나 좋을까!
If only I had been married to her! 그녀와 결혼했다면 얼마나 좋았을까!

❹ if절 대용어구 & if의 생략

(1) 주어
An wise man would not do such a thing. 현명한 사람이라면 그런 일을 하지 않을텐데.
= If he were an wise man, he would not do such a thing.

(2) without[= but(except) for]

① ~가 없다면 … If it were not for ~ = Were it not for ~ = If there were no ~ (가정법 과거)

　Without air and water, we could not live. 공기와 물이 없다면, 우리는 살 수 없을텐데.
　= If it were not for air and water, we could not live.

② ~가 없었다면 … If it had not been for ~ = Had it not been for ~ = If there had not been ~ (가정법 과거완료)

　Without air and water, we could not have lived.
　물과 공기가 없었다면, 우리는 살 수 없었을텐데.
　= If it had not been for air and water, we could not have lived.

(3) to부정사
To try again, you would succeed. 한 번 더 시도한다면 당신은 성공할텐데.
= If you tried again, you would succeed.

(4) 직설법 + otherwise(or, or else)
'그렇지 않다면, 그렇지 않았더라면'의 뜻으로 쓰인다.

I am busy now, otherwise I would go with you.
내가 지금 바쁘지 않다면 너와 함께 갈텐데.
= If I were not busy, I would go with you.

(5) if의 생략
조건절의 if는 생략할 수 있으며, 이때 주어와 동사의 어순은 도치된다.

If I should fail, I would not try again. 만일 실패한다면 나는 다시는 시도하지 않을 것이다.
= Should I fail, I would not try again.

09 관사와 명사·대명사

❶ 관사

(1) 부정관사 a / an

셀수 있는 명사 앞에서 "one(하나)", "any(어떤)"이라는 의미로 쓰인다. 명사의 발음이 모음인지 자음인지에 따라서 a(자음일경우), an(모음일경우)를 사용한다.

I bought an apple and a banana.
나는 사과와 바나나를 샀다.

(2) 정관사 the

앞에 언급한 명사를 반복하거나, 말하는 당사자 간에 이미 알고 있는 특정한 명사 앞, 또는 최상급이나 서수 앞에서 쓰인다.

Please open the window. 창문을 열어라.

❷ 명사

(1) 명사의 종류

① 보통명사

　㉠ a(the) + 단수보통명사 : 복수보통명사로 종족 전체를 나타내는 뜻으로 쓰인다.

　　　A dog is a faithful animal(구어체). 개는 충실한 동물이다.
　　　= The dog is a faithful animal(문어체).
　　　= Dogs are faithful animals(구어체).

　㉡ 관사 없이 쓰인 보통명사 : 사물 본래의 목적을 표시한다.

　　　go to sea(선원이 되다), in hospital(입원 중), at table(식사중)

> **TIP 명사의 전용**
> the + 보통명사 → 추상명사
> The pen is mightier than the sword. 문(文)은 무(武)보다 강하다.

② 집합명사
　㉠ family형 집합명사 : 집합체를 하나의 단위로 볼 때는 단수 취급, 집합체의 구성원을 말할 때는 복수 취급(군집명사)한다. family(가족), public(대중), committee(위원회), class(계층), crew(승무원) 등이 있다.
　　My family is a large one. 우리 가족은 대가족이다.
　　My family are all very well. 우리 가족들은 모두 잘 지내고 있다.
　㉡ police형 집합명사 : the를 붙여 항상 복수 취급한다. police(경찰), clergy(성직자), gentry(신사계급), nobility(귀족계급) 등 사회적 계층이나 신분을 뜻하는 명사를 말한다.
　　The police are on the murderer's track. 경찰들은 살인범의 흔적을 좇고 있다.
　㉢ cattle형 집합명사 : 관사를 붙일 수 없으며 복수 취급한다. people(사람들), poultry(가금), vermin(해충) 등이 있다.
　　There are many people in the theater. 그 극장에 많은 사람들이 있다.
　㉣ 부분을 나타내는 집합명사 : 뒤에 오는 명사에 따라 단·복수가 결정된다. part, rest, portion, half, the bulk, the majority, most 등이 있다.
　　Half of the apple is rotten. 그 사과의 반쪽이 썩었다.
　　Half of the apples are rotten. 그 사과들의 절반이 썩었다.

> **TIP** people이 '국민, 민족'의 뜻일 경우
> 이 경우 단수 취급한다.
> ㉠ many peoples : 많은 민족들
> ㉡ many people : 많은 사람들

③ 추상명사 … 성질, 상태, 동작 등과 같이 형태가 없는 것을 나타낸다. 관사를 붙일 수 없으며 복수형도 없다. happiness, beauty, peace, success, truth, knowledge, learning, discovery, shopping 등이 있다.

> **TIP** 명사의 전용
> a(an) + 추상명사, 복수형 추상명사 → 보통명사
> She is a failure as an actress, but a success as a mother.
> 그녀는 배우로서는 실패자이지만 어머니로서는 성공한 사람이다.

　㉠ of + 추상명사 : 형용사(구)로서 앞의 명사를 수식한다.
　　This is a matter of importance. 이것은 중요한 문제이다.
　　= This is an important matter.
　㉡ all + 추상명사 = 추상명사 itself = very + 형용사
　　Mary is all beauty. Mary는 대단히 아름답다.
　　= Mary is beauty itself.
　　= Mary is very beautiful.

ⓒ 전치사(with, by, in, on 등) + 추상명사 = 부사(구)

 I met him by accident. 나는 우연히 그를 만났다.
 = I met him accidently.

ⓔ have + the 추상명사 + to + 동사원형 : 대단히 ~하게도 …하다.

 She had the kindness to help me. 그녀는 대단히 친절하게도 나를 도와주었다.
 = She was kind enough to help me.
 = She was so kind as to help me.
 = She was so kind that she helped me.
 = She kindly helped me.
 = It was kind of her to help me.

ⓜ 추상명사가 집합명사로 쓰일 때는 복수 취급을 하기도 한다.

 Youth(= young people) should respect age(= aged people).
 젊은이들은 노인들을 존경해야 한다.

ⓗ 추상명사의 가산법(수량표시) : 보통 a piece of, a little, some, much, a lot of, lots of 등에 의해서 표시된다.

 a piece of advice 충고 한 마디, a stroke of good luck 한 차례의 행운

④ **물질명사** … 일정한 형체가 없이 양으로 표시되는 물질을 나타내는 명칭이다. 관사를 붙일 수 없고, 복수형으로 만들 수 없으며 항상 단수 취급한다. gold, iron, stone, cheese, meat, furniture, money 등이 있다.

ⓐ 정관사의 사용 : 물질명사가 수식어의 한정을 받을 때에는 정관사 the를 붙인다.

 The water in this pond is clear. 이 연못의 물은 깨끗하다.

ⓑ 집합적 물질명사 : 물건의 집합체이지만 양으로 다루므로 항상 단수 취급한다. furniture(가구), clothing(의류), baggage(짐), machinery(기계류), produce(제품) 등이 있다.

 She bought two pieces of furniture. 그녀는 가구 두 점을 샀다.

ⓒ 물질명사의 가산법(수량표시) : 물질명사를 셀 때에는 단위를 표시하는 말을 사용하여 단·복수를 나타낸다.

 a spoon(ful) of sugar 설탕 한 순가락, a cake of soap 비누 한 개

ⓓ 물질명사의 양의 적고 많음을 나타낼 때 : (a) little, some, much, lots of, a lot of, plenty of 등을 쓴다.

 There is much beef in the refrigerator. 냉장고에 많은 쇠고기가 있다.

⑤ **고유명사** … 사람, 사물 및 장소의 이름을 나타내는 명칭으로, 유일무이하게 존재하는 것이다. 항상 대문자로 시작하고 대부분 관사를 붙일 수 없으며 복수형도 없다. David Bowie, Central Park, the Korea Herald, July 등이 있다.

[가산명사와 불가산명사]

구분		개념
가산명사 (셀 수 있는 명사)	보통명사	같은 종류의 사람 및 사물에 붙인 이름
	집합명사	사람 또는 사물의 집합을 나타내는 이름
불가산명사 (셀 수 없는 명사)	고유명사	특정한 사람 또는 사물의 고유한 이름
	물질명사	일정한 형체가 없는 원료, 재료 등에 붙인 이름

> **TIP** 혼동하기 쉬운 가산명사와 불가산명사
> ㉠ a poem 시, poetry (총칭적) 시
> ㉡ a country 국가, country 시골
> ㉢ a right 권리, right 정의
> ㉣ a pig 돼지, pork 돼지고기
> ㉤ a cow 소, beef 쇠고기
> ㉥ a meal 식사, food 음식

(2) 명사의 수

① 명사의 복수형 만들기
　㉠ 규칙변화
　　• 일반적으로는 어미에 -s를 붙인다.
　　　cats, desks, days, deaths 등
　　• 어미가 s, x, sh, ch, z로 끝나면 -es를 붙인다. 단, ch의 발음이 [k]인 경우에는 -s를 붙인다.
　　　buses, boxes, dishes, inches, stomachs, monarchs 등
　　• '자음 + y'는 y를 i로 고치고 -es를 붙인다.
　　　cities, ladies, armies 등
　　• '자음 + o'는 -es를 붙인다(예외 : pianos, photos, solos, autos 등).
　　　potatoes, heroes, echoes 등
　　• 어미가 f, fe로 끝나면 f를 v로 고치고 -es를 붙인다(예외 : roofs, chiefs, handkerchiefs, griefs, gulfs, safes(금고) 등).
　　　lives, leaves, wolves 등

> **TIP** 불규칙변화
> ㉠ 모음이 변하는 경우 : man → men, foot → feet, tooth → teeth, mouse → mice, ox → oxen
> ㉡ 단수, 복수가 같은 경우 : sheep, deer, salmon, corps, series, species, Chinese, Swiss 등
> ㉢ 외래어의 복수형
> 　• -um, -on → -a : medium → media, phenomenon → phenomena
> 　• -us → -i : stimulus → stimuli, focus → foci, fungus → fungi
> 　• -sis → -ses : oasis → oases, crisis → crises, thesis → theses, analysis → analyses, basis → bases

ⓛ 복합명사의 복수형
- 중요한 말이나 명사에 -s를 붙인다.
  step-mother → step-mothers(계모), passer-by → passers-by(통행인)
- 중요한 말이나 명사가 없는 경우 끝에 -s나 -es를 붙인다.
  forget-me-not → forget-me-nots(물망초), have-not → have-nots(무산자),
- 'man, woman + 명사'는 둘 다 복수형으로 고친다.
  man-servant(하인) → men-servants, woman-doctor(여의사) → women-doctors

② 절대·상호·분화복수
  ㉠ 절대복수 : 항상 복수형으로 쓰이는 명사이다.
  - 짝을 이루는 의류, 도구 : 복수 취급한다(수를 셀 때는 a pair of, two pairs of ~를 씀).
    trousers(바지), braces(멜빵바지), glasses(안경), scissors(가위), 등
  - 학문, 학과명(-ics로 끝나는 것), 게임명, 병명 : 단수 취급한다.
    statistics(통계학), billiards(당구), measles(홍역) 등
  - 기타 : 복수 취급한다(예외 : news, series, customs는 단수 취급).
    goods(상품), riches(재산), belongs(소유물), savings(저금)
  ㉡ 상호복수 : 상호 간에 같은 종류의 것을 교환하거나 상호작용을 할 때 쓰는 복수이다.
    shake hands with(악수를 하다), change cars(차를 갈아타다)
  ㉢ 분화복수 : 복수가 되면서 본래의 의미가 없어지거나, 본래의 의미 외에 또 다른 의미가 생겨나는 복수이다.
    letter(문자) / letters(문자들, 문학), arm(팔) / arms(팔들, 무기), good(선) / goods(상품), pain(고통) / pains(고생, 수고), force(힘) / forces(군대)

> **TIP** 복수형을 쓰지 않는 경우
> ㉠ '수사 + 복수명사'가 다른 명사를 수식할 경우 복수형에서 s를 뺀다.
>   a ten-dollar bill, three-act drama, a five-year plan
> ㉡ 시간, 거리, 가격, 중량을 한 단위로 취급할 때는 형태가 복수일지라도 단수 취급을 한다.
>   Ten dollars a day is a good pay.
>   하루에 10달러는 높은 급료이다.

(3) 명사의 소유격

① 원칙 … 명사가 생물인 경우에는 's를 붙이고, 무생물인 경우에는 'of + 명사'로 표시하며, 복수명사(-s)인 경우에는 '만 붙이는 것을 원칙으로 한다.

> **TIP** 무생물의 소유격
> ㉠ 일반적으로 'of + 명사'를 쓴다.
>   the legs of the table(○) 다리가 네 개인 책상
>   → the table's legs(×)
> ㉡ 의인화된 경우 's를 붙인다.
>   heaven's will 하늘의 의지, fortune's smile 운명의 미소
> ㉢ 시간, 거리, 가격, 중량 등을 나타내는 명사는 of를 쓰지 않고 -'s를 붙인다.
>   ten mile's distance 10마일의 거리, a pound's weight 1파운드의 무게

② **독립소유격** … 소유격 뒤에 올 명사가 예측 가능할 때 생략한다.
　㉠ 같은 명사의 반복을 피하기 위해 생략한다.
　　My car is faster than Tom's (car). 내 차는 Tom의 것보다 빠르다.
　㉡ 장소 또는 건물 등을 나타내는 명사 house, shop, office, restaurant, hospital 등은 생략한다.
　　I am going to the dentist's (clinic). 나는 치과에 갈 예정이다.

③ **이중소유격** … a, an, this, that, these, those, some, any, no, another 등과 함께 쓰이는 소유격은 반드시 이중소유격(a + 명사 + of + 소유대명사)의 형태로 해야 한다.
　He is an old friend of mine(○). 그는 나의 오랜 친구이다.
　→He is a my old friend(×).
　→He is an old my friend(×).

④ **명사 + of + 명사**(목적격) … '명사 + 명사'의 형태로 변환시킬 수 있다.
　a rod of iron = an iron rod 쇠막대기

⑤ **명사(A) + of + a(n) + 명사(B)** … 'B와 같은 A'의 뜻으로 해석된다.
　a wife of an angel 천사같은 아내
　= an angelic wife

③ 대명사

(1) 인칭대명사 it의 용법

① **특정한 단어, 구절을 받을 때** … 이미 한 번 언급된 사물·무생물·성별불명의 유아 등이나 구절을 가리킬 때 it을 쓴다.
　Where is my pen? I left it on the table(it = my pen).
　내 펜이 어디에 있니? 나는 그것을 책상 위에 두고 갔어.

② **비인칭주어** … 날씨, 시간, 거리, 계절, 명암 등과 같은 자연현상이나 측정치를 나타내는 비인칭주어로 쓰일 때의 it은 해석하지 않는다.
　It is cold outside. 밖은 춥다.　　It is two o'clock. 2시이다.

③ **가주어** … to부정사나 that절이 문장의 주어로 쓰이는 경우 이를 뒤로 보내고 대신 가주어 it을 문장의 주어로 세울 수 있다.
　It is impossible to start at once(to start 이하가 진주어). 즉시 출발하는 것은 불가능하다.

④ **가목적어** … 5형식의 문장에서 목적어로 to부정사나 that절이 올 때 반드시 가목적어 it을 쓰고 to부정사나 that절을 문장의 뒤로 보낸다.
　I think it wrong to tell a lie(to tell 이하가 진목적어).
　나는 거짓말하는 것을 나쁘다고 생각한다.

⑤ **강조용법** … 문장 내에서 특정한 어구[주어, 목적어, 부사(구·절) 등]를 강조하려 할 때 It is ~ that 구문을 쓴다.

I met him in the park yesterday. 나는 어제 그를 공원에서 만났다.

→ It was I that(who) met him in the park yesterday(주어 강조).
어제 공원에서 그를 만난 사람은 나였다.

→ It was him that(whom) I met in the park yesterday(목적어 강조).
어제 공원에서 내가 만난 사람은 그였다.

→ It was in the park that(where) I met him yesterday(부사구 강조).
내가 어제 그를 만난 곳은 공원이었다.

→ It was yesterday that(when) I met him in the park(부사 강조).
내가 공원에서 그를 만난 때는 어제였다.

(2) 지시대명사

① this와 that

　㉠ this(these)는 '이것'을, that(those)은 '저것'을 가리키는 대표적인 지시대명사이다.

　㉡ this와 that이 동시에 쓰일 경우 this는 후자, that은 전자를 가리킨다.

　　I can speak English and Japanese ; this is easier to learn than that(this = Japanese, that = English).
　　나는 영어와 일어를 할 줄 안다. 후자가 전자보다 배우기 쉽다.

② this의 용법

　㉠ this는 사물뿐만 아니라 사람을 가리키는 주격 인칭대명사로도 쓰인다.

　　This is Mrs. Jones. 이쪽은 Jones 부인입니다.

　㉡ this는 다음에 이어질 문장의 내용을 지칭할 수 있다.

　　I can say this. He will never betray you.
　　나는 이 말을 할 수 있습니다. 그는 결코 당신을 배신하지 않을 것입니다.

③ that의 용법

　㉠ those는 주격 관계대명사 who와 함께 쓰여 '~하는 사람들'의 의미를 나타낸다.

　　Heaven helps those who help themselves. 하늘은 스스로 돕는 자를 돕는다.

　㉡ 동일한 명사의 반복을 피하기 위해 that(= the + 명사)을 쓴다. 복수형 명사일 때에는 those를 쓴다.

　　His dress is that of a gentleman, but his speech and behaviors are those of a clown(that = the dress, those = the speech and behaviors).
　　그의 옷은 신사의 것이지만 말투나 행동거지는 촌뜨기의 것이다.

(3) such의 용법
앞에 나온 명사 혹은 앞문장 전체를 받을 때 such를 쓴다.
If you are a gentleman, you should behave as such.
만약 당신이 신사라면, 당신은 신사로서 행동해야 한다.

(4) so의 용법
① so는 동사 believe, expect, guess, hope, think, say, speak, suppose, do 등의 뒤에 와서 앞문장 전체 혹은 일부를 대신한다.
A : Is he a liar? 그는 거짓말쟁이니?
B : I think so. / I don't think so. 나는 그렇게(거짓말쟁이라고) 생각해 / 나는 그렇게 생각하지 않아.

② 동의 · 확인의 so … ~도 그렇다.
- ㉠ 긍정문에 대한 동의(= 주어 + 동사 + too)
  - A와 B의 주어가 다른 경우 : So + (조)동사 + 주어
  - A와 B의 주어가 같은 경우 : So + 주어 + (조)동사
    A : I like watermelons. 나(A)는 수박을 좋아해.
    B : So do I(= I like them, too). 나(B)도 그래(좋아해).
       So you do. 너(A)는 정말 그래(좋아해).
- ㉡ 부정문에 대한 동의 : Neither + (조)동사 + 주어[= 주어 + (조)동사 + either]
    A : I don't like watermelons. 나(A)는 수박을 좋아하지 않아.
    B : Neither do I(= I don't like them, either). 나(B)도 그래(좋아하지 않아).

(5) 부정대명사
① all과 each의 용법
- ㉠ all의 용법 : '모든 사람(전원) · 것(전부)'을 의미한다.
  - all이 사람을 나타내면 복수, 사물을 나타내면 단수로 취급한다.
    All were dead at the battle. 모두가 전쟁에서 죽었다.
    All that glitters is not gold. 반짝이는 모든 것이 다 금은 아니다.
  - all과 인칭대명사 : all of + 인칭대명사 = 인칭대명사 + all(동격대명사)
    All of us have to go. 우리들 전원은 가야 한다.
    = We all have to go.
- ㉡ each의 용법 : '각자, 각각'을 의미하는 each는 부정어를 수반하는 동사와 함께 쓰이지 않으며 'each of (the) + 복수명사 + 단수동사 = 복수명사 + each(동격대명사) + 복수동사 = each(형용사) + 단수명사 + 단수동사'의 형태로 단수 취급한다.
    Each of the boys has his duty. 그 소년들은 각자 그의 의무를 가지고 있다.
    = The boys each have their duty.
    = Each boy has his duty.

② both와 either의 용법
　㉠ both의 용법 : '둘(두 사람 또는 두 개의 사물) 모두'를 의미하는 both는 'both of the + 복수명사 + 복수동사 = 복수명사 + both(동격대명사)'의 형태로 복수로 취급한다.
　　Both of the questions were difficult. 질문은 둘 다 어려웠다.
　㉡ either의 용법 : '둘(두 사람 또는 두 개의 사물) 중 어느 한쪽'을 의미하는 either는 원칙적으로 단수 취급하지만 'either of (the) + 복수명사 + 단수동사(원칙) / 복수동사(구어)'의 형태로 쓰이기도 한다.
　　Either of them is(are) good enough. 그 둘 중 어느 쪽도 좋다.

③ none과 neither의 용법
　㉠ none의 용법 : no one(아무도 ~않다)을 의미하며 셋 이상의 부정에 사용한다.
　　• 'none of the + 복수명사 + 단수동사 / 복수동사'의 형태로 단·복수를 함께 사용한다.
　　　None of them goes out. 그들 모두가 외출하지 않는다.
　　　None of them go out. 그들 중 아무도 외출하지 않는다.
　　• 'none of the + 물질·추상명사 + 단수동사'의 형태로 단수로만 취급하기도 한다. neither은 모두 단수 취급을 한다.
　　　None of the money is hers. 그 돈은 한 푼도 그녀의 것이 아니다.
　㉡ neither의 용법 : both의 부정에 사용되며 '둘 중 어느 쪽도 ~않다[= not ~ either of (the) + 복수명사]'를 의미하는 neither는 원칙적으로 단수 취급하지만, 'neither of (the) + 복수명사 + 단수동사(원칙) / 복수동사(구어) = neither + 단수명사 + 단수동사'의 형태로 쓰이기도 한다.
　　Neither of his parents is(are) alive. 그의 부모님들 중 한 분도 살아계시지 않다.

④ some과 any의 용법 … '약간'을 의미하는 some과 any는 불특정한 수 또는 양을 나타내는 대명사로 'some /any of the + 단수명사 + 단수동사, some /any of the + 복수명사 + 복수동사'의 형태로 쓰인다.
　㉠ some의 용법 : 긍정문, 평서문의 대명사로 쓰인다.
　　Some of the fruit is rotten. 그 과일 중 몇 개는 썩었다.
　㉡ any의 용법 : 부정문, 의문문, 조건문의 대명사로 쓰인다.
　　Any of the rumors are not true. 그 소문들 중 몇몇은 사실이 아니었다.

⑤ some-, any-, every-, no-와 결합된 대명사 -body, -one, -thing은 단수로 취급한다(no-와 -one은 no one의 형태로 결합).
　Someone has left his bag. 누군가 가방을 두고 갔다.

⑥ another와 other의 용법
　㉠ another의 용법 : 불특정한 '(또 하나의) 다른 사람·것'을 의미하며, 단수로만 쓰인다.
　　• 하나 더(= one more)
　　　He finished the beer and ordered another(= one more beer).
　　　그는 맥주를 다 마시고 하나 더 주문했다.

- 다른(= different)

    I don't like this tie. Show me another(= different tie).
    나는 이 넥타이가 마음에 안들어요. 다른 것을 보여주세요.

ⓒ other의 용법

- '(나머지) 다른 사람·것'을 의미하며, 정관사 the와 함께 쓰이면 특정한 것을 나타내고, the 없이 무관사로 쓰이면 불특정한 것을 나타낸다.
- 복수형은 others이다.

> **TIP** another와 other의 주요 용법
> ㉠ A is one thing, B is another : A와 B는 별개이다(다르다).
>   To say is one thing, to do is another. 말하는 것과 행하는 것은 별개이다.
> ㉡ some + 복수명사, others ~ : (불특정 다수 중) 일부는 ~, 또 일부는 ~
>   Some people like winter, others like summer.
>   어떤 사람들은 겨울을 좋아하고 또 어떤 사람들은 여름을 좋아한다.
> ㉢ some + 복수명사, the others ~ : (특정 다수 중) 일부는 ~, 나머지는 ~
>   Some of the flowers are red, but the others are yellow.
>   몇몇 꽃들은 빨갛지만 나머지들은 노랗다.
> ㉣ one, the others ~ : (특정 다수 중) 하나는 ~, 나머지는 ~
>   I keep three dogs ; one is black and the others are white.
>   나는 개를 세 마리 키운다. 하나는 까맣고 나머지들은 하얗다.
> ㉤ one, the other ~ : (둘 중) 하나는 ~, 나머지 하나는 ~
>   There are two flowers in the vase ; one is rose, the other is tulip.
>   꽃병에 두 송이의 꽃이 있다. 하나는 장미이고 하나는 튤립이다.
> ㉥ one, another, the other ~ : (셋을 열거할 때) 하나는 ~, 또 하나는 ~, 나머지 하나는 ~
>   One is eight years, another is ten, the other is twelve.
>   하나는 여덟 살이고, 또 하나는 열 살이고, 나머지 하나는 열두 살이다.
> ㉦ one, another, a third ~ : (셋 이상을 열거할 때) 하나는 ~, 또 하나는 ~, 세 번째는 ~
>   One man was killed, another was wounded, and a third was safe.
>   하나는 죽고 또 하나는 다치고 세 번째 사람은 무사하였다.

⑦ one의 용법

㉠ 수의 개념을 지니는 부정대명사 one의 복수형은 some이다.

   There are some apples. You may take one.
   사과가 몇 개 있다. 네가 하나를 가져가도 된다.

㉡ 형용사의 수식을 받는 단수보통명사를 대신해 쓰이며, 이때 복수형은 ones이다.

   His novel is a successful one(one = novel). 그의 소설은 성공적이다.

㉢ a + 단수보통명사 = one, the + 단수보통명사 = it

   I bought a camera, but I lost it(it = the camera).
   나는 카메라를 샀는데, 그것을 잃어버렸다.

(6) 재귀대명사

① 강조용법 … 주어·목적어·보어의 뒤에 와서 동격으로 그 뜻을 강조하는 경우 생략해도 문장이 성립한다.
You must do it yourself. 너는 네 스스로 그것을 해야 한다.

② 재귀용법 … 문장의 주어와 동일인물이 타동사의 목적어로 쓰이는 경우로 자동사의 의미로 해석될 때가 많다.
enjoy oneself 즐기다, avail oneself of ~을 이용하다, pride oneself on ~을 자랑스럽게 여기다(= take pride in), repeat oneself 되풀이하다

③ 전치사 + 재귀대명사(관용적 표현) … 재귀대명사가 전치사의 목적어로 쓰이는 경우에 해당한다.
for oneself 자기 힘으로, 남의 도움 없이(= without other's help), by oneself 혼자서, 홀로(= alone), beside oneself 제 정신이 아닌(= insane)

(7) 의문대명사

① 의문대명사의 용법

　㉠ who : 사람의 이름, 혈연관계 등을 물을 때 사용한다.
　　A : Who is he? 그는 누구니?
　　B : He is Jinho, my brother. 그는 내 동생 진호야.

　㉡ what : 사람의 직업, 신분 및 사물을 물을 때 사용한다.
　　A : What is he? 그는 뭐하는 사람이니?
　　B : He is an English teacher. 그는 영어 선생님이야.

　㉢ which : 사람이나 사물에 대한 선택을 요구할 때 사용한다.
　　Which do you like better, this or that? 이것과 저것 중 어떤 것이 더 좋으니?

② 의문사가 문두로 나가는 경우 … 간접의문문에서 주절의 동사가 think, suppose, imagine, believe, guess 등일 때 의문사가 문두로 나간다(yes나 no로 대답이 불가능).
A : Do you know what we should do? 우리가 무엇을 해야 할지 알겠니?
B : Yes, I do. I think we should tell him the truth.
　　응. 내 생각에는 그에게 사실을 말해줘야 해.
A : What you guess we should do? 우리가 무엇을 해야 할 것 같니?
B : I guess we'd better tell him the truth.
　　내 생각에는 그에게 사실을 말해 주는 것이 낫겠어.

10 형용사와 부사

❶ 형용사

(1) 형용사의 용법과 위치

① 형용사의 용법

　㉠ 한정적 용법
　　• 명사의 앞·뒤에서 직접 명사를 수식한다.
　　　I saw a beautiful girl. 나는 아름다운 소녀를 보았다.
　　• 한정적 용법으로만 쓰이는 형용사: wooden, only, former, latter, live, elder, main 등
　　　This is a wooden box. 이것은 나무(로 만들어진) 상자이다.

　㉡ 서술적 용법
　　• 2형식 문장에서 주격보어나 5형식 문장에서 목적격보어로 쓰여 명사를 간접적으로 수식한다.
　　　The girl is beautiful. 그 소녀는 아름답다.
　　　I think him handsome. 나는 그가 잘생겼다고 생각한다.
　　• 서술적 용법으로만 쓰이는 형용사: absent, alive, alike, alone, awake, asleep, aware, afraid 등
　　　I am afraid of snakes. 나는 뱀을 무서워한다.

> **TIP** 한정적·서술적 용법에 따라 뜻이 달라지는 형용사
> present(현재의 / 참석한), late(故 / 늦은), ill(나쁜 / 아픈), able(유능한 / 할 수 있는), certain(어떤 / 확실한), right(오른쪽의 / 옳은)
> the late Dr. Brown 故 브라운 박사
> She was late. 그녀는 늦었다.

② 형용사의 위치

　㉠ 형용사가 한정적 용법으로 쓰일 때 보통 형용사가 명사의 앞에서 수식(전치수식)한다.
　㉡ 형용사는 원칙적으로 명사의 앞에서 전치수식하지만, 다음의 경우 형용사가 명사의 뒤에 위치한다(후치수식).
　　• 여러 개의 형용사가 겹칠 때
　　　She is a lady kind, beautiful, and rich. 그녀는 친절하고 아름답고 부유한 아가씨이다.
　　• 다른 수식어구를 동반하여 길어질 때
　　　This is a loss too heavy for me to bear. 이것은 내가 견디기에는 너무 큰 손실이다.
　　• -thing, -body, -one 등으로 끝나는 부정대명사를 수식할 때
　　　Is there anything strange about him? 그에게 뭔가 이상한 점이 있나요?
　　• -ble, -able 등으로 끝나는 형용사가 최상급이나 all, every 등이 붙은 명사를 수식할 때
　　　Please send me all tickets available. 구할 수 있는 모든 표를 보내주세요.

ⓒ all, both, double, such, half 등의 형용사는 맨 먼저 나온다.
ⓔ 그 밖의 형용사의 어순

관사 등	서수	기수	성질	대소	상태, 색깔	신구, 재료	소속	명사
those	first	three	brave			young	American	soldiers
her		two	nice	little	black		Swiss	watches
고정적			강조, 관용, 결합성의 관계에 따라 다소 유동적					

③ **주의해야 할 형용사 every** … all과 each와의 구별이 중요하다.
  ㉠ every는 '모든'을 뜻하면서 셋 이상의 전체를 포괄하는 점에서 all과 같으나 둘 이상의 개개의 것을 가리키는 each와 다르다.
  ㉡ every는 'every + 단수명사 + 단수동사'의 형태로 단수명사를 수식하는 점에서 each와 같으나(each + 단수명사 + 단수동사), 복수명사를 수식하는 all과 다르다(all + 복수명사 + 복수동사).
  ㉢ every는 형용사로만 쓰이나 all과 each는 형용사 외에 대명사로도 쓰인다.
  ㉣ 매(每) ~마다 : every + 기수 + 복수명사 = every + 서수 + 단수명사
    The Olympic Games are held every four years(every fourth year).
    올림픽 경기는 4년마다 개최된다.

(2) 수량형용사와 수사

① **수량형용사**
  ㉠ many와 much : many는 수를, much는 양·정도를 나타낸다.
    • many : many는 가산명사와 결합하며, 'many a / an + 단수명사 + 단수동사 = many + 복수명사 + 복수동사'의 형태로 쓰인다.
      Many boys are present at the party. 많은 소년들이 그 파티에 참석했다.
      = Many a boy is present at the party.
    • much : 'much + 불가산명사 + 단수동사'의 형태로 쓰인다.
      Much snow has fallen this winter. 많은 눈이 이번 겨울에 내렸다.
  ㉡ few와 little : few는 수를, little은 양이나 정도를 나타내며 a few (= several), a little(= some)은 '약간 있는', few(= not many), little(= not much)은 '거의 없는'의 뜻이다.
    • (a) few + 복수(가산)명사 + 복수동사
      She has a few friends. 그녀는 친구가 약간 있다.
      She has few friends. 그녀는 친구가 거의 없다.
    • (a) little + 불가산명사 + 단수동사
      I have a little time to study. 나는 공부할 시간이 약간 있다.
      I have little time to study. 나는 공부할 시간이 거의 없다.

ⓒ 막연한 수량형용사 : dozens of(수십의), hundreds of(수백의), thousands of(수천의), millions of(수백만의), billions of(수십억의) 등은 막연한 불특정다수의 수를 나타낸다(dozen, hundred, thousand, million, billion 등 수량을 나타내는 명사가 수사와 함께 다른 명사를 직접적으로 수식하는 형용사의 역할을 할 때는 단수형태를 유지해야 하며 복수형태를 취할 수 없음).
dozens of pear 수십 개의 배

② 수사
　㉠ 수사와 명사의 결합
　　• '수사 + 명사'의 표현방법 : 무관사 + 명사 + 기수 = the + 서수 + 명사
　　• 수사 + 명사(A) + 명사(B) : '수사 + 명사(A)'가 명사(B)를 수식하는 형용사의 역할을 할 경우에는 일반적으로 수사와 명사(A) 사이에 Hypen(-)을 넣으며 명사(A)는 단수로 나타낸다.
　　• 기수로 표시된 수량을 나타내는 복수형 단위명사가 한 단위를 나타내면 단수로 취급한다.
　㉡ 수사 읽기
　　• 세기 : 서수로 읽는다.
　　　This armor is 15th century. 이 갑옷은 15세기의 것이다.
　　　→15th century : the fifteenth (century)
　　• 연도 : 두 자리씩 나누어 읽는다.
　　　Between 1898 and 1906, Peary tried five times to reach the North Pole.
　　　1898 ~ 1906년 사이에 Peary는 북극(점)에 도달하기 위해서 다섯 번 시도하였다.
　　　→1898 : eighteen ninety-eight, →1906 : nineteen O-six
　　• 전화번호 : 한 자리씩 끊어 읽으며, 국번 다음에 comma(,)를 넣는다.
　　　123 - 0456 : one two three, O four five six
　　• 분수 : 분자는 기수로, 분모는 서수로 읽으며 분자가 복수일 때는 분모에 -s를 붙인다.
　　　1/3 : a third, 2/5 : two fifths

> **TIP** 주의해야 할 수사 읽기
> ㉠ 제2차 세계대전 : World War Two, the Second World War
> ㉡ 엘리자베스 2세 : Elizabeth the Second
> ㉢ 7쪽 : page seven, the seventh page
> ㉣ -5℃ : five degrees below zero Centigrade
> ㉤ 18℃ : eighteen degrees Centigrade
> ㉥ 제3장 : chapter three, the third chapter

(3) 주의해야 할 형용사
① 명사 + -ly = 형용사 … neighborly(친절한), worldly(세속적인), shapely(몸매 좋은) 등
② 형용사 + -ly = 형용사 … kindly(상냥한, 친절한) 등

③ 현재분사·과거분사 → 형용사 … 감정을 나타내는 타동사의 현재분사(-ing)가 형용사의 역할을 하는 경우 사물·동물과 함께 쓰이며, 그 과거분사(-ed)가 형용사의 역할을 하는 경우 사람과 함께 쓰인다.
boring / bored, depressing / depressed, embarrassing / embarrassed, frightening / frightened, exciting / excited, satisfying / satisfied 등

④ 주어를 제한하는 형용사
  ㉠ 사람을 주어로 할 수 없는 형용사 : convenient, difficult, easy, possible, probable, improbable, necessary, tough, painful, dangerous, useful, delightful, natural, hard, regrettable, useless 등
    It is necessary for you to help me. 너는 나를 도울 필요가 있다.
  ㉡ 사람만을 주어로 하는 형용사 : happy, anxious, afraid, proud, surprised, willing, thankful, excited, sorry, angry, sure, pleased 등의 형용사는 무생물이 주어가 될 수 없다.
    I was afraid that he would attack me. 그가 나를 공격할 것이 두려웠다.

> **TIP** 사람이 주어가 될 수 있는 경우
> 주어가 to부정사의 의미상의 목적어일 경우에는 사람이 주어가 될 수 있다.
> It is hard to please him. 그를 만족시키기는 어렵다.
> = He is hard to please(주어 He는 to please의 의미상 목적어임).

⑤ be worth -ing = be worthy of -ing = be worthy to be p.p. = be worthwhile to do(doing) ~할 가치가 있다.
  These books are worth reading carefully. 이 책들은 신중하게 읽을 가치가 있다.
  = These books are worthy of careful reading.
  = These books are worthy to be read carefully.
  = These books are worthwhile to read(reading) carefully.

❷ 부사

(1) 부사의 용법과 위치

① 동사를 수식할 때 … '동사 + (목적어) + 부사'의 어순을 취한다.
  He speaks English well. 그는 영어를 잘한다.

> **TIP** '타동사 + 부사'의 2어동사에서 목적어의 위치
> ㉠ 목적어가 명사일 때 : 부사의 앞·뒤 어디에나 올 수 있다.
>   Put the light out. 불을 꺼라.
>   = Put out the light.
> ㉡ 목적어가 대명사일 때 : 반드시 동사와 부사의 사이에 와야 한다.
>   Give it up(○). 그것을 포기해라.
>   → Give up it(×).

② 형용사나 다른 부사(구, 절)를 수식할 때 … 수식하는 단어의 앞에 놓인다.
   I am very tired(형용사 수식). 나는 무척 피곤하다.
   She works very hard(부사 수식). 그녀는 매우 열심히 일한다.
   I did it simply because I felt it to be my duty(부사절 수식).
   나는 단지 그것이 내 의무였기 때문에 했다.
③ 명사나 대명사를 수식할 때 … 'even(only) + (대)명사'의 형태를 취한다.
   Even a child can do it(명사 수식). 심지어 어린이조차도 그것을 할 수 있다.
   Only he can solve the problem(대명사 수식). 오직 그만이 문제를 해결할 수 있다.
④ 문장 전체를 수식할 때 … 주로 문장의 처음에 놓인다.
   Happily he did not die. 다행히도 그는 죽지 않았다.
   He did not die happily(동사 die 수식). 그는 행복하게 죽지 않았다.
⑤ 주의해야 할 부사의 위치
   ㉠ 부사의 어순 : 부사가 여러 개일 때는 장소(방향→위치)→방법(양태)→시간의 순이고, 시간·장소의 부사는 작은 단위→큰 단위의 순이다.
      He will come here at six tomorrow. 그는 내일 6시에 여기 올 것이다.
   ㉡ 빈도부사의 위치 : always, usually, sometimes, often, seldom, rarely, never, hardly 등 'How often ~?'에 대한 대답이 되는 부사를 말한다. be동사 뒤, 조동사 뒤, 일반동사 앞, used to do와 함께 쓰이면 used의 앞·뒤에 위치한다.
   ㉢ 시간을 나타내는 부사 yesterday, today, tomorrow 등은 항상 문두(강조) 또는 문미(일반)에 위치한다.
   ㉣ enough의 위치 : 부사로 쓰일 때는 수식하는 단어의 뒤에 놓이며, 형용사로 쓰여 명사를 수식할 때는 주로 명사의 앞에 온다.

(2) 주의해야 할 부사의 용법

① too와 either … '또한, 역시'의 뜻이다.
   ㉠ too : 긍정문에서 쓰인다(too가 '너무나'의 의미로 형용사·부사를 수식할 때에는 형용사·부사 앞에서 수식함).
      I like eggs, too. 나도 역시 달걀을 좋아한다.
   ㉡ either : 부정문에서 쓰인다.
      I don't like eggs, either. 나도 역시 달걀을 좋아하지 않는다.
② very와 much
   ㉠ very : 형용사·부사의 원급과 현재분사를 수식한다.
      He asked me a very puzzling question. 그는 나에게 매우 난처한 질문을 하였다.
   ㉡ much : 형용사·부사의 비교급·최상급과 과거분사를 수식한다.
      He is much taller than I. 그는 나보다 키가 훨씬 더 크다.

③ ago, before, since
　㉠ ago : (지금부터) ~전에, 현재가 기준, 과거형에 쓰인다.
　　I saw her a few days ago. 나는 몇 년 전에 그녀를 보았다.
　㉡ before : (그때부터) ~전에, 과거가 기준, 과거·현재완료·과거완료형에 쓰인다.
　　I have seen her before. 나는 이전부터 그녀를 봐왔다.
　㉢ since : 과거를 기준으로 하여 현재까지를 나타내고, 주로 현재완료형에 쓰인다.
　　I have not seen him since. 나는 (그때) 이후로 그를 만나지 못했다.

④ already, yet, still
　㉠ already : 긍정문에서 '이미, 벌써'의 뜻으로 동작의 완료를 나타낸다.
　　I have already read the book. 나는 그 책을 벌써 읽었다.
　㉡ yet : 부정문에서 부정어의 뒤에서 '아직 ~않다', 의문문에서 '벌써', 긍정문에서 '여전히, 아직도'의 뜻으로 쓰인다.
　　I haven't yet read the book. 나는 아직 그 책을 읽지 않았다.
　　Have you read the book yet? 당신은 벌써 그 책을 읽었습니까?
　㉢ still : '여전히, 아직도'의 뜻으로 쓰이며, 그 위치에 따라 '가만히'의 뜻으로 쓰이기도 한다.
　　I still read the book. 나는 여전히 그 책을 읽는다.
　　I stood still. 나는 가만히 서 있었다.

⑤ 부정을 나타내는 부사
　㉠ 준부정의 부사 never, hardly, scarcely, rarely, seldom 등은 다른 부정어와 함께 사용할 수 없다.
　　I can hardly believe it. 나는 그것을 거의 믿을 수가 없다.
　㉡ 강조하기 위해 준부정의 부사를 문두에 위치시키며 '주어 + 동사'의 어순이 도치되어 '(조)동사 + 주어 + (일반동사의 원형)'의 어순이 된다.
　　Hardly can I believe it. 나는 거의 그것을 믿을 수 없다.

11 비교

① 원급에 의한 비교

(1) 동등비교와 열등비교

① 동등비교 … as A as B는 'B만큼 A한'의 뜻이다.
   I am as tall as she (is tall). 나는 그녀만큼 키가 크다.
   I am as tall as her(×).

> **TIP** 직유의 표현 … B처럼 매우 A한
>   I am as busy as a bee. 나는 꿀벌처럼 매우 바쁘다.

② 열등비교 … not so(as) A as B는 'B만큼 A하지 못한'의 뜻이다.
   He is not so tall as I. 그는 나만큼 키가 크지 않다.
   = I am taller than he.

(2) 배수사 + as A as B

'B의 몇 배만큼 A한'의 뜻으로 쓰인다.
The area of China is forty times as large as that of Korea.
중국의 면적은 한국 면적의 40배이다.
= The area of China is forty times larger than that of Korea.

(3) as A as possible

'가능한 한 A하게'의 뜻으로 쓰이며, as A as + S + can의 구문과 바꿔쓸 수 있다.
Go home as quickly as possible. 가능한 한 빨리 집에 가거라.
= Go home as quickly as you can.

(4) as A as (A) can be

'더할 나위 없이 ~한, 매우 ~한'의 뜻으로 쓰인다.
He is as poor as (poor) can be. 그는 더할 나위 없이 가난하다.

(5) 최상급의 뜻을 가지는 원급비교

① as A as any + 명사 … 어떤 ~에도 못지않게 A한
   She is as wise as any girl in her class. 그녀는 자기 반의 어느 소녀 못지않게 현명하다.

② as A as ever + 동사 … 누구 못지않게 A한, 전례 없이 A한
He was as honest a merchant as ever engaged in business.
그는 지금까지 사업에 종사했던 어느 상인 못지않게 정직한 상인이었다.

③ 부정주어 + so A as B … B만큼 A한 것은 없다.
Nothing is so precious as time. 시간만큼 귀중한 것은 없다.

> **TIP** 원급을 이용한 관용표현
> ㉠ not so much as A as B = rather B than A = more B than A : A라기보다는 B이다.
>   He is not so much as a novelist as a poet. 그는 소설가라기보다는 시인이다.
>   = He is rather a poet than a novelist.
>   = He is more a poet than a novelist.
> ㉡ A as well as B = not only B but (also) A : B뿐만 아니라 A도
>   He is handsome as well as tall. 그는 키가 클 뿐만 아니라 잘생기기도 했다.
>   = He is not only tall but (also) handsome.
> ㉢ may as well A as B : B하기보다는 A하는 편이 낫다.
>   You may as well go at once as stay. 너는 머물기보다는 지금 당장 가는 편이 낫다.
> ㉣ as good as = almost : ~와 같은, ~나 마찬가지인
>   The wounded man was as good as dead. 그 부상자는 거의 죽은 것이나 마찬가지였다.
>   = The wounded man was almost dead.
> ㉤ A is as B as C : A는 C하기도 한 만큼 B하기도 하다.
>   Gold is as expensive as useful. 금은 유용하기도 한 만큼 비싸기도 하다.

❷ 비교급에 의한 비교

(1) 우등비교와 열등비교

① 우등비교 … '비교급 + than ~'은 '~보다 더 …한'의 뜻이다.
I am younger than he. 나는 그보다 어리다.

> **TIP** 동일인물·사물의 성질·상태 비교
> -er을 쓰지 않고, 'more + 원급 + than'을 쓴다. 여기서 more는 rather의 뜻이다.
> He is more clever than wise.
> 그는 현명하다기보다는 영리하다.

② 열등비교 … 'less + 원급 + than ~'은 '~만큼 …하지 못한'의 뜻이다[= not so(as) + 형용사 + as].
I am less clever than she. 나는 그녀만큼 똑똑하지 못하다.
= I am not so clever as she.

③ 차이의 비교 … '비교급 + than + by + 숫자'의 형태로 차이를 비교한다.
She is younger than I by three years. 그녀는 나보다 세 살 더 어리다.
= She is three years younger than I.
= I am three years older than she.

= I am three years senior to her.

> **TIP** 라틴어 비교급
> 어미가 -or로 끝나는 라틴어 비교급(senior, junior, superior, inferior, exterior, interior, major, minor, anterior 등)은 than을 쓰지 않고 to를 쓴다.
> He is two years senior to me.
> 그는 나보다 두 살 위이다.

(2) 비교급의 강조
비교급 앞에 much, far, even, still, a lot 등을 써서 '훨씬'의 뜻을 나타낸다.
She is much smarter than he. 그녀는 그보다 훨씬 더 총명하다.

(3) the + 비교급
비교급 표현임에도 불구하고 다음의 경우에는 비교급 앞에 the를 붙인다.

① 비교급 다음에 of the two, for, because 등이 오면 앞에 the를 붙인다.
He is the taller of the two. 그가 두 명 중에 더 크다.
I like him all the better for his faults.
나는 그가 결점이 있기 때문에 그를 더욱 더 좋아한다.
He studied the harder, because his teacher praised him.
선생님이 그를 칭찬했기 때문에 그는 더욱 열심히 공부했다.

② 절대비교급 … 비교의 특정상대가 없을 때 비교급 앞에 the를 붙인다.
the younger generation 젊은 세대

③ The + 비교급 ~, the + 비교급~ … '~하면 할수록 그만큼 더 ~하다'의 관용적인 의미로 쓰인다.
The more I know her, the more I like her. 그녀를 알면 알수록 그녀가 더 좋아진다.

(4) 최상급의 뜻을 가지는 비교급 표현
'부정주어 + 비교급 + than ~'을 사용하여 '~보다 …한 것은 없다'를 나타낸다. '긍정주어 + 비교급 + than any other + 단수명사[all other + 복수명사, anyone(anything) else]'의 구문으로 바꿔 쓸 수 있다.
No one is taller than Tom in his class.
그의 반에서 Tom보다 키가 큰 사람은 아무도 없다.
= Tom is taller than any other student in his class.
= Tom is taller than all other students in his class.
= Tom is taller than anyone else in his class.
= Tom is the tallest student in his class.

(5) 비교급을 이용한 관용표현

① much more와 much less
  ㉠ much(still) more : ~은 말할 것도 없이(긍정적인 의미)

He is good at French, much more English. 그는 영어는 말할 필요도 없고 불어도 잘한다.
ⓒ much(still) less : ~은 말할 것도 없이(부정적인 의미)
He cannot speak English, still less French.
그는 영어는 말할 필요도 없고, 불어도 못한다.

② no more than과 not more than
㉠ no more than : 겨우, 단지(= only)
I have no more than five dollars. 나는 겨우 5달러밖에 없다.
㉡ not more than : 기껏해야(= at most)
I have not more than five dollars. 나는 기껏해야 5달러 가지고 있다.

③ no less than과 not less than
㉠ no less than : ~만큼이나[= as many(much) as]
He has no less than a thousand dollars. 그는 1,000달러씩이나 가지고 있다.
㉡ not less than : 적어도(= at least)
He has not less than a thousand dollars. 그는 적어도 1,000달러는 가지고 있다.

④ no less ~ than과 not less ~ than
㉠ no less A than B : B만큼 A한[= as (much) A as B]
She is no less beautiful than her sister. 그녀는 언니만큼 예쁘다.
= She is as beautiful as her sister.
㉡ not less A than B : B 못지않게 A한
She is not less beautiful than her sister. 그녀는 언니 못지않게 예쁘다.
= She is perhaps more beautiful than her sister.

⑤ A is no more B than C is D … A가 B가 아닌 것은 마치 C가 D가 아닌 것과 같다[= A is not B any more than C is D, A is not B just as C is D(B = D일 때 보통 D는 생략)].
A bat is no more a bird than a rat is (a bird).
박쥐가 새가 아닌 것은 쥐가 새가 아닌 것과 같다.
= A bat is not a bird any more than a rat is (a bird).
= A bat is not a bird just as a rat is (a bird).

> **TIP** 기타 비교급을 이용한 중요 관용표현
> ㉠ not more A than B : B 이상은 A 아니다.
> ㉡ no better than ~ : ~나 다를 바 없는(= as good as)
> ㉢ no less 명사 than ~ : 다름아닌, 바로(= none other than ~)
> ㉣ little more than ~ : ~내외, ~정도
> ㉤ little better than ~ : ~나 마찬가지의, ~나 다름없는
> ㉥ nothing more than ~ : ~에 지나지 않는, ~나 다름없는
> ㉦ none the less : 그럼에도 불구하고

❸ 최상급에 의한 비교

(1) 최상급의 형식
최상급은 셋 이상의 것 중에서 '가장 ~한'의 뜻을 나타내며 형용사의 최상급 앞에는 반드시 the를 붙인다.
Health is the most precious (thing) of all. 건강은 모든 것 중에서 가장 귀중한 것이다.

> **TIP** 최상급을 이용한 관용표현
> ㉠ at one's best : 전성기에
> ㉡ at (the) most : 많아야
> ㉢ at last : 드디어, 마침내
> ㉣ at least : 적어도
> ㉤ at best : 기껏, 아무리 잘 보아도
> ㉥ at (the) latest : 늦어도
> ㉦ for the most part : 대부분
> ㉧ had best ~ : ~하는 것이 가장 낫다(had better ~ : ~하는 것이 더 낫다).
> ㉨ try one's hardest : 열심히 해보다
> ㉩ make the best(most) of : ~을 가장 잘 이용하다.
> ㉪ do one's best : 최선을 다하다.
> ㉫ not in the least : 조금도 ~않다.

(2) 최상급의 강조
최상급 앞에 much, far, by far, far and away, out and away, the very 등을 써서 '단연'의 뜻을 나타낸다.
He is the very best student in his class. 그는 그의 학급에서 단연 최우수학생이다.

(3) 최상급 앞에 the를 쓰지 않는 경우
① 동일인, 동일물 자체를 비교할 때
　The river is deepest at this point. 그 강은 이 지점이 가장 깊다.
② 부사의 최상급일 때
　Which season do you like best? 어느 계절을 가장 좋아하세요?
③ 절대최상급 표현일 때 … 비교대상을 명확히 나타내지 않고 그 정도가 막연히 아주 높다는 것을 표현할 때 'a most + 원급 + 단수명사', 'most + 원급 + 복수명사'의 절대최상급 구문을 이용한다(이때 most는 very의 의미).
　He is a most wonderful gentleman. 그는 매우 멋진 신사분이다.
　= He is a very wonderful gentleman.
④ most가 '매우(= very)'의 뜻일 때
　You are most kind to me. 너는 나에게 매우 친절하다.

⑤ 명사나 대명사의 소유격과 함께 쓰일 때
   It is my greatest pleasure to sing. 노래하는 것은 나의 가장 큰 기쁨이다.

(4) **최상급을 이용한 양보의 표현**
'아무리 ~라도'의 뜻으로, 이 때 최상급 앞에 even을 써서 강조할 수 있다.
(Even) The wisest man cannot know everything.
아무리 현명한 사람이라도 모든 것을 다 알 수는 없다.
= However wise a man may be, he cannot know everything.

(5) **The last + 명사**
'결코 ~하지 않을'의 뜻으로 쓰인다.
He is the last man to tell a lie. 그는 결코 거짓말을 하지 않을 사람이다.
= He is the most unlikely man to tell a lie.

12 접속사와 전치사

❶ 접속사

(1) **등위접속사**

① 등위접속사 … 단어·구·절을 어느 한쪽에 종속되지 않고 대등하게 연결해 주는 접속사이다.
   ㉠ and : '~와, 그리고, (명령문, 명사구 다음) 그러면'의 뜻으로 쓰인다.
      Another step, and you are a dead man! 한 발만 더 내디디면 당신은 죽은 목숨이다!
   ㉡ or : '또는(선택), 즉, 말하자면, (명령문, 명사구 다음) 그렇지 않으면'의 뜻으로 쓰인다.
      Will you have coffee or tea? 커피를 마시겠습니까? 아니면 차를 마시겠습니까?
      Hurry up, or you will miss the train. 서둘러라. 그렇지 않으면 기차를 놓칠 것이다.
   ㉢ but
      • '그러나(대조, 상반되는 내용의 연결)'의 뜻으로 쓰인다.
        He tried hard, but failed. 그는 열심히 노력했지만, 실패하였다.
      • not A but B : A가 아니라 B, A하지 않고 B하다.
        I did not go, but stayed at home. 나는 가지 않고 집에 있었다.
   ㉣ for : '~이니까, ~을 보니(앞의 내용에 대한 이유의 부연설명)'의 뜻으로 쓰인다.
      We can't go, for it's raining hard. 비가 심하게 와서 갈 수 없겠다.

② 대등절의 평행구조
  ㉠ **평행구조** : 문장에서 등위접속사는 동일한 성분의 구나 절을 연결해야 하고, 이를 평행구조를 이룬다고 말한다.
  ㉡ A and(but, or) B일 때 : A가 명사, 형용사, 부사, 부정사, 동명사, 절이면 B도 명사적 어구, 형용사적 어구, 부사적 어구, 부정사, 동명사, 절이어야 한다.
  She is kind and beautiful(형용사끼리 연결). 그녀는 친절하고 아름답다.
  He look on me questioningly and distrustfully(부사끼리 연결).
  그가 나를 미심쩍고 의심스럽게 본다.

(2) 상관접속사
① **상관접속사** … 양쪽이 상관관계를 갖고 서로 짝을 이루게 연결시키는 접속사로 다음 A와 B는 같은 문법구조를 가진 동일성분이어야 한다.
  ㉠ both A and B : 'A와 B 둘 다'의 뜻으로 쓰인다.
  Both brother and sister are dead. 오누이가 다 죽었다.
  ㉡ not only A but also B(= B as well as A) : 'A뿐만 아니라 B도'의 뜻으로 쓰인다.
  Not only you but also he is in danger. 너뿐만 아니라 그도 위험하다.
  = He as well as you is in danger.
  ㉢ either A or B : 'A 또는 B 둘 중에 하나'의 뜻으로 쓰인다.
  He must be either mad or drunk. 그는 제 정신이 아니거나 취했음에 틀림없다.
  ㉣ neither A nor B : 'A 또는 B 둘 중에 어느 것도 (아니다)'의 뜻으로 쓰인다.
  She had neither money nor food. 그녀는 돈도 먹을 것도 없었다.
② 주어와 동사의 일치
  ㉠ both A and B : 복수 취급한다.
  Both you and I are drunk(복수 취급). 너와 나 모두 취했다.
  ㉡ not only A but also B(= B as well as A) : B에 동사의 수를 일치시킨다.
  Not only you but also I am drunk(후자에 일치). 너뿐만 아니라 나도 취했다.
  = I as well as you am drunk(전자에 일치).
  ㉢ either A or B : B에 동사의 수를 일치시킨다.
  Either you or I am drunk(후자에 일치). 너와 나 둘 중에 하나는 취했다.
  ㉣ neither A nor B : B에 동사의 수를 일치시킨다.
  Neither you nor I am drunk(후자에 일치). 너도 나도 취하지 않았다.

(3) 종속접속사

① 명사절을 이끄는 종속접속사 … 명사절은 문장 속에서 주어, 보어, 목적어 및 명사와 동격으로 쓰인다.

   ㉠ that : '~하는 것'의 뜻으로 주어, 보어, 목적어, 동격으로 쓰인다.

      That he stole the watch is true(주어로 쓰임). 그가 시계를 훔쳤다는 것은 사실이다.
      The fact is that he stole the watch(보어로 쓰임). 사실은 그가 시계를 훔쳤다.
      I know that he stole the watch(목적어로 쓰임). 나는 그가 시계를 훔쳤다는 것을 알고 있다.
      There is no proof that he stole the watch(동격으로 쓰임).
      그가 시계를 훔쳤다는 증거는 없다.

> **TIP** 명사절을 이끄는 종속접속사 that의 생략
> ㉠ that절이 동사의 목적어 또는 형용사의 보어가 되는 경우 that은 생략해도 된다.
> ㉡ that절이 주어인 경우 또는 주격보어인 경우 that은 생략할 수 없다.
> ㉢ that절로 된 명사절이 둘 이상일 때 처음에 나오는 that절의 that은 생략할 수 있으나, 그 다음에 나오는 that절의 that은 생략할 수 없다.

   ㉡ whether와 if : '~인지(아닌지)'의 뜻으로 쓰인다. whether가 이끄는 명사절은 문장에서 주어, 보어, 목적어로 쓰일 수 있으나 if절은 타동사의 목적어로만 쓰인다.

      Whether he will come is still uncertain(주어 – if로 바꿔 쓸 수 없음).
      그가 올지는 여전히 불확실하다.
      The question is whether I should pay or not(보어 – if로 바꿔 쓸 수 없음).
      문제는 내가 돈을 지불하느냐 마느냐이다.
      I don't know whether(if) I can do it(타동사의 목적어 – if로 바꿔 쓸 수 있음).
      내가 그것을 할 수 있을지 모르겠다.

② 시간의 부사절을 이끄는 종속접속사

   ㉠ while : ~하는 동안

      Make hay while the sun shines. 해가 빛나는 동안 건초를 말려라.

   ㉡ before : ~전에

      I want to take a trip around the world before I die.
      나는 죽기 전에 세계일주여행을 하고 싶다.

   ㉢ after : ~후에

      I'll go to bed after I finish studying. 나는 공부를 마친 후에 자러갈 것이다.

   ㉣ when, as : ~할 때

      The event occurred when I was out on a trip.
      그 사건은 내가 여행으로 집에 없을 때 일어났다.
      He was trembling as he spoke. 그는 이야기할 때 떨고 있었다.

   ㉤ whenever : ~할 때마다

      Whenever she drinks, she weeps. 그녀는 술 마실 때마다 운다.

- ⓑ since : '~한 이래'의 의미로 주로 '현재완료 + since + S + 동사의 과거형 ~[~한 이래 (현재까지) 계속 …하다]'의 형태로 쓰인다.

  He has been ill since he had the accident.
  그는 그 사고를 당한 이래로 계속 아팠다.

- ⓢ not ~ until … : '…할 때까지 ~하지 않다, …하고 나서야 비로소 ~하다'의 의미로 It is not until … that ~ (= ~ only after …) 구문으로 바꿔쓸 수 있다.

  He did not come until it grew dark. 그는 어두워진 후에야 왔다.
  = It was not until it grew dark that he came.
  = Not until it grew dark did he come.

- ⓞ as soon as + S + 동사의 과거형 ~, S + 동사의 과거형 ~ : '~하자마자 …했다'의 의미로 다음 구문과 바꿔쓸 수 있다.

  - The moment(Immediately) + S + 동사의 과거형 ~, S + 동사의 과거형
  - No sooner + had + S + p.p. + than + S + 동사의 과거형
  - Hardly(Scarcely) + had + S + p.p. + when(before) + S + 동사의 과거형

    As soon as he saw me, he ran away. 그는 나를 보자마자 도망쳤다.
    = The moment(Immediately) he saw me, he ran away.
    = No sooner had he seen me than he ran away.
    = Hardly(Scarcely) had he seen me when(before) he ran away.

③ 원인·이유의 부사절을 이끄는 종속접속사

- ㉠ since, as, now(seeing) that ~ : '~이므로'의 뜻으로 쓰이며, 간접적이거나 가벼운 이유를 나타낸다.

  Since it was Sunday, she woke up late in the morning.
  일요일이었기에 그녀는 아침 늦게 일어났다.
  As he often lies, I don't like him.
  그가 종종 거짓말을 했기 때문에 나는 그를 좋아하지 않는다.
  Now (that) he is absent, you go there instead.
  그가 부재중이므로 당신이 대신 거기에 간다.

- ㉡ because : '~이기 때문에'의 뜻으로 쓰이며, 강한 인과관계를 표시한다.

  Don't despise a man because he is poorly dressed.
  초라하게 차려입었다고 사람을 무시하지 마라.

④ 목적·결과의 부사절을 이끄는 종속접속사

- ㉠ 목적의 부사절을 이끄는 종속접속사
  - 긍정의 목적 : (so) that : may(can, will) ~(= in order that)의 구문을 사용하며 '~하기 위해, ~하도록(긍정)'의 뜻으로 쓰인다.

    I stood up so that I might see better. 나는 더 잘 보기 위해 일어났다.
    = I stood up in order that I might see better.
    = I stood up in order to see better.

- 부정의 목적 : lest … (should) ~(= for fear that … should ~ = so that … not ~)의 구문을 사용하며 '~하지 않기 위해, ~하지 않도록(부정)'의 뜻으로 쓰인다.

  He worked hard lest he should fail. 그는 실패하지 않도록 열심히 일했다.

  = He worked hard so that he would not fail.

  = He worked hard in case he should fail.

  = He worked hard for fear that he should fail.

ⓒ 결과의 부사절을 이끄는 종속접속사
- so (that)은 '그래서'의 뜻으로 쓰이며, 이때 so 앞에 반드시 comma(,)가 있어야 한다.
- so(such) : that ~의 구문을 사용하며 '너무 …해서 (그 결과) ~하다'의 뜻으로 쓰인다.

  He is so kind a man that everyone likes him[so + 형용사 + (a / an) + 명사].

  그는 너무 친절해서 모든 사람들이 좋아한다.

  = He is such a kind man that everyone likes him[such + (a / an) + 형용사 + 명사].

⑤ 조건·양보·양태의 부사절을 이끄는 종속접속사

ⓐ 조건의 부사절을 이끄는 종속접속사
- if : '만약 ~라면'의 뜻으로 쓰이며 실현가능성이 있는 현실적·긍정적 조건절을 만든다.

  We can go if we have the money.

  만약 우리가 돈을 가지고 있다면 우리는 갈 수 있다.

- unless : '만약 ~가 아니라면(= if ~ not)'의 뜻이며 부정적 조건절을 만든다.

  I shall be disappointed unless you come.

  만약 당신이 오지 않는다면 나는 실망할 것이다.

- 조건을 나타내는 어구 : provided (that), providing, suppose, supposing (that) 등이 있다.

  I will come provided (that) I am well enough. 건강이 괜찮으면 오겠습니다.

ⓑ 양보의 부사절을 이끄는 종속접속사
- whether ~ or not : ~이든 아니든

  Whether it rains or not, I will go. 비가 내리든 내리지 않든 나는 갈 것이다.

- though, although, even if : 비록 ~라 할지라도

  Even if I am old, I can still fight. 내가 비록 늙었다 할지라도 나는 여전히 싸울 수 있다.

- 형용사·부사·(관사 없는) 명사 + as + S + V ~(= as + S + V + 형용사·부사·명사) : 비록 ~라 할지라도, ~이지만

  Pretty as the roses are, they have many thorns.

  장미꽃들은 예쁘지만, 그것들은 가시가 많다.

- 동사원형 + as + S + may, might, will, would(= as + S + may, might, will, would + 동사원형) : 비록 ~라 하더라도, ~이지만

  Laugh as we would, he maintained the story was true.

  우리가 웃었지만 그는 그 이야기가 사실이라고 주장하였다.

- no matter + 의문사(what, who, when, where, which, how) + S + V : 비록 (무엇이, 누가, 언제, 어디에서, 어느 것이, 어떻게) ~할지라도, 아무리 ~해도

  No matter what I say or how I say it, he always thinks I'm wrong.
  내가 아무리 무슨 말을 하거나 그것을 어떻게 말해도, 그는 항상 내가 틀렸다고 생각한다.

ⓒ 양태의 부사절을 이끄는 종속접속사 : (just) as를 사용하며 '~하는 대로, ~하듯이'의 뜻으로 쓰인다.

Everything happened just as I had said. 모든 일이 내가 말해 왔던 대로 일어났다.

❷ 전치사

(1) 시간을 나타내는 전치사

① 특정한 때를 나타내는 전치사

ⓐ at : (시각, 정오, 밤)에

at ten, at noon, at night

ⓑ on : (날짜, 요일)에

on July 4, on Sunday

ⓒ in : (월, 계절, 연도, 세기, 아침, 오후, 저녁)에

in May, in winter, in 2001, in the 21th century, in the morning(afternoon, evening)

② 기간을 나타내는 전치사

ⓐ 'for + 숫자'로 표시되는 기간 : ~동안에

He was in hospital for six months. 그는 여섯 달 동안 병원에 있었다.

ⓑ during + 특정기간 : ~동안에

He was in hospital during the summer. 그는 여름 동안 병원에 있었다.

ⓒ through + 특정기간 : (처음부터 끝까지) ~내내(기간의 전부)

He worked all through the afternoon. 그는 오후 내내 일하였다.

③ 시간의 추이를 나타내는 전치사

ⓐ in : ~안에(시간의 경과)

I will be back in an hour. 나는 1시간 후에 돌아올 것이다.

ⓑ within : ~이내에(시간의 범위)

I will be back within an hour. 나는 1시간 이내에 돌아올 것이다.

ⓒ after : ~후에(시간의 경과)

I will be back after an hour. 나는 1시간 후에 돌아올 것이다.

④ '~까지는'의 뜻을 가지는 전치사
  ㉠ until : ~까지(동작·상태의 계속)
    I will wait until seven. 나는 7시까지 기다릴 것이다.
  ㉡ by : ~까지는(동작의 완료)
    I will come by seven. 나는 7시까지 돌아올 것이다.
  ㉢ since : ~이래(현재까지 계속)
    It has been raining since last night. 어젯밤 이래 계속 비가 내리고 있다.

⑤ 예외적으로 on을 사용하는 경우 … 특정한 날의 아침, 점심, 저녁, 밤 등이거나 수식어가 붙으면 on을 쓴다.
  on the evening of August 27th, on Friday morning, on a rainy(clear, gloomy) night

(2) 장소를 나타내는 전치사

① 상하를 나타내는 전치사
  ㉠ on과 beneath
    • on : (표면에 접촉하여) ~위에
      There is a picture on the wall. 벽에 그림이 하나 있다.
    • beneath : (표면에 접촉하여) ~아래에
      The earth is beneath my feet. 지구는 내 발 아래에 있다.
  ㉡ over와 under
    • over : (표면에서 떨어져 바로) ~위에
      There is a bridge over the river. 강 위에 다리가 하나 있다.
    • under : (표면에서 떨어져 바로) ~아래에
      There is a cat under the table. 탁자 아래에 고양이가 한 마리 있다.
  ㉢ above와 below
    • above : (표면에서 멀리 떨어져) ~위에
      The sun has risen above the horizon. 태양이 수평선 위에 떴다.
    • below : (표면에서 멀리 떨어져) ~아래에
      The moon has sunk below the horizon. 달이 수평선 아래로 졌다.
  ㉣ up과 down
    • up : (방향성을 포함하여) ~위로
      I climbed up a ladder. 나는 사닥다리 위로 올라갔다.
    • down : (방향성을 포함하여) ~아래로
      Tears were rolling down his cheeks. 눈물이 그의 볼 아래로 흘러내리고 있었다.

② 방향을 나타내는 전치사
  ㉠ to, for, toward(s)
   • to : ~으로(도착지점으로)
     He went to the bank. 그는 은행에 갔다.
   • for : ~을 향해(방향, 목표)
     He left for New York. 그는 뉴욕으로 떠났다.
   • toward(s) : ~쪽으로(막연한 방향)
     He walked towards the church. 그는 교회쪽으로 걸었다.
  ㉡ in, into, out of
   • in : ~안에[정지상태(= inside of)]
     There was no one in this building. 이 건물 안에는 아무도 없었다.
   • into : (밖에서) ~안으로(운동방향)
     A car fell into the river. 자동차가 강물에 빠졌다.
   • out of : (안에서) ~밖으로(운동방향)
     He ran out of the house. 그는 그 집에서 도망쳤다.

③ 앞뒤를 나타내는 전치사
  ㉠ before : ~앞에(위치)
    The family name comes before the first name in Korea.
    한국에서는 성이 이름 앞에 온다.
  ㉡ in front of : ~의 앞에, 정면에(장소)
    There are a lot of sunflowers in front of the cafe.
    그 카페 앞에는 해바라기가 많이 있다.
  ㉢ behind : ~뒤에(장소)
    The man hid behind the tree. 그 남자는 나무 뒤에 숨었다.
  ㉣ opposite : ~의 맞은편에(위치)
    She sat opposite me at the party. 모임에서 그녀는 내 맞은편에 앉았다.
  ㉤ after : ~을 뒤쫓아(운동상태), ~다음에(전후순서)
    Come after me. 나를 따라와.
    B comes after A in the alphabet. B는 알파벳에서 A 다음에 온다.

최근 기출문제 분석

2020. 6. 13. 제1회 지방직 / 제2회 서울특별시

1 어법상 옳은 것은?

① Of the billions of stars in the galaxy, how much are able to hatch life?
② The Christmas party was really excited and I totally lost track of time.
③ I must leave right now because I am starting work at noon today.
④ They used to loving books much more when they were younger.

> **TIP** hatch 낳다, 부화시키다 lose track of time 시간가는 줄 모르다
> ① 별들이 셀 수 있는 명사이기 때문에 much → many로 바꾸어야 한다.
> ② 크리스마스 파티가 나를 흥분시키는 것이기 때문에 excited → exciting이 되어야 한다.
> ④ '~하곤 했다', '~했었다'의 의미를 가지고 있는 used to RV의 형태로 고쳐야 한다. loving → love)
> 「① 은하계의 수십억 개의 별들 중 얼마나 많은 별들이 생명을 잉태시킬 수 있을까?
> ② 크리스마스 파티는 정말 흥분됐고 나는 완전히 시간 가는 줄 몰랐다.
> ③ 오늘 정오에 일을 시작하니까 지금 당장 떠나야 해.
> ④ 그들은 어렸을 때 책을 훨씬 더 좋아했었다.」

Answer 1.③

2020. 6. 13. 제1회 지방직 / 제2회 서울특별시

2 밑줄 친 부분 중 어법상 옳지 않은 것은?

> Elizabeth Taylor had an eye for beautiful jewels and over the years amassed some amazing pieces, once ① declaring "a girl can always have more diamonds." In 2011, her finest jewels were sold by Christie's at an evening auction ② that brought in $115.9 million. Among her most prized possessions sold during the evening sale ③ were a 1961 bejeweled timepiece by Bulgari. Designed as a serpent to coil around the wrist, with its head and tail ④ covered with diamonds and having two hypnotic emerald eyes, a discreet mechanism opens its fierce jaws to reveal a tiny quartz watch.

TIP amass 모으다, 축적하다 declare 선언하다 possession 소유물 bejewel 보석으로 장식하다 timepiece 시계 serpent 뱀 coil (고리 모양으로) 감다, 휘감다 hypnotic 최면을 거는 듯한 discreet 분별 있는 fierce 사나운, 모진 jaw 턱 reveal 드러내다 quartz 석영

③ 도치된 문장으로서 동사 뒤에 있는 a 1961 bejeweled timepiece가 실제 주어이다. 단수주어이기 때문에 were를 was로 바꾸어야 한다.
① "a girl can always have more diamonds."을 선언하는 것이기 때문에 능동의 declaring이 옳은 표현이다.
② an evening auction을 선행사로 받는 관계대명사 that은 옳은 표현이다.
④ 머리와 꼬리가 다이아몬드로 덮여진 것이기 때문에 수동을 의미하는 covered가 옳은 표현이다.

「엘리자베스 테일러는 아름다운 보석에 대한 안목을 가지고 있었고, 몇 년 동안 "소녀는 항상 더 많은 다이아몬드를 가질 수 있다"라고 선언을 하면서 놀라운 작품들을 수집했다. 2011년, 그녀의 가장 훌륭한 보석들은 1억 1,590만 달러를 제출한 크리스티에 의해 저녁 경매에서 팔렸다. 저녁 세일 중에 판매된 가장 소중한 소유물 중에는 Bulgari가 1961 보석으로 만든 시계가 있었다. 머리와 꼬리를 다이아몬드로 덮고 두 개의 최면을 거는 듯한 에메랄드 눈을 가진 손목을 감는 뱀으로 디자인된, 조심스러운 메커니즘이 작은 석영 시계를 드러내기 위해 사나운 턱을 연다.」

Answer 2.③

2020. 6. 13. 제1회 지방직 / 제2회 서울특별시

3 우리말을 영어로 잘못 옮긴 것은?

① 보증이 만료되어서 수리는 무료가 아니었다.
 →Since the warranty had expired, the repairs were not free of charge.
② 설문지를 완성하는 누구에게나 선물카드가 주어질 예정이다.
 →A gift card will be given to whomever completes the questionnaire.
③ 지난달 내가 휴가를 요청했더라면 지금 하와이에 있을 텐데.
 →If I had asked for a vacation last month, I would be in Hawaii now.
④ 그의 아버지가 갑자기 작년에 돌아가셨고, 설상가상으로 그의 어머니도 병에 걸리셨다.
 →His father suddenly passed away last year, and, what was worse, his mother became sick.

TIP ② whomever뒤에 completes 동사가 있기 때문에 주어 역할을 할 수 있는 whoever가 적절하다.

2019. 6. 15 제1회 지방직

4 어법상 옳은 것은?

① The paper charged her with use the company's money for her own purposes.
② The investigation had to be handled with the utmost care lest suspicion be aroused.
③ Another way to speed up the process would be made the shift to a new system.
④ Burning fossil fuels is one of the lead cause of climate change.

TIP ② 부사절 접속사인 lest는 'lest S (should) + 동사원형'의 형태로 사용되어 '~하지 않도록 하기 위해'라는 부정의 의미이다. be 앞에 should가 생략된 올바른 형태이다.
 ① 전치사 뒤에 use는 동명사인 using으로 고쳐야한다.
 ③ '~하는 방법은 ~하는 것이다'는 의미로 S be to v의 형태가 되어야 한다. be made를 to make로 고쳐야 한다.
 ④ one of 복수명사이다. cause가 causes가 되어야 한다.
 「① 그 신문은 그녀를 그녀 자신의 목적을 위해 회사의 돈을 사용한 것으로 기소했다.
 ② 그 조사는 의심을 생기지 않기 위해서 매우 주의 깊게 다뤄져야만 했다.
 ③ 그 과정의 속도를 높이는 또 다른 방법은 새로운 체계로의 변화를 만드는 것일 것이다.
 ④ 화석연료를 태우는 것이 기후변화의 주요한 원인들 중의 하나다.」

Answer 3.② 4.②

2019. 6. 15 제2회 서울특별시

5 밑줄 친 부분 중 어법상 가장 옳지 않은 것은?

> Inventor Elias Howe attributed the discovery of the sewing machine ① <u>for</u> a dream ② <u>in which</u> he was captured by cannibals. He noticed as they danced around him ③ <u>that</u> there were holes at the tips of spears, and he realized this was the design feature he needed ④ <u>to solve</u> his problem.

TIP attribute ~의 탓으로 돌리다 sewing machine 재봉틀 cannibal 식인종 spear 창 attribute A to B A를 B의 탓으로 돌리다.
① for 대신 to가 들어가야 한다.
② in which + 완전구조로 옳은 표현이다.
③ noticed의 목적어로 that + 완전구조가 왔다. 옳은 표현이다.
④ to 부정사의 부사적용법(~하기 위해서)으로 맞게 쓰였다.
「발명가 Elias Howe는 재봉틀의 발견을 그가 식인종에게 붙잡힌 꿈의 탓으로 돌린다. 그는 그들이 그 주위에서 춤을 출 때 창 끝에 구멍들이 있다는 것을 알아차렸고, 그는 이것이 그가 이 문제를 풀기 위해서 필요로 했던 디자인의 특징이라는 것을 깨달았다.」

2018. 5. 19 제1회 지방직

6 밑줄 친 부분 중 어법상 옳지 않은 것은?

> I am writing in response to your request for a reference for Mrs. Ferrer. She has worked as my secretary ① <u>for the last three years</u> and has been an excellent employee. I believe that she meets all the requirements ② <u>mentioned</u> in your job description and indeed exceeds them in many ways. I have never had reason ③ <u>to doubt</u> her complete integrity. I would, therefore, recommend Mrs. Ferrer for the post ④ <u>what</u> you advertise.

TIP ④ what 앞에 선행사 the post가 있으므로 관계대명사인 that이나 which로 고쳐야 한다.
「Mrs. Ferrer을 위한 참조를 위한 당신의 요청에 대하여 답장을 쓰고 있습니다. 그녀는 지난 3년간 나의 비서로 일했고 훌륭한 직원이었습니다. 저는 그녀가 당신의 직무기술서에 언급된 모든 자격 요건을 충족시키고 여러 면에서 그것을 능가한다고 믿습니다. 저는 그녀의 완벽한 진실성을 의심할 이유가 없었습니다. 따라서 저는 당신이 광고하는 직책에 Mrs. Ferrer를 추천합니다.」

Answer 5.① 6.④

2018. 5. 19 제1회 지방직

7 우리말을 영어로 잘못 옮긴 것은?

① 모든 정보는 거짓이었다.
   → All of the information was false.
② 토마스는 더 일찍 사과했어야 했다.
   → Thomas should have apologized earlier.
③ 우리가 도착했을 때 영화는 이미 시작했었다.
   → The movie had already started when we arrived.
④ 바깥 날씨가 추웠기 때문에 나는 차를 마시러 물을 끓였다.
   → Being cold outside, I boiled some water to have tea.

> **TIP** 'Being cold outside'의 주어와 뒤에 이어지는 주절의 주어가 일치하지 않으므로 주어를 생략할 수 없다. 따라서 It being cold outside로 고쳐야 한다.

2018. 5. 19 제1회 지방직

8 어법상 옳은 것은?

① Please contact to me at the email address I gave you last week.
② Were it not for water, all living creatures on earth would be extinct.
③ The laptop allows people who is away from their offices to continue to work.
④ The more they attempted to explain their mistakes, the worst their story sounded.

> **TIP** ① contact는 완전타동사이므로 목적어 me가 바로 온다. contact to me → contact me
> ③ who ~ offices는 선행사 people을 수식하는 관계대명사 절로, 선행사가 복수이므로 is를 are로 고쳐야 한다.
> ④ the 비교급 s + v, the 비교급 s + v : ~하면 할수록 점점 더 ~하다. worst → worse
> 「① 제가 지난주에 알려 드린 이메일 주소로 연락 주세요.
> ② 물이 없다면 지구상의 모든 생물은 멸종할 것이다.
> ③ 노트북 컴퓨터는 사무실 밖에 있는 사람들이 일을 계속하도록 해 준다.
> ④ 그들이 자신들의 실수에 대해 설명하려고 하면 할수록 그들의 이야기는 최악으로 들렸다.」

Answer 7.④ 8.②

2018. 5. 19 제1회 지방직

9 우리말을 영어로 옳게 옮긴 것은?

① 그는 며칠 전에 친구를 배웅하기 위해 역으로 갔다.
　→He went to the station a few days ago to see off his friend.
② 버릇없는 그 소년은 아버지가 부르는 것을 못 들은 체했다.
　→The spoiled boy made it believe he didn't hear his father calling.
③ 나는 버팔로에 가본 적이 없어서 그곳에 가기를 고대하고 있다.
　→I have never been to Buffalo, so I am looking forward to go there.
④ 나는 아직 오늘 신문을 못 읽었어. 뭐 재미있는 것 있니?
　→I have not read today's newspaper yet. Is there anything interested in it?

> **TIP** ② '(~인) 체하다'는 make believe (that)으로 it을 삭제해야 한다. made it believe → made believe
> ③ '~을 고대하다'는 look forward to ~ing이므로 go를 going으로 고쳐야 한다.
> ④ anything이 interest한 감정을 느끼게 하는 것이므로 현재분사인 interesting이 와야 한다. interested → interesting

2017. 6. 17 제1회 지방직

10 어법상 옳지 않은 것은?

① You might think that just eating a lot of vegetables will keep you perfectly healthy.
② Academic knowledge isn't always that leads you to make right decisions.
③ The fear of getting hurt didn't prevent him from engaging in reckless behaviors.
④ Julie's doctor told her to stop eating so many processed foods.

> **TIP** 첫째, ②번에서 that이 관계대명사로 쓰인 것이라면 선행사가 있어야 하는데 that 앞에는 선행하는 명사가 존재하지 않으므로 관계대명사로 쓰인 것이 아니다.
> 둘째, that이 접속사로 쓰였다면 뒤에 문장이 주어+동사가 완벽히 갖추어져 있어야 하는데 that 이하에 주어가 없으므로 접속사로 쓰인 것도 아니다.
> 그러므로 ②번 문장은 어법상 옳지 않다.
> 「① 너는 단순히 많은 야채를 먹는 것이 너를 완전히 건강하게 해줄 것이라고 생각하는지도 모른다.
> ② 학문적 지식이 항상 올바른 결정을 할 수 있도록 하는 것은 아니다.
> ③ 다치는 것에 대한 두려움도 그가 무모한 행동을 하는 것을 막지 못했다.
> ④ Julie의 의사는 그녀에게 너무 많은 가공식품을 먹는 것을 멈추라고 이야기했다.」

Answer 9.① 10.②

출제 예상 문제

1 우리말을 영어로 잘못 옮긴 것은?

① 오늘 밤 나는 영화 보러 가기보다는 집에서 쉬고 싶다.
→ I'd rather relax at home than going to the movies tonight.

② 경찰은 집안 문제에 대해서는 개입하기를 무척 꺼린다.
→ The police are very unwilling to interfere in family problems.

③ 네가 통제하지 못하는 과거의 일을 걱정해봐야 소용없다.
→ It's no use worrying about past events over which you have no control.

④ 내가 자주 열쇠를 엉뚱한 곳에 두어서 내 비서가 나를 위해 여분의 열쇠를 갖고 다닌다.
→ I misplace my keys so often that my secretary carries spare ones for me.

TIP ① rather ~ than은 평행구조를 이뤄야 하므로 going을 go로 고친다.

---

2 어법상 옳은 것은?

① That place is fantastic whether you like swimming or to walk.
② She suggested going out for dinner after the meeting.
③ The dancer that I told you about her is coming to town.
④ If she took the medicine last night, she would have been better today.

TIP ① and, or, but 등은 전후가 같은 형식으로 연결된다. to walk → walking
③ 관계사 that 뒤에는 불완전한 문장이 오는 것이 어법상 옳다. 따라서 her를 삭제하거나 The dancer about whom I told you 으로 써야 한다.
④ 혼합가정법 형태는 If S had+p.p. ~, S would+V이다. took → had taken
「① 당신이 수영하는 것을 좋아하든 걷는 것을 좋아하든 그 장소는 환상적이다.
② 그녀는 미팅 후에 저녁 먹으러 가길 제안했다.
③ 내가 당신에게 말한 그 댄서는 시내로 오고 있는 중이다.
④ 만약 그녀가 어제 약을 먹었다면, 그녀는 오늘 좀 더 나을 것이다.」

Answer 1.① 2.②

3. 밑줄 친 부분 중 어법상 가장 옳지 않은 것은?

He acknowledged that ① <u>the number</u> of Koreans were forced ② <u>into</u> labor ③ <u>under harsh conditions</u> in some of the locations ④ <u>during the 1940's</u>.

TIP ① 복수명사(Koreans)+복수동사(were)의 형태이므로 the number를 a number로 고쳐야 한다.
　　acknowledge 인정하다　harsh 가혹한, 냉혹한
「그는 1940년대 동안 몇몇 지역에서 많은 한국인들이 가혹한 상황하에서 강제노동에 동원되었음을 인정했다.」

4. 다음 대화에서 어법상 가장 옳지 않은 것은?

Ann : Your hair ① <u>looks nice</u>.
Tori : I ② <u>had it cut by</u> the tall hairdresser in the new hair salon next to the cafeteria.
Ann : Not that place where I ③ <u>got my head to stick</u> in the drier?
Tori : ④ <u>Must be</u>, I suppose. Yes, that one.
Ann : Huh, and they still let them open.

TIP ③ got my head to stick → got my head stuck
「Ann : 너 머리 멋지다.
Tori : 저 카페 옆에 있는 새로운 미용실에 키가 큰 미용사한테 머리를 잘랐어.
Ann : 드라이어로 내 머리를 망하게 했었던 거기 말이야?
Tori : 아마도 그럴 거야. 그래, 거기야.
Ann : 허, 거기가 아직 영업 중이구나.」

Answer 3.① 4.③

5 어법상 옳은 것은?

① While worked at a hospital, she saw her first air show.
② However weary you may be, you must do the project.
③ One of the exciting games I saw were the World Cup final in 2010.
④ It was the main entrance for that she was looking.

TIP ① while 다음에 she was가 생략되었다. worked → working
③ One of 복수명사 뒤에는 단수동사를 쓴다. were → was
④ 전치사 뒤에는 관계 대명사 that이 올 수 없다. that → which로 고쳐야 한다.

6 밑줄 친 부분 중 어법상 옳은 것은?

Compared to newspapers, magazines are not necessarily up-to-the-minute, since they do not appear every day, but weekly, monthly, or even less frequently. Even externally they are different from newspapers, mainly because magazines ①<u>resemble like a book</u>. The paper is thicker, photos are more colorful, and most of the articles are relatively long. The reader experiences much more background information and greater detail. There are also weekly news magazines, ②<u>which reports on a number of topics</u>, but most of the magazines are specialized to attract various consumers. For example, there are ③<u>women's magazines cover fashion, cosmetics, and recipes</u> as well as youth magazines about celebrities. Other magazines are directed toward, for example, computer users, sports fans, ④<u>those interested in the arts</u>, and many other small groups.

TIP not necessarily 반드시 ~은 아닌
① resemble like a book → resemble a book
② 선행사가 magazines가 복수이므로 reports → report
③ cover → covering

「신문과 비교해볼 때, 잡지는 매일 나오는 것이 아니라 매주나 매달 또는 그보다 더 드물게 나오기 때문에 반드시 최신판은 아니다. 대게 외면조차도 잡지는 책과 닮았기 때문에 그것들은 신문과는 다르다. 종이는 더 두껍고, 사진은 보다 화려하고, 대부분의 기사들은 비교적 길다. 독자들은 훨씬 많은 배경정보들과 더 많은 세부사항들을 경험하게 된다. 주간 뉴스 잡지는 많은 주제를 보도하지만, 대부분의 잡지들은 다양한 소비자들의 마음을 끌기 위해 특화되어있다. 예를 들면 여성 잡지들은 패션, 화장품, 그리고 요리법을 다루고 청춘 잡지들은 유명 인사들을 다룬다. 다른 잡지들은 컴퓨터 사용자들, 스포츠팬들, 예술에 관심 있는 사람들, 그리고 많은 다른 소그룹을 겨냥한다.」

Answer 5.② 6.④

7 밑줄 친 부분에 들어갈 가장 적절한 것은?

A tenth of the automobiles in this district alone _____ stolen last year.

① was
② had been
③ were
④ have been

TIP automobile 자동차 district (특정한) 지구(지역)
주어인 automobiles가 복수이고 과거 시제의 수동형이 되어야 하므로 were가 옳다.
「이 지역에 있는 자동차의 10분의 1이 지난 해 도난당했다.」

8 밑줄 친 부분 중 어법상 옳지 않은 것은?

①In the mid 1990s, ②it was estimated that 9 million Americans ③were planning a summer vacation alone. Since then, the number of solo travelers ④have increased.

TIP estimate : 추정하다, 평가하다 Since then : 그때 이래, 그때부터
④ the number는 단수로 취급되므로 have가 아닌 has를 사용해야 한다.
「1990년대 중반, 9백만명의 미국인 등이 홀로 여름휴가를 계획했던 것으로 추정되었다. 그때부터 점점 혼자 여행하는 사람들의 수가 증가하고 있다.」

Answer 7.③ 8.④

9 다음 문장의 밑줄 친 부분 중에서 어법상 가장 어색한 것은?

> ①Written in the 1910s, the nature writer Ernest N. Seton estimated ②that by the end of the 18th century the ③original population of buffalo in North America ④had been 75 million.

TIP estimate : 추정하다   population : 인구, (어떤 지역 내) 개체군(수)   buffalo : 물소, 아메리카 들소
① 주절의 주어와의 관계가 능동의 관계(주어가 글을 쓴 것)이므로 Writting이다.
「1910년대에 글을 썼던 자연주의 작가 Ernest N. Seton은 18세기 말 무렵의 북아메리카 들소의 개체수가 7천 5백만마리가 있었을 것이라고 추정했다.」

10 다음 문장의 밑줄 친 부분 중 어법상 가장 어색한 것은?

> Pro-life and pro-choice forces ①are bracing for ②competing observances on Jan. 22, the twelfth anniversary of the Supreme Court decision that ③was struck down ④most legal restrictions on abortion.

TIP pro-life : 임신중절 합법화 반대의   pro-choice : 임신중절 합법화 지지의   force : 세력, 권력, 힘, 폭력   brace for : (곤란 등에) 대비하다   competing : 경쟁하는, 경합하는, 겨루는   observance(s) : 행사, 의식   anniversary : 기념일   Supreme Court : 최고법원, 대법원   decision : 결정, 판결   strike down : 때려눕히다, 죽이다   legal : 법률의, 합법의, 적법의   restriction : 제한, 한정, 구속   abortion : 낙태, 유산
③ that은 주격 관계대명사이고 선행사는 the Supreme Court decision이다. 대법원의 결정은 낙태에 대한 법적인 제재를 철폐시킨 것이므로 was struck down을 struck down으로 고쳐야 한다.
「임신중절 합법화에 반대하는 세력과 찬성(지지)하는 세력이 낙태에 대한 대부분의 법률적인 제재를 철폐시켰던 대법원의 판결이 내려진 지 12번째 기념일인 1월 22일에 서로 맞서는 행사들을 준비하고 있다.」

Answer   9.①   10.③

11 다음 밑줄 친 부분 중 어법에 맞지 않는 것은?

> He has rejected an offer ① by the cabinet that ② it should resign to ③ deflect criticism directed at him, but ④ has called for a referendum on his rule, saying he would resign if the voters do not support him.

TIP reject : 거절하다 cabinet : 내각, 상자 resign : 사임하다, 그만두다 deflect : 굴절하다, 피하다 referendum : 국민투표
② it → he
「그는 그에게로 향하는 비난을 피하기 위해 내각을 사임해야 한다는 내각의 제안을 거절해 왔고, 대신 만약 투표자들이 그를 지지하지 않는다면 사임하겠다고 말하면서 그의 통치에 대한 국민투표를 요구해왔다.」

12 다음 우리 글을 영어로 옮긴 것 중 옳은 것은?

> 떠날 때 문을 잠그시오.

① Please lock the door when you leave.
② Please lock the door when you will leave.
③ Please lock the door when you would leave.
④ Please lock the door when you shall leave.

TIP 시간이나 조건을 나타내는 부사절에서는 미래, 미래완료 대신 현재, 현재완료를 사용한다.
② will 제거 ③ would 제거 ④ shall 제거

Answer 11.② 12.①

13 다음 문장 중 틀린 부분은?

①How does the ②author's mother say ③will serve ④as mutual correctives for the Indian people?

TIP author : 저자, 작가   serve as : ~의 역할을 하다   mutual : 공동의, 서로의   corrective : 교정물, 조정책
'does the author's mother say'는 삽입절이므로 주어가 와야 한다. how는 부사이므로 what으로 바꿔야 한다.
「그 작가의 어머니는 무엇이 인디언들을 위한 서로의 교정정책들로서의 역할을 할 것인지 물었다.」

14 다음 빈칸에 알맞은 것은?

One would not wish to stay in such a desolate place even for a day, _____ would one be willing to stay all one's life.

① still more
② even though
③ as if
④ still less

TIP desolate : 황폐한, 쓸쓸한   be willing to : 기꺼이 ~하는
still less는 부정을 받아 '하물며 ~(않다)'로 쓰인다.
「사람은 하루라도 황폐한 곳에 머물기를 바라지 않는데, 하물며 평생을 머물러 있기는 더더욱 원하지 않을 것이다.」

Answer 13.① 14.④

15 빈칸에 들어갈 적합한 것은?

> If you had not helped me. I _____ alive now.

① should not have been
② should not be
③ will not be
④ shall not be

TIP **혼합가정법** … if절에 가정법 과거완료, 주절에 가정법 과거를 써서 과거의 사실이 현재에까지 영향을 미치고 있음을 표현한다.
㉠ If I had taken your advice then, I would be happier now.
 (만일 내가 그때 네 충고를 들었더라면, 나는 지금 더 행복할텐데.)
 = As I did not take your advice then, I am not happier now.
㉡ If it had not rained last night, the road would not be so muddy today.
 (어젯밤에 비가 오지 않았더라면, 오늘 땅이 이렇게 질지는 않을텐데.)
 = As it rained last night, the road is so muddy today.
「만일 당신이 나를 돕지 않았었다면, 지금 나는 살아있지 못했을 것이다.」

Answer 15.①

04 생활영어

01 전화

- This is Mary speaking. I'd like to speak to Mr. Jones.
  Mary입니다. Jones씨 좀 부탁드립니다.
- Who's speaking(calling), please? 누구십니까?
- Whom do you wish to talk to? 누구를 바꿔 드릴까요?
  = Who would you like to speak to, sir?
- Hold the line a moment, please. I'll connect you with Mr. Smith.
  잠시 기다리세요. Smith씨에게 연결해 드리겠습니다.
- The party is on the line. Please go ahead. 연결됐습니다. 말씀하세요.
- What number are you calling? 몇 번에 거셨습니까?
- The line is busy. He's on another phone. 통화중입니다.
- The lines are crossed. 혼선입니다.
- A phone for you, Tom. Tom, 전화 왔어요.
- Please speak a little louder. 좀더 크게 말씀해 주세요.
- Who shall I say is calling, please? 누구라고 전해 드릴까요?
- May I take your message? 전할 말씀이 있나요?
  = Would you like to leave a message.
- May I leave a message, please? 메시지를 남겨 주시겠어요?
- Guess who this is. Guess who? 누구인지 알아 맞춰보시겠어요?
- You have the wrong number. 전화를 잘못 거셨습니다.
- There is no one here by that name. 그런 분은 안계십니다.
- What is she calling for? 그녀가 무엇 때문에 전화를 했지요?
- May I use your phone? 전화를 좀 빌려 쓸 수 있을까요?
- Give me a call(ring, phone, buzz). 나에게 전화하세요.

02 길안내

- Excuse me, but could you tell me the way to the station?
  실례지만, 역으로 가는 길을 가르쳐 주시겠습니까?
- Pardon me, but is this the (right) way to the station?
  실례지만, 이 길이 역으로 가는 (바른) 길입니까?
- Where am I(we)? 여기가 어디입니까?
- I'm sorry, but I can't help you(I don't know this area).
  죄송합니다만, 저도 길을 모릅니다.
- (I'm sorry, but) I'm a stranger here myself. (죄송합니다만) 저도 처음(초행길)입니다.
- Turn to the left. 왼쪽으로 가세요.
- Go straight on. 곧장 가세요.
- Walk until you come to the crossing. 교차로가 나올 때까지 계속 걸어가십시오.
- Take the left road. 왼쪽 도로로 가세요.
- Are there any landmarks?
  길을 찾는 데 도움이 되는 어떤 두드러진 건물 같은 것은 없습니까?
- How far is it from here to the station? 이 곳에서 역까지 얼마나 멉니까?
- I'll take you there. 제가 당신을 그 곳에 데려다 드리겠습니다.
- You can't miss it. You'll never miss it. 틀림없이 찾을 것입니다.

03 시간

- What time is it? 몇 시입니까?
  = What is the time?
  = Do you have the time?
  = What time do you have?
  = Could you tell me the time?
  = What time does your watch say?
- Do you have time? 시간 있습니까?
- What is the date? 몇 일입니까?
- What day is it today? 오늘이 무슨 요일입니까?

04 소개 · 인사 · 안부

(1) 소개
- May I introduce my friend Mary to you? 내 친구 Mary를 소개해 드릴까요?
- Let me introduce myself. May I introduce myself to you? 제 소개를 하겠습니다.
- Miss. Lee, this is Mr. Brown. Lee양, 이 분은 Brown씨입니다.
- I've been wanting to see you for a long time. 오래 전부터 뵙고 싶었습니다.

(2) 인사

① 처음 만났을 때
- How do you do? 처음 뵙겠습니다.
- I'm glad to meet you. 만나서 반가워요.
  = I'm very pleased(delighted) to meet you.
  = It's a pleasure to know you.

② 아는 사이일 때
How are you getting along? 안녕, 잘 있었니? 어떻게 지내니?
= How are you (doing)?
= How are things with you?
= How is it going?
= What happened?
= What's up?

③ 오랜만에 만났을 때
- How have you been? 그간 잘 있었니?
- I haven't seen you for ages(a long time). 정말 오랜만이야.
- Pretty good. It's been a long time, hasn't it? 그래, 오랜만이다, 그렇지 않니?
- I've been fine. It's ages since we met. 잘 지냈어. 우리가 만난 지 꽤 오래됐지.

④ 작별인사
㉠ 작별할 때
- I'd better be going. 이제 가봐야 되겠습니다.
  = I really must be going now.
  = I'm afraid I must go now.
  = I really should be on my way.
  = It's time to say good-bye.
  = I must be off now.

- So soon? Why don't you stay a little longer?
  이렇게 빨리요? 좀더 있다가 가시지요?

ⓛ 작별의 아쉬움을 나타낼 때
- It's really a shame that you have to leave. 떠나셔야 한다니 정말 유감입니다.
- It's too bad that you have to go. 가셔야 한다니 정말 유감입니다.

(3) 안부

- Remember me to Jane. Jane에게 안부 전해 주세요.
  = Give my regards to Jane.
  = Say hello to Jane.
  = Please send my best wishes to Jane.
- Sure, I will. 예, 꼭 그러겠습니다.
  = Certainly.

05 제안·권유·초대

(1) 제안

① 제안할 때
- Let's have a party, shall we? 파티를 열자.
- Why don't we go to see a movie? 영화 보러 가는 게 어때요?

② 제안을 수락할 때
- (That's a) Good idea. 좋은 생각이에요.
- That sounds great, Why not? 좋은 생각(제안)이야.

③ 제안을 거절할 때
- I'm afraid not. 안되겠는데요.
- I'm afraid I have something to do that afternoon.
  그 날 오후에는 할 일이 있어서 안되겠는데요.
- I'd rather we didn't, if you don't mind. 괜찮다면, 그러지 말았으면 합니다만.

(2) 권유

① 권유할 때
- Won't you come and see me next Sunday?
  다음주 일요일에 놀러오지 않으시렵니까?
- How about going to the movies this evening?
  오늘 저녁에 영화 구경가는 것이 어떨까요?
- Would you like to go out this evening?
  오늘 저녁에 외출하지 않으시렵니까?
- I would like to have dinner with you this evening. Can you make it?
  오늘 저녁에 당신과 저녁식사를 같이 하고 싶습니다. 가능하십니까(괜찮으십니까)?

② 권유에 응할 때
- Yes, I'd like to. Yes, I'd love to. 예, 좋습니다.
- Thank you, I shall be very glad to. 감사합니다. 기꺼이 그렇게 하지요.
- That's very kind of you to say so. 그렇게 말씀해 주시니 매우 친절하십니다.

③ 권유를 거절할 때
- I should like to come, but I have something else to do.
  꼭 가고 싶지만 다른 할 일이 있어서요.
- I'm sorry to say, but I have a previous appointment.
  죄송하지만, 선약이 있어서요.

(3) 초대

① 초대할 때
- How about going out tonight? 오늘밤 외출하시겠어요?
- Would you like to come to the party tonight? 오늘밤 파티에 오시겠어요?

② 초대에 응할 때
- That's a nice idea. 그것 좋은 생각이군요.
- Yes. I'd like that. Fine with me. 감사합니다. 그러고 싶어요.

③ 초대를 거절할 때
- I'd love to but I'm afraid I can't. 그러고 싶지만 안될 것 같군요.
- Sorry. I'm afraid I can't make it. Maybe another time.
  죄송합니다만 그럴 수 없을 것 같군요. 다음 기회에 부탁드려요.

(4) 파티가 끝난 후 귀가할 때
- I must be going(leaving) now. I must say good-bye now. 이제 가야 할 시간입니다.
- Did you have a good time? Did you enjoy yourself? 즐거우셨어요?
- I sure did. Yes, really(certainly). 아주 즐거웠습니다.

06 부탁 · 요청

- Would you please open the window? 창문을 열어 주시겠습니까?
- All right. Certainly, with pleasure. 예, 알았습니다. 예, 그렇게 하죠.
- Would you mind opening the window? 창문을 열어 주시지 않겠습니까?
- (Would you mind ~?의 긍정의 대답으로) No, I wouldn't. 아니, 그렇게 하죠.
  = No, not at all.
  = No, of course not.
  = Certainly not.
  = Sure(ly).
- (Would you mind ~?의 부정의 대답으로) Yes. I will. 예, 안되겠습니다.
- May I ask a favor of you? 부탁을 하나 드려도 될까요?
- What is it? 무슨 일이죠?
- Sure, (if I can). 물론입니다. 부탁을 들어드리겠습니다.
  = By all means.
  = With great pleasure.
  = I'll do my best for you.
- Well, that depends (on what it is). 글쎄요, (무슨 일인지) 들어보고 해드리죠.
- I'm sorry to trouble you, but would you please carry this baggage for me? 폐를 끼쳐 죄송하지만, 저를 위해 이 짐 좀 날라다 주시겠습니까?

04. 생활영어

최근 기출문제 분석

2020. 6. 13. 제1회 지방직 / 제2회 서울특별시

1 밑줄 친 부분에 들어갈 말로 가장 적절한 것은?

> A : Oh, another one! So many junk emails!
> B : I know. I receive more than ten junk emails a day.
> A : Can we stop them from coming in?
> B : I don't think it's possible to block them completely.
> A : _____?
> B : Well, you can set up a filter on the settings.
> A : A filter?
> B : Yeah. The filter can weed out some of the spam emails.

① Do you write emails often
② Isn't there anything we can do
③ How did you make this great filter
④ Can you help me set up an email account

TIP junk email=spam email 광고성 단체 메일 completely 완전히 filter 필터, 여과 장치 weed out 제거하다
① 당신은 자주 이메일을 쓰나요?
② 우리가 할 수 있는 일이 없을까요?
③ 어떻게 이 훌륭한 필터를 만들었습니까?
④ 이메일 계정 설정을 도와줄 수 있습니까?
「B : 알아요. 저는 하루에 10통 이상의 정크 메일을 받아요.
 A : 그것들이 들어오는 것을 차단할 수 있나요?
 B : 그들을 완전히 차단하는 것은 불가능하다고 생각해요.
 A : <u>우리가 할 수 있는 일이 없을까요?</u>
 B : 음, 설정에서 필터를 설정할 수 있어요.
 A : 필터요?
 B : 네, 필터가 스팸 메일의 일부를 제거할 수 있어요.」

Answer 1.②

2020. 6. 13. 제1회 지방직 / 제2회 서울특별시

2 두 사람의 대화 중 가장 자연스러운 것은?

① A : Do you know what time it is?
　B : Sorry, I'm busy these days.
② A : Hey, where are you headed?
　B : We are off to the grocery store.
③ A : Can you give me a hand with this?
　B : OK. I'll clap for you.
④ A : Has anybody seen my purse?
　B : Long time no see.

> **TIP** grocery 식료품류　purse 돈지갑
> 「① A : 지금 몇 시인지 알아?
> 　B : 미안, 요즘 바빠.
> ② A : 이봐, 어디 가는 거야?
> 　B : 우리는 식료품점에 가.
> ③ A : 이것 좀 도와줄래?
> 　B : 좋아. 박수를 쳐줄게.
> ④ A : 누가 내 지갑을 봤습니까?
> 　B : 오랜만입니다.」

Answer 2.②

2019. 6. 15 제2회 서울특별시

3 대화 중 가장 어색한 것은?

① A : What was the movie like on Saturday?
　B : Great. I really enjoyed it.
② A : Hello. I'd like to have some shirts pressed.
　B : Yes, how soon will you need them?
③ A : Would you like a single or a double room?
　B : Oh, it's just for me, so a single is fine.
④ A : What time is the next flight to Boston?
　B : It will take about 45 minutes to get to Boston.

> **TIP** ① A : 토요일 영화는 어땠나요?
> 　　　　B : 좋았어요. 정말 재밌게 봤어요.
> 　　② A : 안녕하세요. 셔츠 몇 벌 다림질하기를 원합니다.
> 　　　　B : 네, 얼마나 빨리 그것들이 필요하신가요?
> 　　③ A : 싱글룸으로 하시겠습니까, 더블룸으로 하시겠습니까?
> 　　　　B : 아, 나만을 위한 것이요. 그래서 싱글룸이 좋겠어요.
> 　　④ A : Boston으로 가는 다음 비행기는 몇 시인가요?
> 　　　　B : Boston에 가는데 약 45분 걸릴 것입니다.

Answer　3.④

2019. 6. 15 제1회 지방직

4 밑줄 친 부분에 들어갈 말로 가장 적절한 것은?

> A: Hello. I need to exchange some money.
> B: Okay. What currency do you need?
> A: I need to convert dollars into pounds. What's the exchange rate?
> B: The exchange rate is 0.73 pounds for every dollar.
> A: Fine. Do you take a commission?
> B: Yes, we take a small commission of 4 dollars.
> A: _____?
> B: We convert your currency back for free. Just bring your receipt with you.

① How much does this cost
② How should I pay for that
③ What's your buy-back policy
④ Do you take credit cards

TIP exchange 환전하다 currency 통화 exchange rate 환율 commission 수수료
① 이거 얼마입니까?
② 제가 그것을 어떻게 결제하면 됩니까?
③ 재매입 방침은 어떻게 되나요?
④ 신용카드도 되나요?

「A: 안녕하세요. 제가 돈을 좀 환전해야 해요.
B: 그래요. 어떤 통화가 필요하세요?
A: 달러를 파운드로 바꿔야 해요. 환율이 어떻게 되죠?
B: 환율은 달러 당 0.73파운드에요.
A: 좋아요. 수수료를 받으시나요?
B: 네, 우리는 4달러의 약간의 수수료를 받습니다.
A: 재매입 방침은 어떻게 되나요?
B: 우리는 당신의 통화를 무료로 바꿔드려요. 그냥 영수증만 가져오세요.」

Answer 4.③

2018. 5. 19 제1회 지방직

5 밑줄 친 부분에 들어갈 말로 가장 적절한 것은?

> A : My computer just shut down for no reason. I can't even turn it back on again.
> B : Did you try charging it? It might just be out of battery.
> A : Of course, I tried charging it.
> B : _____
> A : I should do that, but I'm so lazy.

① I don't know how to fix your computer.
② Try visiting the nearest service center then.
③ Well, stop thinking about your problems and go to sleep.
④ My brother will try to fix your computer because he's a technician.

TIP ① 난 네 컴퓨터를 고치는 법을 몰라.
② 그러면 가장 가까운 서비스센터를 찾아가 봐.
③ 음, 네 문제에 대해 그만 생각하고 잠이나 자.
④ 우리 오빠가 네 컴퓨터를 고쳐 보려고 할 거야. 오빠는 기술자니까.
「A : 내 컴퓨터가 이유 없이 그냥 꺼졌어. 난 다시 켤 수도 없어.
 B : 충전은 해봤어? 그냥 배터리가 다 된 걸 수도 있어.
 A : 당연하지, 충전해 봤어.
 B : 그러면 가장 가까운 서비스센터를 찾아가 봐.
 A : 그래야 하는데, 내가 너무 게을러서.」

Answer 5.②

04. 생활영어

출제 예상 문제

1 밑줄 친 부분에 들어갈 말로 가장 적절한 것은?

> A : Would you like to get some coffee?
> B : That's a good idea.
> A : Should we buy Americano or Cafe-Latte?
> B : It doesn't matter to me. _____
> A : I think I'll get Americano.
> B : Sounds great to me.

① Not really.
② Suit yourself.
③ Come see for yourself.
④ Maybe just a handful or so.

TIP handful 줌, 움큼
① 그렇지도 않아.
② 네 맘대로 해.
③ 네가 직접 보러 와라.
④ 아마 겨우 한 움큼 정도
「A : 커피 마시는 것 어때요?
B : 그거 괜찮은 데요.
A : 아메리카노하고 카페라떼 중 어떤 것 드실래요?
B : 나는 상관없어요. 당신 맘대로 하세요.
A : 내 생각엔 아메리카노가 좋겠어요.
B : 저도 좋습니다.」

Answer 1.②

2 대화의 흐름상 밑줄 친 부분에 들어갈 가장 적절한 표현은?

> A: I got my paycheck today, and I didn't get the raise I expected to get.
> B: There is probably a good reason.
> C: You should _____ right away and talk to the boss about it.
> A: I don't know. He might still be mad about the finance report last week.

① take the bull by the horns
② let sleeping dogs lie
③ give him the cold shoulder
④ throw in the towel

TIP paycheck 급여
① 용감히 난국에 맞서다, 정면대응하다.
② 긁어 부스럼 만들지 마라.
③ 쌀쌀맞게 대하다.
④ 항복하다, 포기하다.
「A: 오늘 월급 받았는데, 내가 기대했던 것만큼 인상되지 않았어.
 B: 아마도 이유가 있겠지.
 C: 정면대응을 하러 당장 사장님에게 가서 그것에 대하여 말을 하렴.
 A: 몰라. 사장님이 지난주 회계보고서에 대하여 아직까지 화가 나 있는 것일 수도 몰라.」

3 다음 대화문 중 어색한 것은?

① A: I don't want to go alone.
　B: Do you want me to come along?
② A: I feel a little tired.
　B: I think you need to take a break.
③ A: I can't take it anymore.
　B: Calm down.
④ A: I'll keep my fingers crossed for you.
　B: When did you hurt your fingers?

Answer 2.① 3.④

TIP ① A : 혼자 가기 싫어.
   B : 내가 같이 가 줄까?
② A : 조금 피곤해.
   B : 내 생각엔 넌 좀 쉬어야 할 것 같아.
③ A : 난 더 이상 참을 수 없어.
   B : 진정해.
④ A : 행운을 빌게.
   B : 언제 손가락을 다쳤니?

4 두 사람의 대화 중 가장 어색한 것은?

① A : Would you like to go to dinner with me this week?
   B : OK. But what's the occasion?
② A : Why don't we go to a basketball game sometime?
   B : Sure. Just tell me when.
③ A : What do you do in your spare time?
   B : I just relax at home. Sometimes I watch TV.
④ A : Could I help you with anything?
   B : Yes, I would like to. That would be nice.

TIP ① A : 이번 주에 나랑 같이 저녁 먹으러 갈래요?
   B : 네, 그런데 어쩐 일이세요?
② A : 우리 가끔 농구 게임하러 갈까?
   B : 그래. 언제인지 말만해 줘.
③ A : 당신은 남는 시간에 뭐하세요?
   B : 난 그냥 집에서 쉬어요. 가끔씩 TV 보고요.
④ A : 내가 뭘 좀 도와 줄 수 있을까요?
   B : 그래요, 내가 그러고 싶어요. 그거 좋지요.

Answer   4.④

5 밑줄 친 부분에 들어갈 말로 가장 적절한 것은?

> John : Excuse me. Can you tell me where Namdaemun Market is?
> Mira : Sure. Go straight ahead and turn right at the taxi stop over there.
> John : Oh, I see. Is that where the market is?
> Mira : _____

① That's right. You have to take a bus over there to the market.
② You can usually get good deals at traditional markets.
③ I don't really know. Please ask a taxi driver.
④ Not exactly. You need to go down two more blocks.

TIP 「John : 실례합니다. 남대문 시장이 어디에 있는지 알려줄 수 있나요?
　　　Mira : 네, 앞쪽으로 쭉 가다 저기에 있는 택시 정류소에서 오른쪽으로 도세요.
　　　John : 아, 알겠습니다. 저기가 시장이 있는 곳인가요?
　　　Mira : 정확하진 않아요. 당신은 2블록 더 내려가야 돼요.」

6 밑줄 친 부분에 가장 적절한 것은?

> A : Did you see Steve this morning?
> B : Yes. But why does he _____?
> A : I don't have the slightest idea.
> B : I thought he'd be happy.
> A : Me too. Especially since he got promoted to sales manager last week.
> B : He may have some problem with his girlfriend.

① have such a long face　　② step into my shoes
③ jump on the bandwagon　　④ play a good hand

Answer　5.④　6.①

TIP ① 우울한 얼굴을 하다.
② 내 입장이 돼 봐.
③ 우세한 편에 붙다.
④ 멋진 수를 쓰다.

「A : 오늘 아침에 Steve 봤어?
B : 응, 그런데 왜인지 표정이 안 좋던데?
A : 나는 전혀 모르겠어.
B : 나는 그가 행복할거라 생각했는데.
A : 나도 마찬가지야. 특히 지난주에 영업부장으로 승진도 했잖아.
B : 어쩌면 여자 친구와 문제가 있을지도 몰라.」

7 밑줄 친 부분에 가장 적절한 것은?

> A : Excuse me. I'm looking for Nambu Bus Terminal.
> B : Ah, it's right over there.
> A : Where? _____
> B : Okay. Just walk down the street, and then turn right at the first intersection. The terminal's on your left. You can't miss it.

① Could you be more specific?
② Do you think I am punctual?
③ Will you run right into it?
④ How long will it take from here by car?

TIP ① 좀 더 구체적으로 말씀해주실 수 있나요?
② 제가 시간을 엄수했나요?
③ 바로 그곳으로 갈 건가요?
④ 차로 여기서 얼마나 걸릴까요?
intersection 교차로 specific 구체적인, 명확한 punctual 시간을 지키는(엄수하는)

「A : 실례합니다. 제가 남부터미널을 찾고 있는데요.
B : 아, 바로 저기예요.
A : 어디라고요? 좀 더 구체적으로 말씀해주실 수 있나요?
B : 네. 그냥 길 아래로 걸어가다가, 첫 번째 교차로에서 오른쪽으로 꺾으세요. 터미널은 왼쪽에 있어요. 분명히 찾을 수 있을 거예요.」

Answer 7.①

【8~9】 대화의 빈칸에 들어갈 말로 가장 적절한 것을 고르시오.

8 A : Would you like to get some coffee
B : That's a good idea.
A : Should we buy Americano or Cafe-Latte?
B : It doesn't matter to me. _____
A : I think I'll get Americano.
B : Sounds great to me.

① Not really.
② Suit yourself.
③ Come see for yourself.
④ Maybe just a handful or so.

TIP ① 그렇지도 않아.
② 네 맘대로 해.
③ 네가 스스로 보러 와라.
④ 아마 한 스푼 또는 그 정도
「A : 커피 마시는 것 어때요?
 B : 그거 괜찮은 데요.
 A : 아메리카노하고 카페라떼 중 어떤 거 드실래요?
 B : 나는 상관없어요. 당신 맘대로 하세요.
 A : 아메리카노를 가져올 생각이에요.
 B : 좋습니다.」

9 A : Are you ready to go to the party, Amy?
B : I don't know whether I can go. I'm feeling a little sick, and my dress is really not that nice. Maybe you should just go without me.
A : Come on, Amy. Stop _____. I know you too well. You're not sick. What is the real root of the problem?

① shaking a leg
② hitting the ceiling
③ holding your horses
④ beating around the bush

Answer   8.② 9.④

324 제2과목 영어

> **TIP** ① 다리 흔들기
> ② 봉창 두드리기
> ③ 말꼬리 잡기
> ④ 둘러서 말하기
>
> 「A: 파티에 갈 준비가 다 되었니, 에이미?
> B: 내가 갈 수 있을지 잘 모르겠어. 난 조금 아픈 것 같고, 내 드레스는 정말 좋지 않아. 넌 어쩌면 나 없이 가야할지도 몰라.
> A: 에이미, 돌려서 얘기하지 마. 난 너를 잘 알아 넌 아픈 게 아니야. 진짜 문제가 뭐야?」

10 다음 대화에서 밑줄 친 곳에 들어갈 알맞은 문장은?

> A: Hello. This is the long distance operator.
> B: Hello, operator. I'd like to make a person-to-person call to Mr. James at the Royal Hotel in Seoul.
> A: Do you know the number of the Hotel?
> B: No, I don't. _____
> A: Just a moment, please. The number is 385 − 2824.

① Would you find out for me?
② Would you hold the line, please?
③ May I take a message?
④ What about you?

> **TIP** person-to-person call : 지명통화
>
> 「A: 여보세요. 장거리 전화교환원입니다.
> B: 여보세요, 교환원. 서울 로얄호텔에 있는 James씨와 지명통화를 하고 싶은데요.
> A: 호텔 전화번호를 아세요?
> B: 아니요. 좀 알아봐주시겠어요?
> A: 잠깐만 기다리세요. 385 − 2824번입니다.」

Answer 10.①

한국사

03 PART

한국사

01 선사시대의 문화와 국가의 형성
02 통치구조와 정치활동
03 경제구조와 경제생활
04 사회구조와 사회생활
05 민족문화의 발달
06 근현대사의 흐름

01 선사시대의 문화와 국가의 형성

01 선사시대의 전개

❶ 선사시대의 세계

(1) 신석기문화
농경과 목축의 시작으로 식량 생산 등의 경제활동을 전개하여 인류의 생활모습·양식이 크게 변화하였다.

(2) 청동기문명의 발생
기원전 3,000년경을 전후하여 4대 문명이 형성되었는데 청동기시대에는 관개농업이 발달하고, 청동기가 사용되었으며, 도시가 출현하고, 문자를 사용하고, 국가가 형성되었다.

❷ 우리나라의 선사시대

(1) 우리 민족의 기원
우리 조상들은 만주와 한반도를 중심으로 동북아시아에 넓게 분포하였으며 신석기시대부터 청동기시대를 거쳐 민족의 기틀이 형성되었다.

(2) 구석기시대

① **생활** … 주먹도끼·찍개·팔매돌 등은 사냥도구이고, 긁개·밀개 등은 대표적인 조리도구이며, 뗀석기와 동물의 뼈나 뿔로 만든 뼈도구를 사용하여 채집과 사냥을 하면서 생활하였다.

② **주거** … 동굴이나 바위 그늘에서 살거나 강가에 막집을 짓고 살았는데 후기의 막집에는 기둥자리, 담자리, 불땐 자리가 남아 있고 집터의 규모는 작은 것은 3~4명, 큰 것은 10명이 살 수 있을 정도의 크기였다.

③ **사회** … 무리생활을 했으며 평등한 공동체적 생활을 하였다.

④ **종교, 예술** … 풍성한 사냥감을 얻기 위한 주술적 의미로서 석회암이나 동물의 뼈 또는 뿔 등에 고래와 물고기를 새긴 조각품을 만들었다.

(3) 신석기시대

① **경제** … 활이나 창을 이용한 사냥과 작살, 돌이나 뼈로 만든 낚시 등을 이용한 고기잡이를 하였으며, 또한 가락바퀴나 뼈바늘이 출토되는 것으로 의복이나 그물을 제작하였다.

② **토기** … 이른 민무늬토기, 덧무늬토기, 눌러찍기토기 등이 발견되며 빗살무늬토기는 밑모양이 뾰족하며 크기가 다양하고, 전국 각지에 널리 분포되어 있다.

③ **주거** … 바닥이 원형 또는 둥근 네모꼴인 움집에서 4~5명 정도의 가족이 거주하였다. 남쪽으로 출입문을 내었으며, 화덕이나 출입문 옆에는 저장구덩을 만들어 식량이나 도구를 저장하였다.

④ **사회** … 혈연을 바탕으로 한 씨족이 족외혼을 통해 부족을 형성하였고, 평등한 사회였다.

⑤ **원시신앙의 출현**
　㉠ **애니미즘** : 자연현상, 자연물에 영혼이 있다고 믿어 재난을 피하거나 풍요를 기원하는 것으로 태양과 물에 대한 숭배가 대표적이다.
　㉡ **영혼, 조상숭배** : 사람이 죽어도 영혼은 없어지지 않는다는 믿음을 말한다.
　㉢ **샤머니즘** : 인간과 영혼 또는 하늘을 연결시켜 주는 존재인 무당과 그 주술을 믿는 것이다.
　㉣ **토테미즘** : 자기 부족의 기원을 특정 동물과 연결시켜 그것을 숭배하는 믿음이다.

02 국가의 형성

1 고조선과 청동기문화

(1) 청동기의 보급

① **사회 변화** … 생산경제의 발달, 청동기 제작과 관련된 전문 장인의 출현, 사유재산제도와 계급이 발생하게 되었다.

② **유물**
　㉠ **석기** : 반달돌칼, 바퀴날도끼, 홈자귀
　㉡ **청동기** : 비파형 동검과 화살촉 등의 무기류, 거친무늬거울
　㉢ **토기** : 미송리식 토기, 민무늬토기, 붉은간토기
　㉣ **무덤** : 고인돌, 돌널무덤, 돌무지무덤

(2) **철기의 사용**

① **철기문화의 보급** … 철제 농기구의 사용으로 농업이 발달하여 경제 기반이 확대되었으며, 철제 무기와 철제 연모의 사용으로 청동기는 의식용 도구로 변하였다.

② **유물** … 명도전, 오수전, 반량전을 통하여 중국과의 활발한 교류를 알 수 있으며 경남 창원 다호리 유적에서 나온 붓을 통해 한자를 사용했음을 알 수 있다.

③ **청동기의 독자적 발전** … 비파형 동검은 세형 동검으로, 거친무늬거울은 잔무늬거울로 형태가 변하였으며 거푸집도 전국의 여러 유적에서 발견되고 있다.

(3) **청동기 · 철기시대의 생활**

① **경제생활의 발전** … 조, 보리, 콩, 수수 등 밭농사 중심이었지만 일부 저습지에서 벼농사가 시작되었다. 또한 사냥이나 고기잡이도 여전히 하고 있었지만 농경의 발달로 점차 그 비중이 줄어들었고 돼지, 소, 말 등의 가축의 사육이 증가되었다.

② **주거생활의 변화**
  ㉠ **집터 유적** : 대체로 앞쪽에는 시냇물이 흐르고 뒤쪽에는 북서풍을 막아 주는 나지막한 야산이 있는 곳에 우물을 중심으로 자리잡고 있다.
  ㉡ **정착생활의 규모의 확대** : 집터는 넓은 지역에 많은 수가 밀집되어 취락형태를 이루고 있으며, 이는 농경의 발달과 인구의 증가로 정착생활의 규모가 점차 확대되었음을 보여 주는 것이다.

③ **사회생활의 변화** … 여성은 가사노동, 남성은 농경 · 전쟁에 종사하였다. 생산력의 증가에 따른 잉여생산물은 빈부의 격차와 계급의 분화를 촉진하였고 이는 무덤의 크기와 껴묻거리의 내용에 반영되었다.

④ **고인돌의 출현** … 고인돌은 청동기시대의 계급사회의 발생을 보여주는 대표적인 무덤으로 북방식 고인돌이 전형적인 형태이며 우리나라 전역에 걸쳐 분포되어 있는데 당시 지배층이 가진 정치권력과 경제력을 잘 반영해 주고 있다.

⑤ **군장의 출현** … 정치, 경제력이 우세한 부족이 선민사상을 가지고 주변의 약한 부족을 통합하거나 정복하고 공납을 요구하였으며 군장이 출현하게 되었다.

(4) **청동기 · 철기시대의 예술**

청동으로 만든 도구의 모양이나 장식에는 미의식과 생활모습이 표현되었고, 흙으로 빚은 사람이나 짐승모양의 토우는 본래의 용도 외에도 풍요를 기원하는 주술적 의미를 가지고 있다. 울주반구대 바위그림은 사냥과 고기잡이의 성공과 풍성한 수확을 기원하였음을 알 수 있고, 고령 양전동 알터 바위그림은 태양 숭배와 풍요를 기원하는 의미를 가진다.

(5) 단군과 고조선

① **고조선의 건국** … 족장사회에서 가장 먼저 국가로 발전한 고조선은 단군왕검이 건국하였다(B.C. 2333).

② **고조선의 발전** … 초기에는 요령지방, 후기에는 대동강 유역의 왕검성 중심으로 독자적인 문화를 이룩하면서 발전하였다. 부왕, 준왕 같은 강력한 왕이 등장하여 왕위를 세습하였고 상(相), 대부(大夫), 장군 등의 관직을 두었으며 요서지방을 경계로 하여 연(燕)과 대립하였다.

(6) 위만의 집권

① **위만 조선의 성립 및 발전** … 준왕을 축출하고 중국 유이민 집단인 위만이 왕이 되었으며 지리적인 이점을 이용한 중계무역의 이득을 독점하기 위해 한과 대립하였다.

② **고조선의 멸망** … 위만 조선에 위협을 느낀 한의 무제는 대규모 침략을 강행하였으나 고조선은 한의 군대에 맞서 완강하게 대항하여 장기간의 전쟁으로 지배층의 내분이 일어나 왕검성이 함락되어 멸망하였다(B.C. 108). 고조선이 멸망하자 한은 고조선의 일부 지역에 군현을 설치하여 지배하고자 하였으나 고구려의 공격으로 소멸되었다.

(7) 고조선의 사회

① **8조법과 고조선의 사회상** … 권력과 경제력의 차이 및 사유 재산의 발생은 형벌과 노비가 생겨나게 하였다.

② **한 군현의 엄한 율령 시행** … 한 군현의 설치 후 억압과 수탈을 당하던 토착민들은 이를 피하여 이주하거나 단결하여 한 군현에 대항하였다. 이에 한 군현은 엄한 율령을 시행하여 자신들의 생명과 재산을 보호하려 하였으며 법 조항도 60여 조로 증가시켜 풍속도 각박해져 갔다.

② 여러 나라의 성장

(1) 부여

① 정치

　㉠ 왕 아래에는 가축의 이름을 딴 마가, 우가, 저가, 구가와 대사자, 사자 등의 관리가 있었다.

　㉡ 가(加)는 저마다 따로 행정구획인 사출도를 다스리고 있어서 왕이 직접 통치하는 중앙과 합쳐 5부를 이루었다.

　㉢ 왕의 권력이 미약하여 제가들이 왕을 추대·교체하기도 하였고, 수해나 한해로 농사가 잘 되지 않으면 그 책임을 왕에게 묻기도 하였다. 그러나 왕이 나온 대표 부족의 세력은 매우 강해서 궁궐, 성책, 감옥, 창고 등의 시설을 갖추고 있었다.

② 법률(부여의 4조목)
　㉠ 살인자는 사형에 처하고, 그 가족은 데려다 노비로 삼는다.
　㉡ 절도죄를 지은 자는 12배의 배상을 물린다.
　㉢ 간음한 자는 사형에 처한다.
　㉣ 부인이 투기가 심하면 사형에 처하되, 그 시체는 산 위에 버린다. 단, 그 여자의 집에서 시체를 가져가려면 소·말을 바쳐야 한다.

③ 풍습
　㉠ 순장 : 왕이 죽으면 많은 사람들을 껴묻거리와 함께 묻는 순장의 풍습이 있었다.
　㉡ 흰 옷을 좋아했고, 형사취수와 일부다처제 풍습이 있었다.
　㉢ 은력(殷曆)을 사용하였다.
　㉣ 제천행사 : 12월에 하늘에 제사를 지내고 노래와 춤을 즐기는 영고를 열었다.
　㉤ 우제점복 : 소를 죽여 그 굽으로 길흉을 점치기도 하였다.

(2) 고구려

① 정치 … 왕 아래 상가, 고추가 등의 대가들이 있었으며, 대가들은 독립적인 세력을 유지하였다. 이들은 각기 사자, 조의, 선인 등의 관리를 거느리고 있었다.

② 풍속
　㉠ 서옥제 : 혼인을 정한 뒤 신부집의 뒤꼍에 조그만 집을 짓고 거기서 자식을 낳고 장성하면 아내를 데리고 신랑집으로 돌아가는 제도이다.
　㉡ 제천행사 : 10월에는 추수감사제인 동맹을 성대하게 열었다.
　㉢ 조상신 제사 : 건국 시조인 주몽과 그 어머니 유화부인을 조상신으로 섬겨 제사를 지냈다.

(3) 옥저와 동예

① 옥저 … 비옥한 토지를 바탕으로 농사를 지었으며, 어물과 소금 등 해산물이 풍부하였으며 민며느리제와 골장제(가족공동무덤)가 유행하였다.

② 동예
　㉠ 경제 … 단궁(활)과 과하마(조랑말), 반어피(바다표범의 가죽) 등이 유명하였다.
　㉡ 풍속 … 무천이라는 제천행사를 10월에 열었으며 족외혼을 엄격하게 지켰다. 또한 각 부족의 영역을 함부로 침범하지 못하게 하고 만약 침범하면 노비와 소, 말로 변상하게 하였다(책화).

(4) 삼한

① **진(辰)의 성장과 발전** … 고조선 남쪽지역에는 일찍부터 진이 성장하고 있었는데 고조선 사회의 변동에 따라 대거 남하해 온 유이민에 의하여 새로운 문화가 보급되어 토착문화와 융합되면서 진이 발전하여 마한, 변한, 진한의 연맹체들이 나타나게 되었다.

② **삼한의 제정 분리** … 정치적 지배자 외에 제사장인 천군이 있었다. 그리고 신성지역으로 소도가 있었는데, 이곳에서 천군은 농경과 종교에 대한 의례를 주관하였다.

③ **삼한의 경제·사회상**
　㉠ 두레조직을 통하여 여러 가지 공동작업을 하였다.
　㉡ **제천행사** : 5월의 수릿날과 10월에 계절제를 열어 하늘에 제사를 지냈다.
　㉢ **변한의 철 생산** : 철이 많이 생산되어 낙랑, 왜 등에 수출하였고 교역에서 화폐처럼 사용되기도 하였다. 마산의 성산동 등지에서 발견된 야철지는 제철이 성하였음을 보여주고 있다.

01. 선사시대의 문화와 국가의 형성

최근 기출문제 분석

2020. 6. 13. 제1회 지방직 / 제2회 서울특별시

1 밑줄 친 '이 나라'에서 볼 수 있는 모습으로 적절한 것은?

> 이 나라는 대군왕이 없으며, 읍락에는 각각 대를 잇는 장수(長帥)가 있다. …… 이 나라의 토질은 비옥하며, 산을 등지고 바다를 향해 있어 오곡이 잘 자라며 농사짓기에 적합하다. 사람들의 성질은 질박하고, 정직하며 굳세고 용감하다. 소나 말이 적고, 창을 잘 다루며 보전(步戰)을 잘한다. 음식, 주거, 의복, 예절은 고구려와 흡사하다. 그들은 장사를 지낼 적에는 큰 나무 곽(槨)을 만드는데 길이가 십여 장(丈)이나 되며 한쪽 머리를 열어 놓아 문을 만든다.
>
> - 『삼국지』 위서 동이전 -

① 민며느리를 받아들이는 읍군
② 위만에게 한나라의 침입을 알리는 장군
③ 5월에 씨를 뿌리고 하늘에 제사를 지내는 천군
④ 국가의 중요한 일을 논의하고 있는 마가와 우가

TIP 고대 국가인 옥저에 관한 내용이다. 옥저는 고대 중앙 집권 국가로 성장하지 못하고 군장 국가의 모습을 지니고 있었다. 읍군과 삼로라는 군장이 국가를 통치했으며 일종의 매매혼인 민며느리제와 가족 공동묘인 골장제의 사회 풍속을 지니고 있었고, 제천행사에 대한 기록은 없다.
② 위만 조선(고조선) 대의 사실이다.
③ 천군은 삼한의 제사장이다.
④ 마가, 우가는 부여의 족장 세력으로 사출도를 통치하였다.

Answer 1.①

2019. 6. 15 제2회 서울특별시

2 고조선을 주제로 한 학술 대회를 개최할 경우, 언급될 내용으로 가장 적절하지 않은 것은?

① 위만의 이동과 집권 과정
② 진대법과 빈민 구제
③ 범금 8조(8조법)에 나타난 사회상
④ 비파형 동검 문화권과 국가의 성립

TIP ② 진대법은 고구려 고국천왕 때 시행된 빈민 구휼 제도이다.

2019. 6. 15 제1회 지방직

3 (가), (나) 국가에 대한 설명으로 옳은 것은?

> (가) 그 나라의 혼인풍속에 여자의 나이가 열 살이 되면 서로 혼인을 약속하고, 신랑 집에서는 (그 여자를) 맞이하여 장성하도록 길러 아내로 삼는다. (여자가) 성인이 되면 다시 친정으로 돌아가게 한다. 여자의 친정에서는 돈을 요구하는데, (신랑 집에서) 돈을 지불한 후 다시 신랑 집으로 돌아온다.
> (나) 은력(殷曆) 정월에 하늘에 제사를 지내며 나라에서 대회를 열어 연일 마시고 먹고 노래하고 춤추는데, 영고(迎鼓)라고 한다. 이때 형옥(刑獄)을 중단하여 죄수를 풀어 주었다.

① (가) - 무천이라는 제천행사가 있었다.
② (가) - 계루부집단이 권력을 장악하였다.
③ (나) - 사출도라는 구역이 있었다.
④ (나) - 철이 많이 생산되어 낙랑과 왜에 수출하였다.

TIP (가)는 옥저의 민며느리제, (나)는 부여의 제천 행사인 영고이다. 부여는 5부족 연맹체로 구성된 연맹 왕국으로 마가, 우가, 구가, 저가를 비롯한 제가 세력들이 사출도를 통치하였다.
① 동예 ② 고구려 ④ 변한

Answer 2.② 3.③

2018. 5. 19 제1회 지방직

4 다음은 각 유물과 그것이 사용되던 시기의 사회 모습에 대한 설명이다. 옳은 것만을 모두 고르면?

> ㉠ 슴베찌르개 – 벼농사를 짓기 시작하였고 나무로 만든 농기구를 사용하였다.
> ㉡ 붉은 간토기 – 거친무늬거울을 사용하여 제사를 지내거나 의식을 거행하였다.
> ㉢ 반달 돌칼 – 농사를 짓기 시작했지만 아직 지배와 피지배 관계는 발생하지 않았다.
> ㉣ 눌러찍기무늬 토기 – 가락바퀴와 뼈바늘을 이용하여 옷이나 그물을 만들어 사용하였다.

① ㉠, ㉡
② ㉠, ㉢
③ ㉡, ㉣
④ ㉢, ㉣

TIP ㉡ 청동기 시대, ㉣ 신석기 시대에 대한 설명이다.
㉠ 슴베찌르개는 구석기 후기에 사용되었고, 벼농사가 시작된 것은 청동기 시대이다.
㉢ 반달 돌칼은 청동기 시대에 사용되었다. 농사를 짓기 시작했지만 아직 지배와 피지배 관계는 발생하지 않은 시기는 신석기 시대이다.

2017. 6. 17 제1회 지방직

5 한반도 선사시대에 대한 설명으로 옳지 않은 것은?

① 구석기시대 전기에는 주먹도끼와 슴베찌르개 등이 사용되었다.
② 신석기시대 집터는 대부분 움집으로 바닥은 원형이나 모서리가 둥근 사각형이다.
③ 신석기시대 사람들은 조개류를 많이 먹었으며, 때로는 장식으로 이용하기도 하였다.
④ 청동기시대의 전형적인 유물로는 비파형동검·붉은간토기·반달돌칼·홈자귀 등이 있다.

TIP ① 구석기시대 전기에는 주먹도끼와 찍개 등이 사용되었고, 슴베찌르개는 후기에 사용되었다.

Answer 4.③ 5.①

01. 선사시대의 문화와 국가의 형성

출제 예상 문제

1 밑줄 친 '이 시대'의 사회 모습으로 옳은 것은?

> 이 시대의 황해도 봉산 지탑리와 평양 남경 유적에서 탄화된 좁쌀이 발견되는 것으로 보아 잡곡류 경작이 이루어졌음을 알 수 있다. 농경의 발달로 수렵과 어로가 경제 생활에서 차지하는 비중이 줄어들기 시작하였지만, 여전히 식량을 얻는 중요한 수단이었다. 한편 가락바퀴나 뼈바늘을 이용하여 옷이나 그물을 만드는 등 원시적인 수공업 생산이 이루어지기 시작하였다.

① 생산물의 분배 과정에서 사유 재산 제도가 등장하였다.
② 마을 주변에 방어 및 의례 목적으로 환호(도랑)를 두르기도 하였다.
③ 흑요석의 출토 사례로 보아 원거리 교류나 교역이 있었음을 알 수 있다.
④ 집자리는 주거용 외에 창고, 작업장, 집회소, 공공 의식 장소 등도 확인되었다.

TIP 밑줄 친 이 시대는 신석기 시대이다.
①②④ 청동기

2 다음 유물이 만들어진 시대의 사회상으로 옳은 것은?

> • 충북 청주 산성동 출토 가락바퀴
> • 경남 통영 연대도 출토 치레걸이
> • 인천 옹진 소야도 출토 조개껍데기 가면
> • 강원 양양 오산리 출토 사람 얼굴 조각상

① 한자의 전래로 붓이 사용되었다.
② 무덤은 일반적으로 고인돌이 사용되었다.
③ 조, 피 등을 재배하는 농경이 시작되었다.
④ 반량전, 오수전 등의 중국 화폐가 사용되었다.

TIP 가락바퀴, 치레걸이, 조개껍데기 가면, 사람 얼굴 조각상과 같은 유물들은 모두 신석기시대를 대표하는 유물들이다. 또한 신석기 시대부터 농경이 시작되었기 때문에 이 시대 사회상을 보여주는 보기는 ③번이다.

Answer 1.③ 2.③

3 고조선의 세력 범위가 요동반도에서 한반도에 걸쳐 있었음을 알게 해 주는 유물을 모두 고르면?

> ㉠ 조개 껍데기 가면   ㉡ 거친무늬 거울
> ㉢ 비파형 동검   ㉣ 미송리식 토기

① ㉠㉡
② ㉡㉢
③ ㉠㉡㉢
④ ㉡㉢㉣

TIP 요령지방에서 출토된 비파형동검을 조형으로 한 세형동검이 B.C. 3C 초부터 대동강 일대에서 나타나는 사실로서 알 수 있으며, 고인돌과 비파형동검, 미송리식 토기 등이 대표적인 고조선의 유물에 해당한다.

4 다음 중 단군신화와 관련한 역사적 사실로 옳지 않은 것은?

① 홍익인간의 정신은 평등이념을 성립하게 되었다.
② 사유재산의 성립으로 지배층은 농사일을 하지 않았다.
③ 선민사상을 가지고 있던 부족은 우월성을 과시했다.
④ 각 부족들은 특정한 동물이나 식물을 자신의 부족과 연결하여 숭배하고 있었다.

TIP 단군신화에 나타난 사회의 모습 … 구릉지대에 거주하면서 농경생활을 하고 있었고 선민사상을 가지고 있었으며 사유재산의 성립과 계급의 분화에 따라 사회생활을 주도하였다.

5 다음 중 신석기 시대에 대한 설명으로 옳지 않은 것은?

① 토기를 사용하여 음식을 조리하고 저장하게 되었다.
② 움집생활을 하였으며 중앙에 화로를 두었다.
③ 주식으로 쌀을 먹었다.
④ 조, 피, 수수 등의 잡곡류의 경작과 개, 돼지 등을 목축하였다.

TIP ③ 신석기 시대의 유적지인 황해도 봉산 지탑리와 평양 남경의 유적에서 탄화된 좁쌀이 발견된 것으로 보아 잡곡류를 경작하였다는 것을 알 수 있다.

Answer 3.④ 4.① 5.③

6 다음과 같은 사상이 등장한 사회의 모습은?

> • 영혼이나 하늘을 인간과 연결시켜주는 무당과 그 주술을 믿었다.
> • 사람이 죽어도 영혼은 사라지지 않는다고 믿었다.

① 무리를 이끄는 지도자는 권력을 가지고 있었다.
② 가락바퀴를 이용하여 의복을 제작하였다.
③ 동굴이나 강가에 막집을 짓고 살았다.
④ 벼농사가 일반적으로 행해졌다.

> **TIP** 제시된 사상은 영혼불멸사상과 샤머니즘으로 신석기시대의 신앙의 형태이다.
> ①④ 청동기 ③ 구석기

7 다음 중 청동기시대에 등장한 신앙은?

① 토테미즘   ② 애니미즘
③ 선민사상   ④ 샤머니즘

> **TIP** ① 토테미즘: 신석기시대의 신앙으로 특정한 동물이나 식물을 자신의 부족과 연결하여 숭배하는 것이다.
> ② 애니미즘: 신석기시대의 자연물에 영혼이 존재한다는 사상으로 태양과 물에 대한 숭배가 두드러졌다.
> ③ 선민사상: 청동기시대에 농경이 발달하고 사유재산이 형성되면서 계급이 등장하게 되었다. 이때 지배계층은 자신들이 신의 선택을 받은 특별한 존재라고 여겼다.
> ④ 샤머니즘: 인간과 영혼을 연결시켜주는 주술사와 그의 주술을 믿는 것으로 신석기 시대에 발생하였으며 여전히 숭배의 대상이다.

Answer 6.② 7.③

8 위만 조선이 한나라의 침입으로 왕검성이 함락되어 멸망하게 된 직접적인 원인으로 옳은 것은?

① 독자적인 문화를 발전시키지 못하였다.
② 철기 문화를 수용하지 못하여 군사력이 약하였다.
③ 상업과 무역이 발달하지 못하여 폐쇄적인 자급자족의 경제였다.
④ 예와 진의 무역을 막고 중계무역의 이득을 독점하였다.

> **TIP** 위만 조선… 본격적으로 철기문화를 수용하고 철기의 사용에 따른 무기생산과 농업이 발달하여 이에 따른 상업과 무역이 융성하였다. 중앙정치조직을 갖추고 우세한 무력을 기반으로 영토를 확장했으며 지리적 이점을 이용하여 예와 진이 직접 중국과 교역하는 것을 막고 중계무역의 이득을 독점하려 하였다. 이에 한나라의 무제는 대규모 공격을 감행하였는데 장기간의 전쟁으로 인한 고조선 지배층의 내분이 원인이 되어 B.C. 108년에 왕검성이 함락되면서 멸망하였다.

9 다음 중 신석기시대의 특징으로 옳지 않은 것은?

① 결혼의 상대를 다른 씨족에서 구하는 족외혼이 행해졌다.
② 씨족 중심의 혈연사회이다.
③ 자연물에 영혼이 있다고 믿는 애니미즘적인 신앙을 지니고 있었다.
④ 씨족장의 권위에 대하여 씨족원들은 무조건 복종하였다.

> **TIP** ④ 신석기시대는 평등사회로 지배와 피지배관계가 발생하지 않았으며, 주로 연장자나 경험이 많은 이가 부족을 이끌었다.

10 다음 중 구석기시대에 관한 설명으로 옳지 않은 것은?

① 농경, 목축이 시작되었다.
② 평등한 공동체적 생활을 하였다.
③ 뗀석기와 골각기를 사용하였다.
④ 주술적인 조각품을 남겼다.

> **TIP** ① 농경과 목축이 시작된 시기는 신석기시대이다.

Answer 8.④ 9.④ 10.①

11 다음 중 씨족을 통해 부족을 형성하여 살았던 사람들의 생활상을 잘 재현한 것은?

① 가락바퀴나 뼈바늘로 그물을 손질하는 아낙네
② 반달돌칼로 추수하는 사람들
③ 민무늬토기에 음식을 담는 여자
④ 무리를 이루어 큰 사냥감을 찾아다니며 생활하는 사람들

TIP 씨족을 통한 부족을 이뤘던 시기는 신석기시대이다.
②③ 청동기시대의 생활상이다.
④ 구석기시대의 생활상이다.

12 철기문화의 전래에 관한 설명으로 옳지 않은 것은?

① 새로운 무덤 형태인 독무덤이 출현하였다.
② 한자가 전래되었다.
③ 청동기는 의기화되었다.
④ 지배와 피지배 관계가 형성되었다.

TIP ④ 계급이 발생하고 사유재산제도가 생긴 것은 청동기 시대이다.

13 다음과 같은 생활모습을 지녔던 사회에 대해 역사적 탐구를 하고자 할 때, 가장 거리가 먼 조사활동은?

• 매년 5월 씨뿌리기가 끝날 때와 10월에 농사가 끝날 때면 제사를 올리고 음주가무를 즐겼다.
• 철을 생산하여 낙랑 및 왜와 교역하였고, 시장에서 물건을 살 때 화폐처럼 사용하였다.

① 삼국지 동이전의 내용을 분석한다.　　② 낙동강 유역의 철 산지를 알아본다.
③ 서남해안의 해류와 고대 항로를 조사한다.　　④ 돌무지 덧널무덤의 분포를 조사한다.

TIP 제시된 내용은 삼한의 사회에 대한 설명이다.
④ 돌무지 덧널무덤은 신라에서 주로 만든 무덤으로 삼한 사회에 대한 역사적 탐구에는 적절하지 않다.

Answer 11.① 12.④ 13.④

14 유적지에서 반달돌칼, 비파형 동검, 바퀴날도끼, 토기 파편, 탄화된 볍씨 등이 발견되었다. 당시의 사회 모습으로 옳지 않은 것은?

① 촌락은 배산임수형태를 가지고 있었다.
② 일부 저습지에서 벼농사가 이루어졌다.
③ 금속제 무기를 사용한 정복활동이 활발하였다.
④ 주로 해안이나 강가에서 농경 생활을 하였다.

> **TIP** 반달돌칼, 바퀴날도끼, 토기 파편, 탄화된 볍씨 등은 청동기시대의 유물이다. 당시의 집자리 유적은 주로 구릉지나 산간지방에서 발견된다.

15 다음과 같은 현상을 바탕으로 일어난 역사적 사실은?

> 이 시기에는 고인돌이 많이 만들어졌다. 무게가 수십 톤 이상인 덮개돌을 채석하여 운반하고 무덤을 설치하기까지는 많은 인력이 필요하다. 따라서 이와 같은 무덤을 만들 수 있는 강한 세력이 나타났음을 알 수 있다.

① 제정분리의 심화
② 선민사상의 대두
③ 보편종교의 탄생
④ 성 역할의 분리

> **TIP** 청동기시대에는 고인돌 무덤을 만들 수 있을 정도로 상당한 정치력과 경제력을 갖춘 지배자가 나타났다. 이는 사유재산제도와 계급이 발생하면서 나타났으며, 부족 내에서 족장세력이 성장하여 세력이 약한 다른 부족을 통합하면서 국가가 성립되기 시작하였다. 정치·경제적 영향력이 강한 부족에서는 스스로 하늘의 자손이라 칭하는 선민사상이 나타나게 되었다.

Answer 14.④ 15.②

02 통치구조와 정치활동

01 고대의 정치

❶ 고대국가의 성립

(1) 초기의 고구려

① **성장** : 졸본성에서 주변 소국을 통합하여 성장하였으며, 국내성으로 도읍을 옮겼다.

② **지배체제의 정비**
   ㉠ **태조왕**(1세기 후반) : 옥저와 동예를 복속하고, 독점적으로 왕위를 세습하였으며 통합된 여러 집단들은 5부 체제로 발전하였다.
   ㉡ **고국천왕**(2세기 후반) : 부족적인 전통의 5부가 행정적 성격의 5부로 개편되었고 왕위가 형제상속에서 부자상속으로 바뀌었으며, 족장들이 중앙귀족으로 편입하는 등 중앙집권화와 왕권 강화가 진전되었다.

(2) 초기의 백제

① **건국**(B.C. 18) : 한강 유역의 토착민과 고구려 계통의 북방 유이민의 결합으로 성립되었는데, 우수한 철기문화를 보유한 유이민 집단이 지배층을 형성하였다.

② **고이왕**(3세기 중엽) : 한강 유역을 완전히 장악하고, 중국의 문물을 수용하였다. 율령을 반포하였으며 관등제를 정비하고 관복제를 도입하는 등 지배체제를 정비하였다.

(3) 초기의 신라

① **건국**(B.C. 57) : 경주의 토착집단과 유이민집단의 결합으로 건국되었다.

② **발전** : 박·석·김의 3성이 번갈아 왕위를 차지하다가 주요 집단들이 독자적인 세력 기반을 유지하면서 유력 집단의 우두머리는 왕(이사금)으로 추대되었다.

③ **지배체제의 정비**(내물왕, 4세기) : 활발한 정복활동을 통해 낙동강 유역으로 영역을 확장하고 김씨가 왕위를 세습하였으며 마립간의 칭호를 사용하였다.

(4) 초기의 가야

① 위치 : 낙동강 하류의 변한지역에서는 철기문화를 토대로 한 정치집단들이 등장하였다.

② 전기 가야연맹(금관가야 중심) : 김해를 주축으로 하여 경남해안지대에 소국연맹체를 형성하였는데 농경문화의 발달과 철의 생산(중계무역 발달)으로 경제적인 발전을 이루었다. 그러나 백제와 신라의 팽창으로 세력이 약화되어(4세기 초) 고구려군의 가야지방 원정으로 몰락하게 되었다. 이에 따라 중심세력이 해체되어 낙동강 서쪽 연안으로 축소되었다.

❷ 삼국의 발전과 통치체제

(1) 삼국의 정치적 발전

① 고구려 … 4세기 미천왕 때 서안평을 점령하고 낙랑군을 축출하여 압록강 중류를 벗어나 남쪽으로 진출할 수 있는 발판을 마련하였고, 고국원왕 때는 전연과 백제의 침략으로 국가적 위기를 맞기도 하였다. 4세기 후반 소수림왕 때에는 불교의 수용, 태학의 설립, 율령의 반포로 중앙집권국가로의 체제를 강화하였다.

② 백제 … 4세기 후반 근초고왕은 마한의 대부분을 정복하였으며, 황해도 지역을 두고 고구려와 대결하기도 하였다. 또한 낙동강 유역의 가야에 지배권을 행사하였고, 중국의 요서지방과 산둥지방, 일본의 규슈지방까지 진출하였으며 왕위의 부자상속이 시작되었다.

③ 신라
  ㉠ 지증왕(6세기 초) : 국호(사로국 → 신라)와 왕의 칭호(마립간 → 왕)를 변경하고, 수도와 지방의 행정구역을 정리하였으며 대외적으로 우산국(울릉도)을 복속시켰다.
  ㉡ 법흥왕(6세기 중엽) : 병부의 설치, 율령의 반포, 공복의 제정 등으로 통치질서를 확립하였다. 또한 골품제도를 정비하고, 새로운 세력을 포섭하고자 불교를 공인하였다. 독자적 연호인 건원을 사용하여 자주국가로서의 위상을 높였고 금관가야를 정복하여 영토를 확장시켜 중앙집권체제를 완비하였다.

(2) 삼국 간의 항쟁

① 고구려의 대제국 건설
  ㉠ 광개토대왕(5세기) : 영락이라는 연호를 사용하였고 만주지방에 대한 대규모 정복사업을 단행하였으며, 백제를 압박하여 한강 이남으로 축출하였다. 또한 신라에 침입한 왜를 격퇴함으로써 한반도 남부에까지 영향력을 확대하였다.
  ㉡ 장수왕(5세기) : 남북조의 교류 및 평양 천도(427)를 단행하여 백제의 수도인 한성을 함락하였다. 죽령 ~ 남양만 이북을 확보(광개토대왕비와 중원고구려비 건립)하여 한강 유역으로 진출하였는데 만주와 한반도에 걸친 광대한 영토를 차지하여 중국과 대등한 지위의 대제국을 건설하였다.

② 백제의 중흥
  ⊙ 5세기 후반 문주왕은 고구려의 남하정책으로 대외팽창이 위축되고 무역활동이 침체되어 서울을 웅진으로 천도하게 되고, 동성왕은 신라와 동맹을 강화하여 고구려에 대항, 무령왕은 지방의 22담로에 왕족을 파견하여 지방통제를 강화하는 등 체제를 정비하고자 하였다.
  ⓒ 성왕(6세기 중반) : 사비로 천도하고, 남부여로 국호를 개칭하고 중앙은 22부, 수도는 5부, 지방은 5방으로 정비하였다. 불교를 진흥시키고, 일본에 전파하였으며, 중국의 남조와 교류하였다.

③ 신라의 발전(진흥왕, 6세기)
  ⊙ 체제 정비 : 화랑도를 국가적 조직으로 개편하고, 불교를 통해 사상적 통합을 꾀하였다.
  ⓒ 영토 확장 : 한강 유역을 장악하여 경제적 기반을 강화하고 전략적 거점을 확보할 수 있었고 중국 교섭의 발판이 되었다. 북으로는 함경도, 남으로는 대가야를 정복하였다(단양적성비, 진흥왕순수비).

(3) 삼국의 통치체제

① 통치조직의 정비 … 삼국의 초기에는 부족 단위 각 부의 귀족들이 독자적으로 관리를 거느리는 방식으로 귀족회의에서 국가의 중요한 일을 결정하였는데 후에는 왕을 중심으로 한 통치체제로 왕의 권한이 강화되었고, 관등제와 행정구역이 정비되어 각 부의 귀족들은 왕권 아래 복속되고, 부족적 성격이 행정적 성격으로 개편되었다.

② 관등조직 및 중앙관제

구분	관등	수상	중앙관서	귀족합의제
고구려	10여 관등	대대로(막리지)		제가회의
백제	16관등	상좌평	6좌평, 22부(사비천도 이후)	정사암회의
신라	17관등	상대등	병부, 집사부	화백회의

③ 지방제도
  ⊙ 지방조직

구분	관등	수상	중앙관서	귀족합의제
고구려	5부	5부(욕살)	3경(평양성, 국내성, 한성)	제가회의
백제	5부	5방(방령)	22담로(지방 요지)	정사암회의
신라	5부	6주(군주)	2소경[중원경(충주), 동원경(강릉)]	화백회의

  ⓒ 지방제도의 정비 : 최상급 지방행정단위로 부와 방 또는 주를 두고 지방장관을 파견하였고, 그 아래의 성이나 군에도 지방관을 파견하여 지방민을 직접 지배하였으나, 말단 행정단위인 촌은 지방관을 파견하지 않고 토착세력을 촌주로 삼았다. 그러나 대부분의 지역은 중앙정부의 지배가 강력히 미치지 못하여 지방세력가들이 지배하게 되었다.

④ **군사조직** … 지방행정조직이 그대로 군사조직이기도 하여 각 지방의 지방관은 곧 군대의 지휘관(백제의 방령, 신라의 군주)이었다.

3 대외항쟁과 신라의 삼국통일

(1) 고구려와 수·당의 전쟁
① **수와의 전쟁** … 고구려가 요서지방을 선제공격하자 수의 문제와 양제는 고구려를 침입해왔는데 을지문덕이 살수에서 큰 승리를 거두었다(612).
② **당과의 전쟁** … 당 태종은 요동의 여러 성을 공격하고 전략상 가장 중요한 안시성을 공격하였으나 고구려에 의해 패하였다(645).

(2) 백제와 고구려의 멸망
① **백제의 멸망** … 정치질서의 문란과 지배층의 향락으로 국방이 소홀해진 백제는 황산벌에서 신라에게 패하면서 결국 사비성이 함락되고 말았다. 복신과 흑치상지, 도침 등은 주류성과 임존성을 거점으로 하여 사비성과 웅진성을 공격하였으나 나·당연합군에 의하여 진압되었다.
② **고구려의 멸망** … 지배층의 분열과 국력의 약화로 정치가 불안정한 틈을 타고 나·당연합군의 침입으로 평양성이 함락되었다(668). 검모잠과 고연무 등은 한성과 오골성을 근거지로 평양성을 탈환하였으나 결국 실패하였다.

(3) 신라의 삼국통일
① **과정** … 당은 한반도에 웅진도독부, 안동도호부, 계림도독부를 설치하여 한반도를 지배하려 하였으나 신라·고구려·백제 유민의 연합으로 당 주둔군을 공격하여 매소성과 기벌포싸움에서 승리를 거두게 되고 당군을 축출하여 삼국통일을 이룩하였다(676).
② **삼국통일의 의의와 한계** … 당의 축출로 자주적 성격을 인정할 수 있으며 고구려와 백제 문화의 전통을 수용하여 민족문화 발전의 토대를 마련하였다는 점에서 큰 의의가 있으나 외세의 협조를 받았다는 점과 대동강에서 원산만 이남에 국한된 불완전한 통일이라는 점에서 한계성을 가진다.

④ 남북국시대의 정치 변화

(1) 통일신라의 발전

① 왕권의 전제화
  ㉠ **무열왕** : 통일과정에서 왕권을 강화하였으며 이후 직계자손이 왕위를 계승하게 되었다.
  ㉡ **유교정치이념의 수용** : 통일을 전후하여 유교정치이념이 도입되었고, 중앙집권적 관료정치의 발달로 왕권이 강화되어 갔다.
  ㉢ **집사부 시중의 기능 강화** : 상대등의 세력을 억제하였고 왕권의 전제화가 이루어졌다.
  ㉣ **신문왕** : 관료전의 지급, 녹읍의 폐지, 국학을 설립하여 유교정치이념을 확립시켰다.

② **정치세력의 변동** … 6두품은 학문적 식견을 바탕으로 왕의 정치적 조언자로 활동하거나 행정실무를 총괄하였다. 이들은 전제왕권을 뒷받침하고, 학문·종교분야에서 활약하였다.

③ **전제왕권의 동요** … 8세기 후반부터 진골귀족세력의 반발로 녹읍제가 부활하고, 사원의 면세전이 증가되어 국가재정의 압박을 가져왔다. 귀족들의 특권적 지위 고수 및 향락과 사치가 계속되자 농민의 부담은 가중되었다.

(2) 발해의 건국과 발전

① **건국** … 고구려 출신의 대조영이 길림성에 건국하였으며 지배층은 고구려인, 피지배층은 말갈인으로 구성되었으나 일본에 보낸 국서에 고려 또는 고려국왕이라는 칭호를 사용하였고, 고구려 문화와 유사성이 있다는 점에서 고구려 계승의식이 나타나고 있다.

② 발해의 발전
  ㉠ **영토 확장(무왕)** : 동북방의 여러 세력을 복속시켜 북만주 일대를 장악하였고, 당의 산둥반도를 공격하고, 돌궐·일본과 연결하여 당과 신라에 대항하였다.
  ㉡ **체제 정비(문왕)** : 당과 친선관계를 맺고 문물을 수입하였는데 중경에서 상경으로 천도하였고, 신라와의 대립관계를 해소하려 상설교통로를 개설하였으며 천통(고왕), 인안(무왕), 대흥(문왕), 건흥(선왕) 등 독자적인 연호를 사용하였다.
  ㉢ **중흥기(선왕)** : 요동지방으로 진출하였으며 남쪽으로는 신라와 국경을 접할 정도로 넓은 영토를 차지하고, 지방제도를 완비하였다. 당에게서 '해동성국'이라는 칭호를 받았다.
  ㉣ **멸망** : 거란의 세력 확대와 귀족들의 권력투쟁으로 국력이 쇠퇴하자 거란에 멸망당하였다.

(3) 남북국의 통치체제

① 통일신라
- ㉠ 중앙정치체제 : 전제왕권의 강화를 위해 집사부 시중의 지위 강화 및 집사부 아래에 위화부와 13부를 두고 행정업무를 분담하였으며 관리들의 비리와 부정 방지를 위한 감찰기관인 사정부를 설치하였다.
- ㉡ 유교정치이념의 수용 : 국학을 설립하였다.
- ㉢ 지방행정조직의 정비(신문왕) : 9주 5소경으로 정비하여 중앙집권체제를 강화하였으며 지방관의 감찰을 위하여 외사정을 파견하였고 상수리제도를 실시하였으며, 향·부곡이라 불리는 특수행정구역도 설치하였다.
- ㉣ 군사조직의 정비
  - 9서당 : 옷소매의 색깔로 표시하였는데 부속민에 대한 회유와 견제의 양면적 성격이 있다.
  - 10정 : 9주에 각 1정의 부대를 배치하였으나 한산주에는 2정(남현정, 골내근정)을 두었다.

② 발해
- ㉠ 중앙정치체계 : 당의 제도를 수용하였으나 명칭과 운영은 독자성을 유지하였다.
  - 3성 : 정당성(대내상이 국정 총괄), 좌사정, 우사정(지·예·신부)
  - 6부 : 충부, 인부, 의부, 자부, 예부, 신부
  - 중정대(감찰), 문적원(서적 관리), 주자감(중앙의 최고교육기관)
- ㉡ 지방제도 : 5경 15부 62주로 조직되었고, 촌락은 주로 말갈인 촌장이 지배하였다.
- ㉢ 군사조직 : 중앙군(10위), 지방군

(4) 신라 말기의 정치 변동과 호족세력의 성장

① 전제왕권의 몰락 ⋯ 진골귀족들의 반란과 왕위쟁탈전이 심화되고 집사부 시중보다 상대등의 권력이 더 커졌으며 지방민란의 발생으로 중앙의 지방통제력이 더욱 약화되었다.

② 농민의 동요 ⋯ 과중한 수취체제와 자연재해는 농민의 몰락을 가져오고, 신라 정부에 저항하게 되었다.

③ 호족세력의 등장 ⋯ 지방의 행정·군사권과 경제적 지배력을 가진 호족세력은 성주나 장군을 자처하며 반독립적인 세력으로 성장하였다.

④ 개혁정치 ⋯ 6두품 출신의 유학생과 선종의 승려가 중심이 되어 골품제 사회를 비판하고 새로운 정치이념을 제시하였다. 지방의 호족세력과 연계되어 사회 개혁을 추구하였다.

02 중세의 정치

❶ 중세사회의 성립과 전개

(1) 고려의 성립과 민족의 재통일

① **고려의 건국** … 왕건은 송악의 호족으로서 처음에는 궁예 휘하로 들어가 한강 유역과 나주지방을 점령하여 후백제를 견제하였는데 궁예의 실정을 계기로 정권을 장악하게 되었으며, 고구려의 후계자임을 강조하여, 국호를 고려라 하고 송악에 도읍을 세웠다.

② **민족의 재통일** … 중국의 혼란기를 틈타 외세의 간섭 없이 통일이 성취되었다.

(2) 태조의 정책

① **취민유도(取民有度)정책** … 조세경감, 노비해방 및 빈민구제기관인 흑창을 설치하였다.

② **통치기반 강화**
- ㉠ 관제 정비 : 태봉의 관제를 중심으로 신라와 중국의 제도를 참고하여 정치제도를 만들고, 개국공신과 호족을 관리로 등용하였다.
- ㉡ 호족 통합 : 호족과 정략결혼을 하였으며 그들의 향촌지배권을 인정하고, 공신들에게는 역분전을 지급하였다.
- ㉢ 호족 견제 : 사심관제도(우대)와 기인제도(감시)를 실시하였다.
- ㉣ 통치 규범 : 정계, 계백료서를 지어 관리들이 지켜야 할 규범을 제시하였고, 후손들이 지켜야 할 교훈이 담긴 훈요 10조를 남겼다.

③ **북진정책** … 고구려를 계승하였음을 강조하여 국호를 고려라 하고 국가의 자주성을 강조하기 위해 천수(天授)라는 연호를 사용하였다.

(3) 광종의 개혁정치

왕권의 안정과 중앙집권체제를 확립하기 위하여 노비안검법, 과거제도 실시, 공복제도, 불교 장려, 제위보의 설치, 독자적인 연호 사용 및 송과의 문화적·경제적 목적에서 외교관계를 수립하였으나, 군사적으로는 중립적 자세를 취하였다.

(4) 유교적 정치질서의 강화

① **최승로의 시무 28조** … 유교정치이념을 강조하고 지방관의 파견과 문벌귀족 중심의 정치를 이루게 되었다.

② 성종의 중앙집권화 … 6두품 출신의 유학자를 등용, 12목에 지방관의 파견, 향리제도 실시, 국자감과 향교의 설치 및 과거제도를 실시하고 중앙통치기구는 당, 태봉, 신라, 송의 관제를 따랐다.

② 통치체제의 정비

(1) 중앙의 통치조직

① 정치조직(2성 6부)
　㉠ 2성
　　• 중서문하성: 중서성과 문하성의 통합기구로 문하시중이 국정을 총괄하였다.
　　　－재신: 2품 이상의 고관으로 백관을 통솔하고 국가의 중요정책을 심의·결정하였다.
　　　－낭사: 3품 이하의 관리로 정책을 건의하거나, 정책 집행의 잘못을 비판하는 일을 담당하였다.
　　• 상서성: 실제 정무를 나누어 담당하는 6부를 두고 정책의 집행을 담당하였다.
　㉡ 중추원(추부): 군사기밀을 담당하는 2품 이상의 추밀과 왕명 출납을 담당하는 3품의 승선으로 구성되었다.
　㉢ 삼사: 화폐와 곡식의 출납에 대한 회계업무만을 담당하였다.
　㉣ 어사대: 풍속을 교정하고 관리들의 비리를 감찰하는 감찰기구이다.
　㉤ 6부: 상서성에 소속되어 실제 정무를 분담하던 관청으로 각 부의 장관은 상서, 차관은 시랑이었다.

② 귀족 중심의 정치
　㉠ 귀족합좌 회의기구(중서문하성의 재신, 중추원의 추밀)
　　• 도병마사: 재신과 추밀이 함께 모여 회의로 국가의 중요한 일을 결정하는 곳이다. 국방문제를 담당하는 임시기구였으나, 도평의사사(도당)로 개편되면서 구성원이 확대되고 국정 전반에 걸친 중요사항을 담당하는 최고 정무기구로 발전하였다.
　　• 식목도감: 임시기구로서 재신과 추밀이 함께 모여 국내 정치에 관한 법의 제정 및 각종 시행규정을 다루던 회의기구였다.
　㉡ 대간(대성)제도: 어사대의 관원과 중서문하성의 낭관으로 구성되었다. 비록 직위는 낮았지만 왕, 고위관리들의 활동을 지원하거나 제약하여 정치 운영의 견제와 균형을 이루었다.
　　• 서경권: 관리의 임명과 법령의 개정이나 폐지 등에 동의하는 권리
　　• 간쟁: 왕의 잘못을 말로 직언하는 것
　　• 봉박: 잘못된 왕명을 시행하지 않고 글로 써서 되돌려 보내는 것

(2) 지방행정조직의 정비

① 정비과정
- ㉠ 초기 : 호족세력의 자치로 이루어졌다.
- ㉡ 성종 : 12목을 설치하여 지방관을 파견하였다.
- ㉢ 현종 : 4도호부 8목으로 개편되어 지방행정의 중심이 되었고, 그 후 전국을 5도와 양계, 경기로 나눈 다음 그 안에 3경·4도호부·8목을 비롯하여 군·현·진을 설치하였다.

② 지방조직
- ㉠ 5도(일반행정구역) : 상설 행정기관이 없는 일반 행정 단위로서 안찰사를 파견하여 도내의 지방을 순찰하게 하였다. 도에는 주와 군(지사)·현(현령)이 설치되고, 주현에는 지방관을 파견하였지만 속현에는 지방관을 파견하지 않았다.
- ㉡ 양계(군사행정구역) : 북방의 국경지대에는 동계와 북계의 양계를 설치하여 병마사를 파견하고, 국방상의 요충지에 군사특수지역인 진을 설치하였다.
- ㉢ 8목 4도호부 : 행정과 군사적 방비의 중심적인 역할을 맡은 곳이다.
- ㉣ 특수행정구역
  - 3경 : 풍수설과 관련하여 개경(개성), 서경(평양), 동경(경주, 숙종 이후 남경)에 설치하였다.
  - 향·소·부곡 : 천민의 집단거주지역이었다.
- ㉤ 지방행정 : 실제적인 행정사무는 향리가 실질적으로 처리하여 지방관보다 영향력이 컸다(속현, 향, 소, 부곡 등).

(3) 군역제도와 군사조직

① 중앙군
- ㉠ 2군 6위 : 국왕의 친위부대인 2군과 수도 경비와 국경 방어를 담당하는 6위로 구성되었다.
- ㉡ 직업군인 : 군적에 올라 군인전을 지급받고 군역을 세습하였으며, 군공을 세워 신분을 상승시킬 수 있는 중류층이었다. 이들은 상장군, 대장군 등의 무관이 지휘하였다.

② 지방군
- ㉠ 주진군(양계) : 상비군으로 좌군, 우군, 초군으로 구성되어 국경을 수비하는 의무를 지녔다.
- ㉡ 주현군(5도) : 지방관의 지휘를 받아 치안과 지방방위·노역에 동원되었고 농민으로 구성하였다.

(4) 관리임용제도

① 과거제도(법적으로 양인 이상이면 응시가 가능)
- ㉠ 제술과 : 문학적 재능과 정책을 시험하는 것이다.
- ㉡ 명경과 : 유교경전에 대한 이해능력을 시험하는 것이다.
- ㉢ 잡과 : 기술관을 선발하는 것으로 백정이나 농민이 응시하였다.

ⓔ 한계와 의의 : 능력 중심의 인재 등용과 유교적 관료정치의 토대 마련의 계기가 되었으나 과거출신자보다 음서출신자가 더 높이 출세할 수 밖에 없었고, 무과는 실시하지 않았다.

② 음서제도 … 공신과 종실의 자손 외에 5품 이상의 고관의 자손은 과거를 거치지 않고 관직에 진출할 수 있는 제도이다.

③ 문벌귀족사회의 성립과 동요

(1) 문벌귀족사회의 성립

① 지방호족 출신이 중앙관료화된 것으로, 신라 6두품 계통의 유학자들이 과거를 통해 관직에 진출하여 성립되었으며, 대대로 고위관리가 되어 중앙정치에 참여하게 되고, 과거와 음서를 통해 관직을 독점하였다.

② 문벌귀족사회의 모순
  ⊙ 문벌귀족의 특권 : 정치적으로 과거와 음서제를 통해 고위 관직을 독점하며 경제적으로 과전, 공음전, 사전 등의 토지 겸병이 이루어지고, 사회적으로 왕실 및 귀족들 간의 중첩된 혼인관계를 이루었다.
  ⓒ 측근세력의 대두 : 과거를 통해 진출한 지방 출신의 관리들이 국왕을 보좌하면서 문벌귀족과 대립하였다.
  ⓒ 이자겸의 난, 묘청의 서경천도운동 : 문벌귀족과 측근세력의 대립으로 발생한 사건들이다.

(2) 이자겸의 난과 서경천도운동

① 이자겸의 난(인종, 1126) … 문종 ~ 인종까지 경원 이씨가 80여년간 권력을 독점하였다. 여진(금)의 사대관계 요구에 이자겸 정권은 굴복하여 사대관계를 유지하였으나, 인종의 척준경 회유로 이자겸의 왕위찬탈반란은 실패로 돌아가게 되었다. 그 결과 귀족사회의 동요가 일어나고 묘청의 서경천도운동의 계기가 되었다.

② 묘청의 서경천도운동(1135) … 서경(평양) 천도, 칭제건원, 금국 정벌을 주장하였으나 문벌귀족의 반대에 부딪혔으며, 김부식이 이끄는 관군에 의해 진압되고 말았다.

(3) 무신정권의 성립

① 무신정변(1170) … 숭문천무정책으로 인한 무신을 천시하는 풍조와 의종의 실정이 원인이 되어 문신 중심의 귀족사회에서 관료체제로 전환되는 계기가 되었으며 전시과체제가 붕괴되고 무신에 의해 토지의 독점이 이루어져 사전과 농장이 확대되었다.

② 사회의 동요 … 무신정권에 대한 반발로 김보당의 난과 조위총의 난이 일어났으며, 신분해방운동으로 농민(김사미·효심의 난)·천민의 난(망이·망소이의 난)이 일어났다.

③ 최씨 정권
　㉠ 최씨 정권의 기반
　　• 정치적 : 교정도감(최충헌)과 정방(최우), 서방(최우)을 중심으로 전개되었다.
　　• 경제적 : 광대한 농장을 소유하였다.
　　• 군사적 : 사병을 보유하고 도방을 설치하여 신변을 경호하였다.
　㉡ 한계 : 정치적으로 안정되었지만 국가통치질서는 오히려 약화되었다.

❹ 대외관계의 변화

(1) 거란의 침입과 격퇴

① 고려의 대외정책 … 친송배요정책으로 송과는 친선관계를 유지했으나 거란은 배척하였다.

② 거란의 침입과 격퇴
　㉠ 1차 침입 : 서희의 담판으로 강동 6주를 확보하였으며, 거란과 교류관계를 맺었다.
　㉡ 2차 침입 : 고려의 계속되는 친송정책과 강조의 정변을 구실로 침입하여 개경이 함락되었고, 현종의 입조(入朝)를 조건으로 퇴군하였다.
　㉢ 3차 침입 : 현종의 입조(入朝)를 거부하여 다시 침입하였으나 강감찬이 귀주대첩으로 큰 승리를 거두어 양국은 강화를 맺었다.
　㉣ 결과 및 영향 : 고려, 송, 거란 사이의 세력 균형을 유지되고 고려는 나성과 천리장성(압록강 ~ 도련포)을 축조하여 수비를 강화하였다.

(2) 여진 정벌과 9성 개척

기병을 보강한 윤관의 별무반이 여진을 토벌하여 동북 9성을 축조하였으나 고려를 침략하지 않고 조공을 바치겠다는 조건을 수락하면서 여진에게 9성을 돌려주었다. 그러나 여진은 더욱 강해져 거란을 멸한 뒤 고려에 대해 군신관계를 요구하자 현실적인 어려움으로 당시의 집권자 이자겸은 금의 요구를 받아들였다.

(3) 몽고와의 전쟁

① 몽고와의 전쟁
　㉠ 원인 : 몽고의 과중한 공물 요구와, 몽고의 사신 저고여가 피살되는 사건이 일어났다.
　㉡ 몽고의 침입
　　• 제1차 침입(1231) : 몽고 사신의 피살을 구실로 몽고군이 침입하였고 박서가 항전하였으나, 강화가 체결되고 철수되었다.
　　• 제2차 침입(1232) : 최우는 강화로 천도하였고, 용인의 김윤후가 몽고의 장군 살리타를 죽이고 몽고 군대는 쫓겨갔다.

- 제3차 ~ 제8차 침입 : 농민, 노비, 천민들의 활약으로 몽고를 끈질기게 막아냈다.
  ⓒ 결과 : 전 국토가 황폐화되고 민생이 도탄에 빠졌으며 대장경(초판)과 황룡사의 9층탑이 소실되었다.
② **삼별초의 항쟁**(1270 ~ 1273) … 몽고와의 굴욕적인 강화를 맺는 데 반발하여 진도로 옮겨 저항하였고, 여·몽연합군의 공격으로 진도가 함락되자 다시 제주도로 가서 김통정의 지휘 아래에 계속 항쟁하였으나 여·몽연합군에 의해 진압되었다.

(4) 홍건적과 왜구의 침입
① **홍건적의 격퇴** … 제1차 침입은 모거경 등 4만군이 서경을 침입하였으나, 이승경, 이방실 등이 격퇴하였으며 제2차 침입은 사유 등 10만군이 개경을 함락하였으나, 정세운, 안우, 이방실 등이 격퇴하였다.
② **왜구의 침략** … 잦은 왜구의 침입에 따른 사회의 불안정은 시급히 해결해야 할 국가적 과제였다. 왜구를 격퇴하고 이 문제를 해결하는 과정에서 신흥무인세력이 성장하였다.

⑤ 고려후기의 정치 변동

(1) 원(몽고)의 내정 간섭
① **정치적 간섭**
  ㉠ 일본 원정 : 두 차례의 원정에 인적·물적 자원이 수탈되었으나 실패하였다.
  ㉡ 영토의 상실과 수복
  - 쌍성총관부 : 원은 화주(영흥)에 설치하여 철령 이북 땅을 직속령으로 편입하였는데, 공민왕(1356) 때 유인우가 무력으로 탈환하였다.
  - 동녕부 : 자비령 이북 땅을 차지하여 서경에 두었는데, 충렬왕(1290) 때 고려의 간청으로 반환되었다.
  - 탐라총관부 : 삼별초의 항쟁을 평정한 후 일본 정벌 준비를 위해 제주도에 설치하고(1273) 목마장을 두었다. 충렬왕 27년(1301)에 고려에 반환하였다.
  ㉢ 관제의 개편 : 관제를 격하시키고(3성→첨의부, 6부→4사) 고려를 부마국 지위의 왕실호칭을 사용하게 하였다.
  ㉣ 원의 내정 간섭
  - 다루가치 : 1차 침입 때 설치했던 몽고의 군정지방관으로 공물의 징수·감독 등 내정간섭을 하였다.
  - 정동행성 : 일본 원정준비기구로 설치된 정동행중서성이 내정간섭기구로 남았다. 고려·원의 연락기구였다.
  - 이문소 : 정동행성에 설립된 사법기구로 고려인을 취조·탄압하였다.
  - 응방 : 원에 매를 생포하여 조달하는 기구였으나 여러 특권을 행사해 폐해가 심하였다.
② **사회·경제적 수탈** … 금·은·베·인삼·약재·매 등의 막대한 공물의 부담을 가졌으며, 몽고어·몽고식 의복과 머리가 유행하고, 몽고식 성명을 사용하는 등 풍속이 변질되었다.

(2) 공민왕의 개혁정치

① **반원자주정책** … 친원세력의 숙청, 정동행서 이문소를 폐지, 몽고식 관제의 폐지, 원의 연호·몽고풍을 금지, 쌍성총관부를 공격하여 철령 이북의 땅을 수복하고 요동지방을 공격하여 요양을 점령하였다.

② **왕권강화책** … 정방을 폐지, 성균관을 통한 유학교육을 강화 및 과거제도를 정비하고 신돈을 등요하여 전민변정도감을 설치한 개혁은 권문세족들의 경제기반을 약화시키고 국가재정수입의 기반을 확대하였다.

③ **개혁의 실패원인** … 개혁추진세력인 신진사대부 세력이 아직 결집되지 못한 상태에서 권문세족의 강력한 반발을 효과적으로 제어하지 못하였고, 원나라의 간섭 등으로 인해 실패하고 말았다.

(3) 신진사대부의 성장

① 학문적 실력을 바탕으로 과거를 통하여 중앙에 진출한 지방의 중소지주층과 지방향리 출신이 많았다. 성리학을 수용하였으며, 불교의 폐단을 비판하였고 권문세족의 비리와 불법을 견제하였다. 신흥무인세력과 손을 잡으면서 사회의 불안과 국가적인 시련을 해결하고자 하였다.

② **한계** … 권문세족의 인사권 독점으로 관직의 진출이 제한되었고, 과전과 녹봉도 제대로 받지 못하는 등 경제적 기반이 미약하다는 한계를 가졌다.

(4) 고려의 멸망

우왕 말에 명은 쌍성총관부가 있던 땅에 철령위를 설치하여 명의 땅으로 편입하겠다고 통보하였다. 이에 최영은 요동정벌론을, 이성계는 4불가론을 주장하여 대립하였는데 최영의 주장에 따라 요동정벌군이 파견되었으나 위화도 회군으로 이성계가 장악하였다. 결국 급진개혁파(혁명파)는 정치적 실권을 장악하고 온건개혁파를 제거 한 후 도평의사사를 장악하여 공양왕의 왕위를 물려받아 조선을 건국하였다.

03 근세의 정치

❶ 근세사회의 성립과 전개

(1) 국왕 중심의 통치체제정비와 유교정치의 실현

① **태조** … 국호를 '조선'이라 하고 수도를 한양으로 천도하였으며 3대 정책으로 숭유억불정책, 중농억상정책, 사대교린정책을 실시하였다.

② 태종 … 왕권 확립을 위해 개국공신세력을 견제하고 숙청하였으며 6조직계제를 실시, 사간원을 독립시켜 대신들을 견제하고, 신문고의 설치, 양전사업의 실시 및 호패법을 시행하고 사원전의 몰수, 노비 해방, 사병을 폐지하였다.
③ 세종 … 집현전을 설치, 한글 창제 및 6조직계제를 폐지하고 의정부서사제(재상합의제)로 정책을 심의하였으며, 국가행사를 오례에 따라 거행하였다.

(2) 문물제도의 정비
① 세조 … 왕권의 재확립과 집권체제의 강화를 위하여 6조직계제를 실시하고 집현전과 경연을 폐지하였으며, 경국대전의 편찬에 착수하였다.
② 성종 … 홍문관의 설치, 경연의 활성화 및 경국대전의 완성·반포를 통하여 조선의 기본통치방향과 이념을 제시하였다.

2 통치체제의 정비

(1) 중앙정치체제
① **양반관료체제의 확립** … 경국대전으로 법제화하고 문·무반이 정치와 행정을 담당하게 하였으며, 18품계로 나누어 당상관(관서의 책임자)과 당하관(실무 담당)으로 구분하였다.
② 의정부와 6조
　㉠ 의정부 : 최고 관부로서 재상의 합의로 국정을 총괄하였다.
　㉡ 6조 : 직능에 따라 행정을 분담하였다.
　　• 이조 : 문관의 인사(전랑이 담당), 공훈, 상벌을 담당하였다.
　　• 호조 : 호구, 조세, 회계, 어염, 광산, 조운을 담당하였다.
　　• 예조 : 외교, 교육, 문과과거, 제사, 의식 등을 담당하였다.
　　• 병조 : 국방, 통신(봉수), 무과과거, 무관의 인사 등을 담당하였다.
　　• 형조 : 형률, 노비에 대한 사항을 담당하였다.
　　• 공조 : 토목, 건축, 수공업, 도량형, 파발에 대한 사항을 담당하였다.
③ 언론학술기구 … 삼사로 정사를 비판하고 관리들의 부정을 방지하였다.
　㉠ **사간원(간쟁)·사헌부(감찰)** : 서경권을 행사하였다(관리 임명에 동의권 행사).
　㉡ **홍문관** : 학문적으로 정책 결정을 자문하는 기구이다.
④ 왕권강화기구 … 왕명을 출납하는 승정원과 큰 죄인을 다스리는 국왕 직속인 의금부, 서울의 행정과 치안을 담당하는 한성부가 있다.

⑤ 그 밖의 기구 … 역사서의 편찬과 보관을 담당하는 춘추관, 최고 교육기관인 성균관인 성균관 등이 있다.

(2) 지방행정조직

① **지방조직** … 전국을 8도로 나누고, 하부에 부·목·군·현을 설치하였다.
   ㉠ 관찰사(감사) : 8도의 지방장관으로서 행정, 군사, 감찰, 사법권을 행사하였다. 수령에 대한 행정을 감찰하는 역할을 담당하였다.
   ㉡ 수령 : 부, 목, 군, 현에 임명되어 관내 주민을 다스리는 지방관으로서 행정, 사법, 군사권을 행사하였다.
   ㉢ 향리 : 6방에 배속되어 향역을 세습하면서 수령을 보좌하였다(아전).

② **향촌사회**
   ㉠ 면·리·통 : 향민 중에서 책임자를 선임하여, 수령의 명령을 받아 인구 파악과 부역 징발을 주로 담당하게 하였다.
   ㉡ 양반 중심의 향촌사회질서 확립
   • 경재소 : 유향소와 정부간 연락을 통해 유향소를 통제하여 중앙집권을 효율적으로 강화하였다.
   • 유향소(향청) : 향촌양반의 자치조직으로 좌수와 별감을 선출하고, 향규를 제정하며, 향회를 통한 여론의 수렴과 백성에 대한 교화를 담당하였다.

(3) 군역제도와 군사조직

① **군역제도**
   ㉠ 양인개병제 : 양인(현직 관료와 학생을 제외한 16세 이상 60세 이하의 남자)의 신분이면 누구나 병역의 의무를 지는 제도이다.
   ㉡ 보법 : 정군(현역 군인)과 보인(정군의 비용 부담)으로 나눈다.
   ㉢ 노비 : 권리가 없으므로 군역이 면제되고, 특수군(잡색군)으로 편제되었다.

② **군사조직**
   ㉠ 중앙군(5위) : 궁궐과 서울을 수비하며 정군을 중심으로 갑사(시험을 거친 직업군인)나 특수병으로 지휘 책임을 문관관료가 맡았다.
   ㉡ 지방군 : 병영(병마절도사)과 수영(수군절도사)으로 조직하였다.
   ㉢ 잡색군 : 서리, 잡학인, 신량역천인(신분은 양인이나 천한 일에 종사), 노비 등으로 조직된 일종의 예비군으로 유사시에 향토 방위를 담당한다(농민은 제외).

③ **교통·통신체계의 정비**
   ㉠ 봉수제(통신) : 군사적 목적으로 설치하였으며, 불과 연기를 이용하여 급한 소식을 알렸다.
   ㉡ 역참 : 물자 수송과 통신을 위해 설치되어 국방과 중앙집권적 행정 운영이 한층 쉬워졌다.

(4) 관리등용제도

① 과거 … 문과는 예조에서 담당하였으며 무과는 병조에서 담당하고 28명을 선발하였다. 또한 잡과는 해당 관청에서 역과, 율과, 의과, 음양과의 기술관을 선발하였다.

② 취재 … 재주가 부족하거나 나이가 많아 과거 응시가 어려운 사람이 특별채용시험을 거쳐 하급 실무직에 임명되는 제도이다.

③ 음서와 천거 … 과거를 거치지 않고 고관의 추천을 받아 간단한 시험을 치른 후 관직에 등용되거나 음서를 통하여 관리로 등용되는 제도이다. 그러나 천거는 기존의 관리들을 대상으로 하였고, 음서도 고려시대에 비하여 크게 줄어들었고 문과에 합격하지 않으면 고관으로 승진하기 어려웠다.

④ 인사관리제도의 정비
　㉠ 상피제 : 권력의 집중과 부정을 방지하였다.
　㉡ 서경제 : 사헌부와 사간원에서 관리 임명시에 심사하여 동의하는 절차로서 5품 이하 관리 임명시에 적용하는 것이다.
　㉢ 근무성적평가 : 하급관리의 근무성적평가는 승진 및 좌천의 자료가 되었다.

③ 사림의 대두와 붕당정치

(1) 훈구와 사림

① 훈구세력 … 조선 초기 문물제도의 정비에 기여하였으며 고위관직을 독점 및 세습하고, 왕실과의 혼인으로 성장하였다.

② 사림세력 … 여말 온건파 사대부의 후예로서 길재와 김종직에 의해 영남과 기호지방에서 성장한 세력으로 대부분이 향촌의 중소지주이다.

(2) 사림의 정치적 성장

① 사화의 발생
　㉠ 무오사화(1498)·갑자사화(1504) : 연산군의 폭정으로 발생하였으며 영남 사림은 몰락하게 되었다.
　㉡ 조광조의 개혁정치 : 현량과를 실시하여 사림을 등용하여 급진적 개혁을 추진하였다. 위훈삭제사건으로 훈구세력을 약화시켰으며, 공납의 폐단을 시정, 불교와 도교행사를 폐지하고, 소학교육을 장려하고, 향약을 보급하였다. 그러나 훈구세력의 반발을 샀으며 기묘사화(1519)로 조광조는 실각되고 말았다.
　㉢ 을사사화(명종, 1545) : 중종이 다시 사림을 등용하였으나 명종 때 외척 다툼으로 을사사화가 일어나고 사림은 축출되었다.

② 결과 … 사림은 정치적으로 위축되었으나 중소지주를 기반으로 서원과 향약을 통해 향촌에서 세력을 회복하게 되었다.

(3) 붕당의 출현(사림의 정계 주도)

① **동인과 서인** … 척신정치의 잔재를 청산하기 위한 방법을 둘러싸고 대립행태가 나타났다.
　㉠ 동인 : 신진사림 출신으로서 정치 개혁에 적극적이며 수기(修己)를 강조하고 지배자의 도덕적 자기 절제를 강조하고 이황, 조식, 서경덕의 학문을 계승하였다.
　㉡ 서인 : 기성사림 출신으로서 정치 개혁에 소극적이며 치인(治人)에 중점을 두고 제도 개혁을 통한 부국안민에 힘을 썼고 이이, 성혼의 문인들을 중심으로 구성되었다.
② **붕당의 성격과 전개** … 정파적 성격과 학파적 성격을 지닌 붕당은 초기에는 강력한 왕권으로의 형성이 불가능하였으나, 중기에 이르러 왕권이 약화되고 사림정치가 전개되면서 붕당이 형성되었다.

(4) 붕당정치의 전개

① 동인의 분당은 정여립의 모반사건을 계기로 세자책봉문제를 둘러싸고 시작되었다. 남인은 온건파로 초기에 정국을 주도하였으며 북인은 급진파로 임진왜란이 끝난 뒤부터 광해군 때까지 정권을 장악하였다.
② **광해군의 개혁정치** … 명과 후금 사이의 중립외교를 펼쳤으며, 전후복구사업을 추진하였으나 무리한 전후복구사업으로 민심을 잃은 광해군과 북인세력은 서인이 주도한 인조반정으로 몰락하였다.
③ 주로 서인이 집권하여 남인 일부가 연합하고, 상호비판 공존체제가 수립되었던 것이 서인과 남인의 경신환국으로 정치 공존이 붕괴되었다.

(5) 붕당정치의 성격

비변사를 통한 여론 수렴이 이루어졌으며, 3사의 언관과 이조전랑의 정치적 비중이 증대되었고 재야의 여론이 수렴되어 재야의 공론주도자인 산림이 출현하였고, 서원과 향교를 통한 수렴이 이루어졌다. 그러나 국가의 이익보다는 당파의 이익을 앞세워 국가 발전에 지장을 주기도 하였고, 현실문제보다는 의리와 명분에 치중하였으며 지배층의 의견만을 정치에 반영하였다.

④ 조선 초기의 대외관계

(1) 명과의 관계

명과의 관계에서는 사대외교를 중국 이외의 주변 민족에게는 교린정책을 기본으로 하였다.

(2) 여진과의 관계

① **대여진정책** … 회유책으로 귀순을 장려하였고, 북평관을 세워 국경무역과 조공무역을 허락하였으며 강경책으로 본거지를 토벌하고 국경지방에 자치적 방어체제를 구축하여 진·보를 설치하였다.

② 북방개척
- ㉠ 4군 6진 : 최윤덕, 김종서 등은 압록강에서 두만강에 이르는 4군 6진을 설치하였다.
- ㉡ 사민정책 : 삼남지방의 주민을 강제로 이주시켜 북방 개척과 국토의 균형 있는 발전을 꾀하였다.
- ㉢ 토관제도 : 토착인을 하급관리로 등용하는 것이다.

(3) 일본 및 동남아시아와의 관계

① 대일관계
- ㉠ 왜구의 토벌 : 수군을 강화하고 화약무기를 개발해 오던 조선은 왜구가 무역을 요구해오자 제한된 무역을 허용하였으나 왜구의 계속된 약탈로 이종무가 쓰시마섬을 토벌하였다(세종).
- ㉡ 교린정책 : 3포(부산포, 제포, 염포)를 개항하여, 계해약조를 맺고 조공무역을 허용하였다.

② 동남아시아와의 교역 … 조공, 진상의 형식으로 물자 교류를 하고 특히 불경, 유교경전, 범종, 부채 등을 류큐(오키나와)에 전해주어 류큐의 문화 발전에 기여하였다.

5 양 난의 극복과 대청관계

(1) 왜군의 침략

① 조선의 정세
- ㉠ 왜구 약탈 : 3포왜란(임신약조) → 사량진왜변(정미약조) → 을묘왜변(교역 중단)
- ㉡ 국방대책 : 3포왜란 이후 군사문제를 전담하는 비변사가 설치되었다.
- ㉢ 16세기 말 : 사회적 혼란이 가중되면서 국방력이 약화되어 방군수포현상이 나타났다

② 임진왜란(1592) … 왜군 20만이 기습하고 정발과 송상현이 분전한 부산진과 동래성의 함락과 신립의 패배로 국왕은 의주로 피난하였다. 왜군은 평양, 함경도까지 침입하였고 명에 파병을 요청하였다.

(2) 수군과 의병의 승리

① 수군의 승리
- ㉠ 이순신(전라좌수사)의 활약 : 판옥선과 거북선을 축조하고, 수군을 훈련시켰다.
- ㉡ 남해의 제해권 장악 : 옥포(거제도)에서 첫 승리를 거두고, 사천(삼천포, 거북선을 이용한 최초의 해전), 당포(충무), 당항포(고성), 한산도대첩(학익진 전법) 등지에서 승리를 거두어 남해의 제해권을 장악하였고 전라도지방을 보존하였다.

② 의병의 항쟁
- ㉠ 의병의 봉기 : 농민이 주축이 되어 전직관리, 사림, 승려가 주도한 자발적인 부대였다.

ⓒ 전술 : 향토지리와 조건에 맞는 전술을 사용하였다. 매복, 기습작전으로 아군의 적은 희생으로 적에게 큰 타격을 주었다.
ⓒ 의병장 : 곽재우(의령), 조헌(금산), 고경명(담양), 정문부(길주), 서산대사 휴정(평양, 개성, 한성 등), 사명당 유정(전후 일본에서 포로 송환) 등이 활약하였다.
② 전세 : 관군이 편입되어 대일항전이 조직화되고 전력도 강화되었다.

(3) 전란의 극복과 영향

① 전란의 극복
  ㉠ 조·명연합군의 활약 : 평양성을 탈환하고 행주산성(권율) 등지에서 큰 승리를 거두었다.
  ㉡ 조선의 군사력 강화 : 훈련도감과 속오군을 조직하였고 화포 개량과 조총을 제작하였다.
  ㉢ 휴전회담 : 왜군은 명에게 휴전을 제의하였으나, 무리한 조건으로 3년만에 결의되었다.
  ㉣ 정유재란 : 왜군은 조선을 재침하였으나 이순신에게 명량·노량해전에서 패배하였다.

② 왜란의 영향
  ㉠ 국내적 영향 : 인구와 농토가 격감되어 농촌의 황폐화, 민란의 발생 및 공명첩의 대량 발급으로 인하여 신분제의 동요, 납속의 실시, 토지대장과 호적의 소실, 경복궁, 불국사, 서적, 실록 등의 문화재가 소실·약탈당했으며, 일본을 통하여 조총, 담배, 고추, 호박 등이 전래되었다.
  ㉡ 국제적 영향 : 일본은 문화재를 약탈하고, 성리학자와 도공을 납치하여 일본 문화가 발전하는 계기가 되었으나 명은 여진족의 급성장으로 인하여 쇠퇴하였다.

(4) 광해군의 중립외교

① **내정개혁** … 양안(토지대장)과 호적을 재작성하여 국가재정기반을 확보하고, 산업을 진흥하였으며 동의보감(허준)을 편찬하고 소실된 사고를 5대 사고로 재정비하였다.

② **대외정책** … 임진왜란 동안 조선과 명이 약화된 틈을 타 여진이 후금을 건국하였다(1616). 후금은 명에 대하여 전쟁을 포고하고, 명은 조선에 원군을 요청하였으나, 조선은 명의 원군 요청을 적절히 거절하면서 후금과 친선정책을 꾀하는 중립적인 정책을 취하였다. 광해군의 중립외교는 국내에 전쟁의 화가 미치지 않아 왜란 후의 복구사업에 크게 기여하였다.

(5) 호란의 발발과 전개

① **정묘호란(1627)** … 명의 모문룡 군대의 가도 주둔과 이괄의 난 이후 이괄의 잔당이 후금에 건너가 조선 정벌을 요구한 것으로 발생하였으며, 후금의 침입에 정봉수, 이립 등이 의병으로 활약하였다. 후금의 제의로 쉽게 화의(정묘조약)가 이루어져 후금의 군대는 철수하였다.

② **병자호란(1636)** … 후금의 군신관계 요구에 조선이 거부한 것이 발단이 되어 발생하였으며, 삼전도에서 항복하고 청과 군신관계를 맺게 되었으며 소현세자와 봉림대군이 인질로 끌려갔다.

(6) 북벌운동의 전개
① 서인세력(송시열, 송준길, 이완 등)은 군대를 양성하는 등의 계획을 세웠으나 실천하지 못하였다.
② 효종의 북벌계획 … 이완을 훈련대장으로 임명하고 군비를 확충하였으나 효종의 죽음으로 북벌계획은 중단되었다.

04 정치상황의 변동

1 통치체제의 변화

(1) 정치구조의 변화
① **비변사의 기능 강화** … 중종 초 여진족과 왜구에 대비하기 위해 설치한 임시기구였으나, 임진왜란을 계기로 문무고관의 합의기구로 확대되었다. 군사뿐만 아니라 외교, 재정, 사회, 인사 등 거의 모든 정무를 총괄하였으며, 왕권의 약화, 의정부 및 6조 기능의 약화를 초래하였다.
② **정치 운영의 변질** … 3사는 공론을 반영하기보다 각 붕당의 이해관계를 대변하기에 급급하고 이조·병조의 전랑 역시 상대 붕당을 견제하는 기능으로 변질되어 붕당 간의 대립을 격화시켰다.

(2) 군사제도의 변화
① 중앙군(5군영)
  ㉠ **훈련도감** : 삼수병(포수·사수·살수)으로 구성되었으며, 직업적 상비군이었다.
  ㉡ **어영청** : 효종 때 북벌운동의 중추기관이 되었다. 기·보병으로 구성되며, 지방에서 교대로 번상하였다.
  ㉢ **총융청** : 북한산성 등 경기 일대의 방어를 위해 속오군으로 편성되었다.
  ㉣ **수어청** : 정묘호란 후 인조 때 설치되어 남한산성을 개축하고 이를 중심으로 남방을 방어하기 위해 설치되었다.
  ㉤ **금위영** : 숙종 때 수도방위를 위해 설치되었다. 기·보병 중심의 선발 군사들로 지방에서 교대로 번상케 하였다.
② 지방군(속오군)
  ㉠ **지방군제의 변천**
    • 진관체제 : 세조 이후 실시된 체제로 외적의 침입에 효과가 없었다.

- 제승방략체제(16세기) : 유사시에 필요한 방어처에 각 지역의 병력을 동원하여 중앙에서 파견되는 장수가 지휘하게 하는 방어체제이다.
- 속오군체제 : 진관을 복구하고 속오법에 따라 군대를 정비하였다.
- ⓒ 속오군 : 양천혼성군(양반, 농민, 노비)으로서, 농한기에 훈련하고 유사시에 동원되었다.

(3) 수취제도의 개편

① **전세제도의 개편** … 전세를 풍흉에 관계없이 1결당 미곡 4두로 고정시키는 영정법은 전세율이 다소 낮아졌으나 농민의 대다수인 전호들에게는 도움이 되지 못하였고, 전세 외에 여러 가지 세가 추가로 징수되어 조세의 부담은 증가하였다.

② **공납제도의 개편** … 방납의 폐단으로 토지의 결수에 따라 미, 포, 전을 납입하는 대동법을 시행하였는데 그 결과 농민의 부담을 감소하였으나 지주에게 부과된 대동세가 소작농에게 전가되는 경우가 있었으며, 조세의 금납화 촉진, 국가재정의 회복 및 상공업의 발달과 상업도시의 발전을 가져왔다. 그러나 진상 · 별공은 여전히 존속하였다.

③ **군역제도의 개편** … 균역법(군포 2필에서 1필로 내게 함)의 실시로 일시적으로 농민부담은 경감되었으나 폐단의 발생으로 인하여 전국적인 저항을 불러왔다.

2 정쟁의 격화와 탕평정치

(1) 탕평론의 대두

공리공론보다 집권욕에만 집착하여 균형관계가 깨져서 정쟁이 끊이지 않고 사회가 분열되었으며, 이에 강력한 왕권을 토대로 세력 균형을 유지하려는 탕평론이 제기되었다. 숙종은 공평한 인사 관리를 통해 정치집단 간의 세력 균형을 추구하려 하였으나 명목상의 탕평책에 불과하여 편당적인 인사 관리로 빈번한 환국이 발생하였다.

(2) 영조의 탕평정치

① 탕평파를 육성하고, 붕당의 근거지인 서원을 정리하였으며, 이조전랑의 후임자 천거제도를 폐지하였다. 그 결과 정치권력은 국왕과 탕평파 대신에게 집중되었다. 또한 균역법의 시행, 군영의 정비, 악형의 폐지 및 사형수에 대한 삼심제 채택, 속대전을 편찬하였다.

② **한계** … 왕권으로 붕당 사이의 다툼을 일시적으로 억제하기는 하였으나 소론 강경파의 변란(이인좌의 난, 나주괘서사건) 획책으로 노론이 권력을 독점하게 되었다.

(3) 정조의 탕평정치

① **정치세력의 재편** … 탕평책을 추진하여 벽파를 물리치고 시파를 고루 기용하여 왕권의 강화를 꾀하였다. 또한 영조 때의 척신과 환관 등을 제거하고, 노론과 소론 일부, 남인을 중용하였다.

② **왕권 강화 정책** … 규장각의 육성, 초계문신제의 시행, 장용영의 설치, 수원 육성, 수령의 권한 강화, 서얼과 노비의 차별 완화, 금난전권 폐지, 대전통편, 동문휘고, 탁지지 등을 편찬하였다.

③ 정치질서의 변화

(1) 세도정치의 전개(19세기)

정조가 죽은 후 정치세력 간의 균형이 다시 깨지고 몇몇 유력가문 출신의 인물들에게 집중되었다. 순조 때에는 정순왕후가 수렴청정을 하면서 노론 벽파가 정권을 잡았으나, 정순왕후가 죽자 순조의 장인인 김조순을 중심으로 안동 김씨의 세도정치가 시작되었으며 헌종, 철종 때까지 풍양조씨, 안동 김씨의 세도정치가 이어졌다.

(2) 세도정치의 폐단

① 수령직의 매관매직으로 탐관오리의 수탈이 극심해지고 삼정(전정, 군정, 환곡)이 문란해졌으며, 그 결과 농촌경제는 피폐해지고, 상품화폐경제는 둔화되었다.

② **세도정치의 한계** … 고증학에 치중되어 개혁의지를 상실하였고 지방의 사정을 이해하지 못했다.

④ 대외관계의 변화

(1) 청과의 관계

① **북벌정책** … 17세기 중엽, 효종 때 추진한 것으로 청의 국력 신장으로 실현가능성이 부족하여 정권 유지의 수단이 되기도 하였으나 양난 이후의 민심 수습과 국방력 강화에 기여하였다.

② **북학론의 대두** … 청의 국력 신장과 문물 융성에 자극을 받아 18세기 말 북학파 실학자들은 청의 문물 도입을 주장을 하였으며 사신들은 천리경, 자명종, 화포, 만국지도, 천주실의 등의 신문물과 서적을 소개하였다.

(2) 일본과의 관계

① 대일외교관계

　㉠ **기유약조**(1609) : 임진왜란 이후 도쿠가와 막부의 요청으로 부산포에 왜관을 설치하고, 대일무역이 행해졌다.

　㉡ **조선통신사 파견** : 17세기 초 이후부터 200여년간 12회에 걸쳐 파견하였다. 외교사절의 역할뿐만 아니라 조선의 선진학문과 기술을 일본에 전파하였다.

② **울릉도와 독도** ⋯ 안용복이 일본으로 건너가(숙종) 일본 막부에게 울릉도와 독도가 조선 영토임을 확인받고 돌아왔다. 그 후 조선 정부는 울릉도의 주민 이주를 장려하였고, 울릉도에 군을 설치하고 관리를 파견하여 독도까지 관할하였다.

02. 통치구조와 정치활동

최근 기출문제 분석

2020. 6. 13. 제1회 지방직 / 제2회 서울특별시

1 밑줄 친 '왕'의 재위 기간에 있었던 사실로 옳은 것은?

> 이찬 이사부가 왕에게 "국사라는 것은 임금과 신하들의 선악을 기록하여, 좋고 나쁜 것을 만대 후손들에게 보여 주는 것입니다. 이를 책으로 편찬해 놓지 않는다면 후손들이 무엇을 보고 알겠습니까?"라고 아뢰었다. 왕이 깊이 동감하고 대아찬 거칠부 등에게 명하여 선비들을 널리 모아 그들로 하여금 역사를 편찬하게 하였다.
>
> —『삼국사기』—

① 정전 지급 ② 국학 설치
③ 첨성대 건립 ④ 북한산 순수비 건립

> **TIP** 6세기 신라 진흥왕(540~576) 대의 사실이다. 진흥왕은 화랑도를 정비하여 국력을 대외로 확장하여 대가야, 한강 유역, 함경북도까지 진출하는 등 신라 최대의 영토를 확보하였다. 이 과정에서 단양 적성비와 4개의 순수비(창녕비, 북한산 순수비, 황초령비, 마운령비)를 세웠다.
> ① 신라 성덕왕 대에 왕토사상을 기반으로 백성들에게 정전을 지급하였다.
> ② 신라 신문왕 때 설치한 교육 기관이다.
> ③ 신라 선덕여왕 때 설립되었다.

2020. 6. 13. 제1회 지방직 / 제2회 서울특별시

2 다음 정책을 시행한 국왕 대에 있었던 사실로 옳은 것은?

> • 광덕, 준풍 등의 연호를 사용하였다.
> • 개경을 고쳐 황도라 하고 서경을 서도라고 하였다.

① 노비안검법을 시행하였다.
② 전시과 제도를 시행하였다.
③ 개경에 국자감을 설립하였다.
④ 12목을 설치하고 지방관을 파견하였다.

Answer 1.④ 2.①

TIP 고려 광종(949~975) 때의 사실이다. 광종은 귀족과 지방호족을 숙청하고 왕권 강화를 시도하였다. 이를 위해 과거제, 노비안검법을 시행하였다. 노비안검법은 불법으로 노비가 된 자들을 해방함으로써 지방호족들의 경제 및 군사적 기반을 약화시키는 동시에 국가 재정을 확충하는데도 기여하였다. 또한 광덕, 준풍 등의 연호를 사용하면서 중국과 대등한 세력이 되었음을 대내외적으로 표방하였다.
② 고려 경종 대에 실시하였다.
③ 고려의 유학 교육 기관으로 성종 대에 정비하였다.
④ 최승로의 '시무 28조' 건의에 따라 성종 대에 시행되었다.

2020. 6. 13. 제1회 지방직 / 제2회 서울특별시

3 다음 사건 이후에 일어난 일로 옳은 것은?

> 개경을 떠나 피난 중인 왕이 안성현을 안성군으로 승격시켰다. 홍건적이 양광도를 침입하자 수원은 항복하였는데, 작은 고을인 안성만이 홀로 싸워 승리함으로써 홍건적이 남쪽으로 내려오지 못하게 하였기 때문이다.

① 화약 무기를 사용해 진포해전에서 승리하였다.
② 처인성 전투에서 적의 장수 살리타를 사살하였다.
③ 기철 일파를 제거하고 쌍성총관부의 관할 지역을 수복하였다.
④ 적의 침략을 물리치기 위한 염원에서 팔만대장경을 만들었다.

TIP 해당 사건은 홍건적의 난으로 고려 공민왕 대에 발생한 사건이다. 당시 중국은 원명교체기라는 혼란한 상황이었고 이 과정에서 홍건적이 고려로 침입하여 발생한 사건이다. 진포해전은 고려 우왕 대에 왜구가 쌀을 비롯한 물자 약탈을 위해 진포(군산)에 침입한 사건으로 당시 최무선이 개발한 화약 무기를 사용하여 승리할 수 있었다.
② 고려 고종 대 몽골의 2차 침입에서 발생한 사건이다.
③ 공민왕의 반원자주개혁 정책으로 홍건적의 난 이전의 사건이다.
④ 고려 고종 대 몽골의 침입에 저항하는 호국불교의 성격을 보여주는 유물이다.

Answer 3.①

2019. 6. 15 제2회 서울특별시
4 고려시대 군사제도에 대한 설명으로 가장 옳지 않은 것은?

① 북방의 양계지역에는 주현군을 따로 설치하였다.
② 2군(二軍)인 응양군과 용호군은 왕의 친위부대였다.
③ 6위(六衛) 중의 감문위는 궁성과 성문수비를 맡았다.
④ 직업군인인 경군에게 군인전을 지급하고 그 역을 자손에게 세습시켰다.

> **TIP** 고려 지방 행정 체계는 5도 양계로 5도는 일반 행정 구역으로 안찰사를 임명하고 주현군을 설치하였다. 하지만 북방의 군사적 요충지인 양계에는 병마사를 임명하고 그 특수성을 반영하여 주진군을 별도로 설치하였다.
> ②③④ 고려의 중앙군은 2군 6위로 구성되어 있고, 이들은 모두 직업 군인으로 군인전을 지급받았으며, 직역은 세습되었다.

2019. 6. 15 제1회 지방직
5 다음 정책을 추진한 국왕 대에 있었던 사실로 옳은 것은?

> 옛적에 관가의 노비는 아이를 낳은 지 7일 후에 입역(立役)하였는데, 아이를 두고 입역하면 어린 아이에게 해로울 것이라 걱정하여 100일간의 휴가를 더 주게 하였다. 그러나 출산에 임박하여 일하다가 몸이 지치면 미처 집에 도착하기 전에 아이를 낳는 경우가 있다. 만일 산기에 임하여 1개월간의 일을 면제하여 주면 어떻겠는가. 가령 저들이 속인다 할지라도 1개월까지야 넘길 수 있겠는가. 상정소(詳定所)로 하여금 이에 대한 법을 제정하게 하라.

① 사형의 판결에는 삼복법을 적용하였다.
② 주자소를 설치하여 계미자를 주조하였다.
③ 국방력 강화를 위해 진관체제를 실시하였다.
④ 도평의사사를 개편하여 의정부를 설치하였다.

> **TIP** 조선 세종에 관한 내용이다. 세종은 노비들에 대한 처우를 개선하려 노력하였고, 사형수에 대해 3심제를 적용하는 금부삼복법을 제정하였다.
> ②④ 조선 태종 ③ 조선 세조

Answer 4.① 5.①

2018. 5. 19 제1회 지방직

6 삼국 시대의 정치 제도에 대한 설명으로 옳은 것만을 모두 고르면?

> ⊙ 삼국의 관등제와 관직제도 운영은 신분제에 의하여 제약을 받았다.
> ⓒ 고구려는 대성(大城)에는 처려근지, 그 다음 규모의 성에는 욕살을 파견하였다.
> ⓒ 백제는 도성에 5부, 지방에 방(方) – 군(郡) 행정제도를 시행하였다.
> ⓔ 신라는 10정 군단을 바탕으로 영역을 확장하고 삼국 통일을 이룩하였다.

① ⊙, ⓒ
② ⊙, ⓒ
③ ⓒ, ⓔ
④ ⓒ, ⓔ

> **TIP** ⓒ 고구려는 대성(大城)에는 욕살, 그 다음 규모의 성에는 처려근지를 파견하였다.
> ⓔ 10정은 통일 신라의 지방군이다. 신라의 지방군은 6정이다.

2018. 5. 19 제1회 지방직

7 밑줄 친 '이곳'에서 일어난 일로 옳은 것은?

> 고려 정종 때 이곳으로 천도 계획을 세웠으나 실현되지 못했고, 문종 때 이곳 주위에 서경기 4도를 두었다.

① 이곳에서 현존 세계 최고의 직지심체요절이 간행되었다.
② 지눌이 이곳을 중심으로 수선사 결사 운동을 전개하였다.
③ 조위총이 정중부 등의 타도를 위해 이곳에서 반란을 일으켰다.
④ 강조가 군사를 이끌고 이곳으로 들어와 김치양 일파를 제거하였다.

> **TIP** 밑줄 친 '이곳'은 서경(평양)이다. 고려 정종은 외척과 공신 세력들로부터 벗어나기 위해 풍수지리설을 바탕으로 서경으로 천도 계획을 세웠으나 실현되지 못했다.
> ③ 서경 유수 조위총이 무신 정권에서 소외되자 정중부 등의 타도를 위해 난을 일으켰으나 실패하였다.
> ① 청주 흥덕사 ② 순천 송광사 ④ 개경

Answer 6.② 7.③

2018. 5. 19 제1회 지방직

8 밑줄 친 '대의(大義)'를 이루기 위해 효종이 한 일로 옳은 것은?

> 병자년 일이 완연히 어제와 같은데, 날은 저물고 갈 길은 멀다고 하셨던 성조의 하교를 생각하니 나도 모르게 눈물이 솟는구나. 사람들은 그것을 점점 당연한 일처럼 잊어가고 있고 대의(大義)에 대한 관심도 점점 희미해져 북녘 오랑캐를 가죽과 비단으로 섬겼던 일을 부끄럽게 생각지 않고 있으니 그것을 생각한다면 그 아니 가슴 아픈 일인가.
>
> -『조선왕조실록』-

① 남한산성을 복구하고 어영청을 확대하였다.
② 훈련별대를 정초군과 통합하여 금위영을 발족시켰다.
③ 명과 후금 사이에서 실리를 추구하는 중립외교 정책을 펼쳤다.
④ 호위청, 총융청, 수어청 등의 부대를 창설하여 국방력을 강화하였다.

TIP 밑줄 친 '대의(大義)'는 효종의 북벌론이다. 효종은 남한산성을 복구하고 어영청을 확대하였다.
② 금위영이 발족된 것은 숙종 때이다.
③ 광해군의 외교정책에 대한 설명이다.
④ 인조 때의 일이다.

2017. 6. 17 제1회 지방직

9 군사제도가 실시된 시기순으로 바르게 나열한 것은?

	중앙	지방
㉠	9서당	10정
㉡	5위	진관체제
㉢	5군영	속오군
㉣	2군과 6위	주현군과 주진군

① ㉠→㉡→㉢→㉣
② ㉠→㉣→㉡→㉢
③ ㉡→㉠→㉢→㉣
④ ㉡→㉣→㉠→㉢

Answer 8.① 9.②

TIP	시기	중앙	지방
	㉠ 통일신라	9서당	10정
	㉡ 조선 전기	5위	진관체제
	㉢ 조선 후기	5군영	속오군
	㉣ 고려	2군과 6위	주현군과 주진군

따라서 ㉠ → ㉣ → ㉡ → ㉢ 순이다.

2017. 6. 17 제1회 지방직

10 다음 (가)에서 이루어진 합의제도를 시행한 국가의 통치체제로 옳은 것은?

> 호암사에는 [(가)](이)라는 바위가 있다. 나라에서 장차 재상을 뽑을 때에 후보 3, 4명의 이름을 써서 상자에 넣고 봉해 바위 위에 두었다가 얼마 후에 가지고 와서 열어 보고 그 이름 위에 도장이 찍혀 있는 사람을 재상으로 삼았다.
>
> -「삼국유사」-

> ㉠ 중앙정치는 대대로를 비롯하여 10여 등급의 관리들이 나누어 맡았다.
> ㉡ 중앙관청을 22개로 확대하고 수도는 5부, 지방은 5방으로 정비하였다.
> ㉢ 16품의 관등제를 시행하고, 품계에 따라 옷의 색을 구별하여 입도록 하였다.
> ㉣ 지방 행정 조직을 9주 5소경 체제로 정비하였다.
> ㉤ 중앙에 3성 6부를 두고, 정당성을 관장하는 대내상이 국정을 총괄하도록 하였다.

① ㉠, ㉡ ② ㉡, ㉢
③ ㉢, ㉣ ④ ㉣, ㉤

TIP (가)는 정사암으로, 지문은 백제의 정사암 회의에 대한 설명이다.
㉡ 6세기 백제 성왕의 업적이다.
㉢ 3세기 백제 고이왕의 업적이다.
㉠ 고구려 ㉣ 통일신라 ㉤ 발해

Answer 10.②

02. 통치구조와 정치활동

출제 예상 문제

1 고구려와 신라의 관계를 다음과 같이 알려주고 있는 삼국시대의 금석문은?

- 고구려의 군대가 신라 영토에 주둔했던 것으로 이해할 수 있는 기록이 보인다.
- 고구려가 신라의 왕을 호칭할 때 '동이 매금(東夷 寐錦)'이라고 부르고 있다.
- 고구려가 신라의 왕과 신하들에게 의복을 하사하는 의식을 거행한 것으로 보인다.

① 광개토왕비
② 집안고구려비
③ 중원고구려비
④ 영일냉수리비

TIP **중원고구려비** … 충청북도 충주시에 있는 고구려의 고비(古碑)로서 현재 국보 제205로 지정되어 있다. 이 비는 고구려 비(碑) 중 한반도에서 발견된 유일한 예로 고구려가 당시 신라를 「동이(東夷)」라 칭하면서 신라왕에게 종주국으로서 의복을 하사했다는 내용이 실려 있는데 이는 「삼국사기(三國史記)」를 비롯한 여러 문헌에는 실려 있지 않은 사실이다. 또한 '신라토내당주(新羅土內幢主)'하는 직명으로 미루어 신라 영토 안에 고구려 군대가 주둔하였음을 확인할 수 있는 등의 내용이 담겨 있어 고구려사를 연구하는 데 많은 영향을 주었다.

Answer 1.③

2 (가) ~ (다)는 고려시대 대외관계와 관련된 자료이다. 이를 시기 순으로 바르게 나열한 것은?

> (가) 윤관이 "신이 여진에게 패한 이유는 여진군은 기병인데 우리는 보병이라 대적할 수 없었기 때문입니다."라고 아뢰었다.
> (나) 서희가 소손녕에게 "우리나라는 고구려의 옛 땅이오. 그러므로 국호를 고려라 하고 평양에 도읍하였으니, 만일 영토의 경계로 따진다면, 그대 나라의 동경이 모두 우리 경내에 있거늘 어찌 침식이라 하리요."라고 주장하였다.
> (다) 유승단이 "성곽을 버리며 종사를 버리고, 바다 가운데 있는 섬에 숨어 엎드려 구차히 세월을 보내면서, 변두리의 백성으로 하여금 장정은 칼날과 화살 끝에 다 없어지게 하고, 노약자들은 노예가 되게 함은 국가를 위한 좋은 계책이 아닙니다."라고 반대하였다.

① (가)→(나)→(다)
② (나)→(가)→(다)
③ (나)→(다)→(가)
④ (다)→(나)→(가)

TIP (나) 서희(942~998)는 거란의 침입(993) 때 활약했던 인물이다.
  (가) 윤관(?~1111)은 1107년 20만 대군을 이끌고 여진을 정복하고 고려의 동북 9성을 설치하여 고려의 영토를 확장시킨 인물이다.
  (다) 유승단(1168~1232)은 1232년 최우가 재추회의를 소집하여 강화도로 천도를 논의할 때 반대했던 인물이다.

3 고려의 대외관계에 대한 설명으로 옳지 않은 것은?

① 송과는 문화적·경제적으로 밀접한 유대를 맺었다.
② 거란의 침입에 대비하여 광군을 조직하기도 하였다.
③ 송의 판본은 고려의 목판인쇄 발달에 영향을 주었다.
④ 고려는 송의 군사적 제의에 응하여 거란을 협공하였다.

TIP 송은 고려에 대하여 정치·군사적 목적을 고려는 송에 대하여 경제·문화적 외교 목적을 갖고 있었다. 즉, 송의 국자감에 유학생을 파견한다든가 의술 및 약재 수입, 불경·경서·사서 등의 서적 구입에 대외관계를 구축하는 등 경제·문화 관계는 유지하였으나 군사적으로 송을 지원하지는 않았다.

Answer 2.② 3.④

4 다음 여러 왕들의 정책들과 정치적 목적이 가장 유사한 것은?

- 신라 신문왕 : 문무 관리에게 관료전을 지급하고 녹읍을 폐지하였다.
- 고려 광종 : 과거 제도를 시행하고 관리의 공복을 제정하였다.
- 조선 태종 : 6조 직계제를 확립하고 사병을 혁파하였다.

① 집사부 시중보다 상대등의 권력을 강화하였다.
② 향약과 사창제를 실시하고 서원을 설립하였다.
③ 장용영을 설치하고 규장각을 확대 개편하였다.
④ 중방을 실질적인 최고 권력 기관으로 만들었다.

TIP ㉠ 신문왕은 왕권 강화의 차원으로 녹읍제를 폐지하고 관료전의 지급을 실시하였다.
㉡ 광종은 신진관료 양성을 통한 왕권의 강화를 목적으로 하여 무력이 아닌 유교적 학식을 바탕으로 정치적 식견과 능력을 갖춘 관료층의 형성을 위해 과거제도를 실시하였으며 공복을 제정하여 관료제도의 질서를 통한 왕권의 확립을 꾀하였다.
㉢ 태종은 국정운영체제를 도평의사사에서 의정부서사제로, 다시 이를 6조직계제로 고쳐 왕권을 강화하였으며, 사원의 토지와 노비를 몰수하여 전제개혁을 마무리하고, 개인의 사병을 혁파하고 노비변정도감이라는 임시관청을 통해 수십만의 노비를 해방시키는 등 국가 재정과 국방을 강화하기 위한 노력을 하였다.

5 일본에 사신을 보내면서 스스로를 '고려국왕 대흠무'라고 불렀던 발해 국왕대에 있었던 통일신라의 상황으로 옳은 것은?

① 귀족세력의 반발로 녹읍이 부활되었다.
② 9주 5소경 체제의 지방행정조직을 완비하였다.
③ 의상은 당에서 귀국하여 영주에 부석사를 창건하였다.
④ 장보고는 청해진을 설치하고 남해와 황해의 해상무역권을 장악하였다.

TIP 발해 문왕(737~793)은 스스로를 황제라 칭하였으며, 이 시기 통일신라에서는 757년 경덕왕 시절 내외관의 월봉인 관료전이 폐지되고 녹읍이 부활하였다.
②③ 7C
④ 신라 하대

Answer 4.③ 5.①

6 영조 집권 초기에 일어난 다음 사건과 관련된 설명으로 옳지 않은 것은?

> 충청도에서 정부군과 반란군이 대규모 전투를 벌였으며 전라도에서도 반군이 조직되었다. 반란에 참가한 주동자들은 비록 정쟁에 패하고 관직에서 소외되었지만, 서울과 지방의 명문 사대부 가문 출신이었다. 반군은 청주성을 함락하고 안성과 죽산으로 향하였다.

① 주요 원인 중의 하나는 경종의 사인에 대한 의혹이다.
② 반란군이 한양을 점령하고 왕이 피난길에 올랐다.
③ 탕평책을 추진하는데 더욱 명분을 제공하였다.
④ 소론 및 남인 강경파가 주동이 되어 일으킨 것이다.

TIP **이인좌의 난**(영조 4년, 1728년) … 경종이 영조 임금에게 독살되었다는 경종 독살설을 주장하며 소론과 남인의 일부가 영조의 왕통을 부정하여 반정을 시도한 것이다. 영조의 즉위와 함께 실각 당하였던 노론이 다시 집권하고 소론 대신들이 처형을 당하자 이에 불만을 품은 이인좌 등이 소론·남인세력과 중소상인, 노비를 규합하여 청주에서 대규모 반란을 일으켜 한성을 점령하려고 북진하다가 안성과 죽산전투에서 오명환이 지휘한 관군에게 패하여 그 목적이 좌절되었다.

7 18세기 조선 사상계의 동향에 대한 설명으로 옳지 않은 것은?

① 북학사상은 인물성동론을 철학적 기초로 하였다.
② 낙론은 대의명분을 강조한 북벌론으로 발전되어 갔다.
③ 인물성이론은 대체로 충청도지역 노론학자들이 주장했다.
④ 송시열의 유지에 따라 만동묘를 세워 명나라 신종과 의종을 제사지냈다.

TIP ② 북벌의 대의명분을 강조한 것은 호론에 해당한다.
※ **낙론** … 화이론을 극복하고 북학사상의 내재적 요인으로 인간과 짐승이 본질적으로 같은 품성을 갖는다고 파악하였다. 또한 인간과 자연 사이에 도덕적 일체화를 요구하여 심성위주의 사고에서 벗어나 새로운 물론을 성립시켰으며 이로 인해 자연관의 변화, 경제지학, 상수학 등에 대한 관심을 증대시키고 이를 기반으로 북학사상을 수용하였다. 성인과 범인의 마음이 동일하다는 것을 강조하고 당시 성장하는 일반민의 실체를 현실로 인정하며 이들을 교화와 개혁책으로 지배질서에 포섭하여 위기를 타개해 나가려 하였다.

Answer 6.② 7.②

8 보기의 대화를 읽고 대화내용에 해당하는 시기의 사건으로 옳은 것은?

> A : 현량과를 실시해서, 이 세력들을 등용하여 우리들의 세력이 약해졌어.
> B : 맞아. 위훈삭제로 우리 공을 깎으려고 하는 것 같아.

① 기묘사화가 발생하였다.
② 조광조 등 사림들이 개혁정치를 펼쳤다.
③ 훈구파가 제거되었다.
④ 김종직의 '조의제문'이 문제가 되어 일어났다.

TIP 기묘사화 … 1519년(중종 4)에 일어났는데, 조광조의 혁신정치에 불만을 품은 훈구세력이 위훈 삭제 사건을 계기로 계략을 써서 중종을 움직여 조광조 일파를 제거하였다. 이로 인하여 사림세력은 다시 한 번 크게 기세가 꺾였다.

9 보기의 내용에 해당하는 역사적 사실로 옳은 것은?

> 혜공왕의 등극 후 왕권투쟁이 빈번해지면서 민란이 발생하였다.

① 녹읍이 폐지되었다.
② 시중의 권한이 강해졌다.
③ 호족이 성장하였다.
④ 6두품의 권한이 강해졌다.

TIP 신라 하대는 왕위쟁탈전이 심해, 왕권은 불안정하고 지방의 반란은 지속되었다. 이에 호족세력은 스스로 성주나 장군으로 자처하며 반독립적인 세력으로 성장하게 되었는데, 지방의 행정과 군사권을 장악하고 경제적 지배력도 행사하였다.

Answer 8.② 9.③

10 다음 아래 각 시기의 사건에 대한 설명으로 옳은 것은?

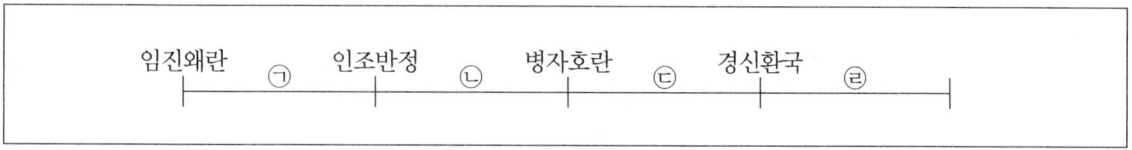

① ㉠ 시기에 북인정권이 외교정책을 추진했다.
② ㉡ 시기에 송시열이 북벌론을 주장하였다.
③ ㉢ 시기에는 예송논쟁이 펼쳐졌다.
④ ㉣ 시기에 남인이 집권하게 되었다.

TIP ② ㉢시기에 북벌론이 주장되었다.
③ ㉡시기에 예송논쟁이 있었다.
④ ㉣시기에 서인이 집권하였다.

11 발해를 우리 민족사의 일부로 포함시키고자 할 때 그 증거로 제시할 수 있는 내용으로 옳은 것은?

㉠ 발해의 왕이 일본에 보낸 외교문서에서 '고(구)려국왕'을 자처하였다.
㉡ 발해 피지배층은 말갈족이었다.
㉢ 발해 건국주체세력은 고구려 지배계층이었던 대씨, 고씨가 주류를 이루었다.
㉣ 수도상경에 주작 대로를 만들었다.

① ㉠㉣ ② ㉠㉢
③ ㉠㉡ ④ ㉠㉣

TIP 발해가 건국된 지역은 고구려 부흥운동이 활발하게 일어난 요동지역이었다. 발해의 지배층 대부분은 고구려 유민이었으며 발해의 문화는 고구려적 요소를 많이 포함하고 있었다.

12 삼국통일 후에 신라는 다음과 같은 정책을 실시하게 된 궁극적인 목적으로 옳은 것은?

> • 문무왕은 고구려, 백제인에게도 관직을 내렸다.
> • 옛 고구려, 백제 유민을 포섭하려 노력했다.
> • 고구려인으로 이루어진 황금서당이 조직되었다.
> • 말갈인으로 이루어진 흑금서당이 조직되었다.

① 민족융합정책 ② 전제왕권강화
③ 농민생활안정 ④ 지방행정조직의 정비

TIP 삼국통일 이후 신라의 9서당은 중앙군사조직에 신라인뿐만 아니라 고구려·백제인·말갈인 등 다른 국민까지 포함시켜 조직함으로써 다른 국민에 대한 우환을 경감시키고 중앙병력을 강화할 수 있었다. 그러나 가장 궁극적인 목적은 민족융합에 있었다고 할 수 있다.

13 다음 중 원간섭기 때의 설명으로 옳지 않은 것은?

① 왕권이 원에 의해 유지되면서 통치 질서가 무너져 제기능을 수행하기 어려워졌다.
② 충선왕은 사림원을 통해 개혁정치를 실시하면서, 우선적으로 충렬왕의 측근세력을 제거하고 관제를 바꾸었다.
③ 공민왕 때에는 정치도감을 통해 개혁정치가 이루어지면서 대토지 겸병 등의 폐단이 줄어들었다.
④ 고려는 일년에 한 번 몽고에게 공물의 부담이 있었다.

TIP **공민왕의 개혁정치** … 공민왕은 반원자주정책과 왕권 강화를 위하여 개혁정치를 펼쳤다. 친원세력을 숙청하고 정동행성을 폐지하였으며 관제를 복구하였다. 몽고풍을 금지하고 쌍성총관부를 수복하고 요동을 공격하였다. 그리고 정방을 폐지하고 전민변정도감을 설치하였으며 성균관을 설치하여 유학을 발달시키고 신진사대부를 등용하였다.
③ 정치도감을 통한 개혁정치는 충목왕이었다.

Answer 12.① 13.③

14 다음 보기의 내용을 순서대로 바르게 나열한 것은?

> ㉠ 세조를 비방한 조의제문을 사초에 기록한 것을 트집잡아 훈구파가 연산군을 충동질하여 사림파를 제거하였다.
> ㉡ 연산군의 생모 윤씨의 폐출사건을 들추어서 사림파를 제거하였다.
> ㉢ 조광조 등이 현량과를 실시하여 사림을 등용하여 급진적 개혁을 추진하자 이에 대한 훈구세력의 반발로 조광조는 실각되고 말았다.
> ㉣ 인종의 외척인 윤임과 명종의 외척인 윤형원의 왕위계승 문제가 발단이 되었는데, 왕실 외척인 척신들이 윤임을 몰아내고 정국을 주도하여 사림의 세력이 크게 위축되었다.
> ㉤ 심의겸과 김효원 사이에 이조 전랑직의 대립으로 붕당이 발생하여 동인과 서인이 나뉘었다.

① ㉠ - ㉡ - ㉢ - ㉣ - ㉤
② ㉡ - ㉠ - ㉢ - ㉣ - ㉤
③ ㉡ - ㉢ - ㉠ - ㉣ - ㉤
④ ㉤ - ㉣ - ㉢ - ㉡ - ㉠

TIP 조선시대의 사화

㉠ **무오사화**: 1498년(연산군 4)에 일어났는데, 김종직의 제자인 김일손이 사관으로 있으면서 김종직이 지은 조의제문을 사초에 올린 일을 빌미로 훈구세력이 사림파 학자들을 죽이거나 귀양보냈다.
㉡ **갑자사화**: 1504년(연산군 10)에 일어났는데, 연산군이 그의 생모인 윤씨의 폐출사사사건을 들추어서 자신의 독주를 견제하려는 사림파의 잔존세력을 죽이거나 귀양보냈다.
㉢ **기묘사화**: 1519년(중종 4)에 일어났는데, 조광조의 혁신정치에 불만을 품은 훈구세력이 위훈 삭제 사건을 계기로 계략을 써서 중종을 움직여 조광조 일파를 제거하였다. 이로 인하여 사림세력은 다시 한 번 크게 기세가 꺾였다.
㉣ **을사사화**: 1545년(명종 즉위년)에 일어났는데, 중종의 배다른 두 아들의 왕위 계승을 에워싼 싸움의 결과로 일어났다. 인종과 명종의 왕위계승문제는 그들 외척의 대립으로 나타났고, 이에 당시의 양반관리들이 또한 부화뇌동하여 파를 이루었다. 인종이 먼저 즉위하였다가 곧 돌아간 뒤를 이어 명종이 즉위하면서 집권한 그의 외척세력이 반대파를 처치하였다. 이 때에도 사림세력이 많은 피해를 입었다.

Answer 14.①

15 다음 보기와 같은 시대의 왕의 업적으로 옳지 않은 것은?

> 적극적인 탕평책을 추진하여 벽파를 물리치고 시파를 고루 기용하여 왕권의 강화를 꾀하였다. 또한 영조 때의 척신과 환관 등을 제거하고, 노론과 소론 일부, 남인을 중용하였다.

① 군역 부담의 완화를 위하여 균역법을 시행하였다.
② 붕당의 비대화를 막고 국왕의 권력과 정책을 뒷받침하는 기구인 규장각을 육성하였다.
③ 신진 인물과 중·하급 관리를 재교육한 후 등용하는 초계문신제를 시행하였다.
④ 수령이 군현 단위의 향약을 직접 주관하게 하여 지방 사림의 영향력을 줄이고 국가의 백성에 대한 통치력을 강화하였다.

TIP ① 군역 부담을 줄이기 위하여 균역법을 시행한 것은 영조의 치적이다.
　　※ 정조의 개혁정치
　　　㉠ 규장각의 육성
　　　㉡ 초계문신제의 시행
　　　㉢ 장용영의 설치
　　　㉣ 수원 육성
　　　㉤ 수령의 권한 강화
　　　㉥ 서얼과 노비의 차별을 완화
　　　㉦ 통공정책으로 금난전권을 폐지
　　　㉧ 대전통편, 동문휘고, 탁지지 등을 편찬

Answer 15.①

03 경제구조와 경제활동

01 고대의 경제

❶ 삼국의 경제생활

(1) 삼국의 경제정책

① **정복활동과 경제정책** … 정복지역의 지배자를 내세워 공물을 징수하였고 전쟁포로들은 귀족이나 병사에게 노비로 지급하였다.

② **수취체제의 정비** … 노동력의 크기로 호를 나누어 곡물·포·특산물 등을 징수하고 15세 이상 남자의 노동력을 징발하였다.

③ **농민경제의 안정책** … 철제 농기구를 보급하고, 우경이나·황무지의 개간을 권장하였으며, 저수지를 축조하였다.

④ **수공업** … 노비들이 무기나 장신구를 생산하였으며, 수공업 생산을 담당하는 관청을 설치하였다.

⑤ **상업** … 도시에 시장이 형성되었으며, 시장을 감독하는 관청을 설치하였다.

⑥ **국제무역** … 왕실과 귀족의 수요품을 중심으로 공무역의 형태로 이루어졌다. 고구려는 남북조와 북방민족을 대상으로 하였으며 백제는 남중국, 왜와 무역하였고 신라는 한강 확보 이전에는 고구려, 백제와 교류하였으나 한강 확보 이후에는 당항성을 통하여 중국과 직접 교역하였다.

(2) 경제생활

① **귀족의 경제생활** … 자신이 소유한 토지와 노비, 국가에서 지급받은 녹읍과 식읍을 바탕으로 하였으며 귀족은 농민의 지배가 가능하였으며, 기와집, 창고, 마구간, 우물, 주방을 설치하여 생활하였다.

② **농민의 경제생활** … 자기 소유의 토지(민전)나 남의 토지를 빌려 경작하였으며, 우경이 확대되었다. 그러나 수취의 과중한 부담으로 생활개선을 위해 농사기술을 개발하고 경작지를 개간하였다.

❷ 남북국시대의 경제적 변화

(1) 통일신라의 경제정책

① 수취체제의 변화
- ㉠ 조세 : 생산량의 10분의 1 정도를 수취하였다.
- ㉡ 공물 : 촌락 단위로 그 지역의 특산물을 징수하였다.
- ㉢ 역 : 군역과 요역으로 이루어져 있었으며, 16~60세의 남자를 대상으로 하였다.

② 민정문서
- ㉠ 작성 : 정부가 농민에 대한 조세와 요역 부과 자료의 목적으로 작성된 것으로 추정되며, 자연촌 단위로 매년 변동사항을 조사하여 3년마다 촌주가 작성하였다. 토지의 귀속관계에 따라 연수유전답, 촌주위답, 관모전답, 내시령답, 마전 등으로 분류되어 있다.
- ㉡ 인구조사 : 남녀별, 연령별로 6등급으로 조사하였다. 양인과 노비, 남자와 여자로 나누어 기재되어 있다.
- ㉢ 호구조사 : 9등급으로 구분하였다.

③ 토지제도의 변화
- ㉠ 관료전 지급(신문왕) : 식읍을 제한하고, 녹읍을 폐지하였으며 관료전을 지급하였다.
- ㉡ 정전 지급(성덕왕) : 왕토사상에 의거 백성에게 정전을 지급하고, 구휼정책을 강화하였다.
- ㉢ 녹읍 부활(경덕왕) : 녹읍제가 부활되고 관료전이 폐지되었다.

(2) 통일신라의 경제

① 경제 발달
- ㉠ 경제력의 성장
  - 중앙 : 동시(지증왕) 외에 서시와 남시(효소왕)가 설치되었다.
  - 지방 : 지방의 중심지나 교통의 요지에서 물물교환이 이루어졌다.
- ㉡ 무역의 발달
  - 대당 무역 : 나·당전쟁 이후 8세기 초(성덕왕)에 양국관계가 재개되면서 공무역과 사무역이 발달하였다. 수출품은 명주와 베, 해표피, 삼, 금·은세공품 등이었고 수입품은 비단과 책 및 귀족들이 필요로 하는 사치품이었다.
  - 대일 무역 : 초기에는 무역을 제한하였으나, 8세기 이후에는 무역이 활발하였다.
  - 국제무역 : 이슬람 상인이 울산을 내왕하였다.
  - 청해진 설치 : 장보고가 해적을 소탕하였고 남해와 황해의 해상무역권을 장악하여 당, 일본과의 무역을 독점하였다.

② 귀족의 경제생활
　㉠ 귀족의 경제적 기반 : 녹읍과 식읍을 통해 농민을 지배하여 조세와 공물을 징수하고, 노동력을 동원하였으며 국가에서 지급한 것 외에도 세습토지, 노비, 목장, 섬을 소유하기도 하였다.
　㉡ 귀족의 일상생활 : 사치품(비단, 양탄자, 유리그릇, 귀금속)을 사용하였으며 경주 근처의 호화주택과 별장을 소유하였다(안압지, 포석정 등).

③ 농민의 경제생활
　㉠ 수취의 부담 : 전세는 생산량의 10분의 1 정도를 징수하였으나, 삼베·명주실·과실류를 바쳤고, 부역이 많아 농사에 지장을 초래하였다.
　㉡ 농토의 상실 : 8세기 후반 귀족이나 호족의 토지 소유 확대로 토지를 빼앗겨 남의 토지를 빌려 경작하거나 노비로 자신을 팔거나, 유랑민이나 도적이 되기도 하였다.
　㉢ 향·부곡민 : 농민보다 많은 부담을 가졌다.
　㉣ 노비 : 왕실, 관청, 귀족, 사원(절) 등에 소속되어 물품을 제작하거나, 일용 잡무 및 경작에 동원되었다.

(3) 발해의 경제 발달

① 수취제도
　㉠ 조세 : 조·콩·보리 등의 곡물을 징수하였다.
　㉡ 공물 : 베·명주·가죽 등 특산물을 징수하였다.
　㉢ 부역 : 궁궐·관청 등의 건축에 농민이 동원되었다.

② 귀족경제의 발달 … 대토지를 소유하였으며, 당으로부터 비단과 서적을 수입하였다.

③ 농업 … 밭농사가 중심이 되었으며 일부지역에서 철제 농기구를 사용하고, 수리시설을 확충하여 논농사를 하기도 하였다.

④ 목축·수렵·어업 … 돼지·말·소·양을 사육하고, 모피·녹용·사향을 생산 및 수출하였으며 고기잡이 도구를 개량하고, 숭어, 문어, 대게, 고래 등을 잡았다.

⑤ 수공업 … 금속가공업(철, 구리, 금, 은), 직물업(삼베, 명주, 비단), 도자기업 등이 발달하였다.

⑥ 상업 … 도시와 교통요충지에 상업이 발달하고, 현물과 화폐를 주로 사용하였으며, 외국 화폐가 유통되기도 하였다.

⑦ 무역 … 당, 신라, 거란, 일본 등과 무역하였다.
　㉠ 대당 무역 : 산둥반도의 덩저우에 발해관을 설치하였으며, 수출품은 토산품과 수공업품(모피, 인삼, 불상, 자기)이며 수입품은 귀족들의 수요품인 비단, 책 등이었다.
　㉡ 대일 무역 : 일본과의 외교관계를 중시하여 활발한 무역활동을 전개하였다.
　㉢ 신라와의 관계 : 필요에 따라 사신이 교환되고 소극적인 경제, 문화 교류를 하였다.

02 중세의 경제

① 경제 정책

(1) 전시과 제도

① 전시과제도의 특징 … 토지소유권은 국유를 원칙으로 하나 사유지가 인정되었으며 수조권에 따라 공·사전을 구분하여 수조권이 국가에 있으면 공전, 개인·사원에 속해 있으면 사전이라 하였으며 경작권은 농민과 외거노비에게 있었다. 관직 복무와 직역에 대한 대가로 지급되었기 때문에 세습이 허용되지 않았다.

② 토지제도의 정비과정
  ㉠ **역분전(태조)** : 후삼국 통일과정에서 공을 세운 사람들에게 충성도와 인품에 따라 경기지방에 한하여 지급하였다.
  ㉡ **시정전시과(경종)** : 관직이 높고 낮음과 함께 인품을 반영하여 역분전의 성격을 벗어나지 못하였고 전국적 규모로 정비되었다.
  ㉢ **개정전시과(목종)** : 관직만을 고려하여 지급하는 기준안을 마련하고, 지급량도 재조정하였으며, 문관이 우대되었고 군인전도 전시과에 규정하였다.
  ㉣ **경정전시과(문종)** : 현직 관리에게만 지급하고, 무신에 대한 차별대우가 시정되었다.
  ㉤ **녹과전(원종)** : 무신정변으로 전시과체제가 완전히 붕괴되면서 관리의 생계 보장을 위해 지급하였다.
  ㉥ **과전법(공양왕)** : 권문세족의 토지를 몰수하여 공전에 편입하고 경기도에 한해 과전을 지급하였다. 이로써 신진사대부의 경제적 토대가 마련되었다.

(2) 토지의 소유
고려는 국가에 봉사하는 대가로 관료에게 전지와 시지를 차등있게 나누어 주는 전시과와 개인 소유의 토지인 민전을 근간으로 운영하였다.

② 경제활동

(1) 귀족의 경제생활
대대로 상속받은 토지와 노비, 과전과 녹봉 등이 기반이 되었으며 노비에게 경작시키거나 소작을 주어 생산량의 2분의 1을 징수하고, 외거노비에게 신공으로 매년 베나 곡식을 징수하였다.

(2) 농민의 경제생활

민전을 경작하거나, 국유지나 공유지 또는 다른 사람의 토지를 경작하여, 품팔이를 하거나 가내 수공업에 종사하였다. 삼경법이 일반화되었고 시비법의 발달, 윤작의 보급 및 이앙법이 남부지방에서 유행하였다.

(3) 수공업자의 활동

① **관청수공업** … 공장안에 등록된 수공업자와 농민 부역으로 운영되었으며, 주로 무기, 가구, 세공품, 견직물, 마구류 등을 제조하였다.

② **소(所)수공업** … 금, 은, 철, 구리, 실, 각종 옷감, 종이, 먹, 차, 생강 등을 생산하여 공물로 납부하였다.

③ **사원수공업** … 베, 모시, 기와, 술, 소금 등을 생산하였다.

④ **민간수공업** … 농촌의 가내수공업이 중심이 되었으며(삼베, 모시, 명주 생산), 후기에는 관청수공업에서 제조하던 물품(놋그릇, 도자기 등)을 생산하였다.

(4) 상업활동

① **도시의 상업활동** … 개경, 서경(평양), 동경(경주) 등 대도시에 서적점, 약점, 주점, 다점 등의 관영상점이 설치되었고 비정기 시장도 활성화되었으며 물가조절 기구인 경사서가 설치되었다.

② **지방의 상업활동** … 관아 근처에서 쌀이나 베를 교환할 수 있는 시장이 열렸으며 행상들의 활동도 두드러졌다.

③ **사원의 상업활동** … 소유하고 있는 토지에서 생산한 곡물과 승려나 노비들이 만든 수공업품을 민간에 판매하였다.

④ **고려 후기의 상업활동** … 벽란도가 교통로와 산업의 중심지로 발달하였고, 국가의 재정수입을 늘리기 위하여 소금의 전매제가 실시되었고, 관청·관리 등은 농민에게 물품을 강매하거나, 조세를 대납하게 하였다.

(5) 화폐 주조와 고리대의 유행

① **화폐 주조 및 고리대의 성행** … 자급자족적 경제구조로 유통이 부진하였고 곡식이나 삼베가 유통의 매개가 되었으며, 장생고라는 서민금융기관을 통해 사원과 귀족들은 폭리를 취하여 부를 확대하였는데 이로 인하여 농민은 토지를 상실하거나 노비가 되기도 하였다.

② **보(寶)** … 일정한 기금을 조성하여 그 이자를 공적인 사업의 경비로 충당하는 것을 말한다.
  ㉠ **학보**(태조) : 학교 재단
  ㉡ **광학보**(정종) : 승려를 위한 장학재단
  ㉢ **경보**(정종) : 불경 간행
  ㉣ **팔관보**(문종) : 팔관회 경비
  ㉤ **제위보**(광종) : 빈민 구제
  ㉥ **금종보** : 현화사 범종주조 기금

(6) 무역활동

① 공무역을 중심으로 발전하였으며, 벽란도가 국제무역항으로 번성하게 되었다.

② 고려는 문화적·경제적 목적으로 송은 정치적·군사적 목적으로 친선관계를 유지하였으며 거란과 여진과는 은과 농기구, 식량을 교역하였다. 일본과는 11세기 후반부터 김해에서 내왕하면서 수은·유황 등을 가지고 와서 식량·인삼·서적 등과 바꾸어 갔으며 아라비아(대식국)는 송을 거쳐 고려에 들어와 수은·향료·산호 등을 판매하였다. 또한 이 시기에 고려의 이름이 서방에 알려졌다.

③ **원 간섭기의 무역** … 공무역이 행해지는 한편 사무역이 다시 활발해졌고, 상인들이 독자적으로 원과 교역하면서 금, 은, 소, 말 등이 지나치게 유출되어 사회적으로 물의가 일어날 정도였다.

03 근세의 경제

① 경제정책

(1) 과전법의 시행과 변화

① **과전법의 시행** … 국가의 재정기반과 신진사대부세력의 경제기반을 확보하기 위해 시행되었는데 경기지방의 토지에 한정되었고 과전을 받은 사람이 죽거나 반역을 한 경우에는 국가에 반환하였고 토지의 일부는 수신전, 휼양전, 공신전 형태로 세습이 가능하였다.

② **과전법의 변화** … 토지가 세습되자 신진관리에게 나누어 줄 토지가 부족하게 되었다.
   ㉠ 직전법(세조) : 현직 관리에게만 수조권을 지급하였고 수신전과 휼양전을 폐지하였다.
   ㉡ 관수관급제(성종) : 관청에서 수조권을 행사하고, 관리에게 지급하여 국가의 지배권이 강화하였다.
   ㉢ 직전법의 폐지(16세기 중엽) : 수조권 지급제도가 없어졌다.

③ **지주제의 확산** … 직전법이 소멸되면서 고위층 양반들이나 지방 토호들은 토지 소유를 늘리기 시작하여 지주전호제가 일반화되고 병작반수제가 생겼다.

(2) 수취체제의 확립

① **조세** … 토지 소유자의 부담이었으나 지주들은 소작농에게 대신 납부하도록 강요하는 경우가 많았다.
  ㉠ **과전법** : 수확량의 10분의 1을 징수하고, 매년 풍흉에 따라 납부액을 조정하였다.
  ㉡ **전분6등법 · 연분9등법**(세종) : 1결당 최고 20두에서 최하 4두를 징수하였다.
   • 전분6등법
   - 토지의 비옥한 정도에 따라 6등급으로 나누고 그에 따라 1결의 면적을 달리하였다.
   - 모든 토지는 20년마다 측량하여 대장을 만들어 호조, 각도, 각 고을에 보관하였다.
   • 연분9등법
   - 한 해의 풍흉에 따라 9등급으로 구분하였다.
   - 작황의 풍흉에 따라 1결당 최고 20두에서 최하 4두까지 차등을 두었다.
  ㉢ **조세 운송** : 군현에서 거둔 조세는 조창(수운창 · 해운창)을 거쳐 경창(용산 · 서강)으로 운송하였으며, 평안도와 함경도의 조세는 군사비와 사신접대비로 사용하였다.

② **공납** … 중앙관청에서 각 지역의 토산물을 조사하여 군현에 물품과 액수를 할당하여 징수하는 것으로 납부 기준에 맞는 품질과 수량을 맞추기 어려워 농민들의 부담이 컸다.

③ **역** … 16세 이상의 정남에게 의무가 있다.
  ㉠ **군역** : 정군은 일정 기간 군사복무를 위하여 교대로 근무했으며, 보인은 정군이 복무하는 데에 드는 비용을 보조하였다. 양반, 서리, 향리는 군역이 면제되었다.
  ㉡ **요역** : 가호를 기준으로 정남의 수를 고려하여 뽑았으며, 각종 공사에 동원되었다. 토지 8결당 1인이 동원되었고, 1년에 6일 이내로 동원할 수 있는 날을 제한하였으나 임의로 징발하는 경우도 많았다.

④ **국가재정** … 세입은 조세, 공물, 역 이외에 염전, 광산, 산림, 어장, 상인, 수공업자의 세금으로 마련하였으며, 세출은 군량미나 구휼미로 비축하고 왕실경비, 공공행사비, 관리의 녹봉, 군량미, 빈민구제비, 의료비 등으로 지출하였다.

2 양반과 평민의 경제활동

(1) 양반 지주의 생활
농장은 노비의 경작과 주변 농민들의 병작반수의 소작으로 행해졌으며 노비는 재산의 한 형태로 구매, 소유 노비의 출산 및 혼인으로 확보되었고, 외거노비는 주인의 땅을 경작 및 관리하고 신공을 징수하였다.

(2) 농민생활의 변화

① 농업기술의 발달
  ㉠ 밭농사 : 조 · 보리 · 콩의 2년 3작이 널리 행해졌다.

ⓛ 논농사 : 남부지방에 모내기 보급과 벼와 보리의 이모작으로 생산량이 증가되었다.
　　ⓒ 시비법 : 밑거름과 덧거름을 주어 휴경제도가 거의 사라졌다.
　　ⓔ 농기구 : 쟁기, 낫, 호미 등의 농기구도 개량되었다.
　　ⓜ 수리시설의 확충
② 상품 재배 … 목화 재배가 확대되어 의생활이 개선되었고, 약초와 과수 재배가 확대되었다.

(3) 수공업 생산활동
① 관영수공업 … 관장은 국역으로 의류, 활자, 화약, 무기, 문방구, 그릇 등을 제작하여 공급하였고, 국역기간이 끝나면 자유로이 필수품을 제작하여 판매할 수 있었다.
② 민영수공업 … 농기구 등 물품을 제작하거나, 양반의 사치품을 생산하는 일을 맡았다.
③ 가내수공업 … 자급자족 형태로 생활필수품을 생산하였다.

(4) 상업활동
① 시전 상인 … 왕실이나 관청에 물품을 공급하는 특정 상품의 독점판매권(금난전권)을 획득하였으며, 육의전(시전 중 명주, 종이, 어물, 모시, 삼베, 무명을 파는 점포)이 번성하였다. 또한 경시서를 설치하여 불법적인 상행위를 통제하였고 도량형을 검사하고 물가를 조절하였다.
② 장시 … 서울 근교와 지방에서 농업생산력 발달에 힘입어 정기 시장으로 정착되었으며, 보부상이 판매와 유통을 주도하였다.
③ 화폐 … 화(태종, 조선 최초의 지폐)와 조선통보(세종)를 발행하였으나 유통이 부진하였다. 농민에겐 쌀과 무명이 화폐역할을 하였다.
④ 대외무역 … 명과는 공무역과 사무역을 허용하였으며, 여진과는 국경지역의 무역소를 통해 교역하였고 일본과는 동래에 설치한 왜관을 통해 무역하였다.

(5) 수취제도의 문란
① 공납의 폐단 발생 … 중앙관청의 서리들이 공물을 대신 납부하고 수수료를 징수하는 것을 방납이라 하는데 방납이 증가할수록 농민의 부담이 증가되었다. 이에 이이·유성룡은 공물을 쌀로 걷는 수미법을 주장하였다.
② 군역의 변질
　　ⓘ 군역의 요역화 : 농민 대신에 군인을 각종 토목공사에 동원시키게 되어 군역을 기피하게 되었다.
　　ⓒ 대립제 : 보인들에게서 받은 조역가로 사람을 사서 군역을 대신시키는 현상이다.
　　ⓔ 군적수포제 : 장정에게 군포를 받아 그 수입으로 군대를 양성하는 직업군인제로서 군대의 질이 떨어지고, 모병제화되었으며 농민의 부담이 가중되는 결과를 낳았다.

③ 환곡 … 농민에게 곡물을 빌려 주고 10분의 1 정도의 이자를 거두는 제도로서 지방 수령과 향리들이 정한 이자보다 많이 징수하는 폐단을 낳았다.

04 경제상황의 변동

① 수취체제의 개편

(1) 영정법의 실시(1635)

① 배경 … 15세기의 전분 6등급과 연분 9등급은 매우 번잡하여 제대로 운영되지 않았고, 16세기에는 아예 무시된 채 최저율의 세액이 적용되게 되었다.

② 내용 … 풍흉에 관계 없이 전세로 토지 1결당 미곡 4두를 징수하였다.

③ 결과 … 전세율은 이전보다 감소하였으나 여러 명목의 비용을 함께 징수하여 농민의 부담은 다시 증가하였으며 또한 지주전호제하의 전호들에겐 적용되지 않았다.

(2) 공납의 전세화

① 방납의 폐단을 시정하고 농민의 토지 이탈을 방지하기 위해서 대동법을 실시하였다. 과세기준이 종전의 가호에서 토지의 결 수로 바뀌어 농민의 부담이 감소하였다.

② 영향 … 공인의 등장, 농민부담의 경감, 장시와 상공업의 발달, 상업도시의 성장, 상품·화폐경제의 성장, 봉건적 양반사회의 붕괴 등에 영향을 미쳤으나 현물 징수는 여전히 존속하였다.

③ 의의 … 종래의 현물 징수가 미곡, 포목, 전화 등으로 대체됨으로써 조세의 금납화 및 공납의 전세화가 이루어졌다.

(3) 균역법의 시행

① 균역법의 실시 … 농민 1인당 1년에 군포 1필을 부담 하였으며 지주에게는 결작으로 1결당 미곡 2두를 징수하고, 상류층에게 선무군관이라는 창호로 군포 1필을 징수하였으며 어장세, 선박세 등 잡세 수입으로 보충하였다.

② 결과 … 농민의 부담은 일시적으로 경감하였지만 농민에게 결작의 부담이 강요되었고 군적의 문란으로 농민의 부담이 다시 가중되었다.

❷ 서민경제의 발전

(1) 양반 지주의 경영 변화
상품화폐경제의 발달로 소작인의 소작권을 인정하고, 소작료 인하 및 소작료를 일정액으로 정하는 추세가 등장하게 되었으며, 토지 매입 및 고리대로 부를 축적하거나, 경제 변동에 적응하지 못한 양반이 등장하게 되었다.

(2) 농민경제의 변화
① **모내기법의 확대** … 이모작으로 인해 광작의 성행과 농민의 일부는 부농으로 성장하였다.

② **상품작물의 재배** … 장시가 증가하여 상품의 유통(쌀, 면화, 채소, 담배, 약초 등)이 활발해졌다.

③ **소작권의 변화** … 소작료가 타조법에서 도조법으로 변화하였고, 곡물이나 화폐로 지불하였다.

④ **몰락 농민의 증가** … 부세의 부담, 고리채의 이용, 관혼상제의 비용 부담 등으로 소작지를 잃은 농민은 도시에서 상공업에 종사하거나, 광산이나 포구의 임노동자로 전환되었다.

(3) 민영수공업의 발달
① **민영수공업** … 관영수공업이 쇠퇴하고 민영수공업이 증가하였다.

② **농촌수공업** … 전문적으로 수공업제품을 생산하는 농가가 등장하여, 옷감과 그릇을 생산하였다.

③ **수공업 형태의 변화** … 상인이나 공인으로부터 자금이나 원료를 미리 받고 제품을 생산하는 선대제수공업이나 독자적으로 제품을 생산하고 판매하는 독립수공업의 형태로 변화하였다.

(4) 민영 광산의 증가
① **광산 개발의 증가** … 민영수공업의 발달로 광물의 수요가 증가, 대청 무역으로 은의 수요가 증가, 상업자본의 채굴과 금광 투자가 증가하고, 잠채가 성행하였다.

② **조선 후기의 광업** … 덕대가 상인 물주로부터 자본을 조달받아 채굴업자와 채굴노동자, 제련노동자 등을 고용하여 분업에 토대를 둔 협업으로 운영하였다.

③ 상품화폐경제의 발달

(1) 사상의 대두

① **상품화폐경제의 발달** … 농민의 계층 분화로 도시유입인구가 증가되어 상업활동은 더욱 활발해졌으며 이는 공인과 사상이 주도하였다.

② **사상의 성장** … 초기의 사상은 농촌에서 도시로 유입된 인구의 일부가 상업으로 생계를 유지하여 시전에서 물건을 떼어다 파는 중도아(中都兒)가 되었다가, 17세기 후반에는 시전상인과 공인이 상업활동에서 활기를 띠자 난전이라 불리는 사상들도 성장하였고 시전과 대립하였다. 이후 18세기 말, 정부는 육의전을 제외한 나머지 시전의 금난전권을 폐지하였다.

(2) 장시의 발달

① 15세기 말 개설되기 시작한 장시는 18세기 중엽 전국에 1,000여개 소가 개설되었으며, 보통 5일마다 열렸는데 일부 장시는 상설 시장이 되기도 하였으며, 인근의 장시와 연계하여 하나의 지역적 시장권을 형성하였다.

② **보부상의 활동** … 농촌의 장시를 하나의 유통망으로 연결하여 생산자와 소비자를 이어주는 데 큰 역할을 하였고, 자신들의 이익을 지키기 위하여 보부상단 조합을 결성하였다.

(3) 포구에서의 상업활동

① **포구의 성장**
  ㉠ **수로 운송**: 도로와 수레가 발달하지 못하여 육로보다 수로를 이용하였다.
  ㉡ **포구의 역할 변화**: 세곡과 소작료 운송기지에서 상업의 중심지로 성장하였다.
  ㉢ **선상, 객주, 여각**: 포구를 거점으로 상행위를 하는 상인이 등장했다.

② **상업활동**
  ㉠ **선상**: 선박을 이용하여 포구에서 물품을 유통하였다.
  ㉡ **경강상인**: 대표적인 선상으로 한강을 근거지로 소금, 어물과 같은 물품의 운송과 판매를 장악하여 부를 축적하였고 선박의 건조 등 생산분야에까지 진출하였다.
  ㉢ **객주, 여각**: 선상의 상품매매를 중개하거나, 운송·보관·숙박·금융 등의 영업을 하였다.

(4) 중계무역의 발달

① **대청 무역** … 7세기 중엽부터 활기를 띠었으며, 공무역에는 중강개시, 회령개시, 경원개시 등이 있고, 사무역에는 중강후시, 책문후시, 회동관후시, 단련사후시 등이 있었다. 주로 수입품은 비단, 약재, 문방구 등이며 수출품은 은, 종이, 무명, 인삼 등이었다.

② **대일 무역** … 왜관개시를 통한 공무역이 활발하게 이루어졌고 조공무역이 이루어졌다. 조선은 수입한 물품들을 일본에게 넘겨 주는 중계무역을 하고 일본으로부터 은, 구리, 황, 후추 등을 수입하였다.

③ **상인들의 무역활동** … 의주의 만상, 동래의 내상 개성의 송상 등이 있다.

(5) 화폐 유통

① **화폐의 보급** … 인조 때 동전이 주조되어, 개성을 중심으로 유통되다가 효종 때 널리 유통되었다. 18세기 후반에는 세금과 소작료도 동전으로 대납이 가능해졌다.

② **동전 부족(전황)** … 지주, 대상인이 화폐를 고리대나 재산 축적에 이용하자 전황이 생겨 이익은 폐전론을 주장하기도 하였다.

③ **신용화폐의 등장** … 상품화폐경제의 진전과 상업자본의 성장으로 대규모 상거래에 환·어음 등의 신용화폐를 이용하였다.

최근 기출문제 분석

2020. 6. 13. 제2회 서울특별시(자체출제)

1 〈보기〉의 고려 토지제도 ㈎~㈑ 각각에 대한 설명으로 가장 옳지 않은 것은?

― 보기 ―

㈎ 조신(朝臣)이나 군사들의 관계(官階)를 따지지 않고 그 사람의 성품, 행동의 선악(善惡), 공로의 크고 작음을 보고 차등 있게 역분전을 지급하였다.
㈏ 경종 원년 11월에 비로소 직관(職官), 산관(散官)의 각 품(品)의 전시과를 제정하였다.
㈐ 목종 원년 12월에 양반 및 군인들의 전시과를 개정하였다.
㈑ 문종 30년에 양반전시과를 다시 개정하였다.

① ㈎ – 후삼국 통일 전쟁에 공이 있는 사람들에게 지급하였다.
② ㈏ – 인품을 반영하여 토지를 지급하였다.
③ ㈐ – 실직이 없는 산관은 토지 지급대상에서 제외되었다.
④ ㈑ – 현직 관리에게만 토지가 지급되고, 문·무관의 차별이 거의 사라졌다.

> **TIP** ㈎ 역분전(태조) : 고려 개국에 공을 세운 신하들에게 지급한 논공행상의 성격을 지닌 토지제도이다.
> ㈏ 시정전시과(경종) : 직관과 산관 모두에게 관품과 인품에 따라 전지와 시지를 차등 지급하였다.
> ㈐ 개정전시과(목종) : 직관과 산관 모두에게 관품을 기준으로 토지를 지급하였다. 인품은 사라졌다.
> ㈑ 경정전시과(문종) : 현직 관료 위주로 토지를 지급하였으며 무신에 대한 차별을 완화하였다.
> ③ 개정전시과 체제에서 산관은 여전히 토지를 지급받았으며, 경정전시과에서 산관에 대한 토지 지급은 소멸되었다.

Answer 1.③

2019. 6. 15 제2회 서울특별시

2 조선 태종 대의 주요 정책에 대한 설명으로 가장 옳은 것은?

① 사섬서를 두어 지폐인 저화를 발행하였다.
② 상평통보를 발행하여 화폐경제를 촉진하였다.
③ 지계를 발급하여 토지소유권을 공고히 하였다.
④ 연분 9등법과 전분 6등법을 시행하여 조세제도를 개편하였다.

> TIP 조선 태종은 저화의 유통과 보급을 위해 사섬서를 설치하였다. 하지만 저화에 대한 백성들의 불신 때문에 제대로 유통되지 못하였고, 이후 조선통보(1425)가 발행되면서 저화의 유통량은 더욱 줄어들게 되었다.
> ② 숙종 ③ 고종(대한제국 광무개혁) ④ 세종

2019. 6. 15 제1회 지방직

3 통일신라의 경제상황에 대한 설명으로 옳지 않은 것은?

① 왕경에 서시전과 남시전이 설치되었다.
② 어아주, 조하주 등 고급비단을 생산하여 당나라에 보냈다.
③ 촌락의 토지 결수, 인구 수, 소와 말의 수 등을 파악하였다.
④ 시비법과 이앙법 등의 발달로 농민층에서 광작이 성행하였다.

> TIP 시비법과 이앙법의 발달로 광작이 성행한 시기는 조선 후기이다. 광작의 유행은 농민층의 분화를 심화시켜 조선 후기 신분제를 동요시키는 계기가 되었다.

Answer 2.① 3.④

2019. 6. 15 제2회 서울특별시

4 〈보기〉의 토지 개혁안을 주장한 조선 후기 실학자를 옳게 짝지은 것은?

―― 보기 ――

㉠ 지금 농사를 하고자 하는 사람은 토지를 얻고, 농사를 하지 않는 사람은 토지를 얻지 못하도록 한다. 즉 여전(閭田)의 법을 시행하면 나의 뜻을 이룰 수 있을 것이다. … 무릇 1여의 토지는 1여의 사람들로 하여금 공동으로 경작하게 하고, 내 땅 네 땅의 구분 없이 오직 여장의 명령만을 따른다. 매 사람마다의 노동량은 매일 여장이 장부에 기록한다. 가을이 되면 무릇 오곡의 수확물을 모두 여장의 집으로 보내어 그 식량을 분배한다. 먼저 국가에 바치는 공세를 제하고, 다음으로 여장의 녹봉을 제하며, 그 나머지를 날마다 일한 것을 기록한 장부에 의거하여 여민들에게 분배한다.

㉡ 국가는 마땅히 한 집의 재산을 헤아려 전(田) 몇 부(負)를 한정하여 1호(戶)의 영업전(永業田)을 삼기를 당나라의 조제(租制)처럼 해야 한다. 그렇다고 해서 많이 소유한 자의 것을 줄이거나 빼앗지 않고, 모자라게 소유한 자라고 해서 더 주지 않는다. 돈이 있어 사고자 하는 자는 비록 천백 결(結)이라도 모두 허가하고, 토지가 많아 팔고자 하는 자도 단지 영업전 몇 부 이외에는 역시 허가한다.

	㉠	㉡
①	정약용	이익
②	박지원	유형원
③	정약용	유형원
④	이익	박지원

TIP ㉠은 정약용의 여전론, ㉡은 이익의 한전론이다. 정약용과 이익은 유형원과 더불어 조선 후기를 대표하는 중농주의 실학자들이다. 이들은 토지 개혁을 통한 민생 안정을 주장하였다. 정약용은 마을 단위로 토지의 공동 소유와 공동 분배를 주장하였다. 이익은 토지 소유의 하한선을 주장하며 영업전을 보장하여 이의 매매를 금지할 것을 주장하였다. 유형원은 토지 소유의 균등한 분배를 추구하는 균전론을 주장하였다.

Answer 4.①

2017. 6. 17 제1회 지방직

5 다음 상황이 나타난 시기에 볼 수 있는 모습으로 옳은 것은?

> 대외 무역이 발전하면서 예성강 어귀의 벽란도가 국제 무역항으로 번성했으며, 대식국(大食國)으로 불리던 아라비아 상인들도 들어와 수은·향료·산호 등을 팔았다.

① 해동통보와 은병(銀甁) 같은 화폐를 만들어 사용하였다.
② 인구·토지면적 등을 기록한 장적(帳籍, 촌락문서)이 작성되었다.
③ 개성의 송상은 전국에 송방(松房)이라는 지점을 개설해서 활동하였다.
④ 지방 장시의 객주와 여각은 상품의 매매뿐 아니라 숙박·창고·운송 업무까지 운영하였다.

> **TIP** 제시된 내용은 고려 전기의 무역 상황이다. 고려 숙종대에는 화폐에 대하여 적극적인 정책을 채택하여 숙종 7년에는 해동통보 1만 5천 개를 발행하기도 하였다.
> ② 통일신라 ③④ 조선 후기

Answer 5.①

03. 경제구조와 경제활동

출제 예상 문제

1 (가) 시기에 볼 수 있는 장면으로 적절한 것은?

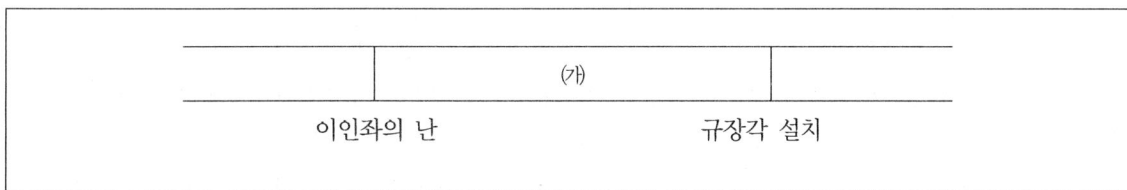

① 당백전으로 물건을 사는 농민
② 금난전권 폐지를 반기는 상인
③ 전(錢)으로 결작을 납부하는 지주
④ 경기도에 대동법 실시를 명하는 국왕

TIP 이인좌의 난은 1728년에 일어났고 규장각은 1776년에 설치되었다.
③ 균역법은 영조 26년(1750)에 실시한 부세제도로 종래까지 군포 2필씩 징수하던 것을 1필로 감하고 그 세수의 감액분을 결미(結米)·결전(結錢), 어(漁)·염(鹽)·선세(船稅), 병무군관포, 은·여결세, 이획 등으로 충당하였다.
① 당백전은 1866년(고종 3) 11월에 주조되어 약 6개월여 동안 유통되었던 화폐이다.
② 금난전권은 1791년 폐지(금지)되었다.
④ 대동법은 1608년(광해군 즉위년) 경기도에 처음 실시되었다.

Answer 1.③

2 통일신라시대 귀족경제의 변화를 말해주고 있는 밑줄 친 '이것'에 대한 설명으로 옳은 것은?

> 전제왕권이 강화되면서 신문왕 9년(689)에 이것을 폐지하였다. 이를 대신하여 조(租)의 수취만을 허락하는 관료전이 주어졌고, 한편 일정한 양의 곡식이 세조(歲租)로서 또한 주어졌다. 그러나 경덕왕 16년(757)에 이르러 다시 이것이 부활되는 변화과정을 겪었다.

① 이것이 폐지되자 전국의 모든 국토는 '왕토(王土)'라는 사상이 새롭게 나오게 되었다.
② 수급자가 토지로부터 조(租)를 받을 뿐 아니라, 그 지역의 주민을 노역(勞役)에 동원할 수 있었다.
③ 삼국통일 이후 국가에 큰 공을 세운 육두품 신분의 사람들에게 특별히 지급하였다.
④ 촌락에 거주하는 양인농민인 백정이 공동으로 경작하였다.

> **TIP** ② 녹읍: 신라 및 고려 초기 관리들에게 관직 복무의 대가로 일정 지역의 경제적 수취를 허용해 준 특정 지역이다.

3 다음에서 설명하는 제도가 시행되었던 왕대의 상황에 대한 설명으로 옳은 것은?

> 양인들의 군역에 대한 절목 등을 검토하고 유생의 의견을 들었으며, 개선 방향에 관한 면밀한 검토를 거친 후 담당 관청을 설치하고 본격적으로 시행하였다. 핵심 내용은 1년에 백성이 부담하는 군포 2필을 1필로 줄이는 것이었다.

① 증보문헌비고가 편찬, 간행되었다.
② 노론의 핵심 인물이 대거 처형당하였다.
③ 통공정책을 써서 금난전권을 폐지하였다.
④ 청계천을 준설하여 도시를 재정비하고자 하였다.

> **TIP** 서문은 영조시대 백성에게 큰 부담이 된 군포제도를 개혁한 균역법에 대한 설명이다. 이 시대에는 도성의 중앙을 흐르는 청계천을 준설하는 준천사업을 추진하였고 1730년을 전후하여 서울인구가 급증하고 겨울용 땔감의 사용량이 증가하면서 서울 주변 산이 헐벗게 되고 이로 인하여 청계천에 토사가 퇴적되어 청계천이 범람하는 사건이 발생하였다.

Answer 2.② 3.④

4 고려시대의 경제 활동에 대한 설명으로 옳지 않은 것은?

① 전기에는 관청 수공업과 소 수공업 중심으로 발달하였다.
② 상업은 촌락을 중심으로 발달하였다.
③ 대외 무역에서 가장 큰 비중을 차지한 것은 송과의 무역이었다.
④ 사원에서는 베, 모시, 기와, 술, 소금 등의 품질 좋은 제품을 생산하였다.

> **TIP** 고려시대에는 상품화폐경제가 발달하지 못하였고 상업은 촌락이 아니라 도시를 중심으로 발달하였다.

5 다음과 같은 문화 활동을 전후한 시기의 농업 기술 발달에 관한 내용으로 옳은 것을 모두 고르면?

- 서예에서 간결한 구양순체 대신에 우아한 송설체가 유행하였다.
- 고려 태조에서 숙종 대까지의 역대 임금의 치적을 정리한 「사략」이 편찬되었다.

㉠ 2년 3작의 윤작법이 점차 보급되었다.
㉡ 원의 「농상집요」가 소개되었다.
㉢ 우경에 의한 심경법이 확대되었다.
㉣ 상품 작물이 광범위하게 재배되었다.

① ㉠㉡
② ㉡㉢
③ ㉠㉡㉢
④ ㉡㉢㉣

> **TIP** 구양순체는 고려 전기의 유행서체이며 송설체가 유행한 시기는 고려 후기에 해당한다. 또한 13세기 후반 성리학의 수용으로 대의명분과 정통의식을 고수하는 성리학과 사관이 도입되었는데 이제현의 「사략」은 이 시기의 대표적인 역사서이다. 따라서 고려 후기의 농업 기술 발달에 관한 내용을 선택하여야 하며 상품작물이 광범위하게 재배된 것은 조선 후기의 특징에 해당하므로 제외하여야 한다.
>
> ※ **고려 후기의 농업 발달**
> ㉠ 밭농사에 2년 3작의 윤작법이 보급되었다.
> ㉡ 원의 사농사에서 편찬한 화북지방의 농법 「농상집요」를 전통적인 것을 보다 더 발전시키려는 노력의 일단으로 소개 보급하였다.
> ㉢ 소를 이용한 심경법이 널리 보급되었다.

Answer 4.② 5.③

6 보기의 세 사람이 공통적으로 주장한 내용으로 옳은 것은?

• 유형원 • 이익 • 정약용

① 자영농을 육성하여 민생을 안정시키자고 주장하였다.
② 상공업의 진흥과 기술혁신을 주장하였다.
③ 개화기의 개화사상가들에 의해 계승되었다.
④ 농업부문에서 도시제도의 개혁보다는 생산력 증대를 중요시 하였다.

TIP **중농학파**(경세치용)
　㉠ 농촌 거주의 남인학자들에 의해 발달
　㉡ 국가제도의 개편으로 유교적 이상국가의 건설을 주장
　㉢ 토지제도의 개혁을 강조하여 자영농의 육성과 농촌경제의 안정을 도모
　㉣ 대원군의 개혁정치, 한말의 애국계몽사상, 일제시대의 국학자들에게 영향

7 조선시대 토지제도에 대한 설명이다. 변천순서로 옳은 것은?

㉠ 국가의 재정기반과 신진사대부세력의 경제기반을 확보하기 위해 시행되었다. ㉡ 현직관리에게만 수조권을 지급하였다. ㉢ 관청에서 수조권을 행사하여 백성에게 조를 받아, 관리에게 지급하였다. ㉣ 국가가 관리에게 현물을 지급하는 급료제도이다.

① ㉠ - ㉡ - ㉢ - ㉣　　② ㉡ - ㉠ - ㉢ - ㉣
③ ㉢ - ㉡ - ㉠ - ㉣　　④ ㉣ - ㉡ - ㉢ - ㉠

TIP **토지제도의 변천**
　㉠ **통일신라시대** : 전제왕권이 강화되면서 녹읍이 폐지되고 신문왕 관료전이 지급되었다.
　㉡ **고려시대** : 역분전 → 시정전시과 → 개정전시과 → 경정전시과 → 녹과전 → 과전법의 순으로 토지제도가 변천되었다.
　㉢ **조선시대** : 과전법 → 직전법 → 관수관급제 → 직전법의 폐지와 지주제의 확산 등으로 이루어졌다.

Answer 6.① 7.①

8 영조 때 실시된 균역법에 대한 설명으로 옳지 않은 것은?

① 군포를 1년에 2필에서 1필로 경감시켰다.
② 균역법의 실시로 모든 양반에게도 군포를 징수하였다.
③ 균역법의 시행으로 감소된 재정은 어장세·염전세·선박세로 보충하였다.
④ 결작이라 하여 토지 1결당 미곡 2두를 부과하였다.

> **TIP** ② 균역법의 시행으로 감소된 재정은 결작(토지 1결당 미곡 2두)을 부과하고 일부 상류층에게 선무군관이라는 칭호를 주어 군포 1필을 납부하게 하였으며 선박세와 어장세, 염전세 등으로 보충하였다.

9 다음 중 민정문서(신라장적)에 대한 설명으로 옳은 것은?

① 천민 집단과 노비의 노동력은 기록하지 않았다.
② 소백 산맥 동쪽에 있는 중원경과 그 주변 촌락의 기록이다.
③ 인구를 연령별로 6등급으로 나누어 작성하였다.
④ 5년마다 촌락의 노동력과 생산력을 지방관이 작성하였다.

> **TIP** ③ 연령과 성별에 따라 6등급으로, 호는 인구수에 따라 9등급으로 나누어 기록하였다.

10 신문왕 때 폐지되었던 녹읍이 경덕왕 때 다시 부활한 이유로 옳은 것은?

① 왕권 강화
② 귀족 세력의 반발
③ 피정복민의 회유
④ 농민의 생활 안정

> **TIP** ② 경덕왕때 귀족의 반발로 녹읍제가 부활되어 국가경제가 어렵게 되었다.

Answer 8.② 9.③ 10.②

11 다음은 통일신라 때의 토지 제도에 대한 설명이다. 이에 관한 설명으로 옳은 것은?

> 통일 후에는 문무 관료들에게 토지를 나누어 주고, 녹읍을 폐지하는 대신 해마다 곡식을 나누어 주었다.

① 농민 경제가 점차 안정되었다.
② 귀족들의 농민 지배가 더욱 강화되었다.
③ 귀족들의 기반이 더욱 강화되었다.
④ 귀족에 대한 국왕의 권한이 점차 강화되었다.

TIP 제시된 내용은 관료전을 지급하는 대신 녹읍을 폐지한 조치에 대한 설명이다. 녹읍은 토지세와 공물은 물론 농민의 노동력까지 동원할 수 있었으나 관료전은 토지세만 수취할 수 있었다.

12 다음 중 통일신라의 무역활동과 관계 없는 것은?

① 한강 진출로 당항성을 확보하여 중국과의 연결을 단축시켰다.
② 산둥반도와 양쯔강 하류에 신라인 거주지가 생기게 되었다.
③ 통일 직후부터 일본과의 교류가 활발해졌다.
④ 장보고가 청해진을 설치하고 남해와 황해의 해상무역권을 장악하였다.

TIP ③ 일본과의 무역은 통일 직후에는 일본이 신라를 견제하고, 신라도 일본의 여·제 유민을 경계하여 경제교류가 활발하지 못하였으나 8세기 이후 정치의 안정과 일본의 선진문화에 대한 욕구로 교류가 활발해졌다.

13 고대 여러 나라의 무역활동에 관한 설명으로 옳지 않은 것은?

① 고구려 - 중국의 남북조 및 유목민인 북방 민족과 무역하였다.
② 백제 - 남중국 및 왜와 무역을 하였다.
③ 발해 - 당과 평화관계가 성립되어 무역이 활발하게 이루어졌다.
④ 통일신라 - 삼국통일 직후 당, 일본과 활발하게 교류하였다.

Answer 11.④ 12.③ 13.④

TIP ④ 통일 이후 일본과의 교류를 제한하여 무역이 활발하지 못하였으며, 8세기 이후부터 다시 교역이 이루어졌다.

14 삼국시대의 수공업 생산에 대한 설명으로 옳은 것은?

① 국가가 관청을 두고 기술자를 배치하여 물품을 생산하였다.
② 도자기가 생산되어 중국에 수출하였다.
③ 수공업의 발달은 상품경제의 성장을 촉진하였다.
④ 노예들은 큰 작업장에 모여 공동으로 생산활동을 하였다.

TIP 초기에는 기술이 뛰어난 노비에게 국가가 필요로 하는 물품을 생산하게 하였으나, 국가체제가 정비되면서 수공업 제품을 생산하는 관청을 두고 수공업자를 배치하여 물품을 생산하였다.

15 다음에서 발해의 경제생활에 대한 내용으로 옳은 것을 모두 고르면?

㉠ 밭농사보다 벼농사가 주로 행하였다.
㉡ 제철업이 발달하여 금속가공업이 성행하였다.
㉢ 어업이 발달하여 먼 바다에 나가 고래를 잡기도 하였다.
㉣ 가축의 사육으로 모피, 녹용, 사향 등이 생산되었다.

① ㉠㉡ ② ㉠㉢
③ ㉠㉣ ④ ㉡㉢㉣

TIP ㉠ 발해의 농업은 기후가 찬 관계로 콩, 조 등의 곡물 생산이 중심을 이루었고 밭농사가 중심이 되었다.

Answer 14.① 15.④

04 사회구조와 사회생활

01 고대의 사회

❶ 신분제 사회의 성립

(1) 삼국시대의 계층구조
왕족을 비롯한 귀족·평민·천민으로 구분되며, 지배층은 특권을 유지하기 위하여 율령을 제정하고, 신분은 능력보다는 그가 속한 친족의 사회적 위치에 따라 결정되었다.

(2) 귀족·평민·천민의 구분
① 귀족 … 왕족을 비롯한 옛 부족장 세력이 중앙의 귀족으로 재편성되어 정치권력과 사회·경제적 특권을 향유하였다.
② 평민 … 대부분 농민으로서 신분적으로 자유민이었으나, 조세를 납부하고 노동력을 징발당하였다.
③ 천민 … 노비들은 왕실과 귀족 및 관청에 예속되어 신분이 자유롭지 못하였다.

❷ 삼국사회의 풍습

(1) 고구려
① 형법 … 반역 및 반란죄는 화형에 처한 뒤 다시 목을 베었고, 그 가족들은 노비로 삼았다. 적에게 항복한 자나 전쟁 패배자는 사형에 처했으며, 도둑질한 자는 12배를 배상하도록 하였다.
② 풍습 … 형사취수제, 서옥제가 있었고 자유로운 교제를 통해 결혼하였다.

(2) 백제
① 형법 … 반역이나 전쟁의 패배자는 사형에 처하고, 도둑질한 자는 귀양을 보내고 2배를 배상하게 하였으며, 뇌물을 받거나 횡령을 한 관리는 3배를 배상하고 종신토록 금고형에 처하였다.

② 귀족사회 … 왕족인 부여씨와 8성의 귀족으로 구성되었다.

(3) 신라
① 화백회의 … 여러 부족의 대표들이 함께 모여 정치를 운영하던 것이 기원이 되어, 국왕 추대 및 폐위에 영향력을 행사하면서 왕권을 견제 및 귀족들의 단결을 굳게 하였다.
② 골품제도 … 관등 승진의 상한선이 골품에 따라 정해져 있어 개인의 사회활동과 정치활동의 범위를 제한하는 역할을 하였다.
③ 화랑도
  ㉠ 구성 : 귀족의 자제 중에서 선발된 화랑을 지도자로 삼고, 귀족은 물론 평민까지 망라한 많은 낭도들이 그를 따랐다.
  ㉡ 국가조직으로 발전 : 진흥왕 때 국가적 차원에서 그 활동을 장려하여 조직이 확대되었고, 원광은 세속 5계를 가르쳤으며, 화랑도 활동을 통해 국가가 필요로 하는 인재가 양성되었다.

③ 남북국시대의 사회

(1) 통일신라와 발해의 사회
① 통일 후 신라 사회의 변화
  ㉠ 신라의 민족통합책 : 백제와 고구려 옛 지배층에게 신라 관등을 부여하였고, 백제와 고구려 유민들을 9서당에 편성시켰다.
  ㉡ 통일신라의 사회모습 : 전제왕권이 강화 되었고 6두품이 학문적 식격과 실무 능력을 바탕으로 국왕을 보좌하였다.
② 발해의 사회구조 … 지배층은 고구려계가 대부분이었으며, 피지배층은 대부분이 말갈인으로 구성되었다.

(2) 통일신라 말의 사회모순
① 호족의 등장 … 지방의 유력자들을 중심으로 무장조직이 결성되었고, 이들을 아우른 큰 세력가들이 호족으로 등장하였다.
② 빈농의 몰락 … 토지를 상실한 농민들은 소작농이나 유랑민, 화전민이 되었다.
③ 농민봉기 … 국가의 강압적인 조세 징수에 대하여 전국 각지에서 농민봉기가 일어나게 되었다.

02 중세의 사회

① 고려의 신분제도

(1) 귀족

① **귀족의 특징** … 음서나 공음전의 혜택을 받으며 고위 관직을 차지하여 문벌귀족을 형성하였으며, 가문을 통해 특권을 유지하고, 왕실 등과 중첩된 혼인관계를 맺었다.

② **귀족층의 변화** … 무신정변을 계기로 종래의 문벌귀족들이 도태되면서 무신들이 권력을 장악하게 되었으나 고려 후기에는 무신정권이 붕괴되면서 등장한 권문세족이 최고권력층으로서 정계 요직을 장악하였다.

③ **신진사대부** … 경제력을 토대로 과거를 통해 관계에 진출한 향리출신자들이다.

(2) 중류

중앙관청의 서리, 궁중 실무관리인 남반, 지방행정의 실무를 담당하는 향리, 하급 장교 등이 해당되며, 통치체제의 하부구조를 맡아 중간 역할을 담당하였다.

(3) 양민

① **양민** … 일반 농민인 백정, 상인, 수공업자를 말한다.

② **백정** … 자기 소유의 민전을 경작하거나 다른 사람의 토지를 빌려 경작하였다.

③ **특수집단민**
  ㉠ 향·부곡 : 농업에 종사하였다.
  ㉡ 소 : 수공업과 광업에 종사하였다.
  ㉢ 역과 진의 주민 : 육로교통과 수로교통에 종사하였다.

(4) 천민

① **공노비** … 공공기관에 속하는 노비이다.

② **사노비** … 개인이나 사원에 예속된 노비이다.

③ **노비의 처지** … 매매·증여·상속의 대상이며, 부모 중 한 쪽이 노비이면 자식도 노비가 될 수밖에 없었다.

❷ 백성들의 생활모습

(1) 농민의 공동조직
① **공동조직** … 일상의례와 공동노동 등을 통해 공동체의식을 함양하였다.
② **향도** … 불교의 신앙조직으로, 매향활동을 하는 무리들을 말한다.

(2) 사회시책과 사회제도
① **사회시책** … 농번기에 잡역을 면제하여 농업에 전념할 수 있도록 배려하였고, 재해 시 조세와 부역을 감면해 주었다. 또한 법정 이자율을 정하여 고리대 때문에 농민이 몰락하는 것을 방지하였다. 황무지나 진전을 개간할 경우 일정 기간 면세해 주었다.
② **사회제도**
　㉠ **의창** : 흉년에 빈민을 구제하는 춘대추납제도이다.
　㉡ **상평창** : 물가조절기관으로 개경과 서경 및 각 12목에 설치하였다.
　㉢ **의료기관** : 동·서대비원, 혜민국을 설치하였다.
　㉣ **구제도감, 구급도감** : 재해 발생 시 백성을 구제하였다.
　㉤ **제위보** : 기금을 조성하여 이자로 빈민을 구제하였다.

(3) 법률과 풍속 및 가정생활
① **법률과 풍속** … 중국의 당률을 참작한 71개조의 법률이 시행되었으나 대부분은 관습법을 따랐고, 장례와 제사에 대하여 정부는 유교적 의례를 권장하였으나, 민간에서는 토착신앙과 융합된 불교의 전통의식과 도교의 풍습을 따랐다.
② **혼인과 여성의 지위** … 일부일처제가 원칙이었으며, 왕실에서는 근친혼이 성행하였고 부모의 유산은 자녀에게 골고루 분배되었으며, 아들이 없을 경우 딸이 제사를 받들었다.

❸ 고려 후기의 사회 변화

(1) 무신집권기 하층민의 봉기
수탈에 대한 소극적 저항에서 대규모 봉기로 발전하였으며, 만적의 난, 공주 명학소의 망이·망소이의 봉기, 운문·초전의 김사미와 효심의 봉기 등이 대표적이다.

(2) 몽고의 침입과 백성의 생활
최씨무신정권은 강화도로 서울을 옮기고 장기항전 태세를 갖추었으며, 지방의 주현민은 산성이나 섬으로 들어가 전쟁에 대비하였으나 몽고군들의 살육으로 백성들은 막대한 희생을 당하였다.

(3) 원 간섭기의 사회 변화
① 신흥귀족층의 등장 … 원 간섭기 이후 전공을 세우거나 몽고귀족과의 혼인을 통해서 출세한 친원세력이 권문세족으로 성장하였다.
② 원의 공녀 요구 … 결혼도감을 통해 공녀로 공출되었고 이는 고려와 원 사이의 심각한 사회문제로 대두되었다.
③ 왜구의 출몰(14세기 중반) … 원의 간섭하에서 국방력을 제대로 갖추기 어려웠던 고려는 초기에 효과적으로 왜구의 침입을 격퇴하지 못하였으며, 이들을 소탕하는 과정에서 신흥무인세력이 성장하였다.

03 근세의 사회

❶ 양반관료 중심의 사회

(1) 양반
① 문무양반만 사족으로 인정하였으며 현직 향리층, 중앙관청의 서리, 기술관, 군교, 역리 등은 하급 지배신분인 중인으로 격하시켰다.
② 과거, 음서, 천거 등을 통해 고위 관직을 독점하였으며 각종 국역이 면제되고, 법률과 제도로써 신분적 특권이 보장되었다.

(2) 중인
좁은 의미로는 기술관, 넓은 의미로는 양반과 상민의 중간계층을 의미하며 전문기술이나 행정실무를 담당하였다.

(3) 상민
평민, 양인으로도 불리며 백성의 대부분을 차지하는 농민, 수공업자, 상인을 말한다. 과거응시자격은 있으나 과거 준비에는 많은 시간과 비용이 들었으므로 상민이 과거에 응시하는 것은 사실상 어려웠다.

(4) 천민
천민의 대부분은 비자유민으로 재산으로 취급되어 매매·상속·증여의 대상이 되었다.

❷ 사회정책과 사회시설

(1) 사회정책 및 사회제도
① **목적** … 성리학적 명분론에 입각한 사회신분질서의 유지와 농민의 생활을 안정시켜 농본정책을 실시하는 데 그 목적이 있다.

② **사회시책** … 지주의 토지 겸병을 억제하고, 농번기에 잡역의 동원을 금지시켰으며, 재해시에는 조세를 감경해 주기도 하였다.

③ **환곡제 실시** … 춘궁기에 양식과 종자를 빌려 준 뒤에 추수기에 회수하는 제도로 의창과 상평창을 실시하여 농민을 구휼하였다.

④ **사창제** … 향촌의 농민생활을 안정시켜 양반 중심의 향촌질서가 유지되었다.

⑤ **의료시설** … 혜민국, 동·서대비원, 제생원, 동·서활인서 등이 있었다.

(2) 법률제도
① **형법** … 대명률에 의거하여 당률의 5형 형벌과 반역죄와 강상죄와 같은 중죄에는 연좌제가 적용되었다.

② **민법** … 지방관이 관습법에 따라 처리하였다.

③ **상속** … 종법에 따라 처리하였으며, 제사와 노비의 상속을 중요시하였다.

④ **사법기관**
  ㉠ 중앙: 사헌부·의금부·형조(관리의 잘못이나 중대사건을 재판), 한성부(수도의 치안), 장례원(노비에 관련된 문제)이 있다.
  ㉡ 지방: 관찰사와 수령이 사법권을 행사하였다.

❸ 향촌사회의 조직과 운영

(1) 향촌사회의 모습
① **향촌의 편제** … 행정구역상 군현의 단위인 향은 중앙에서 지방관을 파견하였으며, 촌에는 면·리가 설치되었으나 지방관은 파견되지 않았다.

② 향촌자치
- ㉠ 유향소 : 수령을 보좌, 향리를 감찰, 향촌사회의 풍속교정기구이다.
- ㉡ 경재소 : 중앙정부가 현직 관료로 하여금 연고지의 유향소를 통제하게 하는 제도이다.
- ㉢ 유향소의 변화 : 경재소가 혁파되면서 향소·향청으로 명칭이 변경, 향안 작성, 향규를 제정하였다.

③ 향약의 보급 … 면리제와 병행된 향약조직이 형성되었고, 중종 때 조광조에 의하여 처음 시행되었으며, 군현 내에서 지방 사족의 지배력 유지수단이 되었다.

(2) 촌락의 구성과 운영

① 촌락 … 농민생활 및 향촌구성의 기본 단위로서 동과 리(里)로 편제되었으며 면리제와 오가작통법을 실시하였다.

② 촌락의 신분 분화
- ㉠ 반촌 : 주로 양반들이 거주하였으며, 18세기 이후에 동성 촌락으로 발전하였다.
- ㉡ 민촌 : 평민과 천민으로 구성되었고 지주의 소작농으로 생활하였다.

③ 촌락공동체
- ㉠ 사족 : 동계·동약을 조직하여 촌락민을 신분적, 사회·경제적으로 지배하였다.
- ㉡ 일반 백성 : 두레·향도 등 농민조직을 형성하였다.

④ 촌락의 풍습
- ㉠ 석전(돌팔매놀이) : 상무정신 함양 목적, 국법으로는 금지하였으나 민간에서 계속 전승되었다.
- ㉡ 향도계·동린계 : 남녀노소를 불문하고 며칠 동안 술과 노래를 즐기는 일종의 마을 축제였는데, 점차 장례를 도와주는 기능으로 전환되었다.

④ 성리학적 사회질서의 강화

(1) 예학과 족보의 보급

① 예학 … 성리학적 도덕윤리를 강조하고, 신분질서의 안정을 추구하였다.
- ㉠ 기능 : 가부장적 종법질서를 구현하여 성리학 중심의 사회질서 유지에 기여하였다.
- ㉡ 역할 : 사림은 향촌사회에 대한 지배력 강화, 정쟁의 구실로 이용, 양반 사대부의 신분적 우월성 강조, 가족과 친족공동체의 유대를 통해서 문벌을 형성하였다.

② 보학 … 가족의 내력을 기록하고 암기하는 것으로 종족의 종적인 내력과 횡적인 종족관계를 확인시켜 준다.

(2) 서원과 향약

① 서원
　㉠ 목적 : 성리학을 연구하고 선현의 제사를 지내며, 교육을 하는 데 그 목적이 있다.
　㉡ 기능 : 유교를 보급하고 향촌 사림을 결집시켰으며, 지방유학자들의 위상을 높이고 선현을 봉사하는 사묘의 기능이 있었다.

② 향약
　㉠ 역할 : 풍속의 교화, 향촌사회의 질서 유지, 치안을 담당하고 농민에 대한 유교적 교화 및 주자가례의 대중화에 기여하였다.
　㉡ 문제점 : 토호와 향반 등 지방 유력자들의 주민 수탈 위협의 수단이 되었고, 향약 간부들의 갈등을 가져와 풍속과 질서를 해치기도 하였다.

04 사회의 변동

1 사회구조의 변동

(1) 신분제의 동요

① 조선의 신분제 … 법제적으로 양천제를, 실제로는 양반, 중인, 상민, 노비의 네 계층으로 분화되어 있었다.

② 양반층의 분화 … 권력을 장악한 일부의 양반을 제외한 다수의 양반(향반, 잔반)이 몰락하였다.

③ 신분별 구성비의 변화 … 양반의 수는 증가하고, 상민과 노비의 수는 감소하였다.

(2) 중간계층의 신분상승운동

① 서얼 … 임진왜란 이후 납속책과 공명첩을 통한 관직 진출, 집단상소를 통한 청요직에의 진출을 요구, 정조 때 규장각 검서관으로 진출하기도 하였다.

② 중인 … 신분 상승을 위한 소청운동을 전개하였다. 역관들은 청과의 외교업무에 종사하면서 서학 등 외래 문물의 수용을 주도하고 성리학적 가치 체계에 도전하는 새로운 사회의 수립을 추구하였다.

(3) 노비의 해방

① **노비 신분의 변화** … 군공과 납속 등을 통한 신분 상승의 움직임 및 국가에서는 공노비를 입역노비에서 신공을 바치는 납공노비로 전환시켰다.

② **공노비 해방** … 노비의 도망과 합법적인 신분 상승으로 순조 때 중앙관서의 노비를 해방시켰다.

③ **노비제의 혁파** … 사노비의 도망이 일상적으로 일어나던 것이 갑오개혁(1894) 때 노비제는 폐지되었다.

(4) 가족제도의 변화와 혼인

① **가족제도의 변화**
  ㉠ 조선 중기 … 혼인 후 남자가 여자 집에서 생활하는 경우가 있었으며 아들과 딸이 부모의 재산을 똑같이 상속받는 경우가 많았다.
  ㉡ 17세기 이후 : 성리학적 의식과 예절의 발달로 부계 중심의 가족제도가 확립되었다. 제사는 반드시 장자가 지내야 한다는 의식이 확산되었고, 재산 상속에서도 큰 아들이 우대를 받았다.
  ㉢ 조선 후기 : 부계 중심의 가족제도가 더욱 강화되었으며, 양자 입양이 일반화되었다.

② **가족윤리** … 효와 정절을 강조하였고, 과부의 재가는 금지되었으며, 효자와 열녀를 표창하였다.

③ **혼인풍습** … 일부일처를 기본으로 남자의 축첩이 허용되었고, 서얼의 차별이 있었다.

❷ 향촌질서의 변화

(1) 양반의 향촌지배 약화

① **양반층의 동향** … 족보의 제작 및 청금록과 향안을 작성하여 향약 및 향촌자치기구의 주도권을 장악하였다.

② **향촌지배력의 변화** … 부농층은 관권과 결탁하여 향안에 참여하고 향회를 장악하고자 하였으며 향회는 수령의 조세징수자문기구로 전락하였다.

(2) 부농층의 대두

경제적 능력으로 납속이나 향직의 매매를 통해 신분 상승을 이루고 향임을 담당하여 양반의 역할을 대체하였으며 향임직에 진출하지 못한 곳에서도 수령이나 기존의 향촌세력과 타협하여 상당한 지위를 확보하였다.

③ 농민층의 변화

(1) 농민층의 분화

① **농민의 사회적 현실** … 농민들은 자급자족적인 생활을 하였으나, 양 난 이후 국가의 재정 파탄과 기강 해이로 인한 수취의 증가는 농민의 생활을 어렵게 하였고, 대동법과 균역법이 효과를 거두지 못하자 농민의 불만은 커져 갔다.

② **농민층의 분화** … 부농으로 성장하거나, 상공업으로 생활을 영위 및 도시나 광산의 임노동자가 되기도 했다.

(2) 지주와 임노동자

① **지주** … 광작을 하는 대지주가 등장하였으며, 재력을 바탕으로 공명첩을 사거나 족보를 위조하여 양반의 신분을 획득한 부농층이 나타났다.

② **임노동자** … 토지에서 밀려난 다수의 농민은 임노동자로 전락하였다.

④ 사회 변혁의 움직임

(1) 사회불안의 심화
정치기강이 문란해지고, 재난과 질병이 거듭되어 굶주려 떠도는 백성이 속출하였으나 지배층의 수탈은 점점 심해지면서 농민의식이 향상되어 곳곳에서 적극적인 항거운동이 발생하였다.

(2) 예언사상의 대두
비기·도참을 이용한 말세의 도래, 왕조의 교체 및 변란의 예고 등 낭설이 횡행하였으며 현세의 어려움을 미륵신앙에서 해결하려는 움직임과 미륵불을 자처하며 서민을 현혹하는 무리가 등장하였다.

(3) 천주교의 전파

① 17세기에 중국을 방문한 우리나라 사신들에 의해 서학으로 소개되었다.

② **초기 활동** … 18세기 후반 남인계열의 실학자들이 신앙생활을 하게 되었으며, 이승훈이 베이징에서 영세를 받고 돌아온 이후 신앙활동이 더욱 활발해졌다.

③ 천주교 신앙의 전개와 박해
  ㉠ 초기: 제사 거부, 양반 중심의 신분질서 부정, 국왕에 대한 권위 도전을 이유로 사교로 규정하였다.
  ㉡ 정조 때: 시파의 집권으로 천주교에 관대하여 큰 탄압이 없었다.

ⓒ 순조 때 : 벽파의 집권으로 대탄압을 받았으며 실학자와 양반계층이 교회를 떠나게 되었다.
　　ⓔ 세도정치기 : 탄압의 완화로 백성들에게 전파, 조선 교구가 설정되었다.

(4) 동학의 발생

① **창시** … 1860년 경주의 몰락양반 최제우가 창시하였다.

② **교리와 사상** … 신분 차별과 노비제도의 타파, 여성과 어린이의 인격 존중을 추구하였다. 유불선을 바탕으로 주문과 부적 등 민간신앙의 요소들이 결합되었고 사회모순의 극복 및 일본과 서양국가의 침략을 막아내자고 주장하였다.

③ **정부의 탄압** … 혹세무민을 이유로 최제우를 처형하였다.

(5) 농민의 항거

① **배경** … 사회 불안이 고조되자 유교적 왕도정치가 점점 퇴색되었고 탐관오리의 부정, 삼정의 문란, 극도에 달한 수령의 부정은 중앙권력과 연결되어 갈수록 심해져 갔다.

② **홍경래의 난** : 몰락한 양반 홍경래의 지휘 아래 영세농민과 중소상인, 광산노동자들이 합세하여 일으킨 봉기였으나 5개월 만에 평정되었다.

③ **임술농민봉기**(1862) : 진주에서 시작되어 탐관오리와 토호가 탐학에 저항하였으며 한때 진주성을 점령하기도 하였다.

04. 사회구조와 사회생활

최근 기출문제 분석

2019. 6. 15 제2회 서울특별시

1 삼국의 사회·문화에 관한 설명으로 가장 옳지 않은 것은?

① 고구려는 영양왕 때 이문진이 유기를 간추려 신집 5권을 편찬했다.
② 백제의 승려 원측은 당나라에 가서 유식론(唯識論)을 발전시켰다.
③ 신라의 진흥왕은 두 아들의 이름을 동륜 등으로 짓고 자신은 전륜성왕으로 자처했다.
④ 백제 말기에는 미래에 중생을 구제한다는 미륵신앙이 유행하기도 하였다.

> TIP ② 원측은 7세기 신라의 승려이다.

2019. 6. 15 제2회 서울특별시

2 〈보기〉에서 밑줄 친 '그'가 활동하던 시대상황에 대한 설명으로 가장 옳지 않은 것은?

― 보기 ―

그가 북산에서 나무하다가 공, 사노비를 불러 모아 모의하기를, "나라에서 경인, 계사년 이후로 높은 벼슬이 천한 노비에게서 많이 나왔으니, 장수와 재상이 어찌 씨가 따로 있으랴. 때가 오면 누구나 할 수 있는데, 우리들이 어찌 고생만 하면서 채찍 밑에 곤욕을 당해야 하겠는가?"라고 하니, 여러 노비들이 모두 그렇게 여겼다.

― 고려사 ―

① 최충의 9재 학당을 비롯한 사학 12도가 융성하였다.
② 경주 일대에서 고려 왕조를 부정하는 신라부흥운동이 일어났다.
③ 정혜쌍수와 돈오점수를 주장하는 수선결사운동이 전개되었다.
④ 소(所)의 거주민은 금, 은, 철 등 광업품이나 수공업 제품을 생산하여 바치기도 하였다.

> TIP 고려 최씨 무신집권 초기(고려 신종, 1198) 최충헌의 노비였던 만적이 일으킨 난이다. 무신집권기에는 하극상이 빈번하여 사회가 극도로 혼란하였고, 만적을 비롯한 사노비들이 이 틈을 이용해 신분 해방 운동을 전개했지만 실패하였다. 이외에도 무신집권기에는 농민들에 대한 무신의 수탈 강화와 집권 세력의 일탈로 민생이 불안정해지자 전국에서 각종 민란이 발생하였다. 공주 명학소의 망이·망소이의 난, 운문·초전의 김사미·효심의 난 등이 대표적이다.
> ① 고려 문종(1046~1083)

Answer 1.② 2.①

2019. 6. 15 제2회 서울특별시

3 발해의 사회 모습에 대한 설명으로 가장 옳지 않은 것은?

① 주민은 고구려 유민과 말갈인으로 구성되었다.
② 중앙 문화는 고구려 문화를 바탕으로 당의 문화가 가미된 형태를 보였다.
③ 당, 신라, 거란, 일본 등과 무역하였는데, 대신라 무역의 비중이 가장 컸다.
④ 유학 교육기관인 주자감을 설치하여 귀족 자제에게 유교 경전을 가르쳤다.

> TIP ③ 발해의 대외 무역에 있어 가장 비중이 큰 나라는 당이었다. 발해 건국 초기에는 일본과 교류하며 신라를 견제하고자 하였다. 하지만 이후 발해는 신라도를 통해 신라와 교류하였다.

2017. 6. 17 제1회 지방직

4 다음 글을 지은 사람들의 공통점으로 옳은 것은?

> (가) 낭혜화상백월보광탑비문(朗慧和尙白月葆光塔碑文)
> (나) 대견훤기고려왕서(代甄萱寄高麗王書)
> (다) 낭원대사오진탑비명(朗圓大師悟眞塔碑銘)

① 골품제를 비판하고 호족 억압을 주장하였다.
② 국립 교육기관인 태학(太學)에서 공부하였다.
③ 신라뿐만 아니라 고려왕조에서도 벼슬하였다.
④ 당나라에 유학하여 빈공과(賓貢科)에 급제하였다.

> TIP (가) 최치원, (나) 최승우, (다) 최언위의 글이다.
> ④ 최치원, 최승우, 최언위는 신라 3최로 6두품 출신의 학자이다. 당나라에 유학하여 빈공과에 급제하였다.

Answer 3.③ 4.④

2017. 6. 17 제1회 지방직

5 우리나라 족보에 대한 설명으로 옳지 않은 것은?

① 조선후기에 부유한 농민들은 족보를 사거나 위조하기도 하였다.
② 조선초기의 족보는 친손과 외손을 구별하지 않고 모두 수록하였다.
③ 현존하는 가장 오래된 족보는 성종 7년에 간행된 「문화류씨가정보」이다.
④ 조선시대에는 족보가 배우자를 구하거나 붕당을 구별하는 데 중요한 자료로 활용되기도 하였다.

TIP ③ 현존하는 가장 오래된 족보는 성종 7년(1476)에 간행된 「안동권씨성화보」이다. 「문화류씨가정보」는 1562년에 간행되었다.

Answer 5.③

출제 예상 문제

1 다음과 같은 풍속이 행해진 국가의 사회모습에 대한 설명으로 옳지 않은 것은?

> 그 풍속에 혼인을 할 때 구두로 이미 정해지면 여자의 집에는 대옥(大屋) 뒤에 소옥(小屋)을 만드는데, 이를 서옥(婿屋)이라고 한다. 저녁에 사위가 여자의 집에 이르러 문밖에서 자신의 이름을 말하고 꿇어앉아 절하면서 여자와 동숙하게 해줄 것을 애걸한다. 이렇게 두세 차례 하면 여자의 부모가 듣고는 소옥에 나아가 자게 한다. 그리고 옆에는 전백(錢帛)을 놓아둔다.
> — 「삼국지」「동이전」 —

① 고국천왕 사후, 왕비인 우씨와 왕의 동생인 산상왕과의 결합은 취수혼의 실례를 보여준다.
② 계루부 고씨의 왕위계승권이 확립된 이후 연나부 명림씨 출신의 왕비를 맞이하는 관례가 있었다.
③ 관나부인(貫那夫人)이 왕비를 모함하여 죽이려다가 도리어 자기가 질투죄로 사형을 받았다.
④ 김흠운의 딸을 왕비로 맞이하는 과정은 국왕이 중국식 혼인 제도를 수용했다는 사실을 알려주고 있다.

TIP ④ 신라와 관련된 내용으로 옳지 않다.
①②③ 고구려와 관련된 내용으로 위의 제시문(고구려의 데릴사위제)에 나와 있는 국가의 사회 모습과 일치한다.

Answer 1.④

2 다음 글을 남긴 국왕의 재위 기간에 일어난 사실로 옳은 것은?

> 보잘 것 없는 나, 소자가 어린 나이로 어렵고 큰 유업을 계승하여 지금 12년이나 되었다. 그러나 나는 덕이 부족하여 위로는 천명(天命)을 두려워하지 못하고 아래로는 민심에 답하지 못하였으므로, 밤낮으로 잊지 못하고 근심하며 두렵게 여기면서 혹시라도 선대왕께서 물려주신 소중한 유업이 잘못되지 않을까 걱정하였다. 그런데 지난번 가산(嘉山)의 토적(土賊)이 변란을 일으켜 청천강 이북의 수많은 생령이 도탄에 빠지고 어육(魚肉)이 되었으니 나의 죄이다.
>
> —「비변사등록」—

① 최제우가 동학을 창도하였다.
② 공노비 6만 6천여 명을 양인으로 해방시켰다.
③ 미국 상선 제너럴셔먼호가 격침되었다.
④ 삼정 문제를 해결하기 위해 삼정이정청을 설치하였다.

> **TIP** ② 위의 글은 1811년(순조 12) 12월부터 이듬해 4월까지 약 5개월 동안 일어난 홍경래의 난에 대한 내용으로 순조는 1801년(순조 1)에 궁방과 관아에 예속되어 있던 공노비를 혁파하였다.

3 다음의 자료에 나타난 나라에 대한 설명으로 옳은 것은?

> 큰 산과 깊은 골짜기가 많고 평원과 연못이 없어서 계곡을 따라 살며 골짜기 물을 식수로 마셨다. 좋은 밭이 없어서 힘들여 일구어도 배를 채우기는 부족하였다.
>
> — 삼국지 동이전 —

① 국동대혈에서 제사를 지내는 의례가 있었다.
② 가족 공동의 무덤인 목곽에 쌀을 부장하였다.
③ 특산물로는 단궁·과하마·반어피 등이 유명하였다.
④ 남의 물건을 훔쳤을 때에는 50만 전을 배상토록 하였다.

> **TIP** ① 고구려 ② 옥저 ③ 동예 ④ 고조선

Answer 2.② 3.①

4 조선 전기의 상업 활동에 대한 설명으로 옳은 것은?

① 공인(貢人)의 활동이 활발해졌다.
② 시전이 도성 내 특정 상품 판매의 독점권을 보장받기도 하였다.
③ 개성의 송상, 의주의 만상은 대외 무역을 통해 대상인으로 성장하였다.
④ 경강상인들은 경강을 중심으로 매점 활동을 통해 부유한 상업 자본가로 성장하였다.

> **TIP** ①③④ 조선 후기의 상업 활동에 대한 설명이다.
> ※ 조선 전기의 상업 활동
> ㉠ 통제 경제와 시장 경제를 혼합한 형태로 장시의 전국적 확산과 대외무역에서 사무역이 발달하였다.
> ㉡ 지주제의 발달, 군역의 포납화, 농민층의 분화와 상인 증가, 방납의 성행 등으로 장시와 장문이 발달하게 되었다.
> ㉢ 시정세, 궁중과 부중의 관수품조달 등의 국역을 담당하는 대가로 90여종의 전문적인 특정 상품에 대한 독점적 특권을 차지한 어용상인 시전이 발달하였다.
> ㉣ 5일 마다 열리는 장시에서 농산물, 수공업제품, 수산물, 약제 같은 것을 종·횡적으로 유통시키는 보부상이 등장하였다.

5 다음의 내용과 관련있는 것은?

> 향촌의 덕망있는 인사들로 구성되어 지방민의 자치를 허용하고 자율적인 규약을 만들었고, 중집권과 지방자치는 효율적으로 운영하였다.

> ㉠ 승정원　　　　　　　　㉡ 유향소
> ㉢ 홍문관　　　　　　　　㉣ 경재소

① ㉠㉡　　　　　　　　② ㉡㉣
③ ㉠㉢　　　　　　　　④ ㉠㉣

> **TIP** ㉡ 유향소: 수령을 보좌하고 향리를 감찰하며, 향촌사회의 풍속을 교정하기 위한 기구이다.
> ㉣ 경재소: 중앙정부가 현직 관료로 하여금 연고지의 유향소를 통제하게 하는 제도로서, 중앙과 지방의 연락업무를 맡거나 수령을 견제하는 역할을 하였다.

Answer 4.② 5.②

6 다음에 해당하는 세력에 대한 설명으로 옳은 것은?

> 경제력을 토대로 과거를 통해 관계에 진출한 향리출신자들이다. 이들은 사전의 폐단을 지적하고, 권문세족과 대립하였으며 구질서와 여러 가지 모순을 비판하고 전반적인 사회개혁과 문화혁신을 추구하였다. 이들은 온건파와 급진파로 나뉘는데 조선건국을 도운 급진파가 조선의 지배층이 되었다.

① 자기 근거지에 성을 쌓고 군대를 보유하여 스스로 성주 혹은 장군이라 칭하면서, 그 지방의 행정권과 군사권을 장악하였을 뿐 아니라 경제적 지배력도 행사하였다.
② 원간섭기 이후 중류층 이하에서 전공을 세우거나 몽고귀족과의 혼인을 통해서 정계의 요직을 장악하고, 음서로서 신분을 유지하고 광범위한 농장을 소유하였다.
③ 6두품과 호족들이 중앙으로 진출하여 결혼을 통하여 거대한 가문을 이루고 관직을 독점하며 각종 특권을 누렸다.
④ 하급 관리나 향리의 자제 중 과거를 통해 벼슬에 진출하고 성리학을 공부하고 유교적 소양을 갖추고 행정 실무에도 밝은 학자 출신 관료이다.

> **TIP** 신진사대부 … 경제력을 토대로 과거를 통해 관계에 진출한 향리출신자들이다. 사전의 폐단을 지적하고, 권문세족과 대립하였으며 구질서와 여러 가지 모순을 비판하고 전반적인 사회개혁과 문화혁신을 추구하였다.
> ① 호족
> ② 권문세족
> ③ 문벌귀족
> ④ 신진사대부

Answer 6.④

7 다음에 대한 설명으로 옳지 않은 것은?

> 국가가 필요로 하는 인재를 육성하려는 목적으로 조직되어 조직 내에서 일체감을 갖고 활동하면서 교육적·수양적·사교적·군사적·종교적 기능도 가지고 있다.

① 귀족들로 구성되어 국왕과 귀족 간의 권력을 중재하는 기능을 담당하였다.
② 계층 간의 대립과 갈등을 조절·완화하는 기능을 하였다.
③ 진흥왕은 보기의 활동을 장려하여 조직이 확대되었다.
④ 제천의식을 통하여 협동과 단결 정신을 기르고 심신을 연마하였다.

TIP 화랑도는 귀족 출신의 화랑과 평민 출신의 낭도로 구성되어 계급 간의 대립과 갈등을 조절하고 완화하는 기능을 하였다.

8 다음 중 신라 하대의 6두품의 성향으로 옳은 것은?

① 각 지방에서 반란을 일으켰다.
② 새로운 정치 질서의 수립을 시도하지만 탄압과 배척을 당하자 점차 반신라적 경향으로 바뀌었다.
③ 화백회의의 기능을 강화시켰다.
④ 진골에 대항하여 광권과 결탁하였다.

TIP 6두품의 성향

신라 중대	신라 하대
• 진골귀족에 대항하여 왕권과 결탁 • 학문적 식견과 실무능력을 바탕으로 국왕 보좌 • 집사부 시중 등 관직을 맡으며 정치적으로 진출 • 행정실무 담당	• 중앙권력에서 배제 • 호족과 연결 • 합리적인 유교이념을 내세움 • 개혁이 거부되자 반신라적 경향으로 바뀜 • 선종의 등장에 주된 역할을 함

Answer 7.① 8.②

9 다음 중 조선시대의 신분제도에 대한 설명으로 옳은 것은?

① 양반은 과거가 아니면 관직에 진출할 수 없었다.
② 농민은 법제적으로는 관직에 진출하는 것이 가능하였다.
③ 향리는 과거를 통하여 문반직에 오를 수 있었고, 지방의 행정실무를 담당하였다.
④ 서얼도 문과에 응시할 수 있었다.

> **TIP** **조선의 신분제** … 법제적으로 양천제를 채택하였지만, 실제로는 양반, 중인, 상민, 노비의 네 계층으로 분화되어 있었다. 양인은 직업에 따른 권리와 의무에 차등이 있었다. 농민은 과거응시권이 있었으나, 공인과 상인은 불가능 하였다. 과거의 응시제한계층은 공인, 상인, 승려, 천민, 재가녀의 자, 탐관오리의 자손, 국사범의 자손, 전과자 등이었다.

10 다음으로 인하여 나타난 변화로 옳은 것은?

- 조선 후기 이앙법이 전국적으로 시행되면서 광작이 가능해졌으며, 경영형 부농이 등장하였다.
- 대동법의 시행으로 도고가 성장하였으며, 상업자본이 축적되었다.

① 정부의 산업 주도
② 양반의 지위 하락
③ 신분구조의 동요
④ 국가 재정의 확보

> **TIP** 조선 후기에 이르러 경제상황의 변동으로 부를 축적한 상민들이 신분을 매매하여 양반이 되는 등 신분제의 동요가 발생하였다.

Answer 9.② 10.③

05 민족문화의 발달

01 고대의 문화

❶ 학문과 사상·종교

(1) 한자의 보급과 교육

① 한자의 전래 … 한자는 철기시대부터 지배층을 중심으로 사용되었다가 삼국시대에는 이두·향찰이 사용되었다.

② 교육기관의 설립과 한자의 보급
  ⊙ 고구려: 태학(수도)에서는 유교경전과 역사서를 가르쳤으며 경당(지방)에서는 청소년에게 한학과 무술을 가르쳤다.
  ⓒ 백제: 5경 박사·의박사·역박사에서는 유교경전과 기술학 등을 가르쳤으며, 사택지적 비문에는 불당을 세운 내력을 기록하고 있다.
  ⓒ 신라: 임신서기석을 통해 청소년들이 유교경전을 공부하였던 사실을 알 수 있다.

③ 유학의 교육
  ⊙ 삼국시대: 학문적으로 깊이 있게 연구된 것이 아니라, 충·효·신 등의 도덕규범을 장려하는 정도였다.
  ⓒ 통일신라: 신문왕 때 국학이라는 유학교육기관을 설립하였고, 경덕왕 때는 국학을 태학이라고 고치고 박사와 조교를 두어 논어와 효경 등 유교경전을 가르쳤으며, 원성왕 때 학문과 유학의 보급을 위해 독서삼품과를 마련하였다.
  ⓒ 발해: 주자감을 설립하여 귀족 자제들에게 유교경전을 교육하였다.

(2) 역사 편찬과 유학의 보급

① 삼국시대 … 학문이 점차 발달되고 중앙집권적 체제가 정비됨에 따라 왕실의 권위를 높이고 백성들의 충성심을 모으기 위해 편찬 하였으며 고구려에는 유기, 이문진의 신집 5권, 백제에는 고흥의 서기, 신라에는 거칠부의 국사가 있다.

② 통일신라
　　㉠ 김대문 : 화랑세기, 고승전, 한산기를 저술하여 주체적인 문화의식을 드높였다.
　　㉡ 6두품 유학자 : 강수(외교문서를 잘 지은 문장가)나 설총(화왕계 저술)이 활약하여 도덕적 합리주의를 제시하였다.
　　㉢ 도당 유학생 : 김운경, 최치원이 다양한 개혁안을 제시하였다. 특히 최치원은 당에서 빈공과에 급제하고 계원필경 등 뛰어난 문장과 저술을 남겼으며, 유학자이면서도 불교와 도교에 조예가 깊었다.
③ 발해 … 당에 유학생을 파견하였고 당의 빈공과에 급제한 사람도 여러 명 나왔다.

(3) 불교의 수용
① 수용 … 고구려는 소수림왕(372), 백제는 침류왕(384), 신라는 법흥왕(527) 때 수용되었다.
② 불교의 영향
　　㉠ 새로운 국가정신의 확립과 왕권 강화의 결과를 가져왔다.
　　㉡ 신라 시대의 불교는 업설, 미륵불신앙이 중심교리로 발전하였다.

(4) 불교사상의 발달
① 원효 … 불교의 사상적 이해기준을 확립시켰고(금강삼매경론, 대승기신론소), 종파 간의 사상적인 대립을 극복하고 조화시키려 애썼으며, 불교의 대중화에 이바지하였다(아미타신앙).
② 의상 … 화엄일승법계도를 통해 화엄사상을 정립하였고, 현세에서 고난을 구제한다는 관음사상을 외치기도 하였다.
③ 혜초 … 인도에 가서 불교를 공부하였으며, 왕오천축국전을 저술하기도 하였다.

(5) 선종과 풍수지리설
① 선종 … 참선을 중시했고 실천적 경향이 강하였으며, 호족세력과 결합하였다.
② 풍수지리설 … 신라말기의 도선과 같은 선종 승려들이 중국에서 풍수지리설을 들여왔다.
　　㉠ 성격 : 도읍, 주택, 묘지 등을 선정하는 인문지리적 학설을 말하며, 도참사상과 결합하기도 하였다.
　　㉡ 국토를 지방 중심으로 재편성하는 주장으로 발전하였다.

❷ 과학기술의 발달

(1) 천문학과 수학

① 천문학의 발달 … 농경과 밀접한 관련이 있었으며, 고구려의 천문도·고분벽화, 신라의 천문대를 통해 천문학이 발달했음을 알 수 있다.

② 수학의 발달 … 수학적 지식을 활용한 조형물을 통해 높은 수준으로 발달했음을 알 수 있다.
  ㉠ 고구려 : 고분의 석실과 천장의 구조
  ㉡ 백제 : 정림사지 5층 석탑
  ㉢ 신라 : 황룡사지 9층 목탑, 석굴암의 석굴구조, 불국사 3층 석탑, 다보탑

(2) 목판인쇄술과 제지술의 발달

① 배경 … 불교의 발달로 불경의 대량인쇄를 위해 목판인쇄술과 제지술이 발달하였다.

② 무구정광대다라니경 … 세계에서 가장 오래된 목판인쇄물이며, 닥나무 종이를 사용하였다.

(3) 금속기술의 발달

① 고구려 … 철의 생산이 중요한 국가적 산업이었으며, 우수한 철제 무기와 도구가 출토되었다. 고분벽화에는 철을 단련하고 수레바퀴를 제작하는 기술자의 모습이 묘사되어 있다.

② 백제 … 금속공예기술이 발달하였다(칠지도, 백제 금동대향로).

③ 신라 … 금세공기술이 발달하고(금관), 금속주조기술도 발달하였다(성덕대왕 신종).

(4) 농업기술의 혁신

① 철제 농기구의 보급으로 농업생산력이 증가하였다.

② 삼국의 농업기술 … 쟁기, 호미, 괭이 등의 농기구가 보급되어 농업 생산이 증가되었다.

❸ 고대인의 자취와 멋

(1) 고분과 고분벽화

① 고구려 … 초기에는 돌무지무덤으로, 장군총이 대표적이며 후기에는 굴식 돌방무덤으로 무용총(사냥그림), 강서대묘(사신도), 쌍영총, 각저총(씨름도) 등이 대표적이다.

② **백제** … 한성시대에는 계단식 돌무지무덤으로서 서울 석촌동에 있는 무덤은 고구려 초기의 고분과 유사하며 웅진시대에는 굴식 돌방무덤과 벽돌무덤이 유행하였다. 사비시대에는 규모는 작지만 세련된 굴식 돌방무덤을 만들었다.

③ **신라** … 거대한 돌무지 덧널무덤을 만들었으며, 삼국통일 직전에는 굴식 돌방무덤도 만들었다.

④ **통일신라** … 굴식 돌방무덤과 화장이 유행하였으며, 둘레돌에 12지 신상을 조각하였다.

⑤ **발해** … 정혜공주묘(굴식 돌방무덤 · 모줄임 천장구조), 정효공주묘(묘지 · 벽화)가 유명하다.

(2) 건축과 탑

① **삼국시대**
  ㉠ **사원** : 신라의 황룡사는 진흥왕의 팽창의지를 보여주고, 백제의 미륵사는 무왕이 추진한 백제의 중흥을 반영하는 것이다.
  ㉡ **탑** : 불교의 전파와 함께 부처의 사리를 봉안하여 예배의 주대상으로 삼았다.
   • 고구려 : 주로 목탑 건립(현존하는 것은 없음)
   • 백제 : 목탑형식의 석탑인 익산 미륵사지 석탑, 부여 정림사지 5층 석탑
   • 신라 : 몽고의 침입 때 소실된 황룡사 9층 목탑과 벽돌모양의 석탑인 분황사탑

② **통일신라**
  ㉠ **건축** : 불국토의 이상을 조화와 균형감각으로 표현한 사원인 불국사, 석굴암 및 인공 연못인 안압지는 화려한 귀족생활을 보여 준다.
  ㉡ **탑** : 감은사지 3층 석탑, 불국사 석가탑, 양양 진전사지 3층 석탑이 있다.
  ㉢ **승탑과 승비** : 신라 말기에 선종이 유행하면서 승려들의 사리를 봉안하는 승탑과 승비가 유행하였다.

③ **발해** … 외성을 쌓고, 주작대로를 내고, 그 안에 궁궐과 사원을 세웠다.

(3) 불상 조각과 공예

① **삼국시대** … 불상으로는 미륵보살반가상을 많이 제작하였다. 그 중에서도 금동미륵보살반가상은 날씬한 몸매와 자애로운 미소로 유명하다.

② **통일신라**
  ㉠ **석굴암의 본존불과 보살상** : 사실적 조각으로 불교의 이상세계를 구현하는 것이다.
  ㉡ **조각** : 태종 무열왕릉비의 받침돌, 불국사 석등, 법주사 쌍사자 석등이 유명하다.
  ㉢ **공예** : 상원사 종, 성덕대왕 신종 등이 유명하다.

③ **발해**
  ㉠ **불상** : 흙을 구워 만든 불상과 부처 둘이 앉아 있는 불상이 유명하다.
  ㉡ **조각** : 벽돌과 기와무늬, 석등이 유명하다.
  ㉢ **공예** : 자기공예가 독특하게 발전하였고 당에 수출하기도 했다.

(4) 글씨 · 그림과 음악

① 서예 … 광개토대왕릉 비문(웅건한 서체), 김생(독자적인 서체)이 유명하다.

② 그림 … 천마도(신라의 힘찬 화풍), 황룡사 벽에 그린 소나무 그림(솔거)이 유명하다.

③ 음악과 무용 … 신라의 백결선생(방아타령), 고구려의 왕산악(거문고), 가야의 우륵(가야금)이 유명하다.

❹ 일본으로 건너간 우리 문화

(1) 삼국문화의 일본 전파

① 백제 … 아직기는 한자 교육, 왕인은 천자문과 논어 보급, 노리사치계는 불경과 불상을 전래하였다.

② 고구려 : 담징(종이 먹의 제조방법을 전달, 호류사 벽화), 혜자(쇼토쿠 태자의 스승), 혜관(불교 전파)을 통해 문화가 전파되었다.

③ 신라 … 축제술과 조선술을 전해주었다.

④ 삼국의 문화는 야마토 정권과 아스카 문화의 형성에 큰 영향을 주었다.

(2) 일본으로 건너간 통일신라 문화

① 원효, 강수, 설총이 발전시킨 유교와 불교문화는 일본 하쿠호문화의 성립에 기여하였다.

② 심상에 의하여 전해진 화엄사상은 일본 화엄종의 토대가 되었다.

02 중세의 문화

❶ 유학의 발달과 역사서의 편찬

(1) 유학의 발달

① 고려 초기의 유학 … 유교주의적 정치와 교육의 기틀이 마련되었다.
  ㉠ 태조 때 : 신라 6두품 계열의 유학자들이 활약하였다.
  ㉡ 광종 때 : 유학에 능숙한 관료를 등용하는 과거제도를 실시하였다.
  ㉢ 성종 때 : 최승로의 시무 28조를 통해 유교적 정치사상이 확립되고 유학교육기관이 정비되었다.

② 고려 중기 … 문벌귀족사회의 발달과 함께 유교사상이 점차 보수적 성격을 띠게 되었다.
　㉠ 최충 : 9재학당 설립, 훈고학적 유학에 철학적 경향을 가미하기도 하였다.
　㉡ 김부식 : 보수적이고 현실적인 성격의 유학을 대표하였다.

(2) 교육기관
① 초기(성종) … 지방에는 지방관리와 서민의 자제를 교육시키는 향교를, 중앙에는 국립대학인 국자감이 설치되었다.
② 중기
　㉠ 최충의 9재 학당 등의 사학 12도가 융성하여 관학이 위축되었다.
　㉡ 관학진흥책 : 7재 개설 및 서적포, 양현고, 청연각을 설치하였고, 개경에서는 경사 6학과 향교를 중심으로 지방교육을 강화시켰다.
③ 후기 … 교육재단인 섬학전을 설치하고, 국자감을 성균관으로 개칭하였으며, 공민왕 때에는 성균관을 순수 유교교육기관으로 개편하였다.

(3) 역사서의 편찬
① 삼국사기(김부식) … 기전체로 서술되었고, 신라 계승의식과 유교적 합리주의 사관이 짙게 깔려 있다.
② 해동고승전(각훈) … 삼국시대의 승려 30여명의 전기를 수록하였다.
③ 동명왕편(이규보) … 고구려 동명왕의 업적을 칭송한 영웅 서사시로서, 고구려 계승의식을 반영하고 고구려의 전통을 노래하였다.
④ 삼국유사(일연) … 단군의 건국 이야기를 수록하였고, 불교사를 중심으로 서술되었다.
⑤ 제왕운기(이승휴) … 우리나라 역사를 단군으로부터 서술하면서 우리 역사를 중국사와 대등하게 파악하려 하였다.

(4) 성리학의 전래
① 성리학 … 송의 주희가 집대성한 성리학은 인간의 심성과 우주의 원리문제를 철학적으로 탐구하는 신유학이었다.
② 영향
　㉠ 현실 사회의 모순을 시정하기 위한 개혁사상으로 신진사대부들은 성리학을 수용하게 되었다.
　㉡ 권문세족과 불교의 폐단을 비판하였다(정도전의 불씨잡변).
　㉢ 국가사회의 지도이념이 불교에서 성리학으로 바뀌게 되었다.

❷ 불교사상과 신앙

(1) 불교정책

① 태조 … 훈요 10조에서 불교를 숭상하고, 연등회와 팔관회 등 불교행사를 개최하였다.

② 광종 … 승과제도, 국사·왕사제도를 실시하였다.

③ 사원 … 국가가 토지를 지급했으며, 승려에게 면역의 혜택을 부여하였다.

(2) 불교통합운동과 천태종

① 화엄종, 법상종 발달 … 왕실과 귀족의 지원을 받았다.

② 천태종 … 대각국사 의천이 창시하였다.
  ㉠ 교단통합운동 : 화엄종 중심으로 교종통합, 선종의 통합을 위해 국청사를 창건하여 천태종을 창시하였다.
  ㉡ 교관겸수 제창 : 이론의 연마와 실천을 강조하였다.

③ 무신집권 이후의 종교운동
  ㉠ 지눌 : 당시 불교계의 타락을 비판하고, 조계종 중심의 선·교 통합, 돈오점수·정혜쌍수를 제창하였다.
  ㉡ 혜심 : 유불일치설을 주장하고 심성의 도야를 강조하였다.

(3) 대장경 간행

① 초조대장경 … 현종 때 거란의 퇴치를 염원하며 간행하였으나 몽고의 침입으로 소실되었다.

② 속장경(의천) … 교장도감을 설치하여 속장경을 간행하였는데, 몽고 침입시 소실되었다.

③ 팔만대장경(재조대장경) … 대장도감을 설치하여 부처의 힘으로 몽고의 침입을 극복하고자 하였다.

(4) 도교와 풍수지리설

① 도교 … 국가의 안녕과 왕실의 번영을 기원하였는데 교단이 성립되지 못하여 민간신앙으로 전개되었다.

② 풍수지리설 … 서경천도와 북진정책 추진의 이론적 근거가 되었으며, 개경세력과 서경세력의 정치적 투쟁에 이용되어 묘청의 서경천도운동을 뒷받침하기도 하였다.

③ 과학기술의 발달

(1) 천문학과 의학

① 천문학 … 사천대를 설치하여 관측업무를 수행하였고, 당의 선명력이나 원의 수시력 등 역법을 수용하였다.

② 의학 … 태의감에서 의학을 교육하였고, 의과를 시행하였으며, 향약구급방과 같은 자주적 의서를 편찬하였다.

(2) 인쇄술의 발달

① 목판인쇄술 … 대장경을 간행하였다.

② 금속활자인쇄술 … 직지심체요절(1377)은 현존하는 세계 최고(最古)의 금속 활자본이다.

③ 제지술의 발달 … 닥나무의 재배를 장려하고, 종이 제조의 전담관서를 설치하여 우수한 종이를 제조하여 중국에 수출하기도 하였다.

(3) 농업기술의 발달

① 권농정책 … 농민생활의 안정과 국가재정의 확보를 위해 실시하였다.

② 농업기술의 발달
   ㉠ 토지의 개간과 간척 : 묵은땅, 황무지, 산지 등을 개간하였으며 해안지방의 저습지를 간척하였다.
   ㉡ 수리시설의 개선 : 김제의 벽골제와 밀양의 수산제를 개축하였다.
   ㉢ 농업기술의 발달 : 1년 1작이 기본이었으며 논농사의 경우는 직파법을 실시하였으나, 말기에 남부 일부 지방에 이앙법이 보급되어 실시되기도 하였다. 밭농사는 2년 3작의 윤작법과 우경에 의한 깊이갈이가 보급되어 휴경기간의 단축과 생산력의 증대를 가져왔다.
   ㉣ 농서의 도입 : 이암은 원의 농상집요를 소개·보급하였다.

(4) 화약무기의 제조와 조선기술

① 최무선은 화통도감을 설치하여 화약과 화포를 제작하였고 진포싸움에서 왜구를 격퇴하였다.

② 대형 범선이 제조되었고 대형 조운선이 등장하였다.

④ 귀족문화의 발달

(1) 문학의 성장

① 전기
  ㉠ 한문학 : 광종 때부터 실시한 과거제로 한문학이 크게 발달하였고, 성종 이후 문치주의가 성행함에 따라 한문학은 관리들의 필수교양이 되었다.
  ㉡ 향가 : 균여의 보현십원가가 대표적이며, 향가는 점차 한시에 밀려 사라지게 되었다.

② 중기 … 당의 시나 송의 산문을 숭상하는 풍조가 나타났다.

③ 무신집권기 … 현실도피적 경향의 수필문학(임춘의 국순전, 이인로의 파한집)이 유행하였다.

④ 후기 … 신진사대부와 민중이 주축이 되어 수필문학, 패관문학, 한시가 발달하였으며, 사대부문학인 경기체가 및 서민의 감정을 자유분방하게 표현한 속요가 유행하였다.

(2) 건축과 조각

① 건축 … 궁궐과 사원이 중심이 되었으며, 주심포식 건물(안동 봉정사 극락전, 영주 부석사 무량수전, 예산 수덕사 대웅전)과 다포식 건물(사리원 성북사 응진전)이 건축되었다.

② 석탑 … 신라 양식을 계승하였으나 독자적인 조형감각을 가미하여 다양한 형태로 제작되었다(불일사 5층 석탑, 월정사 팔각 9층 석탑, 경천사 10층 석탑).

③ 승탑 … 선종의 유행과 관련이 있다(고달사지 승탑, 법천사 지광국사 현묘탑).

④ 불상 … 균형을 이루지 못하여 조형미가 다소 부족한 것이 많았다(광주 춘궁리 철불, 관촉사 석조 미륵보살 입상, 안동 이천동 석불, 부석사 소조아미타여래 좌상).

(3) 청자와 공예

① 자기공예 … 상감청자가 발달하였다.

② 금속공예 … 은입사 기술이 발달하였다(청동 은입사 포류수금문 정병, 청동향로).

③ 나전칠기 … 경함, 화장품갑, 문방구 등이 현재까지 전해진다.

(4) 글씨 · 그림과 음악

① 서예 … 전기에는 구양순체가 유행했으며 탄연의 글씨가 뛰어났고, 후기에는 송설체가 유행했으며, 이암이 뛰어났다.

② 회화 … 전기에는 예성강도, 후기에는 사군자 중심의 문인화가 유행하였다,

③ 음악
　㉠ 아악 : 송에서 수입된 대성악이 궁중음악으로 발전된 것이다.
　㉡ 향악(속악) : 우리 고유의 음악이 당악의 영향을 받아 발달한 것으로 동동·대동강·한림별곡이 유명하다.

03 근세의 문화

1 민족문화의 융성

(1) 한글의 창제
① 배경 … 한자음의 혼란을 방지하고 피지배층에 대한 도덕적인 교화에 목적이 있었다.
② 보급 … 용비어천가·월인천강지곡 등을 제작하고, 불경, 농서, 윤리서, 병서 등을 간행하였다.

(2) 역사서의 편찬
① 건국 초기 … 왕조의 정통성을 확보하고 성리학적 통치규범을 정착시키기 위한 것이었다. 정도전의 고려국사와 권근의 동국사략이 대표적이다.
② 15세기 중엽 … 고려역사를 자주적 입장에서 재정리하였고 고려사, 고려사절요, 동국통감이 간행되었다.
③ 16세기 … 사림의 정치·문화 의식을 반영하였고, 박상의 동국사략이 편찬되었다.
④ 실록의 편찬 … 국왕 사후에 실록청을 설치하여 편찬하였다.

(3) 지리서의 편찬
① 목적 … 중앙 집권과 국방 강화를 위하여 지리지와 지도의 편찬에 힘썼다.
② 지도 … 혼일강리역대국도지도, 팔도도, 동국지도, 조선방역지도 등이 있다.
③ 지리지 … 신찬팔도지리지, 동국여지승람, 신증동국여지승람, 해동제국기 등이 있다.

(4) 윤리·의례서와 법전의 편찬
① 윤리·의례서 … 유교적인 사회질서 확립을 위해 편찬하였으며, 삼강행실도, 이륜행실도, 동몽수지 등의 윤리서와 의례서로는 국조오례의가 있다.

② 법전의 편찬
　㉠ 초기 법전 : 정도전의 조선경국전, 경제문감, 조준의 경제육전이 편찬되었다.
　㉡ 경국대전 : 구성된 법전으로 유교적 통치 질서와 문물제도가 완성되었음을 의미한다.

❷ 성리학의 발달

(1) 조선 초의 성리학

① 관학파(훈구파) … 정도전, 권근 등의 관학파는 다양한 사상과 종교를 포용하고, 주례를 중시하였다.

② 사학파(사림파) … 길재 등은 고려말의 온건개혁파를 계승하여 교화에 의한 통치를 강조하였고, 성리학적 명분론을 중시하였다.

(2) 성리학의 융성

① 이기론의 발달
　㉠ 주리론 : 기(氣)보다는 이(理)를 중심으로 이론을 전개하였다.
　㉡ 주기론 : 이(理)보다는 기(氣)를 중심으로 세계를 이해하였다.

② 성리학의 정착
　㉠ 이황
　　• 인간의 심성을 중시하였고, 근본적이며 이상주의적 성격이 강하였다.
　　• 주자서절요, 성학십도 등을 저술하여 이기이원론을 더욱 발전시켜 주리철학을 확립하였다.
　㉡ 이이
　　• 기를 강조하여 일원론적 이기이원론을 주장하였으며 현실적이고 개혁적인 성격이 강하였다.
　　• 동호문답, 성학집요 등을 저술하였다.

(3) 학파의 형성과 대립

① 동인
　㉠ 남인 : 이황학파, 서인과 함께 인조반정에 성공하였다.
　㉡ 북인 : 서경덕학파, 조식학파, 광해군 때 사회개혁을 추진하였다.

② 서인 … 이이학파·성혼학파로 나뉘고, 인조반정으로 집권하였으며, 송시열 이후 척화론과 의리명분론을 강조하였다.

(4) 예학의 발달

① **성격** … 유교적 질서를 유지하였고, 예치를 강조하였다.

② **영향** … 각 학파 간 예학의 차이가 예송논쟁을 통해 표출되었다.

❸ 불교와 민간신앙

(1) 불교의 정비

① **불교 정책** … 사원의 토지와 노비를 회수하고, 사찰 및 승려 수를 제한하였으며, 도첩제를 실시하였다.

② **정비과정** … 선·교 양종에 모두 36개 절만 인정하였고, 사람들의 적극적인 불교비판으로 불교는 산속으로 들어가게 되었다.

(2) 도교와 민간신앙

① **도교** … 소격서를 설치하고 참성단에서 일월성신에 대해 제사를 지내는 초제를 시행하였다.

② **풍수지리설과 도참사상** … 한양 천도에 반영되었고, 산송문제를 야기하기도 하였다.

③ **민간신앙** … 무격신앙, 산신신앙, 삼신숭배, 촌락제가 성행하게 되었다.

❹ 과학기술의 발달

(1) 천문·역법과 의학

① 각종 기구의 발명·제작
   - ⊙ 천체관측기구 : 혼의, 간의
   - ⊙ 시간측정기구 : 해시계(앙부일구), 물시계(자격루)
   - ⓒ 강우량측정기구 : 측우기(세계 최초)
   - ⓔ 토지측량기구 : 인지의, 규형(토지 측량과 지도 제작에 활용)

② **역법** … 중국의 수시력과 아라비아의 회회력을 참고한 칠정산을 발달시켰다.

③ **의학분야** … 향약집성방과 의방유취가 편찬되었다.

(2) 농서의 편찬과 농업기술의 발달

① 농서의 편찬
   ㉠ 농사직설 : 최초의 농서로서 독자적인 농법을 정리(씨앗의 저장법·토질의 개량법·모내기법)하였다.
   ㉡ 금양잡록 : 금양(시흥)지방을 중심으로 경기지방의 농사법을 정리하였다.

② 농업기술의 발달 … 2년 3작(밭농사), 이모작·모내기법(논농사), 시비법, 가을갈이가 실시되었다.

(3) 병서 편찬과 무기 제조

① 병서의 편찬 … 총통등록, 병장도설이 편찬되었다.

② 무기 제조 … 최해산은 화약무기를 제조하였고, 화포가 만들어졌다.

③ 병선 제조 … 태종 때에는 거북선과 비거도선을 제조하여 수군의 전투력을 향상시켰다.

5 문학과 예술

(1) 다양한 문학

① 15세기 … 격식을 존중하고, 질서와 조화를 내세웠다.
   ㉠ 악장과 한문학 : 용비어천가, 월인천강지곡, 동문선
   ㉡ 시조문학 : 김종서·남이(패기 넘침)
   ㉢ 설화문학 : 관리들의 기이한 행적, 서민들의 풍속·감정·역사의식을 담았다(서거정의 필원잡기, 김시습의 금오신화).

② 16세기 … 사림문학이 주류를 이루었다.
   ㉠ 시조문학 : 황진이, 윤선도(오우기·어부사시사)
   ㉡ 가사문학 : 송순, 정철(관동별곡·사미인곡·속미인곡)

(2) 왕실과 양반의 건축

① 15세기 … 궁궐·관아·성곽·성문·학교건축이 중심이 되었고, 건물은 건물주의 신분에 따라 일정한 제한을 두었다.

② 16세기 … 서원건축은 가람배치양식과 주택양식이 실용적으로 결합된 독특한 아름다움을 지녔으며, 옥산서원(경주)·도산서원(안동)이 대표적이다.

(3) 분청사기 · 백자와 공예

① 분청사기 … 안정된 그릇모양이었으며 소박하였다.

② 백자 … 깨끗하고 담백하며 선비취향이었다.

③ 공예 … 목공예, 화각공예, 자개공예가 주류를 이루었다.

(4) 그림과 글씨

① 그림
  ㉠ 15세기 : 안견(몽유도원도), 강희안(고사관수도), 강희맹 등이 있다.
  ㉡ 16세기 : 산수화와 사군자가 유행하였으며, 이암, 이정, 황집중, 어몽룡, 신사임당 등이 있다.

② 글씨 … 안평대군(송설체), 양사언(초서), 한호(석봉체)가 유명하였다.

04 문화의 새 기운

1 성리학의 변화

(1) 성리학의 교조화 경향

① 서인의 의리명분론 강화 … 송시열은 주자중심의 성리학을 절대화 하였다.

② 성리학 비판
  ㉠ 윤휴 : 유교경전에 대한 독자적으로 해석하였다.
  ㉡ 박세당 : 양명학과 조장사상의 영향을 받아 주자의 학설을 비판하였으나 사문난적으로 몰렸다.

③ 성리학의 발달
  ㉠ 이기론 중심 : 이황학파의 영남 남인과 이이학파인 노론 사이에 성리학의 이기론을 둘러싼 논쟁이 치열하게 전개되었다.
  ㉡ 심성론 중심 : 인간과 사물의 본성이 같은가 다른가 등의 문제를 둘러싸고 충청도 지역의 호론과 서울 지역의 낙론이 대립하였다.

(2) 양명학의 수용

① 성리학의 교조화와 형식화를 비판하였고, 실천성을 강조하였다.

② 강화학파의 형성 … 18세기 초 정제두가 양명학 연구와 제자 양성에 힘써 강화학파라 불리는 하나의 학파를 이루었으나 제자들이 정권에서 소외된 소론이었기 때문에 그의 학문은 집안의 후손들과 인척을 중심으로 가학(家學)의 형태로 계승되었다.

2 실학의 발달

(1) 실학의 등장

① 배경 … 사회모순의 해결이 필요했으며, 성리학의 한계가 나타났다.

② 새로운 문화운동 … 현실적 문제를 연구했으며, 이수광의 지봉유설, 한백겸의 동국지리지가 편찬되었다.

③ 성격 … 민생안정과 부국강병이 목표였고, 비판적·실증적 논리로 사회개혁론을 제시하였다.

(2) 농업 중심의 개혁론(경세치용학파)

① 특징 … 농민의 입장에서 토지제도의 개혁을 추구하였다.

② 주요 학자와 사상

㉠ 유형원 : 반계수록을 저술, 균전론 주장, 양반문벌제도·과거제도·노비제도의 모순을 비판하였다.

㉡ 이익 : 이익학파를 형성하고 한전론을 주장, 6종의 폐단을 지적했다.

㉢ 정약용 : 실학을 집대성, 목민심서·경세유표를 저술, 여전론을 주장하였다.

(3) 상공업 중심의 개혁론(이용후생학파, 북학파)

① 특징 … 청나라 문물을 적극적으로 수용하여 부국 강병과 이용 후생에 힘쓰자고 주장하였다.

② 주요 학자와 사상

㉠ 유수원 : 우서를 저술, 상공업 진흥·기술혁신을 강조, 사농공상의 직업평등과 전문화를 주장하였다.

㉡ 홍대용 : 임하경륜·의산문답을 저술, 기술혁신과 문벌제도를 철폐, 성리학 극복을 주장하였다.

㉢ 박지원 : 열하일기를 저술, 상공업의 진흥 강조(수레와 선박의 이용·화폐유통의 필요성 주장), 양반문벌제도의 비생산성 비판, 농업 생산력 증대에 관심(영농방법의 혁신·상업적 농업의 장려·수리시설의 확충)을 가졌다.

㉣ 박제가 : 북학의를 저술, 청과의 통상 강화, 수레와 선박 이용, 소비권장을 주장하였다.

(4) 국학 연구의 확대

① 국사
- ⊙ 이익 : 실증적·비판적 역사서술, 중국 중심의 역사관을 비판하였다.
- ⓒ 안정복 : 동사강목을 저술하였고 고증사학의 토대를 닦았다.
- ⓒ 이긍익 : 조선시대의 정치와 문화를 정리하여 연려실기술을 저술하였다.
- ② 이종휘와 유득공 : 이종휘의 동사와 유득공의 발해고는 각각 고구려사와 발해사 연구를 중심으로 연구 시야를 만주지방까지 확대하여 한반도 중심의 협소한 사관을 극복하고자 했다.
- ⓒ 김정희 : 금석과안록을 지어 북한산비가 진흥왕순수비임을 고증하였다.

③ 국토에 대한 연구
- ⊙ 지리서 : 한백겸의 동국지리지, 정약용의 아방강역고, 이중환의 택리지가 편찬되었다.
- ⓒ 지도 : 동국지도(정상기), 대동여지도(김정호)가 유명하다.

④ 언어에 대한 연구 … 신경준의 훈민정음운해, 유희의 언문지, 이의봉의 고금석림이 편찬되었다.

⑤ 백과사전의 편찬 … 이수광의 지봉유설, 이익의 성호사설, 서유구의 임원경제지, 홍봉한의 동국문헌비고가 편찬되었다.

❸ 과학기술의 발달

(1) 천문학과 지도제작기술의 발달

① 천문학 … 김석문·홍대용의 지전설은 근대적 우주관으로 성리학적 세계관을 비판하였다.

② 역법과 수학 … 시헌력(김육)과 유클리드 기하학을 도입하였다.

③ 지리학 … 곤여만국전도(세계지도)가 전래되어 세계관이 확대되었다.

(2) 의학의 발달과 기술의 개발

① 의학 … 허준은 동의보감, 허임은 침구경험방, 정약용은 마과회통, 이제마는 동의수세보원을 저술하였다.

② 정약용의 기술관 … 한강에 배다리를 설계하고, 수원 화성을 설계 및 축조하였다(거중기 사용)

(3) 농서의 편찬과 농업기술의 발달

① 농서의 편찬
- ⊙ 신속의 농가집성 : 벼농사 중심의 농법이 소개되고, 이앙법 보급에 기여하였다.
- ⓒ 박세당의 색경 : 곡물재배법, 채소, 과수, 원예, 축산, 양잠 등의 농업기술을 소개하였다.

ⓒ 홍만선의 산림경제 : 농예, 의학, 구황 등에 관한 농서이다.
ⓔ 서유구 : 해동농서와 농촌생활 백과사전인 임원경제지를 편찬하였다.

② 농업기술의 발달
㉠ 이앙법, 견종법의 보급으로 노동력이 절감되고 생산량이 증대되었다.
㉡ 쟁기를 개선하여 소를 이용한 쟁기를 사용하기 시작하였다.
㉢ 시비법이 발전되어 여러 종류의 거름이 사용됨으로써 토지의 생산력이 증대되었다.
㉣ 수리시설의 개선으로 저수지를 축조하였다(당진의 합덕지, 연안의 남대지 등).
㉤ 황무지 개간(내륙 산간지방)과 간척사업(해안지방)으로 경지면적을 확대시켰다.

❹ 문학과 예술의 새 경향

(1) 서민문화의 발달

① 배경 … 서당교육이 보급되고, 서민의 경제적·신분적 지위가 향상되었다.

② 서민문화의 대두 … 중인층(역관·서리), 상공업 계층, 부농층의 문예활동과 상민, 광대들의 활동이 활발하였다.

③ 문학상의 특징 … 인간감정을 적나라하게 표현하고 양반들의 위선적인 모습을 비판하며, 사회의 부정과 비리를 풍자·고발하였다. 서민적 주인공이 등장했으며, 현실세계를 배경으로 설정하였다.

(2) 판소리와 탈놀이

① 판소리 … 서민문화의 중심이 되었으며, 직접적이고 솔직하게 감정을 표현하였다. 다섯마당(춘향가·심청가·흥보가·적벽가·수궁가)이 대표적이며, 신재효는 판소리 사설을 창작하고 정리하였다.

② 탈놀이·산대놀이 … 승려들의 부패와 위선을 풍자하고, 양반의 허구를 폭로하였다.

(3) 한글소설과 사설시조

① 한글소설 … 홍길동전, 춘향전, 별주부전, 심청전, 장화홍련전 등이 유명하였다.

② 사설시조 … 남녀 간의 사랑, 현실에 대한 비판을 거리낌없이 표현하였다.

③ 한문학 … 정약용은 삼정의 문란을 폭로하는 한시를 썼고, 박지원은 양반전, 허생전, 호질을 통해 양반사회의 허구성을 지적하며 실용적 태도를 강조하였다.

(4) 진경산수화와 풍속화

① **진경산수화** … 우리나라의 고유한 자연을 표현하였고, 정선의 인왕제색도·금강전도가 대표적이다.

② **풍속화** … 김홍도는 서민생활을 묘사하였고, 신윤복은 양반 및 부녀자의 생활과 남녀 사이의 애정을 표현하였다.

③ **민화** … 민중의 미적 감각과 소박한 정서를 표현하였다.

④ **서예** … 이광사(동국진체), 김정희(추사체)가 대표적이었다.

(5) 백자·생활공예와 음악

① **자기공예** … 백자가 민간에까지 널리 사용되었고, 청화백자가 유행하였으며 서민들은 옹기를 많이 사용하였다.

② **생활공예** … 목공예와 화각공예가 발전하였다.

③ **음악** … 음악의 향유층이 확대되어 다양한 음악이 출현하였다. 양반층은 가곡·시조, 서민들은 민요를 애창하였다.

05. 민족문화의 발달

최근 기출문제 분석

2020. 6. 13. 제1회 지방직 / 제2회 서울특별시
1 밑줄 친 '그'의 저술로 옳은 것은?

> 서울의 노론 집안에서 태어난 그는 『양반전』을 지어 양반사회의 허위를 고발하였다. 그는 또한 한전론을 주장하였으며, 상공업 진흥에도 관심을 기울여 수레와 선박의 이용 등에 대해서도 주목하였다.

① 『북학의』
② 『과농소초』
③ 『의산문답』
④ 『지봉유설』

TIP 조선 후기 북학파 실학자 박지원이다. 실용적, 실제적인 철학 사상을 가진 대표적인 실학자로 여러 분야에 걸쳐 학문에 관심을 가졌을뿐만 아니라 당시 양반 사회를 비판하고 풍자하는 작품을 남겼다. 그를 대표하는 저서로는 〈열하일기〉, 〈허생전〉, 〈광문자전〉, 〈양반전〉 등이 있으며 〈과농소초〉는 중국의 농학과 우리나라의 농학을 비교 연구한 것으로 농법과 토지제도의 개혁 등을 주장하였다.
① 북학의는 조선 후기 실학자 박제가의 저서이다.
③ 의산문답은 조선 후기 실학자 홍대용의 저서이다.
④ 지봉유설은 조선 후기 실학자 이수광의 저서이다.

2019. 6. 15 제2회 서울특별시
2 고려시대 불교계의 동향과 관련된 설명으로 가장 옳지 않은 것은?

① 백련결사를 제창한 요세는 참회와 수행에 중점을 두는 등 복잡한 이론보다 종교적 실천을 강조했다.
② 재조대장경은 고려 전기에 만들어졌던 대장경 판목이 거란의 침입으로 불타버렸기 때문에 무신집권기에 다시 만든 것이다.
③ 각훈은 삼국시대 이래 승려들의 전기를 정리하여 해동고승전을 지었다.
④ 지눌은 깨달음과 더불어 실천을 강조하는 돈오점수를 주장했다.

TIP 재조대장경은 무신집권기인 고려 고종 때 최우가 대장도감을 설치하여 완성하였다. 당시 몽고의 침입으로 전기에 제작된 초조대장경이 불타자 불교의 힘으로 외세의 침입을 막아내고자 만들었다. 초조대장경의 소실은 거란이 아닌 몽고의 침입으로 발생했다.

Answer 1.② 2.②

2019. 6. 15 제2회 서울특별시

3 〈보기〉의 의서(醫書)를 편찬된 순서대로 바르게 나열한 것은?

보기

㉠ 동의보감(東醫寶鑑)　　㉡ 마과회통(麻科會通)
㉢ 의방유취(醫方類聚)　　㉣ 향약구급방(鄕藥救急方)

① ㉠ - ㉡ - ㉢ - ㉣
② ㉢ - ㉣ - ㉡ - ㉠
③ ㉣ - ㉢ - ㉠ - ㉡
④ ㉣ - ㉢ - ㉡ - ㉠

> **TIP** ㉠ 동의보감 : 조선 광해군(1610)
> ㉡ 마과회통 : 조선 정조(1798)
> ㉢ 의방유취 : 조선 세종(1445)
> ㉣ 향약구급방 : 고려 고종(1236)

2018. 5. 19 제1회 지방직

4 다음과 같은 불교 사상의 영향을 받아 만들어진 문화재는?

> 이 불교 사상은 개인적 정신 세계를 추구하는 경향이 강하였기 때문에 지방에서 독자적인 세력을 이루어 성주나 장군을 자처했던 자들로부터 큰 호응을 받았다.

① 성덕대왕신종
② 쌍봉사 철감선사탑
③ 경천사지 십층 석탑
④ 금동미륵보살 반가사유상

> **TIP** 제시된 내용은 신라 말기에 유행한 선종에 대한 설명이다.
> ② 쌍봉사 철감선사탑은 신라 말 선종의 영향을 받아 나타난 팔각 원당형의 승탑(부도)이다.
> ① 성덕대왕신종은 신라 경덕왕이 아버지인 성덕왕의 공덕을 널리 알리기 위해 종을 만들려 했으나 뜻을 이루지 못하고, 그 뒤를 이어 혜공왕이 771년에 완성하였다.
> ③ 경천사지 십층 석탑은 새로운 양식의 석탑이 많이 출현했던 고려시대의 것으로 그 중에서도 특수한 형태를 자랑하고 있으며, 대리석으로 만들어졌다.
> ④ 금동미륵보살 반가사유상은 삼국시대의 불상이다.

Answer 3.③ 4.②

2018. 5. 19 제1회 지방직

5 다음에서 설명하는 인물의 저서로 옳은 것은?

- 종래의 조선 농학과 박물학을 집대성하였다.
- 전국 주요 지역에 국가 시범 농장인 둔전을 설치하여 혁신적 농법과 경영 방법으로 수익을 올려서 국가 재정을 보충할 것을 제안했다.

① 색경   ② 산림경제
③ 과농소초   ④ 임원경제지

> **TIP** 제시된 내용에서 설명하고 있는 인물은 서유구이다. 서유구는 해동농서와 농촌생활 백과사전인 임원경제지를 편찬하였다.
> ① 색경은 조선 숙종 때 박세당이 지은 농서로, 지방의 농경법을 연구하여 꾸민 농업기술서이다.
> ② 산림경제는 조선 숙종 때의 실학자 홍만선이 엮은 농서 겸 가정생활서이다.
> ③ 과농소초는 조선 후기 실학자 박지원이 편찬한 농서이다.

Answer 5.④

05. 민족문화의 발달

출제 예상 문제

1 신라 하대 불교계의 새로운 경향을 알려주는 다음의 사상에 대한 설명으로 옳은 것은?

> 불립문자(不立文字)라 하여 문자를 세워 말하지 않는다고 주장하고, 복잡한 교리를 떠나서 심성(心性)을 도야하는 데 치중하였다. 그러므로 이 사상에서 주장하는 바는 인간의 타고난 본성이 곧 불성(佛性)임을 알면 그것이 불교의 도리를 깨닫는 것이라는 견성오도(見性悟道)에 있었다.

① 전제왕권을 강화해주는 이념적 도구로 크게 작용하였다.
② 지방에서 새로이 대두한 호족들의 사상으로 받아들여졌다.
③ 왕실은 이 사상을 포섭하려는 노력에 관심을 기울이지 않았다.
④ 인도에까지 가서 공부해 온 승려들에 의해 전파되었다.

TIP 위에 설명된 사상은 신라 하대에 유행한 선종(禪宗)에 관한 것으로 선종은 문자에 의존하지 않고 오직 좌선만을 통해 부처의 깨달음에 이르려는 종파이다. 6세기 초에 인도에서 중국으로 건너 온 보리달마를 초조(初祖)로 한다. 선종사상은 절대적인 존재인 부처에 귀의하려는 것이 아니라 각자가 가지고 있는 불성(佛性)의 개발을 중요시하는 성향을 지녔기에 신라 하대 당시 중앙정부의 간섭을 배제하면서 지방에서 독자적인 세력을 구축하려 한 호족들의 의식구조와 부합하였다. 이로 인해 신라 말 지방호족의 도움으로 선종은 크게 세력을 떨치며 새로운 사회의 사상적 토대를 마련하였다.

2 조선 후기 천주교와 관련된 설명으로 옳지 않은 것은?

① 기해사옥 때 흑산도로 유배를 간 정약전은 그 지역의 어류를 조사한 「자산어보」를 저술하였다.
② 안정복은 성리학의 입장에서 천주교를 비판하는 「천학문답」을 저술하였다.
③ 1791년 윤지충은 어머니 상(喪)에 유교 의식을 거부하여 신주를 없애고 제사를 지내 권상연과 함께 처형을 당하였다.
④ 신유사옥 때 황사영은 군대를 동원하여 조선에서 신앙의 자유를 보장받게 해달라는 서신을 북경에 있는 주교에게 보내려다 발각되었다.

TIP ① 정약전은 신유사옥(1801)으로 인해 흑산도로 귀양을 간 후 그 곳에서 자산어보를 지었다.

Answer 1.② 2.①

3 다음 중 해외로 유출된 우리 문화재는?

① 신윤복의 미인도
② 안견의 몽유도원도
③ 정선의 인왕제색도
④ 강희안의 고사관수도

TIP ② 현재 안견의 몽유도원도(夢遊桃源圖)는 일본 덴리대학(天理大學) 중앙도서관에 소장되어 있으며 우리나라에서는 2009년 한국박물관 개관 100주년 기념 특별전으로 전시된 적이 있었다.

4 밑줄 친 '이 농서'가 처음 편찬된 시기의 문화에 대한 설명으로 옳은 것은?

> 「농상집요」는 중국 화북 지방의 농사 경험을 정리한 것으로서 기후와 토질이 다른 조선에는 도움이 될 수 없었다. 이에 농사 경험이 풍부한 각 도의 농민들에게 물어서 조선의 실정에 맞는 농법을 소개한 이 농서가 편찬되었다.

① 현실 세계와 이상 세계를 표현한 「몽유도원도」가 그려졌다.
② 선종의 입장에서 교종을 통합한 조계종이 성립되었다.
③ 윤휴는 주자의 사상과 다른 모습을 보여 사문난적으로 몰렸다.
④ 진경산수화와 풍속화가 유행하였다.

TIP 농사직설(農事直說)은 조선 세종 때 지어진 농서(農書)로 서문에서 밝히는 바와 같이 당시 까지 간행된 중국의 농서가 우리나라의 풍토와 맞지 않아 농사를 짓는 데 있어 어려움이 있다는 이유로 세종이 각 도 감사에게 명해 각 지역의 농군들에게 직접 물어 땅에 따라 이미 경험한 바를 자세히 듣고 이를 수집하여 편찬, 인쇄, 보급한 것이다. 이 책은 지역에 따라 적절한 농법을 수록하여 우리 실정과 거리가 먼 중국의 농법에서 벗어나는 좋은 계기를 마련했다고 볼 수 있다.
① 안견의 몽유도원도는 1447년(세종 29)에 안평대군이 도원을 거닐며 놀았던 꿈 내용을 당시 도화서 화가였던 안견에게 말해 안견이 그린 것으로 현재 일본 덴리대학(天理大學) 중앙도서관에 소장되어 있다.

Answer 3.② 4.①

5 다음 역사서 저자들의 정치적 입장에 관한 설명으로 옳지 않은 것은?

① 「여사제강」 – 서인의 입장에서 북벌운동을 지지하였다.
② 「동사(東事)」 – 붕당정치를 비판하였다.
③ 「동사강목」 – 성리학적 명분론을 비판하였다.
④ 「동국통감제강」 – 남인의 입장에서 왕권 강화를 주장하였다.

> **TIP** 동사강목 … 17세기 이후 축적된 국사연구의 성과를 계승 발전시켜 역사인식과 서술내용 면에서 가장 완성도가 높은 저술로서 정통론인식과 문헌고증방식의 양면을 집대성한 대표적인 통사이다. 단군 → 기자 → 마한 → 통일신라 → 고려까지의 유교적 정통론을 완성하였으며 위만조선을 찬탈왕조로 다루고 발해를 말갈왕조로 보아 우리 역사에서 제외시켰는데 이는 조선의 성리학자로서의 명분론에 입각한 것이었다.

6 보기의 내용과 관련있는 사실로 옳은 것은?

| • 일본의 다카마스 | • 호류사 금당벽화 | • 정효공주묘의 모줄임 구조 |

① 활발한 정복활동과 불교전파
② 고구려 문화의 대외전파
③ 백제 문화의 대외전파
④ 신라 문화의 대외전파

> **TIP** ② 고구려는 일본에 주로 의학과 약학을 전해 주었으며 혜자는 쇼토쿠 태자의 스승이 되었다. 또한 담징은 호류사의 금당벽화를 그렸으며, 다카마쓰고분에서도 고구려의 흔적이 나타난다. 정효공주묘의 천장이 모줄임 구조도 고구려적 요소라고 할 수 있다.

Answer 5.③ 6.②

7 다음은 고려시대의 목조건축물이다. 다포양식의 건축물은?

① 봉정사 극락전 ② 수덕사 대웅전
③ 성불사 응진전 ④ 부석사 무량수전

> **TIP** ①②④ 기둥 위에만 공포를 짜 올리는 주심포 양식으로 하중이 기둥에만 전달되어 기둥은 굵으며 배흘림 양식이다.
> ③ 기둥과 기둥 사이에 공포를 짜 올리는 다포 양식으로 하중이 고르게 분산되어 지붕이 더욱 커졌다. 이는 중후하고 장엄한 느낌을 준다.

8 다음 보기의 내용들을 시대순으로 바르게 나열한 것은?

> ㉠ 충청도 지방의 호론과 서울 지방의 낙론 사이에 성리학의 심성논쟁이 벌어졌다.
> ㉡ 붕당 사이에 예론을 둘러싼 논쟁이 전개되었다.
> ㉢ 이황과 이이 사이에 성리학의 이기론을 둘러싼 논쟁이 전개되었다.

① ㉠ - ㉡ - ㉢   ② ㉡ - ㉠ - ㉢
③ ㉢ - ㉠ - ㉡   ④ ㉢ - ㉡ - ㉠

> **TIP** ㉠ 제시된 글은 노론 내부에서 펼쳐진 호락논쟁으로 서울지역의 인물성동론은 북학파에, 충청지역의 인물성이론은 위정척사에 영향을 주었다.
> ㉡ 예송 논쟁이란 예법에 대한 송사와 논쟁으로 제1차는 1659년에 기해 예송, 제2차는 1674년 갑인 예송으로 나타났다.
> ㉢ 이황은 주리론의 입장에서 학문의 본원적 연구에 치중하였고, 이이는 주기론의 입장에서 현실세계의 개혁에 깊이 관여하였다. 그러나 두 학파 모두 도덕세계의 구현이라는 점에서는 입장이 같다.

Answer 7.③ 8.④

9 다음의 사상에 관한 설명으로 옳은 것은?

> (가) 인간과 사물의 본성은 동일하다.
> (나) 인간과 사물의 본성은 동일하지 않다.

① (가)는 구한말 위정척사 사상으로 계승되었다.
② (나)는 실학파의 이론적 토대가 되었다.
③ (나)는 사문난적으로 학계에서 배척당했다.
④ (가)와 (나)는 노론 인사들을 중심으로 이루어졌다.

TIP 제시된 글은 노론 내부에서 펼쳐진 호락논쟁으로 (가)는 서울지역의 인물성동론으로 북학파에, (나)는 충청지역의 인물성이론으로 위정척사에 영향을 주었다.

10 고려 말 성리학에 대한 설명으로 옳지 않은 것은?

① 충렬왕 때 안향이 처음으로 소개하였다.
② 정몽주는 '동방이학의 조'라는 칭호를 들을 정도로 뛰어난 성리학자였다.
③ 고려 말에 사림파가 새롭게 등장하였다.
④ 정도전은 불씨잡변을 저술하여 불교를 비판하였다.

TIP ③ 사림파는 고려 말 은거하고 있던 길재가 양성한 세력으로 조선 성종을 전후로 정계에 등장하였다.

Answer 9.④ 10.③

11 조선 후기 화풍에 관한 설명으로 옳지 않은 것은?

① 중국의 화풍을 수용하여 독자적으로 재구성하였다.
② 민중의 기복적 염원과 미의식을 표현한 민화가 발달하였다.
③ 강세황의 작품에서는 서양화법의 영향이 드러난다.
④ 뚜렷한 자아의식을 바탕으로 우리의 자연을 직접 눈으로 보고 사실적으로 그리려는 화풍의 변화가 나타났다.

TIP ① 조선 전기 화풍의 특징이다.

12 불교의 교리를 알지 못하여도 '나무아미타불 관세음보살'만 외우면 서방의 극락에서 왕생할 수 있다고 주장한 승려는?

① 원측
② 원효
③ 의상
④ 혜초

TIP ② 원효는 정토신앙을 널리 전파시켜 불교의 대중화에 기여하였다.

13 다음 중 조선 후기에 유행한 사상에 관한 설명으로 옳지 않은 것은?

① 굿과 같은 현세구복적인 무속신앙이 유행하였다.
② 말세도래와 왕조교체 등의 내용이 실린 정감록과 같은 비기·도참서가 유행하였다.
③ 인내천, 보국안민, 후천개벽을 내세운 동학이 창시되었다.
④ 서학(천주교)은 종교로 수용되어 점차 학문적 연구대상으로 변하였다.

TIP ④ 서학은 사신들에 의해 전래되어 문인들의 학문적 호기심에 의해 자발적으로 수용되었다.

Answer 11.① 12.② 13.④

14 다음 중 강서고분, 무용총, 각저총 등 벽화가 남아있는 고분의 형태는?

① 굴식벽돌무덤
② 굴식돌방무덤
③ 돌무지무덤
④ 돌무지덧널무덤

> **TIP** 굴식돌방무덤 … 판 모양의 돌을 이용하여 널을 안치하는 방을 만들고 널방벽의 한쪽에 외부로 통하는 출입구를 만든 뒤 봉토를 씌운 무덤으로 횡혈식 석실묘라고도 한다. 고대의 예술수준을 알 수 있는 고분벽화는 널방벽에 그려진 것이다.

15 다음 중 실학자의 주장으로 옳은 것은?

① 이익 – 중상주의 실학자로 상공업의 발달을 강조하였다.
② 박제가 – 절약과 저축의 중요성을 강조하였다.
③ 박지원 – 우서에서 우리나라와 중국의 문물을 비교·분석하여 개혁안을 제시하였다.
④ 정약용 – 토지의 공동소유 및 공동경작 등을 통한 집단 농장체제를 주장하였다.

> **TIP** ① 이익은 중농주의 실학자로 토지소유의 상한선을 정하여 대토지소유를 막는 한전론을 주장하였다.
> ② 박제가는 소비와 생산의 관계를 우물물에 비교하면서 검약보다 소비를 권장하였다.
> ③ 유수원에 관한 설명이다.

Answer 14.② 15.④

06 근현대사의 이해

01 국제 질서의 변동과 근대 국가 수립 운동

❶ 제국주의 열강의 침략과 조선의 대응

(1) 흥선대원군의 개혁 정치
① 흥선 대원군 집권 당시 국내외 정세
   ㉠ 국내 정세: 세도 정치의 폐단→삼정의 문란으로 인한 전국적 농민 봉기 발생, 평등사상 확산(천주교, 동학)
   ㉡ 국외 정세: 제국주의 열강의 침략적 접근→이양선 출몰, 프랑스, 미국 등 서구열강의 통상 요구
② 흥선 대원군의 내정 개혁
   ㉠ 목표: 세도정치 폐단 시정→전제 왕권 강화, 민생 안정
   ㉡ 정치 개혁
     • 세도 정치 타파: 안동 김씨 세력의 영향력 축소, 당파와 신분을 가리지 않고 능력별 인재 등용
     • 관제 개혁: 비변사 기능 축소(이후 철폐)→의정부와 삼군부의 기능 부활
     • 법전 편찬: 통치 체제 재정비→'대전회통', '육전조례'
   ㉢ 경복궁 중건: 왕실의 권위 회복→재원 조달을 위해 원납전 강제 징수, 당백전 발행, 부역 노동 강화, 양반 묘지림 벌목
     • 결과: 물가 폭등(당백전 남발), 부역 노동 강화로 인한 민심 악화 등으로 양반과 백성 반발 초래
③ 민생 안정을 위한 노력
   ㉠ 서원 철폐: 지방 양반세력의 근거지로서 면세 혜택 부여→국가 재정 악화 문제 초래, 백성 수탈 심화
     • 전국의 서원 중 47개소만 남기고 모두 철폐→양반층 반발, 국가 재정 확충에 기여
   ㉡ 수취 체제의 개편: 삼정의 문란 시정
     • 전정: 양전 사업 시행→은결을 찾아내어 조세 부과, 불법적 토지 겸병 금지
     • 군정: 호포제(호 단위로 군포 징수) 실시→양반에게 군포 징수
     • 환곡: 사창제 실시, 마을(里) 단위로 사창 설치→지방관과 아전의 횡포 방지

(2) 통상 수교 거부 정책과 양요
① 배경 … 서구 열강의 통상 요구, 러시아가 청으로부터 연해주 획득, 천주교 교세 확장 → 열강에 대한 경계심 고조
② 병인양요(1866)
　㉠ 배경 : 프랑스 선교사의 국내 활동(천주교 확산), 흥선 대원군이 프랑스를 이용하여 러시아를 견제하려 하였으나 실패 → 병인박해(1866)로 천주교 탄압
　㉡ 전개 : 병인박해를 계기로 로즈 제독이 이끄는 프랑스 함대가 강화도 침략 → 문수산성(한성근), 정족산성(양헌수) 전투에서 프랑스군에 항전
　㉢ 결과 : 프랑스군은 외규장각 도서를 비롯한 각종 문화재 약탈
③ 오페르트 도굴 사건(1868)
　㉠ 배경 : 독일 상인 오페르트의 통상 요구를 조선이 거절
　㉡ 전개 : 오페르트 일행이 흥선 대원군 아버지 묘인 남연군 묘 도굴을 시도하였으나 실패
　㉢ 결과 : 서양에 대한 반감 고조, 조선의 통상 수교 거부 정책 강화
④ 신미양요(1871)
　㉠ 배경 : 평양(대동강)에서 미국 상선 제너럴 셔먼호의 통상 요구 → 평안도 관찰사 박규수의 통상 거부 → 미국 선원들의 약탈 및 살상 발생 → 평양 군민들이 제너럴 셔먼호를 불태움
　㉡ 전개 : 미국이 제너럴 셔먼호을 계기로 배상금 지불, 통상 수교 요구 → 조선 정부 거부 → 미국 함대의 강화도 침략 → 초지진, 덕진진 점령 → 광성보 전투(어재연) → 미군 퇴각(어재연 수(帥)자기 약탈)
　㉢ 결과 : 흥선 대원군은 전국에 척화비 건립 (통상 수교 거부 의지 강화)

❷ 문호 개방과 근대적 개화 정책의 추진

(1) 조선의 문호 개방과 불평등 조약 체결
① 통상 개화론의 대두와 흥선 대원군의 하야
　㉠ 통상 개화론 : 북학파 실학 사상 계승 → 박규수, 오경석, 유홍기 등이 문호 개방과 서양과의 교류 주장 → 개화파에 영향 : 통상 개화론의 영향을 받아 급진 개화파(김옥균, 박영효, 홍영식, 서광범 등), 온건 개화파(김홍집, 김윤식, 어윤중 등)로 분화
　　- 온건개화파 : 점진적 개혁 추구 (청의 양무운동 모방) → 동도서기론 주장
　　- 급진개화화 : 급진적 개혁 추구 (일본의 메이지유신 모방) → 문명개화론 주장, 갑신정변을 일으킴
　㉡ 흥선 대원군 하야 : 고종이 친정을 실시하며 통상 수교 거부 정책 완화

② 강화도 조약(1876, 조·일수호 조규)
  ㉠ 배경 : 일본의 정한론(조선 침략론) 대두와 운요호 사건(1875)
  ㉡ 내용 : 외국과 체결한 최초의 근대적 조약, 불평등 조약
   • '조선은 자주국' : 조선에 대한 청의 종주권 부정, 일본의 영향력 강화
   • '부산 이외에 2개 항구 개항' : 경제적, 군사적, 정치적 목적을 위해 각각 부산, 원산, 인천항 개항
   • '해안 측량권 허용 및 영사 재판권(치외법권) 인정' : 불평등 조약
  ㉢ 부속 조약
   • 조·일 수호 조규 부록 : 개항장에서 일본 화폐 사용, 일본인 거류지 설정(간행이정 10리)을 규정
   • 조·일 무역 규칙 : 양곡의 무제한 유출 허용, 일본 상품에 대한 무관세 적용
③ 서구 열강과의 조약 체결
  ㉠ 조·미 수호 통상 조약(1882) : 제2차 수신사로 파견된 김홍집이 황준헌의 '조선책략' 유입·유포, 청의 알선
   • 내용 : 치외 법권(영사 재판권)과 최혜국 대우 인정, 수출입 상품에 대한 관세 부과, 거중 조정
   • 성격 : 서양과 맺은 최초의 조약이자 불평등 조약
   • 영향 : 미국에 보빙사 파견, 다른 서구 열강과 조약 체결에 영향
  ㉡ 다른 서구 열강과의 조약 체결 : 영국(1882), 독일(1882), 러시아(1884), 프랑스(1886)
   • 성격 : 최혜국 대우 등을 인정한 불평등 조약

(2) 개화 정책의 추진
① 외교 사절단 파견
  ㉠ 수신사 : 일본에 외교 사절단 파견 → 제1차 김기수(1876), 제2차 김홍집(1880) 파견
  ㉡ 조사시찰단(1881) : 일본의 근대 문물 시찰, 개화 정책에 대한 정보 수집을 목적으로 파견 – 비밀리에 파견(박정양, 어윤중, 홍영식)
  ㉢ 영선사(1881) : 청의 근대 무기 제조술 습득을 목적으로 파견(김윤식) → 귀국 후 기기창 설치
  ㉣ 보빙사(1883) : 조미수호통상조약 체결 후 미국 시찰 → 민영익, 홍영식, 유길준 등
② 정부의 개화 정책
  ㉠ 통리기무아문(1880) 및 12사 설치 : 개화 정책 총괄
  ㉡ 군제 개편 : 신식 군대인 별기군 창설(일본인 교관 초빙), 구식 군대인 5군영은 2영(무위영, 장어영)으로 개편
  ㉢ 근대 시설 : 기기창(근대 신식 무기 제조), 박문국(한성순보 발행), 전환국(화폐 발행), 우정총국(우편)

(3) 개화 정책에 대한 반발

① 위정척사 운동의 전개 … 성리학적 질서를 회복하고 서양 문물의 유입 반대→양반 유생 중심(반외세)
- ㉠ 통상 반대 운동(1860년대) : 서구 열강의 통상 요구 거부→이항로, 기정진 등
- ㉡ 개항 반대 운동(1870년대) : 강화도 조약 체결을 전후로 개항 반대 주장→최익현(왜양일체론 주장)
- ㉢ 개화 반대 운동(1880년대) : '조선책략' 유포 반대, 미국과의 수교 거부(영남만인소)→이만손, 홍재학
- ㉣ 항일 의병 운동(1890년대) : 을미사변, 단발령(을미개혁)에 반발→유인석, 이소응 등

② 임오군란(1882) … 반외세, 반정부 운동
- ㉠ 배경 : 개항 이후 일본으로의 곡물 유출로 물가가 폭등하여 민생 불안정, 구식군인에 대한 차별대우
- ㉡ 전개 : 구식 군인의 봉기, 도시 빈민 합세→별기군 일본 교관 살해, 일본 공사관과 궁궐 습격→명성 황후 피신→흥선대원군의 재집권(신식 군대 및 개화 기구 폐지)→청군 개입(흥선 대원군을 청으로 납치)→민씨 정권 재집권(친청 정권 수립)
- ㉢ 결과
  - 제물포 조약 체결(1882) : 일본에 배상금 지불, 일본 공사관 경비를 위해 일본군의 조선 주둔 허용
  - 청의 내정 간섭 심화 : 청군의 주둔 허용, 청의 고문 파견(마건상과 묄렌도르프)
  - 조·청 상민 수륙 무역 장정 체결(1882) : 청 상인의 내지 통상권 허용→청의 경제적 침투 강화

(4) 갑신정변(1884)

① 배경 … 친청 정권 수립과 청의 내정 간섭 심화로 개화 정책 후퇴, 급진 개화파 입지 축소, 청·프 전쟁

② 전개 … 급진 개화파가 우정총국 개국 축하연에 정변 일으킴→민씨 고관 살해→개화당 정부 수립→14개조 개혁 정강 발표→청군의 개입으로 3일만에 실패→김옥균, 박영효는 일본 망명

③ 갑신정변 14개조 개혁 정강 … 위로부터의 개혁
- ㉠ 정치적 개혁 : 친청 사대 정책 타파, 내각 중심의 정치→입헌 군주제 지향
- ㉡ 경제적 개혁 : 모든 재정의 호조 관할(재정 일원화), 지조법(토지세) 개정, 혜상공국 혁파, 환곡제 개혁
- ㉢ 사회적 개혁 : 문벌 폐지, 인민 평등권 확립, 능력에 따른 인재 등용 →신분제 타파 주장

④ 결과
- ㉠ 청의 내정 간섭 심화, 개화 세력 약화, 민씨 재집권
- ㉡ 한성 조약(1884) : 일본인 피살에 대한 배상금 지불, 일본 공사관 신축 비용 부담
- ㉢ 텐진 조약(1884) : 한반도에서 청·일 양국 군대의 공동 출병 및 공동 철수 규정

⑤ 의의와 한계
- ㉠ 의의 : 근대 국가 수립을 위한 최초의 근대적 정치·사회 개혁 운동
- ㉡ 한계 : 급진 개화파의 지나친 일본 의존적 성향과 토지 개혁의 부재 등으로 민중 지지 기반 결여

(5) 갑신정변 이후의 국내외 정세
① 거문도 사건(1885~1887) … 갑신정변 이후 청 견제를 위해 조선이 러시아와 비밀리에 교섭 진행→러시아 견제를 위해 영국이 거문도 불법 점령→청 중재로 영국군 철수
② 한반도 중립화론 … 한반도를 둘러싼 열강의 대립이 격화되자 이를 막기 위해 조선 중립화론 제시→독일 영사 부들러와 유길준에 의해 제시

❸ 구국 운동과 근대 국가 수립 운동의 전개

(1) 동학 농민 운동
① 농촌 사회의 동요 … 지배층의 농민 수탈 심화, 일본의 경제 침탈로 곡가 상승, 수공업 타격(면직물 수입)
② 동학의 교세 확장 및 교조 신원 운동
　㉠ 동학의 교세 확장 : 교리 정비(동경대전, 용담유사), 교단 조직(포접제)
　㉡ 교조 신원 운동 : 교조 최제우의 억울한 누명을 풀고 동학의 합법화 주장
　　• 전개 : 삼례집회(1892)→서울 복합 상소(1893)→보은 집회(1893)
　　• 성격 : 종교적 운동→정치적, 사회적 운동으로 발전(외세 배척, 탐관오리 숙청 주장)
③ 동학 농민 운동의 전개
　㉠ 고부 농민 봉기 : 고부 군수 조병갑의 횡포(만석보 사건)→전봉준 봉기(사발통문)→고부 관아 점령 및 만석보 파괴→후임 군수 박원명의 회유로 농민 자진 해산→안핵사 이용태 파견
　㉡ 제1차 봉기 : 안핵사 이용태의 농민 탄압→동학 농민군 재봉기하여 고부 재점령
　　• 백산 집결 : 동학 농민군이 보국안민, 제폭구민의 기치를 걸고 격문 발표, 호남 창의소 설치→이후 황토현, 황룡촌 전투에서 관군 격파→전주성 점령(폐정개혁안 12개조 요구)
　　• 전주 화약 체결 : 정부는 청에 군사 요청→청·일 양군 출병(톈진조약)→전주 화약 체결(집강소 설치)
　㉢ 제2차 봉기 : 전주 화약 체결 후 정부는 청일 양군의 철수 요구→일본이 거부하고 경복궁 무단 점령(청일전쟁)
　　• 삼례 재봉기 : 일본군 축출을 위해 동학 농민군 재봉기→남접(전봉준)과 북접(손병희) 합세하여 서울로 북상
　　• 우금치 전투(공주) : 관군과 일본군의 화력에 열세→동학 농민군 패배, 전봉준을 비롯한 지도부 체포
④ 동학 농민 운동의 의의와 한계
　㉠ 의의 : 반봉건 운동(신분제 폐지, 악습 철폐 요구), 반외세 운동(일본 및 서양 침략 반대)→이후 동학 농민군의 일부 요구가 갑오개혁에 반영, 잔여 세력 일부는 항일 의병 운동에 가담
　㉡ 한계 : 근대 사회 건설을 위한 구체적인 방안을 제시하지 못함

(2) 갑오·을미개혁

① 배경 … 갑신정변 및 동학 농민 운동 이후 내정 개혁의 필요성 대두→교정청(자주적 개혁) 설치(1894. 6.)

② 제1차 갑오개혁 … 일본군의 경복궁 무단 점령, 개혁 강요→제1차 김홍집 내각 수립(민씨 정권 붕괴, 흥선대원군 섭정), 군국기무처 설치
  ㉠ 정치 : 왕실 사무(궁내부)와 국정 사무(의정부) 분리, 6조를 8아문으로 개편, 과거제 폐지 등
  ㉡ 경제 : 탁지아문으로 재정 일원화, 은 본위 화폐제 채택, 도량형 통일, 조세 금납화 시행
  ㉢ 사회 : 신분제 철폐(공사 노비제 혁파), 봉건적 악습 타파(조혼 금지, 과부 재가 허용), 고문 및 연좌제 폐지

③ 제2차 갑오개혁 … 청·일 전쟁에서 일본의 승세로 내정 간섭 강화→제2차 김홍집·박영효 연립 내각 수립(흥선대원군 퇴진, 군국기무처 폐지, 홍범 14조 반포)
  ㉠ 정치 : 내각 제도 실시(의정부), 8아문을 7부로 개편, 지방 행정 체계 개편(8도→23부), 지방관 권한 축소, 재판소 설치(사법권을 행정권에서 분리)
  ㉡ 군사 : 훈련대와 시위대 설치
  ㉢ 교육 : 교육입국 조서 반포, 신학제(한성 사범 학교 관제, 소학교 관제, 외국어 학교 관제) 마련

④ 을미개혁(제3차 갑오개혁)
  ㉠ 배경 : 청·일 전쟁에서 일본이 승리→일본의 랴오둥반도 차지(시모노세키 조약)→러시아 주도의 삼국 간섭→랴오둥반도 반환→조선에서는 친러내각 수립→을미사변(명성황후 시해)→김홍집 내각 수립
  ㉡ 주요 개혁 내용
   • 정치 : '건양' 연호 사용
   • 군사 : 시위대(왕실 호위), 친위대(중앙), 진위대(지방) 설치
   • 사회 : 태양력 사용, 소학교 설치, 우체사 설립(우편 제도), 단발령 실시
  ㉢ 결과 : 아관파천(1896) 직후 개혁 중단→김홍집 체포 및 군중에 피살

⑤ 갑오개혁의 의의와 한계
  ㉠ 의의 : 갑신정변과 동학 농민 운동의 요구 반영(신분제 철폐), 여러 분야에 걸친 근대적 개혁
  ㉡ 한계 : 일본의 강요에 의해 추진, 일본의 조선 침략을 용이하게 함, 국방력 강화 개혁 소홀

(3) 독립 협회

① 독립 협회의 창립
　㉠ 배경 : 아관파천 직후 러시아를 비롯한 열강의 이권 침탈 가속화, 러·일의 대립 격화
　㉡ 과정 : 미국에서 귀국한 서재필이 독립신문 창간 → 이후 독립문 건립을 명분으로 독립 협회 창립(1896)

② 독립 협회 활동 … 자주 국권, 자유 민권, 자강 개혁 운동을 통해 민중 계몽 → 강연회·토론회 개최
　㉠ 자주 국권 운동 : 고종 환궁 요구, 러시아의 절영도 조차 저지 및 열강 이권 침탈 저지(만민 공동회 개최)
　㉡ 자유 민권 운동 : 언론·출판·집회·결사의 자유 주장
　㉢ 자강 개혁 운동 : 헌의 6조 결의(관민 공동회 개최), 의회 설립 운동 전개(중추원 관제 개편)

③ 독립 협회 해산 … 보수 세력 반발(독립 협회가 공화정 도모한다고 모함) → 고종 해산 명령 → 황국협회의 만민공동회 습격

④ 의의와 한계 … 열강의 침략으로부터 국권 수호 노력
　㉠ 의의 : 민중 계몽을 통한 국권 수호와 민권 신장에 기여
　㉡ 한계 : 열강의 침략적 의도를 제대로 파악하지 못함, 외세 배척이 러시아에 한정

(4) 대한제국(1897~1910)

① 대한 제국 수립 … 아관파천으로 국가적 위신 손상 → 고종의 환궁 요구 여론 고조 → 고종이 경운궁으로 환궁
　㉠ 대한제국 선포 : 연호를 '광무'로 제정 → 환구단에서 황제 즉위식 거행, 국호를 '대한제국'으로 선포
　㉡ 대한국 국제 반포(1899) : 황제의 무한 군주권(전제 군주제) 규정

② 광무개혁 … 구본신참(舊本新參)의 원칙에 따른 점진적 개혁 추구
　㉠ 내용
　　• 정치 : 황제권 강화(대한국 국제)
　　• 군사 : 원수부 설치(황제가 직접 군대 통솔), 시위대·진위대 증강
　　• 경제 : 양전 사업 추진(토지 소유자에게 지계 발급), 식산흥업(근대적 공장과 회사 설립), 금본위 화폐제
　　• 교육 : 실업 학교 설립(상공 학교, 광무 학교), 기술 교육 강조, 해외에 유학생 파견
　　• 사회 : 근대 시설 도입(전차·철도 부설, 전화 가설 등 교통·통신 시설 확충)
　㉡ 의의와 한계
　　• 의의 : 자주독립과 상공업 진흥 등 근대화를 지향한 자주적 개혁
　　• 한계 : 집권층의 보수적 성향, 열강의 간섭 등으로 개혁 성과 미흡

4 일제의 국권 침탈과 국권 수호 운동

(1) 일제의 침략과 국권 피탈

① 러·일 전쟁(1904)과 일본의 침략
- ㉠ 한반도를 둘러싼 러·일 대립 격화 : 제1차 영·일동맹(1902), 러시아의 용암포 조차 사건(1903)
- ㉡ 러·일 전쟁(1904. 2) : 대한제국 국외 중립 선언→일본이 러시아를 선제 공격
- ㉢ 일본의 한반도 침략
  - 한·일 의정서(1904. 2) : 한반도의 군사적 요충지를 일본이 임의로 사용 가능
  - 제1차 한·일 협약(1904. 8.) : 고문 정치 실시 (외교 고문 美. 스티븐스, 재정 고문 日.메가타 파견)
- ㉣ 일본의 한국 지배에 대한 열강의 인정
  - 가쓰라·태프트 밀약(1905. 7.) : 일본은 미국의 필리핀 지배 인정, 미국은 일본의 한국 지배를 인정
  - 제2차 영·일 동맹(1905. 8.) : 일본은 영국의 인도 지배 인정, 영국은 일본의 한국 지배를 인정
- ㉤ 포츠머스 조약 체결(1905. 9) : 러·일 전쟁에서 일본 승리→일본의 한국 지배권 인정

② 일제의 국권 침탈
- ㉠ 을사늑약(제2차 한일협약, 1905. 11) : 통감 정치 실시
  - 내용 : 통감부 설치(대한제국 외교권 박탈), 초대 통감으로 이토 히로부미 부임
  - 고종의 대응 : 조약 무효 선언, 미국에 헐버트 파견, 헤이그 특사 파견(이준, 이상설, 이위종. 1907)
  - 민족의 저항 : 민영환과 황현의 자결, 장지연의 '시일야방성대곡'(황성신문), 오적 암살단 조직(나철, 오기호), 스티븐스 저격(장인환·전명운. 1908), 안중근의 이토 히로부미 처단(1909)
- ㉡ 한·일 신협약(정미 7조약, 1907. 7) : 차관 정치 실시
  - 배경 : 헤이그 특사 파견→고종의 강제 퇴위, 순종 즉위
  - 내용 : 행정 각 부처에 일본인 차관 임명, 대한 제국 군대 해산(부속 각서)→이후 기유각서(1909) 체결
- ㉢ 한국 병합 조약(1910. 8) : 친일 단체(일진회 등)의 합방 청원→병합조약 체결→조선 총독부 설치

(2) 항일 의병 운동

① 을미의병 … 을미사변, 단발령 실시(1895)를 계기로 발생
- ㉠ 중심세력 : 유인석, 이소응 등의 양반 유생층
- ㉡ 활동 : 친일 관리 처단, 지방 관청과 일본 거류민, 일본군 공격
- ㉢ 결과 : 아관 파천 이후 고종이 단발령 철회, 의병 해산 권고 조직 발표→자진 해산→일부는 활빈당 조직

② 을사의병 … 을사늑약 체결(1905)에 반발하며 발생, 평민 출신 의병장 등장
- ㉠ 중심세력 : 최익현·민종식(양반 유생), 신돌석(평민 출신) 등
- ㉡ 활동 : 전북 태인에서 거병(최익현), 홍주성 점령(민종식), 태백산 일대 평해·울진에서 활양(신돌석)

③ 정미의병 … 고종의 강제 퇴위, 대한 제국의 군대 해산(1907)을 계기로 발생
- ㉠ 특징 : 해산 군인의 가담으로 의병의 전투력 강화(의병 전쟁), 각국 영사관에 국제법상 교전 단체로 인정할 것 요구
- ㉡ 13도 창의군 결성(총대장 이인영, 군사장 허위) : 서울 진공 작전 전개(1908) → 일본군에 패배

③ 호남 의병 … 13도 창의군 해산 이후 호남 지역이 의병 중심지로 부상 → 일제의 '남한 대토벌 작전'(1909)으로 위축

④ 의병 운동의 의의와 한계
- ㉠ 의의 : '남한 대토벌 작전' 이후 만주와 연해주 등지로 이동하여 무장 독립 투쟁 계승
- ㉡ 한계 : 양반 유생 출신 의병장의 봉건적 신분 의식의 잔존으로 세력 약화

(3) 애국 계몽 운동

① 성격 … 사회진화론의 영향(약육강식) → 점진적 실력 양성(교육, 식산흥업)을 통한 국권 수호 추구

② 애국 계몽 운동 단체
- ㉠ 보안회(1904) : 일제의 황무지 개간권 요구 반대 운동 전개 → 성공
- ㉡ 헌정 연구회(1905) : 의회 설립을 통한 입헌 군주제 수립 추구 → 일제의 탄압
- ㉢ 대한 자강회(1906) : 헌정 연구회 계승, 전국에 지회 설치 → 고종 강제 퇴위 반대 운동 전개
- ㉣ 신민회(1907)
  - 조직 : 안창호, 양기탁 등을 중심으로 공화정에 입각한 근대 국가 설립을 목표로 비밀 결사 형태로 조직
  - 활동 : 학교 설립(오산 학교, 대성 학교), 민족 산업 육성(태극 서관, 자기 회사 운영), 국외 독립운동 기지 건설(남만주 삼원보에 신흥 강습소 설립)
  - 해체 : 일제가 조작한 105인 사건으로 와해(1911)
- ㉤ 언론 활동 : 대한매일신보, 황성신문 등이 일제 침략 비판, 국채 보상 운동 지원

③ 의의와 한계
- ㉠ 의의 : 국민의 애국심 고취와 근대 의식 각성, 식산흥업을 통한 경제 자립 추구, 민족 운동 기반 확대
- ㉡ 한계 : 실력 양성(교육, 식산흥업)에만 주력, 의병 투쟁에 비판적인 태도를 취함

(4) 독도와 간도

① 독도
- ㉠ 역사적 연원 : 신라 지증왕 때 이사부가 우산국 복속, 조선 숙종 때 안용복이 우리 영토임을 확인
- ㉡ 대한 제국 칙령 제41호(1900) : 울릉도를 울도군으로 승격, 독도가 우리 영토임을 선포
- ㉢ 일제의 강탈 : 러·일 전쟁 중 일본이 불법적으로 편입(시네마 현 고시 제 40호. 1905)

② 간도 … 백두산정계비문(1712)의 토문강 해석에 대한 조선과 청 사이의 이견 발생으로 영유권 분쟁 발생
  ㉠ 대한 제국의 대응 : 이범윤을 간도 관리사로 임명, 간도를 함경도 행정 구역으로 편입
  ㉡ 간도 협약(1909) : 남만주 철도 부설권을 얻는 대가로 일제가 간도를 청의 영토로 인정

5 개항 이후 경제·사회·문화의 변화

(1) 열강의 경제 침탈
① 청과 일본의 경제 침탈
  ㉠ 개항 초 일본의 무역 독점 : 강화도 조약 및 부속 조약
    • 치외 법권, 일본 화폐 사용, 무관세 무역 등의 특혜 독점
    • 거류지 무역 : 개항장 10리 이내로 제한→조선 중개 상인 활약(객주, 여각, 보부상 등)
    • 중계 무역 : 영국산 면제품 수입, 쌀 수출(미면 교환 경제)→곡가 폭등, 조선 가내 수공업 몰락
  ㉡ 일본과 청의 무역 경쟁 : 임오군란 이후 청 상인의 조선 진출 본격화→청·일 상권 경쟁 심화
    • 조·청 상민 수륙 무역 장정(1882) : 청 상인의 내지 통상권 허용(양화진과 한성에 상점 개설)
    • 조·일 통상 장정(1883) : 조·일 무역 규칙 개정, 관세권 설정, 방곡령 규정, 최혜국 대우 인정
② 제국주의 열강의 이권 침탈
  ㉠ 배경 : 아관 파천 이후 열강이 최혜국 대우 규정을 내세워 각종 분야(삼림, 광산, 철도 등)에서 이권 침탈
  ㉡ 일본의 재정 및 금융 지배
    • 재정 지배 : 차관 강요(시설 개선 등의 명목)를 통한 대한 제국 재정의 예속화 시도
    • 금융 지배 : 일본 제일 은행 설치(서울. 인천 등)
    • 화폐 정리 사업(1905) : 백동화를 일본 제일 은행권으로 교환(재정 고문 메가타 주도) → 민족 자본 몰락
  ㉢ 일본의 토지 약탈 : 철도 부지와 군용지 확보를 위해 조선의 토지 매입, 동양 척식 주식회사 설립(1908)

(2) 경제적 구국 운동
① 방곡령 선포(1889~1890) … 일본으로의 곡물 유출 심화로 곡가 폭등, 농민 경제 악화
  ㉠ 과정 : 함경도, 황해도 등지의 지방관이 방곡령을 선포함(조·일 통상 장정 근거)
  ㉡ 결과 : 일본이 '1개월 전 통보' 규정 위반을 빌미로 방곡령 철회 요구→방곡령 철회, 일본에 배상금 지불

② 상권 수호 운동 … 열강의 내지 진출 이후 국내 상권 위축
　㉠ 시전 상인 : 일본과 청 상인의 시전 철수 요구, 황국 중앙 총상회 조직(1898)
　㉡ 객주, 보부상 : 상회사 설립→대동 상회, 장통 상회 등
　㉢ 민족 자본, 기업 육성 : 민족 은행과 회사를 설립(조선 은행 등)→1890년대 이후

③ 이권 수호 운동
　㉠ 독립 협회 : 만민 공동회 개최→러시아의 절영도 조차 요구 저지, 한·러 은행 폐쇄
　㉡ 황무지 개간권 요구 반대 운동(1904) : 일제의 황무지 개간권 요구 압력에 반대→농광 회사, 보안회 설립

④ 국채 보상 운동(1907) … 일본의 차관 강요에 의한 대한 제국 재정의 일본 예속 심화
　㉠ 과정 : 대구에서 시작(서상돈 중심)→국채 보상 기성회 설립(서울)→대한매일신보 후원
　㉡ 결과 : 전국적인 금주, 금연, 가락지 모으기 운동으로 확산→통감부의 탄압과 방해로 실패함

(3) 근대 시설과 문물의 수용
① 근대 시설의 도입
　㉠ 교통 : 전차(서대문~청량리. 1889), 경인선(1899)을 시작으로 철도 부설(경부선 1905, 경의선 1906)
　㉡ 통신 : 우편(우정총국. 1884), 전신(1885), 전화(경운궁. 1898)
　㉢ 전기 : 경복궁에 전등 설치(1887), 한성 전기 회사 설립(1898)
　㉣ 의료 : 광혜원(제중원으로 개칭. 1885), 세브란스 병원(1904), 대한의원(1907)
　㉤ 서양식 건축물 : 독립문(1896), 명동성당(1898), 덕수궁 석조전(1910) 등이 만들어짐

② 언론 활동 … 일제의 신문지법(1907) 제정 이전까지 활발한 활동
　㉠ 한성순보(1883) : 최초의 신문으로 관보의 성격(정부 정책 홍보)을 지님→순한문, 박문국에서 발행
　㉡ 독립신문(1896) : 독립협회가 발간한 최초의 민간 사설 신문→한글판, 영문판 발행
　㉢ 제국신문(1898) : 서민층과 부녀자 대상으로 한 계몽적 성격의 신문→순한글
　㉣ 황성신문(1898) : 양반 지식인을 대상으로 간행, 장지연의 '시일야방성대곡' 게재→국한문 혼용
　㉤ 대한매일신보(1904) : 영국인 베델과 양기탁의 공동 운영, 일제의 국권 침탈 비판→순한글

③ 교육 기관
　㉠ 1880년대 : 원산 학사(최초의 근대 학교. 덕원 주민), 동문학(외국어 교육), 육영 공원(근대적 관립 학교)
　㉡ 1890년대 : 갑오개혁(교육입국조서 반포, 한성사범학교, 소학교 설립), 대한제국(각종 관립학교 설립)
　㉢ 1900년대 : 사립 학교 설립→개신교(배재학당, 이화학당, 숭실학교), 민족지사(대성학교, 오산학교 등)

(4) 문화와 종교의 새 경향

① 문화의 새 경향 … 신소설(혈의 누 등), 신체시(해에게서 소년에게) 등장, 창가 및 판소리 유행

② 국학 연구
  ㉠ 국어 : 국문 연구소(지석영 · 주시경, 1907), 조선 광문회(최남선. 1910)
  ㉡ 국사 : 근대 계몽 사학 발달, 민족 의식 고취
   • 위인전 간행(을지문덕전, 이순신전), 외국 역사 소개(월남 망국사 등), 신채호(독사신론, 민족주의 역사학)

③ 종교계의 변화
  ㉠ 유교 : 박은식 '유교 구신론' 저술→성리학의 개혁과 실천 유학 주장(양명학) 개신교 의료 · 교육 활동을 전개함
  ㉡ 불교 : 한용운 '조선불교 유신론' 저술→조선 불교의 개혁 주장
  ㉢ 천도교 : 손병희가 동학을 천도교로 개칭→'만세보' 간행
  ㉣ 대종교 : 나철, 오기호가 창시→단군 신앙 바탕, 국권 피탈 이후 만주로 이동하여 무장 독립 투쟁 전개
  ㉤ 천주교 : 사회 사업 실시(양로원, 고아원 설립)
  ㉥ 개신교 : 교육 기관 설립, 세브란스 병원 설립

02 일제의 강점과 민족 운동의 전개

❶ 일제의 식민 통치와 경제 수탈

(1) 일제의 무단 통치와 경제 수탈(1910년대)

① 일제의 식민 통치 기관 … 조선 총독부(식민통치 최고 기관. 1910), 중추원(조선 총독부 자문 기구)

② 무단 통치 … 헌병 경찰제 도입(즉결 처분권 행사), 조선 태형령 제정, 관리 · 교원에게 제복과 착검 강요, 언론 · 집회 · 출판 · 결사의 자유 제한, 한국인의 정치 단체와 학회 해산

③ 제1차 조선 교육령 … 한국인에 대한 차별 교육 실시(고등 교육 제한), 보통 교육과 실업 교육 강조, 일본어 교육 강조, 사립학교 · 서당 탄압

④ 경제 수탈
- ㉠ 토지 조사 사업(1910~1918) : 공정한 지세 부과와 근대적 토지 소유권 확립을 명분으로 시행→실제로는 식민 지배에 필요한 재정 확보
  - 방법 : 임시 토지 조사국 설치(1910), 토지 조사령 공포(1912)→기한부 신고제로 운영
  - 전개 : 미신고 토지, 왕실·관청 소유지(역둔토), 공유지 등을 조선 총독부로 편입→동양척식주식회사로 이관
  - 결과 : 조선 총독부의 지세 수입 증가, 일본인 이주민 증가, 조선 농민의 관습적 경작권 부정, 많은 농민들이 기한부 소작농으로 전락하거나 만주·연해주 등지로 이주
- ㉡ 각종 산업 침탈
  - 회사령 (1910) : 한국인의 회사 설립 및 민족 자본의 성장 억압→허가제로 운영
  - 자원 침탈 : 삼림령, 어업령, 광업령, 임업령, 임야 조사령 등 제정

(2) 일제의 민족 분열 통치와 경제 수탈(1920년대)

① 문화 통치
- ㉠ 배경 : 3·1 운동(1919) 이후 무단 통치에 대한 한계 인식, 국제 여론 악화
- ㉡ 목적 : 소수의 친일파를 양성하여 민족 분열의 획책을 도모한 기만적인 식민 통치
- ㉢ 내용과 실상
  - 문관 총독 임명 가능 : 실제로 문관 총독이 임명된 적 없음
  - 헌병 경찰제를 보통 경찰제로 전환 : 경찰 수와 관련 시설, 장비 관련 예산 증액
  - 언론·집회·출판·결사의 자유 부분적 허용(신문 발간 허용) : 검열 강화, 식민통치 인정하는 범위 내에서 허용
  - 보통학교 수업 연한 연장(제2차 조선 교육령), 대학 설립 가능 : 고등교육 기회 부재, 한국인 취학률 낮음
  - 도·부·면 평의회, 협의회 설치 : 일본인, 친일 인사만 참여(친일 자문 기구)
- ㉣ 영향 : 일부 지식인들이 일제와 타협하려 함→민족 개조론, 자치론 주장

② 경제 수탈
- ㉠ 산미 증식 계획(1920~1934)
  - 배경 : 일본의 공업화로 자국 내 쌀 부족 현상을 해결하기 위해 시행
  - 과정 : 농토 개간(밭→논), 수리 시설(수리 조합 설립) 확충, 품종 개량, 개간과 간척 등으로 식량 증산 추진
  - 결과 : 수탈량이 증산량 초과(국내 식량 사정 악화)→한국인의 1인당 쌀 소비량 감소, 만주 잡곡 유입 증가, 식량 증산 비용의 농민 전가→소작농으로 전락하는 농민 증가, 소작농의 국외 이주 심화
- ㉡ 회사령 폐지(허가제→신고제. 1920), 일본 상품에 대한 관세 철폐 : 일본 자본의 침투 심화

(3) 일제의 민족 말살 통치(1930년대 이후)
① 민족 말살 통치
- ㉠ 배경 : 대공황(1929) 이후 일제의 침략 전쟁 확대(만주 사변, 중·일 전쟁, 태평양 전쟁)
- ㉡ 목적 : 한국인의 침략 전쟁 동원→한국인의 민족의식 말살, 황국 신민화 정책 강요
  - 내선일체·일선동조론 강조, 창씨 개명, 신차 참배, 궁성 요배, 황국 신민 서사 암송, 국어·국사 교육 금지
  - 병참기지화 정책 : 전쟁 물자 공급을 위해 북부 지방에 중화학 공업 시설 배치
- ㉢ 결과 : 공업 생산이 북부 지역에 편중, 산업 간 불균형 심화(소비재 생산 위축)

② 경제 수탈
- ㉠ 남면북양 정책 : 일본 방직 산업의 원료 확보를 위해 면화 재배와 양 사육 강요
- ㉡ 농촌 진흥 운동(1932~1940) : 식민지 지배 체제의 안정을 위해 소작 조건 개선 제시→성과 미흡
- ㉢ 국가 총동원법 제정(1938) : 중·일 전쟁 이후 부족한 자원 수탈을 위해 제정→인적·물적 자원 수탈 강화
  - 인적 수탈 : 강제 징용 및 징병, 지원병제(학도 지원병제 포함), 징병제, 국민 징용령, 여자 정신 근로령
  - 물적 수탈 : 공출제 시행(미곡, 금속류), 식량 수탈(산미 증식 계획 재개, 식량 배급제 실시 등), 국방 헌금 강요

③ 식민지 억압 통치 강화
- ㉠ 민족 언론 폐간 : 조선일보·동아일보 폐간(1940)
- ㉡ 조선어 학회 사건(1942) : 치안 유지법 위반으로 조선어 학회 회원들 구속 → 우리말 큰사전 편찬 실패

❷ 3·1 운동과 대한민국 임시 정부의 활동

(1) 1910년대 국내/국외 민족 운동
① 국내 민족 운동
- ㉠ 일제 탄압 강화 : 남한 대토벌 작전과 105인 사건 등으로 국내 민족 운동 약화→국외로 이동
- ㉡ 비밀 결사 단체
  - 독립 의군부(1912) : 고종의 밀명을 받아 임병찬이 조직→의병 전쟁 계획, 복벽주의 추구
  - 대한 광복회(1915) : 김좌진, 박상진이 군대식 조직으로 결성→친일파 처단, 군자금 모금, 공화정 추진
  - 기타 : 조선 국권 회복단(단군 숭배. 1915), 송죽회, 기성단, 자립단 등이 조직됨

② 국외 민족 운동
  ㉠ **만주 지역** : 북간도(서전서숙, 명동학교, 중광단), 서간도(삼원보 중심, 경학사·부민단, 신흥강습소 조직)
  ㉡ **중국 관내** : 상하이 신한 청년당→김규식을 파리 강화 회의에 대표로 파견함
  ㉢ **연해주 지역** : 신한촌 건설(블라디보스토크), 권업회 조직→이후 대한 광복군 정부(이상설, 이동휘 중심) 수립
  ㉣ **미주 지역** : 대한인 국민회, 대조선 국민 군단(박용만)

(2) 3·1 운동(1919)
① 배경
  ㉠ **국내** : 일제 무단 통치에 대한 반발 고조, 고종의 사망
  ㉡ **국외** : 윌슨의 민족 자결주의 대두, 레닌의 약소민족 해방 운동 지원, 파리강화회의에 김규식 파견(신한 청년당) 동경 유학생들에 의한 2·8 독립 선언, 만주에서 대한 독립 선언 제창

② 과정 … 초기 비폭력 만세 시위 운동→이후 무력 투쟁의 성격으로 전환
  ㉠ **준비** : 고종 황제 독살설 확산, 종교계 및 학생 중심으로 만세 운동 준비
  ㉡ **전개** : 민족 대표가 종로 태화관에서 독립 선언서 낭독→탑골공원에서 학생·시민들 만세 운동 전개
  ㉢ **확산** : 도시에서 농촌으로 확산→농민층이 가담하면서 무력 투쟁으로 전환→일제 탄압(제암리 사건)→국외 확산

③ 의의 및 영향
  ㉠ **국내** : 최대 규모의 민족 운동, 대한민국 임시 정부 수립에 영향, 식민 통치 방식 변화(무단 통치→문화 통치), 독립 운동의 분수령 역할→무장 투쟁, 노동·농민 운동 등 다양한 민족 운동 전개
  ㉡ **국외** : 중국의 5·4 운동, 인도의 비폭력·불복종 운동 운동 등에 영향

(3) 대한민국 임시 정부 수립과 활동
① **여러 임시 정부 수립** … 3·1 운동 이후 조직적인 독립운동의 필요성 자각
  ㉠ **대한 국민 의회(1919. 3)** : 연해주 블라디보스토크에서 조직→손병희를 대통령으로 선출
  ㉡ **한성 정부(1919. 4)** : 서울에서 13도 대표 명의로 조직→집정관 총재로 이승만 선출
  ㉢ **상하이 임시 정부(1919. 4)** : 상하이에서 국무총리로 이승만 선출

② 대한민국 임시 정부의 수립
  ㉠ **각지의 임시 정부 통합** : 한성 정부의 정통성 계승, 외교 활동에 유리한 상하이에 임시 정부 수립
  ㉡ **형태** : 삼권 분립에 입각한 민주 공화정→임시 의정원(입법), 법원(사법), 국무원(행정)
  ㉢ **구성** : 대통령 이승만, 국무총리 이동휘, 국무위원

③ 대한민국 임시 정부의 활동
  ㉠ 연통제, 교통국 운영 : 국내외를 연결하는 비밀 행정 및 통신 조직
  ㉡ 군사 활동 : 광복군 사령부, 국무원 산하에 군무부 설치하고 직할 군단 편성(서로 군정서·북로 군정서)
  ㉢ 외교 활동 : 파리 강화 회의에 독립 청원서 제출(김규식), 미국에 구미 위원부를 설치(이승만)
  ㉣ 독립 자금 모금 : 독립 공채(애국 공채) 발행, 국민 의연금을 모금
  ㉤ 기타 : 독립신문 발간

④ 국민 대표 회의(1923)
  ㉠ 배경 : 연통제와 교통국 해체 후 자금 조달 곤란, 외교 활동 성과 미흡
    • 독립운동 방법론을 둘러싼 갈등 발생 : 외교 독립론과 무장 독립론의 갈등
    • 이승만의 국제 연맹 위임 통치 청원(1919)에 대한 내부 반발
  ㉡ 과정 : 임시 정부의 방향을 둘러싼 창조파와 개조파의 대립 심화
    • 개조파 : 현 임시 정부를 유지하며 드러난 문제점 개선 주장
    • 창조파 : 현 임시 정부의 역할 부정, 임시 정부의 위치를 연해주로 옮겨야 한다고 주장
  ㉢ 결과 : 회의가 결렬 및 독립운동가 다수 이탈

⑤ 대한민국 임시 정부의 개편
  ㉠ 배경 : 국민 대표 회의 결렬 이후 독립 운동가들의 임시 정부 이탈 심화→이승만 탄핵→제2대 대통령으로 박은식 선출 후 체제 개편 추진
  ㉡ 체제 개편 : 대통령제(1919)→국무령 중심 내각 책임제(1925)→국무위원 중심의 집단 지도 체제(1927)→주석 중심제(1940)→주석·부주석제(1944)
  ㉢ 임시정부 이동 : 상하이(1932)→충칭에 정착(1940)

❸ 국내 민족 운동의 전개

(1) 실력 양성 운동

① 실력 양성 운동의 대두 … 사회 진화론의 영향→식산흥업, 교육을 통해 독립을 위한 실력 양성

② 물산 장려 운동
  ㉠ 배경 : 회사령 폐지(1920), 일본 상품에 대한 관세 철폐(1923)로 일본 자본의 한국 침투 심화→민족 기업 육성을 통해 경제적 자립 실현하고자 함
  ㉡ 과정 : 평양에서 조선 물산 장려회 설립(조만식, 1920)→전국적으로 확산
  ㉢ 활동 : 일본 상품 배격, '내 살림 내 것으로, 조선 사람 조선 것'을 기치로 토산품 애용 장려, 금주·단연 운동 전개
  ㉣ 결과 : 토산품 가격 상승, 사회주의 계열 비판(자본가와 일부 상인에게만 이익), 일제의 탄압으로 실패

③ 민립 대학 설립 운동
  ㉠ 배경 : 일제의 식민지 우민화 교육(보통 교육, 실업 교육 중심)→고등 교육의 필요성 제기
  ㉡ 과정 : 조선 민립 대학 기성회 조직(이상재. 1920)→모금 운동('한민족 1천만이 한 사람이 1원씩')
  ㉢ 결과 : 일제의 방해로 성과 저조→일제는 한국인들의 불만을 무마하기 위해 경성 제국 대학 설립
④ 문맹 퇴치 운동 … 문자 보급을 통한 민중 계몽 추구
  ㉠ 야학 운동(주로 노동자, 농민 대상), 한글 강습회
  ㉡ 문자 보급 운동 : 조선일보 주도→"한글 원본" 발간('아는 것이 힘, 배워야 산다')
  ㉢ 브나로드 운동 : 동아일보 주도→학생들이 참여하여 농촌 계몽 운동 전개

(2) 민족 협동 전선 운동의 전개
① 사회주의 사상 수용
  ㉠ 배경 : 러시아 혁명 이후 약소국가에서 사회주의 사상 확산(레닌의 지원 선언)
  ㉡ 전개 : 3·1 운동 이후 청년·지식인층을 중심 사회주의 사상 수용→조선 공산당 결성(1925)
  ㉢ 영향 : 이념적 차이로 인하여 민족 운동 세력이 민족주의 계열과 사회주의 계열로 분화→이후 일제는 사회주의 세력을 탄압하기 위해 치안 유지법 제정(1925)
② 6·10 만세 운동(1926)
  ㉠ 배경 : 일제의 수탈과 차별적인 식민지 교육에 대한 불만 고조, 사회주의 운동 확대, 순종 서거
  ㉡ 전개 : 학생과 사회주의 계열, 천도교 계열이 순종 인산일을 계기로 대규모 만세 시위 계획→시민 가담
  ㉢ 의의 : 학생들이 독립 운동의 주체 세력으로 부상, 민족주의 계열과 사회주의 계열의 연대 계기(민족유일당)
③ 신간회 결성(1927~1931)
  ㉠ 배경
   • 국내 : 친일 세력의 자치론 등장, 치안 유지법→민족주의와 사회주의 세력 연대의 필요성 공감
   • 국외 : 중국에서 제1차 국·공 합작 실현
  ㉡ 활동 : 정우회 선언을 계기로 비타협적 민족주의 세력과 사회주의 세력 연대→신간회 결성
   • 이상재를 회장으로 선출하고 전국 각지에 지회 설치
   • 강령 : 정치적·경제적 각성, 민족의 단결 강화, 기회주의 일체 배격
   • 전국적 연회·연설회 개최, 학생·농민·노동·여성 등의 운동 지원, 조선 형평 운동 지원
   • 광주 학생 항일 운동에 조사단을 파견하여 지원
  ㉢ 해체 : 일부 지도부가 타협적 민족주의 세력과 연대 시도, 코민테른 노선 변화→사회주의자 이탈→해체
  ㉣ 의의 : 민족 유일당 운동 전개, 국내에서 가장 규모가 큰 합법적 항일 민족 운동 단체

④ 광주 학생 항일 운동(1929)
　㉠ 배경 : 차별적 식민 교육, 학생 운동의 조직화, 일본인 남학생의 한국인 여학생 희롱이 발단
　㉡ 전개 : 광주 지역 학생들 궐기→신간회 및 여러 사회 단체들의 지원→전국적으로 확산
　㉢ 의의 : 3·1 운동 이후 국내 최대 규모의 항일 민족 운동
⑤ 농민·노동 운동
　㉠ 농민 운동 : 고율의 소작료 및 각종 대금의 소작인 전가로 소작농 부담 증대
　• 전개 : 조선 농민 총동맹(1927) 주도→소작료 인하, 소작권 이동 반대 주장→암태도 소작쟁의(1923)
　㉡ 노동 운동 : 저임금, 장시간 노동 등 열악한 노동 환경에 대한 노동자 반발
　• 전개 : 조선 노동 총동맹(1927) 주도→노동 조건의 개선과 임금 인상 요구→원산 노동자 총파업(1929)
　㉢ 1930년대 농민·노동 운동 : 사회주의 세력과 연계하여 정치적 투쟁의 성격 나타남(반제국주의)
⑥ 각계 각층의 민족 운동
　㉠ 청년 운동 : 조선 청년 총동맹 결성
　㉡ 소년 운동 : 천도교 소년회 중심(방정환)→어린이날을 제정, 잡지 "어린이" 발간
　㉢ 여성 운동 : 신간회 자매 단체로 근우회 조직→여성 계몽 활동 전개
　㉣ 형평 운동 : 조선 형평사 조직→백정 출신에 대한 사회적 차별 반대, 평등 사회 추구

(3) 민족 문화 수호 운동
① 한글 연구
　㉠ 조선어 연구회(1921) : 가갸날 제정함, 잡지 "한글" 간행
　㉡ 조선어 학회(1931) : 조선어 연구회 계승, 한글 맞춤법 통일안과 표준어 제정, 우리말 큰사전 편찬 시도
　　→일제에 의한 조선어 학회 사건(1942)으로 강제 해산
② 국사 연구
　㉠ 식민 사관 : 식민 통치의 정당화를 위해 우리 역사 왜곡→조선사 편수회→정체성론, 당파성론, 타율성론
　㉡ 민족주의 사학 : 한국사의 독자성과 주체성 강조
　• 박은식 : 근대사 연구, 민족혼을 강조→'한국통사', '한국독립운동지혈사' 저술
　• 신채호 : 고대사 연구, 낭가사상 강조→'조선사연구초', '조선상고사' 저술
　• 정인보 : 조선 얼 강조, 조선학 운동 전개
　㉢ 사회 경제 사학 : 마르크스의 유물 사관 수용
　• 백남운 : 식민 사관인 정체성론 비판→'조선 사회 경제사' 저술, 세계사의 보편적 발전 법칙에 따라 한국사 이해
　㉣ 실증 사학 : 객관적 사실 중시
　• 진단 학회 : 이병도, 손진태 등이 결성→'진단 학보' 발간

06. 근현대사의 이해　**469**

③ 종교 활동
   ㉠ 불교 : 일제의 사찰령으로 탄압→한용운이 중심이 되어 조선 불교 유신회 조직
   ㉡ 원불교 : 박중빈이 창시→개간 사업, 미신 타파, 저축 운동 등 새생활 운동 전개
   ㉢ 천도교 : 소년 운동 주도, 잡지 '개벽' 발행
   ㉣ 대종교 : 단군 숭배, 중광단 결성(북간도)함→이후 북로 군정서로 확대·개편→항일 무장 투쟁 전개
   ㉤ 개신교 : 교육 운동, 계몽 운동을 전개→신사 참배 거부
   ㉥ 천주교 : 사회 사업 전개(고아원, 양로원 설립), 항일 무장 투쟁 단체인 의민단 조직
④ 문화 활동
   ㉠ 문학 : 동인지 발간 및 신경향파 문학 등장(1920년대) → 저항 문학(이육사, 윤동주)·순수 문학(1930년대)
   ㉡ 영화 : 나운규의 '아리랑(1926)'

④ 국외 민족 운동의 전개

(1) 1920년대 무장 독립 투쟁

① 봉오동 전투와 청산리 대첩
   ㉠ 봉오동 전투(1920.6) : 대한 독립군(홍범도), 군무 도독부군(최진동), 국민회군(안무) 연합부대가 봉오동에서 일본군 격파
   ㉡ 청산리 대첩(1920. 10) : 봉오동 전투에서 패배한 일본이 만주에 대규모로 일본군 파견(훈춘사건)
     - 북로 군정서(김좌진), 대한 독립군(홍범도) 등 연합 부대 청산리 일대에서 일본군에게 크게 승리

② 독립군의 시련
   ㉠ 간도 참변(1920. 경신참변) : 봉오동 전투, 청산리 대첩에서 패배한 일본군의 복수→간도 이주민 학살
   ㉡ 독립군 이동 : 일본군을 피해 독립군은 밀산에 모여 대한독립군단 결성(총재 서일)→소련령 자유시로 이동
   ㉢ 자유시 참변(1921) : 독립군 내부 분열, 러시아 적군과의 갈등→적군에 의해 강제 무장 해제 당함

③ 독립군 재정비 … 간도 참변, 자유시 참변으로 약화된 독립군 재정비 필요성 대두
   ㉠ 3부 성립 : 자치 정부의 성격→민정 기능과 군정 기능 수행
     - 참의부(대한민국 임시 정부 직속), 정의부, 신민부
   ㉡ 미쓰야 협정(1925) : 조선 총독부와 만주 군벌 장작림 사이에 체결→독립군 체포·인도 합의, 독립군 위축
   ㉢ 3부 통합 : 국내외에서 민족 협동 전선 형성(민족 유일당 운동)
     • 국민부(남만주) : 조선 혁명당, 조선 혁명군(양세봉) 결성
     • 혁신의회(북만주) : 한국 독립당, 한국 독립군(지청천) 결성

(2) 1930년대 무장 독립 투쟁

① 한·중 연합 작전
- ㉠ 배경 : 일제가 만주 사변(1931) 후 만주국을 수립하자 중국 내 항일 감정 고조→한·중 연합 전선 형성
- ㉡ 전개
  - 남만주 : 조선 혁명군(양세봉)이 중국 의용군과 연합→흥경성·영릉가 전투 등에서 승리
  - 북만주 : 한국 독립군(지청천)이 중국 호로군과 연합→쌍성보·사도하자·대전자령 전투 등에서 승리
- ㉢ 결과 : 한중 연합군의 의견 대립, 일본군의 공격 등으로 세력 약화→일부 독립군 부대는 중국 관내로 이동

② 만주 항일 유격 투쟁
- ㉠ 사회주의 사상 확산 : 1930년대부터 조선인 사회주의자들이 중국 공산당과 연합하여 항일 운동 전개→동북 항일 연군 조직(1936)
- ㉡ 조국 광복회 : 동북 항일 연군 일부와 민족주의 세력이 연합→국내 진입(1937. 보천보 전투)

③ 중국 관내의 항일 투쟁
- ㉠ 민족 혁명당(1935) : 민족 협동 전선 아래 독립군 통합을 목표로 조직→한국독립당, 조선혁명군 등 참여
  - 김원봉, 지청천, 조소앙 중심(좌우 합작)→이후 김원봉이 주도하면서 지청천, 조소앙 이탈
  - 이후 조선 민족 혁명당으로 개편→조선 민족 전선 연맹 결성(1937)→조선 의용대 결성(1938)
- ㉡ 조선 의용대(1938. 한커우) : 김원봉 등이 중국 국민당 정부의 지원을 받아 조직
  - 중국 관내에서 조직된 최초의 한인 독립군 부대→이후 한국 광복군에 합류(1942)
  - 분화 : 일부 세력이 중국 화북 지방으로 이동→조선 의용군으로 개편됨(조선 독립 동맹의 군사 기반)
- ㉢ 조선 의용군(1942) : 조선 의용대 일부와 화북 사회주의자들이 연합하여 옌안에서 조직
  - 중국 공산당과 연합하여 항일 투쟁 전개, 해방 이후에는 북한 인민군으로 편입

(3) 의열 투쟁과 해외 이주 동포 시련

① 의열단(1919) … 김원봉을 중심으로 만주 지린에서 비밀 결사로 조직
- ㉠ 목표 : 민중의 직접 혁명을 통한 독립 추구(신채호 '조선 혁명 선언')
- ㉡ 활동 : 조선 총독부의 주요 인사·친일파 처단, 식민 통치 기구 파괴→김익상, 김상옥, 나석주 등의 의거
- ㉢ 변화 : 개별적인 무장 활동의 한계 인식→체계적 군사 훈련을 위해 김원봉을 중심으로 황포 군관 학교 입교→이후 조선 혁명 간부 학교 설립함(독립군 간부 양성)→민족 혁명당 결성 주도

② 한인 애국단(1931) … 김구가 주도
  ㉠ 활동 : 일왕 암살 시도(이봉창), 상하이 훙커우 공원 의거(1932. 윤봉길)
  ㉡ 의의 : 대한민국 임시 정부와 독립군에 대한 중국 국민당 정부의 지원 약속→한중 연합작전의 계기
③ 해외 이주 동포의 시련
  ㉠ 만주 : 한인 무장 투쟁의 중심지→일본군의 간도 참변으로 시련
  ㉡ 연해주 : 중·일 전쟁 발발 이후 소련에 의해 중앙아시아로 강제 이주(1937)
  ㉢ 일본 : 관동 대지진 사건(1923)으로 많은 한국인들 학살
  ㉣ 미주 : 하와이로 노동 이민 시작(1900년대 초)→독립운동의 재정을 지원함

(4) 대한민국 임시정부 재정비와 건국 준비 활동
① 충칭 임시 정부 … 주석 중심제로 개헌, 전시 체제 준비
  ㉠ 한국 독립당(1940) : 김구, 지청천, 조소앙의 중심으로 결성
  ㉡ 대한민국 건국 강령 발표(1941) : 민주 공화국 수립→조소앙의 삼균주의 반영
  ㉢ 민족 협동 전선 성립 : 김원봉의 조선 의용대를 비롯한 민족혁명당 세력 합류→항일 투쟁 역량 강화
② 한국 광복군(1940)
  ㉠ 조직 : 중국 국민당 정부의 지원으로 조직된 정규군으로 조선 의용대 흡수, 총사령관에 지청천 임명
  ㉡ 활동 : 대일 선전 포고, 연합 작전 전개(인도, 미얀마에서 선전 활동, 포로 심문 활동 전개)
   • 국내 진공 작전 준비 : 미국 전략 정보국(OSS)의 지원으로 국내 정진군 편성→일제 패망으로 작전 실패
③ 조선 독립 동맹(1942)
  ㉠ 조직 : 화북 지역의 사회주의자들 중심으로 조직→김두봉 주도
  ㉡ 활동 : 항일 무장 투쟁 전개(조선 의용군), 건국 강령 발표(민주 공화국 수립, 토지 분배 등의 원칙 수립)
④ 조선 건국 동맹(1944)
  ㉠ 조직 : 국내 좌우 세력을 통합하여 비밀리에 조직 → 여운형이 주도
  ㉡ 활동 : 국외 독립운동 세력과 연합 모색, 민주 공화국 수립 표방 → 광복 직후 조선 건국 준비 위원회로 발전

03 대한민국의 발전과 현대 세계의 변화

❶ 대한민국 정부 수립과 6·25 전쟁

(1) 광복 직후 국내 상황

① 광복 … 우리 민족의 지속적 독립운동 전재, 국제 사회의 독립 약속(카이로 회담, 얄타 회담, 포츠담 회담)

② 38도선의 확정 … 광복 후 북위 38도선을 기준으로 미군과 소련군의 한반도 주둔
 ㉠ 미군 : 38도선 이남에서 미군정 체제 실시→대한민국 임시 정부 부정, 조선 총독부 체제 답습
 ㉡ 소련군 : 북위 38도선 이북에서 군정 실시→김일성 집권 체제를 간접적으로 지원

③ 자주적 정부 수립 노력
 ㉠ 조선 건국 준비 위원회 : 조선 건국 동맹 계승·발전→여운형, 안재홍 중심의 좌우 합작 단체
  • 활동 : 전국에 지부를 설치하고 치안, 행정 담당
  • 해체 : 좌익 세력 중심으로 운영되면서 우익 세력 이탈→조선 인민 공화국 선포(1945. 9.) 후 해체
 ㉡ 한국 민주당 : 송진우·김성수를 비롯한 보수 세력이 결성→미 군정과 협력
 ㉢ 독립 촉성 중앙 협의회 : 이승만 중심
 ㉣ 임시 정부 요인 : 개인 자격으로 귀국→한국 독립당을 중심으로 김구를 비롯한 임시 정부 요인 활동

(2) 통일 정부 수립을 위한 노력

① 모스크바 3국 외상 회의(1945. 12.)
 ㉠ 결정 사항 : 민주주의 임시 정부 수립, 미·소 공동 위원회 설치, 최대 5년간 한반도 신탁 통치 결의
 ㉡ 국내 반응 : 신탁 통치를 둘러싼 좌·우익의 대립 심화로 국내 상황 혼란
  • 좌익 세력 : 초기에는 반탁 주장→이후 찬탁 운동으로 변화
  • 우익 세력 : 반탁 운동 전개(김구, 이승만 등)

② 제1차 미·소 공동 위원회(1946. 3) … 임시 정부 수립에 참여할 단체 선정을 위해 개최 → 미·소 의견 대립으로 결렬

③ 좌우 합작 운동(1946)
 ㉠ 배경 : 제1차 미·소 공동 위원회 결렬, 이승만의 정읍 발언(남한 만의 단독 정부 수립 주장)
 ㉡ 좌우 합작 위원회 결성 : 미 군정의 지원 하에 여운형과 김규식(중도 세력) 등이 주도하여 결성
  • 좌우 합작 7원칙 발표 : 토지제도 개혁, 반민족 행위자 처벌 등을 규정
  • 결과 : 토지 개혁에 대한 좌익과 우익의 입장 차이, 여운형의 암살, 제2차 미소 공동 위원회 성과 미흡으로 실패

④ 남한 만의 단독 총선거와 남북 협상
　㉠ 한국 문제의 유엔 상정 : 미국이 한반도 문제를 유엔에 상정
　　• 유엔 총회 : 인구 비례에 따른 총선거 실시안 통과→유엔 한국 임시 위원단 파견→소련은 위원단의 입북 거절
　　• 유엔 소총회 : '위원단이 접근 가능한 지역의 총선거' 결의→남한만의 단독 총선거 실시
　㉡ 남북 협상(1948) : 김구와 김규식이 남한만의 단독 총선거에 반대하며 남북 정치 회담 제안
　　• 과정 : 김구와 김규식이 평양 방문→남북 협상 공동 성명 발표(단독 정부 수립 반대, 미·소 양군 공동 철수)
　　• 결과 : 성과를 거두지 못함, 김구 암살(1949. 6)→통일 정부 수립 노력 실패

(3) 대한민국 정부 수립
① 정부 수립을 둘러싼 갈등
　㉠ 제주 4·3 사건(1948) : 제주도 좌익 세력 등이 단독 선거 반대, 통일 정부 수립을 내세우며 무장봉기→제주 일부 지역에서 선거 무산, 진압 과정에서 무고한 양민 학살
　㉡ 여수·순천 10·19 사건(1948) : 제주 4·3 사건 진압을 여수 주둔 군대에 출동 명령→군대 내 좌익 세력이 반발하며 봉기

② 대한민국 정부 수립
　㉠ 5·10 총선거(1948) : 우리나라 최초의 민주적 보통 선거→2년 임기의 제헌 국회의원 선출(198명)
　　• 과정 : 제헌 국회에서 국호를 '대한민국'으로 결정, 제헌 헌법 제정
　　• 한계 : 김구, 김규식 등의 남북 협상파와 좌익 세력이 선거에 불참
　㉡ 제헌 헌법 공포(1948. 7. 17) : 3·1 운동 정신과 대한민국 임시 정부의 법통을 계승한 민주 공화국 규정
　　• 국회에서 정·부통령을 선출, 삼권 분립과 대통령 중심제 채택
　㉢ 정부 수립(1948. 8. 15) : 대통령에 이승만, 부통령에 이시영 선출

③ 북한 정부 수립
　㉠ 북조선 임시 인민 위원회 수립(1946) : 토지 개혁과 주요 산업 국유화 추진
　㉡ 북조선 인민 위원회 조직(1947) : 최고 인민 회의 구성과 헌법 제정→조선 민주주의 인민 공화국 선포(1948. 9.9)

(4) 제헌 국회 활동
① 친일파 청산을 위한 노력
　㉠ 반민족 행위 처벌법 제정(1948. 9) : 반민족 행위자(친일파) 처단 및 재산 몰수
　㉡ 반민족 행위 특별 조사 위원회 활동 : 이승만 정부의 비협조와 방해로 친일파 청산 노력 실패
② 농지 개혁(1949) … 유상매수, 유상분배를 원칙으로 농지 개혁 시행→가구당 농지 소유 상한을 3정보로 제한

(5) 6·25 전쟁과 그 영향

① 6·25 전쟁 배경
- ㉠ 한반도 정세 : 미·소 양군 철수 후 38도선 일대에서 소규모 군사 충돌 발생, 미국이 애치슨 선언 선포(1950)
- ㉡ 북한의 전쟁 준비 : 소련과 중국의 지원을 받음
- ㉢ 남한의 상황 : 좌익 세력 탄압, 국군 창설, 한·미 상호 방위 원조 협정 체결(1950. 1.)

② 전쟁 과정
- ㉠ 전개 : 북한의 무력 남침(1950. 6. 25)→서울 함락→유엔 안전 보장 이사회의 유엔군 파견 결정→낙동강 전투→인천 상륙 작전(서울 수복)→38도선 돌파→압록강 유역까지 진격→중국군 참전(1950. 10. 25)→1·4 후퇴→서울 재탈환(1951. 3.)→38도선 일대에서 전선 고착
- ㉡ 정전 협정 : 소련이 유엔에서 휴전 제의→포로 교환 방식, 군사 분계선 설정 문제로 협상 지연→이승만 정부가 휴전 반대 성명을 발표하고 반공 포로 석방→협정 체결(군사 분계선 설정)
- ㉢ 전쟁 피해 : 인명 피해 및 이산가족 문제 발생, 산업 시설 및 경제 기반 붕괴로 열악한 환경 초래

③ 영향 … 한·미 상호 방위 조약 체결(1953. 10), 남북한의 독재 체제 강화

② 자유 민주주의 시련과 발전

(1) 이승만 정부

① 발췌 개헌(1952)
- ㉠ 배경 : 제2대 국회의원 선거(1950. 5.) 결과 이승만 반대 성향의 무소속 의원 대거 당선→국회의원에 의한 간선제 방식으로 이승만의 대통령 재선 가능성이 희박
- ㉡ 과정 : 6·25 전쟁 중 임시 수도인 부산에서 자유당 창당 후 계엄령 선포→야당 국회의원 연행·협박
- ㉢ 내용 및 결과 : 대통령 직선제 개헌안 통과→이승만이 제2대 대통령에 당선

② 사사오입 개헌(1954)
- ㉠ 배경 : 이승만과 자유당의 장기 집권 추구를 위해 대통령 중임 제한 규정의 개정 필요
- ㉡ 과정 : 개헌 통과 정족수에 1표 부족하여 개헌안 부결→사사오입 논리를 내세워 통과
- ㉢ 내용 및 결과 : 초대 대통령에 한해 중임 제한 규정 철폐→이승만이 제3대 대통령에 당선

③ 독재 체제의 강화 … 1956년 정·부통령 선거에서 민주당의 장면이 부통령에 당선, 무소속 조봉암의 선전→진보당 사건(조봉암 탄압), 정부에 비판적인 경향신문 폐간, 국가 보안법 개정(1958)

④ 전후 복구와 원조 경제
　　㉠ 전후 복구 : 산업 시설과 사회 기반 시설 복구, 귀속 재산 처리 등
　　㉡ 원조 경제 : 미국이 잉여 농산물 제공 → 삼백 산업(밀, 사탕수수, 면화) 발달
⑤ 북한의 변화
　　㉠ 김일성 1인 독재 체제 강화 : 반대 세력 숙청, 주체사상 강조
　　㉡ 사회주의 경제 체제 확립 : 소련·중국의 원조, 협동 농장 체제 수립, 모든 생산 수단 국유화

(2) 4·19 혁명과 장면 내각
① 4·19 혁명(1960)
　　㉠ 배경 : 1960년 정·부통령 선거에서 이승만과 이기붕을 당선시키기 위해 3·15 부정 선거 실행
　　㉡ 전개 : 부정 선거 규탄 시위 발생→마산에서 김주열 학생의 시신 발견→전국으로 시위 확산→비상 계엄령 선포→대학 교수들의 시국 선언 발표 및 시위 참여→이승만 하야
　　㉢ 결과 : 허정 과도 정부 구성→내각 책임제와 양원제 국회 구성을 골자로 한 개헌 성립
　　㉣ 의의 : 학생과 시민 주도로 독재 정권을 붕괴시킨 민주 혁명
② 장면 내각(1960)
　　㉠ 성립 : 새 헌법에 따라 치른 7·29총선에서 민주당 압승→대통령 윤보선 선출, 국무총리 장면 지정
　　㉡ 정책 : 경제 개발 계획 마련, 정부 규제 완화
　　㉢ 한계 : 부정 선거 책임자 처벌에 소극적, 민주당 구파와 신파의 대립으로 인한 정치 불안 초래

(3) 5·16 군사 정변과 박정희 정부
① 5·16 군사 정변(1961) … 박정희를 중심으로 군부 세력이 정변 일으킴 → 국가 재건 최고회의 설치(군정 실시)
　　㉠ 정치 : 부패한 공직자 처벌, 구정치인의 활동 금지
　　㉡ 경제 : 경제 개발 5개년 계획을 추진
　　㉢ 개헌 : 대통령 중심제와 단원제 국회 구성을 주요 내용으로 하는 개헌 단행
② 박정희 정부
　　㉠ 성립 : 민주 공화당 창당→박정희가 대통령에 당선(1963)
　　㉡ 한·일 국교 정상화(1965) : 한·미·일 안보 체제 강화, 경제 개발에 필요한 자금을 확보 목적
　　　• 과정 : 김종필·오히라 비밀 각서 체결→한·일 회담 반대 시위(6·3 시위, 1964)→계엄령 선포
　　　• 결과 : 한·일 협정 체결
　　㉢ 베트남 전쟁 파병(1964~1973) : 미국의 요청으로 브라운 각서 체결(경제·군사적 지원 약속)→경제 성장
　　㉣ 3선 개헌(1969) : 박정희가 재선 성공 후에 3선 개헌안 통과→개정 헌법에 따라 박정희의 3선 성공(1971)

③ 유신 체제
- ㉠ 유신 체제 성립 : 1970년대 냉전 완화(닉슨 독트린), 경제 불황
  - 과정 : 비상 계엄령 선포, 국회 해산, 정당·정치 활동 금지→유신 헌법 의결·공고(1972)→통일 주체 국민 회의에서 박정희를 대통령으로 선출
  - 내용 : 대통령 간선제(통일 주체 국민 회의에서 선출), 대통령 중임 제한 조항 삭제, 대통령 임기 6년, 대통령에게 긴급 조치권, 국회 해산권, 국회의원 1/3 추천권 부여
- ㉡ 유신 체제 반대 투쟁 : 개헌 청원 100만인 서명 운동 전개, 3·1 민주 구국 선언
  → 긴급 조치 발표, 민청학련 사건과 인혁당 사건 조작
- ㉢ 유신 체제 붕괴
  - 배경 : 국회의원 선거에서 야당 득표율 증가(1978), 경제위기 고조(제2차 석유 파동), YH 무역 사건 과정에서 김영삼의 국회의원 자격 박탈→부·마 항쟁 발생
  - 결과 : 박정희 대통령 피살(1979. 10·26 사태)로 유신 체제 붕괴

(4) 5·18 민주화 운동과 자유 민주주의의 발전
① 민주화 열망의 고조
  - ㉠ 12·12 사태(1979) : 10·26 사태 직후 전두환 중심의 신군부 세력이 권력 장악
  - ㉡ 서울의 봄(1980) : 시민과 학생들이 신군부 퇴진, 유신 헌법 폐지를 요구하며 시위 전개
    →비상계엄령 선포 및 전국 확대
② 5·18 민주화 운동(1980)
  - ㉠ 배경 : 신군부 세력 집권과 비상계엄 확대에 반대하는 광주 시민들을 계엄군이 과잉 무력 진압
  - ㉡ 의의 : 1980년대 민주화 운동의 기반이 됨.
③ 전두환 정부
  - ㉠ 신군부 집권 과정 : 국가 보위 비상 대책 위원회(국보위) 설치→삼청교육대 설치, 언론 통폐합 등
  - ㉡ 전두환 집권 : 통일주체 국민회의에서 전두환을 11대 대통령으로 선출(1980. 8)
    - 개헌 : 대통령을 선거인단에 의해 선출, 대통령 임기는 7년 단임제 적용
    - 개헌 이후 : 대통령 선거인단에서 전두환을 12대 대통령으로 선출(1981. 2)
  - ㉢ 전두환 정부 정책
    - 강압책 : 언론 통제, 민주화 운동 탄압
    - 유화책 : 두발과 교복 자율화, 야간 통행금지 해제, 프로야구단 창단, 해외여행 자유화
④ 6월 민주 항쟁(1987)
  - ㉠ 배경 : 대통령 직선제 개헌 운동 고조, 박종철 고문 치사 사건 발생
  - ㉡ 4·13 호헌 조치 : 전두환 정부는 대통령 직선제 개헌안 요구를 거부하고 간선제 유지를 발표
    →시민들의 반발 확산, 이한열 사망→호헌 철폐 요구하며 시위 확산

ⓒ 6·29 민주화 선언 : 민주 정의당 대통령 후보인 노태우가 대통령 직선제 개헌 요구 수용
ⓔ 결과 : 대통령 직선제, 5년 단임제의 개헌 실현

(5) 민주화 진전
① 노태우 정부
   ㉠ 성립 : 야권 분열 과정에서 노태우가 대통령에 당선 → 이후 3당 합당(노태우, 김영삼, 김종필)
   ㉡ 성과 : 북방 외교 추진(공산권 국가들과 수교), 서울 올림픽 개최, 5공 청문회, 남북한 유엔 동시 가입
② 김영삼 정부 ⋯ 지방 자치제 전면 실시, 금융 실명제 시행, OECD(경제 협력 개발 기구) 가입, 외환위기(IMF) 초래
③ 김대중 정부
   ㉠ 성립 : 선거를 통한 최초의 평화적 여야 정권 교체가 이루어짐
   ㉡ 성과 : 국제 통화 기금(IMF) 지원금 조기 상환, 국민 기초 생활 보장법 제정, 대북 화해 협력 정책(햇볕 정책) → 제1차 남북 정상 회담 개최, 6·15 남북 공동 선언 채택(2000)
④ 노무현 정부 ⋯ 권위주의 청산 지향, 제2차 남북 정상 회담 개최, 10·4 남북 공동 선언 채택(2007)
⑤ 이명박 정부 ⋯ 한·미 FTA 추진, 기업 활동 규제 완화

❸ 경제 발전과 사회·문화의 변화

(1) 경제 발전 과정
① 경제 개발 5개년 계획
   ㉠ 제1차, 2차 경제 개발 5개년 계획(1962~1971) : 노동집약적 경공업 육성, 수출 주도형 산업 육성 정책 추진
     • 베트남 경제 특수 효과, 사회 간접 자본 확충(경부 고속 국도 건설. 1970)
     • 외채 상환 부담 증가, 노동자의 저임금, 정경 유착 등의 문제가 나타남
   ㉡ 제3차, 4차 경제 개발 5개년 계획(1972~1911) : 자본집약적 중화학 공업 육성, 수출액 100억 달러 달성(1977)
     • 정경 유착, 저임금·저곡가 정책으로 농민·노동자 소외, 빈부 격차 확대, 2차례에 걸친 석유 파동으로 경제 위기
② 1980년대 경제 변화 ⋯ '3저 호황'(저유가, 저금리, 저달러) 상황 속에서 자동차, 철강 산업 등이 발전

③ 1990년대 이후 경제 변화
    ㉠ 김영삼 정부 : 경제 협력 개발 기구(OECD) 가입, 외환 위기 발생 → 국제 통화 기금(IMF)의 긴급 금융 지원
    ㉡ 김대중 정부 : 금융 기관과 대기업 구조 조정(실업률 증가), 국제 통화 기금(IMF) 지원금 조기 상환

(2) 사회·문화의 변화
① 급속한 산업화·도시화 … 주택 부족, 교통 혼잡, 도시 빈민 등의 사회적 문제 발생
② 농촌의 변화 … 이촌향도 현상으로 농촌 인구 감소, 고령화 문제 출현, 도농 간 소득 격차 확대
③ 새마을 운동(1970) … 농촌 환경 개선과 소득 증대 목표(근면·자조·협동)
④ 노동 문제 … 산업화로 노동자 급증, 열악한 노동 환경(저임금·장시간 노동) → 전태일 분신 사건(1970) → 6월 민주 항쟁 이후 노동 운동 활발

(3) 통일을 위한 노력
① 7·4 남북 공동 성명(1972) … 평화 통일 3대 원칙 합의(자주 통일, 평화 통일, 민족적 대단결)
    → 남북 조절 위원회 설치
② 전두환 정부 … 이산가족 고향 방문단과 예술 공연단 교환(1985)
③ 노태우 정부(1991) … 남북한 유엔 동시 가입, 남북 기본 합의서 채택(남북 사이 화해와 불가침, 교류와 협력)
④ 김영삼 정부 … 북한에 경수로 원자력 발전소 건설 사업 지원
⑤ 김대중 정부 … 대북 화해 협력 정책(햇볕 정책), 금강산 관광 사업 시작, 남북 정상 회담 개최(6·15 남북 공동 선언)
    ㉠ 6·15 남북 공동 선언(2000) : 남측의 연합제 통일안과 북측의 연방제 통일안의 공통성 인정
    ㉡ 개성 공단 건설, 이산가족 상봉, 경의선 복구 사업 진행
⑥ 노무현 정부 … 제2차 남북 정상 회담(2007) → 10·4 남북 공동 선언

06. 근현대사의 이해

최근 기출문제 분석

2020. 6. 13. 제1회 지방직 / 제2회 서울특별시

1 다음과 같은 활동을 펼친 인물에 대한 설명으로 옳은 것은?

- 대한매일신보에 애국적인 논설을 썼다.
- 유교 개혁의 뜻을 담은 「유교구신론」을 집필하였다.

① 적극적인 의열 활동을 위해 한인애국단을 만들었다.
② 일본의 침략상을 폭로하는 『한국통사』를 저술하였다.
③ 실증사학의 입장에서 연구하는 진단학회를 조직하였다.
④ 김원봉의 요청을 받아들여 「조선혁명선언」을 작성하였다.

> **TIP** 구한 말 역사학자인 박은식이다. 박은식은 기존의 관념적 성격의 성리학 체제를 비판하면서 실천적 유학인 양명학을 강조하는 〈유교구신론〉을 주장하였다. 또한 민족 혼을 강조하면서 〈한국통사〉, 〈한국독립운동지혈사〉를 남겼다.
> ① 김구가 조직한 단체로 이봉창, 윤봉길 의사 등이 애국활동을 전개하였다.
> ③ 랑케의 실증주의 사학의 영향을 받아 조직한 단체로 이병도, 조윤제, 손진태가 주도하였다.
> ④ 〈조선혁명선언〉은 의열단 선언문으로 신채호가 작성하였다.

2020. 6. 13. 제1회 지방직 / 제2회 서울특별시

2 (가) 단체로 옳은 것은?

(가) 발기취지(發起趣旨)
인간 사회는 많은 불합리를 산출한 동시에 그 해결을 우리에게 요구하고 있다. 여성 문제는 그중의 하나이다. …… 과거의 조선 여성운동은 분산되어 있었다. 그것에는 통일된 조직이 없었고 통일된 지도 정신도 없었고 통일된 항쟁이 없었다. …… 우리는 우선 조선 자매 전체의 역량을 공고히 단결하여 운동을 전반적으로 전개하지 아니하면 아니 된다.
— 『동아일보』, 1927. 5. 11. —

① 근우회
② 신간회
③ 신민회
④ 정우회

Answer 1.② 2.①

TIP 1927년에 조직된 여성 단체 근우회이다. 근우회는 1920년대 민족 독립 운동이 사회주의 계열과 민족주의 계열로 분열된 상태에서 독립 달성이라는 동일한 목표를 위해 민족유일당 운동이 전개되면서 설립되었다. 그 결과 신간회가 설립되고 자매 단체로 근우회가 설립되었으며 여성 인권 운동에 앞장섰다.
② 신간회(1927) : 민족유일당 운동의 결과 설립된 단체이지만 여성 단체는 아니다.
③ 신민회(1907) : 애국 계몽 운동을 전개한 단체로 교육 및 식산흥업, 해외 독립군 기지 건설에 앞장섰다.
④ 정우회(1926) : 사회주의 계열 사상 단체로 정우회 선언문이 계기가 되어 민족유일당 운동이 가능했다.

2020. 6. 13. 제1회 지방직 / 제2회 서울특별시

3 (가) 시기에 있었던 일로 옳은 것은?

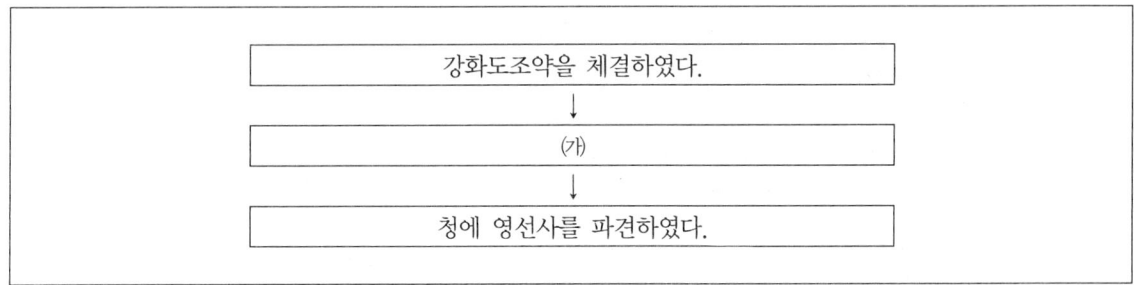

① 군국기무처를 두고 여러 건의 개혁안을 처리하였다.
② 개화 정책을 추진할 기구로 통리기무아문을 설치하였다.
③ 국정 개혁의 기본 방향을 담은 홍범 14조를 공포하였다.
④ 구본신참의 개혁 원칙을 정하고 대한국국제를 선포하였다.

TIP 강화도 조약(1876)은 운요호 사건을 계기로 체결된 우리나라 최초의 근대적 조약이자 영사재판권(치외법권), 해안 측량의 자유권 등을 인정한 불평등 조약이었다. 영선사(1881)는 김윤식을 중심으로 청에 파견된 사절단으로 청의 군사시설을 시찰하기 위한 목적으로 파견되었으며, 귀국 후 기기창 설립에 영향을 주었다. 통리기무아문(1880)은 강화도 조약 체결 이후 개화 정책을 추진하기 위해 설치한 기구이다.
① 1차 갑오개혁을 추진하기 위한 기구로 설치되었다.(1894)
③ 2차 갑오개혁을 위한 국정 개혁의 기본 방향을 제시하였다.(1894)
④ 대한제국 선포 이후 황제권의 강화를 담은 내용이다.(1899)

Answer 3.②

2020. 6. 13. 제1회 지방직 / 제2회 서울특별시

4 밑줄 친 '새 헌법'에 대한 설명으로 옳은 것은?

> 정부에서는 6월 15일 국회에서 통과된 개헌안을 이송받자 이날 긴급 국무회의를 소집하고 정식으로 이를 공포하였다. 이로써 개정된 새 헌법은 16일 0시를 기해 효력을 발생케 되었다. 새 헌법이 공포됨으로써 16일부터는 실질적인 내각책임체제의 정부를 갖게 되었으며 허정 수석국무위원은 자동으로 국무총리가 된다.
>
> —『경향신문』, 1960. 6. 16. —

① 임시수도 부산에서 개정되었다.
② '사사오입'의 논리로 통과되었다.
③ 통일주체국민회의 설치를 규정한 조항이 있다.
④ 민의원과 참의원으로 구성된 국회 조항이 있다.

TIP 1960년에 개정된 3차 개헌이다. 4·19 혁명으로 이승만 정부와 자유당 정권이 붕괴되고 허정 과도 정부가 수립되면서 양원제(민의원, 참의원)와 내각책임제를 규정한 헌법 개정안을 통과시켰다. 이후 윤보선을 대통령, 장면을 내각 총리로 하는 새로운 정부가 수립되었다.
① 대통령 직선제 개헌을 담은 발췌개헌안이다(1952).
② 대통령의 중임 제한을 폐지하는 내용을 담은 개헌안이다.(1954)
③ 박정희 정부 때 개정된 7차 개헌안으로 유신 헌법을 지칭한다.(1972)

2020. 6. 13. 제1회 지방직 / 제2회 서울특별시

5 다음의 사건을 시기순으로 바르게 나열한 것은?

> (가) 제헌국회가 구성되어 헌법을 제정하였다.
> (나) 여운형과 김규식은 좌우합작위원회를 조직하였다.
> (다) 조선건국동맹을 기반으로 조선건국준비위원회가 조직되었다.
> (라) 민주주의 임시정부 수립을 논의하기 위해 제1차 미·소공동위원회가 열렸다.

① (가) - (다) - (나) - (라)
② (나) - (다) - (라) - (가)
③ (다) - (라) - (나) - (가)
④ (라) - (나) - (가) - (다)

Answer 4.④ 5.③

> **TIP**
> (다) 조선건국준비위원회는 여운형과 안재홍을 중심으로 해방 직후 조직된 좌우합작 성격의 건국 준비 단체이다.(1945. 8.)
> (라) 모스크바 3상 회의에서 결정된 신탁통치안에 대해 국내좌우익의 대립이 심해지자 이를 해결하고자 제1차 미·소공동위원회가 열렸다.(1946. 3.)
> (나) 제1차 미소공동위원회 결렬 이후 좌우 대립의 문제를 해소하기 위해 여운형과 김규식이 좌우합작위원회를 조직하였다.(1946. 7.)
> (가) UN 소총회에서 남한만의 단독 총선거가 결정되고, 1948년 5월 10일 제헌의원을 선출하는 총선거가 실시되었다.

2019. 6. 15 제2회 서울특별시

6 〈보기〉의 밑줄 친 (가)국가에 대한 설명으로 가장 옳은 것은?

― 보기 ―

정부는 (가) 공사의 서울 부임에 답례할 겸 서구의 근대 문물을 시찰하기 위해 1883년 (가)에 보빙사를 파견하였다. 보빙사의 구성원은 민영익, 홍영식, 서광범 등 11명이었다.

① 삼국 간섭에 참여하였다.
② 용암포를 강제 점령하고 조차를 요구하였다.
③ 거문도를 불법으로 점령하였다.
④ 운산 금광 채굴권을 차지하였다.

> **TIP** 보빙사(1883)는 조미수호통상조약 체결 이후 미국을 시찰하기 위해 파견된 사절단이다. 조미수호통상조약 체결 이후 조선은 다른 서구 열강들과 불평등 조약을 연이어 체결하였다. 이후 열강들은 불평등 조약을 빌미로 각종 이권을 강탈하였다. 미국은 평안북도 운산·수안 금광 채굴권을 강탈했다.
> ① 청일전쟁에서 승리한 일본이 청으로부터 랴오둥 반도를 할양받자 이에 러시아, 독일, 프랑스가 반대한 사건
> ② 러시아
> ③ 영국

Answer 6.④

2019. 6. 15 제2회 서울특별시

7 〈보기〉에서 일제강점기의 사건을 발생한 순서대로 바르게 나열한 것은?

―――――― 보기 ――――――
㉠ 물산장려운동　　　　㉡ 3·1 운동
㉢ 광주학생항일운동　　㉣ 6·10 만세운동

① ㉠→㉡→㉢→㉣
② ㉠→㉢→㉡→㉣
③ ㉡→㉠→㉣→㉢
④ ㉡→㉣→㉢→㉠

TIP ㉠ 물산장려운동 : 1923
　　　㉡ 3·1 운동 : 1919
　　　㉢ 광주학생항일운동 : 1929
　　　㉣ 6·10 만세운동 : 1926

2019. 6. 15 제2회 서울특별시

8 〈보기〉의 협약 이후 일어난 사실로 가장 옳지 않은 것은?

―――――― 보기 ――――――
제1조 한국정부는 시정 개선에 관하여 통감의 지도를 받는다.
제2조 한국의 법령 제정 및 중요한 행정상의 처분은 미리 통감의 승인을 거친다.
제4조 한국 고등 관리의 임면은 통감의 동의로써 이를 시행한다.
제5조 한국정부는 통감이 추천하는 일본인을 한국 관리에 임명한다.

① 각 부의 차관에 일본인이 임명되어 이른바 차관정치가 시작되었다.
② 대한제국 군대가 해산되었다.
③ 사법권과 경찰권을 빼앗겼다.
④ 만국평화회의에 이상설 등이 파견되었다.

TIP 1907년에 체결된 한일신협약(정미 7조약)이다. 초대 통감이었던 이토 히로부미는 을사늑약 체결 이후 정미조약을 체결하면서 대한제국의 외교권과 행정권을 장악하고 차관 정치를 시행하였다. 당시 헤이그 특사 파견을 빌미로 일제는 고종을 강제 퇴위시키고, 군대를 해산하였다.
④ 헤이그 만국평화회의에 특사를 파견한 것은 정미조약 체결 이전이다.

Answer 7.③ 8.④

2019. 6. 15 제2회 서울특별시

9 〈보기〉 선언문의 발표 후에 있었던 사건으로 가장 적합하지 않은 것은?

― 보기 ―

상아의 진리탑을 박차고 거리에 나선 우리는 질풍과 같은 역사의 조류에 자신을 참여시킴으로써 이성과 진리, 그리고 자유의 대학정신을 현실의 참담한 박토에 뿌리려 하는 바이다. 〈중략〉 무릇 모든 민주주의 정치사는 자유의 투쟁사다. 그것은 또한 여하한 형태의 전제로 민중 앞에 군림하든 '종이로 만든 호랑이' 같이 헤슬픈 것임을 교시한다. 〈중략〉 근대적 민주주의의 근간은 자유다. 〈하략〉

― 서울대학교 문리과대학 학생 일동 ―

① 이승만 대통령이 하야하였다.
② 장면 정권이 수립되었다.
③ 민족자주통일중앙협의회가 조직되었다.
④ 조봉암이 진보당을 결성하였다.

> **TIP** 1960년에 발생한 4·19혁명이다. 4·19혁명은 자유당의 3·15 부정선거를 계기로 일어난 민주화 운동으로 그 결과 이승만 대통령이 하야하고, 자유당 정권을 무너뜨렸다. 이후 허정 과도 정부를 거쳐 윤보선을 대통령, 장면을 총리로 하는 장면 정부가 수립되었다.
> ④ 진보당 사건: 1958

2019. 6. 15 제2회 서울특별시

10 〈보기〉와 같은 내용의 헌법으로 개정된 이후 발생한 사건으로 가장 옳은 것은?

― 보기 ―

제39조 대통령은 통일주체국민회의에서 토론 없이 무기명 투표로 선거한다.
제40조 통일주체국민회의는 국회의원 정수의 1/3에 해당하는 수의 국회의원을 선거한다.
제43조 대통령은 조국의 평화적 통일을 위한 성실한 의무를 진다.

① 굴욕적인 한일회담에 반대하는 학생 시위가 전개되었다.
② 재야 인사들이 명동성당에 모여 '3·1 민주구국선언'을 발표하였다.
③ 친일파 청산을 위해 반민족행위특별조사위원회를 설치하였다.
④ 민생안정을 위해 농가 부채 탕감, 화폐 개혁 등을 실시하였다.

> **TIP** 박정희 정권의 유신헌법(1972)이다. 박정희는 영구 집권을 위해 헌법을 개정하는 유신체제를 단행하였고 이 과정에서 대통령 선출 방식을 직선제에서 간선제로 바꾸었다. 당시 재야 인사들이 명동성당에 모여 '3·1 민주구국선언'을 발표하는 등 유신 독재 체제를 반대하는 운동이 전국적으로 일어났다.
> ① 한일협정(1965) 체결 반대
> ③ 반민족행위특별조사위원회 설치: 1948
> ④ 민생안정을 위해 농가 부채 탕감, 화폐 개혁 등 실시: 5·16 군사 정변(1961) 직후

Answer 9.④ 10.②

2019. 6. 15 제1회 지방직

11 다음과 같은 강령을 발표한 조직의 활동으로 옳은 것은?

> 건국 시기의 헌법상 경제체계는 국민 각개의 균등생활 확보 및 민족 전체의 발전 그리고 국가를 건립 보위함과 연환(連環)관계를 가진다. 그러므로 다음에 나오는 기본 원칙에 따라서 경제 정책을 집행하고자 한다.
> 가. 규모가 큰 생산기관의 공구와 수단 … (중략) … 은행·전신·교통 등과 대규모 농·공·상 기업 및 성시(城市)공업 구역의 주요한 공용 방산(房産)은 국유로 한다.
> 나. 적이 침략하여 점령 혹은 시설한 일체 사유자본과 부역자의 일체 소유자본 및 부동산은 몰수하여 국유로 한다.

① 이승만을 대통령, 이시영을 부통령으로 선출하였다.
② 자유시 참변을 겪고 러시아 적군에 무장해제를 당하였다.
③ 좌우합작위원회를 구성하고 좌우합작 7원칙을 발표하였다.
④ 미군전략정보국(OSS) 지원 아래 국내 진공작전을 준비하였다.

> TIP 대한민국 임시정부는 조소앙의 삼균주의를 건국 강령으로 채택하였다. 조소앙의 삼균주의 정치, 경제, 교육의 균등을 실현하고자 하였다. 대한민국 임시정부는 한국광복군을 조직하여 연합군에 가담하여 대일 항쟁에 나섰고, 동시에 미국 정보기관인 OSS로부터 훈련을 받으며 국내 진공 작전을 준비하였다.
> ① 대한민국 정부 수립(1948)
> ② 대한독립군단(1921)
> ③ 좌우합작위원회(1946)

Answer 11.④

2019. 6. 15 제1회 지방직

12 다음 선언문의 강령에 따라 활동한 단체에 대한 설명으로 옳은 것은?

> 민중은 우리 혁명의 대본영(大本營)이다. 폭력은 우리 혁명의 유일한 무기이다. 우리는 민중 속으로 가서 민중과 손을 맞잡아 끊임없는 폭력-암살, 파괴, 폭동-으로써 강도 일본의 통치를 타도하고 우리 생활에 불합리한 일체의 제도를 개조하여 인류로써 인류를 압박하지 못하며, 사회로써 사회를 박탈하지 못하는 이상적 조선을 건설할지니라.

① 임시정부 활동에 활기를 불어넣고자 결성하였다.
② 청산리 지역에서 일본군과 접전을 벌여 대승을 거두었다.
③ 한국독립당, 조선혁명당 등과 함께 민족혁명당을 결성하였다.
④ 원산에서 일본인이 한국인 노동자를 구타한 사건을 계기로 총파업을 일으켰다.

> **TIP** 의열단 선언문인 신채호의 '조선독립선언'(1923)이다. 의열단은 1919년 김원봉이 조직하였으며 나석주, 김상옥 등을 중심으로 항일 무장 활동을 전개하였다. 이후 의열 조직 투쟁의 한계를 느낀 김원봉은 중국 황포군관학교에 입학하여 군사 훈련을 받고 조선혁명간부학교를 설립하였다. 1935년에는 민족혁명당을 조직하여 항일 투쟁을 전개하였다.
> ① 한인 애국단
> ② 북로군정서
> ④ 원산노동자 총파업

Answer 12.③

2019. 6. 15 제1회 지방직

13 밑줄 친 ㉠, ㉡에 대한 설명으로 옳은 것은?

> 신고산이 우르르 함흥차 가는 소리에
> ㉠지원병 보낸 어머니 가슴만 쥐어뜯고요
> … (중략) …
> 신고산이 우르르 함흥차 가는 소리에
> ㉡정신대 보낸 어머니 딸이 가엾어 울고요

① ㉠ - 학생들도 모집 대상이었다.
② ㉠ - 처음에는 징병제에 따라 동원되기 시작하였다.
③ ㉡ - 국민징용령에 근거한 조직이었다.
④ ㉡ - 물자 공출 장려를 목표로 결성하였다.

TIP 일제는 1930년대 전시 체제 대비하고 부족한 전쟁 물자를 보충하기 위해 국가총동원법(1938)을 선포하였다. 이후 강제 징용과 징병, 공출제가 실시되었다. 군대 보충을 위한 징병제는 지원병제도(1938), 징병제도(1943), 학도지원병제도(1943)로 시행되었다. 정신대는 여자정신대근로령(1944)을 제정해 강제 동원하였다.

2019. 6. 15 제1회 지방직

14 다음 법령과 관련한 설명으로 옳은 것은?

> 제5조 정부는 다음에 의하여 농지를 취득한다.
> 1. 다음의 농지는 정부에 귀속한다.
> ㈎ 법령 및 조약에 의하여 몰수 또는 국유로 된 토지
> ㈏ 소유권의 명의가 분명하지 않은 농지

① 농지 이외 임야도 포함되었다.
② 신한공사가 보유하던 토지를 분배하였다.
③ 중앙토지행정처가 분배 업무를 주무하였다.
④ 분배받은 농민은 평년 생산량의 30 %를 5년간 상환하였다.

TIP 대한민국 정부 수립 이후 제정된 농지개혁법(1949)이다. 토지의 유상매입, 유상분배를 원칙으로 정부가 매입한 농경지는 3정보를 상한선으로 농민에 분배하여, 해당 토지 생산략의 30%를 5년 기한으로 곡물이나 금전으로 상환하게 하였다.

Answer 13.① 14.④

2019. 6. 15 제1회 지방직

15 다음은 1960년대 어느 일간지에 실린 사설이다. 밑줄 친 '파병'에 대한 설명으로 옳은 것만을 모두 고르면?

> 우리는 원했든 원하지 안했든 이미 이 전쟁에 직접적인 관계를 맺었고 <u>파병</u>을 찬반(贊反)하던 국민이 이젠 다 힘과 마음을 합해서 <u>파병</u>된 용사들을 성원하고 있거니와 근대 전쟁이 전투하는 사람만의 전쟁이 아니라 온 국민이 참가하는 '총력전'이라는 것을 알고 이 전쟁의 승리를 위해 모든 국민의 단합을 호소하는 바이다.

㉠ 발췌개헌안 통과에 영향을 주었다.
㉡ 브라운 각서를 체결하는 이유가 되었다.
㉢ 1960년대 경제개발계획의 추진에 기여하였다.
㉣ 한·미 상호방위원조협정을 체결하는 계기가 되었다.

① ㉠, ㉡
② ㉠, ㉢
③ ㉡, ㉢
④ ㉢, ㉣

TIP 1960년대 박정희 정부는 경제 개발을 위한 자본 마련을 위해 베트남 파병을 결정하였다. 한국과 미국은 국군을 베트남에 파병하는 조건으로 미국의 경제적, 군사적 원조를 약속받는 조건으로 브라운 각서를 체결하였다. 이는 1960년대 경제개발계획을 추진하는데 기여하였다.
㉠ 발췌개헌안(1952) : 이승만 정권 당시 이루어진 대통령 직선제 개헌안이다.
㉣ 한·미 상호방위원조협정 : 1950년에 체결되었다

Answer 15.③

06. 근현대사의 이해

출제 예상 문제

1 다음 자료를 쓴 역사가의 활동으로 옳은 것은?

> 역사란 무엇이뇨. 인류 사회의 아와 비아의 투쟁이 시간부터 발전하며 공간부터 확대하는 심적 활동의 상태의 기록이니, 세계사라 하면 세계 인류의 그리되어 온 상태의 기록이며, 조선사라하면 조선 민족의 그리되어 온 상태의 기록이니라.

① 「여유당전서」를 발간하여 조선후기 실학자들을 재평가하였다.
② 을지문덕, 최영, 이순신 등 애국명장의 전기를 써서 애국심을 고취하였다.
③ 「조선사회경제」를 저술하여 세계사적 보편성 속에서 한국사를 해석하였다.
④ '5천 년간 조선의 얼'이라는 글을 동아일보에 연재하여 민족정신을 고취하였다.

TIP 제시된 사료는 신채호의 「조선상고사」 총론의 일부이다. 「조선상고사」는 단군시대로부터 백제의 멸망과 그 부흥운동까지를 주체적으로 서술하였다.
② 신채호는 「을지문덕전」, 「최도동전」, 「이순신전」 등을 저술하여 애국심을 고취하였다.
① 정약용
③ 백남운
④ 정인보

Answer 1.②

2 다음 자료에 나타난 사상을 정립한 인물에 대한 설명으로 옳지 않은 것은?

> 우리나라의 건국정신은 삼균제도(三均制度)의 역사적 근거를 두었으니 선조들이 분명히 명한 바 「수미균평위(首尾均平位)하야 흥방보태평(興邦保泰平)하리라」 하였다. 이는 사회 각층 각급의 지력과 권력과 부력의 향유를 균평하게 하야 국가를 진흥하며 태평을 보유(保維)하려 함이니 홍익인간(弘益人間)과 이화세계(理化世界)하자는 우리 민족의 지킬 바 최고 공리(公理)임

① 한국독립당을 창당하였다.
② 임시정부의 국무위원이었다.
③ 제헌 국회의원에 당선되었다.
④ 정치·경제·교육의 균등을 주장하였다.

TIP 제시된 사료는 대한민국 건국강령의 일부로 삼균제도는 조소앙에 의해 정립되었다.
③ 조소앙은 남한 단독 정부 수립에 반대하여 제헌 국회의원 선거에 불참하였다.

3 대한민국 정부 수립 이후에 일어난 사건을 〈보기〉에서 모두 고른 것은?

보기
㉠ 반민족 행위 특별 조사 위원회 설치   ㉡ 농지 개혁법 시행
㉢ 안두희의 김구 암살   ㉣ 제주 4·3 사건 발생
㉤ 여수·순천 10·19 사건 발생

① ㉠, ㉡, ㉤
② ㉠, ㉡, ㉢, ㉤
③ ㉠, ㉡, ㉣, ㉤
④ ㉠, ㉡, ㉢, ㉣, ㉤

TIP ㉣ 제주 4·3 사건은 1948년에 일어난 사건으로 대한민국 정부 수립(1948년 8월 15일) 이전이다.
㉠ 1948년 10월
㉡ 1949년 제정, 1950~1957년 시행
㉢ 1949년 6월
㉤ 1948년 10월

Answer 2.③ 3.②

4 다음 법령에 대한 설명으로 옳지 않은 것은?

> 제1조 일본 정부와 통모하여 한·일 합병에 적극 협력한 자, 한국의 주권을 침해하는 조약 또는 문서에 조인한 자와 모의한 자는 사형 또는 무기 징역에 처하고, 그 재산과 유산의 전부 혹은 2분의 1 이상을 몰수한다.
> 제2조 일본 정부로부터 작위를 받은 자 또는 일본 제국 의회의 의원이 되었던 자는 무기 또는 5년 이상의 징역에 처하고 그 재산과 유산의 전부 혹은 2분의 1 이상을 몰수한다.
> 제3조 일본 치하 독립운동자나 그 가족을 악의로 살상·박해한 자 또는 이를 지휘한 자는 사형, 무기 또는 5년 이상의 징역에 처하고 그 재산의 전부 혹은 일부를 몰수한다.

① 이 법령에 따라 특별 재판부가 설치되었다.
② 이 법령의 제정은 제헌헌법에 명시된 사항이었다.
③ 이 법령에 따라 반민족행위자들이 실형을 선고받았다.
④ 이 법령은 여수·순천 10·19 사건 직후에 국회에서 통과되었다.

TIP 제시된 사료는 1948년 9월 제정된 「반민족행위처벌법」이다.
    ④ 여수·순천 사건은 1948년 10월 19일 전라남도 여수에 주둔하던 국방경비대 제14연대에 소속의 군인들이 제주 4·3 사건 진압을 거부하며 일으킨 반란 사건이다.

5 다음 내용이 포함된 개혁에 대한 설명으로 옳지 않은 것은?

> • 공·사 노비 제도를 모두 폐지하고, 인신매매를 금지한다.
> • 연좌법을 폐지하여 죄인 자신 외에는 처벌하지 않는다.
> • 과부의 재혼은 귀천을 막론하고 그 자유에 맡긴다.

① 중국 연호의 사용을 폐지하였다. ② 독립 협회 활동의 영향을 받았다.
③ 군국기무처의 주도 하에 추진되었다. ④ 동학 농민 운동의 요구를 일부 수용하였다.

TIP 제시된 내용이 포함된 개혁은 1894년에 일어난 제1차 갑오개혁이다.
    ② 독립협회는 1896년에 창립되었다.

Answer 4.④ 5.②

6 다음 ⊙의 추진 결과 나타난 현상으로 옳지 않은 것은?

> 일본은 1910년대 이후 자본주의 경제가 급속하게 발전하면서 농민들이 도시에 몰려 식량 조달에 큰 차질이 빚어졌다. 이를 해결하기 위해 ___⊙___ 을 추진하였는데, 이는 토지 개량과 농사 개량을 통해 식량 생산을 대폭 늘려 일본으로 더 많은 쌀을 가져가고 우리나라 농민 생활도 안정시킨다는 목표로 추진되었다.

① 쌀 생산량의 증가보다 일본으로의 수출량 증가가 두드러졌다.
② 만주로부터 조, 수수, 콩 등의 잡곡 수입이 증가하였다.
③ 한국인의 1인당 연간 쌀 소비량이 이전보다 줄어들었다.
④ 많은 수의 소작농이 이를 통해 자작농으로 바뀌었다.

TIP ⊙은 1920년대에 실시한 산미증식계획이다. 산미증식계획으로 증산량보다 많은 양을 수탈해 갔기 때문에 조선의 식량 사정은 악화되어 만주에서 잡곡을 수입하게 되었다. 이 사업의 결과, 수리조합비와 토지개량사업비를 농민에게 전가하여 농민의 몰락이 가속화되었고 많은 수의 자작농이 소작농으로 바뀌었다.

7 다음은 일제 강점기 국외 독립운동에 관한 사실들이다. 이를 시기 순으로 바르게 나열한 것은?

> ㉠ 대한민국 임시 정부가 지청천을 총사령으로 하는 한국광복군을 창설하였다.
> ㉡ 블라디보스토크에서 이상설, 이동휘 등이 중심이 된 대한 광복군 정부가 수립되었다.
> ㉢ 홍범도가 이끄는 대한 독립군을 비롯한 연합 부대는 봉오동 전투에서 대승을 거두었다.
> ㉣ 양세봉이 이끄는 조선 혁명군은 중국 의용군과 연합하여 영릉가 전투에서 일본군을 무찔렀다.

① ㉠→㉣→㉡→㉢
② ㉡→㉢→㉣→㉠
③ ㉢→㉡→㉣→㉠
④ ㉣→㉢→㉠→㉡

TIP ㉠ 한국광복군은 1940년 중국 충칭에서 조직되었다.
㉡ 대한광복군정부는 1914년 러시아 블라디보스토크에 세워졌던 망명 정부이다.
㉢ 봉오동 전투는 1920년 6월 7일 만주 봉오동에서 홍범도의 대한독립군이 일본 정규군을 대패시킨 전투이다.
㉣ 영릉가 전투는 1932년 4월 남만주 일대에서 활동하던 조선혁명군이 중국 요령성 신빈현 영릉가에서 일본 관동군과 만주국군을 물리친 전투이다.

Answer 6.④ 7.②

8 다음은 간도와 관련된 역사적 사실들이다. 옳지 않은 것은?

① 1909년 일제는 청과 간도협약을 체결하여 남만주의 철도 부설권을 얻는 대가로 간도를 청의 영토로 인정하였다.
② 조선과 청은 1712년 "서쪽으로는 압록강, 동쪽으로는 토문강을 국경으로 한다."는 내용의 백두산정계비를 세웠다.
③ 통감부 설치 후 일제는 1906년 간도에 통감부 출장소를 두어 간도를 한국의 영토로 인정하였다.
④ 1902년 대한제국 정부는 간도관리사로 이범윤을 임명하는 한편, 이를 한국 주재 청국 공사에게 통고하고 간도의 소유권을 주장하였다.

> **TIP** ③ 통감부 설치 후 일제는 1907년 8월 23일에 간도용정에 간도통감부 출장소를 설치하고, 간도는 조선의 영토이며 출장소를 설치한 것은 간도조선인을 보호하기 위한 것이라 천명하고 청과 외교교섭을 시작했다.

9 다음에 제시된 개혁 내용을 공통으로 포함한 것은?

- 청과의 조공 관계 청산
- 혜상공국 혁파
- 인민 평등 실현
- 재정의 일원화
---

① 갑오개혁의 홍범 14조
② 독립협회의 헌의 6조
③ 동학 농민 운동의 폐정개혁안
④ 갑신정변 때의 14개조 정강

> **TIP** 제시된 지문은 갑신정변 때 개화당 정부의 14개조 혁신 정강의 내용이다.

Answer 8.③ 9.④

10 1919년 3·1운동 전후의 국내외 정세에 대한 설명으로 옳지 않은 것은?

① 일본은 시베리아에 출병하여 러시아 영토의 일부를 점령하고 있었다.
② 러시아에서는 볼셰비키가 권력을 장악하여 사회주의 정권을 수립하였다.
③ 미국의 윌슨 대통령이 민족자결주의를 내세워 전후 질서를 세우려 하였다.
④ 산동성의 구 독일 이권에 대한 일본의 계승 요구는 5·4 운동으로 인해 파리평화회의에서 승인받지 못하였다.

> **TIP** 파리평화회의 … 제1차 세계대전 종료 후, 전쟁에 대한 책임과 유럽 각국의 영토 조정, 전후의 평화를 유지하기 위한 조치 등을 협의한 1919~1920년 동안의 일련의 회의 일체를 말한다. 이 회의에서 국제문제를 풀어나갈 원칙으로 미국의 윌슨 대통령이 14개 조항을 제시하였는데 각 민족은 정치적 운명을 스스로 결정할 권리가 있다는 민족자결주의와 다른 민족의 간섭을 받을 수 없다는 집단안전보장원칙을 핵심으로 주장하였고 이는 3·1운동에 영향을 주었다.

11 1950년대 이후 한국사회의 상황에 대한 설명으로 옳은 것은?

① 1950년에 시행된 농지 개혁으로 토지가 없던 농민이 토지를 갖게 되었다.
② 1960년대에 임금은 낮았지만 낮은 물가 덕분으로 노동자들이 고통을 겪지는 않았다.
③ 1970년대에 이르러 정부는 노동 3권을 철저히 보장하는 정책을 채택하였다.
④ 1980년대 초부터는 노동조합을 자유롭게 설립할 수 있게 되었다.

> **TIP** 농지 개혁 … 논과 밭을 대상으로 3정보를 초과하는 농가의 토지나 부재지주의 토지를 국가에서 유상으로 매수하고 이들에게 지가증권을 발급하는 제도이다. 농지의 연 수확량의 150%를 한도로 5년간 보상하고 국가에서 매수한 농지는 영세농민에게 3정보를 한도로 유상분배하며 그 대가로 5년간 수확량의 30%씩 상환곡으로 수납하게 하였다. 그러나 개혁 자체가 농민이 배제된 지주층 중심으로 이루어져 소기의 목적을 달성할 수는 없었다.

Answer 10.④ 11.①

12 6·25 전쟁 이전 북한에서 일어난 다음의 사건들을 연대순으로 바르게 나열한 것은?

> ㉠ 북조선 5도 행정국 설치 ㉡ 토지개혁 단행
> ㉢ 북조선 노동당 창당 ㉣ 조선공산당 북조선 분국 조직

① ㉠㉡㉢㉣ ② ㉠㉡㉣㉢
③ ㉡㉠㉣㉢ ④ ㉣㉠㉡㉢

TIP ㉣ 1945년 10월
㉠ 1945년 11월
㉡ 1946년 3월
㉢ 1946년 8월

13 다음 보기의 내용과 같은 시기에 일어난 역사적 사실로 옳은 것은?

> 비밀결사조직으로 국권회복과 공화정체의 국민국가 건설을 목표로 하였다. 국내적으로 문화적·경제적 실력양성운동을 펼쳤으며, 국외로 독립군기지 건설에 의한 군사적인 실력양성운동에 힘쓰다가 105인사건으로 해체되었다.

① 차관제공에 의한 경제예속화정책에 반대하여 국민들이 국채보상기성회를 조직하여 모금운동을 벌였다.
② 자주제가 강화되고 소작농이 증가하면서, 고율의 소작료로 인하여 농민들이 몰락하였다.
③ 노동자들은 생존권을 지키기 위하여 임금인상이나 노동조건 개선 등을 주장하는 노동운동을 벌였다.
④ 일본 상품을 배격하고 국사품을 애용하자는 운동을 전개하였다.

TIP ① 일제의 화폐 정리 및 금융 지배에 대해 1907년 국채보상운동을 전개하여 일제의 침략정책에 맞섰으나 일제의 방해로 중단되었다.
※ **신민회** … 비밀결사조직으로 국권 회복과 공화정체의 국민국가 건설을 목표로 하였다. 국내적으로 문화적·경제적 실력양성운동을 펼쳤으며, 국외로 독립군기지 건설에 의한 군사적인 실력양성운동에 힘쓰다가 105인사건으로 해체되었다.

Answer 12.④ 13.①

14 다음 중 '을사조약' 체결 당시의 사건에 대한 설명으로 옳은 것은?

① 영국은 일본의 한국에 대한 지배권을 인정하였다.
② 구식군대가 차별대우를 받았다.
③ 일본의 한국에 대한 지배권을 인정하며, 미국의 필리핀 지배를 확인하였다.
④ 러시아, 프랑스, 독일이 일본에 압력을 가했다.

> **TIP** 을사조약 체결(1905. 11) … 러·일전쟁에서 승리한 일본은 조선의 독점적 지배권을 인정받고 조선의 외교권을 박탈하고 통감부를 설치하였다. 이에 초대 통감으로 이토 히로부미가 부임하였으며 고종황제는 조약의 부당성을 알리기 위해 1907년에 개최된 헤이그 만국평화회의에 밀사를 파견하였다.

15 다음과 같은 식민 통치의 근본적 목적으로 옳은 것은?

- 총독은 원래 현역군인으로 임명되는 것이 원칙이었으나, 문관도 임명될 수 있게 하였다.
- 헌병 경찰이 보통 경찰로 전환되었다.
- 민족 신문 발행을 허가하였다.
- 교육은 초급의 학문과 기술교육만 허용되었다.

① 소수의 친일분자를 키워 우리 민족을 이간하여 분열시키는 것이 목적이었다.
② 한반도를 대륙 침략의 병참기지로 삼고 태평양전쟁을 도발하였다.
③ 한국의 산업을 장악하여 상품시장화 하였다.
④ 1910년대의 무단통치에 대한 반성으로 시행하였다.

> **TIP** 문화통치(1919 ~ 1931)
> ㉠ **발단**: 3·1운동과 국제 여론의 악화로 제기되었다.
> ㉡ **내용**
>   - 문관총독의 임명을 약속하였으나 임명되지 않았다.
>   - 헌병경찰제를 보통경찰제로 바꾸었지만 경찰 수나 장비는 증가하였다.
>   - 교육은 초급의 학문과 기술교육만 허용되었다.
> ㉢ **본질**: 소수의 친일분자를 키워 우리 민족을 이간질하여 분열시켰다.

Answer 14.① 15.①

16 다음 보기의 내용과 관련있는 단체의 업적으로 옳은 것은?

> 동학농민전쟁의 주체이며, 최시형의 뒤를 이은 3세 교주 손병희는 3·1운동 민족대표 33인 중의 한 사람이었다.

① 미신타파
② 고아원 설립
③ 북로군정서 중광단
④ 개벽, 만세보

> **TIP** 천도교 … 제2의 3·1운동을 계획하여 자주독립선언문을 발표하였다. 개벽, 어린이, 학생 등의 잡지를 간행하여 민중의 자각과 근대문물의 보급에 기여하였다.

17 다음 보기의 기본 강령으로 활동한 사회단체에 대한 설명으로 옳은 것은?

> 1. 우리는 정치적·경제적 각성을 촉진한다.
> 2. 우리는 단결을 공공히 한다.
> 3. 우리는 기회주의를 일체 거부한다.

① 비밀 결사 조직으로 국외 독립 운동 기지 건설에 앞장섰다.
② 실력양성운동을 전개하였다.
③ 입헌정체와 정치의식을 고취시켰다.
④ 노동쟁의, 고각쟁의를 지원하는 등 노동운동과 농민운동을 지도하였다.

> **TIP** 신간회 … 민족주의 진영과 사회주의 진영은 민족유일당, 민족협동전선이라는 표어 아래 이상재, 안재홍 등을 중심으로 신간회를 결성하였다. 노동운동과 농민운동을 지도하였고 광주학생항일운동의 진상단을 파견하였다.

Answer 16.④ 17.④

18 다음 중 연결이 옳지 않은 것은?

① 한일의정서 – 군사기지 점유
② 제1차 한일협정서 – 사법권, 경찰권박탈
③ 제2차 한일협정서 – 외교권박탈
④ 한일신협약 – 차관정치, 군대해산

> **TIP** 제1차 한·일협약 체결(1904. 8) … 러·일전쟁 중 체결되었으며 일본 정부가 추천하는 외교와 재정고문을 두는 고문정치가 시작되었다.

19 다음은 어느 신문의 사설이다. 밑줄 친 것과 관련된 운동으로 옳은 것은?

> 1931년부터 4년간에 걸쳐 벌인 브나로드 운동은 대표적인 계몽운동이었다. 남녀 청년학도들이 계몽대, 강연대를 조직하여 삼천리 방방곡곡을 누비며 우리글, 우리 역사를 가르치고 농촌위생, 농촌경제개발에 앞장섰던 이 운동은 지식인과 학생이 이 땅에서 일으킨 최초의 민중운동이었다.

① 언론사 중심의 문맹퇴치운동이 전개되었다.
② 사회운동계열이 주도하였다.
③ 이 운동의 영향으로 민립대학설립운동이 추진되었다.
④ 이 시기에 언론과 지식인과 학생이 주도한 만세시위가 확산되고 있었다.

> **TIP** '브나로드'는 '민중 속으로'라는 러시아 말에서 유래된 것으로 일제강점기에 동아일보사가 주축이 되어 전국적 문맹퇴치운동으로 전개되었다. 브나로드 운동은 문자교육과 계몽활동(미신 타파, 구습 제거, 근검 절약 등)을 병행한 대표적인 농촌계몽운동이다.

20 다음 중 독립협회에 관한 설명으로 옳지 않은 것은?

① 자주국권운동을 전개하였다.
② 박정양의 진보적 내각이 수립되었다.
③ 최초의 근대적 민중대회인 만민공동회를 개최하였다.
④ 일본의 황무지 개간권 요구를 저지시켰다.

> **TIP** ④ 보안회에 관한 설명이다.

Answer 18.② 19.① 20.④

지역사회간호

01 PART

지역사회간호의 이해

01 지역사회 간호사업
02 지역사회 간호사업의 유형 및 역할
03 지역사회 간호대상과 간호과정
04 지역사회 간호수단
05 건강증진과 보건교육

01 지역사회 간호사업

01 지역사회간호학의 개념 및 지역사회 간호사업의 발전

❶ 지역사회간호학

(1) 지역사회간호학의 정의

지역사회간호학은 지역사회간호로 정의된 것을 과학적인 논리에 의해 연구·개발하는 학문이다. 여기서 지역사회간호란 지역사회를 대상으로 간호제공 및 보건교육을 통하여 지역사회의 공동의식 및 공동요구에서 시작되는 사회적 행동으로, 개인적으로는 육체적, 정신적, 사회적 복귀 내지 재활에 도움을 주는 등 지역사회의 적정기능 수준의 향상에 기여하는 것을 목표로 행하는 과학적인 실천이다.

(2) 지역사회간호학의 기본요소

① 대상
  ㉠ 구조적 지역사회 : 지역사회 주민들간의 시간적·공간적 관계에 의해서 모여진 공동체로, 대면공동체, 집합체, 지정학적 공동체, 조직, 생태학적 문제의 공동체, 문제해결공동체 등이 이에 속한다.
  ㉡ 기능적 지역사회 : 특정목적의 성취를 목적으로 지역의 공통적 감정을 기반으로 한 공동체로, 유동적이며 자원공동체, 동일한 요구를 가진 공동체 등이 이에 속한다.
  ㉢ 감정적 지역사회 : 공통의 연고 또는 관심을 기울여 모여진 공동체로, 소속공동체(고향, 동문회), 특수 흥미 공동체(산악회, 낚시회) 등이 이에 속한다.

② 목표(적정기능 수준향상)
  ㉠ 건강의 개념 : 1948년 세계보건기구(WHO) 헌장에서 정의한 바에 의하면, 인간의 건강상태는 질병과 건강의 연속선상에 위치하는 것으로 질병이나 불구가 없을 뿐만 아니라 완전한 신체적·정신적·사회적 안녕상태를 말한다.
    • 신체적 안녕 : 질병이 없는 상태
    • 정신적 안녕 : 사회와 문화권 내에서 받아들일 수 있는 행동을 하는 상태
    • 사회적 안녕 : 사회제도와 사회보장이 잘된 상태

- ⓒ 건강의 결정요인 : 건강을 결정하는 요인에는 인간, 환경, 생활양식, 보건사업조직 등이 있다.
- ⓒ 적정기능 수준의 측정 : 지역사회간호사는 기능 연속지표에 따라 긍정적·부정적 기능요소를 동시에 조사하여 기능연속선상에 긍정적인 방향으로 그들을 도와주어야 한다.
- ⓔ 적정기능 수준향상에 영향을 미치는 요소
  - 정치적인 영향 : 사회적 풍토는 적정기능 수준에 도달하는 데 영향을 미치는데, 정치적 통제는 사회의 안정 혹은 압박을 유도하고 범죄나 지역사회 안정의 결핍 정도에 따라 지역사회의 적정기능 수준향상이 달라진다.
  - 습관적인 영향 : 물리적·문화적·윤리적인 요소들과 관련된 습관은 적정기능 수준에 도달하는데 영향을 미치는 요소로 예컨대 흡연, 운동부족, 약품의 남용 등이다.
  - 유전적인 영향 : 유전적인 영향으로 형성된 노력과 잠재력은 수정하기가 어렵다. 유전학의 발달과 유전적인 영향요인에 대한 상담을 통하여 많은 효과를 얻고 있으나 아직도 인구집단의 요구를 충족시키기에는 더 많은 연구와 노력이 필요하다.
  - 보건의료 전달체계의 영향 : 건강을 유지하고 증진하는 지역사회 조직의 증가와 의료보험 가입률의 증가는 지역사회의 질병예방, 건강의 증진을 도모하고 지역사회의 적정기능 수준향상에 도움을 주는 보건의료 전달체계이다.
  - 환경적인 영향 : 환경위생(오염)도 건강에 영향을 미치는 데, 대기오염은 폐질환과 관련이 있고 수질의 화학성 오염은 식생활을 크게 위협한다. 이러한 환경적인 영향은 지역사회의 적정기능 수준을 유지하는데 방해요소로 작용하고 있다.
  - 사회·경제적인 영향 : 어느 지역사회의 문제점을 쉽게 파악하고 해결하는 방법으로 그 지역사회를 떠나는 이주민에 대한 조사가 효과적이라고 하는 연구가 있는데, 이는 그 지역사회의 사회·경제적인 측면에 대한 문제가 주민의 안녕과 직결되기 때문이다.

③ 활동
- ㉠ 건강관리체계
  - 1차 건강관리체계 : 건강유지 및 증진, 질병예방을 목표로 환경위생 및 보존, 식수보존, 주거환경, 식품관리, 예방접종, 영양개선 등의 활동을 한다.
  - 2차 건강관리체계 : 질병의 조기발견 및 조기치료를 목표로 질병의 전구기·잠복기의 증상 등의 사정과 병원을 중심으로 하는 환자간호를 제공한다.
  - 3차 건강관리체계 : 기능의 극대화, 재활을 목표로 치료를 통한 기능회복 및 장애의 최소화를 위한 활동을 한다.
- ㉡ 일차보건의료
  - 개념
    - 저렴한 비용으로 보건의료를 많은 수혜자가 이용할 수 있도록 간단하고 기본적인 건강문제를 1차 단계에서 해결하는 의료로, 지역사회 내에서 각 개인이나, 가족이 보편적으로 접근할 수 있게 만들어진 필수 보건의료 서비스이다.
    - 일차보건의료는 주민의 전적인 참여를 통해 이용할 수 있도록 하고, 지역사회와 국가가 지불할 수 있는 비용으로 제공된다.
    - 일차보건의료의 초점은 광범위하고 지역사회의 모든 부문과 보건요구를 포괄하며 개인들보다는 전체로서의 지역사회가 대상으로 고려된다.

- 일차보건의료와 일차의료 개념의 차이
  - 일차의료란 의학, 간호학 또는 보건의료 전문가에 의해 주도될 수 있는 보건의료의 전달에 관한 것을 말하며 보건의료의 1·2·3차의 수준으로 구분하는 전통적인 보건의료 서비스의 전달모형의 한 부분이다. 따라서, 일차의료의 초점은 개인이나 개별 가족에 주어진다.
  - 반면에 일차보건의료는 보건의료 서비스의 소비자가 전문가의 동반자가 되고, 건강의 향상이라는 공동의 목적에 도달하는데 참여하는 보건의료 전달의 유형이다.
- 일차보건의료 전략 : 일차보건의료는 자가간호와 건강, 사회복지에 있어서의 자율적 관리를 권장하며 개인, 가족 그리고 지역사회의 자존과 자립을 전략의 효과로서 기대한다.
- 일차보건의료 프로그램의 중심은 정부나 지방보건인력이 아니라 지역사회의 주민들이다. 정부관료들과 보건전문가는 전주민에게 가장 유익한 시설과 기술을 지원하는 것이므로 일차보건의료는 주민이 사용하고, 비용을 지불할 수 있는 적절한 보건기술의 개발·적응·응용을 요구한다.
- 일차보건의료는 주민들이 자신의 건강행위를 돌보고, 보다 건강지향적인 선택을 할 수 있도록 상담하고 자문을 해주는 서비스를 포함할 뿐만 아니라 저렴한 비용, 양질의 필수의약품, 예방접종 기타 물품과 장비의 적절한 공급을 필요로 하며, 일차보건의료에는 보건소나 병원같이 기능적으로 효율적이며 지지적인 보건의료시설이 포함된다.
- 수행과제
  - 평등과 책임성있는 참여에 기초하여 모든 주민을 포괄해야 한다.
  - 보건의료부문의 요소와 보건에 기여하는 관련 활동을 벌이는 다른 부문의 요소를 포함해야 한다.
  - 지방수준의 일차보건의료 제공을 최우선순위로 지원해야 한다.
  - 주민들과 지역보건의료인력의 보수교육과 지도뿐만 아니라 지방수준에서 의뢰를 요하는 좀 더 전문적인 보건의료문제를 다루는데 필요한 전문적이고 수준높은 진료를 중간수준에서 제공하여야 한다.
  - 중앙정부의 수준에서는 기획과 관리능력, 정밀진단, 전문요원 교육, 중앙검사실 같은 서비스, 중앙의 수송 및 재정지원들을 제공하여야 한다.
  - 적절한 시기에 전체 체계에 걸쳐 단계간, 부문간의 문제의뢰를 포함해 조정활동을 해야 한다.
- 접근법 : 쉽게 이용할 수 있고 대상자가 받아들일 수 있는 방법으로, 대상자의 적극적인 참여와 대상자의 지불능력에 맞는 의료수가로 이루어져야 한다.
- 내용 : 안전한 음료수의 공급 및 기본환경위생, 보건교육, 모자보건 및 가족계획, 예방접종, 통상질환 및 상해관리, 정신보건, 기본약품 제공 등 지역사회 내의 주요 건강문제를 다루어야 한다.

ⓒ 간호제공
- 직접간호 : 직접 주민봉사, 간호제공, 보건교육 및 상담, 추후간호, 개별간호, 개인·집단에 직접 보건의료를 제공한다.
- 반직접간호 : 직접 주민봉사준비, 주민·마을단체의 조직활동 및 설치 등의 활동을 한다.
- 간접간호 : 관리, 지역사회 건강연구, 정책준비, 업무처리 등의 활동을 한다.

ⓔ 보건교육 및 환경위생관리의 활동을 한다.

④ 과정 … 간호행위와 대상 간의 관계는 간호과정을 통해서 이루어진다.

⑤ 수단 … 간호행위와 목표를 연결하는 활동방법이다.
⑥ 기능연속지표 … 간호대상이 간호목표에 도달하는 과정이다.

② 지역사회 간호사업의 발전

(1) 방문간호시대(1945년 이전)

대한제국시기에 간호학교가 설립되고 간호사를 배출하면서 정식으로 간호사업이 시작되었다고 볼 수 있다. 물론 그 이전에도 외국에서 교육을 받은 간호사나, 정규교육을 받지 않고 간호업무에 종사하던 사람들에 의한 사업들이 진행되고 있었다.

(2) 보건간호시대(1945 ~ 1980)

정부의 보건사업은 보건소, 보건지소를 중심으로 이루어졌으며 지역사회 간호영역의 주요 실무분야였으나 지역사회의 건강요구보다는 정부의 사업내용과 사업목표량을 달성하는 하향식 보건계획에 의한 보건간호실무를 수행하였다.

① **시기별 발전**
  ㉠ **미군정하** : 1946년 보건후생국이 보건후생부로 개편되고 간호사업국에 보건간호사업과가 설치되었다. 사업의 내용을 불문하고 미국 보건간호사업과 같은 형태의 체계가 중앙정부의 수준으로 자리를 잡게 되었고, 미국식 보건행정제도가 공중보건사업에 도입되었다.
  ㉡ **대한민국 정부수립(1948) 후** : 보건후생부가 사회부 보건후생국으로 축소됨에 따라 보건행정은 미군정시보다 위축되었고 간호사업국도 간호사업과로 축소되었다. 1981년에는 간호사업계가 폐지됨으로써 보건간호사업뿐만 아니라 전반적인 간호사업의 정책결정의 일관성 결여를 초래하게 되었다.

> **TIP 보건소법의 제정·공포**
> 1962년 보건소법이 제정·공포되어 보건간호사업은 보건소를 중심으로 하여 전국적인 차원에서 이루어지게 되었다. 이 때의 보건간호사업은 세분화된 간호사업 위주로 당시 가장 문제가 되었던 결핵관리, 모자보건 및 가족계획사업 등이 주된 사업내용이었다.

  ㉢ **1970년대 이후의 통합보건사업** : 1970년대 이르러 국민들의 의료에 대한 욕구가 늘어나고 의료보험의 시행(1977), 전반적인 국민생활 수준향상, 지역사회 보건문제의 변화 등의 요인에 의해 세분화된 보건사업 중심의 보건소 기능에 대한 문제점이 노출되기 시작하자 1985년 정부는 군단위 보건소를 대상으로 한 명의 보건간호인력이 세분화된 보건사업을 통합하여 제공하는 통합보건사업을 시도하여 가족단위의 보건사업 접근을 위해 실제 군단위 보건소, 보건지소의 보건요원들을 재교육하였다.

② **특징적인 발전**
  ⊙ **학교보건법의 제정(1967)** : 학교보건법에서는 교육법에 명시된 양호교사의 직무가 구체화되었다. 그러나 독립적인 기능보다는 학교의와 체육교사에게 의존적인 기능을 하도록 규정하였다.
  ⊙ **보건간호사제도** : 1973년 의료법 시행규칙에 분야별 간호사의 하나로 보건간호사제도가 마련됨에 따라 병원의 임상간호사보다 보건간호사의 자격기준을 강화하였다.

(3) **지역사회 간호시대(1980 ~ 현재)**

이 시기에는 지역사회간호의 여러 실무영역이 발전되어 지역사회간호사의 역할이 확대되고 실무범위가 확대되는 전환기이다.

① **보건진료원** … 1980년 12월에 농어촌 등 보건의료를 위한 특별조치법이 공포되면서 읍·면 단위의 무의촌지역에 보건지료소가 설치되고 간호사로서 24주의 직무교육을 받은 보건진료원이 배치되었다. 이 제도는 1976년 거제보건원 시범연구사업에서 개발한 '보건간호사'와 1977년 한국보건개발연구원의 시범사업, WHO의 일차보건의료선언(1978)에 힘입어 1981년부터 보건진료원이 배치되기 시작하였으며 지역사회의 일차보건의료 요구에 부응하는 포괄적인 지역사회 간호사업을 수행하며 오늘에까지 이르고 있다.

> **TIP** 농어촌 등 보건의료를 위한 특별조치법상 보건진료 전담공무원의 업무
> ① 의료행위의 범위
>   1. 질병·부상상태를 판별하기 위한 진찰·검사
>   2. 환자의 이송
>   3. 외상 등 흔히 볼 수 있는 환자의 치료 및 응급조치가 필요한 환자에 대한 응급처치
>   4. 질병·부상의 악화 방지를 위한 처치
>   5. 만성병 환자의 요양지도 및 관리
>   6. 정상분만 시의 분만 도움
>   7. 예방접종
>   8. 의료행위에 따르는 의약품의 투여
> ② 의료행위 외의 업무
>   1. 환경위생 및 영양개선에 관한 업무
>   2. 질병예방에 관한 업무
>   3. 모자보건에 관한 업무
>   4. 주민의 건강에 관한 업무를 담당하는 사람에 대한 교육 및 지도에 관한 업무
>   5. 그 밖에 주민의 건강증진에 관한 업무

② **산업간호사업** … 1981년 산업안전보건법의 제정으로 보건담당자인 간호사를 상시근로자 300명 이상인 제조업 사업장에 배치토록 하였다. 본격적인 산업간호사업이 시작되었으나 직무내용은 거의 대부분 보건관리자인 의사에게 의존적인 활동이었다. 1990년 12월에 산업안전보건법이 개정되면서 산업장의 간호사는 의사, 위생기사와 함께 보건관리자로 개칭되었으며 보건관리자의 배치기준은 상시근로자 50인 이상 500인 미만인 경우에는 1인, 상시근로자 500인 이상인 경우에는 2인을 두도록 정하고 있으며 직무내용도 산업장이 일차보건의료 제공자로서 그리고 관리자로서의 역할이 강조되고 독자적인 역할을 수행하도록 개정되었다.

③ **학교간호사업** … 학교보건법의 개정(1991. 3)으로 양호교사의 직무내용은 학교에서의 일차 보건의료 제공자로서의 역할과 독자적인 역할이 강조되었으며 보건교육, 보건지도와 환경위생관리의 직무가 강화되었다.

④ **가정간호사제도(1991)** … 1960년대 이후 질병양상의 변화와 노인인구 비율의 증가, 보건의료 전달체계의 정비, 평균수명의 연장, 그리고 사회구조의 변화 등으로 의료기관에서 퇴원 후에도 전문적·지속적인 간호와 의료서비스와의 연계를 확립하기 위한 제도로써, 임상간호영역과 지역사회 간호영역의 통합이기도 하다.

⑤ **건강증진법의 제정(1995. 9)** … 국민에게 건강에 대한 가치와 책임의식을 함양하도록 건강에 관한 바른 지식을 보급하고 스스로 건강생활을 실천할 수 있는 여건을 조성함으로써 국민의 건강을 증진함을 목적으로 한다고 정하고 있다<국민건강증진법 제1조>.

> **TIP** 지역사회 통합건강증진사업
> ㉠ 의의
> - 지자체가 지역사회 주민을 대상으로 실시하는 건강생활실천 및 만성질환 예방, 취약계층 건강관리를 목적으로 지역사회 특성과 주민의 요구가 반영된 프로그램 및 서비스 등을 기획·추진하는 사업
> - 사업 영역은 금연, 음주폐해예방(절주), 신체활동, 영양, 비만예방관리, 구강보건, 심뇌혈관질환예방관리, 한의약건강증진, 아토피·천식 예방관리, 여성어린이특화, 치매관리, 지역사회 중심재활, 방문건강관리로 구성
> - 사업 영역 간 경계를 없애고, 주민 중심으로 사업을 통합·협력하여 수행할 것을 권장
>
> ㉡ 특성
>
> | 기존 국고보조사업 | 지역사회 통합건강증진사업 |
> |---|---|
> | • 사업내용 및 방법 지정 지침 | • 사업범위 및 원칙 중심 지침 |
> | • 중앙집중식·하향식 | • 지방분권식·상향식 |
> | • 지역여건에 무방한 사업 | • 지역여건과 연계된 사업 |
> | • 산출중심의 사업 평가 | • 과정, 성과중심의 평가 |
> | • 분절적 사업수행으로 비효율 | • 보건소 내외 사업 통합·연계 활성화 |
>
> ㉢ 목적: 지역사회 주민의 건강수준 향상을 위해 지자체가 주도적으로 사업을 추진하여 지역주민의 건강증진사업 체감도 및 건강행태 개선
> - 중앙정부와 지방정부가 함께 노력하여 국민건강증진종합계획 목표 달성
> - 지역별 다양한 특성과 주민 요구와 연계되는 건강증진사업 개발
>
> ㉣ 기본 방향
> - 건강증진사업 통합 및 재편성을 통한 사업의 효율성 제고
> - 보건소 지역보건의료계획 및 국민건강증진종합계획에 부합하도록 사업구조 재편성
> - 사업목표가 달성될 수 있도록 사업을 건강영역별 또는 생애주기별로 통합 구성하여 다양한 전략 활용
> - 지역사회 자원과 포괄적 연계·협력을 통한 대상자 중심의 통합서비스를 제공할 수 있도록 여건 조성
> - 지자체의 자율성 확대
> - 지자체가 재원의 용도 및 세부내역을 자율적으로 설계·집행할 수 있도록 개선
> - 지역사회 건강문제 및 특성에 따라 우선순위 사업영역 선정 및 사업량 선택의 자율적 운영
> - 지자체의 책임성 제고
> - 사업운영의 자율성을 부여하되 책임성을 담보하기 위해 지자체 스스로 관리·감독 역할 강화
> - 사업기획, 운영, 평가과정에서 지자체의 자발적 성과관리가 이루어질 수 있도록 평가관리체계 운영

③ 지역사회간호 관련 이론

(1) 체계이론

① 개념
　㉠ 모든 유기체는 하나의 체계이며 상호작용하는 여러 구성요소로 이루어진 하나의 복합물이라 본다.
　㉡ 체계란 그들 간에 환경과 상호작용하는 요소들의 집합체로 전체는 부분의 합보다 크다.
　㉢ 간호학에서 체계이론의 활용은 전반적인 양상을 파악하도록 해주는 방법론인 기본 틀을 제공한다.

② 체계의 유형
　㉠ 개방체계 : 외부환경과 구성요소 간의 상호작용이 있는 체계
　㉡ 폐쇄체계 : 외부환경과 구성요소 간의 상호작용이 없는 체계

③ 체계의 구조와 기능
　㉠ 경계
　　• 체계를 환경으로부터 구분하는 것
　　• 경계를 통해 환경과 상호작용하는 정도에 따라 개방적, 폐쇄적 체계로 구분한다.
　㉡ 환경 : 경계외부의 세계로 속성의 변화가 이루어지는 곳
　㉢ 계층 : 체계의 배열은 계층적 위계질서가 있으며, 하위체계의 계속적인 활동으로 체계가 유지된다.
　㉣ 속성 : 체계의 부분이나 요소들의 특징, 체계의 기능은 체계에 의해 행해지는 행동으로 에너지(물질, 정보의 형태)를 필요로 한다.

④ 체계의 기능
　㉠ 투입 : 체계가 활동하기 위한 에너지(물질, 정보)가 유입되는 과정
　㉡ 변환 : 체계 내에서 에너지, 물질, 정보를 사용하는 과정
　㉢ 산출 : 체계 내에 보유하지 않는 에너지를 배출하는 과정, 변환을 통해 나온 결과
　㉣ 회환 : 체계가 완전한 기능을 발휘하기 위해 산출의 일부가 재투입되는 과정

> **TIP** 살아있는 체계는 생존과 성장을 위하여 투입, 변환, 산출을 포함하여 적응, 통합, 의사결정의 세 기능을 수행해 나간다. 이 세 과정이 상호작용함으로써 체계는 체계 내와 끊임없는 환경의 변화에 대응할 수 있게 된다.

⑤ 주요 개념
　㉠ 물질과 에너지
　　• 엔트로피(entropy) : 일로 전환될 수 없는 체계 내 에너지의 양, 무질서의 에너지
　　• 네겐트로피(negentropy) : 체계에 의해 사용되는 자유에너지, 일할 수 있는 에너지의 양
　　• 개방체계는 네겐트로피에 의해 물질 유입이 가능하여 폐쇄체계와 달리 고도의 질서와 분화를 통해 발달과 진화가 이루어 질 수 있다. (엔트로피-체계 내 더 이상 유용하지 않은 에너지, 많아질수록 무질서)

ⓒ **항상성(steady state)** : 생성과 파괴가 일어나는 데도 변화하지 않고 체계 내 요소가 균형 상태를 유지하는 것으로 체계 내 조절작용은 회환에 의해 이루어진다.
　　ⓒ **균등종국(동일한 효과 ; equifinality)**
　　　• 시작 상태와 관계없이 과정에 장애가 있어도 동일한 목표에 도달하는 것
　　　• 개방체계의 특성으로 체계는 목표지향적이고 서로 다른 시작조건과 과정을 거치면서 동일한 목표에서 도달한다.
　　ⓔ **위계적 질서** : 모든 체계는 복잡한 계열, 과정을 통해 상호 연결되며 모든 체계의 부분이나 구성요소 간에 순차적이고 논리적인 관계가 있다.

⑥ **지역사회간호에의 적용**
　　㉠ **목표** : 지역사회의 건강(적정기능수준의 향상)
　　㉡ **경계** : 지역사회
　　㉢ **지역사회 구성물** : 지역사회 주민과 지역사회 자원(물적, 인적, 사회환경적 자원)
　　㉣ **상호작용** : 지역사회 구성물 간의 상호작용(주민들이 지역사회자원을 이용하는 과정, 상담횟수, 가정방문 실적)
　　㉤ **체계과정** : 지역사회체계는 항상 투입, 변환, 산출의 과정으로 목표를 달성하기 위해 움직이고 있다.
　　㉥ 구성물과 자원이 체계 속에서 투입되고 상호작용하는 일련의 변환과정을 거쳐서 산출의 결과에 도달한다.

(2) 교환이론

① **개념**
　　㉠ **교환과정** : 주고받는 과정
　　㉡ **보상** : 교환을 통해 얻을 수 있는 것으로 심리적, 사회적, 물질적, 신체적 보상이 있다.
　　㉢ **비용** : 보상을 얻기 위해 지불하는 시간, 비용, 노력 등
　　㉣ **권력** : 교환에 영향을 미치는 요소로 상대방에게서 보상을 얻어내는 능력
　　㉤ **규범** : 상호관계에서 인정되는 상호규칙이다.
　　㉥ 교환이론은 간호수행 시 가장 많이 적용되는 이론이다.

② **지역사회간호에서의 적용**
　　㉠ 지역사회간호사와 주민 간의 교환과정에서는 물질적인 것과 비물질적인 것이 함께 이루어지는데, 이 과정에서 바람직한 결과, 즉 상호관계가 좋은 방향으로 변화하도록 노력할 수 있다.
　　㉡ 지역사회간호사는 보건의료서비스를 지역사회에 전달하고 지역사회는 전달된 서비스에 대한 합당한 보상이 이루어질 수 있도록 상호 교환과정을 적절하게 적용해야 한다. 교환과정을 위한 조직과 기준을 확립하고 교환결과에 대한 회환이 이루어져서 다음 과정에 참고해야 한다. 일방적인 교환이 되지 않도록 주민과 함께 보건사업 내용을 계획하고 그 교환과정을 정기적으로 평가함으로써 긍정적인 교환과정을 성립할 수 있도록 한다.

(3) 베티 뉴만의 간호관리체계이론

① 이론의 이해
- ㉠ 인간 : 간호의 대상인 인간을 총체적 인간으로 접근하는데, 생리적, 심리적, 사회문화적, 발달적, 영적변수로 구성된 하나의 체계로 생존의 필수요소로 구성된 기본구조와 이를 둘러싼 3가지 보호막, 즉, 저항선, 정상방어선, 유연방어선으로 구성된다고 본다.
- ㉡ 환경 : 대상체계와 접하고 있으며 내적 환경과 외적 환경으로 이루어진다. 대상체계와 계속 상호작용하며, 지속적으로 영향을 미치는 스트레스원으로 구성된다.
- ㉢ 건강 : 간호의 목표인 건강은 인간체계 속에 기본구조와 방어선이 환경의 변수들인 스트레스원을 막아내어 안정상태를 이루는 것이다.
- ㉣ 간호(활동) : 기본구조를 보호하기 위하여 스트레스원을 제거 또는 약화시키거나 유연방어선 및 정상방어선을 강화시키는 일차예방활동과 저항선을 강화시키고 나타나는 반응에 대하여 조기발견하고 빠르고 정확한 처치를 시행하는 이차예방활동, 그리고 기본구조에 손상이 왔을 때 이를 재구성하도록 돕는 삼차예방활동으로 대별할 수 있다.

② 개념
- ㉠ 기본구조
  - 간호대상자는 기본구조와 이를 둘러싼 3가지 방어선 즉 저항선, 정상방어선, 유연방어선으로 형성된 체계이다. 또한 인간은 환경과 상호작용하는 개방체계이며, 대상자는 개인, 가족, 지역사회 또는 집단이 되므로 지역사회간호 대상자 모두 포함하고 있다.
  - 기본구조는 대상자의 생존요인, 유전적 특징, 강점과 약점이 모두 포함된 생존에 필요한 에너지 자원이라 볼 수 있다. 생리적, 심리적, 사회문화적, 발달적, 영적변수들이 역동적으로 구성되어 개인의 고유한 특성을 나타내며, 외부 스트레스원에 대한 방어선에 영향을 준다.
- ㉡ 저항선
  - 내적저항요소, 스트레스원에 의해 기존구조가 침투되는 것을 보호하는 내적요인들
  - 저항선이 스트레스원에 함락되면 기본구조가 파괴되고, 이를 방치하면 사망에 이르게 된다.
  - 지역사회 주민들의 건강에 대한 태도, 가치관, 신념, 유대관계, 결속력 등
- ㉢ 정상방어선
  - 저항선 바깥에 존재하는 것으로, 이는 대상자의 안녕상태 혹은 스트레스원에 대해 정상범위로 반응하는 상태를 말한다.
  - 한 체계가 오랫동안 유지해 온 평형상태에서 어떤 외부의 자극이나 스트레스에 대해 나타나는 정상적 반응의 범위 → 개인의 일상적인 대처유형, 삶의 유형, 발달단계와 같은 행위적 요인과 변수들의 복합물
  - 이 선이 외부에서 침입하는 스트레스원에 의해 무너지면 기본구조가 손상되어 생명이나 존재에 위협을 받게 된다.
  - 지역사회 주민건강수준, 경제수준의 적절성, 지역사회의 교통, 통신의 적절성, 물리적 환경요소의 적절성

ⓐ 유연방어선
- 기본구조를 둘러싼 선 중 가장 바깥에 위치하는 것으로, 외적변화에 방어할 잠재력을 가지고 환경과 상호작용하여 수시로 변화하는 역동적 구조이다.
- 유연방어선은 외부자극으로부터 대상체계를 일차로 보호하는 쿠션과 같은 기능을 한다. 즉, 외부자극이나 변화에 신속하게 축소되거나 확장되는 등 대처함으로써 스트레스원이 정상방어선을 침범하지 못하도록 완충적 역할을 한다.
- 지역사회 보건의료체계의 적절성, 의료기관 분포상태의 적절성, 의료서비스의 질
- 유연방어선이 대상체계를 보호할 수 없을 때 정상방어선이 침투된다. 침투범위와 침투반응 정도는 정상방어선과 저항선의 힘에 좌우된다.
- 저항선과 방어선의 힘은 대상자의 발달변수, 생리적, 정신적, 사회문화적, 영적 변수들에 영향을 준다.

ⓜ 스트레스원
- 대상체계 밖, 즉 모든 환경은 자극으로 존재하고 있어 대상체계에 계속적으로 자극하여 반응한다.
- 내적요인(체계 내) : 개체 내에서 일어나는 요소로 다시 대상체계에 영향을 줄 수 있는 자극 – 통증, 상실, 분노
- 대인적 요인(체계 간) : 개체 간에 일어나는 자극요인 – 역할기대
- 외적요인(체계 외) : 개체외부에서 발생하는 요인 – 관습의 변화, 경제상황, 실적
- 스트레스원은 대상체계가 균형이나 평형을 유지하는데 방해가 된다.
- 스트레스원의 영향력을 미치는 요인
- 스트레스의 강도와 수
- 스트레스원에 반응하기 위해 3가지 방어선을 사용하는 대상자의 방어능력

ⓑ 예방단계
- 일차예방
- 대상체계에서 어떤 증상이 나타나지 않은 상태에서 수행되는 간호중재이다.
- 일차예방활동은 스트레스원 자체를 중재하며 없애거나 약화시키는 활동, 유연방어선을 강화함으로써 스트레스원이 정상방어선을 침범하지 못하게 보호하려는 간호중재이다.
- 이차예방
- 스트레스원이 정상방어선을 침입하여 저항에 도달함으로써 증상이 나타나기 시작했을 때 시행하는 중재방법이다.
- 증상을 완화하거나 저항선을 강화하여 스트레스원이 저항선을 뚫고 기본구조를 손상시키지 못하도록 보호한다.
- 삼차예방
- 스트레스원에 의하여 대상체계의 균형이 깨진 상태에서 다시 체계의 균형상태를 재구성함으로써 바람직한 안녕상태로 되돌리기 위한 중재이다.
- 기본구조가 파괴되었을 때 합리적인 적응 정도를 유지하는 것으로, 각 대상자의 기본 에너지 자원을 적당히 활용하여 재구성하는 적응과정을 돕는 중재활동이다.

(4) 오렘의 자가간호이론

① 이론의 이해
- ㉠ 자가간호 : 개인이나 지역사회가 자신의 삶, 건강, 안녕을 유지하기 위해 시도되고 수행하는 범위
- ㉡ 인간 : 생물학적, 사회적, 상징적으로 기능하는 하나의 통합된 개체로서 자가간호라는 행동형태를 통하여 계속적인 자기유지와 자기조절을 수행하는 자가간호요구를 가진 자가간호행위자. 인간 내부에는 자가간호를 위한 요구와 자가간호를 수행할 수 있는 역량을 동시에 가지고 있다. 자가간호요구가 자가간호역량보다 높을 경우 자가간호결핍현상이 나타난다.
- ㉢ 간호 : 자가간호결핍이 있는 사람에게 제공되는 것으로, 개인을 위한 간호의 필요성을 결정하고 간호체계를 설계하여 제공하는 간호사들의 복합적인 능력으로 간호역량을 설명한다.
- ㉣ 건강 : 대상자가 자가간호를 잘 수행하는 상태, 대상자 스스로 자신의 삶, 건강, 안녕을 위해 자가간호를 유지하는 것이 간호의 목표이다.
- ㉤ 환경

② 개념
- ㉠ 자가간호요구
  - 간호의 대상인 인간이 개인의 안녕, 삶, 건강을 유지하기 위한 기능화와 발달에 영향을 미치는 환경적 요소나 개인 자신의 요소를 조절하기 위해 개인 스스로가 수행할 행동이다.
  - 자가간호활동을 통하여 도달하려는 목표이다.
  - 일반적 자가간호요구 : 모든 인간이 공통적으로 가지고 있는 자가간호요구로서 인간이 구조, 기능을 유지하는 내적, 외적 조건과 관련된 요구를 의미 - 공기, 물, 음식, 휴식, 활동, 사회적 상호작용, 위험으로부터의 해방
  - 발달적 자가간호요구 : 발달과정에서 특정하게 필요한 자가간호요구 - 유아의 배변훈련시키기, 임신, 배우자와 부모의 사망 등 상황에서 필요한 자가간호요구
  - 건강이탈 자가간호요구
    - 질병상태, 진단, 치료와 관계된 비정상적 상태에 대한 자가간호요구
    - 적당한 의료서비스를 받으며, 건강이탈로 인한 결과에 대해 조치하고, 의사의 처방을 효과적으로 수행하며, 부작용 시 이에 대해 조치한다. 그리고 현재 건강상태의 현실적인 면을 받아들여 자신의 자가개념을 수정하며, 현재 건강상태와 필요한 치료방법을 고려하여 계속되는 개인의 발달을 증진하기 위해 자신의 생활유형을 조절한다.
- ㉡ 자가간호역량
  - 자가간호 활동을 수행하는 힘
  - 개인이 생과 건강과 안녕을 유지하기 위해 건강활동을 시도하고 자가간호를 수행할 수 있는 지식, 기술과 태도, 신념, 가치, 동기화로 구성되어 있다.
- ㉢ 자가간호결핍
  - 대상자 개인이 자가간호역량과 치료적인 자가간호 요구 간의 관계를 나타낸 것이다.
  - 기능을 유지하고 발달을 증진시키는 치료적 자가간호요구가 자가간호역량보다 클 때 나타나는 현상이다.

- ② 간호역량 : 자가간호결핍이 일어난 사람들에게 자가간호요구의 종류와 이를 충족시킬 수 있는 자가간호 역량의 정도에 따라 대상자를 위한 간호의 필요성을 결정하고 간호체계를 설계, 제공하는 간호사들의 복합적인 능력이다.
- ⑩ 간호체계
  - 자가간호요구를 충족시키고 자가간호역량을 조절하여 결손을 극복하도록 돕는, 간호상황에서 환자를 위하여 처방하고, 설계하고, 직접 간호를 제공하는 체계적인 간호활동으로 3가지 종류가 있다.
  - −전체적 보상체계 : 개인이 자가간호활동을 거의 수행하지 못하는 상황으로, 간호사가 전적으로 환자를 위해 모든 것을 해주거나 활동을 도와주는 경우
  - −부분적 보상체계 : 개인 자신이 일반적인 자가간호요구는 충족시킬 수 있으나 건강이탈요구를 충족시키기 위해서는 도움이 필요한 경우로, 간호사와 대상자가 함께 건강을 위한 간호를 수행한다.
  - −교육지지적 체계 : 환자가 자가간호요구를 충족시키는 자원은 가지고 있으나 의사결정, 행위조절, 지식이나 기술을 획득하는 데 간호사의 도움이 필요한 경우를 말하며 돕는 방법은 주로 지지, 지도, 발전적 환경제공 및 교육 등이 있다.

③ 정리
- ㉠ 간호가 궁극적으로 도달해야 할 목표, 즉 건강상태는 대상자가 자가간호를 잘 수행하는 상태를 의미한다.
- ㉡ 이를 위한 간호사의 활동은 자가간호 요구를 저하시키거나 자가간호역량을 증진시켜 자가간호결핍을 감소시키는 것이다.
- ㉢ 간호활동을 제공할 때는 자가간호결핍 정도에 따라 간호체계를 적합하게 선택하여 제공한다.
- ㉣ 오렘이 제시한 3가지 종류의 간호체계는 자가간호능력을 조정하고 완성시키기 위하여 간호사와 대상자가 함께 협조하여 행동해야 함을 보여주고 있다.

④ 지역사회간호에의 적용
- ㉠ 사정
  - 1단계 사정 : 치료적 자가간호요구 사정
    - −일반적 자가간호요구
    - −발달적 자가간호요구
    - −건강이탈 자가간호요구
  - 2단계 사정 : 자가간호 역량 사정
- ㉡ 간호진단 : 자가간호결핍을 중심으로 기술
- ㉢ 간호계획 : 적절한 간호체계를 결정하고 중재방법을 선택함
- ㉣ 수행
  - 치료적 자가간호를 수행한다.
  - 환자의 자가간호능력을 증진시킨다.
  - 자가간호능력의 한계점을 보완해준다.
- ㉤ 평가

(5) 로이(Roy)의 적응이론
① 이론의 이해
   ㉠ 인간
      • 하나의 체계로서 주위환경으로부터 계속적으로 투입되는 자극을 받고 있으며, 이러한 자극에 대하여 내부의 과정인 대처기전을 활용하여 적응양상을 나타내고, 그 결과 반응을 나타낸다고 보고 있다.
      • 변화하는 환경과 끊임없이 상호작용하는 생물적, 심리적, 사회적 존재로서 환경에 긍정적으로 반응하기 위해서 인간 스스로가 환경변화에 효과적으로 적응해야 한다고 본다.
   ㉡ 환경 : 인간행위의 발달과 관련된 주변을 둘러싼 모든 상태나 상황을 의미한다. 따라서 환경 내의 모든 것은 자극으로써 인간에게 영향을 미친다.
   ㉢ 건강(간호의 목표)
      • 인간이 통합된 총제적 상태인 적응의 상태를 유지하는 것이다.
      • 통합된 전체로 되어가는 과정 또는 상태로 환경변화인 자극에 대해 긍정적인 반응이 나타난 적응상태이다.
   ㉣ 간호(간호활동) : 자극 자체를 감소시키거나 내적 과정인 적응양상에 영향을 주고 인간이 적극반응을 나타낼 수 있게 돕는 것이다.

② 개념
   ㉠ 자극
      • 인간의 행동과 발달에 영향을 주는 모든 상황인 주위 여건이나 인간 내부에서 일어나는 상태는 적응체계인 인간에게 투입으로 작용하는 내·외적 자극이 된다.
      • 초점자극 : 자극 중에서 인간의 행동유발에 가장 큰 영향을 미치는 즉각적이며, 직접적으로 직면하고 있는 사건이나 상황변화
      • 관련자극 : 초점자극 이외의 행동유발과 관련된 다른 모든 자극, 현재 상태에 영향을 주며 대개 예측될 수 있는 내·외적 세계에 존재하는 자극 - 피로, 일이 늦어질 것에 대한 근심 →초점자극에 대한 대상자의 반응에 영향을 준다.
      • 잔여자극 : 인간행동에 간접적으로 영향을 줄 수 있는 요인, 대부분 측정되기 어려운 신념, 태도, 개인의 성품 등, 초점자극에 대한 현재 반응에 영향을 줄 과거의 경험, 신념가치의 결과이다.
         > **TIP** 인간체계에 영향을 주는 모든 자극은 이 3가지가 서로 복합되어 있으므로 자극을 사정할 때는 3가지를 구분하여 사정하여야 한다.
   ㉡ 대처기전
      • 인간이 자극에 적응하는 과정에는 2가지 서로 상호관계가 있는 대처기전과 적응양상이 작용한다.
      • 대처기전을 적응을 하는 방법으로 이 대처기전의 활동으로 적응양상이 활성화되며, 이 적응양상이 반응으로 이어진다. 이 적응양상이 반응으로 일어나는 목적은 환경적 자극에 대하여 생리적, 정신적, 사회적으로 통합된 총체적 상태를 이루기 위함이다.
      • 인간은 변화하는 환경에 대처하는 생물학적, 심리학적 능력이 있는데, 이를 대처기전이라 한다.

- 조정기전:자극이 투입되었을 때 중추신경계의 통로를 통하여 척수, 뇌를 중심으로 하는 자율신경계 반응 또는 내분비계를 중심으로 하는 호르몬계 반응, 지각을 중심으로 하는 정신신체 반응을 주로 관장하는 기전으로, 대개 자동적이고 무의식적인 반응을 나타낸다.
- 인지기전
  - 자극이 투입되었을 때 인지적 정보처리과정, 학습, 판단, 정서과정을 통하여 사회심리적 반응을 관장하는 기전이다.
  - 정보처리과정은 주의집중, 기억에 대한 행동을 포함하고, 학습은 모방, 강화의 행동을, 판단은 문제해결과 의사결정에 관한 행동을, 정서과정을 통해서는 애착, 애정, 불안해소 등의 행동을 관장한다.

  > **TIP** 대처기전의 작용은 4가지 적응양상과 관련되며 조절기전은 생리적 적응양상과 연관되고, 인지기전은 자아개념, 역할기능, 상호의존 적응양상과 주로 연관된다.

ⓒ 적응양상
- 대처기전의 활동으로 나타나는 적응방법의 종류로서, 인간의 기본적인 욕구를 나타내는 행위들의 모임이라 할 수 있다.
- 생리적 양상
  - 환경 자극에 대한 인간이 신체적으로 반응하는 방법
  - 생리적 통합성에 대한 인간의 기본욕구를 다루며, 이에 포함되는 욕구는 수분과 전해질, 활동과 휴식, 배설, 영양, 순환과 산소 그리고 감각, 체온 및 내분비계 조절 등이다.
- 자아개념 양상
  - 정신적 통합성을 유지하기 위해 일어나는 적응양상
  - 자아개념은 신념과 느낌의 복합체로서 신체적 자아와 개인적 자아로 구분할 수 있다. 신체적 자아란 신체적으로 자신을 지각하고 형성하는 능력 또는 자신의 신체에 대한 주관적인 생각으로 감각과 신체상이 포함된다. 개인적 자아란 자신의 성격, 기대, 가치에 대한 평가로서 도덕·윤리적 자아, 자아일관성, 자아이상, 기대가 포함된다.
- 역할기능 양상
  - 사회적 통합성에 대한 적응방식
  - 사회적 통합성을 유지하기 위해서는 환경 내의 다른 사람과 상호작용하고, 적합한 행동역할을 하며 능숙하게 역할을 수행해야 한다.
  - 역할이행에 대한 역할결핍이 생기면 역할상실과 역할갈등 문제가 나타난다.
- 상호의존 양상
  - 사회적 통합성 중에서도 특히 상호작용에 초점을 둔 적응방법
  - 상호의존감이란 독립심과 의존심 사이의 균형으로 의미 있는 타인이나 지지체계와의 관계, 사랑, 존경, 가치를 주고받는 것과 관련된다.
  - 인간은 상호의존을 통해 생의 목적과 의미를 찾게 되는데, 이에 대한 문제로는 분리, 거부, 미움, 고독, 경쟁 등이다.

② 반응: 반응은 2가지 형태로 구분되는데, 생존, 성장, 재생산, 자아실현과 같이 개인의 통합성을 증진시키는 효율적인 적응반응과 통합성을 증진시키지 못하거나 방해하는 비효율적 반응이 있다.

> **TIP** 살아있는 개방체계로서의 인간은 자신과 환경으로부터 초점자극, 연관자극, 잔여자극으로 구성된 자극을 계속적으로 투입받는다. 자극이 투입되면 인간 내부에서는 이 자극에 대하여 스스로를 조정하기 위하여 조절기전과 인지기전, 대처기전을 활성화시키며, 이들 활동은 4가지 적응양상으로 나타난다. 이러한 4가지 적응양상은 반응으로 표현되며, 이 반응은 적응적인 경우에는 인간의 통합성을 촉진시키기도 하지만, 비적응적인 경우에는 통합성을 깨뜨리기도 한다.

③ 지역사회간호에의 적용
  ㉠ 개인의 건강을 위한 간호접근에 생리적인 문제 뿐 아니라 자아개념, 역할기능, 상호의존 양상을 사정해야 하며, 이에 영향을 미치는 자극원도 항상 관련 자극과 잔여자극을 함께 고려하여 지역사회 접근에 매우 바람직한 방향을 제시해 준다.
  ㉡ 간호진단: 비효율적 반응과 자극의 관련성을 중심으로 기술
  ㉢ 간호계획: 4가지 적응양상에 적응반응으로 변화할 수 있도록 적응양상반응과 자극에 대한 중재방법 모색

(6) 마가렛 뉴만(Margaret Newman)의 확장이론
① 이론의 이해
  ㉠ 인간: 절대적인 의식 장 내의 독특한 패턴
  ㉡ 건강: 의식의 확장
  ㉢ 인간·환경의 보이지 않는 패턴이 가시적으로 표현되는 것 그리고 움직임은 의식의 표현이다.
  ㉣ 질병이 있다면 이는 분리된 실재라기보다는 환경과의 상호작용에서 인간의 중요한 패턴에 의한 정보이다.
  ㉤ 병리적 상태는 개인의 총체적인 패턴을 나타내는 것으로 볼 수 있는데 결국 병리로서 나타나는 개인의 패턴은 일차적인 것이며 구조나 기능적 변화에 앞서서 존재하기 때문에 병리를 제거하는 그 자체가 개인의 패턴을 변화시키지는 않는다.

② 개념
  ㉠ 건강
    • 질병과 질병이 아닌 것을 모두 포함하며 인간과 환경의 기본적인 패턴을 설명하는 것으로 간주한다.
    • 건강은 다양한 방법으로 반응하고 대체안을 지각하는 능력이 증가되면서 환경과 자신에 대한 인식이 함께 발달되는 과정이다.
    • 건강은 인간의 총체적 패턴으로서 질병을 포함하며 삶에 있어서 의식의 확장이 지속되는 과정이라는 전제에 근거한다.
  ㉡ 패턴
    • 패러다임의 전환(질병의 증상치료 – 패턴추구)에서 패턴은 중심개념으로서 개인을 특별한 사람으로 정의한다.
    • 인간의 기본적인 패턴 특성의 예로는 인간이 되어감, 목소리 패턴, 움직임 패턴을 지시하는 유전패턴이 있다.
    • 인간·환경 상호작용의 패턴이 건강을 구성한다고 본다.

ⓒ 의식
- 체계의 정보능력, 즉 환경과 상호작용하는 체계의 능력
- 의식과 상호 관련된 3가지(시간, 움직임, 공간) 개념은 전체 변화하는 패턴을 설명해 주는 건강이론의 주요 개념이다.
- 삶의 과정은 의식의 더 높은 수준을 향한 진행과정이며, 의식의 확대는 삶과 건강에 관한 모든 것이다.

ⓔ 움직임
- 인간이 현실을 지각하고 자신을 알게 되는 수단
- 공간을 통한 움직임은 인간의 시간 개념을 발달시키는데 필수적이며 시간의 측정에 이용된다.

ⓜ 시간과 공간
- 보완적 관계
- 공간개념은 필연적으로 시간과 연결된다. 뉴만의 관점에서 시간은 시간관점, 즉, 과거, 현재, 미래에 대한 오리엔테이션이지만, 지각된 기간으로서의 시간에 우선적으로 중점을 둔다.

ⓑ 간호
- 의식의 확장과정에서 파트를 제공하는 것으로 본다.
- 간호사는 새로운 규칙을 찾는 시점에서 대상자와 연결될 수 있으며 개인, 가족, 지역사회가 자신의 패턴을 맞추도록 도와주는 촉진자이다.

③ 지역사회간호에의 적용
㉠ 움직임과 시간은 지역사회에서 간호사가 매일 이용하고 있는 가동범위, 이동, 기침하기, 심호흡하기 등의 간호중재에 활용될 수 있다.
㉡ 지역사회간호과정에서 뉴만은 중재과정에서 해야 할 일들을 보건의료전문인이 자신의 패턴을 감지함으로써, 다른 사람의 패턴을 알게 되는 패턴인식이라고 하였다.
㉢ 뉴만은 확장이론에서 의식의 진화패러다임을 설명하면서 간호사들은 특정시간이나 장소에 국한되지 않는 지속적인 파트너십을 유지하면서 대상자와의 관계를 자유롭게 할 수 있다고 보았다.

02 보건의료 전달체계와 지역사회 간호사업

1 보건의료 전달체계

(1) 보건의료 전달체계의 개념
보건의료 전달체계란 의료기관의 기술수준에 따라 기능분담과 협업관계를 결정함으로써 의료이용을 단계화하고 의료자원의 효율적 활용과 적정의료 이용을 유도하기 위한 장치를 말한다.

(2) 보건의료 전달체계의 특성

구분	내용	단점
자유기업형 (미국, 일본, 독일 등)	• 정부의 통제나 간섭을 극소화 • 민간주도 의료인과 의료기관 선택의 자유 • 의료제공이 효과적으로 이루어짐 • 의료서비스의 내용과 질적 수준이 높음	• 시설의 지역적 편중 • 의료혜택이 지역적, 사회계층적으로 균등하지 못함 • 의료비 증가(가장 큰 문제점) • 국가의 관여, 간섭, 통제의 불가피성
사회복지형 (영국, 캐나다 등)	• 정부주도형 보건의료제도 • 소외계층이 없도록 사회보장을 주목표로 함. • 국민의 건강요구에 맞추어 의료시설·물자·지식 등을 정책적으로 수행 • 개인의 선택이 어느 정도 보장	• 의료질의 하락 • 행정체계의 복잡성으로 의료서비스 공급이 비효율적 • 의료인의 열의가 낮음
공산주의형 (구소련, 북한 등)	• 중앙정부의 명령하달식 • 기본적인 목표는 의료자원과 서비스의 균등한 분포에 있음 • 의료자원 분포의 비효율성 • 조직이 조직적·체계적 • 개인의 선택이 불가능	• 경직된 의료체계(관료체계) • 의료질의 저하
개발도상국형	• 의료자원의 절대부족, 생활을 위한 기본적 의식문제의 미해결 등으로 보건의료의 정책적인 우선순위가 하위에 있음 • 경제적, 정치적으로 보건의료 전달체계의 확실한 방향제시가 어려움 • 전반적인 뚜렷한 계획이나 방향이 없고, 부분적인 모방을 하게 됨	• 여러 종류의 보건의료 전달체계가 혼합되어 있어 혼란 속에 빠져 있음 • 부족한 자원도 활용이 잘 되지 않아 혼란 등의 문제해결이 더욱 어려움

② 우리나라 보건의료 전달체계

(1) 인력

우리나라의 경우 현재 법으로 규정되어 있는 보건의료인력의 종류는 다음과 같다.

① **의료인** … 의료법상 '의료인'이라 함은 보건복지부장관의 면허를 받은 의사·치과의사·한의사·조산사 및 간호사를 말한다<의료법 제2조 제1항>.
② **의료기사** … 의료기사의 종별은 임상병리사·방사선사·물리치료사·작업치료사·치과기공사 및 치과위생사로 한다<의료기사 등에 관한 법률 제2조>.
③ **기타** … 약사<약사법 제2조>, 간호조무사<의료법 제80조>, 의료유사업자<의료법 제81조>, 안마사<의료법 제82조>, 응급구조사<응급의료에 관한 법률 제36조> 등이 있다.

(2) 기본적 구상

① 지역주민의 의료이용이 생활화되도록 하기 위하여 진료권을 설정하고 의료자원이 지역적인 의료수요에 맞도록 배분한다.
② 의료시설 부족량을 각 진료권에 적절히 분배하여 의료인력 및 시설을 확보하고 지역의 의료수요를 충족시킨다.
③ 의료자원을 효율적으로 활용하여 각 의료기관은 수준에 적합한 서비스를 할 수 있도록 규모와 종류에 따라 역할과 기능을 발휘할 수 있도록 해야 한다.
④ 환자의 의료기관 이용이 단계적으로 이루어질 수 있도록 합리적인 후송의뢰체계가 확립되어야 한다.

(3) 시설

① **1차 의료기관**
  ㉠ **기능**: 주민들이 보건의료 서비스에 가장 처음 접촉하게 되는 곳이며, 대부분의 질병들이 이곳에서 해결될 수 있으므로 예방과 진료가 통합된 포괄적인 보건의료 서비스를 제공하도록 한다.
  ㉡ 일반 의료원, 특수과 의원, 보건소 및 보건지소, 보건진료소, 모자보건센터, 조산소, 병원선 등이 이에 속한다.
  ㉢ **원칙**: 모든 1차 의료기관은 외래진료만을 담당하고 입원진료는 하지 않는 것을 원칙으로 하며 특수과 전문의를 제외한 전문의는 의원에 근무하지 않는다. 만약 의원에 근무하거나 단독 개업할 시에는 일반의의 역할을 담당하도록 한다.
  ㉣ **예외**: 도서, 벽지 등 2차 의료기관까지의 접근도가 낮은 지역은 응급입원을 위한 시설을 인정한다.

② 2차 의료기관
  ㉠ 기능 : 소속 중진료권 내의 1차 의료기관에서 후송 의뢰된 외래 및 입원환자의 진료를 담당하며, 소속된 소진료권의 주민에 대해서는 1차 의료기관의 기능도 동시에 가진다.
  ㉡ 각 과마다 해당과목의 전문의를 두고 전문의 기준의 의료를 담당할 수 있는 시설 및 장비와 보조인력을 갖추어야 한다.
  ㉢ 기술적으로 2차 의료기관에서 다룰 수 없거나, 보건·경제적 측면에서 보다 중앙화하는 것이 유리하다고 생각되는 의료기능에 속하는 환자는 3차 의료기관으로 이송한다.

③ 3차 의료기관
  ㉠ 기능 : 대진료권 내의 중심도시에 설치하여 1차 의료기관 또는 2차 의료기관에서 후송 의뢰된 환자의 외래 및 입원진료를 특수분야별 전문의가 담당하도록 하되 보유하고 있는 병상의 50%는 소속 중진료권에 대하여 2차 의료기관으로서의 기능을 수행하도록 한다.
  ㉡ 규모 : 3차 의료기관은 500병상 이상의 의료대학 부속병원 또는 그에 준하는 시설과 인력을 갖춘 병원으로 하고 그 기본형은 700병상으로 한다.
  ㉢ 역할 : 환자진료와 더불어 본래의 역할인 의학연구와 의료인력의 교육훈련 및 개업의사의 보수교육 등의 기능도 충실히 수행함으로써 대진료권 내 모든 의료기관의 구심적 역할을 담당한다.

④ 특수병원
  ㉠ 기능
    • 일반병원에서 진료가 어렵거나 격리 또는 장기간의 치료가 필요하여 그 환자에 대한 전문적인 시설과 인력을 갖추는 것이 바람직한 질병은 별도의 특수병원을 설치하여 관리하여야 한다.
    • 특수병원에서의 환자진료는 대진료권 내의 모든 1차, 2차, 3차 의료기관에서 이송될 수 있으며 특수질환을 가진 환자의 외래 및 입원진료를 담당한다.
    • 난임의 예방 및 관리
  ㉡ 종류 : 정신병원, 결핵병원, 나병원, 재활원, 산재병원, 암센터 및 감염병원 등으로 구분한다.

> **TIP** 2·3차 의료기관에 해당하는 병원과 종합병원의 법적인 구분〈의료법 제3조의2, 제3조의3〉
> ㉠ 병원 등 : 병원·치과병원·한방병원 및 요양병원은 30개 이상의 병상(병원·한방병원만 해당) 또는 요양병상(요양병원만 해당, 장기입원이 필요한 환자를 대상으로 의료행위를 하기 위해 설치한 병상)을 갖추어야 한다.
> ㉡ 종합병원 : 다음의 요건을 갖추어야 한다.
>   • 100개 이상의 병상을 갖출 것
>   • 100병상 이상 300병상 이하인 경우에는 내과·외과·소아청소년과·산부인과 중 3개 진료과목, 영상의학과, 마취통증의학과와 진단검사의학과 또는 병리과를 포함한 7개 이상의 진료과목을 갖추고 각 진료과목마다 전속하는 전문의를 둘 것
>   • 300병상을 초과하는 경우에는 내과, 외과, 소아청소년과, 산부인과, 영상의학과, 마취통증의학과, 진단검사의학과 또는 병리과, 정신건강의학과 및 치과를 포함한 9개 이상의 진료과목을 갖추고 각 진료과목마다 전속하는 전문의를 둘 것
> ㉢ 종합병원은 필수진료과목 외에 필요하면 추가로 진료과목을 설치·운영할 수 있다. 이 경우 필수진료과목 외의 진료과목에 대하여는 해당 의료기관에 전속하지 아니한 전문의를 둘 수 있다.

(4) 지역사회 보건기관

① **보건소의 설치**〈지역보건법 제10조〉
  ㉠ 지역주민의 건강을 증진하고 질병을 예방·관리하기 위하여 시·군·구에 대통령령으로 정하는 기준에 따라 해당 지방자치단체의 조례로 보건소(보건의료원을 포함)를 설치한다.
  ㉡ 동일한 시·군·구에 2개 이상의 보건소가 설치되어 있는 경우 해당 지방자치단체의 조례로 정하는 바에 따라 업무를 총괄하는 보건소를 지정하여 운영할 수 있다.

② **보건소의 기능 및 업무**〈지역보건법 제11조〉
  ㉠ 건강 친화적인 지역사회 여건의 조성
  ㉡ 지역보건의료정책의 기획, 조사·연구 및 평가
  ㉢ 보건의료인 및 「보건의료기본법」에 따른 보건의료기관 등에 대한 지도·관리·육성과 국민보건 향상을 위한 지도·관리
  ㉣ 보건의료 관련기관·단체, 학교, 직장 등과의 협력체계 구축
  ㉤ 지역주민의 건강증진 및 질병예방·관리를 위한 다음의 지역보건의료서비스의 제공
    • 국민건강증진·구강건강·영양관리사업 및 보건교육
    • 감염병의 예방 및 관리
    • 모성과 영유아의 건강유지·증진
    • 여성·노인·장애인 등 보건의료 취약계층의 건강유지·증진
    • 정신건강증진 및 생명존중에 관한 사항
    • 지역주민에 대한 진료, 건강검진 및 만성질환 등의 질병관리에 관한 사항
    • 가정 및 사회복지시설 등을 방문하여 행하는 보건의료사업
    • 난임의 예방 및 관리

③ **보건지소의 설치**〈지역보건법 제13조〉 … 지방자치단체는 보건소의 업무수행을 위하여 필요하다고 인정하는 경우에는 대통령령으로 정하는 기준에 따라 해당 지방자치단체의 조례로 보건소의 지소를 설치할 수 있다.

> **TIP 지역보건법**
> ① 목적 … 이 법은 보건소 등 지역보건의료기관의 설치·운영에 관한 사항과 보건의료 관련기관·단체와의 연계·협력을 통하여 지역보건의료기관의 기능을 효과적으로 수행하는 데 필요한 사항을 규정함으로써 지역보건의료정책을 효율적으로 추진하며 지역주민의 건강 증진에 이바지함을 목적으로 한다.
> ② 지역사회 건강실태조사
>   ㉠ 국가와 지방자치단체는 지역주민의 건강 상태 및 건강 문제의 원인 등을 파악하기 위하여 매년 지역사회 건강실태조사를 실시하여야 한다.
>   ㉡ 지역사회 건강실태조사의 방법, 내용 등에 관하여 필요한 사항은 대통령령으로 정한다.
> ③ 지역보건의료업무의 전자화
>   ㉠ 보건복지부장관은 지역보건의료기관(「농어촌 등 보건의료를 위한 특별조치법」제2조 제4호에 따른 보건진료소를 포함)의 기능을 수행하는 데 필요한 각종 자료 및 정보의 효율적 처리와 기록·관리 업무의 전자화를 위하여 지역보건의료정보시스템을 구축·운영할 수 있다.

ⓒ 보건복지부장관은 지역보건의료정보시스템을 구축·운영하는 데 필요한 자료로서 다음 각 호의 어느 하나에 해당하는 자료를 수집·관리·보유·활용(실적보고 및 통계산출)할 수 있으며, 관련 기관 및 단체에 필요한 자료의 제공을 요청할 수 있다. 이 경우 요청을 받은 기관 및 단체는 정당한 사유가 없으면 그 요청에 따라야 한다.
　　　1. 지역보건의료서비스의 제공에 관한 자료
　　　2. 지역보건의료서비스 제공의 신청, 조사 및 실시에 관한 자료
　　　3. 그 밖에 지역보건의료기관의 기능을 수행하는 데 필요한 것으로서 대통령령으로 정하는 자료
　　ⓒ 누구든지 정당한 접근 권한 없이 또는 허용된 접근 권한을 넘어 지역보건의료정보시스템의 정보를 훼손·멸실·변경·위조·유출하거나 검색·복제하여서는 아니 된다.
④ 보건소장
　　⊙ 보건소에 보건소장(보건의료원의 경우에는 원장) 1명을 두되, 의사 면허가 있는 사람 중에서 보건소장을 임용한다. 다만, 의사 면허가 있는 사람 중에서 임용하기 어려운 경우에는 「지방공무원 임용령」 별표 1에 따른 보건·식품위생·의료기술·의무·약무·간호·보건진료(이하 "보건등") 직렬의 공무원을 보건소장으로 임용할 수 있다.
　　ⓒ 보건등 직렬의 공무원을 보건소장으로 임용하려는 경우에 해당 보건소에서 실제로 보건등과 관련된 업무를 하는 보건등 직렬의 공무원으로서 보건소장으로 임용되기 이전 최근 5년 이상 보건등의 업무와 관련하여 근무한 경험이 있는 사람 중에서 임용하여야 한다.
　　ⓒ 보건소장은 시장·군수·구청장의 지휘·감독을 받아 보건소의 업무를 관장하고 소속 공무원을 지휘·감독하며, 관할 보건지소, 건강생활지원센터 및 「농어촌 등 보건의료를 위한 특별조치법」 제2조 제4호에 따른 보건진료소(이하 "보건진료소")의 직원 및 업무에 대하여 지도·감독한다.
⑤ 교육훈련의 대상 및 기간 … 교육훈련 과정별 교육훈련의 대상 및 기간은 다음 각 호의 구분에 따른다.
　　1. 기본교육훈련: 해당 직급의 공무원으로서 필요한 능력과 자질을 배양할 수 있도록 신규로 임용되는 전문인력을 대상으로 하는 3주 이상의 교육훈련
　　2. 직무 분야별 전문교육훈련: 보건소에서 현재 담당하고 있거나 담당할 직무 분야에 필요한 전문적인 지식과 기술을 습득할 수 있도록 재직 중인 전문인력을 대상으로 하는 1주 이상의 교육훈련

❸ 보건의료재정

(1) 국민의료비

① 국민의료비의 체계적 추계는 국민의 의료비 지출에 대한 재정적 부담뿐만 아니라 의료비 지출에 따른 국민보건 향상의 효과를 측정하는 중요한 수단이 된다.

② 국민의료비의 범위와 관련하여 건강유지나 증진에 목적이 있다고 하더라도 간접적으로 영향을 끼치는 교육, 환경 및 위생 등에 관련된 지출은 국민의료비에서 제외하는 것이 보통 정례화되고 있다.

③ **국민의료비 증가요인** … 국민의료비 증가는 대상자 및 급여범위의 확대, 노인인구수 증가 등의 수요측 요인과 의료수가 상승, 고급의료기술 사용, 의료인력 및 병상수 증가 등의 공급측 요인으로 나눌 수 있다.

④ 국민의료비 억제방안
　㉠ 단기적 방안
　　• 수요측 억제방안 : 본인부담률을 인상하고, 보험급여범위의 확대를 억제하여 의료에 대한 과잉된 수요를 줄이는 방법이 있다.
　　• 공급측 억제방안 : 의료수가 상승을 억제시키고, 고가의료기술의 도입 및 사용을 억제하여 도입된 장비의 공동사용 방안 등을 강구하면서 의료비 증가폭을 줄이는 방법이 있다.
　㉡ 장기적 방안
　　• 지불보상제도의 개편 : 의료비 지불방식 중 사후결정방식은 과잉진료 등으로 인한 의료비 및 급여 증가를 가속화시키고 있는 가장 큰 원인이 되므로 의료서비스 공급자에 대한 지불수준이 미리 결정되는 사전결정방식의 형태로 개편할 필요성이 있다.
　　• 의료전달체계의 확립 : 의료제도가 일차의료 중심으로 개편되는 것은 의학적·보건학적 관점에서 뿐만 아니라 경제적 관점에서도 바람직하며, 의료의 사회화와 공공성의 확대는 의료가 시장경제에 의해 흔들리지 않고 효율적인 국가개입으로 안정적인 의료수가 수준을 유지하는 데 용이하다.
　　• 다양한 의료대체 서비스 및 인력의 개발과 활용 : 지역사회 간호센터나 가정간호, 호스피스, 정신보건센터 등의 대체의료기관 및 서비스의 개발과 활용은 저렴한 비용으로 이용가능하여 총의료비 억제효과를 얻을 수 있다. 또한 보건진료원, 전문간호사제도, 정신보건 전문요원 등 다양한 보건의료전문가의 양성으로 최소의 비용으로 국민보건의료 요구를 최대로 충족시킬 수 있는 효율적인 인력관리가 필요하다.

(2) 의료비 지불제도

① **사전결정방식** … 진료를 받기 전 병원 또는 의료인에게 지불될 총액이나 그 율이 미리 정해져 있어 실제로 받은 서비스와 무관하게 진료비가 지불되는 방식을 말한다.
　㉠ 인두제
　　• 개념 : 등록된 환자 또는 사람 수에 따라 의사가 보상받는 방식으로 대상자 1인당 보수단가를 의사등록부에 등재된 대상자 수에 따라 보상받는 제도이다.
　　• 장점
　　－환자에 대한 의사의 의료서비스의 제공 양과 의사의 수입은 거의 관계가 없어 과잉진료의 억제효과와 치료보다는 예방에 보다 많은 관심을 기울이게 되어 총진료비 억제효과가 있다.
　　－계속적이고 포괄적인 의료제공이 가능하며, 비교적 행정적 업무절차가 간편하다.
　　• 단점
　　－환자가 의료인이나 의료기관을 선택하는데 제한이 있을 수 있다.
　　－과소진료의 문제와 일반적으로 복잡한 문제를 가진 환자는 후송의뢰하게 되는 경향이 많아진다.
　㉡ 봉급제
　　• 개념 : 서비스의 양이나 제공받는 환자 수에 관계없이 일정 기간에 따라 보상받는 방식으로 사회주의나 공산주의 국가의 의료제도에서 일반적으로 채택되고 있으며 자유시장경제체제하에서는 2, 3차 의료기관에서 주로 채택되고 있는 제도이다.

- 장점
  - 의사의 직장이 보장된다.
  - 수입이 안정된다.
  - 의사 간의 불필요한 경쟁심을 억제한다.
- 단점 : 진료가 관료화 및 형식화될 수 있다.

ⓒ 포괄수가제
- 개념 : 서비스의 양과 관계없이 환자 요양일수별 또는 질병별로 보수단가를 설정하여 보상하는 방식으로 대체로 외래는 방문 빈도별로 결정되지만 입원은 질병별로 결정된 진료비가 지불되는 제도이다.
- 장점
  - 과잉진료의 억제효과와 총진료비 억제효과가 있다.
  - 행정적 업무절차가 간편하다.
  - 수익을 위해 의료기관의 자발적 경영효율화 노력을 기대할 수 있다.
- 단점
  - 과소진료로 의료의 질 저하의 우려가 있다.
  - 많은 의료서비스가 요구되는 환자에 대한 기피현상이 나타날 수 있다.
  - 분류정보 조작을 통한 부당청구가 성행할 가능성이 있다.

② **사후결정방식** … 진료를 받은 후 제공받은 서비스에 대한 합산된 진료비를 지불하는 방식을 말한다.

㉠ 행위별 수가제
- 개념 : 제공된 서비스의 단위당 가격과 서비스의 양을 곱한 만큼 지불하는 방식으로 진단, 치료, 투약과 개별 행위의 서비스를 총합하여 지불한다.
- 장점
  - 진료의 내역에 따라 의료비가 결정되므로 현실적으로 시행이 쉽다.
  - 의료인의 자율성이 보장되며 양질 서비스의 수혜가 가능하다.
- 단점
  - 수입극대화를 위한 과잉진료의 소인이 있다.
  - 예방보다는 치료중심의 의료행위로 치우치는 경향으로 인해 의료비 상승 효과가 있다.
  - 의료자원의 지역간 편재현상의 경향이 있다.
  - 의료비 지불심사상의 행정절차가 복잡하다.

ⓒ 상대가치수가제
- 개념 : 관행수가제에 근거하여 책정된 현행 행위별 수가제의 비합리적 수가를 개선하기 위한 방법으로 의료인의 진료행위의 난이도에 대한 상대가치를 고려하여 수가를 책정하는 방식이다.
- 문제점
  - 의료서비스에 투입된 의사들의 자원만이 고려되고 의료서비스 질 등 서비스 산출효과가 지표의 산정에 포함되지 못한다.
  - 의사들의 능력과 질이 투입자원을 고려하지 못한다.
  - 환자의 상태가 고려되지 못한다.

(3) 사회보장제도

① **목적** … 질병, 상해, 노령, 실업, 사망 등 사회적 위험으로부터 모든 국민을 보호하고 빈곤을 해소하며, 국민생활의 질을 향상시키는 목적으로 사회보험, 공공부조, 사회복지 서비스 및 관련 복지제도를 운영하고 있다.

② **기본 원리**
  ㉠ **최저생활보장의 원리**: 사회보험에서 보장하는 소득 수준은 최저생활수준을 원칙으로 한다. 최저생계비 개념에 근거하여 소득 수준을 정한다.
  ㉡ **소득재분배의 원리**
    - 기여금의 납부 시에는 소득에 비례하거나 소득에 누진율을 적용하여 기여율을 책정함으로써 재분배 효과가 나타난다.
    - 급여의 지급에 있어 소득과 무관하게 요구의 크기에 따라 급여를 지급하여 재분배 효과를 기대한다.
    - 보편주의 원리: 사회보험의 적용범위는 전 국민을 대상으로 하여야 한다. 특히, 혜택을 받을 시 자산조사 없이 조건만 되면 가능하다.
    - 비용부담의 원리: 사회보험의 운영에 필요한 재원은 사용자, 피용자, 국가가 분담하여 조달하여야 한다.

③ **종류**
  ㉠ **사회보험**: 국민에게 발생하는 사회적 위험을 국가가 주체가 되어 보험 방식으로 대처하는 것으로 국민건강과 소득을 보장하는 제도이다. 이 제도 안에는 국민연금, 건강보험, 고용보험, 산재보험, 노인장기요양보험 등이 있다.
    - 국민연금: 급속한 산업화로 산업재해 및 실업 등의 증가, 핵가족화, 노령화, 노인부양의식의 악화현상 등의 사회적 위험으로부터 국민 개인을 보호하기 위한 사회보험제도로 장애, 사망, 노령화로 개인이 소득능력을 상실할 경우 국가가 본인 또는 유족에게 일정액의 연금을 매월 지급하여 기본적인 생활을 영위하는데 목적이 있다.
    - 건강보험: 피보험자가 질병·부상 등의 사고를 당하였을 경우 치료비 또는 요양비의 급여를 통하여 국민보건의 회복, 유지 및 증진을 도모하는 사회보험제도이다.
    - 고용보험: 근로자가 직업을 선택할 시점부터 직장선택을 체계적으로 지원하고, 근로자의 고용안정과 기업의 경쟁력 강화를 위한 고용안정사업과 직업능력개발사업을 실시하여 실업예방과 고용구조의 개선을 도모하고, 실직근로자의 생활안정을 위해 실업급여를 지급하고 재취업 촉진에 목적이 있다.
    - 산재보험: 근로자가 업무상 사유로 인해 부상·질병·장애 또는 사망한 경우에 이를 회복시키거나 소득을 보장하고 그 가족의 생활보호를 위해 지급되는 급여이다.
    - 노인장기요양보험: 노인 또는 노인성질환으로 의존적인 상태에 처하거나 생활상의 장애를 지닌 노인에게 장기간에 걸쳐서 일상생활 수행능력을 도와주기 위해 제공되는 모든 형태의 보호 서비스를 말한다.

TIP 노인장기요양보험

㉠ 노인장기요양보험제도의 목적: 고령이나 노인성 질병 등의 사유로 일상생활을 혼자서 수행하기 어려운 노인 등에게 신체활동 또는 가사활동 지원 등의 장기요양급여를 제공하여 노후의 건강증진 및 생활안정을 도모하고 그 가족의 부담을 덜어줌으로써 국민의 삶의 질을 향상하도록 함을 목적으로 시행하는 사회보험제도이다.

㉡ 특징: 건강보험제도와는 별개의 제도로 도입·운영되고 있는 한편, 제도운영의 효율성을 도모하기 위하여 보험자 및 관리운영기관을 국민건강보험공단으로 일원화하고 있다. 또한 국고지원이 가미된 사회보험방식을 채택하고 있고 수급대상자에는 65세 미만의 장애인이 제외되어 노인을 중심으로 운영되고 있다.

㉢ 노인장기요양보험 재원
- 노인장기요양보험 운영에 소요되는 재원은 가입자가 납부하는 장기요양보험료 및 국가 지방자치단체 부담금, 장기요양급여 이용자가 부담하는 본인일부부담금으로 조달된다.
- 국가의 부담
 - 국고 지원금: 국가는 매년 예산의 범위 안에서 당해 연도 장기요양보험료 예상 수입액의 100분의 20에 상당하는 금액을 공단에 지원한다.
 - 국가 및 지방자치단체 부담: 국가와 지방자치단체는 의료급여수급권자에 대한 장기요양급여비용, 의사소견서 발급비용, 방문간호지시서 발급비용 중 공단이 부담해야 할 비용 및 관리운영비의 전액을 부담한다.
- 본인일부부담금: 재가 및 시설 급여비용 중 수급자의 본인일부부담금(장기요양기관에 직접 납부)는 다음과 같다.
 - 재가급여: 당해 장기요양급여비용의 100분의 15
 - 시설급여: 당해 장기요양급여비용의 100분의 20
 - 국민기초생활보장법에 따른 의료급여 수급자는 본인일부부담금 전액 면제

㉣ 기존 건강보험제도 및 노인복지서비스 체계와의 차이

구분	노인장기요양보험	기존 노인복지서비스 체계
관련법	노인장기요양보험법	노인복지법
서비스 대상	• 보편적 제도 • 장기요양이 필요한 65세 이상 노인 및 치매 등 노인성 질병을 가진 65세 미만 자	• 특정대상 한정(선택적) • 국민기초생활보장 수급자를 포함한 저소득층 위주
서비스 선택	수급자 및 부양가족의 선택에 의한 서비스 제공	지방자치단체장의 판단(공급자 위주)
재원	장기요양보험료+국가 및 지방자치단체 부담+이용자 본인 부담	정부 및 지방자치단체의 부담

ⓒ **공공부조**: 저소득 및 빈곤자들을 대상으로 기여금 납부 없이 국가가 조세를 자원으로 수급자의 자녀유무, 노령, 장애 등 인구학적 요소를 고려하며, 자산조사를 존재로 급여를 지급히는 방식이다.

- 국민기초생활보장제도: 생존권 보장의 이념을 구체적으로 실현하기 위한 법으로 생활이 어려운 자에게 필요한 급여를 행하여 최저생활을 보장하고 자활 조성하는 것을 목적으로 한다.
- 의료급여: 국민기초생활보장법에 의한 수급자 등 일정한 수준 이하의 저소득층을 대상으로 그들의 자력으로 의료문제를 해결할 수 없는 경우에 국가가 재정으로 의료 혜택을 주는 제도이다.
- 기초노령연금: 자산조사를 실시하여 대상자를 한정하고 조세를 재원으로 하여 생활이 어려운 노인의 생활안정을 지원하고 복지를 증진하고자 도입된 제도로 생활이 어려운 노인에 대한 공공부조적 성격을 띤다.

01. 지역사회 간호사업

최근 기출문제 분석

2020. 6. 13. 제1회 지방직

1 다음 글에 해당하는 우리나라 지방보건행정 조직은?

- 지역보건법령에 근거하여 설치함
- 보건소가 없는 읍·면·동마다 1개씩 설치할 수 있음
- 진료 서비스는 없으나 지역주민의 만성질환 예방 및 건강한 생활습관 형성을 지원함

① 보건지소
② 보건진료소
③ 정신건강복지센터
④ 건강생활지원센터

> **TIP** 지역보건법 제14조 … 지방자치단체는 보건소의 업무 중에서 특별히 지역주민의 만성질환 예방 및 건강한 생활습관 형성을 지원하는 건강생활지원센터를 대통령령으로 정하는 기준에 따라 해당 지방자치단체의 조례로 설치할 수 있다.
> 지역보건법 시행령 제11조 … 건강생활지원센터는 읍·면·동(보건소가 설치된 읍·면·동은 제외한다)마다 1개씩 설치할 수 있다.

2020. 6. 13. 제1회 지방직

2 베티 뉴만(Betty Neuman)의 건강관리체계이론에 대한 설명으로 옳은 것은?

① 역할 기대는 스트레스원 중 외적 요인에 해당한다.
② 저항선은 유연방어선보다 바깥에 위치하면서 대상 체계를 보호한다.
③ 유연방어선을 강화시키는 활동은 일차예방에 해당한다.
④ 정상방어선은 기본구조 내부에 위치하면서 대상 체계를 보호한다.

> **TIP** 베티 뉴만의 건강관리체계이론
> ㉠ 일차예방: 스트레스의 원인 제거·약화, 유연방어선 및 정상방어선 강화
> ㉡ 이차예방: 저항선 강화, 나타나는 반응에 대한 조기발견 및 정확한 처치
> ㉢ 삼차예방: 기본구조 손상 시 기본구조의 재구성을 돕는 활동

Answer 1.④ 2.③

2020. 6. 13. 제1회 지방직 시행

3 면허 또는 자격증 관련 실태와 취업상황을 보건복지부장관에게 신고하여야 하는 의료인력만을 모두 고르면?

| ㉠ 간호사 | ㉡ 한의사 |
| ㉢ 간호조무사 | ㉣ 임상병리사 |

① ㉠, ㉡
② ㉢, ㉣
③ ㉠, ㉡, ㉢
④ ㉠, ㉡, ㉢, ㉣

> **TIP** ㉠ 간호사: 간호사란 간호학을 전공하는 대학이나 전문대학에서 간호교육을 이수하고 국시원에서 시행하는 간호사 시험에 합격하고 보건복지부장관이 발급하는 면허를 받은 자를 말한다.
> ㉡ 한의사: 한의사란 응시자격을 갖춘 자가 국시원에서 시행하는 한의사 시험에 합격한 후, 보건복지부장관의 면허를 받은 자를 말한다.
> ㉢ 간호조무사: 간호조무사란 고등학교 이상 학력자가 1,520시간의 간호조무사 교육을 이수하고 보건의료인국가시험원에서 시행하는 간호조무사 국가시험에 합격한 후 보건복지부장관의 자격인정을 받은 자를 말한다.
> ㉣ 임상병리사: 임상병리사란 임상병리사 면허에 상응하는 보건의료에 관한 학문을 전공하는 대학·산업대학 또는 전문대학을 졸업한 자가 국시원에서 시행하는 임상병리사 시험에 합격한 후, 보건복지부장관의 면허를 발급받은 자를 말한다.

2020. 6. 13. 제2회 서울특별시

4 〈보기〉에서 설명하는 의료비 지불제도로 가장 옳은 것은?

─── 보기 ───
- 진단, 치료, 투약과 개별행위의 서비스를 총합하여 의료행위를 한 만큼 보상하는 방식이다.
- 서비스 행위에 대한 보상을 일단 점수로 받고, 그 점수들을 일정비율에 의해서 금액으로 환산하여 의료비 총액을 계산하는 방법인 점수제의 형태로 많이 사용된다.
- 종류로는 시장기능에 의해 수가가 결정되는 관행수가제와 정부와 보험조합의 생산원가를 기준으로 계산한 후 의료수가를 공권력에 의해 강제 집행하는 제도수가제가 있다.
- 장점으로 의료인의 자율성 보장, 양질의 서비스 제공을 들 수 있다.

① 인두제
② 봉급제
③ 행위별수가제
④ 총액예산제(총괄계약제)

Answer 3.④ 4.③

TIP ① 인두제: 등록환자수 또는 실이용자수를 기준으로 일정액을 보상받는 방식이다.
② 봉급제: 서비스의 양이나 제공받는 사람의 수에 상관없이 일정 기간에 따라 보상받는 방식이다.
④ 총액예산제(총괄계약제): 지불자 측(보험자)과 진료자 측이 사전에 일정기간 동안의 진료보수 총액에 대한 계약을 체결하고, 계약된 총액범위 내에서 의료서비스를 이용하는 제도이다.

2020. 6. 13. 제2회 서울특별시

5 〈보기〉에 제시된 우리나라 지역사회간호 관련 역사를 시간순으로 바르게 나열한 것은?

보기

㈎ 「산업안전보건법」의 제정으로 보건담당자인 간호사가 상시근로자 300명 이상인 사업장에 배치되었다.
㈏ 「노인장기요양보험법」의 제정으로 노인장기요양사업이 활성화되었다.
㈐ 「국민건강증진법」이 제정되어 지역사회 간호사의 역할이 더욱 확대되는 계기가 되었다.
㈑ 「의료법」의 개정으로 전문간호사 영역이 신설되어 가정, 보건, 노인, 산업 등의 지역사회 실무가 강화되었고, 이후 13개 분야로 확대되었다.

① ㈎ - ㈏ - ㈐ - ㈑
② ㈎ - ㈐ - ㈑ - ㈏
③ ㈏ - ㈐ - ㈑ - ㈎
④ ㈐ - ㈎ - ㈑ - ㈏

TIP ㈎ 1981년
㈐ 1995년
㈑ 2003년
㈏ 2007년

Answer 5.②

2019. 6. 15 제2회 서울특[별]시
6 〈보기〉에서 우리나라 공공보건사업의 발전 순서를 바르게 나열한 것은?

―――――――――― 보기 ――――――――――
㉠ 보건소 기반 전국 방문건강관리사업 시행
㉡ 우리나라 전 국민을 위한 의료보험 실행
㉢ 국민건강증진법 제정으로 바람직한 건강행태 고취를 위한 토대 마련
㉣ 농어촌 보건의료를 위한 특별조치법 제정으로 일차 보건의료서비스 제공

① ㉠ → ㉡ → ㉢ → ㉣
② ㉣ → ㉡ → ㉢ → ㉠
③ ㉡ → ㉢ → ㉠ → ㉣
④ ㉣ → ㉡ → ㉠ → ㉢

TIP ㉣ 농어촌 보건의료를 위한 특별조치법 제정 : 1980년
㉡ 전 국민 의료보험 실행 : 1989년
㉢ 국민건강증진법 제정 : 1995년
㉠ 전국 방문건강관리사업 시행 : 2007년

2019. 6. 15 제2회 서울특별시
7 지역사회 통합건강증진사업의 특징은?

① 사업 산출량 지표를 개발하여 모든 지역에 적용함으로써 객관적으로 지역 간 비교가 가능하다.
② 기존 건강증진사업이 분절되어 운영되었던 것에 비해 사업을 통합하여 지역특성 및 주민수요 중심으로 서비스를 제공한다.
③ 모든 지역에서 동일한 사업을 수행할 수 있도록 중앙에서 표준화된 사업계획이 제공된다.
④ 사업별로 재원을 구체적으로 배분하여 일정 정해진 사업을 지역에서 수행하도록 하여 중앙정부의 목표에 집중하도록 한다.

TIP 지역사회 통합건강증진사업이란, 지자체가 지역사회 주민을 대상으로 실시하는 건강생활실천 및 만성질환 예방, 취약계층 건강관리를 목적으로 하는 사업을 통합하여 지역특성 및 주민 수요에 맞게 기획·추진하는 사업을 말한다. 기존 전국을 대상으로 획일적으로 실시하는 국가 주도형 사업방식에서 지역여건에 맞는 사업을 추진할 수 있도록 지자체 주도방식으로 개선하였다.

Answer 6.② 7.②

※ 기존 국고보조사업과 지역사회 통합건강증진사업 비교

기존 국고보조사업	지역사회 통합건강증진사업
• 사업내용 및 방법 지정 지침	• 사업범위 및 원칙 중심 지침
• 중앙집중식 · 하향식	• 지방분권식 · 상향식
• 지역여건에 무방한 사업	• 지역여건을 고려한 사업
• 산출중심의 사업 평가	• 과정, 성과중심의 평가
• 분절적 사업수행으로 비효율	• 보건소 내외 사업 통합 · 연계 활성화

2019. 6. 15 제2회 서울특별시

8 세계보건기구(WHO)에서 제시한 일차보건의료의 특성에 대한 설명으로 가장 옳지 않은 것은?

① 지역사회의 적극적 참여를 통해 이루어져야 한다.
② 지역사회의 지불능력에 맞는 보건의료수가로 제공되어야 한다.
③ 지리적, 경제적, 사회적으로 지역주민이 이용하는데 차별이 있어서는 안된다.
④ 자원이 한정되어 있으므로 효과가 가장 높은 사업을 선별하여 제공해야 한다.

> **TIP** 세계보건기구(WHO)에서 제시한 일차보건의료의 필수요소(4A)
> ㉠ 접근성(Accessible) : 지리적, 경제적, 사회적으로 지역주민이 이용하는데 차별이 있어서는 안 된다.
> ㉡ 주민참여(Available) : 지역사회의 적극적 참여를 통해 이루어져야 한다.
> ㉢ 수용가능성(Acceptable) : 주민이 쉽게 받아들일 수 있는 방법으로 제공해야 한다.
> ㉣ 지불부담능력(Affordable) : 지역사회의 지불능력에 맞는 보건의료수가로 제공되어야 한다.

2019. 6. 15 제2회 서울특별시

9 우리나라 사회보장제도에 대한 설명으로 가장 옳은 것은?

① 산재보험은 소득보장과 함께 의료보장을 해주는 사회보험이다.
② 의료급여는 저소득층의 의료보장을 위한 사회보험에 해당한다.
③ 건강보험은 공공부조로 공공적 특성을 가지며 강제성을 띤다.
④ 노인장기요양보험은 공공부조로 재원조달은 국고지원으로 이루어진다.

> **TIP** ② 의료급여는 저소득층의 의료보장을 위한 공공부조에 해당한다.
> ③ 건강보험은 사회보험으로 공공적 특성을 가지며 강제성을 띤다.
> ④ 노인장기요양보험은 사회보험으로 재원조달은 장기요양보험료와 국가 및 지방자치단체 부담금, 그리고 수급자가 부담하는 본인부담금으로 이루어진다.

Answer 8.④ 9.①

2019. 6. 15 제1회 지방직

10 노인장기요양보험법령상 다음 사례에 적용할 수 있는 설명으로 옳은 것은?

> 파킨슨병을 진단받고 1년 이상 혼자서 일상생활을 수행할 수 없는 60세의 의료급여수급권자인 어머니를 가정에서 부양하는 가족이 있다.

① 어머니는 65세가 되지 않았기 때문에 노인 장기요양 인정 신청을 할 수 없다.
② 의사의 소견서가 있다면 등급판정 절차 없이도 장기요양서비스를 받을 수 있다.
③ 의료급여수급권자의 재가급여에 대한 본인일부부담금은 장기요양급여비용의 100분의 20이다.
④ 장기요양보험가입자의 자격관리와 노인성질환예방사업에 관한 업무는 국민건강보험공단에서 관장한다.

> **TIP** ① 어머니는 65세 미만이지만 파킨슨병을 앓고 있으므로 노인 장기요양 인정 신청을 할 수 있다.
> ② 의사의 소견서가 있어도 등급판정 절차 없이는 장기요양서비스를 받을 수 없다. 공단은 장기요양인정 신청의 조사가 완료된 때 조사결과서, 신청서, 의사소견서, 그 밖에 심의에 필요한 자료를 등급판정위원회에 제출하여야 한다.
> ③ 의료급여수급권자의 재가급여에 대한 본인부담금은 장기요양급여비용의 100분의 15이다. 시설급여에 대한 본인부담금이 장기요양급여비용의 100분의 20이다.

2019. 6. 15 제1회 지방직

11 「농어촌 등 보건의료를 위한 특별조치법 시행령」상 보건진료 전담공무원 의료행위의 범위는?

① 급성질환자의 요양지도 및 관리
② 고위험 고령 임산부의 제왕절개
③ 상병상태를 판별하기 위한 진찰·검사
④ 거동이 불편한 지역주민에 대한 응급수술

> **TIP** 보건진료 전담공무원의 의료행위의 범위〈농어촌 등 보건의료를 위한 특별조치법 시행령 제14조 제1항〉
> ㉠ 질병·부상상태를 판별하기 위한 진찰·검사
> ㉡ 환자의 이송
> ㉢ 외상 등 흔히 볼 수 있는 환자의 치료 및 응급 조치가 필요한 환자에 대한 응급처치
> ㉣ 질병·부상의 악화 방지를 위한 처치
> ㉤ 만성병 환자의 요양지도 및 관리
> ㉥ 정상분만 시의 분만 도움
> ㉦ 예방접종
> ㉧ ㉠부터 ㉦까지의 의료행위에 따르는 의약품의 투여

Answer 10.④ 11.③

2019. 6. 15 제1회 지방직

12 다음 글에 해당하는 오렘(Orem)의 간호체계는?

- 가정전문간호사는 오렘(Orem)의 이론을 적용하여 수술 후 조기 퇴원한 노인 대상자에게 간호를 제공하려고 한다.
- 노인 대상자는 일반적인 자가간호요구는 충족할 수 있으나 건강이탈시의 자가간호요구를 충족하기 위한 도움이 필요한 상태이다.

① 전체적 보상체계
② 부분적 보상체계
③ 교육적 체계
④ 지지적 체계

> **TIP** 오렘의 간호체계 … 자가간호요구를 충족시키고 자가간호 역량을 조절하여 결손을 극복하도록 돕는 간호상황에서 환자를 이해 처방하고 설계하고 직접간호를 제공하는 체계적인 간호활동
> ㉠ 전체적 보상체계 : 환자의 모든 욕구를 충족시켜줘야 하는 경우 환자가 자가간호를 수행하는데 있어 아무런 활동적 역할을 수행하지 못하는 상황
> ㉡ 부분적 보상체계 : 개인 자신이 일반적인 자가간호요구는 충족시킬 수 있으나 건강이탈 요구를 충족시키기 위해서는 도움이 필요
> ㉢ 교육지지적 보상체계 : 환자가 자가간호를 수행할 수 있으나 지식이나 기술 획득을 위한 도움을 필요로 하는 경우

Answer 12.②

2019. 6. 15 제1회 지방직

13 뢰머(Roemer)의 matrix형 분류에서 다음 글이 설명하는 보건의료체계는?

> 민간의료 시장이 매우 강력하고 크며 정부 개입은 미미하다. 보건의료비 지출의 절반 이상을 환자 본인이 부담하며, 보건의료는 개인의 책임이 된다.

① 복지지향형 보건의료체계
② 포괄적보장형 보건의료체계
③ 자유기업형 보건의료체계
④ 사회주의계획형 보건의료체계

TIP 뢰머의 보건의료체계 유형별 특징
㉠ 자유기업형: 미국, 의료보험 실시 전의 우리나라
 • 정부의 개입을 최소화하고 수요·공급 및 가격을 시장에 의존한다.
 • 보건의료비에 대해 개인 책임을 강조하는 입장으로 민간보험 시장이 발달하였으며, 시장의 이윤추구를 통해 효율성을 제고한다.
 • 의료의 남용 문제가 발생할 수 있다.
㉡ 복지국가형: 프랑스, 독일, 스웨덴, 스칸디나비아 등
 • 사회보험이나 조세를 통해 보건의료서비스의 보편적 수혜를 기본 요건으로 한다.
 • 민간에 의해 보건의료서비스를 제공하지만 자유기업형과 다르게 질과 비용 등의 측면에서 정부가 개입·통제할 수 있다.
 • 보건의료서비스의 형평성이 보장되지만, 보건의료비 상승의 문제가 발생할 수 있다.
㉢ 저개발국가형: 아시아, 아프리카 등 저개발국
 • 전문인력 및 보건의료시설이 부족하여 전통의료나 민간의료에 의존한다.
 • 국민의 대다수인 빈곤층의 경우 공적부조 차원에서 보건의료서비스가 이루어진다.
㉣ 개발도상국형: 남미, 아시아 일부 지역
 • 자유기업형 + 복지국가형의 혼합형태 또는 사회주의국형을 보인다.
 • 경제개발의 성공으로 국민들의 소득이 증가하여 보건의료서비스에 대한 관심이 증가했다.
 • 경제개발 논리에 밀려 보건의료의 우선순위가 낮고, 사회보험이 근로자 중심의 형태를 보인다.
㉤ 사회주의국형: 구 소련, 북한, 쿠바 등
 • 국가가 모든 책임을 지는 사회주의 국가로 보건의료 역시 국유화하여 국가가 관장한다.
 • 형평성이 보장되지만 보건의료서비스 수준과 생산성이 떨어진다.
 • 넓은 의미에서 볼 때 뉴질랜드, 영국도 이 유형으로 볼 수 있다.

Answer 13.③

2019. 6. 15 제1회 지방직

14 우리나라의 일차보건의료에 대한 설명으로 옳지 않은 것은?

① 「지역보건법」 제정으로 일차보건의료 시행에 대한 제도적 근거를 마련하였다.
② 보건복지부장관이 실시하는 24주 이상의 직무교육을 받은 간호사는 보건진료 전담공무원직을 수행할 수 있다.
③ 읍·면 지역 보건지소에 배치된 공중보건의사는 보건의료 취약지역에서 일차보건의료 사업을 제공하였다.
④ 정부는 한국보건개발연구원을 설립하여 일차보건의료 시범사업을 실시한 후 사업의 정착을 위한 방안들을 정책화하였다.

> **TIP** 1978년 알마아타 선언으로 알려진 일차보건의료는 국가보건의료의 필수 부분이며 사회 개발이 추구해야 할 으뜸가는 목적인 건강의 향상을 달성하고 사회정의를 실현하는 중요한 전략적 방법으로 알려져 있다.
> ① 1980년 「농어촌보건의료를 위한 특별법」 제정으로 일차보건의료가 최초로 법제화 되면서, 농어촌 등 벽지에 보건진료소를 설치해 보건진료원을 배치하는 것과 보건소, 보건지소에 공중보건의를 배치할 수 있는 기틀을 마련하였다.

2019. 2. 23 제1회 서울특별시

15 우리나라 보건의료제도에 대한 설명으로 가장 옳지 않은 것은?

① 민간보건의료조직이 다수를 차지한다.
② 환자가 자유롭게 의료제공자를 선택할 수 있다.
③ 국민의료비가 지속적으로 증가하고 있다.
④ 예방중심의 포괄적인 서비스가 제공되고 있다.

> **TIP** ④ 우리나라 보건의료제도는 예방보다 치료중심의 서비스가 제공되고 있다.

2019. 2. 23 제1회 서울특별시

16 「지역보건법」의 내용으로 가장 옳지 않은 것은?

① 보건소는 매년 지역 주민을 대상으로 지역사회 건강 실태조사를 실시한다.
② 보건소장은 관할 보건지소, 건강생활지원센터, 보건진료소의 직원 및 업무에 대하여 지도·감독한다.
③ 지역보건의료기관의 전문인력의 자질향상을 위한 기본교육훈련 기간은 1주이다.
④ 보건복지부장관은 지역보건의료기관의 기능을 수행하는 데 필요한 각종 자료 및 정보의 효율적 처리와 기록·관리 업무의 전자화를 위하여 지역보건의료정보 시스템을 구축·운영할 수 있다.

Answer 14.① 15.④ 16.③

TIP ③ 해당 직급의 공무원으로서 필요한 능력과 자질을 배양할 수 있도록 신규로 임용되는 전문인력을 대상으로 하는 기본교육훈련의 기간은 3주 이상이다. 반면, 보건소에서 현재 담당하고 있거나 담당할 직무 분야에 필요한 전문적인 지식과 기술을 습득할 수 있도록 재직 중인 전문인력을 대상으로 하는 직무 분야별 전문교육훈련의 기간은 1주 이상이다 〈지역보건법 시행령 제19조(교육훈련의 대상 및 기간) 참조〉.

2019. 2. 23 제1회 서울특별시

17 「지역보건법」상 보건소의 기능 및 업무를 〈보기〉에서 모두 고른 것은?

―――― 보기 ――――
ⓐ 건강 친화적인 지역사회 여건의 조성
ⓑ 지역보건의료정책의 기획, 조사·연구 및 평가
ⓒ 국민보건 향상을 위한 지도·관리
ⓓ 보건의료 관련기관·단체, 학교, 직장 등과의 협력 체계 구축

① ⓐⓑ
② ⓒⓓ
③ ⓐⓑⓒ
④ ⓐⓑⓒⓓ

TIP 보건소의 기능 및 업무〈지역보건법 제11조 제1항〉
ⓐ 건강 친화적인 지역사회 여건의 조성
ⓑ 지역보건의료정책의 기획, 조사·연구 및 평가
ⓒ 보건의료인 및 「보건의료기본법」 제3조제4호에 따른 보건의료기관 등에 대한 지도·관리·육성과 국민보건 향상을 위한 지도·관리
ⓓ 보건의료 관련기관·단체, 학교, 직장 등과의 협력체계 구축
ⓔ 지역주민의 건강증진 및 질병예방·관리를 위한 다음 각 목의 지역보건의료서비스의 제공
• 국민건강증진·구강건강·영양관리사업 및 보건교육
• 감염병의 예방 및 관리
• 모성과 영유아의 건강유지·증진
• 여성·노인·장애인 등 보건의료 취약계층의 건강유지·증진
• 정신건강증진 및 생명존중에 관한 사항
• 지역주민에 대한 진료, 건강검진 및 만성질환 등의 질병관리에 관한 사항
• 가정 및 사회복지시설 등을 방문하여 행하는 보건의료 및 건강관리사업
• 난임의 예방 및 관리

Answer 17.④

2019. 2. 23 제1회 서울특별시

18 우리나라 노인장기요양보험에 관한 설명으로 가장 옳은 것은?

① 국민건강보험 재정에 구속되어 있어서 재정의 효율성을 제고할 수 있다.
② 「국민건강보험법」에 의하여 설립된 기존의 국민건강보험공단을 관리운영기관으로 하고 있다.
③ 재원은 수급대상자의 본인부담금 없이 장기요양보험료와 국가 및 지방자치단체 부담으로 운영된다.
④ 수급 대상자는 65세 이상의 노인 또는 65세 미만의 자로서 치매, 뇌혈관성질환, 파킨슨병 등 노인성 질병을 가진 자 중 6개월 이상 병원에 입원하고 있는 노인이다.

> **TIP** ① 국민건강보험 재정에 구속되지 않아 장기요양급여 운영에 있어 재정의 효율성을 제고할 수 있다.
> ③ 노인장기요양보험법 제40조에서 본인부담금(2019. 12. 12. 시행)을 규정하고 있다.
> ④ 장기요양인정을 신청할 수 있는 자는 노인등(65세 이상의 노인 또는 65세 미만의 자로서 치매·뇌혈관성질환 등 대통령령으로 정하는 노인성 질병을 가진 자)으로서, 장기요양보험가입자 또는 그 피부양자이거나 「의료급여법」에 따른 수급권자의 자격을 갖추어야 한다. 등급판정위원회는 신청인이 해당 신청자격요건을 충족하고 <u>6개월 이상 동안 혼자서 일상생활을 수행하기 어렵다</u>고 인정하는 경우 심신상태 및 장기요양이 필요한 정도 등 대통령령으로 정하는 등급판정기준에 따라 수급자로 판정한다.

2019. 2. 23 제1회 서울특별시

19 Betty Neuman의 건강관리체계이론의 구성요소 중 '유연방어선'에 대한 설명으로 가장 옳은 것은?

① 대상체계가 스트레스원에 의해 기본구조가 침투되는 것을 보호하는 내적요인들이다.
② 개인의 일상적인 대처유형, 삶의 유형, 발달단계와 같은 행위적 요인과 변수들의 복합물이다.
③ 저항선 바깥에 존재하며, 대상자의 안녕상태 혹은 스트레스원에 대해 정상범위로 반응하는 상태를 말한다.
④ 외적변화에 방어할 잠재력을 가지고 환경과 상호작용 하며, 외부자극으로부터 대상체계를 일차로 보호하는 쿠션과 같은 기능을 한다.

> **TIP** 유연방어선은 기본구조를 둘러싼 선 중 가장 바깥에 위치하는 것으로, 외적 변화에 방어할 잠재력을 가지고 환경과 상호작용하여 수시로 변화하는 역동적 구조이다.
> 유연방어선은 외부자극으로부터 대상 체계를 일차로 보호하는 쿠션 같은 기능을 한다. 즉, 외부 자극이나 변화에 신속하게 축소되거나 확장되는 등 대처함으로써 스트레스원이 정상방어선을 침범하지 못하도록 완충적 역할을 한다.

Answer 18.② 19.④

2018. 5. 19 제1회 지방직

20 다음과 같은 지역사회간호의 시대적 흐름과 관련한 설명으로 옳은 것은?

> (가) 1900년 이전 : 방문간호시대
> (나) 1900년 ~ 1960년 : 보건간호시대
> (다) 1960년 이후 : 지역사회간호시대

① (가) - 한국에서 로선복(Rosenberger)이 태화여자관에 보건사업부를 설치하여 모자보건사업을 실시하였다.
② (나) - 라론드(Lalonde) 보고서의 영향을 받아 건강생활실천을 유도하는 건강증진사업이 활성화되었다.
③ (나) - 릴리안 왈드(Lillian Wald)가 가난하고 병든 사람들을 간호하기 위하여 뉴욕 헨리가에 구제사업소를 설립하였다.
④ (다) - 미국에서 메디케어(Medicare)와 메디케이드(Medicaid)의 도입 이후 가정간호가 활성화되었다.

TIP ④ 1965년 → (다)
① 1923년 → (나)
② 1974년 → (다)
③ 1893년 → (가)

2018. 5. 19 제1회 지방직

21 우리나라 의료보장제도에 대한 설명으로 옳은 것은?

① 1977년 전국민 의료보험이 실시되었다.
② 국민건강보험 가입은 국민의 자발적 의사에 따라 선택한다.
③ 사회보험 방식의 국민건강보험과 공공부조 방식의 의료급여 제도를 운영하고 있다.
④ 국민건강보험 적용대상자는 직장가입자, 지역가입자와 피부양자, 의료급여 수급권자이다.

TIP ① 전국민 의료보험이 실시된 것은 1989년이다.
② 국민건강보험은 강제가입이 원칙이다.
④ 의료급여 수급권자는 공공부조에 해당한다.

Answer 20.④ 21.③

2018. 5. 19 제1회 지방직

22 지역주민의 건강증진을 위하여 '지역보건의료계획'을 수립하고 시행하도록 한 근거가 되는 법은?

① 「보건소법」
② 「지역보건법」
③ 「국민건강보험법」
④ 「국민건강증진법」

> **TIP** 지역보건의료계획의 수립 등〈지역보건법 제7조 제1항〉… 특별시장·광역시장·도지사 또는 특별자치시장·특별자치도지사·시장·군수·구청장은 지역주민의 건강 증진을 위하여 다음 각 호의 사항이 포함된 지역보건의료계획을 4년마다 수립하여야 한다.
> ㉠ 보건의료 수요의 측정
> ㉡ 지역보건의료서비스에 관한 장기·단기 공급대책
> ㉢ 인력·조직·재정 등 보건의료자원의 조달 및 관리
> ㉣ 지역보건의료서비스의 제공을 위한 전달체계 구성 방안
> ㉤ 지역보건의료에 관련된 통계의 수집 및 정리

2018. 5. 19 제1회 지방직

23 다음 ㉠에 해당하는 지역사회 유형은?

「지역보건법 시행령」제8조(보건소의 설치)
① 법 제10조에 따른 보건소는 (㉠)별로 1개씩 설치한다. 다만, 지역주민의 보건의료를 위하여 특별히 필요하다고 인정되는 경우에는 필요한 지역에 보건소를 추가로 설치·운영할 수 있다.

① 생태학적 문제의 공동체
② 특수흥미 공동체
③ 지정학적 공동체
④ 자원 공동체

> **TIP** 법 제10조에 따른 보건소는 시·군·구별로 1개씩 설치한다. 다만, 지역주민의 보건의료를 위하여 특별히 필요하다고 인정되는 경우에는 필요한 지역에 보건소를 추가로 설치·운영할 수 있다〈지역보건법 시행령 제8조(보건소의 설치) 제1항〉.
> ③ 시·군·구는 지리적, 법적인 경계로 구분된 지역사회인 지정학적 공동체이다.
> ※ 지역사회 유형
> ㉠ 구조적 지역사회
>   • 집합체: 사람이 모인 이유와 관계없이 '집합'그 자체
>   • 대면 공동체: 가장 기본이 되는 공동체로 지역사회의 기본적인 집단
>   • 생태학적 공동체: 지리적 특성, 기후, 자연환경 등 동일한 생태학적 문제를 공휴하는 집단
>   • 지정학적 공동체: 지리적, 법적인 경계로 구분된 지역사회
>   • 조직: 일정한 환경 아래 특정한 목표를 추구하며 일정한 구조를 가진 사회단위
>   • 문제해결 공동체: 문제를 정의할 수 있고, 문제를 공유하며, 해결할 수 있는 범위 내에 있는 구역
> ㉡ 기능적 지역사회
>   • 요구 공동체: 주민들의 일반적인 공통문제 및 요구에 기초를 두고 있는 공동체
>   • 자원 공동체: 어떤 문제를 해결하기 위한 자원의 활용범위로 모인 집단
> ㉢ 감정적 지역사회
>   • 소속 공동체: 동지애와 같은 정서적 감정으로 결속된 감성적 지역사회
>   • 특수흥미 공동체: 특수 분야에 서로 같은 관심과 목적을 가지고 관계를 맺는 공동체

Answer 22.② 23.③

2018. 5. 19 제1회 지방직

24 질병군별 포괄수가제에 대한 설명으로 옳지 않은 것은?

① 진료의 표준화를 유도할 수 있다.
② 과잉진료 및 진료비 억제의 효과가 있다.
③ 진료비 청구를 위한 행정 사무가 간편하다.
④ 의료인의 자율성을 보장하여 양질의 서비스 제공이 가능하다.

> **TIP** 질병군별 포괄수가제는 질병군별 중증도에 따라 이미 정해진 정액의 진료비를 의료행위 항목별로 따지지 않고 포괄하여 계산하는 치료비 결정방식이다.
> ④ 질병군별 포괄수가제는 의료의 질적 서비스 저하 우려, 의료원가 보상 미흡, 복잡한 중증환자에 대한 포괄수가 적용 무리, 조기 퇴원 문제, 많은 진료건수로 건강보험공단 재정에 부정적인 영향 등의 문제점이 제기된다.

2017. 12. 16 지방직 추가선발

25 세계보건기구(WHO)에서 제시한 일차보건의료 접근법에 대한 설명으로 옳지 않은 것은?

① 지역사회의 능동적, 적극적 참여가 이루어지도록 한다.
② 지역사회가 쉽게 받아들일 수 있는 방법으로 사업이 제공되어야 한다.
③ 지역적, 지리적, 경제적, 사회적 요인으로 인하여 이용에 차별이 있어서는 안 된다.
④ 국가에서 제공하는 보건의료서비스이므로 무상으로 제공하는 것을 원칙으로 한다.

> **TIP** 세계보건기구의 일차보건의료 접근법(4A)
> ㉠ Accessible(접근성) : 대상자가 쉽게 이용 가능해야 한다.
> ㉡ Acceptable(수용가능성) : 지역사회가 쉽게 받아들일 수 있는 방법으로 사업이 제공되어야 한다.
> ㉢ Available(주민참여) : 지역사회의 능동적, 적극적 참여가 이루어지도록 한다.
> ㉣ Affordable(지불부담능력) : 지불능력에 맞는 보건의료수가로 사업이 제공되어야 한다.

Answer 24.④ 25.④

2017. 12. 16 지방직 추가선발

26 「지역보건법」상 보건소의 기능 및 업무 중 '지역주민의 건강증진 및 질병예방·관리를 위한 지역보건의료서비스 제공'에 포함되지 않는 것은?

① 감염병의 예방 및 관리
② 모성과 영유아의 건강유지·증진
③ 건강 친화적인 지역사회 여건 조성
④ 가정 및 사회복지시설 등을 방문하여 행하는 보건의료사업

> **TIP** 보건소의 기능 및 업무〈지역보건법 제11조 제1항〉
> ㉠ 건강 친화적인 지역사회 여건의 조성
> ㉡ 지역보건의료정책의 기획, 조사·연구 및 평가
> ㉢ 보건의료인 및 「보건의료기본법」제3조 제4호에 따른 보건의료기관 등에 대한 지도·관리·육성과 국민보건 향상을 위한 지도·관리
> ㉣ 보건의료 관련기관·단체, 학교, 직장 등과의 협력체계 구축
> ㉤ 지역주민의 건강증진 및 질병예방·관리를 위한 다음 각 목의 지역보건의료서비스의 제공
>   • 국민건강증진·구강건강·영양관리사업 및 보건교육
>   • 감염병의 예방 및 관리
>   • 모성과 영유아의 건강유지·증진
>   • 여성·노인·장애인 등 보건의료 취약계층의 건강유지·증진
>   • 정신건강증진 및 생명존중에 관한 사항
>   • 지역주민에 대한 진료, 건강검진 및 만성질환 등의 질병관리에 관한 사항
>   • 가정 및 사회복지시설 등을 방문하여 행하는 보건의료사업
>   • 난임의 예방 및 관리

2017. 12. 16 지방직 추가선발

27 보건의료체계의 특성 중 괄호 안에 들어갈 내용으로 옳은 것은?

> 자유방임형과 사회주의형 보건의료체계를 비교하였을 때, ( )은(는) 사회주의형보다 자유방임형 보건의료체계에서 일반적으로 높다.

① 의료서비스 수혜의 형평성
② 의료서비스의 균등 분포
③ 의료서비스의 포괄성
④ 의료서비스 선택의 자유

Answer 26.③ 27.④

TIP 자유방임형과 사회주의형 보건의료체계의 비교
㉠ 자유방임형 : 의료공급(민간), 재원조달(민간)
- 국민이 의료인이나 의료기관을 선택할 자유가 최대한 부여
- 의료기관도 자유경쟁 원칙하에 운영
- 의료서비스의 질적 수준이 높음
- 의료인에게 충분한 재량권 부여
- 의료의 수준이나 자원이 지역적으로나 사회계층간 불균형
- 의료자원의 비효율적인 활용 등으로 의료비가 매우 높음

㉡ 사회주의형 : 의료공급(공공), 재원조달(공공)
- 의료자원과 의료서비스의 균등분포, 국민에게 균등한 의료이용의 기회제공
- 국민은 의료인이나 의료기관 선택할 자유 없음
- 거주 지역별 담당의사가 담당하므로 지속적이고 포괄적인 의료서비스 제공
- 국가가 보건의료공급을 기획하므로 의료자원의 낭비를 막음
- 의료서비스 질이나 효율 증진에 대한 동기 미약
- 관료체제에 따른 경직성

2017. 6. 17 제1회 지방직
28 보건소에 대한 설명으로 옳은 것은?

① 「보건의료기본법」에 따라 시·군·구별로 1개씩 설치한다.
② 보건복지부로부터 인력과 예산을 지원받는다.
③ 매 5년마다 지역보건의료계획을 수립한다.
④ 관할 구역 내 보건의료기관을 지도 및 관리한다.

TIP ① 「지역보건법」에 따라 지역주민의 건강을 증진하고 질병을 예방·관리하기 위하여 시·군·구에 대통령령으로 정하는 기준에 따라 해당 지방자치단체의 조례로 보건소(보건의료원을 포함)를 설치한다〈지역보건법 제10조(보건소의 설치) 제1항〉.
② 국가와 시·도는 지역보건의료기관의 설치와 운영에 필요한 비용 및 지역보건의료계획의 시행에 필요한 비용의 일부를 보조할 수 있다〈지역보건법 제24조(비용의 보조) 제1항〉.
③ 특별시장·광역시장·도지사 또는 특별자치시장·특별자치도지사·시장·군수·구청장은 지역주민의 건강 증진을 위하여 지역보건의료계획을 4년마다 수립하여야 한다〈지역보건법 제7조(지역보건의료계획의 수립 등) 제1항〉.

Answer 28.④

2016. 6. 25 서울특별시

29 다음 중 우리나라 지역사회 간호의 역사적 사건으로 옳은 것은?

① 1990년 보건소법이 지역보건법으로 개정되면서 지역보건의료계획이 수립되어 포괄적인 보건의료사업이 수행되었다.
② 부분적이고 지역적인 수준에서 시행되던 보건간호사업이 1960년 보건소법이 제정되면서 보건소를 중심으로 전국적인 차원에서 이루어지게 되었다.
③ 국민의 의료에 대한 욕구가 증가하여 1989년 우리나라 최초로 의료보험이 시행되었다.
④ 1985년 정부는 군단위 보건소를 대상으로 보건간호인력 한 명이 세분화된 보건사업을 통합하여 제공하는 통합보건사업을 시도하였다.

> **TIP** ① 보건소법이 지역보건법으로 개정된 것은 1995년으로 1996년부터 시행되었다.
> ② 보건소법이 제정된 것은 1956년이다.
> ③ 1989년은 국민 모두가 건강보험에 가입되어 그 혜택을 받게 된 해이다. 의료에 대한 사회보험을 실시하고자 하는 의도는 1963년 「의료보험법」이 처음 제정되면서 시작되었고, 의료보험제도가 국민을 상대로 제대로 시행되기 시작한 것은 의료보험법이 제정된 지 14년이 지난 1977년부터이다.

2014. 6. 21 제1회 지방직

30 우리나라 지역사회간호의 변화를 시기순으로 나열한 것은?

> ㉠ 「의료법 시행규칙」에 의하여 보건간호분야의 간호원으로 자격을 인정받음
> ㉡ 「초·중등교육법」에 의하여 '양호교사'가 '보건교사'로 개칭됨
> ㉢ 「농어촌 보건의료를 위한 특별조치법」에 의하여 의료 취약지역에 '보건진료원'이 배치됨
> ㉣ 「산업안전보건법 시행령」에 의하여 사업장의 간호사가 '보건관리자'로 인정됨

① ㉠→㉢→㉣→㉡
② ㉠→㉣→㉡→㉢
③ ㉢→㉣→㉡→㉠
④ ㉢→㉠→㉡→㉣

> **TIP** ㉠ 1962년 → ㉢ 1980년 → ㉣ 1990년 → ㉡ 2002년

Answer 29.④ 30.①

01. 지역사회 간호사업

출제 예상 문제

1 자유기업형 의료전달체계의 단점을 보완하기 위해 정책시 고려해야 할 사항은?

① 정부의 간섭을 최소화한다.
② 의료의 질적 수준을 높인다.
③ 공공의료기관을 확충하여 국민의 의료혜택에 형평을 기한다.
④ 의료서비스의 공급이 효율적으로 이루어지도록 한다.

TIP ③ 자유기업형 의료전달체계의 경우 의료혜택이 지역적·사회계층적으로 균등하지 못하므로 이를 보완하기 위한 정책시 국민의 의료혜택의 형평성을 고려해야 한다.

2 건강개념에 대한 내용으로 옳은 것은?

> ㉠ 정치 및 보건의료 전달체계와 관련이 있다.
> ㉡ 임상적 관점에서 본다.
> ㉢ 건강 – 질병의 연속선상에서 역동적 개념이다.
> ㉣ 지역사회주민이 질병이 없는 상태를 말한다.

① ㉠㉡
② ㉠㉡㉢
③ ㉠㉢
④ ㉡㉣

TIP ㉡ 지역사회간호에서 건강개념은 임상적 관점보다는 기능적 관점에서 본다.
㉣ 건강이란 질병이나 불구가 없을 뿐만 아니라 완전한 신체적·정신적·사회적 안녕상태를 말한다.

Answer 1.③ 2.③

3 다음 중 보건소 제도의 효시는?

① 헬레나의 질병간호활동
② 보건진료소
③ 보건지소
④ 라스본의 구역간호활동

> TIP 1859년 영국 Liverpool시에서의 라스본(William Rathbone)의 가정방문 간호사업 실시가 보건소(Health Center) 제도의 효시가 되었다.

4 지역사회 간호사업에 대한 설명 중 옳은 것은?

① 지역개발사업과는 아무런 관련이 없다.
② 지역사회 간호사업은 지역사회 간호문제를 모두 해결해 주는 것에 그 목적이 있다.
③ 지역사회 간호사업은 선택된 지역주민을 대상으로 한다.
④ 적정기능 수준의 향상을 목표로 한다.

> TIP ① 지역사회 간호사업은 그 지역주민의 적극적인 참여가 중요시되며 지역개발사업의 일환이기도 하다.
> ②④ 지역사회 간호사업은 지역주민 스스로가 자신들의 건강문제를 해결할 수 있는 적정기능 수준을 향상시키는 것에 목적이 있다.
> ③ 지역사회 간호사업의 대상은 지역사회주민 전체이다.

5 다음 중 자유방임주의형 의료전달체계의 설명으로 옳지 않은 것은?

① 의료비가 증가한다.
② 의료기관의 선택이 자유롭다.
③ 의료수준의 질이 높다.
④ 형평성이 강조된다.

> TIP 자유방임주의형 의료전달체계
> ㉠ 내용
>   • 정부의 간섭이나 통제를 극소화한다.
>   • 의료제공을 효과적으로 할 수 있다.
>   • 의료서비스의 내용과 질적 수준이 높다.
>   • 민간주도 의료인과 의료기관의 선택이 자유롭다.

Answer 3.④ 4.④ 5.④

ⓒ 단점
- 시설이 지역에 편중된다.
- 의료비가 증가한다(가장 큰 문제점).
- 의료혜택이 사회계층적·지역적으로 불균등하다.
- 국가의 간섭·관여·통제가 불가피해진다.

6 자유방임형 의료전달체계의 특징으로 옳은 것은?

> ㉠ 영국과 미국에 해당한다.　　　㉡ 의료기관의 선택이 자유롭지 않다.
> ㉢ 국가가 주도한다.　　　　　　㉣ 의료의 질이 높아진다.

① ㉠㉡㉢
② ㉠㉡㉢㉣
③ ㉠㉢
④ ㉣

TIP 자유방임형 의료전달체계의 특징
㉠ 미국, 일본, 독일 등에서 채택하고 있다.
㉡ 정부의 통제나 간섭을 극소화해서 민간주도 의료기관과 의료인이 많다.
㉢ 의료서비스의 제공이 효과적으로 이루어진다.
㉣ 의료서비스의 수준이 높고 선택을 할 수 있는 폭이 넓다.

7 다음 중 보건의료의 사회·경제적 측면으로 옳지 않은 것은?

① 보건의료 요구자들이 보건의료에 지식이 결여되어 있다.
② 보건의료는 수요측정이 가능하다.
③ 공급의 독점성이 있다.
④ 보건의료는 외부효과를 갖는다.

TIP ② 보건의료는 수요발생을 예측하는 것이 불가능하다.

Answer 6.④ 7.②

8 지역사회간호와 일차보건의료에 대한 설명으로 옳지 않은 것은?

① 현실적으로 일정 기간 교육 후의 인력으로 가장 적합한 인력은 간호사이다.
② 일차보건의료와 관련된 지역사회 간호분야는 보건소, 산업장, 가정간호사업 등이다.
③ 일차보건의료사업의 대상은 지불능력이 있는 일부 계층이다.
④ 지역사회 간호사들은 일차보건의료의 실현을 위해 공공보건 의료기관에 근무한다.

> **TIP** ③ 일차보건의료사업의 대상은 일부 계층이 아닌 지역사회주민 전체가 된다.

9 다음 중 우리나라가 보건간호시대에서 지역사회 간호시대로 전환한 계기로 옳은 것은?

① 건강증진법
② 가정간호사 제도
③ 보건소 설치
④ 보건진료원 제도

> **TIP** 지역사회로의 전환
> ㉠ 1980년에 '농어촌 등 보건의료를 위한 특별조치법'을 공포해서 지역사회 간호시대로 변화하였다.
> ㉡ 1981년부터는 보건진료원이 배치되어 지역사회의 1차 의료를 담당하고 있다.

10 다음 중 우리나라의 보건의료제도를 설명한 것으로 옳은 것은?

① 주로 일본식 제도의 도입으로 민간 중심의 체제이다.
② 정부차원에서 일방적으로 하는 하향식 보건의료산업체제이다.
③ 공공 및 민간 중심의 체제가 각각 50%씩 운영된다.
④ 자유방임형 의료제도로 민간주도형이다.

> **TIP** 우리나라 보건의료제도의 특징
> ㉠ 의료자원의 대부분을 민간부분이 소유한다.
> ㉡ 의료기관들 간의 과잉경쟁으로 기능분담이 이루어지지 않는다.
> ㉢ 대도시 지역에서의 시설 및 장비의 중복투자로 농촌지역의 의료자원이 희소하다.
> ㉣ 자유방임형 의료제도에 속한다고 볼 수 있다.

Answer 8.③ 9.④ 10.④

11 다음 중 지역사회 간호사업의 원리로 옳지 않은 것은?

① 모든 사업기관은 같은 목표를 가진다.
② 파악한 요구를 근거로 한다.
③ 지역건강상태를 정기적·지속적으로 평가한다.
④ 가족의 의사결정에 참여하게 한다.

TIP ① 모든 사업기관은 각기 다른 목표를 가질 수 있다.

12 전체 인구에 대한 1차 보건의료의 대상인구의 비중으로 옳은 것은?

① 전체 인구의 20%
② 전체 인구의 40%
③ 전체 인구의 70%
④ 전체 인구의 90%

TIP 1차 보건의료의 대상인구는 전체 인구의 70% 정도이다.

13 다음 중 1차 보건의료에 대한 설명으로 옳지 않은 것은?

① 주민의 자본능력에 맞는 의료수가로 이루어져야 한다.
② 몸에 이상이 있을 때 제일 처음 가는 의료이다.
③ 주민이 받아들여질 수 있는 제반환경을 기반으로 해서 제공된다.
④ 주민의 적극적인 참여가 요구된다.

TIP ② 1차 보건의료는 지역 내에서 각 개인이나 가족이 보편적으로 접근할 수 있게 만들어진 필수 보건의료 서비스이지만, 기술적으로 1차 보건의료에서 다룰 수 없거나 보건·경제적 측면에서 보다 중앙화는 것이 유리하다고 생각되는 경우에는 바로 2, 3차 보건의료를 이용할 수도 있다.

Answer 11.① 12.③ 13.②

14 다음 중 자유방임형 보건의료 전달체계의 문제점끼리 묶인 것은?

> ㈀ 의료시혜의 극대화　　　　㈁ 의료값의 상승
> ㈂ 도시에 편중분포　　　　　㈃ 진료가 지속적이지 못함
> ㈄ 병원의 관료제화

① ㈀㈁㈂　　　　　　　　　　② ㈀㈂㈃
③ ㈁㈂㈃　　　　　　　　　　④ ㈂㈃㈄

TIP 자유기업형 보건의료 전달체계의 단점
　　㈀ 시설의 지역적 편중
　　㈁ 의료혜택이 지역적 · 사회계층적으로 균등하지 못함
　　㈂ 의료비의 상승
　　㈃ 국가의 관여 · 통제 불가피
　　㈄ 진료의 지속성과 포괄성 면에서 부정적임

Answer　14.③

02 지역사회 간호사업의 유형 및 역할

01 지역사회 간호사업의 유형

① 일반화 보건간호사업(전반화 사업)

(1) 개념

다목적사업 또는 통합보건사업이라고 하며, 간호사 개개인이 가족을 단위로 가족에게 전체 보건사업을 제공하는 것을 말한다.

(2) 장·단점

① 장점
  ㉠ 가족에게 균등한 보건사업을 제공할 수 있다.
  ㉡ 시간이 절약되고 경제적이다.
  ㉢ 사업의 중복과 누락을 피할 수 있다.
  ㉣ 문제의 통합적 접근이 가능하다.

② 단점 … 전반적·다목적으로 건강에 관한 여러 문제를 다루게 되므로 다소 특수한 문제나 전문성이 결여되기 쉽다.

❷ 전문화 보건간호사업(전문화 사업)

(1) 개념

대상을 유형별로 구분하여 1인 책임제로 하는 것이며 학교보건, 산업보건, 가족계획요원 등을 말한다.

(2) 장·단점

① 장점 … 전문화된 사업수행이 가능하며 깊이 있게 문제를 해결할 수 있다.

② 단점
   ㉠ 사업이 중복될 수 있고 비경제적으로 시간이 이용된다.
   ㉡ 한 가지 사업에만 치중하게 되어 포괄성이 결여되기 쉽다.

02 지역사회간호의 역할 및 기능

❶ 전문분야별 지역사회간호의 역할

(1) 정부 공중보건사업을 실시하고 있는 보건간호사

① **정의** … 정부보건기관에서 근무하는 간호사의 총칭으로 실제로는 보건소에서 보건간호사업을 전개하는 간호사를 말한다.

② **역할** … 다목적 보건사업 및 예방접종, 방역사업담당, 성병관리담당, 의료시혜담당 등의 기능을 수행하고 있다.

(2) 벽·오지의 일차보건의료를 담당하고 있는 보건간호사

① **정의** … 농어촌 벽·오지에 배치되어 일차보건의료를 담당하고 있는 지역사회간호사이다.

② **역할** … 지역사회 조직 및 개발, 지역사회 진단 및 사업계획, 모자보건 및 가족계획, 지역사회 보건, 보건진료소 운영관리, 보건정보체계 수립 및 관리 등의 기능을 수행하고 있다.

(3) 산업체 산업인구의 건강을 관리하는 산업간호사

① **정의** … 산업체 근로자의 건강을 관리하는 지역사회간호사이다.

② **역할** … 산업간호사는 근로자의 건강관리, 근로자의 보호, 유해환경요인의 제거 혹은 감시, 보건교육, 근로자의 복지후생업무, 산업보건 산업계획 및 평가, 의무실 운영 등의 기능을 수행하고 있다.

(4) 학교보건사업을 담당하고 있는 보건교사

① 정의 … 학교 내에서 학교보건을 담당하는 지역사회간호사이다.

② 보건교사의 자격<초·중등교육법 제21조 제2항> … 다음에 해당하는 자로서 대통령령이 정하는 바에 의하여 교육부장관이 검정·수여하는 자격증을 받은 자이어야 한다.
  ㉠ 보건교사 1급의 자격기준 : 보건교사 2급 자격증을 가진 자로서 3년 이상의 보건교사 경력을 가지고 자격연수를 받은 자이다.
  ㉡ 보건교사 2급의 자격기준
    • 대학, 산업대학의 간호학과 졸업자로서 재학 중 일정한 교직학점을 취득하고 간호사 면허증을 가진 자이다.
    • 전문대학의 간호과 졸업자로서 재학 중 일정한 교직학점을 취득하고 간호사 자격증을 가진 자이다.

③ 보건교사의 직무<학교보건법 시행령 제23조 제3항> … 학교보건법상 보건교사의 직무는 다음과 같다.
  ㉠ 학교보건계획의 수립
  ㉡ 학교 환경위생의 유지관리 및 개선에 관한 사항
  ㉢ 학생 및 교직원에 대한 건강진단실시의 준비와 실시에 관한 협조
  ㉣ 각종 질병의 예방처치 및 보건지도
  ㉤ 학생 및 교직원의 건강관찰과 학교의사의 건강상담·건강평가 등의 실시에 관한 협조
  ㉥ 신체허약 학생에 대한 보건지도
  ㉦ 보건지도를 위한 학생가정의 방문
  ㉧ 교사의 보건교육에 관한 협조와 필요시의 보건교육
  ㉨ 보건실의 시설·설비 및 약품 등의 관리
  ㉩ 보건교육자료의 수집·관리
  ㉪ 학생건강기록부의 관리
  ㉫ 다음의 의료행위(단, 간호사 면허를 가진 자에 한함)
    • 외상 등 흔히 볼 수 있는 환자의 치료
    • 응급을 요하는 자에 대한 응급처치
    • 부상과 질병의 악화를 방지하기 위한 처치
    • 건강진단결과 발견된 질병자의 요양지도 및 관리
    • 위 의료행위에 따르는 의약품의 투여
  ㉬ 기타 학교의 보건관리

❷ 지역사회간호사의 역할 및 기능

(1) 지역사회간호사의 역할

① 직접간호 제공자
- ㉠ 한 지역사회의 특별한 요구가 있는 집단을 파악하고 이에 필요한 간호를 제공하며, 대상자의 건강문제 한 부분이 아니라 가족, 집단이나 지역사회는 둘 이상의 사람들과의 관계와 상호작용을 파악하여 전체성에 입각하여 건강문제를 파악한다.
- ㉡ 질병상태에 있는 대상자에게 일시적이고 치료적인 문제해결에 국한된 간호제공이 아니라 그 가족, 또는 지역사회주민의 질병예방과 최적의 건강수준을 성취할 수 있는 건강증진, 예컨대 적절한 음식섭취와 영양, 식이습관 형성, 금연, 운동 등 안녕과 복지를 지향하는 간호제공에 중점을 둔다.
- ㉢ 지역사회간호사에게 요구되는 간호기술
  - 퇴원 후 재가환자와 증가하는 노인의 건강문제를 다루기 위해 기초 간호기술부터 특수기구장착 후의 간호기술에 이르기까지의 신체 간호기술이 요구될 뿐만 아니라 면담기술, 의사소통기술, 관찰과 경청기법, 상담기법이나 교육 등의 간호기술도 요구된다.
  - 점차 정신적·사회문화적인 요인들에 관한 관심이 증가되면서 환경오염, 도시화와 관계가 있는 지역사회단위의 건강문제를 사정하고 중재할 수 있는 새로운 기술도 필요하다.

② 교육자
- ㉠ 지역사회주민들은 건강을 최고의 수준으로 유지하기 위해서 많은 정보를 얻고자 노력하는데, 지역사회간호사는 이러한 대상자들의 학습을 촉진하고자 노력해야 한다.
- ㉡ 교육은 비공식적으로 실시되거나 공식적인 교육도 실시할 수 있다. 지역사회의 기존의 단체나 조직을 대상으로 교육하거나 때로는 대상자가 갖고 있는 특별한 문제나 주제인 경우에는 전문단체나 기관에 의뢰하여서 대상자의 교육요구를 충족시킬 수 있다.
- ㉢ 지역사회간호사는 대상자 스스로가 자신을 돌볼 수 있는 능력을 갖도록 교육하며 문제발생시 스스로 건강정보와 적절한 보건자원을 이용할 수 있는 능력을 갖도록 교육하기도 한다. 보건교육은 질병이 있을 때뿐만 아니라 질병예방과 건강증진을 위해서 건강연속선상에서 어느 때나 이루어지므로 지역사회 간호실무에 있어 하나의 도구라고 할 수 있다.

③ 대변자(옹호자)
- ㉠ 간호대상자에게 어떠한 보건의료가 유용한지, 무슨 보건의료를 받을 자격이 있는지 또 어떻게 이런 보건의료를 받을 수 있는지에 대해서 그들 스스로 정보를 얻는 능력이 생길 때까지 알려주고 안내하며 간호대상자가 독립적으로 되도록 돕는다.
- ㉡ 어느 기관에서나 대상자의 요구에 부응하기 위해 더 책임감 있고 적합한 기관으로 만들기 위하여 간호대상자를 대변하거나 옹호하며 대변자로서 지역사회간호사는 어떤 개인이나 집단의 유익을 위해 행동하거나 그들의 입장에 서서 의견을 제시한다.

④ 관리자 … 지역사회간호사가 관리자로서의 역할을 수행함에 있어서는 계획, 조직화, 조정기능을 이용한다.
   ㉠ 계획 : 가장 기본적인 기능으로 간호대상자 중심의 목적을 설정하고 목적을 성취하도록 함을 말한다. 간호사는 상황을 파악하고 구체적인 계획을 수립하는데 간호대상자의 요구와 관심을 파악하여 그 요구에 부응하는 목적을 설정하고 그에 타당한 활동방법과 과정을 선정한다.
   ㉡ 조직화 : 이미 설정된 목표에 도달하기 위해 활동을 구조화하고 인력을 배치함을 말한다. 관리자는 효과적으로 수립된 계획이 수행될 수 있도록 사람, 활동과 그들간의 관계를 고안해야 하며 이러한 조직화의 과정에서 지역사회간호사는 목적을 성취하기 위해서 제공되는 다양한 사업을 위한 개념틀을 사용한다.
   ㉢ 조정 : 설정된 목표를 달성하기 위해서 사업을 추진해 가는 동안에 배치된 인력과 인력별 활동이 조화를 이루면서 기능할 수 있도록 인력별 활동의 연결을 촉진함을 말한다. 계획과 수행단계에서 행해지며 지역사회간호사와 간호대상자(개인, 가족, 집단, 지역사회)와의 관계에서 거의 대부분 행해진다.
   ㉣ 기타 : 그 외에 관리자로서의 역할을 수행하는 데는 사업활동의 감독·통제, 동기부여와 인력배치 등의 기능도 필요하다.

⑤ 협력자
   ㉠ 지역사회간호사는 단독으로 실무를 하는 경우는 드물고 다른 간호사, 약사, 의사, 물리치료사, 사회복지사, 영양사 또는 간호조무사 등 전문의료인이나 보건관계인력과 함께 활동을 하는 경우가 많다.
   ㉡ 보건팀의 일원으로서 지역사회간호사는 지역사회 보건사업을 전개하는 데 관련된 타 보건의료인력과 상호유기적인 관계를 구축하며 협력적으로 추진해 나가는 협력자의 역할을 수행한다.

⑥ 연구자
   ㉠ 연구자의 역할이란 지역사회 간호실무의 통합적 부분이다. 연구는 일종의 문제해결과정이고 체계적인 연구과정을 통해 과학적인 지식을 얻을 수 있다는 점에서 지역사회간호사가 연구자로서의 역할을 한다는 것은 건강관리전문가로서 의의가 큰 활동이라고 할 수 있다.
   ㉡ 연구를 하나의 조사과정으로도 볼 수 있다. 단순하게는 연구절차는 질문을 제기하고 그 질문을 검증하기 위해서 가설을 설정하고 연구를 위한 설계를 고안하여 자료를 수집·분석하고 결론을 유출하는 과정을 거친다.

⑦ 변화촉진자
   ㉠ 개인, 가족, 지역사회 수준의 건강문제에 대처하는 능력을 증진시키는 역할로서, 의사결정을 하는 데 영향력을 행사하여 보건의료를 위한 변화를 효과적으로 가져오도록 돕는다.
   ㉡ 농어촌의 경우 지역사회간호사는 지역사회 보건사업의 대표자로서 의료적인 감독, 산전관리, 높은 예방접종률의 유지 등 포괄적인 보건사업을 이끌어 나간다. 최근에는 개인, 가족, 지역사회가 건강을 위한 적합한 의사결정을 내리도록 도와주는 데 중추적인 역할도 하고 있다.

⑧ 상담자
- ㉠ 지역사회간호사가 관할하는 지역사회의 건강문제에 관한 정보를 기초로 2차 의료기관과 3차 의료기관 또는 지역사회 타 기관들과 서로 정보를 주고받으며 상담할 수 있다. 그 외 학교교사, 지역행정가, 사무원 등 지역사회주민에게 영향을 미칠 수 있는 모든 사람들과 상담한다.
- ㉡ 간호사의 지식과 기술의 확대에 따라 상담의 분야도 확장되고 있다. 예를 들면 가족유전에 대한 상담, 결혼상담, 아동발달에 관한 문제상담 등이다. 보건전문분야의 상담을 위해서는 훌륭한 면접기술, 자료분석기술, 교육에 대한 전략 등 간호도구로 사용되는 각종 기술을 학습하고 적절히 활용해야 한다.

⑨ 평가자
- ㉠ 필요한 간호활동을 결정하고 시행된 간호활동이 지역사회주민에게 미친 효과가 어떻게 나타났는지를 평가한다.
- ㉡ 전체적으로 사업이 처음에 계획한 목적에 적절하게 도달되었는지, 그 결과가 궁극적인 목표와 일관성이 있는지 등을 평가하고 궁극적인 목표를 향해 계속 진행해 나가기 위한 효율적인 방안을 고려한다.

⑩ 정보수집자 및 보존자
- ㉠ 자료수집, 간호진단, 연구 등을 위해서 지역사회간호사는 조사하여야 할 분야가 무엇이며 수집되어 보존해야 하는 정보가 무엇인가를 인지하고 이 정보의 수집과 보존의 책임을 갖는다.
- ㉡ 간호사업 수행이 보다 나은 방향으로 이루어지기 위해서는 간호사에 의해서나 혹은 다른 여러 가지 방법으로 조직화된 정보를 얻는 일을 소홀히 해서는 안 된다. 특히 발전적이고 혁신적인 측면으로 지역사회 간호사업을 유도하려면 보수적인 행정가의 저항을 받기 쉬운데 지역사회간호사는 과학적인 접근방법으로 수집된 확고한 자료를 준비하고 보존하여야 한다.

⑪ 알선자
- ㉠ 의뢰자 또는 사업연계자라고 부르기도 하며, 주민들의 다양한 요구를 지역사회간호사가 여러 분야와 접촉하여 의뢰하여야 하므로 매우 중요하게 다루어져야 한다.
- ㉡ 지역사회 보건문제와 관련하여 흔히 부딪히거나 예상되는 전문적인 기술의 범위에서 벗어나거나 그 이상의 어떤 조치가 필요한 문제를 다루는 데에는 유용한 기관이나 자원에 대한 지식을 알아야 한다. 그리고 언제, 어디서, 어떻게 도움을 줄 것인가를 알아야 한다.

(2) 지역사회간호사의 기능

① 보건사업 수행팀 일원으로서의 기능 … 간호대상의 안녕·유지를 위하고 육체적·정신적 또는 사회적인 건강균형이 깨어지거나 흔들릴 때 원상태로 회복하도록 시간과 노력을 아껴쓰고 능률적 성과를 위하여 보건팀 구성요원간의 기능 분담과 공동목표를 향하여 균형과 질서가 계속 유지되도록 하여야 한다.

② 교육과 지도의 기능
　㉠ 지역사회 간호사업에서 교육적 기능은 어느 기능보다 중요하다. 사업의 내용에 따라서는 각각 상이한 개인이나 가족 또는 집단(어머니회, 반상회), 학교와 공장(산업장)의 집단 등 그 집단마다의 성격적 특색을 갖게 된다.
　㉡ 교육이나 지도의 내용은 교육목적, 지도이유, 간호대상의 사회·경제적 교육, 연령, 지위, 개성에 따라 달리 하여야 한다.

③ 건강관리실 운영의 기능 … 지역사회간호사가 건강관리실 운영을 통하여 직접적인 전문적 혜택을 건강관리실에 등록된 대상자에게 줄 수 있으며 그 대상자들을 독자적으로 지도하고 이들을 위한 건강관리실 운영계획이나 평가사업추진의 책임을 지게 된다.

④ 가정방문의 기능
　㉠ 가정방문은 지역사회 간호사업에 있어 간호대상자에게 가장 능률을 낼 수 있는 효과적인 간호제공수단이다.
　㉡ 가정방문을 통하여 대상가정의 실정을 정확하게 파악할 수 있고 파악된 실정에 맞추어 간호계획을 세울 수 있으므로 지역사회 간호제공은 노력 및 시간에 있어서 대단히 경제적이다.
　㉢ 개인이나 가족의 입장에서는 자신들의 생각을 익숙한 분위기에서 긴장없이 교류할 수 있으며, 자신들도 모르는 숨어있는 건강문제들을 조기에 발견할 수 있다. 또한 새로운 건강지식이나 사업내용을 전달하는 수단으로서도 가정방문은 중요하다.

⑤ 환자 병상간호의 기능 … 상병자와 입원실이라는 제한된 대상과 공간적 이유 때문에 지역사회 간호사업의 수행에는 가정에 있는 약간의 상병자만이 대상이 되어 왔으나, 만성질병의 증가와 수명의 연장으로 노령의 노인병 환자가 증가하고 이로 인해 병원과 병상수의 부족을 초래하게 되어 응급처치나 가료를 받은 회복기에 있는 많은 환자가 가정에서 치료나 간호를 받는 경우가 많아지고 또한 치료기간도 길어지므로 가정간호의 수요가 증가되게 되었다.

[지역사회간호사 역할]

역할	활동
직접 간호제공자	• 대상자 건강 사정 • 간호진단 도출 • 간호수행 계획 • 간호수행 • 간호수행 결과평가
교육자	• 대상자 교육요구 사정 • 보건교육 계획 • 보건교육 수행 • 보건교육 결과평가
상담자	• 해결할 문제 확인 및 이해 • 선택된 해결방법의 확인과 대상자 도움 • 해결할 범위의 결정과 대상자 조력 • 선정된 해결방법의 평가나 대상자 도움 • 대상자와 문제해결과정 공유
자원의뢰자	• 지역사회자원에 대한 정보수집 • 의뢰의 요구와 적합성 결정 • 의뢰수행 • 의뢰에 대한 추후관리
옹호자	• 옹호에 대한 요구결정 • 적합한 방법의 진상규명 • 결정자에게 대상자의 사례 제시 • 대상자가 홀로서기 할 수 있도록 준비
일차간호제공자	• 대상자 건강 사정과 문제확인 • 문제에 대한 치료계획과 수행 • 대상자 중심 건강서비스 연계 • 교육과 감독 • 필요시 간호계획 수정 • 대상자 자가간호 교육 • 대상자 중심 복지 서비스 연계
사례관리자	• 사례관리의 대상자 선정 • 대상자 건강요구의 사정과 확인 • 요구에 부합되는 간호계획 • 다른 사람이 수행한 간호의 감독
조정자	• 대상자의 상태와 요구에 대해 다른 요원과 의사소통 • 사례관리 집담회

협력자	• 타 건강팀과의 의사소통 • 공동 의사결정 참여 • 대상자의 문제해결을 위한 공동활동 참여
관리자	• 감독 • 업무관리 • 건강관리실 운영
지도자	• 활동에 대한 요구확인 • 적합한 지도력의 유형 결정과 추종자 사정 • 팀원의 활동 촉진을 위한 동기부여 • 활동계획과 팀원의 활동 조정 • 활동에 대한 효과평가 • 팀원의 적응촉진 • 협력 팀 간의 역할조정
변화촉진자	• 변화에 작용하는 방해 및 촉진요인 확인 • 변화를 위한 동기부여와 조력 • 변화의 수행을 도움 • 자기 것으로 굳히도록 집단을 도움
연구자	• 연구결과의 검토 및 실무적용 • 연구문제 확인 및 간호연구의 계획 수행 • 자료수집 • 연구결과의 보급

02. 지역사회 간호사업의 유형 및 역할

최근 기출문제 분석

2020. 6. 13. 제1회 지방직

1 지역사회간호사의 역할에 대한 설명으로 옳지 않은 것은?

① 조정자(coordinator) – 대상자의 행동이 바람직한 방향으로 변화되도록 유도하는 역할
② 의뢰자(refer agent) – 문제해결을 위해 대상자를 적절한 지역사회 자원이나 기관에 연결해주는 역할
③ 사례관리자(case manager) – 대상자의 욕구를 충족시키고 자원을 비용-효과적으로 사용하도록 유도하는 역할
④ 사례발굴자(case finder) – 지역사회 인구 집단 중 서비스가 필요한 개인 및 특정 질환 이환자를 발견하는 역할

> **TIP** ① 조정자(coordinator) – 조정이란 가능한 최대의 유효한 방법으로 대상자의 요구를 충족시키는 최선의 서비스를 조직하고 통합하는 과정을 말한다. 사례관리자와는 다르게 조정자는 다른 건강관리 전문가가 수행한 간호를 계획하지 않는다.

2020. 6. 13. 제2회 서울특별시

2 〈보기〉에 나타난 지역사회간호사의 역할로 가장 옳은 것은?

보기

코로나19(COVID-19) 사태에서 사회적 약자들이 방치되는 것을 방지하기 위해 지역사회의 차상위계층, 기초생활수급자, 독거노인, 신체장애인에 전화를 걸어 호흡기 등의 건강상태와 정신건강 상태를 확인하였다.

① 상담자
② 사례관리자
③ 교육자
④ 변화촉진자

> **TIP** 사례관리자 … 지역사회에 거주하고 있는 고위험군을 발굴하여 대상자의 문제를 사정, 계획, 수행, 평가하고 지역사회 내의 다양한 보건의료서비스로 연계시켜 준다.

Answer 1.① 2.②

2019. 2. 23 제1회 서울특별시

3 지역사회간호사의 역할 중 지역사회의 포괄적인 보건사업을 이끌어 개인, 가족, 지역사회가 건강을 위해 적합한 의사결정을 내리도록 도와주는 역할에 해당하는 것은?

① 변화촉진자   ② 지도자
③ 교육자   ④ 옹호자

TIP 간호사의 역할
㉠ 돌봄제공자: 대상자의 존엄성을 지키면서 대상자를 신체·심리적으로 돕는다.
㉡ 의사소통자: 대상자, 가족, 기타 건강전문인들, 지역사회인들과 의사소통한다.
㉢ 교육자: 대상자가 건강을 회복하거나 유지하는 데 필요한 건강관리를 학습하도록 돕는다.
㉣ 옹호자: 대상자의 요구와 바람을 표현해 주고 대상자의 권리를 행사하도록 보호한다.
㉤ 상담자: 지적·정서적·심리적 지지를 제공한다.
㉥ 변화촉진자: 대상자의 행동 변화가 필요하다고 판단될 때 의도한 방향으로 변화를 유도하는 것이다.
㉦ 지도자: 특별한 목적을 달성하기 위해 공동으로 작업하는 타인에게 영향을 미치는 것이다.
㉧ 관리자: 질적 간호를 제공하기 위해 다른 건강요원들과 지도·감독하며 간호수행 현장을 관리한다.

2017. 12. 16 지방직 추가선발

4 (개), (내)에 해당하는 지역사회간호사의 역할은?

(개) 간호직 공무원 A씨는 지체장애인 B씨의 대사증후군 관리 방안을 수립하기 위해 영양사, 운동치료사와 팀회의를 실시하였다. 회의 결과, B씨는 복부비만, 고혈압, 당뇨가 심각한 수준이지만 장애로 인해 보건소 방문이 어려우므로 가정방문을 실시하기로 하였다.
(내) 가정방문을 실시한 A씨는 B씨에게 식이조절을 포함한 대사증후군 관리 방법을 설명하였다.

	(개)	(내)
①	협력자	교육자
②	협력자	의뢰자
③	연구자	의뢰자
④	연구자	교육자

Answer 3.① 4.①

TIP 지역사회 간호사의 역할

㉠ 일차보건의료 제공자 : 지역사회 내 개인이나 가족이 보건의료서비스에 쉽게 접근할 수 있도록 하는 필수적인 건강 관리 서비스를 제공
㉡ 직접간호 제공자 : 특별한 요구가 있는 집단을 파악하고 이를 해결하는 데 필요한 간호를 제공
㉢ 교육자 : 대상자 스스로 자신을 돌볼 수 있는 능력과 스스로 건강정보와 적절한 보건의료자원을 이용할 수 있는 능력을 갖도록 교육
㉣ 대변자(옹호자) : 동등하고 인간적인 보건의료를 받을 권리를 보장하기 위해 보건의료제도나 보건지식이 적은 소비자들의 입장을 지지하고 대변
㉤ 관리자 : 가족의 간호를 감독하고 시행되고 있는 업무량을 관리하며, 건강 관리실 또는 학교 보건실을 운영하는 등 지역사회 보건사업 계획을 수립
㉥ 협력자 : 전문의료인이나 보건의료인력과 동반자적 관계를 구축하고 업무를 협력적으로 추진
㉦ 연구자 : 실무에서 간호문제를 도출하고 연구하며 연구결과를 간호실무에 적용
㉧ 변화촉진자 : 건강과 관련된 의사결정을 할 때 바람직하고 효과적인 방향으로 변화를 가져오도록 도와 건강문제에 대처하는 능력을 증진
㉨ 상담자 : 지역사회의 건강문제를 의료기관, 지역사회 타 기관들과 그 외 지역사회 주민에게 영향을 줄 수 있는 사람과 상담
㉩ 평가자 : 시행된 간호활동이 지역사회 주민에게 미친 효과를 평가 사업진행, 사업결과, 효율적 방안 모색
㉪ 정보수집자 및 보존자 : 자료수집, 간호진단, 연구를 위한 정보를 과학적인 접근 방법을 통하여 수집·보존
㉫ 알선자 : 지역사회 자원에 대한 목록 및 업무 내용을 숙지하여 대상자가 지역사회 자원을 적절히 활용할 수 있게 알선

2014. 6. 21 제1회 지방직
5 다음 글에 해당하는 지역사회간호사의 역할은?

> 지역사회의 취약계층이 인간적 권리를 찾도록 그들의 입장에서 의견을 제시하고 대상자의 유익을 위해 행동한다.

① 대변자 ② 관리자
③ 변화촉진자 ④ 의뢰자

TIP ① 간호대상자에게 어떠한 보건의료가 유용한지, 무슨 보건의료를 받을 자격이 있는지 또 어떻게 이런 보건의료를 받을 수 있는지에 대해서 그들 스스로 정보를 얻는 능력이 생길 때까지 알려주고 안내하며 간호대상자가 독립적으로 되도록 돕는다. 또한 지역사회간호사는 간호대상자를 대변하거나 옹호하며 어떤 개인이나 집단의 유익을 위해 행동하거나 그들의 입장에 서서 의견을 제시한다.

Answer 5.①

02. 지역사회 간호사업의 유형 및 역할

출제 예상 문제

1 보건팀을 구성하여 기획하고 목적달성을 위해 의견을 수렴할 때, 의견을 수렴할 수 있는 사람은 누구인가?

① 지역사회주민
② 환자
③ 지역사회 보건요원
④ 보건복지부

TIP 지역사회의 팀 접근 시 지역사회간호사의 업무는 보건팀을 구성하고 의견을 수렴하며 직접간호를 수행하는 역할이다.

2 지역사회간호사 역할 중 주민에게 유용한 정보를 알려주고 주민의 입장에서 그들의 권리를 찾을 수 있도록 도와주는 간호사의 역할은?

① 대변자
② 변화촉진자
③ 의뢰자
④ 교육자

TIP 대변자로서의 지역사회간호사는 어떤 개인이나 집단의 유익을 위해 행동하거나 그들의 입장에서 의견을 제시하는 역할이다.

3 지역사회 간호사업의 평가 시 계획단계에서 마련된 수단 및 방법을 통해 집행계획을 수립한 것을 기준으로 하여 내용 및 일정에 맞도록 수행되었는지, 혹은 되고 있는지 파악하는 것은 평가범주상 어느 측면을 평가하는 것인가?

① 투입된 노력에 대한 평가
② 사업진행에 대한 평가
③ 목표달성 정도에 대한 평가
④ 사업효율에 대한 평가

TIP ② 사업진행에 대한 평가는 계획을 기준으로 하여 사업이 제대로 진행되고 있는지 평가하는 것이다. 진행이 느리거나 빠르다면 그 원인이 어디 있는지 분석하고 수정 가능성이 있는지 살펴본다.

Answer 1.③ 2.① 3.②

4 다음 중 지역사회간호사의 역할과 기능이 아닌 것은?

① 보건의료팀 기능
② 지역사회 조직관리기능
③ 의약품 등의 안정성 및 유효성에 관한 검사기능
④ 건강자료 수집기능

> **TIP** 지역사회간호사의 역할은 직접간호 제공자, 교육자, 대변자, 관리자, 협력자, 연구자 등이다.

5 다음 중 지역사회간호사의 역할에 대한 설명으로 옳지 않은 것은?

① 교육자 - 최근의 정보와 지식으로 직접·간접방법을 통해 보건교육 실시
② 팀요원 - 주민건강을 위한 보건의료팀간의 협조적 활동
③ 대변인 - 간호사업의 효과나 필요에 대해 주민과 동료 기타 관련요원들에게 주지시키는 활동
④ 직접간호 제공자 - 개인이나 가족의 건강문제 발생시 시행되는 간호 제공

> **TIP** ③ 대변인의 역할은 간호대상자가 좀 더 독립적으로 되도록 돕기 위해 그들 스스로 정보를 얻는 능력이 생길 때까지 알려주는 활동이다.

6 다음 중 지역사회 건강진단을 위해서 요구되는 간호사의 기술과 관계없는 것은?

① 조사기술
② 관찰력
③ 비판력
④ 판단력

> **TIP** 간호사는 우수한 조사기술, 관찰력, 판단력을 통하여 지역사회 건강진단을 정확하게 내릴 수 있다.

Answer 4.③ 5.③ 6.③

03 지역사회 간호대상과 간호과정

01 지역사회 간호대상

1 지역사회의 의의

(1) 지역사회의 개념과 특징

① 개념적 정의
　㉠ 사회적 집단(단위) 혹은 인구집단으로서 그 사회의 여러 가지 공동이익을 위하여 서로 협조하면서 노력하는 가운데 비슷한 관심·위치·특성으로 함께 모여사는 사람들의 집단, 즉 가치·관심·목표 등 사회의 여러 가지 공동이익을 위하여 서로 협조하고 노력하는 사회적 집단이다.
　㉡ 미국(지역사회를 인종집단으로 개념화)과 같이 인위적 집단(단위)으로 주민들의 일상생활을 영위하는 사회적 단위이다.
　㉢ 지리적 구분, 지방적 특색은 보통 공간적 단위로 나타나기 때문에 비교적 같은 문화를 갖고 한 지방에서 생활하는 집단을 말하는데 이는 전통적 개념으로서 보통 향토사회(heimat)라고 한다.
　㉣ 유태인 사회와 같이 지역적인 접근을 조건으로 삼지 않고 공통의 이해나 공통의 전통 밑에서 사는 집단도 있다.

② 지역사회의 특징
　㉠ 실질적으로 모든 주민의 건강에 필요한 공동관심을 갖는다.
　㉡ 주민들의 공동관심을 보존하고 각자의 행동을 다스리는 법과 규정을 인정한다(공동체의식).
　㉢ 일상생활에서 개인 대 개인을 접촉한다.
　㉣ 주민들의 건강증진을 위하여 동일보조를 맞추도록 협조한다.
　㉤ 주민들의 공동관심을 실현하기 위한 협조기관을 설치한다.
　㉥ 지역사회는 지리적으로 점점 넓어지는 경향이 있다.

(2) 지역사회간호학에서의 지역사회 접근

① 실무현장으로서의 지역사회간호 접근
　㉠ 지역사회간호의 본질은 지역사회간호의 실무현장이 지니는 특성으로 설명된다.
　㉡ 지역사회 내의 가정을 지역사회간호사의 실무현장으로 한다.
　㉢ 질병치료보다는 질병의 예방과 건강증진에 간호사업의 초점을 두고 있다.
　㉣ 간호학의 분과영역의 대상은 누구를 어떻게 보는가에 따라 구별되어지기 때문에 간호학의 발전에 따라 전근대적인 접근방법이 되었다.

> **TIP** 성인간호
> 성인을 대상으로 이들의 질병을 모두 포함하므로 실무현장 중심으로는 간호의 본질을 찾을 수 없다.

② 사업단위로서의 지역사회간호 접근
　㉠ 지역사회 내의 개인, 가족집단을 실무현장이 아니라 간호사업의 단위로 설정한다.
　㉡ 지역사회간호사는 지역사회의 건강문제를 규명하고 지역사회가 이를 해결할 수 있도록 돕기 위한 제반 활동을 제공한다.
　㉢ 지역사회는 지정학적 특성에 의해 한정된다.

③ 사업대상으로서의 지역사회간호 접근
　㉠ 지역사회는 간호사업의 소비자 혹은 대상이 된다.
　㉡ 공동체 전체의 건강수준 향상에 목표를 두고 있다.
　㉢ 간호대상으로 지역사회접근법은 곧 지역사회 중심의 간호를 의미하고 이는 건강수준의 향상이 지역사회 전체의 이득이라는 것을 의미한다.
　㉣ 특징
　　• 인간을 개체단위로 파악하는 간호실무와 공동체를 중심으로 하는 간호활동이 통합될 수 있는 가능성을 제시한다.
　　• 지역사회 건강수준의 향상을 위한 변화과정이 복잡하다.
　　• 지역사회간호사는 지역사회 보건사업의 일선관리자로서 기능한다.
　　• 우리나라와 같이 자유방임형 보건의료제도 속에서는 무시되기 쉬운 집단의 건강수준 향상을 위한 제반사업 활성화에 기여할 수 있다.
　　• 지역사회 간호분야가 간호전문직의 발전에도 기여할 수 있도록 가능성을 제시한다.

❷ 지역사회 보건사업

(1) 지역사회보건학의 정의

① E.A. Winslow(1920)
- ㉠ **공중보건학의 정의**: 조직화된 지역사회의 공동노력을 통하여 환경위생관리, 감염병관리, 개인위생에 관한 보건교육, 질병의 조기발견, 예방적 치료를 할 수 있는 의료 및 간호사업의 체계화 및 모든 사람들이 자기 건강을 유지하는 데 적합한 생활수준을 보장하도록 사회제도를 발전시킴으로써, 질병을 예방하고, 수명을 연장하며, 건강과 안녕상태를 증진시키는 과학이며 기술이다.
- ㉡ **공중보건학의 학문적 목적**
  - 질병예방
  - 수명연장
  - 건강과 안녕상태의 증진
- ㉢ **목적달성수단**: 조직화된 지역사회의 공동노력을 통하여 목적을 달성한다.
- ㉣ **구체적 사업**: 환경위생, 역학, 보건통계, 학교보건, 모자보건, 가족계획, 인구문제, 감염병 관리, 보건행정, 산업보건, 국민영양, 국민건강보험, 노인보건, 인류생태학, 우생학, 정신보건, 가정간호, 지역사회의학, 지역사회간호학 등 다양하다.

② J. Tape
- ㉠ **지역사회의학**: 지역사회 또는 인간집단의 건강문제에 대한 인식과 해결에 관여하는 학술이다.
- ㉡ **특징**
  - 용어면: 치료의학에 대응하여 최고수준의 건강을 목표로 하고 있다.
  - 공중보건학의 기술적인 면: 의료비의 지불능력과 관계없이 모든 지역사회주민에게 포괄적인 의료를 제공한다.
  - 사회의학 태도면: 사회적 제반상황에서 보다 나은 건강의 질을 계속적으로 유지하고자 하는 지역사회의 건강증진이라는 목적을 가진다.

③ Green(1986)
- ㉠ **지역사회 건강증진**: 건강을 유도하는 행위를 위해 필요로 하는 교육적·사회적·환경적인 제 자원의 조화이다.
- ㉡ **목적달성방법**
  - 교육적 접근: 고위험수준에 처해있는 개인과 가족, 지역사회에 대하여 대중매체·학교·산업장·조직체를 통하여 지원한다.
  - 사회적 접근: 건강을 유도하는 활동을 지원하기 위하여 고안된 경제적·정책적·법적·조직적 변화를 시도한다.
  - 환경적 접근: 물리적·화학적·생물학적 자원시설의 구조 및 적정배분과 건강보호에 요구되는 물질로 지원한다.

> **TIP** 공중보건사업과 지역사회 보건사업의 차이

구분	공중보건사업	지역사회 보건사업
목적	개인 및 가족의 질병예방	지역사회로부터 세계인구집단의 건강증진
사업	정부 및 기관	지역사회
결정권	제한적	자율적 행사
권력	정치권력과 강제성이 있음	정치권력과 강제성이 없음
법령의 제약	제약이 크며, 여론의 초점이 됨	여론의 초점이 되지 않음
평등성	합법성이 전제됨으로 평등	평등성이 적음
사업대상	선택된 인구집단	지역사회주민 전체
사업절차	하향식 전달체계	상향식 전달체계
사업완료기간	단기간	장기간
지역사회	격리상태	적극적 추진

(2) 지역사회 보건사업의 범위

① 건강에 대한 시각
  ㉠ 과거 : 자신이 지켜야 하며 개개인의 책임이었다.
  ㉡ 오늘날 : 개인이 건강의 모든 책임을 지기에는 불가능하며, 국가나 사회가 주체적 책임을 지고 건강을 저해하는 위험을 방지함으로써 건강을 확립하는 시대이다.

② 공중보건학
  ㉠ 범위의 확대화 : 오늘날 공중보건학의 범위는 점차 확대되어 의료보장제도에 따른 사회경제적 문제, 의료시설이나 의료인력 문제까지도 포함하게 된다.
  ㉡ 내용 : 질병관리, 환경위생, 역학, 보건통계, 모자보건, 산업보건, 보건교육, 학교보건, 위생, 정신보건, 보건영양, 보건행정, 보건정책과 관리, 보건기획, 보건간호, 공해, 가족계획, 의료보장, 지역사회사업, 사고예방, 구강보건, 노인보건, 보건사회사업, 국제보건 등 다양하다.

02 지역사회 간호과정

① 지역사회 건강사정

(1) 지역사회 건강을 위한 정보

지역사회의 건강을 진단하기 위해서는 지역사회를 하나의 체계로 이해하여, 체계적 접근을 해나가는 것이 필요하다. 이에 지역사회 건강진단을 위한 영역은 지역사회 체계 내의 주요 구성물인 인구와, 그 인구의 건강상태, 자원 및 환경, 상호작용, 목표, 경계 등에 대한 정보의 수집이 요청된다.

① 인구와 인구의 건강상태 … 지역사회를 구성하는 주요 구성물은 인구이다. 따라서 지역사회간호사가 지역사회를 대상으로 사업을 전개할 때 가장 우선적으로 관심을 갖는 것이 인구이고, 지역사회의 건강을 진단하기 위해 인구학적 특성과 그 인구집단의 건강상태를 파악하는 것이 선결조건이 된다. 이에 보건간호사와 보건진료원은 지역주민의 특성과 그들의 건강상태를, 양호교사는 학생 및 교직원의 인구학적 특성과 그들의 건강상태를, 산업간호사는 근로자의 인구학적 특성과 그들의 건강상태를 파악하는 것이 우선이다.

㉠ 지역사회 건강진단을 위하여 인구에서 수집해야 할 정보
- 일반적인 인적 특성에 관한 정보
  - 보건간호사나 보건진료원이 수집하는 정보에 비해 학교간호의 경우에는 결혼 여부, 직업, 교육정도 등은 별 의미가 없다.
  - 산업간호의 경우에 출생률, 사망률이나 인구이동상태 등의 정보는 불필요하게 되므로, 지역사회간호사는 자신이 대상으로 하고 있는 공동체나 지역사회의 특성에 따라, 진단에 필요한 정보가 무엇인지를 결정하고 그에 관한 정보를 수집해야 한다.
  - 인구통계에 취급되는 변수들로서 인구수, 연령, 성별, 결혼 여부, 직업 · 교육수준에 대한 분포, 출생률, 사망률, 인구이동상태, 종교별 분포, 경제수준 등이 속한다.
- 인구의 건강상태에 관한 정보
  - 보건통계에서 취급되는 주로 사망에 대한 정보인 사망률, 사망원인, 연령별 · 성별 · 질환별 사망률 등이며 상병 및 유병에 대한 정보들로는 시점유병률, 기간유병률, 발생률 등이다.
  - 지역간호에서는 사망률 자료인 영아사망률과 사망원인, 모성사망률과 사망원인, 풍토병의 유병률과 발생률 등이 중요하고, 학교간호의 경우에는 결석률과 결석원인 분석, 양호실 이용상태와 주호소 및 응급상황, 성장지연, 발달지체자수, 사고발생률을 파악해야 한다.
  - 산업간호에서는 결근율과 결근원인, 보건관리실, 산업재해율, 일반 · 특수 건강진단결과 유소견자수, 직업병 발생률 등의 자료가 필수적이다.
  - 실무영역별 인구집단의 흡연, 음주, 약물 등의 건강형태와 생활양식에 관한 자료도 또한 필수적이다.

㉡ 지역사회간호사는 자신이 담당한 지역사회의 인구특성을 파악하기 위한 정보를 미리 작성하여 효율적으로 자료를 수집하고 그 지역의 건강상태를 분석하여야 한다.

> **TIP** SWOT 분석
> ㉠ 개념 : 보건 프로그램 개발을 위해 수집된 일반적 특성, 건강문제 및 건강행태, 자원, 환경 등 자료를 분석하여 문제점을 파악하기 위한 기법이다.
> ㉡ 목적 : 불확실한 미래 환경 및 외부환경의 변화를 예측하고 내부 역량을 감안하여 적합한 사업전략을 수립하기 위하여 사용한다. 보건소 등 공공조직에서는 보건사업 전략 개발에 활용하고 있다. 외부환경의 변화를 예측하는 방법으로는 단순 예측, 시나리오 기법, 델파이 분석을 사용한다.
> ㉢ 구성요인
> - 강점(Strength) : 내부능력의 강점 분석을 통하여 도출된 강점의 내용을 활용하여 어떠한 전략을 펼칠 것인지에 시사점을 둔다.
> - 약점(Weakness) : 내부능력의 약점을 분석하여 경쟁자에 비해 불리한 점이나 활용하기보다 보완해야 할 방법을 고민한다.

- 기회(Opportunity) : 외부환경의 기회요소를 파악하는 것으로 기회가 있으면 적극적으로 투자하여 수익을 창출하여야 한다.
- 위협(Threat) : 외부환경의 위협요소를 분석하여 위협요인을 파악하고 대비책을 세워야 한다.

ⓔ SWOT 분석을 위한 사분면

외적 요소 \ 내적 요소	강점(Strength)	약점(Weakness)
기회(Opportunity)	강점, 기회전략 : 외부환경이 유리하고, 내부역량에 강점이 있는 경우 보건사업을 확대하는 전략이 필요하다.	약점, 기회전략 : 외부환경은 유리하나, 내부역량이 취약할 경우 구조조정이나 혁신운동으로 조직 역량 강화가 필요하다.
위협(Threat)	강점, 위협전략 : 내부역량에 강점이 있으나, 외부환경이 불리한 경우 불리한 환경을 극복하기 위한 새로운 대상을 개발하여야 한다.	약점, 위협전략 : 외부환경이 불리하고, 내부역량도 취약할 경우 보건사업을 중단하거나 축소하는 전략이 필요하다.

ⓜ SWOT 전략
- SO전략 : 강점을 바탕으로 기회를 잡는 공격적 전략으로 시장 확대가 대표적이다.
- ST전략 : 강점을 가지고 위기(위협)를 벗어나고자 하는 전략으로 다각화 전략이 대표적이다.
- WO전략 : 약점을 보완하고 기회를 활용하는 전략으로 예상 밖의 시도로 국면을 전환하는 것이다.
- WT전략 : 약점을 극복하고 위기를 회피하기 위하여 방어 전략을 세우는 것이다.

② 자원 및 환경
㉠ 공간적·물리적 자원 : 지역사회의 면적, 경계, 기후, 지형, 역사, 특산물 등의 자연적 환경과 화장실 시설, 상·하수도, 주택, 그 지역사회에 소재한 산업장의 작업공정과정, 농촌의 경우에는 농약 등 화학약품 살포정도, 공기오염 등의 인위적 환경 등이 이에 속한다. 지역사회간호사는 이러한 물질적 환경을 관리하기 위한 각 분야의 전문가들을 통해 필요한 정보를 수집할 수 있고 이들과 협조하여 지역건강을 증진시킬 수 있다. 즉, 지역사회간호사는 지역의 자원에 대한 충분한 파악을 통하여 관련된 기관의 협조하에 필요한 정보를 얻을 수 있다.
㉡ 사회적 자원 : 사회적 자원에는 지역사회개발위원회, 청년회의소, 학교의 각종 위원회, 노동조합, 각종 직능단체 등의 지역사회 조직들이 속하는 데, 이들은 크게 공적 조직과 사적 조직으로 나눌 수 있다.
㉢ 인적 자원 : 이는 개개인을 의미하며 보건의료 전문인, 타 분야의 전문인, 일반사람들로 나뉜다. 또 보건의료 전문인들도 현재 보건사업에 종사하고 있는 요원들과 종사하지 않는 간호사, 약사, 조산사, 의사, 한의사 등으로 나누어 볼 수 있다. 이 중 현재 그 지역사회를 담당하고 있는 간호사는 특히 중요한 인적 자원이 되며 비보건의료 전문가 중에서는 문제와 직접 관련된 가족, 친척, 이웃들과 지역사회의 공적 혹은 사적 조직의 지도자가 중요한 인적 자원이다.
㉣ 보건의료시설 및 건물 : 지역사회 간호사업에 이용할 수 있는 건물과 시설 모두 포함되며 보건소, 병원, 의원, 조산소, 약국, 한약방 등이 이에 속한다.

- ⑩ **기기와 기구 및 자료** : 지역사회 간호사업에 활용될 수 있는 각종 기구, 도구, 자료에는 방문가방, 청진기, 혈압계, 참고서적, 기록, 보고서, 지침서, 지역사회 조사서 등이 속한다. 지역사회간호사, 보건교사, 산업간호사 모두 도구 및 자료를 비치하고 이를 사용하면서 보건실을 운영한다.
- ⑪ **예산** : 예산은 지역사회 자원 중 가장 중요한 자원일 수 있다. 따라서 지역사회간호사는 지역사회간호를 위하여 쓸 수 있는 예산 및 재원을 파악하는 것이 필수적이다.
- ⑫ **시간** : 지역사회간호사는 지역사회 간호사업을 위하여 사용될 수 있는 시간을 파악해 두는 것이 필요하다.
- ⑬ 지역사회 자원은 지역사회의 특성에 따라 각각 그 중요성을 달리하므로 지역사회간호사는 자신이 담당한 지역사회의 특성에 따라 적절한 자원을 파악해야 한다.

③ **상호작용 또는 과정**
- ㉠ **지역사회개발** : 의식고취를 통하여 개인과 지역사회가 그들의 문제를 이해하고 해결하며 그들의 삶을 위해 새로운 환경을 조성토록 하기 위한 힘을 증진시킴으로써 자원을 이용하고 증진하는 일련의 과정이다.
- ㉡ **지역사회능력** : 지역사회 건강측면에서 지역사회과정에 대한 개념은 Collrell(1976)이 사용한 지역사회능력을 말한다. 지역사회능력이란 지역사회 구성요소의 하나로 효과적으로 지역사회의 요구와 문제를 규명하며 목표와 우선순위를 합의적으로 수립하고 이를 성취하기 위한 활동을 협력적으로 수행하는 것을 의미한다.

④ **목표와 경계**
- ㉠ **목표** : 지역사회 간호과정의 목표인 지역사회건강이란 지역사회 그 체계와 사위체계인 더 큰 사회간의 상호작용을 관리하며 문제파악을 통해 집합체적인 요구를 충족시키는 기능수준을 의미한다. 이 개념적인 기능수준을 나타내는 지표란 인구와 그 인구의 건강상태, 자원과 환경, 그리고 상호작용의 통합적인 과정이자 산물이다. 그러므로 이 적정기능 수준을 성취한다 함은 건강진단에 가장 핵심적인 영역인 그 지역사회의 건강상태에 영향을 미치는 제 영역들간의 관계를 일련의 간호사업 또는 간호활동을 통해 개선하고 그 과정이나 결과를 감시하고 측정하는 것이다.
- ㉡ **경계** : 물리적인 공간으로서의 구분이라기보다는 어떤 지역사회 특유의 사회적·문화적·지정학적 가치나 규범적 측면에서 구분되어지는 개념이다.

(2) 자료수집방법

대상자에 대한 다양한 정보를 수집하기 위해서는 적절한 수집방법을 사용해야 하며, 자료를 수집하는 방법은 크게 두 가지로 구분된다. 하나는 기초자료를 수집하는 방법이고, 다른 하나는 지역사회에서 간접적으로 자료를 수집하는 방법이다. 자료의 유형에는 통계수치와 같은 양적인 자료와 지역사회의 규범, 가치, 의식 등에 관한 질적(서술적)인 자료가 있다.

① **정보원 면담** … 지역사회의 가치, 규범, 신념, 권력구조, 문제해결과정 등에 대한 정보를 지도자, 종교지도자, 사회사업가 등을 통해 수집하는 방법이다.

② **참여관찰** … 지역사회주민들에게 영향을 미치는 의식, 행사 등에 직접 참석하여 관찰하는 방법이다.

③ **차창 밖 조사** … 신속하게 지역사회의 환경, 생활상 등을 보기 위해 자동차 유리 너머로 관찰하는 방법이다.

④ **이차적인 분석** … 공공기관의 보고서, 통계자료, 회의록, 조사자료, 건강기록 등과 같은 각종 기록 및 자료를 통해 필요한 정보를 얻는 방법이며 표준화된 통계자료인지를 검토해야 한다.

⑤ **설문지 조사** … 기초조사에 사용되는 방법으로 조사대상자를 직접 면담하여 자료를 얻는 방법이며 위의 방법들보다는 비경제적·비효율적이고 시간과 비용이 많이 소요되나 지역사회의 특정한 문제를 규명하기 위해서는 필요한 방법이다.

(3) 지역사회 건강진단

① 지역사회간호에서 지역사회 건강진단명은 수집된 자료를 분석하여 확인된 건강문제이며 환자의 요구를 반영하는 진술로써 지역사회 건강문제로 기술된다. 즉, 진단명은 지역사회 건강문제들의 진술이며 이것이 곧 지역사회 건강요구가 된다.

② 지역사회 건강진단은 수집된 자료에서 지역사회의 건강규범 혹은 평균에서 벗어난 것을 문제로 뽑아 관련된 정보를 묶어서 정리한다. 단, 지역사회간호사는 지역사회의 건강을 관리하는 전문가이므로 지역사회 인구 개인의 문제가 지역사회 건강문제가 되지 못하는 경우도 많다는 것을 이해해야 한다.

③ 지역사회의 건강문제는 자료에 근거하여 지역사회간호사의 지각과 지역사회 자체의 지각간의 차이에 따라 규명되므로 이를 위해서는 지역사회와 동반자 관계의 유지가 필수적이다. 문제규명에서는 현존문제 또는 잠재적 문제가 있는 대상자 집단을 파악하고 이 문제와 관련된 선행요인과 결과간의 상호관련성을 문제일람표로 작성하여 파악한다.

(4) 지역사회 간호사업의 기준 및 지침확인

지역사회간호사의 근본적인 역할과 기능은 어느 지역사회이건 동일하나 지역사회의 목적에 따라 지역사회간호사의 역할 및 기능의 정도에 차이가 있다. 그러므로 지역사회간호사는 그가 담당하고 있는 지역사회와 관계되는 각종 법령, 규정, 기준, 지침, 업무 분장표 등을 통하여 자신의 역할범위와 깊이를 파악해야 한다.

① **보건진료원** … 간호사업을 전개하면서 지역주민에게 제공할 수 있는 직접 치료기능의 범위와 치료에 사용할 수 있는 처치와 약품의 종류 및 범위를 확인하고 간호서비스를 제공해야 한다.

② **학교보건사업을 담당하는 보건교사** … 학교보건사업을 전개하면서 학교보건 관리기준을 확인해야 한다.

③ **산업간호사** … 산업안전보건법, 동 시행령 및 시행규칙, 산업체 내의 각종 업무지침 및 기준을 확인하여 산업간호문제를 도출해야 한다. 간호사업지침 및 기준을 확인하고 이를 기초로 지역사회 건강진단자료에서 지역사회 간호문제를 도출하게 된다. 이러한 과정에서 간호사업지침 및 기준 자체를 연구하는 자세로 분석하고, 이를 계속 활용하면서 연구·개발해야 한다.

④ 간호사업의 기준 및 지침은 제공되는 간호사업의 내용에 참고가 되고 법적인 책임문제가 동반되므로 확실하게 알고 활용해야 한다.

(5) 지역사회 간호문제의 우선순위 설정

① 지역사회 진단을 통하여 얻어진 건강상태를 지역사회 인구집단 자체의 문제, 인간집단이 거주하는 주위환경(자원)의 문제, 보건사업에 대한 문제, 지역사회 인구집단과 자원 간의 문제로 구분한다.

② 분석·정리된 지역사회 건강문제는 지역사회 간호사업의 기준 및 지침에 의거하여 간호인력이 해결할 수 있는 지역사회주민의 건강문제를 지역사회 간호문제로 하고, 간호인력의 지식과 기술수준에 의해서 배려될 수 없는 지역사회 건강문제는 적절한 기관에 의뢰한다. 사업의 우선순위를 설정할 때 문제의 중요성을 먼저 고려하고 동원가능한 자원을 고려하여 간호문제의 우선순위를 정해야 한다.

③ **우선순위 결정시의 기준**(Stanhope와 Lancaster, 1996) ··· 간호진단에 의해 문제가 파악되면 문제해결의 우선순위를 결정해야 하는데 그 기준은 다음과 같다.
㉠ 지역사회 건강문제에 대한 지역사회주민들의 인식 정도
㉡ 건강문제를 해결하려는 지역사회의 동기수준
㉢ 건강문제 해결에 영향을 미치는 간호사의 능력
㉣ 건강문제 해결에 필요한 적절한 전문가의 유용성
㉤ 건강문제 해결이 안될 때 후속적으로 생길 결과의 심각성
㉥ 건강문제 해결에 걸리는 시간

② 지역사회 간호계획

(1) 계획과 과정의 특징

① **협력적 과정** ··· 협력이란 사업제공자와 지역사회 구성원들이 함께 무엇이, 언제, 누구에 의해 무엇보다도 왜 그래야 하는지를 정의하는 것으로 협력은 모든 참여자들이 함께 가능한 모든 관점을 고려하는 것이며 최소한 그들이 규정할 수 있는 범위 내에서 상호 공동이익이 되는 의사결정을 나누는 것이므로 계획과정의 결과에 의해 영향을 받을 모든 사람들의 지속적이고 능동적인 참여가 필수적이다.

② **순차적 과정** ··· 지역사회 구성원들의 협력을 통해 의식적이며 고의적으로 계획한 변화로서 필요한 때에 피드백(반응)을 제공하는 경고기전이 필수적이다.

③ **순환적 과정** ··· 계획참여자들이 바라는 이상적 미래의 대부분은 비교적 광범위한 것이기 때문에 중요한 시기별로 여러 가지 계획과정을 필요로 하고 이 계획과정에서는 진행과정과 밀접하게 관련된 활동들의 계속적인 순환과정의 한 부분으로 보아야 한다.

④ **상호동의한 이상적 미래** … 사업제공자인 지역사회간호사와 지역사회주민들간의 협력에는 계획의 전과정에서 분담과 합의를 이루는 접근이 필수적이며 참여자들이 지역사회의 미래상에 합의를 이루는 것이 무엇보다도 중요하다.

⑤ **활동의 예측** … 결과는 활동수행에 의해 얻어지는 계획의 한 단계이며 변화란 일반적으로 결과를 나타낸다. 계획을 세움으로써 어려운 결정이나 위험한 활동을 피할 수도 있지만, 계획을 세우며 아무리 바쁘게 움직여도 실천이 없다면 계획된 변화는 일어나지 않고 지역사회나 집단이 동의한 미래로의 전환은 없다.

⑥ **결과에 대한 평가와 결말** … 한 계획순환의 최종단계이며 다음 순환을 위한 사정단계이다. 평가는 활동의 즉각적인 또는 장기적인 효과를 보는 것을 의미한다.

(2) 계획지침

계획지침은 각국마다 약간의 차이를 보인다. 사회의 모든 부문에서 계획은 여러 가지 형태로 이루어지며 여러 집단에 의해 실행된다. 공공복지분야 중에서도 공공비용이 지출되는 분야에서 계획의 조정은 필수적이다.

(3) 계획도구의 선택

계획을 위해 사용되는 여러 가지 도구 중의 하나가 의사결정가치를 따라가는 방법이다. 이 방법은 계획가들이 선택가능한 그 결과들을 시각적으로 나타낸다. 이러한 시각화는 사람들로 하여금 어떤 선택이 가져다주는 위험이나 이익에 대해 더 잘 알게 해준다.

(4) 변화과정(전략)

① **합리적·경험적 변화** … 제시된 사실이나 경험상의 정보에 기초하여 결정을 내린다. 이 접근은 사업이 그들을 위해 무엇을 하는 것인지를 알려주며, 사람들이 지역사회 참여를 기대하기 전에 명백한 대답이 무엇인지를 알려주는 매우 현실적인 전략이다.

② **규범적·재교육적 변화** … 사람들이 그들 나름대로의 가치관, 규범, 태도, 행동을 가지고 있다는 신념에 입각한 전략이다. 변화에 대한 의지는 그들의 가치관, 규범, 태도를 재관찰하고 변화하려는 개방성의 정도에 따라 달라지므로 사업을 위한 노력은 사람들이 상황을 다르게 보게 될 것이라는 희망을 가지고 그들의 가치관을 재관찰하도록 돕는 데 초점을 둔다.

③ **권력적·강제적 변화** … 이 전략은 정치적·경제적 힘의 제재나 적용이 포함되며, 위의 두 전략이 실패했을 때 시도되는 마지막 대안이 된다. 그러나 지역사회 구성원들의 태도와 요구가 변화되지 않는다면 이 접근법은 미약할 수밖에 없다는 단점이 있다.

(5) 목표설정

① **목표** … 사업에 책임을 갖는 요원이 역할수행을 통하여 바람직하게 달성해야 할 환경, 인간의 상태와 조건을 의미한다.

② **목표의 구성** … 무엇, 범위, 누가, 어디서, 언제의 내용이며 필요에 따라 그 중 어느 항목을 생략할 수도 있다. 여기서 '무엇'이란 변화 혹은 달성해야 하는 상태나 조건을 말하는 것이며, '범위'는 달성하고자 하는 상태나 조건의 양, '누가'란 바람직하게 달성되어져야 할 환경의 부분 혹은 인간의 특정집단, 즉 대상이다. '어디서'란 사업에 포함되어지는, '언제'란 의도된 바람직한 상태 혹은 조건이 수행되어야 할 기간이나 때 등을 말한다.

(6) 방법 및 수단의 선택

지역사회간호사는 목표달성을 위하여 사용할 수 있는 방법과 수단의 장·단점을 고려하여 가장 효과적이고 효율적인 것을 택해야 한다.

① 지역사회 간호활동에는 크게 나누어 간호제공과 보건교육 그리고 관리가 있다. 이러한 간호활동도 클리닉 활동, 방문활동, 의뢰활동, 개인상담, 지역사회 조직활동 등의 수단을 통하여 수행한다. 그러므로 지역사회 간호활동 및 수단은 지역사회 간호업무활동이라고 할 수 있다.

② **활동 및 수단의 4가지 선택절차**
  ㉠ 목표달성을 위한 서로 다른 각종 방법 및 수단을 모색한다.
  ㉡ 문제해결을 위하여 요구되는 자원과 이용가능한 자원을 조정한다.
  ㉢ 가장 최선의 방법 및 수단을 선정한다.
  ㉣ 구체적인 활동을 기술한다.

③ **타당성 고려**
  ㉠ **기술적 타당성**: 그 방법이 기술적으로 가능하고 효과가 있어야 한다.
  ㉡ **경제적 타당성**: 우선 경제적으로 시행가능하고 나아가서는 그 효과가 경제적 측면에서 분명한 것을 의미한다.
  ㉢ **사회적 타당성**: 주로 사업대상자들의 수용도, 즉 얼마만큼 받아들여 줄 것이냐의 문제이다.
  ㉣ **법률적 타당성**: 목표달성을 위한 행위가 법적으로 받아들여질 수 있는가, 즉 법률제도적으로 보장이 되는 것이어야 한다는 의미로 해석할 수 있다.

(7) 집행계획

① **누가 업무활동을 하는가** … 어떤 지식과 기술을 갖춘 요원 몇 명이 하여야 할 것인가를 계획하는 것이다.

② **무엇을 가지고 업무활동을 할 것인가** … 그 업무활동에 필요한 도구와 예산을 계획하는 것이다. 이용가능한 도구의 목록 및 더 청구해야 할 도구의 목록, 가능한 예산을 어떻게 사용해야 하며 얼마만큼 사용해야 하는가 하는 예산명세서를 작성한다.

③ 어디서 업무활동을 할 것인가 … 어느 지역, 어느 장소에서 할 것인가를 명확히 기술한다.
④ 언제 업무활동을 할 것인가 … 각 업무활동 단계마다 시작하는 시간과 끝나는 시간을 기록하여 시간표를 작성하며, 시간계획을 작성할 때에는 연간계획, 기간별 월별계획 등을 상세히 기술하는 것이 바람직하다.
  ㉠ 연간계획 : 사업의 성격, 그 지역의 특성에 따라 사업의 수행기간을 월별로 동일한 간격으로 구분할 필요는 없지만 농촌인 경우 농번기를 고려하여야 할 것이고, 그 지역의 특수한 집단적 행사가 있을 경우도 또한 참고로 해야 한다. 그러나 특별한 이유가 없을 경우에는 월별, 분기별로 균등하게 구분하는 것이 상례이다.
  ㉡ 월별사업 수행계획 : 하나의 도표로 작성하여 한꺼번에 연간계획을 볼 수 있도록 눈에 잘 띄는 곳에 비치하는 것이 좋다.
  ㉢ 월간계획 : 연간계획을 바탕으로 하여 활성화하는데 일별, 요일별로 구분하여 작성한다. 특별한 행사날 등을 고려하여 계획하면 훨씬 유용할 수도 있다.

(8) 평가계획
① 평가를 무엇을 가지고 할 것인가 … 수행이 끝난 뒤 평가를 위한 평가도구를 의미한다. 그 사업의 평가를 위한 평가도구는 사업을 시작하기 전에 마련하여야 하며, 평가도구는 타당성과 신뢰성이 있어야 한다. 타당성이라 함은 평가하고자 하는 내용을 올바르게 평가하고 있는 것을 의미하며, 신뢰성은 평가하고 있는 기준이 정확한 것인지를 의미한다.
② 평가를 언제 할 것인가 … 평가는 사업이 완전히 끝났을 때와 사업이 진행되는 도중에 수시로 하여야 하며 수시로 시행하는 것이 더 좋은 방법이라 할 수 있다. 평가에 대한 계획안은 사업이 시작되기 전에 작성해야 한다.
③ 평가의 범주를 어느 것으로 할 것인가 … 평가의 범위로는 사업의 성취, 투입된 노력, 사업의 진행과정, 사업의 적합성, 사업의 효율 등이 있다. 즉, 사업의 평가를 평가범위 중 어느 부분에 중점적으로 할 것인가를 결정해야 한다. 이들 평가계획도 지역주민들의 참여를 유도해야 한다.

❸ 지역사회 간호수행

(1) 간호수행 메커니즘

계획은 수행을 위한 지침이 되므로 사업의 수행은 계획된 대로 활동들이 이루어지고 이러한 활동의 누적으로 사업은 완결된다. 계획을 사업대상자에게로 전달하기 위해서는 수행 메커니즘 또는 통로가 필요하다. 지역사회간호사 한 사람만의 활동으로 지역사회 건강수준의 향상이란 변화를 가져오기는 어려우므로 지역사회간호사는 소집단모임, 조언가, 대중매체, 보건정책 등의 다양한 메커니즘을 이용하는 것이 필요하다.

① **소집단모임** ⋯ 지역사회에 있는 공식적 그리고 비공식적 소집단모임은 지역사회에 살고 있는 주민 개인과 지역사회 전체를 이어주는 매개적인 역할을 하므로 지역사회의 변화를 지지하거나 저해하기도 한다. 지역사회간호사는 어느 소집단이 변화에 대해 긍정적인 시각을 가지고 있는가, 또는 어느 소집단이 부정적 시각을 가지고 있는가를 파악하는 것이 필요하다. 변화를 촉진하기 위해 필요시에는 새로운 소집단모임을 구성할 수도 있다.

② **조언가** ⋯ 새로운 정보를 받아들이거나 거부하는 데 영향력을 행사하는 개인으로서, 이들은 대중매체로부터 새로운 생각을 받아들이는 능력과 넓은 시야를 가진 자들인 조기 적응자들과 유사하게 기능한다. 특히 많은 공식적인 사회활동에 참여하며 특정분야의 전문가이고 비교적 추종자들보다는 사회적 신분이 높은 편이다.

③ **대중매체** ⋯ 소집단모임과 조언가들은 후기 적응자들 간에 변화를 유도하는 데 유용한 편이다. 신문, 텔레비전과 라디오 등의 대중매체는 비인격적이며 공식적인 유형의 의사소통이고, 빠르고 신뢰할 만한 방법으로, 대단위 집단에게 정보를 줄 수 있는 유용한 방법이다. 특히 중재 시 효과적인 보조자 역할을 한다.

④ **보건정책** ⋯ 지역사회 건강수준을 변화시키기 위한 중재방안들을 촉진하는 데 유용하다. 만일 공공정책이 지역사회주민들의 건강을 향상시킬 수 있는 방안이 된다면 지역사회간호사는 정책에 반영되도록 적극적으로 활동해야 한다.

(2) 사업진행의 감시와 감독

① **감시** ⋯ 업무활동의 질적 표준을 유지하기 위하여 업무의 수행수준, 수행절차, 수행결과에 대한 결여를 규명하고 그들 결여의 원인이 무엇인지를 찾는다. 감시하는 방법으로는 계속적인 관찰, 기록의 감사, 물품의 점검, 요원과 지역사회와의 토의 등이 있으며 계속적인 감시를 하기 위하여 정보체계를 통한 감시목록을 기록하기도 한다.

② **감독** ⋯ 업무활동의 감독은 감독계획을 만들어 정기적으로 지역사회를 방문하여 실시한다. 어느 정도 자주 방문하여 감독을 할 것인가는 지역사회의 상태, 지역사회 간호사업의 수준, 교통망과 자원의 동원가능성에 의하여 결정된다.

　㉠ 지역사회간호사가 감독을 위한 방문 전 알아야 할 사항
　　• 감독해야 할 지역사회가 도달해야 할 목표량
　　• 요원들이 해야 할 활동
　　• 목표량과 관련된 사업의 진행정도
　　• 사업진행 동안 발생한 문제
　　• 요구되는 물품의 종류
　㉡ 지역사회간호사의 방문시 감독활동
　　• 목표량을 향하여 잘 진행되고 있는지 요원들이 기록한 기록부 감사
　　• 도구의 소독방법, 물품의 비축, 상병자 간호, 보건교육 등 주어진 업무활동에 대한 관찰

- 주민의 요구와 주어진 사업이 잘 부합되는지를 지역사회주민들과의 대화를 통해 사업수행에 대한 이해와 요구를 파악
- 방문의 끝에는 지역사회간호사가 무엇을 발견했는지에 대하여 요원들과 토의 후 조언
- 다음 방문날짜 재확인

④ 지역사회 간호평가

(1) 평가의 개념

① 평가란 일의 양 또는 가치를 측정하여 어떠한 기준에 따라 성취한 것을 비교하는 것을 말하며, 지역사회 간호과정의 최종단계이자 동시에 시작이므로 사업을 수행하고 난 후에 이루어지고 또한 후속사업의 계획에 반영된다.

② 평가의 목적은 사업수행결과를 파악하고 측정하여 계획단계에서 설정된 사업목표를 달성할 수 있도록 추진하고 또한 기획과정에서 수정할 사항이 있는지 없는지를 알아내는 데 있다.

③ 평가를 하는 데에는 그 사업의 성취를 측정할 수 있는 도구나 기준이 있어야 하며 평가는 사업을 완전히 성취한 후에만 하는 것이 아니라 사업의 수행 등 각 단계에서도 시행해야 한다.

④ 평가의 결과는 사업의 계획에 반영되어야 함은 물론 사업의 지침 및 기준, 사업에 관련된 법령 등에도 영향을 주어야 한다.

(2) 평가의 범주

① **투입된 노력에 대한 평가** … 지역사회 간호사업에서 투입된 노력이라 함은 재정적 예산에 대한 것보다는 지역사회간호사, 간호조무사, 지역사회 자원봉사자 등의 간호팀이 사업을 위하여 제공한 시간, 간호팀의 가정방문횟수, 의사 및 전문가 방문횟수 등을 총망라한 것으로 결과가 효과적으로 나타날 수 있는 노력이 투입되어야 한다.

② **사업진행에 대한 평가** … 계획단계에서 마련된 수단 및 방법을 통해 집행계획을 수립한 것을 기준으로 하여 내용 및 일정에 맞도록 수행되었는지 혹은 되고 있는지를 파악하는 것이다. 평가상 서로 차질이 있는 것으로 나타나면 그 원인이 어디에 있는지 분석하고, 분석한 결과 그 원인을 제거하거나 혹은 변형할 수 있는 것인지 우선 살펴본다. 만약 수정이 불가능하다면 관련된 수단이나 방법을 변형해야 하는지, 일정표를 조정해야만 하는지 등의 계획변경 여부를 평가해야 한다.

③ **목표달성 정도에 대한 평가**(결과평가) … 계획된 목표수준에 설정된 목표가 제한된 기간 동안에 어느 정도 도달했는가를 구체적 목표, 즉 하위목표에서 파악하는 것이다.

> **TIP 결과평가**
> ㉠ 질적 평가 : 대상자의 실제적 변화정도를 평가하는 것으로 태도나 행동의 변화를 측정하는 것이다.
> ㉡ 양적 평가 : 단순히 수량적 평가를 하는 것이다.

④ **사업효율에 대한 평가** … 효율에 대한 평가라 함은 사업을 수행하는데 투입된 노력, 즉 인적 자원, 물적 자원 등을 비용으로 환산하여 그 사업의 단위목표량에 대한 투입된 비용이 어느 정도인가를 산출하는 것으로 산출된 단위목표량에 대한 비용을 다른 목표량에 대한 비용 혹은 계획된 비용 등에 비추어 많고 적음을 평가한다. 즉, 적은 비용으로 최대의 목표에 도달하자는 의도이다.

⑤ **사업의 적합성에 대한 평가** … 사업의 목표는 지역사회의 요구와 정부의 정책 및 지침을 기본으로 하되 투입되는 인적·물적 자원의 한계 내에서 설정된다. 그러므로 그 목표 자체가 지역사회 요구에 적합하다거나 충분하다는 것과 일치하지 않는다. 사업의 적합성은 투입된 노력에 대한 결과, 즉 모든 사업의 실적을 산출하고 그 산출한 자료의 지역사회 요구량과의 비율을 계산한다.

(3) 평가의 절차

① 지역사회 간호사업에서 평가로 시도하는 사업실적 위주의 평가는 목표달성에 대한 평가라고 하기에는 명확치 않고 사업의 진행평가도 아니다. 즉, 어느 측면으로 평가를 하든간에 다루어지는 측면은 평가되어진 후 수정을 가할 수 있는 기준이 있어야 한다.

② 지역사회 간호팀은 월별, 분기별, 연도별 평가계획에 따라 자체 평가를 상위기관 간호사와 같이 평가하며, 평가에 지역사회 인구집단을 참여시켜야 한다.

③ **평가의 5가지 접근단계**

㉠ **평가대상 및 기준** : 무엇을 평가하며 어떠한 측정기준으로 평가할 것인가를 결정한다. 즉, 평가되어져야 할 것의 결정과 평가를 위한 측정기준을 설정하는 것이다. 예를 들면 평가범주 중 목표달성 정도에 관한 평가를 하고자 했을 때 사업목표를 영아사망률의 감소라고 정한다면, 무엇을 평가할 것인가에 영아사망률과 관련된 항목으로 영아사망수의 증감을 평가하여야 하며 측정기준으로는 1,000명의 출생아에 대한 사망아를 계산하는 것이다.

㉡ **평가자료 수집** : 평가하기 위한 정보 및 자료를 수집한다. 평가대상을 알아내기 위하여 관련된 정보나 자료를 수집해야 한다. 예를 들면 사망수의 증감을 평가하기 위하여 현재 영아사망실태에 대한 자료를 어디에서 수집해야 하는가를 결정하고 이를 근거로 자료를 수집한다. 사망신고서 혹은 지역사회주민에게 실시하는 설문지 조사 등의 방법이 이에 속한다.

㉢ **설정된 목표와 비교** : 설정된 목표와 현재 이루어진 상태를 비교한다.

㉣ **가치판단** : 목표에 도달하였는지, 혹은 도달하지 못했다면 어느 정도 도달했는지 등의 범위를 판단하고 그 원인을 분석한다.

㉤ **재계획 수립** : 미래의 사업진행방향을 결정한다. 진행했던 사업을 변화없이 계속할 것인지, 그것을 변화하여 수행할 것인지, 혹은 사업을 중단할 것인지 등을 결정한다.

⑤ 보건사업의 평가유형

(1) 평가 주체에 따른 유형

구분	특징	장점	단점
내부평가	실제 지역사회 보건사업을 수행하고 있는 실무자에 의해 이루어지는 평가	수행실무자가 지역사회 보건사업에 대하여 평가하기 때문에 기관의 특성이나 보건사업의 독특한 성격이 반영할 수 있다.	평가자가 관련되어 있으므로 객관적이고 공정한 평가활동을 하기 어려워서 결과에 대한 신뢰성 문제가 제기될 수 있다.
외부평가	내부평가로는 지역사회 보건사업에 대하여 객관적으로 평가할 수 없다는 가정하에 주로 전문기관, 전문가들로 구성된 패널에 의해 실시	보건사업에 대한 전문적인 지식을 가지고 객관적으로 평가할 수 있다.	비용과 시간이 많이 소요되고 사업의 고유한 특성을 반영하기 어렵다.

(2) 평가자료에 따른 유형

구분	특징	장점	단점
질적평가	검사도구로 측정하여 수량화할 수 없는 경우에 활용한다.	특성의 달성 정도나 수준을 상세하게 기술하고 묘사할 수 있다.	• 기준의 신뢰성, 객관성을 보장받기 어렵다. • 고도의 전문성이 요청되거나 자료 수집에 비용, 시간, 노력이 많이 소요된다.
양적평가	• 수량화된 자료를 적절한 통계적 방법을 이용하여 기술, 분석하는 평가이다. • 체계적이고 과학적이고 경험적인 평가이다. • 일정한 과정에 따라 진행되어야 한다. • 심층적인 탐구의 전통에 따라 평가대상을 다양한 형태로 수량화한다.		

(3) 평가시기에 따른 유형

① **진단평가** … 진단평가는 보건사업을 수행하기 이전에 실시하는 사전평가이다. 대상자들의 프로그램에 대한 이해도, 흥미, 준비도, 지식수준, 동기여부 등 사전에 측정하기 위하여 실시한다.

② **형성평가** … 보건사업을 수행하는 중간에 실시하는 평가이다. 형성평가의 평가항목으로는 다음과 같은 것이 있다.
  ㉠ 지역사회 보건사업이 계획한 대로 진행되고 있는지?
  ㉡ 무엇을 어느 정도 수행했는지?
  ㉢ 수행 중에 어떤 문제점이 발생했는지?

③ **총괄평가** … 보건사업을 수행한 이후에 실시하는 평가이다. 총괄평가의 평가항목으로는 다음과 같은 것이 있다.

　㉠ 투입된 노력의 대가로 무엇이 나타났는지?
　㉡ 설정된 목표를 달성했는지?
　㉢ 보건사업이 어떤 영향을 끼쳤는지?

(4) 사업 진행과정에 따른 유형

종류	정의	특징
구조평가	프로그램을 수행하기 이전에(사전조사 포함) 자료나 전략의 강점 및 약점을 평가하기 위해 실시하는 것	• 모든 노력이 진행되기 전에 필요한 수정을 할 수 있도록 한다. • 프로그램을 성공시키기 위한 기회를 최대화한다. 〈평가항목〉 • 사업에 투입되는 자료 • 사업에 필요한 인력의 양적 적절성과 전문성 • 시설 및 장비의 적절성
과정평가	프로그램을 수행하는 중간에 실시하는 평가	• 프로그램의 계획과 진행정도를 비교하여 목표달성이 가능하도록 내용을 조정한다. • 목표달성을 저해하는 요인을 조기에 발견·시정하고 촉진요인은 강화하기 위함이다. 〈평가항목〉 • 프로그램 진행 일정의 준수 • 프로그램 자원의 적절성 효율성 • 프로그램 이용자의 특성과 형평성 • 프로그램의 전략 및 활동의 적합성 • 제공된 서비스의 질
영향평가	프로그램의 단기적 결과에 대한 평가	• 프로그램의 즉각적인 결과를 측정하고 평가한다. • 프로그램의 효과인 인식, 지식, 태도, 기술, 행위의 변화를 측정하고 평가한다. 〈평가항목〉 • 프로그램 영향으로 주민들의 지식, 태도, 행위에 변화가 있는가? • 다른 프로그램에 어떤 파급 효과가 있었는가?

6 지역사회 간호진단 분류체계

(1) 오마하(OMAHA) 분류체계

① 오마하 방문간호사 협회에서 1975년부터 1993년까지 개발된 분류체계로 보건간호실무영역에서 문제중심 접근방법에 기초하여 개발되었다.

② 오마하 분류체계는 문제분류, 중재, 결과를 모두 다루고 있다.

③ 대상자의 건강문제를 규명하기 위한 4개의 수준
  ㉠ 제1단계 영역 : 환경, 사회심리, 생리, 건강관련행위의 4가지
   • 환경영역 : 4개의 문제
   • 사회심리영역 : 12개의 문제
   • 생리영역 : 18개의 문제
   • 건강관련행위영역 : 8개의 문제
  ㉡ 제2단계 문제 : 개인/가족의 건강상태에 영향을 미치는 간호요구와 문제, 강점을 나타낸다.
  ㉢ 제3단계 수정인자 : 대상과 심각성을 나타낸다. 여기서 심각성이란 건강과 질병의 연속선상에서 나타날 수 있는 건강증진, 잠재적 손상, 실제적 손상을 의미한다.
  ㉣ 제4단계 증상/증후 : 개인, 가족, 지역사회로 분류하며, 주관적 증거인 증상과 객관적 증거인 증후로서 378개를 포함한다.

④ 영역과 문제

영역	문제
환경영역 - 물리적 자원과 물리적 환경	수입, 위생, 주거, 이웃, 직장의 안전 등
사회 심리적 영역 - 행동, 감정, 의사소통, 관계형성, 발달양상	지역사회자원과의 의사소통, 사회접촉, 역할변화, 대인관계, 영성, 슬픔, 정신건강, 성욕, 돌봄/양육, 아동/성인무시, 아동/성인학대, 성장/발달
생리적 영역 - 생명 유지 기능이나 상태	청각, 시각, 언어와 말, 구강건강, 인지, 동통, 의식, 피부, 신경근/골격기능, 호흡, 순환, 소화와 수분, 배변기능, 배뇨기능, 생식기능, 임신, 산후, 감염병/감염성 상태
건강관련 행위 - 안녕유지, 향상, 회복과 재활	영양, 수면과 휴식양상, 신체활동, 개인위생, 약물사용, 가족계획, 건강관리감독, 투약처방

⑤ 지역사회간호사가 지역사회문제를 진단하고 이를 통해 지역사회건강증진을 위한 의사결정을 하는데 유용한 도구를 제공할 수 있다.

(2) 가정간호(HHCCs) 분류체계

① 가정간호가 필요한 관련 대상자로부터 데이터를 수집하고 범주화하여 가정간호서비스에 대한 요구예측 및 결과측정을 위한 분류체계이다.

② 가정간호서비스를 범주화하여 가정간호서비스에 대한 요구예측과 결과를 측정하기 이하여 1988년부터 1991년까지 조지타운대학의 간호대학에서 전국 646개의 가정간호기관을 대상으로 이들 기관에서 퇴원한 메디케어 환자들에 관한 자료를 바탕으로 개발하였다.

③ 분류체계는 4단계, 간호요소는 20개, 가정간호진단은 145개로 구성되어 있다.

④ 4단계 분류체계
  ㉠ 1단계 간호요소 : 활동, 배변, 심장, 인지, 대처, 체액량, 건강행위, 투약, 대사, 영양, 신체조절, 호흡, 역할관계, 안전, 자가간호, 자아개념, 감각, 피부통합성, 조직관류, 배뇨
  ㉡ 2단계 대분류 : 50개의 대분류로 구성
  ㉢ 3단계 하위분류 : 95개의 하위분류로 구성
  ㉣ 4단계 수정인자 : 호전, 안정, 장애 등 3개의 수정인자로 구성

⑤ 가정간호분류체계는 사정, 비용예측, 평가하기 위한 분석적 모델을 제시해 준다.

(3) 국제간호실무(ICNP) 분류체계

① 1989년 국제간호협회가 국제적으로 통용될 수 있는 공동의 언어와 분류체계를 만들기 위해 개발되었다.

② 간호진단은 간호현상으로 명명하고, 8개의 축으로 구조화되어 있다.

③ 8개의 축

A	간호실무의 초점
B	판단
C	빈도
D	기간
E	해부학적 범위
F	신체부위
G	가능성
H	간호현상이 있는 실체

④ 적용원칙과 내용
  ㉠ 진단을 내리기 위해서는 간호실무의 초점 축과 판단과 가능성 축으로부터 나온 용어를 포함해야 하고, 하나의 진단 시 각 축은 한 번씩 사용해야 한다.
  ㉡ 다축구조 : 적은 수의 개념과 코드로 구성될 수 있고, 개념정의가 간단하나, 데이터 입력이 복잡하고, 여러 개의 축으로부터 조합하여 의미가 모호할 수 있다.
  ㉢ 분류체계 : 2,498개의 개념이 있으며, 이론적으로 융통성이 높지만, 의미가 모호할 수 있으며, 일부는 반복적으로 나타나 향후 더 해결해야 할 문제가 있다.
  ㉣ 우리나라에서는 실증적으로 가족간호현상을 분류하는데 14개 현상으로 분류하여 활용되고 있다.

(4) 북미간호진단협회(NANDA) 분류체계
① 실제 또는 잠재적 건강문제 또는 생의 과정 속에서 개인, 가족, 지역사회의 반응을 임상적으로 판단하는 것을 말한다.
② 1973년부터 간호진단을 명명하고 개발하기 시작하였다.
③ 분류체계 … 통합된 인간에 대한 인간과 환경의 상호작용 양상에 대해 5단계로 진단분류를 제시하였다.
  ㉠ 제1단계 : 9개의 인간반응양상 – 교환, 의사소통, 관계형성, 가치, 선택, 기동, 지각, 지식, 감정
  ㉡ 제2단계 : 제2단계부터 제5단계까지 진단명으로 제시하며, 148개의 진단을 포함
④ 2000년 개발된 NANDA Taxonomy II
  ㉠ 13개의 영역과 47개의 범주, 7개의 축으로 구성
  ㉡ 13개 영역 : 건강증진, 영양, 배설, 활동/휴식, 지각/인지, 자각, 역할관계, 성, 대처/스트레스 내성, 삶의 원리, 안전/보호, 편안감, 성장/발달
  ㉢ 7개의 축
    • 1[진단초점] : 불안, 출혈, 낙상, 피로
    • 2[진단대상] : 개인, 가족, 집단, 지역사회
    • 3[판단] : 장애, 비효과적
    • 4[부위] : 심장, 대장, 방광 등
    • 5[연령] : 영아, 성인, 노인 등
    • 6[시간] : 만성, 급성, 간헐적
    • 7[진단상태] : 실제적, 위험, 건강증진
⑤ NANDA 분류체계는 지역사회보다는 임상의 개개인에게 초점이 맞춰져 있어 지역사회간호현상을 폭넓게 적용하기에 제한적이다.

최근 기출문제 분석

2020. 6. 13. 제1회 지방직

1 지역사회 간호사업의 평가에 대한 설명으로 옳지 않은 것은?

① 평가 계획은 사업 수행 단계 전에 수립하여야 한다.
② 평가의 계획 단계부터 주요 이해당사자를 배제한다.
③ 평가 결과는 차기 간호사업 기획에 활용한다.
④ 사업의 목표 달성 정도를 파악하기 위해 효과성 평가를 실시한다.

> **TIP** 지역사회 간호사업 평가절차는 평가대상 및 기준설정 → 평가자료 수집 → 설정된 목표와 현재 상태 비교 → 목표 도달 정도의 판단과 분석 → 재계획으로 이루어진다.

2020. 6. 13. 제1회 지방직

2 BPRS(Basic Priority Rating System)를 적용할 때, 우선순위가 가장 높은 건강 문제는?

건강 문제	평가항목		
	건강 문제의 크기 (0~10)	건강 문제의 심각도 (0~10)	사업의 추정 효과 (0~10)
①	5	5	7
②	5	6	6
③	6	5	5
④	7	5	5

> **TIP** BPRS 방식은 (A+2B)×C 공식에 따라 점수를 계산하여 우선순위를 결정한다.
> A 문제의 크기(건강문제를 가진 인구 비율, 만성질환 유병률, 급성질환 발병률 등)
> B 문제의 심각도(긴급성, 중증도, 경제적 손실, 타인에게 미치는 영향 등)
> C 사업의 추정효과(사업의 최대효과와 최소효과 추정 등)
> ㉠ 사용자의 주관적 판단에 의거하여 우선순위를 결정하기도 한다.
> ㉡ 경제적 손실은 문제의 심각도와 관련된다.
> ㉢ 건강문제를 가진 인구 비율은 문제의 크기와 관련된다.

Answer 1.② 2.①

2020. 6. 13. 제2회 서울특별시

3 A간호사는 지역 보건소에 처음 발령을 받고 주민센터 동장님을 만나 지역사회 건강 문제에 대한 의견을 물어보았다. 이때의 자료수집 방법으로 가장 옳은 것은?

① 정보원 면담
② 설문지 조사
③ 차창 밖 조사
④ 참여관찰

TIP 정보원 면담 … 지역사회의 공식 · 비공식 지역지도자의 면담을 통해 자료를 수집하는 방법이다.

2020. 6. 13. 제2회 서울특별시

4 지역사회 간호과정에서 목표 설정 시 고려해야 할 사항으로 가장 옳지 않은 것은?

① 추상성
② 관련성
③ 성취가능성
④ 측정가능성

TIP 목표설정기준
㉠ 구체성: 목표는 구체적으로 기술하여야 한다.
㉡ 측정가능성: 목표는 측정 가능하여야 한다.
㉢ 적극성&성취가능성: 목표는 진취적이면서 성취 가능한 현실적인 것이어야 하나, 별다른 노력 없이도 달성되는 소극적인 목표는 안 된다.
㉣ 연관성: 사업목적 및 문제해결과 직접 관련성이 있어야 한다. 즉, 해당 건강문제와 인과관계가 있어야 한다.
㉤ 기한: 목표달성의 기한을 밝혀야 한다.

2020. 6. 13. 제2회 서울특별시

5 SWOT 분석의 전략을 옳게 짝지은 것은?

① SO 전략 – 다각화 전략
② WO 전략 – 공격적 전략
③ ST 전략 – 국면전환 전략
④ WT 전략 – 방어적 전략

TIP ① SO 전략 – 공격적 전략
② WO 전략 – 국면전환 전략
③ ST 전략 – 다각화 전략

Answer 3.① 4.① 5.④

2020. 6. 13. 제2회 서울특별시

6 보건사업 평가유형과 그에 대한 설명을 옳게 짝지은 것은?

① 내부평가 – 평가결과에 대한 신뢰성 문제가 제기될 수 있다.
② 외부평가 – 보건사업의 고유한 특수성을 잘 반영하여 평가할 수 있다.
③ 질적평가 – 수량화된 자료를 이용한 통계적 분석을 주로 한다.
④ 양적평가 – 평가기준의 신뢰성과 객관성을 보장받기 어렵다.

> **TIP** 내부평가 … 보건사업에 관련된 인사가 내부적으로 보건사업을 평가하는 것이다. 내부평가는 형성평가에 적합하며 평가자가 사업의 내용을 속속들이 알고 있기 때문에 외부평가에 비해 정확할 수는 있으나, 이해관계가 얽혀 있어 객관적이고 공정한 태도로 평가하기 어려운 경우가 많으며, 처음에 의도하지는 않았지만 결과적으로 나타난 효과들을 간과하기 쉽다는 단점이 있다.

2019. 6. 15 제2회 서울특별시

7 지역사회간호사업 수행단계에서 계획대로 사업이 진행되고 있는지를 확인하기 위한 활동으로, 업무수행을 관찰하거나 기록을 검사하여 문제를 파악하고 문제의 원인을 찾는 활동에 해당하는 것은?

① 조정
② 의뢰
③ 감시
④ 감독

> **TIP** 업무수행을 관찰하거나 기록을 검사하여 문제를 파악하고 문제의 원인을 찾는 활동은 감시활동으로 사업이 진행되고 있는지를 확인하기 위해서 필요하다.
> ※ 간호수행단계에서 요구되는 활동
> ㉠ 조정: 활동 간에 중복이나 누락이 생기지 않도록 함
> ㉡ 감시: 계획한 대로 사업이 진행되고 있는지 확인

2019. 6. 15 제2회 서울특별시

8 지역사회간호사업의 평가계획에 대한 설명으로 가장 옳은 것은?

① 평가의 객관성을 최대한 유지하기 위해 사업의 내부 최고책임자를 포함한다.
② 평가자, 시기, 범주, 도구의 구체적인 계획은 사업평가시에 작성한다.
③ 평가도구의 타당성은 평가하고자 하는 내용을 올바르게 평가하는 것을 의미한다.
④ 평가계획은 사업 시작전 단계, 사업 수행 단계, 사업 종결 단계에서 수시로 가능하다.

> **TIP** ① 평가의 객관성을 최대한 유지하기 위해 사업의 외부 최고책임자를 포함한다.
> ② 평가자, 시기, 범주, 도구의 구체적인 계획은 사업계획 시에 작성한다.
> ④ 평가계획은 사업 시작 전 단계에서 수립한다.

Answer 6.① 7.③ 8.③

2019. 6. 15 제1회 지방직

9 다음 글에서 설명하는 SWOT 분석의 요소는?

> 보건소에서 SWOT 분석을 실시한 결과 해외여행 증가로 인한 신종감염병 유입과 기후 온난화에 따른 건강문제 증가가 도출되었다.

① S(Strength)
② W(Weakness)
③ O(Opportunity)
④ T(Threat)

> **TIP** SWOT 분석 … 내부 환경과 외부 환경을 분석하여 강점(strength), 약점(weakness), 기회(opportunity), 위협(threat) 요인을 규정하고 이를 토대로 경영 전략을 수립하는 기법
> ㉠ SO전략(강점-기회 전략): 강점을 살려 기회를 포착
> ㉡ ST전략(강점-위협 전략): 강점을 살려 위협을 회피
> ㉢ WO전략(약점-기회 전략): 약점을 보완하여 기회를 포착
> ㉣ WT전략(약점-위협 전략): 약점을 보완하여 위협을 회피

2019. 6. 15 제1회 지방직

10 다음 글에서 설명하는 평가 유형은?

> 사업의 단위 목표량 결과에 대해서 사업을 수행하는 데 투입된 인적 자원, 물적 자원 등 투입된 비용이 어느 정도인가를 산출하는 것이다.

① 투입된 노력에 대한 평가
② 목표달성 정도에 대한 평가
③ 사업의 적합성 평가
④ 사업의 효율성 평가

> **TIP** 투입된 비용 대비 효과를 따지는 것은 효율성과 관련된 것이다.

Answer 9.④ 10.④

2019. 6. 15 제1회 지방직
11 다음 사례에 적용한 간호진단 분류체계는?

- 임신 36주된 미혼모 K씨(29세)는 첫 번째 임신 때 임신성 당뇨가 있어 분만이 어려웠던 경험이 있었다. 현재 두 번째 임신으로 병원에 다니고 싶으나 경제적인 여건이 좋지 않아 산전관리를 받은 적이 없다.
- 문제분류체계
  - 영역 : 생리적 영역
  - 문제 : 임신
  - 수정인자 : 개인의 실제적 문제(산전관리 없음, 임신성 당뇨의 경험 있음)
  - 증상/징후 : 임신 합병증에 대한 두려움, 산전 운동/식이의 어려움

① 오마하(OMAHA) 분류체계
② 가정간호(HHCCS) 분류체계
③ 국제간호실무(ICNP) 분류체계
④ 북미간호진단협회(NANDA) 간호진단 분류체계

TIP 오마하 문제분류체계 … 지역사회 보건사업소에서 간호대상자의 문제를 체계적으로 분류하기 위하여 1975년부터 오마하 방문간호사협회와 미국 국립보건원에서 개발하였다.
  ⊙ 1단계 : 간호실무영역을 환경, 심리사회, 생리, 건강관련행위의 4영역으로 구분
  ⓒ 2단계 : 44개의 간호진단으로 구분
  ⓒ 3단계 : 2개의 수정인자 세트로 구성(개인 · 가족/건강증진 · 잠재적 건강문제 · 실제적 건강문제)
  ⓔ 4단계 : 보건의료제공자에 의하여 관찰된 객관적 증상과 대상자나 보호자에 의해 보고된 주관적 증후로 구성

2019. 6. 15 제1회 지방직
12 다음 글에 해당하는 타당성은?

- 보건소 건강증진업무 담당자는 관내 흡연청소년을 대상으로 금연프로그램을 기획하고, 목표달성을 위한 각종 방법을 찾아낸 후에 사업의 실현성을 위하여 다음의 타당성을 고려하기로 하였다.
- 대상 청소년들이 보건소가 기획한 금연프로그램에 거부감 없이 참여하고, 금연전략을 긍정적으로 수용할 것인지를 확인하였다.

① 법률적 타당성
② 기술적 타당성
③ 사회적 타당성
④ 경제적 타당성

Answer 11.① 12.③

> **TIP** 전략의 대상이 되는 흡연청소년들이 거부감 없이 참여하고 긍정적으로 수용할 것인지에 대해 확인하는 것이므로, 선량한 풍속 및 기타 사회질서에 위반함 없이 사회적으로 타당한지 점검하는 것과 연결된다.

2019. 2. 23 제1회 서울특별시

13 B구의 보건문제에 대해 BPRS 우선순위 결정방법에 따라 우선순위를 선정하려고 한다. 1순위로 고려될 수 있는 보건문제는?

보건문제	평가항목		
	문제의 크기	문제의 심각도	사업의 추정효과
높은 비만율	4	3	2
높은 흡연율	3	7	2
높은 암 사망률	2	8	1
높은 고혈압 유병률	3	6	5

① 높은 비만율
② 높은 흡연율
③ 높은 암 사망률
④ 높은 고혈압 유병률

> **TIP** BPRS(Basic Priority Rating System)는 보건사업의 우선순위 결정에서 가장 널리 활용되고 있는 방법으로, 건강문제의 크기, 문제의 심각도, 사업의 추정효과가 우선순위 결정의 기준이 된다.
>
> BPR = (문제의 크기 + 2 × 문제의 심각도) × 사업의 추정효과
>
> - 높은 비만율 = (4 + 2 × 3) × 2 = 20 → 3순위
> - 높은 흡연율 = (3 + 2 × 7) × 2 = 34 → 2순위
> - 높은 암 사망률 = (2 + 2 × 8) × 1 = 18 → 4순위
> - 높은 고혈압 유병률 = (3 + 2 × 6) × 5 = 75 → 1순위

Answer 13.④

2018. 5. 19 제1회 지방직

14 지역 주민의 건강문제를 파악하기 위한 2차 자료 수집 방법은?

① 독거노인을 대상으로 실시한 면담
② 지역 주민의 보건사업 요구도 조사
③ 지역 주민의 행사에 참여하여 관찰
④ 통계청에서 제공한 생정통계 활용

> **TIP** 1차 자료는 연구자가 자신의 연구목적에 따라 원하는 자료를 직접 수집한 자료인 반면 2차 자료는 다른 연구자나 문헌 등의 자료를 활용하여 가공한 자료이다.

2018. 5. 19 제1회 지방직

15 지역사회 간호과정을 적용하여 비만여성 운동프로그램을 실시한 경우, 계획단계에서 이루어진 내용으로 옳은 것은?

① 비만여성 운동프로그램 참여율에 대한 목표를 설정하였다.
② 여성의 운동부족과 비만문제를 최우선 순위로 설정하였다.
③ 여성의 비만이 건강에 미치는 영향을 조사하였다.
④ 여성의 비만 유병률을 다른 지역과 비교하였다.

> **TIP** 사정 → 진단 → 계획 → 수행 → 평가 중 계획단계에서 실시하는 내용은 ①이다.
> ②③④ 사정단계

2018. 5. 19 제1회 지방직

16 다음에 해당하는 지역사회 간호사정의 자료 분석 단계는?

- 부족하거나 더 필요한 자료가 없는지 파악한다.
- 다른 지역의 자료나 과거의 통계자료 등을 비교한다.

① 분류
② 요약
③ 확인
④ 결론

> **TIP** 자료 분석 단계
>
> | 단계 | 내용 |
> |---|---|
> | 분류 | 서로 연관성 있는 것끼리 분류 |
> | 요약 | 분류된 자료를 근거로 지역사회의 특성을 요약 |
> | 비교 · 확인 | 수집된 자료에 대한 재확인, 과거와의 비교, 다른 지역과의 비교 |
> | 결론 | 수집된 자료의 의미 파악, 지역사회의 건강요구 및 구체적 문제 결론 |

Answer 14.④ 15.① 16.③

2017. 12. 16 지방직 추가선발

17 지역사회 간호사업 평가절차 중 가장 먼저 해야 할 것은?

① 평가자료 수집
② 평가기준 설정
③ 설정된 목표와 현재 상태 비교
④ 목표 도달 정도의 판단과 분석

> **TIP** 지역사회 간호사업 평가절차는 평가대상 및 기준설정 → 평가자료 수집 → 설정된 목표와 현재 상태 비교 → 목표 도달 정도의 판단과 분석 → 재계획으로 이루어진다.

2017. 6. 17 제1회 지방직

18 지역사회 사정 시 자료 수집에 대한 설명으로 옳지 않은 것은?

① 참여관찰법은 주민들의 자발적 참여 정도를 파악할 수 있다.
② 공공기관의 연보 및 보고서 등 이차 자료를 활용할 수 있다.
③ 간접법은 자료 수집 기간이 길고 비용이 많이 든다.
④ 기존 자료의 타당성이 문제될 때 직접법을 활용한다.

> **TIP** ③ 간접법은 공공기관의 보고서, 통계자료, 회의록 등을 이용하는 방법으로 즉시 활용이 가능하고 직접법에 비해 비용이 적게 든다.

2015. 6. 27 제1회 지방직

19 지역보건사업에서 이차 예방에 해당하는 것은?

① 뇌졸중, 두부 손상 관련 재활프로그램 이행
② 상담과 관찰을 통한 가정 폭력 피해자의 조기 발견
③ 적절한 식사, 운동과 같은 건강한 일상생활 교육
④ 인플루엔자 예방접종 실시

> **TIP** ① 3차 예방에 해당된다.
> ② 빠르고 정확한 (조기)처치에 대한 부분은 2차 예방에 해당된다.
> ③④ 질병의 유입을 감소시키고 이완되지 않도록 하는 1차 예방에 해당된다.

Answer 17.② 18.③ 19.②

03. 지역사회 간호대상과 간호과정

출제 예상 문제

1 지역보건의료계획에 포함되어야 할 사항으로 옳은 것은?

㉠ 보건의료 전달체계
㉡ 보건의료 수요측정
㉢ 보건의료 자원의 조달 및 관리
㉣ 지역보건의료에 관련된 통계의 수집 및 정리

① ㉠㉡
② ㉠㉡㉢
③ ㉡㉢㉣
④ ㉠㉡㉢㉣

TIP 지역보건의료계획에 포함될 사항
㉠ 보건의료 수요측정
㉡ 보건의료에 관한 장·단기 공급대책
㉢ 보건의료 자원(인력, 조직, 재정 등)의 조달 및 관리
㉣ 보건의료 전달체계
㉤ 지역보건의료에 관련된 통계의 수집 및 정리

Answer 1.④

2 다음 내용에 대한 평가범주가 평가한 측면으로 옳은 것은?

> 어린아이를 가진 부모를 대상으로 어린이 안전에 관한 9차례의 세미나를 개최하여 350가구 이상이 참여하였다. 세미나의 의사일정, 참석자수, 배포된 자료의 종류, 세미나를 준비하고 개최하는 데 종사한 실무자들의 시간, 사용비용 등을 각 세미나 마다 기록하였다.

① 사업실적 평가
② 사업과정 평가
③ 사업효율성 평가
④ 투입된 업무량 평가

TIP 사업진행에 대한 평가
㉠ 계획단계에서 마련된 수단 및 방법을 통해 집행계획을 수립한 것을 기준으로 하여 내용 및 일정에 맞도록 수행되었는지 혹은 되고 있는지를 파악하는 것이다.
㉡ 분석한 결과 그 원인을 제거하거나 혹은 변형할 수 있는 것인지 우선 살펴본다. 만약 수정이 불가능하다면 관련된 수단이나 방법을 변형해야 하는지, 일정표를 조정해야만 하는지 등의 계획변경 여부를 평가해야 한다.

3 다음 중 지역사회 간호계획시 우선순위 기준에 포함되는 것은 무엇인가?

㉠ 간호사의 능력
㉡ 전문가의 유용성
㉢ 간호의 방법
㉣ 지역주민의 요구도

① ㉠㉡
② ㉠㉡㉣
③ ㉠㉢㉣
④ ㉢㉣

TIP 우선순위 결정의 기준(Stanhope & Lancaster, 1995)
㉠ 지역사회 건강문제에 대한 지역사회주민들의 인식 정도
㉡ 건강문제 해결에 영향을 미치는 간호사의 능력
㉢ 건강문제를 해결에 필요한 적절한 전문가의 유용성
㉣ 건강문제를 해결하려는 지역사회의 동기수준
㉤ 건강문제가 해결 안 될 때 후속적으로 생길 결과의 심각성
㉥ 건강문제를 해결하는 데 걸리는 시간

Answer 2.② 3.②

4 다음 중 지역사회 특성으로 옳지 않은 것은?

① 지리적 영역의 공유　　　② 사회적 상호작용
③ 공동유대감　　　　　　　④ 사회통제

> **TIP** 지역사회는 인간의 기능적 집단으로 볼 수 있기 때문에 공동체적 특징을 지니고 있다. 공동체적 사회를 구성하기 위한 특성은 지리적 영역, 상호작용 및 공동유대감 등을 들 수 있다.

5 지역사회 간호사업에 지역주민의 참여가 높아질 때의 단점은?

```
㉠ 전문성의 저하              ㉡ 문제해결시간의 지연
㉢ 책임의 불명확화            ㉣ 사업진행의 이해도 저하
```

① ㉠㉡㉢　　　　　　　　　② ㉠㉡㉢㉣
③ ㉠㉢　　　　　　　　　　④ ㉡㉣

> **TIP** ㉣ 지역사회주민의 참여가 높아지면 사업진행의 이해도를 높일 수 있다.

6 다음 중 지역보건의료계획의 내용으로 옳지 않은 것은?

① 보건소 업무의 추진현황 및 추진계획
② 지역사회 보건문제에 관한 조사연구계획(건강증진)
③ 지역보건의료와 사회복지사업간의 연계성 확보
④ 보건의료 수요측정

> **TIP** 지역보건의료계획의 내용〈지역보건법 제7조〉
> ㉠ 보건의료 수요의 측정
> ㉡ 지역보건의료서비스에 대한 장기·단기 공급대책
> ㉢ 인력·조직·재정 등 보건의료자원의 조달 및 관리
> ㉣ 지역보건의료서비스의 제공을 위한 전달체계 구성 방안
> ㉤ 지역보건의료에 관련된 통계의 수집 및 관리

Answer 4.④ 5.① 6.②

7 지역사회 간호사업계획에서 목적을 설정하려고 한다. 목적에 대한 설명으로 옳지 않은 것은?

① 목적의 구성은 무엇, 범위, 누가, 어디서, 언제의 내용이다.
② 목적의 구성내용은 어느 항목이라도 생략되어서는 안 된다.
③ 어디서란 사업에 포함되어지는 지역을 말한다.
④ 언제란 의도된 바람직한 상태 혹은 조건에 수행되어야 할 시간이나 때를 말한다.

> **TIP** ② 목적의 구성은 무엇, 범위, 누가, 어디서, 언제의 내용으로 구성되며 필요에 따라 특정항목이 생략될 수 있다.

8 다음 중 간호문제의 우선순위에 영향을 주는 가장 큰 요인으로 옳은 것은?

① 예방가능성
② 지역자원 동원가능성
③ 문제해결방법에 대한 주민의 자세
④ 문제의 해결가능성

> **TIP** 간호문제의 우선순위를 정할 때 중점을 두어야 하는 것은 그 문제의 해결가능성이다.

9 다음 중 지역사회 간호계획과정을 순서대로 나열한 것은?

㉠ 평가계획	㉡ 방법 및 수단선택
㉢ 간호수행계획서 작성	㉣ 간호문제의 구체적 목적설정
㉤ 문제규명 및 우선순위설정	

① ㉣ - ㉡ - ㉤ - ㉢ - ㉠
② ㉣ - ㉢ - ㉠ - ㉡ - ㉤
③ ㉤ - ㉡ - ㉢ - ㉣ - ㉠
④ ㉤ - ㉣ - ㉡ - ㉢ - ㉠

> **TIP** 지역사회 간호과정
> ㉠ 사정 : 자료수집 - 분석 - 건강문제도출
> ㉡ 진단 : 간호문제도출 - 간호진단수집 - 우선순위결정
> ㉢ 계획 : 목표설정 - 간호방법, 수단 선택 - 집행계획 수립 - 평가계획 수립
> ㉣ 수행 : 직접간호 - 보건교육 - 보건관리(감시, 감독, 조정)
> ㉤ 평가 : 평가대상 및 기준설정 - 평가자료수집 - 비교 - 가치판단 - 재계획

Answer 7.② 8.④ 9.④

04 지역사회 간호수단

01 방문활동

❶ 방문활동의 개요

(1) 방문활동의 목적
① 사례발굴과 의뢰 … 대상자를 확인한 후 그들의 요구 충족을 위해 적당한 자원에 의뢰한다.
② 건강증진과 질병예방 … 지역사회간호사가 행하는 방문활동의 중요한 부분이다.
③ 환자간호 … 가정에서 대상자의 건강회복과 건강유지에 목적이 있다.

(2) 방문활동의 원칙
① 가정방문 참여는 자발적이어야 하며, 대상자와 방문자의 관계는 협동적인 관계이어야 한다.
② 가정방문은 프로그램 목적과 개인의 목적을 향해 진행되도록 대상자를 양육해야 한다.
③ 가정방문은 다양한 목적을 설정해야 하며, 단기목적에서 건강상태에 대한 정보를 얻는 것과 마찬가지로 장기목적도 포함해야 한다.
④ 가정방문은 제공되는 서비스의 강도와 기간에 융통성이 있어야 한다.
⑤ 가정방문은 다양한 대상자와 제공되는 다양한 서비스에 민감해야 한다.
⑥ 가정방문은 잘 훈련된 직원이 요구된다.
⑦ 가정방문의 기대되는 결과는 현실성이 있어야 한다.
⑧ 가정방문의 평가는 대상자의 결과, 비용 - 효과 그리고 간호중재의 과정 등에 초점을 두어야 한다.

(3) 방문활동과정

① 방문 전 계획
- ㉠ 방문대상을 이해한다. 즉, 개인·가족·지역사회에 대한 기록과 보고서가 있을 경우 그 자료를 전부 검토한 후 구체적인 간호계획을 세운다.
- ㉡ 대상이 가지고 있는 문제가 무엇인지 예측하고 이에 대비한다.
- ㉢ 방문일시와 방문목적을 대상자에게 사전 연락한다.

② 방문 중 활동
- ㉠ 관찰과 질문·분석을 통해 개인·가족·지역사회의 간호요구, 건강에 대한 가치관 및 기대 등을 파악한다.
- ㉡ 환자와 가족이 간호사를 신뢰하여 치료적 동맹관계를 맺도록 한다.
- ㉢ 동원가능한 자원을 최대한 활용하여 필요한 간호를 제공한다.
- ㉣ 간호대상자가 해결해야 할 활동에 대한 계획을 스스로 수립할 수 있도록 도와주어 그들의 문제를 스스로 해결하는 방법을 모색한다.
- ㉤ 성공적이고 효율적인 간호수행을 위해서는 방문간호의 목적과 한계에 대한 명확한 인식이 있어야 한다.
- ㉥ 한 가정의 방문시간은 30~60분 사이로 시간전략을 수립한다.

③ 방문 후 활동
- ㉠ 감시(monitoring) : 개인·가족·지역사회와 함께 설정한 방문 중 계획에 대하여 지역사회간호사가 해야 될 부분을 처리하고 간호대상자의 수행과정을 계속 감시한다. 또 계속적인 추후관리계획을 세워 추후관리카드를 보관한다.
- ㉡ 평가 : 개인·가족·지역사회를 방문한 목적에 대한 달성 정도와 방문활동에 대한 진행과정 및 적합성을 평가하여 필요에 따라 자문관을 요청하여 방문활동의 결과에 대하여 논의한다.
- ㉢ 기록 : 문제점, 간호활동내용, 대상자의 태도, 간호의 결과, 합의된 활동시행, 앞으로 고려해야 할 문제점 등을 기록한다.
- ㉣ 보고 : 동료 및 상급자에게 방문결과를 구두 혹은 서면으로 보고하여 필요시 방문결과에 대한 평가와 토의를 할 수 있도록 한다.

(4) 방문의 장·단점

① 장점
- ㉠ 편익성 : 가정방문은 건강관리사업에서 대상자의 일상적인 과정으로 통합되어 있으며 대상자의 입장에서 교통에 걸리는 시간이나 기관에서의 대기시간이 불필요해진다.
- ㉡ 접근성
  - 이동이 용이하지 못하거나 다른 기관으로 갈 수 없는 대상자들의 건강관리가 가능하다.
  - 서비스의 요구가 있는 대상자를 확인하는 기회를 지닌 지역사회간호사들이 제공한다.

- ⓒ 정보 : 간호사는 대상자 개인 및 가족과 대상자의 환경 등 대상자의 완전한 상황을 파악할 수 있고, 대상자의 문제를 예방하는 활동을 할 수 있다.
- ② 관계성 : 대상자를 자율적으로 연습하게 하고 통제할 수 있으며 친밀감을 가지게 되므로 정보를 더 많이 얻을 수 있다.
- ⑩ 비용 : 가정방문은 의료비 절감에 크게 기여한다.
- ⑪ 결과 : 대상자는 가정방문을 통해 빠르게 회복된다.

② 단점
- ㉠ **친밀성과 전문직업적 관계 거리유지** : 간호사와 대상자 간의 친밀감이 장점이 될 수도 있으나 치료를 위한 적절한 전문적 거리를 유지하는 데 어려움을 초래할 수 있다.
- ㉡ **대상자 조력과 평가절하** : 다른 사람의 도움을 받을 때 자신을 미숙하다고 인지하기 쉬우므로 대상자가 스스로를 평가절하하지 않도록 자기효능감을 전해주어야 한다.
- ㉢ **대상자의 의존성** : 대상자들이 독자성을 가지지 못하고 계속 지역사회간호사에게 의존할 가능성이 많다.
- ㉣ **애타주의와 현실주의** : 애타주의와 현실주의 간의 균형을 유지하여야 한다.
- ㉤ **자원활용** : 가정환경에서는 물질과 자원이 부족한 경우가 많다.
- ㉥ **비용과 질** : 비용억제와 질의 균형에서 문제가 발생할 수 있다.

② 방문가방

(1) 방문가방의 준비

① 지역사회간호사가 간호대상을 방문할 때에는 필수적으로 방문가방을 가지고 가야 한다.

② 방문가방의 내용물
- ㉠ 종이 2장(깔개용, 휴지통용)
- ㉡ 종이수건, 비누(손소독용), 비눗갑
- ㉢ 필기도구, 기록지
- ㉣ **검사용구** : 진공채혈관, 소변검사용 스틱, 시험관, 객담통, 변통, 소변검사용 컵
- ㉤ **간호용품** : 관장기, 연고, 압설자, 소독솜, 장갑(소독, 일회용), 주사기(2cc, 5cc, 10cc), 거즈, 면봉대, 생리식염수, 증류수
- ㉥ **드레싱용구** : 포셉, 가위, 헤모스테이트, 드레싱용 멸균소독용구, 드레싱포, 드레싱종지
- ㉦ **측정용구** : 줄자, 체중기, 청진기, 혈압계, 체온계(구강용, 항문용), 윤활유

(2) 방문가방 사용절차

① 가능한 안전한 장소에 놓는다. 책상이 있으면 책상 위에, 책상이 없으면 문에서 먼 곳에, 간호대상이 비말 전염성 환자인 경우에는 환자로부터 먼 거리에 방문가방을 놓는다.

② 가방뚜껑을 열어 신문지를 꺼내고 이를 가방 놓을 장소에 깐다.

③ 신문지를 깐 종이 위에 가방과 종이봉지를 세워 놓는다.

④ 가방에서 신문지를 꺼내어 손 씻을 장소에 펴놓고 비누, 비누곽, 수건을 놓는다.

⑤ 간호시행에 불필요한 시계·반지 등은 빼서 주머니에 넣는다.

⑥ 대야에 물을 떠서 손을 씻은 후 꺼내어 놓은 수건으로 닦는다(되도록이면 흐르는 물에 씻는다).

⑦ 사용한 수건과 비누, 비누곽을 가지고 들어와서 신문지 한 귀퉁이에 놓는다.

⑧ 필요한 앞치마를 꺼내 입는다.

⑨ 간호에 필요한 물품을 꺼내어 종이 위에 놓고 가방을 놓는다.

⑩ 필요한 처치를 한다.

⑪ 처치를 하고 난 후 다 쓴 기구들은 종이 위에 가지런히 놓는다.

⑫ 체온기나 소독이 필요하지 않은 기구들은 마른 솜으로 닦고, 다시 알코올 솜으로 닦아 준다.

⑬ 다른 물품은 정리해서 가방 속에 넣는다.

⑭ 감염병 환자나 감염우려가 있는 기구, 앞치마는 따로 싸가지고 온다.

⑮ 처치 후 나온 쓰레기는 종이봉지에 모았다가 가방 밑에 깔았던 신문지에 싸서 태우도록 가족들에게 요청하거나 혹은 처리하는 방법을 시범으로 보인다.

③ 방문건강관리사업

(1) 방문건강관리사업의 개요

① 개념
   ㉠ 방문건강관리사업은 빈곤, 질병, 장애, 고령 등 건강위험요인이 큰 취약계층 가구를 간호사 등 전문인력이 직접 찾아가 건강관리서비스를 제공하는 사업을 말한다.
   ㉡ 방문건강관리사업 전문인력은 만성질환자, 영유아, 노인 등을 대상으로 주기적인 건강문제 스크리닝을 통해 건강행태 및 건강위험요인을 파악하고 영양, 운동, 절주, 금연 등 건강행태 개선, 만성질환 및 합병증 예방관리, 임산부·허약노인 등 생애주기별 건강문제 관리 등의 건강관리서비스를 제공하고 있다.

② **목적** … 지역주민의 건강인식제고, 자가건강관리능력 향상, 건강상태 유지 및 개선

③ **목표**
   ㉠ **지역주민의 건강행태 개선**
   - 건강상태 인식
   - 건강생활 실천 유조
   - 건강지식 향상

   ㉡ **취약계층의 건강문제 관리**
   - 건강문제 정기적 스크리닝
   - 증상 조절
   - 치료 순응 향상

④ **법적근거**
   ㉠ **국민건강증진법 제3조** : ① 국가 및 지방자치단체는 건강에 관한 국민의 관심을 높이고 국민건강을 증진할 책임을 진다. ② 모든 국민은 자신 및 가족의 건강을 증진하도록 노력하여야 하며, 타인의 건강에 해를 끼치는 행위를 하여서는 아니 된다.

   ㉡ **지역보건법 제11조** : ① 보건소는 해당 지방자치단체의 관할 구역에서 다음 각 호의 기능 및 업무를 수행한다. 5. 지역주민의 건강증진 및 질병예방·관리를 위한 다음 각 목의 지역보건의료서비스의 제공 / 라. 여성·노인·장애인 등 보건의료 취약계층의 건강유지·증진 / 사. 가정 및 사회복지시설 등을 방문하여 행하는 보건의료사업

   ㉢ **보건의료기본법 제31조** : ① 국가와 지방자치단체는 생애주기별 건강상 특성과 주요 건강위험요인을 고려한 평생국민건강관리를 위한 사업을 시행하여야 한다. ② 국가와 지방자치단체는 공공보건의료기관의 평생국민건강관리사업에서 중심 역할을 할 수 있도록 필요한 시책을 강구하여야 한다. ③ 국가와 지방자치단체는 평생국민건강관리사업을 원활하게 수행하기 위하여 건강지도·보건교육 등을 담당할 전문인력을 양성하고 건강관리정보체계를 구축하는 등 필요한 시책을 강구하여야 한다.

   ㉣ **공공보건의료에 관한 법률 제7조** : ① 공공보건의료기관은 다음 각 호에 해당하는 보건의료를 우선적으로 제공하여야 한다.
   1. 의료급여환자 등 취약계층에 대한 보건의료
   2. 아동과 모성, 장애인, 정신질환, 감염병, 응급진료 등 수익성이 낮아 공급이 부족한 보건의료
   3. 질병 예방과 건강 증진에 관련된 보건의료
   4. 교육·훈련 및 인력 지원을 통한 지역적 균형을 확보하기 위한 보건의료
   5. 그 밖에 보건의료기본법 제15조에 따른 보건의료발전계획에 따라 보건복지부장관이 정하는 보건의료

(2) **건강관리서비스 운영**

① **건강관리서비스 대상** … 건강관리서비스 이용이 어려운 사회·문화·경제적 건강취약계층(건강위험군, 질환군) 및 65세 이상 독거노인 가구, 75세 이상 노인부부 가구 중심

② 건강관리서비스 방법
  ㉠ 운영과정 : 보건소 내 간호사, 영양사, 물리/작업치료사, 치과위생사 등 전문 인력이 가정 등을 방문하여 개인, 2~4인의 소그룹을 집단을 대상으로 건강문제 스크리닝, 건강관리서비스 제공, 보건소 내·외 자원 연계 등 실시
  ㉡ 대상자 군 분류 및 군별 세부 기준

군	대상자 특성	군별 세부사항
집중관리군 (군 분류 후, 3개월 이내 8회 이상 방문)필요시 전화 상담가능	건강위험요인 및 건강문제가 있고 증상조절이 안 되는 경우	• 수축기압 140mmHg 이상 또는 이완기압 90mmHg 이상 • 수축기압 140mmHg 이상 또는 이완기압 90mmHg 이상이고, 흡연·위험 음주·비만·신체활동 미 실천 중 2개 이상의 건강행태 개선이 필요 • 당화혈색소 7.0% 이상 또는 공복혈당 126mg/dl 이상 또는 식후혈당 200mg/dl 이상 • 당화혈색소 7.0% 이상 또는 공복혈당 126mg/dl 이상 또는 식후혈당 200mg/dl 이상이고, 흡연·고위험 음주·비만·신체활동 미실천 중 2개 이상의 건강행태 개선이 필요 • 관절염, 뇌졸중, 암 등록자로 흡연·고위험 음주·비만·신체활동 미실천 중 2개 이상의 건강행태 개선이 필요 • 임부 또는 분만 8주 이내 산부, 출생 4주 이내 신생아, 영유아, 다문화가족으로 집중관리가 필요 • 허약노인 판정점수가 4~12점 • 북한이탈주민으로 감염성 질환이 1개 이상이거나, 흡연·고위험 음주·비만·신체활동 미실천 중 2개 이상의 건강행태 개선이 필요 ※ 장애인(기능평가 MBI 49점 이하)으로 고혈압, 당뇨, 관절염, 뇌졸중, 암 질환이 있는 경우 ※ 암 대상자로 암 치료 종료 후 5년이 경과되지 아니한 경우
정기관리군 (3개월마다 1회 이상 방문) 필요시 전화 상담가능	건강위험요인 및 건강문제가 있고 증상이 있으나 조절이 되는 경우 (위험군)	• 수축기압이 120~139mmHg 또는 이완기압 80~89mmHg • 수축기압이 120~139mmHg 또는 이완기압 80~89mmHg이고, 흡연·고위험 음주·비만·신체활동 미실천 중 1개 이상의 건강행태 개선이 필요 • 공복혈당이 100~125mg/dl 또는 식후혈당이 140~199mg/dl • 공복혈당이 100~125mg/dl 또는 식후혈당이 140~199mg/dl이고 흡연·고위험 음주·비만·신체활동 미실천 중 1개 이상의 건강행태 개선이 필요 • 관절염, 뇌졸중, 암 등록자로 흡연·고위험 음주·비만·신체활동 미실천 중 1개의 건강행태 개선이 필요 • 북한이탈주민으로 흡연·고위험 음주·비만·신체활동 미실천 중 1개 이상의 건강행태 개선이 필요 ※ 장애인(기능평가 MBI 50점 이상)으로 고혈압, 당뇨, 관절염, 뇌졸중, 암 질환이 있는 경우 ※ 암 대상자로 암 치료 종료 후 5년이 경과되지 아니한 경우

군	대상	
자기역량지원군 (6개월마다 1회 이상 방문)필요시 전화 상담가능	건강위험요인 및 건강문제가 있으나 증상이 없는 경우(정상군)	• 수축기압이 120mmHg 미만이고, 이완기압이 80mmHg 미만 • 수축기압이 120mmHg 미만이고, 이완기압이 80mmHg 미만이고 흡연·고위험 음주·비만·신체활동 미실천 중 1개 이상의 건강행태 개선이 필요 • 당화혈색소가 7.0% 미만 또는 공복혈당 100mg/dl 미만 또는 식후혈당 140mg/dl 미만 • 당화혈색소가 7.0% 미만 또는 공복혈당 100mg/dl 미만 또는 식후혈당 140mg/dl 미만이고, 흡연·고위험 음주·비만·신체활동 미실천 중 1개 이상의 건강행태 개선이 필요 • 질환은 없고, 흡연·고위험 음주·비만·신체활동 미실천 중 1개 이상의 건강행태 개선이 필요 • 기타 집중관리군과 정기관리군에 해당되지 않는 경우

ⓒ 군별 관리내용

군	대상	관리방법
집중관리군	건강위험요인 및 건강문제가 있고 증상조절이 안 되는 경우(고혈압, 당뇨, 뇌졸중, 관절통증, 재가암, 허약노인, 임산부, 신생아, 영유아, 다문화가족, 북한이탈주민)	• 건강위험요인 및 건강문제에 따라 집중관리 실시 • 집중관리 요구도 조사 후 문제선정기준에 의해 우선순위에 따라 관리계획 수립 • 관리계획에 따라 건강관리서비스 제공 • 집중관리 완료 기준 -정상완료: 8회 직접 방문 또는 7회 직접 방문과 1회(내소 및 전화상담) -중간종료: 건강상태가 자기역량지원군 수준으로 6회 이상 직접 방문(전화상담 제외) -중도퇴록: 4회 이상 직접 방문 후 사망, 전출, 노인장기요양보험 이관, 장기입원 등으로 건강관리가 어려운 경우
정기관리군	건강위험요인 및 건강문제가 있고 증상이 있으나 조절(위험군)이 되는 경우	• 분기당 1회 이상 직접 방문하여 건강관리서비스 제공, 필요시 건강평가표를 통해 대상자 평가 • 건강위험요인이 있는 경우 관련 건강관리 정보 제공 및 보건소 내·외 기관 연계
자기역량지원군	건강위험요인 및 건강문제가 있으나 증상이 없는 경우	• 6개월당 1회 이상 직접 방문하여 건강관리서비스 제공, 필요시 건강평가표를 통해 대상자를 평가하고, 연 1회 이상 우편이나 전자우편 등으로 건강정보 제공 • 건강위험요인이 있는 경우 관련 건강관리정보 제공 및 보건소 내·외 기관에 연계

ⓓ 대상자 평가
• 대상자는 등록 시 건강면접조사표를 조사하고 이후 필요시 조사(건강면접조사표 일부 문항 매년 조사)
• 재평가 결과 자기건강관리가 가능하거나 미방문 기간이 총 2년을 초과하는 경우 퇴록
  ※ **퇴록 기준** … 사망, 전출, 노인장기요양보험 대상자로 이관, 장기입원 및 시설 입소, 건강상태 호전, 거부 및 자격 변경 등

ⓜ 집중관리 완료(정상완료, 중간종료) 후, 건강상태에 따른 군 분류를 재실시하여 자기역량지원군, 정기관리군, 집중관리군으로 대상자 관리 가능하며 정기관리군 및 자기역량지원군은 필요시 건강평가표를 통해 대상자 평가

(3) 건강관리서비스 조직 및 인력

① 조직 구성
  ㉠ 건강관리서비스를 제공하기 위해 팀 접근이 가능하도록 다양한 전문 인력으로 구성
  ㉡ 의사, 한의사, 간호사, 물리치료사, 치과위생사, 영양사, 사회복지사 등으로 구성된 전문 인력과 자원봉사자를 활용하여 운영

② 인력 자격 및 업무
  ㉠ 의사, 한의사
    - 서비스 대상자 및 가족, 집단 등의 방문 진료 및 건강관리서비스 제공
    - 대상자의 혈액 검사 등 필요시 처방, 채혈 등 관리 및 감독
    - 임상적 소견과 의학적 자문 제공, 사례관리 집담회 참여 등
  ㉡ 간호사
    - 대상자별 주요 건강문제 선정 및 관련 업무 계획
    - 지역사회 내 건강위험요인이 있는 대상 가수 및 집단 발굴 및 등록관리
    - 건강문제 스크리닝, 건강관리서비스 제공, 보건소 내·외 자원 연계 실시
  ㉢ 물리/작업치료사
    - 간호사가 외뢰한 대상자 및 집단 등에 재활 상담 및 건강관리서비스 제공
    - 대상자 및 가족 등 주요 건강문제 선정 및 관련 업무 계획
    - 재활 관련 서비스 제공: 통증감소, 균형 및 협응 촉진으로 가동성 개선, 영구적 신체장애 지연 및 예방 등
  ㉣ 운동 관련 전문인력
    - 간호사가 의뢰한 대상자 및 집단 등에 신체활동 상담 및 건강관리서비스 제공
    - 대상자 및 가족 등 주요 건강문제 선정 및 관련 업무 계획
    - 신체활동 관련 서비스 제공: 균형감각 촉진, 근력강화, 자가관리 훈련, 체력 및 건강 촉진·유지·회복 등
  ㉤ 치과위생사
    - 간호사가 위뢰한 대상자 및 집단 등에 구강 상담 및 건강관리서비스 제공
    - 대상자 및 가족, 집단 등의 주요 건강문제 선정 및 관련 업무 계획
    - 구강 관련 서비스 제공: 구강보건교육, 구강위생관리법, 잇솔질 교육, 틀니 관리, 구강위생용품 사용법 교육 등
  ㉥ 영양사
    - 간호사가 의뢰한 대상자 및 집단 등에 영양 상담 및 건강관리서비스 제공
    - 대상자 및 가족, 집단 등의 주요 건강문제 선정 및 관련 업무 계획
    - 영양 관련 서비스 제공: 대상자의 영양 평가 및 개인 특성별 영양상담 등

- ⓢ 사회복지사
  - 간호사가 의뢰한 대상자 및 집단 등 복지 상담 및 연계서비스 제공
  - 대상자 및 가족, 집단 등 주요 건강문제 선정 및 관련 업무 계획
  - 복지 관련 서비스 제공 : 지역사회 내 자원 연계 및 신규 자원 발굴 등
- ⓞ 북한이탈주민 상담사
  - 북한이탈주민 건강관리의 접점으로 전문 인력이 건강관리서비스 제공시 조정자 역할
  - 북한이탈주민 관련 서비스 제공 : 신규대상 발굴 및 전화상담, 북한이탈주민의 사회 적응을 위한 정보제공, 정서적 지지 등
- ⓩ 그 외 보건소 인력
  - 약사 : 대상자 및 가족, 집단 등 건강관리를 위한 임상약리학적 자문 제공
  - 자원봉사자 : 신체적·정서적 지지, 가시일 보조, 차량봉사 등
  - ※ 재가 말기암 대상자 및 가족 등에 대한 자원봉사는 호스피스 자원봉사자 교육 이수자 우선 활동

③ 방문건강관리사업 비정규직 인력의 정규직 전환 필요
  - ㉠ 방문건강관리사업은 상시·지속적으로 국고보조사업이다.
  - ㉡ 상시·지속적 업무라 함은 연중 9개월 이상 계속되는 업무로 향후 2년 이상 계속될 것으로 예상되는 업무이다.
  - ㉢ 고용개선을 위한 국정과제 및 정부종합대책에 따라 공공부문의 상시·지속적 업무를 수행하는 비정규직의 정규직 전환이 차질 없이 추진되도록 노력하여야 한다.

02 건강관리실(클리닉) 활동

1 건강관리실의 개요

(1) 건강관리실의 분류

① 고정건강관리실 … 학교 내 보건실과 보건소 내 모성실·유아실·가족계획실·결핵실·치료실·진료실 등 계속적으로 고정되어 있는, 지역사회간호사가 간호계획을 수립·실행하는 건강관리실 형태이다.

② 이동건강관리실 … 배 또는 버스 안에 건강관리실을 운영하는 형태이다.

(2) 건강관리실 활동에 관한 지역사회간호사의 업무

① 건강관리실에 대한 개실을 결정한다.

② 건강관리실을 위한 사전활동으로 대상자에 대한 광고 및 이용을 권장한다.

③ 건강관리실에 필요한 기구·기계 및 장소를 준비한다.

④ 건강관리를 위한 정규적인 업무순서를 설정한다.

⑤ 행정적인 절차를 확인한다.

⑥ 보건교육의 조직을 형성한다.

⑦ 자원봉사자 혹은 노조원들을 지도·감독한다.

⑧ 기록제도와 추후관리방법 등을 계획한다.

(3) 건강관리실의 장·단점

① 장점
   ㉠ 시간과 비용이 절약된다.
   ㉡ 간호사 이외에 다른 전문인의 서비스를 받을 수 있고, 전문적인 시설을 이용할 수 있다.
   ㉢ 같은 문제를 가진 대상자들끼리 서로의 경험을 나누어 집단효과가 있다.
   ㉣ 대상자 스스로가 자신의 건강문제에 적극성을 가지고 자력으로 문제를 해결할 수 있는 능력을 갖게 할 수 있다.

② 단점
   ㉠ 대상자가 처한 상황을 직접적으로 파악할 수 없다.
   ㉡ 가족이 미처 발견하지 못한 문제를 발견할 수 없다.
   ㉢ 시범이 필요한 간호행위일 때 상황에 적절한 시범을 보일 수 없다.
   ㉣ 건강관리실 방문이 불가능한 대상자들의 접근성이 떨어진다.
   ㉤ 대상자가 심리적으로 위축하는 경우 자신의 문제를 솔직하게 드러내지 않는다.

2 이동건강관리실의 설치 및 관리

(1) 이동건강관리실의 설치장소

① 교통이 편리한 곳에 설치한다.

② 종교 및 정치에 관련이 없는 건물에 일시적인 건강관리실을 준비한다(단, 응급시에는 예외).

③ 대상자들에게 널리 알려지고 쉽게 찾을 수 있는 곳에 설치한다.

④ 건강관리실의 특성을 고려한다.

⑤ 화장실, 수도시설이 이용가능한 곳으로 정한다.

⑥ 냉·난방시설과 환기장치가 적당한 곳으로 정한다.

⑦ 대기실 및 적절한 수의 의자 혹은 장의자를 준비한다.

⑧ 주민과의 대화 및 주민의 건강검진에 비밀이 보장될 수 있는 개별적인 방을 준비하거나 휘장을 사용한다.

⑨ 건강관리실 바닥은 청소하기 쉬운 딱딱한 것이어야 하고 벽은 벽지보다 페인트를 사용하는 것이 좋다.

(2) 건강관리실의 기구확보 및 준비

① 고정적인 건강관리실은 능률적인 기구를 사용하고 이동건강관리실은 감염관리와 효율성을 고려하여 일회용으로 사용하는 것이 편리하다.

② 건강관리실의 물품은 가급적 그 지역의 물품을 사용하여 지역주민들에게 친밀감을 유도한다.

③ 기구나 물자를 보관할 수 있는 창고를 구비한다.

④ 건강관리실의 기록과 보고를 할 수 있는 공인된 서식을 구비한다.

(3) 건강관리실의 관리

① 건강관리실에 대한 행정적 절차 확립 … 간호대상자가 건강관리실을 방문하였을 때 건강관리를 받는 수속절차를 명확히 한다.

② 건강관리실에 포스터, 사진, 소책자 등을 전시 … 지역사회주민의 방문만으로도 보건교육이 되도록 하고, 보건교육자료는 수시로 교환한다. 이러한 교육자료는 지역사회주민들의 교육참여를 활성화되게 한다.

(4) 추후관리방법

① 환자가 약속된 날짜에 건강관리실로 오지 않을 경우에는 이유를 조사할 수 있는 제도를 마련하고, 편지나 엽서를 즉각 보내면 압박감을 느끼므로 일주일 정도 기다렸다가 연락한다.

② 대상자의 상태가 중요하거나 즉각적인 조치가 필요할 때에는 다음날 즉시 가정방문한다.

03 면접 및 상담

1 면접

(1) 면접활동

① 의의 … 면접활동은 지역사회 간호방법 중의 하나인 보건교육을 전달하는 수단으로 많이 이루어지고 있다. 면접이란 두 사람이 의도한 공공목적을 가지고 생각이나 정보를 교환하는 과정을 말하며, 언어적 혹은 비언어적 방식으로 이루어진다. 즉, 공공목적에 도달하기 위한 두 사람 사이의 의사소통이며 고의적인 대화의 성격을 지닌다.

② 면접자의 자질
  ㉠ 부드럽고 친절하며 사람들에 대한 순수한 관심을 가진 태도와 상대방에게 도움이 되어 주겠다는 마음의 자세가 필요하다.
  ㉡ 도움을 필요로 하는 사람의 인격에 대한 존경심을 가진 태도를 지닌다.
  ㉢ 자기결정, 자기지휘에 대한 권리를 인정하는 태도를 지닌다.
  ㉣ 비판적이며 강제적이 아닌 남을 수용하는 태도를 지닌다.
  ㉤ 걱정되는 일에 대하여 안심하고 이야기할 수 있도록 신뢰감을 얻을 수 있는 능력이 필요하다.
  ㉥ 정확한 관찰과 민감한 이해력, 좋은 청취자가 될 수 있는 능력이 필요하다.
  ㉦ 자신의 태도나 편견에 대한 자각능력이 있어야 한다.
  ㉧ 자제력 및 융통성과 적응능력이 있어야 한다.
  ㉨ 효과적인 의사소통능력과 건강관리에 대한 지식이 풍부해야 한다.
  ㉩ 인간행동에 영향을 주는 기본원리에 대한 지식이 있어야 한다.
  ㉪ 개인·가족·지역사회의 사회문화적 배경에 대한 지식이 필요하다.
  ㉫ 소속기관에 대한 지식(기능, 목적, 사업내용, 정책 등)이 필요하다.
  ㉬ 지역사회 자원에 대한 지식(의뢰방법)이 있어야 한다.
  ㉭ 그 지역 혹은 그 사회계층에서 통용하는 언어를 사용한다.

(2) 면접방법

① 관찰 … 관찰에 있어서는 언어를 통한 표현, 즉 면접자가 말하는 것, 말 안하는 것, 급작스런 화제의 변경, 이야기 줄거리의 간격뿐만 아니라 비언어적 표현, 즉 신체의 긴장도, 얼굴의 표정, 몸의 움직임, 몸의 자세 등을 주의하여 관찰한다.

② 청취
- ㉠ 대상자가 효과적으로 도중에 잠깐씩 중지하는 점에 관심을 기울인다.
- ㉡ 지나친 간섭, 혹은 지나치게 적은 간섭을 피한다.
- ㉢ 대상자가 계속 대화를 할 수 있도록 가끔 반응을 나타내어 경청하고 있다는 것을 알린다. 경우에 따라서 환자의 말을 반복하고 조언이나 질문을 한다.

③ 질문
- ㉠ 질문시기
  - 피면접자가 하고 있는 말을 이해하지 못했을 때 질문을 한다.
  - 피면접자 본인이 가지고 있는 문제를 혼동하고 있을 때 질문을 한다.
  - 구체적으로 필요한 정보를 얻으려고 할 때 질문을 한다.
  - 화제의 방향이 빗나갔을 때 질문을 한다.
  - 피면접자가 좀 더 구체적인 설명을 할 필요가 있을 때 질문을 한다.
- ㉡ 질문방법
  - 직접적인 질문보다는 일반적인 유도질문을 한다.
  - '예' 혹은 '아니오'로 대답을 유도하는 것보다 설명을 요하는 질문을 한다.
  - 관심과 친절감이 있는 언어를 사용한다.
  - 지나치게 많은 질문은 피면접자를 혼동시키고 너무 적은 질문은 관심이 없어 보이므로 주의한다.

④ 이야기
- ㉠ 이야기하는 시기와 이유
  - 피면접자가 화제를 계속하도록 조장할 때 이야기를 해야 한다.
  - 필요한 정보, 지식, 조언을 제공할 때 이야기를 해야 한다.
  - 각종 보건관리방법을 설명할 때 이야기를 해야 한다.
  - 대상자를 안심시키려고 할 때 이야기를 해야 한다.
  - 대상자의 질문에 답변할 때 이야기를 해야 한다.
- ㉡ 이야기 방법
  - 대상자와 같은 수준의 언어를 사용한다.
  - 간단하고 정확히 전달이 되는 용어를 사용하며 대상자와의 상호 이해를 명백히 해야 한다.
  - 허식적인 칭찬 또는 공을 내세우는 것을 피한다.
  - 질문에 대한 답변은 짧고 솔직하게 하고 대상자에게 다시 주의를 기울여야 한다.

⑤ 해석 … 지역사회간호사는 관찰 · 청취 · 대화과정에서 어떤 단서나 인상 등을 종합하여 대상자가 가지고 있는 문제에 대한 상황을 파악하며, 임시적으로 가설하여 문제해결에 접근한다.

② 상담

(1) 상담의 개념
① 상담은 개인이나 가족들의 건강문제를 정의하고 문제를 해결함에 있어서 그들의 실력 또는 능력을 증강시켜 주는 것을 목적으로 전문지식 및 기술과 전문직업적 관계를 응용하는 것이다.
② 건강상담이란 개인과 가족이 건강을 위한 지식을 습득하고, 태도를 변화시키고, 건강한 행위를 할 수 있도록 환경을 조성하고, 그들의 건강문제를 해결할 수 있는 능력을 개발하기 위해서 개인과 가족의 생각에 대한 자원과 용기를 북돋아 주는 의사소통 전체를 말한다.

(2) 상담의 목표
① **자기이해** … 피상담자는 상담을 통하여 자신의 내부와 자신을 둘러싼 환경 속에서 어떤 일이 일어나고 있는지를 올바로 이해하게 되고 자신의 장·단점을 포함하여 자신과 관련된 많은 문제들을 파악하게 된다.
② **효과적인 의사소통능력** … 많은 문제들이 의사소통의 단점 또는 잘못된 의사소통으로 발생한다는 사실을 알게 되고, 이에 따라 감정과 생각·태도를 정확하게 효과적으로 전달하는 방법과 능력을 기르게 된다.
③ **학습 및 행동변화** … 대부분의 행동은 학습되어진 것임을 전제하여 비효과적이거나 바람직하지 못한 행동을 버리고, 보다 효과적으로 행동하는 방법을 터득(학습)하여 실질적인 행동변화를 일으킨다.
④ **자아실현** … 개인이 가지고 있는 풍부한 잠재력을 개발함과 동시에 삶의 의미를 깨닫거나 또한 삶의 의미를 부여하여 자신을 완성된 하나의 인격체로 실현시키게 된다.
⑤ **지지** … 자신의 모든 측면의 자원들을 재동원해서 삶의 문제를 효과적으로 대처할 수 있을 때까지 지지받기를 원한다.

> **TIP 효과적인 상담자의 자질**
> 상담자는 온정, 성실함, 공감능력, 겸손, 자기성찰, 선행, 인내력 등의 자질을 갖추어야 한다.

(3) 상담의 실제
① **상담기법**
  ㉠ '예', '아니오'로 대답되는 폐쇄식 질문이 아닌 개방식 질문을 한다.
  ㉡ 피상담자의 호소에 경청하면서 반사, 인도, 질문, 직면, 정보제공, 해석, 지지와 격려 등을 적절히 사용하여 반응한다. 반응은 피상담자로 하여금 자신의 이야기에 집중하고 있다는 느낌을 받게 한다.
  ㉢ 상담을 통해 파악된 피상담자의 문제와 관련된 내용을 교육한다.

② 상담과정
    ㉠ 1단계 : 상담자와 피상담자간의 관계를 거치면서 진행된다.
    ㉡ 2단계 : 피상담자가 가진 문제를 명확하게 이해하고 규명한다.
    ㉢ 3단계 : 상담의 목적을 탐색한다. 즉, 피상담자가 가진 문제들을 어떻게 처리할 수 있는지 결정하기 위하여 가능한 모든 방법을 탐색한다.
    ㉣ 4단계 : 변화를 요하는 피상담자의 행동방향을 결정한다.
    ㉤ 5단계 : 피상담자가 행동변화를 일으키도록 자극한다.
    ㉥ 6단계 : 상담과정을 평가하고 추후행동을 결정한다.
    ㉦ 7단계 : 상담자의 도움 없이 추진해 나갈 수 있도록 격려·지지·지도하면서 관계를 종결시킨다.

(4) 상담 시 주의점
① 상담자는 말과 태도가 일치하도록 신중하여 피상담자가 신뢰하고 마음을 열 수 있도록 해야 한다.
② 피상담자에 대한 긍정적인 태도를 가진다.
③ 현재의 문제만을 갖고 공감대를 형성하도록 노력한다.
④ 피상담자가 자유롭게 의사를 표시할 수 있도록 부드럽고 조용한 상담분위기를 조성한다.
⑤ 피상담자가 스스로 말할 수 있을 때까지 말이나 해답을 강요하지 말아야 한다.
⑥ 피상담자의 부정적 감정의 표시를 잘 수용해야 한다.
⑦ 명령이나 지시는 피상담자로 하여금 강압적인 느낌을 받게 하므로 도와주는 역할 이외의 지시나 명령을 금한다.

04. 지역사회 간호수단

최근 기출문제 분석

2020. 6. 13. 제2회 서울특별시

1 〈보기〉는 보건소에서 실시하는 방문건강관리사업의 일부이다. 이에 해당하는 사례관리의 단계로 가장 옳은 것은?

― 보기 ―
- 전문 인력의 판단과 팀 구성에 따라 건강관리서비스 내용 조정
- 서신발송, 전화, 방문, 내소, 자원연계 실시

① 요구사정
② 목표설정 및 계획수립
③ 대상자 선정 및 등록
④ 개입 및 실행

> **TIP** 사례관리의 과정
> ㉠ 사정단계: 다학제 팀이 함께 사정하여 문제를 확인한다.
> ㉡ 계획단계: 확인된 문제의 해결을 위한 구체적인 개입 계획과 평가계획을 세운다.
> ㉢ 수행단계: 문제의 우선순위에 따라 실제 대상자에게 필요한 다양한 자원을 활용한다. 지역사회 자원을 이용한 새로운 사회적 지지망을 구축한다.
> ㉣ 평가단계: 대상자에게 제공된 서비스, 대상자의 변화 등을 고려하여 사례관리의 효과성과 효율성을 분석하고 피드백을 제공한다.

2019. 2. 23 제1회 서울특별시

2 보건소의 방문건강관리사업 사례관리를 받기로 동의한 대상자의 건강위험요인을 파악하였다. 다음 중 정기 관리군으로 고려될 대상자는?

① 허약노인 판정점수가 6점인 75세 여성
② 당화혈색소 6.5%이면서 흡연 중인 77세 남성
③ 수축기압 145mmHg이면서 비만인 67세 여성
④ 뇌졸중 등록자로 신체활동을 미실천하는 72세 남성

Answer 1.④ 2.④

TIP 방문건강관리사업 대상자군 분류 및 군별 세부 기준

㉠ 집중관리군 : 건강위험요인 및 건강문제가 있고 증상조절이 안 되는 경우(3개월 이내 8회 이상 방문)
- 수축기압 140mmHg 이상 또는 이완기압 90mmHg 이상
- 수축기압 140mmHg 이상 또는 이완기압 90mmHg 이상이고, 흡연·위험 음주·비만·신체활동 미실천 중 2개 이상의 건강행태 개선이 필요
- 당화혈색소 7.0% 이상 또는 공복혈당 126mg/dℓ 이상 또는 식후혈당 200mg/dℓ 이상
- 당화혈색소 7.0% 이상 또는 공복혈당 126mg/dℓ 이상 또는 식후혈당 200mg/dℓ 이상이고, 흡연·고위험 음주·비만·신체활동 미실천 중 2개 이상의 건강행태 개선이 필요
- 관절염, 뇌졸중, 암 등록자로 흡연·고위험 음주·비만·신체활동 미실천 중 2개 이상의 건강 행태 개선이 필요
- 임부 또는 분만 8주 이내 산부, 출생 4주 이내 신생아, 영유아, 다문화가족으로 집중관리가 필요
- 허약노인 판정점수가 4~12점
- 북한이탈주민으로 감염성 질환이 1개 이상 이거나, 흡연·고위험 음주·비만·신체활동 미실천 중 2개 이상의 건강행태 개선이 필요

※ 장애인(기능평가 MBI 49점 이하)으로 고혈압, 당뇨, 관절염, 뇌졸중, 암 질환이 있는 경우
※ 암 대상자로 암 치료 종료 후 5년이 경과되지 아니한 경우

㉡ 정기관리군 : 건강위험요인 및 건강문제가 있고 증상이 있으나 조절이 되는 경우(3개월마다 1회 이상 방문)
- 수축기압이 120~139mmHg 또는 이완기압이 80~89mmHg
- 수축기압이 120~139mmHg 또는 이완기압이 80~89mmHg이고, 흡연·고위험 음주·비만·신체활동 미실천 중 1개 이상의 건강행태 개선이 필요
- 공복혈당이 100~125mg/dℓ 또는 식후혈당이 140~199mg/dℓ
- 공복혈당이 100~125mg/dℓ 또는 식후혈당이 140~199mg/dℓ이고 흡연·고위험 음주·비만·신체활동·미실천 중 1개 이상의 건강행태 개선이 필요
- 관절염, 뇌졸중, 암 등록자로 흡연·고위험 음주·비만·신체활동 미실천 중 1개의 건강행태 개선이 필요
- 북한이탈주민으로 흡연·고위험 음주·비만·신체활동 미실천 중 1개 이상의 건강행태 개선이 필요

※ 장애인(기능평가 MBI 50점 이상)으로 고혈압, 당뇨, 관절염, 뇌졸중, 암 등 질환이 있는 경우
※ 암 대상자로 암 치료 종료 후 5년이 경과되지 아니한 경우

㉢ 자기역량지원군 : 건강위험요인 및 건강문제가 있으나 증상이 없는 경우(6개월마다 1회 이상 방문)
- 수축기압이 120mmHg 미만이고, 이완기압이 80mmHg 미만
- 수축기압이 120mmHg 미만이고, 이완기압이 80mmHg 미만이고 흡연·고위험 음주·비만·신체활동 미실천 중 1개 이상의 건강행태 개선이 필요
- 당화혈색소가 7.0% 미만 또는 공복혈당 100mg/dℓ 미만 또는 식후혈당 140mg/dℓ 미만
- 당화혈색소가 7.0% 미만 또는 공복혈당 100 mg/dℓ 미만 또는 식후혈당 140mg/dℓ 미만이고, 흡연·고위험 음주·비만·신체활동 미실천 중 1개 이상의 건강행태 개선이 필요
- 질환은 없고, 흡연·고위험 음주·비만·신체활동 미실천 중 1개 이상의 건강행태 개선이 필요
- 기타 집중관리군과 정기관리군에 해당되지 않는 경우

2018. 5. 19 제1회 지방직

3 보건교육방법의 토의 유형 중 심포지엄(symposium)에 대한 설명으로 옳은 것은?

① 일명 '팝콘회의'라고 하며, 기발한 아이디어를 자유롭게 제시하도록 하는 방법이다.
② 참가자 전원이 상호 대등한 관계 속에서 정해진 주제에 대해 자유롭게 의견을 교환하는 방법이다.
③ 전체를 여러 개의 분단으로 나누어 토의시키고 다시 전체 회의에서 종합하는 방법이다.
④ 동일한 주제에 대해 전문가들이 다양한 의견을 발표한 후 사회자가 청중을 공개토론 형식으로 참여시키는 방법이다.

> **TIP** ① 브레인스토밍
> ② 원탁토의
> ③ 버즈토의

2017. 12. 16 지방직 추가선발

4 지역사회간호사의 방문활동 원리에 대한 설명으로 옳은 것은?

① 하루에 여러 곳을 방문하는 경우 면역력이 높은 대상자부터 방문한다.
② 방문횟수는 인력, 시간, 예산, 자원, 대상자의 건강상태 등을 고려하여 결정한다.
③ 개인정보보호를 위해 방문간호사의 신분을 대상자에게 밝히지 않는다.
④ 지역사회 자원 연계는 방문간호사 활동 영역이 아니므로 수행하지 않는다.

> **TIP** ① 하루에 여러 곳을 방문하는 경우 면역력이 낮은 대상자부터 방문한다.
> ③ 방문간호사는 자신의 신분을 대상자에게 밝혀야 한다.
> ④ 방문간호사는 알선자로서 지역사회 자원 연계 역할을 수행한다.

Answer 3.④ 4.②

04. 지역사회 간호수단

출제 예상 문제

1 면접에 대한 설명 중 옳은 것은?

> ㉠ 언어적 혹은 비언어적 방식으로 이루어진다.
> ㉡ 어떤 뚜렷한 목표를 가지고 두 사람 사이에 교환되는 대화이다.
> ㉢ 면접시 전문직에 대한 학문과 기술이 있어야 한다.
> ㉣ 개인의 배경을 확인하기 위하여 이루어진다.

① ㉠㉡
② ㉠㉡㉢
③ ㉠㉢
④ ㉡㉣

TIP ㉣ 면접활동은 지역사회 간호방법 중의 하나인 보건교육을 전달하는 수단으로 많이 이루어지며 공공목적에 도달하기 위한 두 사람 사이의 생각이나 정보를 교환하는 과정을 말한다. 즉, 개인의 배경을 확인하기 위하여 면접이 이루어지는 것은 아니다.

2 다음 중 가정방문 시 먼저 방문해야 할 대상자는?

① 임신 9개월의 임산부
② 신생아
③ 결핵환자
④ 에이즈환자

TIP 지역사회간호사가 가정방문활동 시 방문순서는 비전염성 영유아부터 방문하고 전염성 환자의 경우에는 맨 나중에 방문한다.

Answer 1.② 2.②

3 산후체조에 대한 교육방법으로 가장 적절한 것은?

① 강의
② 연극
③ 시범회
④ 심포지엄

> **TIP** 시범회 … 보건교육의 목적을 대상자가 실천하는 것으로 설정하였을 때 이론설명만으로는 부족하므로 여러 자료를 가지고 실제와 비슷하게 시범을 보이며 교육하는 것이다.

4 다음 중 '고혈압 자가관리'에 대해 사회자의 안내로 2~5명 정도의 전문적인 지식이 있는 연사가 10~15분 토의 후 청중들에게 질문을 주고받는 형식의 학습방법으로 옳은 것은?

① 심포지엄
② 분단토의
③ 패널토의
④ 집단토론회

> **TIP** ② 집단구성원을 몇 개의 분단으로 나누어 책임을 지우고 그 책임의 내용에 대해 토의한 후 각각의 견해를 전체 집단에 발표해 전체 의견을 종합한다.
> ③ 토의 문제에 대해 대립된 견해를 가진 전문가 여러 명의 구성원으로 선정되고 의장의 안내로 토의가 시작되는데 청중수에는 제한이 없다.
> ④ 약 10~15명의 인원으로 구성되어 자유로운 분위기에서 발언권의 필요없이 토의한다.

5 다음 중 분열병적 성격장애로 인해 의심이 많고 부적절한 사회성으로 주위 사람들과 마찰이 잦은 자녀를 둔 어머니가 상담을 의뢰해 왔을 때 정신보건간호사가 취할 행동으로 옳지 않은 것은?

① 대상자를 상담하고 사례를 관리한다.
② 정신요양원을 소개한다.
③ 정신과 전문의를 소개한다.
④ 같은 증상을 가진 사람을 소개하고 조언을 듣도록 한다.

> **TIP** 문제를 해결하고 대상자와 가족들이 정서적 안정을 찾도록 정신보건상담을 하도록 한다. 대상자가 적절한 대처와 일상생활을 할 수 있도록 문제해결을 위해 구체적으로 상담을 해야 하는데 요양원 소개는 맞지 않은 행동이다.

Answer 3.③ 4.① 5.②

6 다음 중 효율적인 건강관리실의 장소선정을 위해 고려해야 할 점으로 옳지 않은 것은?

① 개인 사생활 보호를 위해 한적한 곳
② 종교와 관련된 장소
③ 수도시설의 이용이 가능한 곳
④ 교통이 편리한 곳

> **TIP** ② 종교 및 정치에 관련이 없는 건물에 건강관리실을 준비하나 응급시에는 예외가 된다.

7 다음 중 교육자가 직접 수행해 보여줌으로써 교육하는 효과적 방법은?

① 시범
② 강의
③ 영화상영
④ 집단토론

> **TIP** 시범 … 교육자가 직접 수행해서 보여주는 교육방법으로 매우 효과적이다.

8 다음 중 가정방문의 단점으로 옳지 않은 것은?

① 시간과 비용이 많이 요구된다.
② 간호사 이외의 다른 전문인의 서비스를 받을 수 없다.
③ 대상자의 상황파악이 늦어 상황에 맞는 간호를 제공할 수 없다.
④ 같은 문제를 가진 사람들끼리 서로 정보를 나누는 집단효과를 볼 수 없다.

> **TIP** ③ 가정방문은 대상자의 상황파악을 할 수 있고 상황에 맞는 간호를 제공할 수 있다는 장점이 있다.

9 다음 지역사회 간호활동 중 집단간호활동에 속하지 않는 것은?

① 연구
② 관리
③ 공적 관계
④ 예방접종

> **TIP** ④ 간호활동 중 예방접종은 개별간호활동에 속한다고 볼 수 있다.

Answer 6.② 7.① 8.③ 9.④

10 지역사회간호사의 방문활동의 원리로서 옳지 않은 것은?

① 기록은 유지·보관한다.
② 같은 날 방문할 때는 전염성 환자를 먼저 방문하고 비전염성 영유아는 나중에 방문한다.
③ 질적인 간호사업 제공에 힘써야 한다.
④ 지역사회 자원을 적절히 활용한다.

> TIP ② 간호사가 감염병의 매체가 되어서는 안 된다. 따라서 하루에 여러 곳을 방문할 경우에는 비전염성 영유아부터 방문하고 전염성 문제가 있는 환자는 마지막에 방문한다.

11 지역주민에게 여름철 건강관리에 대한 보건교육을 방송하였다. 방송을 이용하는 경우의 장점이 아닌 것은?

① 가장 빠르게 전할 수 있다.
② 긴급문제 발생시 유용하다.
③ 오랜 시간 기억할 수 있다.
④ 많은 사람에게 일시에 교육할 수 있다.

> TIP 방송매체 활용의 장·단점
> ⊙ 장점
>   • 유인물과 같은 매체에 노출되지 않는 대상자에게 인기가 있다.
>   • 친근감을 준다.
>   • 방송에서 들은 이야기는 권위있는 내용으로 생각한다.
>   • 가장 빠르게 많은 대상자에게 전달할 수 있다.
> ⓒ 단점
>   • 시간이 지나면서 기억이 상실된다.
>   • 방송망의 활용이 번거롭다.

12 지역사회간호사가 전달하고자 하는 많은 내용을 자세히 포함할 수 있는 간접매체는?

① 전화
② 편지
③ 벽보판
④ 유인물

> TIP 유인물의 장점
>   ⊙ 보건교육 내용을 조직적이고 계획적으로 자세히 담을 수 있다.
>   ⓒ 다른 매체보다 신뢰성이 있다.
>   ⓒ 주민이 유인물을 보관하여 수시로 볼 수 있다.

Answer 10.② 11.③ 12.④

05 건강증진과 보건교육

01 건강증진과 국민건강증진종합계획

1 건강증진

(1) 건강증진의 개념

① 사람들로 하여금 자신의 건강을 향상시키고, 통제할 수 있도록 촉진하는 과정을 말한다.

② WHO 오타와 헌장(1986)
  ㉠ 건강증진은 사람들로 하여금 자신의 건강에 대한 통제력을 증가시키고, 건강을 향상시키는 능력을 갖도록 하는 과정이다.
  ㉡ 모든 사람들에게 건강한 생활환경을 조성하기 위해 5가지 요소를 제시하였다.
   • 건강 지향적 공공정책의 수립
   • 건강지향적(지지적) 환경 조성
   • 지역사회활동의 강화
   • 개개인의 기술 개발
   • 보건의료서비스의 방향 재설정

③ 건강증진법(1995)
  ㉠ 건강증진이란 국민에게 건강에 대한 가치와 책임의식을 함양하도록 건강에 관한 바른 지식을 보급하고 스스로 건강생활을 실천할 수 있는 여건을 조성하는 것이다.
  ㉡ 건강증진사업 : 보건교육, 질병예방, 영양개선, 건강생활의 실천

(2) 우리나라 건강증진사업

① 1995년 국민건강증진법 및 시행령 제정·공포 … 건강증진사업 전개의 법적 기반 구축

② 국민건강증진사업은 1997년 국민건강증진기금 조성으로 재원을 확보, 1998년 10월 9개 보건소를 시작으로 1999년 18개 보건소, 2001년 6월까지 3년간 건강증진 거점 보건소 시범사업을 진행하였다.

③ 2002년 10월 이후 제2차 건강증진시범사업으로 금연, 절주, 운동, 영양 등 건강생활 실천사업이 보건소에서 추진하였다.

④ 2005년 건강증진기금 대폭 확충, 전체 보건소로 확대하였다.

⑤ 노동부 1990년 산업안전보건법 제정으로 근로자의 뇌심혈관계질환 및 돌연사 예방

⑥ 초·중·고등학교 학교보건사업으로 금연, 영양, 운동프로그램을 진행하였다.

⑦ 국민건강증진종합계획을 5년마다 수립하고 있다.

(3) 국민건강증진사업의 기본 개념

① 소득 증가에 따라 건강한 삶에 대한 국민들의 욕구가 증가하고 있다.

② 노인인구가 급증함에 따라 국가의료비의 부담이 증가하고 있다.

③ 복잡한 도시생활 등에서 오는 스트레스와 불건전한 생활습관 등으로 질병구조가 다양화·만성화되고 있다.

④ 지역사회 주민들의 보건의료에 대한 관심이 높아지고 이를 통합·조정할 필요성이 제고되었다.

⑤ 건강생활실천, 만성질환 예방·관리, 생애주기별 건강증진 등 건강증진사업을 체계적으로 수행하여 75세 건강장수가 가능한 사회실현이 목적이다.

> **TIP** 건강증진사업의 우선순위 결정기준[미국 CDC의 PATCH(Planned Approach To Community Health)의 우선순위 결정기준]
> ㉠ 중요성
> - 중요성은 건강문제가 지역사회에 얼마나 심각한 영향을 주는가, 또는 건강문제를 변화시키면 건강수준에 얼마나 효과가 나타나는가를 평가하는 기준이다.
> - 건강문제의 중요성을 판단하기 위해서는 첫째, 건강문제가 얼마나 흔한가를 평가하게 된다. 주로 유병률이나 발생률을 이용하여 비교하게 되는데 유병률이나 발생률의 절대적 크기도 중요하지만 상대적 크기(전국 평균이나 다른 지역과의 유병률 차이)도 중요하게 평가되어야 한다. 예를 들면 어느 지역의 유병률을 조사하였더니 1위는 암, 2위는 순환기계 질환, 3위는 사고로 나왔다고 하자. 그런데 다른 문제는 전국 평균치와 큰 차이가 없는데, 유독 사고는 전국 평균치보다 1.5배가 높다고 하자. 이 경우 암과 사고 중 어떤 문제가 더 우선되어야 할까? 이 문제에 대한 해답을 내리기 위해서는 우리가 형평성과 효율성 중 어느 것을 더 존중하는가에 대한 가치판단이 필요하다. 효율성이라는 관점에서 보면 유병률이 더 높은 암이 보건사업 대상으로 더 중요하다는 결론을 내리게 될 것이다. 그러나 지역간 건강수준의 차이를 감소시키는 것도 보건사업의 중요한 목적의 하나라고 생각하는 사람들은 보건사업의 대상으로 사고를 더 우선시할 수도 있다.

- 건강문제의 중요성을 판단하는 두 번째 기준은 해당 문제가 지역의 건강수준에 얼마나 심각한 영향을 미치는 가이다. 소위 건강문제의 위중도(危重度)라고 불리는 이 기준은 질병의 사망률이나 장애발생률, DALY 같은 질병부담 측정지표, 경제적 부담 등을 이용하여 측정하게 된다. 건강결정요인의 경우는 해당 건강결정요인이 야기하는 질환의 위중도에 건강결정요인의 질환별 귀속위험도를 곱하여 줌으로써 중요성의 측정이 가능할 것이다. 그러나 필요한 역학적 자료가 부족하여 지역에서 쉽게 활용할 수 있는 방법은 아니다.

ⓒ 변화가능성
- 변화가능성은 건강문제가 얼마나 용이하게 변화될 수 있는가를 평가하는 기준이다. 변화가능성을 평가하기 위해서는 문헌을 통해서나 다른 지역의 보건사업 경험을 통해 건강문제를 효과적으로 해결한 경험이 있는가를 확인하여야 한다. 즉, 과학적 근거에 따라 건강문제의 변화가능성을 평가하여야 한다. 우리가 비교하고자 하는 건강문제가 질병이나 사망이 아니고 행태인 경우에는 행태가 생활습관으로 고착된 경우보다 그렇지 않은 경우를 변화가능성이 높다고 평가할 수 있을 것이다. 따라서 노인의 흡연보다 청소년의 흡연이 변화가능성이 높다고 할 수 있다.
- PATCH를 이용하여 건강문제의 우선순위를 정하는 경우는 다음의 단계를 밟을 것을 미국 질병본부는 권장하고 있다.
  - 1단계: 브레인스토밍 등의 방법을 사용하여 지역에 흔한 건강문제를 취합한다.
  - 2단계: 1단계에서 취합된 건강문제를 건강문제의 중요성과 변화가능성을 고려하여 해당 영역에 정리한다.
  - 3단계: 중요하고 변화가능성이 높은 문제들을 중심으로 다시 한 번 우선순위를 정한다.

2 국민건강증진종합계획

(1) 국민건강증진종합계획의 개요

① **정의** … 국민건강증진종합계획의 효율적인 운영 및 목표 달성을 위해 모니터링, 평가, 환류하는 사업을 말한다.

② **목적** … 국민건강증진법 제4조 국민건강증진종합계획의 수립에 따라, 성과지표 모니터링 및 평가를 통해 국민의 건강수준 및 건강정책의 효과를 평가하고 국가건강증진전략 도출 및 건강증진정책 개발의 근거 확보에 목적이 있다.

③ **사업대상** … 보건복지부, 국민건강증진 관련 부처, 지방자치단체, 관련 전문가, 국민

④ **연혁**
ⓐ 1995 - 국민건강증진법 제정
ⓑ 1997 - 국민건강증진기금 조성
ⓒ 2002 - **제1차 국민건강증진종합계획**(HP2010, 2002 ~ 2005) 수립
- 75세의 건강장수 실현이 가능한 사회
- 건강 실천의 생활화를 통한 건강 잠재력 제고
- 효율적인 질병의 예방 및 관리체계 구축
- 생애주기별로 효과적인 건강증진서비스 제공

- 「선택과 집중」의 원리에 의한 보건산업의 체계적 추진
- 건강증진위원회를 통해 추진사업을 지속적으로 평가·환류

② 2005 - 제2차 국민건강증진종합계획(HP2010, 2006 ~ 2010) 수립
- 온 국민이 함께 하는 건강세상
- 건강수명 연장과 건강형평성 제고
- 건강 잠재력 강화
- 질병과 조기사망 감소
- 인구집단간 건강 격차 완화

⑩ 2011 - 제3차 국민건강증진종합계획(HP2020, 2011 ~ 2015) 수립
- 온 국민이 함께 만들고 누리는 건강세상
- 건강수명 연장과 건강형평성 제고

⑭ 2015 - 제4차 국민건강증진종합계획(HP2020, 2016 ~ 2020) 수립
- 온 국민이 함께 만들고 누리는 건강세상
- 건강수명 연장과 건강형평성 제고

> **TIP** UN 새천년 개발목표
> ⑤ 절대빈곤 및 기아퇴치
> ⓒ 보편적 초등교육 실현
> ⓒ 양성평등 및 여성능력의 고양
> ② 유아사망률 감소
> ⑩ 모성보건 증진
> ⑭ AIDS 등 질병퇴치
> ⓢ 지속가능한 환경확보
> ⓞ 개발을 위한 글로벌 파트너십 구축

(2) 제4차 국민건강증진종합계획의 지표분석

① 대표지표

중점과제	지표
금연	성인 남자 현재흡연율
	중·고등학교 남학생 현재흡연율
절주	성인 남자 연간음주자의 고위험음주율
	성인 여자 연간음주자의 고위험음주율
신체활동	유산소 신체활동 실천율
영양	건강식생활 실천 인구비율(만 6세 이상)
암	암 사망률(인구 10만 명당)
건강검진	일반검진 수검률
심뇌혈관	고혈압 유병률(30세 이상)
	당뇨병 유병률(30세 이상)
비만	성인 남자 비만유병률
	성인 여자 비만유병률
정신보건	자살사망률(인구 10만 명당)
구강보건	영구치(12세) 치아우식 경험률
결핵	신고 결핵 신환자율(인구 10만 명당)
손상예방	손상사망률(인구 10만 명당)
모성건강	모성사망비(출생아 10만 명당)
영유아건강	영아사망률(출생아 1천 명당)
노인건강	노인 일상생활수행능력(ADL) 장애율

② 건강격차지표

중점과제	지표
금연	성인 남자 현재흡연율
	중·고등학교 남학생 현재흡연율
절주	성인 남자 연간음주자의 고위험음주율
	성인 여자 연간음주자의 고위험음주율
영양	건강식생활 실천 인구비율(만 6세 이상)
건강검진	일반검진 수검률
심뇌혈관	고혈압 유병률(30세 이상)
	당뇨병 유병률(30세 이상)
비만	성인 남자 비만유병률
	성인 여자 비만유병률
노인건강	노인 일상생활수행능력(ADL) 장애율

③ 양성평등지표

중점과제	지표
금연	성인 현재흡연율
	중·고등학교 현재흡연율
절주	성인 남자 연간음주자의 고위험음주율
	성인 여자 연간음주자의 고위험음주율
영양	건강식생활 실천 인구비율(만 6세 이상)
심뇌혈관	고혈압 유병률(30세 이상)
	당뇨병 유병률(30세 이상)
비만	성인 남자 비만유병률
	성인 여자 비만유병률
구강보건	영구치(12세) 치아우식 경험률
모성건강	모성사망비(출생아 10만 명당)
노인건강	노인 일상생활수행능력(ADL) 장애율

④ 국가 간 건강수준 지표

중점과제	대표지표
총괄	출생시 기대수명
금연	매일 흡연자 비율(15세 이상)
절주	알코올소비량(15세 이상)
암	암 사망률(인구 10만 명당)
비만	비만율(15세 이상)
정신보건	자살사망률(인구 10만 명당)
구강보건	우식경험영구치지수(12세 이상)
결핵	결핵발생률(인구 10만 명당)
모성건강	모성사망비(출생아 10만 명당)
영유아 건강	저체중출생아(출생 시 2,500g 미만)
	영아사망률(출생아 1천 명당)

02 건강증진 관련 이론 및 보건교육

1 건강증진 관련 이론

(1) 타나힐(Tannahill)의 건강증진모형

① 개념 … 건강증진은 보건교육을 통해 학습자의 지식, 태도, 행동에 영향을 줌으로써 자기건강관리능력을 갖출 수 있게 육성하는 것이다.

② 구성요소
  ㉠ 보건교육 : 건강증진은 보건교육을 통해 학습자의 지식, 태도, 행동에 영향을 줌으로써 자기건강관리능력을 갖출 수 있게 육성하는 것이다.
  ㉡ 예방 : 의학적 중재를 통해 질병과 불건강을 감소시키는 것으로 3단계가 있다.
   • 일차예방 : 건강위험요인을 감소시켜 질병이나 특정 건강문제가 발생하지 않도록 하는 것
   • 이차예방 : 질병이나 건강문제를 조기 발견하여 예방하는 것
   • 삼차예방 : 질병이나 건강문제로 인해 발생할 수 있는 합병증 예방과 재발 방지
  ㉢ 건강보호
   • 법률적, 재정적, 사회적 방법을 통해 건강에 유익한 환경을 제공함으로써 인구집단을 보호하는 것이다.

- 환경에서 발생하는 환경적 위험과 감염을 통제하려는 노력, 자발적인 규칙과 정책을 정해 법률적, 재정적 통제를 하는 것이다.
- HACCP제도와 같은 식품안전정책, 자동차 안전벨트 착용 의무화, 공공장소에서의 금연 활동 등이 그 예이다.

③ 건강증진영역
  ㉠ 예방영역 : 예방접종, 자궁경부암 선별검사, 선천성장애 선별검사
  ㉡ 예방적 보건교육 영역 : 불건강을 예방하기 위해 생활양식의 변화를 유도하고 예방사업을 이용하도록 권장하는 노력
    예 금연상담, 정보제공
  ㉢ 예방적 건강보호 영역 : 건강보호차원에서 소개된 여러 법률, 정책, 규칙의 제정과 시행
    예 충치 예방을 위한 수돗물 불소화 사업
  ㉣ 예방적 건강보호를 위한 보건교육 영역
    - 안전벨트 착용 의무화하는 법안을 통과시키도록 강력하게 운동을 전개하거나 로비활동 하는 것
    - 예방적 건강보호를 위한 방법들이 성공을 거두기 위해 대중들에게 도움이 되는 사회적 환경을 조성하려는 노력
  ㉤ 적극적 보건교육 영역 : 개인이나 전체 지역사회가 적극적으로 건강의 기초를 세우도록, 건강 관련 기술과 자신감 등을 개발할 수 있도록 도와주는 보건교육
    예 청소년 대상의 생활기술 습득 활동
  ㉥ 적극적 건강보호 영역 : 금연을 위해 직장 내에서의 흡연금지 정책 시행이나, 적극적 건강상태를 증진하기 위해 사용이 편리한 여가시설을 마련하기 위해 공공자금을 제공하는 것
    예 작업장 금연 정책
  ㉦ 적극적 건강보호를 위한 보건교육 영역 : 대중이나 정책 결정자들에게 적극적 건강보호 수단의 중요성을 인식시키고 이들에 대한 지원을 보장받기 위한 노력
    예 담배광고 금지를 위한 로비활동

(2) 합리적 행동이론(TRA) & 계획된 행동이론(TPB)
① 합리적 행동이론
  ㉠ 개념
    - 신념(행동적, 규범적), 태도, 의도, 행위 사이의 관계에 관심을 두고 태도와 행위 간의 관계를 찾기 위해 개발되었다.
    - 인간은 이성적 존재이고 가능한 정보를 체계적으로 사용하며, 행위에 대한 개인의 의도가 그 행위의 직접적인 결정요인이다.
    - 인간은 합리적이며 자신이 이용할 수 있는 정보를 활용하여 행동을 결정한다.
    - 인간이 특정 행동을 선택할 때, 행동의 결과로 야기될 수 있는 것들 중 좋은 것은 최대로 하고, 나쁜 것은 최소로 하겠다는 기대감으로 합리적 행동을 선택한다.

- ⓒ 합리적 행동이론의 구성요소 : 행위, 행위의도, 행위에 대한 태도, 주관적 사회규범, 행동의 결과평가, 행동에 대한 주위의 태도
  - 행위의 결정요소 : 개인의 행위 의도
  - 행위 의도의 직접적인 결정요소
    - 그 행위를 수행하는 것에 대한 태도 : 행위의 결과 또는 행위 수행에 대한 개인적 신념에 의해 결정되며, 행위 결과에 긍정적 가치를 부여할 때 행위가 수행된다.
    - 그 행위와 관련된 주관적인 규범 : 사회적 압력에 대한 인식, 어떤 행위에 대한 주위 사람들의 찬성이나 반대, 주위 사람들의 의견을 따를 것인지에 따라 결정된다.
  - 개인이 특정 행위의 결과에 만족하고 그 행위를 하도록 사회적 압력이 있다고 인식할 때 행위 수행이 일어난다.

② 계획된 행동이론
  - ㉠ 개념 : 합리적 행동이론이 확장된 이론으로 인지된 행동통제 개념을 추가하여 확대·발전시킨 이론이다.
  - ㉡ 의도를 결정하는 요인
    - 행위에 대한 태도 : 행위 수행에 대한 개인의 긍정적 또는 부정적 평가 정도 → 행위 신념(행동적 신념)에 의해 영향을 받음
    - 주관적 규범 : 제시된 행위를 선택하도록 만드는 사회적 기대감을 개인이 지각하는 정도 → 규범적 신념에 의해 영향을 받음
    - 인지(지각)된 행위 통제 : 특정행위를 수행하는 데 있어서 어려움이나 용이함을 지각하는 정도 → 통제신념에 의해 영향을 받음
    - 행위신념(행동적 신념) : 어떤 행위가 특정한 결과를 이끌어 낼 것이라는 기대 혹은 대가에 대한 신념
      - 예 체중조절이 체중을 감소시킬 가능성이 있음
    - 규범적 신념 : 주위의 의미 있는 사람들이 행위 실천에 대해 지지할지 반대할지에 대한 믿음
      - 예 주치의가 체중을 조절해야 한다고 생각다고 믿음
    - 통제신념 : 행위수행에 필요한 자원, 기회 및 장애물의 존재유무 등에 대한 행위통제에 대한 신념
      - 예 식당에서 흡연금지에 직면할 가능성
  - ㉢ 특성
    - 행동보다는 중간단계의 결과인 행동의도에 초점 - 내적인 동기유발과 외적 환경영향을 구분
    - 태도가 믿음으로 구성되는 것으로 정의 - 태도에 대한 정확한 측정이 가능(여러 가지 믿음을 측정함으로써 태도를 결정)
    - 동기유발이 태도에 의해 영향을 받는다는 점을 제시 - 행위결과에 대한 기대감은 그것이 현실적이든 그렇지 않든 동기유발에 결정적 영향을 수행함
    - 주관적 규범을 모형에 포함 - 개인의 행동결정과정에 타인의 영향력이 행사된다는 것을 이론적으로 정립
    - 행동수행능력에 대한 개인의 인식 고려 - 동기유발은 개인의 자신감에 의해 증가되고, 자신감 결핍에 의해 감소됨

(3) 사회인지이론

① 사회인지이론의 발달
- ㉠ **사회인지이론 = 사회학습 + 인지과정** : 학습된 행동을 합리적인 사고를 통해 올바른 가치관을 형성하는 것이다.
- ㉡ 건강행위와 행위변화의 증진방법에 영향을 미치는 심리·사회적 역동성을 설명해 주는 주요 행동과학이론이다.
- ㉢ 개인의 행동과 인지가 앞으로의 행동에 영향을 준다는 점을 강조한다.
- ㉣ 반두라는 상호결정론을 통해 인간의 행동은 인지를 포함하는 개인의 요소, 행동과 관련된 요소, 환경의 요소 이렇게 3가지 요소가 서로 영향을 미치는 결과로 만들어진 역동적·상호적인 것으로 설명한다.
- ㉤ 행동변화의 이해를 위해 인지적·정서적·행동적 요소를 종합적으로 제시하고, 이론에서 파악된 개념과 과정이 건강교육 실무와 건강행위변화에 이론적 아이디어의 적용을 가능하게 해주는 것이 이 이론의 장점이라 할 수 있다.
- ㉥ 건강행위는 개인이 자신의 건강과 안녕을 위하여 스스로 실행하는 활동이므로 행위에 영향을 미치는 개인적 요소를 고려하여야 한다.
- ㉦ 사회인지이론을 창의적으로 적용하여 개인의 인지요소에 영향을 미치는 기술과 방법을 개발하고 행동변화의 가능성을 증가시키는 노력이 매우 중요하다.

② 사회인지이론의 개념
- ㉠ 사회인지이론에서 설명하는 행동은 환경과 개인의 특성에 의존하며 이 세 요소가 동시 상호간에 영향을 미치는 역동적인 관계이다.
- ㉡ 행동은 단순히 인간과 행동의 결과가 아니며, 또한 환경도 단순히 인간과 행동에 따른 결과이기 보다는 이 세 요소가 서로에게 영향을 주는 것이다.
- ㉢ **상호결정론** : 한 가지 요소의 변화는 다른 두 가지 요소에 자연히 영향을 미치게 되는 것으로 행동만 따로 분리해서 초점을 두지 않고, 개인적·환경적 특성을 함께 고려함으로써 환경 변화나 개인 특성 프로그램을 개발하여 행동의 변화가 보다 효과적으로 실천될 수 있도록 하는데 활용될 수 있다.

③ 사회인지이론의 주요 개념
- ㉠ 행동능력
  - 특정행동을 수행할 수 있는지의 여부를 의미한다.
  - 행동이 무엇인지(지식), 어떻게 그 행동을 실행하는지(기술)를 알아야 한다.
  - 특별한 행위를 수행하는 사람이 누구이든지 간에, 그 행위가 지식을 습득하는 것이든 기술로써 수행하는 것이든 나름대로 습득방법을 통해서 얻어진다.
  - 건강교육자들은 학습을 전제로 목표행동을 분명히 하는 것이 중요하다.
  - 주어진 업무가 학습되어도 수행되지 않을 수가 있으므로 행동능력에 대한 개념은 학습을 전제로 한 실행에 둔다.
  - 행동능력은 개인의 훈련, 지적 수준, 학습형태의 결과이다.

- 숙련학습 : 무엇을 수행해야 되는지에 대한 인지적 지식을 제공해 주고, 실제 그 행동을 실행하여 개인이 사전에 세운 기준에 맞는 행동을 실행할 때까지 수행을 정확히 하도록 피드백해 주는 것을 말한다.

ⓒ 관찰학습
- 사회인지이론에서 사람은 타인을 통해 강화받고, 관찰함으로써 배우게 되며, 주위 환경이 행동에 대한 모델을 제시하므로 환경이 매우 중요하다.
- 관찰학습을 통해 타인의 행위를 보고 그 사람이 강화받는 것을 보면서 대리경험 혹은 대리강화를 경험한다.
- 복잡한 행동을 학습하는데 조작적 학습보다 더 효율적이다.
- 조작적 접근 : 특정 행위에 따라 강화를 받게 되며, 시행착오를 통해 개인은 반복적으로 계속 행동하고, 점차 의도하는 결과에 가깝도록 행동을 하게 된다.
- 관찰학습 : 조작적 접근과 같이 시간 소모적인 과정을 거칠 필요 없이 다른 사람의 행동을 관찰하고 그들이 행동에 대한 강화를 받는 것을 관찰함으로써 다른 사람의 행동에서 고려되는 법칙을 발견한다.
- 개인은 다른 사람의 행동과정, 성공과 실패를 관찰함으로써 무엇이 적합한 행동인지를 배우게 된다.
  - 예 이아들이 부모의 생활습관(식습관 등)을 관찰하는 것, 또래 친구를 관찰하며 그들이 받는 처벌과 보상을 주목하게 되는 것
- 관찰을 통해 배울 수 있는 다양한 행동 유형들을 흔히 가족 또는 함께 몰려다니는 급우들이 서로 공통적인 행동 형태를 갖는 것에서 알 수 있다.
- 건강교육자 또는 행동과학자들은 바람직한 행동에 대한 관찰학습을 위하여 다른 사람들의 성공적 행위 실천을 모델링하여 볼 수 있는 기회를 제공하고 그에 대한 긍정적 평가를 함으로써 강화하고 특정 행동을 시도할 수 있도록 이끌어 주는 역할을 할 수 있다.

ⓒ 강화
- 학습에서 중요하게 다루어지는 개념이다.
- 긍정적 강화 혹은 보상은 긍정적 자극을 줌으로써 그 행동이 반복될 수 있는 가능성을 증가시켜 주는 개인의 행동에 대한 반응이다.
- 긍정적 강화 : 칭찬해 주는 사람의 의견이나 판단이 행동을 하는 사람에게 가치 있는 것으로 여겨지면 더욱 강화된다.
  - 예 '잘한다!'라고 긍정적인 격려를 해주었을 시 칭찬받을 만한 행동을 할 가능성이 많아진다.
- 부정적 강화 : 부정적 자극을 제거해 줌으로써 특정 행동의 가능성을 증가시켜 바람직한 행동을 이끌도록 만든다.
  - 예 흡연의 행동을 지속하는 이유로 담배에 들어 있는 니코틴 성분으로 인해 우울·불안·분노와 같은 부정적 정서가 제거되는 상황
- 긍정적 처벌 : 어떠한 행동을 줌으로써 처벌받는 상황 → 벌금
- 부정적 처벌 : 무엇인가를 제거하는 것을 처벌로 간주하는 것 → 주차권리의 박탈
- 강화의 유형
  - 외적 강화 : 예측 가능한 강화가치를 가진 사건이나 행동이 외부에서 제공되는 것
  - 내적 강화 : 개인 자신의 경험이나 지각을 가치 있는 일로 판단하는 것

- 직접강화(조작적 조건화)
- 대리강화(관찰학습)
- 자기강화(자기통제)
- 건강교육자나 행동과학자는 모든 건강증진활동에 대하여 무조건 외적 보상을 제공하지 말고 이들 행동에 대한 내적 흥미가 강화된 프로그램을 고안하여야 할 것이다.

② 결과기대
- 행동에 선행하는 결정요소 = 특정 행동으로 인하여 기대되는 측면
- 개인은 특정 사건이 특별한 상황에서 그들의 행동에 따라 발생된다는 것을 학습하고, 그 상황이 다시 주어지면 그러한 사건이 다시 발생하리라고 기대하게 된다.
- 습관적인 행동이라기보다 사람들은 실행한 행동에 따른 여러 가지 상황을 예상하고 그 상황에 대처하기 위한 전략을 개발하고 테스트하고 그 상황에서 그들의 행동의 결과가 어떻게 나타날까 기대하는 것이다.
- 실제 그 상황에 직면하기 전에 그에 대한 기대를 하고 그에 따라 그들의 행동 결과를 발전시킨다.
- 대부분 이러한 예상된 행동은 그들의 걱정을 줄여주고 상황을 처리할 수 있는 능력을 높여준다.
- 결과기대는 실행에 대한 자신감인 자기효능의 증진방법으로 학습된다.

⑤ 결과기대치
- 특정결과에 대하여 개인이 부여하는 가치나 유인가라는 점에서 결과 기대와는 구별된다.
- 다른 모든 조건들이 동일시 될 때 사람들은 긍정적 결과를 최대화하고 부정적 결과를 최소화하는 방향으로 행동을 실천하게 된다.

⑥ **자기효능**
- 개인이 특정 행동을 수행할 때 느끼는 자신감으로 그 행위를 수행하는 데 따르는 장애요소의 극복을 포함하고 있다.
- 반두라는 자기 효능이 행동 변화를 위한 가장 중요한 선결조건이라고 하였다. → 주어진 과제에 얼마만큼 노력을 해야 하고 어느 정도로 수행을 달성해야 하는 지에 영향을 주기 때문
- 지각된 자기효능은 특정행위를 수행하는 데 그 행위를 조작하고 집행하는 과정에서의 자기능력에 대한 개인적 판단으로 자기 조절의 중요한 역할을 하는 내적 요소 중의 하나이다.
- 자신이 무엇을 할 수 있는지에 대한 지기효능의 지각은 자신과 타인의 성공과 실패에 대한 직접적·대리적 경험으로 영향을 받는다.
- 자기효능을 높게 지각한 사람은 더 성취하려는 노력을 하고 실천하고자 하는 과제를 지속적으로 실천해 낸다.

⑦ **자기통제**
- 건강교육의 목표 중 하나는 수행이하는 목표 성취에 초점을 두고 개인의 자기조절능력을 키워 자기통제 아래 건강행동을 수행하도록 만드는 것이다.
- 자기조절행위는 순환적 과정으로 자신의 행동을 관찰, 판단, 반응함으로써 목표를 성취해 나간다.
- 자신의 행동을 다양하게 감시하여 관찰한 후 자신의 평가 기준과 비교, 판단하고 그에 따른 긍정적, 부정적 자기 반응으로 보상과 처벌을 부여하는 일련의 과정을 통해 행위가 조절되는 것이라고 볼 수 있다.

- 자기조절과정에서 가장 중요한 요소는 행동을 변화시키는 동기화로서 자신이 무엇보다도 강력한 영향을 미칠 수 있다는 점에서 자기통제력의 정도는 행동수행을 결정하는 요소가 된다.
ⓞ 정서적 대처
- 지나친 정서적 대처는 학습과 실천을 방해한다고 제시되었는데, 특정 자극은 공포감을 야기시키고(결과 기대치 자극), 이러한 공포감이 정서적 각성인 감정을 유발시켜 방어적 행동을 촉발한다.
- 방어적 행동이 효과적으로 자극을 처리하면 공포, 불안, 적대감 또는 정서적 각성 등이 감소된다.
- 정서적·생리적 각성에 대한 행동관리의 방법
  - 생리적 방어기제(부정, 억압, 억제 등)
  - 인지적 기술이나 문제의 재구성법
  - 정서적 고통증상을 관리하는 스트레스 관리기술(운동)
  - 문제를 효과적으로 해결하는 방법(문제규명과 확인, 정서적 각성의 원인해결)이 있음
- 건강교육자나 행동과학자들은 개인의 행동변화를 돕기 위해 개인에게 동반되는 정서적 각성이 최소화되도록 돕거나 불안이 해소되는 것을 전제로 하고 중재계획을 세우는 것이 좋다.
ⓩ 상호결정론
- 사회인지이론 안에서 행동이란 역동적이고, 사람과 환경의 양상에 달려 있으며, 각각 다른 것에 동시에 영향을 주는 것이다.
- 상호결정론: 사람들의 특성 사이에서의 지속되는 상호작용, 그 사람의 행동, 행동이 수행되는 환경과의 상호작용
- 이 세 가지의 환경요소는 지속적으로 서로에게 영향을 미치며 한 구성요소의 변화는 다른 것들에게 영향을 미친다.
ⓩ 환경과 상황
- 환경: 물리적 외부요인으로 사람의 행동에 영향을 미치는 객관적 요소
  - 사회적인 환경: 가족구성원, 친구, 회사 및 학급동료 등
  - 물리적인 환경: 방 크기, 온도 등
- 상황: 행동에 영향을 줄 수 있는 인지적, 정신적 환경을 말함
  - 상황은 개인의 인지에 따른 환경을 나타낸다.
- 환경은 건강행위변화의 주요 요인으로 인식된다.

(4) 건강신념모형

① 개요
   ㉠ 인간의 행위가 개인이 그 목표에 대하여 생각하는 가치와 목표를 달성할 가능성에 대한 생각에 달려 있다고 가정하는 심리학과 행동이론을 기본으로 한다.
   ㉡ 초기에는 사람들이 유료나 무료로 제공되는 질병예방 프로그램에 참여하지 않는 이유를 알고자 하는 의도로 개발되기 시작하여, 후에는 예방행위, 질병행위, 환자역할행위 등을 포함한 검진행위를 설명하는데 활용되었다.

ⓒ 행동과학을 건강증진에 응용한 첫 번째 이론이며, 건강행위에 대해 가장 널리 알려진 개념 틀이다.
ⓔ 보건의료분야에 제공되는 많은 사업 중 사람들의 건강 관련 행위는 질병을 두려워하는 정도에 따라 달라지고, 건강행위는 질병으로 인한 심각성의 정도와 어떤 행위를 함으로써 기대되는 심각성 감소에 대한 잠재성에 따라 달라진다고 설명한다.

② **건강신념모형도** … 지각된 민감성, 지각된 심각성, 지각된 유익성, 지각된 장애성 등으로 나타내어지는 네 가지 구성요인으로 설명된다. 또한 행동하는 데 방아쇠 역할을 하는 자극이 있을 때, 행동의 계기가 되어 적절한 행위가 일어난다. 최근에는 자기효능의 개념이 추가되었다. 이는 행동을 성공적으로 수행할 능력에 대한 자신감이다.

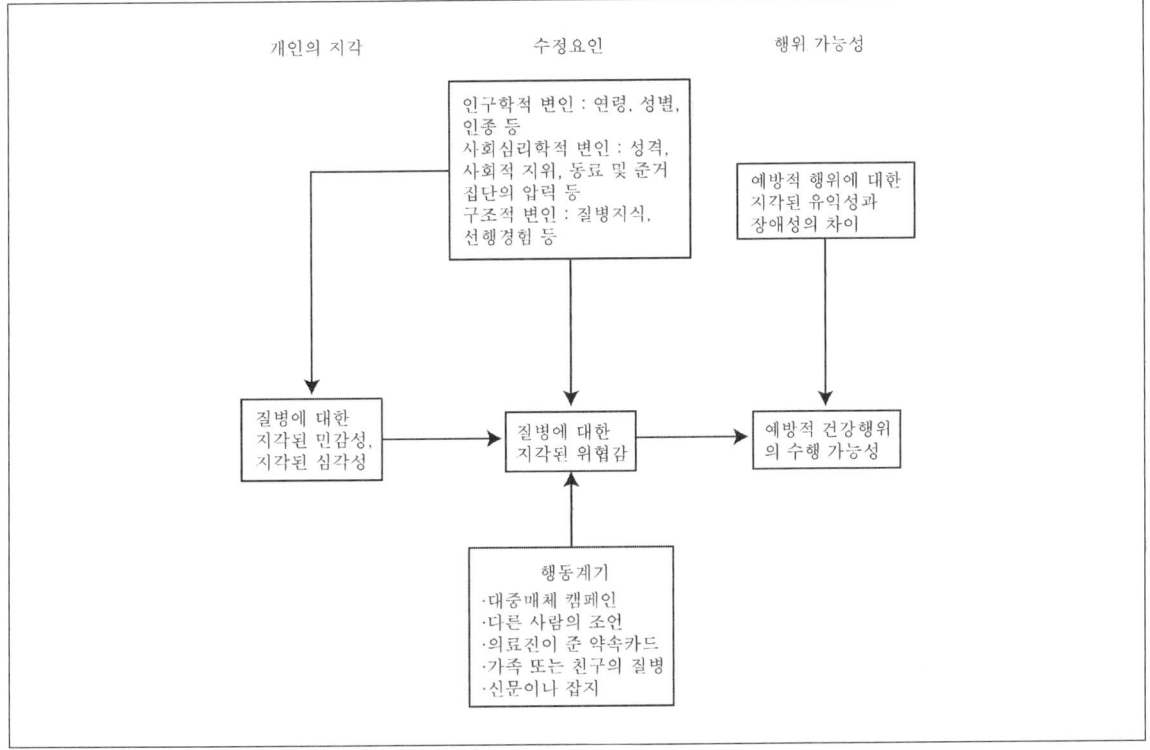

③ **주요 개념**
  ㉠ **지각된 민감성**: 어떤 건강상태가 될 것이라는 가능성에 대한 생각이다. 자신이 어떤 질병에 걸릴 위험이 있다고 지각하거나, 질병에 이미 걸린 경우 의료적 진단을 받아들이거나 재발할 위험성이 있다고 생각하는 등 일반적으로 질병에 민감하다고 믿는 것이다.
  • 위험 인구 집단이나 위험 수준 규정
  • 개인의 특징이나 행동에 근거한 위험요인의 개별화
  • 개인의 실제 위험을 좀더 일관성 있게 인지하도록 만듦
  ㉡ **지각된 심각성**: 질병에 걸렸을 경우나 치료를 하지 않았을 경우 어느 정도 심각하게 될 것인지에 대한 지각이다. 또는 이미 질병에 걸린 경우 이를 치료하지 않고 내버려 두었을 때 죽음, 장애, 고통을 느끼

거나 사회적으로 직업상실, 가족생활과 사회관계에 문제가 생길 것 등에 대한 심각성이며 민감성과 심각성의 조합은 지각된 위협감으로 나타난다.
- 위험요인과 상황결과를 세분화
- 상황을 위험하게 느끼는지에 대한 개인의 신념

ⓒ **지각된 유익성**: 특정 행위를 하게 될 경우 얻을 수 있는 혜택에 대한 지각이다. 어떤 상황에 대해 개인의 민감성이 위협감을 느껴 행동을 취할 때 그러한 행동의 과정은 특정한 행위의 효과가 질병의 위협을 감소시킬 수 있다고 여겨질 때 나타난다는 것이다. 즉, 사람들이 자신의 건강문제에 대해 민감하고 심각하게 느낄지라도 다양한 행위가 질병의 위험을 감소시키는데 유용하다고 믿을 때, 즉 건강행위가 가능하고 효과적이라고 느낄 때 행동하게 된다는 것이다.
- 언제, 어떻게 행동할 지 규정
- 기대되는 긍정적 효과를 명확히 함
- 결과의 심각성이나 위험을 감소시키기 위해 권고된 효능에 대한 개인의 믿음

ⓔ **지각된 장애성**: 특정 건강행위에 대한 부정적 지각으로 어떤 행위를 하려고 할 때 그 건강행위에 잠재되어 있는 부정적인 측면이다. 어떤 행위를 취할 시에 거기에 들어가는 비용이나 위험성, 부작용, 고통, 불편함, 시간소비, 습관변화 등이 건강행위를 방해하게 된다는 것이다. 그러므로 민감성과 심각성이 적절한 조화를 이루는 것이 행동 에너지를 만들고, 장애를 덜 가져오는 유익성의 지각이 행동을 하게 만드는 것이다.
- 잘못된 정보, 보상, 도움을 수정할 지각된 장애를 감소시켜 주거나 확인시켜 줌
- 권고된 행동에 대해서 실제적이고 심리적인 비용의 개인 신념

ⓜ **기타 변인**: 다양한 인구학적, 사회심리학적, 구조적 변인들이 개인의 지각에 영향을 줄 수도 있고, 건강 관련 행동에 간접적으로 영향을 주게 된다. 특별히 사회 인구학적 요인이나 교육적 성취들은 민감성, 심각성, 유익성, 장애성의 지각에 영향을 줌으로써 행동에 간접적인 작용을 하게 된다.

ⓗ **자기효능감**: 반두라가 정의한 자기효능감은 주어진 행위가 어떤 성과를 끌어낼 것이라는 개인의 기재를 정의한 것이다. 그 중 효능기대감은 자신의 건강에 필요한 행위를 잘 해낼 수 있다는 확신으로 행위수행에 대한 훈련, 자신감 등이다. 로젠스톡이나 베커 등은 건강신념모형에 민감성, 심각성, 유익성, 장애성의 초기 개념과 분리된 구성요로로서 자기효능을 추가하였다.
- 인지를 증진시킬 정보 제공
- 행동수행에 대한 훈련 및 안내 제공
- 추진력 있는 목표 설정 언어적 강화
- 바람직한 행동 설명으로 불안 감소
- 개인의 행동할 능력에 대한 신뢰

(5) 펜더(Pender)의 건강증진모형(HPM)
① 개념
  ㉠ 건강증진 행위를 통제하는 데 있어서 인식의 조정 과정이 중요함을 강조한 사회인지이론과 건강신념모형을 기초로 하여 개발되었다.

ⓒ 건강신념모형이 질병 관련 행위를 주로 설명한 것이라면 건강증진모형은 전반적인 건강증진행위를 설명한 것이다.
ⓒ **건강증진행위의 7가지 가정**
- 인간은 각 개인의 독특한 건강잠재력을 표현할 수 있는 생활조건을 창출하고자 한다.
- 인간은 자신의 능력을 사정하고, 반성적으로 자기지각을 할 수 있는 능력을 가지고 있다.
- 인간은 긍정적인 방향으로 성장하는 것을 가치 있게 생각하며, 개인이 수용할 수 있는 변화와 안정 사이의 균형을 얻고자 노력한다.
- 개인은 자신의 행동을 능동적으로 조절하고자 한다.
- 신체·심리·사회적 복합성을 지닌 개인은 환경과 상호 작용하면서, 점진적이고도, 지속적으로 환경을 변화시킨다.
- 건강전문가는 인간 상호간의 환경 중 일부에 해당하며, 인간의 일생에 영향을 미친다.
- 자발적으로 인간·환경 간의 상호작용방식을 바꾸는 것은 행동변화에 필수적이다.

② **구성**
ⓘ **개인적 특성과 경험**
- 이전의 관련 행위 : 현재와 비슷한 행위를 과거에 얼마나 자주 했는지를 의미하는 것으로, 이전의 행위는 자신도 모르게 자동적으로 행위를 하게 만들며 이것은 지각된 자기효능, 유익성, 장애성, 활동 관련 정서를 통해 건강증진행위에 간접적인 영향을 준다.
- 개인적 요인 : 건강증진행위뿐만 아니라 행위에 따른 인지와 정서에 직접적인 영향을 미치는 요소로 행위를 변화시키기 위한 중재로 구체화하기에는 어려움이 있다.
  - 생물학적 요인 : 연령, 성, 비만도, 사춘기상태, 폐경상태, 힘, 균형성 등
  - 심리적 요인 : 자존감, 자기 동기화, 개인능력, 지각된 건강상태, 건강의 정의 등
  - 사회문화적 요인 : 종족, 보건교육, 사회·경제적 수준 등

ⓒ **행위별 인지와 정서**
- 활동에 대한 지각된 유익성 : 특정 행위에 대해 개인이 기대하는 이익이나 긍정적 결과
  - 행위에 따른 긍정적 결과나 강화된 결과로부터 얻어짐
  - 내적인 이익 : 피로감의 감소, 각성 수준의 증가 등
  - 외적인 이익 : 경제적 보상인자 사회적 상호작용의 증가
- 활동에 대한 지각된 장애성 : 활동을 할 때 부정적인 측면을 인지, 이용하기 불가능한 것을 의미, 불편함, 값이 비쌈, 어려움, 시간소요가 많음 등
- 지각된 자기효능감
  - 수행을 확실하게 성취할 수 있는 개인의 능력으로 판단
  - 직접적으로 건강증진행위를 동기화시키고 지각된 장애에 영향을 줌으로써 행위의 시행이나 유지에 간접적으로 영향
- 활동과 관련된 정서 : 행위를 시작하기 전, 하는 동안, 한 후에 일어나는 주관적인 느낌으로 행동 자체가 가지는 자극의 특성에 기초한다. 감정 상태는 행위를 반복하거나 지속하는데 영향을 미치며 긍정적인 감정을 동반한 행위일수록 반복될 가능성이 크고, 부정적인 감정을 느끼게 하는 행위일수록 피할 가능성이 크다.

- 인간 상호간의 영향
  - 다른 사람의 태도와 신념, 행위 등에 영향을 받는 것
  - 건강증진행위에 대한 인간 상호 간의 일차적인 원천은 가족(부모, 형제), 또래집단, 보건의료제공자이며, 규범(의미 있는 타인의 기대), 사회적 지지(도구적, 정서적 격려), 모델링(특정행위에 참여하는 타인을 관찰하여 학습함) 등 사회적 압력이나 행동계획 수립의 격려를 통해 직·간접적으로 행위에 영향
- 상황적 영향: 상황에 대해 개인이 지각하고 인지하는 것으로 행위를 촉진시키거나 저해
ⓒ 행위결과: 활동계획에 몰입하고 건강행위가 이루어지는 단계
- 활동계획 수립: 주어진 시간과 장소에서 특정 사람이나 환자와 구체적인 활동을 하거나 행위를 수행, 강화하기 위한 전략
- 즉각적인 갈등적 요구와 선호성
  - 계획된 건강증진행위를 하는 데 방해되는 다른 행위
  - 운동보다 쇼핑을 더 좋아하기 때문에 운동하는 곳을 늘 지나쳐서 마트로 가게 되는 경우
- 건강증진행위: 건강증진행위는 개인이나 집단이 최적의 안녕상태를 이루고 자아실현 및 개인적 욕구충족을 유지, 증진하려는 행위로서 질병을 예방하는 것 이상을 의미하며 균형과 안정성을 지키게 하고 최적의 기능 상태로 만들며 조화를 증진시키며 적응을 강화시키고 안녕을 극대화하고 의식을 확재시키는 것 등을 포함한다.

③ 특징
  ㉠ 인지지각을 변화시켜 건강증진 행위를 촉진할 수 있다는 데 초점이 있으며, 건강증진에 인지지각 요인이 미치는 영향이 크다는 점을 강조한 것이다.
  ㉡ 지나치게 많은 변수들을 고려함으로써 실제적인 적용이 어렵다.
  ㉢ 이론으로서의 간편성이 부족하다.

(6) PRECEDE-PROCEED 모형
① 개념
  ㉠ 수행평가 과정의 연속적인 단계를 제공하여 포괄적인 건강증진계획이 가능한 모형이다.
  ㉡ PRECEDE 과정은 보건교육사업의 우선순위 결정 및 목적 설정을 보여주는 진단단계이다.
  ㉢ PROCEED 과정은 정책수립 및 보건교육사업 수행과 사업평가에서의 대상과 그 기준을 제시하는 건강증진계획의 개발단계이다.
  ㉣ 건강, 건강행위의 사회적, 생태학적(가족, 지역사회, 문화, 신체적·사회적 환경)요인 등 직·간접요인들을 분석한 후 그를 바탕으로 포괄적인 사업을 계획하도록 모형이 개발되었다.
  ㉤ 건강행위에 사회적, 생태학적 측면이 중요한 요인임을 강조한 것으로, 건강행위 변화에 대한 책임을 대상자 중심으로 본 다른 건강행위 관련 모형과 구별된다.

② 모형의 단계
- ㉠ 사회적 사정단계
  - 사람들 자신의 요구나 삶의 질을 이해하기 위한 과정으로 광범위한 지역사회에 대한 이해를 위해 계획된 다양한 정보수집활동
  - 지역사회와 삶의 질을 사정하도록 격려하고 돕는 것에서 시작
  - 삶의 질 측정
    - 객관적 측정 : 고용률, 결근율, 교육수준, 실업률과 같은 사회적 지표, 주택밀도, 사회복지 수준, 대기상태와 같은 환경적 지표
    - 주관적 측정 : 지역주민의 적응(스트레스 생활사건, 개인적 또는 사회적 자원)과 삶의 만족도(긍정적 생활경험, 개인적 또는 사회적 자원) 등을 포함하여 대상 집단에게 삶의 질을 방해하는 주요 장애물이 무엇인지를 물어보는 것
  - 자료수집방법 : 면담, 지역사회 포럼, 포커스 그룹 활용, 설문조사, 사회적 지표, 연구기록, 국가적 자료의 지역수준으로 합성된 통계
- ㉡ 역학적 사정단계
  - 사회적 관점에서 규명된 삶의 질에 영향을 미치는 구체적인 건강문제 또는 건강목표 규명, 우선순위를 선정하여 제한된 자원을 사용할 가치가 큰 건강문제를 규명하는 단계
  - 건강문제를 나타내는 지표 : 사망률, 이환율, 장애율, 불편감, 불만족 – 5D
  - 건강문제 우선순위 설정
    - 사망, 질병, 근로손실일수, 재활비용, 장애(일시적, 영구적), 가족해체, 회복 비용 등의 문제 중 가장 파급효과가 큰 문제는 어느 것인가?
    - 어린이, 여성, 인종 등의 소집단 중에서 위험에 처해 있는 것은 어느 집단인가?
    - 어떤 문제가 가장 중재하기에 적합한 것인가?
    - 지역사회 내의 다른 기관들로부터 외면당하고 있는 문제는 어떤 것인가? 그럴만한 이유가 있는가?
    - 어떤 문제가 건강상태, 경제상태 또는 이익 등의 측면에서 가장 효과적인 결과를 가져올 것인가?
    - 지역적, 국가적 우선순위에서 상위에 배정되어 있는 문제가 있는가?
  - 건강 목적 개발
    - 사업추진의 구심적 역할, 방향 제시
    - 역학적, 의학적 결과로 표현
    - 대상, 기대효과, 범위, 기간 등의 내용 포함
    - 측정가능, 정확한 자료에 근거하여 합리적 설정
    - 하부목표와 성취 목표는 일관성
- ㉢ 행위 및 환경적 사정단계
  - 전 단계에서 확인된 삶의 질, 건강결정요인들을 통제하는 총체적인 행위
  - 사회적·물리적 환경 요인을 분석하는 단계
  - PRECEDE 모형에서는 행위요인만 다뤘으나 PROCEED 모형에서는 생활양식과 환경적 요인까지 고려한다.

- 행위사정의 단계
  - 건강문제 관련 요인의 분류 : 행위와 비행위 요인
  - 행위의 분류 : 예방행위와 치료행위
  - 행위의 중요도에 따른 분류
  - 행위의 가변성 정도에 따른 분류 : 행위에 등급을 매기는 것, 시간요인 고려
  - 대상행위의 결정 : 사업의 초점이 될 수 있는 행위 선택
  - 행동목표 진술 : 구체적, 정확성 요구, 변화가 기대되는 대상, 성취되어야 하는 건강행위, 성취되어야 하는 조건의 범위, 변화가 발생될 것이라고 생각되는 시간 등 포함
- 환경사정의 단계
  - 변화될 수 있는 환경요인의 규명
  - 중요도에 따른 환경요인들의 분류
  - 가변성에 따른 환경요인들의 분류
  - 표적 환경요인 결정 : 행위 매트릭스
  - 환경목표의 진술 : 측정 가능한 용어로 진술

ⓐ **교육 및 생태학적 사정 단계**
- 행위에 영향을 주는 요인
  - 성향요인 : 행위를 초래하거나 행위의 근거가 되는 요인(개인이나 집단의 동기화와 관련) → 인지, 정서적 요인으로 지식, 태도, 신념, 가치, 자기효능, 의도 등
  - 촉진요인 : 건강행위를 수행하는데 필요한 기술과 자원, 실제로 행위가 나타나도록 하는 요인 → 지역사회의 보건의료나 지역사회의 자원에 대한 이용가능성, 접근성, 시간적 여유 등
  - 강화요인 : 행위가 계속되거나 반복되도록 보상을 제공하는 행위와 관련된 요인 → 사회적 지지, 동료영향, 의료제공자의 충고와 피드백, 신체적으로 얻은 결과
- 행위와 환경변화 요인 선택 및 우선순위 결정
  - 요인들의 규명 및 분류단계
  - 세 범주 중에서 우선순위 결정
  - 범주 내의 요인들 간의 우선순위 결정
- 학습과 자원목표
  - 학습목표 : 성향요인과 중재내용을 서술 → 사업평가의 기준
  - 자원목표 : 사업의 환경적 촉진요인 정의

ⓜ **행정 및 정책 사정 단계**
- PRECEDE에서 PROCEED로 넘어가는 단계
- 사정단계에서 규명된 계획이 건강증진사업으로 전환되기 위한 행정·정책사정과정
- 건강증진 프로그램을 촉진하거나 방해하는 정책, 자원 및 조직의 환경 분석
  - 정책 : 조직과 행정활동을 안내하는 일련의 목표와 규칙
  - 규제 : 정책을 수행하거나 규칙이나 법을 강화하는 활동

- 조직 : 사업 수행에 필요한 자원을 모으고 조정하는 활동
- 수행 : 행정, 규제, 조직을 통해 정책과 사업을 활동으로 전화시키는 것
- 행정 사정 단계 : 필요한 자원의 사정, 이용가능한 자원의 사정, 수행에 있어서 장애물 사정
- 정책 사정 단계 : 계획이 수행되기 전 기존의 정책, 규제 및 조직에 적합한지 검토
- 수행 단계
  - 계획, 예산, 조직과 정책의 지지, 인력과 감독
  - 사람들의 요구에 대한 민감성, 상황에 따른 융통성, 인식, 유머감각
- ⓑ 실행 : 프로그램 수행
- ⓢ 평가
  - 과정평가 : 사업의 수행이 정책, 이론적 근거, 프로토콜 등에서 벗어날 때 이를 인식할 수 있도록 한다.
  - 영향평가 : 대상 행위와 선행요인, 촉진요인, 강화요인, 행위에 미치는 환경요인에 대한 즉각적인 효과
  - 결과평가 : 건강상태와 삶의 질 지표

(7) 범이론적 모형

① 개요
  ㉠ 횡이론적 변화단계이론
  ㉡ 심리치료자들이 다양한 이론의 통합을 통해 새로운 시개 정신을 찾기 위한 하나의 방법으로 범이론적 접근을 시도
  ㉢ 시간적인 차원을 포함한 단계의 개념으로 이해함으로써 성공적인 금연을 유도할 수 있다는 새로운 접근법을 제시
  ㉣ 성인의 금연에 대한 폭넓은 연구 : 스스로 담배를 끊는 사람이 어떠한 단계를 거치면서 행동의 변화를 보이는지를 이해
  ㉤ 개인의 행위에 영향을 주는 인적 요소가 어떤 것이 있는지에 초점을 두고 건강행위를 설명한다.

② 변화의 단계
  ㉠ 계획 전 단계, 인식 전 단계
  - 6개월 내에 행동변화의 의지가 없는 단계
  - 인식을 갖도록 하기 위해 문제점에 대한 정보를 주어야 한다.
  ㉡ 계획단계, 인식단계
  - 6개월 내에 행동변화의 의지가 있는 단계
  - 구체적인 계획을 세울 수 있도록 긍정적인 부분을 강조한다.
  ㉢ 준비단계
  - 1개월 내에 행동변화의 의지를 가지고 있으며, 적극적으로 행동변화를 계획하는 단계
  - 기술을 가르쳐 주고, 실천계획을 세울 수 있도록 도와주고, 할 수 있다는 자신감을 준다.

ⓔ 행동단계
- 6개월 내에 명백한 행동의 변화를 갖는 단계
- 칭찬을 하며, 실패를 막을 수 있는 방법을 가르치며, 이전행동으로 돌아가려는 자극을 조절하는 계획을 세우도록 한다.

ⓜ 유지단계
- 6개월 이상 행동변화가 지속되는 단계
- 유혹을 어떻게 조절해야 하는지 긍정적인 부분을 강조한다.

③ 변화과정
㉠ 변화단계를 계속 유지하기 위하여 사람들이 사용하는 암묵적이거나 명백한 활동
㉡ 경험적 과정(인지적 과정) : 행동과 관련된 정서, 믿음, 가치 등 대상자의 인지적인 과정(동기부여, 의식형성, 극적 전환, 자기재평가, 사회적 조건, 환경 재평가)
㉢ 행동적 과정 : 행동변화에 적용이 되는 과정 → 조력관계, 대응조건, 강화관리, 자극조절, 자기해방

④ 변화과정
㉠ 의식형성 : 높은 수준의 의식과 보다 정확한 정보를 찾는 과정
㉡ 극적 안도 : 감정경험과 표출
㉢ 환경 재평가 : 자기 환경과 문제들에 대한 감정적, 인지적 재인식
㉣ 자기 재평가 : 자기 자신과 문제들에 대한 감정적, 인지적 재인식
㉤ 자기해방 : 신념에 근거하여 변화하고 행할 수 있다는 믿음
㉥ 조력관계 : 개발, 보호, 신뢰, 진실, 감정이입을 포함한 관계
㉦ 사회적 조건 : 개인적 변화를 지지하는 사회적 변화 의지
㉧ 대응조건 : 문제행위를 보다 긍정적 행위나 경험으로 대치
㉨ 강화관리 : 긍정적 행위는 강화하고 부정적 행위는 처벌
㉩ 자극조절 : 환경 또는 경험을 재구축하여 문제자극이 덜 발생하도록 함

⑤ 변화단계 모형

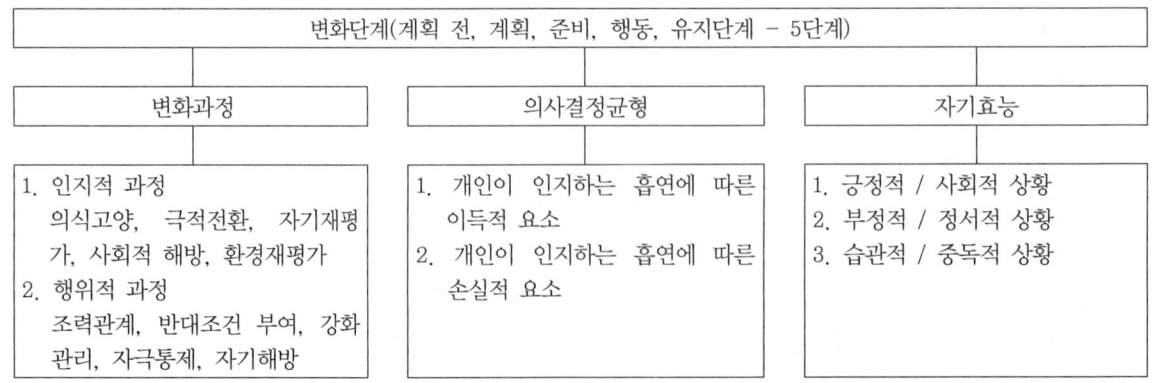

⑥ 적용
  ㉠ 단계모델은 광범위한 건강부분 및 정신보건영역으로 확대되어 적용된다.
  ㉡ 알코올중독 및 물질남용, 불안 및 공포장애, 섭취장애 및 비만, 에이즈 예방, 유방암 검진과 자궁암 검진
  ㉢ 치료권고에 대한 이행, 임신과 흡연 등 다양한 영역의 건강 프로그램에서 활용

(8) PATCH(Planned Approach to community Health) 모형
① 개요
  ㉠ 미국의 질병관리본부가 1980년대 지역보건요원의 보건사업 기획지침서로 개발하였다.
  ㉡ 지역사회에서 건강증진 및 질병예방 프로그램의 계획과 수행을 위한 계획된 접근방법으로 사용된다.
  ㉢ 지방정부 차원에 적용하는 모형이지만 지방정부와 중앙정부가 종적으로 상호협력하여 건강문제의 우선순위를 다루어야 한다.
  ㉣ 각 지역의 물적 인적자원과 보건체계를 강화하도록 계획한다.
  ㉤ 지역사회의 주인의식과 파트너십을 중요한 개념으로 다룬다.

② 주요개념
  ㉠ 1단계 지역사회 자원의 동원 : 프로그램의 대상지역을 정하고 참여자를 모집한다.
  ㉡ 2단계 자료수집과 분석 : 프로그램 대상지역의 사망률, 유병률, 지역사회 주민의 건강행위, 인식 및 견해 등에 대한 자료를 수집하여 분석한 후 가장 우선순위가 높은 건강문제를 결정한다.
  ㉢ 3단계 우선순위 설정과 표적집단 결정 : 대상지역의 건강문제가 지역사회에 얼마나 심각한 영향을 미치는지, 건강문제가 변화되면 어느 정도의 효과가 나타나는지 등을 평가하는 기준을 중요하게 다룬다.
  ㉣ 4단계 중재전략 개발 및 실행 : 현재 제공되고 있는 프로그램을 파악하고 사용 가능한 자원을 파악하여 실행계획을 세운다.
  ㉤ 5단계 평가 : 패치 전 과정의 진행을 모니터링하여 프로그램의 성공을 측정할 수 있는 지표를 설정하며 자료를 수집한다.

(9) MATCH(Multilevel Approach Community Health) 모형
① 개요
  ㉠ 보건프로그램의 실행을 강조하는 모형으로 중재를 수행할 표적집단을 설정한다.
  ㉡ 중재전략을 생태학적인 여러 수준으로 나누어 다양한 접근법을 적용한다.
  ㉢ 개인의 특성과 환경의 특성이 서로 상호작용하면서 영향을 미치는 요인을 개인, 집단, 지역사회, 국가 등의 수준으로 나누어 보건프로그램을 기획한다.

② 주요개념
  ㉠ 목적/목표 설정
    • 건강상태 목적(목표) 선정

- 우선순위 목적(목표) 선정
- 건강 행위요인과 관련된 목적(목표) 선정
- 환경요인과 관련된 목적(목표) 선정

   ⓒ 중재 계획
- 중재 목표 파악 : 중재 활동의 목표가 되는 중재 대상 결정
- 중재 목표 선정 : 1단계에서 파악된 건강행동 요인, 환경적 요인, 중재 대상을 조합하여 목표 선정
- 중재 목표를 이루기 위한 매개변인(지식, 태도, 기술 등) 파악
- 중재 접근방법 선정 : 중재 목표의 수준에 맞게 중재 활동의 종류를 선택

   ⓒ 프로그램 개발 : 각 프로그램의 내용적인 구성요소 등 프로그램 개발과 관련된 내용을 상세하게 기술하는 단계

   ② 실행
- 변화 채택을 위한 계획안을 작성하고 자원활동 준비
- 변화를 위한 요구, 준비 정도, 환경적인 지지조건 등에 대한 사안 개발
- 중재가 효과적이라는 증거 수집
- 중재를 통한 변화를 지지하여 줄 수 있는 사회적 지도자나 기관 단체를 파악
- 사회적인 의사 결정권이 있는 사람들과 협조 관계 유지
- 프로그램 수행자들을 모집, 업무 훈련, 수행 업무 모니터 및 지지할 수 있는 시스템 개발

   ⓜ 평가
- 과정평가 : 중재기획과 과정에 대한 유용성, 실제 수행에 대한 정도와 질, 프로그램 수행 후 즉시 나타난 교육적인 효과 등
- 영향평가 : 보건프로그램의 단기적인 결과로 지식, 태도, 기술을 포함한 중간 효과와 행동 변화 또는 환경적인 변화를 포함
- 결과평가 : 장기적인 보건프로그램 효과 측정

② 보건교육

(1) 보건교육의 이해

① 보건교육의 개념

  ㉠ 정의
- WHO : 보건교육은 개인과 지역사회의 건강에 도움이 되는 지식을 향상시키고, 삶의 기술을 개발하는 것을 포함하여 건강에 대하여 읽고 행동할 수 있는 능력을 향상시키도록 구성된 의사소통을 포함한 학습의 기회이다.
- 국민건강증진법 : 보건교육은 개인 또는 집단으로 하여금 건강에 유익한 행위를 자발적으로 수행하도록 하는 교육을 말한다.

ⓛ 보건교육의 목적과 목표
- 목적 : 대상자들이 최적의 건강을 유지·증진시킬 수 있는 자가건강관리능력을 함양하여 삶의 질을 향상시키는 것이다.
- 목표
  - 개인의 삶의 질 향상 증진
  - 보건의료자원의 올바른 이용
  - 건강한 생활양식 행동의 실천 강화
  - 대상자들의 자가건강관리능력 함양
  - 건강행위를 스스로 실천할 수 있도록 도움

② 보건교육의 일반적 원리 및 필요성
㉠ 일반적 원리
- 보건교육은 모든 연령층을 대상으로 한다.
- 보건교육은 개인이나 집단의 건강에 관한 지식, 태도, 행위를 바람직한 방향으로 변화시키는 데 목적이 있다.
- 보건교육은 형제, 동료, 친구 사이에도 이루어진다. 전문적 기초지식의 결여로 부정확한 측면도 있지만 모르는 것을 알도록 도와주는 데서 개인적인 신뢰나 우정이 크게 작용할 수 있다.
- 보건교육은 거의 실제 경험과 비슷한 학습환경에서 이루어질 때 그 효과가 크다.
- 보건교육은 가정, 학교, 지역사회 간의 접촉 및 매개수단이 되어야 한다.
- 보건교육계획을 세우려면 명확한 목표가 설정되어 있어야 한다.
- 보건교육은 다른 관련 분야들과 협조관계가 필요하다.
- 보건교육계획 시 그 지역사회 주민의 건강에 대한 태도, 신념, 미신, 습관, 금기사항, 전통 등 일상생활의 전반적인 사항을 반드시 알고 있어야 한다.
- 보건교육은 양과 질을 측정할 수 있는 평가 지표의 준비가 필요하다. 사전평가, 중간평가, 사후평가를 실시하여 재계획에 반영하여야 한다.
- 보건교육은 개인, 가정, 지역사회 주민의 요구 또는 흥미에 따라 실시해야 효과적이다. 보건교육 실시 전에 지역사회의 요구도를 미리 사정하여야 한다
- 보건교육은 대상자의 연령, 교육수준, 경제수준에 맞게 실시하여야 한다.
- 보건교육은 단편적인 지식이나 기술(기능)을 전달하는 데 그쳐서는 아니 되며, 일상생활에서 응용될 수 있도록 해야 하며, 보건교육을 실시할 때는 인간의 신체적·정신적·사회적 측면의 조화를 고려하여야 한다.
- 대상자가 자발적으로 보건교육에 참여하도록 유도하여야 한다.
- 보건문제 해결은 일정한 공식이나 틀이 없으므로 일종의 창의적인 과정이라 할 수 있다.

㉡ 필요성
- 보건교육을 통해 자신이 이용하는 서비스 수준을 판단할 수 있는 능력을 키워야 한다.
- 질병 양상의 변화와 의학기술의 한계에 따른 보건교육의 상대적 가치가 부각되고 있다.
- 의료비 상승으로 인한 조기 퇴원으로 가정에서 환자와 가족이 건강관리를 해야 할 필요성이 증가하고 있다.
- 개인이나 지역사회가 건강 관련 문제를 스스로 해결할 수 있는 능력을 기를 필요가 있다.
- 소비자 의식의 향상으로 삶의 질 향상을 추구하려는 인식이 전반적으로 확산되었다.

③ 보건교육 관련 이론 정리
　㉠ 행동주의 학습이론
　　• 개념
　　　- 인간의 학습 현상을 행동과 그 행동의 발생 원인이 되는 외부환경에 초점을 두고 설명하는 이론으로 목표한 행동의 변화가 일어나면 학습이 이루어진다고 본다.
　　　- 인간의 행동은 자연법칙의 지배를 받기 때문에 과학적으로 연구되어야 하고, 겉으로 나타나는 행동을 연구의 대상으로 한다.
　　　- 환경은 개체의 행동에 영향을 주는 외적 변인이며, 행동 변화를 목표로 하는 학습도 환경이 개체에 작용해서 나타난 결과로 볼 수 있다.
　　　- 환경을 조절함으로써 인간의 행동을 변화시키거나 수정할 수 있다. 환경을 적절히 조성하면 학습도 의도한 대로 조절이 가능하다.
　　• 기본원리
　　　- 행동은 보상, 칭찬, 처벌 등과 같은 강화에 의해 증가된다.
　　　- 행동은 이전의 경험에 의해 영향을 받으며, 다음에 올 결과에 의해 더 큰 영향을 받는다.
　　　- 처벌은 행동을 억제한다. 처벌이 제거되면 행동은 증가하는 경향이 있다.
　　　- 각성은 주의 집중에 영향을 준다.
　　　- 반복적인 행동으로 강화가 이루어지며 강화를 통해 학습을 증진시킨다.
　　　- 불규칙적인 강화가 행동을 오래 지속하게 한다.
　　　- 즉각적이고 일관성 있는 강화가 효과적이다. 정확하고 즉각적인 회환은 학습을 향상시킨다.
　　　- 명백하게 행동과 연결된 보상이나 체벌이 행동을 강화시킨다. 결과에 상응하는 적절한 보상제공이 학습을 증진시킨다.
　　　- 대상자가 원하는 보상일 때 행동이 증가한다.
　　　- 욕구를 충족시키지 못하는 행위는 소멸된다.
　㉡ 인지주의 학습이론
　　• 개념
　　　- 인간을 문제해결을 위한 정보를 적극적으로 탐색하고 이미 알고 있는 것을 재배열하며 재구성함으로써 새로운 학습을 성취하는 능동적이고 적극적인 존재로 본다.
　　　- 학습은 본질적으로 내적인 사고과정의 변화이기에 개인이 환경으로부터 받은 자극이나 정보를 어떻게 지각하고 해석하고 저장하는가에 관심을 둔다.
　　• 기본원리
　　　- 주의집중은 학습을 증가시킨다.
　　　- 정보자료를 조직화할 때 학습을 증가시킨다.
　　　- 정보를 관련지음으로써 학습을 증가시킨다.
　　　- 개개인의 학습유형은 다양하다.
　　　- 우선적인 것은 정보의 저장에 영향을 준다.

- 새로이 학습한 내용을 다양한 배경에서 적용하는 것은 그 학습의 일반화를 돕는다.
- 모방은 하나의 학습방법이다.
- 신기함이나 새로움은 정보의 저장에 영향을 준다.

ⓒ 인본주의 학습이론
- 개념 : 심리학에 근본을 두고 있으며 학습은 개인이 주위 환경과의 능동적인 상호작용을 통하여 자아성장과 자아실현을 이루는 과정이다.

> **TIP 학습의 개념**
> ㉠ 학습은 학습자가 긍정적 자아개념을 갖도록 도와주는 것이다.
> ㉡ 학습자들에게 자유 선택의 기회를 부여하면 그들은 최선의 것을 선택한다.
> ㉢ 학습은 학습자의 조화로운 발달을 도모하며 학습자 중심으로 이루어져야 효과적이다.
> ㉣ 학습은 학습자로 하여금 그들의 신념과 태도와 가치를 분명히 의식하여 행동하도록 돕는 것이다.
> ㉤ 학습은 자기실현을 할 수 있도록 개인의 잠재력을 발달시키는 것이다.

- 기본원리
- 학습자가 자발적인 사람이기 때문에 교육자의 역할은 학습자의 요청에 반응하는 것이며 교사는 촉진자, 조력자, 격려자가 되어야 한다.
- 학습에서 필수적인 것은 학습자가 경험에서 의미를 이끌어내는 것(스스로 학습하며 학습이 유용했는지 평가)이다.

ⓔ 구성주의 학습이론
- 개념
- 구성주의 학습은 자신의 개인적인 경험에 근거해서 독특하고 개인적인 해석을 내리는 능동적이며 개인적인 과정을 의미하는 학습이론이다.
- 구성주의는 지식이 인간의 경험과는 별도로 외부에 존재한다는 객관주의와는 상반되는 이론으로 지식이란 인간이 처한 상황의 맥락 안에서 사전 경험에 의해 개개인의 마음에 재구성하는 것이라고 주장한다.
- 구성주의는 문제중심학습의 철학적 배경이 되며 의미 만들기 이론 또는 알아가기 이론이라고도 하며 의학이나 간호학의 학습방법으로 도입되고 있다.
- 기본원리
- 학습자는 학습의 주체이며 능동적으로 학습과정에 참여하여 자신의 경험의 의미를 구성할 때 학습이 일어난다.
- 교사는 실제와 같은 복잡하고 역동적인 상황이나 문제를 제시하고 다양한 관점을 개발할 수 있는 기회와 학습에 대한 안내를 줄 수 있는 학습 환경을 조성해야 한다.
- 학습이 의미를 가지지 위해서는 학습한 지식이 실제로 사용될 수 있는 맥락과 함께 제공되어야 한다. 맥락은 실제 상황과 유사한 것이어야 한다.
- 학습자는 문제 상황에서 관련 정보를 회상하고, 문제 해결 과정에 집중하며 전문가들이 실세계의 문제 해결 과정에서 경험하는 사고력을 촉진하고자 문제 상황을 제공한다.
- 문제 상황은 학습자의 학습동기를 유발하고, 관련 지식을 점검하거나 습득하게 하며, 지식을 문제 해결에 적용하도록 유도한다.
- 교사는 학습자의 흥미를 유발하고, 지속적인 피드백과 지지를 통하여 학습자의 의미 구성 과정을 촉진한다.

- 학습자는 사회공동체 내에서 다른 사람들과 아이디어를 공유하고 다양한 관점을 접하게 되는데, 이때 모순되거나 불일치함을 경험하면서 반성적인 사고를 통해서 자신의 관점을 재해석하거나 변형하는 등 조정이 가능하고 공동체와 공유된 의미를 갖게 된다.
- 평가는 학습과정에서 이루어져야 한다고 본다. 평가는 학습자가 문제를 해결하는 과정에서 지식과 기능을 새로운 상황에 전이할 수 있는 능력에 초점을 두고 이루어져야 한다.

(2) 보건교육의 계획

① 학습목표의 설정

㉠ 학습목표 : 학습경험을 통하여 바람직하게 변화되어야 할 학습자의 지식, 태도, 행위를 말하며, 학습과정의 결과로 기대되는 행동이다.

㉡ 학습목표가 갖추어야 할 조건
- 연관성 : 목적과 밀접한 관련을 가져야 한다.
- 논리성 : 논리적으로 기술되어야 한다.
- 명백성 : 학습자와 교육자가 모두 명확히 이해하고 이에 기준하여 교육이 일어날 수 있도록 명확하게 설정되어야 한다.
- 실현 가능성 : 학습을 통해 실현 가능한 목표가 설정되어야 한다.
- 관찰 가능성 : 관찰 가능한 목표가 되도록 구체적으로 설정하여야 한다.
- 측정 가능성 : 측정 가능하도록 설정되어야 한다.

㉢ 학습목표의 분류 : Bloom은 학습목표를 인지적, 정의적, 심리운동적 영역으로 구분하였다.
- 인지적 영역
  - 지식의 증가와 이를 활용하는 능력
  - 행동의 복합성에 따라 가장 낮은 수준의 지식 습득부터 가장 높은 수준의 평가로 분류
  - 지식 : 정보를 회상해 내거나 기억하는 것
    - 예 대상자들은 흡연의 피해를 열거할 수 있다.
  - 이해 : 학습자는 의사소통이 되고 있는 물질이나 아이디어를 다른 것과 관련시키지 않고도 무엇이 의사소통되고 있는지 앎
    - 예 대상자들은 니코틴의 작용을 말할 수 있다.
  - 적용 : 구체적이고 특수한 상황에 일반적인 아이디어나 규칙, 이론, 기술적인 원리, 일반화된 방법의 추상성 사용
    - 예 대상자들은 심장질환과 니코틴의 작용을 관련지어 말할 수 있다.
  - 분석 : 의사소통을 조직적·효과적으로 하기 위해 표현된 아이디어의 위계와 관계가 분명해지도록 의사소통을 부분으로 나눔
    - 예 대상자들은 흡연으로 인한 증상과 자신에게서 나타나는 증상을 비교한다.
  - 종합 : 부분이나 요소를 합하여 분명하도록 완성된 구조로 구성
    - 예 대상자들은 금연방법을 참고하여 자신의 금연계획을 작성한다.

- 평가 : 주어진 목표에 대해 자료와 방법이 범주를 충족시키는 정도에 관해 질적·양적으로 판단
  - 예) 대상자들은 자신들이 계획한 금연계획을 실천 가능성에 따라 평가한다.
- 정의적 영역
- 느낌이나 정서의 내면화가 깊어짐에 따라 대상자의 성격과 가치체계에 통합되어 가는 과정
- 감수 : 학습자는 단순히 어떤 것에 의식적이거나 선호하는 자극에 주의를 기울임
  - 예) 대상자는 담배연기로 죽어가는 쥐를 들여다본다.
- 반응 : 학습자의 반응
  - 예) 대상자는 담배가 자신이나 가족에게 매우 해롭다고 말한다.
- 가치화 : 학습자가 스스로 몰입하여 가치를 갖고 있음을 타인이 확인 가능
  - 예) 대상자는 금연계획을 세우고 담배를 줄이며 금연 스티커를 자신이 볼 수 있는 곳에 붙여 놓는다.
- 조직화 : 복합적인 가치를 적절히 분류하고 순서를 매겨 체계화하고 가치들의 관계가 조화롭고 내적으로 일관성을 이루도록 함
  - 예) 대상자는 흡연의 유혹을 피하기 위해 기상과 함께 조깅을 하고, 아침식사 후 커피 대신 과일을 먹는 등의 생활양식을 체계적으로 실행한다.
- 성격화 : 새로운 가치를 생활 속으로 통합하여 효과적으로 행동
  - 예) 대상자는 지역사회 금연운동에서 자원봉사자로 활동한다.
- 심리 운동적 영역
- 관찰이 가능하므로 학습목표의 확인과 측정 용이
- 복합성의 수준이 증가함에 따라 심리운동 영역의 수준도 증가
- 심리운동 영역이 높아질수록 신체적 기술을 좀 더 효과적으로 수행
- 지각 : 감각기관을 통해 대상, 질 또는 관계를 알아가는 과정
  - 예) 노인들은 운동 시범자가 보이는 근력운동을 관찰한다.
- 태세 : 특정 활동이나 경험을 위한 준비
  - 예) 노인들은 운동을 하기 위해 필요한 고무 밴드를 하나씩 집어 든다.
- 지시에 따른 반응 : 교육자의 안내 하에 학습자가 외형적인 행위를 하는 것으로 활동에 앞서 반응할 준비성과 적절한 반응을 선택
  - 예) 노인들은 운동시범자의 지시에 따라 고무 밴드를 이용한 운동을 한다.
- 기계화 : 학습된 반응이 습관화되어 학습자는 행동수행에 자신감이 있으며 상황에 따라 습관적으로 행동
  - 예) 노인들은 음악을 들으며 스스로 운동을 한다.
- 복합 외적 반응 : 복합적이라고 여겨지는 운동 활동의 수행을 의미, 고도의 기술이 습득되고 최소한의 시간과 에너지 활동을 수행
  - 예) 노인들은 집에서 TV를 보면서 고무 밴드를 이용한 운동을 능숙하게 실행한다.
- 적응 : 신체적 반응이 새로운 문제 상황에 대처하기 위해 운동 활동을 변경
  - 예) 노인들은 고무 밴드가 없는 노인 회관에서 고무 밴드 대신 긴 타월을 이용하여 운동을 한다.

② 학습내용의 조직 원리
  ㉠ 계속성의 원리 : 학습내용의 구성요소가 계속 반복됨으로써 학습자에게 연속적으로 연습의 기회를 제공하여야 하며, 인지적 영역-심리 운동적 영역-정의적 영역의 순서로 더 긴 시간의 교육을 요구한다.
  ㉡ 계열성의 원리 : 학습내용의 위계적·순차적 반복을 통해 학습의 선행 내용을 기초로 후속 내용을 전개함으로써 수준을 달리한 동일 교육내용을 반복적으로 학습하는 심화 학습이 이루어져야 한다.
  ㉢ 통합성의 원리 : 교육내용을 구성하는 요소들이 서로 연결되고 통합됨으로써 효과적인 학습이 이루어져야 하며 통합성을 고려하지 않으면 교육내용이나 경험들 간의 불균형과 부조화, 내용의 중복이나 누락 등을 가져올 수 있다.
  ㉣ 균형성의 원리 : 여러 가지 학습경험들 사이에 균형이 유지되어야 한다.
  ㉤ 다양성의 원리 : 학생들의 요구를 반영할 수 있는 다양하고 융통성 있는 학습경험이 되도록 조직해야 한다.
  ㉥ 보편성의 원리 : 민주시민으로서 가져야 할 건전한 가치관, 이해, 태도, 기능을 기를 수 있는 학습경험을 조직해야 한다.

③ 보건교육의 수행
  ㉠ 영유아기 및 학령기
    • 보건교육 시 돌보는 사람의 건강정보를 얻고자 하는 준비성, 아기의 발달 수준과 건강 상태를 파악
    • 아동의 기질적인 차이와 발달과정, 안전, 좋은 식습관의 형성, 예방접종 등에 관한 교육 수행
  ㉡ 청소년기
    • 청소년기에는 개념 이해에 필요한 기본적 지식은 충분하나 기존의 가치에 대한 의문이 발생 가능
    • 다양한 생활양식에 관한 정보와 그 결과 제공
    • 현재 하고 있는 건강행위를 강화
    • 자가간호행위에 관한 의사결정에 적극적으로 참여함으로써 그 효과 증대
  ㉢ 성인기
    • 이미 많은 경험과 정보를 가지고 학습에 참여하므로 그들이 가지고 있는 사고와 기술을 재표현
    • 학습한 것을 현실적으로 즉각 적용하기 원하며 교과 중심의 학습보다는 문제 해결 중심의 학습으로 이행
  ㉣ 노년기 : 학습자는 노화로 인한 신체적 변화와 인지, 감각 운동 수준이 저하되므로 게임, 역할극, 시범, 재시범 등의 교육방법이 효과적

④ 보건교육의 평가
  ㉠ 평가시점에 따른 분류
    • 진단평가
      - 대상자들의 교육에 대한 이해 정도를 파악하고 교육 계획을 수립할 때 무엇을 교육할지를 알아보기 위해 실시
      - 대상자의 지식수준, 태도, 흥미, 동기, 학습자의 준비도 등을 파악할 수 있고 필요한 교육 내용을 알 수 있음
      - 학습자의 개인차를 이해하고 이에 알맞은 교수-학습 방법을 모색하는데 유용
    • 형성평가
      - 교수-학습활동이 진행되는 동안 주기적으로 학습의 진행 정도를 파악하여 교육방법이나 내용 향상을 위해 실시

- 보건교육 중 하나의 체계가 끝나기 전에 하위체계 단위에서 각 단계마다 평가를 실시하는 것
- 대상자의 주위 집중과 학습의 동기유발을 증진
- 중간목표 도달을 점검하여 효과적인 학습에 영향을 주는 요인을 알아보고 이에 대처하여 교육목표에 도달하려고 하는 것
• 총괄평가
- 일정한 교육이 끝난 후 목표 도달 여부를 확인
- 자신의 능력, 교육자의 교육방법 및 교육과정을 대상자가 평가하여 교육자와 대상자 간에 동등한 관계로 존중받았다는 느낌을 갖게 되며 스스로 평가할 수 있는 자신감을 부여

ⓒ 평가 성과에 초점을 둔 분류
• 과정평가
- 지도자의 훈련수준과 관련된 사업의 외적 특징 등 과정의 적절성, 난이도, 과정의 수, 각 과정의 진행시간, 참석자의 수, 대상자의 참여율 등이 포함
- 프로그램이 계획한 대로 시행되었는지를 사정하여 프로그램을 관리하는데 필요한 기초정보와 평가의 영향 또는 성과적 결과를 해석하는 기초
- 시행된 사업이 다른 환경에서도 적용할 수 있는 실현 가능성과 일반화, 프로그램의 확산에 관한 판단의 실마리 제공
• 영향평가
- 프로그램을 투입한 결과로 대상자의 지식, 태도, 신념, 가치관, 기술, 행동 또는 실천 양상에 일어난 변화를 사정하려는 것이 목적
- 위험요인의 감소, 효과적인 대처 등이 지표
- 보건사업을 투입한 결과로 단기적으로 나타난 바람직한 변화를 평가
• 성과평가
- 프로그램을 시행한 결과 얻은 건강 또는 사회적 요인의 개선점을 측정
- 보건사업을 통해 나타난 바람직한 변화가 시간이 흐름에 따라 긍정적으로 나타난 장기적 효과를 평가
- 평가된 지역사회 보건사업의 당위성과 필요성을 설명하는 중요한 수단

ⓒ 평가기준에 따른 분류
• 절대평가 : 기준에 따른 평가로, 보건교육 계획 시 목표를 설정하고 교육 후 목표도달 여부를 확인
• 상대평가 : 다른 학습자에 비해 어느 정도 잘하고 있는지를 평가하는 것으로 학습자 개인의 상대적인 위치와 우열 파악

05. 건강증진과 보건교육

최근 기출문제 분석

2020. 6. 13. 제1회 지방직

1 보건소 절주 프로그램의 과정 평가지표는?

① 프로그램 참여율
② 금주 실천율
③ 프로그램 예산의 적정성
④ 음주 관련 질환에 대한 지식 수준의 변화

> **TIP** ① 참여율 파악은 과정 평가에 해당한다.

2020. 6. 13. 제1회 지방직

2 다음 글에 해당하는 범이론적 모형(Transtheoretical model)의 건강행위 변화단계는?

> 저는 담배를 10년간 피웠더니 폐도 좀 안 좋아진 것 같고 조금만 활동을 해도 너무 힘이 들어요. 요즘 아내와 임신에 관해 얘기하고 있어서 담배를 끊기는 해야 할 것 같은데, 스트레스가 너무 많아서 어떻게 해야 할지 모르겠어요. 그래도 태어날 아기를 생각해서 앞으로 6개월 안에는 금연을 시도해볼까 해요.

① 계획 전 단계(precontemplation stage)
② 계획 단계(contemplation stage)
③ 준비 단계(preparation stage)
④ 행동 단계(action stage)

> **TIP** 범이론적 모형의 변화 6단계
> ⊙ 무관심 단계(계획 전 단계): 6개월 이내에 행동 변화의 의지가 없는 단계이다. 자신의 문제를 인지하지 못하거나 과소평가, 회피가 나타난다.
> ⓒ 관심단계(계획단계): 문제를 인식하고 6개월 이내에 문제를 해결하고자 하는 의도는 있고 구체적인 계획은 없다.
> ⓒ 준비단계: 행위 변화 의도와 행동을 결합시킨 단계로 구체적인 실행계획이 잡혀 있는 단계이다. 1개월 내에 건강행동을 하겠다는 의도가 있다.
> ⓔ 실행(행동)단계: 행동 시작 후 6개월 이내로 행동 변화가 실행되는 단계이다.
> ⑩ 유지단계: 실행단계에서 시작한 행위 변화를 최소한 6개월 이상 지속하여 생활의 일부분으로 정착하는 단계이다.
> ⑭ 종결단계: 재발의 위험이 없는 단계로 종결단계 없이 유지단계로 끝나는 경우가 많다.

Answer 1.① 2.②

2020. 6. 13. 제1회 지방직

3 MATCH(Multi-level Approach to Community Health) 모형의 단계별 활동으로 옳지 않은 것은?

① 목적 설정 단계 – 행동요인 및 환경요인과 관련된 목적을 설정한다.
② 중재 계획 단계 – 중재의 대상과 접근 방법을 결정한다.
③ 프로그램 개발 단계 – 사업의 우선순위가 높은 인구집단을 선정한다.
④ 평가 단계 – 사업의 과정, 영향, 결과에 대해 평가한다.

> **TIP** MATCH(Multiple Approach to Community Health) 모형
> '목적/목표설정 → 중재 계획 → 프로그램 개발 → 실행 → 평가'의 5단계
> 1. 목적/목표설정
>   ⊙ 건강상태 목적(목표) 선정
>   ⓒ 우선순위 목적(목표) 선정
>   ⓒ 건강 행위요인과 관련된 목적(목표) 선정
>   ⓔ 환경요인과 관련된 목적(목표) 선정
> 2. 중재 계획
>   ⊙ 중재 목표 파악: 파악중재활동의 목표가 되는 중재대상 결정
>   ⓒ 중재 목표 선정: 1단계에서 파악된 건강행동 요인, 환경적 요인, 중재 대상을 조합하여 목표 선정
>   ⓒ 중재 목표를 이루기 위한 매개변인(지식, 태도, 기술 등) 파악
>   ⓔ 중재 접근방법 선정: 중재 목표의 수준에 맞게 중재 활동의 종류를 선택
> 3. 프로그램 개발: 각 프로그램의 내용적인 구성요소 등 프로그램 개발과 관련된 내용을 상세하게 기술하는 단계
> 4. 실행
>   ⊙ 변화 채택을 위한 계획안을 작성하고 자원활동 준비
>   ⓒ 변화를 위한 요구, 준비 정도, 환경적인 지지조건 등에 대한 사안 개발
>   ⓒ 중재가 효과적이라는 증거 수집
>   ⓔ 중재를 통한 변화를 지지하여 줄 수 있는 사회적 지도자나 기관 단체를 파악
>   ⓜ 사회적인 의사 결정권이 있는 사람들과 협조 관계 유지
>   ⓗ 프로그램 수행자들을 모집, 업무 훈련, 수행 업무 모니터 및 지지할 수 있는 시스템 개발
> 5. 평가
>   ⊙ 과정평가: 중재기획과 과정에 대한 유용성, 실제 수행에 대한 정도와 질, 프로그램 수행 후 즉시 나타난 교육적인 효과 등
>   ⓒ 영향평가: 보건프로그램의 단기적인 결과로 지식, 태도, 기술을 포함한 중간 효과와 행동 변화 또는 환경적인 변화를 포함
>   ⓒ 결과평가: 장기적인 보건프로그램 효과 측정

Answer 3.③

2020. 6. 13. 제1회 지방직

4 다음 글에서 설명하는 학습이론은?

- 보상이나 처벌이 행동의 지속이나 소멸에 영향을 줌
- 개인 고유의 내적 신념과 가치를 무시하는 경향이 있음
- 즉각적인 회환은 학습 향상에 효과적임

① 인지주의
② 행동주의
③ 인본주의
④ 구성주의

> **TIP** 행동주의 학습이론은 학습을 경험이나 관찰의 결과로 유기체에서 일어나는 비교적 영속적인 행동의 변화 또는 행동 잠재력의 변화로 정의 내린다. 학습자는 환경의 자극에 대해 수동적으로 반응하는 존재로, 즉각적인 피드백과 적절한 강화가 요구되며 반복학습을 강조한다.

2020. 6. 13. 제2회 서울특별시

5 간호사는 금연 교육 프로그램을 기획하고 학습목표를 기술하였다. 블룸(Bloom)의 인지적 학습 목표에 따를 때, 가장 높은 수준에 해당하는 것은?

① 대상자는 심장질환과 니코틴의 작용을 관련지어 말할 수 있다.
② 대상자들은 자신들이 계획한 금연계획을 실천가능성에 따라 평가한다.
③ 대상자들은 흡연으로 인한 증상과 자신에게서 나타나는 증상을 비교한다.
④ 대상자들은 금연방법을 참고하여 자신의 금연계획을 작성한다.

> **TIP** Bloom이 제시한 인지적 영역 학습목표의 수준을 낮은 수준부터 높은 수준으로 나열하면 지식→ 이해→ 적용→ 분석→ 종합→ 평가이다.

Answer 4.② 5.②

2020. 6. 13. 제2회 서울특별시

6 UN에서 발표한 새천년개발목표(Millennium Development Goals, MDGs)에 해당하지 않는 것은?

① 절대빈곤 및 기아 퇴치
② 모든 사람의 건강한 삶을 보장하고 웰빙을 증진
③ 보편적 초등교육 실현
④ 지속가능한 환경의 확보

>TIP UN의 새천년 개발목표
> ㉠ 절대빈곤 및 기아퇴치
> ㉡ 보편적 초등교육 실현
> ㉢ 양성평등 및 여성능력의 고양
> ㉣ 유아사망률 감소
> ㉤ 모성보건 증진
> ㉥ AIDS 등의 질병 퇴치
> ㉦ 지속가능한 환경 확보
> ㉧ 개발을 위한 글로벌 파트너십 구축

2020. 6. 13. 제2회 서울특별시

7 〈보기〉에서 설명하는 학습이론으로 가장 옳은 것은?

―――― 보기 ――――
학습이란 개인이 이해력을 얻고 새로운 통찰력 혹은 더 발달된 인지구조를 얻는 적극적인 과정이다. 이러한 학습은 동화와 조절을 통해 이루어진다. 동화란 이전에 알고 있던 아이디어나 개념에 새로운 아이디어를 관련시켜 통합하는 것이다. 학습자는 자신의 인지구조와 일치하는 사건을 경험할 때는 끊임없이 동화되며 학습하지만 새로운 지식이나 사건이 이미 갖고 있는 인지구조와 매우 달라서 동화만으로 적응이 어려울 때는 조절을 통해 학습하고 적응한다.

① 구성주의 학습이론
② 인본주의 학습이론
③ 인지주의 학습이론
④ 행동주의 학습이론

>TIP 인지주의 학습이론 : 학습이란 학습자가 기억 속에서 학습사태에서 일어나는 여러 가지 사상에 관한 정보를 보존하고 조직하는 인지구조를 형성함으로써 일어나는 현상이다.

Answer 6.② 7.③

2020. 6. 13. 제2회 서울특별시

8 고혈압에 대한 2차 예방 활동으로 가장 옳은 것은?

① 금연
② 체중조절
③ 직장 복귀
④ 고혈압 검진

> **TIP** 2차 예방 : 질병의 조기발견 및 조기치료를 목표로 질병의 전구기·잠복기의 증상 등의 사정과 병원을 중심으로 하는 환자간호를 제공

2019. 6. 15 제2회 서울특별시

9 우리나라의 제4차 국민건강증진종합계획(Health Plan 2020)의 총괄목표에 해당하는 것은?

① 삶의 질 향상, 건강수명 연장
② 건강형평성 제고, 사회물리적 환경조성
③ 삶의 질 향상, 사회물리적 환경조성
④ 건강수명 연장, 건강형평성 제고

> **TIP** 제4차 HP2020의 목표는 3차와 마찬가지로 WHO 건강증진의 개념, 목표 달성 측정을 위해 계량화 가능 여부와 주요 외국의 추세를 감안하여 '건강수명 연장과 건강형평성 제고'로 선정하였다.

2019. 6. 15 제2회 서울특별시

10 Bloom은 학습목표 영역을 세 가지로 분류하였다. 다음 중 다른 종류의 학습목표 영역에 해당하는 것은?

① 대상자들은 담배 속 화학물질인 타르와 니코틴이 건강에 미치는 영향을 비교하여 설명할 수 있다.
② 대상자들은 흡연이 건강에 미치는 해로운 영향을 5가지 말할 수 있다.
③ 대상자들은 흡연이 자신이나 가족들에게 매우 해로우므로 금연을 하는 것이 긍정적인 행위라고 말한다.
④ 대상자들은 자신이 직접 세운 금연 계획의 실천 가능성이 얼마나 되는지 평가할 수 있다.

> **TIP** ①②④는 인지적 영역, ③은 정의적 영역에 해당한다.
> ※ 블룸의 학습목표 분류
> ㉠ 인지적 영역 : 주로 안다는 일과 관계되는 기초적인 정신적·지적 과정
> ㉡ 정의적 영역 : 흥미나 태도에 관련되는 과정
> ㉢ 심리·운동 영역 : 신체적 행위를 통한 신체적 능력과 기능을 발달시키는 것과 연관된 영역

Answer 8.④ 9.④ 10.③

2019. 6. 15 제2회 서울특별시
11 〈보기〉에서 설명하고 있는 학습이론은?

― 보기 ―

학습이란 외적인 환경을 적절히 조성하여 학습자의 행동을 변화시키는 것으로 학습자에게 목표된 반응이 나타날 때, 즉각적인 피드백과 적절한 강화를 사용하도록 한다. 또한, 학습목표의 성취를 위하여 필요한 학습과제를 하위에서 상위로 단계별로 제시하고 반복연습의 기회를 제공한다.

① 구성주의 학습이론
② 인본주의 학습이론
③ 인지주의 학습이론
④ 행동주의 학습이론

> **TIP** 행동주의 학습이론은 학습을 경험이나 관찰의 결과로 유기체에게서 일어나는 비교적 영속적인 행동의 변화 또는 행동 잠재력의 변화로 정의내린다. 학습자는 환경의 자극에 대해 수동적으로 반응하는 존재로, 즉각적인 피드백과 적절한 강화가 요구되며 반복학습을 강조한다.

2019. 6. 15 제1회 지방직
12 PRECEDE-PROCEED 모형에서 강화요인(reinforcing factors)은?

① 개인의 기술 및 자원
② 대상자의 지식, 태도, 신념
③ 보건의료 및 지역사회 자원의 이용 가능성
④ 보건의료 제공자의 반응이나 사회적 지지

> **TIP** PRECEDE-PROCEED Model의 3단계는 행동적, 환경적 진단으로 주요 보건의료 문제와 관련되는 구체적 건강행위와 생활양식, 환경적 요인들을 파악하는데, 개인이나 집단의 건강행위에 영향을 주는 요인은 크게 성향요인, 촉진요인, 강화요인으로 구분된다.
> ㉠ 성향요인(predisposing factors) : 행위를 초래하거나 행위의 근거가 되는 요인으로 보건교육 계획에 유용한 요인(지식, 태도, 신념, 가치, 자기효능 등)
> ㉡ 촉진요인(enabling factors) : 개인이나 집단으로 하여금 행위를 하도록 촉진하는 것(접근성, 개인의 기술, 보건의료나 지역사회자원의 이용가능성)
> ㉢ 강화요인(reinforcing factors) : 행위가 계속되거나 중단하게 하는 요인(보상, 벌칙 등)

Answer 11.④ 12.④

2019. 6. 15 제1회 지방직

13 PATCH(Planned Approach To Community Health) 모형에서 우선순위를 설정하는 평가 기준은?

① 경제성, 자원 이용 가능성
② 건강문제의 중요성, 변화 가능성
③ 문제해결 가능성, 주민의 관심도
④ 건강문제의 심각도, 사업의 추정효과

> **TIP** PATCH(Planned Approach To Community Health) … 1980년대 미국 CDC(질병관리본부)에서 건강증진 및 질병예방 프로그램의 계획 및 수행을 위해 개발한 것으로 지역사회 단위의 건강문제 우선순위 확인, 건강문제 목표설정, 특정 인구집단의 보건요구도 측정에 활용한다. 우선순위를 설정하는 평가 기준은 건강문제의 중요성과 변화 가능성이다.

2019. 6. 15 제1회 지방직

14 우리나라 제4차 국민건강증진종합계획(Health Plan 2020)의 총괄목표는?

① 안전한 보건환경과 건강생활 실천
② 건강수명 연장과 건강형평성 제고
③ 예방중심 상병관리와 만성퇴행성질환 감소
④ 생애주기별 건강관리와 의료보장성 강화

> **TIP** 제4차 HP2020의 목표는 3차와 마찬가지로 WHO 건강증진의 개념, 목표 달성 측정을 위해 계량화 가능 여부와 주요 외국의 추세를 감안하여 '건강수명 연장과 건강형평성 제고'로 선정하였다.

2019. 2. 23 제1회 서울특별시

15 제시된 시나리오를 활용하여 학습에 대한 동기유발, 학습자의 자발적 참여와 자율성, 능동적 태도 및 문제해결능력이 강화되어 새로운 상황에 대한 효과적인 대처가 가능하도록 교육하는 데 근거가 되는 교육방법과 교육이론을 옳게 짝지은 것은?

① 역할극 – 행동주의 학습이론
② 분단토의 – 인지주의 학습이론
③ 강의 – 인본주의 학습이론
④ 문제중심학습법 – 구성주의 학습이론

> **TIP** 문제중심학습(PBL, Problem-Based Learning)은 문제를 활용하여 학습자 중심으로 학습을 진행하는 교육방법으로 구성주의적 교육관과 자기주도적 학습이라는 원칙 하에서 새롭게 등장한 교육방법이다.

Answer 13.② 14.② 15.④

2019. 2. 23 제1회 서울특별시

16 제4차 국민건강증진종합계획(HP2020)의 중점과제와 대표지표가 옳게 연결되지 않은 것은?

① 정신보건 – 자살 사망률(인구 10만명당)
② 노인건강 – 노인 치매 유병률
③ 신체활동 – 유산소 신체활동 실천율
④ 구강보건 – 영구치(12세) 치아우식 경험률

> **TIP** 제4차 국민건강증진종합계획(HP2020) 중점과제별 대표지표

중점과제	대표지표
금연	성인남성 현재흡연율, 중고등학교 남학생 현재흡연율
절주	성인 연간음주자의 고위험 음주율
신체활동	유산소 신체활동 실천율
영양	건강식생활 실천율(지방, 나트륨, 과일/채소, 영양표시 4개 지표 중 2개 이상을 만족하는 인구 비율)
암관리	암 사망률(인구 10만 명당)
건강검진	일반(생애) 건강검진 수검률(건강보험적용자)
심뇌혈관질환	고혈압 유병률, 당뇨병 유병률
비만	성인 비만유병률
정신보건	자살 사망률 감소(인구 10만 명당)
구강보건	아동청소년 치아우식 경험률(영구치)
결핵	신고 결핵 신환자율(인구 10만 명당)
손상예방	인구 10만 명당 손상 사망률
모성건강	모성사망비(출생 10만 명당)
영유아	영아사망률(출생아 천 명당)
노인건강	노인 활동제한율 – 일상행활 수행능력(ADL) 장애율

Answer 16.②

2016. 6. 18 제1회 지방직

17 초등학교 보건교사가 인지주의 학습이론을 적용하여 비만 아동에게 체중 감량을 위한 식이교육을 실시하고자 할 때 가장 적절한 방법은?

① 음식일기를 기록한 날에는 일기장에 예쁜 스티커를 붙여 주었다.
② 익숙한 동요의 가사를 음식 칼로리에 대한 내용으로 바꾸어 반복해서 부르게 하였다.
③ 아동이 자율성을 가지고 다이어트 식단을 스스로 작성하도록 독려하였다.
④ 고칼로리 음식섭취를 자제하면서 조금씩 체중을 감량하고 있는 아동에게는 칭찬 점수를 주고 모으도록 하였다.

> **TIP** 인지주의적 관점에서 학습이란 학습자가 기억 속에서 학습상태에서 일어나는 여러 가지 사상에 관한 정보를 보존하고 조직하는 인지구조를 형성함으로써 일어나는 현상이다. 따라서 인지주의 학습이론을 적용한 교육방법은 ②이다.

2016. 6. 18 제1회 지방직

18 PRECEDE-PROCEED 모형의 교육 및 생태학적 진단단계에서 제시한 건강행위 결정에 영향을 주는 요인과 항목이 바르게 짝지어진 것은?

① 조정 요인(modifying factor) – 사회적 지지
② 가능 요인(enabling factor) – 친구 또는 동료의 영향
③ 강화 요인(reinforcing factor) – 보건의료 및 지역사회 자원의 이용 가능성
④ 성향 요인(predisposing factor) – 건강에 대한 신념과 자기 효능

> **TIP** 그린의 PRECEDE-PROCEED 모형 중 행위에 영향을 주는 요인
> ⊙ 성향요인: 행위를 초래하거나 행위의 근거가 되는 요인(개인이나 집단의 동기화와 관련) → 인지, 정서적 요인으로 지식, 태도, 신념, 가치, 자기효능, 의도 등
> ⊙ 촉진요인: 건강행위를 수행하는데 필요한 기술과 자원, 실제로 행위가 나타나도록 하는 요인 → 지역사회의 보건의료나 지역사회의 자원에 대한 이용가능성, 접근성, 시간적 여유 등
> ⊙ 강화요인: 행위가 계속되거나 반복되도록 보상을 제공하는 행위와 관련된 요인 → 사회적 지지, 동료영향, 의료제공자의 충고와 피드백, 신체적으로 얻은 결과

Answer 17.② 18.④

2017. 6. 17 제1회 지방직

19 제1차 국제건강증진회의(캐나다 오타와)에서 건강증진 5대 활동전략이 발표되었다. 다음 글에 해당하는 전략은?

> • 보건의료 부문의 역할은 치료와 임상서비스에 대한 책임을 넘어서 건강증진 방향으로 전환해야 한다.
> • 건강증진의 책임은 개인, 지역사회, 보건전문인, 보건의료기관, 정부 등이 공동으로 분담한다.

① 보건의료서비스의 방향 재설정
② 건강 지향적 공공정책의 수립
③ 지지적 환경 조성
④ 지역사회활동의 강화

> **TIP** WHO 오타와 헌장(1986)
> ㉠ 건강증진은 사람들로 하여금 자신의 건강에 대한 통제력을 증가시키고, 건강을 향상시키는 능력을 갖도록 하는 과정이다.
> ㉡ 모든 사람들에게 건강한 생활환경을 조성하기 위해 5가지 요소를 제시하였다.
> • 건강 지향적 공공정책의 수립
> • 건강지향적(지지적) 환경 조성
> • 지역사회활동의 강화
> • 개개인의 기술 개발
> • 보건의료서비스의 방향 재설정

Answer 19.①

2017. 6. 17 제1회 지방직

20 제4차 국민건강증진종합계획(HP2020)의 정책 효과를 측정하기 위해 설정한 대표지표가 아닌 것은?

① 모성사망비
② 영아사망률
③ 건강식생활 실천율
④ 노인 삶의 질

> **TIP** 제4차 국민건강증진종합계획 중점과제별 대표지표

중점과제	지표
금연	성인 남자 현재흡연율
	중·고등학교 남학생 현재흡연율
절주	성인 남자 연간음주자의 고위험음주율
	성인 여자 연간음주자의 고위험음주율
신체활동	유산소 신체활동 실천율
영양	건강식생활 실천 인구비율(만 6세 이상)
암	암 사망률(인구 10만 명당)
건강검진	일반검진 수검률
심뇌혈관	고혈압 유병률(30세 이상)
	당뇨병 유병률(30세 이상)
비만	성인 남자 비만유병률
	성인 여자 비만유병률
정신보건	자살사망률(인구 10만 명당)
구강보건	영구치(12세) 치아우식 경험률
결핵	신고 결핵 신환자율(인구 10만 명당)
손상예방	손상사망률(인구 10만 명당)
모성건강	모성사망비(출생아 10만 명당)
영유아건강	영아사망률(출생아 1천 명당)
노인건강	노인 일상생활수행능력(ADL) 장애율

Answer 20.④

2017. 6. 17 제1회 지방직

21 블룸(Bloom)의 심리운동 영역에 해당하는 학습목표는?

① 대상자는 운동의 장점을 열거할 수 있다.
② 대상자는 지도자의 지시에 따라 맨손체조를 실시할 수 있다.
③ 대상자는 만성질환 관리와 운동 효과를 연관시킬 수 있다.
④ 대상자는 운동이 자신에게 매우 이롭다고 표현한다.

> **TIP** 블룸(Bloom)의 심리 운동적 영역
> ㉠ 관찰이 가능하므로 학습목표의 확인과 측정 용이
> ㉡ 복합성의 수준이 증가함에 따라 심리운동 영역의 수준도 증가
> ㉢ 심리운동 영역이 높아질수록 신체적 기술을 좀 더 효과적으로 수행
> ㉣ 지각: 감각기관을 통해 대상, 질 또는 관계를 알아가는 과정
> 　예 노인들은 운동 시범자가 보이는 근력운동을 관찰한다.
> ㉤ 태세: 특정 활동이나 경험을 위한 준비
> 　예 노인들은 운동을 하기 위해 필요한 고무 밴드를 하나씩 집어 든다.
> ㉥ 지시에 따른 반응: 교육자의 안내 하에 학습자가 외형적인 행위를 하는 것으로 활동에 앞서 반응할 준비성과 적절한 반응을 선택
> 　예 노인들은 운동시범자의 지시에 따라 고무 밴드를 이용한 운동을 한다.
> ㉦ 기계화: 학습된 반응이 습관화되어 학습자는 행동수행에 자신감이 있으며 상황에 따라 습관적으로 행동
> 　예 노인들은 음악을 들으며 스스로 운동을 한다.
> ㉧ 복합 외적 반응: 복합적이라고 여겨지는 운동 활동의 수행을 의미. 고도의 기술이 습득되고 최소한의 시간과 에너지 활동을 수행
> 　예 노인들은 집에서 TV를 보면서 고무 밴드를 이용한 운동을 능숙하게 실행한다.
> ㉨ 적응: 신체적 반응이 새로운 문제 상황에 대처하기 위해 운동 활동을 변경
> 　예 노인들은 고무 밴드가 없는 노인 회관에서 고무 밴드 대신 긴 타월을 이용하여 운동을 한다.

Answer 21.②

출제 예상 문제

1 다음 중 Pender의 건강증진모형에 대한 설명으로 옳지 않은 것은?

① 개인적 요인은 변화가 쉽게 일어나 구체화할 수 있다.
② 경쟁적이고 즉각적인 요구와 선호는 건강증진행위를 하는 데 방해가 된다.
③ 행위의 수행이나 강화를 위해 명확한 전략을 확인하는 것은 활동계획에의 몰입이다.
④ 이전 관련된 행위는 건강증진행위에 직·간접적으로 영향을 미쳐 행위를 하는 습관을 만든다.

> **TIP** 개인적 요인은 생물학적 요인, 심리적 요인, 사회 문화적 요인으로 변화가 쉽게 일어나지 않는다.

2 그린(Green)의 PRECEDE-PROCEED Model을 적용하여 청소년 대상 보건교육사업을 기획하고자 한다. 이때, 관내 청소년 흡연율 조사가 실시되는 단계는?

① 사회적 사정 단계
② 역학, 행위 및 환경적 사정 단계
③ 교육 및 생태학적 사정 단계
④ 행정 및 정책적 사정 단계

> **TIP** 그린(Green)의 PRECEDE-PROCEED Model
> ⊙ 1단계: 사회적 사정단계로 대상 인구집단의 관심 있는 문제나 일반적인 요구 등에 대한 사정
> ⓒ 2단계: 역학적 진단으로 1단계에서 드러난 사회적 문제들을 확인하는 것으로 어떤 건강 문제가 중요한 지 객관적으로 측정된 자료를 이용하여 확인하는 것이 보통이다.
> ⓒ 3단계: 행동적, 환경적 진단으로 주요 보건의료 문제와 관련되는 구체적 건강행위와 생활양식, 환경적 요인들을 파악
> ② 4단계: 교육적, 생태학적 진단으로 대상자의 건강행위, 생활양식에 영향을 주는 결정요인으로 성향요인, 강화요인, 촉진요인을 파악
> ⓜ 5단계: 행정적, 정책적 진단으로 프로그램의 개발 및 시행과 관련되는 조직적, 행정적 능력과 자원을 검토하고 평가하는 것(인력, 물자, 시설, 예산 등)
> ⓑ 6단계: 수행단계
> ⓢ 7단계: 과정평가로서 수행 중에 처음으로 문제점을 찾아냈을 때 그 문제가 표면화되기 전에 수정하는 것
> ⓞ 8단계: 영향평가로 대상행위와 성향요인, 강화요인, 촉진요인 그리고 행위에 영향을 미치는 환경요인에 대한 즉각적인 효과에 대한 평가
> ⓩ 9단계: 결과평가로 계획과정의 가장 첫 단계에서 만들어진 건강상태와 삶의 질을 평가하는 것

Answer 1.① 2.②

3 다음은 범이론적 모형의 변화과정 중 하나에 대한 설명이다. 이에 해당하는 것은?

> 개인의 건강습관 유무가 어떻게 사회적 환경에 영향을 미치는지를 정서적, 인지적으로 사정한다.

① 인식 제고(consciousness raising)
② 자아 재평가(self reevaluation)
③ 환경 재평가(environmantal reevaluation)
④ 자극 통제(stimulus control)

TIP 범이론적 모형의 변화과정
  ⊙ 인식 제고 : 문제를 이해하기 위해 대상자가 하는 과정으로 높은 수준의 의식과 관련된 정보를 찾는다. 계획단계에서 가장 많이 행하여진다.
  ⓒ 극적 전환 : 심리극, 역할극 등을 통해 문제행위의 결과에 대한 감정을 느끼는 과정이다.
  ⓒ 자기 재평가 : 자신의 가치관과 신념에 비추어 자신의 행동을 평가하는 과정으로 계획단계에서 준비단계로 이동할 때 행하여진다.
  ⓔ 사회적 해방 : 사회에서의 생활방식에 대해 인식하는 과정이다.
  ⓜ 환경 재평가 : 개인의 습관이 사회적 환경에 어떤 영향을 미치는지를 정서적, 인지적으로 평가하는 과정이다.
  ⓗ 조력 관계 : 타인과의 행동에 대한 지지관계를 형성하는 과정으로 문제가 생겼을 때 도와주거나 들어주는 조력자를 형성한다.
  ⓢ 자극 통제 : 문제행동을 유발하는 자극이나 상황을 조정한다.
  ⓞ 강화 관리 : 긍정적 행동은 강화하고 부정적 행동은 처벌한다. 물질적, 사회적 또는 자신을 통해 강화가 이루어질 수 있다.
  ⓧ 역조건 형성 : 문제행동을 보다 긍정적인 행동이나 경험으로 대치한다.
  ⓩ 자기 해방 : 자기 스스로 변화할 수 있다고 믿고 결심하는 것이다.

4 팬더(Pender)의 건강증진모형을 이용하여 건강한 젊은 성인들을 대상으로 제공할 수 있는 운동프로그램 중재로 옳지 않은 것은?

① 대상자의 자기효능감을 증진시킨다.
② 대상자에게 운동의 이점을 설명한다.
③ 건강 위협을 통해 대상자를 동기화한다.
④ 대상자 가족들이 대상자를 지지하도록 한다.

TIP ② 인지, 정서의 중요성에 대한 부분이다.
③ 건강위협을 통한 동기화는 옳지 않다.

Answer 3.③ 4.③

5 건강신념모형을 적용하여 암 예방사업을 하고자 할 때, 건강행위 가능성을 높일 수 있는 간호중재의 방향으로 옳지 않은 것은?

① 암 예방행위에 대한 지각된 장애성을 감소시킨다.
② 암 예방행위에 대한 지각된 유익성을 증가시킨다.
③ 암에 대한 지각된 심각성을 증가시킨다.
④ 암에 대한 지각된 민감성을 감소시킨다.

> **TIP** 건강신념모형의 구성요소
> ⓐ 지각된 민감성 : 자신이 어떠한 질병에 걸릴 위험이 있다고 지각하거나, 질병에 이미 걸린 경우 의료적 진단을 받아들이거나 재발할 위험성이 있다고 생각하는 등 일반적으로 질병에 민감하다고 믿는 것
> ⓑ 지각된 심각성 : 질병에 걸렸을 경우나 치료를 하지 않았을 경우 어느 정도 심각하게 될 것인지에 대한 지각 또는 이미 질병에 걸린 경우 이를 치료하지 않고 내버려 두었을 때 죽음, 장애, 고통, 직업상실, 가족생활과 사회관계에 문제가 생길 것 등에 대한 심각성
> ⓒ 지각된 유익성 : 특정 행위를 하게 될 경우 얻을 수 있는 혜택에 대한 지각으로 사람들이 자신의 건강문제에 대하여 민감하고 심각하게 느낄지라도 다양한 행위가 질병의 위험을 감소시키는 데 유용하다고 믿을 때, 즉 건강행위가 가능하고 효과적이라고 느낄 때 행동하게 됨
> ⓓ 지각된 장애성 : 특정 건강행위에 대한 부정적 지각으로 어떠한 행위를 하려고 할 때 그 건강행위에 잠재되어 있는 부정적인 측면, 즉 비용이나 위험성, 부작용, 고통, 불편함, 시간소요, 습관변화 등이 건강행위를 방해하게 됨
> ⓔ 행동 계기 : 특정행위를 하게 만드는 필요한 자극으로 증상과 같은 내적인 것도 있고, 대중매체·대인관계·의료정보 등과 같은 외적 사항일 수도 있음
> ⓕ 자기효능 : 자신의 건강에 필요한 행위를 잘 해낼 수 있다는 확신으로 행위수행에 대한 훈련·자신감 등

6 지역사회간호사가 Green의 PRECEDE-PROCEED 모형을 이용하여 보건교육을 기획하는 과정에서 다음과 같은 진단을 내렸다면 이는 어느 단계에 해당하는가?

> 지역사회주민의 고혈압 식이조절에 대한 지식과 신념이 부족하여 의료시설 이용이 부적절하다.

① 교육 및 생태학적 진단단계
② 사회적 진단단계
③ 역학 및 행위와 환경 진단단계
④ 행정 및 정책적 진단단계

> **TIP** 교육 및 생태학적 진단단계 … 대상자의 건강행위, 생활양식에 영향을 주는 결정요인으로 성향요인, 상황요인, 촉진요인을 파악한다.

Answer 5.④ 6.①

7 GREEN의 PRECEDE-PROCEED 모형에 의해 교육 및 생태학적 사정을 할 때 기인이나 조직의 건강행위 수행을 가능하게 도와주는 것과 관련된 요인은?

① 성향요인
② 촉진요인
③ 강화요인
④ 행위요인

> **TIP** 그린(Green)의 PRECEDE-PROCEED Model
> ㉠ 1단계: 사회적 사정단계로 대상 인구집단의 관심 있는 문제나 일반적인 요구 등에 대한 사정
> ㉡ 2단계: 역학적 진단으로 1단계에서 드러난 사회적 문제들을 확인하는 것으로 어떤 건강 문제가 중요한 지 객관적으로 측정된 자료를 이용하여 확인하는 것이 보통이다.
> ㉢ 3단계: 행동적, 환경적 진단으로 주요 보건의료 문제와 관련되는 구체적 건강행위와 생활양식, 환경적 요인들을 파악
> ㉣ 4단계: 교육적, 생태학적 진단으로 대상자의 건강행위, 생활양식에 영향을 주는 결정요인으로 지식이나 태도에 해당하는 성향요인, 문제행위를 없애는 강화요인, 수행을 가능하게 하는 촉진요인을 파악
> ㉤ 5단계: 행정적, 정책적 진단으로 프로그램의 개발 및 시행과 관련되는 조직적, 행정적 능력과 자원을 검토하고 평가하는 것 (인력, 물자, 시설, 예산 등)
> ㉥ 6단계: 수행단계
> ㉦ 7단계: 과정평가로서 수행 중에 처음으로 문제점을 찾아냈을 때 그 문제가 표면화되기 전에 수정하는 것
> ㉧ 8단계: 영향평가로 대상행위와 성향요인, 강화요인, 촉진요인 그리고 행위에 영향을 미치는 환경요인에 대한 즉각적인 효과에 대한 평가
> ㉨ 9단계: 결과평가로 계획과정의 가장 첫 단계에서 만들어진 건강상태와 삶의 질을 평가하는 것

8 본인이 결핵에 걸릴 가능성을 실제보다 과소평가하는 대상자에게 높은 결핵 발생률에 대한 정보를 제공하여 결핵검진 및 예방행동을 증진하는 데 활용할 수 있는 이론 또는 모형으로 가장 적합한 것은?

① 건강신념모형
② 합리적 행동이론
③ 임파워먼트이론
④ 건강증진모형

> **TIP** 건강신념모형 … 자신이 질병이나 장애에 아주 취약하다는 믿음(신념), 질병이나 장애가 매우 심각하다는 믿음, 건강을 증진하려는 행동을 통해 실제로 이득을 얻는다는 믿음, 건강을 증진하려는 행동을 가로막는 장애물을 뛰어넘을 수 있다는 믿음이 클수록 건강을 보호하거나 추구하려는 행동을 더 많이 한다.
> ※ 건강행동이론
> ㉠ 건강신념모형
> ㉡ 합리적 행위이론
> ㉢ 계획된 행동이론
> ㉣ 예방채택과정모형

Answer 7.② 8.①

9 PRECEDE-PROCEED 모형의 교육적 진단단계에서 수집해야 할 성향요인은?

① 건강행위에 대한 피드백
② 건강행위 관련 지식 및 인식
③ 행위를 촉진하는 학습자의 기술
④ 건강행위 변화를 방해하는 환경적 자원

> **TIP** 그린(Green)의 PRECEDE-PROCEED Model
> ㉠ 1단계 : 사회적 사정단계로 대상 인구집단의 관심 있는 문제나 일반적인 요구 등에 대한 사정
> ㉡ 2단계 : 역학적 진단으로 1단계에서 드러난 사회적 문제들을 확인하는 것으로 어떤 건강 문제가 중요한 지 객관적으로 측정된 자료를 이용하여 확인하는 것이 보통이다.
> ㉢ 3단계 : 행동적, 환경적 진단으로 주요 보건의료 문제와 관련되는 구체적 건강행위와 생활양식, 환경적 요인들을 파악
> ㉣ 4단계 : 교육적, 생태학적 진단으로 대상자의 건강행위, 생활양식에 영향을 주는 결정요인으로 지식이나 태도에 해당하는 성향요인, 문제행위를 없애는 강화요인, 수행을 가능하게 하는 촉진요인을 파악
> ㉤ 5단계 : 행정적, 정책적 진단으로 프로그램의 개발 및 시행과 관련되는 조직적, 행정적 능력과 자원을 검토하고 평가하는 것 (인력, 물자, 시설, 예산 등)
> ㉥ 6단계 : 수행단계
> ㉦ 7단계 : 과정평가로서 수행 중에 처음으로 문제점을 찾아냈을 때 그 문제가 표면화되기 전에 수정하는 것
> ㉧ 8단계 : 영향평가로 대상행위와 성향요인, 강화요인, 촉진요인 그리고 행위에 영향을 미치는 환경요인에 대한 즉각적인 효과에 대한 평가
> ㉨ 9단계 : 결과평가로 계획과정의 가장 첫 단계에서 만들어진 건강상태와 삶의 질을 평가하는 것

10 Bloom이 제시한 인지적 영역 학습목표의 수준이 올바르게 나열된 것은?

← 낮은 수준   높은 수준 →

① 지식→적용→이해→종합→분석→평가
② 지식→이해→적용→종합→분석→평가
③ 지식→이해→적용→분석→종합→평가
④ 지식→적용→이해→분석→종합→평가

> **TIP** Bloom이 제시한 인지적 영역 학습목표의 수준을 낮은 수준부터 높은 수준으로 나열하면 지식→이해→적용→분석→종합→평가이다.

Answer 9.② 10.③

11 사회생태학적 모형을 적용한 건강증진사업에서 건강 영향 요인별 전략의 예로 옳지 않은 것은?

① 개인적 요인 – 개인의 지식·태도·기술을 변화시키기 위한 교육
② 개인간 요인 – 친구, 이웃 등 사회적 네트워크의 활용
③ 조직 요인 – 음주를 감소시키기 위한 직장 회식문화 개선
④ 정책 요인 – 지역사회 내 이벤트, 홍보, 사회 마케팅 활동

TIP 지역 내 이벤트, 홍보, 사회 마케팅 활동은 지역사회 요인별 전략의 예에 해당한다. 정책 요인별 전략으로는 법률, 정책, 예산배정 등이 있다.

12 범이론적 모형에 대한 설명으로 옳은 것은?

① 관심단계(contemplation stage) – 1개월 이내에 건강행위를 변화시키기 위한 계획을 세우는 단계이다.
② 준비단계(preparation stage) – 건강행위 변화에 대한 장점과 단점을 파악하고 행위변화를 망설이는 단계이다.
③ 자아해방(self-liberation) – 자신의 건강행위를 변화시킬 수 있다고 결심하고 주변 사람에게 결심을 말하는 것이다.
④ 환경재평가(environmental reevaluation) – 건강행위 변화를 촉진하기 위해 다른 사람과 자조모임을 형성하는 것이다.

TIP ① 준비단계에 대한 설명이다.
② 관심단계에 대한 설명이다.
④ 환경재평가는 개인의 습관 존재 유무가 자신의 사회적 환경에 어떻게 영향을 미치는지 정서적·인지적으로 사정하고 고려하는 과정이다.

Answer 11.④ 12.③

지역사회간호

02 PART

가족간호

01 가족과 가족간호
02 가족간호과정

01 가족과 가족간호

01 가족

1 가족의 개념과 특징

(1) 가족의 개념

① **전통적 의미** … 전통적 혼인관계로 맺어진 남녀, 즉 부부와 그들 사이에서 출생한 자녀 또는 양자로 이루어진 혈연집단을 말한다.

② **현대적 의미** … 함께 기거하면서 한 집단으로서의 특별한 정서적 지원을 할 수 있는 개인들의 집합체로 혈연관계를 넘어선 인간관계를 포괄한다.

(2) 가족의 특징과 기능

① 특징
   ⊙ **시간과 장소에 따라 변화**: 농업사회에서 현대산업사회로의 변화에 따라 확대가족에서 핵가족 형태로 가족의 구조가 변화하는 등 가족의 구조와 기능은 사회적·경제적·지리적 조건에 따라 변화한다.
   ⊙ **가족 고유의 가치관, 행동양상, 생활방식을 개발**: 특별한 정서적 관계를 가진 개인의 집단인 가족 고유의 생활양식, 태도, 행동양상, 의사소통방법, 역할의 분담방법 등을 가지고 있어서 다른 가족과 구분된다.
   ⊙ **집단으로 작용**: 가족들이 문제나 위기에 직면할 때 가족은 집단으로서 대처방법을 갖게 된다.
   ⊙ **개인 구성원들의 욕구를 충족**: 가족 개인의 성장발달에 따른 욕구가 충족될 때 집단으로서의 가족은 발달한다.
   ⊙ **지역사회와 상호작용**: 지역사회에 속하면서 지역사회와 유기적 관계를 가진다.
   ⊙ **성장·발달의 과정**: 가족은 결혼과 더불어 태어나 자녀의 탄생과 함께 성장·발달한다.

② 기능
   ⊙ **신체적 기능**: 의·식·주를 제공하며 자녀의 출산과 위험으로부터 보호하고 질병을 예방하며 건강을 유지하도록 한다.

- ⓒ 정서적 기능 : 가족은 가족 구성원에게 사랑, 격려, 지지 등 정서적 안정과 휴식을 제공하고 정신적인 건강한 생활을 유지시킨다.
- ⓒ 사회적 기능 : 개인의 주체성, 사회적 역할, 성적 역할, 사회적 책임감 등 인격형성에 중요한 역할을 한다.
- ② 성적 기능 : 성인 남녀의 기본적인 성적 만족을 충족시킨다.
- ⑩ 생산적 기능 : 충족된 부부관계에 의해 자녀 생산으로 사회를 유지하고 존속시키는 역할을 한다. 생식기능은 가족만이 갖는 유일한 기능이다.
- ⑪ 교육적 기능 : 가치관, 태도 등이 형성되어 세대 간의 문화가 계승되고 자녀를 사회화시킨다.
- ⓢ 경제적 기능 : 가족 구성원의 노동을 제공하여 의·식·주와 건강관리를 할 수 있는 경제적인 보장을 확보한다. 가족은 경제단위의 기본을 이룬다.

② 가족이해의 이론적 배경

(1) 체계이론적 접근

① 내용
- ⑤ 개인보다는 가족 전체를 체계로서 접근할 수 있어서 가족건강, 지역사회의 접근 및 건강전달에 접근하는 다양한 분야에도 많이 활용된다.
- ⓒ 내부 상호작용의 결과와 외부체계와의 관련에 중점을 두는 접근법이다.
- ⓒ 가족 구성원들 간의 상호작용, 가족 내 하부체계 간의 관계, 외부 환경체제와의 교류에 의한 균형, 즉 항상성을 유지하는 것이 체계의 목적을 달성하는 것이다.

② 가정
- ⑤ 가족은 그 자체가 하부체계들로서 구성되어 있는 계층적 구조로 더 큰 상위체계의 일부인 하나의 체계이다.
- ⓒ 가족체계는 각 부분들의 역동적인 상호작용으로 통합된 전체로서 기능하며, 그 부분의 합보다 크고 합과는 다르다.
- ⓒ 가족체계 일부분에 받은 영향은 다른 부분에 영향을 주며, 또한 전체 체계에 영향을 주고 체계 전체의 변화는 체계를 구성하는 부분에 영향을 끼친다.
- ② 가족체계는 외부체계와의 지속적인 상호작용과 교류를 통하여 변화와 안정 간의 균형을 잡는다.
- ⑩ 가족체계는 지역사회와는 구별되는 특징적 성격이다.
- ⑪ 서로 다른 가족체계에도 구조적인 동질성이 있다.
- ⓢ 가족체계 안에 있는 양상은 선형적이 아니라 원형적이다.

③ 한계와 단점
- ⑤ 다양한 이론들이 있지만 이론의 많은 개념들을 조직화하기 힘들다.

ⓒ 개념들 중 일부분은 일상적인 용어와 일치하지 않는다.
ⓒ 체계로서 가족에 대한 측정변수들이 구체적이지 않고 측정하기 어렵다.

(2) 구조·기능주의적 접근

① 내용
- ㉠ 가족은 사회 안에서 다른 체계와 상호작용하는 하나의 사회체계이다.
- ㉡ 가족과 학교, 직장, 보건기관 등 사회체제와의 상호작용을 분석하고 가족과 가족의 하부체계(남편과 아내의 관계, 형제관계, 개인 가족들의 개인성격의 체계)의 분석에 초점을 둔다.
- ㉢ 가족의 사회적 기능과 사회와 가족 개개인을 위해 가족이 수행하는 기능을 중요시한다.
- ㉣ 가족과 다른 사회체계 사이의 관계를 규명한다.
- ㉤ 가족과 가족 구성원 간의 관계에 관심을 가진다.
- ㉥ 사회가 가족에게 무엇을 수행했는가 하는 기능을 검토하는 동시에 가족이 사회와 그 가족의 구성원에게 무엇을 수행하는지에 관심을 가진다.
- ㉦ 가족은 외부의 영향을 받고 상호교류하는 개방체계이다.
- ㉧ 가족과 가족 구성원들은 변화에 수동적인 구성요소이다.

② 가정
- ㉠ 체계는 질서라는 속성, 그리고 각 부분들 간의 상호의존이라는 속성을 가진다.
- ㉡ 체계는 자기유지를 위한 질서 또는 균형을 지향한다.
- ㉢ 체계는 정형적일 수도 있고, 질서 있는 변동과정에 포괄될 수도 있다.
- ㉣ 체계의 한 부분의 특성이 다른 부분들이 취할 수 있는 형태의 형성에 영향을 준다.
- ㉤ 체계는 그 환경과 경계를 유지한다.
- ㉥ 체계는 자기유지 성향을 지닌다.

(3) 성장·발달주의적 접근

① 내용
- ㉠ 가족성장주기(family life cycle)를 통해 가족의 발달을 분석하고, 가족과업과 어린이, 부모 그리고 가족의 역할기대와 가족성장주기를 통한 가족의 변화를 조사한다.
- ㉡ 가족형태에 따라 발달단계를 먼저 사정한 후 그 시기의 발달과업을 어느 정도 수행하고 있는가를 사정한다.

② 가정
- ㉠ 가족의 구조는 핵가족이며 결혼에서부터 배우자가 모두 사망할 때까지 존재하며 자녀를 양육하는 가족이다.

ⓛ 가족 내의 개별적인 행위자에게 기본적인 초점을 두는 것은 가족발달연구를 진작시키기 위해서는 배제되어야 한다. 즉, 가족에 관한 연구에서는 연구의 질문이 하나의 사회체계의 기본단위인 가족을 대상으로 설정되어야 한다.

③ 장점
  ㉠ 가족의 변화를 시간적 차원에서 고찰하는 방법으로, 다른 접근법보다 단순하여 성장·발달과정에 따라 예측이 가능하므로 짧은 시간에 사정을 해야 될 경우 또는 많은 가족을 관리해야 하는 보건간호사에게 유용한 접근방법이다.
  ㉡ 개인의 발달수준이 가족발달에 미치는 효과에 대한 연구의 가능성을 제시해주는 혁신적인 접근법이다.
  ㉢ 해석학적 방법론이나 상호작용 분석이 용이하다.
  ㉣ 가족발달에 관련된 여러 변수를 규명하는 데 다변량 분석기법을 이용한 연구도 유용하다.

④ 단점
  ㉠ 학자들에 따라 성장·발달기를 분류하는 체계가 다르다.
  ㉡ 기존의 가족발달단계가 핵가족 중심의 분류이기 때문에 확대가족에 적용하기 어렵다.
  ㉢ 우리나라의 가족특성에 맞는 발달과업이 아직 개발되어 있지 않다.

(4) 상징적 상호주의적 접근

① 내용
  ㉠ 가족 구성원 개인간의 관계를 고찰하는 방법으로서, 가족을 서로 상호작용하는 인격체로 보고 접근하는 방식이다.
  ㉡ 개인의 행위는 상호작용을 통해 형성되며, 개인이 다른 사람의 관점을 취함으로써 자신의 행동을 평가하며 그 결과로 대안적 행위를 선택한다.

② 가정
  ㉠ 인간은 인간이 사물에 대해 가지고 있는 의미에 근거하여 행동한다.
  ㉡ 사물에 대한 의미는 인간이 동료들과 관계를 형성하고 있는 사회적 상호작용으로부터 나온다.
  ㉢ 의미는 인간이 접하는 사물들을 처리하는 데 단순히 형성된 의미의 적용이 아니라 해석의 가정을 통해 의미를 사용한다.
  ㉣ 인간은 반응자일 뿐만 아니라 행위자로써 자신에게 반응하는 주위환경을 선택하고 해석한다.

③ 한계
  ㉠ 이론의 개념과 가정 간의 일치가 결여되어 있다.
  ㉡ 이론이 과정에 관심이 있는데도 상호주의자들의 연구는 과정의 일부분에 머무르는 경향이 있다.

③ 가족발달과업

(1) 가족발달과업과 가족성장주기

① **가족발달과업** … 가족생활주기의 발달단계에서 구체적으로 주어진 기본적인 가족의 과업을 말하며, 특정시기에 있는 가족의 안녕과 연속성을 충족시키는 방향을 취한다.

② **가족성장주기(Family Life Cycle)** … 두 남녀가 결혼을 하여 가족이 탄생하고 양 배우자가 사망함으로써 소멸되는 성장발달과정을 말하며, 이 과정은 연속적으로 변화되고 발달하는 역동체계를 말한다.

(2) 각 발달단계의 발달과업

가족생활주기단계		특징과제
형성기	신혼기	• 새로운 가정과 부부관계의 기초 확립 • 부모가정과의 협력관계 • 가정의 장기기본계획(교육, 주택, 노후설계) • 가족계획(임신, 출산준비) • 주부의 가사노동 합리화 • 부부와 함께하는 여가 계획 • 가계부 기록
	유아기	• 유아 중심의 생활 설계 • 유치원, 놀이방 활용 계획 • 조부모와의 협력관계 • 가사노동의 능률화와 시간의 합리화 • 자녀의 성장에 대한 가계 설계 • 자녀중심의 교육비와 주택 중심의 장기가계 계획 재검토 • 부부역할의 재조정
확대기	학교교육 전기	• 가족 여가를 위한 지출계획 • 자녀의 교육비와 부부의 교양비 설계 • 자녀 성장에 따른 용돈계획 • 자녀의 공부방 계획 • 자녀 성장에 따른 부부역할 재검토
	학교교육 후기	• 단체활동 참가 • 자녀의 진학과 교육비 계획 • 자녀의 학습 환경 설계 • 수험생 자녀를 위한 의식주 계획 • 자녀의 역할 분담 • 성인교육 참가 계획

축소기	자녀독립기	• 부부관계 재조정 • 부인회 활동 등과 단체활동에의 적극 참가 • 자녀부부와의 역할 기대 관계 조정 • 노부를 위한 가계소득, 지출(저축, 연금, 퇴직금, 재산소득)의 설계 • 유산분배 계획 • 자녀의 취직, 결혼지도
관계 재정립기	노부부기	• 노후생활 설계 • 건강과 취미를 위한 자주적 생활시간 설계 • 사회적 활동 시간 • 성인병 예방, 건강 증진 계획 • 취미, 문화그룹에의 참가 • 노인학교, 노인그룹 참가
중년기 가족	자녀들이 집을 떠난 후 ~ 은퇴	• 생리적 노화에 직면한 새로운 흥미의 개발과 참여 • 부부관계의 재확립 • 경제적 풍요 • 출가한 자녀 가족과의 유대관계 유지
노년기 가족	은퇴 후 ~ 사망	• 은퇴에 대한 대처 • 건강문제에 대처 • 사회적 지위 및 경제적 감소의 대처 • 배우자 상실, 권위의 이양, 의존과 독립의 전환 • 자신의 죽음 준비, 삶의 통합과 비평

(3) 듀발(Duvall)의 가족생활주기 8단계

① 신혼기
  ㉠ 결혼에서 첫 자녀 출생 전까지(아내, 남편 구성)
  ㉡ 결혼에 적용, 건전한 부부관계 수립, 가족계획 등
  ㉢ 친척에 대한 이해와 관계수립

② 양육기
  ㉠ 첫 자녀의 출생 ~ 30개월
  ㉡ 자녀를 갖고 적응, 부모의 역할과 기능
  ㉢ 각 가족 구성원의 갈등이 되는 역할 조정, 만족한 가족 형성

③ 학령전기
  ㉠ 첫 자녀가 30개월 ~ 6세
  ㉡ 자녀들의 사회화 교육 및 영양관리, 안정된 부부관계 유지
  ㉢ 자녀들의 경쟁 및 불균형된 자녀와의 관계 대처

④ 학령기
   ㉠ 첫 자녀가 6세 ~ 13세
   ㉡ 자녀들의 사회화, 가정의 전통과 관습 전승, 학업성취의 증진
   ㉢ 부부관계유지, 가족 내 규칙과 규범의 확립
⑤ 청소년기
   ㉠ 첫 자녀가 13 ~ 19세
   ㉡ 안정된 결혼관계 유지, 수입의 안정화, 세대간 충돌 대처
   ㉢ 10대의 자유와 책임의 균형, 자녀 성문제 대처, 자녀 독립성 증가, 자녀 출가에 대처
⑥ 진수기
   ㉠ 첫 자녀가 결혼 ~ 막내 결혼, 자녀들이 집을 떠나는 단계
   ㉡ 부부관계의 재조정, 노부모에 대한 지지, 새로운 흥미의 개발과 참여
   ㉢ 자녀 출가에 따른 부모 역할 적응
⑦ 중년기
   ㉠ 자녀들이 집을 떠난 후 은퇴할 때까지
   ㉡ 경제적 풍요, 부부관계 재확립
   ㉢ 신구세대간에 친족 결속 유지, 출가한 자녀 가족과의 유대 관계 확립
⑧ 노년기
   ㉠ 은퇴 후 사망
   ㉡ 은퇴에 대한 대처, 건강문제에 대한 대처, 사회적 지위 및 경제력 감소 대처
   ㉢ 배우자 상실, 권위의 이양

02 가족간호

1 목적 및 접근방법

(1) 가족간호의 목적

① 가족간호에서 간호대상자인 가족에 대한 가정
   ㉠ 개인들과 가족들 하나하나가 개성의 뚜렷한 개체이다.
   ㉡ 가족이 건강문제에 대해 결정을 할 때에는 가족 내 결속력, 지각, 적응, 가치, 문화, 역할, 종교, 경제, 가족의 상호작용, 가족의 구조와 힘, 사회심리적인 변수와 물리적인 변수 등에 의해 영향을 받는다.

ⓒ 간호사는 조언자일 뿐이며 보건의료에 대한 가족의 결정은 간호사와는 무관하다.
ⓔ 목적달성은 가족이 스스로 목적을 결정할 때 가장 잘 이루어진다.
ⓜ 가족의 건강은 역동적이며 복합적이고 다양한 측면을 가진 개념이다.
ⓗ 간호대상자는 개인적으로 적합하다고 생각하는 건강행위를 하며, 그들의 사회적 맥락 속에서 수용가능한 건강행위를 한다.
ⓢ 모든 가족은 그들이 건강수준을 향상시키려는 잠재력을 가지며 이는 간호사에 의해 촉진될 수 있다.
ⓞ 가족간호사는 가족의 건강상태를 사정하고 이를 개선한다.

② **가족간호의 목적** … 가족간호의 목적은 가족건강을 유지·증진하고 삶의 질을 향상시키는 데 있으며 가족간호의 핵심적인 개념은 가족건강이므로 가족건강에 대한 개념 정의에 따라 가족간호의 목적은 달라진다.

③ **가족이 지역사회 간호사업의 기본단위로서 이용되는 까닭**
㉠ 가족은 가장 자연적·기본적·사회적·경제적 기본단위이다.
㉡ 가족은 가족집단의 문제를 함께 해결하는 문제해결활동의 단위이다.
㉢ 가족의 건강문제는 상호 탄력적·협력적이다.
㉣ 가족은 가족 구성원의 개인 건강관리에 영향을 끼치는 가장 중요한 환경이다.
㉤ 가족은 가족 건강행동형태를 결정한다.
㉥ 가족은 지역사회 간호사업을 수행하는 데 있어서 효과적이고 유용한 매개체이다.

(2) 가족간호 접근방법

① **환자 또는 대상자의 주요 배경으로서의 가족접근**
㉠ 전통적인 방법으로 환자는 드러난 전경이며 가족은 배경이 된다.
㉡ 가족은 환자의 가장 근원적이며 필수적인 사회환경이다.
㉢ 가족은 스트레스원, 문제해결의 기본자원으로 본다.
㉣ 간호사의 관심의 초점이나 접근의 시작은 환자 개인이다.
㉤ 대상자의 정확한 사정이나 좀더 나은 중재방법을 위하여 가족을 포함시키며 지지체계로 환자간호계획에 동참한다.

② **가구원들의 총화(sum)로서의 가족접근**
㉠ 가족 구성원 개개인 모두를 중점으로 하여 가족 자체를 포함하는 간호를 제공하려는 시도이다.
㉡ 간호사는 가족 전체를 하나의 통합체로 보려고 노력하나, 초점은 아프거나 문제가 있는 가구원 개개인이다.
㉢ 가족은 부분들의 합 이상인 상호작용하는 체계라는 체계적 관점에서 가족을 보는 방법이다.
㉣ 구성원들간의 상호작용을 강조한다.
㉤ 사업제공시 가족단위로 문제점들을 포괄하여 함께 중재하려고 노력한다.

③ 대상자(서비스 단위)로서의 가족접근
  ㉠ 가족 자체를 대상자로 보는 접근법이다.
  ㉡ 가족이 환자나 가구원 개인과 관련되어 관심을 받는 것이 아니라 가족 자체가 주 관심이 되며 모든 구성원을 위해 간호가 제공된다.
  ㉢ 환자는 가족의 이해를 돕기 위한 배경으로 취급한다.
  ㉣ 가족 내 상호관계나 가족역동 또는 가족기능이 중심이 되고 이를 파악하기 위하여 가구원 개인이나 다른 사회조직과의 관계를 분석한다.
  ㉤ 간호중재시 가구원 개인의 문제나 환자의 질병치료가 우선순위가 되지 않는 경우가 많다.

❷ 가족간호에 있어서 간호사의 역할

(1) 의의

지역사회 배경 속에서 개인, 가족과 일하는 것은 일련의 간호역할이며 중재이다. 가족의 조직과 기능은 가족 개인과 가족 전체 그리고 지역사회의 건강에 중요한 영향을 미친다. 그러므로 지역사회간호사는 가족이 건강문제에 효과적으로 대처하도록 가족의 기능을 향상시켜준다.

(2) 지역사회간호사의 역할

① 계속적인 건강감시자로서의 역할을 한다. 가족건강상태를 계속적으로 사정함으로써 정상건강상태로부터 이탈한 건강문제를 발견한다.
② 가족이 건강문제가 있을 때 간호서비스를 제공하며 간호제공자로서의 역할을 한다.
③ 가족의 건강관리를 위해 지역사회의 자원을 효과적으로 이용하도록 돕는 자원의뢰자의 역할을 한다.
④ 필요한 자원과 기술을 이용하도록 가족을 격려하고 부족한 자원을 발견하여 연결시켜주는 촉진자로서 역할을 한다.
⑤ 가족건강과업을 수행하기 위해 요구되는 보건지식을 제공하는 보건교육자로서의 역할을 한다.
⑥ 신뢰관계를 기반으로 가족의 문제를 의논할 수 있는 상담자로서의 역할을 한다.
⑦ 가족의 역할장애가 있을 때 역할모델로서의 역할을 한다.
⑧ 가족의 건강문제를 타 기관에 의뢰하는 의뢰자, 협조자의 역할을 한다.

최근 기출문제 분석

2020. 6. 13. 제1회 지방직

1 가족 이론에 대한 설명으로 옳지 않은 것은?

① 구조-기능이론 : 가족 기능을 위한 적절한 가족 구조를 갖춤으로써 상위체계인 사회로의 통합을 추구한다.
② 가족발달이론 : 가족생활주기별 과업 수행 정도를 분석함으로써 가족 문제를 파악할 수 있다.
③ 가족체계이론 : 가족 구성원을 개별적으로 분석함으로써 가족 체계 전체를 이해할 수 있다.
④ 상징적 상호작용이론 : 가족 구성원 간 상호작용이 개인 정체성에 영향을 주므로 내적 가족 역동이 중요하다.

> **TIP** ③ 가족체계이론 : 가족은 구성원 개개인들의 특성을 합한 것 이상의 실체를 지닌 집합체이다.

2020. 6. 13. 제1회 지방직

2 듀발(Duvall)의 가족생활주기 중 진수기 가족이 성취해야 하는 발달과업은?

① 가족계획
② 은퇴와 노화에 대한 적응
③ 자녀의 사회화와 학업 성취 격려
④ 자녀의 출가에 따른 부모 역할 적응

> **TIP** 듀발의 가족생활주기 8단계 중 진수기 가족 단계 : 첫 자녀 결혼부터 막내 결혼까지 자녀들이 집을 떠나는 단계
> • 부부관계의 재조정
> • 늙어가는 부모들의 부양과 지지
> • 자녀들의 출가에 따른 부모의 역할 적응
> • 성인이 된 자녀와 자녀의 배우자와의 관계 확립, 재배열

Answer 1.③ 2.④

2019. 6. 15 제2회 서울특별시

3 부모와 32개월 남아 및 18개월 여아로 이루어진 가족은 Duvall의 가족생활 주기 8단계 중 어디에 해당되며, 이 단계의 발달과업은 무엇인가?

① 양육기 – 임신과 자녀 양육 문제에 대한 배우자 간의 동의
② 학령전기 – 가정의 전통과 관습의 전승
③ 양육기 – 자녀들의 경쟁 및 불균형된 자녀와의 관계에 대처
④ 학령전기 – 자녀들의 사회화 교육 및 영양관리

TIP Duvall의 가족발달이론

단계		발달과업
제1단계	결혼한 부부 (부부 확립기, 무자녀)	• 가정의 토대 확립하기 • 공유된 재정적 체재 확립하기 • 누가, 언제, 무엇을 할 것인가에 대해 상호적으로 수용 • 가능한 유형 확립하기 • 미래의 부모역할에 대해 준비하기 • 의사소통 유형 및 인간관계의 확대에 대해 준비
제2단계	아이를 기르는 가정 (첫아이 출산~30개월)	• 가사의 책임분담 재조정 및 의사소통의 효율화 • 영아를 포함하는 생활유형에 적응하기 • 경제적 비용 충족시키기
제3단계	학령 전 아동이 있는 가정 (첫아이 2.5세~6세)	• 확대되는 가족이 요구하는 공간과 설비를 갖추는 데 필요한 비용 충당하기 • 가족구성원들 사이의 의사소통유형에 적응하기 • 변화하는 가족의 욕구충족에 대한 책임에 적응하기
제4단계	학동기 아동이 있는 가정 (첫아이 6세~13세)	• 아동의 활동을 충족시키고 부모의 사생활 보장하기 • 재정적 지급능력 유지하기 • 결혼생활을 유지하기 위해 노력하기 • 아동의 변화하는 발달적 요구에 효과적으로 대응하기
제5단계	10대 아이가 있는 가정 (첫아이 13세~20세)	• 가족구성원들의 다양한 요구에 대비하기 • 가족의 금전문제에 대처하기 • 모든 가족구성원이 책임 공유하기 • 성인들의 부부관계에 초점 맞추기 • 청소년과 성인 사이의 의사소통 중재하기
제6단계	자녀를 결혼시키는 가정 (첫아이가 독립부터 마지막아이 독립까지)	• 가정의 물리적 설비와 자원 재배치하기 • 자녀가 가정을 떠날 때 책임 재활당하기 • 부부관계의 재정립 • 자녀의 결혼을 통하여 새로운 가족구성원을 받아들임으로써 가족범위 확대시키기

Answer 3.④

제7단계	중년 부모기 (부부만이 남은 가족~은퇴기까지)	• 텅 빈 보금자리에 적응하기 • 부부 사이의 관계를 계속해서 재조정하기 • 조부모로서의 생활에 적응하기 • 은퇴 및 신체적 노화에 적응하기
제8단계	가족의 노화기 (은퇴 후~사망)	• 배우자의 죽음에 적응하기 • 타인, 특히 자녀에 대한 의존에 대처하기 • 경제적 문제에서의 변화에 적응하기 • 임박한 죽음에 적응하기

2019. 6. 15 제1회 지방직

4 체계이론에 근거한 가족에 대한 설명으로 옳은 것은?

① 가족구성원은 사회적 상호작용을 통해 상징에 대한 의미를 해석하고 행동한다.
② 가족은 내·외부 환경과 지속적으로 교류하고, 변화와 안정 간의 균형을 통해 성장한다.
③ 가족은 처음 형성되고 성장하여 쇠퇴할 때까지 가족생활주기의 단계별 발달과업을 가진다.
④ 가족기능은 가족구성원과 사회의 요구를 충족하는 것으로 애정·사회화·재생산·경제·건강관리 기능이 있다.

> **TIP** ② 체계이론은 가족을 구성원 개개인들의 특성을 합한 것 이상의 실체를 지닌 집합체로 가정한다. 따라서 가족은 내·외부 환경과 지속적으로 교류하고, 변화와 안정 간의 균형을 통해 성장한다고 본다.

Answer 4.②

2019. 2. 23 제1회 서울특별시

5 Duvall의 가족발달이론에서 첫 아이의 연령이 6~13세인 가족의 발달과업으로 가장 옳은 것은?

① 부부관계를 재확립한다.
② 세대 간의 충돌에 대처한다.
③ 가족 내 규칙과 규범을 확립한다.
④ 서로의 친척에 대한 이해와 관계를 수립한다.

TIP Duvall의 가족발달이론

단계		발달과업
제1단계	결혼한 부부 (부부 확립기, 무자녀)	• 가정의 토대 확립하기 • 공유된 재정적 체제 확립하기 • 누가, 언제, 무엇을 할 것인가에 대해 상호적으로 수용 • 가능한 유형 확립하기 • 미래의 부모역할에 대해 준비하기 • 의사소통 유형 및 인간관계의 확대에 대해 준비
제2단계	아이를 기르는 가정 (첫아이 출산~30개월)	• 가사의 책임분담 재조정 및 의사소통의 효율화 • 영아를 포함하는 생활유형에 적응하기 • 경제적 비용 충족시키기
제3단계	학령 전 아동이 있는 가정 (첫아이 2.5세~6세)	• 확대되는 가족이 요구하는 공간과 설비를 갖추는 데 필요한 비용 충당하기 • 가족구성원들 사이의 의사소통유형에 적응하기 • 변화하는 가족의 욕구충족에 대한 책임에 적응하기
제4단계	학동기 아동이 있는 가정 (첫아이 6세~13세)	• 아동의 활동을 충족시키고 부모의 사생활 보장하기 • 재정적 지급능력 유지하기 • 결혼생활을 유지하기 위해 노력하기 • 아동의 변화하는 발달적 요구에 효과적으로 대응하기
제5단계	10대 아이가 있는 가정 (첫아이 13세~20세)	• 가족구성원들의 다양한 요구에 대비하기 • 가족의 금전문제에 대처하기 • 모든 가족구성원들이 책임 공유하기 • 성인들의 부부관계에 초점 맞추기 • 청소년과 성인 사이의 의사소통 중재하기
제6단계	자녀를 결혼시키는 가정 (첫아이가 독립부터 마지막아이 독립까지)	• 가정의 물리적 설비와 자원 재배치하기 • 자녀가 가정을 떠날 때 책임 재활당하기 • 부부관계의 재정립 • 자녀의 결혼을 통하여 새로운 가족구성원을 받아들임으로써 가족범위 확대시키기
제7단계	중년 부모기 (부부만이 남은 가족~은퇴기까지)	• 텅 빈 보금자리에 적응하기 • 부부 사이의 관계를 계속해서 재조정하기 • 조부모로서의 생활에 적응하기 • 은퇴 및 신체적 노화에 적응하기
제8단계	가족의 노화기 (은퇴 후~사망)	• 배우자의 죽음에 적응하기 • 타인, 특히 자녀에 대한 의존에 대처하기 • 경제적 문제에서의 변화에 적응하기 • 임박한 죽음에 적응하기

Answer 5.③

2018. 5. 19 제1회 지방직

6 취약가족 간호대상자 중 가족 구조의 변화로 발생한 것이 아닌 것은?

① 만성질환자 가족
② 한부모 가족
③ 별거 가족
④ 이혼 가족

> **TIP** ① 만성질환자 가족은 기능적 취약가족이다.
> ※ 취약가족의 종류
> ㉠ 구조적 취약 : 한부모 가족, 이혼 가족, 별거 가족, 독거노인 가족 등
> ㉡ 기능적 취약 : 저소득 가족, 실직자 가족, 만성 및 말기 질환자 가족 등
> ㉢ 상호작용 취약 : 학대 부모 가족, 비행 청소년 가족, 알코올·약물 중독 가족 등
> ㉣ 발달단계 취약 : 미숙아 가족 등

2017. 12. 16 지방직 추가선발

7 가족간호과정에 대한 설명으로 옳지 않은 것은?

① 문제가 있는 가구원만을 대상으로 사정한다.
② 가족의 문제점뿐만 아니라 강점도 함께 사정한다.
③ 간호사가 전화면담을 통해 가족으로부터 직접 얻은 자료는 일차자료이다.
④ 정상가족이라는 고정관념을 버리고 가족의 다양성과 변화성에 대한 인식을 가진다.

> **TIP** ① 가족간호과정은 가족 구성원 전체를 대상으로 한다.

2017. 12. 16 지방직 추가선발

8 가족 관련 이론에 대한 설명으로 옳은 것은?

① 가족체계이론 – 가족은 구성원 개개인들의 특성을 합한 것 이상의 실체를 지닌 집합체이다.
② 상징적 상호작용이론 – 생애주기별 발달과업을 어느 정도 성취했는가를 중심으로 가족건강을 평가한다.
③ 구조·기능주의이론 – 가족 내 개인의 역할과 역할기대에 따른 상호작용을 중시하는 미시적 접근법을 사용한다.
④ 가족발달이론 – 사회 전체의 요구에 가족의 사회화 기능이 어느 정도 부합되는지 거시적 관점에서 접근한다.

> **TIP** ② 가족발달이론에 대한 설명이다.
> ③ 상징적 상호작용이론에 대한 설명이다.
> ④ 구조·기능주의이론에 대한 설명이다.

Answer 6.① 7.① 8.①

2017. 6. 17 제1회 지방직

9 우리나라 가족 기능의 변화 양상에 대한 설명으로 옳지 않은 것은?

① 산업화로 인하여 소비단위로서의 기능이 증가하였다.
② 학교 등 전문 교육기관의 발달로 교육 기능이 축소되고 있다.
③ 사회보장제도의 축소로 인하여 가족구성원 간의 간병 기능이 확대되고 있다.
④ 건강한 사회 유지를 위한 애정적 기능은 여전히 중요하다.

TIP ③ 사회보장제도의 확대로 인하여 가족구성원 간의 간병 기능이 축소되고 있다.

2016. 6. 18 제1회 지방직

10 듀발(Duvall)의 가족발달단계에서 자녀의 사회화 교육이 주요 발달 과업이 되는 단계는?

① 신혼기
② 학령전기
③ 진수기
④ 노년기

TIP 학령전기 가족의 발달 과업
㉠ 유아기 자녀의 욕구와 관심에 적응, 효율적으로 양육
㉡ 부모역할 수행에 따른 에너지 소모와 사생활 부족에 적응
㉢ 만족스런 부부관계 유지 노력

2014. 6. 21 제1회 지방직

11 듀발(Duvall)의 가족발달단계별 과업 중 진수기 가족의 발달 과업은?

① 세대 간의 충돌 대처
② 안정된 부부관계 유지
③ 자녀의 출가에 따른 부모의 역할 적응
④ 가족 내 규칙과 규범의 확립

TIP 진수기 가족의 발달 과업
㉠ 자녀의 발달과업에 직면하여 성인기로 자녀를 진수시키기
㉡ 자녀의 독립지원, 자녀의 출가에 따른 부모의 역할 적응
㉢ 지지기반으로서의 가족 기능을 유지
㉣ 재정계획 및 실천
㉤ 만족스런 부부관계 유지 노력, 중·노년기 준비

Answer 9.③ 10.② 11.③

출제 예상 문제

1 다음 중 가정간호대상자의 퇴록기준으로 옳지 않은 것은?

① 환자가 사망한 경우
② 질병이 위중한 경우
③ 가정간호서비스가 월 1회 미만으로 제공되는 경우
④ 환자와 간호사의 관계가 나빠져 서비스를 제공하기가 힘든 경우

> **TIP** ④ 담당간호사의 교체나 환자와의 관계개선을 위해 노력하여 환자를 계속 간호해야 한다.

2 가족간호이론 중 가족의 내적 역동에 초점에 둔 이론은?

① 상징적 상호작용이론
② 체계이론
③ 기능주의적 이론
④ 발달주의적 이론

> **TIP** 상징적 상호주의적 접근
> ㉠ 사회학자 Mead가 만들었으며 Blumer(1973)가 처음 이 용어를 사용하였다.
> ㉡ 가족 구성원 개인간의 관계를 고찰하는 방법으로서 가족을 서로 상호작용하는 인격체로 보고 접근하는 방법이다.
> ㉢ 이론의 개념과 가정간의 일치가 결여되어 있다.
> ㉣ 일반적인 가정간호이론에서는 이론의 과정에 관심이 있는데, 상호주의자들의 연구는 과정의 일부분에 머무르는 경향이 있다.

Answer 1.④ 2.①

3 다음 중 가족이 지역사회 간호사업의 기본이 되는 이유를 고른 것으로 옳은 것은?

> ㉠ 가족은 지역사회 사업수행시 효과적인 단위이기 때문이다.
> ㉡ 구성원의 건강문제는 가족의 건강문제를 반영하기 때문이다.
> ㉢ 가족은 구성원의 건강에 가장 큰 영향력을 발휘하기 때문이다.
> ㉣ 가족의 건강문제는 상호관련적이기 때문이다.

① ㉠㉡   ② ㉢㉣
③ ㉡㉢㉣   ④ ㉠㉡㉢㉣

> **TIP** 가족의 지역사회 간호사업의 기본단위로 이용되는 이유
> ㉠ 가족은 가장 자연적·기본적·사회적·경제적 기본단위이다.
> ㉡ 가족은 가족집단의 문제를 함께 해결하는 문제해결활동의 단위이다.
> ㉢ 가족의 건강문제는 상호 탄력적·협력적이다.
> ㉣ 가족은 가족 구성원의 개인 건강관리에 영향을 끼치는 가장 중요한 환경이다.
> ㉤ 가족은 가족 건강행동형태를 결정한다.
> ㉥ 가족은 지역사회 간호사업을 수행하는 데 있어서 효과적이고 유용한 매개체이다.

4 박씨는 큰아이가 30개월이며 안정된 부부관계를 유지하는 30대 직장인이다. 이 가족이 가지는 건강에 대한 관심은 주로 산모교육, 육아, 예방접종, 건강증진활동이다. 이 가족의 발달단계는?

① 진수기   ② 출산기
③ 학령 전기   ④ 학령기

> **TIP** 출산기의 발달과업
> ㉠ 첫 자녀 출생부터 생후 30개월까지의 시기
> ㉡ 부모됨과 조부모됨의 관계 성립
> ㉢ 각 가족 구성원의 갈등되는 역할의 조정
> ㉣ 임신, 자녀양육에 의한 배우자간의 동의

Answer 3.④ 4.②

5 다음 중 가족이론에 해당하는 것을 모두 고른 것은?

> ⊙ 구조·기능적 접근   ⓒ 상호작용적 접근
> ⓒ 조직이론   ⓔ 발달주의적 접근

① ⊙ⓒ   ② ⊙ⓒⓒ
③ ⊙ⓒⓔ   ④ ⊙ⓒ

TIP ⓒ 지역사회간호 관계이론이다.

6 지역사회간호사가 진수기의 가족을 접하게 되었다. 그들에게서 기대되는 독특한 발달과업이라고 할 수 있는 것은?

① 자녀의 사회화   ② 은퇴에 적응
③ 자녀를 성인으로 독립시킴   ④ 만족스러운 결혼관계 유지

TIP ①④ 학령기 가족 ② 노년기 가족
※ 진수기 가족의 발달과업
  ⊙ 부부관계의 재조정
  ⓒ 늙어가는 부모들을 지지
  ⓒ 자녀 출가에 따른 부모의 역할 적응
  ⓔ 가족 구성원들을 적절하게 통합하고 분가시킴

7 지역사회간호사는 누구의 요건에 중점을 두고 가족간호를 수행해야 하는가?

① 가족의 요구   ② 개별적인 요구
③ 기관의 요구   ④ 간호사의 요구

TIP 가족간호의 결정주체는 가족이다.

Answer 5.③ 6.③ 7.①

8 다음 중 가족의 발달과업에 대한 설명으로 옳지 않은 것은?

① 가족생활순환의 각 단계마다 변한다.
② 모든 가족의 생활순환마다 같다.
③ 가족의 생리적 및 문화적 요구를 만족시킨다.
④ 가족 전체의 요구에 중점을 둔 것이다.

> **TIP** ② 가족의 발달과업은 각 가족의 특성에 따라 약간의 차이를 보인다.

9 가족의 건강과 간호문제를 다루기 위하여 자원을 조직하는 데 있어서 간호사는 다음과 같은 자원을 활용할 책임이 있다. 1차적으로 가장 중요한 것은?

① 지역사회　　　　　　　　② 어머니
③ 가족　　　　　　　　　　④ 간호사

> **TIP** 가족간호에서의 가족 전체는 좋은 자원이 될 수 있다.

10 지역사회 간호사업은 가족을 단위로 하는 것이 바람직한데 그 이유로 옳지 않은 것은?

① 가족은 자연적이며 기본적인 사회단위이기 때문이다.
② 건강에 관한 사항을 결정하는데 관여하기 때문이다.
③ 비용과 시간면에서 유익하기 때문이다.
④ 가족의 건강문제는 상호협력적이기 때문이다.

> **TIP** 가족을 기본단위로 사용하는 이유
> ㉠ 가족은 자연적·사회적·경제적 기본단위이다.
> ㉡ 가족은 가족집단의 문제를 함께 해결하는 문제해결활동의 단위이다.
> ㉢ 가족의 건강문제는 상호탄력·협력적이다.
> ㉣ 가족은 가족 구성원의 개인 건강관리에 영향을 끼치는 가장 중요한 환경이다.
> ㉤ 가족은 가족 건강행동형태를 결정한다.

Answer 8.② 9.③ 10.③

11 다음 중 가족의 건강과업을 벗어난 것은?

① 의료수혜자로서의 역할수행
② 건강문제의 발견
③ 의존적인 가족 구성원에 대한 간호제공
④ 지역 내 보건의료기관의 적절한 활용

> **TIP** ① 가족은 가족 내에서 스스로 건강역할을 수행하여야 하며, 의료수혜자는 피동적인 역할로 건강과업에 속하지 않는다.

12 다음 중 가족간호의 구조적·기능적 접근이란?

① 가족체계의 부분적 배열과 기능의 상호관련성에 관한 이론이다.
② 가족발달단계의 변화과정에 주요 초점을 둔 이론이다.
③ 가족 구성원 개인의 행위는 상호작용을 통해 형성된다.
④ 개인의 행위가 사회체계를 결정한다고 본다.

> **TIP** ② 성장·발달주의적 접근
> ③ 상호주의적 접근
> ④ 체계이론적 접근

13 다음 중 가족의 일반적인 기능으로 옳은 것끼리 묶은 것은?

| ㉠ 생산 또는 자녀양육 | ㉡ 생물학적이고 정서적인 안정의 실현 |
| ㉢ 질병의 발견과 치료 | ㉣ 사회화 및 구성원의 교체 |

① ㉠㉡㉢ ② ㉠㉡㉣
③ ㉠㉢㉣ ④ ㉡㉢㉣

> **TIP** ㉢ 질병의 발견과 치료는 지역사회와 의료기관에서 시행하는 사업이다.

Answer 11.① 12.① 13.②

14 다음 중 가족성장주기에 대한 설명으로 옳은 것은?

① 가족의 특성에 따라 변화하는 것을 말한다.
② 사회계층에 의해 변화하는 것을 말한다.
③ 결혼에서 사망으로 인한 종실에 이르기까지 연속되는 발전적 역동체계를 말한다.
④ 거주지에 따른 변화를 말한다.

TIP 가족성장주기(family life cycle) … 두 남녀가 결혼을 함으로써 가족이 탄생하고, 양 배우자가 사망함으로써 소멸되는 성장발달과정으로 연속적으로 변화되고 발달하는 역동체계이다.

Answer 14.③

02 가족간호과정

01 간호사정 및 간호계획

❶ 가족간호과정의 개념과 가족의 건강사정

(1) 가족간호과정의 개념

① 체계적인 접근 … 가족에 대한 사정, 진단, 계획, 중재, 평가단계를 말하며 이 과정은 순서적이며 논리적인 방식으로 간호사가 기능하도록 함을 의미한다.

② 과학적인 문제해결 … 가족의 요구와 이에 따른 간호중재에 대한 결정으로 과학적인 원칙에 근거하여 건강과 질병예방과 관련된 자료를 수집·분석하여 가족의 능력을 최대화하는 간호중재를 제공하는 데 최근의 과학적인 지식을 활용한다는 뜻이다.

③ 순환적이며 역동적인 행위 … 간호과정의 각 단계마다 건전한 의사결정과 효과적인 간호중재가 이루어지도록 하며 필요시 간호계획이 수정되고 평가되어 다시 가족체계로 환류됨을 말한다.

(2) 가족의 건강사정

① 목적
 ㉠ 가족의 건강, 기능, 과업수준을 파악하는 것이다.
 ㉡ 가족 구성원의 상호작용하는 방법을 이해함으로써 중재가 구체적이고 효과적으로 실시되며, 가족들로 하여금 기능상태를 알게 하여 부정적인 면을 변화시키고 긍정적인 측면을 강화해 나가도록 돕기 위함이다.
 ㉢ 가족의 입장에서는 현존하는 건강문제에 대처하여 앞으로 일어날 건강문제에 대해 예측적인 안내를 받아 대처해 나가도록 도움을 준다.

② 원칙
 ㉠ 가족 구성원 개개인보다 가족 전체에 초점을 맞춘다.
 ㉡ 가족의 다양성과 변화성에 대한 인식을 가지고 접근한다.

ⓒ 가족의 문제점뿐만 아니라 장점도 사정한다.
　　ⓔ 사정단계에서부터 가족이 전체 간호과정에 함께 참여함으로써 대상가족과 간호사가 동의하에 진단을 내려야 하며 그에 따라 목표를 수립하고 중재방법을 결정하도록 한다.
③ **사정단계에서 간호사의 책임** … 가족과의 신뢰적인 관계를 수립하며, 모든 가능한 자료원으로부터 가족에 대한 자료를 얻도록 다양한 방법을 이용하고, 가족건강에 관한 모든 변수를 수집하여 사정한다.
④ **신뢰관계 형성**
　　ⓐ 가족을 방문한 목적과 제공될 간호의 내용을 설명하고 온화한 분위기를 조성하는 것은 대상자와 간호사 간에 필요한 자료의 공유를 용이하게 한다.
　　ⓑ 방문목적을 분명히 하는 것 또한 필수적이다. 방문목적이 명확하지 않으면 갈등과 불신을 갖게 되어 대상자가 감정, 느낌, 자료 등을 제고하는 데 장애가 된다. 즉, 목적이 없는 방문은 절대 이루어져서는 안 된다.
　　ⓒ 간호사는 대상자의 안녕을 위해 순수한 관심을 가지고 개방적이며 진실한 태도로 관계를 형성한다. 면담시에는 민감성 있고 무비판적이며 수용적인 태도로 대상자의 결정권을 존중하는 태도를 가짐으로써 신뢰적인 관계형성을 촉진한다.
　　ⓔ 대상자가 불필요한 의존이 생기지 않도록 주의해야 한다.
　　ⓜ 의사결정을 하는 데 다른 사람으로부터 관심과 지지와 돌봄의 태도, 순수한 관심을 보여주는 것이 의미 있는 인간관계를 형성하는 데 도움이 된다. 이러한 전문간호사의 태도가 대상자로 하여금 변화할 수 있는 자신이 내적인 능력을 발휘하는 데 도움을 준다.
⑤ **자료수집방법**
　　ⓐ **1차적인 자료** : 간호사가 직접적으로 관찰하고, 보고, 듣고, 환경에서 나는 냄새를 직접 맡음으로써 얻어지는 자료를 말한다. 간호사는 가족이 구두로 제공한 정보뿐만 아니라 관찰내용도 주의깊게 기록한다.
　　ⓑ **2차적인 자료**
　　　• 가족에 관련된 중요한 타인, 보건 및 사회기관의 직원, 가족의 주치의, 성직자, 건강기록지 등 다양한 자료원으로부터 가족에 관한 정보를 얻을 수 있다.
　　　• 자료를 이용하고자 할 때는 가족의 구두 또는 서면 동의를 받는 것이 필요한데, 이는 간호사가 가족의 비밀을 지킬 의무이며 치료적인 관계에서 신뢰감을 증진하는 방법이다.
　　　• 2차적인 자료는 정확하게 대상자가 지각한 내용이기보다는 제3자가 가족을 보는 지각정도를 나타낸다.
　　ⓒ 1차적인 자료와 2차적인 자료를 얻을 때 사용되는 구체적인 방법은 면담, 관찰, 신체사정술(청진, 타진, 촉진, 시진)과 계측이 활용되고 또 2차적인 자료원에 접하면 관련된 기록 검토 등이 복합적으로 사용된다.

② 자료수집을 위해 간호사가 가족을 만날 수 있는 방법

방법	장점	단점
가정방문	• 가족의 상황을 직접 관찰함으로써 가족관계, 시설, 능력에 대한 정확한 평가가 용이 • 실정에 맞는(기구, 시설) 보건지도 • 가족 구성원들에게 질문하기에 편함 • 가족 구성원이 수행한 간호를 관찰하는 기회(원칙과 지시사항) • 가족 구성원을 지지 • 새로운 건강문제 발견	• 시간, 비용이 비경제적(방문 전 준비, 방문 후 정리) • 가정 내 많은 요인들로 산만해짐 • 공통의 문제를 가진 사람들과의 경험을 나눌 기회 결여
서신	• 비용이 적게 듬 • 가족 중심의 행동을 상기시킬 때	• 전체 가족에 대한 상황파악이 안됨 • 문제발견, 도울 기회 결여 • 가족 구성원이 받았는지 불확실
기관모임	• 간호시간이 절약 • 가정에 없는 전문적 기구에 대한 시범가능 • 산만함을 최소화 • 필요시 타 보건인력의 도움이 가능 • 자조에 대한 책임 강조	• 가정, 가족상황 파악이 어려움 • 찾아오는 부담(신체·경제적 부담) • 가정방문보다 개인적 문제에 대한 대화가 어려움 • 간호사 업무에 지장(시간약속이 안된 경우)
소집단 모임	• 같은 질병을 가진 구성원들간의 경험교환 및 서로간에 도움을 주는 기회 • 구성원들의 지도성을 고양 • 문제에 대한 실질적인 해답을 얻기가 용이 • 기분전환의 기회(불안, 슬픔 등 문제해결 접근의 기회가 됨)	• 관심이 적거나 부끄러워하는 경우 또는 너무 일반적인 경우에는 해결방안이 어려움 • 가능한 집단구성원이 동질성일 때 문제해결 용이
전화	• 시간, 비용이 경제적 • 구성원들의 지도성을 고양 • 가정방문보다 부담이 적음 • 서신연락보다 개인적 관계 유지 • 문제를 찾아내는 도구의 역할	• 상황판단의 기회가 적음 • 화로 사정이 어려움 • 전화가 없는 가정이나 전화통화가 되지 않으면 소용없음

⑥ 가족의 건강사정시 유의점
  ㉠ 가족 구성원 개인이 아니라 가족을 하나의 단위로 하여 가족 전체에 초점을 둔다.
  ㉡ 자료수집에 적절한 시간을 들인다. 타당한 가족사정을 위해서는 시간이 걸리며 전체 간호제공시에도 병행한다. 첫 번째 방문으로 모든 결정을 내리지 말고 관찰이 정확하다고 판단되면 가족 구성원에게 질문을 해서 간호사의 소견을 정당화시키도록 한다.
  ㉢ 가족의 건강사정을 위해 수집되는 자료는 질적인 내용과 양적 자료를 보완적으로 이용한다.

⑦ **가족의 건강사정도구의 종류** … 가족을 대상으로 건강문제에 관한 자료수집을 위해 WHO의 '건강'정의를 토대로 가족구조, 기능, 과정에 대한 자료를 얻기 위해 도구가 개발되었으며 이를 통해 가족의 요구, 강점, 관심을 파악할 수 있다.

㉠ **가족사정지침서**
- 가족 개개인의 건강상태와 가족기능에 초점을 둔 도구이다.
- 가족기능의 강화 또는 변화가 필요하거나 예측적인 인내가 필요한 가족의 행위를 신속히 볼 수 있도록 시각적으로 요약한 도구이다.
- 환경·가족과의 관계, 가족 전체와 가족의 내적인 기능과의 관계를 조사하는 데 도움을 준다.
- 사용이 용이하고 시간을 최소화한다는 점이 특징이며 자료를 다룰 수 있는 이론적 배경이 있을 때 더욱 유용하다.
- 국내에서도 체계론적인 관점으로 우리나라의 사회문화적인 특성에 맞는 지표 또는 변수를 이용하여 개발한 가족사정지침서를 사용하고 있다.

㉡ **가계도**
- 유전학자, 의사, 간호사가 사용하여 온 도구로 3세대 이상에 걸친 가족성원에 관한 정보와 그들간의 관계를 도표로 기록하는 방법을 말한다.
- 가계도에서는 가족 전체의 구성과 구조를 그림이나 도표로 그리기 때문에 복잡한 가족유형의 형태를 한눈에 파악할 수 있다.
- 가계도는 가족 구성원이 자신들을 새로운 시점에서 볼 수 있도록 도와줌으로써 치료에서 가족과 합류하는 중요한 방법이 된다.
- 가계도 면접은 체계적인 질문을 하기에 용이하여 임상가에게는 좋은 정보를 제공함과 동시에 가족 자신도 체계적인 관점으로 문제를 볼 수 있게 한다.
- 가계도는 가족의 연령, 성별, 질병 상태에 관하여 한눈에 볼 수 있게 하여 추후 필요한 정보가 무엇인지 확인 가능하다.
- 가족체계를 역사적으로 탐색하고 생활주기의 단계를 어떻게 거쳐 왔는가를 살펴봄으로써 현재의 가족문제를 어떻게 발전시켜 왔는지를 파악할 수 있다.
- 가족구조나 생활에 큰 차가 생겨 변화된 가족관계나 과거의 질병양상을 가계도상에서 정리하면 무엇이 가족에게 영향을 주었는지를 추론하기 용이하다.

㉢ **외부체계도**
- 가족관계와 외부체계와의 관계를 그림으로 나타내는 도구를 말하며, 외부환경과 가족의 상호작용을 분석하기 위한 시각적인 방법으로 전문보건 의료인들이 이용한다.
- 체계론적 관점으로 도식하면 에너지의 유출, 유입을 관찰할 수 있다.
- 많은 건강 또는 복지기관과 접촉하는 구성원, 지지체계, 가족체계를 유지하는데 필요한 에너지의 결여 등을 파악할 수 있다.
- 가족 구성원들에게 영향을 미치는 스트레스원을 찾는데 도움이 된다.

- 한 장에 가족체계 밖에 있는 기관들과 개인 구성원과의 상호작용 측면에서 관련된 스트레스, 갈등, 가족의 감정 등을 요약할 수 있는 유용한 도구이다.
- 복합적인 관계가 불분명하거나 도구표현이 어려운 경우에는 사용이 어렵다는 것이 단점이다.

② 가족연대기
- 가족의 역사 중에서 개인에게 영향을 주었다고 생각되는 중요한 사건을 순서대로 열거한 것이며, 중요한 시기만의 특별한 연대표를 작성하는 경우도 있다.
- 가족연대기는 개인의 질환과 중요한 사건의 관련성을 추구하려 할 때 사용한다.
- 개인의 연대표를 만들어 두면 전 가족 구성원의 증상, 역할 등을 가족이라는 맥락 안에서 추적하는 데 유용하다.
- 가족이 필요한 건강행위나 건강에 대해 집중적인 관심을 쏟지 못하는 가족관계의 문제를 다룰 때 도움이 되며 가족 구성원들이 가족관계를 어떻게 할 때 성공적이었나를 볼 수 있도록 도와줌으로써 긍정적인 강화가 된다.

⑩ 최근 경험표 또는 생의 변화 질문지
- 질병을 앓을 위험에 있는 사람들을 파악하기 위해 이용되는 도구이다.
- Holmes, Rahe, Masuda 등에 의해 개발된 생의 변화 질문지는 생의 변화를 가져온 사건들과 질병간의 관계를 보기 위해 미국 및 여러 나라에서 이용되고 있다.
- 가정이나 지역사회, 또는 임상에서 복합적인 스트레스를 경험하는 개인을 신속히 가려내는데 유용하다.

⑪ 사회지지도
- 가족 중 가장 취약한 구성원을 중심으로 부모형제관계, 친척관계, 친구와 직장동료 등 이웃관계, 그 외 지역사회와의 관계를 그려봄으로써, 취약가족 구성원의 가족하위체계뿐만 아니라 가족 외부체계와의 상호작용을 파악할 수 있다.

⊙ 가족밀착도
- 가족을 이해함에 있어 가족의 구조뿐 아니라 구조를 구성하고 있는 관계의 본질을 파악해야 한다.
- 가족 구성원 간의 밀착 관계와 상호 관계를 그림으로 도식화하는 것이다.
- 현재 동거하고 있는 가족구성원 간의 애정적 결속력, 밀착관계, 애착정도, 갈등정도를 알 수 있다.
- 평소 가족이 알지 못하던 관계를 새롭게 조명해 볼 수 있고, 가족의 전체적인 상호작용을 바로 볼 수 있어 가족 간 문제를 확인하기가 용이하다.
- 가족밀착도 작성
  - 가족 구성원을 둥글게 배치하여 남자는 □, 여자는 ○로 표시
  - 기호 안에는 간단하게 구성원이 가족 내 위치와 나이를 기록하고, 가족 2명을 조로하여 관계를 선으로 표시
  - 밀착관계, 갈등관계, 소원한 관계, 단절, 갈등적 관계, 융해된 갈등관계 등을 각각의 다른 모양의 선으로 표시

⑧ **가족기능평가도구(Family APGAR)** … 가족이 문제에 대처하여 해결해 나가는 가족의 자가 관리 능력과 더불어 가족 기능수준을 사정하는 도구이다. 가족이 인지하는 가족의 일반적 기능인 가족의 적응능력, 협력, 성숙도, 애정, 해결에 대한 만족도를 10점 만점으로 측정하여 판단한다.

점수	평가
0~3점	문제가 있는 가족기능
4~6점	중등도의 가족기능
7~10점	좋은 가족기능

㉠ 가족의 적응능력 : 가족위기 때 문제해결을 위한 내·외적 가족자원 활용능력의 정도
㉡ 가족 간의 동료의식 정도 : 가족 구성원끼리 동반자 관계에서 의사결정을 하고 서로 지지하는 정도
㉢ 가족 간의 성숙도 : 가족 구성원 간의 상호지지와 지도를 통한 신체적 정서적 충만감을 달성하는 정도
㉣ 가족 간의 애정 정도 : 가족 구성원 간의 돌봄과 애정적 관계
㉤ 문제해결 : 가족 구성원들이 다른 구성원의 신체적 정서적 지지를 위해 서로 시간을 내어주는 정도

2 가족간호계획

(1) 목적설정

① 가족이 스스로 다룰 수 있는 문제는 무엇이며 간호사의 중재가 필요한 문제와 외부기관이나 단체에 의뢰해야 할 문제는 무엇인지를 분류한다.

② 가족이나 간호사의 활동을 구체화하고 기대하는 결과나 성과를 기술한다.

③ 목적과 목표는 어떠한 간호행위를 택할 것인가를 결정하는 데 기준이 되며 간호중재에 대한 지속적이고 종합적인 평가를 내리기 위한 기준이 되므로 중요하다.

④ 목적은 전반적이고 추상적인 진술로 목표와 평가의 방향을 제시해 주는 진술이다.

⑤ 목표는 목적보다는 구체적인 진술로서 간호대상자 중심의 성취해야 할 내용, 성취해야 할 양, 기간, 변화가 있어야 할 가족 구성원과 장소가 포함된 진술이다.

⑥ 목적과 목표진술은 기회의 가치, 목적, 신념과 일치하도록 한다.

⑦ 목표의 구성요소는 누가(who), 무엇을(what), 언제까지(when)의 3요소를 반드시 포함해야 한다.

(2) 계획단계

① **총체적인 접근** … 가족의 문화적·사회적인 맥락에서 접근한 가족 스스로의 건강에 대한 책임, 자기돌봄, 보건교육, 건강증진, 질병이나 불구의 예방, 가족 구성원 개인의 발달단계와 과업 등을 전체적으로 파악하고 가족의 독자성에 중점을 둔다. 부수적으로 영양과 관련된 행위, 운동, 스트레스 해소방법, 질병발생시 가족의 도움을 받는 곳 등에 대한 파악도 필요하다.

② **계약** … 계약은 가족과 간호사 공동의 분담된 노력으로 책임과 통제를 목적으로 쌍방간의 구두 또는 서면으로 어떤 것을 할 것인지에 대한 동의이다.

⊙ 목적 : 가족이 간호에 대한 목적을 구체적으로 이해하고 가족과 간호사와의 관계를 명확히 구체적으로 이해하도록 도움을 준다. 그리고 가족이 누구보다도 가족 건강에 대한 책임이 있음을 인식하는 데 근본적인 목적이 있다.

ⓒ 구두로 할 것인지 서면으로 할 것인지에 대한 선택은 기관의 정책에 달려 있다.

ⓒ 가족간호를 적용하는 실무영역별로 차이가 있겠으나 가정간호사업인 경우에는 가정은 병원과는 다른 환경이므로 의사처방이나 시행절차의 변형을 요하는 경우가 발생하므로 이 방법은 필수적이다.

ⓔ 계약은 전통적인 간호행위 또는 치료, 처치에서 보면 새로운 접근법이고 우리나라에서는 생소한 간호계획의 접근방법이다. 보건의료 제공자들은 수혜자와 상호관계적이며 협력적인 유형을 지향하는 경향이 있고 이 접근은 일반대중의 지식수준이 향상되고 자기돌봄운동과 일치하는 방법이다. 적극적인 가족이나 가족 구성원의 참여와 자기결정권을 인정함을 의미하며 이는 환자의 권리이기도 하다는 점에서 미국에서 널리 이용되고 있다.

◎ 특징
  - 동반자 관계로 간호사와 가족 간의 힘의 배분이 개방적이며 탄력적이고 협상적이다.
  - 계약의 목적을 이행하기 위해 제공자와 수혜자를 묶는 방법으로 목적에 대한 몰입을 의미한다.
  - 목적적인 관계, 책임을 분명히 문서화함으로써 간호사, 환자, 가족간의 앞으로 제공될 서비스의 내용과 구체적인 제한점을 명시한다.
  - 누가, 무엇을, 언제 수행할 것인가를 명확히 기술한다.
  - 서비스를 주고받는 기간, 어떻게 목적에 가장 잘 도달할 수 있는가에 대한 제안을 계속적으로 나눌 수 있는 협상의 기회가 된다.

ⓗ 포함되는 내용
  - 목적성취를 위한 간호계획으로 구체적인 활동, 누가 무엇을 언제 할 것인가 하는 내용, 가족과 환자의 기대, 포함된 모든 사람들의 역할과 기대를 명백히 하고 구체적인 절차에 대한 윤곽과 책임을 포함한다.
  - 방문횟수 및 기간과 간호사와 가족간의 상호작용의 목적, 간호진단, 바람직한 결과, 간호요구의 우선순위, 중재와 수행방법, 구체적인 활동, 방문시간 등도 포함한다.

ⓢ 장점
  - 환자 자신의 참여와 구체적인 측정가능한 목표설정은 환자가 필요한 과업을 수행하도록 동기화한다.
  - 환자의 개별적 욕구에 초점을 둠으로써 간호계획이 개별화될 수 있다.
  - 양자 모두 목적을 알기 때문에 목적성취의 가능성이 높아진다.

- 간호사, 환자 모두의 문제해결능력이 향상된다.
- 의사결정과정에서 환자가 능동적인 참여자가 된다.
- 스스로 자신을 돌볼 수 있는 기술을 배움으로 해서 환자의 자율성과 자긍심이 고취된다.
- 간호사의 간호서비스가 좀 더 효과적으로 수행되므로 비용효과적이다.
◎ 단점 : 가족이나 건강문제가 있는 가족 구성원이 적극적으로 참여하기보다 간호사나 의료인에게 의존적일 때는 적용이 어렵다.

02 간호중재 및 간호평가

① 가족간호중재

(1) 가족간호중재의 개념

간호사는 가족이 현재와 미래의 문제에 대처하는 능력을 가족 스스로 볼 수 있게 도와준다. 중재단계에서는 가족과 함께 이미 설정된 목적과 목표를 성취하기 위해 간호수행계획에 따라 필요한 행위를 시작해서 마무리하는 단계이며 가족의 전반적인 기능, 질적인 삶, 건강증진과 질병이나 불구를 예방하기 위한 스스로의 능력을 강화시키고 자율성과 자기경각심을 증진시키려는 단계이다.

(2) 북미간호진단협회(NANDA)의 가족 대상 간호진단별 간호중재

① 예측적 안내 … 예측적 안내는 가족생활주기(family life cycle)를 통해 가족들이 경험할 수 있는 문제들을 예측하여 이에 대처할 수 있는 능력을 키워주는 것이다.
  ㉠ 예측적 안내는 주로 문제해결의 접근방법을 통해 이루어진다. 즉, 가족들은 부딪히게 될 특별한 문제들에 대해서 알고, 문제를 어떻게 다룰 수 있을까에 대해 논의할 필요가 있다.
  ㉡ 가족들은 문제상황에 대해 효율적인 결정을 하기 위해서 정보를 알고 평가하는 데 도움을 필요로 한다. 그러므로, 문제해결의 접근을 통해서 가족들의 얘기치 않은 문제뿐만 아니라 기대되는 문제를 다루는 법을 배울 수 있다.
  ㉢ 문제해결은 조사, 공식화, 사정, 문제해결을 위한 기꺼움 또는 준비성의 개발, 계획, 수행, 평가의 단계를 거쳐 이루어진다.
② 건강상담
  ㉠ 상담의 일반적인 규칙
    - 상담자는 상담의뢰자에게 관심을 보이며 보호자와 같은 태도를 취해야 하고 처음부터 자신이 돕고자 하는 사람과 긴밀한 유대를 맺도록 노력하여야 한다.

- 상담자는 상담의뢰자의 문제를 바로 그 사람의 시각에서 이해하려고 노력하여야 하며 상담의뢰자 자신의 문제를 확실하게 구체화할 수 있도록 상담자가 직접 문제를 거론하며 정의내리지 않아야 한다.
- 상담자는 상담의뢰자의 감정에 대해 이해와 수용의 감정이입의 상태가 필요하며, 동정이나 애도의 태도는 필요하지 않으므로 상담의뢰자로 하여금 자신의 감정상태를 알게 하는 것이 중요하다.
- 상담자는 자신의 충고를 받아들이도록 강요해서는 안 되며, 상담의뢰자로 하여금 문제에 영향을 미치는 제반 요소들을 인식할 수 있도록 도와주고, 자신에게 가장 적합한 해결방안을 선택할 수 있도록 격려한다.
- 상담자는 상담의뢰자의 특별한 승인 없이는 그 사람의 비밀을 누설해서는 안 된다.
- 상담의뢰자가 적절한 결정을 하는데 필요한 각종 정보와 자료를 제공한다.

ⓒ 상담의 과정요소
- 경청 : 상담과정에서 경청은 적극적인 상담이 이루어지도록 하는데 기본적인 요소이므로 간호대상자가 무엇을 말하는지 혹은 말하려고 하는지 충분히 주의깊게 들을 필요가 있다.
- 시간설정 : 상담시간을 설정하여 간호사와 대상자간의 관심의 초점을 맞추도록 이끌어야 한다.
- 관심표명 : 간호사가 편안한 자세, 비언어적 표현 등으로 대상자의 문제에 관심이 있음을 보여주어야 한다.
- 반복 : 대상자가 처한 입장을 명확히 하며 말하려고 하는 의도가 무엇인지를 진실로 표현하고, 그 자신의 문제를 더욱 규명하도록 돕고자 대상자의 진술을 재언급하거나 반복한다.
- 질문 : 대상자의 문제에 대해 충분히 숙고할 수 있도록 그 처한 상황, 영향을 미치는 여러 요인들을 검토하고, 대안들을 찾아내기 위한 하나의 방법이다.
- 안심 : 대상자의 자신감을 강화하거나 도움의 중요성을 확신시킴으로써 문제를 스스로 해결할 수 있다는 안도감을 부여한다.
- 정보제공 : 상담과정의 한 부분으로써 상담자가 전공분야에 관한 정보를 주는데, 결정을 내려 주는 것이 아니라 대상자가 결정을 내릴 수 있는 뒷받침이 되도록 하는 데 있다는 점을 유의해야 하며 정보는 정확하고 신뢰적이어야 한다.

ⓒ 추후관리 : 대상자가 상담 이후에 결과가 어떠한지를 전화로 보고할 수 있고, 간호사가 상담의 결과가 긍정적인지 부정적인지를 파악하기 위한 방문 등이 필수적이다.

③ 보건교육
ⓘ 가족교육시 고려할 점 : 가족을 대상으로 보건교육을 하는 간호사들이 직면하는 현실적인 문제는 가족과 가정간호기관의 자원에 영향을 주는 것이다.
- 간호사는 새로운 대처기술을 배우는 것이 궁극적으로 현존하는 문제의 해결에 어떻게 도움이 되는가를 가족들이 깨달을 수 있도록 도와야 한다.
- 가족의 자원은 주어진 시점에서 매우 제한적이어서 교육과 학습이 상대적으로 덜 중요하게 보일 수 있으므로 간호사는 가족이 다른 문제에 대한 해결책을 찾는 것을 돕고 자원에 대한 지식을 더해줌으로써 학습의 장해요인을 제거할 필요가 있다.
- 가족에게 교육을 제공할 수 있는 시간과 전문성의 제약에 대한 한계는 간호기록에 명확하게 가족교육을 위해 수행한 활동내용과 그러한 중재로 인해 얻어진 결과를 기록하는 것을 통해 해결한다.
- 가족간호를 수행할 간호사는 가족교육에 관한 보수교육을 받는 것이 필요하다.

ⓛ 가족교육을 위한 교육과정의 활용
- 사정 : 초기의 사정을 위해서 서로 편리한 시간에 면담을 할 수 있도록 계획하는 것이 중요한데, 초기의 면담은 사정과 계획을 위한 기초자료를 제공해줄 뿐만 아니라 가족과 간호사가 서로 잘 알게 되고, 교육·학습과정을 위한 신뢰를 형성하는 데에 도움이 된다.
- 교육적 진단 : 교육적 진단은 현존하는 건강문제의 관리에 대한 지식이나 기술, 또는 동기에 있어서의 구체적인 취약점을 규명하는 것이고 이러한 진단은 가족을 돕고자 하는 수용가능한 목적과 목표를 설정하기 위한 기초로서 활용된다.
- 계획 : 계획단계에서는 가족과 간호사가 함께 학습목표를 설정하고, 각 가족 구성원의 요구에 따른 적절한 전략을 개발하여야 하며 학습자 중심의 목표는 곧 평가의 근거로 사용될 수 있다.
- 수행 : 간호사와 가족이 학습전략을 수행할 때 관심을 갖고 있는 모든 사람이 무엇이 일어나고 있는가를 인식하는 것이 중요하다.
- 평가
  - 과에 대한 평가 : 계획된 목표를 실현했는가의 여부에 기초를 둔다.
  - 정에 대한 평가 : 수행전략이 얼마나 잘 실행되었는가를 보는 것이다.
ⓒ 가족교육을 위한 학습방법
- 시범 : 이론과 아울러 시각적으로 볼 수 있는 실물을 사용하거나 실제장면을 만들어 지도하는 교육방법으로 현실적으로 실천을 가능하게 하는 효과적인 방법이다.
- 사례연구 : 사례연구는 실제적 사실과 사건에 근거하여 문제를 해결할 수 있는 능력을 키우는 데 도움이 되고 다른 가족이 직면한 문제를 읽고 들음으로써 대상가족의 문제를 스스로 어떻게 해결해 갈 것인가를 생각할 수 있다.
- 가족집담회 : 가족집담회는 참여가족들이 이전에 있었던 문제를 깊이 조사하기보다는 가능한 문제들을 다루기 위한 양자택일의 방법을 배울 수 있도록 고안된 것으로 한 가족이나 여러 가족의 구성원으로 이루어질 수 있으며 집단이 작을 때 가장 효과적이다.
- 역할극 : 역할극은 강의와 토의에 보충적으로 사용될 수 있는 효과적인 교육방법이다. 행동적인 경험을 해봄으로써 문제해결을 위한 방법으로 활용되는 데 흉내내기, 사회극, 극화들을 통해 행해질 수 있으며 가족들이 참여할 수 있는 경험적 학습방법이다.
- 어린이가 있는 가족에서는 인형극, 우화, 속담, 노래 등을 이용하는 것이 효과적이다.

④ **직접적인 간호제공** … 직접적인 간호활동은 드레싱 교환, 도뇨관 삽입, 활력증상 측정 등 간호사의 전문적인 기술로 직접적이고 기술적인 간호행위이다.
  ㉠ 가족의 건강증진을 촉진하는 간호활동보다는 만성질환자의 가정간호에서 더욱 요구가 많아질 것이며 이러한 중재활동에서 기기나 기구가 필요한 경우가 있다.
  ㉡ 보건교육이나 상담, 의뢰활동도 직접적인 간호활동들이다.

⑤ **의뢰** … 의뢰는 간호사의 중요한 역할로 복합적인 가족의 건강문제나 위기시에 여러 전문인의 도움이 필요할 때 하는 행위이다.
  ㉠ 간호사는 여러 기관이나 시설 또는 인력에 대한 정보를 가지고 필요시 적절히 활용한다.

ⓛ 기관이나 시설의 설립목적, 이용절차, 수혜대상자, 의뢰시의 구비서류, 담당자 이름·주소·전화번호 등의 정보와 목록을 구비하여야 한다.
  ⓒ 경우에 따라서는 의뢰서를 요청하는 경우도 있으므로 의뢰서와 구비서류 등을 사전에 준비해 두는 것이 필요하다.
  ⓔ 타 기관이나 시설에 의뢰하고자 할 때에는 사전에 가족에게 알리고 동의가 필요하다.
  ⓜ 가족 구성원이나 가족이 의뢰되어 서비스를 받은 경우에는 효과를 평가한다.

⑥ **가족의 자원 강화** … 가족이 가진 자원에 대한 강화는 가족간호중재의 한 영역으로, 가족의 자원은 경제적·물리적인 것과 인력도 포함한다.
  ㉠ **경제적인 자원**: 경제적인 자원의 적절성 여부는 가족 구성원의 소득의 총액과 지출, 가족 구성원의 앓고 있는 질병의 종류와 이용가능한 의료기관의 접근도, 의료비용, 의료보험에서의 지원 또는 충당범위에 따라 달라진다. 이러한 가족자원의 적절성 여부는 간호사에 의해 1차적인 사정이 이루어지나 나라에 따라서는 사회사업가에게 의뢰되어 파악되기도 한다.
  ㉡ **물리적인 자원**: 건강한 가정환경을 유지하며 특히 환자가 있는 가족의 경우에는 적절한 기구나 물품의 조달이 필수적이다. 경우에 따라서는 가족이 가지고 있는 기구나 기기를 재구성 또는 재배치하거나 변형하여 사용할 수도 있다. 물리적인 시설의 설치나 재배치는 집단에서의 안전하고 자유스런 이동, 개인위생, 안정된 수면, 절족동물 매개에 의한 감염병 예방, 안전한 상수와 음식공급을 위해 필요하다.
  ㉢ **인적 자원**: 가족이나 가족 구성원의 건강을 돌보는데 중요한 요소이며 가족 구성원, 가족 구성원간의 관계, 건강행위와 돌보는 기술에 대한 지식과 기술, 문제해결능력 등도 자원이 된다.

⑦ **스트레스 관리** … 어떤 가족은 스트레스에 효과적으로 대처하나, 또 어떤 가족은 위기를 겪게 되거나 비조직화되기도 한다.
  ㉠ Boss(1987)는 가족의 가치가 운명론적인가 승부욕이 있는가에 따라 어떻게 가족이 대처할 것인가에 중요한 영향을 미친다고 하였다. 승부욕이 있는 가족은 상황을 조절하고 통제할 수 있으며 그래서 어떤 활동을 취할 가능성이 높다. 능동적인 전략은 수동적인 접근보다 더 효과적이라고 가정한다.
  ㉡ Curran(1985)은 건강한 가족은 스트레스를 취약점으로 보지 않고 정상적인 자극으로 받아들인다고 본다. 이 가족은 잘 적응하여 갈등해결과 창의적인 대처기술을 발달시킨다.
  ㉢ 모든 가족은 자아실현의 가능성과 건강을 유지·증진시킬 수 있는 잠재력을 갖고 있으므로 간호사는 정보를 제공하여 바람직한 방향으로 행동수정과 생활양식의 변화를 촉진시킴으로써 안녕상태에 이르도록 도울 수 있다.
  ㉣ 스트레스 관리에 있어서 첫 단계는 스트레스를 인식하고 예방하며 미리 예측하고 피할 수 있는 스트레스원을 제거하는 것이다. 개별적인 스트레스를 효과적으로 감소시키는 방법으로는 이완요법, 회상요법, 음악요법, 적절한 영양, 약물과 알코올의 최소한 사용, 바이오피드백(biofeedback)이 있다.

❷ 평가

(1) 평가의 방법과 시기

① 평가의 방법
- ㉠ 평가는 간호사 이외에도 동료, 상급자 또는 타 보건전문인과의 상담, 자문 등을 통해 할 수도 있다. 동료, 상급자 또는 타 전문인에게 자문을 받아 평가함으로써 간호과정의 진행에서 부족한 부분을 검토하는 데 도움이 된다.
- ㉡ 간호기록지 중 요약지는 가족의 간호과정을 체계적으로 평가하여 확인하는 하나의 과정이다.
- ㉢ 미국의 경우에는 제3자인 의료보험회사에서 간호비용을 지불하므로 평가를 시행하기도 한다. 그리고 계약관계인 경우에는 가족이 변화의 필요성을 인정하여 지속적으로 간호사의 도움을 필요로 할 때에는 재계약하여 관계를 지속한다.

② 평가의 시기
- ㉠ 사업을 제공하는 기관에 따라서 정책적으로 평가시기를 정하기도 한다. 기관의 정해진 규정이 없다 해도 정기적인 평가시기를 정하여 제공된 사업의 결과를 측정하고 요약·정리하는 것이 중요하다. 만일 평가가 없다면 치료적인 또는 문제해결을 위한 간호과정이 불필요하게 지연되며 가족건강 향상의 역효과를 초래하게 될 것이다.
- ㉡ 평가는 시기에 따라 중간평가와 최종평가로 구분하며, 중간평가나 최종평가의 시기는 간호기관에 따라 달라진다.

(2) 평가의 내용

① 목표가 설정될 때부터 어떻게 평가할 것인지를 결정해야 한다. 그래서 잘 설정된 목표진술은 평가를 위한 가능성을 그 자체가 가지고 있다.

② 평가를 용이하게 하기 위해서는 목표진술부터 측정가능한 용어로 진술하는 것이 바람직하다.

③ 가족 전체의 변화인 가족의 결속력이나 책임의 공유, 가족 구성원 개인의 불안, 변화된 역할의 만족 등의 사회심리적인 변수는 질문을 통해 가족의 구술적인 표현을 직접 들어 측정하거나 가족 구성원들간의 상호작용을 관찰하여 측정·평가할 수 있다.

④ 이미 개발되어 신뢰도와 타당도가 검증된 간단한 도구를 이용하는 설문지법을 사용함으로써 객관적인 평가를 할 수도 있다.

⑤ 우리나라의 간호실무에서 가족을 대상으로 하는 실무는 주로 지역사회간호에서 이루어지고 있다. 보건소의 경우에 정기적인 중간평가는 월별, 분기별로 이루어지며 종합평가는 연말에 이루어진다.

02. 가족간호과정

최근 기출문제 분석

2020. 6. 13. 제1회 지방직

1 김씨 가계도(genogram)에 대한 설명으로 옳지 않은 것은?

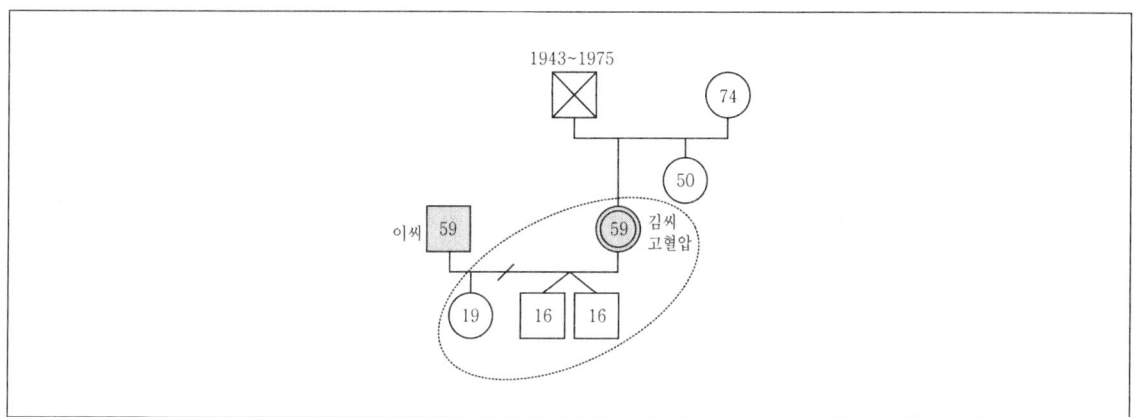

① 김씨는 남편과 이혼한 상태이다.
② 김씨의 아버지는 사망한 상태이다.
③ 김씨의 자녀는 2남 1녀이다.
④ 김씨의 두 아들은 쌍둥이이다.

> TIP ① 김씨는 남편과 별거 상태이다.

2020. 6. 13. 제1회 지방직

2 Smilkstein이 개발한 가족기능 평가도구(Family APGAR)의 평가영역이 아닌 것은?

① 가족의 적응 능력(adaptation)
② 가족 간의 성숙도(growth)
③ 가족 간의 애정 정도(affection)
④ 가족이 가진 자원의 크기(resource)

> TIP 가족기능 영역 5가지 평가항목
> ㉠ 가족의 적응능력(Adaptation) : 가족위기 때 문제 해결을 위한 내·외적 가족자원 활용 능력의 정도
> ㉡ 가족 간의 동료의식 정도(Partnership) : 가족 구성원끼리 동반자 관계에서 의사결정을 하고 서로 지지하는 정도
> ㉢ 가족 간의 성숙도(Growth) : 가족 구성원 간의 상호지지와 지도를 통한 신체적·정서적 충만감을 달성하는 정도
> ㉣ 가족 간의 애정 정도(Affection) : 가족 구성원 간의 돌봄과 애정적 관계
> ㉤ 문제해결(Resolve) : 가족 구성원들이 다른 구성원의 신체적·정서적 지지를 위해 서로 시간을 내어주는 정도

Answer 1.① 2.④

2020. 6. 13. 제2회 서울특별시

3 〈보기〉에서 설명하는 가족건강사정도구로 가장 옳은 것은?

> **보기**
>
> 가족 중 가장 취약한 구성원을 중심으로 부모형제관계, 친척관계, 친구와 직장동료 등 이웃관계, 그 외 지역사회와의 관계를 그려봄으로써 취약 가족구성원의 가족 하위체계뿐만 아니라 가족 외부체계와의 상호작용을 파악할 수 있다.

① 외부체계도
② 사회지지도
③ 가족밀착도
④ 가계도

TIP ① 외부체계도: 가족과 외부와의 다양한 상호작용을 한눈에 파악할 수 있도록 한 것이다.
③ 가족밀착도: 가족을 이해함에 있어 가족의 구조뿐만 아니라 구조를 구성하고 있는 관계의 본질을 파악한다.
④ 가계도: 가족구조도로 가족 전체의 구성과 구조를 한눈에 볼 수 있도록 고안된 그림(도식화)으로 3세대 이상에 걸친 가족 구성원에 관한 정보와 그들 간의 관계를 도표로 기록하는 방법이다.

2019. 6. 15 제2회 서울특별시

4 만성질환 환자를 둔 가족의 역할갈등을 해결하기 위하여, 가족구성원 간의 상호작용, 친밀감 정도 및 단절관계를 가장 잘 파악할 수 있는 사정도구는?

① 가족구조도
② 가족밀착도
③ 외부체계도
④ 사회지지도

TIP 가족사정도구

구분	특징
가족구조도	3대 이상의 가족구성원 정보 파악
가족밀착도	현재 동거하고 있는 가족구성원들 간의 밀착관계와 상호관계 이해
외부체계도	다양한 외부체계와 가족구성원과의 관계를 나타냄
사회지지도	가족의 내외적 상호작용을 나타냄. 취약구성원을 중심으로 가족과 외부체계와의 관계를 파악할 수 있음
가족연대기	가족의 역사 중 가장 중요한 사건들을 순서대로 기술함. 건강 관련 사건 파악

Answer 3.② 4.②

2019. 6. 15 제1회 지방직

5 다음 글에서 청소년의 약물남용 예방교육에 적용된 보건교육 방법은?

> 청소년들이 실제 상황 속의 약물남용자를 직접 연기함으로써 약물남용 상황을 분석하여 해결방안을 모색하고, 교육자는 청소년의 가치관이나 태도변화가 일어날 수 있도록 하였다.

① 시범
② 역할극
③ 심포지엄
④ 브레인스토밍

TIP ② 역할극은 학습자가 실제 상황 속 인물로 등장하여 그 상황을 분석하고 해결방안을 모색한다.

2019. 2. 23 제1회 서울특별시

6 가족이 경험할 수 있는 문제와 각 단계에서 있을 수 있는 문제상황에 대한 효율적인 결정을 하기 위하여 정보를 알고 평가하는 데 도움을 주며, 이에 대처할 수 있는 능력을 키워주는 것으로, 가족들이 문제에 부딪혔을 때 쉽게 적응 할 수 있도록 하는 간호수행 방법은?

① 조정
② 계약
③ 의뢰
④ 예측적 안내

TIP 문제는 예측적 안내에 대한 설명이다. 예측적 안내의 핵심은 가족들이 경험할 수 있는 문제들을 예측하여 대처할 수 있는 능력을 키우는 것에 있다.
※ 간호수행 … 수립된 간호계획을 실시하는 것으로 가족 지지, 교육 및 상담, 간호활동 수행 등이 있다.
㉠ 예측적 안내: 가족들이 경험할 수 있는 문제들을 예측하여 대처할 수 있는 능력을 키움
㉡ 가족 건강상담: 자신의 문제인식, 해결방안을 찾음
㉢ 가족 건강교육(보건교육): 시범, 사례연구, 가족 집담회, 역할극
㉣ 직접 간호 제공: 전문지식에 근거한 간호 행위 제공
㉤ 의뢰: 복합적 문제 발생 시, 여러 전문인력의 도움 필요 시
㉥ 가족의 자원 강화: 경제적, 물리적, 인적 자원의 재배치 및 지지 강화
㉦ 스트레스 관리

Answer 5.② 6.④

2019. 2. 23 제1회 서울특별시

7 보건소 방문간호사가 최근 당뇨를 진단받은 세대주의 가정을 방문하여 〈보기〉와 같은 자료를 수집하였다. 이를 활용하여 가족밀착도를 작성하고자 할 때, 가장 옳은 것은?

―― 보기 ――

가족구성원 : 세대주(남편) : 55세, 회사원, 당뇨
　　　　　　배우자(아내) : 50세, 가정주부
　　　　　　아들 : 26세, 학생, 알레르기성 비염
　　　　　　딸 : 24세, 학생
취약점을 가지고 있는 구성원 : 세대주
가족밀착도 : 남편 – 아내 : 서로 친밀한 관계
　　　　　　아버지 – 아들 : 친밀감이 약한 관계
　　　　　　아버지 – 딸 : 매우 밀착된 관계
　　　　　　어머니 – 아들 : 갈등이 심한 관계
　　　　　　어머니 – 딸 : 서로 친밀한 관계
　　　　　　아들 – 딸 : 갈등이 있는 관계

① 세대주는 ○로 표시하였다.
② 세대주를 중심에 배치하였다.
③ 기호 안에 가족 내 위치와 나이를 기록하였다.
④ 아버지와 아들과의 관계는 점선으로 표시하였다.

> **TIP** 주어진 〈보기〉를 바탕으로 가족밀착도를 작성하면 다음과 같다.

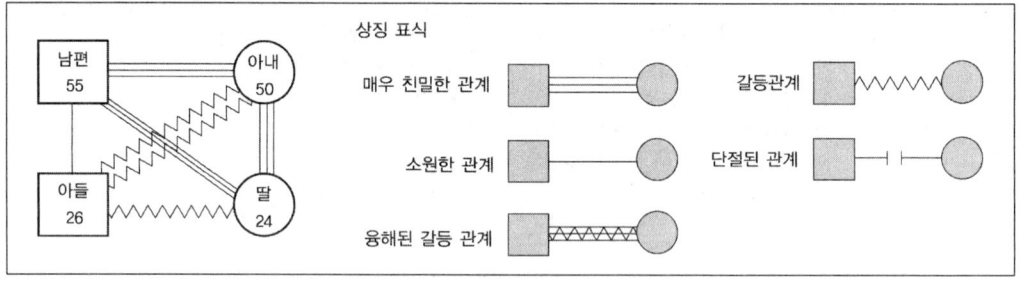

① 세대주는 남편으로 □로 표시한다.
② 가족밀착도는 누구 하나를 중심으로 하기보다는 가족 구성원을 동등하게 분산하여 배치한다.
④ 아버지와 아들의 관계는 친밀감이 약한 관계로 실선 한 줄로 표시한다.

Answer　7.③

2018. 5. 19 제1회 지방직

8 방문간호사가 K씨 가족을 방문하여 가족간호사정을 실시하였다. 다음의 사정도구에 대한 설명으로 옳은 것은?

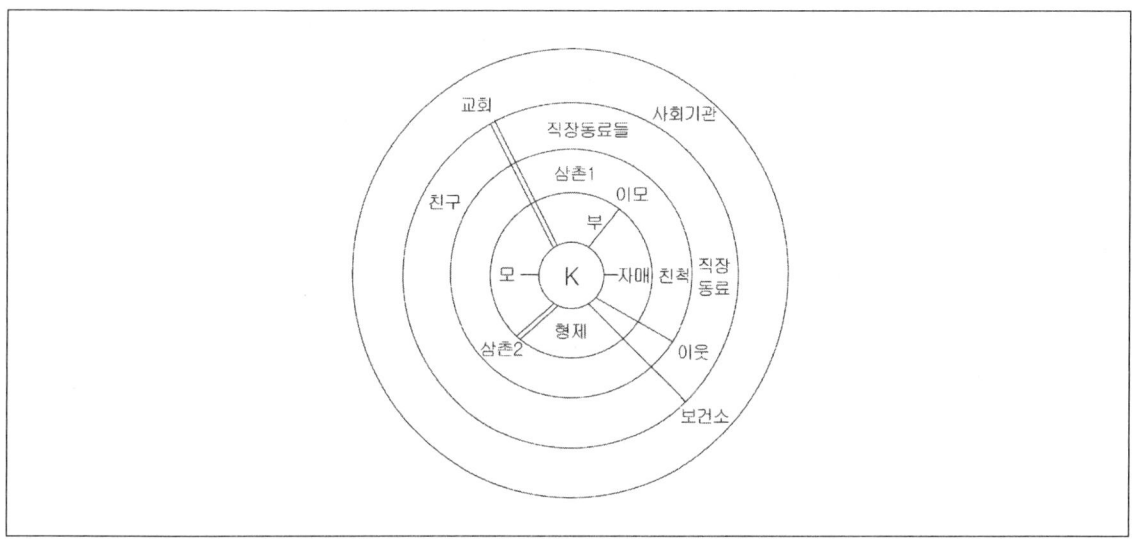

① K씨와 가족 내·외부 간의 지지 정도를 확인할 수 있다.
② K씨의 가족과 외부체계 간의 자원 흐름을 파악할 수 있다.
③ K씨의 가족구성원 간의 상호관계와 친밀도를 도식화한 것이다.
④ K씨의 가족구성원의 구조를 한눈에 볼 수 있도록 도식화한 것이다.

> **TIP** 제시된 사정도구는 사회지지도로, 가장 취약한 가족구성원을 중심으로 부모·형제, 친구와 직장동료, 기관 등 외부와의 상호작용을 그린 것이다.
> ② 외부체계도
> ③ 가족밀착도
> ④ 가족구조도

Answer 8.①

2017. 12. 16 지방직 추가선발

9 가족간호 사정도구에 대한 설명으로 옳은 것은?

① 외부체계도 – 가족 내부 구성원의 상호관계와 밀착관계만을 알 수 있다.
② 가족밀착도 – 가족구성원의 결혼, 이혼, 사망, 질병력과 같은 중요한 사건을 점선으로 도식화한다.
③ 가족생활사건 – 가족의 역사 중에서 중요하다고 생각되는 사건들을 시간 순으로 열거한 것이다.
④ 사회지지도 – 가장 취약한 가족구성원을 중심으로 부모·형제, 친구와 직장동료, 기관 등 외부와의 상호작용을 그린 것이다

> **TIP** 가족간호 사정도구
> ㉠ 가족구조도(가계도) : 가족구성원의 결혼, 이혼, 사망, 질병력과 같은 중요한 사건을 도식화한다.
> ㉡ 가족밀착도 : 가족 내부 구성원의 상호관계와 밀착관계를 이해할 수 있다.
> ㉢ 외부체계도 : 가족과 외부의 다양한 상호작용을 한눈에 파악할 수 있다.
> ㉣ 사회지지도 : 가장 취약한 가족구성원을 중심으로 부모·형제, 친구와 직장동료, 기관 등 외부와의 상호작용을 그린 것이다.
> ㉤ 가족연대기 : 가족의 역사 중에서 중요하다고 생각되는 사건들을 시간 순으로 열거한 것이다.

2017. 6. 17 제1회 지방직

10 가족 사정 방법에 대한 설명으로 옳은 것은?

① 가족 참여를 배제하여 객관성을 유지한다.
② 취약한 가구원은 사회지지도의 가장 바깥 원에 표시한다.
③ 가구원의 개인별 문제에 초점을 맞춘다.
④ 가족의 다양성과 변화성에 대해 인식을 가지고 접근한다.

> **TIP** ① 가족이 사정에서부터 전 간호 과정에 참여한다.
> ② 취약한 가구원은 사회지지도의 가장 안쪽 원에 표시한다.
> ③ 가구원의 개인별 문제보다 가족 전체에 초점을 맞춘다.

Answer 9.④ 10.④

2014. 6. 21 제1회 지방직

11 다음의 내용을 사정하려 할 때, 가장 적절한 사정도구는?

> 조손가족으로 당뇨병을 가지고 있는 74세 할머니의 건강 문제와 가사 역할부담 문제를 해결하기 위해 가족 지지 자원의 실태와 가족 중재에 활용할 수 있는 지지 체계를 파악하고자 한다.

① 가계도
② 가족연대기
③ 가족밀착도
④ 사회지지도

TIP ④ 가족 중 가장 취약한 구성원을 중심으로 부모형제관계, 친척관계, 친구와 직장동료 등 이웃관계, 그 외의 지역사회와의 관계를 그려봄으로써, 취약가족 구성원의 가족하위체계뿐만 아니라 가족 외부체계와의 상호작용을 파악할 수 있다.

Answer 11.④

02. 가족간호과정

출제 예상 문제

1 다음 중 가족간호의 방법수행을 위해 필요한 간호수단으로 옳은 것은?

① 집단교육, 클리닉 활동, 보건교육
② 상담, 직접간호 제공, 가정방문
③ 가정방문, 직접간호 제공, 클리닉 활동
④ 가정방문, 집단교육, 클리닉 활동

> **TIP** 가족간호의 수단
> ㉠ 목표달성을 위한 방법 : 보건교육, 직접간호의 제공 등이 있다.
> ㉡ 방법수행을 위한 수단 : 클리닉 활동, 집단교육, 가정방문 등이 있다.

2 다음 중 가족간호사정의 보조적 도구로서 가구원 중 취약하거나 우선적으로 간호중재가 필요한 가족에 대한 지지정도와 외부사회의 상호작용을 사정할 수 있는 것은?

① 외부체계도　　　　　　　　　② 사회지지도
③ 가족밀착도　　　　　　　　　④ 가족구조도

> **TIP** 사회지지도 … 가족 구성원 중 가장 취약한 가족을 중심으로 부모형제 · 친척관계 및 이웃관계, 지역사회와의 관계를 그려서 그 구성원의 가족하위체계 이외에 외부체계와의 상호작용을 파악하는 것이다. 이는 가족 지지체계의 이해를 통해 가족중재에도 활용이 가능하다.

Answer 1.④ 2.②

3 가계도에 대한 설명으로 옳은 것은?

① 가족 구성원의 스트레스원을 알 수 있다.
② 가족 구성원 개인의 질환과 중요 사건의 관련성을 알 수 있다.
③ 가족 외부체계와의 상호작용을 알 수 있다.
④ 가족의 구조를 알 수 있다.

> **TIP** ① 외부체계도 ② 가족연대기 ③ 사회지지도

4 다음 중 지역사회간호사가 사회복지사에게서 독거노인에 대한 정보를 수집하였을 경우의 방법은?

① 지도자 면담
② 2차 자료
③ 참여관찰
④ 기존자료분석

> **TIP** 2차적인 자료
> ㉠ 가족에 관련된 중요한 타인, 보건 및 사회기관의 직원, 가족의 주치의, 성직자, 건강기록지 등 다양한 자료원으로부터 가족에 관한 정보를 얻을 수 있다.
> ㉡ 자료를 이용하고자 할 때는 가족의 구두 또는 서면 동의를 받는 것이 필요한데, 이는 간호사가 가족의 비밀을 지킬 의무이며 치료적인 관계에서 신뢰감을 증진하는 방법이다.
> ㉢ 2차적인 자료는 정확하게 대상자가 지각한 내용이기보다는 제3자가 가족을 보는 지각정도를 나타낸다.
> ㉣ 중요한 타인, 가족의 주치의, 보건 및 사회기관의 직원, 성직자 등에서 자료를 얻을 수 있다.

5 다음 중 가족치료접근법의 대상으로 옳은 것은?

① 가족 구성원으로서의 개인
② 유기적인 전체로서의 가족
③ 가족과 접근하는 지역사회
④ 가족 구성원 중 의사결정권자

> **TIP** 가족간호를 할 때 치료접근 대상은 통합적인 가족이어야 한다.

Answer 3.④ 4.② 5.②

지역사회간호

03 PART 학교간호

01 학교보건과 학교간호
02 학교건강관리와 환경관리

01 학교보건과 학교간호

01 학교보건

1 학교보건의 의의 및 인력

(1) 학교보건의 정의와 중요성

① **학교보건의 정의** … 학교의 구성원인 학생 및 교직원과 그 가족, 나아가 지역사회를 대상으로 학생, 가족, 교직원 및 보건의료 전문가가 참여하여 보건서비스와 환경기능의 수준을 향상시켜 질병을 예방하고 증진시켜 안녕상태에 이르도록 하는 포괄적인 건강사업으로 보건학의 한 영역이다.

② **학교보건의 중요성**
  ㉠ 학생기의 건강상태는 당시의 학습에 영향을 미칠 뿐만 아니라 생애 전과정의 질적 생활을 좌우한다. 특히 근래 급격히 증가하며 주요 사망원인이 되는 만성질환은 생활습관과 밀접히 관련된다.
  ㉡ 학교는 교육뿐만 아니라 여러 방면으로 지역사회의 중심체적인 역할을 하고 있다.
  ㉢ 학교는 집단적인 관리가 가능하므로 보건교육의 대상으로서 가장 효과적이며, 그들을 통하여 교육을 받지 못한 학부모에게까지 건강지식이나 정보를 전할 수 있기 때문에 파급효과가 크다.
  ㉣ 교직원은 그 지역사회의 지도적 입장에 있고 항상 보호자와 접촉하고 있다.
  ㉤ 기타 보건사업 추진에 있어 여러모로 유리한 조건을 내포하고 있다.

(2) 학교보건의 인력

① **보건교사** … 학교 내에서 학교보건을 담당하는 자로서 학생 및 교직원에 대한 건강진단실시의 준비와 실시에 관한 협조, 학교보건계획의 수립, 학교 환경위생의 유지관리 및 개선에 관한 사항, 기타 학교의 보건관리 등의 업무를 수행한다.

② **학교의·학교약사** … 대부분 촉탁의사나 약사로서 학교장이 위촉하며 학교의에는 한의사도 포함된다. 학교보건계획의 수립에 관한 자문, 학생 및 교직원에 대한 건강진단과 건강평가, 각종 질병의 예방처치 및 보건지도, 기타 학교보건관리에 관한 지도 등의 업무를 수행한다.

③ **영양사** … 1979년 국가공무원법에 의해 정규 보건직 공무원으로 임명되어 학교급식 업무를 담당하고 있는 자를 말한다.

④ **행정관계인** … 보건복지부장관, 교육구청장, 서울특별시장, 시·도지사, 학교의 설립경영자, 학교장 등이 이에 속한다.

② 학교보건교육

(1) 학교보건교육의 양성

① **개인건강지도** … 교사, 보건교사, 학교의 등과 부모는 학생과 직접 접촉하며 개인적인 보건지도의 기회를 많이 갖게 된다. 보건교육도 일반교육과 마찬가지로 집단교육보다는 개인지도가 더욱 효과적이다.

② **일상경험을 통한 수시 보건교육** … 학교시설환경, 학교급식, 신체검사, 체육 등과 같이 매일의 학교생활을 통하여 수시로 이루어지는 비공식적인 보건교육이 있다.

③ **계통적 보건교육** … 보건과목 또는 특별 보건과정을 통해 교육한다.

(2) 학교보건교육의 계획

① 보건교육의 계획은 종합적인 전 학업과정 작성에 있어서 그 일부분을 차지한다.

② 보건교육계획은 전직원의 책무이다.

③ 계획생활에 학생을 참여시켜야 한다.

④ 학교에 있어서의 보건교육계획은 학교와 지역사회의 종합적인 전체 보건사업계획의 일부분으로서 이루어져야 한다.

⑤ 지역사회로부터 협조를 얻도록 한다.

⑥ 계획은 계속적이어야 하며, 주도적 역할이 있어야 한다.

⑦ 계획은 행동적인 결과를 가져와야 한다.

02 학교간호

❶ 학교간호의 개념

(1) 목적

학교간호는 보건교사의 지식과 기술로 이루어지는 간호를 학교에 제공함으로써 학교가 그들의 건강을 스스로 관리하는 능력을 향상시키는 것이다. 즉, 학교간호의 대상은 학교이며 여기에 간호제공과 보건교육 그리고 관리라는 간호행위를 통하여 학교가 그 건강문제를 스스로 해결하는 능력을 향상시키도록 하는 데에 학교간호의 목적이 있다.

(2) 보건교사의 역할

보건교사는 학교간호의 대상인 학교에 접근하기 위하여 간호과정을 적용하며, 간호행위를 위해서는 간호수단을 동원한다. 또한 보건교사는 학교가 스스로 건강관리기능을 향상시키는 과정, 즉 기능지표를 개발한다.

(3) 학교간호체계

보건교사가 학교를 담당하여 학교간호사업을 하는 데에는 체계를 이룬다. 학교, 자원, 보건교사가 투입되어 학교간호과정을 거쳐 학교간호의 목적에 도달하게 된다.

(4) 학교보건 전문 인력의 직무

보건교사	학교장

• 학교보건계획의 수립
• 학교 환경위생의 유지 관리 및 개선에 관한 사항
• 학생과 교직원에 대한 건강진단의 준비와 실시에 관한 협조
• 각종 질병의 예방처치 및 보건지도
• 학생과 교직원의 건강관찰과 학교의사의 건강상담, 건강평가 등의 실시에 관한 협조
• 신체가 허약한 학생에 대한 보건지도
• 보건지도를 위한 학생가정 방문
• 교사의 보건교육 협조와 필요시의 보건교육
• 보건실의 시설, 설비 및 약품 등의 관리
• 보건교육자료의 수집 관리
• 학생건강기록부의 관리
• 의료행위
  -외상 등 흔히 볼 수 있는 환자의 치료
  -응급을 요하는 자에 대한 응급처치
  -부상과 질병의 악화를 방지하기 위한 처치
  -건강진단결과 발견된 질병자의 요양지도 및 관리
  -의료행위에 따르는 약품투여
	• 공기정화설비 및 미세먼지 측정기기 설치
	• 학교시설의 환경위생과 식품위생 유지관리
	• 학생 및 교직원의 건강검사 실시 및 건강검사기록 작성 관리
	• 감염병에 감염, 감염된 것으로 의심, 감염될 우려가 있는 학생 및 교직원에 대하여 등교중지시킬 수 있음
	• 학생의 신체발달 및 체력증진, 질병의 치료와 예방, 음주, 흡연과 약물 오남용의 예방, 성교육, 정신건강 증진 등을 위하여 보건교육을 실시하고 필요한 조치
	• 매년 교직원 대상으로 심폐소생술 등 응급처치에 관한 교육 실시
	• 초·중학교의 장 : 학생 입학일로부터 90일 이내에 예방접종 완료여부 검사
	• 건강검사결과에 대한 치료 및 예방조치
	• 학생의 안전관리
	• 교직원의 보건관리
	• 감염병 예방과 학교의 보건에 필요할 때에 휴업할 수 있음

❷ 학교간호과정

(1) 간호사정

① **자료수집방법** … 건강기록부, 일지, 공문서 등 기존자료와 관찰, 집단토의, 설문지법 등을 통한 새로운 자료를 수집한다.

② **자료수집내용**
　㉠ 특성
　　• 인구통계 : 학생 및 교직원의 수, 연령, 성별, 이동상태, 결석률 등을 파악한다.
　　• 학교환경
　　　-물리적 환경 : 학교시설인 의자, 책상, 건물, 시설의 설비와 학교의 부지, 학생들의 통학거리, 주변환경, 급수원, 토질, 높이 및 방향, 학교건물의 위치, 면적, 출입구, 지하실, 옥상의 이용, 복도, 계단, 교실, 상수 및 하수시설, 쓰레기 처리, 화장실, 운동장, 수영장 등의 위생적 시설이 이에 속한다.
　　　-사회적 환경 : 행정체계, 학부모의 교육 정도, 지역사회와의 조직체계 등이 이에 속한다.
　　• 학교 외 환경 : 정화구역을 설정하고 이용가능한 지역사회 자원을 파악한다.

- 학교보건사업의 실태 : 보건실 이용률, 예방접종률, 보건교육횟수, 학교급식실태 등 보건교사와 학생의 상호작용 정도를 파악한다.
- ⓒ **건강수준** : 신입생들의 건강과 예방접종상태에 대한 자료 기록지를 학부모로부터 수집하여 그 후 계속 주기적으로 수집, 최신 정보로 보완한다. 또한 건강행위를 파악하기 위하여 흡연 및 약물복용상태, 식습관, 취미활동 등을 확인한다.

> **TIP 유병률**
> ㉠ 보건통계를 위해 필요하다.
> ㉡ 유병률 = $\dfrac{\text{현존하는 환자수}}{\text{연간 중앙인구}} \times 1{,}000$

- ⓒ **자원**
  - 인적 자원 : 보건교사, 학교의, 학교약사, 교직원, 학부모 등의 자원을 파악한다.
  - 물적 자원 : 시설물, 기구·도구, 자료, 재정, 시간, 지역사회 지원체계 등을 파악한다.

(2) 간호진단

자료분석을 통해 파악된 학교간호문제를 관련있는 것끼리 묶어 문제의 중요성, 인구집단에 영향하는 정도, 법적 의무사항 여부, 자원 동원가능성, 실천가능성 등을 고려하여 간호진단을 내린다.

(3) 간호계획

① **목표** … 관련성, 실현가능성, 관찰가능성, 측정가능성, 정확성 등의 조건을 갖추어 장소, 대상, 문제, 시기, 범위를 포함하여 기술되어야 한다.

② **방법 및 수단**
  ㉠ 보건실활동, 방문 및 의뢰활동, 상담, 집단지도, 매체활용 등 여러 수단 중에서 간호계획에 적절한 방법 및 수단을 선택한다.
  ㉡ **방법 및 수단을 선택하는 절차**
  - 목표달성을 위한 서로 다른 방법 및 수단을 찾는다.
  - 문제해결을 위해 요구되는 자원과 이용가능한 자원을 조정한다.
  - 가장 최선의 방법 및 수단을 선택한다.
  - 구체적인 활동(방법 및 수단)을 기술한다.

③ **수행 및 평가계획** … 누가, 무엇을, 언제, 어떻게, 어디서 할 것인지가 기술되어야 한다.

(4) 간호수행

① **직접간호수행** … 응급처치, 상담, 보건교육실시, 예방접종, 신체검사 등 간호사 면허증 소지자인 보건교사만이 실시할 수 있는 전문가로서의 역할을 한다.

② **간접간호수행** … 예산작성, 기록, 보고, 통계자료 정리 등 조정자, 감시자, 지도감독자의 역할을 한다.

(5) 간호평가

① 학교간호의 평가대상 및 기준을 선정한다.

② 자료를 수집한다.

③ 계획과 실적을 비교한다.

④ 결과분석을 통해 학교간호사업의 가치를 판단한다.

⑤ 재계획을 실시한다.

③ 교육부 학생 감염병 예방 위기대응 매뉴얼(2016)

(1) 목적 및 배경

① **목적** … 감염병 위협으로부터 학생과 교직원을 보호하고 정상적인 학교기능을 유지함을 목적으로 한다.

② **목표**
  ㉠ 학생과 교직원의 감염병 이환을 예방한다.
  ㉡ 학교 내 감염병을 조기 발견하고 사후 조치를 신속히 함으로써 유행 확산을 방지한다.
  ㉢ 학교 내 감염병 유행 시 체계적으로 대응함으로써 학교기능을 유지하고 지역사회 전파를 차단한다.

[평상시 학생 감염병 발생 단계]

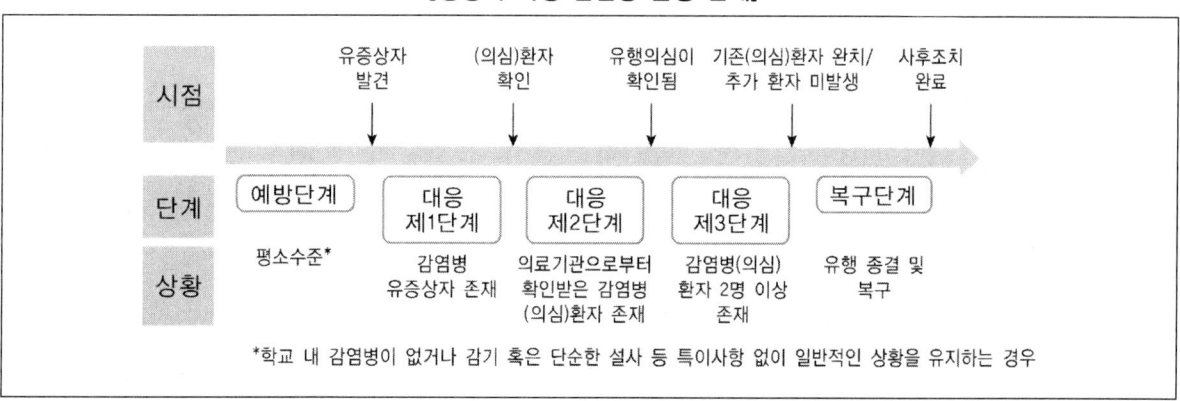

(2) 매뉴얼의 활용

① 학교 내 감염병 조기 발견 및 확산 방지를 위한 조직적 대응

② 국가위기 상황에 따른 체계적 대응

③ 학생 빈발 감염병 정보 제공

④ 감염병 예방 교육, 학교 환경 개선 등의 활동

[대응관계의 기간 및 후속조치]

단계	상황	시작 시점	종료 시점	후속 조치
대응 제1단계	감영병 유증상자 존재	유증상자 발견	의료기관 진료 결과 감염병 (의심)환자 발생을 확인	⇒ 대응 제2단계
			감염병이 아닌 것으로 확인	⇒ 예방단계
대응 제2단계	의료기관으로부터 확인받은 감염병 (의심)환자 존재	의료기관 진료 결과 감염병 (의심)환자 발생을 확인	추가 (의심)환자 발생 확인을 통해 유행의심 기준을 충족	⇒ 대응 제3단계
			기존 (의심)환자가 완치되고 추가 (의심)환자가 미발생	⇒ 예방단계
대응 제3단계	감염병 (의심)환자 2명 이상 존재	추가 (의심)환자 발생 확인을 통해 유행의심 기준 충족	기존의 모든 (의심)환자가 완치되고 추가 (의심)환자가 미발생	⇒ 복구단계

[감염병으로 인한 국가위기 단계별 학교 및 교육행정기관 대응]

단계		판단기준	학교 내 발생 가능성	대응
예방		• 평상시	없음	• 일반적 대비 • 대응체계 구축
국가 위기 단계	관심 (Blue)	• 해외 신종 감염병 발생 (세계보건기구: '국제 공중보건 위기상황' 선포)	없음	• 감염병 발생 동향 파악 • 구체적 대응 방안 검토
		• 국내의 원인불명·재출현 감염병 발생	산발적	• 구체적 대응 방안 검토 • 징후 감시 활동(필요시)
	주의 (Yellow)	• 해외 신종 감염병의 국내 유입 및 제한적 전파 (세계보건기구: '감염병 주의보' 발령) • 국내에서 원인불명·재출현 감염병의 제한적 전파	해당지역	• 구체적 대응 방안 마련 • 유관기관 협조체계 가동 • 환자발생 지역에 대한 감시 및 대응 실시
	경계 (Orange)	• 해외 신종 감염병의 국내 유입 후 추가 전파에 따른 지역사회 전파 • 국내 원인불명·재출현 감염병의 추가 전파에 따른 지역 전파	해당지역	• 대응체제 가동 • 유관기관 협조체계 강화 • 환자발생 지역에 대한 감시 및 대응 강화
	심각 (Red)	• 해외 신종 감염병의 전국적 확산 징후 • 국내 원인불명·재출현 감염병의 전국적 확산 징후	전국적	• 대응역량 총동원 • 범정부적 협조체계 강화 • 전국으로 감시 및 대응 강화 확대
복구		• 유행 종료	산발적	• 평가 및 보완 • 복구 • 감시 활동 유지

최근 기출문제 분석

2020. 6. 13. 제2회 서울특별시

1 「학교보건법」에 근거한 학교의 장의 업무로 가장 옳지 않은 것은?

① 학생 건강검사 결과 질병에 감염된 학생에 대하여 질병의 치료에 필요한 조치를 하여야 한다.
② 학생 정신건강 상태를 검사한 결과 필요하면 해당학생에 대해 의료기관을 연계하여야 한다.
③ 안전사고를 예방하기 위하여 학생에 대한 안전교육 및 그 밖에 필요한 조치를 하여야 한다.
④ 학생이 새로 입학한 날로부터 180일 이내에 시장·군수 또는 구청장에게 예방접종증명서를 발급받아 예방접종을 모두 받았는지를 검사한 후 이를 교육정보시스템에 기록하여야 한다.

TIP ④ 학교보건법 제10조 … 초등학교와 중학교의 장은 학생이 새로 입학한 날부터 90일 이내에 시장·군수 또는 구청장에게 예방접종증명서를 발급받아 예방접종을 모두 받았는지를 검사한 후 이를 교육정보시스템에 기록하여야 한다.

Answer 1.④

출제 예상 문제

1 다음 중 학교보건법상 보건교사의 업무가 아닌 것은?

① 학교보건계획의 수립
② 보건지도를 위한 학생가정의 방문
③ 학교환경위생의 유지관리 및 개선에 관한 사항
④ 학생 및 교직원의 건강진단과 건강평가

TIP ④ 학교의사의 업무에 해당한다.

2 다음 중 학교 보건교사가 가장 먼저 해결해야 할 문제는?

① 1학년 중 홍역에 걸린 학생이 5명이다.
② 2학년 중 비만인 학생이 100명이다.
③ 고지혈증에 걸린 3학년 학생이 50명이다.
④ 비만학생이 70명이다.

TIP 우선순위를 결정할 때는 파급효과가 얼마나 큰 문제인지 확인하여야 하는데, 홍역은 학교 내에서 파급효과가 크기 때문에 가장 먼저 해결해야 할 문제이다.

3 학교보건업무의 계획 및 감독과 행정상의 1차적 책임자는?

① 보건교사 　　　　　　　　　② 시·군·구청장
③ 학교장 　　　　　　　　　　④ 학교의사

TIP 학교의 보건업무계획을 하고 감독을 맡는 행정의 1차적 책임자는 학교장이다.

Answer 1.④ 2.① 3.③

4 다음 중 학교보건에 관한 설명으로 옳지 않은 것은?

① 보건교사 자격기준에서는 반드시 1년간의 인턴십이 요구된다.
② 학생과 교직원의 1차 건강관리는 보건교사에 의해 수행되는 것이 효과적이다.
③ 학교의가 1차적으로 모든 학생의 건강상태를 검진하는 것은 보건업무 효과면에서도 생산적이지 못하다.
④ 담임교사가 건강을 관찰할 수 있도록 체계화시킨 관찰양식이 있어야 한다.

> **TIP** ① 보건교사 2급의 자격은 '대학의 간호학과 졸업자 혹은 전문대학의 간호과 졸업자로서, 재학 중 소정의 교직학점을 취득하고 간호사 면허를 취득한 자'이다. 따라서 반드시 1년간의 인턴십이 요구되는 것은 아니다.

5 학교간호사정시 보건실 이용률, 예방접종률, 보건횟수 등을 통하여 파악할 수 있는 내용은?

① 학교환경요소
② 학교보건사업의 실태
③ 학교간호수단 및 방법
④ 학교보건사업을 위한 자원 동원가능성

> **TIP** 학교보건사업의 실태를 파악하기 위해 보건실 이용률, 예방접종률, 보건횟수 등이 이용된다.

6 학교보건사업을 평가하려 할 때 일반적으로 가장 먼저 평가해야 하는 것은?

① 사업의 효율
② 사업의 진행
③ 목표달성 정도
④ 투입된 노력

> **TIP** 학교보건사업을 평가할 때 시행 완료된 사업의 효율을 가장 먼저 평가해야 한다.

7 다음 중 구강보건교육사업에 대한 지침으로 옳지 않은 것은?

① 반복적 교육이 중요하다.
② 칫솔질 방법에 대한 교육에 중점을 두어야 한다.
③ 기본적이고 중요한 사업이므로 강제성을 가져야 한다.
④ 학교치과의, 지역사회인사, 보호자 등의 협력을 얻는다.

Answer 4.① 5.② 6.① 7.③

> **TIP** ③ 구강보건교육사업은 학교사업의 기본적이고 중요한 사업이지만 강제성을 띠기보다는 반복적 교육과 자율성이 중요하다.

8 지역사회조직 중 학교보건시설의 개선·정비 등을 연구·협의하는 곳은?

① 지역사회 보건위원회 ② 학교보건위원회
③ 지역사회 보건사업 자문위원회 ④ 체육심의위원회

> **TIP** 학교보건위원회 … 학교보건시설의 개선, 정비 등을 연구, 협의하는 기관이다.

9 학교에서 건강평가를 시행한 결과 다음과 같은 간호문제가 사정되었다. 이 중에서 간호의 우선순위가 가장 높은 것은?

① 7명의 폐결핵 이환자 ② 2명의 홍역 이환자
③ 8명의 어린이 당뇨병 ④ 12명의 시력장애 아동

> **TIP** 우선순위를 정할 때는 전염성이 강한 질환, 진행속도가 빠른 질환 등을 우선시하여 관리해야 한다.

10 학교간호의 개념을 진술하고자 할 때 학교간호행위와 학교간호의 목표 사이에 상호작용은 무엇을 통하여 이루어지는가?

① 학교간호수단 ② 학교간호과정
③ 학교간호제공 ④ 학교보건교육

> **TIP** 학교간호의 목표는 학교간호수단을 통해 간호행위와 서로 상호작용한다.

Answer 8.② 9.② 10.①

11 다음 중 간호문제의 우선순위를 정할 때 가장 우선시되는 것은?

① 수량의 부족으로 학교 앞 공동우물을 이용한다.
② 학부모들의 보건지식 정도가 낮다.
③ 학생들의 수두발생률이 높다.
④ 신입생 부모들의 학교보건에 관한 관심이 낮다.

> **TIP** ③ 수두가 감염성이 높으므로 우선시하여 간호수행을 전개해야 한다.

12 학교지역사회 건강진단을 실시함에 있어서 학교지역사회의 구성물에 대한 자료를 수집하려고 한다. 이를 위한 자료로 적절한 것은?

① 학교보건예산
② 학교 내의 위해요인이 되는 환경
③ 교지, 교사, 의자와 책상 등에 관한 상태
④ 학생 및 교직원의 연령, 성별, 이동상태

> **TIP** 학교지역사회의 구성물에 대한 자료를 수집할 때는 학교의 구성원의 상황, 이동상태 등을 파악하여야 한다.

13 다음 중 학교보건사업의 구강보건 내용에 속하는 것을 모두 고른 것은?

┌─────────────────────────────────────┐
│ ㉠ 이닦기 시범교육   ㉡ 구강문제의 조기발견 │
│ ㉢ 산성식품 제한   ㉣ 발견된 구강결함의 교정 │
│ ㉤ 당질 섭취제한을 위한 교육   │
└─────────────────────────────────────┘

① ㉠㉡㉢㉣
② ㉠㉡㉢㉤
③ ㉠㉡㉣㉤
④ ㉠㉢㉣㉤

> **TIP** ㉣ 건강평가 후 구강결함이 발견되면 타 의료기관에 의뢰하여 치료할 수 있게 한다.

Answer 11.③ 12.④ 13.②

14 학교보건사업의 내용과 범위의 정도는 학교의 특성에 따라 영향을 받는다. 주요 요인에 해당하는 것을 모두 고른 것은?

⊙ 보건교사의 능력
ⓒ 학교의 지리적 조건
ⓒ 학교행정가의 학교보건사업에 대한 인지
② 학교인구의 건강요구
◎ 학교보건 자원의 정도

① ⊙ⓒⓒ②
② ⊙ⓒ②◎
③ ⊙ⓒ②◎
④ ⓒⓒ②◎

> **TIP** ⓒ 학교의 지리적 조건은 학교보건사업과는 관계가 적다.

15 보건교육의 내용선정시 고려되어야 하는 사항끼리 연결된 것은?

⊙ 대상자의 요구
ⓒ 대상자의 사회문화적 배경
ⓒ 대상자의 관심
② 대상자의 학력 및 지식정도

① ⊙ⓒ
② ⊙ⓒ②
③ ⊙ⓒ②
④ ⊙ⓒⓒ②

> **TIP** 보건교육시 고려할 점
> ⊙ 대상자의 연령
> ⓒ 대상자의 학력·지식정도
> ⓒ 대상자의 요구
> ② 대상자의 관심
> ◎ 대상자의 사회문화적 배경
> ⓑ 대상자의 수

Answer 14.③ 15.④

02 학교건강관리와 환경관리

01 학교건강관리

1 건강검사

(1) 건강검사의 실시

① 학교의 장은 학교보건법의 규정에 의한 건강검사를 원활하게 실시하기 위하여 건강검사에 필요한 소요예산을 포함한 구체적인 건강검사 실시계획을 매년 3월 31일까지 수립하여야 한다.

② 건강검사는 신체의 발달상황, 신체의 능력, 건강조사, 정신건강 상태 검사 및 건강검진으로 구분한다.

③ 신체의 발달상황, 신체의 능력, 건강조사 및 정신건강 상태 검사는 해당 학교의 장이 실시하고, 건강검진은「건강검진기본법」의 규정에 의한 검진기관에서 실시한다.

④ 건강검진을 실시하는 학생에 대한 신체의 발달상황 및 건강조사는 검진기관에서 실시하되, 건강조사는 문진표의 작성으로 갈음할 수 있다.

(2) 건강검사 내용

① 신체의 발달상황에 대한 검사항목 및 방법
  ㉠ 신체의 발달상황은 키와 몸무게를 측정한다.
  ㉡ 신체의 발달상황에 대한 검사항목 및 검사방법

검사항목	측정단위	검사방법
키	센티미터 (cm)	㉠ 검사대상자의 자세 • 신발을 벗은 상태에서 발꿈치를 붙일 것 • 등·엉덩이 및 발꿈치를 측정대에 붙일 것 • 똑바로 서서 두 팔을 몸 옆에 자연스럽게 붙일 것 • 눈과 귀는 수평인 상태를 유지할 것 ㉡ 검사자는 검사대상자의 발바닥부터 머리끝까지의 높이를 측정

몸무게	킬로그램(kg)	옷을 입고 측정한 경우 옷의 무게를 뺄 것
비만도	-	㉠ 비만도는 체질량지수(BMI, Body Mass Index : kg/m^2)와 표준체중에 의한 상대체중으로 각각 산출한다. ㉡ 표기방법 • 학생의 신장과 체중을 이용하여 계산된 체질량지수를 성별, 나이별 체질량지수 백분위수 도표에 대비하여 다음과 같이 판정하여 표기한다. 　1) 체질량지수 백분위수 도표의 85 이상 95 미만인 경우 : 과체중 　2) 체질량지수 백분위수 도표의 95 이상인 경우 : 비만 　3) 성인 비만기준인 체질량지수 $25kg/m^3$ 이상인 경우는 백분위수와 무관하게 비만 　4) 체질량지수 백분위수 도표의 5 미만인 경우 : 저체중 　5) 1)부터 4)까지에 해당되지 않는 경우 : 정상 • 표준체중에 의한 상대체중으로 산출된 비만도는 다음과 같이 판정하여 표기한다. 　1) 몸무게가 키에 대한 표준체중보다 20퍼센트 이상 30퍼센트 미만 무거운 경우 : 경도비만 　2) 몸무게가 키에 대한 표준체중보다 30퍼센트 이상 50퍼센트 미만 무거운 경우 : 중등도비만 　3) 몸무게가 키에 대한 표준체중보다 50퍼센트 이상 무거운 경우 : 고도비만

② **건강조사** … 건강조사는 예방접종 및 병력, 식생활 및 비만, 위생관리, 신체활동, 학교생활 및 가정생활, 텔레비전·인터넷 및 음란물의 이용, 안전의식, 학교폭력, 흡연·음주 및 약물의 사용, 성의식, 사회성 및 정신건강, 건강상담 등에 대하여 실시한다.

③ **건강검진** … 건강검진은 근·골격 및 척추, 눈·귀, 콧병·목병·피부병, 구강, 기관능력, 병리검사 등에 대하여 검사 또는 진단하여야 한다.

④ **신체의 능력검사**
  ㉠ **대상** : 초등학교 제5학년 및 제6학년 학생과 중학교 및 고등학교 학생에 대하여 실시하되 심장질환 등 신체허약자와 지체부자유자에 대하여는 실시하지 아니할 수 있다.
  ㉡ **방법** : 왕복오래달리기, 오래달리기-걷기, 스텝검사, 앉아윗몸앞으로굽히기, 종합유연성검사, 팔굽혀펴기(남), 무릎대고팔굽혀펴기(여), 윗몸말아올리기, 악력, 50미터달리기, 제자리멀리뛰기, 체질량지수(BMI) 등을 검사한다.

❷ 예방·치료사업

(1) 예방사업

① 예방접종 완료 여부의 검사
　㉠ 초등학교와 중학교의 장은 학생이 새로 입학한 날부터 90일 이내에 시장·군수 또는 구청장에게 「감염병의 예방 및 관리에 관한 법률」에 따른 예방접종증명서를 발급받아 예방접종을 모두 받았는지를 검사한 후 이를 교육정보시스템에 기록하여야 한다.
　㉡ 초등학교와 중학교의 장은 검사결과 예방접종을 모두 받지 못한 입학생에게는 필요한 예방접종을 받도록 지도하여야 하며, 필요하면 관할 보건소장에게 예방접종 지원 등의 협조를 요청할 수 있다.

② **감염병 예방접종의 시행** … 시장·군수 또는 구청장이 「감염병의 예방 및 관리에 관한 법률」에 따라 학교의 학생 또는 교직원에게 감염병의 정기 또는 임시 예방접종을 할 때에는 그 학교의 학교의사 또는 보건교사(간호사 면허를 가진 보건교사로 한정)를 접종요원으로 위촉하여 그들로 하여금 접종하게 할 수 있다.

(2) 치료사업

① 치료 및 예방조치
　㉠ 학교의 장은 건강검사의 결과 질병에 감염되었거나 감염될 우려가 있는 학생에 대하여 질병의 치료 및 예방에 필요한 조치를 하여야 한다.
　㉡ 학교의 장은 학생에 대하여 정신건강 상태를 검사한 결과 필요하면 학생 정신건강 증진을 위한 다음의 조치를 하여야 한다.
　　• 학생·학부모·교직원에 대한 정신건강 증진 및 이해 교육
　　• 해당 학생에 대한 상담 및 관리
　　• 해당 학생에 대한 전문상담기관 또는 의료기관 연계
　　• 그 밖에 학생 정신건강 증진을 위하여 필요한 조치
　㉢ 교육감은 검사비, 치료비 등 조치에 필요한 비용을 지원할 수 있다.

② 질병의 예방
　㉠ **등교 중지**: 학교의 장은 건강검사의 결과나 의사의 진단 결과 감염병에 감염되었거나 감염된 것으로 의심되거나 감염될 우려가 있는 학생 및 교직원에 대하여 대통령령으로 정하는 바에 따라 등교를 중지시킬 수 있다.
　㉡ **질병의 예방**: 감독청의 장은 감염병 예방과 학교의 보건에 필요하면 해당 학교의 휴업 또는 휴교를 명할 수 있으며, 학교의 장은 필요할 때에 휴업할 수 있다.

02 학교환경관리

1 교내환경관리

(1) 교사 내 환경

① **목적**…학교교사 내 환기·채광·온습도·미세분진 및 소음 등 환경위생을 적정기준으로 유지·관리함으로써 학생 및 교직원의 건강을 보호·증진하기 위해서이다.

② **온습도**
  ㉠ 실내온도는 섭씨 18도 이상 28도 이하로 하되, 난방온도는 섭씨 18도 이상 20도 이하, 냉방온도는 섭씨 26도 이상 28도 이하로 한다.
  ㉡ 비교습도는 30% 이상 80% 이하로 한다.

③ **환기**
  ㉠ 오염된 실내공기를 희석 혹은 배제하기 위하여 신선한 공기와 교환하는 것을 말하며, 교실 내의 학생수와 공기오염 물질의 양에 따라서 환기량과 환기횟수가 결정된다.
  ㉡ 환기용 창 등을 수시로 개방하거나 기계환기설비를 수시로 가동하여 1인당 환기량이 시간당 $21.6m^3$ 이상이 되도록 하여야 한다.

④ **채광과 조명**
  ㉠ **채광(자연조명)**
   • 직사광선을 포함하지 아니하는 천공광에 의한 옥외 수평조도와 실내조도와의 비가 평균 5% 이상으로 하되, 최소 2% 미만이 되지 아니하도록 한다.
   • 최대조도와 최소조도의 비율이 10대 1을 넘지 아니하도록 한다.
   • 교실 바깥의 반사물로부터 눈부심이 발생되지 아니하도록 한다.
  ㉡ **조도(인공조명)**
   • 교실의 조명도는 책상면을 기준으로 300LUX 이상이 되도록 한다.
   • 최대조도와 최소조도의 비율이 3대 1을 넘지 아니하도록 한다.
   • 인공조명에 의한 눈부심이 발생되지 아니하도록 한다.

⑤ **소음**
  ㉠ 소음은 학생들의 정신집중을 방해하여 학습능률을 저해시키고 피로와 두통을 유발하는 등 교육활동에 직접적인 영향을 준다.
  ㉡ 교사 내의 소음은 55dB(A) 이하로 하여야 한다.

(2) 교사 외 환경

① **교지** … 각급 학교의 교지는 교사용 대지와 체육장의 면적을 합한 용지로서 교사의 안전·방음·환기·채광·소방·배수 및 학생의 통학에 지장이 없는 곳에 위치하여야 한다.

② **교사** … 각급 학교의 교사(교실, 도서실 등 교수·학습활동에 직·간접적으로 필요한 시설물을 말함)는 교수·학습에 적합하여야 하고, 그 내부환경은 학교보건법에 의한 환경위생 및 식품위생의 유지·관리에 관한 기준에 적합하여야 한다.

③ **식수**
  ㉠ 급수시설 설치
   - 상수도 또는 마을상수도에 의하여 먹는 물을 공급하는 경우에는 저수조를 경유하지 아니하고 직접 수도꼭지에 연결하여 공급하여야 한다. 다만, 직접 수도꼭지에 연결하기가 곤란한 경우에는 제외한다.
   - 지하수 등에 의하여 먹는 물을 공급하는 경우에는 저수조 등의 시설을 경유하여야 한다.

  ㉡ 급수시설관리
   - 급수시설·설비는 항상 위생적으로 관리하여야 하며, 저수조는 매월 1회 이상 정기점검과 연 2회 이상 청소를 실시하여야 한다.
   - 지하수 등을 먹는 물로 사용하는 경우에는 원수의 수질 안정성 확보를 위하여 노력하여야 하며, 정기적으로 소독을 실시하여야 한다.

  ㉢ 먹는 물의 공급 등 학생 및 교직원에게 공급하는 먹는 물은 먹는물관리법에 의한 수질기준에 적합한 물을 제공하되, 가급적 끓여서 제공하여야 한다.

  ㉣ 지하수 등의 수질검사 : 상수도 또는 마을상수도 외에 지하수 등에 의하여 공급하는 먹는 물에 대하여는 먹는물관리법에 의한 먹는 물 수질검사기관의 수질검사를 먹는물 수질기준 및 검사 등에 관한 규칙에 준하여 실시하여야 한다.

④ **화장실**
  ㉠ 화장실의 설치기준
   - 화장실은 남자용과 여자용으로 구분하여 설치하되, 학생 및 교직원이 쉽고 편리하게 이용할 수 있도록 필요한 면적과 변기수를 확보하여야 한다.
   - 대변기 및 소변기는 수세식으로 하여야 한다. 다만, 상·하수도시설의 미비 또는 수질오염 등의 이유로 인하여 수세식 화장실을 설치하기 어려운 경우에는 제외한다.
   - 출입구는 남자용과 여자용이 구분되도록 따로 설치하여야 한다.
   - 대변기의 칸막이 안에는 소지품을 두거나 옷을 걸 수 있는 설비를 하여야 한다.
   - 화장실 안에는 손 씻는 시설과 소독시설 등을 갖춰야 한다.

  ㉡ 화장실의 유지·관리기준
   - 항상 청결이 유지되도록 청소하고 위생적으로 관리하여야 한다.
   - 악취의 발산과 쥐 및 파리·모기 등 해로운 벌레의 발생·번식을 방지하도록 화장실의 내부 및 외부를 4월부터 9월까지는 주 3회 이상, 10월부터 다음해 3월까지는 주 1회 이상 소독을 실시하여야 한다.

❷ 교육환경보호구역

(1) 교육환경보호구역의 설정

① 교육감은 학교경계 또는 학교설립예정지 경계로부터 직선거리 200미터의 범위 안의 지역을 다음의 구분에 따라 교육환경보호구역으로 설정·고시하여야 한다.
  ㉠ **절대보호구역**: 학교출입문으로부터 직선거리로 50미터까지인 지역(학교설립예정지의 경우 학교경계로부터 직선거리 50미터까지인 지역)
  ㉡ **상대보호구역**: 학교경계등으로부터 직선거리로 200미터까지인 지역 중 절대보호구역을 제외한 지역
② 학교설립예정지를 결정·고시한 자나 학교설립을 인가한 자는 학교설립예정지가 확정되면 지체 없이 관할 교육감에게 그 사실을 통보하여야 한다.
③ 교육감은 학교설립예정지가 통보된 날부터 30일 이내에 교육환경보호구역을 설정·고시하여야 한다.

(2) 교육환경보호구역에서의 금지행위 등

누구든지 학생의 보건·위생, 안전, 학습과 교육환경 보호를 위하여 교육환경보호구역에서는 다음의 어느 하나에 해당하는 행위 및 시설을 하여서는 아니 된다. 다만, 상대보호구역에서는 ⑭부터 ㉙까지에 규정된 행위 및 시설 중 교육감이나 교육감이 위임한 자가 지역위원회의 심의를 거쳐 학습과 교육환경에 나쁜 영향을 주지 아니한다고 인정하는 행위 및 시설은 제외한다.

① 「대기환경보전법」에 따른 배출허용기준을 초과하여 대기오염물질을 배출하는 시설
② 「물환경보전법」에 따른 배출허용기준을 초과하여 수질오염물질을 배출하는 시설과 폐수종말처리시설
③ 「가축분뇨의 관리 및 이용에 관한 법률」에 따른 배출시설, 처리시설 및 공공처리시설
④ 「하수도법」에 따른 분뇨처리시설
⑤ 「악취방지법」에 따른 배출허용기준을 초과하여 악취를 배출하는 시설
⑥ 「소음·진동관리법」에 따른 배출허용기준을 초과하여 소음·진동을 배출하는 시설
⑦ 「폐기물관리법」에 따른 폐기물처리시설
⑧ 「가축전염병 예방법」에 따른 가축 사체, 오염물건 및 수입금지 물건의 소각·매몰지
⑨ 「장사 등에 관한 법률」에 따른 화장시설·봉안시설 및 자연장지(사설자연장지 중 개인·가족자연장지와 종중·문중자연장지는 제외)
⑩ 「축산물 위생관리법」에 따른 도축업 시설
⑪ 「축산법」에 따른 가축시장

⑫ 「영화 및 비디오물의 진흥에 관한 법률」의 제한상영관

⑬ 「청소년 보호법」의 전기통신설비를 갖추고 불특정한 사람들 사이의 음성대화 또는 화상대화를 매개하는 것을 주된 목적으로 하는 영업에 해당하는 업소와 불특정한 사람 사이의 신체적인 접촉 또는 은밀한 부분의 노출 등 성적 행위가 이루어지거나 이와 유사한 행위가 이루어질 우려가 있는 서비스를 제공하는 영업으로서 청소년보호위원회가 결정하고 여성가족부장관이 고시한 것, 청소년유해매체물 및 청소년유해약물등을 제작·생산·유통하는 영업 등 청소년의 출입과 고용이 청소년에게 유해하다고 인정되는 영업으로서 대통령령으로 정하는 기준에 따라 청소년보호위원회가 결정하고 여성가족부장관이 고시한 것 및 청소년유해매체물 및 청소년유해약물등을 제작·생산·유통하는 영업 등 청소년의 고용이 청소년에게 유해하다고 인정되는 영업으로서 대통령령으로 정하는 기준에 따라 청소년보호위원회가 결정하고 여성가족부장관이 고시한 것에 따라 여성가족부장관이 고시한 영업에 해당하는 업소

⑭ 「고압가스 안전관리법」에 따른 고압가스, 「도시가스사업법」에 따른 도시가스 또는 「액화석유가스의 안전관리 및 사업법」에 따른 액화석유가스의 제조, 충전 및 저장하는 시설(규모, 용도 및 학습과 학교보건위생에 대한 영향 등을 고려하여 대통령령으로 정하는 시설의 전부 또는 일부는 제외)

⑮ 「폐기물관리법」에 따른 폐기물을 수집·보관·처분하는 장소(규모, 용도, 기간 및 학습과 학교보건위생에 대한 영향 등을 고려하여 대통령령으로 정하는 장소는 제외)

⑯ 「총포·도검·화약류 등의 안전관리에 관한 법률」에 따른 총포 또는 화약류의 제조소 및 저장소

⑰ 「감염병의 예방 및 관리에 관한 법률」에 따른 격리소·요양소 또는 진료소

⑱ 「담배사업법」에 의한 지정소매인, 그 밖에 담배를 판매하는 자가 설치하는 담배자동판매기(「유아교육법」에 따른 유치원 및 「고등교육법」에 따른 학교의 교육환경보호구역은 제외)

⑲ 「게임산업진흥에 관한 법률」에 따른 게임제공업, 인터넷컴퓨터게임시설제공업 및 복합유통게임제공업(「유아교육법」에 따른 유치원 및 「고등교육법」에 따른 학교의 교육환경보호구역은 제외)

⑳ 「게임산업진흥에 관한 법률」에 따라 제공되는 게임물 시설(「고등교육법」에 따른 학교의 교육환경보호구역은 제외)

㉑ 「체육시설의 설치·이용에 관한 법률」에 따른 체육시설 중 당구장, 무도학원 및 무도장(「유아교육법」에 따른 유치원, 「초·중등교육법」에 따른 초등학교, 「초·중등교육법」에 따라 초등학교 과정만을 운영하는 대안학교 및 「고등교육법」에 따른 학교의 교육환경보호구역은 제외)

㉒ 「한국마사회법」에 따른 경마장 및 장외발매소, 「경륜·경정법」에 따른 경주장 및 장외매장

㉓ 「사행행위 등 규제 및 처벌 특례법」에 따른 사행행위영업

㉔ 「음악산업진흥에 관한 법률」에 따른 노래연습장업(「유아교육법」에 따른 유치원 및 「고등교육법」에 따른 학교의 교육환경보호구역은 제외)

㉕ 「영화 및 비디오물의 진흥에 관한 법률」에 비디오물감상실업 및 복합영상물제공업의 시설(「유아교육법」에 따른 유치원 및 「고등교육법」에 따른 학교의 교육환경보호구역은 제외)

㉖ 「식품위생법」에 따른 식품접객업 중 단란주점영업 및 유흥주점영업

㉗ 「공중위생관리법」에 따른 숙박업 및 「관광진흥법」에 따른 호텔업(「국제회의산업 육성에 관한 법률」에 따른 국제회의시설에 부속된 숙박시설은 제외)

㉘ 「청소년 보호법」에 해당하는 회비 등을 받거나 유료로 만화를 빌려 주는 만화대여업(「유아교육법」에 따른 유치원 및 「고등교육법」에 따른 학교의 교육환경보호구역은 제외)

㉙ 「화학물질관리법」에 따른 사고대비물질의 취급시설 중 대통령령으로 정하는 수량 이상으로 취급하는 시설

02. 학교건강관리와 환경관리

최근 기출문제 분석

2020. 6. 13. 제1회 지방직

1 교육부의 「학생 감염병 예방·위기대응 매뉴얼(2016)」에 따르면, 평상시 학교에서 감염병 유증상자를 처음 발견하여 감염병 여부를 확인하는 시점까지의 단계는?

① 예방 단계
② 대응 제1단계
③ 대응 제2단계
④ 대응 제3단계

> **TIP** 대응단계의 기간 및 후속조치
>
> | 단계 | 상황 | 시작 시점 | 종료 시점 | 후속 조치 |
> |---|---|---|---|---|
> | 대응 제1단계 | 감염병 유증상자 존재 | 유증상자 발견 | 의료기관 진료 결과 감염병(의심) 환자 발생을 확인 | → 대응 제2단계 |
> | | | | 감염병이 아닌 것으로 확인 | → 예방단계 |
> | 대응 제2단계 | 의료기관으로부터 확인 받은 감염병 (의심)환자 존재 | 의료기관 진료 결과 감염병 (의심)환자 발생을 확인 | 추가 (의심)환자 발생 확인을 통해 유행의심 기준을 충족 | → 대응 제3단계 |
> | | | | 기존 (의심)환자가 완치되고 추가 (의심)환자가 미발생 | → 예방단계 |
> | 대응 제3단계 | 감염병 (의심)환자 2명 이상 존재 | 추가 (의심)환자 발생 확인을 통해 유행의심 기준 충족 | 기존의 모든 (의심)환자가 완치되고 추가 (의심)환자가 미발생 | → 복구단계 |

Answer 1.②

2017. 12. 16 지방직 추가선발

2 학교보건법령상 학교 환경위생 기준을 충족하지 못한 것은?

① 소음 : 40dB(교사 내)
② 인공조명 : 150lux(교실 책상면 기준)
③ 비교습도 : 50%
④ 이산화탄소 : 550ppm(교실)

> **TIP** ② 교실의 조명도는 책상면을 기준으로 300룩스 이상이 되도록 할 것
> ① 교사 내의 소음은 55dB(A) 이하로 할 것
> ③ 비교습도는 30퍼센트 이상 80퍼센트 이하로 할 것
> ④ 이산화탄소 1,000ppm(모든 교실)

2015. 6. 27 제1회 지방직

3 학교에서 수두 환자가 발생하였을 경우 학교장이 취해야 할 조치로 적절하지 않은 것은?

① 감독청에 즉시 보고한다.
② 관할 보건소에 즉시 신고한다.
③ 환자에게 등교 중지를 명한다.
④ 감염 여부를 확인하기 위해 가검물을 채취하고, 유행규모를 파악한다.

> **TIP** ④ 보건교육을 실시하고, 추가 환자에 대해 파악해야 한다.

Answer 2.② 3.④

출제 예상 문제

1 다음 중 절대보호구역의 범위는?

① 학교출입문으로부터 50m
② 학교출입문으로부터 100m
③ 학교출입문으로부터 150m
④ 학교출입문으로부터 200m

> **TIP** 절대보호구역은 학교출입문으로부터 직선거리로 50m까지의 지역으로 한다.

2 건강검사의 표본학교로 지정된 학교의 장은 학생에 대하여 실시한 건강검사의 결과를 언제까지 교육감에게 보고해야 하는가?

① 4월 말
② 5월 말
③ 7월 말
④ 11월 말

> **TIP** 건강검사의 표본학교로 지정된 학교의 장은 건강검사의 결과를 검사연도의 11월 30일까지 관할교육장을 거쳐 교육감에게 각각 보고해야 한다.

3 다음 중 도서실이나 실험실, 강의실에 적당한 조도로 옳은 것은?

① 100 ~ 150Lux
② 150 ~ 200Lux
③ 300 ~ 400Lux
④ 400 ~ 500Lux

> **TIP** 강의실, 실험실, 사무실, 공작실, 학습하는 교실, 도서실, 흑판 등의 적당한 조도는 360Lux이다.
> ※ 교실의 밝기
>   ㉠ 최저 300Lux
>   ㉡ 표준 400Lux
>   ㉢ 최고 600Lux

Answer 1.① 2.④ 3.③

4 냉난방이 필요한 실내온도로 옳은 것은?

① 5℃ 미만일 때 난방, 26℃ 이상일 때 냉방
② 5℃ 미만일 때 난방, 30℃ 이상일 때 냉방
③ 10℃ 미만일 때 난방, 26℃ 이상일 때 냉방
④ 10℃ 미만일 때 난방, 30℃ 이상일 때 냉방

> **TIP** 하절기에는 26℃ 이상일 때 냉방을, 동절기에는 10℃ 미만일 때 난방을 실행한다.

5 감염병이 크게 유행할 때에는 휴교조치를 취할 수 있다. 휴교조치를 취하는 조건으로 옳은 것끼리 연결된 것은?

> ㉠ 보건교사의 판단
> ㉡ 감염원의 규명에도 불구하고 환자가 계속 발생할 때
> ㉢ 감염원이 교내 접촉이라는 증거가 있을 때
> ㉣ 휴교가 전염에 폭로될 가능성을 감소시킨다는 이유가 될 때

① ㉠㉡㉢
② ㉠㉡㉣
③ ㉠㉢㉣
④ ㉡㉢㉣

> **TIP** ㉠ 학교장이 상부관청에 연락을 취하는 동시에 학교의의 의견을 들어 휴교조치를 할 수 있다.

Answer 4.③ 5.④

지역사회간호

04 PART

산업간호

01 산업간호와 산업보건
02 작업환경의 유해물질과 건강
03 건강진단과 직업병

01 산업간호와 산업보건

01 산업간호의 발전

❶ 산업간호

(1) 산업간호의 개념

① **국제노동기구(ILO)의 정의** … 모든 직업인의 육체적 · 정신적 · 사회적인 복지를 최고도로 유지 · 증진시키기 위하여 근로자들이 건강한 시민으로 높은 작업능률을 유지하면서 오랜기간 동안 일할 수 있고, 생산성을 높이기 위하여 근로방법과 생활조건을 어떻게 정비해 갈 것인가를 연구하는 과학이며 기술이다.

② **세계보건기구(WHO)의 정의** … 산업사회의 주 구성요소인 근로자들의 건강을 유지 · 증진하며, 질병 및 사고를 예방하여 산업체의 기본목표인 생산성을 높인다는 것을 의미한다.

③ **일반적 정의** … 근로자의 신체적 · 정신적 · 사회적 건강을 고도로 유지 · 증진하기 위하여 산업공동체를 대상으로 근로자의 건강관리, 산업위생관리, 보건교육을 1차 보건의료 수준에서 제공함으로써 산업체의 자기건강 관리능력(self care ability)을 적정기능 수준까지 향상시키는 목표를 달성하고자 하는 과학적 실천이다.

(2) 산업간호의 목표

① 모든 직업에 종사하는 근로자들의 신체적 · 정신적 · 사회적 안녕상태를 최고도로 유지 · 증진 · 복구시킨다.

② 산업장의 위험으로부터 근로자를 보호한다.

③ **미국산업간호협회(AAOHN)의 정의** … 직업병을 예방하고 인식 · 치료하며 보건재활 환경과 인간관계, 보건교육과 상담분야에서의 지식과 기술을 적용하는데 있다.

(3) 산업간호대상

① 산업공동체의 경제 내부에 있는 신체적·정신적·사회적 존재로서의 근로자들을 대상으로 한다.

② 물리적·화학적·생물학적인 작업환경들을 포함한다.

③ 산업체를 구성하고 있는 근로자와 환경들간의 상호작용 및 공정과정을 대상으로 한다.

④ 생산품도 산업간호대상에 포함시킨다.

(4) 산업간호수단

건강력, 사정, 질병감시, 행정관리, 건강관리실 운영, 작업장 순회 및 방문, 상담 및 면접, 의뢰 및 자원활용, 집단지도, 매체활용 등의 수단이 이용된다.

(5) 산업간호과정

산업간호는 일반적으로 산업체의 건강진단→산업간호사의 직무에 대한 지침 및 법규 확인→사업의 우선순위 설정→목적설정→목적달성을 위한 방법 및 수단 선택→집행계획 및 평가계획 수립→수행→평가 및 재계획의 과정을 거친다.

(6) 산업간호활동

근로자의 건강문제나 산업환경 위생문제 중 산업체에서 흔히 발생하는 문제들인 근로자 건강관리, 산업위생관리, 보건교육 등을 포괄적으로 처리하는 1차 보건의료활동을 한다.

(7) 산업간호의 방향

① **산업간호사의 지위 강화** … 산업간호사의 위상과 사업장 내의 지위확보 및 영향력이 강화되어야 한다.

② **환경변화에 대처**
　㉠ 고령근로자와 여성근로자의 증가 : 여성근로자의 건강문제 및 만성질환관리에 대처하여야 한다.
　㉡ 3차 산업의 비중의 증가에 따른 신종 사업장의 특성을 파악해야 한다.

③ **건강증진사업 및 예방사업** … 질적인 삶의 차원 향상을 위하여 생활양식의 개선을 위한 건강증진사업과 새로운 종류의 전염성 질환 예방사업을 추진한다.

④ **전문적 역량강화** … 증가하는 유해물질과 신종 유해물질이 근로자의 건강에 미치는 영향 등에 대한 신속한 지식과 정보수집, 직업병 조기발견과 작업환경관리를 위한 전문적 역할을 강화한다.

⑤ **체계적 운영** … 산업장 내에서의 건강관찰, 건강진단, 사후관리의 과정을 체계적으로 운영할 수 있는 능력을 소지한다.

⑥ **근로자의 참여보장** … 산업간호사업 추진에 있어서 근로자의 참여를 보장하는 구체적인 전략을 확보한다.

❷ 산업간호사

(1) 산업간호사의 역할 및 기능

① **팀요원 역할** … 산업근로자를 직업적으로 안전하게 하기 위한 안전대책에 관한 위원회의 일원으로 다른 요원들과 하나의 팀이 되어 기능을 한다.

② **상담자 역할** … 산업근로자의 신체적 · 정신적 · 정서적 문제뿐만 아니라 근로자 집단 내에서 사회적 건강문제에 대해서도 상담한다.

③ **촉진자 역할** … 산업근로자들이 그들의 건강문제를 스스로 해결할 수 있는 적정기능 수준의 개발을 위한 동기조성 및 근로자들이 당면한 근로환경의 개선을 위한 능동적 접근행동의 촉진적 역할을 한다.

④ **교육자 역할**
   ㉠ 산업장의 안전교육사업의 중요성을 고용주에게 설명하여 안전교육사업이 개발되도록 한다.
   ㉡ 근로자의 안전수칙과 실천을 개발하기 위한 교육을 실시한다.
   ㉢ 안전보호기구의 성능유지 및 착용을 장려한다.
   ㉣ 근로자 개인 및 집단의 건강증진에 관한 교육을 실시한다.
   ㉤ 작업조건, 환경과 관련된 직업성 질환예방을 위한 교육을 실시한다.

⑤ **정보수집자 및 보존자 역할** … 산업간호사는 계속적인 정보수집망을 설치하여 근로자의 직업병 및 상해의 원인이 되는 정보를 수집하고 보존한다.

⑥ **의뢰자 역할** … 산업장의 건강 및 복지를 위한 기관과 유대를 강화하여 근로자들의 건강과 복지를 위하여 근로자들을 적합한 기관으로 의뢰하는 역할을 한다. 산업재해 및 직업병 보상보험에 있어서 근로자들의 건강과 복지를 위하여 근로자들을 의뢰한다.

(2) 산업간호사의 보수교육

산업간호사는 산업보건 분야의 건강문제를 직접 해결하고 산업근로자 및 가족, 산업장의 의료요원 등을 대상으로 상담 혹은 자문하며 이들과의 관계를 협동적으로 이끌 수 있는 유능한 조직관리자로서 역할을 수행할 수 있도록 매년 1회 이상 계속적인 보수교육을 받고 있다. 교육시간은 8시간 이상으로 한다.

02 산업보건

❶ 산업보건사업

(1) 우리나라 산업보건

① 1950~1970년대
  ㉠ 1953년 산업보건에 관한 법령인 근로기준법이 제정되었고, 1960년대에는 산업보건관리의 법적인 기초가 구성되었다.
  ㉡ 산업보건의 실질적인 활동은 대한석탄공사에서 시작되었으며, 1962년 광산에서 일하는 규폐환자에 대한 진단과 재해, 작업환경과 작업적성에 관한 조사연구를 하던 연구원들이 가톨릭의과대학 내에 산업의학연구소를 설립하였다.
  ㉢ 1963년 산업보건관리규칙에 의하여 처음으로 사업장의 보건관리자와 의료요원들에 의한 산업보건교육이 실시됨을 계기로 대한산업보건협회가 창립되었고, 1971년 우리나라에서 처음으로 산재병원이 설립되었다.
  ㉣ 1977년 산재보상보험기금으로 근로복지공사가 발족되었고, 같은 해 시작된 직장의료보험제도는 산재보상보험제도와 아울러 근로자의 상병치료와 의료보건 향상을 위한 획기적인 전기를 마련하였다.

② 1980년대 이후 … 1980년대에 들어와 노동청이 노동부로 승격되었고, 산업안전보건법이 제정되었으며 한국산업안전공단, 산업의학회, 산업위생학회, 산업간호학회 등이 설립되었다.

(2) 산업보건의 정의

① 개념 … 노동으로 인한 인간의 건강 및 작업환경의 문제를 자연과학적 지식에 바탕을 두고, 사회보건학적 측면에서 문제해결에 접근하는 분야이다.

② 목표
  ㉠ 모든 직업에 있어서 근로자의 육체적·정신적·사회적 건강을 유지·증진시키고, 작업조건에 기인하는 질병을 예방하여 건강에 위험한 작업으로부터 근로자를 보호한다.
  ㉡ 생리적·심리적으로 적합한 작업환경에 근로자를 배치하고 취업시킨다.

③ 간호대상 … 산업보건에서의 간호대상은 근로자, 작업환경, 근로자와 작업환경과의 상호작용이다.

❷ 보건관리 대행사업

(1) 보건관리 대행사업의 정의
① **개념** … 상시 근로자 300인 미만을 사용하는 사업 및 벽지로서 고용노동부장관이 정하는 지역에 소재하고 있는 사업장을 대상으로 산업안전보건법상의 보건관리에 대한 사업주의 의무사항을 산업보건사업 전문기관이 사업장의 보건관리 업무를 위탁받아 지도 및 지원해 주는 것을 말한다.
② **목표** … 산업재해를 예방하고 사업장에 쾌적한 작업환경을 조성함으로써 근로자의 안전과 보건을 유지·증진하는 데 있다.

(2) 보건관리 대행사업의 수행
① **수행방법** … 작업장 순회 점검지도, 작업환경 측정결과 및 건강진단 실시결과의 사후관리지도, 건강상담, 직업병 발생 원인조사 및 대책수립, 산업보건위원회의 참석 등이다.
② **업무내용**
  ㉠ 초기 방문시
   - 사업장 내 대행업무 관리자에게 보건관리 대행사업의 취지 및 목적, 수행할 보건관리 업무내용을 설명한다.
   - 사업장의 보건관리 현황을 파악하고 관련 서류를 검토한다.
   - 작업공정도 및 사업장의 위생시설 등의 파악을 위해 작업장을 순시한다.
   - 점검결과와 조치사항에 대하여 사업장 대행업무 관리자에게 설명하고, 보건관리 상태, 업무수행내용, 구체적인 개선의견 등의 내용을 포함한 보고서를 작성하여 사업주에게 제출한다.
  ㉡ 정기 방문시
   - 근로자 및 사업장의 보건관리 현황에 대한 점검을 한다.
   - 작업환경측정의 계획 및 건강진단 계획을 수립하고 실시결과를 확인·지도한다.
   - 건강상담과 보건교육을 실시한다.
   - 보건업무를 기록, 작성하고 보고 및 관리한다.

(3) 보건관리전문기관의 인력·시설·장비기준
① 수탁하려는 사업장 또는 근로자의 수가 100개소 이하 또는 1만 명 이하인 경우
  ㉠ 인력기준
   - 다음의 어느 하나에 해당하는 의사 1명 이상
   - 「의료법」에 따른 직업환경의학과 전문의 또는 직업환경의학과 레지던트 4년차의 수련과정에 있는 사람
   - 「의료법」에 따른 예방의학과 전문의(환경 및 산업보건 전공)
   - 직업환경의학 관련 기관의 직업환경의학 분야에서 또는 사업장의 전임 보건관리자로서 4년 이상 실무나 연구업무에 종사한 의사. 다만, 임상의학과 전문의 자격자는 직업환경의학 분야에서 2년간의 실무나 연구업무에 종사한 것으로 인정한다.

- 「의료법」에 따른 간호사 2명 이상
- 산업보건지도사나 산업위생관리기술사 1명 이상 또는 산업위생관리기사 자격 취득 후 산업보건 실무경력이 5년 이상인 사람 1명 이상
- 산업위생관리산업기사 이상인 사람 1명 이상

ⓒ 시설기준 : 사무실(건강상담실 · 보건교육실 포함)

ⓒ 장비기준
- 작업환경관리장비
  - 분진 · 유기용제 · 특정 화학물질 · 유해가스 등을 채취하기 위한 개인용 시료채취기 세트
  - 검지관 가스 · 증기농도 측정기 세트
  - 주파수분석이 가능한 소음측정기
  - 흑구 · 습구온도지수(WBGT) 산출이 가능한 온열조건 측정기 및 조도계
  - 직독식 유해가스농도측정기(산소 포함)
  - 국소배기시설 성능시험장비 : 스모크테스터, 청음기 또는 청음봉, 절연저항계, 표면온도계 또는 초자온도계, 정압 프로브가 달린 열선풍속계, 회전계(R.P.M측정기) 또는 이와 같은 수준 이상의 성능을 가진 장비
- 건강관리장비
  - 혈당검사용 간이검사기
  - 혈압계

② 수탁하려는 사업장 또는 근로자의 수가 101개소 이상 또는 10,001명 이상인 경우 규정하는 인력을 추가로 갖추어야 한다.

③ 사업장수에 따른 인력기준과 근로자수에 따른 인력기준이 서로 다른 경우에는 그 중 더 중요한 기준에 따라야 한다.

③ 산업보건의 조직

(1) 한국산업안전보건공단

산업재해예방 기술의 연구개발, 산업안전에 관한 정보 및 자료를 수집 · 제공하는 법정단체로서, 산업안전에 관한 교육, 사업장 안전진단 및 점검, 산업재해 예방시설의 설치 및 운영, 산업안전에 관한 국제협력, 산업안전에 관하여 고용고용노동부장관과 기타 중앙행정기관의 장이 수락하는 사업 등을 수행한다.

(2) 대한산업보건협회

쾌적한 작업환경의 조성 및 직업병 예방과 근로자의 건강을 유지 · 증진하기 위한 목적으로 설립된 비영리기관으로 산업재해 또는 사고의 발생원인 규명, 작업환경측정, 보건관리대행, 근로자 건강진단 및 보건교육지원 등 산업위생과 관련한 제반적인 업무를 수행한다.

(3) 대한산업안전협회

근로자의 권익을 보호하고 근로자로 하여금 새로운 정보와 신기술을 습득하게 하여 사업장의 자율안전관리 정착을 지원함으로써 근로자의 직무수행능력 향상에 기여함을 목적으로 하며, 산업재해예방을 위한 제반업무를 효율적으로 수행하는 비영리법인이다.

(4) 직업건강협회

직업건강에 관계되는 학술연구 및 기술개발에 기하여 사업장 근로자의 건강증진을 도모함으로써 국가산업발전에 기여함을 목적으로 하며, 보건관리자·보건관리 전문기관 종사자에 대한 교육훈련에 관한 사업, 직업건강과 관련된 홍보에 관한 사항, 직업건강 기술개발 및 지도에 관한 사항, 직업건강과 관련된 학술연구에 관한 사항, 직업건강 업무관련 제도개선 및 정책에 대한 건의, 직업건강사업의 국제교류에 관한 사항, 사업장 근로자의 건강증진에 관한 사업 등을 수행한다.

[산업보건공공조직]

고용노동부	노동에 관한 전반적인 업무관장
산업안전보건공단	• 산업재해예방에 관한 사업을 효율적으로 수행 • 사업주의 재해예방 활동을 촉진
근로복지공단	• 산업재해보상보험법에 의거 • 근로자의 업무상 재해를 신속, 공정하게 보상
근로자 건강센터	보건관리자 선임의무가 없는 50인 미만의 소규모사업장 근로자의 건강을 체계적으로 보호, 관리하기 위해 산업재해보상보험 기금으로 운영함

> **TIP** 산업장 보건관리서비스 제공체계
> ㉠ 전임보건관리자 배치 : 상시 근로자 300인 이상 대규모사업장
> ㉡ 보건관리업무 위탁 : 상시 근로자 300명 미만을 사용하는 사업 또는 외딴곳으로서 고용노동부 장관이 정하는 지역에 소재한 사업장은 보건관리전문기관에 보건관리를 위탁할 수 있도록 한다.
> ㉢ 소규모 사업장 보건관리 : 상시근로자 50인 미만의 소규모 사업장은 보건관리자 선임의무가 없다.

출제 예상 문제

1 산업체에서 근로자 건강관리, 산업위생관리, 보건교육 등의 역할을 한 1차 보건의료의 활동은?

① 산업간호
② 근로자간호
③ 회사간호
④ 지역사회간호

> **TIP** 산업간호 … 근로자의 신체적·정신적·사회적 건강을 유지·증진시키기 위해 산업체를 대상으로 근로자의 건강관리, 산업위생관리, 보건교육을 1차 보건의료의 수준에서 제공하는 과학적 실천이다.

2 다음 중 산업보건간호사의 주된 역할은?

① 직업병 진단
② 사고방지교육
③ 유해환경 감시
④ 구급처치

> **TIP** 교육자의 기능이 가장 중요시된다.
> ※ 산업보건간호사의 역할
> ㉠ 팀요원 역할
> ㉡ 상담자 역할
> ㉢ 촉진자 역할
> ㉣ 교육자 역할
> ㉤ 정보수집자 및 보존자 역할
> ㉥ 의뢰자 역할

Answer 1.① 2.②

3 다음 중 근로자에 대한 산업보건행정의 주관기관으로 옳은 것은?

① 고용노동부　　　　　　　　② 환경부
③ 보건복지부　　　　　　　　④ 기획재정부

> **TIP** 근로자에 대한 산업보건행정은 고용노동부에서 주관한다.

4 정규신체검사를 수행하는 것은 산업간호사의 어떤 역할에 해당하는가?

① 촉진자　　　　　　　　　　② 상담자
③ 팀요원　　　　　　　　　　④ 직접간호 제공자

> **TIP** 검사수행을 하거나 교육을 하는 것은 직접간호 제공자의 역할이다.

5 다음 중 산업간호사로서 직접간호 제공의 내용으로 옳은 것끼리 묶인 것은?

　㉠ 근로자의 상병 및 결근에 대한 감독
　㉡ 2차 보건의료에 의한 의사의 처방에 따른 처치 및 간호
　㉢ 응급처치 및 간호
　㉣ 정규신체검사, 특수검사 운영·실시

① ㉠㉡㉢　　　　　　　　　　② ㉠㉡㉢㉣
③ ㉠㉡㉣　　　　　　　　　　④ ㉡㉢㉣

> **TIP** 직접간호 제공자로서의 기능
> 　㉠ 응급처치 및 간호
> 　㉡ 1차 의료제공
> 　㉢ 2차 보건의료에 의한 의사의 처방에 따른 처치 및 간호
> 　㉣ 정기신체검사, 특수신체검사 운영·실시
> 　㉤ 근로자의 상병 및 결근에 대한 감독

Answer 3.① 4.④ 5.②

6 다음 중 산업장의 안전을 위한 민간조직단체가 아닌 것은?

① 근로복지공단 ② 대한산업보건협회
③ 대한산업안전협회 ④ 한국산업간호협회

> **TIP** 우리나라 산업보건분야의 공공기관
> ㉠ 노동부 근로복지공단
> ㉡ 산업안전공단
> ㉢ 지방행정조직

7 다음 중 산업간호사가 산업간호사업 수행단계에서 이루게 되는 간호업무가 아닌 것은?

① 건강진단 ② 건강사정
③ 예방 및 추후관리 ④ 보건교육

> **TIP** ② 건강사정은 수행하기 전 사정단계에서 이루어져야 한다.

8 산업간호사의 역할 중 직접간호 제공자로서의 기능이라 할 수 없는 것은?

① 응급처치 및 간호
② 산업간호사업의 계획수립
③ 2차 보건의료에 의한 의사의 처방에 따른 처치 및 간호
④ 근로자의 상병 및 결근에 대한 감독과 가정간호 제공

> **TIP** ② 산업보건조직의 관리자로서의 기능이다.

Answer 6.① 7.② 8.②

9 산업간호사의 기능에 해당하는 것끼리 짝지어진 것은?

> ㉠ 건강상담
> ㉡ 통계작성 및 보고서 기록보관
> ㉢ 고용인의 인사관리
> ㉣ 직업병의 예방 및 관리
> ㉤ 건강관리실의 관리 및 응급처치

① ㉠㉡㉢㉣
② ㉠㉡㉢㉤
③ ㉠㉡㉣㉤
④ ㉠㉢㉣㉤

> **TIP** ㉢ 고용인의 인사관리는 사업주의 역할이다.

10 산업간호사의 역할 중 대변자에 대한 설명으로 옳은 것끼리 묶인 것은?

> ㉠ 근로자의 건강문제에 대하여 상담한다.
> ㉡ 근로자의 건강상태를 산업장의 책임자에게 설명한다.
> ㉢ 근로자가 의사의 진료를 필요로 하는 경우 의사에게 근로자의 건강상태를 설명한다.
> ㉣ 근로자를 직업적으로 안전하게 하기 위해 조직의 일원이 된다.

① ㉠㉡
② ㉠㉢
③ ㉡㉢
④ ㉡㉣

> **TIP** 산업간호사의 대변자 역할
> ㉠ 근로자의 건강상태를 산업장의 책임자에게 설명한다.
> ㉡ 근로자가 의사의 진료와 치료를 필요로 할 때 의뢰와 동시에 근로자의 건강상태를 설명한다.

Answer 9.③ 10.③

11 근로자에게 보건교육을 시킬 때 가장 효과적인 방법은?

① 매체활용
② 집단지도
③ 개별상담
④ 가정방문

>**TIP** 집단지도는 교육효과가 좋으며 시간과 비용이 적게 든다.

12 산업보건간호사가 산업장의 환경보존 및 안전을 위하여 타 부서의 인력 및 업무를 조정하는 일을 했다면 다음 중 어느 역할을 한 것인가?

① 산업보건조직 관리자
② 팀요원
③ 촉진자
④ 직접간호 제공자

>**TIP** 산업보건조직 관리자로서의 기능
>㉠ 산업근로자의 건강에 관련된 산업보건정책의 수립에 참여한다.
>㉡ 직업적 건강문제발생의 예방을 위해 근로자 및 관계요원을 지휘한다.
>㉢ 산업간호사업의 계획을 수립한다.
>㉣ 행정적 보고서 작성 및 관리를 한다.
>㉤ 근로자의 건강유지 및 증진을 위한 제반사업을 계획하고 수행을 지휘하여 평가한다.
>㉥ 산업장의 건강을 위한 보조원, 자원봉사원과 응급처치요원의 조직, 훈련·감독을 한다.
>㉦ 직업적 상해나 질병을 초래한 사항을 분석·평가하여 산업장의 책임자에게 고하고 앞으로 상해나 재앙의 예방을 위하여 근로자 및 환경을 통제한다.
>㉧ 산업장 내의 건강관리실을 운영한다.
>㉨ 산업장의 환경보건 및 안전을 위하여 타 부서의 인력 및 업무를 조정한다.

Answer 11.② 12.①

13 우리나라 산업보건사업에 대한 설명으로 옳지 않은 것은?

① 산업보건사업에서 사업주는 책임이 없으므로 제외되었다.
② 1981년 산업안전보건법이 제정되었다.
③ 우리나라 산업보건사업은 1970년대까지 근로기준법에 의해 시행되어 왔다.
④ 사업장의 안전보건관리체계를 강화하여 안전보건 관리책임자를 중심으로 시행되었다.

> **TIP** 우리나라 산업보건사업
> ㉠ 1981년 산업안전보건법이 제정되어 비로소 구체화되었다.
> ㉡ 근로기준법은 1962년에 제정되어 산업안전보건법이 제정되기 전까지 사용되었다.
> ㉢ 산업보건사업은 사업주의 역할이 중요시된다. 즉 안전보건 관리책임자를 고용하여 근로자의 건강을 관리하는 것이다.

14 산업장 간호사가 근로자를 대상으로 실시하는 보건교육내용으로 적합하지 않은 것은?

① 정기건강진단의 필요성 교육
② 근로자의 건강과 안전보장 책임
③ 근로자의 근무시간 조절
④ 유해물질과 신체장애의 원인규명

> **TIP** ③ 근로자의 근무시간 조절은 사업주의 역할이다.

15 다음 중 산업 1차 보건의료사업의 접근전략에 대한 설명으로 옳지 않은 것은?

① 사업대상 근로자 및 산업장에 대한 건강평가 연구로 건강상태의 변화, 건강관리능력의 변화 등을 파악하고 재계획에 반영한다.
② 산업 1차 보건의료사업을 규명한다.
③ 제공된 사업은 주기적으로 평가할 필요가 없다.
④ 인력의 재교육을 통해 사업수준을 향상시킨다.

> **TIP** ③ 제공된 사업은 주기적이고 계속적으로 사정·평가하여 표준화시킨다.

Answer 13.① 14.③ 15.③

02 작업환경의 유해물질과 건강

01 작업환경 유해요인

1 화학적 유해요인

(1) 물리적 성상에 의한 분류

① **기체(gas)와 증기(vapor)** ⋯ 기체는 25℃, 760mmHg(1기압)에서 가스상태로 있는 물질이고, 증기는 같은 조건에서 액체 또는 고체상태로 있는 물질이다.

② **입상물질(particulate matters)** ⋯ 연무질, 먼지, 안개, 흄, 미스트, 스모그, 연기 등이 있다.

(2) 화학적 성상에 의한 분류

① **자극제** ⋯ 피부 및 점막에 작용하여 부식 또는 수포를 형성하며 고농도일 때는 호흡정지를 일으킨다. 구강에는 치아산식증, 눈에는 결막염·각막염 또는 안구를 부식시킨다.
  ㉠ 상기도 점막 자극제 : 알데히드, 알카리성 먼지와 미스트, 암모니아, 크롬산, 산화에틸렌, 염화수소, 불화수소, 아황산가스 등이 이에 속한다.
  ㉡ 상기도 점막 및 폐조직 자극제 : 염소, 브롬, 불소, 요오드, 염소산화물, 염화시안, 브롬화시안, 디에틸 및 황산염, 황염화물, 3염화인, 5염화인, 오존 등이 이에 속한다.
  ㉢ 종말기관지 및 폐포 점막 자극제 : 이산화질소, 3염화비소, 포스겐 등이 이에 속하며, 수용성이 낮으므로 상기도에서 종말기관지까지 이를 수 있다.

② **질식제** ⋯ 혈액 및 조직 중 산소결핍을 일으키고 탄산가스와 분압을 증가시키는 물질이다.
  ㉠ 무산소성 무산소병 : 대기층의 산소가 생리적으로 비활성인 기체로 대치되거나 회석되어 폐 또는 혈액에 산소가 공급되지 않아서 결과적으로 혈중의 산소분압이 떨어져 조직세포의 호흡작용을 할 수 없게 되며, 에탄, 헬륨, 수소, 질소, 일산화탄소 등이 이에 속한다.
  ㉡ 빈혈성 무산소병 : 혈액 내 적혈구 중의 혈색소가 산소운반능력을 완전히 또는 부분적으로 상실한 것을 말하며, 비소, 일산화탄소, 아닐린, 톨루엔이 이에 속한다.

    ⓒ 조직독성 무산소병 : 조직에서의 산화대사작용에 필요한 세포 내 촉매체의 작용을 저해하거나 완전히 차단하여 세포 내에서의 산소이용이 이루어지지 않는 것이며, 사이노젠, 질산화물 등이 이에 속한다.
③ 마취제와 진통제 … 단순 마취작용이며 전신중독을 일으키지 않는다.
④ 전신독 … 1인 이상의 내장에 기질적인 손상을 입히는 것으로 대다수의 할로겐화 탄화수소이다.
⑤ 감작물질 … 항원·항체반응을 일으켜서 알레르기성 반응을 일으킬 수 있는 물질은 대개 완전 또는 불완전 단백질이다. 이들 반응의 산물로서 체내에 히스타민이 유리되고, 리아진 항체인 IgE 또는 항원에 대한 보체결합물과 침강항체인 IgG, IgM이 형성된다.
⑥ 기타 입상물질 … 전신독에 속하지 않는 입상물질로서 유리, 규산 등의 조직의 섬유화를 일으키는 분진, 비활성 분진, 단백질 분해효소 등이다.

❷ 물리적 유해요인

(1) 고온폭로에 의한 장애 및 예방
① 고온폭로에 의한 장애
    ㉠ 신체적인 장애 : 고온·다습의 환경에서 심한 근육작업이나 운동을 할 경우 잘 발생하는 급격한 장애를 총칭하여 열중증이라 하며 열경련, 열탈진, 열사병 또는 일사병 등이 있다. 이들 증세는 보통 중복되어 나타나며 확실하게 구별하기 어렵다.
    ㉡ 심리적인 장애 : 짜증, 지각력과 사고력 감퇴, 생산활동에 있어서 생산량 감소, 불량품 증가, 재해발생률 증가 및 결근율이 높아진다. 이런 현상은 고온에 대한 생리적 현상(체내열 생산을 줄이려는 활동정체, 근육이완, 식욕부진 및 체열방출을 촉진시키기 위한 노출된 피부표면면적의 증가)과 고온환경을 기피하는 태도와 복합적으로 나타난다.
② 고온장애에 대한 예방
    ㉠ 최적온도 : 생리적으로 체온조절이 가장 원활하게 이루어지고 감각적으로 쾌적한 온도범위, 즉 최적온도를 유지하도록 환경을 관리한다.
    ㉡ 고온작업의 허용기준 : 최적온도를 유지하기에 현실적으로 어려운 작업환경(용광로, 가열로, 보일러 시설 등)에서는 생리적인 면에서 하루 8시간 작업을 계속하더라도 신체적으로 아무런 장애를 일으키지 않는 고온작업의 허용온도기준이 마련되어야 한다.
    ㉢ 고온작업조건의 허용한계 : 직장온도(항문측정온도) $38.3°C(101cm^3)$, 심박수 125beats/min[단, 단시간 폭로될 때는 직장온도 $38.9°C(102cm^3)$, 심박수 160 ~ 170beats/min]이다.
        > **TIP** 작업시간의 적정화
        > 고온작업의 환경온도 허용기준을 지키기 어려울 땐 작업시간을 조정해야 한다. 미국의 난방 및 환기공학회에서 정한 고온환경에서 허용폭로시간은 맥박수 125beats/min, 항문측정온도 $38.3°C$의 생리적 부담을 기준으로 하고 있다.

③ 보건관리
  ㉠ 적성에 적합한 인사배치와 고온순화한다.
  ㉡ 수분과 식염을 공급한다.
  ㉢ 방열보호구를 착용하도록 한다.

(2) 유해광선

① 자외선(100 ~ 400μm)
  ㉠ 발생원 : 저압수은등, 태양등, 흑광등, 고압수은증기, 고압카세논등, 카본등, 프라스마토취, 용접아크등에서 발생한다.
  ㉡ 생물학적 작용
    • 피부 : 자외선 조사 후 2 ~ 3시간이면 홍반이 생기고 색소가 침착되며 비타민 D가 형성된다. 또한 살균작용(254 ~ 280nm)도 한다. 과도한 조사 후에는 모세혈관의 투과성이 증가되고 조직의 부종과 수포가 형성된다.
    • 눈 : 전기용접공이나 자외선 살균취급자에게 급성 각막염을 일으킨다. 눈물이 나고 결막이 충혈되며 눈이 아프고, 수 시간 후 각막·결막에 염증이 생기며 심하면 각막표면의 궤양, 수포형성, 혼탁 각막 및 안검의 부종, 안검 경련이 일어난다. 노년에 백내장의 위험이 있다.
  ㉢ 예방 : 전기용접시에는 검은색 보조안경, 차광안경을 착용하고 피부에는 보호의복과 보호용 크림을 바른다.

② 적외선(760 ~ 6,000μm)
  ㉠ 발생원 : 주로 고열물체에서 발생한다.
  ㉡ 생물학적 작용 : 주로 열작용으로 조사된 국소의 피부를 덥히고 혈류를 통해 전신을 가온한다. 15,000Å 이상의 파장을 가진 적외선은 피부와 눈을 투과하지 못하나 7,500 ~ 13,000Å의 적외선은 피하 1.5 ~ 4.0cm까지의 조직을 투과하며 국소혈관의 확장, 혈액순환 촉진 및 진통작용을 나타낸다.
  ㉢ 예방 : 방열장치, 방열복, 황색계통의 보호안경 등을 착용한다.

③ 가시광선 … 강하면 망막에 장애를 일으키고 시세포를 자극하여 광각과 색각이 된다.

(3) 소음

① 소음성 난청 … 내이의 corti 기관이 신경말단의 손상으로 청력이 저하되는 것이다.
  ㉠ 100dB이 넘는 소음에는 일시적 청력손실이 발생할 수 있으며 소음 수준이 높을수록, 폭로시간이 길수록, 고주파일수록 유해하다.
  ㉡ 난청 여부의 평가 : audiometer, audiogram으로 표시하여 평가한다.
  ㉢ 작업환경의 측정 : 작업환경 측정시에는 지시소음계를 사용하며 측정가능범위는 20 ~ 150dB, 20 ~ 2,000cps까지 가능하다.

② 생체반응 … 혈압이 상승하고, 맥박수가 증가하며, 호흡이 억제되고, 근육의 긴장도가 증가하는 등 자율신경계와 관련된 증상이 나타난다.

③ 예방 … 공장위치를 설계할 때 작업장의 격리, 작업공정의 변화, 소음원을 제거·억제하고 방음벽, 흡음설치, 귀마개, 귀덮개(2,000cps에서 20dB 이상, 4,000cps에서 25dB 이상의 음을 가려야 함) 등을 한다.

(4) 진동

① 발생원
   ㉠ 국소진동 : 어느 계, 장치 등의 한정된 범위의 장소에서 생기는 진동. 병타기, 착암기, 연마기, 자동식 톱 등의 진동공구를 사용할 때 발생한다.
   ㉡ 전신진동 : 차량, 선박, 항공기 등 진동물체 상에 있어서 일어섰다 앉았다 혹은 신체를 기대거나 하는 상태로 발이나 둔부 등에서 진동이 전반되어 신체 전체가 흔들려 움직이는 조건하에서의 진동. 지지구조물을 통해 발생한다.

② 발생결과
   ㉠ 국소진동(Raynaud현상) : 작업자 손가락에 있는 말초혈관의 폐색, 순환장애로 수지가 창백하고 통증을 느끼며(dead finger 또는 white finger라고도 함), 무릎 등 관절이 비특이성 관절염을 일으키기도 한다.
   ㉡ 전신진동 : 시력 저하, 피부로부터 열발산 촉진, 혈액순환 촉진 또는 억제, 장기에 진동을 주어 위장장애 등을 유발한다.

③ 예방
   ㉠ 국소진동에 대한 대책 : 진동공구를 개선해서 진동 자체를 감소시키고, 가볍고 강한 압력이 불필요하게 만들며, 14℃ 이하에서는 보온을 하고 작업시간을 단축한다.
   ㉡ 전신진동에 대한 대책 : 진동의 원인제거, 전파경로 차단, 완충장치, 작업시간 단축, 보건교육 등이 필요하다.

(5) 이상기압

① 고압환경과 장애
   ㉠ 기계적 장애(1차적 압력현상) : 생체강과 환경간의 압력 차이에 의한 울혈, 부종, 출혈, 통증, 불쾌감과 같은 장애이다.
   ㉡ 화학적 장애(2차적 압력현상) : 호기 중의 공기성분 중 산소, 이산화탄소, 질소의 분압 상승으로 생체 내 유입되는 가스의 증가에 의한 장애이다.

② 감압과정 환경과 장애
   ㉠ 증상 : 높은 기압에서 감압하는 과정에서 너무 급격히 감압할 때 혈액과 조직에 용해되어 있던 질소가 산소나 이산화탄소와 함께 체외로 배출되지 않고 혈중으로 유입되어 기포를 형성하여 순환장애와 조직 손상을 일으키는 것이다. 통증성 관절장애, 중증 합병증으로 마비가 나타날 수 있으며 잠수부, 공군비행사 등에서 비감염성 골괴사가 나타난다.

ⓒ **예방** : 단계적 감압, 고압폭로시간의 단축, 감압 후 적당한 운동으로 혈액순환 촉진, 감압 후 산소공급, 고압작업시 질소를 헬륨으로 대치한 공기 흡입, 고압작업시 고지질·알코올 섭취를 금하는 것 등이다.

③ **저압환경과 장애** … 고공에서 비행업무에 종사하는 사람에게는 산소부족이 문제가 되며, 통증성 관절장애, 질식양 증상, 신경장애, 공기전색, 항공치통, 항공이염, 항공부비감염, 기타 급성고산병, 폐수종의 위험이 있다.

(6) 중금속 중독

① 납중독

구분	유기연	무기연
종류	4메틸연, 4에틸연	금속연(pb), 연의 산화물, 연의 염류
경로	피부	호흡기, 소화기
장해	• 조혈기능장애 : 적혈구 수명단축 • heme의 생합성 과정에 장애 : 혈색소의 합성방해, 골수에서 망상 적혈구 증가, 용혈성 빈혈증	
예방	호흡기를 통한 연호흡 및 소화기를 통한 연섭취를 방지, 작업공정 밀폐, 배기장치 설치	

② 수은중독

㉠ **경로** : 흡입경로는 주로 수은증기가 기도를 통해 흡수되는데, 80%는 폐포에서 흡수되고, 경구섭취일 경우에는 소화관 점막에서 0.01%를 흡수한다. 금속수은은 피부에서도 흡수한다.

㉡ **장해**
  • 급성 중독 : 근육마비, 통증, 창백, 구토, 설사, 혈변 등이 나타난다.
  • 만성 중독 : 구역질, 변비 등의 위장역, 근육마비, 전신장애, 환각, 두통, 빈혈 등이 나타난다.

㉢ **급성 중독시 치료** : 계란의 흰자를 먹여 수은과 단백질을 결합시켜 침전시킨다.

③ **크롬중독** … 부식작용과 산화작용 때문에 인체에 유해하다.

㉠ **경로** : 6가 크롬은 피부를 통해 쉽게 흡수된다.

㉡ **장해**
  • 급성 중독 : 심한 신장장애와 과뇨증을 일으키고, 진전되면 무뇨증을 일으켜 요독증으로 짧으면 1~2일, 길면 8~10일 안에 사망한다.
  • 만성 중독 : 코 및 폐·위장점막에 병변을 일으키고, 장기간 폭로시 기침, 두통, 호흡곤란, 흉통, 발열, 체중감소, 구토 등이 나타난다.

㉢ **치료** : 크롬화합물을 먹었을 때는 우유, 비타민 C를 섭취하고, 호흡기로 흡입한 경우에는 빨리 병원을 찾는다.

㉣ **예방** : 작업장 환경을 관리하고, 고무장갑·장화·앞치마를 착용하며, 피부보호용 크림을 바르고 비중격 점막에는 바셀린을 바른다.

④ 카드뮴중독
  ㉠ 경로 : 호흡기, 소화기를 통해 침해한다.
  ㉡ 장해
    • 급성 중독 : 구토, 설사, 급성 위장염, 두통, 근육통, 복통, 체중감소, 착색뇨, 간 및 신장의 기능장애가 나타난다.
    • 만성 중독 : 신장장애, 만성 폐쇄성 호흡기질환 및 폐기종, 골격계장애, 심혈관장애 등을 일으킨다.
  ㉢ 예방 및 치료 : 확진 후에는 신장이나 폐를 검사하고, 카드뮴 흄이나 카드뮴 금속의 먼지를 $0.05mg/m^2$ 이하로 유지하며, 작업장 내에는 음식물 반입을 금지한다.

⑤ 베릴륨중독
  ㉠ 경로 : 호흡기, 위장관, 피부를 통해 흡수된다.
  ㉡ 장해 : 인후염, 기관지염, 폐부종 등을 일으키고 피부접촉시에는 피부염, 피하육아종, 육아종성 변화를 일으킨다.
  ㉢ 예방 및 치료 : 베릴륨 분진이나 흄이 발생되는 작업은 필히 밀폐되어야 하고 환기장치가 필요하며, 보호장갑 및 보호안경을 착용해야 한다.

(7) VDT 증후군

① 개념 … 단말기(VDT ; Visual Display Terminal)는 정보시대의 발전에 따라 사용이 급증되는 기기로 사용자의 시선이 CRT 화면에 오랫동안 노출되고 키보드를 장시간 사용하여 생기는 건강질환을 말한다.

② 증상 … 눈의 증상(안정피로), 근육계 증상(경견완증후군), 정신신경계 증상 등이 있으며 피부증상과 임신·출산에 관한 문제가 논의대상이 되고 있다.

02 유해물질관리

1 호흡기 유해물질관리

(1) 호흡기 유해물질의 종류

① 공기 중의 유해물질은 호흡기를 통해 들어가는 일이 가장 많으며, 폐로 흡수되는 유해물질의 형태는 가스, 휘발성 물질의 증기 및 분진이다.

② 상기도 점막제는 물에 잘 녹는 물질로 알데히드, 알칼리성 먼지, 아황산가스 등이며 상기도 점막 및 폐조직 자극제는 물에 대한 용해도가 중등도인 물질로 염소, 브롬, 불소, 요오드 등이다. 종말기관지 및 폐포점막 자극제는 물에 잘 녹지 않는 물질로 이산화질소, 포스겐 등이 이에 속한다.

③ 진폐증을 일으키는 분진은 유리규산, 규산화합물, 알루미늄 및 화합물 등이며, 유기용제 중독을 일으키는 것은 벤젠, 클로로포름, 메탄올, 이황화탄소, 에틸에테르 등이다.

④ 중금속은 고열시 흄의 형태로 들어오며, 중금속 중독을 유발하는 것은 납, 수은, 크롬, 카드뮴 등이다.

> **TIP 라돈**
> ㉠ 라돈은 지각의 암석 중에 들어있는 우라늄이 몇 단계의 방사성붕괴 과정을 거친 후 생성되는 무색, 무취, 무미의 기체로 지구상 어디에나 존재하는 자연방사능 물질이다.
> ㉡ 실내에 존재하는 라돈의 80~90%는 토양이나 지반의 암석에서 발생된 라돈 기체가 건물바닥이나 벽의 갈라진 틈을 통해 들어오거나 건축자재에 들어있는 라듐 등으로부터 발생하고, 지하수에 녹아 있는 라돈이 실내로 유입되기도 한다.
> ㉢ 라돈의 전체 인체노출경로 중 약 95%가 실내공기를 호흡할 때 노출되는 것이며, 이 밖에 라돈이 들어 있는 지하수를 사용할 때 노출될 수 있다.
> ㉣ 호흡을 통해 인체에 흡입된 라돈과 라돈자손은 붕괴를 일으키면서 α선을 방출한다. 방출된 α선은 폐조직을 파괴한다. 지속적으로 라돈에 노출되는 경우 폐암을 유발하게 된다. 세계보건기구는 라돈을 흡연 다음으로 폐암 발병원인의 3~14% 차지한다고 보고하고 있으며 일반적으로 같은 농도의 라돈에 노출된 경우 흡연자가 비흡연자에 비해 훨씬 높다.

(2) 관리

① 독성이 적은 물질로 대체하거나 작업공정 및 환경개선을 한다.

② 환기, 국소 배기장치를 설치하고 호흡용 보호구를 착용한다.

③ 근로자 교육을 하고 작업장의 청결을 위해 정리정돈을 한다.

② 피부 유해물질관리

(1) 피부 유해물질의 종류

① 기체인 유해물질은 피부를 통해 흡수되기도 하며, 기체 이외의 친수성 물질이나 지방친화성 물질은 땀이나 피지에 녹아 국소적인 피부장애를 일으켜 흡수성을 증가시키고 한선 및 피지선에 있는 모세혈관으로부터 흡수되어 전신장애를 일으킨다.

② 주로 피부를 통해 흡수되는 유해물질로는 유기용제, DDT, PCB, 유기인 등 지용성 물질을 들 수 있다.

(2) 관리

① 작업공정을 완전 폐쇄식 설비로 자동화하는 것이 가장 좋으나 현실적으로 불가능할 경우에는 환기, 배기, 차폐설비를 효과적으로 배치한다.

② 분진작업은 가능한 한 습윤상태로 조작하며 분쇄기는 뚜껑이 있는 것을 사용한다.

③ 덜 해로운 물질로 대체하고 개인위생시설을 구비하는 등 작업환경을 개선한다.

④ 개인보호구를 착용하고 보호크림을 발라 작업 중 자극물질이 직접 피부에 닿는 것을 막는다.

⑤ 근로자 교육을 한다.

최근 기출문제 분석

2020. 6. 13. 제1회 지방직

1 다음 글에서 설명하는 「산업재해보상보험법」상 보험급여는?

> 업무상 사유로 부상을 당하거나 질병에 걸린 근로자에게 요양으로 취업하지 못한 기간에 대하여 지급하되, 1일당 지급액은 평균임금의 100분의 70에 상당하는 금액으로 한다. 다만, 취업하지 못한 기간이 3일 이내이면 지급하지 아니한다.

① 요양급여
② 장해급여
③ 간병급여
④ 휴업급여

> **TIP** 산업재해보상보험법 제52조 … 휴업급여는 업무상 사유로 부상을 당하거나 질병에 걸린 근로자에게 요양으로 취업하지 못한 기간에 대하여 지급하되, 1일당 지급액은 평균임금의 100분의 70에 상당하는 금액으로 한다. 다만, 취업하지 못한 기간이 3일 이내이면 지급하지 아니한다.

2020. 6. 13. 제2회 서울특별시

2 작업환경 관리의 기본원리 중 대치에 해당하는 것은?

① 교대근무를 실시하도록 한다.
② 페인트를 분무하던 것을 전기이용 흡착식 분무로 한다.
③ 개인용 위생보호구를 착용하도록 한다.
④ 인화물질이 든 탱크 사이에 도랑을 파서 제방을 만든다.

> **TIP** 작업환경 관리의 기본원리
> ㉠ 대치 : 변경의 의미로써 공정변경, 시설변경, 물질변경 등이 있다.
> ㉡ 격리 : 작업장과 유해인자 사이에 물체, 거리, 시간 등을 격리하는 원리이다.
> ㉢ 환기 : 오염된 공기를 작업장으로부터 제거하고 신선한 공기로 치환하는 원리이다.
> ㉣ 교육 및 훈련 : 관리자, 기술자, 감독자, 작업자를 교육·훈련하여 관리하는 원리이다.
> ㉤ 작업환경의 정비

Answer 1.④ 2.②

2020. 6. 13. 제2회 서울특별시

3 〈보기〉에서 설명하는 작업환경에서의 건강장애로 가장 옳은 것은?

보기

옥외 작업환경에서 격심한 육체노동을 지속하는 경우 일어나는 현상이다. 중추성 체온조절 기능장애로서, 체온 방출 장애가 나타나 체내에 열이 축적되고 뇌막혈관의 충혈과 뇌 내 온도 상승에 의해 발생한다. 땀을 흘리지 못하여 체온이 41~43℃까지 급격히 상승하여 혼수상태에 이를 수 있으며, 피부 건조가 나타나게 된다.

---

① 열피로(heat exhaustion)
② 열경련(heat cramp)
③ 열사병(heat stroke)
④ 열실신(heat syncope)

> **TIP** 열사병(heat stroke) … 고온, 다습한 환경에 노출될 때 갑자기 발생해 심각한 체온조절장애를 일으킨다. 중추신경계통의 장해, 전신의 땀이 배출되지 않음으로 인해 체온상승(직장온도 40도 이상) 등을 일으키며, 생명을 잃기도 한다. 태양광선에 의한 열사병은 일사병이라고도 하며 우발적이거나 예기치 않게 혹심한 고온 조건에 노출될 경우 잘 발생한다. 열사병은 체온조절중추의 장애가 원인이므로 체온을 낮추기 위해 옷을 벗기고 찬물로 몸을 닦는다.

2019. 6. 15 제2회 서울특별시

4 〈보기〉에서 설명하는 실내오염 물질은?

보기

• 지각의 암석 중에 들어있는 우라늄이 방사성 붕괴 과정을 거친 후 생성되는 무색, 무취, 무미의 기체임
• 토양과 인접한 단독주택이나 바닥과 벽 등에 균열이 많은 오래된 건축물에 많이 존재함
• 전체 인체노출 경로 중 95%는 실내 공기를 호흡할 때 노출되는 것임
• 지속적으로 노출되면 폐암을 유발함

---

① 라돈
② 오존
③ 폼알데하이드
④ 트리클로로에틸렌

> **TIP** 라돈(radon, Rn)은 방사선을 내는 원자번호 86번의 원소이다. 색, 냄새, 맛이 없는 기체로 공기보다 약 8배 무겁다. 라돈은 지각을 구성하는 암석이나 토양 중에 천연적으로 존재하는 우라늄(238U)과 토륨(232Th)의 방사성 붕괴에 의해서 만들어진 라듐(226Ra)이 붕괴했을 때에 생성된다. 폐암의 원인 중 하나이다.

Answer 3.③ 4.①

2019. 6. 15 제1회 지방직

5 다음 사례에서 설명하는 고온장해와 보건관리자의 처치를 옳게 짝지은 것은?

> 40세의 건설업 근로자 A씨는 38 ℃의 덥고 습한 환경에서 장시간 일하던 중 심한 어지러움증을 호소하면서 쓰러졌다. 발한은 거의 없고 피부가 건조하였으며 심부체온은 41.5℃였다.

① 열경련 – 말초혈관의 혈액 저류가 원인이므로 염분이 없는 수분을 충분하게 공급한다.
② 열피로 – 고온에 의한 만성 체력소모가 원인이므로 따뜻한 커피를 마시지 않도록 한다.
③ 열쇠약 – 지나친 발한에 의한 염분소실이 원인이므로 시원한 곳에 눕히고 충분한 수분을 공급한다.
④ 열사병 – 체온조절중추의 장애가 원인이므로 체온을 낮추기 위해 옷을 벗기고 찬물로 몸을 닦는다.

> **TIP** 열사병(Heat Stroke) … 고온, 다습한 환경에 노출될 때 갑자기 발생해 심각한 체온조절장애를 일으킨다. 중추신경계통의 장해, 전신의 땀이 배출되지 않음으로 인해 체온상승(직장온도 40도 이상) 등을 일으키며, 생명을 잃기도 한다. 태양광선에 의한 열사병은 일사병이라고도 하며 우발적이거나 예기치 않게 혹심한 고온 조건에 노출될 경우 잘 발생한다. 열사병은 체온조절중추의 장애가 원인이므로 체온을 낮추기 위해 옷을 벗기고 찬물로 몸을 닦는다.

2017. 6. 17 제1회 지방직

6 다음 글에서 설명하는 작업환경관리의 기본 원리는?

> 유해 화학 물질을 다루기 위해 원격조정용 장치를 설치하였다.

① 격리
② 대치
③ 환기
④ 개인보호구

> **TIP** 작업환경관리의 기본 원리
> ㉠ 대치: 변경의 의미로써 공정변경, 시설변경, 물질변경 등이 있다.
> ㉡ 격리: 작업장과 유해인자 사이에 물체, 거리, 시간 등을 격리하는 원리이다.
> ㉢ 환기: 오염된 공기를 작업장으로부터 제거하고 신선한 공기로 치환하는 원리이다.
> ㉣ 교육 및 훈련: 관리자, 기술자, 감독자, 작업자를 교육·훈련하여 관리하는 원리이다.
> ㉤ 작업환경의 정비

Answer 5.④ 6.①

2016. 6. 18 제1회 지방직

7 산업장에서 근무 중인 A씨가 아래와 같은 증상을 호소하였다면 의심되는 중독은?

- 수면장애와 피로감
- 근육통과 식욕부진
- 손 처짐(wrist drop)을 동반한 팔과 손의 마비
- 빈혈

① 납 중독
② 크롬 중독
③ 수은 중독
④ 카드뮴 중독

> TIP 제시된 증상은 납(Pb)에 중독되었을 때 나타나는 증상이다.
> ② 크롬 중독은 자극 피부염, 코 뚫림 따위를 일으키며 폐암의 원인이 되기도 한다.
> ③ 수은 중독의 증상으로는 혓바늘, 수전증, 얼굴 떨림, 무감각증, 기억장애 등이 있다.
> ④ 카드뮴 중독은 경구적 노출의 경우, 위장점막을 강하게 자극하고 오심, 구토, 복통, 설사를 일으키며, 호흡기계를 통한 노출은 폐기종, 신장애, 단백뇨 증상을 보인다.

2014. 6. 21 제1회 지방직

8 감압병(Decompression sickness)에 대한 설명으로 옳지 않은 것은?

① 급격한 감압 시 발생한다.
② 감압 과정에서 형성된 기포가 혈액 순환을 방해하거나 국소 조직을 파괴한다.
③ 피부소양증, 근골격계 통증, 운동장해 등 다양한 증상을 나타낸다.
④ 치료 방법으로 재가압질소요법을 사용한다.

> TIP 재가압요법 … 대기압보다 높은 기압 환경을 만들어 100%의 산소를 일정 시간 동안 계속 흡입하게 하는 고압산소치료 요법

Answer 7.① 8.④

출제 예상 문제

1 산업환경 조사결과 부적당하다고 판단되었을 때 1차적으로 취할 수 있는 조치로 옳은 것은?

① 보호구 착용
② 보건교육
③ 환경개선
④ 작업시간의 단축

> **TIP** 산업간호사는 부적합한 환경개선을 위해 무엇보다 노력해야 한다.

2 다음 중 산업보건에 가장 적합한 조명도는?

① 10 ~ 70Lux
② 80 ~ 120Lux
③ 200 ~ 300Lux
④ 300 ~ 350Lux

> **TIP** 각 장소의 조명기준
> ㉠ 복도, 창고 : 60Lux
> ㉡ 산업장 : 80 ~ 120Lux
> ㉢ 체육실, 휴게실, 강당 : 240Lux
> ㉣ 강의실, 사무실 등 : 360Lux

Answer 1.③ 2.②

3 다음 중 자외선이 인체에 미치는 영향으로 옳은 것은?

> ㉠ 피부홍반 및 색소침착
> ㉡ 지나친 발한에 의한 탈수 및 염분소실
> ㉢ 결막염 및 백내장
> ㉣ 신진대사 및 적혈구 생성촉진

① ㉠㉡
② ㉠㉢
③ ㉢㉣
④ ㉡㉢㉣

> **TIP** 자외선이 인체에 미치는 영향
> ㉠ 피부에 작용해 피부암을 일으킬 수 있다.
> ㉡ 급성각막염을 일으킬 가능성이 있고 나이가 많을수록 백내장이 일어날 수 있다.

4 다음 중 규폐증과 관계있는 작업장소에 해당하는 것을 모두 고른 것은?

> ㉠ 채석장
> ㉡ 대장간
> ㉢ 유리공장
> ㉣ 탄광

① ㉠㉡㉢
② ㉠㉡㉢㉣
③ ㉠㉡㉣
④ ㉡㉢㉣

> **TIP** 규폐증 … 먼지의 흡입으로 폐조직에 이물반응에 의한 결정형성, 섬유증식이 일어나는 진폐증의 한 종류로서 만성 섬유증식을 일으키며 납중독, 벤젠중독과 함께 3대 직업병이다.
> 채광업, 채석업, 요업, 연마업, 야금업, 규산 사용의 화학공업 등의 직업을 가진 사람에게 나타난다.

Answer 3.② 4.②

03 건강진단과 직업병

01 근로자 건강진단

❶ 일반건강진단

(1) 정의

상시 사용하는 근로자의 건강관리를 위하여 사업주가 주기적으로 실시하는 건강진단을 말한다.

(2) 실시

① 실시기관 … 사업주는 일반건강진단을 지방노동관서의 장이 지정하는 의료기관(특수건강진단기관) 또는 국민건강보험법에 의한 건강진단을 실시하는 기관에서 실시하여야 한다.

② 실시시기
  ㉠ 사업주는 상시 사용하는 근로자 중 사무직에 종사하는 근로자(공장 또는 공사현장과 동일한 구내에 있지 아니한 사무실에서 서무·인사·경리·판매·설계 등의 사무업무에 종사하는 근로자를 말하며, 판매업무 등에 직접 종사하는 근로자를 제외함)에 대하여는 2년에 1회 이상, 그 밖의 근로자에 대하여는 1년에 1회 이상 일반건강진단을 실시하여야 한다.
  ㉡ 다만, 사업주가 다음에 해당하는 건강진단을 실시한 경우에는 그 건강진단을 받은 근로자에 대하여 일반건강진단을 실시한 것으로 본다.
  • 국민건강보험법에 의한 건강검진
  • 항공법에 의한 신체검사
  • 학교보건법에 의한 신체검사
  • 진폐의 예방과 진폐근로자의 보호 등에 관한 법률에 의한 정기건강진단
  • 선원법에 의한 건강진단
  • 그 밖의 일반건강진단의 검사항목을 모두 포함하여 실시한 건강진단

③ 검사항목 및 실시방법
  ㉠ 일반건강진단의 제1차 검사항목은 다음과 같다.
   • 과거병력, 작업경력 및 자각·타각증상(시진·촉진·청진 및 문진)
   • 혈압·혈당·요당·요단백 및 빈혈검사
   • 체중·시력 및 청력
   • 흉부방사선 간접촬영
   • 혈청 지·오·티 및 지·피·티, 감마 지·티·피 및 총 콜레스테롤
  ㉡ 제1차 검사항목 중 혈당·총 콜레스테롤 및 감마 지·티·피는 고용노동부장관이 따로 정하는 근로자에 대하여 실시한다.
  ㉢ 검사결과 질병의 확진이 곤란한 경우에는 제2차 건강진단을 받아야 하며, 제2차 건강진단의 범위·검사항목·방법 및 시기 등은 고용노동부장관이 따로 정한다.
  ㉣ 건강진단의 검사방법 기타 필요한 사항은 고용노동부장관이 따로 정한다.

❷ 특수건강진단

(1) 정의

특수건강진단대상 유해인자에 노출되는 업무에 종사하는 근로자 및 근로자 건강진단 실시결과 직업병 유소견자로 판정받은 후 작업전환을 하거나 작업장소를 변경하고, 직업병 유소견 판정의 원인이 된 유해인자에 대한 건강진단이 필요하다는 의사의 소견이 있는 근로자의 건강관리를 위하여 사업주가 실시하는 건강진단을 말한다.

(2) 실시

① **실시기관** ⋯ 지방노동관서의 장이 지정하는 의료기관에서 실시하여야 한다.

② **실시시기**
  ㉠ 사업주는 특수건강진단 대상업무에 종사하는 근로자에 대하여는 특수건강진단 대상 유해인자별로 정한 시기 및 주기에 따라 특수건강진단을 실시하여야 한다.
  ㉡ 다만, 사업주가 다음에 해당하는 건강진단을 실시한 경우에는 그 근로자에 대하여는 당해 유해인자에 대한 특수건강진단을 실시한 것으로 본다.
   • 원자력법에 의한 건강진단(방사선에 한함)
   • 진폐의 예방과 진폐근로자의 보호 등에 관한 법률에 의한 정기건강진단(광물성 분진에 한함)
   • 진단용 방사선 발생장치의 안전관리 규칙에 의한 건강진단(방사선에 한함)
   • 그 밖의 특수건강진단의 검사항목을 모두 포함하여 실시한 건강진단(해당하는 유해인자에 한함)

ⓒ 사업주는 근로자 건강진단 실시결과 직업병 유소견자로 판정받은 후 작업전환을 하거나 작업장소를 변경하고, 직업병 유소견 판정의 원인이 된 유해인자에 대한 건강진단이 필요하다는 의사의 소견이 있는 근로자에 대하여는 직업병 유소견자 발생의 원인이 된 유해인자에 대하여 당해 근로자를 진단한 의사가 필요하다고 인정하는 시기에 특수건강진단을 실시하여야 한다.

③ 검사항목
ⓐ 특수건강진단의 검사항목은 1차 검사항목과 2차 검사항목으로 구분한다.
ⓑ 1차 검사항목은 특수건강진단의 대상이 되는 근로자 모두에 대하여 실시한다.
ⓒ 2차 검사항목은 1차 검사항목에 대한 검사결과 건강수준의 평가가 곤란한 자에 대하여 실시하되, 당해 유해인자에 대한 근로자의 노출정도·과거병력 등을 고려하여 필요하다고 인정하는 경우에는 2차 검사항목의 일부 또는 전부를 1차 검사항목 검사시에 추가하여 실시할 수 있다.

③ 배치 전 건강진단과 수시건강진단

(1) 정의

① 배치 전 건강진단 … 특수건강진단 대상업무에 종사할 근로자에 대하여 배치예정업무에 대한 적합성 평가를 위하여 사업주가 실시하는 건강진단을 말한다.

② 수시건강진단 … 특수건강진단 대상업무로 인하여 해당 유해인자에 의한 직업성 천식·직업성 피부염 기타 건강장해를 의심하게 하는 증상을 보이거나 의학적 소견이 있는 근로자에 대하여 사업주가 실시하는 건강진단을 말한다.

(2) 실시

① 실시기관 … 지방노동관서의 장이 지정하는 의료기관에서 실시하여야 한다.

② 실시시기
ⓐ 배치 전 건강진단
- 사업주는 특수건강진단 대상업무에 근로자를 배치하고자 하는 때에는 당해 작업에 배치하기 전에 배치 전 건강진단을 실시하여야 하고, 특수건강진단기관에 당해 근로자가 담당할 업무나 배치하고자 하는 작업장의 특수건강진단 대상 유해인자 등 관련 정보를 미리 알려주어야 한다.
- 다만, 다음에 해당하는 경우에는 배치 전 건강진단을 실시하지 아니할 수 있다.
 - 다른 사업장에서 당해 유해인자에 대한 배치 전 건강진단을 받았거나 배치 전 건강진단의 필수검사항목을 모두 포함하는 특수건강진단·수시건강진단 또는 임시건강진단을 받고 6월이 경과하지 아니한 근로자로서 건강진단결과를 기재한 서류(건강진단개인표) 또는 그 사본을 제출한 근로자

-당해 사업장에서 당해 유해인자에 대한 배치 전 건강진단을 받았거나 배치 전 건강진단의 필수검사항목을 모두 포함하는 특수건강진단·수시건강진단 또는 임시건강진단을 받고 6월이 경과하지 아니한 근로자
ⓒ **수시건강진단** : 사업주는 특수건강진단 대상업무에 종사하는 근로자가 특수건강진단 대상 유해인자에 의한 직업성 천식·직업성 피부염 기타 건강장해를 의심하게 하는 증상을 보이거나 의학적 소견이 있는 경우 당해 근로자의 신속한 건강관리를 위하여 고용노동부장관이 정하는 바에 따라 수시건강진단을 실시하여야 한다.

③ 검사항목
ⓐ 특수건강진단의 검사항목은 1차 검사항목과 2차 검사항목으로 구분한다.
ⓑ 1차 검사항목은 특수건강진단의 대상이 되는 근로자 모두에 대하여 실시한다.
ⓒ 2차 검사항목은 1차 검사항목에 대한 검사결과 건강수준의 평가가 곤란한 자에 대하여 실시하되, 당해 유해인자에 대한 근로자의 노출정도·과거병력 등을 고려하여 필요하다고 인정하는 경우에는 2차 검사항목의 일부 또는 전부를 1차 검사항목 검사시에 추가하여 실시할 수 있다.

4 임시건강진단

(1) **정의**

① 동일 부서에 근무하는 근로자 또는 동일한 유해인자에 노출되는 근로자에게 유사한 질병의 자각 및 타각증상이 발생한 경우에 특수건강진단 대상 유해인자 기타 유해인자에 의한 중독의 여부, 질병의 이환 여부 또는 질병의 발생원인 등을 확인하기 위하여 지방노동관서의 장의 명령에 따라 사업주가 실시하는 건강진단을 말한다.
② 직업병 유소견자가 발생하거나 다수 발생할 우려가 있는 경우 또는 기타 지방노동관서의 장이 필요하다고 판단하는 경우에 특수건강진단 대상 유해인자 기타 유해인자에 의한 중독의 여부, 질병의 이환 여부 또는 질병의 발생원인 등을 확인하기 위하여 지방노동관서의 장의 명령에 따라 사업주가 실시하는 건강진단을 말한다.

(2) **검사항목**

임시건강진단의 검사항목은 특수건강진단의 검사항목 중 전부 또는 일부와 건강진단 담당의사가 필요하다고 인정하는 검사항목으로 한다.

> **TIP** 근로자 건강진단 종류 중 '채용시 건강진단' 실시의무는 다음과 같은 이유로 인해 산업보건법 시행규칙 일부개정(2005. 10. 7)으로 폐지되었다.
> ㉠ 이미 채용된 근로자에 대하여 유해부서 배치 여부를 판단하기 위하여 사업주가 실시하는 채용시 건강진단이 오히려 사업주가 질병이 있는 자의 고용기회를 제한하는 채용 신체검사로 잘못 활용되는 문제점이 있다.
> ㉡ 사업주에게 부과된 채용시 건강진단 실시의무를 폐지하였다.
> ㉢ 채용시 건강진단을 통한 고용기회의 제한 및 규제가 해소될 것으로 기대된다.

5 근로자 건강진단 실시기준에서의 건강관리구분, 사후관리내용 및 업무수행 적합여부 판정

(1) 건강관리구분 판정

① A … 건강관리상 사후관리가 필요 없는 근로자(건강한 근로자)
② C_1 … 직업성 질병으로 진전될 우려가 있어 추적검사 등 관찰이 필요한 근로자(직업병 요관찰자)
③ C_2 … 일반 질병으로 진전될 우려가 있어 추적관찰이 필요한 근로자(일반 질병 요관찰자)
④ D_1 … 직업성 질병의 소견을 보여 사후관리가 필요한 근로자(직업병 유소견자)
⑤ D_2 … 일반 질병의 소견을 보여 사후관리가 필요한 근로자(일반 질병 유소견자)
⑥ R … 건강진단 1차 검사결과 건강수준의 평가가 곤란하거나 질병이 의심되는 근로자(제2차 건강진단 대상자)
⑦ U … 2차 건강진단대상임을 통보하고 30일을 경과하여 해당 검사가 이루어지지 않아 건강관리구분을 판정할 수 없는 근로자, U로 분류한 경우에는 해당 근로자의 퇴직, 기한 내 미실시 등 2차 건강진단의 해당 검사가 이루어지지 않은 사유를 산업안전보건법 시행규칙 제105조제3항에 따른 건강진단결과표의 사후관리소견서 검진소견란에 기재하여야 한다.

(2) 야간작업 특수건강진단 건강관리구분 판정

① A … 건강관리상 사후관리가 필요 없는 근로자(건강한 근로자)
② C_N … 질병으로 진전될 우려가 있어 야간작업 시 추적관찰이 필요한 근로자(질병 요관찰자)
③ D_N … 질병의 소견을 보여 야간작업 시 사후관리가 필요한 근로자(질병 유소견자)
④ R … 건강진단 1차 검사결과 건강수준의 평가가 곤란하거나 질병이 의심되는 근로자(제2차 건강진단 대상자)

⑤ U … 2차 건강진단대상임을 통보하고 30일을 경과하여 해당 검사가 이루어지지 않아 건강관리구분을 판정할 수 없는 근로자, U로 분류한 경우에는 당 근로자의 퇴직, 기한 내 미실시 등 2차 건강진단의 해당 검사가 이루어지지 않은 사유를 산업안전보건법 시행규칙 제105조제3항에 따른 건강진단결과표의 사루관리소견서 검진소견란에 기재하여야 한다.

(3) 사후관리조치 판정

구분	사후관리조치 내용 [사후관리조치 내용은 한 근로자에 대하여 중복하여 판정할 수 있음]
0	필요 없음
1	건강상담( ) [생활습관 관리 등 구체적으로 내용 기술]
2	보호구지급 및 착용지도 ( )
3	추적검사 ( )검사항목에 대하여 20 년 월 일경에 추적검사가 필요 [건강진단의사가 직업병 요관찰자, 직업병 유소견자 또는 야간작업 요관찰자, 야간작업 유소견자에 대하여 추적검사 판정을 하는 경우에는 사업주는 반드시 건강진단의사가 지정한 검사항목에 대하여 지정한 시기에 추적검사를 실시하여야 함]
4	근무 중 ( )에 대하여 치료
5	근로시간 단축( )
6	작업전환( )
7	근로제한 및 금지 ( )
8	산재요양신청서 직접 작성 등 해당 근로자에 대한 직업병확진의뢰 안내 [직업병 유소견자 중 요양 또는 보상이 필요하다고 판단되는 근로자에 대하여는 건강진단을 한 의사가 반드시 직접 산재요양신청서를 작성하여 해당 근로자로 하여금 근로복지공단 관할지사에 산재요양신청을 할 수 있도록 안내하여야 함]
9	기타 ( ) [교대근무 일정 조정, 야간작업 중 사이잠 제공, 정밀업무적합성평가 의뢰 등 구체적으로 내용 기술]

(4) 업무수행 적합여부 판정

① 가 … 건강관리상 현재의 조건하에서 작업이 가능한 경우

② 나 … 일정한 조건(환경개선, 보호구착용, 건강진단주기의 단축 등)하에서 현재의 작업이 가능한 경우

③ 다 … 건강장해가 우려되어 한시적으로 현재의 작업을 할 수 없는 경우(건강상 또는 근로조건상의 문제가 해결된 후 작업복귀 가능)

④ 라 … 건강장해의 악화 또는 영구적인 장해의 발생이 우려되어 현재의 작업을 해서는 안되는 경우

02 직업병

❶ 산업보건 통계

(1) 의의
① 질병발생이나 재해발생의 증감은 그 문제의 심각성에 대한 관심을 불러일으키게 된다.
② 보건통계는 계획수립과 방침결정에 도움이 된다.
③ 효과판정에 도움을 준다.
④ 원인규명의 자료가 됨으로써 다음 행동의 길잡이가 되게 한다.

> **TIP** 기록의 종류
> ㉠ 개인건강기록카드 : 건강진단개인표, 개인진료기록표
> ㉡ 집단건강기록카드 : 건강진단결과표, 의무기록일지
> ㉢ 특수카드 : 재해기록표, 재해통계표

(2) 통계의 유형
① **질병통계**

㉠ 발생률 = $\dfrac{\text{특정기간 중에 발생한 발병수}}{\text{동일기간 중에 근로자수}}$

㉡ 유병률 = $\dfrac{\text{특정기간 중에 존재하는 환자수}}{\text{동일기간 중의 평균 근로자수}}$

㉢ 근로자 1인당 평균 이병일수 = $\dfrac{\text{특정기간 중의 총 이병일수}}{\text{동기간 중 1회 이상 이병한 환자수}}$

㉣ 시간손실률 = $\dfrac{\text{특정기간 중에 발생한 질병의 총 시간수}}{\text{동기간 중 위험에 폭로된 총 시간수}}$

② **재해통계**

㉠ **도수율**(Frequency rate) : 위험에 노출된 단위시간당 재해가 얼마나 발생했는가를 보는 것이다.

$$\text{도수율} = \dfrac{\text{재해건수}}{\text{연 근로시간수}} \times 1{,}000{,}000$$

ⓛ 강도율(Severity rate) : 위험에 노출된 시간에 따라 얼마나 강한 손상이 발생했는가를 보는 비율이다.

$$강도율 = \frac{손실작업일수}{연\ 근로시간수} \times 1,000$$

ⓒ 평균손실일수 : 재해건수당 평균 작업손실규모가 어느 정도인가를 나타내는 지표이다.

$$평균손실일수 = \frac{손실작업일수}{재해건수} \times 1,000$$

ⓔ 건수율 : 1년 동안에 노동자 1,000명당 몇 명이 재해를 입었는가를 표시하는 것으로, 총 연근로자수 또는 근로일수가 거의 비슷한 공장 내에서는 각 직장별 비교에 있어서 편리하지만 근로시간 또는 근로일수가 다른 경우에는 도수율이 편리하다(일상적으로 1년 단위로 계산하고 단위시간은 1,000시간임).

$$건수율 = \frac{재해건수}{평균\ 작업자수} \times 1,000$$

③ 작업동태 통계

㉠ 결근도수율 $= \dfrac{특정기간\ 중\ 총결근건수}{동기간\ 중\ 평균\ 재적인원수} \times 1,000$

ⓛ 1인 평균 결근일수 $= \dfrac{특정기간\ 중\ 총\ 결근일수}{동기간\ 중\ 평균\ 재적인원수}$

ⓒ 1건 평균 결근일수 $= \dfrac{특정기간중\ 총\ 결근일수}{동기간중\ 결근건수}$

ⓔ 결근일수 백분율 $= \dfrac{특정기간\ 중\ 총\ 결근일(시간)수}{동기간\ 중\ 소정\ 연노동일(시간)수} \times 100$

❷ 산업피로와 직업병

(1) 산업피로

① 정의

㉠ 수면이나 휴식으로 회복되는 생리적 현상이 과로 등으로 건강이 회복되지 않고 피로가 누적되는 것을 의미한다.

ⓛ 정신적·육체적·신경적인 노동부하에 반응하는 생체의 태도이다.

ⓒ 노동생산성과 직결된다.

ⓔ 잠재적인 기능수준, 작업수행능력이 저하된다.

② 산업피로요인
　㉠ 내적 요인 : 성, 연령, 숙련도와 작업적성, 작업숙련도, 작업적응성 등이 있다.
　㉡ 외적 요인 : 작업부하, 노동시간, 인간관계 등이 있다.
③ 산업피로 판정법
　㉠ 생리적 : 순환기능, 호흡, 청력, 시력, 뇌파검사 등을 실시한다.
　㉡ 생화학적 : 혈액의 농도, 노단백측정, 혈액응고시간 검사 등을 실시한다.
　㉢ 심리적 : 행동기록 검사, 피부전기반사(GSR) 등을 실시한다.
④ 산업피로의 대책
　㉠ 근로자 측면 : 근로자의 적성별로 재배치하고 휴식·운동 권장, 음료수, 영양관리, 수면을 할 수 있어야 한다.
　㉡ 환경 측면 : 작업환경의 위생적 관리, 휴식시간 적정배분, 작업방법 및 자세를 합리화하여야 한다.

(2) 직업병

① 정의
　㉠ 특정직업에 종사함으로써 생기는 질병으로 오랜 직업생활로 건강장애가 축적되어 발생하는 직업성 질병과 재해로 생기는 재해성 질병이 있다.
　㉡ 산업재해는 급격히 생기며 직업병은 만성적으로 오는 특징이 있다.
② 발생요인
　㉠ 환경요인
　　• 분진 : 진폐증, 규폐증 등의 질환이 나타날 수 있다.
　　• 조명 : 조명부족으로 근시, 피로가 나타난다.
　　• 온도·습도 : 열경련증, 열사병 등의 직업병이 발생한다.
　　• 가스중독 : 중독증상(발열, 구토, 의식상실 등)이 나타난다.
　　• 소음 : 직업성 난청이 발생한다.
　㉡ 작업요인
　　• 작업자세 : 부적절한 작업자세로 인해 정맥류, 디스크, 신경통 등이 발생할 수 있다.
　　• 근육운동 : 과도한 근육사용으로 근육통, 관절염, 건초염 등이 나타날 수 있다.
　　• 정신작업 : 신경증, 불명증, 위장(소화계)질환이 생긴다.

03 산업재해

❶ 산업재해의 개념

(1) 정의

작업장에서 사고로 인해 발생하는 부상, 사망, 장해 또는 질병과 장기간 유해작업이나 유해요인에 의하여 발생한 직업병을 의미한다.

(2) 원인

① **직접원인** … 재해를 일으키는 물체 또는 행위 그 자체
② **간접원인**
　㉠ **인적요인**: 작업자가 작업 순서나 규칙을 준수하지 않거나 부주의하여 일어나는 경우가 전체 재해의 75~80% 차지한다.
　㉡ **물적요인**: 불안전한 시설물, 부적절한 공구, 불량한 작업환경들, 불적절한 온도, 습도, 조명, 소음 등
　㉢ **관리적 요인**: 부적절한 작업 규칙이나 순서, 과다한 업무량 및 속도의 요구, 야간 근로, 연장 근무 등

❷ 산업재해 통계지표

(1) 재해율

근로자 수 100명당 발생하는 재해자 수의 비율

(2) 건수율

근로자 1,000명당 재해발생건수

(3) 도수율

① 연 근로시간 100만 시간당 재해발생건수
② 재해발생 상황을 파악하기 위한 표준적인 지표로 순수한 재해빈도나 건수를 파악하는 데 도움을 준다.

(4) 강도율

① 근로시간 합계 1,000시간당 재해로 인한 근로손실일수

② 재해로 인한 손상의 정도와 재해의 규모를 나타낸다.

③ 재해예방의 4원칙

(1) 손실우연의 원칙

사고와 상해 정도 사이에는 어느 정도 우연의 확률이 존재한다는 것으로 예측이 어렵다.

> **TIP 하인리히 법칙**…대형사고가 발생하기 전에는 그와 관련된 수많은 경미한 사고, 징후들이 존재한다는 것을 산업재해를 분석하여 밝힌 법칙

(2) 원인연계의 원칙

사고와 그 원인과의 사이에는 필연적인 인과관계가 있다.

(3) 예방가능의 원칙

천재지변과는 달리 예방가능하므로 사전대책에 중점을 두어야 한다.

(4) 대책선정의 원칙

안전사고의 예방은 기술적 대책, 교육적 대책, 관리적 대책이 필요하다.

④ 「산업재해보상보험법」상의 재해보상

종류	지급사유	급여수준
요양급여	업무상 재해로 인한 부상 질병에 걸린 경우	요양비 전액 -단 요양기간 4일 이상 시 적용
휴업급여	업무상 재해로 요양하여 휴업한 기간	1일당 평균급여의 70% -단 4일 이상 휴업 시 적용
장해급여	업무상 재해로 인한 부상 질병 치유 후에도 장해가 남는 경우	장해등급에 따라 장애보상연금 또는 장해보상일시금으로 지급한다.
간병급여	요양급여를 받은 자가 치료 후 의학적으로 상시 또는 수시 간병이 필요시	간병 받은 기간의 간병료에 준함
유족급여	업무상 재해로 사망하였을 때 유족이 청구하는 경우	유족보상연금 또는 유족보상일시금으로 지급
상병보상연금	요양급여를 받은 자가 요양 개시 후 2년이 경과한 후에도 치유되지 않고 중증요양상태의 정도가 지급사유에 해당하는 경우	중증요양상태 등급에 따라 지급
직업재활 급여	장해급여를 받은 자 중 취업을 원하여 직업훈련이 필요한 자	직업훈련비용, 직업훈련수당, 직장복귀지원금, 직장적응훈련비, 재활운동비
장의비	업무상 재해로 사망하였을 때 그 장제를 실행한 사람에게 지급	평균임금의 120일분

최근 기출문제 분석

2019. 6. 15 제2회 서울특별시

1 어떤 사업장에서 근로자 건강진단을 실시하여 다음과 같은 결과가 나왔다. 이에 대한 설명으로 가장 옳은 것은?

건강관리구분		단위(명)
A		2,000
C	C_1	200
	C_2	300
D	D_1	20
	D_2	150
계		2,670

① 일반 질병으로 진전될 우려가 있어 추적관찰이 필요한 근로자는 300명이다.
② 직업성 질병의 소견을 보여 사후관리가 필요한 근로자는 200명이다.
③ 일반 질병의 소견을 보여 사후관리가 필요한 근로자는 20명이다.
④ 직업성 질병의 소견을 보여 사후관리가 필요한 근로자는 150명이다.

TIP 건강관리구분 판정

건강관리구분			기준
A		정상자	건강관리상 사후관리가 불필요
C	C_1	직업성 질병 요관찰자	직업성 질병으로 진전될 우려가 있어 추적조사 등 관찰이 필요
	C_2	일반 질병 요관찰자	일반 질병으로 진전될 우려가 있어 추적관찰이 필요
D	D_1	직업성 질병 유소견자	직업성 질병의 소견이 있어 사후관리가 필요
	D_2	일반 질병 유소견자	일반 질병의 소견이 있어 사후관리가 필요

Answer 1.①

2019. 6. 15 제1회 지방직

2 다음은 1년간의 K사업장 현황이다. 강도율(severity rate)은?

- 근로자수 : 1,000명
- 재해자수 : 20명
- 손실작업일수 : 1,000일
- 재해건수 : 20건
- 근로시간수 : 2,000,000시간

① 0.5
② 1
③ 10
④ 20

> **TIP** 강도율은 재해발생률을 표시하는 방법 중 하나로, 재해규모의 정도를 표시한다. 1,000 노동시간당의 노동손실일수를 나타낸 것으로, '총근로손실일수 ÷ 총근로시간수 × 1,000'으로 산출한다.
> 따라서 K사업장의 강도율은 1,000 ÷ 2,000,000 × 1,000 = 0.5이다.

2019. 6. 15 제1회 지방직

3 다음 글에서 업무수행 적합여부 판정구분에 해당하는 것은?

> 분진이 심한 사업장에서 근무 중인 근로자가 건강진단결과 폐질환 유소견자로 발견되어 업무수행 적합여부를 평가한 결과 '다'로 판정되었다.

① 건강관리상 현재의 조건하에서 작업이 가능한 경우
② 일정한 조건(환경개선, 보호구착용, 건강진단주기의 단축 등)하에서 현재의 작업이 가능한 경우
③ 건강장해의 악화 또는 영구적인 장해의 발생이 우려되어 현재의 작업을 해서는 안되는 경우
④ 건강장해가 우려되어 한시적으로 현재의 작업을 할 수 없는 경우(건강상 또는 근로조건상의 문제가 해결된 후 작업복귀 가능)

> **TIP** 업무수행 적합여부 판정구분
>
> | 구분 | 판정 |
> | --- | --- |
> | 가 | 건강관리상 현재의 조건하에서 작업이 가능한 경우 |
> | 나 | 일정한 조건(환경개선, 보호구착용, 건강진단주기의 단축 등) 하에서 현재의 작업이 가능한 경우 |
> | 다 | 건강장해가 우려되어 한시적으로 현재의 작업을 할 수 없는 경우(건강상 또는 근로조건상의 문제가 해결된 후 작업 복귀 가능) |
> | 라 | 건강장해의 악화 또는 영구적인 장해의 발생이 우려되어 현재의 작업을 해서는 안 되는 경우 |

Answer 2.① 3.④

2017. 12. 16 지방직 추가선발
4 「산업안전보건법 시행규칙」상 다음에서 설명하는 것은?

> 특수건강진단대상업무로 인하여 해당 유해인자에 의한 직업성 천식, 직업성 피부염, 그 밖에 건강장해를 의심하게 하는 증상을 보이거나 의학적 소견이 있는 근로자에 대하여 사업주가 실시하는 건강진단

① 임시건강진단 ② 수시건강진단
③ 특수건강진단 ④ 배치전건강진단

TIP 제시된 내용은 산업안전보건법 시행규칙 제98조(정의)에서 규정하고 있는 수시건강진단에 대한 설명이다.
① 임시건강진단: 다음 각 목의 어느 하나에 해당하는 경우에 특수건강진단 대상 유해인자 또는 그 밖의 유해인자에 의한 중독 여부, 질병에 걸렸는지 여부 또는 질병의 발생 원인 등을 확인하기 위하여 법 제43조 제2항에 따른 지방고용노동관서의 장의 명령에 따라 사업주가 실시하는 건강진단을 말한다.
  • 같은 부서에 근무하는 근로자 또는 같은 유해인자에 노출되는 근로자에게 유사한 질병의 자각·타각증상이 발생한 경우
  • 직업병 유소견자가 발생하거나 여러 명이 발생할 우려가 있는 경우
  • 그 밖에 지방고용노동관서의 장이 필요하다고 판단하는 경우
③ 특수건강진단: 다음 각 목의 어느 하나에 해당하는 근로자의 건강관리를 위하여 사업주가 실시하는 건강진단을 말한다.
  • 특수건강진단 대상 유해인자에 노출되는 업무에 종사하는 근로자
  • 근로자건강진단 실시 결과 직업병 유소견자로 판정받은 후 작업 전환을 하거나 작업장소를 변경하고, 직업병 유소견 판정의 원인이 된 유해인자에 대한 건강진단이 필요하다는 의사의 소견이 있는 근로자
④ 배치전건강진단: 특수건강진단대상업무에 종사할 근로자에 대하여 배치 예정업무에 대한 적합성 평가를 위하여 사업주가 실시하는 건강진단을 말한다.

Answer 4.②

2017. 6. 17 제1회 지방직

5 「산업안전보건법 시행규칙」상 근로자 일반건강진단의 실시 횟수가 옳게 짝지어진 것은?

	사무직 종사 근로자	그 밖의 근로자
①	1년에 1회 이상	1년에 1회 이상
②	1년에 1회 이상	1년에 2회 이상
③	2년에 1회 이상	1년에 1회 이상
④	2년에 1회 이상	1년에 2회 이상

> TIP 사업주는 상시 사용하는 근로자 중 사무직에 종사하는 근로자(공장 또는 공사현장과 같은 구역에 있지 아니한 사무실에서 서무·인사·경리·판매·설계 등의 사무업무에 종사하는 근로자를 말하며, 판매업무 등에 직접 종사하는 근로자는 제외)에 대해서는 2년에 1회 이상, 그 밖의 근로자에 대해서는 1년에 1회 이상 일반건강진단을 실시하여야 한다〈산업안전보건법 시행규칙 제99조(건강진단의 실시 시기 등) 제1항〉.

2016. 6. 25 서울특별시

6 다음 중 산업재해를 파악하는 지표에 대한 설명으로 옳지 않은 것은?

① 천인율은 근로자 1,000명당 재해로 인한 사망자 수의 비율을 의미한다.
② 도수율은 1,000,000근로시간당 재해발생 건수를 의미한다.
③ 사망만인율은 근로자 10,000명당 재해로 인한 사망자수의 비율을 의미한다.
④ 강도율은 1,000근로시간당 재해로 인한 근로 손실일수를 의미한다.

> TIP ① 천인율은 연 근로시간 1,000시간당 발생한 근로손실일수를 구하여 재해의 강도를 나타내는 통계를 말한다.

Answer 5.③ 6.①

출제 예상 문제

1 산업재해를 나타내는 도수율과 강도율의 분모로 옳은 것은?

① 재해건수
② 평균 재적인원수
③ 연 근로시간수
④ 평균 근로자수

> **TIP** 산업재해지표
> ㉠ 도수율 = $\frac{재해건수}{연\ 근로시간수} \times 1,000,000$
> ㉡ 강도율 = $\frac{손실작업일수}{연\ 근로시간수} \times 1,000$

2 산업장 근로자를 대상으로 한 건강검진에서 직업병 소견이 있어 사후관리가 필요한 판정결과는?

① A
② C_1
③ D_1
④ R

> **TIP** 건강관리 구분
>
> | | |
> |---|---|
> | A | 건강자 또는 경미한 이상소견이 있는 자 |
> | C1 | 직업성 질병으로 진전될 우려가 있어 추적검사 등 관찰이 필요한 자(요관찰자) |
> | C2 | 일반질병으로 진전될 우려가 있어 추적관찰이 필요한 자(요관찰자) |
> | D1 | 직업성 질병의 소견이 있는 자(직업병 유소견자) |
> | D2 | 일반질병의 소견이 있는 자(일반질병 유소견자) |
> | R | 일반건강진단에서 질환의심자(제2차 건강진단대상) |

Answer 1.③ 2.③

3 다음 중 건강진단에 대한 설명으로 옳지 않은 것은?

① 일반건강진단 : 상시 사용하는 근로자의 건강관리는 위하여 주기적으로 실시
② 특수건강진단 : 직업병 유소견자가 발생하거나 여러 명이 발생할 우려가 있는 경우 실시
③ 배치 전 건강진단 : 특수건강진단 대상 유해인자에 노출되는 업무에 종사할 근로자에 대하여 배치 예정업무에 대한 적합성 평가를 위한 건강진단
④ 수시건강진단 : 특수건강진단 대상 유해인자에 노출되는 업무로 인하여 직업성 천식·피부염 등의 증상을 보이는 근로자에게 실시

> **TIP** 특수건강진단〈산업안전보건법 시행규칙 제98조 제2호〉… 다음 중 어느 하나에 해당하는 근로자의 건강관리를 위하여 사업주가 실시하는 건강진단을 말한다.
> ⊙ 특수건강진단 대상 유해인자에 노출되는 업무에 종사하는 근로자
> ⓒ 근로자건강진단 실시 결과 직업병 유소견자로 판정받은 후 작업 전환을 하거나 작업장소를 변경하고 직업병 유소견 판정의 원인이 된 유해인자에 대한 건강진단이 필요하다는 의사의 소견이 있는 근로자

4 산업통계 중 질병통계를 나타낼 때 쓰이는 것은?

① 결근도수율
② 강도율
③ 유병률
④ 도수율

> **TIP** ① 작업동태 통계 ②④ 재해통계

5 다음 중 근로자 건강검진판단 'C'는 무엇을 뜻하는가?

① 질환자
② 건강자
③ 직업병 유소견자
④ 직업병 요관찰자

> **TIP** C는 C_1, C_2로 구분되는 데 C_1은 직업성 질병으로 진전될 우려가 있어 추적검사 등 관찰이 필요한 자(요관찰자)이고 C_2는 일반질병으로 진전될 우려가 있어 추적관찰이 필요한 자이다.

Answer 3.② 4.③ 5.④

6 다음 중 만성질환의 집단검사 시 갖추어야 될 요건으로 옳은 것은?

> ㉠ 질환의 초기발견이 가능해야 한다.
> ㉡ 조기치료시 질환예방이 가능해야 한다.
> ㉢ 질환의 발견 후 치료와 관리에 대한 계획이 있어야 한다.
> ㉣ 가격이 저렴해야 한다.

① ㉠㉡㉢　　　　　　　　　② ㉠㉢
③ ㉡㉣　　　　　　　　　　④ ㉠㉡㉢㉣

TIP 집단검진의 조건
　㉠ 정확한 검진방법이어야 한다.
　㉡ 검사에 대해 거부감이 있으면 안 되고 비용이 저렴해야 한다.
　㉢ 그 질병이 흔해 여러 사람에게 효과가 있어야 한다.
　㉣ 조기진단이 가능해야 한다.
　㉤ 조기발견시 효과적인 치료방법이 있어야 한다.

7 산업현장에서 사고율에 영향을 주는 주된 요인이 아닌 것은?

① 직업종류　　　　　　　　② 경험도
③ 성격구조　　　　　　　　④ 산업현장규모

TIP 산업현장의 사고율은 경험도, 성격구조, 직업종류, 연령, 성별 등이 영향을 끼친다.

Answer 6.④ 7.④

8 다음 직업병 중 잠함병의 원인과 관계되는 것은?

① 가압
② 감압
③ 고열
④ 비교습도

> **TIP** 감압증(잠함병)
> ㉠ 발생원인 : 고기압 환경에서 저기압 환경으로 갑자기 감압하면 질소가스가 체외로 배출되지 못하고 체내에서 기포가 되어 이들 기포가 순환장애와 조직손상을 초래한다.
> ㉡ 증상 : 관절통, 근육통, 흉통, 호흡곤란, 중추신경마비, 소양감, 골괴사 등의 증상이 발생한다.

9 다음 중 산업재해 평가와 관련없는 것은?

① 건수율
② 강도율
③ 평균손실일수
④ 이환율

> **TIP** 산업재해통계 종류 … 도수율, 강도율, 평균손실일수, 건수율

10 직업병에 대한 설명으로 옳은 것은?

① 특수한 작업에서 특이하게 발생하는 질병이다.
② 일상적 작업에서 발생하는 상해만을 지칭한다.
③ 직장에서 방치할 수 없는 특수질환을 말한다.
④ 직장에서 흔히 발생하는 질병이다.

> **TIP** 일반적으로 직업병이란 직업의 종류에 따라 그 직종이 가지고 있는 특정한 이유로 그 직업에 종사하는 사람들에게만 발생하는 특정의 질환을 말한다.

Answer 8.② 9.④ 10.①

11 다음 중 산업피로의 대책으로 옳은 것은?

> ㉠ 피로징후의 조기발견과 조치 ㉡ 노동시간 조정
> ㉢ 휴식, 휴양의 확보 ㉣ 작업환경의 개선

① ㉠㉡㉢
② ㉠㉡㉢㉣
③ ㉠㉢㉣
④ ㉡㉢㉣

> **TIP** 산업피로의 대책
> ㉠ 노동시간의 조정
> ㉡ 휴식, 휴양의 확보
> ㉢ 피로징후의 조기발견과 조치
> ㉣ 작업공간, 작업방식, 작업환경의 개선

12 다음 중 산업피로에 영향을 주는 요인끼리 짝지어진 것은?

> ㉠ 심리적 요인 ㉡ 작업장의 불청결
> ㉢ 부당보수 ㉣ 신체적 적합성 여부와 건강부족

① ㉠㉡㉢
② ㉠㉡㉣
③ ㉠㉢㉣
④ ㉡㉢㉣

> **TIP** ㉢ 부당보수는 산업피로의 원인으로 볼 수 없다.

13 1,000,000 작업시간 중에 발생되는 재해건수로 표시되는 것은?

① 도수율
② 강도율
③ 이환율
④ 건수율

> **TIP** 도수율 = $\dfrac{\text{재해건수}}{\text{연 근로시간수}} \times 1,000,000$

Answer 11.② 12.② 13.①

14 다음 중 산업재해의 사고발생과 생산력 감퇴의 주요 요인은?

① 의무직의 부재
② 보건교육의 미실시
③ 적절치 못한 응급처리
④ 산업피로

> **TIP** 산업피로는 정신적·육체적·신경적인 노동부하에 반응하는 생체의 태도로 회복되지 않고 축적되는 피로로 인해 생산성이 저해되고 재해와 질병의 원인이 된다.

15 다음 중 직업병의 특징으로만 묶인 것은?

| ㉠ 전염성이 있다. | ㉡ 예방이 가능하다. |
| ㉢ 만성의 결과를 거친다. | ㉣ 특수검사진으로 판정이 가능하다. |

① ㉠㉡㉢
② ㉠㉡㉣
③ ㉠㉢㉣
④ ㉡㉢㉣

> **TIP** ㉠ 직업병은 대개 만성질환으로 전염성을 가진 것은 없다.

16 근로자 건강관리의 주된 내용으로만 묶인 것은?

㉠ 건강진단	㉡ 응급처치 및 치료
㉢ 근로자의 처우개선	㉣ 건강상태에 대한 기록
㉤ 다음 사업을 위한 재계획	

① ㉠㉡㉢
② ㉠㉡㉢㉣
③ ㉠㉡㉣
④ ㉠㉡㉣㉤

> **TIP** 근로자의 건강관리는 직접간호 제공과 사업계획 정립의 2가지로 대변될 수 있다.

Answer 14.④ 15.④ 16.④

17 다음 중 연 근로시간에 대한 손실작업일수를 나타내는 것은?

① 강도율
② 도수율
③ 평균손실일수
④ 결근율

> **TIP** 강도율 = $\frac{손실작업일수}{연\ 근로시간수} \times 1,000$

18 다음 중 산업재해를 예방하기 위한 방법에 해당하지 않는 것은?

① 공장과 설비에 대한 태도
② 산업장의 규모파악
③ 작업자에 대한 적성배치
④ 안전에 관한 교육훈련

> **TIP** 산업재해 예방방법
> ⊙ 안전교육
> ⓒ 작업자의 재배치
> ⓒ 공장, 설비에 대한 태도변화
> ② 안전시설의 확충 등

19 다음 중 1차 예방사업에 속하는 것은?

⊙ 근로자 건강상태파악
ⓒ 직업병 치료
ⓒ 작업장 환경측정
② 정기적 건강진단

① ⊙ⓒ②
② ⊙ⓒ②
③ ⓒⓒ②
④ ⓒ②

> **TIP** ⓒ 2차 예방사업이다.

Answer 17.① 18.② 19.②

지역사회간호

05 모자보건

01 모자보건관리
02 모성·영유아보건사업

01 모자보건관리

01 모자보건의 이해

1 모자보건의 정의

(1) 모자보건

① 모성의 생명과 건강을 보호하고 건전한 자녀의 출산과 양육을 도모함으로써 국민보건 향상에 이바지함을 목적으로 임산부 또는 영유아에게 전문적인 의료봉사를 통한 신체적·정신적 건강을 유지하게 하는 사업을 말한다.

② 모자보건이라 함은 넓은 의미로는 출산할 수 있을 때부터 폐경기에 이르는 모든 여성과 18세까지의 미성년자의 보건을 말하나 좁은 의미로는 임신·분만·산욕기에 있는 임산부 및 출생부터 6세까지의 미취학 아동, 즉 영유아 및 학령전기 아동을 대상으로 하는 보건사업이다.

(2) 임산부

임신 중에 있거나 분만 후 6개월 미만의 여자를 가리킨다.

(3) 모성

① 협의 ··· 임신·분만·출산 후 6개월 미만 또는 1년 미만의 여자를 가리킨다.

② 광의 ··· 출산할 수 있을 때부터 폐경기에 이르는 모든 여자를 가리킨다.

③ 모성이란 임산부와 가임기 여성을 말한다〈모자보건법 제2조 제2호〉.

(4) 영유아

① 협의 ··· 생후부터 미취학 아동까지를 의미한다.

② 광의 ··· 생후부터 15 ~ 18세까지의 미성년자를 말한다.

③ 영유아란 출생 후 6년 미만인 사람을 말한다〈모자보건법 제2조 제3호〉.

(5) 신생아

출생 후 28일 미만의 영유아를 신생아라 한다.

2 모자보건의 대상

(1) 모성인구

① 협의 ··· 임신, 분만, 산욕기, 수유기의 여성을 의미한다.

② 광의 ··· 초경에서 폐경에 이르는 모든 여성을 의미한다.

(2) 아동인구

① 협의 ··· 미취학 아동을 의미한다.

② 광의 ··· 출생에서 사춘기에 이르는 남자 · 여자를 의미한다.

02 모자보건사업

1 모자보건사업의 목적 및 특징

(1) 목적

① 지역사회 건강수준을 증진시키는 방법의 하나로서 모성건강을 유지해야 한다.

② 임신과 분만에 수반하는 합병증의 발생위험과 신생아 사망률을 줄인다.

③ 불임증을 예방하고 치료하며, 다음 임신에 대한 준비를 한다.

(2) 범위

근로여성의 건강관리, 폐경기관리, 신생아 및 영유아 관리, 학동기와 사춘기 보건관리, 출산 조절, 가족계획 상담 및 지도, 임산부의 산전관리, 분만관리, 산후 관리, 임신의 준비, 결혼 전 건강상담과 임신 계획 등이 포함된다.

(3) 특징

① 모자보건 대상 인구는 전체 인구의 50~55% 범위로 광범위하다.

② 적은 비용으로 지역사회 건강증진에 기여하며, 지속적인 건강관리와 질병예방에 힘쓰는 예방사업에 효과적이다.

③ 다음 세대의 인구자질에 영향을 준다.

❷ 모자보건사업의 역사

(1) 외국의 경우

① Hippocrates(B.C. 460~370) ⋯ 어린이에게 관심이 필요함을 강조하였고 특히 기침, 구토, 불면을 지적하였다.

② 영국 헨리 8세(1421) ⋯ 신생아 등록제도를 시작하여 생정통계의 시작이 되었다.

③ 17세기 영국 ⋯ 성 빈센트가 육아, 무의탁여인 보호사업을 시작하였다.

④ 18세기 영국 ⋯ 의사인 John & Jeorge Amstrong 형제가 치료적 사업, 예방적인 사업을 수행하였다.

⑤ 19세기~20세기 초 ⋯ 1891년 '사회과학협회'에서 영아사망에 대한 사회조사를 실시하였다.

⑥ 위의 시기에 뉴욕에는 어린이를 위한 우유보급소가 설치되고 영국, 스코틀랜드에는 영아복지센터, 어머니 교실이 개설되었다. 점차 방문간호 쪽으로 변하며 정부가 관심을 가지기 시작하였다.

(2) 우리나라의 경우

① 1923년 ⋯ 선교사인 로선복과 한신광의 어머니교실, 산전진찰, 두유급식소 등이 모자보건사업의 시작이라고 볼 수 있다.

② 1960년 ⋯ 경제개발 5개년 계획과 가족계획사업으로 모자보건사업이 뒷전으로 밀려나게 되었다.

③ 1979년 ⋯ 정부와 세계은행 간의 인구차관사업이 체결되었다.

④ 1989년 ⋯ 의료보험 확대실시로 산전, 분만, 산후관리가 병·의원에서 주로 이루어짐에 따라 보건소, 모자보건센터에서의 모자보건사업의 변화가 요구되었다.

01. 모자보건관리

최근 기출문제 분석

2017. 12. 16 지방직 추가선발

1 2016년도 신생아 및 영아 사망 수를 나타낸 표에서 알파인덱스(α –index)를 비교할 때, 건강수준이 가장 높은 경우는?

구분 사망 수(명)	A	B	C	D
신생아 사망 수	5	5	10	10
영아 사망 수	10	6	15	11

① A
② B
③ C
④ D

> **TIP** α-index는 생후 1년 미만의 사망수(영아 사망수)를 생후 28일 미만의 사망수(신생아 사망수)로 나눈 값이다. 유아 사망의 원인이 선천적 원인만이라면 값은 1에 가깝다. 따라서 D의 건강수준이 가장 높다.

2014. 6. 21 제1회 지방직

2 「모자보건법 시행령」상 모자보건사업에 관한 기본계획 수립 시에 포함되어야 할 사항을 모두 고른 것은?

> ㉠ 임산부 · 영유아 및 미숙아 등에 대한 보건관리와 보건지도
> ㉡ 인구조절에 관한 지원 및 규제
> ㉢ 모자보건에 관한 교육 · 홍보 및 연구
> ㉣ 모자보건에 관한 정보의 수집 및 관리

① ㉠
② ㉠㉡
③ ㉡㉢
④ ㉠㉡㉢㉣

> **TIP** 모자보건법 시행령 제2조(모자보건사업에 관한 기본계획의 수립) … 모자보건법 제5조 제1항에 따라 보건복지부장관이 수립하는 모자보건사업에 관한 기본계획에는 다음의 사항이 포함되어야 한다.
> ㉠ 임산부 · 영유아 및 미숙아 등에 대한 보건관리와 보건지도
> ㉡ 인구조절에 관한 지원 및 규제
> ㉢ 모자보건에 관한 교육 · 홍보 및 연구
> ㉣ 모자보건에 관한 정보의 수집 및 관리

Answer 1.④ 2.④

01. 모자보건관리

출제 예상 문제

1 다음 중 협의의 모성에 해당하는 것은?

① 임신·분만·출산 후 6개월 미만 또는 1년 미만의 여자
② 출산할 수 있을 때부터 폐경기에 이르는 모든 여자
③ 임신 중에 있는 여자
④ 산욕기·수유기의 여자

TIP 모성
㉠ 협의: 임신·분만·출산 후 6개월 미만 또는 1년 미만의 여자
㉡ 광의: 출산할 수 있을 때부터 폐경기에 이르는 모든 여자

2 다음 중 모자보건사업에 해당되는 것으로 옳은 것은?

㉠ 예방접종　　　　　　　　　　　　㉡ 산전, 산후관리
㉢ 분만관리와 응급처치에 관한 사항　㉣ 가족건강에 관한 교육 및 관리증진

① ㉠㉡㉢
② ㉠㉢
③ ㉡㉣
④ ㉠㉡㉢㉣

TIP 모자보건사업의 내용
㉠ 임신의 준비: 결혼 전 건강상담 및 임신계획
㉡ 임산부의 산전, 분만 및 산후관리
㉢ 출산조절
㉣ 신생아 및 영유아 관리
㉤ 학령기 및 사춘기 보건관리
㉥ 근로여성 건강관리
㉦ 가족계획 상담 및 지도
㉧ 폐경기 여성관리

Answer 1.① 2.④

3 다음 중 어느 지역의 남자 흡연율 56%, 음주율 50%, 비만율 26%일 때 흡연율을 감소시키기 위해 금연사업을 실시하였다면 사업 후에 자료를 비교하기 위한 조사방식으로 옳은 것은?

① 납세인구조사　　　　　　　② 표본조사
③ 상주인구조사　　　　　　　④ 전수조사

TIP ① 관계가 없다.
　　　③④ 경제적인 비용과 시간이 많이 소요되어 타당하지 않다.
　　　※ 표본조사
　　　　㉠ 특수목적으로 한정된 내용의 통계자료를 수집할 때 사용한다.
　　　　㉡ 표본의 대표성을 확보해야 하고 센서스 조사시 표본선정을 1~5% 범위 내에서 함께 실시하기도 한다.

4 다음 중 신생아사망률을 나타낸 것은?

① $\dfrac{\text{그 해 동안의 생후 28일 미만의 영아 사망수}}{\text{그 해의 출생수}} \times 1{,}000$

② $\dfrac{\text{신생아 사망수}}{\text{총 신생아수}} \times 1{,}000$

③ $\dfrac{\text{같은 해의 영아 사망수}}{\text{1년 동안의 신생아 사망수}} \times 1{,}000$

④ $\dfrac{\text{같은 해의 출생 후 1년 이내에 사망한 영아수}}{\text{특정연도의 1년간의 출생수}} \times 1{,}000$

TIP 신생아사망률은 초생아사망률과 함께 연기된 사산으로 선천적 원인이 지배적이며, 예방이 불가능하다. 보건상태가 향상될수록 영아사망률과 신생아사망률의 차이가 감소한다.

Answer 3.② 4.①

5 다음의 ( ) 안에 해당하는 것으로 옳은 것은?

$$모성사망률 = \frac{임신 \cdot 분만 \cdot 산욕 합병증으로 사망한 부인수}{(\quad)} \times 1,000$$

① 부인사망수   ② 총 출생수
③ 영아사망수   ④ 중앙인구

> **TIP** 모성사망률이란 그 해 총 출생수 중에 임신·분만·산욕 합병증으로 사망한 여성수를 말한다.

6 다음 중 모자보건관리를 통한 장애와 예방 중 2차적 예방법으로 옳은 것은?

① 정신박약아의 특수처리
② 장애아의 물리치료방법
③ 출생 이후 장애가 될 수 있는 질병 및 상해와 사고요인을 예방
④ 장애정도의 악화 예방

> **TIP** 2차 예방이란 질병을 조기발견하고 치료하며 사고·상해요인을 예방하는 것을 포함한다.

Answer   5.②   6.③

02 모성 · 영유아보건사업

01 모성보건사업

1 모자보건사업의 내용과 간호과정

(1) 내용

① **임신 전 관리** … 임신 전 관리는 모성보건사업에 있어서 첫 단계로서, 신체검사, 병력조사, 신체적 불구상태 교정, 영양상태 지도, 혼전 지도, 혈청검사(매독), 부모의 역할과 책임에 대한 교육, 발달단계 상담 등의 일을 한다. 임신 전 관리의 목적은 임신, 분만 등을 순조롭게 할 수 있는 쾌적의 건강상태를 유지할 수 있도록 도와주는 것이다.

② **산전 관리**
 ㉠ 정의 : 임신 중인 모성을 대상으로 한 건강관리로 모성, 태아 및 신생아의 건강을 보호하고 유지 · 증진하도록 정기적으로 검사와 진찰을 받는 것이다.
 ㉡ 처음 방문시 사정내용 : 일반적 병력, 월경력, 임신 및 출산력, 현재의 임신상태를 묻는다.
 ㉢ 신체검사 : 혈압, 체중, 자궁저의 높이, 태아심음, 태위, 자궁경부상태 등을 검사한다.
 ㉣ 임상검사 : 혈액형, Rh인자, 소변검사, 혈액검사(CBG), 매독혈청검사(VDRL), 자궁경부 스미어(Smear), 흉부 X선 촬영 등을 한다.
 ㉤ 보건교육 : 임신에 따른 불편감, 이상상태, 일상생활에서의 주의점 등에 대해 설명한다.
 ㉥ 산후의 방문계획 : 첫 주에는 매일, 그 후 2주일째, 4주일째 각각 한 번씩 방문한다.

③ **분만간호**
 ㉠ 분만준비에 대하여 산모와 가족을 교육하고 준비된 물품을 확인한다.
 ㉡ 분만시작을 아는 방법, 처치방법, 의사나 간호사 및 조산사를 부르는 시간 혹은 병원에 가는 시간 등을 가족과 산모에게 지도한다.
 ㉢ 직접분만 개조 및 분만을 개조하러 온 의사나 조산사와 협력한다.
 ㉣ 분만 직후 산모와 아기에게 간호를 제공한다.
 ㉤ 산후출혈, 제대출혈, 아기 눈의 상태 등을 포함한 산모와 아기의 증후와 증상을 관찰하여 필요한 조치를 한다.

④ 산욕기 간호
  ㉠ 정의 : 산욕기(산후 6~8주까지) 동안 임신과 분만으로 인하여 변화되었던 여성 성기와 그 부속기관이 완전히 임신 전 상태로 회복되는 것을 돕는 간호를 말한다.
  ㉡ 가족간호인을 선정하여 산모 및 신생아 간호법을 시범해 보여주고 또한 가족간호인의 간호를 감독한다.
  ㉢ 산후 6주에 진찰을 받아야만 하는 이유를 설명하여 진찰을 꼭 받도록 한다.
  ㉣ 전수유기간을 통하여 건강관리를 받도록 도와준다.

(2) 지역사회 간호과정

① 산전, 분만, 산욕기에 있는 임산부를 찾아내어 모성실에 등록시키고 그들의 간호요구를 파악한다. 특히, 분만 전에 있는 임산부를 조기발견하여 이들의 건강문제를 파악하고 간호요구를 규명한다.

② 이들의 간호요구를 분석하여 구체적 간호방법, 시간계획, 업무분담, 예산 등 간호계획을 수립한다.

③ 계획에 따라 개업의원, 조산소, 병원 등에 의뢰하고 서로 협력한다.

④ 모성을 간호하는데 필요한 업무를 가족, 지역사회간호사 등이 분담하고 가족이 책임을 다하도록 교육한다.

⑤ 모성이 요구하는 기본적인 간호를 제공한다.

⑥ 가족 중의 한 사람을 교육하여 모성간호에 협력하도록 한다.

⑦ 계획대로 수행하도록 진행사항을 감독한다.

⑧ 제공된 간호에 대하여 평가한다.

> **TIP** 인공임신중절수술의 허용한계
> ㉠ 의사는 다음의 어느 하나에 해당되는 경우에만 본인과 배우자(사실상의 혼인관계에 있는 사람 포함)의 동의를 받아 인공임신중절수술을 할 수 있다.
> • 본인이나 배우자가 대통령령으로 정하는 우생학적(優生學的) 또는 유전학적 정신장애나 신체질환(연골무형성증, 낭성섬유증 및 그 밖의 유전성 질환으로서 그 질환이 태아에 미치는 위험성이 높은 질환)이 있는 경우
> • 본인이나 배우자가 대통령령으로 정하는 전염성 질환(풍진, 톡소플라즈마증 및 그 밖에 의학적으로 태아에 미치는 위험성이 높은 전염성 질환)이 있는 경우
> • 강간 또는 준강간(準强姦)에 의하여 임신된 경우
> • 법률상 혼인할 수 없는 혈족 또는 인척 간에 임신된 경우
> • 임신의 지속이 보건의학적 이유로 모체의 건강을 심각하게 해치고 있거나 해칠 우려가 있는 경우
> ㉡ 인공임신중절수술은 임신 24주 이내인 사람만 할 수 있다.
> ㉢ 배우자의 사망·실종·행방불명, 그 밖에 부득이한 사유로 동의를 받을 수 없으면 본인의 동의만으로 그 수술을 할 수 있다.
> ㉣ 본인이나 배우자가 심신장애로 의사표시를 할 수 없을 때에는 그 친권자나 후견인의 동의로, 친권자나 후견인이 없을 때에는 부양의무자의 동의로 각각 그 동의를 갈음할 수 있다.

❷ 산후조리업

(1) 개념

① 산후조리업이라 함은 산후조리 및 요양 등에 필요한 인력과 시설을 갖춘 곳(산후조리원)에서 분만 직후의 임산부 또는 출생 직후의 영유아에게 급식·요양 그 밖의 일상생활에 필요한 편의를 제공하는 업을 말한다.

② 산후조리는 출산 후 이완되고 불균형한 신체적·정신적 상태를 임신 전의 상태로 회복시키고 산후후유증을 예방하는 것이다.

③ 산후후유증으로는 냉증, 비만, 월경불순, 기미, 골다공증, 관절염, 신경통 등을 들 수 있다.

(2) 산후조리업의 운영

① **신고** … 산후조리업을 하고자 하는 자는 산후조리원의 운영에 필요한 간호사 또는 간호조무사 등의 인력과 시설을 갖추고 시장·군수·구청장에게 신고하여야 한다.

② **산후조리업자의 준수사항** … 산후조리업자는 임산부, 영유아의 건강 및 위생관리와 위해방지 등을 위하여 다음의 사항을 지켜야 한다.
  ㉠ 보건복지부령이 정하는 바에 따라 건강기록부를 비치하여 임산부와 영유아의 건강상태를 기록하고 이를 관리하여야 한다.
  ㉡ 감염 또는 질병을 예방하기 위하여 소독 등 필요한 조치를 취해야 한다.
  ㉢ 임산부 또는 영유아에게 감염 또는 질병이 의심되거나 발생하는 때에는 즉시 의료기관으로 이송하는 등 필요한 조치를 취해야 한다.

③ **건강진단** … 산후조리업에 종사하는 자는 건강진단을 받아야 하며, 산후조리업자는 건강진단을 받지 아니한 자와 타인에게 위해를 끼칠 우려가 있는 질병이 있는 자로 하여금 산후조리업에 종사하도록 하여서는 아니 된다.

④ **산후조리 교육**
  ㉠ 산후조리업자는 보건복지부령이 정하는 바에 따라 감염예방 등에 관한 교육을 정기적으로 받아야 하며, 산후조리업의 신고를 하고자 하는 자도 미리 교육을 받아야 한다.
  ㉡ 다만, 질병이나 부상으로 입원 중인 경우 등 부득이한 사유로 신고 전에 교육을 받을 수 없는 경우에는 보건복지부령이 정하는 바에 따라 당해 산후조리업을 개시한 후 교육을 받아야 한다.

⑤ 산후조리업자는 산후조리업을 영위하기 위하여 명칭을 사용함에 있어서 '산후조리원'이라는 문자를 사용하여야 하며, 모자보건법에 따라 개설된 산후조리원이 아니면 산후조리원 또는 이와 유사한 명칭을 사용하지 못한다.

02 영유아보건사업

❶ 영유아보건사업의 정의와 기본 목적

(1) 정의
① 영유아보건사업은 영유아에게 전문적인 의료봉사를 함으로써 신체적·정신적 건강을 유지하게 하는 사업을 말한다.
② 영유아의 건강관리는 임신 및 태아발육 기간으로부터 시작된다.
③ 영유아의 건강관리는 모자보건관리사업의 3대 요소 중 하나를 차지한다.
④ 모자보건법에서는 영유아를 출생 후 6세 미만의 자로, 한부모가족지원법에서의 아동은 18세 미만(취학 중인 때에는 22세 미만)의 자로 정하고 있다.

(2) 기본 목적
① 건강한 어린이를 건강하게 유지한다.
② 육아에 관해서 부모를 돕고 상담을 한다.
③ 질병예방과 질병의 조기발견 및 건강문제 발견에 그 목적이 있다.

❷ 영유아보건관리

(1) 건강진단
① 영유아의 건강관리를 위해 보건소에 내소·등록한 영유아에 대하여 건강기록부를 작성하여 주기적으로 영유아건강관리를 해야 하는데, 이는 생후 아기의 발육상태 또는 질병 여부를 확인하기 위함이다.
② 신생아 및 영아기의 정기건강진단 실시기준
  ㉠ 1개월까지는 2주에 1회 실시한다.
  ㉡ 1~6개월까지는 4주에 1회 실시한다.
  ㉢ 7~12개월까지는 2개월에 1회 실시한다.
  ㉣ 13~30개월까지는 3개월에 1회 실시한다.

③ 영유아건강진단 내용
   ㉠ 성장발달사정 : 사정도구는 특이성과 민감성이 높을수록 바람직한 도구이며, 현실의 적용가능성, 보건소의 역량, 사업대상자의 수와 관련되어 있다. 복잡하고 시간이 많이 걸리는 도구를 사용할수록 이상발견의 가능성은 높은 반면, 많은 대상자에게 실시하기가 어렵고 사정하는데 걸리는 시간이 많이 요구되며, 전문적 기술을 요한다.
   ㉡ 신체검진
      • 영아 : 키, 몸무게, 가슴둘레, 머리둘레, 팔둘레 등을 검진한다.
      • 유아 : 키, 몸무게, 가슴둘레, 팔둘레, 시력, 청력, 운동기능, 언어, 수면, 대·소변 가리기, 영유아심리검사 등을 한다.
   ㉢ 임상병리검사 : 소변검사(당, 단백, 잠혈), 혈액검사(헤모글로빈, 헤마토크릿), B형 간염 등이 있다.
   ㉣ 상담교육
      • 주기적 건강평가로 신체발달 이상이나 성장발육 부진아 및 과체중아를 선별한다.
      • 고위험 영유아를 의뢰한다.
      • 흔한 질병 및 증상의 응급처치에 관한 정보를 제공한다.
      • 목욕, 의복과 기저귀, 운동과 수면, 놀이와 장난감, 장난감의 선택, 사고예방, 배변·배뇨훈련, 영유아 정신건강 등에 관해 상담 및 교육한다.

(2) 예방접종
① 예방접종 전후의 주의사항
   ㉠ 접종 전날 목욕시키고 접종 당일의 목욕은 하지 않는다.
   ㉡ 고열일 경우 예방접종을 미룬다.
   ㉢ 청결한 의복을 입혀서 데리고 온다.
   ㉣ 영유아의 건강상태를 잘 아는 보호자가 데리고 온다.
   ㉤ 건강상태가 좋을 때 오전 중에 접종한다.
   ㉥ 귀가 후 심하게 보채고 울거나 구토·고열증상이 있을 때는 의사의 진찰을 받는다.
   ㉦ 접종 당일과 다음날은 과격한 운동을 삼간다.
   ㉧ 모자보건수첩을 지참한다.

② 예방접종의 종류
   ㉠ BCG(결핵예방백신)
      • 접종시기 : 생후 4주 이내에 접종한다.
      • 접종방법
        - 피내주사 : WHO에서는 비용이 저렴하고 정확한 양을 접종할 수 있는 피내접종을 표준접종으로 권장하고 있으며 우리나라도 피내접종을 정부에서 시행하는 국가결핵관리사업의 표준접종방법으로 사용하고 있다.
        - 다천자 접종법 : 피내주사에 비해 국소 이상반응의 빈도가 낮으나 투여되는 용량이 정확하지 않아 접종량을 제어할 수 없고, 시술자에 따라 결과에 차이가 있을 수 있다.

ⓒ B형 간염
　　　• 생후 0, 1, 6개월 또는 0, 1, 2개월 일정으로 접종한다.
　　　• 모(母)가 B형 간염 보균자인 경우에는 B형 간염 면역글로블린(HBIG)과 B형 간염 1차 접종을 생후 12시간 이내에 각각 접종한다.
　　ⓓ DTaP(디프테리아, 파상풍, 백일해)
　　　• 기초접종 : 생후 2, 4, 6개월에 실시한다.
　　　• 추가접종 : 생후 15~18개월, 만 4~6세, 만 11~12세에 실시한다.
　　ⓔ Td(파상풍, 디프테리아)
　　　• 접종대상 : 모든 아동을 대상으로 한다.
　　　• 접종시기 : 만 11~12세에 접종을 실시한다.
　　ⓕ IPV(주사용 폴리오)
　　　• 기초접종 : 생후 2, 4, 6개월에 실시한다.
　　　• 추가접종 : 만 4~6세에 실시한다.
　　ⓖ MMR(홍역, 유행성 이하선염, 풍진)
　　　• 기초접종 : 생후 12~15개월에 실시한다.
　　　• 추가접종 : 만 4~6세에 실시한다.
　　ⓗ 수두 : 생후 12~15개월에 실시한다.
　　ⓘ 일본뇌염
　　　• 접종대상 : 만 1~12세의 소아이다.
　　　• 접종시기
　　　　-기초접종 : 생후 12개월에 1주 간격으로 2회 접종을 하고 다음해에 1회 접종을 한다.
　　　　-추가접종 : 만 6세, 만 12세에 실시한다.

(3) 구강관리

① 구강관리의 목적 … 영유아보건에서의 구강보건은 구강의 기형을 조기에 발견하여 건강한 치아를 유지할 수 있도록 하기 위해서이다.

② 유치와 영구치
　ⓐ 유치 : 20개로 출생 후 2년 반이 되면 이가 다 나온다.
　ⓑ 영구치 : 32개로 6~8세부터 유치인 내절치가 빠지고 영구치가 솟아 나온다. 제2대 구치는 12~14세 때 나오며, 제3대 구치는 기간에 차이가 많아 17~30세 사이에 나온다. 6세 때에 나오는 제1대 구치는 치주모형에 기본이 되는 치아이므로 잘 보존해야 한다.

③ 충치예방
　ⓐ 치아가 나면서부터 충치균에 노출되므로 수유 후에는 보리차를 마시게 하거나 젖은 거즈를 손가락에 감아 부드럽게 닦아 준다.

ⓛ 생후 2년부터는 올바른 칫솔사용법을 교육한다.
ⓒ 건강한 치아유지를 위한 식이 등을 교육한다.
ⓔ 정기적인 치과의사의 진찰을 받아 구강질환의 조기발견 및 치료가 이루어지도록 한다.
ⓜ 치근조직보호와 특히 충치예방에 주력하여 부모를 교육한다.
ⓗ 불소를 상수도 학교급수에 주입하여(0.7ppm 정도) 식수로 사용하거나 불소정제, 불소시럽을 복용하기도 하며 식염, 우유, 소맥분 등에 첨가하여 섭취한다.
ⓢ 전문가가 2% 불화소다용액을 치아에 도포(3세, 7세, 10세, 13세에 1주 간격으로 4번씩 면봉을 이용하여 치아표면에 도포)하는 불소도포법과 불소치약, 불소용액 양치법으로 도포하기도 한다. 도포 전에는 치아표면을 깨끗이 하고 건조시켜야 한다.

(4) 영양관리

① **영양관리의 목적** … 유아기는 신체적·정신적 발육이 왕성한 시기로서 장래의 체격 및 체질, 식생활의 기초가 형성되는 시기이다. 유아기 때의 식습관은 평생의 건강을 좌우하며, 영유아기의 영양관리가 성인기 건강으로 이어진다. 유아는 소화능력도 미숙하고 식습관의 기초를 형성하는 시기임을 고려하여야 한다.

② **이유식** … 이유식은 모유나 분유 같은 액체형 식사에서 고형 식사로 바뀌어 가는 시기에 주는 영양보충식이다.
　㉠ 이유식 시작 : 백일 이후 체중이 약 6~7kg(출생시의 2배) 정도 되었을 때 시작하는 것이 좋다.
　㉡ 이유식의 보관방법
　　• 냉장실에 보관할 때는 음식을 잘 밀봉한다.
　　• 냉동실에 보관할 때는 1회용 용기 등 오목한 홈이 있는 용기를 이용한다.
　　• 얼릴 때는 우선 얼음 그릇에 넣어서 얼린 다음 꺼내어 비닐봉지나 랩에 1회분씩 넣어 보관한다.
　　• 얼렸던 아기 음식은 냉장실에서 해동하고 지나치게 오랫동안 조리하지 않아야 된다.
　㉢ 이유시 주의점
　　• 수유시간을 규칙적(4시간 간격)으로 습관화하도록 한다.
　　• 같은 시간, 같은 장소에서 규칙적으로 먹인다.
　　• 새로운 식품을 줄 때에는 일주일의 간격을 두고 처음에는 1~2숟가락으로 시작하며, 조금씩 몇 번에 나누어서 먹인다.
　　• 이유식은 소화기능이 활발한 오전 중이나 수유와 수유 사이에 아기의 기분이 좋을 때 준다.
　　• 1일 2종류 이상 새로운 음식을 먹이지 않도록 한다.
　　• 설탕이나 소금을 과다하게 첨가하지 않고 조리는 단순하고 자극성이 없는 부드러운 방법을 이용한다.
　　• 먹기 싫어할 때는 강제로 먹이지 말고 기다린다.
　　• 스푼이나 컵을 이용하여 삼키는 능력을 개발시킨다.

최근 기출문제 분석

2019. 6. 15 제2회 서울특별시

1 임신 22주인 산모 A씨는 톡소플라즈마증으로 진단받았다. A씨가 취할 수 있는 행위로 가장 옳은 것은?

① 법적으로 인공임신중절수술 허용기간이 지나 임신을 유지하여야 한다.
② 인공임신중절수술 허용기간은 지났지만 톡소플라즈마증은 태아에 미치는 위험이 높기 때문에 본인과 배우자 동의하에 인공임신중절수술을 할 수 있다.
③ 인공임신중절수술을 할 수 있는 기간이지만 톡소플라즈마증은 태아에 미치는 위험이 낮기 때문에 임신을 유지하여야 한다.
④ 인공임신중절수술을 할 수 있는 기간이고 톡소플라즈마증은 태아에 미치는 위험이 높기 때문에 본인과 배우자 동의하에 인공임신중절수술을 할 수 있다.

> **TIP** 톡소플라스마증은 충의 일종인 톡소포자충(Toxoplasma gondii)의 감염에 의해 일어나며, 여성이 임신 중에 감염될 경우 유산과 불임을 포함하여 태아에 이상을 유발할 수 있는 인수공통 전염병이다. 임신 22주는 인공임신중절수술을 할 수 있는 기간이므로 톡소플라즈마증 진단을 받았다면 인공임신중절수술을 할 수 있다.

Answer 1.④

출제 예상 문제

1 MMR 접종시기로 옳은 것은?

① 생후 1개월
② 생후 2, 4, 6개월
③ 생후 12 ~ 15개월
④ 만 1세

> **TIP** MMR의 1차 접종은 생후 12 ~ 15개월에 실시하며, 추가접종은 만 4 ~ 6세에 실시한다.

2 다음 중 모자보건법에서 영유아 기준으로 옳은 것은?

① 출생 후 28일 미만
② 출생 후 3년까지
③ 출생 후 6년 미만
④ 출생 후 10년 미만

> **TIP** 영유아
> ㉠ 협의 : 출생 후 6년 미만의 미취학 아동까지를 말한다(모자보건법의 기준).
> ㉡ 광의 : 생후부터 15 ~ 18세까지의 미성년자를 말한다.

3 임산부의 산전관리시 체중의 측정을 정기적으로 하는 이유는?

① 태아의 발육상태를 알아보기 위해서이다.
② 임산부의 건강상태를 측정하기 위해서이다.
③ 양수과다증을 조기에 발견하기 위해서이다.
④ 임신중독증을 조기에 발견하기 위해서이다.

> **TIP** 임산부의 산전관리시 체중의 측정을 정기적으로 하는 이유는 임신중독증을 조기에 발견하기 위함이다.

Answer 1.③ 2.③ 3.④

4 다음 중 신생아 기준으로 옳은 것은?

① 생후 1주일　　　　　② 생후 28일 미만
③ 생후 3개월　　　　　④ 생후 1년

> **TIP** 신생아 … 출생 후 28일 미만의 영유아를 말한다.

5 다음 중 1년 이내에 실시해야만 하는 예방접종으로 묶인 것은?

| ㉠ 콜레라 | ㉡ B형 간염 |
| ㉢ DTaP | ㉣ 일본뇌염 |

① ㉠㉡　　　　　② ㉠㉣
③ ㉡㉢　　　　　④ ㉢㉣

> **TIP** 1년 이내에 실시하는 예방접종
> ㉠ BCG
> ㉡ DTaP
> ㉢ IPV
> ㉣ B형 간염

6 임신소모(pregnancy wastage) 중에서 가장 치명적인 것은?

① 간질　　　　　② 사고
③ 인공유산　　　④ 출생시 손상

> **TIP** 임신소모 … 임신의 결과가 정상적이지 못하고 태아 또는 영아에게 불리한 결과를 초래하는 모든 경우를 말한다.

Answer 4.② 5.③ 6.③

7 영아를 대상으로 하는 기본·추가 예방접종시기가 나라마다 다른 이유는?

① 의학수준의 차이
② 경제수준의 차이
③ 보건법의 차이
④ 질병의 유행 양상의 차이

> **TIP** 각 나라마다 유행하는 질병이 다르기 때문에 추가 접종시기가 다르다.

8 건강한 임산부에게 필요한 1일 철분권장량은?

① 10 ~ 30mg
② 30 ~ 60mg
③ 100 ~ 120mg
④ 150 ~ 200mg

> **TIP** 임산부의 1일 철분권장량은 18mg + 30 ~ 60mg이다.

9 다음 중 영유아 클리닉과 관계없는 것은?

① 건강상담
② 예방접종
③ 철분투여
④ 성장발달의 측정

> **TIP** ③ 산모 클리닉의 주요 업무 중 하나는 산모에게 부족해지기 쉬운 철분의 섭취를 권장하는 것이다.

Answer 7.④ 8.② 9.③

10 임신 4주된 산부가 모성실을 방문하였을 때 간호사가 취해야 할 업무가 아닌 것은?

① 혈청검사
② 소변검사
③ 혈압측정
④ 체중측정

> **TIP** ① 임신 전 관리내용이다.
> ※ 산전 관리내용
> ㉠ 흉부 X선 촬영, 심전도, 결핵 유무 확인
> ㉡ 혈압측정
> ㉢ 소변검사(단백뇨, 당뇨, 임신반응 검사)
> ㉣ 혈액검사(ABO, RH, 매독반응 검사)
> ㉤ 체중증가 확인

11 일반적으로 아동의 질병양상에 영향을 미치는 주요 요소를 모두 고른 것은?

㉠ 가족의 교육수준　　㉡ 가족의 태도
㉢ 경제상태　　　　　　㉣ 부모의 직업
㉤ 법률

① ㉠㉡㉢
② ㉠㉡㉣
③ ㉠㉢㉣
④ ㉢㉣㉤

> **TIP** 아동의 질병양상에 영향을 미치는 주요 요인 … 교육수준, 가족의 태도, 주거환경, 경제상태, 부모의 가치관

12 다음 중 영아보건사업의 대상끼리 짝지어진 것은?

㉠ 출생아　　㉡ 영아
㉢ 유아　　　㉣ 신생아
㉤ 학령아

① ㉠㉡㉢
② ㉠㉡㉣
③ ㉠㉣
④ ㉡㉣

Answer 10.① 11.① 12.②

> **TIP** 영아보건사업의 대상은 출생아, 신생아, 영아(생후 1년까지)이다.

13 출생시나 생후 1일된 아기의 사망 주요 원인은?
① 질식
② 출생시 손상
③ 미숙아
④ 기형

> **TIP** 신생아의 사망원인의 1위는 미숙아, 2위는 선천성 기형이다.

14 아동기 때에 정상적으로 자라는가의 여부를 가장 간단하게 나타내 주는 지표로 옳은 것은?
① 지능발달
② 행동발달
③ 언어발달
④ 단위개월별 체중증가

> **TIP** 성장은 아동의 신체의 크기가 증가하는 것으로 아동의 정상발육 여부를 판단하는 기준이 된다.

15 일반적으로 문제시되는 우리나라 모성보건사업의 내용이 아닌 것은?
① 가족계획과 모자보건사업이 이원화되어서 혼선을 빚고 있다.
② 보건지소에 분만시설 부재로 안정분만율이 낮다.
③ 국가의 재정적 후원이 거의 없다.
④ 모자보건 전담요원제도가 없다.

> **TIP** 우리나라 모성보건사업은 국가의 재정적 후원으로 보건소, 보건지소를 통하여 이루어지고 있으나 모자보건을 전담하는 요원이 많지 않아 어려움을 겪고 있다.

Answer 13.③ 14.④ 15.③

지역사회간호

06 PART

인구와 가족계획

01 인구
02 가족계획

# 01 인구

01 인구통계

❶ 인구의 이해

(1) 인구의 개념
① 인구란 포괄적 개념으로 시공간 공동체를 의미하며, 지구 전체 혹은 정치·경제·지리적으로 구분되어 있는 일정지역에 살고 있는 주민의 집단을 말한다.
② 인종(유전 공동체), 국민(국적 공동체), 민족(문화 공동체)의 의미와 구분되어야 한다.

(2) 인구의 구분
① 이론적 인구
  ㉠ 폐쇄인구 : 인구의 이동이 없고 출생과 사망에 의해서만 변동되는 인구로 가장 기본적인 인구이다.
  ㉡ 개방인구 : 인구이동에 의한 인구증가가 있는 경우이다.
  ㉢ 안정인구 : 인구이동이 없는 폐쇄인구의 특수한 경우로 연령별 사망률과 연령별 출생률이 같아서 연령별 구조 및 인구의 자연증가율이 일정하다.
  ㉣ 정지인구 : 출생률과 사망률이 같아 자연증가가 일어나지 않는 경우, 생명표의 기초이론을 제공함으로써 인구분석에 가장 기초적인 개념이다.
  ㉤ 적정인구 : 인구의 과잉을 식량에만 국한할 것이 아니라 생활수준에 둠으로써 주어진 여건 속에서 최대의 생산성을 유지하여 최고의 생활수준을 유지할 수 있는 인구이다.
② 실제적 인구
  ㉠ 현재인구 : 어떤 특정한 시점에서 현존하고 있는 인구집단을 모든 지역의 인구로 간주하였을 때의 인구이다.
  ㉡ 상주인구 : 특정한 관찰시각에 있어 특정한 지역에 거주하고 있는 인구집단이다.

ⓒ **법적 인구**: 특정한 관찰시각에 있어 어떤 법적 관계에 입각하여 특정한 인간집단을 특정지역에 귀속시킨 인구이다. 선거법에 의한 유권자 인구, 조세법에 의한 납세 인구 등이 이에 해당한다.
ⓔ **종업지 인구**: 어떤 일에 종사하고 있는 장소를 결부시켜 분류한 인구이다.

② 통계

(1) 자료

① **센서스(Census)** … 5년 또는 10년의 간격을 두고 실시하며 어떤 한 시점에서 일정지역에 거주하거나 머물러 있는 사람 모두에 대한 특정의 정보를 개인단위로 수집하는 정기적인 조사이다.

② **신고자료** … 일정한 기간에 나타난 출생, 사망, 결혼, 이혼, 이주에 관한 내용을 당사자나 혹은 관련자가 일정한 양식에 따라 등록한 자료이다.

③ **표본조사** … 특수한 목적의 한정된 통계자료를 수집하고자 할 때 이용된다.

(2) 측정지표

① **출생**
　ⓐ **정의(WHO)**: 출생이란 임신기간에 관계없이 수태에 의한 생성물이 그 모체로부터 완전히 만출 또는 적출되는 것으로서 수태에 의한 생성물이 이러한 분리 후 탯줄의 절단이나 태반의 부착 여하에 관계없이 호흡을 하거나 심장의 고동, 탯줄의 박동, 수의근의 명확한 운동과 같은 생명의 증거를 나타내는 출산의 각 생성물이다.

> **TIP 출생지수**
> ⊙ 조출생률 = $\dfrac{\text{연간 총 출생아수}}{\text{연 중앙인구}} \times 1,000$
> ⓒ 일반출산율 = $\dfrac{\text{연간 총 출생아수}}{\text{가임여성인구}(15\sim49\text{세},\ 15\sim44\text{세})}$
> ⓒ 연령별 출산율 = $\dfrac{\text{그 연령군에서의 연간 출생수}}{\text{어떤 연령군의 가임여성인구}} \times 1,000$
> ⓔ 모아비 = $\dfrac{0\sim4\text{세 인구}}{\text{가임여성인구}(15\sim49\text{세},\ 15\sim44\text{세})} \times 1,000$
> ⓜ **재생산율**: 한 여성이 일생동안 여아를 몇 명 낳는가를 나타낸 것이다.
> ⓗ **합계출산율**: 한 명의 여자가 일생동안 총 몇 명의 아이를 낳는가를 나타낸 것이며, 연령별(15~49세) 출산율을 합쳐서 산출한다.
> ⓢ **차별출산력**: 사회·경제적 배경에 따른 출산율 차이(교육수준, 경제상태, 지역, 인종, 종교별 출산율 비교)를 나타낸다.
> ⓞ 출산 순위별 출산율 = $\dfrac{\text{출산한 순위별 출생아수}}{15\sim19\text{세 여자인구}}$

◎ 출생에 영향을 미치는 요인
  - 생물학적 요인 : 남녀 모두 생식능력(가임력)을 가져야 한다.
  - 사회문화적 요인
    - 혼인연령 : 혼인연령이 낮아질수록 출산력이 높다.
    - 자녀수에 대한 가치관이다.
    - 결혼의 안정성이다.
    - 피임과 인공유산이다.

② 사망
  ⊙ 정의 : 인구의 잠재적 성장속도 및 인구구조 유형을 결정짓는 인간사회에 있어서 중요한 요인이다.

  > **TIP** 사망지수
  >
  > ⊙ 조사망률 $= \dfrac{\text{연간 총 사망수}}{\text{연 중앙인구}} \times 1{,}000$
  >
  > ⊙ 연령별 사망률 $= \dfrac{\text{그 연령군의 연간 총 사망수}}{\text{어떤 연령군의 연 중앙인구}} \times 1{,}000$
  >
  > ⓒ 영아사망률 $= \dfrac{\text{영아기 사망수}}{\text{어떤 연도 출생수}} \times 1{,}000$
  >
  > ⓔ 보정영아 사망률 $= \dfrac{\text{그 기간 내 출생아 중 영아기 사망수}}{\text{어떤 기간 내 출생수}} \times 1{,}000$
  >
  > ⓜ 신생아사망률 $= \dfrac{\text{생후 28일 이내의 사망수}}{\text{어떤 연도 출생수}} \times 1{,}000$
  >
  > ⓗ 영아 후기 사망률 $= \dfrac{\text{생후 28일 이후 1년 미만의 사망수}}{\text{어떤 연도 출생수}} \times 1{,}000$
  >
  > ⓢ 주산기 사망률 $= \dfrac{\text{임신 28주 이후의 사산아수 + 생후 7일 이내의 신생아사망수}}{\text{어떤 연도 출생수}} \times 1{,}000$
  >
  > ⓞ 사산율 $= \dfrac{\text{연간 사산수}}{\text{연간 출생수}} \times 1{,}000$
  >
  > ⓩ 모성사망률 $= \dfrac{\text{임신 · 분만 · 산욕 합병증으로 인한 모성사망수}}{\text{어떤 연도 출생수}} \times 1{,}000$
  >
  > ⓧ 출생사망비(인구동태지수) $= \dfrac{\text{그 기간의 출생수}}{\text{어떤 기간의 사망수}} \times 1{,}000$
  >
  > ⓚ 비례사망지수 $= \dfrac{\text{그 해 50세 이상의 사망수}}{\text{연간 총 사망수}} \times 1{,}000$

  ⓒ 사망에 영향을 미치는 요인
  - 남녀의 성, 연령, 보건의료혜택, 경제수준, 종교 등 생물학적 · 사회 · 경제 · 문화적 요인들이 있다.
  - 선진국의 경우 선천적 기형, 출생 상해 등 내생적 원인과 만성 퇴행성 질환, 간경화, 당뇨 등이 주요 사망요인이다.
  - 개발도상국의 경우 불결한 환경, 부적절한 의료시설 등 외생적 원인과 전염성 질환 등이 주요 사망요인이다.

02 인구이론과 인구구조

① 인구이론

(1) 맬서스주의
① 인구는 기하급수적으로 증가하지만, 식량은 산술급수적으로 증가한다는 것을 전제하였다.
② 인구증가가 빈곤·악덕 등 사회악의 원인이 되므로 식량에 맞도록 인구를 억제해야 한다고 주장하였다.

(2) 신맬서스주의
인구증가 억제를 위해 산아제한 또는 수태조절의 필요성을 주장하는 입장이다.

(3) 인구변천이론
① 제1기 … 다산다사(多産多死)로 출생률과 사망률이 모두 높은 상태이다. 현재 세계인구의 5분의 1이 이 시기에 있다고 본다. 인구증가가 낮은 단계로 고잠재적 성장단계이다.
② 제2기 … 다산소사(多産少死)로 공업화에 도달하여 사망률이 낮아지고 출생률이 높은 상태 또는 출생률보다 사망률이 느린 속도로 떨어지는 상태이다. 현재 세계인구의 3분의 5가 이 시기에 있다고 본다. 인구가 급증하는 단계로 과도기적 성장단계이다.
③ 제3기 … 소산소사(少産少死)로 인구의 급속한 증가를 거친 이후에 나타난다. 즉 사망률과 출생률이 모두 낮은 상태로 인구증가가 낮은 안정단계로 인구감소의 시작단계이다. 현재 세계인구의 5분의 1이 이 시기에 있는 것으로 본다.

② 인구구조

(1) 성구조
① 남성 성비 … 보통 여자 100명에 대한 남자의 수를 나타낸다.
② 1차 성비 … 태아의 성비를 나타내는 것으로 항상 남자가 여자보다 많다.
③ 2차 성비 … 출생시의 성비로 1차 성비와 마찬가지로 항상 남자가 여자보다 많다. 또, 장래인구를 추정하는 데 좋은 자료가 된다.

④ 3차 성비 … 현재 인구의 성비를 나타낸다.
  ㉠ 0 ~ 4세 : 남자가 여자보다 많다.
  ㉡ 50 ~ 54세 : 남녀의 성비가 균형을 이룬다.
  ㉢ 고령 : 남자보다 여자가 많아진다.

> **TIP** 성비에 직접적인 영향을 주는 요인
> 사망률의 수준, 사망률의 남녀별차이, 인구이동 등이 있다.

(2) 연령구조

① 연령구조는 인구의 출생, 사망, 인구이동에 의해서 결정된다.

② 연령구조를 보는데 가장 흔히 사용되는 지수는 중위연령으로, 이는 전체 인구가 연령별로 분포되어 있을 때 양분되는 점의 연령을 말한다.

③ 인구의 출생률과 사망률이 높아질수록 중위연령은 낮아지며, 출생률과 사망률이 낮아질수록 중위연령은 높아진다.

(3) 부양비

① **개념** … 인구의 사회·경제적 구성을 나타내는 지표로서, 생산능력을 가진 인구와 생산능력이 없는 어린이와 노인인구의 비를 말하는 것이다.

② **총 부양비** … 총 부양비가 높을수록 경제적 투자능력이 상대적으로 떨어져 경제발전에 어려움이 많다.

> **TIP** 부양비지수
> ㉠ 총 부양비 $= \dfrac{0 \sim 14세 \ 인구 + 65세 \ 이상 \ 인구}{15 \sim 64세 \ 인구} \times 100$
> ㉡ 유년부양비 $= \dfrac{0 \sim 14세 \ 인구}{15 \sim 64세 \ 인구} \times 100$
> ㉢ 노년부양비 $= \dfrac{65세 \ 이상 \ 인구}{15 \sim 64세 \ 인구} \times 100$

(4) 노령화지수

노인인구의 증가에 따른 노령화 정도를 나타낸다.

$$노령화지수 = \dfrac{65세 \ 이상 \ 인구}{0 \sim 14세 \ 인구} \times 100$$

> **TIP** 고령화 사회
> 65세 이상의 인구가 총 인구의 7% 이상을 차지하는 사회를 말한다.

(5) 인구구조의 유형

① **인구구성** … 인구동태에 관여하는 출생, 사망 및 이주에 의하여 어느 시점에서의 지역주민의 성별, 연령별 인구가 어떻게 되는지 나타낸 것이다.
　㉠ 한 인구집단에서의 병명·연령별 특성을 일목요연하게 나타낸다.
　㉡ 두 개 이상의 인구집단간의 인구학적 특성차이를 쉽게 구분할 수 있다.

② **구성의 형태**
　㉠ 피라미드형
　　• 다산다사형(발전형)이다.
　　• 0 ~ 14세 인구가 50세 이상 인구의 2배가 넘는다.
　　• 저개발 국가, 1960년 이전 우리나라의 유형이다.
　　• 고출생률, 고사망률의 형태이다.
　㉡ 종형
　　• 선진국형으로 출생률과 사망률이 모두 낮다.
　　• 0 ~ 14세 인구가 50세 이상 인구의 2배와 같다.
　　• 인구가 정지(자연증가율 ≒ 0)되어 정지인구 구조와 비슷하다.
　　• 노인인구의 비중이 커져 노인문제가 야기된다.
　㉢ 항아리형
　　• 인구가 감소하는 유형(감퇴형)이다.
　　• 0 ~ 14세 인구가 50세 이상 인구의 2배가 못 된다.
　　• 출생률이 사망률보다 낮다.
　　• 저출생률, 저사망률의 형태이다.
　　• 산업사회로 진행되면서 많이 나타나는 유형이다.
　㉣ 별형
　　• 도시형(유입형)이다.
　　• 15 ~ 49세 인구가 전체 인구의 50%를 차지한다.
　　• 생산연령 인구비율이 높다.
　㉤ 호로형
　　• 농촌형(유출형)이다.
　　• 15 ~ 49세 인구가 전체 인구의 50% 미만이다.
　　• 노동력 부족현상이 나타난다.
　　• 청장년층의 유출에 의한 출산력 저하로 유년층의 비율이 낮다.

01. 인구

최근 기출문제 분석

2019. 6. 15 제2회 서울특별시

1 〈보기〉의 ( ) 안에 들어갈 말은?

― 보기 ―
모성사망 측정을 위해 개발된 지표 중 가장 많이 사용되는 지표인 모성사망비는 해당 연도 ( ) 10만 명당 해당 연도 임신, 분만, 산욕으로 인한 모성사망의 수로 산출한다.

① 여성
② 출생아
③ 사망 여성
④ 가임기 여성

> **TIP** 모성사망비는 해당 연도의 출생아 수에 대하여 동일 연도 임신기간 동안 사망한 여성 전체수를 나타낸 값이다. 모성사망률은 해당 연도의 가임기 여성 수에 대하여 동일 연도 임신기간 동안 사망한 여성 전체수를 나타낸 값이다.

Answer 1.②

2019. 6. 15 제1회 지방직

2 사망 관련 통계지표에 대한 설명으로 옳은 것은?

① 비례사망지수는 특정 연도 전체 사망자 중 특정 원인으로 인한 사망자 비율을 산출하는 지표이다.
② α-index는 특정 연도의 신생아 사망수를 영아 사망수로 나눈 값으로 신생아 건강관리사업의 기초자료로 유용하다.
③ 치명률은 어떤 질병이 생명에 영향을 주는 위험도를 보여주는 지표로 일정 기간 동안 특정 질병에 이환된 자 중 그 질병에 의해 사망한 자를 비율로 나타낸 것이다.
④ 모성사망비는 해당 연도에 사망한 총 여성 수 중 같은 해 임신·분만·산욕 합병증으로 사망한 모성수 비율을 산출하는 지표이다.

> **TIP** ① 비례사망지수(PMI, Proportional Mortality indicator)는 연간 총 사망수에 대한 50세 이상의 사망자수를 퍼센트(%)로 표시한 지수이다.
> ② α-index는 생후 1년 미만의 사망 수(영아사망 수)를 생후 28일 미만의 사망 수(신생아사망 수)로 나눈 값이다. α-index의 값이 1에 가까울수록 유아사망의 원인이 선천적인 것이므로 그 지역의 보건의료수준이 높은 것을 의미한다. 값이 클수록 신생아기 이후의 영아사망이 크기 때문에 영아 사망에 대한 예방 대책이 필요하다.
> ④ 모성사망비는 해당 연도의 출생아 수에 대하여 동일 연도 임신기간 동안 사망한 여성 전체수를 나타낸 값이다. 모성사망률은 해당 연도의 가임기 여성 수에 대하여 동일 연도 임신기간 동안 사망한 여성 전체수를 나타낸 값이다.

Answer 2.③

2019. 2. 23 제1회 서울특별시

3 다음과 같은 연령별 내국인 인구를 가진 지역사회의 인구구조에 대한 설명으로 가장 옳은 것은?

연령(세)	인원(명)
0 ~ 14	200
15 ~ 24	200
25 ~ 34	150
35 ~ 44	200
45 ~ 54	250
55 ~ 64	200
65 ~ 74	150
75세 이상	150
계	1,500

① 고령사회이다.
② 노년부양비는 50.0%이다.
③ 노령화지수는 150.0%이다.
④ 유년부양비는 50.0%이다.

> **TIP**
> ③ 노령화지수 = $\dfrac{\text{고령(65세 이상) 인구}}{\text{유소년(14세 이하) 인구}} \times 100 = \dfrac{300}{200} \times 100 = 150\%$
>
> ① 유엔은 고령인구 비율이 7%를 넘으면 고령화사회, 14%를 넘으면 고령사회, 20% 이상이면 초고령사회로 분류한다.
> 해당 지역사회는 고령인구가 전체인구의 $\dfrac{300}{1,500} \times 100 = 20\%$로 초고령사회이다.
>
> ② 노년부양비 = $\dfrac{\text{고령(65세 이상) 인구}}{\text{생산가능인구(15~64세)}} \times 100 = \dfrac{300}{1,000} \times 100 = 30\%$
>
> ④ 유년부양비 = $\dfrac{\text{유년층(0~14세) 인구}}{\text{생산가능인구(15~64세)}} \times 100 = \dfrac{200}{1,000} \times 100 = 20\%$

Answer 3.③

2018. 5. 19 제1회 지방직

4 다음의 인구 현황 표에 따라 산출한 지표에 대한 설명으로 옳은 것은?

구분(세)	인구 수(명)
0 ~ 14	200
15 ~ 49	300
50 ~ 64	200
65 ~ 74	200
75 이상	100
계	1,000

① 노령화 지수는 30으로 유년인구 100명에 대해 노년인구가 30명임을 뜻한다.
② 노인인구 구성 비율은 20%로 총인구 100명에 대해 노인인구가 20명임을 뜻한다.
③ 노년부양비는 60으로 생산가능인구 100명이 노년인구 60명을 부양한다는 뜻이다.
④ 유년부양비는 20으로 생산가능인구 100명이 유년인구 20명을 부양한다는 뜻이다.

TIP ③ 노년부양비 = $\frac{65세 이상 인구수}{15~64세 인구수} \times 100 = \frac{300}{500} \times 100 = 60$으로 생산가능인구 100명이 노년인구 60명을 부양한다는 뜻이다.

① 노령화 지수 = $\frac{65세 이상 인구수}{0~14세 인구수} \times 100 = \frac{300}{200} \times 100 = 150$으로 유년인구 100명에 대해 노년인구가 150명임을 뜻한다.

② 노인인구 구성 비율 = $\frac{65세 이상 인구수}{전체 인구} \times 100 = \frac{300}{1,000} \times 100 = 30\%$로 총인구 100명에 대해 노인인구가 30명임을 뜻한다. → 초고령 사회

④ 유년부양비는 = $\frac{0~14세 인구수}{15~64세 인구수} \times 100 = \frac{200}{500} \times 100 = 40$으로 생산가능인구 100명이 유년인구 40명을 부양한다는 뜻이다.

Answer 4.③

2017. 12. 16 지방직 추가선발
5 다음 글에서 설명하는 지표는?

> • 한 여성이 현재의 출산력이 계속된다는 가정 하에서 가임 기간 동안 몇 명의 여자 아이를 출산하는가를 나타낸 값이다.
> • 단, 태어난 여자 아이가 가임 연령에 도달할 때까지의 생존율은 고려하지 않는다.

① 합계출산율 ② 총재생산율
③ 순재생산율 ④ 유배우출산율

TIP 제시된 내용은 총재생산율에 대한 설명이다.

2017. 6. 17 제1회 지방직
6 다음 A지역의 성비유형 및 성비는?

> 2016년 A지역에 남아 90명과 여아 100명이 출생하였다.

① 1차 성비, $\frac{90}{100} \times 100$ ② 1차 성비, $\frac{100}{90} \times 100$
③ 2차 성비, $\frac{90}{100} \times 100$ ④ 2차 성비, $\frac{100}{90} \times 100$

TIP 출생 시 성비는 2차 성비로 $\frac{남아}{여아} \times 100 = \frac{90}{100} \times 100 = 90\%$ 이다.

Answer 5.② 6.③

2016. 6. 18 제1회 지방직

7 모자보건사업의 지표에 대한 설명으로 옳은 것은?

① α-index는 해당 연도의 영아사망수와 모성사망수의 비를 나타낸 값이다.
② 영아사망률은 해당 연도의 출생아 수 1,000명에 대하여 동일 기간에 발생한 1세 미만의 사망아 수를 나타낸 값이다.
③ 주산기사망률은 해당 연도의 총 출생아 수에 대하여 동일 기간의 임신 12주 이후의 태아 사망수 와 생후 28일 미만의 신생아 사망수를 나타낸 값이다.
④ 모성사망률은 해당 연도의 출생아 수에 대하여 동일 연도 임신기간 동안 사망한 여성 전체수를 나타낸 값이다.

> **TIP** ① α-index는 생후 1년 미만의 사망수(영아사망수)를 생후 28일 미만의 사망수(신생아사망수)로 나눈 값이다. 유아사망의 원인이 선천적 원인만이라면 값은 1에 가깝다.
> ③ 주산기사망률은 임신 28주 이후의 후기 사산수와 생후 7일 이내의 사망자 수를 나타내는 지표이다.
> ④ 모성사망비에 대한 설명이다. 모성사망률은 해당 연도의 가임기 여성 수에 대하여 동일 연도 임신기간 동안 사망한 여성 전체수를 나타낸 값이다.
> ※ 모성사망비와 모성사망률
> ㉠ 모성사망비(출생아 10만 명당) : (모성사망자 수/출생아수)×100,000
> ㉡ 모성사망률(가임기 여성 10만 명당) : (모성사망자 수/가임기 여성 수)×100,000

2016. 6. 25 서울특별시

8 아래의 인구통계 자료로 알 수 있는 지역 A의 특성은?

지역 A의 인구통계 자료	• α-index : 1.03 • 유소년 부양비 : 18.9 • 노령화지수 : 376.1 • 경제활동연령인구비율 : 52.7

① 노인 부양에 대한 사회적 대책과 전략이 요구된다.
② 지역사회의 영아사망 및 모성사망 감소에 대한 요구가 높다.
③ 고출생 저사망으로 인한 인구억제 및 가족계획 정책이 요구된다.
④ 근대화 과정의 초기로서 사망률 저하를 위한 환경개선사업이 요구된다.

> **TIP** 경제활동연령인구비율에 비해 노령화지수가 매우 높다. 따라서 노인 부양에 대한 사회적 대책과 전략이 요구된다.

Answer 7.② 8.①

2014. 6. 21 제1회 지방직

9 인구통계지표에 대한 설명으로 옳은 것은?

① 세계보건기구(WHO)는 주산기사망률, 비례사망지수와 영아사망률을 국가 간 건강수준을 비교할 수 있는 지표로 제시하고 있다.
② 주산기사망률은 연간 출생아 수 중 생후 7일 이내의 사망자 수를 나타내는 지표로서 그 값이 클수록 해당지역의 건강수준이 낮음을 의미한다.
③ 비례사망지수는 연간 총사망자 수 중 50세 이상 사망자 수를 표시한 지수로서 그 값이 클수록 해당지역의 건강수준이 높음을 의미한다.
④ 영아사망률은 영아사망과 신생아사망을 비교하는 지표로서 그 값이 1에 가까울수록 해당지역의 건강수준이 높음을 의미한다.

TIP ① 세계보건기구(WHO)는 영아사망률, 건강수명, 비례사망지수를 국가 간 건강수준을 비교할 수 있는 지표를 제시하고 있다.
② 주산기사망률은 임신 28주 이후의 후기 사산수와 생후 7일 이내의 사망자 수를 나타내는 지표이다.
④ 영아사망률은 출생 후 1년 안에 사망한 영아의 사망자 수를 나타내는 지표이다.

Answer 9.③

출제 예상 문제

1 인구구조를 조사한 결과 0~14세의 인구가 50세 이상 인구의 두 배가 되지 못했을 경우 이것의 의미는 무엇인가?

① 출생률은 낮고 사망률은 높다.
② 생산활동의 인구가 높다.
③ 출생률, 사망률이 모두 낮아 인구가 감소 중이다.
④ 출생률도 높고 사망률도 높다.

> **TIP** 항아리형
> ㉠ 인구가 감소하는 유형(감퇴형)이다.
> ㉡ 0~14세 인구가 50세 이상 인구의 2배가 못 된다.
> ㉢ 출생률이 사망률보다 낮다.
> ㉣ 저출생률, 저사망률이 나타난다.
> ㉤ 산업사회로 진행되면서 많이 나타난다.

2 다음 중 감퇴기의 인구구조모형은?

① 피라미드형 ② 별형
③ 종형 ④ 항아리형

> **TIP** 항아리형 … 인구가 감소하는 유형(감퇴형)이다.

Answer 1.③ 2.④

3 다음 중 인구구조모형에서 별형의 의미로 옳지 않은 것은?

① 도시형이다.　　　　　　　　② 15 ~ 49세가 전체의 50% 이상이다.
③ 유입형이다.　　　　　　　　④ 발전형이다.

> **TIP** ④ 피라미드형이다.
> ※ 별형
> 　㉠ 도시형(유입형)이다.
> 　㉡ 15 ~ 49세의 인구비율은 전체의 50% 이상을 차지한다.
> 　㉢ 생산연령 인구비율이 높다.

4 다음 중 고령화 사회의 기준으로 옳은 것은?

① 노년부양비　　　　　　　　② 노령화 지수
③ 노인사망률　　　　　　　　④ 노인인구 구성비

> **TIP** 고령화 사회 … 총 인구 중에서 65세의 인구가 총 인구의 7% 이상인 사회를 말한다.

5 성비에 대한 내용으로 옳은 것은?

① 남자 100명에 대한 인구이다.　　② 1차는 태아의 성비이다.
③ 2차는 현재의 성비이다.　　　　 ④ 1, 2차 성비는 여자가 많다.

> **TIP** 성비
> 　㉠ 남성 성비 : 보통 여자 100명에 대한 남자의 수를 말한다.
> 　㉡ 1차 성비 : 태아의 성비를 나타내는 것으로 항상 남자가 여자보다 많다.
> 　㉢ 2차 성비 : 출생시 성비로 1차 성비와 마찬가지로 항상 남자가 많다.
> 　㉣ 3차 성비 : 현재 인구의 성비를 나타낸다.

Answer　3.④　4.④　5.②

6 노인인구 증가에 따른 사회 경제적 특성으로 옳지 않은 것은?

① 노년 부양비가 증가한다.
② 우리나라 노인인구가 2010년에는 감소할 것이다.
③ 노령화 지수는 점차 가속화되고 있다.
④ 부양비는 농촌보다 도시에서 더 낮다.

> **TIP** ② 우리나라의 노인인구는 지속적으로 증가할 것이라고 예상된다.

7 인구구조에 가장 큰 영향을 미치는 요소로 옳은 것은?

① 유병률
② 사망률
③ 인구유출
④ 출산율

> **TIP** 우리나라에서 인구구조에 가장 큰 영향을 미치는 요소는 출산율이다.

8 한 국가의 인구구조에 영향을 미치는 요소로만 묶인 것은?

㉠ 출생	㉡ 사망
㉢ 혼인	㉣ 이혼
㉤ 이민	㉥ 인구유입

① ㉠㉡㉢
② ㉠㉡㉤㉥
③ ㉢㉣㉤㉥
④ ㉢㉣㉥

> **TIP** 출생, 사망, 이민, 인구유입 등은 인구구조에 영향을 미친다.

Answer 6.② 7.④ 8.②

9 14세 이하의 인구가 50세 이상 인구의 2배와 같다면 이 인구의 가까운 장래는?

① 인구가 증가한다.
② 인구가 감소한다.
③ 인구가 정지된다.
④ 피라미드형 인구구조가 된다.

> **TIP** 14세 이하의 인구가 50세 이상 인구의 2배와 같은 경우는 인구구조모형 중 종형을 나타낸다. 종형은 출생률과 사망률이 모두 낮은 선진국형이다.

10 한 여자가 일생동안 평균 몇 명의 자녀를 낳는가를 나타내는 지수는?

① 합계출산율
② 일반출산율
③ 유배우출산율
④ 조출산율

> **TIP** 합계출산율(총출산율) … 연령별(15 ~ 49세) 출산율을 합쳐서 산출하며 한 여자가 일생동안 몇 명의 아이를 낳는지 나타내는 지수이다.

11 다음 중 인구동태의 자료가 아닌 것은?

① 출생
② 사망
③ 인구구조
④ 혼인

> **TIP** 인구동태란 출생과 사망으로 인한 인구변화와 혼인과 이혼으로 인한 변화를 포함한다.

Answer 9.③ 10.① 11.③

12 '순 재생산율 = 1'이라는 것과 관련이 있는 것은?

① 인구가 증가한다.
② 인구가 감소한다.
③ 여자인구가 감소한다.
④ 안정인구일 경우 증가율이 0이 된다.

TIP 순 재생산율 = 합계출산율 × $\frac{여아 출생률}{총 출생수}$ × $\frac{가임 연령시 생존수}{영아 출생수}$ 로써, 순 재생산율이 1 이상이면 확대 재생산으로 인구증가, 1 이하이면 축소 재생산으로 인구감소를 나타낸다.

---

13 인구성장의 단계 중 소산소사의 특징이 있으며, 인구가 정지상태에 머물게 되는 시기는?

① 감퇴기
② 저위 정지기
③ 고위 정지기
④ 후기 확장기

TIP 종형 … 소산소사형으로 인구증가가 정지되어 저위 정지기이고 주로 선진국의 인구구조가 이에 속한다.
※ 인구성장의 단계
  ㉠ 초기 확장기: 고출산율과 저사망률
  ㉡ 감퇴기: 저출산율과 저사망률
  ㉢ 고위 정지기: 고출산율과 고사망률

---

14 다음 빈칸에 들어갈 말이 차례로 짝지어진 것은?

> 인구의 자연증가란 (　　)인구 - (　　)인구이다.

① 연초, 연말
② 출생, 사망
③ 자연, 사회
④ 전입, 전출

TIP 인구의 자연증가 = 출생인구 - 사망인구

Answer 12.④ 13.② 14.②

15 인구증가로 야기되는 부작용에 대한 설명으로 옳지 않은 것은?

① 정치·사회적 불안이 가중된다.
② 부양비가 증가한다.
③ 인구가 질적으로 역도태된다.
④ 도시와 농촌 간의 격차가 감소된다.

> **TIP** 인구증가의 부작용
> ㉠ 경제발전의 둔화
> ㉡ 주요 발전계획에 대한 잠식
> ㉢ 식량, 기타 에너지 자원 고갈
> ㉣ 학령기 아동 급증
> ㉤ 취업인구 증대
> ㉥ 도시문제 증가
> ㉦ 의료부담의 증가
> ㉧ 정치·사회적 불안
> ㉨ 부양비 증가

16 남녀의 성비가 같아지는 성비가 있는 것은?

① 제1차 성비
② 제2차 성비
③ 제3차 성비
④ 제4차 성비

> **TIP** 남녀의 성비
> ㉠ 1차·2차 성비: 항상 남자가 여자보다 많다.
> ㉡ 3차 성비: 연령층이 증가함에 따라 차이가 줄어들어 50~54세의 연령층에서는 균형을 이룬다.

17 인구정책 중에서 인구의 조정정책에 포함되지 않는 것은?

① 주택사업
② 인구분산정책
③ 출산조절사업
④ 보건사업

> **TIP** 인구정책의 종류
> ㉠ 인구억제정책(가족계획)
> ㉡ 인구분산정책
> ㉢ 해외 이주사업정책
> ㉣ 보건사업정책

Answer 15.④ 16.③ 17.①

18 다음 중 인구변동이 비교적 적은 인구구조에 해당하는 형태로 옳은 것은?

① 별형
② 호로형
③ 피라미드형
④ 종형

TIP 종형 … 선진국형으로 출생률·사망률이 모두 낮아서 인구변동이 거의 없다.
① 도시형 ② 농촌형 ③ 저개발국가형

19 다음 ( ) 안에 들어갈 내용은?

$$모아비 = \frac{0\sim4세\ 인구}{(\qquad)} \times 1,000$$

① 한 해의 총 출생수
② 가임연령의 부인수
③ 가임연령 부인 중 기혼자수
④ 임신·분만·산욕기의 부인수

TIP 모아비의 분모는 가임연령의 부인수이다.

Answer 18.④ 19.②

02 가족계획

01 가족계획사업

1 가족계획사업의 개념 및 역사

(1) 가족계획사업의 개념

① 부부가 그들의 자녀에 대한 출산계획(출산시기, 간격, 자녀수)을 수립하여 건강한 자녀의 출산과 양육을 결정하고 모성 및 가족의 건강을 향상시키기 위한 사업이다.

② '가족'이라는 사회단위를 유지·발전시키는데 필요한 자체적인 계획은 물론 가족과 연계성을 갖는 사회생활의 종합적인 계획을 포괄한다.

> **TIP** 가족계획사업의 필요성
> 가족계획은 모자보건, 여성해방, 경제생활수준의 향상과 개선 및 윤리·도덕적 측면에서 필요하다.

(2) 가족계획사업의 역사

① 1939년 영국에서 가족계획(family planning)이란 용어를 처음 사용하였으며, 미국에서는 1942년 계획된 부모기(planned parenthood)라는 용어를 사용하였다.

② 1914년 산아제한연맹이 창립되었다.

③ **수태조절의 창시자**(Magaret Sanger) … 1916년에 뉴욕에 시술소를 설치하여 수태조절사업을 시작하였다.

④ 제2차 세계대전 이후 국제가족계획연맹이 창설되었고 1961년에 한국이 정회원국으로 가입하였다.

❷ 우리나라의 가족계획사업

(1) 제1차(1961~1965)

당시 합계출산율 6.0%, 인구증가율 3%로 '가족계획'이라는 새로운 단어를 국민에게 우선 주지시키는 것이 필요한 시기였으며, 다남다복(多男多福)의 전통관념을 타파하기 위해 숫자를 제한할 수 없었다.

(2) 제2차(1966~1970)

3자녀를 3살 터울로 낳아 35세 내에 단산하자는 내용의 '3·3·35'라는 슬로건을 내세운 시기로 비로소 자녀 수를 제한하게 되었다. 주로 인구문제의 인식을 높이고, 모자보건과 자녀교육, 노후문제 해결에 역점을 두었으며 먹는 피임약이 보급되기도 하였다.

(3) 제3차(1971~1976)

"딸·아들 구별말고 둘만 낳아 잘 기르자."고 하는 표어 아래 가족계획협회의 둘만 낳자는 운동을 정부에서 받아들였고, 근본적으로 해결해야 할 문제가 남아선호 사상이었음을 알게 된 시기였다. 난관수술이 보급되기 시작하였으며 정부에서는 불임수술에 역점을 두기 시작하였다.

(4) 제4차(1977~1981)

타인에 의해서가 아닌 스스로 생활안정에 목표를 두고 가족계획을 세워야 한다는 의식을 불어넣기 시작한 시기였다.

(5) 제5차(1982~1986)

하나 낳기 운동을 통해 하나씩만 낳는 것을 강요하기보다는 암암리에 운동을 전개하여 57%의 실천율을 가져왔다.

(6) 제6차(1987~1991)

그동안의 인구증가 억제측면에서 물량위주의 양적인 사업에 치중하였던 것과는 달리 인구의 자질향상을 고려한 가족계획사업으로 방향이 전화된 시기였다.

(7) 제7차(1992~1996)

인구증가율이 둔화되고 선진국형의 저출산시대에 진입하게 된 시기로 가족계획사업의 전환기를 맞게 되었다. 인구, 가족계획, 성, 모자보건 등과 관련된 교육, 지도, 홍보, 상담 등을 통한 프로그램 개발에 역점을 두고 각 지역별 여건에 적합한 가족계획사업을 개발·실시함으로써 가족계획사업의 질적 향상을 꾀하고 국민보건 향상에 이바지하였다.

02 가족계획방법

❶ 일시적 피임방법

(1) 복합경구피임약

① **효과** … 피임효과의 우수성이 가장 크고, 월경시 출혈량의 현저한 감소와 자궁경관 점액의 탁도가 증가하고, 자궁수축의 강도를 감소시키므로 여성 상부 생식기 감염과 골반의 염증질환, 각종 유방질환을 감소시킨다. 아울러 류마티스 관절염이 경감되는 효과도 있다.

② **부작용 및 대책**

증상	대책
반점	30세 이하의 부인에게 나타났을 땐 의사와 상담
무월경	프로게스틴이 강한 피임약이나 더 강한 에스트로겐 피임약으로 교체
수분 저류로 인한 주기적 체중증가	에스트로겐 0~50mcg 사용
기름기 있는 피부나 두피, 여드름	• 낮은 농도의 프로게스틴 • 남성호르몬 피임약 및 50mcg의 에스트로겐 피임약 사용
발모증	에스트로겐이 50mcg 이하인 낮은 온도의 남성호르몬 피임약을 사용
고혈압	• 에스트로겐 50mcg 이하의 피임약을 사용 • 3~6개월간 고혈압 치료 후 프로게스틴 단독 경구피임약으로 대체
기타	의사와 상담

③ **금기대상자**

㉠ 혈전성 색전증, 뇌졸중 또는 뇌졸중 병력이 있는 자는 절대적으로 사용을 금해야 한다.
㉡ 현재 간기능 상태가 나쁘거나 간에 선종 또는 병력이 있는 자는 절대적으로 사용을 금해야 한다.
㉢ 생식기나 유방의 암 또는 병력이 있는 자는 절대적으로 사용을 금해야 한다.
㉣ 임신이 의심될 때에는 상대적으로 사용을 금해야 한다.

④ **선택방법**

㉠ 절대적 금기사항 이외일 때는 에스트로겐이 함유되지 않은 프로게스틴 단독 경구피임제를 권장한다. 에스트로겐을 함유한 복합경구피임약을 사용하기 시작할 때는 50mcg나 그 이하인 약제를 사용한다.
㉡ 경구피임약을 투여할 때는 처음 방문시 3개월분을 주고 그 후에는 피임약의 위험한 증상을 살피면서 6개월분씩 준다.

⑤ **투약방법** ··· 경구피임약제에는 한 주기분의 21정과 28정짜리가 있는데, 약리작용은 같고 먹는 방법이 다를 뿐이다. 28정짜리는 월경시작 후 5일째 되는 날 1알을 먹기 시작하여 매일 정해진 시간에 1알씩 복용하고 이전의 약이 끝나면 그 다음날부터 새로운 포장약을 시작하면 된다. 21정짜리는 처음부터 21알까지의 성분이 여성호르몬이 포함되어 있는 것이 같고 21일 이후 7알의 영양제가 없을 뿐이다. 먹는 방법은 21알을 다 먹은 후 7일간(월경일)쉬고 제8일째부터 다시 21알짜리를 시작한다. 복용 도중 1일분을 잊어버렸을 때는 생각난 즉시 복용하고 그 당일분은 정해진 시간에 복용한다.

⑥ **투약량의 변경을 요하는 증상**
  ㉠ 초기 또는 후기의 반점 형성이 나타나게 되는데 매일 정확한 시간에 투여할 때 조절될 수 있다.
  ㉡ 에스트로겐이 20mcg과 50mcg인 경우 난관타계출혈과 반점 형성률이 더 높은 것으로 나타났다.
  ㉢ 에스트로겐이 50mcg 또는 50mcg 이하의 피임약 복용시 나타나는 반점 형성은 잠재적 문제이며, 2~3개월 후 프로게스틴의 함량이 더 높은 복합경구피임약으로 교체할 필요가 있다. 이때는 의사에게 의뢰한다.

⑦ **피임약 사용자의 관리**
  ㉠ 1년간 피임약 복용 후 아무 문제가 없는 부인이 계속 사용하기를 원할 때는 6개월분을 배부하며 2년간 복용 후 계속 사용하기를 원할 때는 1년분을 배부한다. 왜냐하면 피임약이 떨어질 때 중단율이 제일 높기 때문이다.
  ㉡ 위험한 5가지 신호인 심한 복통, 흉통이나 숨가쁨, 두통, 눈이 침침하거나 섬광, 눈이 보이지 않거나 하는 증상이나 다리의 심한 동통이 있을 때는 혈전증의 위험이 크므로 복용을 중단하고 속히 의료기관을 방문하도록 교육한다.
  ㉢ 피임약을 구입하려고 방문할 때마다 사용자로부터 명백하고 요약된 정보를 수집해 놓는다.

> **TIP 호르몬의 작용기전**
> ㉠ 에스트로겐의 피임 작용기전
> • 배란억제: 에스트로겐이 시상하부와 뇌하수체, 난포자극호르몬과 황체화호르몬을 억제함으로써 배란이 억제된다. 에스트로겐의 함유량이 50mcg 또는 그 이하인 복합체일 때 배란억제효과는 90~98%이며 프로게스테론의 강한 피임효과 때문에 피임효과는 100%에 가깝게 된다.
> • 착상억제: 수정된 난자는 고농도의 에스트로겐에 의해 착상이 억제된다. 왜냐하면 수정에서 착상까지 기간이 6~7일이 걸리는데, 성교 후에 고농도의 에스트로겐이 주어지면 자궁의 progestation을 방해하고 정상적 분비기전을 변화시키며 밀집된 세포질 부위에 심한 부종을 일으키기 때문이다.
> • 난자수송의 가속화: 동물실험에서 에스트로겐이 난자수송을 가속화하는 것으로 나타났다. 그러나 이러한 가속화가 에스트로겐 피임에 유의한 기전은 아니라고 주장하는 학자도 있다.
> • 황체의 퇴행: 성교 후에 주어진 고농도의 에스트로겐은 황체를 파괴하여 혈중 내 프로게스테론의 농도를 감소시킴으로서 정상적인 착상과 태반부착을 방지한다.
> ㉡ 프로게스테론의 피임 작용기전
> • 저항성 경관 점액 형성: 프로게스틴 사용 후 자궁경관의 점액의 변화가 나타나는데 정자의 이동을 방해하고 정자가 경관 점액을 통과하는 능력을 감소시킨다. 점액의 특성은 양이 적고 탁하며 세포모양으로 fernning과 spinnbarkeit를 감소시킨다.

- 정자의 가수분해효소 활성화: 정자가 난자를 둘러싼 막을 침투하기 위해 필요한 가수분해효소는 난관과 자궁에서 활성화되어 원형질막의 안정성을 떨어뜨려 장자의 표면을 변화시킨다. 그러나 이러한 활성화는 프로게스테론이 우세한 조건하에서는 억제된다.
- 난자수송의 약화: 수송 전에 투여된 프로게스틴은 난자수송을 약화시킨다. 프로게스틴이 함유된 피임제를 사용한 경우, 이러한 난자수송의 약화로 인하여 자궁 외 착상의 빈도가 높게 된다.
- 착상억제: 배란 전에 프로게스틴을 투여하면 착상이 억제된다. 프로게스틴을 사용하면 난포자극호르몬과 황체호르몬의 최고점에 변화를 일으켜 심지어 배란이 일어날 때 황체에 의해 프로게스틴 생성이 감소되어 착상이 억제된다. 프로게스틴을 장기간 투여하면 위축성 자궁내막으로 변하게 된다.
- 배란억제: 배란은 시상하부 – 뇌하수체 – 난소 기능에의 미세한 장애와 프로게스틴에 의해 생성된 난포자극호르몬과 황체호르몬의 중간 주기의 수정에 의해 억제된다.

(2) 자궁 내 장치(IUD)

① 작용

㉠ 자궁 내 장치는 배낭포의 용해 또는 국소적 이물 염증성 반응을 일으킨다.
㉡ 착상을 억제하는 프로스타글란딘의 국소적 생성을 증가시킨다.
㉢ 자궁 내 장치에 감긴 구리는 아연이온과 경쟁한다. 아연은 carbonic anhydrase와 alkakine phosphatase 활동을 억제하며, 구리는 에스트로겐 흡수를 방해하여 에스트로겐의 자궁내막에 대한 세포 내 효과를 억제한다.
㉣ 착상을 방해하는 프로게스틴이 함유된 자궁 내 장치는 자궁내막증과 분비의 성숙과정을 방해한다.
㉤ 자궁내막에 착상된 배낭포를 기계적으로 추출한다.
㉥ 난관 내에 있는 난자의 운동성을 증가시킨다.
㉦ 정자의 자궁강내 통과를 방해한다.

② 크기와 강도

㉠ 크기가 작을수록 출혈·통증 등의 부작용이 줄어들고, 반면 임신과 배출가능성이 높아진다.
㉡ 강도가 높을수록 배출가능성이 낮고 통증과 출혈가능성이 높아진다.

③ 부작용

㉠ 주요 부작용
- 자궁의 감염가능성이 있다.
- 자궁 외 임신율이 증가할 수 있다.
- 골반염증성 질환으로 인한 반흔으로 불임의 원인이 된다.

㉡ 경미한 부작용
- 자연배출의 가능성이 있다.
- 경구용 피임약에 비해 월경시 동통과 경련, 출혈이 심하다.
- 질분비물이 증가한다.
- 월경주기 사이에 반점 형성 또는 착색이 있고 월경 동안에 월경량이 증가하고 기간이 연장될 수 있다.

④ 장·단점
　㉠ 장점
　　• 효과가 경구피임약 다음으로 좋고 국가적인 가족계획사업과 같은 대규모의 사업에 적절하다.
　　• 한번 삽입하면 반영구적이며, 성생활과 사용이 무관하고 비용이 적게 든다.
　㉡ 단점 : 국소적인 부작용과 가끔 장기의 감염이나 자궁천공의 우려가 있다.
⑤ **금기대상자** … 임신 중인 자, 생식기 암에 걸린 자, 성병 기왕력이 있는 자, 난관에 감염 또는 재발위험이 있는 자, 원인 모르는 질 출혈이 있는 자, 자궁 선천성 기형자, 심한 빈혈자, 선천성 심장질환자의 경우에는 사용을 금한다.

(3) 콘돔

① **사용방법** … 임시피임법 중 유일하게 남성이 사용하는 피임기구로 현재 사용되는 것은 고무제품으로 1회 사용한다. 남자의 음경에 씌워 정자가 질 내에 사정되는 것을 방지하는 방법이다.

② **효과** … 콘돔은 발기된 음경에 꼭 맞아서 사정액 통과를 막는 역할을 한다. 콘돔의 피임효율은 매 성교시마다 사용법을 잘 지킬 경우 평균 96% 정도로 매우 높은 편이다.

③ **금기대상자** … 콘돔 고무에 알레르기 질환이 있거나 콘돔 사용시 발기가 유지되지 않는 자는 사용할 수 없다.

④ 장·단점
　㉠ 장점
　　• 경제적 피임방법이다.
　　• 성교로 전염되는 감염병의 예방이 가능하다.
　　• 경관암을 예방할 수 있다.
　　• 쉽게 구입이 가능하다.
　　• 부작용이 없다.
　　• 성교자체나 체위에 관계없이 사용가능하다.
　㉡ 단점
　　• 성감을 해치는 경우가 있다.
　　• 질에 남아있을 수 있다.
　　• 장기 사용할 때 외상으로 인한 질염을 일으킬 가능성이 있다.

(4) 자연출산 조절법

① **기초체온법** … 건강인이 잠을 깨었을 때의 안전상태에서 잰 체온을 기초체온이라 한다. 배란 직후 24~72시간은 눈에 띄게 체온이 상승하므로 배란기를 파악하여 임신을 방지할 수 있으며, 기초체온을 3~4개월 기록하여 배란기를 파악할 수도 있다.

② **점액법** … 수태기간을 파악하는데 자궁경관에서 배출되는 점액을 확인함으로써 배란기를 알 수 있다. 배란기의 점분은 염분성분이 적고 에스트로겐의 농도가 높으므로 계란 흰자와 같은 색깔과 점성을 나타낸다. 기초체온법을 병행 실시하면 안전하다.

③ **월경력 이용법**
  ㉠ 가정
   - 배란은 차기 월경일 전 14일(±2일)에 생긴다.
   - 정자는 2~3일간의 생명력이 있다.
   - 난자는 24시간 생존이 가능하다.
  ㉡ 방법
   - 출혈이 시작된 첫 날부터 기록하여 월경력 중 가장 주기가 짧은 기간에서 18일을 빼고 긴 기간에서 11일을 뺀 날짜를 계산한다.
   - 이 기간이 월경시작일 후에 수태가능기간이므로 이 기간에 피임법을 택하거나 성관계를 피한다.
  ㉢ 기타
   - 월경주기에 대한 기록이 되어 있는 달력이 필요하다.
   - 매 월경기간은 적어도 최근 8개월~1년까지의 월경력을 파악해야 한다.

(5) 살정제

① **개념**
  ㉠ 정자의 운동성을 약화시키거나 정자가 경관에 들어가기 전 죽이는 약품이다.
  ㉡ 성교 5~10분 전에 질 안에 넣고 성교 이후 6~8시간 후에 질세척을 해야 하며 더 일찍 하는 경우에는 효과가 없다.
  ㉢ 콘돔이나 다이아프램을 겸해서 사용하면 좋다.

② **금기대상자** … 살정제 발포, 젤리, 크림에 알레르기가 있는 자나 발포제를 사용할 수 없는 신체적 불구자는 사용할 수 없다.

③ **부작용**
  ㉠ 알레르기가 일어날 수 있다.
  ㉡ 좌약이 녹지 않거나 발포제의 발포가 제대로 안 되는 경우 피임에 실패한다.

(6) 다이아프램, 경관캡

① **기전** … 성교 전에 검지와 엄지를 사용하여 질내에 삽입하여 경관을 씌워 정자가 경관으로 들어가지 못하게 하는 방법이다. 피임효과를 높이기 위해 살정제 크림, 젤리를 발라 사용한다.

② **효과** … 100명이 1년간 사용한 경우 임신율은 2~17명이다.

③ 금기대상자 … 고무나 살정제에 알레르기가 있는 자나 반복적 요도감염이 있는 자는 사용할 수 없으며, 크기를 정할 의사가 없거나 정확히 지시를 받을 시간이 없을 때나 사용자가 사용불능일 때에도 불가능하다.

④ 부작용
  ㉠ 너무 오래 삽입된 상태에서 악취가 난다
  ㉡ monilia vaginitis에 감염될 우려가 있다.
  ㉢ 방광염에 걸릴 수 있다.
  ㉣ 살정제로 인한 자극이 있다.
  ㉤ 고무나 살정제에 알레르기 반응을 일으킬 수 있다.

⑤ 장·단점
  ㉠ 장점
    • 월경기간 중에도 사용이 가능하다.
    • 성병의 전파를 예방할 수 있다.
    • 부작용이 없고 피임효과가 좋다.
  ㉡ 단점
    • 비용이 비싸다.
    • 여성의 생식구조의 이해가 필요하다.
    • 사용 전 골반계측을 받아 크기를 정해야 한다.

❷ 영구적 피임방법

(1) 남성불임술(정관절제술)

① 개념 … 정자의 통로인 정관을 막아 고환에서 계속 만들어지는 정자가 배출하지 못하게 하는 수술로서 성생활에 아무런 지장이 없다.

② 장·단점
  ㉠ 장점
    • 피임효과가 정확하다.
    • 수술이 간단하고 복원이 가능하다.
    • 국소마취로 하는 간단한 수술이기 때문에 작은 시설의 병, 의원, 외래에서도 시술가능하다.
  ㉡ 단점
    • 터울조절에 활용이 불가하다.
    • 자연복원으로 인한 임신가능성이 있다.

③ 부작용
  ㉠ 동통과 음낭의 혈반, 혈류, 감염, 충만성 고환염, 후발성 정관절제술 증후군 등이 나타날 수 있다.
  ㉡ 피임효과는 정확하나 1% 미만의 실패가 있다.
④ 기타
  ㉠ 격한 운동은 2~3일간 피하도록 한다.
  ㉡ 시술 후 성관계는 5~7일 후에 시작한다.
  ㉢ 정관절제술 후 6회까지는 정액 속에 임신시킬 수 있는 정자가 나오므로 12회까지는 피임을 해야 한다.
  ㉣ 항생제 복용은 수술 후 3일간 계속한다.
  ㉤ 음낭 고정은 수술 후 1주일간 지지대 같은 거고대로 거상·고정한다.

(2) **여성불임술(복강경불임술)**

① **개념** … 난자의 통로인 난관의 조작으로 정자와 난자의 수정을 방지하는 피임법이다. 현재 복강경난관불임술이 가장 많이 사용되고 있으나 질식방법, 자궁경부를 통하는 방법 등도 있다.

② **장·단점**
  ㉠ 장점
    • 수술이 간단하여 외래로 할 수 있고 반흔이 남지 않는다.
    • 실패율이 낮고 회복이 빠르다.
  ㉡ 단점 : 고가의 장비가 필요하다.

③ **금기대상자** … 비만자, 탈장이 있는 자, 급성 또는 만성 골반 내 염증이 있는 자, 기왕의 개복술에 의한 광범위한 복부 반흔이 있는 자, 골반 및 장 유착이 의심되는 자는 사용할 수 없다.

④ **기타**
  ㉠ 수술 후 2~3시간에 귀가할 수 있고 항생제가 필요없다.
  ㉡ 2~3일 후부터 샤워, 성교, 가사 등이 가능하다.
  ㉢ 수술 후 1주일 이후에 추후진찰이 필요하다.

출제 예상 문제

1 자궁 내 장치의 금기사항에 해당하지 않는 것은?

① 심한 빈혈증 ② 혈전성 정맥염
③ 선천성 기형 ④ 임신 중

> **TIP** ② 경구피임약의 절대적 금기사항에 해당한다.

2 경구피임약 복용 후의 부작용으로 옳지 않은 것은?

① 골반 내 염증 ② 오심
③ 유방압통 ④ 체중증가

> **TIP** ① 경구피임약의 장기간(적어도 2년 이상) 복용시 염증성 질환의 예방효과가 있다.

3 가족계획의 필요성으로 옳지 않은 것은?

① 모자보건 ② 경제생활수준의 후퇴
③ 윤리·도덕적 측면 ④ 여성해방

> **TIP** 가족계획은 모자보건, 여성해방, 경제생활수준의 향상과 개선, 윤리 및 도덕적 측면에서 필요하다.

Answer 1.② 2.① 3.②

4 경구피임약의 복용방법으로 알맞은 것은?

① 임신 중
② 월경 시작 후 3일 째
③ 월경 시작 후 5일째
④ 월경 시작 후 7일 째

> **TIP** 경구피임약은 월경 시작 후 5일째부터 복용한다.

5 결혼한 부부의 불임원인 중 남성측 요인은 40%에 해당된다. 그 요인에 해당하지 않는 것은?

① 임질
② 폐결핵
③ 요도질환
④ 정낭선의 감염

> **TIP** 남성측 불임원인 … 임질, 요도질환, 정낭선의 이상, 정자수 감소 등이 있다.

6 가족계획의 지도내용에 속하지 않는 것은?

① 불임교정
② 초산시기
③ 출산계절
④ 임신상태

> **TIP** ④ 임신기에는 모자보건사업에 의해 산전관리를 시행한다.

7 인구정책 중에서 인구조정을 위한 출산조절에 해당되는 것은?

① 이민사업
② 인구분산정책
③ 가족계획사업
④ 식량정책

> **TIP** 가족계획사업 … 개인적으로는 부부가 그들의 자녀에 대한 출산계획, 즉 출산시기, 간격, 자녀수를 결정하여 가족건강을 향상하고자 함이고, 정책적으로는 인위적으로 인구조정을 위한 사업으로 시행된다.

Answer 4.③ 5.② 6.④ 7.③

8 자궁 내 장치가 가장 빠지기 쉬운 때는?

① 과도한 운동 중
② 월경 중
③ 월경 직후 2~3일간
④ 월경 직전 2~3일간

> **TIP** 월경 중 월경혈과 함께 배출되는 경우가 있다.

9 피임방법 중 가장 효과가 확실한 것은?

① 경구피임약
② 살정제
③ 주기이용법
④ 자궁 내 장치

> **TIP** 피임법 중 가장 효과가 확실한 것은 복합경구용 피임약이고 그 다음으로는 자궁 내 장치이다.

10 인공유산의 부작용에 해당하는 것을 모두 고르면?

| ㉠ 요통 | ㉡ 복부통증 |
| ㉢ 출혈 | ㉣ 허약함 |

① ㉠㉡
② ㉠㉡㉢
③ ㉠㉡㉢㉣
④ ㉠㉢

> **TIP** 인공유산의 부작용 … 요통, 출혈, 월경불순, 재임신의 어려움, 복부통증, 무력, 허약함 등이 있다.

Answer 8.② 9.① 10.③

11 다음 중 경구피임약의 가장 많은 부작용은?

① 두통
② 허약감
③ 과소월경
④ 체중저하

> **TIP** 경구피임약의 가장 큰 부작용은 과소월경이다.

12 가족계획을 실시함에 있어서 지역사회간호사의 역할이 아닌 것은?

① 가족계획사업에 관련된 연구자
② 가족계획사업에 관련된 보조자
③ 가족계획사업에 관련된 건강관리자
④ 일상전문가

> **TIP** 지역사회간호사는 가족계획사업의 연구자, 건강관리자, 조언자의 역할을 한다.

13 다음 중 경구피임제의 주성분은?

① 프로게스테론
② HCG
③ FSH
④ 에스트로겐

> **TIP** 피임약은 프로게스테론과 소량의 에스트로겐으로 되어 있다.

Answer 11.③ 12.② 13.①

14 다음 중 경구피임약을 복용하여도 무방한 경우는?

① 월경이 불규칙한 부인
② 정맥류나 혈전증
③ 생식기에 급성질환 및 종양이 있는 부인
④ 내분비 질환

> **TIP** ① 부인암 등 월경이 불규칙했던 경우에는 오히려 규칙적으로 된다.
> ※ 경구피임제의 복용제한
> ㉠ 현재 또는 과거에 간질환, 정맥류, 혈전증
> ㉡ 내분비 질환
> ㉢ 생리적으로 성숙되지 않은 소녀

15 다음 중 정관절제술의 장점이 아닌 것은?

① 피임효과가 정확하다.
② 수술방법이 간단하다.
③ 수술시간이 짧다.
④ 정관에 퇴행성 변화를 일으킨다.

> **TIP** 정관절제술의 장점
> ㉠ 수술이 간단하다.
> ㉡ 복원이 가능하다.
> ㉢ 피임효과가 정확하다.

Answer 14.① 15.④

지역사회간호

07 역학 및 질병관리

01 역학
02 환경보건 및 재난간호
03 질병관리

01 역학

01 역학의 이해

❶ 역학의 개념과 역할

(1) 역학(Epidemiology)의 개념

어원적으로 역학은 인간집단에 발생하는 건강문제를 다루는 학문으로써, 의역하자면 인간집단을 대상으로 출생부터 사망의 과정을 다루는 모든 생리적 상태와 질병·결손·불능과 같은 이상상태의 빈도와 분포를 관찰하고, 그와 관련된 요인을 규명하여 건강문제의 효율적인 관리와 예방법을 개발하는 학문이다.

(2) 역학의 역할

① **기술적 역할** … 특수 및 환경이 서로 다른 인구집단에서 문제사건이 발생하여 끝날 때까지의 경과인 자연사, 건강수준과 질병양상, 인구동태 등에서 나타나는 특성, 즉 건강문제의 자연사를 기술하고, 또 건강문제가 어떤 집단에서 더 발생하는지 집단별 발생규모와 빈도를 측정, 관찰하고 역학적 해석을 붙여 기술한다.

② **원인규명의 역할** … 잘 알려져 있지 않은 질병의 원인과 전파기전을 밝혀냄으로써 백신개발 등을 가능하게 하고 전파를 차단할 수 있으며, 잘 알려진 질병의 경우에도 그 유행의 발생원인을 찾아냄으로써 만연으로 인한 손실을 방지할 수 있다.

③ **연구전략 개발의 역할** … 사람의 건강에 영향을 전혀 미치지 않으면서 특정요인의 존재나 부재가 건강에 미치는 영향을 명백히 증명할 수 있는 인과관계 규명에 필요한 과학적인 방법을 개발한다.

④ **질병 또는 유행발생의 감시역할** … 질병이나 이상상태의 발생분포에 대하여 항상 정밀히 감시함으로써 그 만연 규모에 대한 예측을 가능하게 한다.

⑤ **보건사업평가의 역할** … 보건사업의 필요도, 새로운 사업설계, 진행사업의 과정과 효율성, 사업성과로 얻어진 효과 등에 관하여 평가한다.

❷ 역학의 내용

(1) 질병발생의 3대 요인

① 병원체요인
  ㉠ **특이성과 항원성** : 병원체의 특이성은 화학적 구성성분과 형태에 따라 분류하며 이 화학적 구성성분과 형태가 항원성을 결정한다.
  ㉡ **병원체의 양** : 감염이나 발병에 큰 영향을 미치며 장티푸스, 콜레라 등과 같은 수인성 감염병은 소량의 병원체가 침입해도 감염이 잘 일어나게 된다.
  ㉢ **감염력** : 병원체가 숙주에 침입하여 알맞은 기관에 자리잡아 증식하는 능력을 말하며, 감염을 성공시키는데 필요한 최저 병원체의 수가 감염력이다.
    • 감염력 측정은 현성 감염과 불현성 감염을 모두 포함한다.
    • 항체형성 여부로 감염을 판단하기 때문에 직접 측정이 불가능하다.
    • 간접적으로 이차발병률을 통해 감염력을 측정할 수 있다.
  ㉣ **발병력(병원력)** : 병원체가 임상적으로 질병을 일으키는 능력을 말한다.
    • 감염된 숙주 중 현성 감염을 나타내는 수준을 말한다.
    • 질병보균자 : 감염되었으나 뚜렷한 임상적 증상과 징후가 없어 전파차단의 필요성을 깨닫지 못하여 다른 숙주에게 위험이므로 통제적 관점에서 중요하다.
  ㉤ **기타** : 건강문제 발생에 직접 원인이 되는 기타 병원체 요인으로 독력과 외계에서의 생존능력 등이 있다.
    • 독력은 발병된 증상의 심각한 정도를 나타내는 미생물의 능력으로, 현성 감염으로 인한 사망이나 후유증이 나타나는 정도를 말한다.
    • 질병의 가장 심각한 결과는 사망이며 독력을 평가하는 지표는 치명률이다.

② 숙주요인
  ㉠ 어떤 특정한 감염균의 침입을 받았을 때 그에 대한 감수성이나 저항력에 따라서 발병 여부가 결정된다.
  ㉡ 숙주는 연령, 성, 인종, 일반적인 건강상태, 가족력 등에 따라 병원체에 대한 감수성이나 저항성에 차이를 지닌다.
  ㉢ 관습, 습관, 문화와 같은 인간행동은 병원체에 폭로되는 기회, 병원체의 전파로, 전파방법 및 개인의 질병예방과 치료에 큰 영향을 미친다.

③ 환경요인
  ㉠ **생물학적 환경요인** : 병원체의 발생 및 전파과정에 관여하는 인간 주위의 모든 동식물이다.
  ㉡ **물리적 환경요인** : 기후, 기압, 습도, 지리, 지질, 광선, 열, 상수, 하수 등이다.
  ㉢ **사회·경제적 환경요인** : 관습이나 직업문명에 따라서 병원체요인에 접촉하는 기회가 달라지는데, 경제수준이 낮을 때는 영양장애, 주거환경의 불량, 의료비 지출의 감소로 질병발생의 감수성이 높아지며 의료사회제도에 따라 보건의료의 혜택을 받는 정도가 달라지므로 질병발생과 밀접한 관계가 성립된다.

> **TIP** 3대 요인의 상호작용
>
> 질병의 발생은 병원체요인만으로 성립되는 것이 아니라 숙주와 환경과의 상호작용에 의해서 성립된다.
> ⊙ 병원체요인: 어떤 집단의 다수를 침범하기에 충분한 양과 질의 병원체요인이 있어야 한다.
> ⓒ 숙주: 어떤 집단의 다수가 발병에 필요한 양과 질의 충분한 병원체요인을 받아들여야 한다.
> ⓒ 환경: 병원체요인과 인간집단 양자간의 상호작용에 영향을 줄 수 있는 환경이어야 한다.

(2) 질병의 단계

① **1단계(전 발병기)** … 질병발생에 유리한 요인이 존재하고 있으나 발병하지 않는 상태를 말한다. 예컨대 좋지 못한 식습관, 수면부족으로 인한 피로 등은 감기발병에 유리한 위험요인이 된다.

② **2단계(발병기)**
   ⊙ **질병전구기(전 증상기)**: 발병초기로 질병의 증상은 없다.
   ⓒ **발병의 초기**: 정밀한 임상검사로 발견될 수 있는 증상이 있다.

③ **3단계(중화기)** … 해부학적이나 기능적 변화가 심하여 인식할 수 있는 증상과 증후를 나타내는 시기이다. 이 시기에는 완전히 회복될 수 있고 불능이나 결함, 사망의 결과를 가져올 수도 있다.

02 역학조사와 역학적 상사 측정

❶ 역학조사 계획 및 연구방법

(1) 역학조사 계획

① 연구과제를 선정한다.

② 문헌을 고찰한다.

③ 연구과제에 따른 가설을 설정한다.

④ 계획을 세운다.

⑤ 역학조사를 수행한다.

⑥ 연구결과를 분석하고 해석한다.

(2) 역학조사 연구방법

① **기술역학**
- ㉠ **개념**: 건강 수준, 질병양상에 대해 있는 그대로의 상황을 관찰·기록한다. 이것은 건강문제의 특성이 무엇이고, 얼마나, 언제, 어디에서, 누구에게 발생하는지 알기 위한 과정이다.
- ㉡ **기본적 기법**: 발생한 사건을 단순하게 세어서 관찰집단 전체에서의 비율로 계산하여 사건이 발생한 대상자의 인적 속성·시간적 속성·자연적 속성별 빈도와 비율에 따라 분류하며, 각 변수별로 나타나는 분포의 차이가 유의한 것인지 통계적 검증방법을 이용한다.

② **분석역학**
- ㉠ **개념**: 분석역학은 기술역학적 연구에서 얻은 정보를 기초로 세운 가설을 검증하기 위해 수행하는 연구이다.
- ㉡ **환자·대조군 연구**: 이미 특정질병에 걸려 있는 환자군을 선정하고 각각의 환자와 짝지어질 수 있는 그 질병에 걸려 있지 않은 대조군을 선정하여, 이 두 소집단이 원인이라고 의심되는 요인에 폭로되었던 비율의 차이를 통계적으로 검증하여 폭로요인과 질병발생과의 연관성을 판단한다.
- ㉢ **코호트 연구(Cohort study)**
  - 코호트: 같은 특성을 지닌 집단을 말하는 것으로, 2000년 출생 코호트라고 하면 2000년에 태어난 인구를 의미한다.
  - 건강한 사람을 대상으로 조사하고자 하는 여러 특성을 지닌 소집단으로 나누어 시간이 경과함에 따라 달라지는 각 집단에서의 질병발생률을 비교·관찰하는 방법이다.
  - 대상 코호트는 조사하려는 질병이 발생하기 이전의 특성에 따라 확정되며, 이 집단 중에 발생하는 질병빈도를 일정 기간 관찰함으로써 그 발생에 영향을 주리라고 의심되는 요인에 대한 폭로 유무가 코호트 선정의 기준이 된다.
  - 영국의 의사집단을 대상으로 한 흡연과 폐암연구가 전형적인 코호트 연구에 해당한다.
- ㉣ **단면연구**: 한 시점에서 한 모집단에 대한 유병조사라는 관점은 기술역학과 유사하나, 구체적인 가설을 증명하고 특정한 질병과 특정한 속성과의 관계를 유추하기 위하여 모집단을 대표할 수 있는 표본인구를 추출하여 정확한 방법으로 조사, 분석, 검증하게 되는 관점이 다르다.

③ **실험역학** … 일반적으로 역학적 연구에서의 마지막 단계의 연구로써, 질병의 원인이나 건강증진, 질병예방 등에 관여하는 요인을 인위적으로 변동시켜보고 이로 인한 영향을 분석하는 방법으로 목적에 따라 예방적 실험, 치료적 실험, 중재실험으로 구분된다. 객관적 연구결과를 얻기 위해서는 반드시 실험군과 대조군이 설정되어야 하며, 이중 맹검법(double blind method)을 사용하여야 한다.

④ **작전역학** … 보건의료 서비스의 향상을 목적으로 하는 지역사회 보건의료사업 운영에 관한 계통적인 연구방법이다. 보건사업의 효과를 목적달성 여부에 따라 평가하며, 연구영역으로는 사업의 운영과정에 관한 연구, 투자에 비해 얻어진 결과의 경제성, 사업의 수용 또는 거부와 관련된 요인 규명, 보건문제의 해결을 위한 효율적 접근법 등이 있다.

⑤ **이론역학** … 일반화된 가정에 따라 설정한 여러 가지 역학적 현상을 수리적 또는 통계적인 모델을 적용하여 그 적합성을 검정하고, 실제로 나타난 결과와 비교해 봄으로써 역학현상의 일반화와 그 전제된 가정들이 얼마나 타당한가를 보는 방법이다.

⑥ **자료원**
  ㉠ **인구센서스 및 인구동태자료**: 인구 및 주택센서스 자료, 출생·사망·혼인·이혼 등에 관한 자료 등으로, 보건통계를 산출하는데 분모로 쓰이는 모집단 추출이 가능하다.
  ㉡ **상병자료**: 전반적인 상병양상 파악에 도움이 되며, 보건의료인력 및 시설 추정을 가능하게 하는 보건기획에 필수적인 자료이다. 예컨대 법정감염병 신고자료, 특정질병 등록자료, 국민건강 조사자료, 특수집단 상병자료 등이다.

⑦ **측정의 오차문제**
  ㉠ **관측자 오차**: 관측자의 기술적 능력 및 주관적 판단에 의해서 발생하는 오차이다.
  ㉡ **피조사자 오차**: 조사대상자의 실수 및 오답 때문에 생기는 오차를 말한다.
  ㉢ **확률오차**: 측정을 반복할 때 특별한 이유없이 우연히 발생하는 오차이다.
  ㉣ **계통오차**: 측정하는 사람이나 계기에 따라서 한쪽으로 항상 치우친 결과가 나타나는 오차이다.

⑧ **검사법이 구비해야 할 조건**
  ㉠ **타당도(정확도)**
    • **민감도**: 해당 질환자에게 검사법을 실시한 결과 양성으로 나타나는 비율을 말한다.
    • **특이도**: 해당 질환에 걸려 있지 않은 사람에게 검사법을 적용시켰을 때 결과가 음성으로 나타나는 비율을 말한다.
    • **예측도**: 그 검사법이 질병이라고 판정한 사람들 중에서 실제로 그 질병을 가진 사람들의 비율을 말한다.
  ㉡ **신뢰도(재현성)**: 정밀성을 말하며, 동일대상을 동일방법으로 측정할 때 얼마나 일관성을 가지고 일치하느냐를 결정하는 것이다. 즉, 오차의 정도에 따라서 신뢰도가 높다·낮다로 표현할 수 있다.

❷ 역학적 상사 측정

(1) 비율

단위인구, 성, 연령, 직업과 같은 소규모 집단별로 사건의 빈도를 표시한 것으로 분자, 분모, 인구 또는 분모의 단위, 시간, 지역에 관한 5개 항목이 명시되어야 한다.

① **유병률** … 어떤 시점, 또는 일정 기간 동안에 특정 시점 또는 기간의 인구 중 존재하는 환자의 비율을 말한다.
  ㉠ **시점유병률**: 특정 시점에서 인구질병 또는 질병을 가진 환자수의 크기를 단위인구로 표시한 것을 말한다.
  ㉡ **기간유병률**: 일정 기간의 인구 중에 존재하는 환자수의 크기를 단위인구로 표시한 것을 말한다.

② **발생률** … 일정 기간에 새로 발생한 환자수를 단위인구로 표시한 것을 말하며, 질병에 걸릴 확률 또는 위험도를 직접 추정가능하게 하는 측정이다.

③ **발병률** … 어떤 집단이 한정된 기간에 한해서만 어떤 질병에 걸릴 위험에 놓여 있을 때 전체 인구 중 특정집단 내에 새로 발병한 총수의 비율을 말한다.

④ **이차발병률** … 발단환자를 가진 가구의 감수성이 있는 가구원 중 이 병원체의 최장 잠복기간 내에 환자와 접촉하여 질병으로 진전된 환자의 비율을 말한다.

> **TIP** 유병률과 발생률과의 관계
> 발생률이 높으면 기간유병률은 높아지고, 발생률이 낮으면 유병률은 낮아진다.

(2) 비

① **성비** … 여자 한 사람에 대하여 남자가 몇 명이냐는 개념이다.

② **위험비** … 의심요인에 폭로된 집단에서의 질병발생률과 비폭로집단에서의 질병발생률의 대비를 나타낸 것을 말하며, 이 차이가 클수록 통계적 관련성은 크다.

③ **상대위험비**(비교위험도)
  ㉠ 특정 위험요인에 노출된 사람들의 발생률과 노출되지 않은 사람들의 발생률을 비교하는 것을 말한다.
  ㉡ 상대위험비가 클수록 노출되었던 원인이 병인으로 작용할 가능성도 커지며, 상대위험비가 1에 가까울수록 의심되는 위험요인과 질병과의 연관성은 적어진다.
  ㉢ 상대위험비 = $\dfrac{\text{위험요인에 노출된 군에서의 질병 발생률}}{\text{비노출군에서의 질병 발생률}}$

④ **교차비**(대응위험도)
  ㉠ 특정 질병이 있는 집단에서 위험요인에 노출된 사람과 그렇지 않은 사람의 비, 특정 질병이 없는 집단에서의 위험요인에 노출된 사람과 그렇지 않은 사람의 비를 구하고, 이들 두 비 간의 비를 구한 것을 말한다.
  ㉡ 평균 발생률이나 누적 발생률을 계산할 수 없는 환자-대조군 연구에서 요인과 질병과의 관계를 알고자 할 때 사용하며, 질병 발생률이 매우 드문 희귀성 질환의 경우 상대 위험비와 교차비는 비슷하다.
  ㉢ 교차비 = $\dfrac{\text{환자군에서의 특정요인에 노출된 사람과 노출되지 않은 사람의 비}}{\text{대조군에서의 특정요인에 노출된 사람과 노출되지 않은 사람의 비}}$
  ㉣ 결과
   • 교차비가 1보다 큰 경우: 환자군이 대조군에 비해 위험요인에 더 많이 노출된 것으로 위험요인에 노출이 질병 발생의 원인일 가능성이 크다.
   • 교차비가 1일 경우: 환자군과 대조군의 노출 정도가 같으며, 위험요인에 대한 노출이 질병 발생과 연관이 없다.
   • 교차비가 1보다 적을 경우: 대조군이 환자군에 비해 위험요인에 더 많이 노출된 것으로 위험요인에 대한 노출이 질병의 예방효과를 가져온다.

⑤ 기여위험도(귀속위험도)
  ㉠ 노출군과 비노출군의 발생률의 차이를 말하며, 특정 요인에 노출된 군에서 질병 또는 건강 관련 사건 발생 위험이 노출되지 않은 군에 비해 얼마나 더 높은가를 나타낸다.
  ㉡ 기여위험도＝노출군에서의 발생률－비노출군에서의 발생률

01. 역학

최근 기출문제 분석

2020. 6. 13. 제1회 지방직

1 부양비에 대한 설명으로 옳은 것은?

① 유년부양비는 생산인구에 대한 0~14세 유년인구의 백분비이다.
② 노년부양비 15%는 전체 인구 100명당 15명의 노인을 부양하고 있음을 의미한다.
③ 부양비는 경제활동인구에 대한 비경제활동인구의 백분비이다.
④ 비생산인구수가 동일할 때 생산인구수가 증가할수록 부양비가 증가한다.

> **TIP** ② 노년부양비 15%는 생산인구 100명당 15명의 노인을 부양하고 있음을 의미한다.
> ③ 부양비는 생산인구에 대한 비생산인구의 백분비이다.
> ④ 비생산인구수가 동일할 때 생산인구수가 증가할수록 부양비는 감소한다.

2020. 6. 13. 제1회 지방직

2 지역별 비례사망률에 대한 설명으로 옳지 않은 것은?

(단위 : 명)

지역	당해 연도 특정 원인별 사망자수		당해 연도 총사망자수	당해 연도 총인구수
	결핵	폐암		
A	8	16	400	10,000
B	5	10	500	8,000
C	15	18	1,000	15,000

① 폐암의 비례사망률은 A 지역이 가장 높다.
② 폐암의 비례사망률은 A 지역이 B 지역보다 2배 높다.
③ 결핵의 비례사망률은 A 지역이 가장 높다.
④ 결핵의 비례사망률은 A 지역이 C 지역보다 2배 높다.

> **TIP** ④ A 지역 결핵의 비례사망률 $\frac{8}{400} \times 100 = 2\%$
> C 지역 결핵의 비례사망률 $\frac{15}{1000} \times 100 = 1.5\%$
> 결핵의 비례사망률은 A 지역이 C 지역보다 약 1.3배 높다.

Answer 1.① 2.④

2020. 6. 13. 제1회 지방직

3 다음 ㉠, ㉡에 들어갈 용어로 옳게 짝 지은 것은?

(㉠) - 감염병 일차 환자(primary case)에 노출된 감수성자 중 해당 질병의 잠복기 동안에 발병한 사람의 비율
(㉡) - 병원체가 현성 감염을 일으키는 능력으로, 감염된 사람 중 현성 감염자의 비율

	㉠	㉡
①	평균 발생률	병원력
②	평균 발생률	감염력
③	이차 발병률	병원력
④	이차 발병률	감염력

TIP ㉠ 이차발생률 : 집단의 감수성이 있는 사람들 중에서 해당 병원체의 최장잠복기내에 발병하는 환자의 비율
㉡ 병원력
- 병원체가 감염된 숙주에서 질병을 일으키는 힘
- 감염된 모든 사람들에 대한 환자 수, 현성증상을 발현하게 하는 정도

Answer 3.③

4 〈보기〉와 같은 인구 구조를 가진 지역사회의 2020년 6월 13일 현재 인구 구조를 나타내는 지표 값으로 가장 옳은 것은?

2020. 6. 13. 제2회 서울특별시

―――――――― 보기 ――――――――

〈단위 : 명〉

연령(세)	남	여	계
0-14	700	900	1600
15-64	1600	1600	3200
65 이상	700	700	1400
계	3000	3200	6200

- 2020년 6월 13일 현재

① 유년부양비는 (1600/6200)×100이다.
② 노년부양비는 (1400/1600)×100이다.
③ 2차 성비는 (3200/3000)×100이다.
④ 3차 성비는 (3000/3200)×100이다.

TIP ④ 3차 성비는 현재 인구의 성비이다. 성비 = $\frac{남자수}{여자수} \times 100$

① 유년부양비 = $\frac{0 \sim 14세\,인구수}{15 \sim 64세\,인구수} \times 100$

② 노년부양비 = $\frac{65세\,이상\,인구수}{15 \sim 64세\,인구수} \times 100$

③ 2차 성비는 출생 시의 성비이다.

Answer 4.④

2020. 6. 13. 제2회 서울특별시

5 흡연과 뇌졸중 발생의 관계를 알아보기 위해 환자-대조군 연구를 실시하여 〈보기〉와 같은 결과를 얻었다. 흡연과 뇌졸중 발생 간의 교차비(odds ratio)는?

──── 보기 ────

〈단위: 명〉

구분		뇌졸중		계
		유	무	
흡연	유	30	70	100
	무	10	90	100
계		40	160	200

① $(30 \times 70)/(10 \times 90)$

② $(30 \times 10)/(70 \times 90)$

③ $(30 \times 100)/(10 \times 100)$

④ $(30 \times 90)/(70 \times 10)$

> **TIP** 교차비란, 질병이 있는 경우 위험인자 유무의 비와 질병이 없는 경우 위험인자 유무의 비의 비를 말한다. 환자-대조군 연구에서 주로 사용하며, 통계분석에서 수학적인 장점이 있다.

Answer 5.④

2019. 6. 15 제2회 서울특별시

6 규칙적 운동 미실천과 고혈압 발생과의 관련성을 알아보기 위하여 코호트 연구를 실시하여 다음과 같은 자료를 얻었다. 운동 미실천과 고혈압 발생에 대한 상대위험비는?

〈단위: 명〉

구분	고혈압 발생	고혈압 없음	계
규칙적 운동 미실천	100	400	500
규칙적 운동 실천	500	2,500	3,000
계	600	2,900	3,500

① 1.15
② 1.20
③ 1.25
④ 1.30

TIP 상대위험비(relative risk) … 특정 위험요인에 노출된 사람들의 발생률과 그렇지 않은 집단 간의 발생률을 비교하는 것으로, 의심되는 요인에 폭로된 집단에서의 특정 질병 발생률을 의심되는 요인에 폭로되지 않은 집단에서의 특정 질병 발생률로 나눈 값이다.

따라서 운동 미실천과 고혈압 발생에 대한 상대위험비는

$$\frac{\frac{100}{500}}{\frac{500}{3,000}} = \frac{300,000}{250,000} = 1.2 \text{이다.}$$

Answer 6.②

2019. 2. 23 제1회 서울특별시

7 〈보기〉는 어떠한 역학적 연구방법에 대한 설명이다. 이 연구방법에 해당하는 것은?

———————— 보기 ————————
심뇌혈관질환의 유병을 예방하고자 비만한 대상자를 두 개의 집단으로 할당한 후 한쪽 집단에만 체중 관리를 시키고 나머지는 그대로 둔 이후에 두 집단 간의 심뇌혈관질환의 유병을 비교하였다.

① 코호트 연구
② 단면적 연구
③ 환자 – 대조군 연구
④ 실험 연구

> **TIP** 실험이란 통제된 상황에서 한 가지 또는 그 이상의 변인을 조작하여 이에 따라 변화되는 현상을 객관적으로 관찰하는 것을 말한다. 실험 연구는 어떤 현상의 확인 내지는 존재를 증명하고, 두 이론적 변인 간의 인과관계를 확립하는 것을 주목적으로 한다. 〈보기〉에서는 심뇌혈관질환과 비만의 인과관계를 확인하기 위하여 실험군과 대조군을 비교하고 있다.
> ※ 실험 연구의 특징
> ㉠ 변인들 간의 인과관계를 규명할 수 있는 가장 강력한 연구방법
> ㉡ 양적연구 중 가장 숙련된 기술과 전문적 경험을 요구하는 연구
> ㉢ 실험조건의 계획적인 조작과 통제의 정도가 실험의 성패를 좌우

2019. 2. 23 제1회 서울특별시

8 지난 1년간 한 마을에 고혈압 환자가 신규로 40명이 발생하였다. 마을 주민 중 이전에 고혈압을 진단 받은 환자는 200명이다. 마을 전체 주민이 1,000명이라면 지난 1년간 고혈압 발생률은?

① 4% ② 5%
③ 20% ④ 24%

> **TIP** 발생률 = $\frac{\text{새로 발생한 인구수}}{\text{건강한 인구수}} \times 100 = \frac{40}{1,000-200} \times 100 = 5\%$

Answer 7.④ 8.②

2018. 5. 19 제1회 지방직

9 다음 그림은 A초등학교 100명의 학생 중 B형 간염 항원 양성자 15명의 발생분포이다. 4월의 B형 간염 발생률(%)은? (단, 소수점 둘째 자리에서 반올림 함)

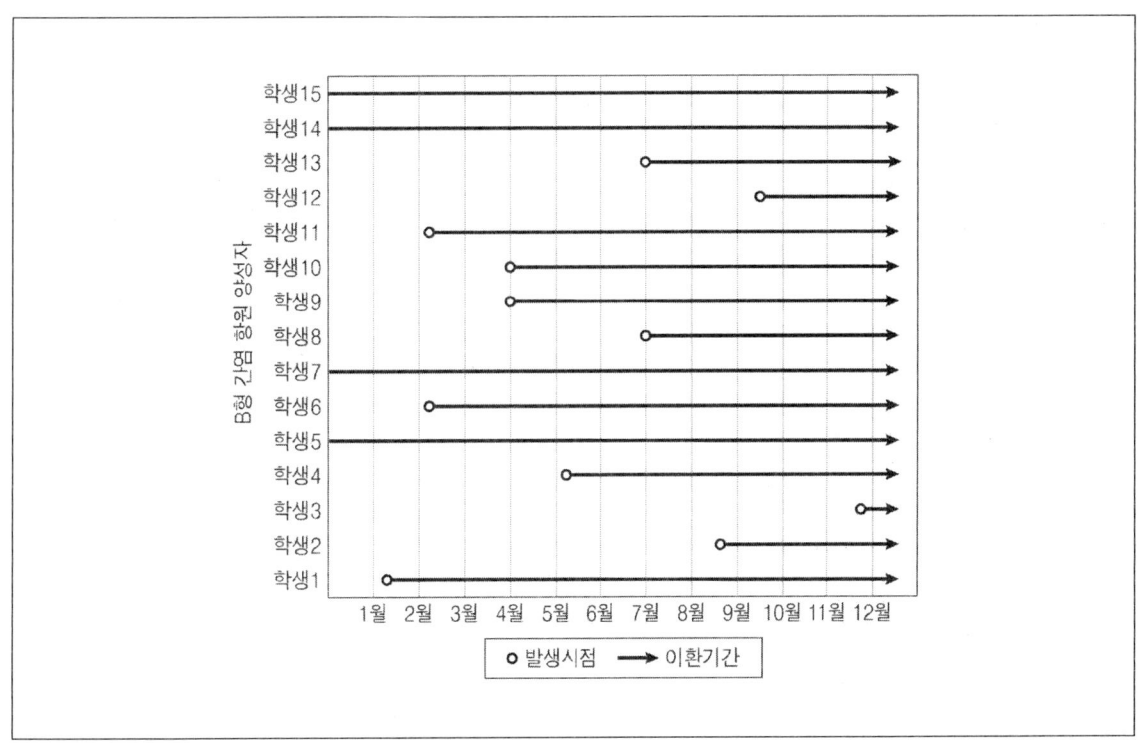

① 2.0　　② 9.0
③ 2.2　　④ 9.7

TIP 발생률 = $\frac{신환환자}{중앙인구수 - 면역력인구수\ 또는\ 기존환자수} \times 100$

= $\frac{2}{100-7} \times 100$ ≒ 2.15(소수점 둘째 자리에서 반올림) → 2.2

Answer　9.③

2017. 12. 16 지방직 추가선발
10 병원체의 감염력과 병원력에 대한 산출식으로 옳은 것은?

총감수성자(N = 1,000)					(단위 : 명)
	감염자(n = 250)				
무증상 감염자 (n = 150)	현성 감염자(n = 100)				
	경미한 증상자 (n = 70)	중증도 증상자 (n = 20)	심각한 증상자 (n = 6)	사망자 (n = 4)	

① 감염력 = (100 / 250) × 100
② 감염력 = (100 / 1000) × 100
③ 병원력 = (100 / 250) × 100
④ 병원력 = (100 / 1000) × 100

TIP 감염력과 병원력
  ㉠ 감염력(infectivity)
    • 병원체가 숙주에 침입하여 숙주에 질병 혹은 면역 등의 반응을 야기하는 것
    • 병원체가 숙주에 침입하여 감염을 일으킬 수 있는 최소량의 병원체 수
    • 감염력 = 감염자 수 / 감수성자 수 × 100
  ㉡ 병원력(pathogenicity)
    • 병원체가 감염된 숙주에서 질병을 일으키는 힘
    • 감염된 모든 사람들에 대한 환자 수, 현성증상을 발현하게 하는 정도
    • 병원력 = 환자 수 / 감염자 수 × 100

Answer 10.③

2017. 6. 17 제1회 지방직

11 다음 표에 제시된 대장암 선별 검사의 민감도[%]는?

구분		대장암		합계
		유	무	
대장암 선별 검사	양성	80	30	110
	음성	20	870	890
합계		100	900	1,000

① $\dfrac{80}{100} \times 100$

② $\dfrac{870}{900} \times 100$

③ $\dfrac{80}{110} \times 100$

④ $\dfrac{870}{890} \times 100$

TIP 민감도란 감별검사에서 진짜 병이 있는 사람 중에서의 검사양성자의 할합을 가리킨다.

따라서 $\dfrac{\text{검사양성자 수}}{\text{대장암 환자 수}} \times 100 = \dfrac{80}{100} \times 100 = 80\%$

2017. 6. 17 제1회 지방직

12 다음 표에 제시된 전향성 코호트 연구 결과에서 위험요인의 질병발생에 대한 기여위험도(attributable risk)는?

구분		질병		합계
		유	무	
위험 요인	유	a	b	a+b
	무	c	d	c+d
합계		a+c	b+d	a+b+c+d

① $\dfrac{a}{a+b} - \dfrac{c}{c+d}$

② $\dfrac{b}{a+b} - \dfrac{d}{c+d}$

③ $\dfrac{a}{a+c} - \dfrac{b}{b+d}$

④ $\dfrac{c}{a+c} - \dfrac{d}{b+d}$

TIP 기여위험도는 위험요소에 노출된 사람의 발병률과 노출되지 않은 사람의 발병률 사이의 산술적인 수의 차이로 $\dfrac{a}{a+b} - \dfrac{c}{c+d}$ 로 구한다.

Answer 11.① 12.①

2016. 6. 25 서울특별시

13 운동 부족과 심혈관질환 발생과의 관계를 알아보기 위해 환자-대조군 연구를 실시하였다. 아래 표와 같은 결과가 나왔을 때 운동 부족과 심혈관질환 발생 간의 교차비는 얼마인가?

구분	심혈관질환 발생(환자군)	심혈관질환 비발생(대조군)
운동 부족	120	880
운동 실시	48	952

① (880/952)/(120/48)
② (120/48)/(880/952)
③ (120/168)/(880/1,832)
④ (48/1,000)/(120/1,000)

> **TIP** 교차비란, 질병이 있는 경우 위험인자 유무의 비와 질병이 없는 경우 위험인자 유무의 비의 비를 말한다. 환자-대조군 연구에서 주로 사용하며, 통계분석에서 수학적인 장점이 있다.

2014. 6. 21 제1회 지방직

14 다음 표는 역학조사를 위한 환자-대조군 연구의 결과이다. 야간근무로 인한 수면장애의 발생 가능성에 대한 교차비(Odds Ratio)는?

(단위 : 명)

구분		수면장애 있음	수면장애 없음	계
야간근무 실시여부	실시	70	10	80
	미실시	30	90	120
계		100	100	200

① 3
② 3.5
③ 7
④ 21

> **TIP** 환자-대조군 연구 … 이미 특정질병에 걸려 있는 환자군을 선정하고 각각의 환자와 짝지어질 수 있는 그 질병에 걸려 있지 않은 대조군을 선정하여, 이 두 소집단이 원인이라고 의심되는 요인에 폭로되었던 비율의 차이를 통계적으로 검증하여 폭로요인과 질병발생과의 연관성을 판단한다.
>
> | | 질병 발생 | 질병 미발생 | 전체 |
> |---|---|---|---|
> | 위험인자 있음 | P_2 | $1-P_2$ | 1 |
> | 위험인자 없음 | P_1 | $1-P_1$ | 1 |
>
> $$교차비 = \frac{\frac{P_2}{P_1}}{\frac{1-P_2}{1-P_1}} = \frac{P_2(1-P_1)}{P_1(1-P_2)} = \frac{70 \times 90}{30 \times 10} = 21$$

Answer 13.② 14.④

2015. 6. 13 서울특별시

15 역학연구방법에 관한 설명으로 옳은 것은?

① 기술역학은 질병과 특정 노출요인에 대한 정보를 특정한 시점 또는 짧은 기간 내에 얻는 방법이다.
② 단면조사연구의 주요 변수는 인구학적 특성, 지역적 특성, 시간적 특성이다.
③ 후향적 코호트연구는 연구시작 시점 훨씬 이전으로 거슬러 올라가 '요인 노출'과 '질병 발생' 간의 관련성을 추적하는 방법이다.
④ 이중맹검법(double blind method)은 환자-대조군연구에서 정보편견을 최소화하는 방법이다.

> TIP ① 기술역학: 질병의 규모와 분포를 조사함으로써 질병발생의 원인에 대한 가설을 얻기 위해 시행된다.
> ② 단면조사 연구: 일정한 인구집단을 대상으로 특정한 시점이나 일정한 기간 내에 질병을 조사하고 각 질병과 그 인구집단과의 관련성을 알아보는 방법
> ④ 이중맹검법: 암시작용 등의 심리적 효과를 피해 약의 효과를 올바르게 평가하기 위하여 쓰인다.

Answer 15.③

01. 역학

출제 예상 문제

1 다음 중 질병발생의 역학적 3요소가 아닌 것은?

① 병원체요인
② 숙주
③ 환경
④ 유인원

> **TIP** 질병발생의 역학적 3요소
> ⊙ 병원체요인: 어떤 집단의 다수를 침범하기에 충분한 양과 질의 병원체요인이 있어야 한다.
> ⓒ 숙주: 어떤 집단의 다수가 발병에 필요한 양과 질의 충분한 병원체요인을 받아들여야 한다.
> ⓒ 환경: 병원체요인과 인간집단 양자 간의 상호작용에 영향을 줄 수 있는 환경이어야 한다.

2 다음 중 역학용어에서 코호트의 의미로 옳은 것은?

① 실험군
② 경제상태가 같은 집단
③ 몇 가지 동일한 특성을 가진 집단
④ 연령이 같은 인구집단

> **TIP** 코호트 연구 … 코호트란 같은 특성을 지닌 집단으로 대상 코호트는 조사하려는 질병이 발생하기 이전의 특성에 따라 확정되며, 이 집단 중에 발생하는 질병빈도를 일정 기간 관찰함으로써 그 발생에 영향을 주리라고 의심되는 요인에 대한 폭로 유무가 코호트 선정의 기준이 된다.

3 질병의 중증도를 판가름하는 데 사용하는 것 중 가장 유용한 것은?

① 유병률
② 치명률
③ 발생률
④ 2차 발병률

> **TIP** 치명률 … 그 질병에 걸렸을 때 심각한 휴유증을 남기거나 사망에 이르게 할 수 있는 정도를 말하는 것으로 치명률이 높을수록 위험한 질병이라고 할 수 있다.

Answer 1.④ 2.③ 3.②

4 실제로 병이 있는 사람을 병이 있다고 판정할 수 있는 능력은?

① 유병성　　　　　　　　② 확률
③ 감수성　　　　　　　　④ 예측성

TIP 실제 질병을 가진 사람을 양성(병이 있음)으로 판단하는 것은 감수성(민감도, sensitivity)이다.

5 다음 중 역학조사에 있어서 숙주요인에 해당하지 않는 것은?

① 유전　　　　　　　　　② 기후
③ 연령　　　　　　　　　④ 인종

TIP 숙주요인에는 유전, 연령, 인종, 건강력 등이 포함된다.
　　② 기후는 환경요인이다.

6 다음 중 역학적 연구의 대상은?

① 지역사회　　　　　　　② 동물
③ 개인　　　　　　　　　④ 인구집단

TIP 역학의 영어 어원은 epi(위에), demos(인간), logos(학문)로 인간집단을 연구대상으로 한다.

Answer　4.③　5.②　6.④

7 다음 중 발생률을 구하는 방법은?

① $I = \dfrac{\text{같은 기간에 새로 발생한 환자수}}{\text{특정한 기간 동안에 위험에 폭로된 인구}}$

② $I = \dfrac{\text{같은 기간에 동안에 존재하는 환자수}}{\text{일정 기간 동안의 평균인구}}$

③ $I = \dfrac{\text{같은 시점에서의 환자수}}{\text{특정 기간 동안에 위험에 폭로된 인구}}$

④ $I = \dfrac{\text{같은 기간 동안에 새로 발생한 환자수}}{\text{같은 시점에서의 환자수}}$

TIP 발생률은 특정한 기간 동안에 특정 건강문제의 감수성이 있는 인구집단 중에서 건강문제가 발생한 사람의 수이다.

8 2차 발병률에 대한 설명으로 옳은 것은?

① 한 번 감염된 자가 재차 감염된 것
② 환자와 접촉한 사람 중 잠복기간 중에 발생한 환자수
③ 감수성자 중 감염자
④ 총 감염자 중 발병자수

TIP 2차 발병률 … 최초로 발생한 환자와 접촉한 감수성자 중에서 병원체의 최장 잠복기간 동안 발병한 환자의 비율이다. 2차 발병률은 미생물의 감염력, 병원력을 측정하는 데 유용하다.

9 비교위험도에 대한 설명으로 옳은 것은?

① 폭로군에 있어서의 질병률 중 폭로에 의한 것으로 볼 수 있는 부분
② 속성을 가지고 있지 않은 사람 중에서 질병이 발생하는 비율
③ 폭로군에 있어서의 질병발생률과 비폭로군에 있어서의 질병발생률의 대비
④ 속성을 가지고 있는 사람 중에서 질병이 발생하는 비율

TIP 비교위험도(상대위험비) … 분석역학 중 코호트 연구에서 구할 수 있는 대비로서, 특정요인에 노출되지 않은 집단의 질병발생률을 기준으로 노출된 집단의 질병발생률의 대비이다.

Answer 7.① 8.② 9.③

10 다음 중 환자-대조군 연구에 대한 설명으로 옳지 않은 것은?

① 만성병과 희귀한 건강문제의 원인을 규명하는 데 적합하다.
② 미래의 환자발생에 대한 연구이다.
③ 유해요인이 건강문제 발생의 원인임을 규명하는 연구이다.
④ 결과도출이 비교적 빠른 시간 내에 가능하다.

TIP 환자 - 대조군 연구
㉠ 기술역학적 연구에서 얻은 정보를 기초로 세운 가설을 검증하기 위해 수행하는 연구이다.
㉡ 이미 특정 질병에 걸려있는 환자군을 선정하고 대조군을 설정하여 폭로요인과 질병발생과의 연관성을 판단하는 방법이다.
㉢ 만성병과 희귀한 건강문제의 원인을 규명하는 데 적합한 방법이다.

11 다음 중 비율로 설명이 불가능한 것은?

① 영유아수 대 노인의 수
② 구성비의 분모에 시간의 개념이 포함된 상태
③ 1년간 지역주민 중 고혈압 이환자수의 비율
④ 유방암 ㄴ환자 중 사망한 환자의 비율

TIP 비율(rate) … 분모와 분자의 시간과 공간의 개념이 포함된 개념으로 단위인구, 성, 연령, 직업과 같은 소규모 집단별로 사건의 빈도를 표시한 것이다.

12 다음 중 대비와 구성비에 대한 설명으로 옳은 것은?

㉠ 백분율(%)은 구성비에 해당하며 0과 1 사이의 값을 가진다.
㉡ 교차비와 성비는 대표적 대비에 해당한다.
㉢ 역학의 질병발생 원인을 규명하는 상대위험도는 대비에 해당한다.
㉣ 대비는 한 측정값을 다른 측정값으로 나눈 값이다.

① ㉠㉡㉢
② ㉠㉢㉣
③ ㉡㉢㉣
④ ㉠㉡㉢㉣

TIP 대비(ratio)와 구성비(propotion)
㉠ 대비 : 한 측정값을 다른 측정값으로 나눈 값으로 A : B 또는 A / B의 형태로 나타내는 비례수로 비율보다 넓은 뜻을 가진다.
㉡ 구성비 : 분모에 분자가 포함되는 $\frac{A}{A+B}$의 형태를 나타내며 대표적인 것은 %로 0과 1의 사이 값을 가진다.

Answer 10.② 11.① 12.④

02 환경보건 및 재난간호

01 환경보건

❶ 환경보건의 이해

(1) 환경보건의 개념
① WHO … 인간의 신체발육, 건강 및 생존에 유해한 영향을 미칠 가능성이 있는 물리적 환경에 있어서의 모든 요소를 통제하는 것
② 환경보건법 제2조 … 환경오염과 유해화학물질 등의 환경유해인자가 사람의 건강과 생태계에 미치는 영향을 조사·평가하고 이를 예방·관리하는 것

(2) 환경보건과 국제협력
① 유엔인간환경회의(스웨덴 스톡홀름, 1972) … 환경위기에 처한 지구를 보전하는 목적으로 전 지구인이 다함께 협력하고 노력하자는 '인간환경선언' 선포
② 유엔환경개발회의(브라질 리우데자네이루, 1992) … 세계 3대 환경협약이 이루어짐
  ㉠ 기후변화협약 : 기후변화의 원인이 되는 온실가스배출 억제
  ㉡ 생물다양성협약 : 전 지구적 생물종 보호
  ㉢ 사막화방지협약 : 무리한 개발과 오남용에 따른 사막화 방지

(3) 주요 국제환경협약

국제협약명	주요내용
람사르협약	• 국제습지조약, 물새서식지 습지보호 • 보호대상 습지 지정
스톡홀름회의	'인간환경선언' 선포
런던협약	• 해양오염 방지 협약 • 폐기물 투기에 의한 해양오염 방지를 위한 각국의 의무 규정
비엔나협약	• 오존층 파괴 원인물질의 규제
몬트리올의정서	• 오존층 파괴 물질의 규제에 관한 국제협약 • 염화불화탄소와 할론 규제
바젤협약	• 유해폐기물의 국가 간 이동 및 그 처리의 통제에 관한 협약
리우회의	• 리우선언과 의제 21 채택 • 지구온난화 방지 협약 • 생물다양성 보존 협약
사막화방지협약	• 사막화를 경험한 국가들의 사막화 방지를 통한 지구환경보호
교토의정서	• 기후변화협약에 따른 온실가스 감축목표에 관한 의정서
스톡홀롬협약	• 잔류성 유기오염물질에 관한 협약
나고야의정서	• 생물다양성협약 적용범위 내의 유전자원과 관련된 전통지식에의 접근과 자원의 이용으로 발생하는 이익공유
도하 기후변화협약	• 지구온난화를 규제 방지하기 위한 협약 • 교토의정서 합의내용을 2020년까지 8년간 연장합의
파리 기후변화협약	• 지구온난화를 규제 방지하기 위한 협약 • 2100년까지 지구온도 상승을 2도 이내로 유지

(4) 환경영향평가

① 개념…특정사업이 환경에 미치게 될 각종 요인들에 대해 그 부정적 영향을 제거하거나 최소화하기 위해 사전에 그 환경영향을 분석하여 검토하는 것

② 유형

종류	주요내용
전략환경영향평가	• 환경에 영향을 미치는 상위계획을 수립할 때 환경보전계획과의 부합여부 확인 및 대안의 설정·분석 등을 통하여 환경적 측면에서 해당계획의 적정성 및 입지의 타당성을 검토하는 제도
월경성(Transboundary) 환경영향평가	• 한 국가의 계획 및 사업으로 인해 주변국가에 심각한 환경적 영향이 예상될 경우 국가 간의 협약을 통해 환경영향을 정밀 검토·분석하고 평가하여 그 부정적 환경영향을 제거 또는 감소시킬 수 있는 방법을 모색하는 제도 • 국가 간 충돌과 갈등을 사전에 예방할 수 있는 방안 마련 목적
소규모 환경영향평가	• 소규모 개발사업에 대한 환경평가 • 환경보전이 필요한 지역이나 난개발이 우려되어 계획적 개발이 필요한 지역에서 개발사업을 시행할 때에 입지의 타당성과 환경에 미치는 영향을 미리 조사 예측 평가하여 환경보전방안을 마련하는 절차
건강영향평가	• 4P(정책 : Policy, 계획 : Plan, 프로그램 : Program, 프로젝트 : Project)가 인체건강에 미치는 영향을 사전에 평가하는 것 • 개발사업의 시행에 앞서 환경유해인자가 건강에 미치는 영향을 사전에 검토 및 평가하여 사업자로 하여금 적극적인 오염물질 저감대책과 모니터링계획을 수립하게 하기 위해 실시

③ 환경영향평가의 기능

정보기능	환경영향에 관한 정보를 정책결정권자, 지방자치단체 및 지역주민에게도 제공함
합의형성기능	절차를 통하여 사업에 대한 이해·설득 내지는 합의 형성을 촉진
유도기능	유용한 정보를 제공하여 친환경적인 계획안이 될 수 있도록 유도하여 환경오염을 예방하는 것
규제기능	규제제도와 연계하여 제도화 가능하게 함

2 환경요인과 건강

(1) 기후의 이해

① 개념
  ㉠ **온열요소** : 인체의 체온조절 작용과 밀접한 관계가 있는 4가지 기상요소로 기온, 기습, 기류, 복사열이다.
  ㉡ **기온** : 인간의 호흡선 위치인 지상으로부터 1.5m에서의 대기온도를 말한다.
  ㉢ **기습** : 대기 중에 포함된 수분의 양이며 기온에 따라 변화한다.

ⓔ 비교습도(상대습도) : 일정 온도에서 포화수증기량에 대한 함유된 수분량의 비율을 말한다.
ⓜ 기류 : 실내에서는 온도차, 실외에서는 기압차로 발생한다.
ⓗ 복사열 : 열을 전달하는 방법 중의 하나로 중간에 매개체 없이 열이 이동하는 방법이다. 발열체와의 거리에 제곱에 비례하여 온감이 감소하며 흑구온도계를 사용하여 측정한다.

(2) 대기오염물질

① 1차 오염물질
  ㉠ 입자상 물질 : 먼지, 훈연, 미스트, 연기, 스모그 형태로 존재
  ㉡ 가스상 물질 : 암모니아, 일산화탄소, 이산화탄소, 황산화물 등

② 2차 오염물질
  ㉠ 대기 중 배출된 1차 오염물질이 태양광선의 영향을 받아 2차적으로 생긴 산화력이 강한 물질의 총칭
  ㉡ 광화학적 스모그, 광화학 오염물질 등
  ㉢ 오존은 강한 산화력으로 지구의 보호막 역할을 하지만 지표면에 생성되는 오존은 인체에 해로운 대기오염물질

(3) 대기오염사건 및 현황

기온역전	• 기온이 상승하여 상부기온이 하부기온보다 높아 대기가 안정되고 공기의 수직 확산이 일어나지 않는 현상
열섬현상	• 인구밀도가 높고 고층건물이 밀집되어 있는 도심지역의 평균기온이 주변지역보다 약 1~2도 더 높게 나타나는 현상 • 원인 : 대기의 성질, 도시매연, 차량 등에서 방출되는 인공열
오존층 파괴	• 오존층은 고도 20~30km에 존재하는 것으로 인체와 생태계에 유해한 태양의 자외선을 차단하는 역할 • 오존층이 파괴되면 유해 자외선이 지구에 직접 도달하여 피부암, 백내장 등을 일으킴 • 원인 : 프레온가스, 이산화탄소, 메탄가스, 산화질소 등
온실효과	• 이산화탄소, 메탄 등의 연료사용의 증가로 인해 지구를 마치 비닐하우스에 씌운 것처럼 둘러싸 지구를 더워지게 하는 현상 • 해수면 온도 상승, 엘리뇨현상, 홍수, 가뭄 기상이변 현상
산성비	• pH가 5.6 이하인 빗물

(4) 대기환경기준

① 아황산가스

② 일산화탄소

③ 이산화질소

④ 오존

⑤ 납

⑥ 벤젠

⑦ 미세먼지(PM10) … 입자의 크기가 10㎛ 이하인 먼지

⑧ 미세먼지(PM2.5) … 입자의 크기가 2.5㎛ 이하인 먼지

(5) 오존주의보 발령기준과 조치내용

구분	발령기준	조치내용
오존주의보	오존농도가 0.12ppm/h 이상일 때	• 실외운동경기 및 실외교육 자제 • 호흡기환자, 노약자, 5세 미만 어린이의 실외활동 자제
오존경보	오존농도가 0.3ppm/h 이상일 때	• 실외운동경기 및 실외교육 제한 • 호흡기환자, 노약자, 5세 미만 어린이의 실외활동 제한 • 발령지역 유치원, 학교의 실외활동 제한
중대경보	오존농도가 0.5ppm/h 이상일 때	• 실외운동경기 및 실외교육 금지 • 호흡기환자, 노약자, 5세 미만 어린이의 실외활동 중지 • 발령지역 유치원, 학교의 휴교 고려

(6) 수질오염

① 수질오염의 주요지표

용존산소	• 물 속에 녹아있는 산소의 양 • 수온이 낮을수록, 기압이 높을수록 증가 • 하천수가 오염될수록, 물 속에 염류의 농도가 높을수록 감소
생화학적 산소요구량(BOD)	• 물 속의 유기물질이 호기성 미생물에 의해 생화학적으로 부해되어 안정화되는 데 필요한 산소의 양 • BOD가 높다는 것은 수중분해가 가능한 유기물질이 많다는 것을 의미
화학적 산소요구량	• 생물화학적으로 분해가 되지 않은 폐수나 염도가 높은 해수 등 물의 오염도를 측정하기에 유용한 지표
부유물질	• 물의 탁도를 증가시킴 • 부유물질이 많을수록 용존산소를 소모하는 오염이 심한 물
세균과 대장균균	• 생물학적으로 분해 가능한 유기물질의 농도를 알 수 있는 지표 • 대장균균은 분변성 오염의 지표로 다른 미생물이나 분변의 오염 예측 가능함
질소	• 암모니아성 질소는 하수의 유기물질이 분해될 때 형성되는 것 • 수질오염의 유력한 지표 • 분변오염을 의심할 수 있음

② 수질오염 현상

부영양화	영양염류의 유입으로 과도하게 수중생물이 번식하는 현상
적조현상	빛과 영양염류의 조건이 좋을 때 식물성 플랑크톤이 단시간 내 급격히 증식하여 물의 색을 붉게 하는 현상
녹조현상	영양염류의 과다로 호수에 녹조류가 다량으로 번식하여 물빛이 녹색으로 변함 용존산소량 감소가 수질 이상을 나타냄

(7) 환경보건과 간호사의 역할
① 환경유해 요인에 노출될 위험이 높은 인구집단을 파악한다.
② 지역사회에서 환경에 대한 사정, 건강력 조사 시 환경위험에 대한 질문을 포함한다.
③ 환경유해 요인으로부터 보호를 보장받을 수 있는 환경정의에 대해 인식한다.
④ 환경상의 화학물질 노출에 대한 모니터링 결과 등 환경 건강정보를 지역사회 사정에 포함한다.
⑤ 환경노출과 증상 및 질병과의 관계를 연관지어 인식한다.
⑥ 환경보건에 관한 주제에 관해 개인, 가족, 지역사회, 인구집단 교육을 실시한다.
⑦ 지역사회 내 적절한 환경보건 자원에 의뢰한다.

02 재난간호

1 재난관리의 이해

(1) 재난의 개념
① **재난의 정의** … 원인, 규모에 전혀 상관없이 생활환경상 불리한 방향으로 급하게 변화하거나 막대한 인명과 재산피해로 기존의 질서와 기능이 상실되고 사회적 파급효과가 큰 현상이다.
② **재난의 특성**
   ㉠ **누적성** : 오랜 시간동안 누적되어 온 위험요인들이 특정 시점에서 밖으로 표출된 것이다.
   ㉡ **불확실성** : 부정형이며 진화되었도 불확실한 특징이 있다.
   ㉢ **상호작용성** : 상호작용에 의해 총체적으로 피해 강도, 범위가 결정된다.
   ㉣ **복잡성** : 복잡한 원인들에 영향을 받는다.

③ 재난의 유형

유형	예시
자연재난	태풍, 홍수, 풍랑, 대설, 가뭄, 황사 등 자연현상으로 인해 발생하는 재해
사회재난	• 화재, 붕괴, 교통사고, 환경오염 등 대통령령으로 정하는 규모 이상의 피해 • 국가핵심기반들의 마비 • 감염병 또는 가축전염병의 확산 • 미세먼지 등으로 인한 피해 • 코로나바이러스 감염증-19, 메르스, 신종인플루엔자의 확산으로 인한 피해
해외재난	대한민국의 영역 밖에서 국민의 생명, 신체 및 재난에 피해를 주거나 줄 수 있는 재난으로 정부차원에서 대처할 필요가 있는 재난

❷ 재난관리단계(Petak의 분류)

단계	구분	재난관리활동
예방단계 (재해의 완화와 예방)	재난 발생 전	• 위험성 분석 및 위험지도작성 • 건축법 정비·제정, 재해보험 • 안전관련법 제정, 조세 유도
대비단계 (재해의 대비와 계획)		• 재난대응 계획, 비상경보체계 구축 • 통합대응체계 구축 • 비상통신망 구축 • 대응자원준비 • 교육훈련 및 연습
대응단계 (재해의 대응)	재난 발생 후	• 재난대응적용, 재해진압, 구조 구난 • 응급의료체계 운영, 대책본부 가동 • 환자 수용, 간호, 보호 및 후송 • 대량환자 발생 시 중증도에 따라 환자분류
복구단계		• 잔해물 제거, 감염 예방, 이재민 지원 • 임시거주지 마련 시설복구

02. 환경보건 및 재난간호

최근 기출문제 분석

2020. 6. 13. 제1회 지방직

1 Petak의 재난관리 과정 중 완화·예방단계에 해당하는 활동은?

① 생필품 공급
② 부상자의 중증도 분류
③ 위험지도 작성
④ 이재민의 거주지 지원

> **TIP** Petak의 재난관리 과정 4단계
> ㉠ 1단계 : 재해의 완화와 예방
>   • 재난관리책임기관의 장의 재난 예방조치
>   • 국가기반시설의 지정 및 관리
>   • 개발규제나 건축기준, 안전기준 등 법규의 마련
>   • 위험성 분석 및 위험 지도 작성 등
> ㉡ 2단계 : 재해의 대비와 계획
> ㉢ 3단계 : 재해의 대응
> ㉣ 4단계 : 재해 복구

2020. 6. 13. 제2회 서울특별시

2 〈보기〉에서 설명하는 지구온난화 및 기후변화 대비 협약으로 가장 옳은 것은?

> **보기**
> 2015년에 채택되었으며 지구 평균온도 상승폭을 산업화 이전 대비 2℃ 이상 상승하지 않도록 합의

① 몬트리올 의정서
② 바젤협약
③ 파리협약
④ 비엔나협약

> **TIP** ① 몬트리올 의정서 : 오존층 파괴물질인 염화불화탄소(CFCs)의 생산과 사용을 규제하려는 목적에서 제정한 협약이다.
> ② 바젤협약 : 유해폐기물의 국가 간 교역통제협약이다.
> ④ 비엔나협약 : 오존층 보호를 위한 국제협약이다.

Answer 1.③ 2.③

2020. 6. 13. 제2회 서울특별시

3 1952년 영국 런던에서 대기오염으로 대규모의 사상자를 발생시킨 주된 원인물질은?

① SO_2(아황산가스)
② CO_2(이산화탄소)
③ O_3(오존)
④ NO_2(이산화질소)

> **TIP** 1952년에 영국 런던에서 1만2천명이 사망하는 대기오염 사건이 있었다. '그레이트 스모그'로 알려진 런던 스모그 대기오염 사건이다. 주된 원인물질은 아황산가스였다.

Answer 3.①

출제 예상 문제

1 다음 중 환경오염의 특징으로 옳지 않은 것은?

① 피해는 직접적 · 순간적으로 나타난다.
② 피해의 관계가 불분명하다.
③ 피해는 광범위하게 나타난다.
④ 비특정 다수인에 의해서 비특정 다수인이 피해를 입는다.

> **TIP** ① 환경오염의 피해는 간접적 · 지속적으로 나타난다.

2 다음 중 불쾌지수(Discomfort Index)를 측정하는 데 필요한 기후요소로 옳은 것은?

| ㉠ 기온 | ㉡ 기습 |
| ㉢ 기류 | ㉣ 복사열 |

① ㉠㉡
② ㉠㉡㉢
③ ㉠㉢
④ ㉡㉢㉣

> **TIP** 불쾌지수(DI) … 미국의 기상국에서 각종 기상조건하에서 냉난방 조절장치에 소요되는 전력을 추산키 위해 제정한 것으로, 측정(℃ 눈금이용시)방법은 DI = 0.72(ta + tw) + 40.6 [ta : 건구온도(기온), tw : 습구온도(기습)]이다.

Answer 1.① 2.①

3 습도에 대한 설명으로 옳지 않은 것은?

① 40 ~ 70% 정도가 인체에 쾌적감을 준다.
② 온도가 높아질 때 습도가 낮아지면 인체에 쾌적감을 준다.
③ 정오부터 오후 2시까지의 시간의 비교습도는 최고치를 기록한다.
④ 기중습도가 높을 때 더우면 더 덥게, 추우면 더 춥게 느낀다.

> **TIP** ④ 기중습도가 높을 때엔 더우면 덜 덥게, 추우면 더 춥게 느낀다.

4 상수의 인공정수 과정으로 옳은 것은?

① 침전 – 폭기 – 소독 – 여과
② 여과 – 폭기 – 소독 – 침전
③ 소독 – 여과 – 침전 – 침사
④ 침전 – 폭기 – 여과 – 소독

> **TIP** 상수를 인공적으로 정수하는 방법은 침전 – 폭기 – 여과 – 소독의 순서에 의한다.

5 다음 중 용존산소에서 5ppm의 의미로 옳은 것은?

① 물 속의 유기물 농도가 높다.
② 분뇨에 오염된 하수이다.
③ 물고기가 살 수 있을 정도의 맑은 물이다.
④ 부유물질의 농도가 높다.

> **TIP** 용존산소(Dissoved Oxygen, DO)
> ⊙ 개념 : 산소가 물속에 용해되어 있는 정도를 말한다.
> ⊙ WHO의 용존산소 기준 : 4 ~ 5ppm 이상이어야 한다.
> ⊙ 미생물 등으로 인해 산소 소비량이 많아져 물이 오염되고, 깨끗한 물일수록 산소의 함유량이 많다.

Answer 3.④ 4.④ 5.③

6 다음 중 하수처리 방법이 아닌 것은?

① 여과
② 침전
③ 폭기
④ 매립

TIP ④ 폐기물 처리방법에 해당한다.

7 다음 중 재난 및 안전관리 기본법에 명시된 재난 중 사회적 재난에 해당하지 않는 것은?

① 환경오염 사고
② 국가핵심기반의 마비
③ 미세먼지 저감 및 관리에 관한 특별법에 따른 미세먼지 등으로 인한 피해
④ 황사에 의한 재해

TIP ④ 황사는 자연 재난에 해당된다.
※ 사회재난 … 화재·붕괴·폭발·교통사고(항공사고 및 해상사고를 포함한다)·화생방사고·환경오염사고 등으로 인하여 발생하는 대통령령으로 정하는 규모 이상의 피해와 국가핵심기반 마비, 「감염병의 예방 및 관리에 관한 법률」에 따른 감염병 또는 「가축전염병예방법」에 따른 가축전염병의 확산, 「미세먼지 저감 및 관리에 관한 특별법」에 따른 미세먼지 등으로 인한 피해

8 다음의 재난 중 그 분류가 다른 것은?

① 황사
② 미세먼지의 피해
③ 교통사고
④ 환경오염사고

TIP 재난 및 안전관리 기본법 제3조 제1호
㉠ 자연재난 : 태풍, 홍수, 호우(豪雨), 강풍, 풍랑, 해일(海溢), 대설, 낙뢰, 가뭄, 폭염, 지진, 황사(黃砂), 조류(藻類) 대발생, 조수(潮水), 화산활동, 소행성·유성체 등 자연우주물체의 추락·충돌, 그 밖에 이에 준하는 자연현상으로 인하여 발생하는 재해
㉡ 사회재난 : 화재·붕괴·폭발·교통사고(항공사고 및 해상사고를 포함한다)·화생방사고·환경오염사고 등으로 인하여 발생하는 대통령령으로 정하는 규모 이상의 피해와 국가핵심기반 마비, 「감염병의 예방 및 관리에 관한 법률」에 따른 감염병 또는 「가축전염병예방법」에 따른 가축전염병의 확산, 「미세먼지 저감 및 관리에 관한 특별법」에 따른 미세먼지 등으로 인한 피해

Answer 6.④ 7.④ 8.①

9 다음 중 긴급구조통제단을 구성 및 운영할 수 있는 자로 바른 것은?

① 소방서장, 소방본부장, 소방청장
② 소방서장, 소방본부장, 중앙소방본부장
③ 시·군·구청장, 시·도지사, 소방청장
④ 시·군·구청장, 시·도지사, 행정안부장관

TIP 재난 및 안전관리 기본법 제49조(중앙긴급구조통제단)
  ㉠ 긴급구조에 관한 사항의 총괄·조정, 긴급구조기관 및 긴급구조지원기관이 하는 긴급구조활동의 역할 분담과 지휘·통제를 위하여 소방청에 중앙긴급구조통제단(중앙통제단)을 둔다.
  ㉡ 중앙통제단의 단장은 소방청장이 된다.
  ㉢ 중앙통제단장은 긴급구조를 위하여 필요하면 긴급구조지원기관 간의 공조체제를 유지하기 위하여 관계 기관·단체의 장에게 소속 직원의 파견을 요청할 수 있다. 이 경우 요청을 받은 기관·단체의 장은 특별한 사유가 없으면 요청에 따라야 한다.
  ※ 재난 및 안전관리 기본법 제50조(지역긴급구조통제단)
  ㉠ 지역별 긴급구조에 관한 사항의 총괄·조정, 해당 지역에 소재하는 긴급구조기관 및 긴급구조지원기관 간의 역할분담과 재난현장에서의 지휘·통제를 위하여 시·도의 소방본부에 시·도긴급구조통제단을 두고, 시·군·구의 소방서에 시·군·구긴급구조통제단을 둔다.
  ㉡ 시·도긴급구조통제단과 시·군·구긴급구조통제단(지역통제단)에는 각각 단장 1명을 두되, 시·도긴급구조통제단의 단장은 소방본부장이 되고 시·군·구긴급구조통제단의 단장은 소방서장이 된다.
  ㉢ 지역통제단장은 긴급구조를 위하여 필요하면 긴급구조지원기관 간의 공조체제를 유지하기 위하여 관계 기관·단체의 장에게 소속 직원의 파견을 요청할 수 있다. 이 경우 요청을 받은 기관·단체의 장은 특별한 사유가 없으면 요청에 따라야 한다.

10 재난으로 인한 피해를 최소화하기 위하여 재해의 예방, 대비, 대응, 복구에 관한 정책의 개발과 집행과정을 총칭하는 것은 무엇인가?

① 재난관리
② 위험관리
③ 안전관리
④ 국가재난관리

TIP "재난관리"란 재난의 예방·대비·대응 및 복구를 위하여 하는 모든 활동을 말한다〈재난 및 재난관리 기본법 제3조(정의)〉.

Answer 9.① 10.①

03 질병관리

01 감염성 질환

1 감염성 질환의 발생과정

(1) 병원체

생물 병원체, 즉 미생물의 종류는 바이러스부터 원생동물까지 다양하다. 그러나 모든 미생물이 인간에게 감염을 일으키는 것은 아니고 그 일부만 감염을 일으킨다. 감염을 일으키는 병원체는 박테리아, 바이러스, 리케차, 원생동물(protozoa), 후생동물(metazoa), 곰팡이 등으로 구분된다.

(2) 병원소

병원체가 필요에 따라 어느 기간 머무르면서 그들 생존의 일부를 거치는 숙주를 말하며 인간, 동물, 환경이 모두 병원소가 될 수 있다. 한 병원체의 숙주가 여러 종류일 수도 있고, 홍역 바이러스처럼 인간만 병원소인 병원체도 있다.

(3) 병원소로부터 병원체의 탈출

병원체가 병원소로부터 탈출하는 경로는 호흡기, 소화기, 비뇨생식기, 기계적 탈출(병원소의 병원체를 주사기나 동물 매개체가 직접 옮겨주는 것) 등이 있다. 탈출방법은 그 다음 숙주를 침입하기 전까지 외계환경에서 생존능력에 따라 결정된다.

(4) 전파방법

탈출한 병원체가 새로운 숙주에 옮겨지는 과정이다.

(5) 새로운 숙주로의 침입

구강, 호흡기, 소화기, 비뇨생식기, 점막, 피부, 개방병소 등을 통해 일어난다.

(6) 새로운 숙주의 감수성 및 면역

병원체 양이 충분하고 침입구가 적합하며 숙주가 방어에 실패할 경우 병원체는 숙주 내에 자리잡고 생존과 증식을 성취하게 된다.

❷ 감염성 질환의 관리

(1) 감염성 질환의 예방

① **국가적 차원** … 온 국민을 감염성 질환으로부터 보호하기 위해 법적 조치를 취한다.

② **지역사회 차원** … 모든 구성원에 의한 조직적인 노력이 필요하다.

③ **개인적 차원** … 각 개인이 위생관념을 철저하게 가져 구강과 분변으로 연결되는 전파경로를 차단한다.

(2) 예방 및 관리의 방법

① **검역** … 유행지에서 들어오는 사람들을 떠난 날로부터 계산하여 병원기의 잠복기 동안 그들이 유숙하는 곳을 신고하게 하고 일정장소에 머물게 하여 감염 여부 확인 때까지 감시하는 것이다.

② **전파방지**
   ㉠ 환자와 보균자를 치료하여 병원체가 배설되는 것을 방지한다.
   ㉡ 병원체를 배설하는 환자, 보균자와 감수성이 있는 건강인이 접촉하지 못하도록 격리시킨다.
   ㉢ 숙주 밖으로 나온 병원체를 사멸시킨다.

③ **면역증강** … 숙주가 어떤 특정한 병원체에 대해 저항력을 가지고 있는 방어력을 면역이라고 한다. 전염성 질환의 관리에 중요한 접근법인 예방접종을 통해 면역증강이 이루어지고, 개인 및 지역사회의 면역수준을 향상시켜 전염성 질환의 침입 자체를 차단한다.

(3) 감염성 질환의 관리와 지역사회간호사의 책임

① 보건교육
- ㉠ 개인 및 집단, 교사들에게 감염병의 조기증상과 보건당국에 보고하는 것에 관하여 교육한다.
- ㉡ 환자 발생시 환자의 격리가 질병유행의 예방에 중요하다는 것을 교육한다.
- ㉢ 보균자로 진단될 경우 주의할 사항을 인지하도록 교육한다.
- ㉣ 각종 감염병의 경로를 인식시키고 예방을 위한 개인위생에 대하여 교육한다.

② 직접간호 제공
- ㉠ **환자방**: 실온 20℃ 내외, 습도 50 ~ 60%를 유지하도록 하며, 직사광선과 소음을 방지한다.
- ㉡ **안정**: 심신의 안정을 취하도록 한다.
- ㉢ **청결**: 청결과 욕창예방을 위해서 부분적 혹은 전신적으로 목욕을 시킨다.
- ㉣ **배변**: 의사의 지시에 따라 대변의 횟수 및 오줌량을 측정한다.
- ㉤ **식이**: 급성기에 있어서는 유동식 혹은 반유동식을 취하도록 하고, 충분히 수분을 보충할 수 있도록 해준다.
- ㉥ **투약**: 의사의 지시에 따라서 한다.
- ㉦ **합병증 예방**: 환자의 상태와 증상을 관찰하였다가 이상이 있을 때는 즉시 의사에게 연락한다.

③ 감염병 환자 간호시의 주의사항
- ㉠ **개인위생**: 충분한 휴양과 철저한 개인위생을 실천하여 간호사 자신의 건강을 유지하도록 노력하며 자신을 스스로 방어할 수 있어야 한다.
- ㉡ **청결**: 감염병 환자를 간호한 후에는 반드시 손을 씻어야 한다.
- ㉢ **마스크**: 감염병 환자를 대할 때는 코와 입을 완전히 덮는 마스크를 착용한다.
- ㉣ **가운착용**: 감염병 환자를 간호할 때는 가운을 입어야 하며, 환자접촉이 필요할 때마다 깨끗한 가운을 입도록 한다.

(4) 예방접종

① 개념
- ㉠ 예방접종은 감염성 질환으로부터 숙주를 보호할 뿐만 아니라 감염성 병원체의 전파를 막음으로 인해 지역사회 전체를 질병으로부터 보호하고 유행을 방지한다.
- ㉡ 감염병예방법상 예방접종을 받는 것을 국민의 의무로 규정하고 있으며, 정기예방접종과 임시예방접종으로 구분한다.
- ㉢ 예방접종을 실시함에 있어서는 금기사항을 유념하여 접종하여야 하며, 면역수준을 향상시킬 수 있도록 세심한 관찰과 접종 전의 문진 및 신체검진이 필요하다.

② 성인예방접종

항목	접종대상 및 접종방법	고위험군
B형 간염	모든 주민, 기본접종 3회	표면항원, 항체 음성자
파상풍	모든 주민, 추가접종(매 10년)	-
홍역/풍진	고위험군, 기본접종 1회	가임여성 중 접종력이 불확실하거나 미접종자
인플루엔자	• 65세 이하 : 고위험군, 매년 접종 • 65세 이상 : 모든 주민, 매년 접종(10, 11월)	• 심장이나 폐의 만성질환자 • 만성질환으로 입원 또는 요양소 수용자 • 당뇨 등 대사 이상자 • 만성 신부전, 빈혈, 면역저하자
폐렴	• 55세 이상 : 고위험군1, 평생 1회 접종 • 65세 이하 : 고위험군2, 평생 1회 접종 • 65세 이상 : 모든 주민, 평생 1회 접종 (면역저하 환자의 경우 5년마다 접종)	• 집단시설 수용자 • 무비증, 호즈킨병, 임파종 • 골수종, 만성 신부전, 신증후군 • 면역억제제를 투여받는 장기이식환자
신증후 출혈열	고위험군, 기본접종 2회	• 다발지역에서 근무하는 군인과 농부 • 다발지역 : 강릉, 파주, 연천, 포천, 청원, 철원, 청주, 화천, 진천, 양주, 여주, 명주, 평창, 예천
장티푸스	60세 이하 : 고위험군, 기본접종 및 2~3년 후 추가접종	• 식품위생업소 종사자 • 집단급식소 종사자 • 불안전 급수지역 주민, 급수시설 관리자 • 어부 또는 어패류 취급자 • 과거 2년간 환자발생지역 주민
A형 간염	• 10대, 20대 : 기본 접종으로 • 30대 : 항체 검사 후 음성일 경우에만 시행함 • 40대 이후 : 추천하지 않음	

❸ 법정감염병

(1) 정의

① 감염병은 국민의 건강을 해칠 뿐만 아니라 막대한 방역대책 비용의 지출 등 경제적으로도 피해를 주어 국민생활을 위협하므로 국가적 차원에서 감염병 관리가 이루어져야 한다.

② 감염성 질병을 관리하는 대표적 법률로는 감염병의 예방 및 관리에 관한 법률이 있으며 이 법에 규정되어 있는 질병을 법정감염병이라 한다.

(2) 우리나라 법정감염병

① **감염병** … 제1급감염병, 제2급감염병, 제3급감염병, 제4급감염병, 기생충감염병, 세계보건기구 감시대상 감염병, 생물테러감염병, 성매개감염병, 인수공통감염병 및 의료관련감염병을 말한다.

② **제1급감염병**
  ㉠ 생물테러감염병 또는 치명률이 높거나 집단 발생의 우려가 커서 발생 또는 유행 즉시 신고하여야 하고, 음압격리와 같은 높은 수준의 격리가 필요한 감염병으로서 ㉡의 감염병을 말한다. 다만, 갑작스러운 국내 유입 또는 유행이 예견되어 긴급한 예방·관리가 필요하여 보건복지부장관이 지정하는 감염병을 포함한다.
  ㉡ 에볼라바이러스병, 마버그열, 라싸열, 크리미안콩고출혈열, 남아메리카출혈열, 리프트밸리열, 두창, 페스트, 탄저, 보툴리눔독소증, 야토병, 신종감염병증후군, 중증급성호흡기증후군(SARS), 중동호흡기증후군(MERS), 동물인플루엔자 인체감염증, 신종인플루엔자, 디프테리아

③ **제2급감염병**
  ㉠ 전파가능성을 고려하여 발생 또는 유행 시 24시간 이내에 신고하여야 하고, 격리가 필요한 ㉡의 감염병을 말한다. 다만, 갑작스러운 국내 유입 또는 유행이 예견되어 긴급한 예방·관리가 필요하여 보건복지부장관이 지정하는 감염병을 포함한다.
  ㉡ 결핵, 수두, 홍역, 콜레라, 장티푸스, 파라티푸스, 세균성이질, 장출혈성대장균감염증, A형간염, 백일해, 유행성이하선염, 풍진, 폴리오, 수막구균 감염증, b형헤모필루스인플루엔자, 폐렴구균 감염증, 한센병, 성홍열, 반코마이신내성황색포도알균(VRSA) 감염증, 카바페넴내성장내세균속균종(CRE) 감염증, E형간염

④ **제3급감염병**
  ㉠ 그 발생을 계속 감시할 필요가 있어 발생 또는 유행 시 24시간 이내에 신고하여야 하는 ㉡의 감염병을 말한다. 다만, 갑작스러운 국내 유입 또는 유행이 예견되어 긴급한 예방·관리가 필요하여 보건복지부장관이 지정하는 감염병을 포함한다.
  ㉡ 파상풍, B형간염, 일본뇌염, C형간염, 말라리아, 레지오넬라증, 비브리오패혈증, 발진티푸스, 발진열, 쯔쯔가무시증, 렙토스피라증, 브루셀라증, 공수병, 신증후군출혈열, 후천성면역결핍증(AIDS), 크로이츠펠트-야콥병(CJD) 및 변종크로이츠펠트-야콥병(vCJD), 황열, 뎅기열, 큐열, 웨스트나일열, 라임병, 진드기매개뇌염, 유비저, 치쿤구니야열, 중증열성혈소판감소증후군(SFTS), 지카바이러스 감염증

> **TIP** 후천성면역결핍증 예방법
> ㉠ 목적(제1조) : 이 법은 후천성면역결핍증의 예방·관리와 그 감염인의 보호·지원에 필요한 사항을 정함으로써 국민건강의 보호에 이바지함을 목적으로 한다.
> ㉡ 국가·지방자치단체 및 국민의 의무(제3조)
>   • 국가와 지방자치단체는 후천성면역결핍증의 예방·관리와 감염인의 보호·지원을 위한 대책을 수립·시행하고 감염인에 대한 차별 및 편견의 방지와 후천성면역결핍증의 예방을 위한 교육과 홍보를 하여야 한다.
>   • 국가와 지방자치단체는 국제사회와 협력하여 후천성면역결핍증의 예방과 치료를 위한 활동에 이바지하여야 한다.

- 국민은 후천성면역결핍증에 관한 올바른 지식을 가지고 예방을 위한 주의를 하여야 하며, 국가나 지방자치단체가 이 법에 따라 하는 조치에 적극 협력하여야 한다.
- 국가 · 지방자치단체 및 국민은 감염인의 인간으로서의 존엄과 가치를 존중하고 그 기본적 권리를 보호하며, 이 법에서 정한 사항 외의 불이익을 주거나 차별대우를 하여서는 아니 된다.
- 사용자는 근로자가 감염인이라는 이유로 근로관계에 있어서 법률에서 정한 사항 외의 불이익을 주거나 차별대우를 하여서는 아니 된다.

ⓒ 의사 또는 의료기관 등의 신고〈제5조〉
- 감염인을 진단하거나 감염인의 사체를 검안한 의사 또는 의료기관은 보건복지부령으로 정하는 바에 따라 24시간 이내에 진단 · 검안 사실을 관할 보건소장에게 신고하고, 감염인과 그 배우자(사실혼 관계에 있는 사람을 포함) 및 성 접촉자에게 후천성면역결핍증의 전파 방지에 필요한 사항을 알리고 이를 준수하도록 지도하여야 한다. 이 경우 가능하면 감염인의 의사(意思)를 참고하여야 한다.
- 학술연구 또는 혈액 및 혈액제제(血液製劑)에 대한 검사에 의하여 감염인을 발견한 사람이나 해당 연구 또는 검사를 한 기관의 장은 보건복지부령으로 정하는 바에 따라 24시간 이내에 질병관리청장에게 신고하여야 한다.
- 감염인이 사망한 경우 이를 처리한 의사 또는 의료기관은 보건복지부령으로 정하는 바에 따라 24시간 이내에 관할 보건소장에게 신고하여야 한다.
- 신고를 받은 보건소장은 특별자치시장 · 특별자치도지사 · 시장 · 군수 또는 구청장(자치구의 구청장)에게 이를 보고하여야 하고, 보고를 받은 특별자치시장 · 특별자치도지사는 질병관리청장에게, 시장 · 군수 · 구청장은 특별시장 · 광역시장 또는 도지사를 거쳐 질병관리청장에게 이를 보고하여야 한다.

ⓔ 역학조사〈제10조〉: 보건복지부장관, 시 · 도지사, 시장 · 군수 · 구청장은 감염인 및 감염이 의심되는 충분한 사유가 있는 사람에 대하여 후천성면역결핍증에 관한 검진이나 전파 경로의 파악 등을 위한 역학조사를 할 수 있다.

⑤ **제4급감염병**
ⓐ 제1급감염병부터 제3급감염병까지의 감염병 외에 유행 여부를 조사하기 위하여 표본감시 활동이 필요한 ⓑ의 감염병을 말한다.
ⓑ 인플루엔자, 매독, 회충증, 편충증, 요충증, 간흡충증, 폐흡충증, 장흡충증, 수족구병, 임질, 클라미디아감염증, 연성하감, 성기단순포진, 첨규콘딜롬, 반코마이신내성장알균(VRE) 감염증, 메티실린내성황색포도알균(MRSA) 감염증, 다제내성녹농균(MRPA) 감염증, 다제내성아시네토박터바우마니균(MRAB) 감염증, 장관감염증, 급성호흡기감염증, 해외유입기생충감염증, 엔테로바이러스감염증, 사람유두종바이러스감염증

⑥ **기생충감염병** … 기생충에 감염되어 발생하는 감염병 중 보건복지부장관이 고시하는 감염병을 말한다.

⑦ **세계보건기구 감시대상 감염병** … 세계보건기구가 국제공중보건의 비상사태에 대비하기 위하여 감시대상으로 정한 질환으로서 보건복지부장관이 고시하는 감염병을 말한다.

⑧ **생물테러감염병** … 고의 또는 테러 등을 목적으로 이용된 병원체에 의하여 발생된 감염병 중 보건복지부장관이 고시하는 감염병을 말한다.

⑨ **성매개감염병** … 성 접촉을 통하여 전파되는 감염병 중 보건복지부장관이 고시하는 감염병을 말한다.

⑩ **인수공통감염병** ··· 동물과 사람 간에 서로 전파되는 병원체에 의하여 발생되는 감염병 중 보건복지부장관이 고시하는 감염병을 말한다.

⑪ **의료관련감염병** ··· 환자나 임산부 등이 의료행위를 적용받는 과정에서 발생한 감염병으로서 감시활동이 필요하여 보건복지부장관이 고시하는 감염병을 말한다.

02 비감염성 질환

1 비감염성 질환의 이해

(1) 비전염성 질환의 개념
① 질병발생과정의 시간적 경과의 특성에 따라 구분된 것으로 급성질환에 상반된 개념이라 할 수 있다.
② 유병기간, 즉 질병의 시작에서부터 끝나는 시기가 길다는 특성을 나타낸다.
③ 비감염성 질환의 경우 그 진행과정을 보면 처음의 어느 정도까지는 병이 회복되는 것처럼 보이나 그 정도가 깊어져 회복단계가 줄어들면서 계속적으로 병이 악화되는 방향으로 진행된다.

(2) 발생요인
① **습관성 요인** ··· 과식, 과주, 과다지방식 섭취로 인해 비만증이 야기되고 이는 고혈압, 당뇨병, 관상동맥성 심장병 등을 유발한다.
② **기호성 요인** ··· 흡연으로 인해 폐암, 기관지염, 순환기계장애 등이 유발되고, 음주로 인해 고혈압, 간경화증, 위장장애 등이 유발된다.
③ **유전적 요인** ··· 당뇨병, 암, 고혈압의 경우 유전성이 인정되고 있다.
④ **사회·경제적 요인** ··· 사회·경제적 상태에 따라 질병발생의 양상이 다르다. 즉, 부유층의 경우 유방암, 당뇨병의 발생이 많고 저소득층의 경우 자궁암, 위장암 등이 많이 발생한다.
⑤ **직업적 요인** ··· 매연공의 경우 폐암이 많이 발생하고, 방사선 취급자의 경우에는 피부암 등이 많이 발생하며 광부의 경우에는 규폐증이 많이 발생하는 것으로 보아 직업에 따라서도 질병발생의 양상이 다르다고 볼 수 있다.

② 비감염성 질환의 관리

(1) 1차 예방

비감염성 질환의 경우 1차 예방에 필요한 직접적 원인이 밝혀지지 않는 경우가 많아 그 예방이 어렵다. 현존하는 1차 예방법으로는 금연, 음주제한, 체중조절, 비전염성 질환 관리사업 등이 있다.

(2) 2차 예방

조기에 질병을 발견·치료하여 조기사망을 예방하는 것을 말하며, 대부분의 비감염성 질환의 관리는 2차 예방에 중점을 둔다.

(3) 3차 예방

질병으로 인한 불능과 조기사망을 감소시키는 것을 말하며, 지속적인 치료와 관리가 유지되도록 간호대상자를 등록관리하고 재활을 돕는 사업에 중점을 둔다.

03. 질병관리

최근 기출문제 분석

2019. 6. 15 제2회 서울특별시

1 제2군감염병에 속하지는 않으나, 국가예방접종에 포함된 감염병으로 옳게 짝지어진 것은?

① 폐렴구균 - 결핵
② 결핵 - A형 간염
③ 일본뇌염 - 결핵
④ B형 헤모필루스 인플루엔자 - A형 간염

> **TIP** 국가예방접종 대상 감염병은 결핵(BCG), B형간염, 디프테리아/파상풍/백일해, 폴리오, b형헤모필루스인플루엔자, 폐렴구균, 홍역/유행성이하선염/풍진, 수두, A형간염, 일본뇌염, 사람유두종바이러스, 인플루엔자, 장티푸스, 신증후군출혈열 등이다. 이중 제2군감염병은 디프테리아, 백일해, 파상풍, 홍역, 유행성이하선염, 풍진, 폴리오, B형간염, 일본뇌염, 수두, b형헤모필루스인플루엔자, 폐렴구균이 해당한다.

2019. 6. 15 제2회 서울특별시

2 관할지역에서 탄저로 죽은 소가 발견되었다는 신고를 받은 읍장이 취해야 할 행동으로 가장 옳은 것은?

① 즉시 보건소장에게 신고
② 즉시 시장·군수·구청장에게 신고
③ 즉시 보건소장에게 통보
④ 즉시 질병관리본부장에게 통보

> **TIP** 인수공통감염병의 통보(감염병의 예방 및 관리에 관한 법률 제14조 제1항) … 「가축전염병예방법」 제11조 제1항 제2호에 따라 신고를 받은 특별자치도지사(특별자치도의 동지역에 한정된다)·시장(구를 두지 아니하는 시의 시장을 말하며, 도농복합형태의 시에 있어서는 가축 등의 소재지가 동지역인 경우에 한정된다)·구청장(도농복합형태의 시의 구에 있어서는 가축 등의 소재지가 동지역인 경우에 한정된다)·읍장 또는 면장은 같은 법에 따른 가축전염병 중 다음 각 호의 어느 하나에 해당하는 감염병의 경우에는 즉시 질병관리본부장에게 통보하여야 한다.
> ㉠ 탄저
> ㉡ 고병원성조류인플루엔자
> ㉢ 광견병
> ㉣ 그 밖에 대통령령으로 정하는 인수공통감염병
> ※ 2020. 8. 11.부터 질병관리본부장 → 질병관리청장으로 개정되었다.

Answer 1.② 2.④

2019. 6. 15 제1회 지방직

3 감염병의 예방 및 관리에 관한 법령상 감염병에 대한 설명으로 옳은 것은?

① 탄저는 국내 유입이 우려되는 해외 유행 감염병으로 제4군감염병이다.
② 간흡충증은 정기적인 조사를 통한 감시가 필요하여 보건복지부령으로 정하는 제5군감염병이다.
③ 바이러스성 출혈열은 간헐적으로 유행할 가능성이 있어 계속 그 발생을 감시하고 방역대책의 수립이 필요한 제3군감염병이다.
④ 지정감염병은 제1군감염병부터 제5군감염병까지의 감염병 외에 유행 여부를 조사하기 위하여 감시활동이 필요하여 대통령이 지정하는 감염병이다.

> TIP ① 탄저는 간헐적으로 유행할 가능성이 있어 계속 그 발생을 감시하고 방역대책의 수립이 필요한 감염병으로 제3군감염병이다. 단, 2020. 1. 1. 시행 기준에 따르면 탄저는 1급감염병에 해당한다.
> ③ 바이러스성 출혈열은 국내에서 새롭게 발생하였거나 발생할 우려가 있는 감염병 또는 국내 유입이 우려되는 해외 유행 감염병으로 제4군감염병이다.
> ④ 지정감염병은 제1군감염병부터 제5군감염병까지의 감염병 외에 유행 여부를 조사하기 위하여 감시활동이 필요하여 대통령이 지정하는 감염병이다.

2019. 6. 15 제1회 지방직

4 모기가 매개하는 감염병이 아닌 것은?

① 황열
② 발진열
③ 뎅기열
④ 일본뇌염

> TIP ② 발진열은 리케차(Rickettsia typhi) 감염에 의한 급성 발열성 질환으로, 매개충의 병원소는 설치류나 야생동물이며 쥐벼룩을 매개로 주로 전파된다.

2019. 2. 23 제1회 서울특별시

5 「후천성면역결핍증 예방법」상 후천성면역결핍증으로 사망한 사체를 검안한 의사 또는 의료기관은 이 사실을 누구에게 신고하여야 하는가?

① 보건소장
② 시·도지사
③ 질병관리본부장
④ 보건복지부장관

> TIP 감염인을 진단하거나 감염인의 사체를 검안한 의사 또는 의료기관은 보건복지부령으로 정하는 바에 따라 즉시 진단·검안 사실을 관할 보건소장에게 신고하고, 감염인과 그 배우자(사실혼 관계에 있는 사람을 포함한다) 및 성 접촉자에게 후천성면역결핍증의 전파 방지에 필요한 사항을 알리고 이를 준수하도록 지도하여야 한다. 이 경우 가능하면 감염인의 의사(意思)를 참고하여야 한다〈후천성면역결핍증 예방법 제5조(의사 또는 의료기관 등의 신고) 제1항〉.
> ※ 2020. 8. 11.부터 질병관리본부장 → 질병관리청장으로 개정되었다.

Answer 3.② 4.② 5.①

2018. 5. 19 제1회 지방직

6 여름휴가차 바닷가에 온 40대 여성이 오징어와 조개류 등을 생식하고 다음 날 복통, 설사와 미열을 호소하며 병원을 방문하여 진료를 받았다. 이 경우 의심되는 식중독의 특징은?

① 7 ~ 8월에 주로 발생하며, 원인균은 포도상구균이다.
② 화농성질환을 가진 조리사의 식품 조리과정에서 발생한다.
③ 감염형 식중독으로 가열해서 먹을 경우 예방이 가능하다.
④ 독소형 식중독으로 신경마비성 증상이 나타나 치명률이 높다.

TIP ③ 오징어와 조개류 등은 표피나 아가미, 내장 등을 충분히 세척·가열하지 않고 섭취할 경우 장염비브리오균에 감염될 수 있다.

2017. 6. 17 제1회 지방직

7 「감염병의 예방 및 관리에 관한 법률」 제2조 제8호에 따른 세계보건기구 감시대상 감염병만을 모두 고른 것은?

| ㉠ 두창 | ㉡ 폴리오 |
| ㉢ 중증급성호흡기증후군(SARS) | ㉣ 콜레라 |

① ㉠㉢
② ㉠㉡㉣
③ ㉡㉢㉣
④ ㉠㉡㉢㉣

TIP 「감염병의 예방 및 관리에 관한 법률」 제2조 제8호에 따른 세계보건기구 감시대상 감염병의 종류는 다음 각 목과 같다.
㉠ 두창
㉡ 폴리오
㉢ 신종인플루엔자
㉣ 중증급성호흡기증후군(SARS)
㉤ 콜레라
㉥ 폐렴형 페스트
㉦ 황열
㉧ 바이러스성 출혈열
㉨ 웨스트나일열

Answer 6.③ 7.④

03. 질병관리

출제 예상 문제

1 다음 중 수인성 감염병의 역학적 특성으로 옳지 않은 것은?

① 급수구역과 환자발생 분포가 일치한다.
② 이환율과 치명률이 낮고 2차 발병률은 낮다.
③ 환자가 2~3일 내에 폭발적으로 발생한다.
④ 여름철에 특히 발생률이 높다.

> **TIP** ④ 수인성 감염병이 발생하는 것과 계절은 항상 일치하는 것이 아니다.

2 홍역을 앓은 후 생기는 면역은?

① 인공능동면역　　　　② 선천성 면역
③ 자연능동면역　　　　④ 자연수동면역

> **TIP** 자연능동면역 … 각종의 질환에 이환된 후에 면역이 형성되는 것으로 면역의 지속기간은 질환의 종류에 따라 기간이 짧을 수도, 영구면역이 될 수도 있다.

3 다음 중 만성 퇴행성 질환이 아닌 것은?

① 폐렴　　　　　　　　② 고혈압
③ 관상동맥성 심질환　　④ 암

> **TIP** 만성 퇴행성 질환
> ㉠ 암
> ㉡ 당뇨병
> ㉢ 본태성 고혈압
> ㉣ 관상동맥성 심질환
> ㉤ 정신장애

Answer 1.④ 2.③ 3.①

4 다음 중 모기를 매개로 한 감염성 질환으로 옳은 것은?

    ㉠ 장티푸스   ㉡ 뎅기열
    ㉢ 일본뇌염   ㉣ AIDS
    ㉤ 말라리아
---

① ㉠㉡㉤   ② ㉠㉢㉣
③ ㉡㉢㉤   ④ ㉡㉣㉤

> **TIP** 매개충과 전파질병
> ㉠ 이: 발진티푸스, 재귀열
> ㉡ 파리: 장티푸스, 소아마비, 이질
> ㉢ 쥐: 살모넬라증, 렙토스피라증
> ㉣ 모기: 사상충증, 말라리아, 뎅기열, 황열, 일본뇌염
> ㉤ 쥐벼룩: 녹사병, 재귀열, 발진열
> ㉥ 진드기: 재귀열, 신증후출혈열
> ㉦ 물고기: 간흡충증

5 감염병의 예방 및 관리에 관한 법률에서 규정한 제1급감염병에 해당하는 것만을 고른 것은?

    ㉠ 페스트   ㉡ 일본뇌염
    ㉢ 탄저   ㉣ A형간염
---

① ㉠㉡   ② ㉠㉢
③ ㉡㉣   ④ ㉢㉣

> **TIP** 제1급감염병
> ㉠ 생물테러감염병 또는 치명률이 높거나 집단 발생의 우려가 커서 발생 또는 유행 즉시 신고하여야 하고, 음압격리와 같은 높은 수준의 격리가 필요한 감염병으로서 ㉡의 감염병을 말한다. 다만, 갑작스러운 국내 유입 또는 유행이 예견되어 긴급한 예방·관리가 필요하여 보건복지부장관이 지정하는 감염병을 포함한다.
> ㉡ 에볼라바이러스병, 마버그열, 라싸열, 크리미안콩고출혈열, 남아메리카출혈열, 리프트밸리열, 두창, 페스트, 탄저, 보툴리눔독소증, 야토병, 신종감염병증후군, 중증급성호흡기증후군(SARS), 중동호흡기증후군(MERS), 동물인플루엔자 인체감염증, 신종인플루엔자, 디프테리아

Answer 4.③ 5.②

6 다음 중 세균성 이질에 대한 역학적 설명으로 옳지 않은 것은?

① 병원체 발병력이 낮다.
② 숙주에 부분적으로 면연력이 약하다.
③ 이환기간은 평균적으로 4 ~ 7일이다.
④ 병원체가 다량으로 존재한다.

> **TIP** 임상적 특징
> ⊙ 대소장의 급성세균성 감염병으로 고열과 구역질, 또는 구토 · 경련성 복통 및 후중기를 동반한 설사가 특징이다.
> ⓒ 어린이에게 전신적 경련은 중요한 하나의 합병증일 수 있다.
> ⓒ 이질균에서 나오는 독소의 작용으로 구토와 수양성 설사가 일어나고 경미하거나 무증상 감염도 있다.
> ⓔ 이환기간이 평균 4 ~ 7일이고 수 일부터 수 주 동안 앓는다.
> ⓜ 전형적인 환례에서는 침습성 이질균으로 인해서 미세 농양이 뭉쳐 대변에 혈액과 점액, 고름 등이 섞여 나온다.
> ⓗ 세균학적 진단은 직장 면봉법이나 대변을 배양해 이질균을 분리해서 진단한다.

7 회복기 환자가 균을 배출하는 경우는?

① 백일해
② 이질
③ 디프테리아
④ 유행성 이하선염

> **TIP** 다른 감염병과는 달리 디프테리아는 회복기 환자에게서도 전염이 이루어지기 때문에 특별한 주의가 필요하다.

Answer 6.① 7.③

8 다음 보균자 중 가장 관리하기 어려운 보균자는?

① 회복기 보균자
② 잠복기 보균자
③ 건강 보균자
④ 열성 보균자

TIP 건강 보균자는 가장 관리하기 어려운 보균자이다.

Answer 8.③

공중보건

공중보건학의 개념과 건강

01 공중보건학의 개요
02 건강과 질병의 기본개념

01 공중보건학의 개요

01 공중보건학의 개념과 발달

❶ 공중보건학의 의의

(1) C.E.A. Winslow의 공중보건학 정의

조직적인 지역사회의 노력을 통해 질병예방, 수명의 연장, 신체적·정신적 건강 및 능률을 증진시키는 기술·과학이다.

(2) 공중보건의 목적

공중보건은 개인이 아닌 지역사회가 주최가 되어 지역주민의 질병을 예방하고 건강한 삶을 영위하도록 돕는 것을 목적으로 한다.

(3) 공중보건학의 범위

① **환경관리 분야** … 환경위생, 식품위생, 환경오염, 산업보건 등이 있다.

② **질병관리 분야** … 감염병 및 비감염병 관리, 역학 등이 있다.

③ **보건관리 분야** … 보건행정, 보건교육, 모자보건, 의료보장제도, 보건영양, 인구보건, 가족계획, 보건통계, 정신보건, 영유아보건, 사고관리 등이 있다.

② 공중보건학의 변천과정

(1) 고대기
이집트와 로마에 상·하수도 시설과 목욕탕 시설이 있었으며, 이집트의 주택청결법에 관한 기록이나 로마의 인구조사를 실시한 것은 공중보건의 흔적들이다.

(2) 중세기
공중보건의 암흑기로 종교에 의지하여 의학은 단지 신체의 질병을 치료하는 데 국한되었다.

(3) 여명기(요람기)
① 1848년 세계 최초로 영국에서 Chadwick에 의해 공중보건법이 제정되었다.
② Ramazzini … 직업병 연구가 시작되었다.
③ E. Jenner … 우두종두법이 개발되었다.

(4) 확립기
① 예방의학적 사상이 시작되었으며 Pasteur, Koch에 의해 세균학, 면역학의 기초가 마련되었다.
② 1866년 Pettenkofer가 뮌헨대학에 처음으로 위생학 강좌를 개설하였다.

(5) 20세기 후의 발전기
① 보건소가 설치되었으며, 사회보건 및 사회보장제도가 체계화되는 등 사회보장제도가 발전하였다.
② WHO가 1948년 4월 7일 발족하여 이날을 '세계보건의 날'로 정하였다.
③ 알마타 선언
  ㉠ 1978년 카자흐스탄의 알마타에서 세계보건기구 후원으로 열린 국제의료회의에서 '1차 보건의료'란 단어가 사용되었다.
  ㉡ 세계보건기구는 알마타 선언 이후 '1차 보건의료'를 보건의료정책의 주요 전략으로 채택하였다.
  ㉢ 이로써 우리나라에서도 접근성, 의료비용 가용성, 지역사회 참여를 접근전략으로 '농어촌 1차 보건의료의 기반확충'이라는 정책을 수행하게 되었다.

> **TIP 공중보건학 발달사의 주요 사건**
> ㉠ 1383년 마르세유에서 검역법이 통과되어, 최초의 검역소가 설치되었다.
> ㉡ 1798년 제너가 우두종두법을 발견하였다.
> ㉢ 1848년 영국에서 채드윅에 의해 최초로 공중보건법이 제정되었다.
> ㉣ 1883년 독일에서 비스마르크의 사회입법으로 최초로 사회보장제도가 실시되었다.

02 우리나라 공중보건의 역사

(1) 삼국시대
① 중국의학이 전래되었다.
② 고구려 소수림왕 때 인도의학이 포함된 불교의학이 들어와 왕실 치료자인 시의가 있었다.

(2) 고려
① 성종 때 의학제도를 정비해 의사를 두었다.
② 의약관청인 대의감·서민 의료기관인 제위보 등이 있었다.
③ 후기에는 의학교육기관인 의학원을 개성과 평양에 설립해 의박사를 두었다.

(3) 조선시대
① 전기에는 고려의학을 계승하였고, 후기에는 외세의 침략으로 크게 발전하지 못했다.
② 허준의 동의보감이 발간되었고, 갑오개혁 이후 서양의학의 도입으로 병원이 설립되면서 공중보건사업을 권장하게 되었다.

(4) 근대
① 위생과가 여러 차례 개정을 통해 보건부로 개칭되었고 1956년 보건소법이 공포됨에 따라 각 시·군·구에 보건소가 설치·운영되었다.
② 의료보험의 실시로 국민보건이 향상되었다.

최근 기출문제 분석

2020. 6. 13. 제2회 서울특별시

1 공중보건의 역사적 사건 중 가장 먼저 발생한 사건은?

① 제너(E. Jenner)가 우두 종두법을 개발하였다.
② 로버트 코흐(R. Koch)가 결핵균을 발견하였다.
③ 베니스에서는 페스트 유행지역에서 온 여행자를 격리하였다.
④ 독일의 비스마르크(Bismarck)에 의하여 세계 최초로 「질병보험법」이 제정되었다.

> **TIP** ③ 1348년 ① 1798년 ② 1882년 ④ 1883년
> ③ 베니스에서는 1348년에 오염되었거나 의심이 가는 배와 여행자의 입항을 금지시켰으며, 라구사에서는 페스트 유행 지역에서 온 여행자는 항구밖의 일정한 장소에서 질병이 없어질 때까지 2개월간 머물다가 입항이 허락되었다. 이것은 역사적으로 검역의 시초가 되었다. 그 후 1383년에 프랑스 항구도시에서 최초 검역법이 통과되었으며, 처음으로 검역소가 설치, 운영되었던 것은 감염병 예방이라는 측면에서 중요한 업적이라 할 수 있다.

2018. 6. 23 제2회 서울특별시

2 〈보기〉는 공중보건학의 발달사이다. 시대 순으로 옳게 나열한 것은?

보기

㉠ 히포크라테스(Hippocrates) 학파의 체액설   ㉡ 최초로 검역소 설치
㉢ 최초로 공중보건법 제정   ㉣ 우두종두법을 제너가 발견
㉤ 최초로 사회보장제도 실시

① ㉠ – ㉡ – ㉢ – ㉣ – ㉤
② ㉠ – ㉡ – ㉢ – ㉤ – ㉣
③ ㉠ – ㉡ – ㉣ – ㉢ – ㉤
④ ㉠ – ㉡ – ㉣ – ㉤ – ㉢

> **TIP** ㉠ 고대기
> ㉡ 중세기 1383년 마르세유에서 검역법 통과, 최초의 검역소 설치
> ㉣ 여명기 1798년
> ㉢ 여명기 1848년 영국 채드윅
> ㉤ 1883년 독일 비스마르크의 사회입법

Answer 1.③ 2.③

2017. 6. 24 제2회 서울특별시

3 다음은 공중보건학의 발전과정 중 어디에 해당하는가?

- 라마지니(Ramazzini)의 직업병에 대한 저서가 출간되어 산업보건의 기초를 마련
- 제너(Jenner)의 우두접종법 개발

① 확립기　　　　　　　　② 여명기
③ 중세기　　　　　　　　④ 발전기

TIP 제너의 우두접종법 개발(1798)과 라마지니의 「직업인의 질병(1700)」 발간은 공중보건의 사상이 싹튼 시기인 여명기의 일이다. 1848년에 세계 최초의 공중보건법이 제정되었다.

Answer　3.②

출제 예상 문제

1 공중보건의 변천과정 중 공중보건사상이 싹트기 시작한 시기는?

① 고대기
② 중세기
③ 여명기
④ 확립기

> **TIP** 여명기 … 산업혁명으로 공중보건사상이 처음 싹트기 시작했다.

2 다음 중 현대 공중보건학의 정의로 옳은 것은?

① 질병예방, 수명연장, 건강증진
② 조기발견, 수명연장, 건강증진
③ 질병예방, 조기발견, 건강증진
④ 질병치료, 수명연장, 건강증진

> **TIP** Winslow에 의하면 공중보건학은 질병예방, 수명연장, 건강을 증진시키는 기술이며 과학이라고 정의된다.

3 공중보건의 수단으로 볼 수 없는 것은?

① 개인의 건강관리
② 산업보건
③ 환경위생
④ 보건교육

> **TIP** ① 공중보건은 지역사회 주민 전체를 대상으로 한 환경관리, 질병관리, 보건관리 사업이므로 개인의 건강관리는 올바른 수단이 아니다.

Answer 1.③ 2.① 3.①

4 조선시대 보건의료 기관은?

① 대비원 ② 활인서
③ 제위보 ④ 상의국

> **TIP** ①③ 고려시대 의료기관
> ④ 고려시대 어의 공급 담당기관

5 다음 중 공중보건사업과 거리가 먼 것은?

① 감염병의 관리사업 ② 질병의 예방사업
③ 의료장비 개발사업 ④ 환경위생 개선사업

> **TIP** 공중보건사업의 범위
> ㉠ 환경관리 분야: 환경위생, 식품위생, 환경오염, 산업보건
> ㉡ 질병관리 분야: 감염병 및 감염병 관리, 역학, 기생충 관리
> ㉢ 보건관리 분야: 보건행정, 보건교육, 모자보건, 의료보장제도, 보건영양, 인구보건, 가족계획, 보건통계, 정신보건, 영유아보건 등

6 다음 중 공중보건사업의 대상을 가장 잘 나타낸 것은?

① 지역사회의 전체 주민을 대상으로 한다.
② 저소득층을 대상으로 한다.
③ 감염병 환자만을 대상으로 한다.
④ 특정계층을 대상으로 한다.

> **TIP** 공중보건사업은 지역사회의 주민 전체를 대상으로 하며, 단위로 한다. 공중보건의 최소단위는 지역사회이다.

Answer 4.② 5.③ 6.①

02 건강과 질병의 기본개념

01 건강

❶ 건강의 개념

(1) 개념의 변화

과거에는 신체적 개념으로 많이 사용되었지만 그 후 정신적 개념, 생존능력, 사회생활능력 등을 포함하게 되어 점차 확대되어 가고 있는 경향이다.

(2) 세계보건기구의 정의

건강은 단지 질병이 없거나 허약하지 않을 뿐만 아니라 육체적·정신적·사회적으로 완전히 안녕한 상태를 말한다.

(3) Bernard의 정의

건강이란 외부환경의 변화에도 내부환경의 항상성이 유지되는 상태를 말한다.

❷ 건강의 지표

(1) WHO에서 정한 한 나라의 건강수준을 표시하는 종합건강지표

① 비례사망지수(PMI) … 전체 사망자 수에 대한 50세 이상 사망자 수의 비율이다. 비례사망지수가 크면 건강수준이 높다는 것이다.

$$비례사망지수 = \frac{50세\ 이상\ 사망자\ 수}{전체\ 사망자\ 수} \times 100$$

② **평균수명** … 사람의 수명을 평균하여 나타낸 연수이다. 0세의 평균여명, 즉 갓 태어난 신생아가 일정 조건 하에 몇 해 동안 생존할 수 있는가 하는 기대연수이다.

③ **조사망률** … 그 해의 인구 수에 대한 연간 사망자 수의 비율이다.

$$조사망률 = \frac{연간 \ 사망자 \ 수}{그 \ 해의 \ 인구} \times 1,000$$

(2) 지역주민의 건강수준측정에 이용되는 지표

① **영아사망률** … 그 해에 출생한 영아에 대한 1년간의 생후 1년 미만 영아의 사망 수의 비율이다. 지역사회의 보건수준을 나타내는 가장 대표적인 지표이다.

$$영아사망률 = \frac{1년간의 \ 생후 \ 1년미만의 \ 사망자 \ 수}{그 \ 해의 \ 출생아 \ 수} \times 1,000$$

② **모성사망률** … 연간 출생아 수에 대한 연간 모성 사망 수의 비율이다.

$$모성사망률 = \frac{연간 \ 모성사망 \ 수}{연간 \ 출생아 \ 수} \times 1,000$$

③ **기타** … 조사망률, 평균연령, 비례사망지수 등이 있다.

02 질병

1 질병의 발생

(1) 질병발생의 요인

① **병인** … 여러 생물화학적 요인, 유해 중금속 등 물리·화학적 요인과 정신질환을 일으키는 각종 사회·경제적 요인을 말한다.

② **숙주** … 연령, 성별, 병에 대한 저항력, 영양상태, 유전적 요인, 생활습관 등이 있다.

③ **환경** … 숙주와 병인 간의 관계에서 지렛대 역할을 하는데, 인간을 둘러싼 물리적·생물학적·사회적·경제적인 것들을 모두 포함한다.

(2) 질병의 예방(레벨과 클락의 예방단계)

① **1차 예방** … 병인에 이완되기 전에 환경개선, 건강증진, 예방접종 등으로 미리 질병의 근원을 제거하는 방법이다.

② **2차 예방** … 병인에 이완된 후에 집단검진과 조기진단 등을 통해 조기치료하고 병의 악화를 방지하는 것이다.

③ **3차 예방** … 병후 회복기로 사회에 환원되기 위한 재활치료이다.

② 우리나라의 건강동향

(1) 사회적 변화
출생률 감소에 따른 인구의 정체현상, 인구의 노령화, 급격한 산업화 등이 있다.

(2) 문제점
① 인구의 도시집중으로 과밀지역에선 영유아보건이나 모자보건이, 과소지역에선 생산연령층 부족이 문제가 된다.

② 새로운 대사성 질환, 고혈압, 암과 같은 치료가 극히 어려운 비전염성 질환이 가장 큰 보건문제로 대두된다.

> **TIP** 보건문제(3p) … Population(인구), Poverty(빈곤), Pollution(오염)

03 세계보건기구(WHO)

① 생성 및 발달

(1) 목적
WHO는 모든 사람들이 가능한 최상의 건강수준에 도달하도록 하는 데 목적을 두고 있다. WHO 헌장에는 '건강이란 단순히 질병이 없는 상태가 아니라 육체적 · 정신적 · 사회적으로 완전히 안정된 상태'라고 정의하고 있다.

(2) 생성

1948년 4월 7일 발족하였으며, 스위스 제네바에 본부를 두고 있다.

❷ 조직과 기능

(1) 6개 지역 사무소

① 동지중해지역 사무소 … 이집트 알렉산드리아(본부) 등
② 동남아시아지역 사무소 … 인도 뉴델리(본부), 북한 등
③ 서태평양지역 사무소 … 필리핀 마닐라(본부), 우리나라 등
④ 남북아메리카지역 사무소 … 미국 워싱턴 D.C.(본부) 등
⑤ 유럽지역 사무소 … 덴마크 코펜하겐(본부) 등
⑥ 아프리카지역 사무소 … 콩고 브라자빌(본부) 등

(2) 기능

① 국제적인 보건사업에 대하여 지휘하고 조정한다.
② 보건서비스의 강화를 위한 각국 정부의 요청에 대하여 지원한다.
③ 각국 정부의 요청 시 적절한 기술지원과 응급상황 발생 시 필요한 도움을 제공한다.
④ 감염병 및 기타 다른 질병들의 예방과 관리에 대한 업무를 지원한다.
⑤ 필요시 영양, 주택, 위생, 레크리에이션, 경제 혹은 작업여건, 그리고 환경위생 등에 대하여 다른 전문기관과의 협력을 지원한다.
⑥ 생체의학(Biomedical)과 보건서비스 연구를 지원 및 조정한다.
⑦ 보건, 의학, 그리고 관련 전문분야의 교육과 훈련의 기준을 개발 및 개발을 지원한다.
⑧ 생물학·제약학적 물질, 유사물질들에 대한 국제적인 표준을 세우고, 진단기법의 표준화를 추진한다.
⑨ 정신분야의 활동을 지원한다.

최근 기출문제 분석

2020. 6. 13. 제2회 서울특별시

1 레벨과 클라크(Leavell & Clark)의 질병의 자연사에서 불현성 감염기에 취해야 할 예방조치로 가장 옳은 것은?

① 재활 및 사회복귀
② 조기진단과 조기치료
③ 악화방지를 위한 적극적 치료
④ 지역사회 전체에 대한 예방접종

> **TIP** 레벨과 클라크(Leavell & Clark)의 질병의 자연사
> ⊙ 1차 예방: 비병원성기, 초기병원성기 – 질병발생억제단계
>   • 적극적 예방: 환경위생, 건강증진, 생화환경개선
>   • 소극적 예방: 특수예방, 예방접종
> ⓒ 2차 예방: 불현성질환기, 발현성질환기 – 조기발견과 조기치료단계
> ⓒ 3차 예방: 회복기 – 재활 및 사회복귀 단계, 잔여기능의 최대화

2016. 6. 25 서울특별시

2 비례사망지수(proportional mortality indicator, PMI)에 대한 설명으로 옳지 않은 것은?

① 보건환경이 양호한 선진국에서는 비례사망지수가 높다.
② 연간 총 사망자 수에 대한 그 해 50세 이상의 사망자 수의 비율이다.
③ 국가간 보건수준을 비교하는 지표로 사용된다.
④ 비례사망지수가 높은 것은 평균수명이 낮은 것을 의미한다.

> **TIP** ④ 비례사망지수(PMI)는 연간 총 사망자수에 대한 50세 이상의 사망자수를 퍼센트(%)로 표시한 지수로, 비례사망지수가 높은 것은 건강수준이 좋음을 의미한다.

Answer 1.② 2.④

2016. 6. 25 서울특별시

3 다음 중 영아사망과 신생아사망 지표에 대한 설명으로 옳은 것은?

① 영아후기사망은 선천적인 문제로, 예방이 불가능하다.
② 영아사망률과 신생아사망률은 저개발국가일수록 차이가 적다.
③ α-index가 1에 가까울수록 영유아 보건 수준이 낮음을 의미한다.
④ 영아사망은 보건관리를 통해 예방 가능하며 영아사망률은 각 국가 보건수준의 대표적 지표이다.

> **TIP** ① 영아후기사망은 환경적 문제의 비중이 더 크므로 어느 정도 예방 가능하다.
> ② 영아사망률과 신생아사망률은 저개발국가일수록 차이가 크다.
> ③ α-index는 생후 1년 미만의 사망수(영아사망수)를 생후 28일 미만의 사망수(신생아사망수)로 나눈 값이다. 유아사망의 원인이 선천적 원인만이라면 값은 1에 가깝다.

Answer 3.④

출제 예상 문제

1 한 여성이 일생 동안 여아를 몇 명이나 낳는지를 나타내는 출산력 지표는?

① 보통출생률
② 일반출산율
③ 연령별출산율
④ 총재생산율

TIP ④ 총재생산율(Total Reproduction Rate)은 재생산연령인 15세에서 49세의 여자가 그 연차의 연령별출생율로 일생동안에 낳는 평균 여아수를 나타낸 값이다.
① 보통출생률이란 총 인구수 대비 1년간 출생자수의 비율을 나타낸다.
② 일반출산율은 총출생아수를 해당 연도의 가임기 여성인구(15세부터 49세까지)로 나눈 수치를 말한다.
③ 연령별 출산율은 특정한 년도의 가임기 여성 15세부터 49세까지의 모(母)의 연령별 해당 년도의 출생아 수를 해당 연령의 여자인구로 나눈 비율을 말한다.

2 WHO는 몇 개 지부이며, 우리나라가 속한 곳은?

① 6개 지부 - 서태평양지역
② 5개 지부 - 서태평양지역
③ 4개 지부 - 동남아시아지역
④ 4개 지부 - 환태평양지역

TIP WHO의 6개 지역 사무소
㉠ 동지중해지역 사무소: 이집트 알렉산드리아(본부) 등
㉡ 동남아시아지역 사무소: 인도 뉴델리(본부), 북한 등
㉢ 서태평양지역 사무소: 필리핀 마닐라(본부), 우리나라 등
㉣ 남북아메리카지역 사무소: USA 워싱턴 D.C.(본부) 등
㉤ 유럽지역 사무소: 덴마크 코펜하겐(본부) 등
㉥ 아프리카지역 사무소: 콩고 브라자빌(본부) 등

Answer 1.④ 2.①

3 레벨과 클락의 예방단계에 대한 설명 중 1차 예방에 속하는 것은?

① 조기진단　　　　　　　　　② 집단검진
③ 환경개선　　　　　　　　　④ 조기치료

> **TIP** 레벨과 클락의 질병예방단계
> ⊙ 1차 예방 : 병인에 이완되기 전에 환경개선, 건강증진, 예방접종 등으로 미리 질병의 근원을 제거한다.
> ⊙ 2차 예방 : 병인에 이완된 후에 집단검진과 조기진단 등을 통해 조기치료하고 병의 악화를 방지한다.
> ⊙ 3차 예방 : 병후 회복기로 사회에 환원되기 위한 재활치료이다.

4 다음 중에서 1차 보건의료에 해당하는 것은?

① 보건교육 – 급성질환관리　　　　② 조기치료 – 영양개선
③ 응급환자 – 감염병확산방지　　　④ 장기요양기관설립 – 풍토병관리

> **TIP** 조기치료는 원래 2차에 해당하지만 동시에 다른 사람에게 전파를 차단하므로 1차 보건의료에도 포함된다.

5 우리나라가 속해 있는 세계보건기구의 지역 사무소는?

① 환태평양지역 사무소　　　　② 동남아시아지역 사무소
③ 서태평양지역 사무소　　　　④ 극동아시아지역 사무소

> **TIP** ③ 우리나라는 1949년 8월 65번째 회원국으로 가입하였으며 마닐라, 필리핀 등이 속한 서태평양지역 사무소에 속해 있다.

Answer 3.③　4.②　5.③

6 세계보건기구의 회원국에 대한 역할 중 가장 중요한 기능은?

① 기술 지원
② 재정 지원
③ 의약품 지원
④ 기술요원 지원

> **TIP** ① 세계보건기구는 회원국에 대한 기술지원 및 자료공급, 보건사업의 지휘 및 조정, 전문가 파견을 통한 기술자문활동을 수행한다.

7 세계보건기구의 회원국에 대한 기능으로 볼 수 없는 것은?

① 의약품 지원사업
② 기술 지원사업
③ 교육·훈련사업
④ 보건정보 및 자료공급

> **TIP** 세계보건기구의 기능
> ㉠ 국제적인 보건사업에 대하여 지휘하고 조정한다.
> ㉡ 보건서비스의 강화를 위한 각국 정부의 요청에 대하여 지원한다.
> ㉢ 각국 정부의 요청시 적절한 기술지원과 응급상황 발생 시 필요한 도움을 제공한다.
> ㉣ 감염병 및 기타 다른 질병들의 예방과 관리에 대한 업무를 지원한다.
> ㉤ 필요시 영양, 주택, 위생, 레크리에이션, 경제 혹은 작업여건, 그리고 환경위생 등에 대하여 다른 전문기관과의 협력을 지원한다.
> ㉥ 생체의학(Biomedical)과 보건서비스 연구를 지원 및 조정한다.
> ㉦ 보건, 의학 그리고 관련 전문분야의 교육과 훈련의 기준을 개발 및 개발을 지원한다.
> ㉧ 생물학·제약학적 물질, 유사물질들에 대한 국제적인 표준을 세우고, 진단기법의 표준화를 추진한다.
> ㉨ 정신분야의 활동을 지원한다.

8 다음 중 세계보건기구의 정의로 옳은 것은?

① 국제적인 보건전문가단체
② 국제노동단체
③ 보건교육사업단체
④ 국제적인 의료사업단체

> **TIP** WHO(World Health Organization)는 국제적인 보건전문가단체이다.

Answer 6.① 7.① 8.①

9 다음 중 건강의 정의를 가장 적절하게 표현한 것은?

① 허약하지 않은 상태
② 육체적 · 정신적 · 사회적 안녕상태
③ 정신적 · 육체적 · 경제적 안녕상태
④ 정신적 · 경제적 · 사회적 안녕상태

> **TIP** 세계보건기구의 건강에 대한 정의는 단순히 질병이 없거나 허약하지 않을 뿐만 아니라 육체적 · 정신적 · 사회적으로 안녕한 완전한 상태를 말한다.

10 질병을 조기에 발견 및 치료하여 질병의 진전을 막는 것은?

① 1차 예방
② 2차 예방
③ 3차 예방
④ 4차 예방

> **TIP** 질병의 예방
> ㉠ 1차 예방: 질병의 근원을 제거한다.
> ㉡ 2차 예방: 집단검진을 통해 질병을 조기 발견하여 치료한다.
> ㉢ 3차 예방: 사회복귀를 위한 재활치료이다.

11 세계보건기구의 건강에 대한 정의에서 '사회적 안녕상태'가 뜻하는 것은?

① 보건행정제도가 잘 마련된 상태
② 범죄가 없는 상태
③ 자신의 역할을 충실히 수행할 수 있는 상태
④ 국민경제가 부유한 상태

> **TIP** 사회적 안녕상태란 개개인이 사회에서 자신의 역할을 충분히 수행하고 있는 상태를 말한다.

Answer 9.② 10.② 11.③

12 다음 중 3차 예방활동의 의미를 옳게 설명한 것은?

① 재활 및 사회생활 복귀지도
② 생활환경 개선활동
③ 질병의 조기발견 및 조기치료
④ 안전관리 및 예방접종활동

TIP 3차 예방은 병후 회복기로 사회에 환원되기 위한 재활치료이다.

13 공중보건 수준평가의 기초자료로 가장 중요한 것은?

① 평균수명
② 상수보급률
③ 질병발생률
④ 영아사망률

TIP 한 나라의 건강수준지표는 비례사망지수, 평균수명, 조사망률이 있고, 지역주민의 건강수준지표는 조사망률, 영아사망률, 모성사망률 등이 있는데 이 중 대표적인 것이 영아사망률이다.

Answer 12.① 13.④

공중보건

02 PART

환경과 보건

01 환경위생
02 환경보건

01 환경위생

01 환경위생의 개요

(1) 환경위생의 개념(세계보건기구의 정의)

환경위생은 인간의 신체발육, 건강 및 생존에 유해한 영향을 미치거나 미칠 가능성이 있는 인간의 물리적 생활환경에 있어서의 모든 요인을 통제하는 것이다.

(2) 자연적 환경

① 물리화학적 환경 … 공기, 토양, 광선, 물, 소리 등이다.

② 생물학적 환경 … 동물, 곤충, 미생물, 식물 등이다.

(3) 사회적 환경

① 인위적 환경 … 의복, 주거, 식생활, 산업시설 등이다.

② 문화적 환경 … 정치, 경제, 종교, 교육, 문화, 예술 등이다.

02 기후조건

(1) 순응현상(순화)

외부환경의 변화가 일시적인 것이 아니고 계속적일 때 그 조건에 적응하는 능력이 강해진다. 같은 조건에서 적응력이 강해진 사람은 순화되지 않은 사람에 비하여 훨씬 잘 적응하고 조화되어 생활하게 되는데 이런 현상을 순화라고 한다.

(2) 기후특성과 질병발생

① **풍토병** … 어느 지역의 기후 또는 기후로 인한 조건 때문에 발병하는 질병이다.
  예 말라리아, 수면병, 콜레라 등

② **계절병** … 계절에 따라 주로 발생하는 질병이다.
  예 봄 홍역/결핵, 여름 뇌염/장티푸스/이질/장염, 겨울 천식/인플루엔자 등

③ **기상병** … 기후상태에 따라 질병이 발생, 악화되는 것을 말한다.
  예 협심증, 기관지염, 류머티즘, 심근경색, 천식 등

(3) 기압 환경에서 나타나는 질병

① **고산병** … 저기압 상태에서 산소부족으로 발생한다. 높이 올라갈수록 기압은 낮아지는데 높은 산에 오를 때 주로 경험하게 된다.

② **잠함병(감압증)** … 급격한 감압에 의해 질소가 다량으로 혈액이나 지방조직에 기포화하여 발생하는 질병이다.

03 온열조건

❶ 개요

(1) 개념
온열요소 혹은 온열인자(기온, 기습, 기류, 복사열의 기후요소)에 의해 형성된 종합적 상태를 말한다.

(2) 온열요소

① **기온**
  ㉠ 특징
    - 기후요소 중 가장 중요하다.
    - 복사열을 배제한 지상 1.5m 높이의 건구온도로 측정한다.
    - ℃ 또는 °F로 표시하며, ℃=5/9(°F −32)이다.
    - 온도측정은 수은 온도계(측정시간 2분), 알코올 온도계(측정시간 3분)로 한다.
    - 일상생활을 하는 데 가장 적합한 온도는 18±2℃이다.

- ⓛ 연교차
  - 연중 최고기온과 최저기온의 차이를 말한다.
  - 해안보다 내륙이, 저위도보다 고위도에서 크다.
- ⓒ 일교차 : 하루의 최고기온과 최저기온의 차이를 말한다.

② 기습
- ⓛ 측정기구 : 아스만 통풍 건습계와 아우구스트 건습계 등이 있다.
- ⓒ 상대습도(비교습도) : 일정온도에서 공기 $1m^3$가 함유할 수 있는 포화 수증기량과 현재 함유되어 있는 수증기량과의 비율(%)을 말한다. 상대습도는 기온에 반비례한다.

③ 기류
- ⓛ 기류는 카타 온도계(95~100°F)로 측정한다.
- ⓒ 기동 또는 바람이기도 하며, 기압의 차이와 기온의 차이에 의하여 생긴다.
- ⓒ 기류의 강도를 풍속 또는 풍력이라 하며, m/sec 또는 feet/sec로 표시한다.
- ⓔ 쾌적한 기류는 실내에서 0.2~0.3m/sec, 외기 중에서는 1.0m/sec이다.
- ⓜ 불감기류는 0.5m/sec 이하의 기류이다.

2 온열조건의 측정

(1) 온열지수
인체가 느끼는 온도는 온도계로 측정한 기온과 같지 않고, 기온뿐만 아니라 기습, 기류, 복사열 등을 종합해서 나타낸다.

(2) 쾌적대
① 개념 … 기류를 고정시킬 때 기온과 기습의 변화에 따른 쾌적점을 이은 쾌적선을 중심으로 대부분이 쾌적하다고 느끼는 상하영역을 말한다.

② 쾌적대 기준 … 무풍안정 시 보통 착의상태에서 쾌적대는 다음과 같다.
- ⓛ 기온 : 17~18℃
- ⓒ 습도 : 60~65%
- ⓒ 기온이 20℃이면 습도는 50% 정도가 쾌적한 습도이다.

(3) 감각온도(실효온도, 등감온도)

① 실제 인간의 감각에 가장 적합한 온도로서 기온, 기습, 기류의 3인자가 종합적으로 인체에 작용하여 얻어지는 체감을 기초로 한 것이다.

② 감각온도는 가볍게 옷을 입고 경노동시 여름철 18~26℃, 겨울철 15.6~23.3℃이다.

③ 최적 감각온도는 여름철이 21.7℃(71°F) 겨울철이 18.9℃(66°F)이다. 기후에 대한 순화현상 때문에 여름보다 겨울이 낮다.

(4) 불쾌지수(DI : Discomfort Index ; 온습지수)

① **개념** … 인간이 기후상태에 따라 느끼는 불쾌감의 정도를 나타낸 지표이다.

② 불쾌지수별 불쾌감 정도
- ㉠ DI ≥ 70 : 다소 불쾌(10% 정도)
- ㉡ DI ≥ 75 : 50% 정도의 사람이 불쾌
- ㉢ DI ≥ 80 : 거의 모든 사람이 불쾌(100% 불쾌)
- ㉣ DI ≥ 85 : 매우 불쾌(모든 사람이 견딜 수 없는 상태)

04 태양광선

❶ 개요

(1) 구성
자외선, 적외선, 가시광선, 감마선 등으로 구성되어 있다.

(2) 개념

① **자외선** … 우리 몸 안에서 광합성 작용을 일으키며 비타민 D2를 합성한다.

② **적외선** … 1800년 헤르셀이 발견했으며 가시광선이나 적색보다 긴 파장을 지녔다.

③ **가시광선** … 눈에 보이는 광선을 말한다.

❷ 종류

(1) 자외선

① 종류
- ㉠ 원자외선 : 2,800Å 이하
- ㉡ 중자외선 : 2,800~3,200Å(인체에 유익한 작용을 하기 때문에 생명선 또는 Dorno ray라고 한다)
- ㉢ 근자외선 : 3,200~4,000Å

② 자외선량
- ㉠ 하루 중 정오에, 1년 중 7~9월 간에 많다.
- ㉡ 적도 부근, 고지대, 대기오염이 적은 지역 및 날씨가 쾌청할 때 많다.

③ 자외선이 인체에 미치는 영향
- ㉠ 부정적인 영향
  - 피부에 홍반 및 색소침착, 부종, 수포현상, 피부박리, 피부암(Skin Cancer) 등을 유발한다.
  - 결막염, 설암, 백내장의 원인이 될 수 있다.
- ㉡ 긍정적인 영향
  - 비타민 D를 생성하여 구루병을 예방하고 피부결핵, 관절염 치료에도 효과가 있다.
  - 신진대사 및 적혈구 생성을 촉진하고, 혈압강하작용을 한다.
  - 2,600~2,800Å에서는 살균작용을 한다.

(2) 가시광선

① 망막을 자극하여 명암과 색채를 구별하게 하는 작용을 한다.

② 조명이 불충분하면 시력저하나 눈의 피로의 원인이 되고, 너무 강렬하면 시력장애나 어두운 곳에 적응하는 암순응능력을 저하시킨다.

③ 눈은 0.5Lux에서 10,000Lux 사이에 순응하며, 적당한 조도는 100~10,000Lux이다.

(3) 적외선

① 장점 … 혈액순환을 촉진하여 신진대사작용이 왕성하도록 함으로써 상처에 대한 치유작용을 한다.

② 단점 … 지나칠 때에는 두통, 현기증, 일사병 등의 원인이 된다.

05 공기

① 공기의 조성

(1) 공기의 성분

대류권 내에는 산소(O_2)와 질소(N_2)가 99.0%를 차지하고 있다.

(2) 대기권

지상으로부터 대류권, 성층권(오존층), 중간권, 열권, 외기권으로 이루어져 있다.

(3) 대기의 자정작용

대기의 화학적 조성은 여러 가지 환경적 요인에 의하여 변화되고 있으나 대기 스스로 계속적인 자체 정화작용(식물에 의한 탄소동화 및 바람에 의한 공기의 희석, 자외선 등 일광에 의한 살균 등)에 의해 화학적 조성에 큰 변화를 초래하지 않는다.

② 실내 공기의 변화

(1) 군집독(Crowd Poisoning)

① **개념** ··· 좁은 실내에 많은 사람이 밀집하게 되면, 실내 공기는 화학적·물리적으로 변화하게 된다. 따라서 불쾌감, 두통, 권태증, 현기증, 구역질, 구토 및 식욕부진 등의 증세가 나타나게 되는데 이를 군집독이라 한다.

② **발생요인** ··· 온도, 습도, CO_2, 유해가스, 구취, 채취 등이 혼합되어 발생한다.

③ **예방책** ··· 실내공기가 순환하도록 적절한 환기를 하여야 한다.

(2) 실내 온도

① 체온의 정상범위는 36.1~37.2℃로 42℃ 이상에서는 신경조직이 마비되어 사망하고, 30℃ 이하에서는 회복 불능상태에 빠진다.

② 실내 쾌적온도는 18~20℃이다.

(3) 실내 습도

① 건조하면 호흡기 계통의 질병, 습하면 피부병의 원인이 될 수 있다.

② 실내의 적절한 습도는 40~70%이고, 40% 이하의 습도에서는 인체에 해를 미친다.

(4) 산소(O_2)

① 산소는 공기의 가장 중요한 성분으로, 공기 중에 21%를 차지한다.

② 실내 산소량이 10% 이하이면 호흡이 곤란해지고, 7% 이하이면 질식사의 위험이 있다.

③ 인간이 감당할 수 있는 위생적인 산소의 허용농도는 15~50%이다.

(5) 질소

① 질소는 공기 중에 약 78%를 차지하며, 인체 내 산소농도에 관여한다.

② 이상고기압에서 질소가 인체에 미치는 영향
  ㉠ 3기압 이상 : 자극작용을 일으킨다.
  ㉡ 4기압 이상 : 마취작용이 시작된다.
  ㉢ 10기압 이상 : 전신기능이 손상되어 사망한다.

③ 이상기압 시 발생되는 질병
  ㉠ 잠함병(Caisson Disease ; 감압병)
    • 발생원인 : 고기압상태에서 정상기압으로 갑자기 복귀할 때 체액 및 지방조직에 발생되는 질소가스가 주원인이 되어 발생한다.
    • 주요 증상 : 동통성 관절장애를 일으킨다.
    • 예방책 : 사전에 적성검사나 신체검사를 통해 신체이상자를 발견해 예방한다.
  ㉡ 급격 기압강하증 : 이상기압 시 급격한 기압강하로 인해 발생한다.

(6) 일산화탄소

① 특징
  ㉠ CO는 무색, 무미, 무취, 무자극의 맹독성 가스이다.
  ㉡ 비중이 공기와 거의 같으므로 혼합되기 쉽다.
  ㉢ 혈액 중의 헤모글로빈과 결합하여 HbCO를 형성하여 인체의 조직에 저산소증을 일으킨다. 이때, CO의 Hb에 대한 결합력은 O_2에 비해 약 250~300배나 강하므로 이것이 Hb의 산소운반 장해작용과 산소해리 장해작용 등 2중작용에 의한 O_2의 부족을 초래하는 조직 저산소증의 주된 중독기전으로 해석된다.

② HbCO량(농도)과 중독증상
  ㉠ 10% 이하 : 무증상
  ㉡ 20% 이상 : 임상증상 출현
  ㉢ 40~50% 이상 : 두통·허탈
  ㉣ 60~70% 이상 : 의식상실
  ㉤ 80% 이상 : 사망
  ㉥ 최대허용량 : 100ppm(0.01%)
③ CO중독증 치료법 … 오염원으로부터 신속히 옮겨 안정·보온시키고 인공호흡과 고압산소요법을 시행하기도 한다. 이 경우 5% 정도의 CO_2를 함유한 산소를 흡입시키는 것이 가장 효과적이다.

(7) 이산화탄소(탄산가스)
① 특징
  ㉠ 무색, 무취, 약산성을 지닌 비중이 큰 비독성 가스이다.
  ㉡ 소화제, 청량음료, Dry-ice 등으로 폭넓게 사용된다.
  ㉢ 실내 공기의 혼탁지표로 사용된다.
  ㉣ 최대 허용량은 1,000ppm(0.1%)이다.
② 공기 중에 0.03% 비율로 존재하고, CO_2의 위생학적 허용한도는 0.1%이다.
③ 폐포 내의 CO_2 농도는 5~6%이며, CO_2가 대기 중에 8%이면 호흡이 곤란해지고, 10% 이상에서는 의식을 잃고 사망한다.

(8) 오존
① 무색·무미·해초냄새가 나며, 산화성 표백제이다.
② 만성중독 시에는 체내의 효소를 교란시켜 DNA, RNA에 작용하여 유전인자의 변화를 유발한다.
③ 오존은 강한 자외선을 막아주어 지구상의 생물들을 보호하는 역할을 한다.
④ 정상적일 때는 도시나 주택가의 공기 중에는 존재하지 않는다.
⑤ 광화학적 산화물로 자극성이 크며, 기침, 권태감, 폐렴, 폐충혈, 폐기종을 유발할 수 있다.

06 물

① 물의 중요성

(1) 물과 인체의 관계

① 물은 사람 체중의 60~70%를 차지하고 있으며, 이는 세포 내에 40%, 조직 내에 20% 그리고 혈액 내에는 5% 정도가 함유되어 있다.

② 체내 수분량이 10% 정도만 결핍되어도 바로 생리적 이상이 생기고, 20~22%가 소실되면 생명이 위태롭다.

③ 하루 동안 물의 필요량은 2.5~3.0L 이다.

(2) 물의 위생적 영향

① 수인성 질병의 전염원
  ㉠ 수인성 질병 : 장티푸스, 콜레라, 파라티푸스, 세균성 이질 등이 있다.
  ㉡ 수인성 기생충 질환 : 간디스토마, 폐디스토마, 주혈 흡충증, 긴촌충 등이 있다.

② 유해물질의 오염원 … 불소 함유량이 다량인 경우 장기 음용 시 반상치, 극소량일 경우 우치가 우려된다.

② 상수도

(1) 상수의 공급과정

상수는 수원지에서 정수장, 배수지, 공도관을 거쳐 가정에 공급된다.

(2) 상수의 수원

① 의의 … 지표수를 주로 수원으로 사용한다.
② 수원의 종류
  ㉠ 천수(기상수)
    • 비나 눈으로 내려오는 수증기로 깨끗한 연수이다.
    • 지역환경상태에 영향을 크게 받기 때문에 세균, 먼지 등에 오염되기 쉽다.

ⓒ **지표수** : 상수원으로 이용되나 산업장이나 농장으로부터 부단히 오염되고, 유기물질이 많아 세균, 미생물의 번식이 쉽다. 또, 탁도가 높아 확실한 정수가 필요하다.

ⓒ **지하수**
- 일반적으로 세균, 유기물, 먼지가 적지만 수량이 많지 않고 경도가 높다.
- 깊이에 따라 수질이 좋은 것이 일반적이지만 최근 지하수 개발의 남발로 안전성에 위협을 받고 있다.
- 건물건축 시에는 최소한 1.5m 이상이어야 한다.

ⓔ **복류수**
- 하천의 하상을 흐르는 물로 지하수와 지표수의 중간 정도의 수질이다.
- 수질이 비교적 양호하나 다량의 수량을 얻기 힘들다.

(3) 소독

① **소독법의 방법 및 특성**

ⓐ **자비소독법** : 100℃로 30분 정도 가열하는 방법으로, 가정에서나 소규모 소독 시 이용한다.

ⓑ **오존소독법** : $1.5 \sim 5g/m^3$에 15분 정도 접촉하는 방법으로, 강력한 산화력을 이용하여 잔류성이 없고 맛·냄새가 거의 없으나 비경제적이다.

ⓒ **자외선 소독법** : 자외선 $2,800 \sim 3,200 \text{Å}$에 소독하는 방법으로, 살균력이 강하나 투과력이 약한 것이 특징이다.

ⓓ **염소소독법**
- 불연속점 염소처리법을 이용한 방법이다.
- 소독력이 강해 가장 널리 이용되나, 냄새와 독성이 있다.

ⓔ **음이온법** : Ag를 사용하여 수중세균을 사멸하는 방법으로 비경제적이다.

② **염소소독법**

ⓐ **염소소독의 원리**
- 염소의 살균효과는 그 화학반응을 지배하는 요소인 농도, 반응시간, 온도, pH 및 수량에 따라 좌우된다.
- 온도, 반응시간, 염소의 농도가 증가하면 살균효과도 증가한다.

ⓑ **염소소독의 장·단점**
- 장점
  - 소독력과 잔류효과가 강하다.
  - 경제적이고, 조작이 간편하다.
- 단점 : 냄새가 심하고, 독성이 있다.

❸ 먹는물의 수질기준(먹는물 수질기준 및 검사 등에 관한 규칙 제2조 별표 1, 2019. 12. 20. 시행)

(1) 미생물에 관한 기준

① 일반세균은 1mL 중 100CFU(Colony Forming Unit)를 넘지 아니할 것. 다만, 샘물 및 염지하수의 경우에는 저온일반세균은 20CFU/mL, 중온일반세균은 5CFU/mL를 넘지 아니하여야 하며, 먹는샘물, 먹는염지하수 및 먹는해양심층수의 경우에는 병에 넣은 후 4℃를 유지한 상태에서 12시간 이내에 검사하여 저온일반세균은 100CFU/mL, 중온일반세균은 20CFU/mL를 넘지 아니할 것

② 총 대장균군은 100mL(샘물·먹는샘물, 염지하수·먹는염지하수 및 먹는해양심층수의 경우에는 250mL)에서 검출되지 아니할 것. 다만, 매월 또는 매 분기 실시하는 총 대장균군의 수질검사 시료 수가 20개 이상인 정수시설의 경우에는 검출된 시료 수가 5퍼센트를 초과하지 아니하여야 한다.

③ 대장균·분원성 대장균군은 100mL에서 검출되지 아니할 것. 다만, 샘물·먹는샘물, 염지하수·먹는염지하수 및 먹는해양심층수의 경우에는 적용하지 아니한다.

④ 분원성 연쇄상구균·녹농균·살모넬라 및 쉬겔라는 250mL에서 검출되지 아니할 것(샘물·먹는샘물, 염지하수·먹는염지하수 및 먹는해양심층수의 경우에만 적용한다)

⑤ 아황산환원혐기성포자형성균은 50mL에서 검출되지 아니할 것(샘물·먹는샘물, 염지하수·먹는염지하수 및 먹는해양심층수의 경우에만 적용한다)

⑥ 여시니아균은 2L에서 검출되지 아니할 것(먹는물공동시설의 물의 경우에만 적용한다)

(2) 건강상 유해영향 무기물질에 관한 기준

① 납은 0.01mg/L를 넘지 아니할 것

② 불소는 1.5mg/L(샘물·먹는샘물 및 염지하수·먹는염지하수의 경우에는 2.0mg/L)를 넘지 아니할 것

③ 비소는 0.01mg/L(샘물·염지하수의 경우에는 0.05mg/L)를 넘지 아니할 것

④ 셀레늄은 0.01mg/L(염지하수의 경우에는 0.05mg/L)를 넘지 아니할 것

⑤ 수은은 0.001mg/L를 넘지 아니할 것

⑥ 시안은 0.01mg/L를 넘지 아니할 것

⑦ 크롬은 0.05mg/L를 넘지 아니할 것

⑧ 암모니아성 질소는 0.5mg/L를 넘지 아니할 것

⑨ 질산성 질소는 10mg/L를 넘지 아니할 것

⑩ 카드뮴은 0.005mg/L를 넘지 아니할 것

⑪ 붕소는 1.0mg/L를 넘지 아니할 것(염지하수의 경우에는 적용하지 아니한다)

⑫ 브롬산염은 0.01mg/L를 넘지 아니할 것(먹는샘물, 염지하수·먹는염지하수, 먹는해양심층수 및 오존으로 살균·소독 또는 세척 등을 하여 음용수로 이용하는 지하수만 적용한다)

⑬ 스트론튬은 4mg/L를 넘지 아니할 것(먹는염지하수 및 먹는해양심층수의 경우에만 적용한다)

⑭ 우라늄은 30㎍/L를 넘지 않을 것[수돗물(지하수를 원수로 사용하는 수돗물을 말한다), 샘물, 먹는샘물, 먹는염지하수 및 먹는물공동시설의 물의 경우에만 적용한다]

(3) 건강상 유해영향 유기물질에 관한 기준

① 페놀은 0.005mg/L를 넘지 아니할 것

② 다이아지논은 0.02mg/L를 넘지 아니할 것

③ 파라티온은 0.06mg/L를 넘지 아니할 것

④ 페니트로티온은 0.04mg/L를 넘지 아니할 것

⑤ 카바릴은 0.07mg/L를 넘지 아니할 것

⑥ 1,1,1-트리클로로에탄은 0.1mg/L를 넘지 아니할 것

⑦ 테트라클로로에틸렌은 0.01mg/L를 넘지 아니할 것

⑧ 트리클로로에틸렌은 0.03mg/L를 넘지 아니할 것

⑨ 디클로로메탄은 0.02mg/L를 넘지 아니할 것

⑩ 벤젠은 0.01mg/L를 넘지 아니할 것

⑪ 톨루엔은 0.7mg/L를 넘지 아니할 것

⑫ 에틸벤젠은 0.3mg/L를 넘지 아니할 것

⑬ 크실렌은 0.5mg/L를 넘지 아니할 것

⑭ 1,1-디클로로에틸렌은 0.03mg/L를 넘지 아니할 것

⑮ 사염화탄소는 0.002mg/L를 넘지 아니할 것

⑯ 1,2-디브로모-3-클로로프로판은 0.003mg/L를 넘지 아니할 것

⑰ 1,4-다이옥산은 0.05mg/L를 넘지 아니할 것

(4) 소독제 및 소독부산물질에 관한 기준[수돗물(지하수를 원수로 사용하는 수돗물을 말한다)·샘물·먹는샘물·염지하수·먹는염지하수·먹는해양심층수 및 먹는물공동시설의 물의 경우에는 적용하지 아니한다]

① 잔류염소(유리잔류염소를 말한다)는 4.0mg/L를 넘지 아니할 것
② 총트리할로메탄은 0.1mg/L를 넘지 아니할 것
③ 클로로포름은 0.08mg/L를 넘지 아니할 것
④ 브로모디클로로메탄은 0.03mg/L를 넘지 아니할 것
⑤ 디브로모클로로메탄은 0.1mg/L를 넘지 아니할 것
⑥ 클로랄하이드레이트는 0.03mg/L를 넘지 아니할 것
⑦ 디브로모아세토니트릴은 0.1mg/L를 넘지 아니할 것
⑧ 디클로로아세토니트릴은 0.09mg/L를 넘지 아니할 것
⑨ 트리클로로아세토니트릴은 0.004mg/L를 넘지 아니할 것
⑩ 할로아세틱에시드(디클로로아세틱에시드, 트리클로로아세틱에시드 및 디브로모아세틱에시드의 합으로 한다)는 0.1mg/L를 넘지 아니할 것
⑪ 포름알데히드는 0.5mg/L를 넘지 아니할 것

(5) 심미적 영향물질에 관한 기준

① 경도(硬度)는 1,000mg/L(수돗물의 경우 300mg/L, 먹는염지하수 및 먹는해양심층수의 경우 1,200mg/L)를 넘지 아니할 것. 다만, 샘물 및 염지하수의 경우에는 적용하지 아니한다.
② 과망간산칼륨 소비량은 10mg/L를 넘지 아니할 것
③ 냄새와 맛은 소독으로 인한 냄새와 맛 이외의 냄새와 맛이 있어서는 아니될 것. 다만, 맛의 경우는 샘물, 염지하수, 먹는샘물 및 먹는물공동시설의 물에는 적용하지 아니한다.
④ 동은 1mg/L를 넘지 아니할 것
⑤ 색도는 5도를 넘지 아니할 것
⑥ 세제(음이온 계면활성제)는 0.5mg/L를 넘지 아니할 것. 다만, 샘물·먹는샘물, 염지하수·먹는염지하수 및 먹는해양심층수의 경우에는 검출되지 아니하여야 한다.
⑦ 수소이온 농도는 pH 5.8 이상 pH 8.5 이하이어야 할 것. 다만, 샘물, 먹는샘물 및 먹는물공동시설의 물의 경우에는 pH 4.5 이상 pH 9.5 이하이어야 한다.
⑧ 아연은 3mg/L를 넘지 아니할 것

⑨ 염소이온은 250mg/L를 넘지 아니할 것(염지하수의 경우에는 적용하지 아니한다)

⑩ 증발잔류물은 수돗물의 경우에는 500mg/L, 먹는염지하수 및 먹는해양심층수의 경우에는 미네랄 등 무해성 분을 제외한 증발잔류물이 500mg/L를 넘지 아니할 것

⑪ 철은 0.3mg/L를 넘지 아니할 것. 다만, 샘물 및 염지하수의 경우에는 적용하지 아니한다.

⑫ 망간은 0.3mg/L(수돗물의 경우 0.05mg/L)를 넘지 아니할 것. 다만, 샘물 및 염지하수의 경우에는 적용하지 아니한다.

⑬ 탁도는 1NTU(Nephelometric Turbidity Unit)를 넘지 아니할 것. 다만, 지하수를 원수로 사용하는 마을상수도, 소규모급수시설 및 전용상수도를 제외한 수돗물의 경우에는 0.5NTU를 넘지 아니하여야 한다.

⑭ 황산이온은 200mg/L를 넘지 아니할 것. 다만, 샘물, 먹는샘물 및 먹는물공동시설의 물은 250mg/L를 넘지 아니하여야 하며, 염지하수의 경우에는 적용하지 아니한다.

⑮ 알루미늄은 0.2mg/L를 넘지 아니할 것

(6) 방사능에 관한 기준(염지하수의 경우에만 적용한다)

① 세슘(Cs-137)은 4.0mBq/L를 넘지 아니할 것

② 스트론튬(Sr-90)은 3.0mBq/L를 넘지 아니할 것

③ 삼중수소는 6.0Bq/L를 넘지 아니할 것

최근 기출문제 분석

2018. 6. 23 제2회 서울특별시

1 염소소독의 장점으로 가장 옳지 않은 것은?

① 소독력이 강하다.
② 잔류효과가 약하다.
③ 조작이 간편하다.
④ 경제적이다.

> **TIP** ② 염소는 잔류성이 높다. 즉, 잔류효과가 강하다.

2018. 6. 23 제2회 서울특별시

2 일산화탄소(CO)에 대한 설명으로 가장 옳은 것은?

① CO가스는 물체의 연소 초기와 말기에 많이 발생한다.
② CO가스는 무색, 무미, 무취, 자극성 가스이다.
③ Hb과 결합력이 산소에 비해 250~300배 낮다.
④ 신경증상, 마비, 식욕감퇴 등의 후유증은 나타나지 않는다.

> **TIP** ② CO가스는 무색, 무미, 무취, 무자극성 가스이다.
> ③ 헤모글로빈과 결합력이 산소에 비해 250~300배 높다.
> ④ 일산화탄소 중독은 신경증상, 마비, 식욕감퇴(구역) 등의 후유증을 나타낸다.

Answer 1.② 2.①

2017. 3. 18 제1회 서울특별시

3 다음 〈보기〉에서 설명하는 먹는 물 수질 검사항목으로 가장 옳은 것은?

── 보기 ──
값이 높을 경우 유기성 물질이 오염된 후 시간이 얼마 경과하지 않은 것을 의미하며, 분변의 오염을 의심할 수 있는 지표이다.

① 수소이온 ② 염소이온
③ 질산성 질소 ④ 암모니아성 질소

> **TIP** ④ 암모니아성 질소는 주로 동물의 배설물이 원인이며, 그 자체는 위생상 무해이지만 병원성 미생물을 많이 수반할 염려가 있기 때문에 음료수의 수질 기준(0.5mg/L를 넘지 않아야 함)에 포함되고 있다.

2017. 6. 24 제2회 서울특별시

4 다음 중 물의 염소소독 시에 발생하는 불연속점의 원인은?

① 유기물 ② 클로라민(chloramine)
③ 암모니아 ④ 조류(aglae)

> **TIP** 상수처리에서 암모니아를 포함한 물에 염소를 이용하여 소독하게 되면 클로라민의 양은 염소 주입량에 비례하여 증가하다가 일정량 이상으로 염소를 주입하면 클로라민의 양이 급격히 줄어들어 최소농도가 된다. 이 점을 불연속점이라 부른다.

2016. 6. 25 서울특별시

5 정수방법 중 여과법에 대한 설명으로 옳은 것은?

① 완속여과의 여과속도는 3m/day이고, 급속여과의 여과속도는 120m/day 정도이다.
② 급속여과의 생물막 제거법은 사면교체이고, 완속여과의 생물막 제거법은 역류세척이다.
③ 원수의 탁도·색도가 높을 때는 완속여과가 효과적이다.
④ 완속여과에 비해 급속여과의 경상비가 적게 든다.

> **TIP** ② 급속여과의 생물막 제거법은 역류세척이고, 완속여과의 생물막 제거법은 사면교체이다.
> ③ 원수의 탁도·색도가 높을 때는 급속여과가 효과적이다.
> ④ 급속여과는 건설비는 적게 들지만 경상비가 많이 들고, 완속여과는 건설비는 많이 들지만 경상비가 적게 든다.

Answer 3.④ 4.③ 5.①

01. 환경위생

출제 예상 문제

1 다음 내용은 무엇에 대한 설명인가?

- 미국의 톰(E. C. Thom)이 1959년에 고안하여 발표한 체감 기후를 나타내는 지수
- 값을 구하는 공식은 (건구온도℃+습구온도℃)×0.72+40.6
- 실제로 이 지수는 복사열과 기류가 포함되어 있지 않아 여름철 실내의 무더위 기준으로 사용

① 지적온도 ② 불쾌지수
③ 감각온도 ④ 체감온도

TIP ② 보기는 불쾌지수에 대한 설명이다.
※ 불쾌지수(discomfort index) … 불쾌지수는 생활기상지수의 한 종류로 기온과 습도의 조합으로 사람이 느끼는 온도를 표현한 것으로 온습도지수(THI)라고도 불린다. 불쾌감도 개인에 따라 약간의 차이가 있으며, 여름철 실내의 무더위의 기준으로서만 사용되고 있을 뿐, 복사나 바람 조건은 포함되어 있지 않기 때문에 그 적정한 사용에는 한계가 있다는 점에 유의하여야 한다.

2 다음 보기 중 물의 자정작용에 해당되는 것은?

㉠ 산화 ㉡ 살균
㉢ 침전 ㉣ 세정

① ㉠㉡ ② ㉡㉢
③ ㉡㉢㉣ ④ ㉠㉡㉢

TIP 물의 자정작용 … 침전, 자외선에 의한 살균, 산화, 생물에 의한 식균 등의 작용이 일어난다.

Answer 1.② 2.④

3 실내 공기오염의 지표인 기체와 그 서한량으로 옳은 것은?

① CO_2 - 0.1%
② CO - 0.1%
③ CO_2 - 11%
④ CO - 10%

TIP 서한량(서한도)
㉠ CO_2 : 0.1%(1,000ppm)　㉡ CO : 0.01%(100ppm)

4 인공조명 시 고려해야 할 사항으로 옳지 않은 것은?

① 유해한 가스가 나오지 않아야 한다.
② 색은 주광색이어야 한다.
③ 조명도를 균등하게 유지하도록 해주어야 한다.
④ 작업 시 직접조명을 사용해야 하며, 우상방에 위치하는 것이 좋다.

TIP 인공조명 시 고려사항
㉠ 조도는 작업상 충분해야 한다.
㉡ 광색은 주광색에 가까운 것이 좋다.
㉢ 유해가스의 발생이 없어야 한다.
㉣ 폭발이나 발화의 위험이 없어야 한다.
㉤ 빛이 좌상방에서 비추는 것이 좋다.
㉥ 조도는 균등하게 유지하고, 가급적 간접조명이 되도록 해야 한다.
㉦ 취급이 간편하고, 가격이 저렴해야 한다.

5 완속사 여과처리법에 대한 설명 중 잘못된 것은?

① 넓은 면적이 필요하다.
② 여과막은 역류세척을 한다.
③ 건설비는 많이 드나 경상비는 적게 든다.
④ 고도의 운용기술이 필요하지 않다.

TIP ② 완속사 여과처리법은 사면대치(모래 제거 후에 보충)의 방법으로 한다. 역류세척은 급속사 여과처리법의 세척방법이다.

Answer 3.① 4.④ 5.②

6 다음 중 수돗물 정화과정의 순서가 맞는 것은?

① 여과 – 폭기 – 침전 – 소독
② 폭기 – 여과 – 침전 – 소독
③ 침전 – 폭기 – 여과 – 소독
④ 소독 – 폭기 – 침전 – 여과

> **TIP** 수돗물의 정화과정 … 침전 – 폭기 – 여과 – 소독

7 다음 중 공기의 자정작용이 아닌 것은?

① 희석작용
② 여과작용
③ 산화작용
④ 살균작용

> **TIP** 공기의 자정작용
> ㉠ 바람에 의한 희석작용
> ㉡ 산소, 오존, 과산화수소에 의한 산화작용
> ㉢ 비·눈에 의한 대기 중의 용해성 가스 및 부유먼지의 제거(세정작용)
> ㉣ 자외선에 의한 살균작용

8 정수장에서 발생하는 발암물질과 관련이 있는 것은?

① 염화물
② 불소
③ Se
④ Mn

> **TIP** 정수장에서 염소소독을 하는 경우 발암물질인 THM이 발생한다.

9 다음 중 실내의 기류를 측정하고자 할 때 사용되는 것은?

① 풍속계
② 카타 온도계
③ 흑구 온도계
④ Aneroid 가압계

> **TIP** 실내의 기류측정은 카타 온도계에 의한다.

Answer 6.③ 7.② 8.① 9.②

10 다음 먹는 물의 수질기준에 관한 설명으로 옳지 않은 것은?

① 수은은 0.001mg/L를 넘지 아니할 것
② 대장균은 50mL에서 검출되지 아니할 것
③ 시안은 0.01mg/L를 넘지 아니할 것
④ 염소이온은 250mg/L를 넘지 아니할 것

> **TIP** ② 대장균은 100mL에서 검출되지 않아야 한다.

11 다음 중 대장균의 특징으로 볼 수 없는 것은?

① 통성 혐기성균　　　② 무포자균
③ 막대균　　　　　　④ 그램 양성균

> **TIP** 대장균 … 젖당을 분해하여 산과 가스를 발생하는 그람음성의 무아포성 단간균으로 호기성 또는 통성 혐기성균이다. 총대장균은 100mL(샘물 및 먹는 샘물의 경우 250mL)에서 검출되지 않아야 한다.

12 다음 중 저기압 환경에서 나타날 수 있는 질병은?

① 고산병, 항공병　　② 동상, 동창
③ 피부암, 피부염　　④ 잠함병

> **TIP** 저기압 환경의 질병 … 고산병, 항공병

Answer 10.② 11.④ 12.①

13 다음 중 수질오염의 생물학적 지표로 사용되는 것은?

① 경도
② 탁도
③ 대장균 수
④ 용존산소량

TIP 수질오염의 생물학적 지표로 사용되는 것은 대장균 수이다.

14 CO와 O_2 중 헤모글로빈과의 결합력은 어느 쪽이 얼마나 더 강한가?

① O_2, 50배
② CO, 100배
③ CO, 150배
④ CO, 250배

TIP CO는 O_2보다 헤모글로빈과의 결합력이 250~300배 정도 강하다.
※ 혈중 Hb – CO의 중독증상
㉠ 10% 이하 : 무증상
㉡ 10% : 거의 무증상, 운동하면 호흡곤란
㉢ 10~20% : 임상증상 출현
㉣ 40~50% : 두통, 허탈
㉤ 60~70% : 의식상실
㉥ 80% 이상 : 사망

15 이산화탄소를 실내 공기의 오탁측정지표로 사용하는 이유로 옳은 것은?

① 미량으로도 인체에 해를 끼칠 수 있기 때문이다.
② 무색, 무취지만 약산성을 지닌 독성가스이기 때문이다.
③ 산소와 반비례하기 때문이다.
④ 공기오탁의 전반적인 사태를 추측할 수 있기 때문이다.

TIP 이산화탄소의 허용기준은 0.1%이다. 이산화탄소가 0.3% 이상이면 불쾌감을 느끼고 5% 이상시 호흡촉진, 10% 이상시에는 호흡곤란으로 사망에 이른다. 즉, 이산화탄소의 비율증가는 공기오탁상태의 파악을 가능하게 해 공기의 오탁측정지표가 된다.

Answer 13.③ 14.④ 15.④

16 수질검사 중 과망간산칼륨 소비량의 측정과 관계된 것은?

① 경도
② 탁도
③ 세균 수
④ 유기물질

> **TIP** ④ 과망간산칼륨 소비량과 유기물의 농도는 비례한다.
> ※ 먹는 물 기준에 따르면 과망간산칼륨 소비량은 10mg/L를 넘지 않아야 한다.

17 「먹는물 수질기준 및 검사 등에 관한 규칙」에 규정된 먹는 물의 수질기준 중 대장균군에 대한 기준은?

① 50cc 중에 검출되지 아니할 것
② 10cc 중에 검출되지 아니할 것
③ 1cc 중에 10% 이하일 것
④ 100cc 중에 검출되지 아니할 것

> **TIP** 대장균 수 … 대장균군은 100cc(100mL) 중에 검출되지 않아야 한다.

18 모든 사람이 불쾌감을 느끼는 불쾌지수는?

① 80
② 85
③ 90
④ 95

> **TIP** 불쾌감 정도
> ㉠ 불쾌지수(DI) ≥ 70 : 다소 불쾌(10% 정도)
> ㉡ 불쾌지수(DI) ≥ 75 : 50% 정도의 사람이 불쾌
> ㉢ 불쾌지수(DI) ≥ 80 : 거의 모든 사람이 불쾌(100% 불쾌)
> ㉣ 불쾌지수(DI) ≥ 85 : 매우 불쾌(모든 사람이 견딜 수 없는 상태)

Answer 16.④ 17.④ 18.①

19 불쾌지수측정 시 고려해야 하는 요소를 모두 고르시오.

> ㉠ 습구온도　　　　　　㉡ 건구온도
> ㉢ 기류　　　　　　　　㉣ 복사열

① ㉠㉡　　　　　　　　② ㉠㉢
③ ㉡㉣　　　　　　　　④ ㉢㉣

> **TIP** DI = 0.72(Td + Tw) + 40.6(℃ 사용의 경우)
> [DI : 불쾌지수, Td : 건구온도, Tw : 습구온도]

20 다음 중 자비소독을 정의내린 것으로 옳은 것은?

① 70℃에서 10초간 소독
② 100℃에서 30초간 소독
③ 100℃ 이하에서 30분간 소독
④ 160℃에서 20분간 소독

> **TIP** 자비소독 … 가정에서 사용하는 소독법으로 대량소독은 어렵다. 100℃의 물에 30분간 끓여 소독하는 방법이다.

Answer 19.① 20.③

02 환경보건

01 환경오염

❶ 환경오염의 특성

(1) 다양화

환경오염을 일으키는 물질이 다양화되었다.

(2) 누적화

환경의 자정능력을 벗어나 환경오염이 누적되고 있다.

(3) 다발화

환경오염을 유발시키는 공장, 인구 등이 증가하고 있다.

(4) 광역화

예전에는 공단지역에 한정되어 있었으나, 도시의 발달로 인근지역으로까지 광역화되고 있다.

❷ 환경오염의 유형

(1) 대기오염(WHO의 정의)

대기오염이란 대기 중에 인공적으로 배출된 오염물질이 존재하여 오염물질의 양과 그 농도 및 지속시간이 어떤 지역주민의 불특정 다수인에서 불쾌감을 일으키거나 해당지역에 공중보건상 위해를 미치고 인간이나 식물, 동물의 생활에 해를 주어 도시민의 생활과 재산을 향유할 권리를 방해받는 상태를 말한다.

(2) 수질오염

오염원은 농축산폐수, 생활하수, 공장폐수 등이 있다.

(3) 분뇨 및 폐기물

① 분뇨
   ㉠ 변소에서 나오는 고체성 또는 액체성 물질을 말한다.
   ㉡ 분뇨의 처리 시에는 수원(水源)에 영향이 없어야 하고 위생해충을 박멸시키며 냄새가 없어야 한다.

② 폐기물 … 폐기물은 일반폐기물과 특정폐기물로 나뉘어진다.
   ㉠ 일반폐기물은 사람에게 무해한 쓰레기를 말한다.
   ㉡ 특정폐기물은 산업폐기물 중 인체에 유해한 물질을 말한다.

(4) 소음과 진동

① 소음 … '원치 않는 소리'로서 단순히 시끄러운 소리가 아니라 감각에 불쾌감을 주는 비주기적인 음이다.

② 진동 … '흔들림'으로서 어떤 물체가 전후·좌우의 방향으로 주기적인 운동을 하는 것을 말한다.

02 대기오염

1 대기오염의 정의 및 특징

(1) 정의

① 오염물질이 외부 공기에 존재할 경우만을 말한다.

② 사람뿐만 아니라 동·식물과 재산상 피해를 줄 수 있는 물질이다.

(2) 특징

① 오염물질의 발생원인이 인위적이어야 한다.

② 감지할 수 있는 물질로 존재한다.

② 대기오염 물질

(1) 입자상 물질

① **연무** … 시정거리가 1km로 회백색을 띠며 입자의 핵 주위에 증기가 응축하거나 액이 표면장력에 의해 둥근 모양으로 공기 중에 떠돌아 다니는 액체입자이다.

② **먼지** … 물질이 분쇄나 폭파 등으로 붕괴될 때 생성되는 약 $1\mu m$ 이상인 미세입자에서부터 육안으로 볼 수 있는 수백 μm 정도까지의 고체분이다. 먼지는 정전기력에 의해 응집한다.

③ **훈연(Fume)** … 증기라고도 하며 휘발, 연소, 승화 또는 화학반응 등으로 생성된 기체가 응축할 때 형성되는 약 $1\mu m$ 이하의 고체이다.

④ **안개** … 습도가 100%에 가까우며 아주 미세한 물방울이 공기에 떠 있는 현상이며 시정거리 1km 이하이다.

⑤ **박무** … 아주 작고 건조한 입자가 대기 중에 많이 떠 있는 현상으로 검은 배경에서는 청자색을 띠며 밝은 배경에서는 황갈색으로 보인다.

⑥ **검댕이(Soot)** … 지름이 $1\mu m$ 이하인 탄소입자로서 탄수화물이 탈 때 불완전연소에 의해 생성된다. $0.1\mu m$ 이하의 입자는 잘 가라앉지 않는다.

(2) 가스상 물질

① **황산화물**
  ㉠ 석탄이나 석유는 모두 0.1~5%의 황을 함유하는데, 이들이 연소할 때 황은 산화되어 황산화물[대부분은 아황산가스(SO_2) 형태로 배출]이 가스상으로 발생된다.
  ㉡ 황산화물의 주요 배출원은 화력발전소, 자동차, 각종 난방시설 및 정유공장 등이며, 특히 대기의 습도가 높을 때는 부식성이 강한 황산 미스트를 형성하여 산성비의 원인이 된다.

② **질소산화물(NO_x)**
  ㉠ 시야를 흐리게 하고 농작물에 피해를 주며 눈, 코, 점막에 자극을 준다.
  ㉡ 주요 오염물질은 일산화질소(NO) 및 이산화질소(NO_2)이며, 광화학 반응에 의한 2차 오염물질을 발생시킨다.

③ **일산화탄소(CO)** … 탄소의 불완전연소시 발생하는 것으로 무색, 무미, 무취로 자동차 배기가스 중 80%가 CO이다.

④ **탄화수소**
  ㉠ 자동차 배기가스에서 많이 발생되고, 가정용 쓰레기나 정유공장에서도 발생한다.
  ㉡ 연료의 불완전연소나 연소과정에서 새로운 물질로 변형되어 배출된다.
  ㉢ 발암성 물질인 Benzo(a)pyrene, Benzo(e)pyrene과 같은 물질들도 포함하고 있으며, 대기 중에서 광화학적 스모그를 조장한다.

⑤ 다이옥신
　㉠ 다이옥신에 염소가 붙어 있는 화합물은 독성이 매우 높다.
　㉡ 제초제에 불순물로 포함되어 있거나 PVC와 같은 유기화합물을 소각할 때 불완전연소에 의해 발생한다.
⑥ 아황산가스(SO_2 ; 이산화황)
　㉠ 자극성 냄새를 갖는 무색의 기체로 호흡기 계통에 유해하여 점막의 자극과 염증 및 흉통, 호흡곤란을 일으킨다.
　㉡ 대기를 오염시키는 가장 대표적인 물질로서 분진, 매연과 함께 대기오염의 측정지표로 사용되고 있다.
　㉢ 석탄이나 석유와 같은 화석연료 중에 들어 있는 유황성분이 연소할 때 산소와 결합해서 발생하여 대기 중에 배출된다.
⑦ 시안화합물 … 시안화합물 중 KCN은 청산가리라고 불리우는 맹독성 물질이다. 인체조직을 걸식상태로 만든다.

(3) 광화학 스모그

① 스모그 … 연기와 안개의 합성어에 의해 나타나는 연무현상을 말한다.
② 런던형 스모그 … 1952년 석탄의 연소에 의해 생성된 아황산가스와 무풍다습하고 기온역전이 있는 기상조건 때문에 오염물질이 축적되어 발생한다.
③ 로스엔젤레스형 스모그
　㉠ 1954년 자동차 연료가 연소할 때 생기는 질소산화물과 탄화수소는 자외선을 받아 광화학반응을 일으켜 산화력이 큰 옥시던트를 2차적으로 발생시켰다.
　㉡ 2차 오염물질인 알데하이드, PAN, 오존 등이 이 옥시던트들이며, 이들이 일으킨 스모그 현상이다.

❸ 대기오염의 피해

(1) 인체에 미치는 영향

① 입자상 물질
　㉠ 직경 $0.5\mu m$ 이하의 것은 폐포까지 들어갔다가도 호흡운동에 의해 다시 밖으로 나오며, $0.5\mu m$ 이상의 입자는 거의 전부가 인후 및 기관지 점막에 침착하여 객담과 함께 밖으로 배출되거나 식도를 통해 위 속으로 넘어간다.
　㉡ $0.5 \sim 5.0\mu m$ 정도의 입자들은 침착률이 가장 높아 폐포를 통해 흡입되어 혈관 또는 임파관으로 침입한다.
　㉢ 광업 종사자는 규산에 의한 규폐증을 유발시킬 수 있고, 대기 중에서는 석면류가 폐에 침입해 섬유화를 일으켜 호흡기능을 저하시킬 뿐 아니라 석면폐질을 발생시킨다.

ⓐ 석면은 혈청 속에서 마그네슘에 의해 강한 용혈작용을 하여 적혈구를 증가시킨다.
ⓑ 자동차 배기가스에 포함된 입자 중 가장 중요한 것은 납(Pb)이다.

② 황산화물
㉠ 대기 중 아황산가스(SO_2)에 포함된 유황의 80%는 원래 황화수소(H_2S)의 상태로 방출하여 공기 중에서 SO_2로 변한 것이다.
㉡ SO_2는 눈이나 기관지에 심한 고통을 준다.
㉢ 농도가 1~2ppm이면 대부분 냄새 또는 맛을 느끼고 20ppm에서는 눈에 자극을 느끼고 기침이 나온다.
㉣ 치사농도는 400~500ppm이며 작업장에서의 최대 허용농도는 8시간 10ppm이다.
㉤ 습도가 높으면 황산에어로졸을 형성하여 SO_2보다 더 위험해진다.

③ 질소산화물
㉠ 질소산화물은 직접적으로 눈에 대한 자극이 없는 것을 제외하고는 SO_2의 피해와 거의 비슷한 기관지염, 폐기종, 폐렴 등의 호흡기질환을 일으킨다.
㉡ NO_2는 독성이 CO보다 약 5배 정도 강하며 자동차와 발전소가 주배출원이 된다.
㉢ NO는 오존보다 독성이 강하며 CO와 같이 혈액 중의 헤모글로빈(Hb)과 결합하여 NO-Hb가 생성되고 CO-Hb의 결합력보다 수 배 강하다.
㉣ NO_2가 인체에 미치는 영향
- 0.1ppm : 취기를 느낀다.
- 30ppm에서 8시간 : 시각 및 정신기능장애를 일으킨다.
- 200ppm에서 2~4시간 : 두통을 유발한다.
- 500ppm : 시력장애, 허탈, 두통 등을 유발한다.

④ 탄소산화물
㉠ 공기 중에 CO농도가 1,000ppm을 넘으면 동물은 1시간 내에 의식을 잃고 4시간 내에 죽는다.
㉡ 혈액 중에 CO농도가 10ppm 이하이면 병적 증상이 나타나지 않으나 100ppm이면 현기증, 두통, 지각상실증, 300~400ppm이면 시력장애, 복통, 구역질 1,000ppm이면 치명적이 된다.
㉢ CO의 급성 중독은 뇌조직과 신경계통에 가장 많은 피해를 준다.
㉣ CO_2의 양은 대기 중에 10% 이상이 되면 호흡이 곤란해지며 졸음, 두통, 발한, 허탈감이 나타나고 환각 상태에 빠지기도 한다.

⑤ 오존(O_3)
㉠ 오존은 독성이 강하다.
㉡ 오존은 무색이며 0.07ppm까지는 향기로운 냄새가 나나 0.1ppm에서는 마늘냄새가 나는 산화력이 강한 기체로 눈을 자극한다.
㉢ 오존은 DNA, RNA에 작용하여 유전인자에 변화를 일으키고 또 시력장애와 폐수종, 폐충혈을 일으킨다.

(2) 동·식물에 미치는 영향

어떤 식물은 동물이나 사람에게 주는 영향보다도 가스나 스모그에 더 민감하게 패해가 나타나 환경파괴의 정도를 알리는 지표식물로 사용되기도 한다.

(3) 물질에 미치는 영향

대기오염은 금속 및 건물의 표면을 부식하고 직물 및 의류의 손상, 색상변화, 토질의 약화, 식물, 농축산물 및 예술품 등의 손상과 파손을 야기시켜 경제적 손실의 요인이 된다.

03 수질오염

1 수질오염 발생원

(1) 생활하수

① 생활하수 중 유기물은 70%가 침강·현탁성이고, 무기물은 70%가 용해성이다.

② 석탄, 석유를 원료로 하는 합성세제들은 수질오염의 주요 요인이며 다음과 같은 문제를 일으킨다.
  ㉠ 분해가 쉽지 않다.
  ㉡ 거품을 형성해 공기 중의 산소가 물속에 용해하는 것을 방해한다.
  ㉢ 세제 속 인산염은 수중생물이 자라는 양분이 된다. 이것이 부패해 물속 산소를 고갈시키고 수많은 생물을 죽게 한다. 이러한 부영양화 현상을 막기 위해 인산염이 없는 세제의 종류가 급증하고 있다.
  ㉣ 세제 자체의 독성 때문에 건강 장애, 탈모현상, 백혈구와 적혈구 감소, 정자 파괴, 습진 등의 피부병을 야기한다.
  ㉤ 세제 자체가 지방과 유기 독성물질을 용해시키는 성질을 가진 관계로 물 속 유독물질이 용해되어 오염현상을 가중시킨다.

(2) 농축산 폐수

① 축산분뇨는 다량의 유기물과 기생충란, 때로는 감염병균까지 포함한다.

② 화학비료와 농약 등은 독성이 심하다. 질소나 인 성분은 부영양화를 일으켜 수질오염을 가중시킨다.

(3) 공장 폐수

생산공정에서 냉각, 세정, 침지, 화학처리 등으로 쓰고 버리는 물이 가장 심각하고 유독한 오염물질이다. 이는 정화처리를 제대로 거치지 않아 심각한 오염을 가져온다.

② 수질오염의 지표

(1) 용존산소량(DO)

① 개념 … 물 속에 녹아 있는 산소량을 mg/L(ppm)로 나타낸 것이다.

② 용존산소가 감소되는 경우
  ㉠ 오염물질의 농도가 높고 유량이 적을 때
  ㉡ 염류농도가 높을수록
  ㉢ 오탁물이 많이 존재할 때
  ㉣ 하천바닥의 침전물이 용출될 때
  ㉤ 조류가 호흡을 할 때

③ 용존산소가 증가하는 경우
  ㉠ 포화 DO농도와 현재 DO농도 차가 클수록
  ㉡ 수온이 낮고, 기압이 높을수록
  ㉢ 염분이 낮을수록
  ㉣ 하천바닥이 거칠고, 경사가 급할수록
  ㉤ 수심이 얕고, 유속이 빠를수록

(2) 생물화학적 산소요구량(BOD)

① 물속의 유기물질이 호기성 세균에 의해 분해되어 안정되는 과정에서 요구되는 산소량이다.

② 물속에 유기물이 유입되면 이를 먹이로 살아가는 호기성 미생물이 빠르게 증가하면서 많은 산소를 필요로 하게 되므로 BOD가 높아진다.

③ BOD가 아주 높아지면 용존산소가 감소하고 호기성 미생물이 증식하면 메탄, 암모니아 및 황화수소 등이 발생하여 악취를 풍기면서 썩은 물로 변해 가는 것이다.

④ 음료수의 BOD는 2ppm 이하이어야 하고, 5ppm 이상이 되면 하천은 자기 복원력을 잃게 되며, 10ppm이 넘으면 혐기성 분해가 일어나 악취가 풍기는 시궁창으로 변하게 되어 공업용수로도 사용할 수 없다.

⑤ 수중생물의 생존을 위해서는 BOD가 5ppm 이하이어야 하고, 각 산업장의 방류수도 30ppm 이하로 규정하고 있다.

(3) 화학적 산소요구량(COD)

① **개념** ⋯ 수중에 함유되어 있는 유기물질을 강력한 산화제로 화학적으로 산화시킬 때 소모되는 산화제의 양에 상당하는 산소량이다. 산화제로는 과망간산칼륨과 중크롬산칼륨이 상용된다.

② **장점**
  ㉠ COD는 미생물이 분해하지 못하는 유기물도 측정 가능하다.
  ㉡ BOD보다 짧은 시간 내에 측정 가능하다.
  ㉢ 독성물질이 있을 때도 측정 가능하다.

③ **단점** ⋯ COD값 자체로는 생물분해 가능한 유기물의 함량을 파악할 수 없다.

04 하수처리와 폐기물

1 하수도의 분류

(1) 합류식

① **개념** ⋯ 빗물과 하수를 함께 배출하는 방식이다. 우리나라는 합류식을 채택하고 있다.

② **장점**
  ㉠ 경제적이고 시공이 간편하며 하수도가 우수에 의해 자연청소가 된다.
  ㉡ 관이 크고 수리, 검사, 청소 등이 용이하다.

③ **단점** ⋯ 우기 시 외부로의 범람과 우수 혼입시 처리용량이 많아지며, 하수량이 적어서 침전이 생기면 악취가 발생한다.

(2) 분류식

빗물과 하수를 분리 배출하는 방식이다.

❷ 하수처리 과정

(1) 1차 처리(예비처리)

① 스크린 … 부유물질을 제거, 분쇄하는 기능을 한다.

② 침사지 … 비중이 큰 물질인 모래, 자갈 등을 제거하는 장치이다.

③ 침전지 … 보통 침전 시 13시간, 약품 침전 시 3~5시간이 소요된다.

(2) 2차 처리(본처리)

① 혐기성 분해처리 … 유기물질의 농도가 높아 산소공급이 어려워 호기성 처리가 곤란할 때 산소 없이도 증식할 수 있는 혐기성균을 이용한다. 혐기성 소화(메탄발효법), 부패조, 임호프탱크가 있다.
　㉠ 임호프 방식(Imhoff Tank) : 두 개의 층으로 되어 상층에서는 침전이, 하층에서는 슬러지의 소화가 이뤄진다. 공장 폐수처리법으로 사용된다.
　㉡ 부패조 : 주택이나 학교 등에서 사용되었으나 현재는 이용하지 않고, 악취가 나는 것이 단점이다.
　㉢ 메탄발효법 : 혐기성 처리 시 BOD 농도가 높고 무기성 영양소가 충분히 있어야 한다. 또 독성 물질이 없어야 하고 알칼리도가 적당하며 온도가 높아야 좋다.

② 호기성 분해처리
　㉠ 산소가 있어야 증식할 수 있는 호기성균을 이용하는 처리방법이다.
　㉡ 살수여상법과 활성오니법, 산화지법, 회전원판법이 있다.
　㉢ 호기성 분해 : 유기물 + O_2 → CO_2 + H_2O + Energy

❸ 폐기물 처리

(1) 폐기물의 분류

주방쓰레기, 잡쓰레기, 길거리쓰레기, 공장쓰레기, 시장쓰레기, 동물 사체 등으로 분류된다.

(2) 일반폐기물의 처리

① 매립 … 저지대에 쓰레기를 버린 후 복토를 하는 방법이다.
　㉠ 매립경사는 30°가 적당하다.
　㉡ 지하수의 위치가 표면에서 멀리 떨어진 건조한 곳이 좋다.
　㉢ 쓰레기의 두께가 3m를 넘지 않도록 매립한다.
　㉣ 24시간 내 15~20cm 가량의 두께로 흙을 덮어 소화, 산화시킨 후 용적이 반으로 줄었을 때 다시 매립하는데, 이때 최종복토는 50cm 이상이어야 한다.

② 소각 … 가장 위생적이나 대기오염의 원인이다.
　㉠ 장점
　　• 처리장소가 좁아도 가능하다.
　　• 소각 후 재는 매립한다.
　　• 기후에 영향을 받지 않는다.
　　• 소각열을 이용할 수 있다.
　㉡ 단점
　　• 비경제적이다.
　　• 숙련공이 필요하다.
　　• 소각장소 선정이 까다롭다.
　　• 불완전연소 시 일산화탄소가 발생할 우려가 있다.
　　• 악취가 발생한다.
③ 퇴비화 … 발효 시 병원균과 기생충란이 사멸되어 퇴비로 사용하는 방법이다.
④ 투기법 … 후진국에서 많이 사용되는 방법인데, 악취와 위생해충의 번식 등으로 비위생적이다.
⑤ 사료법 … 주방쓰레기를 가축의 사료로 사용하는 방법이다.

(3) 특정폐기물 처리

① BOD가 높고 부유물질이 다량 함유된 폐기물 … 예비처리 후 살수여상법, 활성오니법으로 처리한다.
② BOD가 높고 유독물질이 함유된 폐기물 … 희석, 침전, 중화 후 살수여상법, 활성오니법으로 처리한다.
③ BOD가 낮고 유독물질이 함유된 폐기물 … 중화제로 화학처리 후 희석, 응집, 침전 후 여과한다.
④ BOD가 낮고 부유물질, 콜로라이드 물질이 다량 함유된 폐기물 … 예비처리 후 응집, 침전, 희석을 한 다음 공공하수도에 방류한다.

(4) 폐기물 처리방법

① 희석법 … 가장 많이 쓰였으나 최근에는 사용하지 않는다. 2~3시간 침전 후 방류하는데 방류수의 BOD는 5ppm 이하여야 한다.
② 중화법 … 소다류, 석회류를 사용해 중화시키는 방법이다.
③ 산화 · 환원법 … 폐수의 유기물과 무기물을 분해하여 처리하는 방법이다.

(5) 폐기물의 자원화

분리수거와 재활용을 통해 폐기물의 자원화를 꾀하고 있다.

05 소음, 진동 및 악취

❶ 소음

(1) 소음의 개요
① **소음의 특성** … 소음은 주관적이고 심리적인 혐오 정도에 관한 감각량이다.
② **측정단위** … 가청범위의 주파수는 20~20,000Hz인데 1,000~5,000Hz에서 가장 잘 들을 수 있다.

(2) 소음의 피해
① **청력 장해** … 소음도에 따라 일시적·영구적 난청이나 혈관질환을 유발할 수 있다.
② **기타 생체기능 장해** … 대화방해, 스트레스, 주의집중 곤란, 문제해결욕구 상실, 두통, 현기증 등을 유발한다.

(3) C5-dip현상
4,000Hz 전후에서 난청을 발견할 수 있는 현상이다.

(4) 소음방지대책
① 공장단지와 주거지역의 단절이나 차음벽을 설치한다.
② 법적 기준 제정과 철저한 이행이 요구된다.
③ 교통소음은 소음기 부착, 경적 사용제한, 속도제한을 한다.
④ 건설장에서는 무음해머를 사용하거나 방음시설을 한다.

❷ 진동과 악취

(1) 진동

① 어떤 물체가 전후·좌우의 방향으로 주기적인 운동을 하는 것을 말한다.

② 가옥에 금이 가거나 평형기능에 영향을 주어 구기, 현기증, 두통 등의 자각증상이 나타난다.

(2) 악취

① **인체에 대한 영향** ··· 눈이나 인후부가 아프고 불쾌한 느낌이 들며 식욕이 떨어지고 구토와 구역감이 들고 마음이 조급해진다.

② **악취의 방지대책** ··· 악취물질의 50%를 제거해도 사람이 느끼는 정도는 같고 거의 완전히 제거해야 비로소 악취가 적어졌다는 느낌을 받는다.

최근 기출문제 분석

2020. 6. 13. 제2회 서울특별시

1 수질오염평가에서 오염도가 낮을수록 결과치가 커지는 지표는?

① 화학적 산소요구량(COD)
② 과망가니즈산칼륨 소비량($KMnO_4$ demand)
③ 용존산소(DO)
④ 생화학적 산소요구량(BOD)

> **TIP** ③ 용존산소는 물의 오염도가 낮고, 물속 식물의 광합성량이 증가할수록 커진다.
> ① 물속의 유기물을 산화제로 산화하는 데에 소비되는 산소의 양으로 수치가 클수록 오염이 심함을 나타낸다.
> ② 과망가니즈산칼륨 소비량 측정으로 지표수의 오염도를 알 수 있는데, 소모된 과망가니즈산칼륨의 양이 많다는 것은 하수, 분뇨, 공장폐수 등 유기물이 다량 함유된 오수에 의해 오염되었다는 것을 의미한다.
> ④ 물속에 있는 미생물이 유기물을 분해하는데 필요한 산소 소모량을 말하는데, BOD가 높을수록 오염된 물이다.

2020. 6. 13. 제2회 서울특별시

2 기후변화(지구온난화)의 원인이 되는 온실가스 중 배출량이 가장 많은 물질은?

① 일산화탄소(CO)
② 메탄가스(CH_4)
③ 질소(N_2)
④ 이산화탄소(CO_2)

> **TIP** 이산화탄소(CO_2)가 88.6%로 가장 크고, 메탄(CH_4) 4.8%, 아산화질소(N_2O) 2.8%, 기타 수소불화탄소(HFCs), 과불화탄소(PFCs), 육불화황(SF_6)를 합쳐서 3.8% 순이다.

Answer 1.③ 2.④

2019. 6. 15 제2회 서울특별시
3 런던 스모그(London smog)에 대한 설명으로 가장 옳지 않은 것은?

① 석유류의 연소물이 광화학 반응에 의해 생성된 산화형 스모그(oxidizing smog)이다.
② 주된 성분에는 아황산가스와 입자상 물질인 매연 등이 있다.
③ 기침, 가래와 같은 호흡기계 질환을 야기한다.
④ 가장 발생하기 쉬운 달은 12월과 1월이다.

> **TIP** ① 자동차 배기가스와 같은 석유류 연소물이 광화학 반응을 일으켜 생성되는 산화형 스모그(oxidizing smog)는 LA 스모그이다. 런던 스모그는 가정 난방용·공장·발전소의 석탄 연료 사용에서 기인한다.
> ※ 런던 스모그와 LA 스모그의 비교
>
> | 구분 | 런던 스모그 | LA 스모그 |
> |---|---|---|
> | 색 | 짙은 회색 | 연한 갈색 |
> | 역전현상 | 방사성 역전 | 침강형 역전 |
> | 시정 | 100m 이하 | 1km 이하 |
> | 오염물질 | 먼지 및 SO_x | NO_x, 탄화수소 등 |
> | 주요 배출원 | 가정과 공장의 연소, 난방시설 | 자동차 배기가스 |
> | 기상조건 | 겨울, 새벽, 안개, 높은 습도 | 여름, 한낮, 맑은 하늘, 낮은 습도 |

2019. 6. 15 제2회 서울특별시
4 우리나라 대기환경기준에 포함되지 않는 물질은?

① 아황산가스(SO_2) ② 이산화질소(NO_2)
③ 이산화탄소(CO_2) ④ 오존(O_3)

> **TIP** 환경정책기본법 시행령 별표 〈환경기준〉에 따른 우리나라 대기환경기준에 포함되는 물질과 기준치는 다음과 같다.
>
> | 항목 | 기준 | |
> |---|---|---|
> | 아황산가스(SO_2) | • 연간 평균치 : 0.02ppm 이하
• 1시간 평균치 : 0.15ppm 이하 | • 24시간 평균치 : 0.05ppm 이하 |
> | 일산화탄소(CO) | • 8시간 평균치 : 9ppm 이하 | • 1시간 평균치 : 25ppm 이하 |
> | 이산화질소(NO_2) | • 연간 평균치 : 0.03ppm 이하
• 1시간 평균치 : 0.10ppm 이하 | • 24시간 평균치 : 0.06ppm 이하 |
> | 미세먼지(PM-10) | • 연간 평균치 : 50μg/m³ 이하 | • 24시간 평균치 : 100μg/m³ 이하 |
> | 초미세먼지(PM-2.5) | • 연간 평균치 : 15μg/m³ 이하 | • 24시간 평균치 : 35μg/m³ 이하 |
> | 오존(O_3) | • 8시간 평균치 : 0.06ppm 이하 | • 1시간 평균치 : 0.1ppm 이하 |
> | 납(Pb) | • 연간 평균치 : 0.5μg/m³ 이하 | |
> | 벤젠 | • 연간 평균치 : 5μg/m³ 이하 | |

Answer 3.① 4.③

2017. 6. 24 제2회 서울특별시

5 다음 중 현재 런던형 스모그와 로스앤젤레스형 스모그의 기온역전의 종류를 바르게 연결한 것은?

① 런던형 – 방사성(복사성) 역전, 로스앤젤레스형 – 전성성 역전
② 런던형 – 방사성(복사성) 역전, 로스앤젤레스형 – 침강성 역전
③ 런던형 – 침강성 역전, 로스앤젤레스형 – 방사성(복사성) 역전
④ 런던형 – 침강성 역전, 로스앤젤레스형 – 이류성 역전

> **TIP** 스모그
> ⊙ 런던형 스모그: 공장이나 가정의 난방 시설에서 나오는 오염 물질로 만들어지는 검은색 스모그로 겨울철에 나타난다. → 방사성 역전, 이른 아침에 발생, 아황산 가스
> ⊙ 로스앤젤레스형 스모그: 동차 배기가스에서 나오는 이산화질소와 탄화수소가 자외선과 반응해 유독한 화합물인 오존을 만드는데, 이 오존이 로스앤젤레스형 스모그를 일으킨다. → 침강성 역전, 낮에 발생, 광화학 반응

2016. 6. 25 서울특별시

6 물 속의 유기물질 등이 산화제에 의해 화학적으로 분해될 때 소비되는 산소량으로, 폐수나 유독물질이 포함된 공장폐수의 오염도를 알기 위해 사용하는 것은?

① 용존산소량(DO)
② 생물화학적 산소요구량(BOD)
③ 부유물질량(SS)
④ 화학적 산소요구량(COD)

> **TIP** 화학적 산소요구량은 물속의 유기물질 등이 산화제에 의해 화학적으로 분해될 때 소비되는 산소량으로, 폐수나 유독물질이 포함된 공장폐수의 오염도를 알기 위해 사용한다.

Answer 5.② 6.④

출제 예상 문제

1 수질오염의 지표로 잘 쓰이지 않는 것은?

① 염소이온(Cl^-)
② 용존산소(DO)
③ 생물학적 산소요구량(BOD)
④ 부유물질(SS)

> **TIP** ① 염소이온은 물 속에 염화물이 녹아 있을 때의 염소분을 가리킨다. 염소이온은 심미적 영향물질로 자연환경 중에 해양에 염화물이 가장 많이 존재하고 있다. 일반적으로 수질오염의 지표로 사용되는 것은 생물학적 산소요구량(BOD), 용존산소(DO), 부유물질(SS), 세균, 화학적 산소요구량(COD), 탁도 등이 있다.

2 교토의정서(Kyoto protocol)채택에 관한 설명으로 옳지 않은 것은?

① 2008~2012년의 5년간 온실가스 배출량을 1990년 배출량 대비 평균 5.2% 감축해야 한다.
② 1997년 12월 일본 교토에서 기후변화협약 제3차 당사국 총회에서 채택되었다.
③ 감축 대상가스는 이산화탄소(CO_2), 아황산가스(SO_2), 메탄(CH_4), 아산화질소(N_2O), 불화탄소(PFC), 수소화불화탄소(HFC), 불화유황(SF_6)등이다.
④ 의무이행 당사국의 감축 이행시 신축성을 허용하기 위하여 배출권거래, 공동이행, 청정개발체제 등의 제도를 도입하였다.

> **TIP** ③ 교토의정서는 지구 온난화의 규제 및 방지를 위한 국제 기후변화협약의 구체적 이행방안이다. 교토의정서를 비준한 국가는 이산화탄소를 포함한 여섯 종류의 온실 가스의 배출량을 감축하며 배출량을 줄이지 않는 국가에 대해서는 경제적인 측면에서 불리하게 작용될 수 있다. 감축대상은 이산화탄소, 메탄, 아산화질소, 과불화탄소, 수소화불화탄소, 육불화황이며 아황산가스는 대상이 아니다.

Answer 1.① 2.③

3 다음의 내용에서 알 수 있는 공기의 성분은?

> - 성상은 무색, 무미, 무취의 맹독성 가스이며, 비중이 0.976으로 공기보다 가볍고, 불완전 연소시에 발생한다.
> - 헤모글로빈과의 결합력은 산소와 헤모글로빈의 결합력보다 200~300배나 강하다.
> - 이것이 헤모글로빈과 결합해 혈액의 산소운반능력을 상실케 하여 조직의 산소부족 질식사를 초래한다.

① SO_2
② NO_2
③ CO_2
④ CO

TIP ④ 보기의 기체 성분은 일산화탄소(CO)이다.
※ 일산화탄소
㉠ 무색, 무취, 무미, 무자극의 맹독성 가스이다.
㉡ 비중이 공기와 거의 같아 혼합되기 쉽다.
㉢ 혈액 중 헤모글로빈과 결합해 HbCO를 형성하여 인체의 조직에 저산소증을 일으킨다. 이때, CO의 Hb에 대한 결합력은 O2에 비해 약 250~300배가 강하므로 이것이 Hb의 산소운반 장애와 산소해리 장애를 일으켜 O2 부족을 초래하는 것이다.
㉣ CO중독 치료: 오염원으로부터 신속히 옮겨 안정과 보온을 시키고 인공호흡과 고압산소요법을 시행하기도 한다. 이 경우 5% 정도의 CO2를 함유한 산소를 흡입하는 것이 효과적이다.
㉤ HbCO량과 중독증상

구분	증상	구분	증상
10% 이하	무증상	60~70% 이상	의식상실
20% 이상	임상증상 발생	80% 이상	사망
40~50% 이상	두통·허탈		

Answer 3.④

4 대기오염에 의한 2차 오염물질로 맞는 것은?

① 오존
② 이산화황
③ 일산화탄소
④ 중금속 산화물

> **TIP** 2차 오염물질 … O_3, PAN, NOCl, PBN 등이 있다.

5 다음 중 태양의 자외선을 흡수·차단하는 것은?

① 오존(O_3)
② 이산화탄소(CO_2)
③ 질소(N_2)
④ 아황산가스(SO_2)

> **TIP** 오존(O_3)
> ㉠ 기능 : 태양에서 오는 자외선 복사를 흡수하여 지상에 도달하는 유해 자외선 복사를 막아주는 역할을 한다.
> ㉡ 오존층 : 지구의 대류권 중 성층권 내의 고도 20~25km 부근에 오존이 밀집되어 있는 것이 오존층이다.
> ㉢ 오존층 파괴의 결과
> • 인체의 피부와 눈, 면역체와 비타민 D의 합성에 악영향을 끼친다.
> • 생태계에 커다란 변화를 일으킨다.
> • 지구온난화를 가속화하고 기후변화에 영향을 미칠 것이다.

6 다음 중 광화학반응에 의한 2차 오염물질은?

① PAN
② CH_4
③ NO
④ H_2S

> **TIP** 광화학 반응 시 발생하는 물질
> ㉠ 1차 오염물질 : CO, CO_2, H_2, HCl, Zn, Hg, 중금속 산화물 등이 있다.
> ㉡ 2차 오염물질 : O_3, PAN, NOCl, PBN 등이 있다.
> ㉢ 1·2차 오염물질 : SO_2, SO_3, NO, NO_2 등이 있다.

Answer 4.① 5.① 6.①

7 대기오염에 따른 질병 중 가장 관련이 깊은 것은?

① 호흡기계 질병　　　　② 순환기계 질병
③ 소화기계 질병　　　　④ 비뇨기계 질병

TIP 대기오염 물질에는 입자상 물질과 가스상 물질이 있는데, 모두 호흡기계 질병과 관련이 있다.

8 소음에 의한 건강장해와 관계없는 것은?

① 소음 폭로시간　　　　② 소음의 주파수 구성
③ 소음의 방향　　　　　④ 소음의 크기

TIP 소음에 의한 건강장해는 폭로시간과 경도에 비례한다. 가청범위는 20~20,000Hz인데 1,000~ 5,000Hz에서 가장 잘 들을 수 있다.

9 불량조명에 의해 발생되는 직업병은?

① 안정피로　　　　　　② 규폐증
③ 잠함병　　　　　　　④ 진폐증

TIP 부적절한 조명은 안정피로, 근시, 안구진탕증 등을 일으킨다.

10 C5 – dip현상과 가장 관련이 깊은 주파수는?

① 2,000Hz　　　　　　② 4,000Hz
③ 6,000Hz　　　　　　④ 8,000Hz

TIP C5 – dip현상 … 4,000Hz 전후에서 난청을 발견할 수 있는 현상을 말한다.

Answer 7.① 8.③ 9.① 10.②

11 공기 중에 인체에 유해한 납이 배출되는 원인은?

① 연료인 중유 중의 납
② 휘발유에 첨가하는 첨가제
③ 공장배기 중의 납
④ 토양에서 비산하는 납

TIP 자동차가 중금속 오염의 주범이다.

12 광화학적 반응으로 생기는 대표적인 대기오염 물질인 것은?

① CO, CO_2
② H_2S, SO_2
③ CH_4, NH_3
④ O_3, PAN

TIP 광화학 반응으로 생기는 대표적인 대기오염물질은 O_3, PAN, H_2, O_2, NOCl 등이다.

13 대기오염 물질 중 광화학적 반응에 의해서 발생하는 물질은?

① H_2
② PAN
③ SO_2
④ CH

TIP 광화학적 반응에 의해 생성되는 물질 … O_3, PAN, NOCl 등이 있다.

Answer 11.② 12.④ 13.②

14 다음 중 기관지 침착률이 가장 큰 먼지의 크기는?

① 0.1㎛
② 0.1~0.4㎛
③ 0.5~5.0㎛
④ 5.0~7.0㎛

TIP 먼지 크기에 따른 비교
　㉠ 기관지 침착률이 가장 큰 입자의 크기 : 0.5~5.0㎛
　㉡ 0.5㎛ 이하의 입자 : 호흡운동에 의해 배출된다.
　㉢ 5㎛ 이상의 입자 : 기관지 점막에 침착하여 가래와 함께 배출되거나 소화기계를 통해서 배출된다.

15 진폐증을 일으키는 먼지의 크기로 옳은 것은?

① 0.5~5㎛
② 5~10㎛
③ 10~20㎛
④ 20~100㎛

TIP 0.5~5.0㎛의 입자들은 침착률이 가장 높아 폐포를 통해 흡입되어 혈관 또는 임파관으로 침입하여 규폐증, 진폐증 등을 일으킬 수 있다.

Answer 14.③ 15.①

공중보건

산업보건

01 산업보건의 개요
02 산업보건의 내용

01 산업보건의 개요

01 산업보건

(1) 정의
국제노동기구(ILO)는 모든 직업에서 일하는 근로자들의 육체적·정신적·사회적 건강을 고도로 유지·증진시키며, 작업조건으로 인한 질병을 예방하고 건강에 유해한 취업을 방지하며 근로자를 생리적·심리적으로 적합한 작업환경에 배치하여 일하도록 하는 것이라 했다.

(2) 필요성
① 산업발달로 인한 노동인구 증가

② 근로자의 건강 보호·증진으로 생산성과 품질향상

③ 산업보건 관리가 인권문제로 대두

④ 작업환경으로 인해 발생하는 질병예방

(3) 우리나라의 산업보건 역사
① 1953년 ··· 근로기준법이 선포되었다.

② 1963년 ··· 산업재해보상보험법이 제정·공포되었다.

③ 1977년 ··· 의료보호, 의료보험이 시작되었다.

④ 1980년 ··· 노동청을 노동부로 개칭하였다.

⑤ 1981년 ··· 산업안전보건법 시행령이 공포되었다.

02 보건인력

❶ 안전보건관리책임자

(1) 정의

① 안전보건관리책임자 … 안전 및 보건에 관한 업무를 총괄·관리하는 책임자를 말한다.

② 안전보건관리책임자를 두어야 할 사업의 종류 및 규모〈산업안전보건법 시행령 별표 2〉

사업의 종류	규모
토사석 광업, 식료품 제조업·음료 제조업, 목재 및 나무제품 제조업(가구 제외), 펄프, 종이 및 종이제품 제조업, 코크스, 연탄 및 석유정제품 제조업, 화학물질 및 화학제품 제조업(의약품 제외), 의료용 물질 및 의약품 제조업, 고무제품 및 플라스틱제품 제조업, 비금속 광물제품 제조업, 1차 금속 제조업, 금속가공제품 제조업(기계 및 가구 제외), 전자부품·컴퓨터·영상·음향 및 통신장비 제조업, 의료·정밀·광학기기 및 시계 제조업, 전기장비 제조업, 기타 기계 및 장비 제조업, 자동차 및 트레일러 제조업, 기타 운송장비 제조업, 가구 제조업, 기타 제품 제조업, 서적·잡지 및 기타 인쇄물 출판업, 해체·선별 및 원료 재생업, 자동차 종합 수리업, 자동차 전문 수리업	상시 근로자 50명 이상
농업, 어업, 소프트웨어 개발 및 공급업, 컴퓨터 프로그래밍, 시스템 통합 및 관리업, 정보서비스업, 금융 및 보험업, 임대업(부동산 제외), 전문·과학 및 기술 서비스업(연구개발업은 제외), 사업지원 서비스업, 사회복지 서비스업	상시 근로자 300명 이상
건설업	공사금액 20억원 이상
위의 사업을 제외한 사업	상시 근로자 100명 이상

(2) 업무〈산업안전보건법 제15조 제1항〉

① 산업재해예방계획의 수립에 관한 사항

② 안전보건관리규정의 작성 및 그 변경에 관한 사항

③ 근로자의 안전·보건교육에 관한 사항

④ 작업환경의 측정 등 작업환경의 점검 및 개선에 관한 사항

⑤ 근로자의 건강진단 등 건강관리에 관한 사항

⑥ 산업재해의 원인조사 및 재발방지대책의 수립에 관한 사항

⑦ 산업재해에 관한 통계의 기록·유지에 관한 사항

⑧ 안전·보건에 관련되는 안전장치 및 보호구 구입 시의 적격품 여부 확인에 관한 사항

⑨ 그 밖에 근로자의 유해·위험 예방조치에 관한 사항으로서 위험성평가의 실시에 관한 사항과 안전보건규칙에서 정하는 근로자의 위험 또는 건강장해의 방지에 관한 사항

❷ 관리감독자

(1) 정의〈산업안전보건법 제16조〉

사업주는 사업장의 관리감독자(경영조직에서 생산과 관련되는 업무와 소속 직원을 직접 지휘·감독하는 부서의 장이나 그 직위를 담당하는 자를 말함)로 하여금 직무와 관련된 안전·보건에 관한 업무로서 안전·보건점검 등의 업무를 수행하도록 하여야 한다.

(2) 업무〈산업안전보건법 시행령 제15조 제1항〉

① 사업장내 관리감독자가 지휘·감독하는 작업과 관련되는 기계·기구 또는 설비의 안전·보건점검 및 이상 유무의 확인

② 관리감독자에게 소속된 근로자의 작업복·보호구 및 방호장치의 점검과 그 착용·사용에 관한 교육·지도

③ 해당 작업에서 발생한 산업재해에 관한 보고 및 이에 대한 응급조치

④ 해당 작업의 작업장의 정리정돈 및 통로확보의 확인·감독

⑤ 해당 사업장의 산업보건의·안전관리자(안전관리자의 업무를 안전관리대행기관에 위탁한 사업장의 경우에는 그 대행기관의 해당 사업장 담당자) 및 보건관리자(보건관리자의 업무를 보건관리대행기관에 위탁한 사업장의 경우에는 그 대행기관의 해당 사업장담당자), 안전보건관리담당자의 지도·조언에 대한 협조

⑥ 위험성평가를 위한 업무에 기인하는 유해·위험요인의 파악 및 그 결과에 따른 개선조치의 시행

⑦ 기타 해당 작업의 안전·보건에 관한 사항으로서 고용노동부령으로 정하는 사항

❸ 안전관리자

(1) 정의〈산업안전보건법 제17조〉

① 안전관리자 … 사업주는 안전에 관한 기술적인 사항에 대하여 사업주 또는 관리책임자를 보좌하고 관리감독자 및 안전담당자에 대하여 이에 관한 지도·조언을 하도록 하기 위하여 사업장에 안전관리자를 두어야 한다.

② 안전관리자의 선임

㉠ 토사석 광업, 식료품 제조업, 음료 제조업, 목재 및 나무제품 제조(가구제외), 펄프, 종이 및 종이제품 제조업, 코크스, 연탄 및 석유정제품 제조업, 화학물질 및 화학제품 제조업(의약품 제외), 의료용 물질 및 의약품 제조업, 고무 및 플라스틱제품 제조업, 비금속 광물제품 제조업, 1차 금속 제조업, 금속가공제품 제조업(기계 및 가구 제외), 전자부품, 컴퓨터, 영상, 음향 및 통신장비 제조업, 의료, 정밀, 광학 기기 및 시계 제조업, 전기장비 제조업, 기타 기계 및 장비제조업, 자동차 및 트레일러 제조업, 기타 운송장비 제조업, 가구 제조업, 기타 제품 제조업, 서적, 잡지 및 기타 인쇄물 출판업, 해체, 선별 및 원료 재생업, 자동차 종합 수리업, 자동차 전문 수리업, 발전업

사업장의 상시근로자 수	안전관리자의 수
50명 이상 500명 미만	1명 이상
500명 이상	2명 이상

㉡ 농업, 임업 및 어업, 제2호부터 제19호까지의 사업을 제외한 제조업, 전기, 가스, 증기 및 공기조절 공급업(발전업 제외), 수도, 하수 및 폐기물 처리, 원료 재생업(제21호에 해당하는 사업은 제외), 운수 및 창고업, 도매 및 소매업, 숙박 및 음식점업, 영상·오디오 기록물 제작 및 배급업, 방송업, 우편 및 통신업, 부동산업, 임대업(부동산 제외), 연구개발업, 사진처리업, 사업시설 관리 및 조경 서비스업, 청소년 수련시설 운영업, 보건업, 예술, 스포츠 및 여가관련 서비스업, 개인 및 소비용품수리업(제22호에 해당하는 사업은 제외), 기타 개인 서비스업, 공공행정(청소, 시설관리, 조리 등 현업업무에 종사하는 사람으로서 고용노동부장관이 정하여 고시하는 사람으로 한정), 교육서비스업 중 초등·중등·고등 교육기관, 특수학교·외국인학교 및 대안학교(청소, 시설관리, 조리 등 현업업무에 종사하는 사람으로서 고용노동부장관이 정하여 고시하는 사람으로 한정)

사업장의 상시근로자 수	안전관리자의 수
50명 이상 1천명 미만	1명 이상
1천명 이상	2명 이상

ⓒ 건설업

사업장의 상시근로자 수	안전관리자의 수
공사금액 50억원 이상(관계수급인은 100억원 이상) 120억원 미만	1명 이상
공사금액 120억원 이상 800억원 미만	
공사금액 800억원 이상 1,500억원 미만	2명 이상
공사금액 1,500억원 이상 2,200억원 미만	3명 이상
공사금액 2,200억원 이상 3천억원 미만	4명 이상
공사금액 3천억원 이상 3,900억원 미만	5명 이상
공사금액 3,900억원 이상 4,900억원 미만	6명 이상
공사금액 4,900억원 이상 6천억원 미만	7명 이상
공사금액 6천억원 이상 7,200억원 미만	8명 이상
공사금액 7,200억원 이상 8,500억원 미만	9명 이상
공사금액 8,500억원 이상 1조원 미만	10명 이상
1조원 이상	11명 이상

(2) 업무〈산업안전보건법 시행령 제18조 제1항〉

① 산업안전보건위원회 또는 안전·보건에 관한 노사협의체에서 심의·의결한 업무와 해당 사업장의 안전보건관리규정 및 취업규칙에서 정한 업무

② 안전인증대상 기계·기구 등과 자율안전확인대상 기계·기구 등 구입 시 적격품의 선정에 관한 보좌 및 조언·지도

③ 위험성평가에 관한 보좌 및 조언·지도

④ 해당 사업장 안전교육계획의 수립 및 안전교육 실시에 관한 보좌 및 조언·지도

⑤ 사업장 순회점검·지도 및 조치의 건의

⑥ 산업재해 발생의 원인 조사·분석 및 재발 방지를 위한 기술적 보좌 및 조언·지도

⑦ 산업재해에 관한 통계의 유지·관리·분석을 위한 보좌 및 조언·지도

⑧ 법 또는 법에 따른 명령으로 정한 안전에 관한 사항의 이행에 관한 보좌 및 조언·지도

⑨ 업무수행 내용의 기록·유지

⑩ 그 밖에 안전에 관한 사항으로서 고용노동부장관이 정하는 사항

❹ 보건관리자

(1) 보건관리자를 두어야 할 사업의 종류·규모, 보건관리자의 수

사업의 종류	규모	보건관리자의 수
광업(광업 지원 서비스업은 제외), 섬유제품 염색, 정리 및 마무리 가공업, 모피제품 제조업, 그 외 기타 의복액세서리 제조업(모피 액세서리에 한정), 모피 및 가죽 제조업(원피가공 및 가죽 제조업은 제외), 신발 및 신발부분품 제조업, 코크스·연탄 및 석유정제품 제조업, 화학물질 및 화학제품 제조업 ; 의약품 제외, 의료용 물질 및 의약품 제조업, 고무 및 플라스틱제품 제조업, 비금속 광물제품 제조업, 1차 금속 제조업, 금속 가공제품 제조업 ; 기계 및 가구 제외, 기타 기계 및 장비 제조업, 전자부품·컴퓨터·영상·음향 및 통신장비 제조업, 전기장비 제조업, 자동차 및 트레일러 제조업, 기타 운송장비 제조업, 가구 제조업, 해체·선별 및 원료 재생업, 자동차 종합 수리업, 자동차 전문 수리업, 유해물질을 제조하는 사업과 그 유해물질을 사용하는 사업 중 고용노동부장관이 특히 보건관리를 할 필요가 있다고 인정하여 고시하는 사업	상시근로자 50명 이상 500명 미만	1명 이상
	상시근로자 500명 이상 2천명 미만	2명 이상
	상시근로자 2천명 이상	2명 이상
위의 사업(광업 제외)을 제외한 제조업	상시근로자 50명 이상 1천명 미만	1명 이상
	상시근로자 1천명 이상 3천명 미만	2명 이상
	상시근로자 3천명 이상	2명 이상
농업·임업 및 어업, 전기·가스·증기 및 공기조절공급업, 수도·하수 및 폐기물 처리·원료 재생업, 운수 및 창고업, 도매 및 소매업, 숙박 및 음식점업, 서적·잡지 및 기타 인쇄물 출판업, 방송업, 우편 및 통신업, 부동산업, 연구개발업, 사진 처리업, 사업시설 관리 및 조경 서비스업, 공공행정(청소·시설관리·조리 등 현업업무에 종사하는 사람으로서 고용노동부장관이 정하여 고시하는 사람으로 한정한다), 교육서비스업 중 초등·중등·고등 교육기관, 특수학교·외국인학교 및 대안학교(청소·시설관리·조리 등 현업업무에 종사하는 사람으로서 고용노동부장관이 정하여 고시하는 사람으로 한정한다), 청소년 수련시설 운영업, 보건업, 골프장 운영업, 개인 및 소비용품수리업, 세탁업	상시근로자 50명 이상 5천명 미만. 다만, 사진 처리업의 경우에는 상시근로자 100명 이상 5천명 미만으로 한다.	1명 이상
	상시 근로자 5천명 이상	2명 이상
건설업	공사금액 800억 원 이상(「건설산업기본법 시행령」에 따른 토목공사업에 속하는 공사의 경우에는 1천 억 이상) 또는 상시 근로자 600명 이상	1명 이상[공사금액 800억 원(「건설산업기본법 시행령」에 따른 토목공사업은 1천억 원)을 기준으로 1,400억 원이 증가할 때마다 또는 상시 근로자 600명을 기준으로 600명이 추가될 때마다 1명씩 추가한다]

(2) 업무〈산업안전보건법 시행령 제22조〉

① 산업안전보건위원회에서 심의·의결한 업무와 안전보건관리규정 및 취업규칙에서 정한 업무
② 안전인증대상 기계·기구 등과 자율안전확인대상 기계·기구 등 중 보건과 관련된 보호구 구입 시 적격품 선정에 관한 보좌 및 조언·지도
③ 물질안전보건자료의 게시 또는 비치에 관한 보좌 및 조언·지도
④ 위험성평가에 관한 보좌 및 조언·지도
⑤ 산업보건의의 직무(보건관리자가 「의료법」에 따른 의사인 경우로 한정한다)
⑥ 해당 사업장 보건교육계획의 수립 및 보건교육 실시에 관한 보좌 및 조언·지도
⑦ 해당 사업장의 근로자 보호를 위한 의료행위
　㉠ 외상 등 흔히 볼 수 있는 환자의 치료
　㉡ 응급을 요하는 자에 대한 응급처치
　㉢ 부상·질병의 악화방지를 위한 처치
　㉣ 건강진단결과 발견된 질병자의 요양지도 및 관리
　㉤ ㉠~㉣의 의료행위에 따르는 의약품의 투여
⑧ 작업장 내에서 사용되는 전체환기장치 및 국소배기장치 등에 관한 설비의 점검과 작업방법의 공학적 개선에 관한 보좌 및 조언·지도
⑨ 사업장 순회점검·지도 및 조치의 건의
⑩ 직업성 질환 발생의 원인조사 및 대책수립
⑪ 산업재해에 관한 통계의 유지·관리를 위한 지도·조언(보건분야에 한함)
⑫ 법 또는 법에 따른 명령으로 정한 보건에 관한 사항의 이행에 관한 보좌 및 조언·지도
⑬ 업무수행 내용의 기록·유지
⑭ 그 밖에 보건과 관련된 작업관리 및 작업환경관리에 관한 사항

❺ 산업보건의

(1) 정의〈산업안전보건법 제22조 제1항〉

① 산업보건의 … 사업주는 근로자의 건강관리 기타 보건관리자의 업무를 지도하기 위하여 사업장에 산업보건의를 두어야 한다. 다만, 의사인 보건관리자를 둔 경우에는 그러하지 아니하다.
② 선임〈산업안전보건법 시행령 제29조〉

㉠ 산업보건의를 두어야 하는 사업의 종류와 사업장은 보건관리자를 두어야 하는 사업으로서 상시근로자 수가 50명 이상인 사업장으로 한다.
㉡ 예외 : 의사를 보건관리자로 선임한 경우, 보건관리전문기관에 보건관리자의 업무를 위탁한 경우에는 산업보건의를 두지 않아도 된다.
㉢ 산업보건의는 외부에서 위촉할 수 있으며, 위촉된 산업보건의가 담당할 사업장 수 및 근로자 수, 그 밖에 필요한 사항은 고용노동부장관이 정한다.
㉣ 사업주는 산업보건의를 선임·위촉했을 때에는 고용노동부령으로 정하는 바에 따라 선임·위촉한 날부터 14일 이내에 고용노동부장관에게 그 사실을 증명할 수 있는 서류를 제출해야 한다.

(2) 직무〈산업안전보건법 시행령 제31조〉
① 건강진단실시 결과의 검토 및 그 결과에 따른 작업배치·작업전환·근로시간의 단축 등 근로자의 건강보호 조치
② 근로자의 건강장해의 원인조사와 재발방지를 위한 의학적 조치
③ 그 밖에 근로자의 건강유지와 증진을 위하여 필요한 의학적 조치에 관하여 고용노동부장관이 정하는 사항

03 보호대상 근로자

(1) 여성근로자의 보호
① 여성 직종에 맞게 적정배치를 한다.
② 주작업의 근로강도는 RMR 2.0 이하로 하고, 중량물 취급작업은 중량을 제한(20kg)한다.
③ 서서 하는 작업과 휴식시간을 조정하고, 고·저온 작업에서는 작업조건과 냉·난방을 고려한다.
④ 공업독물(납, 벤젠, 비소, 수은) 취급작업시는 유산·조산·사산의 우려가 있으므로 이에 대한 고려가 필요하다.
⑤ 생리휴가, 산전·산후 휴가 등의 고려가 필요하다.

(2) 연소근로자의 보호
① 취업 최저연령은 15세이고, 다만, 취직인허증을 발급받은 13세 이상 15세 미만인 자는 가능하다.
② 유해, 위험근로가 제한된다.
③ 야간작업이 금지되며, 근로시간의 제한이 있다.
④ 취급물의 중량제한이 있다.

최근 기출문제 분석

2020. 6. 13. 제2회 서울특별시

1 근로자의 건강을 보호하기 위한 조치로 가장 옳지 않은 것은?

① 「근로기준법」 및 동법 시행령에 따라 취직인허증을 지니지 않은 15세 미만인 자는 근로자로 사용하지 못한다.
② 「근로기준법」 및 동법 시행령에는 임산부를 위한 사용금지 직종을 규정하고 있다.
③ 근로 의욕과 생산성을 위하여 근로자를 적재적소에 배치한다.
④ 「근로기준법」상 수유시간은 보장되지 않는다.

> **TIP** ④ 생후 1년 미만의 유아(乳兒)를 가진 여성 근로자가 청구하면 1일 2회 각각 30분 이상의 유급 수유 시간을 주어야 한다〈「근로기준법」 제75조〉.

Answer 1.④

출제 예상 문제

1 여성노동자를 고용한 경우 고려할 점이 아닌 것은?

① 유해물질 작업장에는 배치하지 않는다.
② 작업강도는 5.0이어야 한다.
③ 출산자는 산후휴가를 주어야 한다.
④ 여성의 생리현상을 고려해야 한다.

> **TIP** 여성근로자의 보호
> ㉠ 여성 직종에 맞게 적정배치를 한다.
> ㉡ 주작업의 근로강도는 RMR 2.0 이하로 한다.
> ㉢ 중량물 취급작업은 중량을 제한(20kg)한다.
> ㉣ 서서 하는 작업과 휴식시간을 조정한다.
> ㉤ 고·저온 작업에서는 작업조건과 냉·난방을 고려한다.
> ㉥ 공업독물(납, 벤젠, 비소, 수은) 취급작업시는 유산·조산·사산의 우려가 있으므로 이에 대한 고려가 필요하다.
> ㉦ 생리휴가, 산전·산후 휴가 등의 고려가 필요하다.

2 우리나라에서 산업재해보상보험법이 제정, 공포된 연도는 언제인가?

① 1953년 ② 1963년
③ 1977년 ④ 1980년

> **TIP** ㉠ 1953년: 근로기준법 제정, 공포
> ㉡ 1963년: 산업재해보상보험법 제정, 공포
> ㉢ 1977년: 1월 의료보호 시작, 7월 의료보험 시작
> ㉣ 1980년: 노동청을 노동부로 개칭
> ㉤ 1981년: 산업안전보건법 제정, 공포

Answer 1.② 2.②

3 1902년 공장법을 제정하여 근로자보호의 기초를 마련한 나라는 어디인가?

① 독일
② 영국
③ 미국
④ 스웨덴

> **TIP** 영국은 1902년 최초로 공장법을 제정하였다.

4 근로기준법에 규정된 취업 최저연령은 몇 세인가?

① 11세
② 13세
③ 15세
④ 18세

> **TIP** 취업 최저연령은 15세이다.
> ※ 최저연령과 취직인허증〈근로기준법 제64조, 시행령 제35조〉
> ㉠ 15세 미만인 자는 근로자로 사용하지 못한다.
> ㉡ 고용노동부장관이 발급한 취직인허증을 지닌 자는 근로자가 될 수 있다. 취직인허증은 13세 이상 15세 미만인 자가 받을 수 있다. 다만, 예술공연 참가를 위한 경우에는 13세 미만인 자도 취직인허증을 받을 수 있다.

5 근로기준법에 의한 여성근로자의 보호사항이 아닌 것은?

① 도덕적·보건적 유해작업을 제한한다.
② 주 근로강도는 2.0 이하로 한다.
③ 중량물을 20kg으로 제한한다.
④ 산전, 산후를 통하여 90일의 보호휴가를 준다.

> **TIP** 여성근로자의 보호
> ㉠ 적정배치를 한다.
> ㉡ 서서 하는 작업과 휴식시간을 조정한다.
> ㉢ 고온·저온 작업에서 작업조건을 고려한다.
> ㉣ 공업독물 취급시 유산·조산·사산의 우려를 고려한다.
> ㉤ 주 근로강도는 2.0 이하로 한다.
> ㉥ 중량물을 20kg으로 제한한다.
> ㉦ 산전, 산후를 통하여 90일의 보호휴가를 준다.
> ㉧ 작업조건과 냉·난방을 고려한다.

Answer 3.② 4.③ 5.①

6 연소근로자의 특징으로 볼 수 없는 것은?

① 인격의 형성 · 발달이 왜곡되기 쉽다.
② 체력이 가장 왕성한 시기이므로 근로강도를 제한할 필요가 없다.
③ 인체의 일부가 부분적으로 성장하거나 기능이 중지하는 경우가 많다.
④ 산업질환이나 공업중독 등 화학물질에 대한 감수성이 크다.

> **TIP** 연소근로자의 특징
> ㉠ 연소자는 신체, 정신의 발육과정에 있으므로 중노동은 성장발육을 저해하고 통찰력, 신경작용, 운동조절능력을 열등화할 수 있다.
> ㉡ 직업병 및 공업중독에 취약하다.
> ㉢ 인격발달이 저해되기 쉽다.
> ㉣ 화학물질에 대한 감수성이 크다.

7 우리나라에서 산업안전보건법이 제정 · 공포된 때는?

① 1953년
② 1963년
③ 1977년
④ 1981년

> **TIP** 산업안전보건법은 1981년 제정 · 공포되었다.

8 산업보건과 관련깊은 국제기구는?

① WTO
② ILO
③ UNICEF
④ IOPH

> **TIP** ILO(국제노동기구)
> ㉠ 의의 : ILO는 1919년 발족되어 산업보건의 발전을 주도하게 되었다.
> ㉡ 산업보건의 정의 : 국제노동기구(ILO)는 모든 직업에서 일하는 근로자들의 육체적 · 정신적 · 사회적 건강을 고도로 유지 · 증진시키며, 작업조건으로 인한 질병을 예방하고 건강에 유해한 취업을 방지하며 근로자를 생리적 · 심리적으로 적합한 작업환경에 배치하여 일하도록 하는 것이라 했다.

Answer 6.② 7.④ 8.②

9 100인 이상을 사용하는 사업장과 상시근로자 100인 미만의 사업에 의무적으로 선임하는 관리자는?

① 안전보건관리책임자
② 안전관리자
③ 보건담당자
④ 보건관리자

> **TIP** 안전보건관리책임자
> ㉠ 정의:안전 및 보건에 관한 업무를 총괄·관리하는 책임자를 말한다.
> ㉡ 안전보건관리책임자의 선임:상시 근로자 100인 이상을 사용하는 사업과 상시근로자 100인 미만의 사업 중 노동부령이 정하는 사업(총공사금액이 20억 원 이상인 공사를 시행하는 건설업과 상시근로자 50인 이상 100인 미만을 사용하는 사업)에는 안전보건 관리책임자를 선임하여야 한다.

Answer 9.①

02 산업보건의 내용

01 산업피로

❶ 원인 및 방지대책

(1) 산업피로의 원인

① **환경적 원인** … 온도, 습도, 조도, 소음, 환기, 작업시간(중등작업 시 50분 작업 10분 휴식, 정밀작업 시 25분 작업 5분 휴식), 작업강도 등이다.

② **신체적 원인** … 연령, 성별, 체력, 체격, 작업숙련도, 수면시간, 신체결함, 각종 질병 등이다.

③ **심리적 원인** … 의욕저하, 책임감 가중, 각종 불만, 가정불화, 계속적인 피로 등이다.

(2) 방지대책

① 작업시간, 작업밀도, 휴식시간을 적절히 배분한다.

② 여가, 휴일, 레크리에이션을 이용한다.

③ 작업환경을 개선(안전, 위생 등)한다.

④ 개인의 특성에 맞게 적절히 배치한다.

(3) 근로자의 영양관리

① **중노동** … 비타민B_1, 칼슘이 필요하다.

② **고온작업** … 비타민A · B_1 · C, 식염이 필요하다.

③ **저온작업** … 비타민A · B_1 · C, 지방질이 필요하다.

④ **소음이 심한 작업** … 비타민B가 필요하다.

② 근로시간

(1) 표준근로시간

① 1919년 제1회 국제노동헌장 … 8시간/1일, 48시간/1주를 초과할 수 없다.

② 1931년 제1회 국제노동헌장 … 8시간/1일, 40시간/1주를 초과할 수 없다.

③ 우리나라 근로기준법 … 8시간/1일, 40시간/1주를 초과할 수 없다.

(2) 근로시간 단축을 요하는 작업

① 저임금 근로자와 신규채용자

② 여성과 연소자의 근로

③ 야간업무일 경우

④ 심신 이상자(병후, 생리일, 임신, 산후 4~6주 사이)

⑤ 작업내용이 극도로 강해진 경우

⑥ 의식주 조건과 작업환경이 극히 불량인 경우

02 산업재해

① 산업재해의 개요

(1) 개념

근로자가 업무에 관계되는 작업으로 인하여 원하지도 않고, 계획하지도 않은 사건이 발생하여 사망, 불구, 폐질 등의 상태가 발생하는 것을 말한다.

(2) 특성

① 여름(7, 8, 9월), 겨울(12, 1, 2월)에 많이 발생한다.

② 목요일과 금요일에 다발한다.

③ 오전취업 3시간 전과 오후 업무시작 2시간 전에 다발한다.

> **TIP** Heinrich의 법칙 … 현성 재해 : 불현성 재해 : 잠재성 재해 = 1 : 29 : 300

(3) 재해지표

① 건수율 = $\dfrac{\text{재해 건수}}{\text{평균 실근로자 수}} \times 1{,}000$

② 도수율 = $\dfrac{\text{재해 건수}}{\text{연근로시간 수}} \times 1{,}000{,}000$

③ 강도율 = $\dfrac{\text{근로 손실일수}}{\text{연근로시간 수}} \times 1{,}000$

④ 평균 손실일수(중독률) = $\dfrac{\text{근로 손실일수}}{\text{재해 건수}} \times 1{,}000$

2 재해보상

(1) 재해보상 등급

재해보상은 14등급으로 되어 있다.

(2) 재해보상 근거

① **근로기준법** … 업무상 부상과 질병을 대상으로 하며, 사용자의 과실 여부를 묻지 않고 보상한다.
② **산업재해보상보험법** … 모든 사업장에 적용되는 것으로 근로자들이 많은 피해가 발생하여 사업자가 현실적으로 재해보상의 책임을 다할 수 없으므로, 정부가 주체가 되어 위험부담을 나누기 위해 보험제를 마련하였다.

> **TIP 산업재해보상보험의 원리**
> ㉠ 사회보험방식: 사용자 직접보상방식은 산업재해를 당한 근로자에 대한 실질적 보상 실현을 보장하기 어렵기 때문에 국가의 책임하에 이루어지는 사회보험방식을 적용한다.
> ㉡ 무과실책임주의: 근로자의 업무상 재해에 대하여 근로자와 사용자의 고의·과실여부에 상관없이 보상을 보장한다.
> ㉢ 정률보상주의: 산재보험에서 현물급여인 요양급여를 제외한 현금급여에 대해서는 산재근로자의 연령, 직종, 노동능력 및 근무시간 등에 상관없이 평균임금을 기초로 하여 법령에서 정한 일정률에 따라 보험급여를 지급한다.
> ㉣ 현실우선주의: 산재근로자와 유족의 생활을 조기에 안정시키고 보호하기 위하여 현실을 우선하여 적용한다.

03 직업병

❶ 직업병의 종류

(1) 일반 직업병

① 고온작업
   ㉠ **열경련** : 체내 수분, 염분 소실로 발생하며 생리 식염수를 섭취한다.
   ㉡ **열허탈** : 말초 혈액순환 부전으로 혼수상태와 허탈증상을 보인다. 실내에서 안정시켜 체온을 정상화한다.
   ㉢ **울열증(열사병)** : 체온조절의 부조화로 뇌온상승, 중추신경 장애, 체온상승의 증세가 나타나는데, 이때 체온이 43℃ 이상에서는 약 80%가, 43℃ 이하에선 약 40%가 사망한다. 처치로는 수분정맥주사, 체온의 급속냉각이 있다.
   ㉣ **열쇠약증** : 만성적 체열소모로 전신권태, 식욕부진, 위장장애, 빈혈의 증세가 나타나며 비타민B_1을 투여하고 휴식시킨다.

② 저온작업
   ㉠ 동상, 침수족, 참호족, 발적, 종창 등을 유발한다.
   ㉡ 1도(발적), 2도(수포), 3도(괴사)로 분류된다.

③ **불량조명** … 안정피로, 안구진탕증(탄광부), 근시 등이 발생한다.

④ 자외선 노출작업
   ㉠ 여름철 직사광선 작업이나 눈·얼음 위에서의 작업 또는 전기용접 시 발생한다.
   ㉡ 피부암, 피부색소 침착 등을 유발한다.

⑤ **적외선 노출작업** … 대장공, 용접공의 백내장, 열사병, 노선작업, 유리가공, 제철작업 시 발생된다.

⑥ 방사선
   ㉠ **라듐취급자** : 백혈병의 우려가 있다.
   ㉡ **증상** : 임파선 및 골수에 작용하여, 조혈장애 및 면역기능을 저하시킨다.

⑦ 기압작업
   ㉠ **고기압** : 잠함병(고압에서 저압으로 급격한 기압변화 시 체내 질소가스의 증가로 발생), 치통, 시력장애, 현기증, 손발마비, 관절장애, 고막의 불쾌감 등이 생긴다.
   ㉡ **저기압** : 고산병, 치통, 이명 등이 생긴다.

⑧ 소음작업 … 소음성 난청을 유발한다.
  ㉠ 가청음역 : 20~20,000Hz
  ㉡ 생활음역 : 300~3,000Hz
  ㉢ 소음성 난청음역 : 3,000~6,000Hz(100~120dB)
⑨ 진동작업 … 병타공, 연마공, 착암공에게서 발생한다. Raynaud's Disease로 불리는 이 병은 진동공구 사용 시에 손가락 등 사지가 창백하게 변하면서 통증이 생기는 국소 진동증상을 보인다.
⑩ 진애작업 … 분진(먼지) 0.5~5μm의 크기가 폐포침착률이 높다.
  ㉠ 진폐증 : 먼지에 의한 신체장애의 총칭이다.
  ㉡ 규폐증
    • 유리규산의 분진흡입으로 폐에 만성섬유증식 발생질환(폐결핵)이 생기는 것이다.
    • 석탄광부에게 많이 발생한다.
  ㉢ 석면폐증 : 소화용제, 절연제, 내화직물제조 근로자에서 암을 발생시킨다.
  ㉣ 면폐증(섬유폐증)
⑪ 공업중독
  ㉠ 납 중독
    • 증상 : 빈혈, 두통, 신경마비, 복부 팽만감, 관절통 등의 증상을 유발한다.
    • 예방 : 국소배기, 개인보호구 착용, 작업 후와 식전 손 씻기 등으로 예방하고, 빈혈자와 임산부는 사용하지 않는다.
    • 인쇄공, 연 용접공, 페인트공, 안료공, 장난감 공장 근로자에게서 발생한다.
  ㉡ 수은 중독
    • 증상 : 구내염, 피로감, 홍독성 홍분이나 미나마타병을 유발한다.
    • 처치 : 우유나 계란 흰자를 먹여 단백질과 수은을 결합시켜 소변으로 배설하게 한다.
  ㉢ 카드뮴 중독
    • 접촉성 피부염, 전신장애, 이타이이타이병을 유발한다.
    • 허용농도는 $0.2mg/m^3$이고 합성수지, 도료, 안료공에게서 발생한다.
  ㉣ 크롬 중독
    • 비중격천공, 비염, 인후염, 기관지염을 유발한다.
    • 허용농도는 $0.1mg/m^3$ 이하이다.
  ㉤ 벤젠 중독
    • 조혈기능장애, 두통, 현기증, 오심, 구토, 근육마비, 피부의 홍반·괴사 등의 증상이 있다.
    • 조혈기능장애를 일으키는 것이 특징이며 백혈병을 일으킨다.
  ㉥ 일산화탄소(CO) 중독
    • 중독시 증상 : 두통, 현기증과 같은 자각증상과 구토, 매스꺼움, 복통, 이명(귀울림), 질식, 시신경 장애, 호흡곤란, 경련을 동반한다.

- 중독 후유증 : 지각장애, 청력과 시신경 장애, 심장장애, 특히 뇌조직과 신경계에 가장 큰 장애를 일으킨다.
ⓢ 비소(As) 중독
- 급성중독 증상 : 소화기, 호흡기, 신경계통 및 피부에 장애를 일으킨다. 주로 피로하며 토하고, 피부가 노래지며 배와 머리가 아프고, 심한 경우 신경이상 증세가 오고 호흡이 곤란해진다.
- 만성중독 증상 : 피부가 거칠어지고 식욕부진, 사지마비, 감각을 잃기도 한다. 장기적인 다량 섭취로 인해 피부암이나 폐암이 발생하기도 한다.

(2) 환경불량 직업병

① 이상고온 … 열중증을 일으키고 용광로공, 화부 등에게서 많이 발생한다.

② 이상기압 … 고산병, 잠함병, 항공병의 원인이 된다.

③ 이상소음 … 조선공·제철공 등에게 직업성 난청을 유발한다.

④ 이상저온 … 냉동작업, 터널작업시 참호족, 동상이 발생한다.

⑤ 방사선 장애 … X-Ray, 방사선 물질 등으로 인해 발생한다.

⑥ 이상진동 … 착암공, 천공공, 도로작업공 등에게 수지감각 마비, 골·관절 장애를 유발한다.

2 직업병의 예방

(1) 의의

특정한 직업에 종사하는 사람의 직업이 원인이 되어 발생한 질병을 말한다.

(2) 예방대책

① 개인 보호구 착용

② 정기적인 건강진단 실시

③ 작업환경 개선(환기시설, 국소 배기시설)

④ 유해물질 발생억제

⑤ 예방적인 약제 또는 영양제 투입

⑥ 후생시설 설비(탈의장, 세면장 등)

최근 기출문제 분석

2020. 6. 13. 제2회 서울특별시

1 카드뮴(Cd) 중독으로 인한 일본의 환경오염 문제를 사회적으로 크게 부각시킨 것으로 가장 옳은 것은?

① 욧카이치 천식
② 미나마타병
③ 후쿠시마 사건
④ 이타이이타이병

> **TIP** ④ 기후현 가미오카에 있는 미츠이 금속광업 가미오카 광산에서 아연을 제련할 때 광석에 포함되어 있던 카드뮴을 제거하지 않고 그대로 강에 버린 것이 원인으로 증상 진행에 대해서는 아직 완전히 해명되어 있지는 않지만, 카드뮴에 중독되면 신장에 문제가 발생하여 임신, 내분비계에 이상 오고 칼슘이 부족하게 된다. 이로 인해 뼈가 물러져서 이타이이타이병이 나타나는 것으로 파악된다.
> ① 1950년대 일본 욧카이치 시의 석유 화학 공단에서 이산화질소 따위의 유해 물질이 배출되어 발생한 대기 오염 사건으로 각종 호흡기 질환으로 1,231명의 피해자와 80여 명의 사망자를 낳았다.
> ② 수은중독으로 인해 발생하는 다양한 신경학적 증상과 징후를 특징으로 하는 증후군이다. 1956년 일본의 구마모토현 미나마타시에서 메틸수은이 포함된 조개 및 어류를 먹은 주민들에게서 집단적으로 발생하면서 사회적으로 큰 문제가 되었다. 문제가 되었던 메틸수은은 인근의 화학 공장에서 바다에 방류한 것으로 밝혀졌고, 2001년까지 공식적으로 2265명의 환자가 확인되었다. 1965년에는 니가타 현에서도 대규모 수은중독이 확인되었다.
> ③ 후쿠시마 제1 원자력 발전소 사고는 2011년 3월 11일 도호쿠 지방 태평양 해역 지진으로 인해 JMA진도 7, 규모 9.0의 지진과 지진 해일로 도쿄전력이 운영하는 후쿠시마 제1 원자력 발전소의 원자로 1-4호기에서 발생한 누출 사고이다.

2020. 6. 13. 제2회 서울특별시

2 '(근로손실일수 / 연 근로시간 수) × 1,000'으로 산출하는 산업재해 지표는?

① 건수율
② 강도율
③ 도수율
④ 평균손실일수

> **TIP** ② 1,000 근로시간당 재해로 인한 근로손실일수
> ① (재해건수 / 평균 실근로자수) × 1,000
> ③ (재해건수 / 연근로시간수) × 1,000,000
> ④ (손실노동시간수 / 사고건수) × 1,000

Answer 1.④ 2.②

2019. 6. 15 제2회 서울특별시

3 산업재해 보상보험의 원리가 아닌 것은?

① 사회보험방식
② 무과실책임주의
③ 현실우선주의
④ 정액보상방식

> **TIP** 산업재해 보상보험의 원리
> ㉠ 사회보험방식: 사용자 직접보상방식은 산업재해를 당한 근로자에 대한 실질적 보상 실현을 보장하기 어렵기 때문에 국가의 책임하에 이루어지는 사회보험방식을 적용한다.
> ㉡ 무과실책임주의: 근로자의 업무상 재해에 대하여 근로자와 사용자의 고의·과실여부에 상관없이 보상을 보장한다.
> ㉢ 정률보상주의: 산재보험에서 현물급여인 요양급여를 제외한 현금급여에 대해서는 산재근로자의 연령, 직종, 노동능력 및 근무시간 등에 상관없이 평균임금을 기초로 하여 법령에서 정한 일정률에 따라 보험급여를 지급한다.
> ㉣ 현실우선주의: 산재근로자와 유족의 생활을 조기에 안정시키고 보호하기 위하여 현실을 우선하여 적용한다.

2017. 3. 18 제1회 서울특별시

4 산업재해의 정도를 분석하는 여러 지표 중 '연근로시간 100만 시간당 몇 건의 재해가 발생하였는가'를 나타내는 지표는?

① 강도율
② 도수율
③ 평균손실일수
④ 건수율

> **TIP**
> ② 도수율 = $\frac{재해건수}{총근로시간수} \times 1{,}000{,}000$
> ① 강도율 = $\frac{총근로손실일수}{총근로시간수} \times 1{,}000$
> ③ 평균손실일수 = $\frac{손실작업일수}{재해건수}$
> ④ 건수율 = $\frac{재해건수}{평균작업자수} \times 1{,}000$

2017. 6. 24 제2회 서울특별시

5 특수건강진단을 받아야 하는 근로자는?

① 1달에 7~8일간 야간작업에 종사할 예정인 간호사
② 장시간 컴퓨터작업을 하는 기획실 과장
③ 하루에 6시간 이상 감정노동에 종사하는 텔레마케터
④ 당뇨 진단으로 인해 작업전환이 필요한 제지공장 사무직 근로자

> **TIP** 특수건강진단은 산업안전보건법 제43조의 규정에 의하여 소음, 분진, 화학물질, 야간작업 등 유해인자에 노출되는 근로자에게 실시하여 직업성 질환을 예방, 근로자 건강을 보호 및 유지를 목적으로 한다.

Answer 3.④ 4.② 5.①

2017. 6. 24 제2회 서울특별시

6 산업장에서 발생할 수 있는 중독과 관련된 질환에 대한 설명으로 가장 옳은 것은?

① 수은 중독은 연빈혈, 연선, 파킨슨증후군과 비슷하게 사지에이상이 생겨 보행장애를 일으킨다.
② 납 중독은 빈혈, 염기성 과립적혈구수의 증가, 소변 중의코프로폴피린(corproporphyrin)이 검출된다.
③ 크롬 중독은 흡입 시 위장관계통 증상, 복통, 설사 등을 일으키고, 만성 중독 시 폐기종, 콩팥장애, 단백뇨 등을 일으킨다.
④ 카드뮴 중독은 호흡기 장애, 비염, 비중격의 천공, 적혈구와 백혈구 수의 감소(조혈장애) 등을 가져온다.

> **TIP** ① 수은 중독 : 발열, 오한, 오심, 구토, 호흡 곤란, 두통, 폐부종, 청색증, 양측성 폐침윤(급성) / 구강염증, 진전(떨림), 정신적 변화(만성)
> ③ 크롬 중독 : 궤양, 비중격천공, 호흡기 장애, 신장 장애.
> ④ 카드뮴 중독 : 뼈가 연화하여 변형·골절, 단백뇨 등의 신장해

2016. 6. 25 서울특별시

7 강도율에 대한 설명 중 옳지 않은 것은?

① 산업재해의 경중을 알기 위해 사용
② 근로시간 1,000시간당 발생한 근로손실일수
③ 인적 요인보다는 환경적 요인으로 발생되는 재해를 측정
④ 근로손실일수를 계산할 때, 사망 및 영구 전노동불능은 7,500일로 계산

> **TIP** 강도율 … 재해발생률을 표시하는 방법 중 하나로, 재해규모의 정도를 표시한다. 1000 근로시간당의 근로손실일수를 나타낸 것으로, 총근로손실일수÷총근로시간수×1000의 식으로 산출한다. 소수점 이하 세 자리에서 반올림하여 구하는데, 수치가 낮으면 중상재해가 적고 높으면 중상재해가 많음을 뜻한다.

Answer 6.② 7.③

02. 산업보건의 내용

출제 예상 문제

1 근로자에 대한 건강진단 결과의 건강관리구분 판정기준에 대한 설명으로 옳지 않은 것은?

① A : 정상자
② R : 질환의심자
③ D1 : 직업병 유소견자
④ C2 : 직업병 요관찰자

TIP ④ C2는 일반질병 요관찰자이다.

2 직업병의 3대 요인으로 옳은 것은?

① 연 중독, 수은 중독, 크롬 중독
② 연 중독, 벤젠 중독, 규폐증
③ 크롬 중독, 카드뮴 중독, 벤젠 중독
④ 연 중독, 카드뮴 중독, 수은 중독

TIP 3대 직업병 … 연(납) 중독, 벤젠 중독, 규폐증

3 다음 중 분진에 의한 직업병이 아닌 것은?

① 수폐증
② 진폐증
③ 석면폐증
④ 규폐증

TIP 진애(분진)에 의한 직업병 … 진폐증, 규폐증, 석면폐증, 면폐증(섬유폐증)

Answer 1.④ 2.② 3.①

4 재해발생 상황을 총괄적으로 파악할 수 있는 지표인 건수율의 분모는?

① 평균 실근로자 수
② 종업원수
③ 재해 건수
④ 손실작업 일수

> **TIP** 건수율 $= \left(\dfrac{재해 \ 건수}{평균 \ 실근로자 \ 수} \right) \times 1,000$

5 다음 중 직업병으로 유발되지 않는 암은?

① 방광암
② 폐암
③ 간암
④ 유방암

> **TIP** ④ 유방암은 가족력 또는 다지방 식습관, 무수유로 인해 발생한다.

6 중금속 중독의 원인물질과 그 증상의 연결이 잘못된 것은?

① 납 – 빈혈
② 비소 – 비중격결손, 기관지염
③ 카드뮴 – 신장기능 약화, 단백뇨
④ 아연 – 위장 장애, 금속열

> **TIP** 비소 중독
> ㉠ 급성중독: 소화기, 호흡기, 신경계통, 피부에 장애를 일으키고 심한 경우에는 신경이상 증세, 호흡곤란 등이 나타난다.
> ㉡ 만성중독: 피부암이나 폐암의 원인이 된다.
> ※ 크롬 중독의 경우 비중격결손이나 천공, 기관지염 등이 나타난다.

Answer 4.① 5.④ 6.②

7 레이노드 디지즈(Raynaud's Disease)의 원인은?

① 진동
② 소음
③ 납 중독
④ 고온작업

> **TIP** Raynaud's Disease … 연마공, 착암공, 병타공에게 나타나는 국소 진동증상이다.

8 다음 산업재해지표의 공식으로 알맞은 것은?

① 건수율 = $\dfrac{재해\ 건수}{평균\ 근로시간} \times 1,000$
② 강도율 = $\dfrac{근로\ 손실일수}{평균\ 근로자\ 수} \times 1,000$
③ 건수율 = $\dfrac{재해\ 건수}{총\ 근로자\ 수} \times 1,000$
④ 강도율 = $\dfrac{근로\ 손실일수}{연간\ 근로자\ 수} \times 1,000$

> **TIP** 건수율과 강도율
> ㉠ 건수율 = $\dfrac{재해\ 건수}{평균\ 실근로자\ 수(총\ 근로자\ 수)} \times 1,000$
> ㉡ 강도율 = $\dfrac{근로\ 손실일수}{연간\ 근로시간\ 수} \times 1,000$

9 고온작업이나 중노동자에게 특히 많이 섭취시켜야 할 영양소는?

① 비타민E
② 티아민(비타민B_1)
③ 탄수화물
④ 지방

> **TIP** 고온작업과 중노동 노동자의 필수 영양소
> ㉠ 고온작업 : 비타민A, B, C, 염분
> ㉡ 중노동 : Vt.B_1, 칼슘

Answer 7.① 8.③ 9.②

10 다음 중 산업환기로 제거될 수 있는 것은?

> ㉠ 유해한 고열 ㉡ 특정한 유해물질
> ㉢ 금속먼지 ㉣ 유기용제(중금속)

① ㉠㉡
② ㉠㉣
③ ㉠㉡㉢
④ ㉠㉡㉢㉣

TIP 공기 중 입자상 물질(먼지), 고열화학물질가스, 증기, 유기용제는 환기로서 제거될 수 있다. 특정한 유해물질은 카드뮴, 비소, 수은 등으로 환기로 제거될 수 없고 금속먼지도 일반 먼지와 달리 환기로 제거되지 않는다.

11 다음 중 산업재해지표와 상관이 없는 것은?

① 중독률
② 도수율
③ 강도율
④ 발병률

TIP 산업재해지표에는 도수율, 강도율, 건수율, 중독률(평균 손실일수)이 있다.

12 다음의 재해지표 중 실질적인 재해의 정도를 가장 잘 나타내는 것은?

① 중독률
② 도수율
③ 건수율
④ 강도율

TIP 도수율은 재해발생상황을 파악하기 위한 표준적 지표이다.

Answer 10.② 11.④ 12.②

13 다음 중 벤젠중독의 특이증상은 어느 것인가?

① 신근마비 현상　　　　② 피부장해
③ 중추신경 장해　　　　④ 조혈기관 장애

> **TIP** 벤젠중독은 피부홍반, 괴사, 두통, 구토, 근육마비 등의 증상을 보이나 조혈기관 장해가 가장 큰 특징이다.

14 다음의 직업 중 연(납) 중독과 상관이 없는 것은?

① 납 용접공
② 축전지 납 도포공
③ 납의 소결, 용광로 작업공
④ 페인트공

> **TIP** 연(납) 중독은 인쇄공, 연 용접공, 페인트공, 안료공, 장난감공에게서 발생된다.

15 다음 중 고온환경과 관계없는 질병은?

① 진폐증　　　　　　　② 열경련
③ 열허탈증　　　　　　④ 열사병

> **TIP** 열중증에는 열경련, 열허탈, 열사병, 열쇠약이 있다.

Answer　13.④　14.③　15.①

16 다음 중 진폐증을 일으키는 먼지의 크기는?

① 0.1μm 이하
② 0.5~5μm
③ 5~10μm
④ 5~20μm

> **TIP** 0.5~5μm의 크기가 폐포침착률이 가장 높다. 0.5μm 이하의 크기는 호흡운동에 의해 다시 배출되고, 5μm 이상의 크기는 객담과 함께 배출되거나 식도를 넘어가 배설된다. 진폐증의 종류로는 규폐증, 석면폐증, 면폐증 등이 있다.

17 노동강도가 높은 근로자가 주로 섭취해야 할 식품으로 구성된 것은?

① 탄수화물, 비타민A
② 탄수화물, 비타민B
③ 단백질, 비타민E
④ 지방질, 비타민B

> **TIP** 노동강도가 높은 근로자에게는 탄수화물, Vt.B, 칼슘이 많이 요구된다.

Answer 16.② 17.②

공중보건

PART 04

역학과 감염병

01 역학
02 감염병

01 역학

01 역학의 개요

(1) 일반적 정의

질병발생현상에 대해 어떤 원인에 의해 어떤 경로로 그러한 결과를 가져왔는지 기술적·분석적·실험적으로 연구해 질병을 예방하고 근절하는 데 기여하기 위해 연구하는 학문이다.

(2) 목적

질병발생의 원인을 억제시켜 질병을 예방하려는 데 있다.

(3) 역할

① 질병 분야
  ㉠ 질병의 발생원인 규명
  ㉡ 질병의 발생 및 유행의 양상 파악
  ㉢ 자연사 연구

② 보건분야
  ㉠ 보건의료 서비스의 기획 및 평가
  ㉡ 임상분야에 기여
  ㉢ 보건연구전략개발의 역할

02 역학의 분류 및 측정지표

1 역학의 분류

(1) 기술역학

누가, 언제, 어디서, 무엇으로 그런 결과가 생겼는지 기록하는 1단계적 역학으로 질병의 분포와 결정인자를 연구한다.

(2) 분석역학

기술역학의 결과를 바탕으로 가설을 설정하고 '왜'에 대한 답을 구하는 단계이다. 2단계 역학이며 단면적 조사, 전향적(성) 조사, 후향적(성) 조사 등이 있다.

① **단면적(횡단적) 연구**(Cross-Sectional Study) … 어느 임의의 짧은 시간대 동안에 자료를 모아서 조사하는 연구이다. 즉, 일정한 인구집단을 대상으로 특정한 시점 또는 기간 내에 어떤 질병 또는 상태의 유무를 조사하고 그 집단의 구성원이 갖고 있는 각종 속성(연령, 성별, 교육 정도, 인종 등)과 연구하려는 질병과의 상관관계를 규명하는 연구방법으로 상관관계 연구라고도 한다.

② **전향적 조사**
  ㉠ 의의: 건강한 사람을 대상으로 특성별로 소집단을 구성해, 시간경과에 따른 발병률을 비교·조사하는 방법이다.
  ㉡ 코호트 연구(Cohort Study): 증상이나 질병 등 어떤 일이 일어나기 전에 미리 위험인자의 유무를 조사한 후 경과를 관찰하여 어느 군에서 증상이나 질병 등이 생기는가 관찰하는 연구로, 전향적 연구(Prospective Study)이다.

③ **후향적 조사**
  ㉠ 의의: 환자에게 왜 질병이 발생하였는지 그 원인을 조사하는 방법이다.
  ㉡ 환자 – 대조군 연구(Case-control Study): 질환이나 증상 등이 발생한 군과 그렇지 않은 군(대조군)을 놓고 과거에 폭로된 위험인자의 유무를 비교하는 연구로, 후향적 연구(Retrospective Study)이다.

④ **무작위 임상시험**[Randomized(Clinical) Controlled Trial, RCT] … EBM(근거중심 의학)의 상징처럼 되어 있는 대표적인 연구방법으로, 환자를 실험군(새로운 치료법 등)과 대조군(Placebo, 과거의 치료법 등)으로 무작위로 나누고 전향적으로 경과를 추적하여 의학적 행위의 효과를 비교하는 연구이다.

⑤ 상대위험도(=비교위험도, Relative Risk)
  ㉠ 개념 : 질병발생의 위험요인을 갖고 있거나, 폭로군에서의 질병발생률을 폭로되지 않은 군에서의 질병발생률로 나누어준 것이다.

  $$상대위험도 = \frac{위험인자에\ 폭로된\ 사람들에서의\ 발병률}{위험인자에\ 폭로되지\ 않은\ 사람들에서의\ 발병률}$$

  ㉡ 후향성 조사에서의 상대위험도

구분	폐암 있음	폐암 없음	합계
흡연	a	b	a + b
비흡연	c	d	c + d
계	a + c	b + d	a + b + c + d

  $$\therefore 폐암발생의\ 상대위험도 = \frac{\frac{a}{a+b}}{\frac{c}{c+d}}$$

⑥ 귀속위험도(Attributable Risk) … 어떤 위험한 요인에 의해 초래되는 결과의 위험도를 측정하는 방법으로 예방대책을 세우는 데 이용된다.

구분	폐암 있음	폐암 없음	합계
흡연	a	b	a + b
비흡연	c	d	c + d
계	a + c	b + d	a + b + c + d

  ⓐ $\frac{a}{a+b} = R_1$: 흡연시 폐암발생률
  ⓑ $\frac{c}{c+d} = R_2$: 비흡연시 폐암발생률
  ⓒ 귀속위험도 $= R_1 - R_2 = \frac{a}{a+b} - \frac{c}{c+d}$

(3) 실험역학

질병규명에 있어 실험적인 방법으로 이론을 입증하고자 하는 과정으로 임상역학이라고도 한다.

② 역학의 인자 측정지표

(1) 역학의 인자

① **숙주인자** … 연령, 성, 인종 등이 있다.

② **병인적 인자** … 병원체를 포함한 물리·화학적 성분 등이 있다.

③ **환경적 인자** … 자연 및 사회·경제적 환경 등이 있다.

(2) 측정지표

① **유병률**(Prevalence Rate) … 한 시점에서 한 개인이 질병에 걸려 있을 확률의 추정치를 제공하는 것으로, 어떤 특정한 시간에 전체 인구 중에서 질병을 가지고 있는 비율(구성비)이다.

$$유병률 = \frac{어느\ 시점(기간)에\ 있어서의\ 환자수}{인구} \times 1{,}000$$

② **발생률**(Incidence Rate) … 특정한 기간 동안에 일정한 인구집단 중에서 새롭게 질병 또는 사건이 발생하는 비율이다.

$$발생률 = \frac{어느\ 기간의\ 환자\ 발생수}{그\ 지역의\ 인구} \times 1{,}000$$

③ **발병률**(Attack Rate) … 어떤 집단이 한정된 기간에 한해서만 어떤 질병에 걸릴 위험에 놓여 있을 때 기간 중 주어진 집단 내에 새로 발병한 총수의 비율이다.

$$발병률 = \frac{연간\ 발생자\ 수}{위험에\ 폭로된\ 인구} \times 1{,}000$$

④ **이환율**(Morbidity Rate, 이병률) … 일정기간 내에서 이환자수의 특정인구에 대한 비율로, 주로 그 해의 일수를 이 기간의 일수로 나눈 값을 곱하여 연간의 율(연율)로 환산한다. 유병률이 정태적 비율을 나타내는 것에 비해 이환율은 동태적 비율을 나타낸다.

$$이환율 = \frac{연간\ 환자수}{연간\ 인구} \times 1{,}000$$

⑤ **치명률**(Case Fatality Rate) … 질병의 심각한 정도를 나타내는 수치로써, 특정질병에 이환된 자 중 사망한 자를 비율로 나타낸다.

$$치명률 = \frac{연간어떤\ 질병에\ 의한\ 사망수}{그\ 질병의\ 환자수} \times 100$$

⑥ 사망률(Death Rate)

⑦ 비례사망지수(Proportional Mortality Indicator)

⑧ 영아사망률(Infant Mortality Rate)

⑨ 주산기사망률(Perinatal Mortality Rate)

⑩ 모성사망률(Maternal Mortality Rate)

⑪ 평균수명(Life Expectancy at Birth)

최근 기출문제 분석

2020. 6. 13. 제2회 서울특별시

1 고혈압으로 인한 뇌졸중 발생의 상대위험도(relative risk)를 〈보기〉의 표에서 구한 값은?

― 보기 ―

〈단위 : 명〉

	뇌졸중 발생	뇌졸중 비발생	계
고혈압	90	110	200
정상혈압	60	140	200
계	150	250	400

① (60/200) / (90/200)

② (90/150) / (110/250)

③ (110/250) / (90/150)

④ (90/200) / (60/200)

> **TIP**
>
> 상대위험도 = $\dfrac{\text{위험인자에 폭로된 사람들에서의 발병률}}{\text{위험인자에 폭로되지 않은 사람들에서의 발병률}} = \dfrac{\frac{90}{90+110}}{\frac{60}{60+140}} = \dfrac{\frac{90}{200}}{\frac{60}{200}}$

Answer 1.④

2020. 6. 13. 제2회 서울특별시

2 연구시작 시점에서 폐암에 이환되지 않은 사람을 대상으로 흡연자와 비흡연자를 20년간 추적 조사하여 폐암 발생 여부를 규명하는 역학조사 방법은?

① 전향적 코호트연구
② 환자대조군연구
③ 단면연구
④ 후향적 코호트연구

> **TIP** ①④ 코호트연구는 모집단에서 어떤 질병의 원인으로 의심되는 위험요인에 노출된 집단과 노출되지 않은 집단을 대상으로 일정 기간 두 집단의 질병발생 빈도를 추적조사하여 위험요인에 대한 노출과 특정 질병발생의 연관성을 규명하는 분석역학 연구의 하나이다. 전향적 연구는 연구를 시작하기로 결정 후, 연구대상자를 선정하고 팔로우업을 시작하는 것이며, 후향적 연구는 팔로우업을 다하고 이미 데이터가 만들어져 있는 상태에서 시작하는 연구이다.
> ② 특정 질병의 유무로 환자군과 대조군을 선정하여 질환 요인에 대한 과거 혹은 현재의 노출 상태를 조사하고 두 군 간 노출 정도의 차이를 비교하는 연구 방법이다. 환자군과 대조군 사이에 요인 노출의 정도 차이가 존재한다면, 그 요인이 질병 발생과 연관이 있다고 추론할 수 있다.
> ③ 인구집단을 특정한 시점이나 기간 내에 질병을 조사하고 질병과 인구집단의 관련성을 연구하는 방법이다. 한 번에 대상 집단의 질병양상과 이에 관련된 여러 속성을 동시에 파악할 수 있으며, 경제적이므로 자주 사용된다.

2020. 6. 13. 제2회 서울특별시

3 어느 지역에서 코로나19(COVID-19) 환자가 1,000여 명 발생했을 때, 가장 먼저 실시해야 할 역학연구는?

① 기술역학
② 분석역학
③ 실험역학
④ 이론역학

> **TIP** 기술역학은 누가, 언제, 어디서, 무엇으로 그런 결과가 생겼는지 기록하는 1단계적 역학으로 질병의 분포와 결정인자를 연구한다.

Answer 2.① 3.①

2019. 6. 15 제2회 서울특별시

4 ○○질환의 유병률은 인구 1000명당 200명이다. ○○질환의 검사법은 90%의 민감도, 90%의 특이도를 가질 때 이 검사의 양성예측도는?

① 180/260
② 80/260
③ 180/200
④ 20/200

> **TIP** 민감도와 특이도가 검진을 받은 사람의 관점에서 검사법의 정확도를 판단한 것이라면, 양성예측도 또는 음성예측도는 검사법의 관점에서 그 정확도를 판단한다.
>
> | 구분 | 환자 | 비환자 |
> |---|---|---|
> | 양성 | a | b |
> | 음성 | c | d |
>
> - 민감도: 환자가 양성 판정을 받을 확률 = $\dfrac{a}{a+c}$ → 90%
> - 특이도: 비환자가 음성 판정을 받을 확률 = $\dfrac{d}{b+d}$ → 90%
> - 양성예측도: 검사법이 양성이라고 판단했을 때 환자일 확률 = $\dfrac{a}{a+b}$
> - 음성예측도: 검사법이 음성이라고 판단했을 때 비환자일 확률 = $\dfrac{d}{c+d}$
>
> | 구분 | 환자(200명) | 비환자(800명) |
> |---|---|---|
> | 양성 | a(180명) | b(80명) |
> | 음성 | c(20명) | d(720명) |
>
> 따라서 ○○질환의 유병률이 인구 1,000명당 200명일 때, 이 검사법의 양성예측도를 구하면 양성예측도 = $\dfrac{a}{a+b} = \dfrac{180}{180+80} = \dfrac{180}{260}$ 이고, 음성예측도는 = $\dfrac{d}{c+d} = \dfrac{720}{20+720} = \dfrac{720}{740}$ 이다.

Answer 4.①

2019. 6. 15 제2회 서울특별시

5 환자-대조군 연구에서 짝짓기(matching)를 하는 주된 목적은?

① 선택바이어스의 영향을 통제하기 위하여
② 정보바이어스의 영향을 통제하기 위하여
③ 표본추출의 영향을 통제하기 위하여
④ 교란변수의 영향을 통제하기 위하여

> **TIP** 환자-대조군 연구는 연구하고자 하는 질병이 있는 집단(환자군, cases)과 없는 집단(대조군, controls)을 선정하여 질병의 발생과 관련되어 있으리라 생각하는 잠정적 위험요인에 대한 두 집단의 과거 노출율을 비교하는 방법이다. 일반적으로 환자군은 선정할 수 있는 모집단의 규모가 제한되어 있기 때문에 전수조사를 하지만, 대조군은 모집단의 규모가 크기 때문에 확률표본을 추출하는 경우가 많다. 이때, 교란변수의 영향을 통제하고 환자군과 대조군의 비교성을 높이기 위하여 환자군의 특성을 고려하여 대조군을 선정하는 대응추출(matching)을 시행한다. 대응추출 방법으로는 짝추출(pair matching), 도수대응추출(frequency matching) 등이 있다.

2019. 6. 15 제2회 서울특별시

6 〈보기〉에서 기술한 역학적 연구 방법은?

보기

첫 임신이 늦은 여성에서 유방암 발생률이 높은 원인을 구명하기 위해 1945년에서 1965년까지 내원한 첫 임신이 지연된 대상자를 모집단으로 하여, 내원당시 분석된 호르몬 이상군(노출군)과 기타 원인으로 인한 여성들(비노출군)을 구별하고, 이 두 집단의 유방암 발생여부를 파악하였다. 1978년에 수행된 이 연구는 폐경 전 여성들의 호르몬 이상군에서, 유방암 발생이 5.4배 높은 것을 밝혀냈다.

---

① 후향적 코호트 연구 ② 전향적 코호트 연구
③ 환자-대조군 연구   ④ 단면 연구

> **TIP** 특정 요인에 노출된 집단과 노출되지 않은 집단을 추적하고 연구 대상 질병의 발생률을 비교하여 요인과 질병 발생 관계를 조사하는 연구 방법이므로 코호트 연구이다. 1978년에 수행하면서 과거인 1945년에서 1965년까지의 대상자를 모집단으로 하였으므로 후향적 코호트 연구에 해당한다.

Answer 5.④ 6.①

2018. 6. 23 제2회 서울특별시

7 일정한 인구집단을 대상으로 특정한 시점이나 기간 내에 그 질병과 그 인구집단이 가지고 있는 속성과의 관계를 찾아내는 연구조사 방법은?

① 단면 조사연구
② 전향성 조사연구
③ 환자-대조군 조사연구
④ 코호트 연구

> **TIP** ① 단면 조사연구 … 일정한 인구집단을 대상으로 특정한 시점이나 기간 내에 그 질병과 그 인구집단이 가지고 있는 속성과의 관계를 찾아내는 연구조사 방법
> ② 전향성 조사연구 : 연구하고자 하는 요인을 미리 설정한 후 일정기간 동안 변화를 추적 하는 연구 방법 → 요인이 일으키는 변화를 관찰
> ③ 환자-대조군 조사연구 : 연구하고자 하는 질병이 있는 집단(환자군)과 없는 집단(대조군)을 선정하여 질병의 발생과 관련되어 있으리라 생각하는 잠정적 위험요인에 대한 두 집단의 과거 노출률을 비교하는 연구조사 방법
> ④ 코호트 연구 : 질병의 원인과 관련되어 있다고 생각되는 어떤 요소를 가진 집단과 갖지 않은 집단을 계속 관찰하여 두 집단의 질병발생률, 사망률 등을 비교하는 연구 방법

2018. 6. 23 제2회 서울특별시

8 흡연자 1,000명과 비흡연자 2,000명을 대상으로 폐암 발생에 관한 전향적 대조 조사를 실시한 결과, 흡연자의 폐암 환자 발생이 20명이고, 비흡연자는 4명이었다면 흡연자의 폐암 발생 비교위험도(relative risk)는?

① 1
② 5
③ 9
④ 10

> **TIP** 비교위험도 $= \dfrac{\text{노출군의 발생률}}{\text{비노출군의 발생률}} = \dfrac{\frac{20}{1,000}}{\frac{4}{2,000}} = \dfrac{0.02}{0.002} = 10$

Answer 7.① 8.④

2017. 3. 18 제1회 서울특별시

9 다음 코호트 연구(Cohort study)에서 상대위험도(relative risk)는?

(단위 : 명)

고혈압	질병		계
	뇌졸중 걸림	뇌졸중 안 걸림	
고혈압 상태 계속	80	4,920	5,000
정상혈압	20	4,980	5,000
계	100	9,900	10,000

① 0.25 ② 0.99
③ 4 ④ 1

> **TIP** 상대위험도 = $\dfrac{\text{질병요인 있는 집단에서의 질병 발생률}}{\text{질병요인 없는 집단에서의 질병 발생률}} = \dfrac{\frac{80}{5,000}}{\frac{20}{5,000}} = 4$

2017. 3. 18 제1회 서울특별시

10 질병 발생이 어떤 요인과 연관되어 있는지 그 인과관계를 추론하는 것은 매우 중요하다. 다음 〈보기〉에서 의미하는 인과관계는?

― 보기 ―
서로 다른 지역에서 다른 연구자가 동일한 가설에 대하여 서로 다른 방법으로 연구하였음에도 같은 결론에 이르렀다.

① 연관성의 강도 ② 생물학적 설명 가능성
③ 실험적 입증 ④ 연관성의 일관성

> **TIP** 연관성의 강도와 일관성
> ⊙ 강도: 연관성의 강도는 연관성의 크기로, 두 변수 간에 연관성이 크다는 것은 인과관계를 주장하는데 충분한 조건이 될 수는 없지만 그 정도가 커지면 인과관계의 가능성이 높아진다.
> ⊙ 일관성: 연관성의 일관성은 서로 다른 상황에서 이루어진 여러 연구에서 두 변수 간 연관관계에서 일관성이 있다면 그 관계가 인과적인 관계일 가능성이 높아진다.

Answer 9.③ 10.④

출제 예상 문제

1 인구집단을 대상으로 건강관련 문제를 연구하기 위한 단면 연구(cross-sectional study)에 대한 설명으로 옳은 것은?

① 병원 또는 임상시험 연구기관 등에서 새로운 치료제나 중재 방법의 효과를 검증하는 방법이다.
② 장기간 관찰로 추적이 불가능한 대상자가 많아지면 연구를 실패할 가능성이 있다.
③ 코호트연구(cohort study)에 비하여 시간과 경비가 절감되어 효율적이다.
④ 적합한 대조군의 선정이 어렵다.

TIP 횡단적 단면연구(cross-sectional study)
㉠ 개념 : 여러 가지 생활의 단계나 상이한 환경에 있는 사람들에 관한 자료를 모으기 위하여 어느 시점에서 다양한 모집단을 검토하는 방법이다. 이러한 방법은 발전과정과 변화하는 환경의 영향을 관찰하기 위하여 시간이 흐름에 따라 집단을 조사하는 종단적 연구(longitudinal studies)와는 대조된다.
㉡ 장점 : 신속하며 변화하는 자원이나 연구 팀에 의존하지 않고 시간의 경과로부터 초래되는 외생적 변수를 감소시킨다.
㉢ 단점 : 불리한 점은 변동에 대해서는 어떠한 설명도 할 수 없다.

2 A 집단에서 흡연과 폐암에 관한 코호트 조사를 한 결과 흡연자 200,000명 중 40명의 폐암환자가 발생하였고, 비흡연자 200,000명 중 4명의 폐암환자가 발생하였다면, 이 연구에서 흡연이 폐암에 미치는 상대위험도는?

① 2　　　　　　　　　　　　　② 4
③ 8　　　　　　　　　　　　　④ 10

TIP ④ 담배가 폐암에 미치는 영향을 알기 위한 상대위험비(RR ; Relative Risk)를 알기 위해서 표를 그려보면

구분	폐암	비폐암	합계
흡연	40	199,960	200,000
비흡연	4	199,996	200,000

과 같이 나타난다. 흡연자의 폐암 발병률은 0.4%이며, 비흡연자의 폐암발병률은 0.04%임을 알 수 있다. 또한 비흡연자에 비하여 흡연자 그룹에서 폐암이 발생한 상대위험비는 10배임을 알 수 있다.

Answer 1.③ 2.④

3 기술역학 범위에 해당하는 것은?

① 유병률 계산
② 분석기법개발
③ 관련성 규명
④ 가설설정

> **TIP** 기술역학…누가, 언제, 어디서, 무엇으로 그런 결과가 생겼는지 기록하는 1단계적 역학(질병의 분포와 결정인자를 연구)

4 역학의 4대 현상 중 시간적 요인으로 볼 때 홍역, 백일해의 유행주기는?

① 순환변화
② 추세변화
③ 계절적 변화
④ 불규칙변화

> **TIP** 백일해는 2~4년, 홍역은 2~3년으로 수년의 주기로 질병의 유행이 반복되는 순환변화에 해당한다.

5 다음 내용 설명은 역학적 연구 방법 중 어디에 속하는가?

> • 연구시작 시점에서 과거의 관찰시점으로 거슬러 가서 관찰시점으로부터 연구시점까지의 기간 동안 조사
> • 질병발생 원인과 관련이 있으리라고 의심되는 요소를 갖고 있는 사람들과 갖고 있지 않는 사람들을 구분한 후 기록을 통하여 질병 발생을 찾아내는 방법

① 전향적 코호트연구(prospective cohort study)
② 후향적 코호트연구(retrospective cohort study)
③ 환자 – 대조군 연구(case – control study)
④ 단면조사 연구(cross – sectional study)

> **TIP** ② 코호트란 같은 특성을 가진 집단을 의미하며 코호트연구란 특정 인구집단(코호트)을 일정 기간 추적하여 특정 질병에 대한 발생률과 시간경과에 따라 추적 관찰하여 특정 요인에 폭로유무에 따른 질병 발생률을 비교하는 역학적 연구방법을 말한다. 보기는 후향적 코호트연구로 과거의 관찰시점으로 거슬러 가서 관찰 시점으로부터 연구시점까지의 기간 동안 조사를 한다.

Answer 3.① 4.① 5.②

6 렙토스피라증은 질병의 유행양상 중 어디에 해당되는가?

① Pandemic(범발적, 범세계적)　　② Epiemic(유행병적)
③ Endemic(지방병적, 풍토병적)　　④ Sporadic(산발적)

> **TIP** ④ 렙토스피라증은 감염된 쥐나 가축에 의하여 전파되는 제3군 급성감염병으로, 일부 지역에서 산발적으로 발생하며 주로 벼농사 지역인 동남아시아와 극동 지역에서 많이 발생한다.

7 다음 중 희귀질병에 적합한 역학조사에 해당하는 것은?

① Prospective Study(전향적 연구)
② Cohort Study(폭로 − 비폭로군 연구)
③ Cross-sectional Study(단면적 연구)
④ Case-control Study(환자 − 대조군 연구)

> **TIP** ①② 전향적 연구(Prospective Study)의 대표적인 예가 코호트 연구(Cohort Study)로서, 증상이나 질병 등 어떤 일이 일어나기 전에 미리 위험인자의 유무를 조사한 후 경과를 관찰하여 어느 군에서 증상이나 질병 등이 생기는가를 관찰하는 것이다.
> ③ 단면적(횡단적) 연구(Cross-sectional Study)는 어느 임의의 짧은 시간대 동안에 자료를 모아서 연구하는 것이다.
> ④ 발병률이 매우 낮은 질병의 경우에는 대조군을 선정하여 연구하는 환자 − 대조군 연구(Case-control Study)가 적당하다.

8 다음 중 전향성 조사의 단점인 것은?

① 시간과 돈이 많이 든다.　　② 위험도의 계산이 어렵다.
③ 정확한 정보의 파악이 어렵다.　　④ 질병과 다른 요인과의 관계를 알 수 있다.

> **TIP** ① 전향성 조사는 많은 대상자와 긴 시간이 필요하므로 비용이 많이 든다.
> ②③ 후향성 조사의 단점이다.
> ④ 전향성 조사의 장점이다.

Answer 6.④ 7.④ 8.①

9 다음 중 감염병의 지리적 유행양상에 관한 설명으로 옳지 않은 것은?

① Endemic - 지방적
② Sporadic - 산발적
③ Pandemic - 범세계적
④ Pseudemic - 특정 지역적

> **TIP** 감염병의 유행양식(역학의 4대 현상)
> ③ 생물학적 양상 : 연령, 성별, 인종, 사회·경제적 상태와 직업에 따른 유행양상
> ⓒ 사회적 양상 : 인구밀도, 직업, 문화, 거주 등에 따른 유행양상
> ⓒ 지리적 양상 : 산발적(Sporadic), 지방병적(Endemic), 유행병적(Epidemic), 범발적(Pandemic)
> ② 시간적 양상 : 추세변화(10년~수십 년), 주기적 변화(순환변화, 수년~단기간), 계절적 변화(1년), 불규칙변화(돌발적 유행)

10 유치원생 200명 중 40명에게 질병이 발생했다. 그런데 70명은 예방접종을 하였고 30명은 이미 질병에 걸린 바 있는 경우 발생률은? (단, 불현성 감염환자는 없으며 예방주사는 100% 효과가 있다고 가정한다)

① 30/100
② 40/100
③ 40/200
④ 70/200

> **TIP** 발생률은 특정한 기간 동안에 일정한 인구집단 중에서 새롭게 질병 또는 사건이 발생한 비율이고, 발병률은 어떤 집단이 한정된 기간에 한해서만 어떤 질병에 걸릴 위험에 놓여 있을 때 기간 중 주어진 집단 내에 새로 발병한 총수의 비율이다.
> ③ 발생률 $= \dfrac{\text{어느 기간의 환자 발생수}}{\text{그 지역의 인구}} \times 1,000 = \dfrac{40}{200} \times 1,000 = 200$
> ⓒ 발병률 $= \dfrac{\text{연간 발생자 수}}{\text{위험에 폭로된 인구}} \times 1,000 = \dfrac{40}{100} \times 1,000 = 400$

11 역학적 분석에서 귀속위험도의 산출방식이 옳은 것은?

① 폭로군의 발병률 ÷ 비폭로군의 발병률
② 비폭로군의 발병률 ÷ 폭로군의 발병률
③ 폭로군의 발병률 - 비폭로군의 발병률
④ 비폭로군의 발병률 - 폭로군의 발병률

> **TIP** 귀속위험도 = 폭로군의 발병률 - 비폭로군의 발병률

Answer 9.④ 10.③ 11.③

12 질병발생의 역학적 인자에 대한 설명으로 옳은 것은?

① 삼각형 모형설
② 수레바퀴 모형설
③ 거미줄 모형설
④ 원인망 모형설

> **TIP** 삼각형 모형설 … 질병발생의 역학적 인자를 병인적 인자, 숙주적 인자, 환경적 인자의 3가지로 나누고 이들 3대 인자의 작용이 질병발생 여부를 좌우한다고 보는 이론이다.

13 다음 중 코호트 연구의 장점이 아닌 것은?

① 질병자연사의 파악이 가능하다.
② 수집된 정보의 편견이 적다.
③ 발병확률을 산출할 수 있다.
④ 발생률이 낮은 질병에 적합하다.

> **TIP** ④ 희소질환에 적합한 것은 후향적 조사(환자 – 대조군 조사)이다.

14 급성감염병 역학에서 가장 먼저 해야 할 것은?

① 병원체 확인
② 환자의 치료방법 개발
③ 환자발생 분포 확인
④ 전염원 확인

> **TIP** ④ 전염원을 확인한 후 전파양식과 전염 정도를 파악해야 한다.

15 다음 중 전향성 조사는 무엇인가?

① 환자 – 대조군
② 건강자 대상
③ 환자 대상
④ 위험도의 산출

> **TIP** 전향성(적) 조사 … 건강한 사람을 대상으로 특성별로 소집단을 구성해 시간경과에 따른 발병률을 비교·조사하는 방법으로, 코호트 조사(폭로 – 비폭로군 조사)가 대표적이다.

Answer 12.① 13.④ 14.④ 15.②

16 다음 중 기술역학을 바르게 설명한 것은?

① 질병발생의 분포, 경향 등을 인구, 지역, 시간 등의 요인에 따라 사실적으로 기술한다.
② 2차 단계의 역학에 해당된다.
③ 환자 – 대조군 조사이다.
④ 질병발생과 유행현상을 수학적으로 분석하는 3단계 역학이다.

> **TIP** 기술역학은 질병의 분포와 결정인구를 연구하는 1단계적 역학이다.

17 감염병의 발생기간이 20~30년에 거쳐 변화하는 것을 무엇이라 하는가?

① 추세변화
② 순환변화
③ 계절적 변화
④ 불시유행

> **TIP** 시간별 질병발생의 양상
>
> | 구분 | 정의 | 예 |
> |---|---|---|
> | 추세변화 (장기변화) | 수십년을 주기로 하는 질병의 유행현상을 말한다. | • 장티푸스(30~40년)
• 디프테리아(10~24년)
• 이질, 인플루엔자(30년 정도) 등 |
> | 계절적 변화 | 1년을 주기로 질병이 반복되는 현상으로, 넓은 의미의 주기변화에 속한다. | • 여름철(6월 말)의 소화기계 감염병
• 겨울철(11월 말)의 호흡기계 질병
• 유행성 출혈열 등 |
> | 순환변화 (주기변화) | 수년을 주기로 질병이 반복되는 현상으로 자연면역에 의한 저항력 변화, 병원체의 독력 및 균형의 변천, 기상 변화, 인구이동 등을 원인으로 한다. | • 백일해(2~4년)
• 홍역(2~3년)
• 뇌염, 인플루엔자A(2~3년)
• 인플루엔자B(4~6년) 등 |
> | 단기변화 | 시간별, 날짜별로 질병이 발생하는 현상이다. | 급성 감염병의 집단발생 |
> | 불규칙변화 | 돌발적인 질병의 유행, 즉 외래 감염병의 국내 침입시 돌발적으로 유행하는 현상이다. | 콜레라, 사스 등 |

Answer 16.① 17.①

18 다음은 만성질환의 관리방법들이다. 다음 중에서 발생률을 줄일 수 있는 방법을 모두 고르면?

┌───┐
│ ㉠ 예방접종   ㉡ 집단검진   │
│ ㉢ 재활치료   ㉣ 약물치료   │
│ ㉤ 금연교육   │
└───┘

① ㉠㉢   ② ㉢㉣㉤
③ ㉠㉡㉢   ④ ㉠㉡㉤

> TIP ㉢㉣은 발병 후 치료방법이므로 발생률의 감소와는 상관이 없다.

19 역학의 목적에 해당하지 않는 것은?

① 개인을 상대로 질병연구   ② 질병의 발생원인 규명
③ 자연사 연구   ④ 보건의료 서비스의 기획 및 평가

> TIP 역학은 ②③④ 외에 유행양상(질병)을 파악하는 데 목적이 있다.

20 질병발생 중요인자는?

① 병인인자, 숙주인자, 환경인자
② 병인인자, 숙주인자, 물리적인자
③ 병인인자, 생물학적인자, 화학적인자
④ 생물학적인자, 환경적인자, 물리적인자

> TIP 질병발생 3요소 … 병인인자, 숙주인자, 환경인자

Answer   18.④   19.①   20.①

02 감염병

01 감염병의 개요

1 질병의 발생

(1) 질병발생의 3요소

① 병인 … 병원체를 포함한 물리·화학적 성분이다.

② 숙주 … 연령, 성, 인종 등이다.

③ 환경 … 자연 및 사회·경제적 환경(기후, 지형, 직업, 주거, 사회구조) 등이다.

(2) 감염병 발생의 변천사

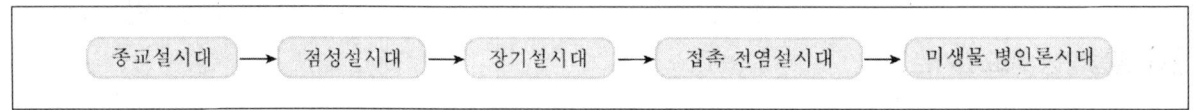

종교설시대 → 점성설시대 → 장기설시대 → 접촉 전염설시대 → 미생물 병인론시대

2 감염병의 생성과정(6단계)

(1) 병원체

① 바이러스 … 0.01~0.3μm 정도로 전자 현미경으로만 관찰이 가능하고 세포 내에 기생한다. 홍역, 폴리오, 유행성 간염, 일본뇌염, 공수병, 유행성 이하선염, 에이즈 등이 있다.

② 세균 … 디프테리아, 결핵, 장티푸스, 콜레라, 세균성 이질, 페스트, 파라티푸스, 성홍열, 백일해, 매독, 임질, 나병 등이 있다.

③ 리케차 … 발진열, 발진티푸스, 양충병, 록키산 홍반열, Q열 등이 있다.

④ 원충성 … 아메바성 이질, 말라리아, 간·폐디스토마, 회충 등이 있다.

⑤ 진균 또는 사상균 … 무좀 등 각종 피부질환의 원인균이다.

(2) 병원소

병원체가 생활, 증식하고 생존하여 질병을 전파할 수 있는 상태로 저장되는 장소를 말한다.

① 인간 병원소
  ㉠ 환자(현성 감염자)
  ㉡ 무증상 감염자(불현성 감염자)
  ㉢ 보균자
   • 잠복기 보균자 : 홍역, 백일해, 디프테리아, 유행성 이하선염
   • 회복기 보균자 : 장티푸스, 세균성 이질, 디프테리아
   • 건강 보균자 : 일본뇌염, 폴리오, 디프테리아(감염병 관리가 가장 어렵다)

② 동물 병원소
  ㉠ 쥐 : 페스트, 발진열, 살모넬라증, 와일씨병, 서교증, 쯔쯔가무시병
  ㉡ 소 : 결핵, 탄저, 파상열, 살모넬라증, 보툴리즘
  ㉢ 돼지 : 살모넬라증, 파상열
  ㉣ 개 : 광견병, 톡소플라즈마
  ㉤ 양 : 탄저, 파상열, 보툴리즘
  ㉥ 새 : 유행성 일본뇌염, 살모넬라증
  ㉦ 고양이 : 서교증, 톡소플라즈마, 살모넬라증

③ 토양 … 파상풍, 보툴리즘, 구충증 등 아포형성균이 주를 이룬다.

④ 곤충매개 질병
  ㉠ 파리 : 장티푸스, 콜레라, 파라티푸스, 세균성 이질, 폴리오
  ㉡ 모기 : 뇌염, 말라리아, 사상충, 뎅구열, 황열 등
  ㉢ 이 : 발진티푸스, 재귀열
  ㉣ 벼룩 : 발진열, 페스트
  ㉤ 진드기 : 재귀열, 유행성 출혈열, 양충병

> **TIP** 인축(인수)공통 감염병 … 결핵, 탄저, 일본 뇌염, 광견, 야토, 파상열, 레토, 발로열 등

(3) 병원소로부터 병원체의 탈출

① 호흡기 계통
  ㉠ 비말감염(재채기, 담화, 기침 등)과 호흡, 콧물
  ㉡ 백일해, 디프테리아, 발진티푸스, 폐렴, 폐결핵, 수두, 천연두, 홍역

② 소화기 계통 … 분변, 토물

③ 비뇨기 계통 … 소변, 여자의 냉

④ 개방병소 … 피부의 상처, 눈·코·귀 등 신체 각부, 나병

⑤ 기계적 탈출 … 절족동물 흡혈, 주사기 등

⑥ 모체 감염(태반) … 매독, 풍진, B형 간염, 에이즈(AIDS), 두창 등

⑦ 병원체에 의한 감염병의 분류
  ㉠ 세균성 질환 : 콜레라, 장티푸스, 백일해, 결핵, 나병 등
  ㉡ 리케차성 질환 : 발진티푸스, 발진열, 양충병 등
  ㉢ 바이러스성 질환 : 소아마비, 홍역, 광견병, 황열 등

(4) 전파

전파경로를 거쳐 새로운 숙주에 전파한다.

① **직접전파** … 중간매개물 없이(육체적 접촉) 전파, 호기전파 등이다.

② **간접전파** … 중간매개물을 통해서 전파한다.
  ㉠ 간접전파의 조건
   • 병원체 탈출 후 일정기간 생존이 가능해야 한다.
   • 생존한 병원체를 옮길 수 있는 매개체가 필요하다.
  ㉡ 전파체
   • 활성 전파체 : 매개역할을 하는 생물(절족동물, 무척추동물)
   • 비활성 전파체 : 오염된 무생물체, 음료수, 우유, 식품

③ **개달물**
  ㉠ 환자가 쓰던 모든 기구가 여기에 포함되는데, 물·우유·식품·공기·토양 등을 제외한 모든 비활성 전파체가 개달물에 속한다.
  ㉡ 의복, 침구, 완구, 서적, 수건 등이 있다.

④ **매개절족동물에 의한 감염병의 전파기전(곤충)**
  ㉠ 기계적 전파 : 곤충의 체표면에 병원체가 단순히 묻어 옮기는 것이다.
  ㉡ 생물학적 전파 : 곤충 내에 병원체가 들어가 일정기간 동안 발육증식을 거쳐 숙주에게 옮겨주는 것을 말하며 증식형, 발육형, 발육증식형, 경란형, 배설형 등으로 나눈다.
   • 증식형 : 곤충체 내에서 병원체가 단순히 증식한 후 자교(刺咬)시에 구부를 통하여 전파된다.
   • 발육형 : 병원체가 곤충체 내에서 증식치 않고 단지 그의 생활환의 일부를 경과 후 숙주에 전파된다.
   • 발육증식형 : 곤충체 내에서 병원체가 그의 생활환의 일부를 경과하는 동시에 증식하면서 전파된다.

- 배설형 : 병원체가 곤충체 내에서 증식한 후 대변으로 배설되어 숙주의 피부 및 점막에 있는 미세한 창상을 통해서 전파된다.
- 경란형 : 병원체가 충란을 통해서 전파 제2세대가 병원균을 가지고 계속 전파된다.

(5) 새로운 숙주의 침입(신숙주에 침입)

① 호흡기계 … 분진, 비말핵 등

② 소화기계(장관) … 물, 우유, 음식물 등

③ 피부점막 경피감염 … 상처, 피부점막

④ 감염의 형태
  ㉠ 잠복기간 : 균이 침입해서 임상적인 증상이 나타날 때까지의 기간이다.
  ㉡ 세대기간 : 균이 침입하여 인체 내에서 증식한 후 다시 배출되어 다른 사람에게 전염시키는 기간이다.
  ㉢ 전염기간 : 균이 인체 내에서 탈출을 시작하여 탈출이 끝날 때까지의 기간이다.

(6) 감수성과 면역

병원체가 신숙주에 침입되면 반드시 발병되는 것이 아니고 독력과 신체의 저항력의 균형의 파괴에 따라 발병과 면역이 형성된다.

① 저항력 … 병원체가 숙주에 침입시 방어하는 작용이다.

② 면역 … 저항력이 충분하여 절대적 방어능력이 있는 것이다.

③ 감수성 … 방어력이 침입한 병원체에 대항하여 감염 또는 발병을 막을 수 있는 능력에 못 미치는 상태이다.

④ 감수성 지수(접촉감염지수) … 감수성 보유자가 감염되어 발병하는 비율이다.

02 감염병의 예방

① 면역

(1) 선천적 면역(자연면역)

인체 내의 전염에 대해 방어하는 능력으로 출생할 때부터 자연적으로 가지는 면역이다.

> TIP Aycock는 선천적 면역을 '자기방어력'이라 했다.

① 종 특이적 면역 … 장티푸스균이 감염되면 쥐 등에 발생치 않고 사람에게는 발생한다.

② 종족 특이적 면역 … 탄저균이 양에 감염되나, 암제리아 양에는 감염되지 않는다.

③ 개체 특이적 면역 … 백일해가 유아기엔 발생하나, 성인에게는 발생하지 않는다.

[면역의 종류]

구분	종류		내용
선천적 면역	종 특이적 면역		인종에 따라 병원성을 달리하는 면역
	종족 특이적 면역		종족에 따라 절대적 차이를 보이는 면역
	개체 특이적 면역		유전적 체질에 따른 면역
후천적 면역	능동면역	자연능동면역	과거에 현성 또는 불현성 감염에 의해서 획득한 면역
		인공능동면역	접종에 의하여 획득한 면역
	수동면역	자연수동면역	태반 또는 모유에 의한 면역
		인공수동면역	회복기환자 혈청주사 후 면역

(2) 후천적 면역(획득면역)

① 능동면역
  ㉠ 인공능동면역: 생균백신, 사균백신, 순환독소의 예방접종 후 생기는 면역(파상풍, 디프테리아→순환독소를 이용)
  ㉡ 자연능동면역: 질병이환 후 면역(장티푸스, 소아마비)

② 수동(피동)면역
  ㉠ 자연수동면역: 자기의 힘으로 생긴 면역이 아니고 다른 사람(모체, 모유)이나 동물에서 만든 항체를 얻어서 생긴 면역이다.
  ㉡ 인공수동면역
    • 회복기 혈청 항독소를 환자 또는 위험에 처해 있는 사람에게 주는 방법이다.
    • γ-글로블린, Anti-toxin 등의 면역혈청을 사람 또는 동물에게서 얻어 질병을 예방 내지 경감, 치료하는 면역이다.

[능동면역과 수동면역의 장·단점 비교]

구분	능동면역	수동면역
장점	• 장기간 지속된다. • 비교적 강력한 면역을 얻을 수 있다. • 한 번 주사로 동시에 여러 질병에 대한 면역을 얻는다.	• 효과가 빠르다. • 치료용, 응급처치용으로 사용이 가능하다.
단점	• 효과가 늦게 나타난다. • 부작용이 있을 수 있다.	• 지속시간이 짧다(2~3주, 1개월). • 비교적 저항력이 약하다.

❷ 백신

(1) 개념
감염병의 예방목적으로 사람이나 동물을 자동적으로 면역시키기 위하여 사용되는 면역원(항원)이다.

(2) 유형
① 생균(약독백신)
  ㉠ 개념 : 병원미생물의 독력을 약하게 만들어 투여한다.
  ㉡ 특징 : 면역 지속시간이 길고, 효과가 좋다.
     예 결핵, 두창, 풍진, BCG, 황열, 탄저병, 천연두 백신 등이 있다.

② 사균 … 항원성을 가진 사균(물리화학적 방법으로 죽인 균)을 이용한 예방약이다.
  예 페스트, Salk, 콜레라, 파라티푸스, 장티푸스, 일본뇌염, 폴리오 백신 등이 있다.

③ 독소 … 독소를 포르말린 처리 후 독성을 약하게 만든 균이다.
  ㉠ 외독소 : 세균의 불투과성 막을 통해 확산되는 것이다.
     예 디프테리아
  ㉡ 내독소 : 균체를 싸고 있는 막이 불투과성이어서 생산독소가 확산되지 않는 것이다.
     예 장티푸스, 폐렴, 간염, 살모넬라 등

④ 예방접종약
  ㉠ BCG : 결핵
  ㉡ DPT : 디프테리아, 백일해, 파상풍
  ㉢ Salk 백신 : 경피용 폴리오
  ㉣ Sabin 백신 : 경구투여용 폴리오

[법정 감염병의 종류(2020. 10. 13. 시행)]

구분	정의 및 종류
제1급감염병	• 생물테러감염병 또는 치명률이 높거나 집단 발생의 우려가 커서 발생 또는 유행 즉시 신고하여야 하고, 음압격리와 같은 높은 수준의 격리가 필요한 감염병으로서 다음의 감염병을 말한다. 다만, 갑작스러운 국내 유입 또는 유행이 예견되어 긴급한 예방·관리가 필요하여 보건복지부장관이 지정하는 감염병을 포함한다. • 에볼라바이러스병, 마버그열, 라싸열, 크리미안콩고출혈열, 아메리카출혈열, 리프트밸리열, 두창, 페스트, 탄저, 보툴리눔독소증, 야토병, 신종감염병증후군, 중증급성호흡기증후군(SARS), 중동호흡기증후군(MERS), 동물인플루엔자 인체감염증, 신종인플루엔자, 디프테리아
제2급감염병	• 전파가능성을 고려하여 발생 또는 유행 시 24시간 이내에 신고하여야 하고, 격리가 필요한 다음의 감염병을 말한다. 다만, 갑작스러운 국내 유입 또는 유행이 예견되어 긴급한 예방·관리가 필요하여 보건복지부장관이 지정하는 감염병을 포함한다. • 결핵, 수두, 홍역, 콜레라, 장티푸스, 파라티푸스, 세균성이질, 장출혈성대장균감염증, A형간염, 백일해, 유행성이하선염, 풍진, 폴리오, 수막구균 감염증, b형헤모필루스인플루엔자, 폐렴구균 감염증, 한센병, 성홍열, 반코마이신내성황색포도알균(VRSA) 감염증, 카바페넴내성장내세균속균종(CRE) 감염증, E형간염
제3급감염병	• 발생을 계속 감시할 필요가 있어 발생 또는 유행 시 24시간 이내에 신고하여야 하는 다음의 감염병을 말한다. 다만, 갑작스러운 국내 유입 또는 유행이 예견되어 긴급한 예방·관리가 필요하여 보건복지부장관이 지정하는 감염병을 포함한다. • 파상풍, B형간염, 일본뇌염, C형간염, 말라리아, 레지오넬라증, 비브리오패혈증, 발진티푸스, 발진열, 쯔쯔가무시증, 렙토스피라증, 브루셀라증, 공수병, 신증후군출혈열, 후천성면역결핍증(AIDS), 크로이츠펠트-야콥병(CJD) 및 변종크로이츠펠트-야콥병(vCJD), 황열, 뎅기열, 큐열, 웨스트나일열, 라임병, 진드기매개뇌염, 유비저, 치쿤구니야열, 중증열성혈소판감소증후군(SFTS), 지카바이러스 감염증
제4급감염병	• 제1급감염병부터 제3급감염병까지의 감염병 외에 유행 여부를 조사하기 위하여 표본감시 활동이 필요한 다음의 감염병을 말한다. • 인플루엔자, 매독, 회충증, 편충증, 요충증, 간흡충증, 폐흡충증, 장흡충증, 수족구병, 임질, 클라미디아감염증, 연성하감, 성기단순포진, 첨규콘딜롬, 반코마이신내성장알균(VRE) 감염증, 메티실린내성황색포도알균(MRSA) 감염증, 다제내성녹농균(MRPA) 감염증, 다제내성아시네토박터바우마니균(MRAB) 감염증, 장관감염증, 급성호흡기감염증, 해외유입기생충감염증, 엔테로바이러스감염증, 사람유두종바이러스 감염증
기생충감염병	• 기생충에 감염되어 발생하는 감염병 중 보건복지부장관이 고시하는 감염병을 말한다. • 회충증, 편충증, 요충증, 간흡충증, 폐흡충증, 장흡충증

03 감염병의 종류

① 호흡기계 감염병

(1) 디프테리아

상피조직에 국소 염증을 나타내고 체외 독소로 인해 독혈증을 일으켜 심근, 신경조직 및 장기조직에 장애를 주는 급성 감염병으로 제1급감염병이다. 온대와 아열대 지방에 존재하는 질병이며 어린이에게 특히 무서운 질병이다. 더불어 인공능동면역으로서 순화독소를 이용한다.

① **병원체** … *Corynebacterium Diphtheriac*(세균), Gram(+)

② **병원소** … 환자 및 보균자, 특히 보균자의 전파가 중요하다.

③ **잠복기** … 2~5일이다.

④ **전파방식** … 환자의 비강 및 인후 분비물, 기침 등으로 직접 전파된다.

⑤ **치명률** … 일반적으로 5~7%이다.

⑥ **예방법** … 환자격리 및 소독에 의한 예방법도 있지만 예방접종을 실시하는 것이 가장 효과적이다.

(2) 두창(천연두)

인류에게 가장 큰 피해를 주었던 급성 감염병이었으나, 예방접종 등에 의해 세계적으로 박멸되었다고 1980년 WHO 사무총장이 선언하였다. 제1급감염병이다.

① **병원체** … 바이러스

② **병원소** … 사람이 유일한 숙주이다.

③ **증상** … 고열, 두통, 심한 요통, 심한 무력증, 복통, 반점이 출현하고 얼굴과 온몸에 흉터를 남긴다.

④ **잠복기** … 7~17일이다.

⑤ **전파방식** … 비말감염, 직접 접촉하였을 때 또는 오염된 개달물 등에 의해 감염된다.

⑥ **치명률** … 심한 경우 약 25%이다.

⑦ **예방법** … 예방접종, 과거에는 검역대상 질병이었으나 현재는 아니다.

(3) 홍역

2~3년마다 주기적으로 유행하는 급성 호흡기계 감염병으로 우리나라 감염병예방법에 제2급감염병으로 지정되어 있다. 옛날부터 존재하였으며 감염력과 발병력은 아주 높으나 합병증만 조심하면 치명률은 높지 않으며, 누구에게나 상수성이 있다.

① **병원체** … 바이러스

② **병원소** … 환자, 보균자

③ **증상** … 열이 나고 전신발진이 생기며 이염, 폐렴의 2차 감염이 더 큰 문제이다.

④ **잠복기** … 8~13일이다.

⑤ **전파방식** … 주로 환자의 객담, 비인후 분비물 또는 오줌과 직접 접촉할 때 감염된다(개달물에 의한 감염도 가능하다).

⑥ **치명률** … 어린이에게는 5~10%의 높은 사망률을 보인다.

⑦ **예방법** … 예방접종을 실시한다.

(4) 유행성이하선염

항아리 손님 또는 볼거리로 불리어지기도 했으며, 소아기에 겪어야 하는 질병으로 법정 제2급감염병이다.

① **병원체** … 바이러스

② **병원소** … 환자, 보균자

③ **증상** … 고열, 타액선에 부종 및 연화가 일어나 정소염(남자)이나 난소염(여자)이 발생하기도 한다.

④ **잠복기간** … 12~26일이다.

⑤ **전파방식** … 감염자의 타액과 직접 접촉하거나 비말핵(오염공기)에 의하여 또는 오염된 개달물에 접촉할 때 감염된다.

⑥ **치명률** … 아주 낮으나 합병증으로 남성의 불임증이 발생할 수 있다.

⑦ **예방법** … 예방접종을 실시한다.

(5) 풍진

비교적 경미한 질병으로 어린이에게는 무증상 감염이 많으나, 여성의 임신 초기에 감염되면 선천성 기형아를 출산할 위험이 있는 호흡기계 감염병이다. 감염병예방법에 제2급감염병으로 지정되었다.

① **병원체** … 바이러스

② **병원소** … 환자, 보균자

③ **증상** … 홍역이나 성홍열과 비슷한 반점을 보이는 경미한 감염병으로 미열, 두통, 불쾌감, 코감기, 결막염 등의 증상을 보인다.

④ **잠복기** … 14~21일이다.

⑤ **전파방식**
  ㉠ 환자와 직접 접촉하거나 비말핵(오염공기)에 의하여 감염된다.
  ㉡ 감염자의 비인두분비물, 오염된 개달물에 의한 전파도 추측할 수 있다.

⑥ **치명률** … 아주 낮다.

⑦ **예방** … 예방접종을 실시한다.

(6) 성홍열

온대지역에서 많이 유행하며 아직도 우리나라에서 발생하고 있는 제2급감염병으로 급성 호흡기계 질병이다. 용혈성 연쇄상구균에 의하여 발생되며 가용성 독소가 혈류를 따라 전신에 퍼져 열과 발진을 일으킨다.

① **병원체** … *Streptococcus Pyogenes*(세균) → 발적 독소를 배출한다.

② **병원소** … 환자, 보균자

③ **증상** … 고열, 편도선염, 목, 가슴과 안쪽 허벅지에 반점이 발생한다.

④ **잠복기** … 1~3일이다.

⑤ **전파방식** … 주로 환자나 보균자와 직접 접촉할 때 호흡기로 감염된다(오염된 개달물에 의한 전파는 드물다).

⑥ **치명률** … 약 3% 정도이다.

⑦ **예방법** … 보건교육, 환자격리, 소독을 실시하고, 특히 보균자의 색출과 치료가 중요하다.

(7) 수막구균성수막염(→ 수막구균감염증)

급성 세균질환이며 감염병예방법에 지정된 제2급감염병이다. 치명률이 50%를 넘는 무서운 감염병이었으나, 항생제의 사용 등 현대의료의 발달로 사망률이 5% 이하로 낮아졌다. 또한 과거 소아기 감염병이었던 것이 근래에는 성년기에서도 발생한다.

① **병원체** … *Neisseria Meningitidis*(세균)

② **병원소** … 환자, 보균자

③ **증상** … 돌발성으로 발열, 심한 두통, 오심, 구토, 목의 경직, 홍반점 출현에 이어 쇼크, 기력상실, 섬망, 혼수상태로 이어진다.

④ **잠복기** … 3~4일이다.

⑤ **전파방식** … 감염자의 비인두 분비액과 직접 접촉하거나 비말 오염공기에 의하여 감염된다.

⑥ **전염기간** … 입과 코의 분비물에서 병원체가 검출되는 기간이 위험하다.

⑦ **치명률** … 50% 이상이었으나, 근래에는 아주 낮아졌다.

⑧ **관리방법**
　㉠ 예방 : 개인위생에 관한 보건교육을 실시하고 격리 및 소독을 실시한다.
　㉡ 치료 : 즉시 신고하여 전문의의 치료를 받는다(항생제 사용).

(8) 백일해

급성 세균성 질병으로 영유아(생후 6개월 전후)에 주로 발생하는 제2급감염병이다. DPT의 접종으로 많이 감소하였으나, 아직도 매년 산발적으로 발생되고 있다.

① **병원체** … *Bordetella Pertussis*(세균), Gram(-)균

② **병원소** … 환자, 보균자

③ **증상** … 발작성의 극심한 기침이 1~2개월 지속된다.

④ **잠복기** … 보통 7일이다.

⑤ **전파방식** … 직접 접촉하거나 비말핵(오염공기) 또는 개달물과 접촉할 때 감염된다.

⑥ **치명률**
　㉠ 선진국에서는 1% 이하이나 개발도상국의 경우는 아직도 15%의 높은 사망률을 보인다.
　㉡ 9세 이하에서 많이 발생하는데, 특히 5세 이하에 다발하고 사망률은 어릴수록 높다.

⑦ **예방법** … 예방접종을 실시하는 것이 제일 좋은 방법이다.

❷ 소화기계 감염병

(1) 장티푸스

세계적으로 가장 오래된 급성 소화기계 감염병이며 우리나라에서는 매년 산발적으로 발생을 하고 있는 제2급 감염병이다.

① **병원체** … *Salmonella Typhi*(세균)

② **병원소** … 환자, 보균자(회복기 보균자가 많다)

③ **증상** … 발열, 두통, 복부에 붉은 반점이 생기고, 합병증으로 복부 출혈에 이은 복막염이 있다.

④ **잠복기** … 1~3주이다.

⑤ **전파방식** … 환자나 보균자의 분변이나 집파리에 의한 전파도 가능하며, 균의 주생성장소는 담낭이다.

⑥ **치명률** … 1% 미만이다.

⑦ **예방법**
  ㉠ 예방접종을 실시한다.
  ㉡ 음료수 소독을 철저히 한다.
  ㉢ 보균자에 대한 보건교육을 실시한다.
  ㉣ 집파리를 구제하고 환자나 보균자의 분변관리와 위생을 철저히 한다.

(2) 파라티푸스

① **병원체** … *Salmonella Paratyphi*(세균)

② **병원소** … 환자, 보균자

③ **증상** … 지속적인 고열, 비장확장과 설사 등의 증상을 보이나 장티푸스에 비해 경미한 제2급감염병이다.

④ **잠복기** … 1~3주이다.

⑤ **전파방식** … 환자나 보균자의 분변을 직접 또는 간접으로 접촉할 때 감염된다.

⑥ **치명률** … 장티푸스보다 낮다.

⑦ **예방법**
  ㉠ 유행시 예방접종을 실시한다.
  ㉡ 음료수 소독을 철저히 한다.
  ㉢ 보균자를 찾아내어 보건교육을 실시한다.
  ㉣ 집파리를 구제한다.

(3) 콜레라

설사와 탈수증을 일으키는 급성소화기계 질환으로 제2급감염병이며 검역대상 질병이다.

① **병원체** ⋯ *Vibrio Cholerae*(세균)

② **병원소** ⋯ 감염자

③ **증상** ⋯ 설사, 심한 구토증, 탈수증, 전신쇠약 등이다.

④ **잠복기** ⋯ 2~3일이다.

⑤ **전파방식** ⋯ 분변에 의하여 오염된 식품이나 음료수를 섭취할 때 감염되지만, 집파리가 병원체를 전파하는 경우도 있다.

⑥ **치명률** ⋯ 5% 미만이다.

⑦ **예방법**
  ㉠ 유행시 예방접종을 실시한다.
  ㉡ 음료수 소독을 철저히 한다.
  ㉢ 보균자를 찾아내어 보건교육을 실시한다.
  ㉣ 집파리를 구제한다.

(4) 세균성이질

최근 엘리뇨 현상으로 발생이 증가하고 있고, 우리나라에서 산발적으로 발생하는 급성소화기계 질병이며 제2급감염병이다.

① **병원체** ⋯ *Shigella Dysenteriae*(세균)

② **병원소** ⋯ 감염자

③ **증상** ⋯ 발열, 오심, 구토, 복통, 위경련, 설사 등이며 혈변을 배출하기도 한다.

④ **잠복기** ⋯ 1~7일(보통 4일)이다.

⑤ **전파방식**
  ㉠ 오염된 식품과 음료수를 섭취할 때 감염된다.
  ㉡ 집파리가 병원체를 전파하는 경우도 있다.

⑥ **치명률** ⋯ 위생상태가 나쁜 개발도상국에서는 입원환자 10~20%의 높은 사망률을 보인다.

⑦ **예방법**
  ㉠ 식품과 음료수가 분변에 오염되지 않도록 한다.
  ㉡ 개인위생(손 씻기)을 철저히 한다.
  ㉢ 식품취급자(가정주부 등)는 개인위생 및 주방위생에 철저를 기한다.

(5) 아메바성이질

병원체가 대장의 점막 하부조직에 침입하여 발생하는 질병으로 무증상 감염이 많다.

① **병원체** … *Entamoeba Histolytica*(아메바)

② **병원소** … 환자 또는 무증상 보균자

③ **증상** … 복통, 피와 점액이 섞인 심한 설사 등이다.

④ **잠복기** … 보통 3~4주이다.

⑤ **전파방식** … 환자의 분변에 오염된 음료수나 식품, 파리 등에 의하여 전파된다.

⑥ **치명률** … 아주 낮다.

⑦ **예방법**
  ㉠ 분뇨의 위생적 처리, 음료수 소독, 보건교육을 통한 개인위생을 철저히 한다.
  ㉡ 파리의 방제와 식품업소 종업원에 대한 검진 및 감독을 실시한다.

(6) 폴리오

소아마비 또는 급성 회백수염으로 불리어지는 법정 제2급감염병이다. 이 병은 감염자 중에서 증상을 나타내는 사람(환자)의 비율이 아주 낮은(약 1,000 대 1) 질병이나 발병하면 대단히 위험하고 후유증을 남기는 등 예후가 좋지 않은 무서운 질병이다.

① **병원체** … 바이러스

② **병원소** … 주로 불현성 감염자이다.

③ **증상** … 발열, 두통, 소화불량, 불쾌감, 중추신경장애와 운동장애 등이다.

④ **잠복기** … 7~12일이다.

⑤ **전파방식**
  ㉠ 주로 인두 분비액과 직접 접촉하였을 때 감염된다.
  ㉡ 파리, 음료수, 식품에 의한 전파도 가능하다.

⑥ **치명률** … 2~10% 정도이고, 연령이 높을수록 치명률도 높다.

⑦ **예방법** … 예방접종이 최선의 방법이다.

(7) 유행성 간염

비위생적인 환경에서 발생하는 급성소화기계 감염병이며, 병원체는 열과 염소에 저항력이 높다.

① **병원체** … 바이러스

② **병원소** … 사람, 침팬지

③ **증상** … 돌발성 발열, 식욕감퇴, 오심, 복통, 황달 등이다.

④ **잠복기** … 30~35일이다.

⑤ **전파방식** … 사람과 사람의 직접 접촉, 오염된 식품과 우유, 생선(어패류) 등을 통하여 감염된다.

⑥ **치명률** … 치명률은 1% 이하로서 아주 낮다.

⑦ **예방법** … 식품위생에 관한 보건교육을 실시한다.

(8) 여시니아증

갑자기 설사증을 일으키는 급성 질환이다.

① **병원체** … *Yersinia Pseudotuberculosis*(세균)

② **병원소** … 가축, 야생조수

③ **증상** … 급성설사, 열, 두통, 인후염, 구토, 홍반, 관절염, 패혈증 등이다.

④ **잠복기** … 3~7일이다.

⑤ **전파방식** … 감염자 또는 동물과 접촉할 때, 감염자의 대변에 오염된 식품과 음료수를 섭취할 때 감염된다.

⑥ **치명률** … 면역결핍상태에 있는 사람이 감염되면 치명률이 높다.

⑦ **예방법** … 사람과 가축의 분변을 위생적으로 처리한다. 개인위생(식사 전 손씻기 등)에 관한 보건교육을 실시한다.

❸ 점막 및 피부접촉에 의한 감염병

(1) 임질

전 세계적인 분포를 이루고 있고 우리나라에서도 가장 흔한 성병이며, 제4급감염병이다.

① **병원체** … *Neisseria Gonorrheae*(세균)

② **병원소** … 사람이 유일한 병원소이다.

③ **증상**

　㉠ **남성** : 배뇨시 화끈거리며 따갑고 고름 섞인 오줌이 나온다.

　㉡ **여성**
- 배뇨시 통증을 느끼며 질에서 분비물이 많이 나온다.
- 여성감염자는 증상이 없는 경우가 많아 성병퇴치에 지장이 많다.
- 임질은 즉시 치료하지 않으면 수막염, 관절염, 심내막염 등의 합병증을 유발할 수도 있으며 불임의 원인이 될 수도 있다.
- 면역이 되지 않으므로 반복감염이 된다.

④ **잠복기** … 3~4일이다.

⑤ **전파방식** … 성적 접촉에 의하여 감염된다.

⑥ **예방법** … 성병에 관한 보건교육을 실시한다.

(2) 매독

매독은 성병으로만 인식되고 있지만 태반을 통하여 감염되면 유산이나 사산의 경우가 있으며 신체의 모든 부위를 침범할 수 있는 무서운 질병이다. 제4급감염병이다.

① **병원체** … *Treponema Pallidium*(세균)

② **병원소** … 감염자

③ **증상** … 초기 증상으로는 입과 음부에 발진이 생기지만 치료하지 않으면 수막염, 보행불능, 실명, 심장병 등 치명적인 증상이 나타날 수도 있다.

④ **잠복기** … 약 3주이다.

⑤ **전파방식**

　㉠ 주로 성적 접촉에 의하여 감염되지만 환부 참출물과 타액, 정액, 혈액, 질분비액을 통하여 간접적으로 감염되기도 한다.

　㉡ 임산부가 감염되면 태아감염을 일으킨다.

⑥ **예방법** … 매독에 관한 보건교육을 실시한다.

(3) 연성하감

임질, 매독과 함께 3대 성병이지만, 증세는 비교적 경미한 편이다. 제4급감염병이다.

① **병원체** … *Haemophilus Ducreyi*(세균)

② **병원소** … 사람

③ 증상
　㉠ 국소 임파선 염증 및 화농이 일어나고 감염부위가 아프고 궤양이 생긴다.
　㉡ 여성에는 불현성 감염인 경우도 있다.

④ 잠복기 … 3~5일이다.

⑤ 전파방식 … 직접적인 성 접촉에 의하여 감염된다.

⑥ 예방법
　㉠ 성병에 관한 보건교육을 실시한다.
　㉡ 성교 후에는 철저히 세척(비누와 물)한다.

(4) 전염성 농가진

세균에 의하여 피부에 발생하는 화농성 감염병이다.

① 병원체 … *Streptococcus Pyogenes*(세균)

② 병원소 … 환자 또는 보균자

③ 증상 … 얼굴, 팔뚝 등 피부표면에 부스럼이 생겨 외모가 손상되고 불쾌감을 준다.

④ 잠복기 … 2~5일이다.

⑤ 전파방식 … 감염자의 환부와 직접 접촉하거나 오염된 물건과 접촉할 때 감염된다.

⑥ 예방법 … 환부와 접촉된 물건에 접촉하지 않는다.

(5) 트라코마

① 병원체 … 바이러스

② 병원소 … 사람

③ 증상 … 결막염과 각막염을 유발하고, 치료하지 않으면 장기간 또는 일생 동안 지속되며 실명을 초래할 수도 있는 만성병이다.

④ 잠복기 … 5~12일이다.

⑤ 전파방식 … 눈과 코의 분비물과 직접 접촉하였을 때 또는 이들과 오염된 물건이 접촉했을 때 감염된다.

⑥ 예방법
　㉠ 개인위생에 대한 보건교육을 실시한다.
　㉡ 공동세면장 등에는 세척시설과 자재를 비치한다.
　㉢ 오염이 의심되는 물건은 소독한다.

④ 피부상처에 의한 감염병

(1) 광견병

공수병이라 하여 제3급감염병으로 지정되어 있으며 일단 발병하면 거의 전부가 사망하게 되는 무서운 감염병이다.

① **병원체** … 바이러스

② **병원소** … 개, 고양이, 여우, 늑대, 박쥐 등 가축과 야생동물 등이다.

③ **증상** … 발열, 두통, 불안, 심한 불쾌감, 연하곤란, 경련, 섬망, 호흡마비 등이다.

④ **잠복기** … 3~6주이다.

⑤ **전파방식** … 감염동물이 물거나 감염동물의 타액(침)이 상처에 묻을 때 감염된다.

⑥ **예방법** … 모든 개에게 광견병 예방접종을 실시한다. 개에 물렸을 경우에는 즉시 비누와 많은 물로 철저히 씻어내고, 공격한 동물(보통 개나 고양이)을 체포하여 감염 여부를 진단한다. 필요에 따라 물린 사람에게는 면역혈청과 예방백신을 주사한다.

(2) 파상풍

예방하지 않으면 사망할 수도 있는 무서운 질병으로 감염병예방법에 제3급감염병으로 지정되어 있다.

① **병원체** … *Clostridium Tetani*(세균)

② **병원소** … 사람과 동물

③ **증상** … 불안, 초조, 근육경화, 연하곤란, 턱 근육의 경련·마비 등이다.

④ **잠복기** … 4~20일이다.

⑤ **전파방식** … 사람이나 가축의 분변에 오염된 토양, 먼지 등에 상처난 피부가 접촉할 때 감염된다. 혐기성 세균인 병원체가 상처속에서 번식을 하게 되고 체외 독소를 생산하여 사람에게 치명적인 신경마비 증세를 일으킨다.

⑥ **치명률** … 35~70%로 아주 높다.

⑦ **예방법**
　㉠ 예방접종을 실시한다.
　㉡ 개인위생을 철저히 한다.

(3) 렙토스피라증

감염된 쥐나 가축에 의하여 전파되는 급성 감염병으로 우리나라 감염병예방법에 제3급감염병으로 지정되어 있다.

① **병원체** … *Leptospira* 속의 여러 종(세균)

② **병원소** … 소, 개, 돼지, 쥐 등이다.

③ **증상** … 발열, 두통, 오한, 구토, 근육통, 결막염, 황달, 신부전, 용혈성 빈혈, 발진 등이다.

④ **잠복기** … 4~19일이다.

⑤ **전파방식** … 감염동물과 접촉할 때, 수영장 등에서 감염동물의 분변에 오염된 물이 입으로 들어가거나 피부에 묻을 때, 감염동물의 분변에 오염된 음식이나 물을 먹을 때 감염된다.

⑥ **예방법**
  ㉠ 질병의 전파방식과 관련된 개인위생을 철저히 하고 쥐의 구제에 힘쓴다.
  ㉡ 가축에 예방접종을 하고 분변을 비료로 사용한 논에 들어가 작업을 할 때는 장화와 장갑을 착용한다.
  ㉢ 음식물과 음료수는 가급적 가열한 후 섭취한다.

5 절지동물(곤충 등)에 의한 감염병

(1) 일본뇌염

발병하면 치료가 잘 안 되고 예후도 좋지 않은 급성 감염병으로 법정 제3급감염병이다. 총환자의 90% 이상이 14세 이하이고, 5~9세가 50%를 차지한다. 또 불현성 감염률이 아주 높아서 1~500 내지 1,000으로 추정된다.

① **병원체** … 바이러스

② **병원소** … 돼지, 소, 말 등이다.

③ **증상** … 발열, 두통, 구역질, 보행장애, 언어장애, 혼수상태, 마비 등이다.

④ **잠복기** … 5~15일이다.

⑤ **전파방식** … 감염된 뇌염모기에 물릴 때 감염된다.

⑥ **치명률** … 60%로 높다.

⑦ **예방법**
  ㉠ 예방접종을 실시한다.

ⓒ 모기를 구제하고, 모기가 옥내에 들어오지 않도록 방충망을 설치한다.
　　ⓓ 밤에 옥외활동을 할 때는 긴 소매로 된 헐거운 방충복을 착용하며 기피제를 바른다.

(2) 샌 루이스 뇌염

미국, 중남미, 자마이카 등지에서 뇌염모기가 매개하는 질병이다.

① **병원체** … 바이러스

② **병원소** … 야생동물

③ **증상** … 고열, 두통, 복통, 근육통, 구토, 정신혼란, 떨림, 언어장애 등이다.

④ **잠복기** … 5~15일이다.

⑤ **전파방식** … 감염된 모기에 물릴 때 감염된다.

⑥ **예방법** … 일본 B형 뇌염의 예방과 동일하다.

(3) 말라리아, 학질

말라리아는 아직도 세계적으로 가장 중요한 법정 제3급감염병이다. 매년 1억 정도의 환자가 발생하고 그중 약 100만 명이 사망하는 것으로 추정된다. Plasmodium 속의 4종이 인체를 통해 감염되는데, 이 중 악성 3일열말라리아는 약 10%의 치명률을 보이고, 우리나라에 존재하는 양성 3일열말라리아는 치사율은 거의 없으나 장기간 재발된다.

① **병원체** … 아메바

② **병원소** … 감염자

③ **증상**
　　ⓐ 고열, 오한, 두통, 오심, 발한 등이 매일 한번 또는 2~3일에 한번씩 반복된다.
　　ⓑ 치료하지 않으면 1개월 이상 지속되며 보통 몇 년간 불규칙하게 재발하는 경우가 많다.

④ **잠복기** … 3~6일이다.

⑤ **전파방식** … 학질 모기가 물었을 때 감염된다.

⑥ **예방법**
　　ⓐ 예방접종을 실시한다.
　　ⓑ 모기를 구제하고, 방충망을 설치한다.

(4) 뎅기열

인도, 파키스탄, 인도네시아, 필리핀 등 동남아시아와 서남태평양의 제군도 및 남미 등에서 발생되는 급성 질병으로 숲 모기가 매개한다. 제3급감염병이다.

① **병원체** … 바이러스

② **병원소** … 사람(모기와 관련)

③ **증상** … 발열, 심한 두통, 근육통, 관절통, 발진 등이다.

④ **잠복기** … 5~6일이다.

⑤ **전파방식** … 감염된 모기에 물렸을 때 감염된다.

⑥ **예방법**
  ㉠ 모기를 구제한다.
  ㉡ 방호복을 착용하고, 기피제를 사용한다.

6 포유동물에 의한 감염병

(1) 신증후군출혈열(유행성출혈열)

농민, 군인, 산악인 등 야외활동이 많은 사람 중에서 많이 발생하는 법정 제3급감염병이다.

① **병원체** … 한탄(*Hantan*) 바이러스

② **병원소** … 들쥐(등줄쥐)

③ **증상** … 발열, 식욕저하, 구토, 출혈, 저혈압, 단백뇨 배설, 신장기능 상실, 쇼크 등이다.

④ **잠복기** … 12~16일이다.

⑤ **전파방식** … 야생 들쥐의 배설물이 입으로 들어가거나 호흡기도로 흡입될 때 감염되는 것으로 추정된다.

⑥ **치명률** … 6%이다.

⑦ **예방법**
  ㉠ 농가나 병영주변에 들쥐가 서식할 수 없도록 청결을 유지한다.
  ㉡ 야외활동 중에 입었던 의복, 신발 등을 즉시 세탁한다.
  ㉢ 야외에서 활동할 때는 마스크를 착용하여 오염된 분진을 흡입하지 않도록 한다.

(2) 브루셀라증

농민, 도살장 근로자, 식용육 취급자에게 많이 발생하는 법정 제3급감염병이다.

① **병원체** … *Brucella Abortus*(세균)

② **병원소** … 소, 양, 염소, 말, 돼지 등이다.

③ **증상** … 발열, 두통, 쇠약, 심한 땀, 오한, 관절통, 전신통 등이다.

④ **잠복기** … 5~21일이다.

⑤ **전파방식** … 감염동물의 조직, 혈액, 소변, 유산 폐기물, 우유 등을 접촉하거나 섭취할 때 감염된다.

⑥ **치명률** … 2%이다.

⑦ **예방법**
  ㉠ 농민, 도살장 근로자, 식육 판매자 등에 보건교육을 실시한다.
  ㉡ 감염된 가축을 적발하여 폐기하고, 식육검사를 철저히 실시한다.
  ㉢ 우유소독을 철저히 실시한다.

(3) 탄저병

감염된 가축에 의하여 전파되는 아주 무서운 급성 세균성 질병으로 제1급감염병으로 지정되었다.

① **병원체** … *Bacillus Anthracis*(세균)

② **병원소** … 소, 양, 염소, 말 등이다.

③ **증상**
  ㉠ 피부접촉 부위에 움푹 패인 흑색가피가 생기며 주위에는 조그마한 부종이 생긴다.
  ㉡ 치료하지 않으면 임파절과 혈관으로 들어가 패혈증을 일으키고 사망을 초래할 수도 있다.
  ㉢ 호흡기로 흡입되었을 때도 심하면 고열과 쇼크가 오고 24시간 내에 사망한다.

④ **잠복기** … 2~5일이다.

⑤ **전파방식**
  ㉠ 탄저병으로 죽은 동물의 가죽, 털, 조직 등을 접촉할 때
  ㉡ 병원체의 포자를 흡입할 때
  ㉢ 이 병으로 죽은 동물의 고기를 날로 먹을 때

⑥ **치명률** … 치료하지 않은 환자 중 5~20%가 사망한다.

⑦ 예방법
　㉠ 예방접종을 실시한다.
　㉡ 수의과학적 조치를 취한다.
　㉢ 오염된 물건은 소독과 격리가 필요하다.

❼ 주사기 등에 의한 감염병

(1) B형 간염

간세포성 암과 연관이 있는 아주 무서운 만성질환으로 우리나라 감염병예방법에도 제3급감염병으로 지정되어 있다. 선진국의 경우는 양성률이 대개 0.3%인데 반하여 아프리카 등 후진국은 양성률이 15%를 넘기도 한다. 우리나라의 양성률은 약 8%로 추정된다.

① **병원체** ··· 바이러스

② **병원소** ··· 감염자의 혈액, 타액, 점액, 질 분비액이다.

③ **증상** ··· 식욕감퇴, 복부불안, 오심, 구토, 황달 등이다.

④ **잠복기** ··· 80~100일이다.

⑤ **전파방식** ··· 성 접촉 등 밀접한 접촉, 칫솔이나 면도칼을 혼용할 때, 또는 감염자의 혈액 또는 혈액제제를 받을 때나 오염된 주사기, 침, 기타 의료기구에 의하여 감염된다.

⑥ 예방법
　㉠ 예방접종을 실시한다.
　㉡ 혈액관리를 철저히 한다.
　㉢ 주사기 등 의료기구와 오염가능성이 있는 물건은 철저히 소독한다.

(2) 후천성 면역결핍증(AIDS)

1980년대 초부터 유행하기 시작한 무서운 감염병으로 감염되면 효과적인 치료방법이 없고, 우리나라에도 감염자의 수가 매년 증가되고 있다. 감염병예방법에 제3급감염병으로 지정되어 있다.

① **병원체** ··· HIV 바이러스

② **병원소** ··· 사람(감염자)

③ **증상** ··· 미열, 전신피로, 식은 땀, 불쾌감, 체중감소, 임파선 비대, 손, 입, 항문이 가렵고 부스럼 발생, 만성 기침, 호흡곤란, 기억력 감퇴, 성격변화 또는 발작, 식도염, 폐렴, 피부암 등이다.

④ **잠복기** ··· 수개월~6년이다.

⑤ 전파방식
  ㉠ 성적 접촉시
  ㉡ 수혈 및 혈액제품 사용시
  ㉢ 오염된 주사기, 침, 칫솔, 면도칼 사용시
  ㉣ 모성이 감염된 경우 태아로 수직감염
⑥ 예방법
  ㉠ 혼외 성교를 금하고 콘돔을 사용한다.
  ㉡ 주사기, 침 등은 매회 가열소독해서 사용한다.
  ㉢ 면도칼, 칫솔은 자신의 것만을 사용한다.
  ㉣ 혈액 공여자나 매혈자의 혈액은 채취하기 전에 철저한 검사를 실시한다.
  ㉤ 에이즈의 위험성과 전파경로에 관하여 보건교육을 실시한다.

02. 감염병

최근 기출문제 분석

2019. 6. 15 제2회 서울특별시

1 〈보기〉에서 설명하는 것은?

― 보기 ―
인위적으로 항원을 체내에 투입하여 항체가 생성되도록 하는 방법으로 생균백신, 사균백신, 순화독소 등을 사용하는 예방접종으로 얻어지는 면역을 말한다.

① 수동면역(passive immunity)
② 선천면역(natural immunity)
③ 자연능동면역(natural active immunity)
④ 인공능동면역(artificial active immunity)

TIP 능동면역과 수동면역
㉠ 능동면역 : 체내의 조직세포에서 항체가 만들어지는 면역으로 비교적 장기간 지속된다.
  • 자연능동면역 : 질병을 앓고 난 후 생기는 면역
    예 홍역, 수두 등을 앓고 난 뒤
  • 인공능동면역 : 인공적으로 항원을 투여해서 얻는 면역 = 예방접종
    예 볼거리, 풍진, 결핵, 소아마비, 일본뇌염 등의 예방주사
㉡ 수동면역 : 이미 형성된 면역원을 주입하는 것으로, 능동면역보다 효과가 빠르지만 빨리 사라진다.
  • 자연수동면역 : 모체의 태반을 통해 얻는 면역
  • 인공수동면역 : 면역혈청 등을 통해 얻는 면역

2018. 6. 23 제2회 서울특별시

2 모유수유를 한 영아가 모유수유를 하지 않은 영아에 비해 감염균에 대한 면역력이 높았다. 이에 해당하는 면역(immunity)의 종류는?

① 자연능동면역
② 자연수동면역
③ 인공능동면역
④ 인공수동면역

TIP 태반 또는 모유에 의한 면역은 자연수동면역에 해당한다.

Answer 1.④ 2.②

2018. 6. 23 제2회 서울특별시

3 감염병 관리방법 중 전파과정의 차단에 대한 설명으로 가장 옳은 것은?

① 홍보를 통해 손씻기와 마스크 착용을 강조하였다.
② 조류 인플루엔자 감염 오리를 모두 살처분하였다.
③ 노인인구에서 신종인플루엔자 예방접종을 무료로 실시하였다.
④ 결핵환자 조기발견을 위한 감시체계를 강화하였다.

> **TIP** 감염병의 예방관리 방법
> ⊙ 병원체와 병원소 관리 : 감염병 관리의 가장 확실한 방법은 병원체나 병원소를 제거하는 것이다.
> ⓒ 전파과정 관리 : 전파과정의 차단에는 검역과 격리, 매개곤충관리, 환경위생과 식품위생, 개인위생 등이 포함된다.
> ⓒ 숙주 관리 : 숙주의 면역력을 증강시키는 방법으로 예방접종과 톡소이드 혹은 면역글로불린 접종 등의 방법이 있다. 이미 감염된 환자나 보균자는 조기발견 및 조기치료를 시행함으로써 합병증을 막고 필요한 격리를 시행하여 다른 사람에게 전파되는 것을 막을 수 있다.
> ※ 감염병의 생성과 전파 … 병원체가 숙주에 기생하면서 면역반응이나 질병을 일으키는 것이 감염병의 본질이기 때문에 감염병이 생성되기 위해서는 병원체로부터 숙주의 저항에 이르기까지 다음과 같은 단계를 거친다.

병원체	병원소	병원체 탈출	전파	침입	숙주의 저항
• 바이러스 • 세균 • 진균 • 원충생물 • 기생충 등	• 인간(환자, 보균자) • 동물 • 흙 • 물 등	• 호흡기 • 소화기 • 비뇨생식기 • 피부(상처) • 태반 등	• 직접전파 • 간접전파	• 호흡기 • 소화기 • 비뇨생식기 • 피부(상처) • 태반 등	• 면역(선천, 후천) • 영양 • 건강 등

2017. 3. 18 제1회 서울특별시

4 다음 〈보기〉에서 설명하는 수인성 감염질환으로 가장 옳은 것은?

― 보기 ―
• 적은 수의 세균으로 감염이 가능하여 음식 내 증식 과정 없이 집단 발병이 가능하다.
• 최근 HACCP(위해요소 중점 관리기준) 도입 등 급식위생 개선으로 감소하고 있다.

① 콜레라
② 장티푸스
③ 세균성이질
④ 장출혈성대장균감염증

> **TIP** 세균성이질 … 시겔라(Shigella) 균에 의한 장관계 급성 감염성 질환으로 제1군 감염병이다. 환자 또는 보균자가 배출한 대변을 통해 구강으로 감염되며, 매우 적은 양(10~100개)의 세균으로도 감염을 일으킨다.

Answer 3.① 4.③

2017. 3. 18 제1회 서울특별시

5 다음은 감염병의 중증도에 따른 분류이다. 이때, 수식 '[(B+C+D+E) / (A+B+C+D+E)]×100'에 의해 산출되는 지표는?

	총 감수성자(N)			
	감염(A+B+C+D+E)			
불현성감염(A)	현성감염(B+C+D+E)			
	경미한 증상(B)	중증도 증상(C)	심각한 증상(D)	사망(E)

① 감염력(infectivity)
② 이차발병률(secondary attack rate)
③ 병원력(pathogenicity)
④ 치명률(case fatality rate)

> **TIP** 병원력(pathogenicity) … 숙주에게 감염되어 알아볼 수 있는 질병을 일으키는 능력으로 병원체의 증식속도, 증식하면서 나타난 숙주세포의 영향, 독소생성의 정도 등이다. 전체 감염자 중 현성감염자의 비율로 구한다.

2017. 3. 18 제1회 서울특별시

6 다음 중 신생아가 모유 수유를 통해서 얻을 수 있는 면역의 형태로 옳은 것은?

① 자연능동면역
② 인공능동면역
③ 자연수동면역
④ 인공수동면역

> **TIP** 면역
>
> | 구분 | | | 내용 |
> |---|---|---|---|
> | 선천적 면역 | | | 종속 면역, 인종 면역, 개인 특이성 |
> | 후천적 면역 | 능동면역 | 자연동 | 질병 감염 후 얻은 면역(병후면역: 홍역, 천연두 등) |
> | | | 인공능동 | 예방접종으로 얻어지는 면역(결핵, B형 간염 등) |
> | | 수동면역 | 자연수동 | 모체로부터 태반이나 유즙을 통해 얻은 면역 |
> | | | 인공수동 | 동물 면역 혈청 및 성인 혈청 등 인공제제를 접종하여 얻은 면역 |

Answer 5.③ 6.③

2017. 3. 18 제1회 서울특별시

7 다음 감염병 중 모기를 매개체로 한 감염병으로 옳지 않은 것은?

① 뎅기열
② 황열
③ 웨스트나일열
④ 발진열

> **TIP** ④ 발진열은 동양쥐벼룩을 통해 전염되며 리케치아균이 섞인 벼룩의 분변이 벼룩이 물어서 생긴 병변을 오염시켜 감염되는 리케치아 감염병의 일종이다.

2017. 6. 24 제2회 서울특별시

8 법정감염병에 관한 사항으로 가장 옳은 것은?

① 군의관은 소속 의무부대장에게 보고하며, 소속 의무부대 장은 국방부에 신고한다.
② 의사, 한의사는 소속 의료기관장에게 보고하며, 의료기관의 장은 관할 보건소장에게 신고한다.
③ 지체 없이 신고해야 하는 감염병은 제1군부터 제3군까지의 감염병이다.
④ 지정감염병의 종류에는 임질, 수족구병, 큐열 등이 있으며, 7일 이내에 신고해야 한다.

> **TIP** ① 육군, 해군, 공군 또는 국방부 직할 부대에 소속된 군의관은 소속 부대장에게 보고하여야 하고, 보고를 받은 소속 부대장은 관할 보건소장에게 지체 없이 신고하여야 한다.
> ③ 제1군감염병부터 제4군감염병까지의 경우에는 지체 없이, 제5군감염병 및 지정감염병의 경우에는 7일 이내에 보건복지부장관 또는 관할 보건소장에게 신고하여야 한다.
> ④ 큐열은 인수공통감염병에 해당한다.
> <2020년 감염병관리사업지침 개정사항>
> • 감염병 분류체계 및 종류 : 제1급~제4급감염병
> • 감염병 신고, 보고시기 : 제1급감염병-즉시, 제2급~제3급감염병-24시간 이내, 제4급감염병-7일 이내

2016. 6. 25 서울특별시

9 다음 중 감마 글로불린(γ-globulin) 또는 항독소(antitoxin) 등의 인공제제를 주입하여 생긴 면역은?

① 인공피동면역(artificial passive immunity)
② 인공능동면역(artificial active immunity)
③ 자연피동면역(natural passive immunity)
④ 자연능동면역(natural active immunity)

> **TIP** 면역의 종류
> ㉠ 선천적 면역 : 선천적으로 체내에 그 병에 대한 저항성을 가지고 있는 상태
> ㉡ 인공능동면역 : 예방접종을 통해 항체를 형성하는 것(백신, 톡소이드)
> ㉢ 인공수동(피동)면역 : 이물질에 노출 없이 감마글로불린 주사로 항체를 공급받는 것
> ㉣ 자연능동면역 : 질병을 앓고 난 후 면역을 획득하는 것
> ㉤ 자연수동(피동)면역 : 태아가 태반을 통해 모체로부터 항체를 획득하는 것

Answer 7.④ 8.② 9.①

02. 감염병

출제 예상 문제

1 인공수동면역에 해당하는 것은?

① 파상풍 항독소
② BCG 백신
③ 디프테리아 백신
④ 예방적 항결핵제

TIP ① 수동면역이란 다른 생체가 만든 항체가 받아들여 면역을 얻는 것으로 태아가 태반을 통하여 모체로부터 면역체를 받는 자연적 수동면역과 파상풍 항독소와 같은 인공적 수동면역의 방법이 있다. 만일 파상풍균에 감염되었다면 다량의 항체가 발생하는데 이를 다른 감염되지 않은 개체에게 투여함으로서 이 병원균에 대한 수동면역이 발생하게 된다.
주사 등을 통한 수동면역은 주사와 동시에 면역을 얻을 수 있지만, 일반적으로 지속기간이 짧고 면역의 정도도 약하다.

※ 후천적 면역 … 질병이환 후나 예방접종 등으로 얻는 면역으로 획득면역이라고도 한다.
   ㉠ 능동면역

구분	내용
인공능동면역	생균백신, 사균백신, 순환독소의 예방접종 후 생기는 면역
자연능동면역	질병이환 후 면역(장티푸스, 소아마비)

   ㉡ 수동면역

구분	내용
자연수동면역	자기의 힘으로 생긴 면역이 아니고 다른 사람(모체)나 동물에서 만든 항체를 얻어서 생긴 면역
인공수동면역	회복기 혈청 항독소를 환자 또는 위험에 처해 있는 사람에게 주어 면역을 얻는 방법

   ㉢ 능동면역과 수동면역의 비교

구분	능동면역	수동면역
장점	• 장기간 지속 • 비교적 강력한 면역력 획득 • 한 번 주사로 여러 질병 면역 획득	• 효과가 빠름 • 치료용, 응급처치용으로 사용 가능
단점	• 늦게 나타나는 효과 • 부작용 가능성	• 짧은 지속 시간 • 비교적 약한 저항력

Answer 1.①

2 병원체가 생존하고 증식하면서 감수성 있는 숙주에 전파 시킬 수 있는 생태적 지위에 해당하는 사람, 동물, 곤충, 흙, 물 등을 말하는 것은 무엇인가?

① 감염원
② 오염원
③ 병원소
④ 개달물

> **TIP** ③ 병원소란 감염병을 일으키는 병원체가 서식하는 장소를 말한다. 2014년 아프리카를 휩쓴 에볼라 바이러스의 자연계 병원소는 박쥐로 알려져 있으며, 레지오넬라증의 경우 물이 가장 중요한 병원소(감염원)라 알려져 있다.
> ※ 병원소 … 병체가 생활, 증식하고 생존하여 질병을 전파할 수 있는 상태로 저장되는 장소를 말한다. 병원소는 인간병원소, 동물병원소, 토양, 곤충 등으로 구분된다.
> ㉠ 인간 병원소
>
> | 구분 | 내용 |
> |---|---|
> | 환자 | 현성 감염자 |
> | 무증상 감염자 | 불현성 감염자 |
> | 보균자 | 잠복기 보균자, 회복기 보균자, 건강 보균자 |
>
> ㉡ 동물 병원소
>
> | 구분 | 질병 |
> |---|---|
> | 쥐 | 페스트, 발진열, 살모넬라증, 와일씨병, 서교증 등 |
> | 소 | 결핵, 탄저, 파상열, 살모넬라증 |
> | 돼지 | 살모넬라증, 파상열 |
> | 양 | 탄저, 파상열, 보툴리즘 |
> | 새 | 유행성 일본뇌염, 살모넬라증 |
>
> ㉢ 토양 : 파상풍, 보툴리즘, 구충증 등 아포형성균이 다수
> ㉣ 곤충
>
> | 구분 | 질병 |
> |---|---|
> | 파리 | 장티푸스, 콜레라, 파라티푸스, 세균성 이질, 폴리오 |
> | 모기 | 뇌염, 말라리아, 사상충, 뎅구열, 황열 등 |
> | 이 | 발진티푸스, 재귀열 |
> | 벼룩 | 발진열, 페스트 |

Answer 2.③

3 감염병예방법에 규정된 법정감염병 중 제3급감염병이 아닌 것은?

① 유행성 이하선염
② 레지오넬라증
③ 발진티푸스
④ 라임병

> TIP ① 제2급감염병이다.

4 어린이에게 투베르쿨린 검사시 결핵에 대한 양성판정 기준을 10mm에서 5mm로 낮출 때 결과는?

① 민감도와 특이도가 증가한다.
② 민감도와 특이도가 감소한다.
③ 민감도는 증가하고 특이도는 감소한다.
④ 민감도는 감소하고 특이도는 증가한다.

> TIP ③ 민감도는 결핵감염일 경우 양성을 나타낼 확률(병이 있는 사람을 병이 있다고 판정할 수 있는 능력)을 말하고, 특이도는 병이 없는 사람을 병이 없다고 판정할 수 있는 능력을 말하므로 양성판정의 기준을 낮추면 민감도는 증가하고 특이도는 감소한다.

5 1회 접촉으로 후천성 면역결핍증에 걸릴 수 있는 가능성이 가장 높은 것은?

① 환자와의 성 접촉
② 수혈
③ 주사기 공동사용
④ 보균자와의 성 접촉

> TIP ② 혈액을 통한 감염이 빠르고 확실하므로 가장 위험하다.

6 들에서 일하던 농부가 들쥐에게 물려 질병에 감염된 경우 이와 관련깊은 감염병은?

① 쯔쯔가무시병
② 유행성 출혈열
③ 탄저병
④ 브루셀라증

> TIP ① 들쥐나 진드기에 물려 감염되는 질병이다.

Answer 3.① 4.③ 5.② 6.①

7 DPT접종을 통해 예방할 수 있는 질병은?

① 결핵, 백일해, 파상풍
② 디프테리아, 장티푸스, 파상풍
③ 결핵, 홍역, 백일해
④ 디프테리아, 백일해, 파상풍

> **TIP** DPT … 디프테리아(Diphtheria), 백일해(Pertussis), 파상풍(Tetanus)의 예방혼합백신을 말한다. 디프테리아, 백일해, 파상풍은 모두 세균이 일으키는 전신성 질병으로, 특히 어린이가 감염되면 생명이 위험할 정도로 무서운 질병이다. 따라서 철저한 예방접종의 실시가 우선되어야 한다.

8 다음 중 순환독소(Toxoid)를 이용한 면역은?

① 자연능동면역
② 인공능동면역
③ 자연수동면역
④ 인공수동면역

> **TIP** 인공능동면역 … 생균백신, 사균백신, 순환독소를 예방접종하여 생기는 면역으로 파상풍, 디프테리아 등이 있다.

9 다음 중 개달물에 해당하는 것은?

① 우유
② 주사바늘
③ 수건
④ 파리

> **TIP** 개달물 … 병원체를 전파하는 비활성 전파체로 물, 우유, 식품, 공기, 토양을 제외한 모든 무생물을 말한다. 의복, 침구, 책, 완구 등이 있다.

10 중간숙주의 연결이 잘못된 것은?

① 렙토스피라증 – 쥐, 가축
② 광절열두조충 – 연어, 광어
③ 선모충 – 돼지
④ 재귀열 – 파리

> **TIP** ④ 재귀열의 중간숙주는 진드기나 이이다.

Answer 7.④ 8.② 9.③ 10.④

11 다음 중 톡소이드가 예방 및 치료제로 쓰이는 질병은?

① 디프테리아
② 렙토스피라증
③ 매독
④ 콜레라

> **TIP** 톡소이드(Toxoid) … 병원균 독소의 독성을 제거하고 면역발생력을 유보한 액으로 변성독소, 아나톡신이라고도 한다. 주로 디프테리아나 파상풍의 예방에 응용된다. 즉, 인체에 디프테리아균이 침입하면 그 균체외 독소 때문에 디프테리아에 걸리는데, 동시에 이 독소의 작용에 의하여 독소를 중화하는 항독소가 체내에 자연적으로 발생하여 그것이 충분히 발생하면 질병은 자연히 치유된다. 그러나 부족할 때에는 항독소를 주사하면 질병을 고칠 수 있다.

12 다음 중 바이러스 감염병에 속하는 것은?

① 장티푸스
② 발진열
③ 백일해
④ 일본뇌염

> **TIP** 병원체 유형별 감염병의 분류
> ㉠ 바이러스성 감염병 : 0.01~0.3㎛ 정도로 전자 현미경으로만 관찰이 가능하고 세포 내에 기생한다. 홍역, 폴리오, 유행성 간염, 일본뇌염, 공수병, 유행성 이하선염, 에이즈 등이 있다.
> ㉡ 세균성 감염병 : 디프테리아, 결핵, 장티푸스, 콜레라, 세균성 이질, 페스트, 파라티푸스, 성홍열, 백일해, 매독, 임질, 나병 등이 있다.
> ㉢ 리케차성 감염병 : 발진열, 발진티푸스, 양충병, 록키산 홍반열, Q열 등이 있다.
> ㉣ 원충성 감염병 : 아메바성 이질, 말라리아, 간·폐디스토마, 회충 등이 있다.
> ㉤ 진균 또는 사상균 : 무좀 등 각종 피부질환의 원인균이다.

13 신경계의 급성 중독을 일으키는 신경독소는?

① 살모넬라
② 비브리오
③ 보툴리누스
④ 여시니아

> **TIP** 보툴리누스
> ㉠ 편성혐기성, 그람 양성의 아포 형성균인 보툴리누스균(Clostridium Botulinum)이 생산한 균체외 독소(신경독)에 의하여 보툴리누스 중독 또는 보툴리누스증(Botulism)이 일어난다.
> ㉡ 일반적인 보툴리누스 중독은 식품 내에서 보툴리누스균이 증식하였을 때에 생산된 독소를 식품과 함께 섭취하여 발병한다.

Answer 11.① 12.④ 13.③

14 조류독감의 예방온도로 옳은 것은?

① 75℃에서 5분간 살균한다.
② 80℃에서 5분간 살균한다.
③ 100℃에서 5분간 살균한다.
④ 방법이 없다.

TIP 조류독감
- ⓘ 증상 : 일반 독감과 같이 고열, 기침, 목 따가움, 근육통 등의 증상을 보이며 눈이 충혈되는 결막염이 나타날 수도 있다.
- ⓛ 감염경로 : 조류독감 바이러스는 감염된 조류와 직접 접촉하거나 이들의 배설물에서 감염된다.
- ⓒ 예방법 : 일단 감염된 조류와 접촉하지 말고, 독감에 걸리지 않도록 한다.
- ⓔ 치료법 : 항바이러스 제제를 복용하면 바이러스 증식을 억제할 수 있는데, 아직 확실한 백신제는 없는 상황이다.
- ⓜ 조류독감 바이러스의 사멸 : 조류독감 바이러스를 예방하기 위해서는 음식물 조리시 60~70℃에서는 30분, 75℃에서는 5분, 80℃에서는 1분간 조리한다. 100℃에서는 즉시 사멸한다.

15 감염병 전파의 6가지 요인 중 환경요소에 속하는 것은?

① 전파
② 병원체
③ 병원소
④ 감수성

TIP 질병발생의 3요소와 감염병 생성과정(6단계)
- ⓘ 병인
  - 병원체
  - 병원소
- ⓛ 환경
  - 병원소로부터 병원체 탈출
  - 전파
  - 병원체의 새로운 숙주로의 침입
- ⓒ 숙주 : 숙주의 감수성

Answer 14.① 15.①

공중보건

05 PART
식품위생과 위생해충

01 식품위생
02 위생해충과 기생충

01 식품위생

01 식품위생의 개요

❶ 식품위생의 정의

(1) WHO(환경위생 전문회의)의 정의

식품위생은 식품의 생육, 생산, 제조에서 최종적으로 사람에게 섭취되기까지의 모든 단계에서 안전성, 건전성, 완전무결성을 확보하기 위한 모든 수단이다.

(2) 우리나라의 정의

식품위생이란 식품, 식품첨가물, 기구 및 용기·포장 등을 대상으로 하는 음식에 관한 위생을 말한다〈식품위생법 제2조 제11호〉.

❷ 식품에 의한 감염병

(1) 특징
① 폭발적으로 발생한다.
② 기온이 높은 여름철에 주로 발생한다. 여름철은 미생물이 성장·생육하기 좋은 조건이고, 장관의 수분과다로 내성이 저하되어 있기 때문에 감염병이 많이 발생한다.

(2) 식품취급 시 유의점
① 원료보관실, 제조가공실, 포장실 등의 내부는 항상 청결해야 한다.
② 원료 및 제품 중 부패·변질이 되기 쉬운 것은 냉장·냉동 보관한다.
③ 제조, 가공 또는 포장에 직접 종사하는 자는 위생모를 착용해야 한다.

④ 우유와 산양유는 같은 제조실에서 처리·가공하거나 섞어 넣지 말아야 한다.

⑤ 제조, 가공, 조리에 상용되는 기계, 기구 및 음식기는 사용 후에 세척, 살균 등 항상 청결하게 유지·관리해야 한다.

⑥ 식품접객업소의 경우 냉면육수, 칼, 도마, 행주 등은 식품 등의 기준 및 규격이 정하는 미생물 권장규격에 적합하도록 관리해야 한다.

⑦ 식품 저장고에 해충구제 및 방서를 실시하고 동물사육을 금한다.

⑧ 야채는 흐르는 물에 5회 이상 씻는다.

⑨ 유지식품은 일광을 차단하고 라면은 빛을 차단하여 보관한다.

02 식품의 관리

(1) 소독법

① 가열
  ㉠ 고압증기멸균 : 115.5℃에서 30분간 가열, 121.5℃에서 20분간 가열, 126.5℃에서 15분간 가열한다.
  ㉡ 저온멸균 : 63℃에서 30분간 가열하는 방법으로, 우유소독 시 사용된다.
  ㉢ 간헐멸균 : 저온상태에서 포자살균한다.
  ㉣ 화염멸균 : 금속·유리·자기제품 소독 시 이용된다.
  ㉤ 유통증기멸균 : 100℃에서 30~60분 가열한다.
  ㉥ 건열멸균법

② 자외선 조사
  ㉠ 처리 후 성분변화가 거의 없지만 침투력이 없다.
  ㉡ Dorno-ray(2,400~3,200Å)가 살균효과가 크다.
  ㉢ 내성이 생기지 않고 피조사물에 변화를 주지 않는다.
  ㉣ 사용법이 간단하고 모든 균종에 효과적이며 살균효과가 크다.
  ㉤ 장시간 사용 시 지방류를 산패시킨다.
  ㉥ 피부조사 시 붉은 반점이 생기고 눈에 결막염과 각막염을 유발한다.

③ 화학적 소독 … 화학적 소독제는 살균력이 강하고 인체에 독성이 없으며 냄새가 없어야 한다. 또 수용성이고 값이 저렴해야 한다.
  ㉠ 수은 : 0.1% 승홍수와 25% Mercurochrome수를 사용한다. 피부점막 소독에 이용된다.
  ㉡ 염소 : 상수도와 음료수 소독에 이용된다.
  ㉢ 3% 과산화수소 : 상처소독용으로, 주로 구강소독에 이용된다.

  ② 방향족 : 손소독 및 기구, 용기 소독에 이용된다.
  ⑩ 표백분 : 우물물, 풀장 소독에 이용된다.
  ⑪ 요오드 : 물에 녹지 않는다.
  ⊗ 오존 : 목욕탕 소독에 이용된다.
  ⊙ 역성비누 : 손소독, 기구나 용기소독에 이용된다.

(2) 변질방지법

① 건조 … 수분함량 15% 이하는 생육 불능, 곰팡이는 수분함량 13% 이하로 건조시킨다.

② 냉장·냉동법 … 10℃ 이하에서는 번식이 억제되고, -5℃ 이하에서는 번식이 정지된다.
  ㉠ 냉장법 : 1~10℃ 사이에서 저장하는 방법이다.
  ㉡ 냉동법 : 0℃ 이하에서 저장하는 방법이다.

③ 가열법
  ㉠ 식품 중의 효소를 파괴해 자기소화작용을 억제하므로 변질을 막는 방법이다.
  ㉡ 120℃에서 20분 가열로 미생물이 완전멸균된다.
  ㉢ 향미와 비타민 등의 영양소가 파괴되는 단점이 있다.

④ **염장법·당장법** … 탈수작용과 염소이온의 직접적 작용 등에 의한 보존법이다. 염장은 10~20%, 당장은 40~50% 절임법이 일반적이다.

⑤ 산저장법 … pH 5.0 이하의 초산이나 젖산을 이용한다.

⑥ 가스법 … CO_2, N_2 가스를 이용한다.

⑦ 방부제
  ㉠ 허용된 첨가물만 사용한다.
  ㉡ 사용 허용량을 지킨다.
  ㉢ 독성이 없어야 한다.
  ㉣ 미량으로도 효과가 있어야 한다.
  ㉤ 무미·무취이어야 한다.

⑧ 밀봉법

⑨ 훈증, 훈연법

> **TIP** 식품 변질의 종류
> ㉠ 부패 : 단백질과 질소 화합물을 함유한 식품이 자기소화 또는 미생물 및 부패세균 등의 효소작용으로 인해 분해되어 아민류와 같은 독성물질과 악취가 발생하는 현상
> ㉡ 산패 : 지방이 미생물이나 산소, 햇빛, 금속 등에 의하여 산화 분해되어 불쾌한 냄새나 맛을 형성하는 것
> ㉢ 변패 : 탄수화물(당질)과 지질이 산화에 의하여 변성되어 비정상적인 맛과 냄새가 나는 현상
> ㉣ 발효 : 탄수화물이 미생물의 작용을 받아 유기산이나 알코올 등을 생성하는 것

03 식중독

① 세균성 식중독

(1) 분류

설사가 주증세이고, 감염형과 독소형으로 나뉜다.

① 감염형 … 살모넬라균, 장염 비브리오균, 병원성 대장균 등이 있다.

② 독소형 … 포도상구균과 보툴리누스균, 바실러스 세레우스균, 알레르기균 등이 있다.

③ 중간형 … 웰치균, NAG 비브리오균 등이 있다.

(2) 감염형 식중독

① 살모넬라균에 의한 식중독
   ㉠ 외부형태 : Gram 음성, 무포자, 간균, 주모균으로 역사상 가장 오래된 식중독균이다.
   ㉡ 원인균의 특징 : 생육 최적온도는 37℃이고, pH 7~8이다.
   ㉢ 증세 : 치사율은 낮으나 38~40℃의 심한 고열이 특징이다.
   ㉣ 원인식품 : 감염된 동물, 어육제품, 샐러드, 마요네즈, 유제품, 난류 등이다.
   ㉤ 예방 : 60℃에서 20분간 가열로 예방할 수 있다.
   ㉥ 잠복기 : 20시간이다.

② 장염 비브리오균에 의한 식중독
   ㉠ 외부형태 : Gram 음성, 간균
   ㉡ 원인균 : *Vibrio Parahaemolyticus*(호염균)로, 3~4%의 식염농도에서 잘 자라는 중온균이다.
   ㉢ 원인식품 : 어패류, 생선 등이다.
   ㉣ 특징
     • 콜레라균과 유사한 형태이다.
     • 균의 분열시간이 짧다(10분 이내).
     • 열에 약한 것이 특징이다.
   ㉤ 주요 증상 : 설사, 위장장애
   ㉥ 잠복기 : 평균 10~18시간이다.

③ 병원성 대장균에 의한 식중독
  ㉠ 외부형태 : Gram 음성, 주모균, 간균, 무아포성
  ㉡ 원인균 : *Escherichia Coli*
  ㉢ 증세 : 유아에게 전염성 설사, 성인에게는 급성 장염을 유발한다.

(3) 독소형 식중독

① 포도상구균에 의한 식중독
  ㉠ 외부형태 : Gram 양성, 구균, 무아포성, 무편모로 비운동성이다.
  ㉡ 원인균 : *Staphylococcus Aureus*로, 장독소인 엔테로톡신을 생성한다.
  ㉢ 원인식품 : 우유 및 유제품 등
  ㉣ 감염원 : 화농성 질환자
  ㉤ 주요 증상 : 복통, 구토, 설사, 구역질
  ㉥ 예방 : 화농성 환자의 식품취급을 금함으로써 예방을 할 수 있다.
  ㉦ 잠복기 : 1~6시간, 평균 3시간으로 짧다.

② 보툴리누스균에 의한 식중독(Botulism : 소시지의 중독)
  ㉠ 외부형태 : Gram 양성, 간균, 주모균, 아포 형성, 혐기성균이다.
   • 아포를 형성하며 내열성이 강하다.
   • 120℃에서 4분 이상 가열하여야 사멸한다.
   • 주모성 편모를 가지며 활발한 운동성이 있다.
  ㉡ 원인균 : *Clostridium Botulinum*로, 신경독소인 Neurotoxin을 생성하는 혐기성균이며 체외독소이다.
  ㉢ 원인식품 : 밀봉상태의 통조림, 햄, 소시지
  ㉣ 증세 : 신경마비 증세, 치명률(30~80%)이 높고 호흡곤란, 연하곤란, 복통, 구토, 설사 등의 현상이 일어나나 발열은 없다.
  ㉤ 잠복기 : 12~36시간이다.

③ 바실러스 세레우스 식중독 … Enterotoxin을 원인독소로 하는 설사형 식중독과 구토독소에 의한 구토형 식중독의 2가지 형태가 있다.
  ㉠ 원인균 : *Bacillus Cereus*균은 Gram 음성의 간균, 주모성 편모, 아포 형성, 호기성균
  ㉡ 잠복기 : 설사형은 8~20시간(평균 12시간), 구토형은 1~6시간(평균 3시간)이다.
  ㉢ 증상 : 설사형은 강한 복통과 수양성 설사가 특징이며 Welchii균에 의한 식중독과 유사하고, 구토형은 메스꺼움과 구토, 설사, 복통이 나타나며, 포도상구균 식중독과 유사하다.
  ㉣ 원인식품 : 토양 등 자연계에 널리 분포되어 있으므로 식품의 오염기회가 많다. 설사형은 향신료를 사용한 식품이나 요리, 구토형은 주로 쌀밥, 볶은밥을 통해 감염된다.

(4) 세균성 식중독의 특징

① 면역이 생기지 않는다.

② 많은 양의 세균이나 독소에 의해 발생한다.

③ 식품에서 사람으로 최종 감염된다.

④ 잠복기가 경구감염병보다 짧다.

⑤ 식중독균의 적온은 25~37℃이다.

⑥ 원인식품에 기인한다.

⑦ 감염형 식중독
  ㉠ 세균 자체에 의한 것으로, 대부분 급성 위장증세가 많다.
  ㉡ 균량이 발병에 영향을 준다.

❷ 화학적 식중독

(1) 의의
구토가 주증세이고 유해첨가물, 유해금속, 농약 중독이 있다.

(2) 화학적 식중독의 발생요인

① 제조, 가공, 보관 시에 유해물질의 혼입으로 발생한다.

② 용기, 포장재료에서 유해물질의 혼입으로 발생한다.

③ 유해첨가물의 혼입으로 발생한다.

④ 식품첨가물의 다량 사용시 발생한다.

⑤ 고의 또는 오인으로 발생한다.

⑥ 공해 또는 방사능 오염물질에 의해 발생한다.

❸ 자연독 식중독

(1) 의의

신경증상을 수반하고, 식물성과 동물성, 곰팡이로 구분할 수 있다.

(2) 식물성 식중독

① **독버섯**
- ㉠ **종류** : 광대버섯, 미치광이 버섯, 무당버섯 등이 있다.
- ㉡ **독성분** : 무스카린, 무스카리딘, 뉴린, 팔린, 필즈톡신 등이다.
  - 무스카린(Muscarine) : 붉은 광대버섯에 함유되어 있고, 독성이 매우 강하다. 호흡곤란과 위장장애를 일으킨다.
  - 무스카리딘(Muscaridine) : 많은 독버섯에 함유되어 있고 동공확대, 뇌증상 등이 생긴다.
  - 팔린(Phaline) : 알광대버섯에 함유되어 있고, 용혈작용과 콜레라 증상을 일으킨다.
  - 필즈톡신(Pilztoxin) : 균독소로 건조와 열에 약하고, 현기증과 뇌증상을 일으킨다.

② **감자** … 싹튼 부위에 솔라닌(Solanine)이라는 독성분이 있어 복통, 위장장애, 현기증 등의 증상을 보인다.

③ **두류, 인삼, 팥** … 사포닌(Saponin)의 독성분이 설사를 일으킨다.

④ **독 미나리** … 독성분은 씨큐톡신(Cicutoxin)이다.

⑤ **면실유** … 고시풀(Gossypol)이 독성분이다.

(3) 곰팡이 식중독

누룩곰팡이(Aspergillus), 푸른곰팡이(Penicillium) 등의 곰팡이는 대사과정에서 Mycotoxin을 생산하고 이는 급성 · 만성 장애를 일으킨다.

① **아플라톡신**
- ㉠ 진균독이며 간장, 된장을 담글 때 발생한다. 탄수화물이 많이 함유된 곡물류 등에서 주로 생성되며 간암을 유발시킨다.

  > **TIP** Aspergillus Flavus는 아플라톡신을 생성한다.

- ㉡ **최적온도** : 25~30℃이다.
- ㉢ **기질수분** : 16% 이상
- ㉣ **최적 pH** : pH 4
- ㉤ **최적습도** : 80~85%(80% 이상)

② 황변미 … 수분 14~15% 이상이 함유된 저장미에서 발생한다. 황변미 독에는 Cirinin, Islanditoxin, Citreoviridin 등이 있다.
　㉠ Cirinin : 위장독을 유발하는 독소이다.
　㉡ Islanditoxin : 간장독으로서 간암, 간경변증을 유발하는 독소이다.
　㉢ Citreoviridin : 신경독소이다.
③ 맥각독
　㉠ Ergotoxin은 보리, 밀 등을 기질로 번식하는 곰팡이가 분비하며 소화관 증상과 신경증상을 보인다.
　㉡ 임산부에게 유산 또는 조산을 가져온다.

(4) 동물성 식중독
① 복어
　㉠ 독력이 가장 강한 시기는 5~7월이며, 독소는 테트로도톡신(Tetrodotoxin)이다.
　　　TIP Tetrodotoxin … 복어의 생식기(고환, 난소), 창자, 간, 피부 등에 들어 있으며 독성분이 제일 강한 곳은 난소이다.
　㉡ 식중독 야기시 Cyanosis현상을 나타내며, 치사율이 60%로 높다.
　㉢ 주요 증상 : 운동마비, 언어장애, 지각이상, 호흡마비, 고열과 오한, 구순 및 혀의 지각 마비 등을 일으킨다.
　㉣ 대책 : 독성이 있는 부분을 먹은 경우 구토, 위 세척, 설사를 하여 위장 내의 독소를 제거한다.
② 모시조개(바지락), 굴 … 모시조개의 독소는 베네루핀(Venerupin)이다.
③ 대합조개, 섭조개 … 독소는 삭시톡신(Saxitoxin)이며 마비성 패독이다.

04 감염병 및 기생충 감염

1 감염병의 분류

(1) 경구감염병
① 장티푸스
　㉠ 특징 : 장의 임파조직, 담낭, 신장에 발생된다. 8~9월에 다발하고 발열이 특징이다.
　㉡ 병원균 : *Salmonella Typhi*
　㉢ 잠복기 : 1~3주이다.

② 파라티푸스 … 장티푸스와 비슷하다.

③ 콜레라
- ㉠ 증상 : 심한 위장장애와 전신장애의 급성 감염병이다.
- ㉡ 특징 : 해수, 어패류, 음료수의 오염섭취시 발생하고, 빈민가에서 주로 발생된다.
- ㉢ 병원균 : $Vibrio\ Cholera$
- ㉣ 잠복기 : 2~3일이다.

④ 세균성 이질
- ㉠ 증상 : 대장점막 궤양성 병변으로 점액성 혈변증상이 나타난다.
- ㉡ 병원균 : $Shigella\ Dysenteriae$
- ㉢ 잠복기 : 1~7일이다.

⑤ 소아마비
- ㉠ 증상 : 중추신경계 손상으로 5세 이하 소아에게 감염되어 마비증상을 보인다.
- ㉡ 병원균 : $Poli\ Virus$
- ㉢ 잠복기 : 1~3주이다.
- ㉣ 예방 : $Salk\ Vaccine$으로 예방접종한다.

⑥ 유행성 간염 … 황달과 간 장애를 유발한다.

(2) 인수공통 감염병

① 탄저병 … 포유동물로 주로 소, 말, 양

② 야토병 … 산토끼, 양

③ 결핵 … 소, 산양

④ 살모넬라 … 온혈동물

⑤ 파상풍 … 소, 돼지, 산양, 말, 산토끼, 개, 닭

⑥ Q열 … 쥐, 소, 양

⑦ 돈단독 … 돼지

2 기생충 감염

(1) 개요

① **토양매개형 기생충** … 중간숙주를 필요로 하지 않으며, 야채 등을 통하여 인체에 유입되며, 예방법으로는 야채를 익혀서 먹거나 깨끗이 씻어 먹어야 한다.

② **수륙매개형 기생충** … 1개의 중간숙주를 필요로 하는 돼지고기와 쇠고기, 2개의 숙주를 필요로 하는 어패류가 있으며, 예방법으로는 생식하지 말고 익혀서 먹는 방법이 최선이다.

(2) 기생충 감염경로

① 회충
  ㉠ 채소를 통해 경구에 침입하여 장내 군거생활을 한다.
  ㉡ 일광에 사멸하고 70℃로 가열시 사멸한다.
  ㉢ 채소류를 먹을 때 흐르는 물에 5회 이상 씻어서 충란을 제거한 뒤 먹는다.

② 요충
  ㉠ 집단생활하는 곳에서 많이 발생하고 경구침입하여 항문 주위에 산란한다.
  ㉡ 검사법으로는 스카치 테이프 검출법이 있다.

③ 십이지장충(구충)
  ㉠ 경피를 통해 감염되어 소장에 기생한다.
  ㉡ 옥외에선 꼭 신발을 신도록 한다.

3 식품위생검사

(1) 식품위생검사의 개념

① 식품에 의한 위해를 방지하기 위해 행하는 식품, 식품첨가물, 물, 기구 및 용기, 포장 등에 대한 검사를 말한다.

② 식품의 위생적인 적부와 변질상태, 이물 등의 혼입여부를 감별한다.

(2) 식품위생검사의 목적

① 식품으로 인해 발생하는 위해를 예방하고, 안전성을 확보한다.

② 식품에 의한 식중독이나 감염병 발생시 원인식품 등을 규명하고 감염경로를 추측한다.

③ 식품의 위생상태를 파악하여 식품위생에 관한 지도와 식품위생대책을 수립한다.

(3) 식품위생검사의 종류

① **생물학적 검사** … 세균수를 측정하여 오염의 정도나 식중독, 감염병의 원인균을 측정한다.

　㉠ 일반세균수의 검사(표준평판법)
- 검체를 표준한천배지에 35℃에서 48시간(또는 24시간) 배양하여 측정한다.
- 표준평판수(일반세균수)는 표준한천배지에서 발육한 식품 1g당의 중온균의 수이다.

　㉡ 대장균군의 검사
- 정성시험(대장균군의 유무 검사)

단계		내용
1단계	추정시험	• 액체는 그대로 또는 멸균생리적 식염수로 10진법으로 희석하고 고형시료는 10g을 멸균생리적 식염수 90mL에 넣고 Homogenizer 등으로 세척한다. • 이것을 원액으로 10배 희석액을 만들어 그 일정량을 BTB를 첨가한 유당 Bouillon 발효관에 이식하여 35 ± 0.5℃에서 24~48시간 배양한 후 가스가 발생하면 양성으로 한다. • 유당부(젖당부 ; Bouillon) 이온배지, LB(Lactose Broth) 발효관 배지나 고형배지를 사용한다.
2단계	확정시험	추정시험 결과가 양성인 것은 BGLB 발효관으로 이식하여 35 ± 0.5℃에서 24~ 48시간 배양한 후 가스가 발생하면 다시 EMB 한천배지나 Endo 평판배지에 옮겨 전형적인 대장균집락 형성 유무를 조사한다.
3단계	완전시험	• 확정시험 양성 집락에 대해 Gram 음성간균, 유당분해, 가스발생 등을 재확인한다. • Endo 평판배지, EMB 한천배지를 사용한다.

- 최확수(MPN)법 : 검체 100mL(g) 중의 대장균군의 최확수(MPN ; Most Probable Number)를 구하는 시험이다.
- Membrane Filter Method(MF법) : 다공성원형 피막인 Membrane Filter로 일정량의 검수를 여과하여 세균이 막면 위에 남게 되므로 그것을 엔도배지나 Mac Conkey 배지로 만든 한천평판에 올려놓거나 이들 배지를 스며들게 한 여지에 배양하여 막면위희집락 성상과 수로 대장균군의 검사 100mL 중의 균수를 산정한다.
- Paper Strip Method : 우유나 물 중의 대장균군 검사의 간이검사법으로 이용되는 방법이다.

　㉢ 장구균 검사 : 공정법의 미확립으로 검사법이나 사용배지가 검색자에 따라 다소 차이가 있다.

　㉣ 세균성 식중독의 검사 : 식중독이 발생하였을 경우 일반 세균수의 측정, 대장균군의 측정, 직접배양 등을 통하여 병원성 세균으로 추정되는 세균을 검출한다.

　㉤ 감염병균의 검사 : 식품을 통하여 감염을 일으키는 감염병균을 세균성 식중독균이나 용혈성 연쇄상구균의 각각의 검사법에 따라 계통적으로 검사한다.

　㉥ 곰팡이균과 효모의 검사 : Haward법을 이용하여 곰팡이나 효모의 수를 세어 검체 중의 세포수를 측정한다. EH 곰팡이용 배지를 이용하여 곰팡이의 형태를 관찰한다.

② **이화학적 검사** … 식품의 pH, 아민, 과산화물가, 카르보닐가 등을 측정하고, 어육의 단백질 침전반응 등을 검사한다.
③ **물리학적 검사** … 식품의 경도, 탁도, 점도, 탄성, 중량, 부피, 크기, 비중, 응고, 빙점, 융점 등을 검사한다.
④ **독성검사** … 동물 실험을 통하여 식품의 독성을 검사한다.
   ㉠ **급성 독성시험** : 시험동물에 시험물질을 1회 투여하여 그 결과를 관찰하는 것으로 맨 먼저 실시하는 독성시험이다. 독성은 보통 시험동물의 50%가 사망하는 것으로 추정되는 시험물질의 1회 투여량으로 체중 kg당 mg수 또는 g수로 표시하는 LD50으로 나타낸다.
   ㉡ **아급성 독성시험** : 시험동물에 시험물질을 치사량 이하의 용량을 여러 단계로 나누어 단기간(1~3개월 정도) 투여하여 그 결과를 관찰하는 것으로 투여량에 따를 영향과 체내 축적성 여부를 알아보는 시험이다.
   ㉢ **만성 독성시험** : 약 2년 정도의 기간 동안 소량의 시험물질을 계속하여 투여하면서 독성여부에 따른 영향을 관찰하는 것으로 물질의 잔류성과 축적성을 알아보는 시험이다.
⑤ **관능 검사** … 오감을 이용하여 식품의 성상, 맛, 포장상태, 냄새 등을 검사한다.
⑥ **식기구, 용기 및 포장의 검사**
   ㉠ **식기구류의 검사** : 전분성 잔류물 및 지방성의 잔류물 시험법 등을 이용하여 식기구류의 세정이 잘 되었는지 검사한다.
   ㉡ **합성수지 제품의 검사** : 착색료시험법에 의한 착색된 침출액의 검사와 자외선 등으로 형광료의 유무를 검사하고, 납, 카드뮴, 주석, 기타 중금속류의 화합물을 사용하는 것에 대한 검사도 한다.
   ㉢ **종이제품** : 착색료, 형광염료 등의 검사를 한다.
   ㉣ **통조림** : 내용물의 화학시험과 세균시험을 한다.

최근 기출문제 분석

2020. 6. 13. 제2회 서울특별시

1 자연독에 의한 식중독의 원인이 되는 독성분이 아닌 것은?

① 테트로도톡신(tetrodotoxin)
② 엔테로톡신(enterotoxin)
③ 베네루핀(venerupin)
④ 무스카린(muscarine)

> **TIP** ② 병원성 포도상 구균이 만들어 내는 내열성 독소로 오심, 복통, 구토, 설사 따위를 일으킨다.
> ① 복어독 ③ 바지락독 ④ 버섯독

2020. 6. 13. 제2회 서울특별시

2 식품의 보존방법 중 화학적 보존방법에 해당하는 것은?

① 절임법
② 가열법
③ 건조법
④ 조사살균법

> **TIP** ① 식품에 소금, 설탕, 식초를 넣어 삼투압 또는 pH를 조절함으로써 부패미생물의 발육을 억제하는 방법이며 김치, 젓갈, 잼, 가당연유, 마늘절임, 피클 등에 이용된다.
> ② 끓이거나 삶는 방법으로 식품에 부착된 미생물을 사멸시키고, 조직 중의 각종 효소를 불활성화시켜 자기소화작용을 저지함으로써 식품의 변질을 막는 방법이다.
> ③ 식품의 수분 함량을 낮춤으로써 미생물의 발육과 성분변화를 억제하는 방법이다. 천일건조는 햇볕이나 응달에서 말리는 방법으로 건포도, 곶감, 건어물, 산채 등에 사용되어왔고, 인공건조는 열풍, 분무, 피막, 냉동을 이용하는 방법으로 분유, 분말커피, 인스턴트 수프, 건조과일 등의 고급식품에 사용된다.
> ④ 방사선조사 살균방법은 식품에 열이 거의 발생되지 않고 물리적·화학적 변화 없이 원래 상태를 그대로 유지하면서 살균하는 기술로, 주로 식품의 식중독균 살균 및 유해 해충을 죽이는 데 이용된다.
> ※ 식품 보존의 방법
> ㉠ 물리적 방법 : 냉장, 냉동, 가열, 건조, 공기조절
> ㉡ 화학적 방법 : 염장, 당장, 산첨가, 보존료, 훈연, 천연물 첨가

Answer 1.② 2.①

2019. 6. 15 제2회 서울특별시

3 식품 변질에 대한 설명으로 가장 옳은 것은?

① 부패 : 탄수화물이나 지질이 산화에 의하여 변성되어 맛이나 냄새가 변하는 것
② 산패 : 단백질 성분이 미생물의 작용으로 분해되어 아민류와 같은 유해물질이 생성되는 것
③ 발효 : 탄수화물이 미생물의 작용을 받아 유기산이나 알코올 등을 생성하는 것
④ 변패 : 유지의 산화현상으로 불쾌한 냄새나 맛을 형성하는 것

> TIP ① 부패 : 단백질과 질소 화합물을 함유한 식품이 자가소화 또는 미생물 및 부패세균 등의 효소작용으로 인해 분해되어 아민류와 같은 독성물질과 악취가 발생하는 현상
> ② 산패 : 지방이 미생물이나 산소, 햇빛, 금속 등에 의하여 산화 분해되어 불쾌한 냄새나 맛을 형성하는 것
> ④ 변패 : 탄수화물(당질)과 지질이 산화에 의하여 변성되어 비정상적인 맛과 냄새가 나는 현상

2018. 6. 23 제2회 서울특별시

4 〈보기〉에서 설명하는 대표적인 식중독 원인 바이러스는?

---- 보기 ----
• 우리나라 질병관리본부에서 1999년부터 검사를 시작하였다.
• 저온에 강하여 겨울철에도 발생한다.

① 장출혈성 대장균 ② 살모넬라
③ 비브리오 ④ 노로바이러스

> TIP 노로바이러스는 계절적으로 겨울철에 많이 발생하는데, 이는 기존 식중독 바이러스들과는 달리 기온이 낮을수록 더 활발하게 움직이기 때문이다. 주로 굴, 조개, 생선 같은 수산물을 익히지 않고 먹을 경우에 주로 발생한다.

Answer 3.③ 4.④

2018. 6. 23 제2회 서울특별시

5 우리나라에서 가장 많이 발생하는 포도상구균식중독에 대한 설명으로 가장 옳은 것은?

① 신경계 주 증상을 일으키며 사망률이 높다.
② 다른 식중독에 비해 발열증상이 거의 없는 것이 특징이다.
③ 원인물질은 장독소로 120℃에 20분간 처리하면 파괴된다.
④ 원인식품은 밀봉된 식품, 즉 통조림, 소시지 등이다.

> **TIP** ① 포도상구균식중독에 감염된 경우 복통, 설사, 구토 등의 증상을 보이며, 경미한 감염 및 식중독의 경우 일반적으로 2~3일 정도에 회복된다.
> ③ 원인물질인 장독소는 열에 강한 성질이 있어 120℃에 20분간 처리하여도 파괴되지 않고, 일단 섭취하게 되면 위 속과 같은 산성 환경에 강하고 단백분해효소에도 안정적이어서 위장관에서 잘 파괴되지 않는다.
> ④ 주로 우유, 고기, 계란과 샐러드와 같은 음식의 섭취로부터 야기된다.

2017. 6. 24 제2회 서울특별시

6 다음은 어떤 식중독에 대한 설명인가?

- 통조림, 소시지 등이 혐기성 상태에서 A, B, C, D, E형이 분비하는 신경독소
- 잠복기 12~36시간이나 2~4시간 이내 신경증상이 나타날 수 있음
- 증상으로 약시, 복시, 연하곤란, 변비, 설사, 호흡곤란
- 감염원은 토양, 동물의 변, 연안의 어패류 등

① 살모넬라 식중독
② 포도알균(포도상구균) 식중독
③ 보툴리누스 식중독
④ 독버섯 중독

> **TIP** 제시된 내용은 보툴리누스 식중독에 대한 설명이다. 보툴리누스 식중독은 독소형 식중독의 하나로 Clostridium botulinum 균이 증식하면서 생산한 단백질계의 독소물질을 섭취하여 일어나는 식중독이다.
> ① 살모넬라 식중독: 쥐티프스균(Salmonella typhimurium), 장염균(S. enteritidis) 등의 살모넬라 속에 의한 감염형 식중독으로 급성위장염의 증상을 보인다.
> ② 포도알균 식중독: Staphylococcus aureus가 식품 속에서 증식하여 산생하는 enterotoxin을 사람이 섭취함으로써 발생하는 전형적인 독소형 식중독으로 발증까지의 잠복시간은 2~6시간으로 짧고 복통, 구역질, 구토, 설사 등을 주증상으로 한다.
> ④ 독버섯 중독: 독버섯을 먹었을 때 일으키는 중독 증상으로 보통 독버섯을 먹은 뒤 30분~3시간 사이에 발생한다.

Answer 3.② 4.③

2017. 3. 18 제1회 서울특별시

7 식품의 변질 방지를 위하여 사용하는 저장법 중 가열법과 가장 거리가 먼 것은?

① 저온 살균법　　　　　　　　　② 고온 단시간 살균법
③ 초 고온법　　　　　　　　　　④ 훈연법

> **TIP** ④ 훈연법 : 식품에 훈연을 하여 특유의 풍미와 보존성을 주는 가공법
> ① 저온 살균법 : 60℃의 가열온도에서 30분간 열처리하는 재래적인 저온 장시간 살균법
> ② 고온 단시간 살균법(순간 고온 살균법) : 72~75℃에서 15~20초 가열처리하여 병원성균을 사멸시키는 방법
> ③ 초 고온 살균법 : 130~135℃에서 수 초 동안 가열하여 미생물을 사멸시키는 방법

Answer　7.④

출제 예상 문제

1 다음 중 식중독을 일으키는 식품과 원인물질이 맞게 짝지어진 것은?

① 고사리 – 아미그달린
② 청매 – 솔라닌
③ 목화 – 프타퀼로시드
④ 독미나리 – 시쿠톡신

> **TIP** ① 아미그달린은 살구씨와 복숭아씨 속에 들어 있는 성분이다.
> ② 솔라닌은 감자에 함유된 독성물질이다.
> ③ 프타퀼로사이드는 고사리에 들어 있는 성분이다.

2 포도상구균성 식중독에 대한 설명 중 옳지 않은 것은?

① 원인균은 Staphylococcus Aureus이다.
② 그람 양성의 무아포 구균이다.
③ 신경독소를 생성해 복통, 구토, 설사 등을 일으킨다.
④ 잠복기간이 3시간 정도로 짧은 것이 특징이다.

> **TIP** 장독소인 엔테로톡신(Enterotoxin)을 생성한다.

Answer 1.④ 2.③

3 복어중독에 관한 설명으로 옳은 것은?

① 원인독소는 일광이나 열에 약하다.
② 난소, 고환 등에 들어 있다.
③ Tetrodotoxin은 신경독소로 독력이 강하다.
④ 구토, 설사, 복통 등의 증상을 보인다.

> **TIP** ① 원인독소인 Tetrodotoxin은 일광이나 열에 강하여 106℃로 가열해도 파괴되지 않는다.
> ③ Tetrodotoxin은 신경독의 증상과 비슷하나 신경독소는 아니며 산란기인 5~7월에 독성이 가장 강하다.
> ④ 지각이상, 호흡장애, 운동장애, 언어장애 등의 증상을 보인다.
> ⑤ 산에는 강하나 알칼리에는 약하며, 치사율이 보통 60% 정도로 높은 편이다.

4 다음 중 식품과 독성의 연결이 옳지 않은 것은?

① Cicutoxin – 굴
② Solanine – 감자
③ Tetrodotoxin – 복어
④ Muscarine – 독버섯

> **TIP** Cicutoxin – 독미나리
> ※ 굴·모시조개의 독성분은 베네루핀(Venelupin)이다.

5 여름철 결혼식장에서 하객들이 오후 1시에 점심식사를 하고 오후 6시에 식중독에 감염되었다. 이후 심한 오심과 구토를 한 경우 이들이 감염된 식중독은?

① 포도상구균 식중독
② 비브리오 식중독
③ 보툴리누스 식중독
④ 살모넬라 식중독

> **TIP** 잠복기가 5시간으로 짧고 복통과 구역의 증상을 나타내는 것은 포도상구균에 의한 식중독이다. ①을 제외한 식중독의 잠복기는 ② 10~18시간, ③ 12~36시간, ④ 20시간으로 모두 길다.

Answer 3.② 4.① 5.①

6 다음 중 감염형 식중독균은 어느 것인가?

① *Vibrio Parahaemolyticus*
② *Clostridium Welchii*
③ *Costridium Botulinum*
④ *Staphylococcus Aureus*

> **TIP** ① 장염 비브리오 식중독의 원인균으로 살모넬라(*Salmonella*) 식중독, 병원성 대장균(*Escherichia Coli*) 식중독과 함께 세균성 감염형 식중독에 해당된다.
> ② 웰치균에 의한 식중독은 감염형과 독소형의 중간형태이다.
> ③④ 각각 보툴리누스균 식중독과 포도상구균 식중독의 원인균으로 대표적인 세균성 독소형 식중독이다.

7 다음 중 감염형 식중독이 아닌 것은?

① 병원성 대장균
② 장염 비브리오균
③ 살모넬라균
④ 포도상구균

> **TIP** ④ 세균성 식중독에는 감염형과 독소형이 있는데 살모넬라균, 장염 비브리오균, 병원성 대장균, 애리조나균 등이 감염형이고, 포도상구균, 보툴리누스균, 바실러스 세레우스, 알레르기에 의한 식중독은 독소를 만들어 식중독을 일으키는 독소형 식중독이다.

8 다음 중 신경독소를 배출하고 사망률이 가장 높은 식중독은?

① 보툴리누스 식중독
② 포도상구균 식중독
③ 알레르기성 식중독
④ 살모넬라 식중독

> **TIP** 보툴리누스 식중독 … *Botulinus*균이 혐기성 조건하에서 증식할 때 생산되는 신경독소(Neurotoxin)에 의하여 일어나는 것으로 치명률이 가장 높은 대표적인 독소형 식중독이다.
> ⊙ 잠복기 : 일반적으로 12~36시간이다.
> ⓒ 증상 : 복시, 동공 확대, 실성, 연하곤란, 호흡곤란 등 신경계 증상이 나타나며, 신경증상 전에 구역, 구토, 복통, 설사 등의 소화계 증상이 나타나는 경우도 있다.
> ⓒ 사망률 : 30~80%로 세균성 식중독 중에서 가장 높다.

Answer 6.① 7.④ 8.①

9 가을철 식당에서 음식을 먹은 학생들이 24시간 내에 구토와 설사·복통을 일으킨다면 무엇을 의심할 수 있겠는가?

① 포도상구균
② 살모넬라
③ 비브리오
④ 보툴리누스균

> **TIP** 잠복기 … 포도상구균 - 3시간, 살모넬라 - 20시간, 비브리오 - 10~18시간, 보툴리누스균 - 12~36시간
> ※ 보툴리누스균에 의한 식중독(Botulism : 소시지의 중독)
>   ㉠ 외부형태 : Gram 양성, 간균, 주모균, 아포 형성, 혐기성균이다.
>   ㉡ 원인균 : *Clostridium Botulinum*으로, 신경독소인 Neurotoxin을 생성하는 혐기성균이며 체외독소이다.
>   ㉢ 원인식품 : 밀봉상태의 통조림, 햄, 소시지
>   ㉣ 증세 : 신경마비 증세, 치명률(30~80%)이 높고 호흡곤란, 연하곤란, 복통, 구토, 설사 등의 현상이 일어나나 발열은 없다.
>   ㉤ 잠복기 : 12~36시간이다.

10 다음 세균성 식중독 중 잠복기가 짧은 것은?

① 포도상구균
② 장염 비브리오균
③ 살모넬라균
④ 보툴리누스균

> **TIP** 잠복기
>   ㉠ 살모넬라균 : 20시간
>   ㉡ 장염 비브리오균 : 10~18시간
>   ㉢ 포도상구균 : 1~6시간
>   ㉣ 보툴리누스균 : 12~36시간

11 다음 중 산패와 관련된 것이 아닌 것은?

① 산소
② 세균
③ 효소
④ 이산화탄소

> **TIP** 산패(변패) … 유지나 탄수화물이 공기 중의 산소, 물, 광선, 열, 효소 등의 물리·화학적 요인이나 세균 등의 미생물학적 요인에 의해 변질되는 것을 말한다.

Answer 9.④ 10.① 11.④

12 다음 중 식중독의 발생빈도가 가장 높은 것은?

① 살모넬라
② 장염 비브리오
③ 황색 포도상구균
④ 보툴리누스

> **TIP** 포도상구균 식중독
> ⑦ 1884년 Vaughn에 의해 최초로 보고된 이래 세계 각국에서 발생빈도가 가장 높은 식중독균이다.
> ⓒ 포도상구균 수십종이 있지만 그 중에서도 황색의 색소를 생산하는 황색 포도상구균이 식중독을 일으킨다.
> ⓒ 황색 포도상구균은 비교적 열에 강한 세균이나 80℃에서 30분 가열로 사멸된다. 그러나 황색 포도상구균이 생산한 장독소 (Enterotoxin)는 100℃에서 30분간 가열하여도 파괴되지 않는다.
> ⓔ 포도상구균은 살모넬라 등과 달리 7% 정도의 소금농도, 10~45℃ 온도영역에서 발육할 뿐만 아니라 다른 세균에 비해 산성 이나 알칼리성에서 생존력이 강한 세균이다.
> ※ 우리나라의 식중독 발생원인 … 살모넬라(46.5%) > 장염 비브리오(21%) > 황색 포도상구균(19.2%) > 자연독(2.4%)신경독 증상 을 나타낸다.

13 대장균에 대하여 바르게 설명한 것은?

① 부패 여부의 판정기준
② 자체의 특이성
③ 병원성균의 오염지표
④ 감염병 유발

> **TIP** 대장균은 병원성 세균의 오염지표이다.

14 자극성이 적고 무포자균에 대한 소독력이 강하여 구내염의 소독에 적당한 것은?

① 승홍수 – 0.1%
② 과산화수소 – 3%
③ 석탄산 – 3%
④ 크레졸 – 3%

> **TIP** ② 상처 소독용으로 널리 쓰이며 구강 소독에도 효과적이다.

Answer 12.③ 13.③ 14.②

15 다음 중 식품위생에서 사용 가능한 보존료는?

① Formaldehyde ② Benzoic Acid
③ Phenol ④ Methanol

> TIP Benzoic Acid(안식향산)는 가장 널리 사용되는 식품첨가제이다.

16 다음 중 중독에 의한 사망률이 말하는 것은?

① 치명률 ② 발병률
③ 유병률 ④ 병원력

> TIP 치명률 … 어떤 질병에 감염된 사람 중에서 그 질병으로 사망하는 사람이 차지하는 비율이다.

17 다음 식물성 식중독의 연결이 잘못된 것은?

① 감자 – Solanin ② 버섯 – Temuline
③ 바지락 – Venerupin ④ 복어 – Tetrodotoxin

> TIP ② Temuline은 보리의 독이고 버섯의 독소는 무스카린, 무스카라딘, 뉴린, 팔린, 필즈톡신 등이다.
> ※ 식중독의 독소
>   ㉠ 미나리 – Cicutoxin
>   ㉡ 면실유 – Gossypol
>   ㉢ 대합조개, 섭조개 – Saxitoxin
>   ㉣ 황변미 – Cirinin, Islanditoxin, Citreoviridin 등

Answer 15.② 16.① 17.②

18 다음의 용어설명 중 잘못된 것은?

① 병원소 : 사람(환자, 보균자), 동물, 토양, 식품
② 발병률 : 위험에 놓인 사람(접촉된 사람) 중에서 발병한 사람의 수
③ 발생률 : 일정 기간의 인구 중 새로이 발생한 특정 질병의 발생 건수(환자 수)
④ 유병률 : 일정 시점에서 인구 중 어떤 질병의 환자 수

> **TIP** 병원소 … 병원체가 생활하고 증식하면서 다른 숙주에게 전파될 수 있는 상태로 저장되는 장소이다. 식품은 매개전파체이지 병원소는 아니다.

19 농약으로부터 식품을 오염시킬 수 있는 물질은?

① 납   ② 염소
③ 카드뮴   ④ 비소

> **TIP** 비소 … 분유의 제2인산나트륨이나 두부의 소석회 등에 불순물로 들어 있는 화학물질로 식중독을 일으킨다. 또한, 농약으로부터 식품에 오염될 수 있는 물질이다.

Answer 18.① 19.④

20 포도상구균에 의한 세균성 식중독과 관계가 없는 것은?

① 신경독 증상을 나타낸다.
② 독소는 내열성이다.
③ 원인식품은 우유, 전분질 식품이다.
④ 독소는 Enterotoxin이다.

TIP ① 장독소인 엔테로톡신을 생성한다.

Answer 20.①

02 위생해충과 기생충

01 위생해충

❶ 위생해충의 개요

(1) 개념

위생해충이란 인간에게 직·간접적으로 피해를 주거나 질병의 매개가 되는 모든 곤충을 말한다.
① **직접적 피해**
　㉠ 피부외상
　㉡ 2차 감염
　㉢ 흡혈 및 영양물질 탈취
　㉣ 체내의 기생에 의한 피해
　㉤ 알레르기
　㉥ 수면 방해
② **간접적 피해** … 질병의 기계적·생물학적 전파와 정신적·경제적 피해 등이 있다.

(2) 위생해충의 발달사

① 1857년 … 체체파리의 나가다병 전파
② 1898년 … 얼룩날개모기의 말라리아 전파
③ 1900년 … 이집트 숲모기의 황열 전파
④ 1903년 … 체체파리의 수면병 전파
⑤ 1905년 … 진드기의 재귀열 전파
⑥ 1916년 … Aedes모기의 뎅기열 전파

⑦ 1948년 … 모기의 말라리아, 황열 전파

⑧ 1957년 … 질병과 곤충의 관계정립
　예 파리의 흑사병 전파

⑨ 1987년 … 파리의 종기독이 흡취, 건강한 사람의 피부에 전파

(3) 매개 곤충의 구제
① 구제원칙
　㉠ 발생 초기에 구제를 실시한다.
　㉡ 발생원인 및 서식처를 제거한다.
　㉢ 생태·습성에 따라 실시한다.
　㉣ 동시에 광범위하게 실시한다.

② 구제법
　㉠ **물리적 방법** : 환경관리(각종 트랩과 끈끈이 등을 사용하여 곤충의 서식, 휴식장소를 제거)
　㉡ **화학적 방법** : 속효성 및 잔효성을 가진 살충제를 사용하여 해충을 구제한다.
　㉢ **생물학적 방법** : 천적을 이용한다.
　㉣ **통합적 방법** : 2가지 이상의 방법이 있어야 한다.
　• 살충제
　　－독성의 종류 : 경구독성, 경피독성
　　－중독량 : 급성중독, 만성중독
　　－독성도 : 고도독성, 저도독성
　• 살충제 적용시 가열연무 살포방법
　　－휴대용 연무기 : 보행속도 1km/h, 살포폭 10m/h
　　－차량 연무기 : 차량속도 8km, 30~90m/h

2 위생해충의 특성

(1) 바퀴
① 습성
　㉠ 잡식성
　㉡ 가주성
　㉢ **야간 활동성** : 24시간 일주성
　㉣ **군서습성** : 바퀴의 분

② 구제(살충제)
　㉠ **독이법**(Poison Baits)
　㉡ **연무 및 훈증법** : 효과가 빠르다.
　㉢ **잔류분무** : 완전구제가 가능하고 장시간 효과가 지속되며, 가장 경제적이다.
　㉣ **분제 살포**
③ **질병** … 장티푸스, 콜레라, 세균성 이질, 살모넬라, 소아마비, 유행성 간염, 페스트, 파상풍, 결핵 등을 유발한다.

(2) 파리

① **특성**
　㉠ 2회 탈피하고 3령기를 거친다.
　㉡ 천적은 기생벌이다.
　㉢ 구제용으로는 피라디크로벤젠을 사용한다.
　㉣ 장티푸스, 파라티푸스, 이질, 결막염, 콜레라, 결핵, 뇌수막염, 수면병 등 질병의 매개이다.
　㉤ 주간활동성을 지닌다.

② **종류**
　㉠ **쉬파리** : 난태성으로 자충이 모두 유성생식이고, 생선을 즐긴다.
　㉡ **쇠파리** : 흡혈한다.
　㉢ **체체파리** : 수면병을 매개하면서 자궁에서 부화한다.
　㉣ **집파리** : 음식물을 즐기며 변소, 쓰레기장, 퇴비장에 잘 발생한다.

③ **구제**
　㉠ 환경위생을 철저히 한다.
　㉡ 살충제 및 생석회 등을 이용하여 유충을 구제한다.
　㉢ 파리통, 파리채, 끈끈이, 살충제 등을 사용하여 성충을 구제한다.

(3) 쥐

① **분류**
　㉠ **시궁쥐(집쥐)** : 몸은 뚱뚱하며, 눈과 귀는 작고 전국적으로 분포한다. 하수구 주변이나 쓰레기장에 서식하며 땅 속에 구멍을 뚫고 살기도 한다.
　㉡ **지붕쥐(곰쥐)** : 도시의 고층건물에 서식하고, 꼬리가 몸통보다 길며 집쥐보다 약간 작다.
　㉢ **생쥐** : 주로 도시, 농작물 보관소, 농경지에 서식한다.
　㉣ **들쥐(등줄쥐)** : 황무지, 농경지, 산 밑에 서식하고 렙토스피라증을 매개한다.

> **TIP** **렙토스피라증** … 9~10월에 많이 발병되며 들쥐의 소변이 피부상처를 통해 감염되는 감염병이다.

② 습성
　㉠ 두 쌍의 문치가 계속 자라기 때문에 갉는 습성이 있다.
　㉡ 색맹과 근시로 시각이 빈약하나 청각은 잘 발달되어 있다.
　㉢ 후각이 미약해 하수구나 쓰레기장에 서식한다.
　㉣ 잡식성이다.
　㉤ 토하지 못한다.
　㉥ 개체 밀도가 봄에 높고 겨울에 낮다.
③ **질병** … 흑사병(페스트), 리케차성 질병으로 발진열, 쯔쯔가무시병, 살모넬라, 수면병, 유행성 출혈열, 선모충증 서교열, 와일씨병, 아메바성 이질 등이 있다.
④ 구제
　㉠ **급성 살서제**: ANTU, 인화아연, 레드스킬(인화아연이 가장 널리 사용됨) 등이 있다.
　㉡ **만성 살서제**: Famarrin, Warfarin(0.05%로 희석하여 사용한다) 등이 있다.
　㉢ **기피제**: 메틸브로마이드, 나프탈렌, Endrin, Thiram 등이 있다.

02 기생충

1 기생충의 개요

(1) 의의

① **개념** … 기생충은 인체 내에 기생하면서 영양분을 빨아먹는 등의 피해를 주는 해충으로 토양 매개성 기생충의 감염률은 전반적으로 현저히 감소하는 데 반해, 외국여행의 기회가 증가되면서 수입육류의 증가로 기생충 수입이 증가되고 있다.

② 피해
　㉠ 영양물질의 탈취·흡혈
　㉡ 기계적 장애
　　• 폐포손상과 인과성 폐렴
　　• 회충의 군거생활에 의한 장 폐쇄
　　• 구충의 표피침입에 의한 작열감과 소양감 등
　㉢ 유독물질 분비에 의한 장애
　㉣ 유구낭충에 의한 뇌·피하·안부 등의 낭충증 장애
　㉤ 심리적 장애

(2) 분류

① **선충류** … 회충, 편충, 요충, 십이지장충, 선모충, 아니사키스, 동양모양선충
② **흡충류** … 간흡충, 폐흡충, 요코가와흡충, 일본주혈흡충
③ **조충류** … 유구조충, 무구조충, 광절열두조충
④ **원충류** … 아메바성 이질, 람불 편모충, 말라리아 원충 등

❷ 기생충의 종류

(1) 토양매개 기생충

① 회충
  ㉠ 인간 병원소이며, 소화장애, 복통, 불안, 구토, 수면불안 등의 증상이 있다.
  ㉡ 생야채를 먹음으로써 토양 중의 충란이 직·간접적으로 감염된다.
  ㉢ 잠복기는 2개월이며, 분뇨의 위생적 처리와 식사 전 손 씻기 등으로 예방할 수 있다.
② 십이지장충(구충) … 채독증의 원인이 되며, 빈혈과 체력손실로 어린이의 육체적·정신적 발달에 장애를 가져온다. 피부를 통해 감염되므로 옥외에선 꼭 신발을 신도록 한다.
③ 편충 … 빈혈, 혈변, 체중감소, 변비, 복부 팽창, 구토 등의 증상을 나타낸다. 대변에 오염된 토양이 입으로 들어갈 때 감염된다. 개인위생을 철저히 하고 대변을 위생적으로 처리한다.

(2) 직접 접촉성 기생충(요충)

① 자기감염과 집단감염의 가능성이 큰 기생충으로서, 맹장 부위에 기생해 국부적 염증을 일으키며 항문 부위에 소양증을 일으킨다.
② 항문 부위의 충란이 손에 의해 입으로 직접 들어가거나 오염된 식품, 의복, 침구를 통해 감염된다.
③ 목욕을 자주 하고 내의, 잠옷, 침구의 세탁을 자주하는 등 개인위생을 철저히 한다.

(3) 육류 매개 기생충

① 무구조충
  ㉠ 쇠고기의 생식으로 감염된다.
  ㉡ 식욕부진, 허기증, 소화불량, 구토 등의 증상이 있다.
  ㉢ 분변에 오염된 물을 소에게 주지 말고, 쇠고기를 생으로 먹지 않음으로써 예방할 수 있다.

② 유구조충
  ㉠ 돼지고기의 생식으로 감염되고 식욕부진, 소화불량, 경빈혈, 설사 등의 증상을 보인다.
  ㉡ 인분에 오염된 흙과 물을 피하고 돼지고기를 완전히 익혀서 먹는다.

③ 선모충
  ㉠ 근육에 기생하여 열이 나게 한다.
  ㉡ 사람 사이에 감염은 없으나 돼지고기를 생식했을 때 나타난다.
  ㉢ 발열, 설사, 근육통, 폐렴 등의 증세를 나타낸다.

(4) 어패류 매개 기생충
① 간디스토마
  ㉠ 담도(담관)에 기생하며 민물생선을 생식했을 때 나타난다.
  ㉡ 설사, 복부 압박감, 황달, 담도 장애(담관 폐쇄), 간경변을 일으킨다.
  ㉢ 분뇨의 위생적 처리와 소독, 모든 민물생선의 생식을 금함으로써 예방할 수 있다.

② 폐디스토마
  ㉠ 폐에 기생하며 X-선상에 폐결핵처럼 보인다.
  ㉡ 오염된 가재나 민물 게 등을 생식했을 때 감염되며, 기침과 각혈의 증세를 보인다.

③ 아니사키스
  ㉠ 바다생선(고래, 돌고래 등 바다포유류)을 생식할 때 감염되며 소화관 궤양, 종양을 일으킨다.
  ㉡ 바다생선을 생식하지 말고 20일 냉장한 다음 생식한다.

(5) 기생충의 중간숙주
① 간디스토마 … 제1중간숙주(왜우렁이) → 제2중간숙주(민물고기)

② 폐디스토마 … 제1중간숙주(다슬기) → 제2중간숙주(가재, 게)

③ 광절열두조충 … 제1중간숙주(물벼룩) → 제2중간숙주[민물고기(농어, 연어, 송어)]

④ 무구조충(민촌충) … 소

⑤ 유구조충(갈고리촌충) … 돼지

⑥ 선모충 … 돼지

⑦ 요코가와흡충 … 은어, 숭어

02. 위생해충과 기생충

최근 기출문제 분석

2018. 6. 23 제2회 서울특별시

1 질병과 매개체의 연결이 가장 옳은 것은?

① 발진티푸스 - 벼룩
② 신증후군출혈열 - 소, 양, 산양, 말
③ 쯔쯔가무시병 - 파리
④ 지카바이러스 감염증 - 모기

> **TIP** ① 발진티푸스 - 리케치아
> ② 신증후군출혈열 - 들쥐
> ③ 쯔쯔가무스병 - 진드기 유충

2017. 6. 24 제2회 서울특별시

2 다음 중 기생충의 분류와 이에 해당하는 기생충들의 연결이 바르지 않은 것은?

① 흡충류 - 요코가와 흡충, 만손주혈충
② 선충류 - 고래회충, 트리코모나스
③ 조충류 - 광절열두조충, 왜소조충
④ 원충류 - 말라리아 원충, 리슈마니아

> **TIP** ② 트리코모나스는 편모충류에 해당한다.

Answer 1.④ 2.②

출제 예상 문제

1 채독증의 원인이고, 피부감염이 가능한 기생충은?

① 조충
② 회충
③ 요충
④ 십이지장충(구충)

TIP ④ 채독증을 일으키며 경피감염되므로 옥외에서는 꼭 신발을 신는다.

2 감염병 매개체 중 발육형 전파방식을 취하는 것은?

① 말라리아
② 샤가스
③ 일본뇌염
④ 사상충

TIP ① 발육증식형 ② 배설형 ③ 증식형

3 다음 중 해충구제의 원칙에 해당하지 않는 것은?

① 전국적으로 동시에 광범위하게 실시해야 한다.
② 성충구제가 가장 효과적이다.
③ 발생원인 및 서식처를 제거해야 한다.
④ 발생 초기에 실시하는 것이 좋다.

TIP 해충의 구제원칙
㉠ 발생 초기에 구제를 실시한다.
㉡ 발생원인 및 서식처를 제거한다.
㉢ 생태·습성에 따라 실시한다.
㉣ 동시에 광범위하게 실시한다.

Answer 1.④ 2.④ 3.②

4 다음 중 매개동물을 잘못 연결한 것은?

① 이 – 발진티푸스 ② 벼룩 – 페스트
③ 모기 – 말라리아 ④ 파리 – 황열

> **TIP** ④ 모기가 황열을 매개하고 파리는 결핵, 콜레라, 장티푸스, 파라티푸스, 이질 등을 매개한다.

5 다음 중 연결이 잘못된 것은?

① 중국얼룩무늬모기 – 말라리아 ② 작은빨간집모기 – 일본뇌염
③ 토고숲모기 – 뎅기열 ④ 진드기 – 재귀열

> **TIP** 토고숲모기 – 말레이 사상충, 이집트숲모기 – 뎅기열

6 다음 중 위생해충의 질병 전파방식과 유발질병의 연결이 잘못된 것은?

① 증식형 – 재귀열 ② 발육형 – 발진티푸스
③ 발육증식형 – 말라리아 ④ 경란형 – 쯔쯔가무시병

> **TIP** ② 발진티푸스는 배설형에 속한다.
> ※ 위생해충을 통한 질병의 생물학적 전파 … 곤충 내에 병원체가 들어가 일정기간 동안 발육증식을 거쳐 숙주에게 옮겨 주는 것을 말한다.
> ㉠ 증식형: 곤충체 내에서 병원체가 단순히 증식한 후 자교시에 구부를 통하여 전파된다.
>   예 이 – 재귀열, 모기 – 일본뇌염, 황열, 뎅기열, 벼룩 – 페스트
> ㉡ 발육형: 병원체가 곤충체 내에서 증식하지 않고 단지 그의 생활환의 일부를 경과 후 숙주에 전파된다.
>   예 모기 – 사상충증
> ㉢ 발육증식형: 곤충체 내에서 병원체가 그의 생활환의 일부를 경과하는 동시에 증식하면서 전파된다.
>   예 모기 – 말라리아, 체체파리 – 수면병
> ㉣ 배설형: 병원체가 곤충체 내에서 증식한 후 대변으로 배설되어 숙주의 피부 및 점막에 있는 미세한 창상을 통해서 전파된다.
>   예 발진티푸스 – 이, 발진열 – 쥐벼룩, 샤가스병 – 노린재
> ㉤ 경란형: 병원체가 충란을 통해서 전파 제2세대가 병원균을 가지고 계속 전파된다.
>   예 참진드기 – 록키산 홍반열, 털진드기 – 양충병(쯔쯔가무시병)

Answer 4.④ 5.③ 6.②

7 다음 중 야채류의 경구섭취 후 잘 생기며 갈고리 모양으로 생긴 기생충균은?

① 회충 ② 요충
③ 구충 ④ 편충

> **TIP** 십이지장충(구충)
> ㉠ 회충, 동양모양선충, 편충 등과 함께 야채류를 중간숙주로 한다.
> ㉡ 경구감염뿐만 아니라 경피감염도 가능하다.
> ㉢ 십이지장, 소장에 기생하며 심한 빈혈, 전신권태, 심계항진, 현기증, 두통, 식욕부진, 구역질, 구토, 복통 등을 일으킨다.
> ㉣ 농촌에 많으며 회충보다 건강장해가 심하다.
> ㉤ 70℃에서 1초간 가열 또는 직사광선에서 단시간 내에 사멸된다.
> ㉥ 분변을 완전처리하고 청정채소를 섭취하며, 경피감염이 가능하므로 오염지구에서 맨발로 다니지 않는다.

8 가족 중에서 한 사람에게 발병함으로써 집단감염되는 것은?

① 회충 ② 요충
③ 구충 ④ 십이지장충

> **TIP** 요충
> ㉠ 항문 주위에서 많이 발견된다.
> ㉡ 산란과 동시에 감염능력이 있다.
> ㉢ 편충이 요충과 인체생활사가 비슷하다.
> ㉣ 집단감염이 잘 되고 소아에게 많이 감염된다.

9 매개곤충과 질병의 연결이 옳은 것은?

① 진드기 - 재귀열 ② 모기 - 발진열
③ 파리 - 발진티푸스 ④ 벼룩 - 황열

> **TIP** ② 모기: 사상충병, 황열, 뎅기열, 말라리아, 일본뇌염 등
> ③ 파리: 장티푸스, 파라티푸스, 이질, 결막염, 콜레라, 결핵, 뇌수막염, 수면병 등
> ④ 벼룩: 흑사병, 발진열, 조충 등

Answer 7.③ 8.② 9.①

10 다음 중 자가감염과 집단감염의 가능성이 큰 기생충은?

① 십이지장충 ② 요충
③ 회충 ④ 편충

> **TIP** 자가감염과 집단감염이 큰 기생충으로서 오염된 식품, 의복, 침구를 통해서 감염되는 기생충은 요충이다.

11 기생충과 중간숙주의 연결이 서로 틀리게 연결된 것은?

① 폐흡충 – 다슬기, 가재 ② 광절열두조충 – 송어, 전어
③ 민촌충 – 돼지, 개 ④ 유극악구충 – 메기, 가물치

> **TIP** 민촌충의 중간숙주는 소이다. 돼지는 유구조충의 중간숙주이다.

12 가을철 풍토병으로 일컬어지며, 들쥐 등의 소변으로 균이 배출되어 피부상처를 통해 감염되는 감염병은?

① 렙토스피라증 ② 재귀열
③ 페스트 ④ 발진열

> **TIP** 렙토스피라증 … 9~10월에 많이 발병되며 들쥐에 의해 전염된다.

13 파리가 매개하여 발생하는 질병은?

① 사상충 ② 살모넬라
③ 학질 ④ 파라티푸스

> **TIP** 파리가 매개하는 질병 … 콜레라, 이질, 장티푸스, 파라티푸스, 결핵, 수면병 등이 있다.

Answer 10.② 11.③ 12.① 13.④

14 잉어, 붕어 등 민물고기를 날 것으로 먹는 습관을 가진 지역주민에게 많이 감염되는 기생충은?

① 유구조충
② 무구조충
③ 사상충증
④ 간디스토마

TIP 간디스토마 … 제1중간숙주(왜우렁이) → 제2중간숙주(민물고기)

15 다음 중 회충에 관한 설명이 잘못된 것은?

① 장내 군거생활
② 유충은 심장, 폐포, 기관지를 통과
③ 충란은 산란과 동시 감염
④ 충란은 70℃의 가열로 사멸

TIP 회충
㉠ 장내 군거생활을 한다.
㉡ 인체에 감염 후 75일이면 성충이 된다.
㉢ 유충은 심장, 폐포, 기관지를 통과한다.
㉣ 충란은 70℃의 가열로 사멸한다.
㉤ 일광에 약하다.
㉥ 성충은 암수 구별이 가능하지만 충란은 불가능하다.

Answer 14.④ 15.③

공중보건

06 PART

보건영양과 보건관리

01 보건영양
02 보건관리

01 보건영양

01 영양과 건강

1 영양소

(1) 기능

① **5대 영양소** … 3대 영양소(탄수화물, 단백질, 지방)와 무기질, 비타민이다.

② **영양소의 작용** … 영양소는 신체에 열량을 보급하고 신체조직을 구성하며 생활기능을 조절해 준다. 이를 영양소의 3대 작용이라 한다.

③ **열량소** … 열량소는 탄수화물, 단백질, 지방이며 단위(g)당 탄수화물 : 단백질 : 지방 = 4 : 4 : 9 (kcal)를 생산한다.

④ **신체조직 구성원** … 탄수화물 · 단백질 · 지방 · 무기질이며, 6대 영양소인 물이 65%를 차지한다.

⑤ **조절소** … 무기질, 비타민, 물이 있으며 산화작용, 신경운동, 심장운동, 각종 분비선의 기능조절을 한다.

(2) 종류

① 탄수화물
  ㉠ 대부분이 열량공급원으로 이용되며 체내 글리코겐의 형태로 간에 저장되어 감염병에 대한 저항력을 가지지만 과다섭취는 비만을 초래한다.
  ㉡ 성인 1일 열량(영양) 권장량은 남자 2,500kcal, 여자 2,000kcal이다. 여자의 경우 임신한 경우에는 전반 150kcal를, 후반 350kcal를 추가하고 수유기에는 400kcal를 추가한다.

> **TIP** 비만의 5D's … Disfigurement, Disability, Discomfort, Disease, Death

② 단백질
  ㉠ 신체 구성성분이며 열량원으로, 효소와 호르몬의 주성분이다.
  ㉡ 면역체계와 항독물질을 구성성분으로 한다.
  ㉢ 일일 권장량은 체중 1kg당 1g이다.

③ 지방
   ㉠ 주된 에너지원이다.
   ㉡ 탄수화물이나 단백질에 비해 2배의 열량을 낸다.
   ㉢ 지용성 비타민 A, D, E, K를 함유한다.
   ㉣ 체온유지와 피부를 부드럽게 한다.

(3) 2대 영양실조
① Kwashioker(단백질 부족) … 단백질 섭취가 부족할 때 나타나는 질병으로 감염이 잘 되고 주로 어린이에게 감염된다.
② Marasmus … 영양공급의 부족으로 근육이 소진되고, 뼈만 남게 되는 현상으로 기아상태에서 발생한다.

> **TIP** 포도당은 간세포에서 8%, 근육세포에서 1%가 저장되고, 뇌세포에는 극소량이 저장된다.

❷ 영양소의 결핍증상

(1) 영양소의 1일 필요량
① 식염 … 15g
② Ca … 성인 1g, 임산부와 청소년 1.2g
③ 인(P) … 1.5g
④ Fe … 남자 10~12mg, 여자 20mg
⑤ Vt.A … 2,000~2,500IU
   ㉠ D : 400IU
   ㉡ B_1 : 1.3~15mg
   ㉢ B_2 : 1.1~1.7mg
   ㉣ C : 50~60mg

(2) 비타민A 결핍
① 야맹증, 안구건조 등을 일으킨다.
② 감염병에 대한 저항력을 감퇴시킨다.
③ 간, 낙농식품, 녹황색 채소류에 많이 들어 있다.

(3) 비타민B₁ 결핍
① 결핍시 각기병, 식욕감퇴, 피로감을 일으키며 현미, 잡곡에 많이 함유되어 있다.
② 120℃에서 1시간 내에 파괴되며 탄수화물을 산화시키는 데 필요하다.

(4) 비타민B₂ 결핍
① 성장인자로서 세포 내의 단백질과 결합해 황색산화효소가 되어 산화·환원의 역할을 한다.
② 결핍시 안 충혈, 결막염, 각막염, 구강염, 설염, 구순염 등을 일으키며 동·식물성 식품에 광범위하게 함유되어 있다.
③ Vt. B₁, B₂, B₆는 알레르기에 대한 작용이 있는데, B₂는 항체를 다량 생산한다.

(5) 비타민B₆ 결핍
① 피부, 눈, 입, 혀 등에 경미한 증상이 일어난다.
② 비타민이 고루 포함된 우유 등을 먹고 결핵, 고혈압 치료제 복용자는 특히 주의해서 섭취해야 한다.

(6) 비타민B₁₂ 결핍
① 성장장애 및 거대적 아세포성 빈혈(악성 빈혈) 등을 일으킨다.
② 우유와 동물성 식품(특히 간), 어패류에 많이 함유되어 있다.

(7) 비타민C 결핍
① 괴혈병, 반상출혈, 모세혈관 파괴 등의 증상을 유발한다.
② Vt.A와 함께 결핍시 감염병에 대한 저항력이 감퇴된다.
③ 채소와 과일에 많이 함유되어 있다.
④ 고열에 파괴되고, 조직 내 산화작용을 돕는다.

(8) 비타민D 결핍
① Ca와 P대사에 관여하므로 결핍시 구루병, 골연화, 충치 등을 일으킨다.
② 우유에 많이 함유되어 있고 일광욕에 의해서도 생성된다.
③ 과다하면 만성 신부전을 유발할 수 있다.
④ 골 조직의 생성의 관여하는 항구루병 비타민이다.

(9) 비타민E 결핍

① 뇌와 골 근육기능 이상, 용혈성 빈혈, 불임 등을 유발한다.

② 대부분의 음식물에 충분히 함유되어 있다.

(10) 비타민K 결핍

① 혈액응고 장애, 혈뇨, 장출혈 등을 유발한다.

② 대부분의 음식에 포함되어 있다.

③ 장내 세균 이상, 장의 지방 흡수능력 부족시 문제가 된다.

(11) 나이아신 결핍

① 펠라그라, 소화기 점막염, 설사, 치매 등을 유발한다.

② 곡류, 육류, 채소 등 식품에 충분히 함유되어 문제가 되지 않는다.

(12) 철 결핍

① 빈혈을 일으키나 과다한 경우 혈색소 침착증을 일으킨다.

② 철은 체내 저장이 불가능하므로 각종 식품을 충분히 섭취한다.

(13) 요오드 결핍

① 갑상선 비대증이 발생한다.

② 해초류에 많이 함유되어 있다.

(14) 불소 결핍

① 충치가 발생하며, 과다한 경우 치아의 상아질에 반점이 생긴다.

② 치약이나 음료수에 불소를 첨가한다.

(15) 칼슘 결핍

① 칼슘은 질병의 저항력을 증가시키고 혈액응고에 작용하며 효소의 부활 등의 기능을 가진다.

② 부갑상선 질환이나 구루병을 일으킨다.

③ 멸치 등의 생선섭취로 예방한다.

⒃ 인 결핍
① 칼슘과 같이 구루병이나 부갑상선 질환이 올 수 있는데 낙농식품과 멸치 등의 섭취로 예방한다.
② 골, 뇌신경의 주성분이며, 전신의 1%를 차지한다.

⒄ 마그네슘 결핍
경련증을 일으키는데 영양부족이나 이뇨요법 시술 등이 원인이 될 수 있다.

⒅ 아연 결핍
① 성장지연, 빈혈, 설사, 상처회복 장애 등을 일으킨다.
② 피틴산을 함유한 곡류의 과잉섭취가 문제가 된다.

⒆ 셀레늄 결핍
① 심근질환을 일으킨다.
② 균형잡힌 식사로 예방한다.

⒇ 탄수화물 부족
산혈증, 단백질 소모를 가져온다.

(21) 단백질 부족
발육지연, 지능발달 장애, 면역결핍, 빈혈 등을 유발한다.

(22) 지방 부족
피부가 거칠어지고 빈혈과 허약증이 온다.

02 열량 및 영양판정

❶ 열량

(1) 기초 대사량(BMR)
① 생명유지에 필요한 최소의 열량을 말하며, 체면적과 비례한다.
② 정신적·육체적으로 아무 일도 하지 않고 실온에서 누운 상태로 30분간 측정한다.
③ 성인 1일 1,200~1,800kcal가 필요하다.

(2) 에너지 대사율(RMR)
① 계산식

$$RMR = \frac{활동대사량}{기초대사량} = \frac{활동시 칼로리 소비량 - 안정시 칼로리 소비량}{기초대사량}$$

② RMR 단계
  ㉠ 0~1 : 경노동
  ㉡ 1~2 : 중등노동
  ㉢ 2~4 : 강노동
  ㉣ 4~7 : 중노동
  ㉤ 7 이상 : 격노동

(3) 특이동적 작용(SDA)
① 식품의 소화, 흡수, 대사과정에서 소비되는 에너지를 말한다.
② 단백질은 16~30%, 당류는 4~9%, 지방은 3~4%가 대사과정에서 소비된다.

(4) 에너지 소요량

$$총소요 에너지 = 기초 대사량 + 생활활동에 따른 증가 에너지 + 특이동적 작용에 필요한 에너지$$

❷ 객관적인 영양판정

(1) Kaup 지수

영·유아, 즉 출생 후 3개월부터 6세까지의 학령 전 어린이에게 주로 사용되는 지수로 15 이하는 허약, 15~19는 정상, 19~22는 체중과다, 22 이상은 비만을 나타낸다.

$$\text{Kaup 지수} = \frac{\text{체중(kg)}}{\text{신장(cm)}^2} \times 10^4$$

(2) Rohrer 지수

학동기 이후 소아에 사용하며, 160 이상은 비만이다.

$$\text{Rohrer 지수} = \frac{\text{체중(kg)}}{\text{신장(cm)}^3} \times 10^7$$

(3) Broca 지수

성인의 비만판정에 이용되며, 90~110이 정상, 89 이하는 체중부족, 111~119는 체중과다, 120 이상은 비만이다.

$$\text{Broca 지수} = \frac{\text{체중}}{(\text{신장} - 100)} \times 100$$

(4) 비만도

$$\text{비만도(\%)} = \frac{\text{실측체중} - \text{표준체중}}{\text{표준체중}} \times 100$$

(5) BMI(Body Mass Index, 체질량 지수)

10 이하는 고도의 영양실조, 10~13은 영양실조, 20 미만은 저체중, 20~24가 정상, 25~29는 과체중, 30 이상은 비만이다.

$$\text{BMI} = \frac{\text{체중(kg)}}{\text{신장(m)}^2}$$

최근 기출문제 분석

2019. 6. 15 제2회 서울특별시

1 학령기 이후의 소아에 대한 영양상태 판정 기준으로 신장이 150cm 이상인 경우 160 이상이면 비만으로 판정하는 지수는?

① 로렐지수(Rohrer index)
② 카우프지수(Kaup index)
③ 베르벡지수(Vervaek index)
④ 체질량지수(Body mass index)

> **TIP** ① 로렐지수(Rohrer index): 학령기 이후 소아에 대한 영양상태 판정 기준으로 충실지수라고도 한다. $\frac{체중}{신장}\times 10^7$으로 구하며 신장이 150cm 이상인 경우 로렐지수가 160 이상이면 비만으로 판정한다.
> ② 카우프지수(Kaup index): 영·유아에 대한 균형 체격을 나타내는 지수로, $\frac{체중}{신장}\times 10^4$으로 구하며 22 이상을 비만으로 판정한다.
> ③ 베르벡지수(Vervaek index): 체격·영양지수로 $\frac{체중+흉위}{신장}\times 100$으로 구하며 92 이상을 비만으로 판정한다.
> ④ 체질량지수(Body mass index): 성인의 비만을 측정하는 일반적인 방법으로, $\frac{체중}{신장(m^2)}$으로 구한다. 한국인 기준 25 이상을 과체중~비만으로 판정한다.

2017. 6. 24 제2회 서울특별시

2 영양상태의 평가방법 중 간접적 방법에 해당하는 것은?

① 임상적 검사
② 식품섭취조사
③ 신체계측조사
④ 생화학적 검사

> **TIP** ② 간접적 방법
> ①③④ 직접적 방법

Answer 1.① 2.②

출제 예상 문제

1 다음 중 효소와 호르몬을 생성하는 영양소는?

① 탄수화물　　② 단백질
③ 무기질　　　④ 지방

> TIP 단백질 … 신체 구성성분이며 열량원으로, 효소와 호르몬의 주성분이다. 면역체계와 항독물질을 구성성분으로 하고, 1일 권장량은 체중 1kg당 1g이다.

2 다음 식으로 계산하는 것은 무엇인가?

$$\frac{체중(kg)}{신장(cm)^2} \times 10^4$$

① Kaup 지수　　② Rohrer 지수
③ Broca 지수　　④ 비만도

> TIP Kaup 지수 … 출생 후 3개월부터 6세까지의 학령 전 어린이에게 사용되는 영양판정 지수로 13 이하는 고도수척, 13~15는 수척, 15~19는 정상, 19~22는 체중과다, 22 이상은 비만을 나타낸다.

3 다음 중 영양소와 그 결핍증의 연결이 잘못된 것은?

① 비타민A - 야맹증　　② 비타민B_1 - 각기병
③ 비타민B_2 - 구순염　　④ 비타민B_{12} - 불임증

> TIP ④ 비타민B_{12}가 부족하면 성장장애, 악성 빈혈 등을 일으킨다.

Answer 1.② 2.① 3.④

4 다음 중 구루병의 원인에 해당되는 것은?

① 자외선의 증가
② 비타민D의 결핍
③ 비타민A의 결핍
④ 칼슘의 결핍

> **TIP** ② 구루병은 골 조직의 생성에 관여하는 항구루병 비타민인 비타민D의 결핍시 나타나는 질병이다.

5 어떤 남자의 키가 2m, 몸무게가 116kg일 때 BMI를 측정한 경우, 그 결과를 통해 알 수 있는 것은?

① 저체중
② 정상
③ 과체중
④ 비만

> **TIP** BMI(체질량 지수) $= \dfrac{체중(kg)}{신장(m)^2} = \dfrac{116}{2^2} = 29$(과체중)
>
> ※ BMI 측정결과의 판정 … 10 이하는 고도의 영양실조, 10~13은 영양실조, 20 미만은 저체중, 20~24는 정상, 25~29는 과체중, 30 이상은 비만이다.

6 다음 영양소 중 결핍될 경우 각기병을 유발하는 것은?

① 티아민(비타민B_1)
② 비타민C
③ 칼슘
④ 비타민D

> **TIP** 티아민(Thiamin ; 비타민B_1) … 항각기성 비타민 또는 항신경성 비타민이며, 인체에 흡수된 탄수화물을 에너지화시키는 대사촉진기능을 하며 심장기능 정상화, 뇌의 중추신경, 수족 등의 말초신경에 작용한다. 결핍되면 각기병, 식욕부진, 신경계 불균형 등을 유발한다.

Answer 4.② 5.③ 6.①

7 치아우식증일 때 가정에서 가장 손쉽게 할 수 있는 방법은?

① 불소도포법　　　　　　　　② 세치법
③ 수소불소화작업　　　　　　 ④ 식이조절

> **TIP** 치아우식증(충치) … 입 안에 남아있는 음식물 찌꺼기와 입안의 세균이 작용하여 시간이 경과함에 따라 치아를 파괴하는 과정으로서, 가정에서는 식사 후에 잇솔질을 해야 하고, 자기 전에는 반드시 잇솔질한 깨끗한 상태로 자야 한다.

8 지용성 비타민 결핍증상이 아닌 것은?

① 괴혈병　　　　　　　　　　② 생식선 이상
③ 야맹증　　　　　　　　　　④ 구루병

> **TIP** ① 비타민C의 결핍증상이다. 지용성 비타민에는 비타민 A, D, E, K, F가 있다.

9 몸에서 재생되지 않기 때문에 식품으로만 섭취해야 하며 부족시 빈혈을 일으키는 것은?

① 칼슘　　　　　　　　　　　② 철분
③ 요오드　　　　　　　　　　④ 인

> **TIP** 철은 체내 저장이 불가능하므로 각종 식품을 충분히 섭취한다.

10 다음 중 단백질, 지방, 탄수화물의 열량(Kcal)은?

① 4 : 4 : 6　　　　　　　　　② 9 : 4 : 3
③ 4 : 9 : 4　　　　　　　　　④ 9 : 4 : 4

> **TIP** 탄수화물 : 단백질 : 지방 = 4 : 4 : 9

Answer 7.② 8.① 9.② 10.③

11 다음 중 비타민K의 결핍증상은?

① 빈혈이 생긴다.　　　　② 밤눈이 어둡다.
③ 피부염이 생긴다.　　　④ 지혈이 안 된다.

> **TIP** 비타민K는 혈액응고 작용을 돕는다. 부족시 혈액응고 장애, 혈뇨, 장출혈 등을 유발한다.

12 다음 중 국민영양상태에 대한 간접적인 평가방법은?

① 식량생산과 분배자료
② 섭취영양 분석
③ 발육 및 발육 평가
④ 생화학적 측정

> **TIP** 식량생산과 분배자료를 연구하는 것이 간접적인 평가방법이다.
> ※ 직접적인 평가방법
> 　㉠ 주관적 방법 : 임상증상에 의한 판정 등
> 　㉡ 객관적 방법 : 신체측정, 생화학적 검사 등

13 다음 중 5대 영양소가 아닌 것은?

① 탄수화물　　　　　　② 단백질
③ 칼슘　　　　　　　　④ 비타민

> **TIP** 5대 영양소 … 3대 영양소(탄수화물, 단백질, 지방) + 비타민, 무기질

Answer 11.④　12.①　13.③

14 우리나라 사람들이 상대적으로 풍부하게 섭취하고 있는 영양소는?

① 탄수화물　　② 지방
③ 단백질　　　④ 비타민

> **TIP** 우리나라는 주식이 쌀(탄수화물)이다.

15 다음 중 피부염과 관계있는 비타민은?

① 비타민A　　② 비타민B
③ 비타민C　　④ Niacin(나이아신)

> **TIP** 나이아신은 결핍시에 펠라그라증(피부염, 설사, 지능 저하), 소화기 점막염 등을 유발한다.
> ※ 결핍시 피부염을 유발하는 비타민 … 비타민H, 비타민F, 나이아신 등이 있다.

16 다음 영양소 중 열량소로만 묶인 것은?

㉠ 단백질	㉡ 지방
㉢ 탄수화물	㉣ 무기질
㉤ 비타민	㉥ 물

① ㉠㉡㉢　　② ㉡㉢㉣
③ ㉢㉣㉤　　④ ㉣㉤㉥

> **TIP** 열량소에는 탄수화물, 단백질, 지방이 있다.

Answer　14.①　15.④　16.①

17 다음 중 포도당 저장이 가장 많이 되는 장기는?

① 뇌세포 ② 근세포
③ 간세포 ④ 신경세포

> **TIP** ① 극히 소량 ② 1% ③ 8%
> ※ 포도당의 저장 … 일정한 농도의 포도당을 갖고 있는 생명체는 음식물 섭취 뒤에는 포도당 수치가 증가하지만, 포도당은 저장할 수가 없다. 따라서 간에서 글리코겐으로 바꾸어 저장하고, 언제든지 글리코겐을 포도당으로 바꿀 수 있다. 잠재적인 에너지역할을 하는 이들은 근육과 간, 그리고 뇌세포에 극히 소량 저장된다.

18 성인 남성의 1일 영양 권장량은?

① 1,500kcal ② 1,800kcal
③ 2,000kcal ④ 2,500kcal

> **TIP** 성인 1일 기초 대사량은 1,200~1,800kcal이며, 영양 권장량은 성인 남성은 2,500kcal, 성인 여성은 2,000kcal이다. 다만, 임산부는 전후반 총 500kcal를, 수유부인 경우에는 400kcal를 추가한다.

Answer 17.③ 18.④

02 보건관리

01 모자보건

❶ 개요

(1) 대상

넓은 의미의 모자보건은 가임여성과 6세 미만의 영·유아를 말하며, 일반적으로 임신, 분만, 산욕기, 수유기 여성과 영·유아를 말한다. 그러므로 모자보건은 모성보건과 영·유아 보건으로 나눌 수 있다.

① **임산부** … 임신 중이거나 분만 후 6개월 미만인 여성을 말한다.

② **모성** … 임산부와 가임기(可姙期) 여성을 말한다.

③ **영유아** … 출생 후 6년 미만인 사람을 말한다.

④ **신생아** … 출생 후 28일 이내의 영유아를 말한다.

⑤ **미숙아** … 신체의 발육이 미숙한 채로 출생한 영유아로서 대통령령으로 정하는 기준에 해당하는 영유아를 말한다.

⑥ **선천성이상아** … 선천성 기형 또는 변형이 있거나 염색체에 이상이 있는 영유아로서 대통령령으로 정하는 기준에 해당하는 영유아를 말한다.

⑦ **인공임신중절수술** … 태아가 모체 밖에서는 생명을 유지할 수 없는 시기에 태아와 그 부속물을 인공적으로 모체 밖으로 배출시키는 수술을 말한다.

⑧ **난임** … 부부(사실상의 혼인관계에 있는 경우를 포함)가 피임을 하지 아니한 상태에서 부부간 정상적인 성생활을 하고 있음에도 불구하고 1년이 지나도 임신이 되지 아니하는 상태를 말한다.

⑨ **보조생식술** … 임신을 목적으로 자연적인 생식과정에 인위적으로 개입하는 의료행위로서 인간의 정자와 난자의 채취 등 보건복지부령으로 정하는 시술을 말한다.

(2) 모자보건의 중요성

① 전 인구의 60~70%를 차지한다.

② 영·유아 건강은 차세대 인구자질 문제이다.

③ 면역력이 약하여 질병 이환율이 높고 영·유아에게는 영구적인 장애가 될 수 있다.

④ 예방이 가능하다.

❷ 모성보건

(1) 내용

① **산전관리** … 이상 임신, 임신 합병증의 조기진단, 영양 등 관리

② **분만관리** … 안전분만과 건강관리

③ **산후관리** … 신생아와 산모의 건강, 수유와 섭생관리

(2) 모성 질병

① **임신중독증** … 단백질, 티아민(비타민B_1) 부족과 빈혈이 원인이며 부종, 단백뇨, 고혈압 등이 주요 증상이다.

> **TIP** 임산부에게 필요한 5대 영양소 … 단백질, 비타민, 철분, 칼슘, 탄수화물

② **출혈** … 임신 전반·후반·산욕기 출혈로 나뉜다.

③ **산욕열 및 감염** … 자궁 내 염증이나 산도의 국소적 염증 등에 의한 발열현상이다.

④ **자궁 외 임신** … 대부분이 난관임신이고 난소나 복강 내 임신도 있다. 결핵성 난관염, 인공유산 후 세균감염으로 발생한다.

⑤ **유산·조산·사산** … 임신 7개월 내의 분만을 유산이라 하고, 8~9개월의 분만을 조산이라 한다. 임신중독, 결핵, 비타민 부족, 전치 태반, 양수 과다증, 제대강락 등의 여러 가지 원인이 있다.

> **TIP** 모성사망의 주요 요인 … 임신중독증, 출산 전후의 출혈, 자궁 외 임신 및 유산, 산욕열 등이 있다.

(3) 모성보건지표

① 모성 사망률 = $\dfrac{1년간\ 모성\ 사망수}{1년간\ 출생수} \times 1,000$

② 사산율 = $\dfrac{1년간의\ 사산수}{1년간\ 출산수(사산수+출생수)} \times 1,000$

③ 조출생률 = $\dfrac{\text{연간 출생아 수}}{\text{인구}} \times 1{,}000$

④ 일반출산율 = $\dfrac{\text{연간 출생아 수}}{\text{임신가능 여자인구수}} \times 1{,}000$

⑤ 배우 출생률 = $\dfrac{\text{연간 출생아 수}}{\text{가임연령의 유배우 여자인구 수}} \times 1{,}000$

⑥ 연령별 출산율 = $\dfrac{\text{그 연도 } x \text{세 여자가 낳은 출생아 수}}{\text{어떤 연도의 } x \text{세 여자인구}} \times 1{,}000$

⑦ 비례사망지수 = $\dfrac{\text{연간 50세 이상 사망자 수}}{\text{연간 총 사망자 수}} \times 100$

⑧ 조사망률 = $\dfrac{\text{연간 사망자 수}}{\text{그 해의 인구}} \times 1{,}000$

⑨ 영아 사망률 = $\dfrac{\text{1년간의 생후 1년 미만의 사망자 수}}{\text{그 해의 출생아 수}} \times 1{,}000$

⑩ 보정영아 사망률 = $\dfrac{\text{어떤 기간 내 출생한 자 중 1년미만의 사망자 수}}{\text{동일 기간의 출생아 수}} \times 1{,}000$

⑪ 신생아사망률 = $\dfrac{\text{1년간의 생후 28일 미만의 사망자 수}}{\text{그 해의 출생아 수}} \times 1{,}000$

⑫ 주산기 사망률 = $\dfrac{\text{임신 28주 이후 사산아 수 + 초생아(출생 1주 이내) 사망수}}{\text{연간 출생아 수(28주 이상)}} \times 1{,}000$

⑬ 후기 신생아 사망률 = $\dfrac{\text{연간 생후 28일부터 1년 미만의 사망수}}{\text{연간 출생아 수}} \times 1{,}000$

⑭ 유아사망률 = $\dfrac{\text{1~4세 유아의 사망자 수}}{\text{그 해 중앙시점의 1~4세 인구수}} \times 1{,}000$

⑮ 출생 사망비 = $\dfrac{\text{연간 출생수}}{\text{연간 사망수}} \times 100$

⑯ 사망 성비 = $\dfrac{\text{남자 사망수}}{\text{여자 사망수}} \times 100$

⑰ **재생산율**
  ㉠ 총재생산율 = 합계출산율 × 여아출생 구성비
  ㉡ 순재생산율 = 총재생산율 × 출생여아의 생잔율

(4) 인공임신중절 수술의 허용한계

의사는 다음에 해당되는 경우에 한하여 본인과 배우자(사실상의 혼인관계에 있는 자를 포함)의 동의를 얻어 인공임신중절 수술을 할 수 있다〈모자보건법 제14조 제1항〉.

① 본인 또는 배우자가 대통령령이 정하는 우생학적 또는 유전학적 정신장애나 신체질환이 있는 경우
② 본인 또는 배우자가 대통령령이 정하는 전염성 질환이 있는 경우
③ 강간 또는 준강간에 의하여 임신된 경우
④ 법률상 혼인할 수 없는 혈족 또는 인척 간에 임신된 경우
⑤ 임신의 지속이 보건의학적 이유로 모체의 건강을 심히 해하고 있거나 해할 우려가 있는 경우

❸ 영·유아 보건

(1) 구분

① 초생아 … 생후 1주일 이내

② 신생아 … 생후 4주 이내

③ 영아 … 생후 1년 미만

④ 유아 … 만 1년 이상부터 학령기까지

(2) 질병

① 조산아 … 임신 7개월에서 9개월 반 이내에 태어난 체중 2.5kg 이하의 아기를 말하며, 조산아의 4대 관리로 체온보호, 감염방지, 영양보급, 호흡관리를 들 수 있다.

② 선천 기형 … 방사능에 과다 노출되거나 화학약품의 복용 등에 의해 발생된다.

③ 선천성 대사 이상 … 근친 결혼, 악성 유전인자에 의해 발생된다.

④ 과숙아 … 임신 43주 이상 경과 후의 분만아나 체중 4kg 이상아를 과숙아라 하고, 산소 부족증이나 난산을 초래한다.

(3) 영·유아의 사망원인

① **신생아의 사망원인** … 신생아 기간의 영아 사망률이 영·유아 사망률의 대부분을 차지한다. 주로 신생아 질환인 선천성 기형, 분만시 손상, 조산아 등이 원인이 되며, 이런 것들은 예방이 불가능한 것이 대부분이다.

② **영아의 사망원인** … 출생아의 고유질환, 폐렴, 기관지염, 출생시 손상, 장염, 조산아의 결함 등이 영아의 사망을 일으킨다.

③ **유아의 사망원인** … 소화기나 호흡기 질환은 물론 낙상, 화상, 익사 등 불의의 사고로 인한 경우가 대부분이다.

(4) 보건지표

① 영아 사망률과 신생아 사망률은 중요한 보건수준지표이며 1에 가까울수록 좋다.

$$ⓐ\ 영아사망률(IMR) = \frac{영아사망수(1년간\ 생후\ 1년\ 미만의\ 사망수)}{1년간의\ 출생수} \times 1,000$$

$$ⓑ\ 신생아사망률(NMR) = \frac{1년간\ 생후\ 28일\ 미만의\ 사망수}{1년간의\ 출생수} \times 1,000$$

② α-index 값은 클수록 신생아기 이후 사망수가 커지므로 환경상태가 불량하다는 증거가 된다.

$$\alpha-\text{index} = \frac{영아\ 사망수}{신생아\ 사망수}$$

[표준예방접종일정(2021)]

	대상 감염병	백신종류 및 방법	횟수	출생~1개월 이내	1개월	2개월	4개월	6개월	12개월	15개월	18개월	19~23개월	24~35개월	만4세	만6세	만11세	만12세
국가예방접종	결핵	BCG(피내용)	1	BCG 1회													
	B형간염	HepB	3	HepB 1차	HepB 2차			HepB 3차									
	디프테리아 파상풍 백일해	DTaP	5			DTaP 1차	DTaP 2차	DTaP 3차		DTaP 4차				DTaP 5차			
		Tdap/Td	1														Tdap/Td 6차
	폴리오	IPV	4			IPV 1차	IPV 2차		IPV 3차						IPV 4차			
	b형헤모필루스 인플루엔자	Hib	4			Hib 1차	Hib 2차	Hib 3차	Hib 4차									
	폐렴구균	PCV(단백결합)	4			PCV 1차	PCV 2차	PCV 3차	PCV 4차									
		PPSV(다당질)	-									고위험군에 한하여 접종					
	홍역 유행성이하선염 풍진	MMR	2						MMR 1차						MMR 2차			
	수두	VAR	1						VAR 1차									
	A형간염	HepA	2						HepA 1~2차									
	일본뇌염	IJEV(사백신)	5						IJEV 1~2차				IJEV 3차		IJEV 4차		IJEV 5차
		LJEV(생백신)	2						LJEV 1차				LJEV 2차					
	사람유두종 바이러스	HPV	2														HPV 1~2차
	인플루엔자	IIV(사백신)	-						IIV매년 접종									
기타예방접종	로타바이러스	RV1	2			RV 1차	RV 2차											
		RV5	3			RV 1차	RV 2차	RV 3차										

02 학교보건

❶ 보건관리

(1) 보건교사

① 배치기준〈학교보건법 시행령 제23조 제1항〉
   ㉠ 18급 이상의 초등학교에는 학교의사 1인, 학교약사 1인 및 보건교사 1인을 두고, 18학급 미만의 초등학교에는 학교의사 또는 학교약사 중 1인을 두고, 보건교사 1인을 둘 수 있다.
   ㉡ 9학급 이상인 중학교와 고등학교에는 학교의사 1인·학교약사 1인 및 보건교사 1인을 두고, 9학급 미만인 중학교와 고등학교에는 학교의사 또는 학교약사 중 1인과 보건교사 1인을 둔다.
   ㉢ 대학·사범대학·교육대학·전문대학에는 학교의사 1인 및 학교약사 1인을 둔다.
   ㉣ 고등기술학교·공민학교·고등공민학교·특수학교·유치원 및 각종 학교에는 규정된 해당 학교에 준하여 학교의사·학교약사 및 보건교사를 둔다.

② 보건교사의 직무〈학교보건법 시행령 제23조 제3항〉
   ㉠ 학교보건계획의 수립
   ㉡ 학교 환경위생의 유지관리 및 개선에 관한 사항
   ㉢ 학생 및 교직원에 대한 건강진단실시의 준비와 실시에 관한 협조
   ㉣ 각종 질병의 예방처치 및 보건지도
   ㉤ 학생 및 교직원의 건강관찰과 학교의사의 건강상담·건강평가 등의 실시에 관한 협조
   ㉥ 신체허약 학생에 대한 보건지도
   ㉦ 보건지도를 위한 학생가정의 방문
   ㉧ 교사의 보건교육에 관한 협조와 필요시의 보건교육
   ㉨ 보건실의 시설·설비 및 약품 등의 관리
   ㉩ 보건교육자료의 수집·관리
   ㉪ 학생건강기록부의 관리
   ㉫ 다음의 의료행위(간호사 면허를 가진 자에 한함)
     • 외상 등 흔히 볼 수 있는 환자의 치료
     • 응급을 요하는 자에 대한 응급처치
     • 상병의 악화방지를 위한 처치
     • 건강진단결과 발견된 질병자의 요양지도 및 관리
     • 위의 의료행위에 따르는 의약품의 투여
   ㉬ 기타 학교의 보건관리

(2) 학교보건교육

① 전직원의 책임하에 학생을 참여시켜 지역사회의 전체 보건사업계획의 일부분으로 학교보건교육이 이루어져야 한다.

② 지역사회의 협조를 얻고, 주도적 역할자가 계속 실시하여 반드시 결과를 가져와야 한다.

2 교육환경

(1) 교육환경보호구역의 설정 등〈교육환경 보호에 관한 법률 제8조〉

교육감은 학교경계 또는 학교설립예정지 경계로부터 직선거리 200미터의 범위 안의 지역을 다음의 구분에 따라 교육환경보호구역으로 설정·고시하여야 한다.

① **절대보호구역** … 학교출입문으로부터 직선거리로 50미터까지인 지역(학교설립예정지의 경우 학교경계로부터 직선거리 50미터까지인 지역)

② **상대보호구역** … 학교경계 등으로부터 직선거리로 200미터까지인 지역 중 절대보호구역을 제외한 지역

(2) 교육환경보호구역에서의 금지행위 등〈교육환경 보호에 관한 법률 제9조〉

누구든지 학생의 보건·위생, 안전, 학습과 교육환경 보호를 위하여 교육환경보호구역에서는 다음의 어느 하나에 해당하는 행위 및 시설을 하여서는 아니 된다. 다만, 상대보호구역에서는 ⑭부터 ㉙까지에 규정된 행위 및 시설 중 교육감이나 교육감이 위임한 자가 지역위원회의 심의를 거쳐 학습과 교육환경에 나쁜 영향을 주지 아니한다고 인정하는 행위 및 시설은 제외한다.

① 「대기환경보전법」에 따른 배출허용기준을 초과하여 대기오염물질을 배출하는 시설

② 「물환경보전법」에 따른 배출허용기준을 초과하여 수질오염물질을 배출하는 시설과 폐수종말처리시설

③ 「가축분뇨의 관리 및 이용에 관한 법률」에 따른 배출시설, 처리시설 및 공공처리시설

④ 「하수도법」에 따른 분뇨처리시설

⑤ 「악취방지법」에 따른 배출허용기준을 초과하여 악취를 배출하는 시설

⑥ 「소음·진동관리법」에 따른 배출허용기준을 초과하여 소음·진동을 배출하는 시설

⑦ 「폐기물관리법」에 따른 폐기물처리시설

⑧ 「가축전염병 예방법」에 따른 가축 사체, 오염물건 및 수입금지 물건의 소각·매몰지

⑨ 「장사 등에 관한 법률」에 따른 화장시설·봉안시설 및 자연장지

⑩ 「축산물 위생관리법」에 따른 도축업 시설

⑪ 「축산법」에 따른 가축시장

⑫ 「영화 및 비디오물의 진흥에 관한 법률」의 제한상영관

⑬ 「청소년 보호법」에 따른 전기통신설비를 갖추고 불특정한 사람들 사이의 음성대화 또는 화상대화를 매개하는 것을 주된 목적으로 하는 영업에 해당하는 업소와 불특정한 사람 사이의 신체적인 접촉 또는 은밀한 부분의 노출 등 성적 행위가 이루어지거나 이와 유사한 행위가 이루어질 우려가 있는 서비스를 제공하는 영업, 청소년유해매체물 및 청소년유해약물등을 제작·생산·유통하는 영업 등 청소년의 출입과 고용이 청소년에게 유해하다고 인정되는 영업 및 청소년유해매체물 및 청소년유해약물등을 제작·생산·유통하는 영업 등 청소년의 고용이 청소년에게 유해하다고 인정되는 영업으로서 여성가족부장관이 고시한 영업에 해당하는 업소

⑭ 「고압가스 안전관리법」에 따른 고압가스, 「도시가스사업법」에 따른 도시가스 또는 「액화석유가스의 안전관리 및 사업법」에 따른 액화석유가스의 제조, 충전 및 저장하는 시설

⑮ 「폐기물관리법」에 따른 폐기물을 수집·보관·처분하는 장소

⑯ 「총포·도검·화약류 등의 안전관리에 관한 법률」에 따른 총포 또는 화약류의 제조소 및 저장소

⑰ 「감염병의 예방 및 관리에 관한 법률」에 따른 격리소·요양소 또는 진료소

⑱ 「담배사업법」에 의한 지정소매인, 그 밖에 담배를 판매하는 자가 설치하는 담배자동판매기

⑲ 「게임산업진흥에 관한 법률」 또는 게임제공업, 인터넷컴퓨터게임시설제공업 및 복합유통게임제공업

⑳ 「게임산업진흥에 관한 법률」에 따라 제공되는 게임물 시설

㉑ 「체육시설의 설치·이용에 관한 법률」에 따른 체육시설 중 당구장, 무도학원 및 무도장

㉒ 「한국마사회법」에 따른 경마장 및 장외발매소, 「경륜·경정법」에 따른 경주장 및 장외매장

㉓ 「사행행위 등 규제 및 처벌 특례법」에 따른 사행행위영업

㉔ 「음악산업진흥에 관한 법률」에 따른 노래연습장업

㉕ 「영화 및 비디오물의 진흥에 관한 법률」에 따른 비디오물감상실업 및 복합영상물제공업의 시설

㉖ 「식품위생법」에 따른 식품접객업 중 단란주점영업 및 유흥주점영업

㉗ 「공중위생관리법」에 따른 숙박업 및 「관광진흥법」에 따른 호텔업

㉘ 「청소년 보호법」에 따른 회비 등을 받거나 유료로 만화를 빌려 주는 만화대여업에 해당하는 업소

㉙ 「화학물질관리법」에 따른 사고대비물질의 취급시설 중 대통령령으로 정하는 수량 이상으로 취급하는 시설

03 성인보건과 노인보건

❶ 성인보건

(1) 성인병

① 후유증으로 불구, 무능력상태를 가져온다.

② 질병 자체가 영구적이다.

③ 장기간 동안 지도, 관찰, 관리가 필요하다.

④ 재활에 특수한 훈련이 필요하다.

(2) 성인병의 종류

① **고혈압증**
  ㉠ **본태성 고혈압** : 유전, 신경과민, 고염식, 내분비 장애, 신부전 등이 있다.
  ㉡ **2차성 고혈압** : 동맥경화, 신장질환, 신혈행 장애 등이 있다.
  ㉢ **치료** : 혈관 이완제, 교감신경 차단제 등의 약물요법과 저칼로리식, 당질과 지방섭취 제한식, 자극성 식품 제한식을 하고 칼륨의 충분한 섭취를 위해 바나나, 과일, 야채를 많이 먹는다.

② **동맥경화증** … 콜레스테롤을 낮추고 비만을 피한다.

③ **당뇨병** … 인슐린 양의 감소나 기능장애로 서서히 발병하는데, 효과적인 치료방법을 찾기가 어려우므로 체중조절, 적당한 운동, 식생활 개선 등으로 유의한다.

④ **뇌졸중** … 고혈압, 영양불균형, 과로 등이 원인이 되어 발생하며, 노인의 사인으로 1위이다. 치매의 주요 원인이므로 생활환경 및 영양상태를 개선하여 예방하는 것이 최선책이다.

⑤ **심장병** … 젊은층보다 노년층에서 많이 나타나고 있는데, 노화 자체에 의한 면도 있기에 노인에게 심질환의 발생은 어느 정도 불가항력적일 수도 있다.

⑥ **암** … 인체의 정상조직 내에 이상 발육하는 조직을 종양이라 하며, 다른 부위에 전이하는 경우를 악성종양, 즉 암이라고 한다.

(3) 대사성증후군

① 대사성증후군은 복부 비만, 인슐린 저항성, 이상지혈증, 고혈압을 포함하는 징후 또는 질환의 집합체로 영양과다, 지방과다 상태를 반영한다.

② **진단 기준** … 다음 5가지의 건강 지표 중 3가지 이상의 소견을 보이는 경우 대사성증후군이라고 진단한다.
  ㉠ 허리둘레 : 남성 ≥ 90cm, 여성 ≥ 85cm
  ㉡ 혈압 : 수축기/이완기 ≥ 130/85mmHg 또는 고혈압에 대한 약물 치료 시
  ㉢ 혈당 : 공복혈당 ≥ 100mg/dl 또는 당뇨에 대한 약물 치료 시
  ㉣ 중성지방(TG) ≥ 150mg/dl 또는 고중성지방에 대한 약물 치료 시
  ㉤ HDL 콜레스테롤 : 남성 < 40mg/dl, 여성 < 50mg/dl 또는 고지혈증 약물 치료 시

> **TIP 만성질환과 생활습관병**
> ㉠ 만성질환 : 만성질환은 오랜 기간을 통해 발병해 계속 재발하는 질환이다. 보건복지부에 따르면 만성질환 발생의 원인으로는 유전, 흡연, 운동, 나쁜 식습관, 지속적인 스트레스와 같은 생활 속의 변인과 환경 오염 같은 환경적인 원인, 신체의 생리적 기전의 변화 등이 서로 복합적으로 얽혀 있다.
> ㉡ 생활습관병 : 만성질환과 유사한 개념으로 질병의 발생과 진행에 식습관, 운동습관, 흡연, 음주 등의 생활습관이 미치는 영향을 받는 질환군을 말한다. 감염성 질환 이외의 거의 모든 질환이 이에 해당한다고 하여 비감염성 질환(Non-communicable disease)이라고 부르기도 한다.
> ㉢ 종류 : 비만, 고혈압, 당뇨병, 고지혈증, 동맥경화증, 협심증, 심근경색증, 뇌졸중, 만성폐쇄성폐질환, 천식, 알코올성 간질환, 퇴행성관절염, 악성종양 등

2 노인보건

(1) 노화의 기본현상
체력 저하, 반응의 둔화, 회복 지연, 재생능력의 감퇴 등이 있다.

(2) 노인인구의 비율

① **고령화사회** … 전체 국민 중 노인인구가 7% 이상인 사회를 말한다.

② **고령사회** … 전체 국민 중 노인인구가 14% 이상인 사회를 말한다.

③ **초고령사회(후기 고령사회)** … 전체 국민 중 노인인구가 21% 이상인 사회를 말한다.

(3) 노인보건의 대책

① J. Kaplane의 노인보건의 7가지 대책
  ㉠ 의료 및 정신과적 치료
  ㉡ 생계보장
  ㉢ 정서적 보장
  ㉣ 사회적 소외대책
  ㉤ 노동의 기회 부여
  ㉥ 만성질환에 대한 시설 보장
  ㉦ 휴양소에서 창조적 활동의 기회 부여

② Beshenfield의 5가지 대책 … 직업, 연금, 주택, 의료, 복지사업을 들고 있다.

(4) 노령화의 지표

① 인구 노령화 지표

㉠ 연소인구 지수 $= \dfrac{\text{연소 인구}(0\sim14\text{세})}{\text{생산 연령 인구}(15\sim64\text{세})} \times 100$

㉡ 노년인구 지수(노년부양비) $= \dfrac{\text{노년 인구}(65\text{세 이상})}{\text{생산 연령 인구}} \times 100$

㉢ 부양인구 지수 $= \dfrac{\text{연소 인구} + \text{노년 인구}}{\text{생산 연령 인구}} \times 100$

㉣ 노령화 지수 $= \dfrac{\text{노년 인구}}{\text{연소 인구}} \times 100$

② 평균여명 … '평균수명 - 각각의 나이'로 계산한다.

04 정신보건

(1) 정신보건의 목적

① 발생한 정신질환을 치료한다.
② 치료 후의 사회복귀를 돕는다.
③ 정신장애의 예방을 도모한다.
④ 건전한 정신기능의 유지, 증진을 위해 노력한다.

(2) Maslow의 인간의 기본욕구

① **생리적 욕구** … 가장 원초적인 욕구로서 수면, 배고픔 등의 해결욕구나 성적욕구

② **애정의 욕구** … 사랑, 소속감, 타인과의 관계를 맺으려는 욕구

③ **자기존중의 욕구** … 존중, 존경, 명예, 타인에게 인정받고 싶은 욕구

④ **안전의 욕구** … 충족된 욕구를 안전하게 유지하고자 하는 욕구

⑤ **사회적 욕구** … 최상위의 욕구로서, 자신의 능력과 소질을 사회로부터 승인받고자 하는 욕구

(3) 정신질환

① 정신질환의 원인
  ㉠ 유전적 요인: 유전이 정신장애를 일으킨다.
  ㉡ 심리적 요인: 심리적 위축감 및 부적절한 대인관계가 원인이다.
  ㉢ 사회적 요인: 욕구불만, 적응력의 부족이 원인이다.
  ㉣ 신체적 요인: 뇌조직의 기질적·기능적 이상 등이 정신질환의 원인이다.

② **정신질환의 종류** … 정신분열증, 조울증, 정신박약, 망상증, 인격장애(편집증, 반사회성, 피동공격성, 자기애), 정신 생리성 장애, 뇌기능 장애, 노이로제와 정신 신경증(불안, 해리장애 등), 각종 중독 등이 있다.

최근 기출문제 분석

2020. 6. 13. 제2회 서울특별시

1 「교육환경 보호에 관한 법률」상 교육환경보호구역 중 절대보호구역의 기준으로 가장 옳은 것은?

① 학교 출입문으로부터 직선거리로 50미터까지인 지역
② 학교 출입문으로부터 직선거리로 100미터까지인 지역
③ 학교 출입문으로부터 직선거리로 150미터까지인 지역
④ 학교 출입문으로부터 직선거리로 200미터까지인 지역

> **TIP** 교육환경보호구역의 설정 등〈교육환경 보호에 관한 법률 제8조〉
> 교육감은 학교경계 또는 학교설립예정지 경계로부터 직선거리 200미터의 범위 안의 지역을 다음의 구분에 따라 교육환경보호구역으로 설정·고시하여야 한다.
> ⊙ 절대보호구역 : 학교출입문으로부터 직선거리로 50미터까지인 지역(학교설립예정지의 경우 학교경계로부터 직선거리 50미터까지인 지역)
> ⓒ 상대보호구역 : 학교경계 등으로부터 직선거리로 200미터까지인 지역 중 절대보호구역을 제외한 지역

2020. 6. 13. 제2회 서울특별시

2 〈보기〉와 같은 인구구조를 가진 지역사회의 노년부양비는?

― 보기 ―

연령(세)	인구(명)
0~14	200
15~44	600
45~64	400
65~79	110
80 이상	40

① 11.1% ② 13.3%
③ 15%   ④ 25%

> **TIP** 노년부양비는 생산가능인구(15~64세) 100명에 대한 고령인구(65세 이상)의 비이므로,
> $\frac{110+40}{600+400} \times 100 = \frac{150}{1,000} \times 100 = 15\%$이다.

Answer 1.① 2.③

2019. 6. 15 제2회 서울특별시

3 만성질환의 역학적 특성으로 가장 옳지 않은 것은?

① 악화와 호전을 반복하며 결과적으로 나쁜 방향으로 진행한다.
② 원인이 대체로 명확하지 않고, 다요인 질병이다.
③ 완치가 어려우며 단계적으로 기능이 저하된다.
④ 위험요인에 노출되면, 빠른 시일 내에 발병한다.

> **TIP** ④ 위험요인에 노출되었을 때 빠른 시일 내에 발병하는 것은 감염성 질환의 특성이다. 만성질환은 비감염성 질환이다.
> ① 만성질환은 호전과 악화를 반복하며 결과적으로 점점 나빠지는 방향으로 진행된다. 악화가 거듭될 때마다 병리적 변화는 커지고 생리적 상태로의 복귀는 적어진다.
> ② 대부분의 만성질환은 감염성 병원체가 알려진 결핵, 백혈병 등 몇몇 질환군을 제외하면 그 원인이 명확하게 밝혀진 것은 드물다.
> ③ 일단 발병하면 최소 3개월 이상 오랜 기간의 경과를 취하며 완치가 어렵다. 만성질환은 퇴행성의 특성을 보이는데 대부분의 만성질환이 연령이 증가함에 따라 신체의 신체적 기능 저하와 맞물려 증가하기 때문이다.

2019. 6. 15 제2회 서울특별시

4 「정신건강증진 및 정신질환자 복지서비스 지원에 관한 법률」상 정신건강증진의 기본이념으로 가장 옳지 않은 것은?

① 모든 정신질환자는 인간으로서의 존엄과 가치를 보장받고, 최적의 치료를 받을 권리를 가진다.
② 정신질환자의 입원 또는 입소가 최소화되도록 지역 사회 중심의 치료가 우선적으로 고려되어야 한다.
③ 정신질환자는 원칙적으로 자신의 신체와 재산에 관한 사항에 대하여 보호자의 동의가 필요하다.
④ 정신질환자는 자신과 관련된 정책의 결정과정에 참여할 권리를 가진다.

> **TIP** 정신건강증진의 기본이념〈정신건강증진 및 정신질환자 복지서비스 지원에 관한 법률 제2조〉
> ㉠ 모든 국민은 정신질환으로부터 보호받을 권리를 가진다.
> ㉡ 모든 정신질환자는 인간으로서의 존엄과 가치를 보장받고, 최적의 치료를 받을 권리를 가진다.
> ㉢ 모든 정신질환자는 정신질환이 있다는 이유로 부당한 차별대우를 받지 아니한다.
> ㉣ 미성년자인 정신질환자는 특별히 치료, 보호 및 교육을 받을 권리를 가진다.
> ㉤ 정신질환자에 대해서는 입원 또는 입소가 최소화되도록 지역 사회 중심의 치료가 우선적으로 고려되어야 하며, 정신건강증진시설에 자신의 의지에 따른 입원 또는 입소가 권장되어야 한다.
> ㉥ 정신건강증진시설에 입원등을 하고 있는 모든 사람은 가능한 한 자유로운 환경을 누릴 권리와 다른 사람들과 자유로이 의견교환을 할 수 있는 권리를 가진다.
> ㉦ 정신질환자는 원칙적으로 자신의 신체와 재산에 관한 사항에 대하여 스스로 판단하고 결정할 권리를 가진다. 특히 주거지, 의료행위에 대한 동의나 거부, 타인과의 교류, 복지서비스의 이용 여부와 복지서비스 종류의 선택 등을 스스로 결정할 수 있도록 자기결정권을 존중받는다.
> ㉧ 정신질환자는 자신에게 법률적·사실적 영향을 미치는 사안에 대하여 스스로 이해하여 자신의 자유로운 의사를 표현할 수 있도록 필요한 도움을 받을 권리를 가진다.
> ㉨ 정신질환자는 자신과 관련된 정책의 결정과정에 참여할 권리를 가진다.

Answer 3.④ 4.③

2018. 6. 23 제2회 서울특별시

5 2017년 영아사망자수가 10명이고 신생아 사망자수가 5명일 때 당해연도 α-index 값은?

① 0.2
② 0.5
③ 1
④ 2

> **TIP** α-index는 생후 1년 미만의 사망자수(영아사망자수)를 생후 28일 미만의 사망자수(신생아 사망자수)로 나눈 값이다. 따라서 2017년 영아사망자수가 10명이고 신생아 사망자수가 5명일 때 당해연도 α-index 값은 $\frac{10}{5}=2$이다.

2018. 6. 23 제2회 서울특별시

6 우리나라 대사성증후군의 진단 기준 항목으로 가장 옳은 것은?

① 허리둘레: 남성 ≥ 90cm, 여성 ≥ 85cm
② 중성지방: ≥ 100mg/dl
③ 혈압: 수축기/이완기 ≥ 120/80mmHg
④ 혈당: 공복혈당 ≥ 90mg/dl

> **TIP** 대사성증후군 진단 기준
> ㉠ 허리둘레: 남성 ≥ 90cm, 여성 ≥ 85cm
> ㉡ 혈압: 수축기/이완기 ≥ 130/85mmHg 또는 고혈압에 대한 약물 치료 시
> ㉢ 혈당: 공복혈당 ≥ 100mg/dl 또는 당뇨에 대한 약물 치료 시
> ㉣ 중성지방(TG) ≥ 150mg/dl 또는 고중성지방에 대한 약물 치료 시
> ㉤ HDL 콜레스테롤: 남성 < 40mg/dl, 여성 < 50mg/dl 또는 고지혈증 약물 치료 시

Answer 5.④ 6.①

2017. 3. 18 제1회 서울특별시

7 보건지표(health indicator)에 대한 설명으로 옳지 않은 것은?

① 일반 출산율은 가임여성인구 1,000명당 출산율을 의미한다.
② 주산기 사망률은 생후 4개월까지의 신생아 사망률을 의미한다.
③ 영아 사망률은 한 국가의 보건 수준을 나타내는 가장 대표적인 지표이다.
④ α-index는 1에 가까워질수록 해당 국가의 보건 수준이 높다고 할 수 있다.

> TIP ② 주산기 사망률은 임신 제28주 이후의 후기 사산수와 생후 1주 미만의 조기신생아 사망을 각각 출생천대의 비율로 표시한 것의 합이다.

2017. 6. 24 제2회 서울특별시

8 다음의 정신장애에 대한 설명에 해당하는 것은?

- 현실에 대한 왜곡된 지각
- 망상, 환각, 비조직적 언어와 행동
- 20~40세 인구에서 호발하며, 만성적으로 진행
- 부모 중 한명이 이환된 경우 자녀의 9~10%에서 발병

① 조울병(manic depressive psychosis)
② 신경증(neurosis)
③ 인격장애(personality disorder)
④ 정신분열증(schizophrenia)

> TIP 정신분열증은 망상, 환청, 와해된 언어, 정서적 둔감 등의 증상과 더불어 사회적 기능에 장애를 일으킬 수도 있는 정신과 질환으로 조현병이라고도 한다.
> ① **조울병**: 기분 장애의 대표적인 질환 중 하나로 기분이 들뜨는 조증이 나타나기도 하고, 기분이 가라앉는 우울증이 나타나기도 한다는 의미에서 '양극성 장애'라고도 한다.
> ② **신경증**: 내적인 심리적 갈등이 있거나 외부에서 오는 스트레스를 다루는 과정에서 무리가 생겨 심리적 긴장이나 증상이 일어나는 인격 변화를 말한다.
> ③ **인격장애**: 인격이란 일상생활 가운데 드러나는 개인의 정서적이고 행동적인 특징의 집합체인데, 이런 양상이 고정되어 환경에 적응하지 못하고 사회적이나 직업적 기능에서 심각한 장애를 가져오거나 본인 스스로 괴롭게 느낀다면 인격장애로 판단하게 된다.

Answer 7.② 8.④

2017. 6. 24 제2회 서울특별시

9 보건교육계획의 수립과정 중 제일 먼저 이루어져야 할 것은?

① 보건교육 평가 계획의 수립
② 보건교육 평가 유형의 결정
③ 보건교육 실시 방법들의 결정
④ 보건교육 요구 및 실상의 파악

> **TIP** 보건교육의 실시는 보건교육 요구 및 실상을 파악하고 보건교육을 실시한 후 보건교육을 평가하는 과정으로 진행된다.

Answer 9.④

02. 보건관리

출제 예상 문제

1 다음 중 영아사망과 신생아사망 지표에 대한 설명으로 옳은 것은?

① 영아후기사망은 선천적인 문제로, 예방이 불가능하다.
② 영아사망률과 신생아사망률은 저개발국가일수록 차이가 적다.
③ α-index가 1에 가까울수록 영유아 보건 수준이 낮음을 의미한다.
④ 영아사망은 보건관리를 통해 예방 가능하며 영아사망률은 각 국가 보건수준의 대표적 지표이다.

> **TIP** ① 영아후기사망은 환경적 문제의 비중이 더 크므로 어느 정도 예방 가능하다.
> ② 영아사망률과 신생아사망률은 저개발국가일수록 차이가 크다.
> ③ α-index는 생후 1년 미만의 사망수(영아사망수)를 생후 28일 미만의 사망수(신생아사망수)로 나눈 값이다. 유아사망의 원인이 선천적 원인만이라면 값은 1에 가깝다.

2 보건교육 방법 중 참가자가 많을 때 여러 개 분단으로 나누어 토의한 후 다시 전체 회의를 통해 종합하는 방법으로 진행하는 것은?

① 집단토의(group discussion)
② 패널토의(panel discussion)
③ 버즈세션(buzz session)
④ 심포지엄(symposium)

> **TIP** 버즈세션 … 전체구성원을 4~6명의 소그룹으로 나누고 각각의 소그룹이 개별적인 토의를 벌인 뒤 각 그룹의 결론을 패널형식으로 토론하고 최후의 리더가 전체적인 결론을 내리는 토의법이다. 많은 사람이 시간이 별로 걸리지 않는 회의나 토론을 해야 할 때 주로 사용한다.

3 「학교보건법 시행규칙」상 교실 내 환경요건에 적합하지 않은 것은?

① 조도-책상면 기준으로 200Lux
② 1인당 환기량-시간당 $25m^3$
③ 습도-비교습도 50%
④ 온도-난방온도 섭씨 20도

> **TIP** ① 교실의 조명도는 책상면을 기준으로 300Lux 이상이 되도록 해야 한다.

Answer 1.④ 2.③ 3.①

4 「학교보건법 시행령」상 보건교사의 직무내용으로 보기 어려운 것은?

① 학교보건계획의 수립
② 학교 환경위생의 유지, 관리 및 개선에 관한 사항
③ 학교 및 교직원의 건강진단과 건강평가
④ 각종 질병의 예방처치 및 보건지도

> **TIP** 보건교사의 직무〈학교보건법 시행령 제23조 제3항 제1호〉
> ㉠ 학교보건계획의 수립
> ㉡ 학교 환경위생의 유지·관리 및 개선에 관한 사항
> ㉢ 학생과 교직원에 대한 건강진단의 준비와 실시에 관한 협조
> ㉣ 각종 질병의 예방처치 및 보건지도
> ㉤ 학생과 교직원의 건강관찰과 학교의사의 건강상담, 건강평가 등의 실시에 관한 협조
> ㉥ 신체가 허약한 학생에 대한 보건지도
> ㉦ 보건지도를 위한 학생가정 방문
> ㉧ 교사의 보건교육 협조와 필요시의 보건교육
> ㉨ 보건실의 시설·설비 및 약품 등의 관리
> ㉩ 보건교육자료의 수집·관리
> ㉪ 학생건강기록부의 관리
> ㉫ 다음의 의료행위(간호사 면허를 가진 사람만 해당한다)
>   • 외상 등 흔히 볼 수 있는 환자의 치료
>   • 응급을 요하는 자에 대한 응급처치
>   • 부상과 질병의 악화를 방지하기 위한 처치
>   • 건강진단결과 발견된 질병자의 요양지도 및 관리
>   • 위의 의료행위에 따르는 의약품 투여
> ㉬ 그 밖에 학교의 보건관리

5 제2차 성비의 개념으로 옳은 것은?

① 사망시 성비
② 출생 전 성비
③ 노인의 성비
④ 출생시 성비

> **TIP** 성비의 개념
> ㉠ 제1차 성비 : 태아의 성비를 말한다.
> ㉡ 제2차 성비 : 출생시 성비로 보통 여아 100에 대해 남아 105 전후이다.
> ㉢ 제3차 성비 : 현재 인구의 성비를 말한다.

Answer 4.③ 5.④

6 다음 중 학교보건의 업무에 포함되지 않는 것은?

① 질병치료　　　　　　　　　② 질병예방
③ 보건교육　　　　　　　　　④ 식품위생

> **TIP** ① 질병치료는 의료기관의 역할이다. 학교보건에는 환경위생, 식품위생, 보건관리, 질병예방, 감염병 관리, 보건교육, 건강평가, 건강상담 등이 포함된다.

7 다음 중 임산부에게 특히 필요한 영양소는?

① 칼슘, 철분　　　　　　　　② 지방, 탄수화물
③ 단백질, 티아민　　　　　　④ 단백질, 탄수화물

> **TIP** 임산부 사망의 40%를 차지하는 임신중독증의 3대 원인은 단백질, 티아민(비타민B₁)의 부족과 빈혈이다. 물론, 모든 영양소가 다 필요하겠지만 단백질과 티아민, 철분은 부족해서는 안 된다.
> ※ 임산부에게 필요한 5대 영양소 … 칼슘, 비타민, 철분, 단백질, 탄수화물

8 다음 중 인구 노령화 지표에 대한 계산이 잘못된 것은?

① 노령인구 지수 $= \dfrac{\text{노년인구}}{\text{경제활동인구}} \times 100$

② 노령화 지수 $= \dfrac{\text{노년인구}}{\text{성인인구}} \times 100$

③ 유년인구 지수 $= \dfrac{\text{유년인구}}{\text{경제활동인구}} \times 100$

④ 부양비율 $= \dfrac{\text{비생산인구}}{\text{생산인구}} \times 100$

> **TIP** 노령화 지수는 연소(유년)인구에 대한 노인인구의 비율이다.
> 노령화 지수 $= \dfrac{\text{노년인구}(65\text{세 이상})}{\text{연소인구}(0 \sim 14\text{세})} \times 100$
> ※ 부양인구, 종속인구는 부양비율과 같은 개념이다.

Answer 6.① 7.③ 8.②

9 노인인구의 비율에 따라 사회를 분류할 때 전체 인구의 14% 이상을 노년층이 차지하는 사회는?

① 고령화사회 ② 초고령화사회
③ 초초고령사회 ④ 고령사회

> **TIP** 노인인구의 비율
> ㉠ 고령화사회: 전체 국민 중 노인인구가 7% 이상인 사회를 말한다.
> ㉡ 고령사회: 전체 국민 중 노인인구가 14% 이상인 사회를 말한다.
> ㉢ 초고령사회(후기 고령사회): 전체 국민 중 노인인구가 21% 이상인 사회를 말한다.

10 보건교육의 방법 중 여러 사람에게 전달이 가능하고 가장 경제적인 방법은?

① 강의 ② 대중매체
③ 심포지엄 ④ 가정방문

> **TIP** ① 강의(강연회)는 여러 사람에게 동시에 전달이 가능하므로 집단접촉법 중에서도 가장 경제적이다. 그러나 일방적인 의사의 전달이므로 효과적인 교육방법은 아니다.

11 다음 정신질환 중 부모 둘다 환자일 경우 60% 이상이 발병하고, 한 쪽만 환자일 경우 30%가 발병하는 질환은?

① 정신분열증 ② 조울증
③ 신경증 ④ 정신박약

> **TIP** 조울증 … 기분이 좋아 뜬 상태인 조상태와 우울한 울상태가 이동하면서, 사고와 행동이 변화하는 것으로 양극성 장애라고도 한다. 부모 중 한 쪽이 환자이면 자식의 약 30%가 발병하고 양쪽이 환자이면 약 60%가 발병한다.
> ① 정신분열: 정신 내면계의 분열로서 부모 중 한 쪽이 환자이면 10% 정도, 양친이 환자이면 약 50%가 발병한다. 정신병의 70%를 차지하는 대표적인 질병이다.
> ④ 정신박약(정신지체): 정신발달이 어느 시점에 머무는 것을 말하며, 부모 중 한 쪽이 환자라면 50%, 양친이 환자라면 70%가 발병한다.

Answer 9.④ 10.① 11.②

12 다음 중 모자보건법상 인공임신중절 수술을 할 수 있는 경우가 아닌 것은?

① 임산부가 질병에 걸렸을 때
② 강간 또는 준강간에 의한 임신일 때
③ 법률상 혼인할 수 없는 혈족 또는 인척 간의 임신일 때
④ 본인이 대통령령으로 정하는 전염성 질환에 이환되었을 때

> **TIP** 인공임신중절 수술의 허용한계 … 의사는 다음에 해당되는 경우에 한하여 본인과 배우자(사실상의 혼인관계에 있는 자를 포함)의 동의를 얻어 인공임신중절 수술을 할 수 있다〈모자보건법 제14조 제1항〉.
> ⊙ 본인 또는 배우자가 우생학적 또는 유전학적 정신장애나 신체질환이 있는 경우
> ⓒ 본인 또는 배우자가 전염성 질환이 있는 경우
> ⓒ 강간 또는 준강간에 의하여 임신된 경우
> ⓔ 법률상 혼인할 수 없는 혈족 또는 인척 간에 임신된 경우
> ⓜ 임신의 지속이 보건의학적 이유로 모체의 건강을 심히 해하고 있거나 해할 우려가 있는 경우

13 다음 중 성인병에 해당되지 않는 것은?

① 간염
② 당뇨병
③ 뇌졸중
④ 고혈압

> **TIP** 성인병의 종류 … 고혈압, 당뇨병, 뇌졸중, 동맥경화증, 심장병, 각종 암, 간경변 등이 있다.
> ※ 간염은 간경변의 숙주요인이 된다.

14 인구 피라미드 유형 중 농촌형에 해당하는 것은?

① 호로형
② 항아리형
③ 별형
④ 종형

> **TIP** 농촌형은 15~49세 인구가 전체 인구의 50% 미만인 호로형이고 그 반대가 별형(도시형)이다.

Answer 12.① 13.① 14.①

15 다음 보건지표 중 분모가 연간 출생아 수가 아닌 것은?

① 모성 사망률　　　　　　　② 신생아 사망률
③ 유아 사망률　　　　　　　④ 영아 사망률

> **TIP** ③ 유아 사망률 = $\dfrac{1\sim4세\ 유아의\ 사망자\ 수}{그\ 해\ 중앙시점의\ 1\sim4세\ 인구수} \times 1,000$

16 다음 절충식 보건교육방법 중 단체를 대상으로 하는 것이 아닌 것은?

① 패널　　　　　　　　　　② 브레인 스토밍
③ 건강상담　　　　　　　　④ 버즈세션

> **TIP** 보건교육방법
> ㉠ 개인접촉법: 가정방문, 전화, 편지 등을 활용하는 방법으로, 가장 효과적이지만 많은 시간과 인원이 소요된다.
> ㉡ 집단접촉법: 동시에 2명 이상의 집단을 대상으로 실시하는 방법으로, 경제적이지만 개별접촉만큼 효과는 없다. 집단토론, 심포지엄, 버즈세션, 롤 플레잉, 강연회, 패널 디스커션 등이 있다.
> ㉢ 대중접촉법: 특정 집단이 아닌 대중을 위한 교육방법으로 신문, 라디오, TV, 전시, 팜플렛, 포스터 등의 방법이 이용된다.

17 다음 보기 중 인구동태 통계자료로만 묶인 것은?

㉠ 호적부	㉡ 국세조사	㉢ 전입

① ㉠㉡　　　　　　　　　　② ㉡㉢
③ ㉠㉢　　　　　　　　　　④ ㉠㉡㉢

> **TIP** 인구통계자료
> ㉠ 인구정태 통계자료: 일정시점에서의 인구상태에 대한 통계자료로 성별, 연령별, 국적별, 직업별, 학력별, 사업별 자료와 국세조사가 여기에 속한다.
> ㉡ 인구동태 통계자료: 일정기간 동안의 인구변동에 대한 통계자료로 출생, 사망, 전입, 전출 등이 여기에 속한다.

Answer 15.③　16.③　17.③

18 뇌졸중의 발생원인 중 우리나라에서 가장 큰 비중을 차지하는 것은?

① 혈압
② 영양 불균형
③ 과로
④ 당뇨

> **TIP** 뇌졸중 … 노인의 사인 중 가장 큰 비중을 차지하는 것으로 고혈압, 영양 불균형, 과로 등이 원인이 되어 발생한다. 이것은 더 나아가 치매의 원인이 되기도 한다.

19 법적으로 임신중절이 가능한 것은 몇 주까지인가?

① 임신 24주
② 임신 25주
③ 임신 20주
④ 임신 15주

> **TIP** 인공임신중절 수술의 허용한계〈모자보건법 제14조〉
> ⊙ 허용사유: 의사는 다음에 해당되는 경우에 한하여 본인과 배우자(사실상의 혼인관계에 있는 자 포함)의 동의를 얻어(부득이한 경우 본인만의 동의로) 인공임신중절 수술을 할 수 있다.
> • 본인 또는 배우자가 우생학적 또는 유전학적 정신장애나 신체질환이 있는 경우
> • 본인 또는 배우자가 일정한 전염성 질환이 있는 경우
> • 강간 또는 준강간에 의하여 임신된 경우
> • 법률상 혼인할 수 없는 혈족 또는 인척 간에 임신된 경우
> • 임신의 지속이 보건의학적 이유로 모체의 건강을 심히 해하고 있거나 해할 우려가 있는 경우
> ⓒ 허용기한: 인공임신중절 수술은 임신한 날로부터 24주일 이내에 있는 자에 한하여 할 수 있다〈모자보건법 시행령 제15조〉.

Answer 18.① 19.①

20 다음 중 고혈압의 수치로 옳은 것은?

① 120/80mmHg 이상
② 100/80mmHg 이상
③ 140/90mmHg 이상
④ 130/100mmHg 이상

TIP 고혈압(Hypertension) … 60세 이상층에 가장 유병률이 높고, 여자가 남자보다 많이 발병하는 질병이다.
  ㉠ 정상수치 : 120/80mmHg 이상
  ㉡ 고혈압 수치 : 140/90mmHg 이상
  • 경도 고혈압 : 140~159 / 90~99mmHg
  • 중등도 고혈압 : 160/100mmHg 이상

Answer 20.③

서원각 교재와 함께하는 STEP

공무원 학습방법

01 파워특강

공무원 시험을 처음 시작할 때 파워특강으로 핵심이론 파악

02 기출문제 정복하기

기본개념 학습을 했다면 과목별 기출문제 회독하기

03 전과목 총정리

전 과목을 한 권으로 압축한 전과목 총정리로 개념 완성

04 전면돌파 면접

필기합격! 면접 준비는 실제 나온 문제를 기반으로 준비하기

서원각과 함께하는 공무원 합격을 위한 공부법

05 인적성검사 준비하기

중요도가 점점 올라가는 인적성검사, 출제 유형 파악하기
제공도서 : 소방, 교육공무직

● 교재와 함께 병행하는 학습 step3 ●

1 step 회독하기
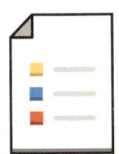
최소 3번 이상의 회독으로 문항을 분석

2 step 오답노트

틀린 문제 알고 가자!

3 step 백지노트

오늘 공부한 내용, 빈 백지에 써보면서 암기

다양한 정보와
이벤트를 확인하세요!

서원각 블로그에서 제공하는 용어를 보면서 알아두면 유용한 시사, 경제, 금융 등 다양한 주제의 용어를 공부해보세요. 또한 블로그를 통해서 진행하는 이벤트를 통해서 다양한 혜택을 받아보세요.

최신상식용어
최신 상식을 사진과 함께 읽어보세요.

시험정보
최근 시험정보를 확인해보세요.

도서이벤트
다양한 교재이벤트에 참여해서 혜택을 받아보세요.

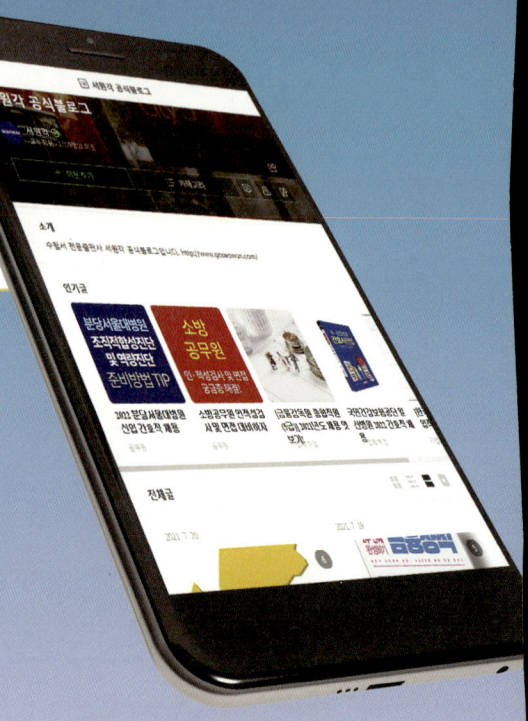

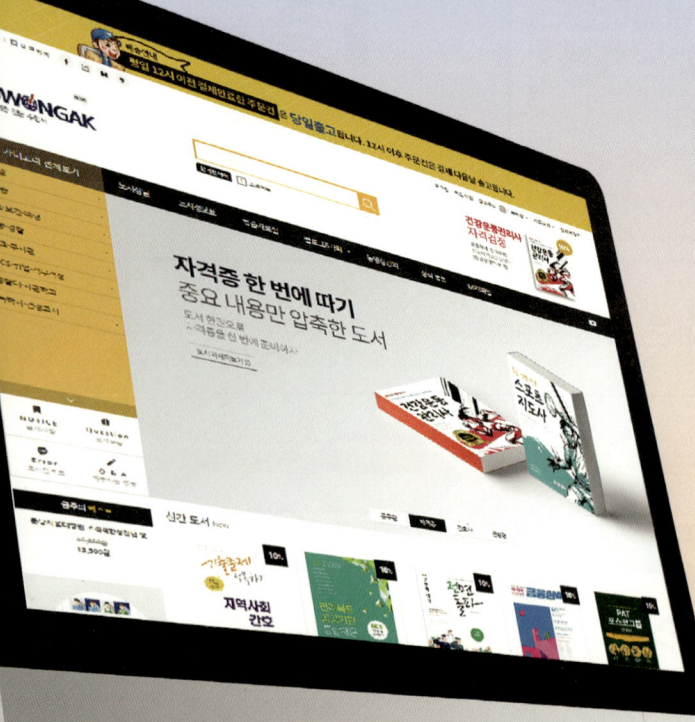

 상식 톡톡 — 최신 상식용어 제공!
알아두면 좋은 최신 용어를 학습해보세요. 매주 올라오는 용어를 보면서 다양한 용어 학습!

 학습자료실 — 학습 PDF 무료제공
일부 교재에 보다 풍부한 학습자료를 제공합니다. 홈페이지에서 다양한 학습자료를 확인해보세요.

 도서상담 — 교재 관련 상담게시판
서원각 교재로 학습하면서 궁금하셨던 점을 물어보세요.

 QR코드 찍으시면
서원각 홈페이지(www.goseowon.com)에 빠르게 접속할 수 있습니다.